上册

廣府金石錄

高旭紅　陳鴻鈞　著

SPM 南方出版傳媒
廣東人民出版社
·廣州·

圖書在版編目（CIP）數據

廣府金石錄 / 高旭紅，陳鴻鈞著．-- 廣州 ：廣東人民出版社，2021.6
（嶺南金石叢書）
ISBN 978-7-218-11594-8

Ⅰ．①廣… Ⅱ．①高… ②陳… Ⅲ．①金石－廣東－古代－圖錄
Ⅳ．①K877.22

中國版本圖書館 CIP 數據核字（2017）第 001291 號

GUANGFU JINSHI LU
廣府金石錄
高旭紅 陳鴻鈞 著

出 版 人：蕭風華

責任編輯：張賢明
裝幀設計：陳奕秋 蔡曉敏
責任技編：吳彥斌 周星奎

出版發行：廣東人民出版社
地 址：廣州市海珠區新港西路 204 號 2 號樓（郵政編碼：510300）
電 話：020-85716809（總編室）
傳 真：020-85716872
網 址：http://www.gdpph.com
印 刷：廣州市金駿彩色印務有限公司
開 本：787mm×1092mm 1/16
印 張：82 字 數：800 千
版 次：2021 年 6 月第 1 版
印 次：2021 年 6 月第 1 次印刷
定 價：1200.00 元（全二册）

如發現印裝質量問題，影響閱讀，請與出版社（020-85716808）聯繫調换。
售書熱線： 020-85716826

廣存金石

嶺南遺珍

王貴忱題書

序

金石文字，向為史家所重，往古之遺文，史未賅載，賴金石以傳。金石為專門之學，濫觴於宋，歐陽修《集古錄》、趙明誠《金石錄》被譽為宋代金石學雙璧。有清一代，其風益盛，誠如陸增祥在《金石續編·序》中所言，當時『薈萃成書者，奚啻百數』，而集大成者，首推王昶《金石萃編》，後續者有陸耀遹《金石續編》、陸增祥《八瓊室金石補正》等。以上諸書，於嶺南金石涉及不多，專意搜求者，當推翁方綱所撰《粵東金石略》，其後有阮元《廣東通志·金石略》、吳蘭修《南漢金石志》、彭泰來《高要金石略》、汪兆鏞《番禺金石志》、嶺南寶漢劍齋《嶺南金石拓本》等。

嶺南地偏一隅，開發相對較晚，故金石所存較諸中原為遜，龔定盦有『金石貧天南』之恨。然細繹之下，嶺南金石，無論數量，抑或品質，皆甚有可觀之處，故近代學者蔡寒瓊復有『莫欺南天金石貧』之言。今高旭紅、陳鴻鈞二君賡續前修，肆力於金石碑版，纂《廣府金石錄》，圖文並舉，兼有考略，多有超邁前人者，其有裨於學術，無待余覼縷繁言也。承蒙索序於余，披覽之下，略題數語於卷弁，是為序云。

歲在丙申夏月，鐵嶺王貴忱識。

目錄

示諭規約類

示諭公告

下册

鐘鼎璽印類

銅鐵器銘

墓誌銘表類

墓誌銘文

『蒲泉』石刻　年代不詳　一一九〇

『浣白』摩崖　年代不詳　一一九一

海山仙館諸碑

林則徐致潘仕成信札　清同治三年（1864）　一一九二

耆英致潘仕成信札　清同治三年（1864）　一一九四

吳榮光致潘仕成信札　清同治三年（1864）　一一九六

駱秉章致潘仕成信札　清同治三年（1864）　一一九八

顏伯燾致潘仕成信札　清同治三年（1864）　一二〇〇

鄧廷楨致潘仕成信札　清同治三年（1864）　一二〇二

潘仕成七十小象　清同治十二年（1873）　一二〇四

其他山水園林類諸碑

石門《貪泉》碑　明萬曆二十二年（1594）　一二〇六

黎貫書五言詩　明　一二〇八

黎民表書『壽』字刻石　明　一二〇九

徐中運書『魁』字碑　清乾隆四十五年（1780）　一二一〇

正果寺『成佛巖』　清同治八年（1869）　一二一一

李文田書『石泉』銘　清同治九年（1870）　一二一二

張之洞遊蘿岡詩　清光緒二十五年（1899）　一二一四

吳隱之《貪泉》五言詩碑　年代不詳　一二一六

宋之問《登越王臺》五言詩碑　年代不詳　一二一七

許渾《登越王臺》七言詩碑　年代不詳　一二一八

其他雜項類

秦『蕃禺』漆奩　秦　一二二〇

目錄

緒論

『學必求諸古。簡策以外，足以窺古人之陳迹者，無過金石。』（范壽銘《夢碧簃石言敘》）

金石文字，歷代流傳，實為重要歷史文化之載體。金石學，蓋以古代青銅器及石刻碑碣為主要研究對象。廣義上，還包括木竹簡牘、甲骨、玉器、磚瓦、封泥、兵符、明器及各種雜器文物。『金石』一詞，最早於宋代提出，歐陽修、呂大臨、薛尚功、黃伯思、趙明誠、洪適諸公將其研究推向成熟，形成金石著錄、校勘、鑒別、考訂等系統研究方法，金石學遂成專門之學。有清一代，樸學興起，力倡學術實證，以金石之文證經史之學、與輿地方志之學互鑒蔚成風氣，金石學遂為顯學。故梁任公《清代學術概論》云：『金石學之在清代又彪然成一科學也。自顧炎武著《金石文字記》，實為斯學濫觴。』近代考古學入中國前，金石學實為中國考古學之前身。

一、廣府金石學發展概略

嶺南古為百越之地，商周之後與中原及長江流域已有往來。秦設三郡，南海其一，廣府地區遂為兩千年來嶺南政治文化中心，廣州則為廣府區域之核心，其金石研究在嶺南文化發展中佔有重要地位。

廣府地區所存金石數量，唐前較少，宋始大增，明清及民國時則極為宏富，金石研究亦大體與之相契合。清代

前少有專著，入清後金石著述頗豐。翁方綱、阮元、吳榮光、吳蘭修、梁廷枏、汪兆鏞等官員、學者、文士，既熱衷訪碑拓石、交遊鑒賞，又潛心考據榷史，遂令廣府金石學得大發展。相關專著，有翁方綱《粵東金石略》、吳榮光《筠清館金石文字》、周中孚《九曜石刻錄》、吳蘭修《南漢金石志》、方功惠《碧琳琅館金石碑版》、梁廷枏《金石稱例》《碑文摘奇》、汪兆鏞《番禺金石志》、嶺南寶漢劍齋《嶺南金石拓本》等。志書中金石篇目，於《廣東通志》《南海縣志》《番禺縣志》《番禺縣續志》中亦可窺見。民國時期及中華人民共和國成立後，廣府地區考古新出土器物及相關學術研究又有大進。容庚、商承祚、黃文寬、王貴忱等金石學者及博物館專家，亦為近現代廣府金石研究之貢獻者。

上述廣府金石學者，皆精於鑒別，詳於考訂，考釋水準高，研究範圍廣。除鐘鼎、彝器、石刻以外，玉器、鏡鑒、泉幣、兵符、璽印、磚瓦、封泥、陶文、甲骨、簡牘等，亦有專門、系列之研究著作。其中以石刻類著作最多、考釋最詳。

容媛《金石書錄目》中，有目錄之屬、圖像之屬、文字之屬、通考之屬、題跋之屬、義例之屬、字書之屬和雜著之屬八類，廣府金石著述多有涉及。其著錄體例，不盡相同：或以書跋考釋闡發經史、小學，或將專門研究與通論結合，或將地域研究與通纂總括結合。更可欣喜者，隨著照相技術與印刷水準的提高，廣府金石學研究門類和形式皆獲長足發展。

二、廣府金石遺存文化特徵

唐代，廣州因為廣州都督府之所在，故又稱『廣府』。明清時期，又有以廣州為治所的廣州府，『廣府』一詞遂延用至今。廣府倚山臨海，既為嶺南政治、經濟、文化中心，其金石遺存特徵便有廣府文化特質，考之廣府金石遺存，大體有以下特徵：

（一）時間跨度長，種類豐贍

廣府金石遺存品類多，數量豐，涵蓋廣府文化之不同時期。其藏品，最早可溯至商代，如容庚捐廣州博物館之商周青銅器；本地區出土金石遺存，時間最早者可溯至先秦時期，如出土於南越文王墓的秦惠王更元四年（前321）『張義』青銅戈銘、出土於廣州區莊螺崗秦墓的秦王政十四年（前233）的『十四年屬邦』青銅戈銘。

從數量看，碑刻尤富；從年代看，則以明清及民國時期為多。從種類看，則有宮署、宗教、學宮、官衙、祠堂、行業會館、諭示、禁約、摩崖石刻、園林景觀、墓誌銘表、鐘鼎彝器、璽印、玉器、鏡鑒、泉幣、兵符、磚瓦、封泥、陶文、簡牘等多種，尤以宮署、墓誌、宗教、祠堂、景觀類為夥。

（二）本土文化特徵鮮明

秦漢以來，廣州先後有南越、南漢、南明三個地方封建政權（史稱『三南』政權），南越國、南漢國宮署和墓葬，歷代官府、學宮以及祠堂書院、行業會館等多集於此，政治類、經濟類、官署類、學府類的金石遺存豐富，與廣府區域地位及歷史發展脈絡相契合，地方特色亦頗明顯。

南越國、南漢國金石遺存最具代表性。南越國宮署出土之『萬歲』瓦當、木簡、陶文等，南越文王墓出土的璽印、銅器等，皆為南越國時期遺珍。南漢時期則有出土於康陵之南漢高祖劉龑墓誌《高祖天皇大帝哀冊文》、出土於南漢昌華苑遺址之『芳華苑』銘文鐵花盆等，皆為南漢國珍貴金石遺存。民國時期，為紀念南明紹武帝而立的《明紹武帝臣冢記》《明紹武君臣冢重修碑》，則記載南明紹武王朝於廣州建都之短暫歷史。官衙金石遺存，有元代《廣州市舶提舉司殘碑》、明代《理問所重修記》《重修理問所記》等，盡顯廣府作為嶺南政治中心之地位。

廣府地區在歷史上亦是嶺南文教中心。作為省城，設有科舉考試貢院，為兩廣鄉試之地，集聚有『嶺南第一儒林』之稱的如廣州府學以及番禺學宮、南海學宮等官辦學校，先後設有粵秀、越華、羊城、禺山、西湖、應元、學海堂、菊坡精舍、廣雅等著名書院，亦有不少金石遺存，彰顯了廣府系通一省文風的文教中樞地位。如廣州府學的《進士題名記》、番禺學宮《番禺府縣新生印金章程碑記》、廣雅書院《廣雅書院學規》等。

明清時期，廣府地區宗族制度發展成熟，民間建造祠堂祭祀祖先活動極普遍，各姓祠堂、合族祠、家族書院數量眾多，遍佈各處。其祠堂碑記數量較多，多有廣府家族禮制、譜牒等內容。如白雲區紅星村宣撫使祠《亭岡黃氏祠堂之記》、越秀區流水井何家祠《廬江書院碑記》、惠福路青雲書院《梁氏先賢千乘侯家廟碑記》等。

廣府地區自古便有『商都』美譽。商貿繁榮，會館雲集，此類金石遺存亦較多。如梨園會館、銀行會館、錦綸會館、木行會館等。其內容，大抵反映契約精神及社會管理情況，以及廣府商貿之興衰。此外，散落於神祠廟宇之鄉規民約、官府衙門之示諭公告等，亦可概觀民間信仰及社會經濟狀況。如梨園行的《外江梨園會館碑記》所

載清代廣州與外省曲藝交流之狀況，足見清代一口通商時中外商客往聚、各省戲班匯集、經濟生活繁盛之況；銀行業《重建銀行會館碑記》，則有清代廣府金融業行會組織發展之情況；絲織業《錦綸祖師碑記》，記載廣州城西聚集業蠶織者數百家，可知當時廣府蠶織業之規模；原存廣州城北天后廟《重建天后古廟碑記》記載天后傳說，可見廣府地區源於海上貿易文化交流而出現之海神崇拜現象；《粵海關告示》，則載粵海關督理稅務之有關情況，可證當時廣府對外貿易之發達；《番禺南村八角廟鄉規民約》則載嚴禁開場聚賭，約束村民，整肅民風之內容。

（三）交融互鑒，呈現多元文化特徵

廣府地區古來漢越文化交融，亦受潮汕、客家文化影響，加之周邊荊楚、閩越、吳越文化及海外文化之融入，其金石遺存亦有本土、中原、海外文化交融之多元化特徵。

南越文王墓出土了九件有銘文的銅鼎，包括越式鼎及漢式鼎，其中一件漢式銅鼎，蓋上刻『蕃禺，少內』，腹壁處刻『蕃，少內，一斗二升少半』；一件越式銅鼎，盤口墨書『蕃禺□』；一件越式銅鼎，口沿內刻『少內，蕃，一斗一升』。銘文中『蕃禺』為廣州古稱，秦漢時為南海郡郡治。『少內』，乃漢時管理宮庭內庫房官，戰國秦國即置有此官職。南越文王墓出土的兩款銅鼎為古南越文化與中原文化相融合之例證。

面海而生，向海而興，使廣府地區具備了海洋文化的特徵。秦漢後，『海上絲綢之路』開通，廣府地區與海外文化之接觸交流不斷，政治、思想、哲學、藝術、經濟、社會、生活諸方面皆受其影響。在宗教文化、商貿文化、學術技藝諸方面盡顯交匯交融。

廣府人兼容、務實的特性，使各大宗教於此間廣泛交流傳播，並實現中國化發展。除本土宗教道教之外，外來宗教佛教、伊斯蘭教、天主教、基督教等都曾在此登岸並傳播發展，金石遺存亦反映了多種宗教文化並存且互為影響之情形。道教觀廟，如南海神廟有唐代韓愈所撰《南海神廣利王廟碑》，詳述嶺南節度使孔戣連續三年親祀南海神之事，『海事』一詞，最早見於此碑。宋元豐二年（1079）所立之《重修天慶觀記》，則載三佛齊（範圍在今蘇門答臘島一帶）地華迦羅捐資修建天慶觀之經過，證當時廣府與東南亞商貿往來之情形。宋政和四年（1114）五仙觀刻立之《廣州重修五仙祠記》，則為現存最早記載廣州城以五羊得名由來之碑刻。佛教寺宇，有光孝寺撰寫於宋咸淳五年（1269）之《六祖大鑒禪師殿記》，載禪宗六祖惠能光孝寺落髮、說法之事，此乃佛教中國化過程中之重要史實。伊斯蘭教之清真寺，有懷聖寺刻立於元至正十年（1350）之《重建懷聖塔寺之記》，正文為中文，碑額下方有三行半阿拉伯文，載伊斯蘭教傳播事，乃中國現存最早之漢字伊斯蘭教碑文。

廣府金石遺存中之外文碑刻，除體現了中外文化之交流互鑒，亦為西方堅船利炮驚醒近代中國之例證。如兼有阿拉伯文及中文之《高麗穆斯林剌馬丹墓碑》《阿拉伯傳教士爾卜當樂熙墓誌》，兼有英文及中文之《艾若瑟神父墓碑》，兩方以英文、古吉拉特文字為基本構成元素之《巴斯教徒墓碑》，法文之《法國海員墓碑》，兩方英文之《粵海關海船職員墓碑》等。

（四）得社會變革風氣之先

廣府地區乃中國近現代民族民主革命運動策源地，鴉片戰爭以來，較早受到海外思潮影響，領潮流風氣之先，

諸多重大歷史事件、歷史人物，皆與廣府地區相聯繫。廣府人中一些思想家、革命家，致力於救國救民，推動並影響近代中國發展進程。金石遺存中有大量反映這些革命人物和事蹟的內容，如朱執信、梁國一、王昌、史堅如、南洋五烈士、鄧蔭南、張民達、伍漢持等人的墓碑；記録同盟會領導之辛亥廣州起義（又稱黃花崗起義）的鄒魯所撰《廣州辛亥三月二十九日革命記》；記載抗日志士事迹之《第十九路軍陣亡將士紀念碑》《陸軍新編第一軍遠征印緬陣亡將士紀念碑》等。

（五）書法金石遺存，盡現古今流變

廣府金石遺存，於書法歷史、書法風氣走向乃至工藝發展史皆有映鑒。從先秦青銅器，南越國璽印、封泥、木簡、石刻、銅器、磚瓦、陶文，至漢代官印、漢晉墓磚、隋唐墓碑、南漢國碑銘雜器、宋代修城磚，再至明清印章、民國時期碑文，盡顯時代流變及藝術特徵。

廣府書法藝術之淵源，上可溯先秦，至漢代成熟。南越王宮遺址、南越文王墓及其他秦漢墓器物銘文甚夥；魏晉南北朝、隋唐書法，則多體現於石刻、磚文、鏡鑒中，如隋代《王夫人碑》《寧贙碑》《劉猛進碑》《徐智竦碑》，唐代《許夫人碑》《唐故順政郡君許夫人墓誌銘》《南海神廣利王廟碑》《唐故清海軍節度掌書記太原王府君墓誌銘》，堪稱典範。南漢書法承襲漢唐圭臬，康陵《高祖天皇大帝哀冊文》、光孝寺東西鐵塔銘，以及幾方南漢買地券等，盡顯南漢時期書法藝術水準。宋元時期，廣府書壇再開新境，以藥洲石刻、廣州天慶觀鐘銘、銅壺滴漏刻銘、張弘範殘碑等為其代表。明清時期書法名家輩出，流派紛呈，大放異彩，從摩崖石刻及各類碑石書法中可見其受金

石學影響頗深，如東皋關帝廟鐘鼎銘、『歸德』城門石額、越秀山《鎮海樓記》、白雲山《粵嶽祠記》、海山仙館之尺素遺芬等。民國時期，廣府書法繼承清末碑帖合流之傳統，名家薈萃，足以抗衡中原。此從各類墓誌銘、紀念碑中可見一斑。如吳子復書《總理遺囑》，黃花崗七十二烈士陵園、十九路軍抗日陣亡將士陵園內諸碑。

以書體論，漢代之前篆書居多，如出土於廣州西村秦墓、烙有小篆『蕃禺』之漆奩。南越國時期及漢代，則以隸書居多，如南越王宮署遺址出土之木簡。隋唐宋元時期，以楷書居多，如廣府現存幾方隋唐墓碑、南海神廟及藥洲遺址中宋元石刻。明清及民國，則篆隸行楷各體兼備，如廣雅書院幾方碑刻。

在類型上，青銅彝器、鏡鑒、泉幣、兵符、璽印、磚瓦、封泥、碑石之額首文字，以篆書居多，木簡、墨書上文字以隸書居多，普通碑刻則以楷書、行書居多。

三、廣府金石研究價值與影響

廣府金石，是研究廣府各個歷史時期政治、經濟、文化、宗教、藝術等方面第一手實物資料，具有較高學術價值與社會價值，其影響體現在經學、史學、禮制、譜牒、哲學、文學、音韻學、書畫學、科學、社會學等方面。

朱彝尊在《唐北嶽廟李克用題名碑跋》中云：『生斯世者，其聞見已不能悉真，況百世之下，寧免傳聞異詞哉。惟金石之文，久而未泐，往往出風霜兵火之餘，可以補舊史之闕。此好古之士，窮搜于荒厓破冢之間而不憚也。克用本武人，未嘗以知書名，而碑文楷書端勁，詞亦簡質可誦。英雄之不可量如是夫。嗚呼！益以見金石之文為可寶也。』由是觀之，金石之價值豈可輕乎？

（一）經史文獻價值

金石學成果對歷史學、文獻學、經學、文字學研究多有裨益，既可訂正史志訛誤，又可對史志所闕或所略予以增補，亦可有助考證經學、文字。廣府地區歷史悠久，換代之亂、兵燹之害、水火之侵亦多矣。加之史料雜冗缺失，學者見識所囿，有意無意脫漏舛誤，表述不明之金石文字多有。然金石確為第一手史料，證今辨古、糾正訛誤，補訂史實，皆可藉金石。其權史、補史之功不可或代，考證歷史事件、時間、人物、姓氏、典制、地理，考釋校訂古籍文字之用亦大矣。如以南越文王墓之『中府嗇夫』、『殿中』封泥及『景巷令印』，可證南越國仿西漢設置相應職官，『華音宮』戳印陶器，可推測其應為南越國宮殿名，此皆可補史之闕。南海神廟諸碑，自唐至清，存數十方碑刻，便如一部南海神廟石刻史書，對研究歷代對外貿易、職官沿革等均有補史價值。宋代《重修天慶觀記》、明代《玄妙觀重修三皇真像碑》記述廣州天慶觀於不同歷史時期之名稱及修建情況，亦可補舊史之闕。

又，金石文字可與歷史文獻互證補闕、互考真偽正誤。歐陽修認為金石史料雖可資利用，但不可偏信。所謂『銘誌所稱，有褒有諱，疑其不實』『余於碑誌，惟取其世次、官、壽、鄉里為正，至於功過善惡，未嘗為據』，亦述此意也。因撰寫者有『諛墓』之嫌，或因風雨剝泐而致金石漫漶等，今人需認真考辨而用。如《高祖天皇大帝哀冊文》稱劉龑『多才多藝，允文允武』『天機秀異，韞藉風流』，與史載多相悖，但亦給人瞭解劉龑一個新視角。

清代經學與金石考據互為表裡，互相生發。如阮元、翁方綱等人，皆精於金石，亦深研經學。因經學與金石有密切相關性，隨著朴學興盛，金石考據亦有一定發展，其流風餘韻以至於今。

（二）社會學價值

廣府金石，涵蓋社會層面多矣，現時風、展百態，從政治、經濟、法律、文化、社會生活等方方面面呈現社會風氣、矛盾與變革。如廣府出土南朝至南漢時期數方買地券，可稱為冥世土地買賣契約，是向鬼神買地、供亡人執掌的契約形式，內容多記錄墓主人所買墓地四至、價錢、證人以及不許侵佔等語句。南宋周密《癸辛雜識·別集》卷下『買地券』條，謂：『今人造墓，必用買地券。以梓木為之，朱書云：「用錢九萬九千九百九十九文，買到某地」云云。此村巫風俗如此，殊為可笑。』此類『幽契』或『冥契』，可證廣府地區於南朝至南漢時期巫覡之風頗盛。海幢寺《禁婦女入寺燒香示》，載清律沿襲《明律》，嚴禁婦女私自入寺，將婦女入寺燒香視為『淫祀』；《南海縣文昌路禁賭示諭》，是官府禁賭之公示；《夏園鄉禁鑿掘田坭免傷龍脈告示》，體現廣府鄉村迷信風水情況；《廣東督糧道定普濟院規則》，為瞭解清代公辦救濟機構情況提供了史料。諸如此類，不勝枚舉。

（三）思想文化淵藪，文學藝術鑒賞舟楫

廣府金石中多有體現儒釋道、伊斯蘭教等宗教思想方面的內容。如光孝寺《六祖大鑒禪師殿記》，以大鑒禪師『心不着法，道即通流；心若着法，乃成自縛。』來議論闡發佛理。五仙觀《古仙舊題》，以『物外乾坤誰得到，壺中日月我曾遊。留今留古爭留得，一笑浮生萬事休。』來闡明道家之世界觀。懷聖寺兩方古碑，『不立象教，惟以心傳。』『石室之傳，以敬為質。厥事維天，天又何言。不立名像，其中洞然。』體現伊斯蘭教思想內容和

形式。學宮署衙類、祠堂類金石大多體現了儒家思想。廣府金石中還有明代心學代表人物的作品，如王陽明《贈翰林院編修湛公墓表》、湛若水《明封太恭人倫母區氏墓誌銘》，文中皆有王、湛心學思想之體現。

廣府金石亦可資文學賞鑒。各類文學體裁，如序、記、傳、誥敕、墓表、墓誌、跋、祭文、碑文、疏、公告，以及詩、賦、頌、贊、箴、銘、哀、誄等韻文，皆在金石中有所體現，堪稱廣府文學寶庫。如《玄妙觀重修三皇真像碑》《增修雲泉山館記》等碑文采用駢體，在聲韻上講究韻律和諧，修辭上注重藻飾和用典，鋪錦織繡，辭藻華麗。

廣府金石所展現之書學價值，實可供人賞鑒。真、草、隸、篆、行等書體兼備，如南越國、漢代印璽之精美，堪稱廣府書法篆刻之典範。五仙觀之宋代《古仙舊題》，一碑具三種書體，其草書，筆走龍蛇，意態橫出，堪稱嶺南書法史上的狂草名品；蘇東坡《六榕》、米元章《九曜石詩》、陳白沙《浴日亭追次東坡韻》、伊秉綬《粵嶽祠記》、康有為《石君星巢墓誌銘》等，皆為名家書跡，可資耽翰墨者賞鑒。

嗟夫！吉金貞石，千古不磨，真可垂後世者也。王國維云：『賞鑒之趣味與研究之趣味，思古之情與求新之念，互相錯綜。』誠哉斯言！余平生好以金石為友，惜學識根基尚淺，金石研究涉及古文字學、歷史學、考古學、文獻學、方志、地理、曆法等多門學科，需以淵博學識為研究基礎，所謂取宏見廣，擇精語詳，方可治金石之學。故余每感力有所不逮，冀後來者踵其事而增華。惟願本書之出版，可為廣府文化研究略盡綿力，為今後多角度深入研究廣府文化提供資源與參考。

歲在丙申冬月，高旭紅謹識於羊城半半堂

凡例

一　本書是一部圖志式的金石碑刻文獻專著，概要地介紹廣府地區金石碑刻狀況。以圖、文、略三大部分內容組成。圖，即鐘鼎石刻的拓本或照片圖錄；文，即碑文或銘文的釋文；略，即簡要的說明和點評文字。

一　本書所收輯之金石標準為具有一定歷史文獻或藝術價值。種類包括青銅器、碑石及磚、瓦、陶、木、雜器等。

一　本書所收輯之金石區域範圍為今廣州市行政區轄域之內。時間下限為中華人民共和國成立之前。

一　本書所收輯之金石原則上為現存金石碑刻，或原金石碑刻雖不存，尚存拓本或照片者。

一　本書所收輯之金石，原則上每一種金石文獻附一幅圖，部分附以局部特寫。

一　本書所收輯之金石，先以類別為單元，再以其時間先後順序排列，若無具體年代，則視作者之生存時代等予以適當排列；若年代無考者，則置於相應朝代末。

一　本書所收輯金石之釋文與考略，使用繁體字，豎排，並標示以現代標點符號。為體現金石文字原貌，釋文部分儘量按原刻著錄，偶有極少手寫體及生僻字改用規範繁體。

一　本書所收輯之其他國家及民族文字之金石，在釋文中依原刻銘文字輯錄，另附漢譯。

一　本書所收輯之金石，凡原有名稱者皆用原名；如無名稱，則根據碑文內容由編者擬定名稱。所輯金石中無法識別字以『□』代替。括弧內錄已考所缺文字。斷裂缺失無考者以（上缺）或（下缺）注明。

寺觀壇廟類

六祖大鑒禪師殿記

宋咸淳五年（1269）

釋文

（碑額）六祖大鑒禪師殿記

廣州光孝寺大鑒禪師殿記

大鑒禪師，顯跡於唐，至我宋益昌。今光孝寺菩提樹，是師落髮處；風幡堂，是師説法處。遺跡如在，故釋子因為祖師殿，以妥厥靈。歲久蠹生，重以欝攸為變，遂成荒趾。歲在己巳，住持僧祖中重新起造。既成，而請記于余。

余曰謂禪師以四句偈傳衣，正以『菩提無樹，明鏡非臺』，今為之殿宇而加像設，焉得無惹塵埃乎？師又謂：『心不着法，道即通流；心若着法，乃成自縛。』晨香夕燈之奉，為着法乎？為不着法乎？請者未有以對。

余語之曰：『道無古今，佛無去來，謂師為存而不沒乎？自唐迄今幾七百年，世界如寒暑遷，人生如花葉換，逝水何可挽也。謂師為沒而不存乎？庭前之木，榦換根存；堂中之僧，貌殊性一。群瞻列跪，何見而恭敬？口誦心惟，何慕而歸依？飲水知源，自覺自悟，師豈遠乎哉！惟番禺大都會也，禪師大道場也，地大則衆雜而俗厖，道大則教行而類應。師初出遠遊而終返于是，豈無説邪？以寂照法解炎氛毒。然則僧家為殿以崇之，吾握筆為汝記之，皆善緣也。

咸淳五年十一月初七日。華文閣直學士通奉大夫廣南東路經略安撫使馬步軍都總管兼知廣州軍州事兼管內勸

農使陳宗禮記。

朝散大夫提舉廣南東路常平義倉茶鹽公事兼權運判冷應澂題蓋。

宣教郎知廣州南海縣主管勸農公事兼弓手寨兵軍正王應麟書。

建安陳士可刻。

考略

此碑存廣州光孝寺。高56釐米，寬33釐米。碑額及正文楷書。宋咸淳五年（1269）立。碑文內容為光孝寺供奉六祖大鑒禪師的祖師殿因毀於火，住持僧祖中重新起造，并於殿宇建成後，請作者撰文勒碑。作者先敘六祖於光孝寺落髮、說法之歷史，再以大鑒禪師『無惹塵埃』之說視此舉，則建此殿豈非惹塵埃？以師『心不着法』之論視此舉，則實為『着法』。又以『師存而不沒』『沒而不存』議論闡發佛理，最後結為皆善緣也。寓六祖之法於碑記之中，允為佳作。

撰文者陳宗禮，時任廣南東路經略安撫使馬步軍都總管兼知廣州軍州事兼管內勸農使。題額者冷應澂，時任提舉廣南路常平義倉茶鹽公事兼權運判。陳宗禮、冷應澂《宋史》均有傳，以廉謹著稱。

書丹者王應麟，時知南海縣事。據清錢大昕考證，此王應麟是福建泉州晉江人，非《宋史·儒林傳》中曾寫《困學紀聞》的浚儀王應麟。

達摩像贊

元泰定元年（1324）

釋文

廓然無聖，可機截斷。六合雲收，一輪月滿。

照徹龍樓人未醒，流光少室空懷恨。

山翁與鹿讚嘆，也只道得一半，且如何是那一半？

流輝千古印證潭，具眼之流當自看。

至元甲午住山法孫比丘宗寶拜贊。

泰定甲子七月二十八日住風旛嗣祖比丘慈信拜立。

考略

此碑存廣州光孝寺。高139釐米，寬94釐米。楷書。是元代刻製的雙面像碑，一面為達摩像碑，另一面為六祖像碑。南朝期間，達摩來華，曾到王園寺掛搭，王園寺即是南宋時改稱的光孝寺，現存寺內之遺迹，即相傳為達摩洗缽處的洗缽泉。達摩之後，中國禪宗南宗創始人、六祖惠能亦到光孝寺，公開亮出六祖身份，宣傳禪宗南派教旨。此雙面像碑即為紀念這兩位佛教禪宗祖師在寺中的活動。至元年號，元世祖忽必烈和惠宗妥懽帖睦爾都曾使用，但甲午為至元三十一年（1294），應為忽必烈年號。泰定為元泰定帝也孫鐵木耳年號，甲子為泰定元年（1324），慈信立碑在宗寶作贊後三十年。

六祖像贊

元泰定元年（1324）

釋文

祖師在法性古像

盧溪月冷，庾嶺月明。

風旛非動，訏露心睛。

人間天上覓不得，還照曹溪清更清。

山翁與鹿讚嘆，也只道得一半，且如何是那一半。

光含萬象徹今古，慧日高懸天外昇。

至元甲午住山法孫比丘宗寶拜贊。

泰定甲子七月二十八日住風旛嗣祖比丘慈信拜立。

考略

此碑存廣州光孝寺。此石刻與達摩像石刻分別在一通碑的兩面。高139釐米，寬94釐米。行楷書。像的綫條較粗，面貌摹仿南華寺石刻六祖像，下頦寬大，額頭較矮，與真身塑像相比，距離頗遠。雙目半睜，顴骨較高，鼻梁直垂等特徵，仍然保留了宋代石刻像的形貌。袈裟綫條圓勁，無紋飾。左肩佩環為八角形。袖手，一指外露，頸上繪出喉結，又似摹仿六榕寺六祖銅像。

重修六祖菩提碑記

明萬曆四十年（1612）

釋文

（碑額）重修六祖菩提碑記

佛祖興世，信非偶然。昔宋朝求那跋陁三藏建兹戒壇，預讖曰：『後當有肉身菩薩受戒于此。』梁天鑒元年，又有梵僧智藥三藏航海而至，自西竺持來菩提樹一株，植於戒壇前。且立碑云：『吾過後一百六十年，當有肉身菩薩來此樹下，開演上乘，度無量衆，真傳佛心印之法王也。』今能禪師正月八日抵此。因論風旛語，而與宗法師説無上道。宗踴躍欣慶，昔昕未聞，遂詰淂法端由，於十五日普會四衆，為師祝髮。二月八日，集諸名德，受具足戒。既而於菩提樹下開單傳宗旨，一如昔讖。法才遂募衆緣，建兹浮圖，瘞禪師髮。一旦落成，八面嚴潔。騰空七層，端如湧出。偉欤禪師，法力之厚，彈指即遂。萬古嘉猷，巍然不磨。聊叙梗槩，以紀歲月云。

儀鳳元年歲次丙子吾佛生日。

法性寺講涅槃經法師印宗、勸緣法性寺住持比邱法才仝立。

兹乃李唐法性寺住持法才所建，其來舊矣，寒暑遷流，遂至斷裂，比邱明宰、達欽覩斯古蹟堙沒無聞，爰發喜心，恭同淨侶比邱行繼、超昊、通昊、超敏、實位、真良、超鋭、明宇、顯良、明常捐資勒石，重結清緣。時有居士區亦軫者，夙擅丹青，兼綜名理，偶觀勝事，欣繪此圖，頓見靈山一會，儼然寶塔有如湧出，庶於西乾異種，再標龍藏真詮；東土禪杖，遠接鶴林慈蔭。用垂不朽，聊紀貞珉。

大明萬曆壬子歲季冬望日。

梁子裕刻。

比邱通岸薰沐敬書。

考略

此碑存廣州光孝寺。高65釐米，寬36釐米。篆額，正文行楷書。硯石質，四周有花紋。碑分上、下兩部分。上端刻文字，敘唐儀鳳元年（676）六祖惠能來此，法性寺（光孝寺前名）講涅槃經師印宗為師薙髮於光孝寺菩提樹下，惠能師開東山法門之經過。住持法才建塔瘞髮，立碑記之。九百餘年後，碑石斷裂，明萬曆四十年（1612）光孝寺僧明宰、達欽等重刊唐法才的《瘞髮碑記》，僧通岸所書。下端刻居士區亦軫繪的《菩提樹圖》。

書丹者通岸，南海人。曾與陳子壯、黎遂球等重立南園詩社，與諸名士唱酬。錢謙益《憨山塔銘》謂，與憨山德清始終相依的，有通岸、通炯及覺浪、道盛等人，可見通岸是德清的傳法弟子。

光孝禪寺革除供應花卉碑記

明天啓二年（1622）

釋文

（碑額）光孝禪寺革除供應花卉碑記

勅□□□□□革除供應花□□□

賜進士第文林郎湖廣道監察□□□□巡按南直廬鳳淮楊四府滁和徐三州等處南海王安舜撰文。

賜進士第文林郎江西道監察御史南海吳光龍篆額。

通憲大夫知江西袁州府事前□刑二部尚書郎奉欽差江北廬鳳淮楊等處恤刑番禺高為表書丹。

蓋聞天下無不破之暗，無不鮮之冤，無不除之煩惱。然刼數未消，會昌當厄，三者媒媒晦晦，息心之侶，豈不能高謝四流、俯弘六度？彼夫暗也、冤也、煩惱也，何自跳出大千金篦刮脫？廼必俟馬鳴龍樹廣長舌，本唯是蔭法雲於真際，火宅晨凉；曜慧日於康衢，重昏夜曉哉。此中有機緣焉。夷攷我訶林法衆，觧去輸納煩苦公役，雖屢縷舉，苐以積年之累，一旦滌除，斯亦機緣所在，民困攸蘇。夫一廛之民不勝熙攘焉，一井之畆不勝胼胝焉，復苛之里布，重之青苗，則乞肉補瘡，未有□稱貸而益，十室九空，賦《碩鼠》而歌《鴈鴻》也者，矧以横加於緇流法衆，逖觀乎韶石花城，三依所幕，延袤弘廣，紺宇遐標，能師弟子，法食百千，大衆恬然，僧臘夷猶，何致當塗。宰官下徵寸草，乃省會陋習，民徂詐而僧純樸，販夫鬻子窺辟疆之名園，無洛陽之奇卉，則姚黄魏紫，拓地蒔植，如錦如雲，利豪右之十倍。寺僧或與鬻得一二盆株供佛，而衙皂吏胥中賄於販夫鬻子，槩以耳目之玩督衆僧煩應

於當路，何異舍波斯之舶而求珠，湀茀堇之藏以問玉也。夫以一衝要空門，當省會祝釐綿蕞之地，供應已煩，復令其歲輸草木之玩，當路恬而摧之，諸僧貱而供之，了無寧宇。會浙中許比部粤遊，憩住持行佩僧舍，覿茲苦役而興軫恤。于時署郡符司理海寧董公、南番邑令鳩茲羅公、晋安朱公，慨然湀無上道心，特為議革，令蒔植販鬻者輸供，著為成規，申請直指臺批，據詳荅應，花草滋擾，亟而罷之。洎藩臬諸大夫皆報可焉。遂使頻年夙弊一洗而空之，乃知夫會昌之厄有定，刼數之盡始消。諸大宰官慈悲果鋭，為諸僧破其暗也，解其寃也，除其煩惱也，豈非馬鳴龍樹現彼法身，普度衆生去玆煩苦，凑合一大機緣也耶。余夙脩白業，偶以奉簡書之淮楊，便道里還，頂禮大雄，實讚嘆盛舉。屬諸僧乞言，聊走筆紀此，俾勒貞珉，永杜塵刼，以樹方便法門，斯亦世尊拈花鮮顏，莖草化丈六金身之妙義云爾。是為序。

天啓二年歲次壬戌二月穀旦。

都綱僧超琪，住持僧行佩、超昊併闔山大衆同立石。

考略

此碑存廣州光孝寺。高185釐米，寬88釐米。篆額，正文楷書。硯石質，四面有花紋。刻於明天啓二年（1622），記載光孝寺每有大節日，文武官員集會祝釐頌聖，擺設的花木亦由光孝寺供應，實為省會陋習。作者感慨官府此番革除光孝寺花草供應之滋擾，堪稱一大機緣。《光孝寺志》輯錄此碑記。

撰文者王安舜，字性父，南海人。萬曆三十八年（1610）進士。著有《蘭玉山房集》。

篆額者吳光龍，南海人。萬曆三十二年（1604）進士，官至江西御史。

書丹者高為表，番禺人。曾任知江西袁州府事等職。

洗硯池

明

釋文

洗硯池。

考略

此碑存廣州光孝寺。高111釐米，寬53釐米。隸書。紅砂岩質。據清乾隆《光孝寺志》、道光《南海縣志》載，洗硯池碑原在光孝寺水亭左白蓮池邊。相傳唐代房融在光孝寺協助譯經，建有洗硯池，後廢，尚存一石碑，上鐫『洗硯池』三個隸書大字，旁鐫『鄺露』二小字，草書。但現字迹已漫漶。另清道光《南海縣志·金石略》有此碑著錄。

鄺露，字湛若，南海人。年十三為諸生，工諸體書，能詩，著有《赤雅集》。善琴，喜蓄古器玩。永曆二年(1648)與諸將守廣州，城破，以古琴、寶劍及懷素真迹等環置左右而殉難。

光孝寺新建虞仲翔先生祠碑

清嘉慶十六年（1811）

釋文

光孝寺新建虞仲翔先生祠碑

通奉大夫廣東布政使司布政使南城曾燠譔。

朝議大夫前江南揚州府知府寧化伊秉綬書。

上古聖人，既綏四裔，爰定五宅，窈窕之阻，幽墨之鄉，蓋㠯放窮竒、渾敦者，而後世㠯處屈原、賈誼焉。異矣哉！何荃蕙之化茅，而章甫之薦屨乎？肰屈賈之事，多望古而馮弔；屈賈之人，或進前而不御。當局則迷，覆轍相尋。烏虖仲翔！復罹此咎。吾嘗稽厥身世，覈其心蹟，較之二子，尤可悲焉。當夫孫氏艸創，江表動搖，朝報魏師，夕驚蜀警，得人則霸，失人則亡，士不北投，即將西去，固不同漢文之世，四海嚮風已。仲謀叺梟雄之姿，席父兄之業，屈身忍辱，任才尚計。操興生子之歎，丕叺有人爲憂。方將師事子布，兄事公瑾，聘求名士，收拾人心，又豈楚懷庸昏，專任蘭靳者哉。仲翔故伯符之心交，朙府之家寶也。『平山越下豫章，爲我蕭何。』言猶在耳。及仲謀統事，折孫暠之異志，卻曹魏之寵招，策麋芳之詐降，呵于禁之失節。叺視三閭大夫僅工辭令，洛陽年少欲擅紛更，其才其遇，又非一致，何謗毀之易入，而忠直之不容也。至其徙交州也，禦千里之蝮蛇，望九關之虎豹，命輕形悴，髮白齒落。肰且註經行世，講學授徒，未聞《卜居》之辭，亦無《惜誓》之怨。而于谿蠻宜討，遼海無功，憂在國家，同於疇曩。使仲謀而仁者，當膺宣室之召，叺免汨羅之沉。迺仲翔雖不葬魚，終焉賦服，不其

悲乎？夫仲翔何罪？罪在直諫耳。叺聞先聖『立木之政，喆輔從繩』之言，人臣事君，有犯無隱。然而折檻伏蒲，秖爲僅事；葅醢屬鏤，有同成蹟。何也？庸主多闇，英主多猜。闇則猒惡之根，猜則讒間之漸也。仲謀之爲英主，其孟德之亞乎？往時欲殺仲翔，嘗引孟德殺文舉爲辭。鷹鸇之性，異地同符。是故孟德之害士也，非獨文舉、季珪、正平之類，並就刑誅；仲謀之害士也，非獨仲翔、張溫、顧譚之徒，皆罹重譴。要其獲咎，必由憨直。士生三國，所謂遭時不祥，哀哉！雖肰仲翔一時無知己，而千載之知己多矣；一時無弔客，而千載之弔客多矣。維此訶林傳爲虞苑，民思其人，猶愛其樹。固宜鑿井得泉，建潮郡昌黎之廟；雜蔬薦荔，享羅池劾史之神。祠成，廼書其事，貞諸樂石。

大清嘉慶十有六年歲次辛未十月上石。

廣州府學生員陳曇察書。

此碑原存廣州光孝寺，現已佚。拓本高148釐米，寬72釐米。隸書。碑文盛贊虞翻之品行高潔，性情疏直，其忠君愛國、秉正直言之情操。清宣統《番禺縣續志》卷三十七《金石志五》輯錄此碑記。此碑隸書放縱飄逸，頗為超妙。

虞翻，字仲翔，會稽餘姚人。三國時期吴國學者、官員。他本是會稽太守王朗部下功曹，後投奔孫策，自此仕於東吴。他於經學頗有造詣，尤精易學。後因直言獲罪，被孫權貶到交州，在原南越王趙建德的故宅處建房屋辟苑圃講學，時人稱為『虞苑』。

撰文者曾燠，字庶蕃，江西南城人。官至貴州巡撫，曾任廣東布政使。清代中葉著名詩人、駢文名家、書畫家和典籍選刻家，被譽為清代駢文八大家之一。

書丹者伊秉綬，字祖似，號墨卿，晚號默庵，福建汀州府寧化縣人。清代書法家。歷任刑部主事，後擢員外郎。在任期間，以『廉吏善政』著稱。工書，尤精篆隸，精秀古媚。使清季書法，放一異彩。

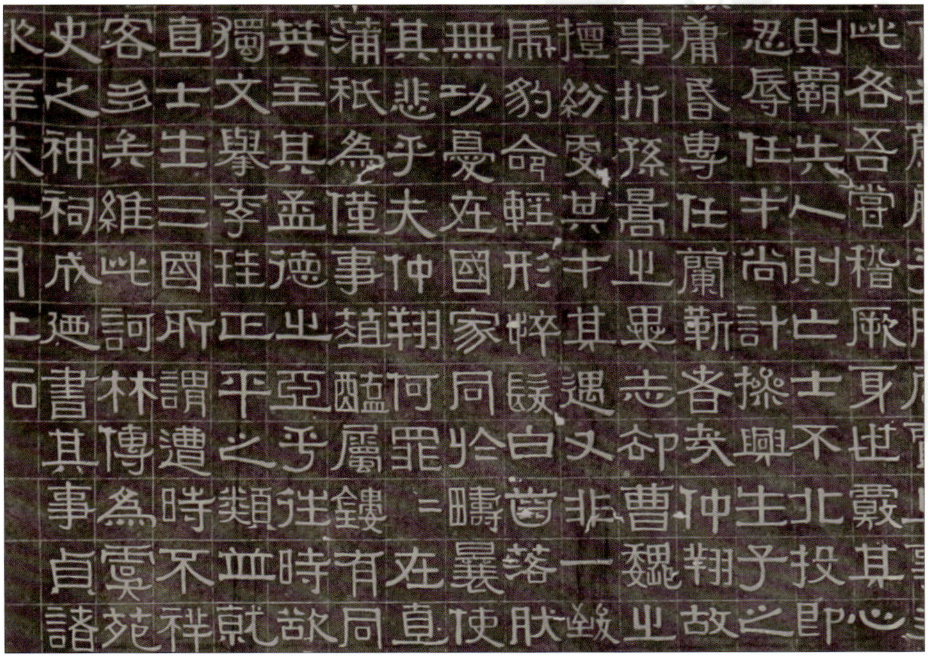

（碑刻局部）

重修光孝

清道光十三年（1833）

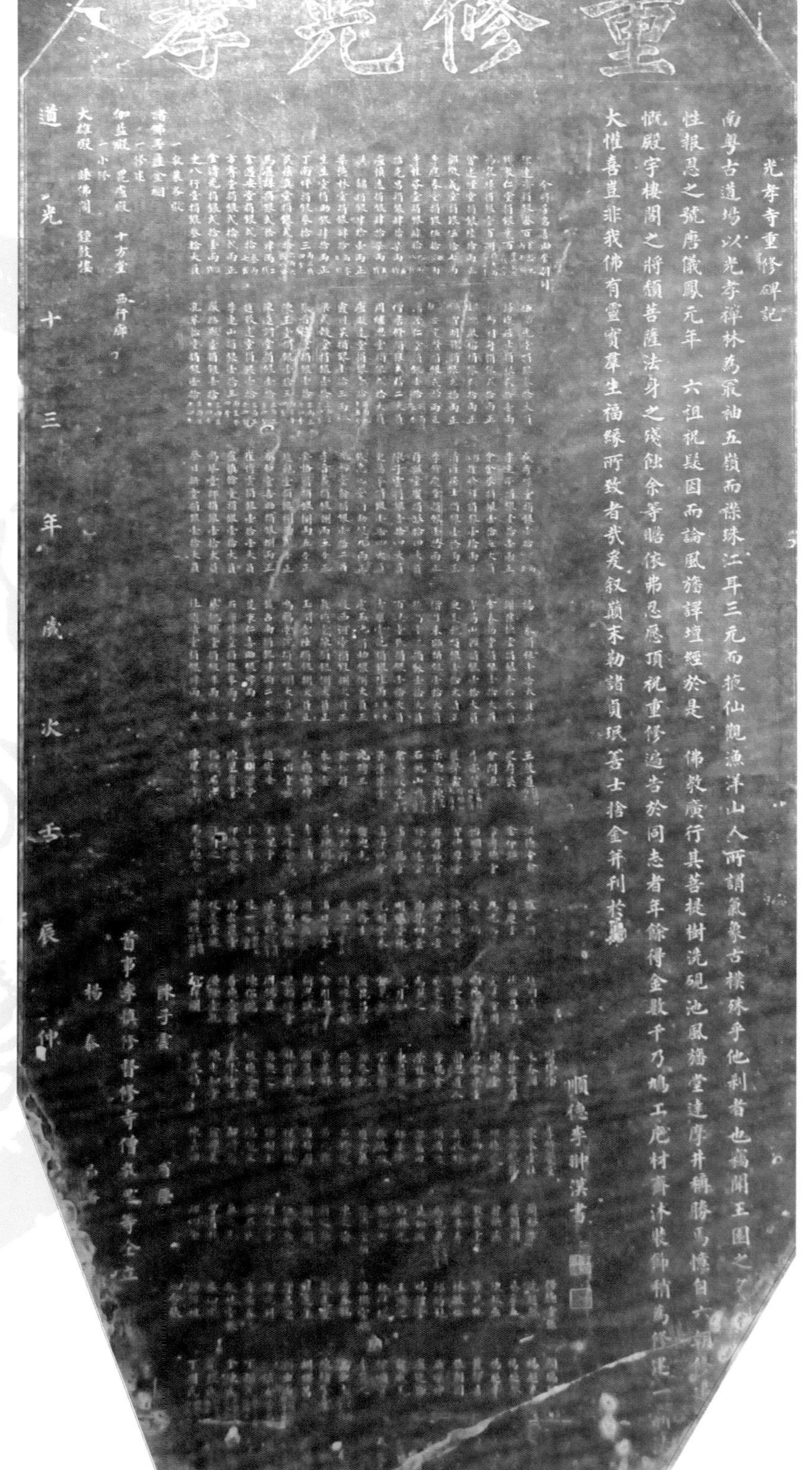

重修光孝

光孝寺重修碑記

南粵古道場以光孝禪林爲冠袖五嶺而襟珠江耳三元而掖仙觀漁洋山人所謂氣象古樸殊乎他刹者也爲閩王園之[illegible]
性報恩之號唐儀鳳元年　六祖祝髮因而論風旛譯壇經於是　佛教廣行具菩提樹洗硯池風旛堂達摩井輝騰焉憶自六朝[illegible]
慨殿宇樓閣之將頹菩薩法身之殘蝕余等瞻依弗忍愿頂祝重修遍告於同志者年餘得金數千乃鳩工庀材齋沐裝飾煥焉修建一新
大惟喜豈非我佛有靈實羣生福緣所致者哉爰敘巔末勒諸貞珉善士捨金并刊於[illegible]

順德李翀漢書

陳子書

首事李[illegible]修督修寺僧[illegible]等仝立

道光十三年歲次壬辰仲[illegible]

釋文

（碑額）重修光孝

光孝寺重修碑記

南粤古道場以光孝禪林為冣，袖五嶺而襟珠江，耳三元而掖仙觀。漁洋山人所謂氣象古樸殊乎他刹者也。竊聞王園之名，創（自晉僧曇賓，後則有法）性報恩之號。唐儀鳳元年，六祖祝髮，因而論風旛譯壇經，於是佛教廣行，其菩提樹、洗硯池、風旛堂、達摩井稱勝焉。憶自六朝修建（以來，星霜有年，）慨殿宇樓閣之將頹，菩薩法身之殘蝕，余等瞻依弗忍，愿頂祝重修，遍告於同志者，年餘得金數千，乃鳩工庀材，齋沐裝飾，稍為修建一新，法（像莊嚴，皆）大懽喜，豈非我佛有靈，實羣生福緣所致者哉。爰叙巔末，勒諸貞珉，善士捨金并刊於石。

順德李翀漢書。

今將芳名喜助金開列：

徐達齋捐銀叁百弍拾九両七錢，錢敦仁堂捐銀貳百肆拾弍両三錢七分，馮泉緣捐銀壹百捌拾七両零二分，曾述經堂捐銀陸百両正，鄒徵義堂捐銀伍拾七両，李應春堂捐銀伍拾六両，李桂芬堂捐銀肆拾九両八錢，招克昌捐銀肆拾柒両五錢，盧慎遠捐銀肆拾柒両五錢，洪鏞捐銀肆拾壹両正，葉德林堂捐銀肆拾両零二分，生生堂捐銀肆拾両正，丁南坪捐銀叁拾三両三錢四分，吴葆真堂捐銀弍拾六両六錢八分，馬展謀捐銀弍拾肆両二錢，金過安堂捐銀弍拾叁両七錢，方壽堂捐銀弍拾弍両正，金清光堂捐銀弍拾壹両三錢，史八行堂捐銀叁拾大員，伍詒光堂捐銀叁拾大員，掃埃居士捐銀弍拾壹両，蘇州馬湘舟捐銀弍拾両正，昆陵沈啟榕捐銀弍拾両正，廣川睡明龍捐銀弍拾両正，信都安定賢捐銀弍拾両正，潘茂仁堂捐銀壹拾捌両五錢，僧居修捐銀弍拾二大員，周繼思堂捐銀弍拾大員，盧凝遠堂捐銀壹拾三両九錢五分，霞川吴捐銀壹拾三両八錢，梁式穀堂捐銀壹拾三両三錢四分，張晋德堂捐銀壹拾三両三錢四分，陳玉堂捐銀壹拾三両三錢四分，陳遵訓堂捐銀壹拾三両三錢四分，趙致遠堂捐銀壹拾三両三錢四分，李連山捐銀壹拾三両三錢四分，嚴紹熙堂捐銀壹拾三両三錢四分，孔萃怡堂捐銀壹拾三両三錢四分，盛秀傑堂捐銀壹拾弍両一錢，李連亭捐銀壹拾壹両正，佘金承捐銀壹拾五大員，邗江謝发祥捐銀壹拾両正，清涯居士捐銀壹拾両正，李餘慶堂捐銀壹拾両正，存誠堂虞捐銀壹拾四大員，陳子雲捐銀壹拾四大員，史藹亭捐銀壹拾四大員，張惠心堂捐助銀九両正，光裕堂俞捐銀壹拾二員，李晋義捐銀捌両五錢正，要恪齋捐銀捌両五錢正，趙覲堂捐銀捌両弍錢正，春和堂喜助捐銀捌両正，崔倚雲捐銀壹拾壹大員，盧慎餘堂捐銀壹拾大員，鳴琴堂邱捐銀壹拾大員，蔡日新堂捐銀壹拾大員，楊泰捐銀壹拾大員正，謝懷德堂捐銀壹拾大員，金泰初堂捐銀壹拾大員，翠筠山館捐銀壹拾大員，東美號捐銀壹拾大員正，僧月來師捐銀壹拾大員，德昌堂沈捐銀壹拾大員，百忍堂捐銀壹拾大員，壽康堂范捐銀陸両三錢二分，虞玉池捐助銀捌大員正，殷西河堂捐銀捌大員正，敦德堂陳捐銀捌大員正，玉潤堂陸捐銀捌大員正，鳴鶴堂沈捐銀捌大員正，錢召南捐銀肆両二錢正，艾秉仁喜助銀肆両正，石雍睦堂捐銀肆両正，蔡把暉堂捐銀肆両正，杜纘緒堂捐銀肆両正，王敦道捐銀肆両正。

果存英、金問漁、李亦馨，以上各捐銀五大員。

裴學霖捐銀四大員半，榮德堂陳三兩一錢六分，石帆山樵四大元正，佘榮綬堂四大員正。

梁懷蔭堂、沈聘三、俞松屏、永安堂、三德堂傅、燕怡堂盛、趙寄安、蘇樹滋堂、橘隱居士、陳星聚堂、滋德堂俞、金仲謙、章溥德堂、怡順堂、曾博厚堂、鄒存誠堂、林兆遠堂、潘榮陽堂、潘守約堂、鄧迪光、和記行、黃棣樹堂、李還浦、雙峰堂、湯二宅、金星予、卜雲峯、邱德慶堂、汪舟之、馬志德堂、盧成麟、福慶堂、應光裕、凌炳、陳遺硯堂、陶集柳堂、明德堂陳、光明堂朱、陳喬生、張興雲，以上各捐銀四大員正。

潘日省堂、劉勝廣、潘和源店、榮美號，以上捐銀三大員正。

陸一帆捐銀壹両正。

楊宏農堂、仗義堂沈、黃應垣，以上捐銀一両六分。

趙湘蘋、杜恒昌堂、愛蓮堂周、順德堂，以上捐銀壹両五錢。

駱愛文堂、成達堂、馬翼之、沈月如、金光岳、嚴昆昌店、績經堂舒、金引泉、何思誠、梁怡經堂、周錫英、陳侶鷗、普德堂羅、慶隆堂孔、趙祥圃、樹珍輝、朱春圃、春溪書屋、陳繼堂、石雲樂堂、静思道人、李瑞雲、榮桂堂、東昌號、丁聚樞、鄭承記、德瑞號、榮華號、廣盈號、林存忠、游奐之、敦德堂陳、泰來堂沈、陳忠和堂、章庭績、李餘慶堂、東永堂、敬慎銀號、邱德慶堂、吴炳華、吴茂林、何廣升、鄒藍思、邱華平、徐敬政、趙全英、黃茂庭、黃兆霖、潘晴圃、程祥林、鍾明玉、楊超文、鄔綺齋、俞源美、陳嘉沛。（因碑文模糊，以下助金芳名略）

一敬裝各殿諸佛菩薩金相。

一修建伽藍殿、毘盧殿、十方堂、西行廊。

一小修大雄殿、睡佛閣、鐘鼓樓。

陳子雲，省塵。

首事李慎修、督修寺僧敬思等仝立。

楊泰，品香。

道光十三年歲次壬辰仲冬（下文殘缺）。

考略

此碑存廣州光孝寺。高176釐米，寬86釐米。碑額及正文楷書。硯石質。記載清道光十三年（1833）重修光孝寺之經過。碑文還反映了一個經濟史實：清中葉，廣州外來銀元與市場銀兩一齊通用，墨西哥銀元輸入已不少，銀元鑄有鷹，故稱『鷹洋』（『洋』即『洋銀』之意），這是中外貿易的產物。當時我國使用的傳統貨幣是銀元寶（亦稱寶銀），各地所鑄亶疊成色皆不統一，不利於流通，也不易分割使用。後清朝改革幣制，鑄造銀元。道光《南海縣志·金石略》輯錄此碑記。

撰文者李翀漢，廣東順德人，廣府地區名士。

寺觀壇廟類

大佛寺諸碑

鼎建大佛寺記

清康熙三年（1664）

釋文

（碑額）鼎建大佛寺記

鼎建大佛寺記

大佛寺者，故龍藏寺遺址，南控城垣，北肩拱北樓，後改爲巡按公署。順治六年己丑春，余受命南征，奉揚天討。先聲所至，電激星馳，仰賴天子威靈，底定全粵。恢省之日，署毀于兵，時以軍戎旁午，未暇尋討。邇者歲不荐饑，民無怨讟，亦云豐亨有象。已念欲祝釐祐國，攷訪舊蹟，因從軍旅之暇，庀材鳩工，董繕其事。是役也，始扵癸夘之春，於甲辰仲冬告竣。東西若干步，南北若干尺，中置梵釋諸相，範金為身，東西兩翼為方丈，香積又若干間，莊嚴宏壯，觀者聳焉。維時藩下文武將吏稱詞以進，曰：『王恢拓粵疆，勞來鎮定，及兹十有六載，惠銘尸祝，功載口碑。況比年繕脩學校，捐造舟船，所以崇文飭武者，慮無不舉。又如英清上游諸峽，路當孔道，蓁蕪荒穢，行路戒心，以及飛來古寺，湮沒蠻烟瘴雨中，蛇虺之與俱，豺狼之所宅，王舉捐發帑藏，一一更新之。盖已惠澤旁流，仁風翔洽矣，又何必範金仙以錫福，考鐘鼓而宣慈也哉？』余曰：『不然，夫策駑蹇者，難與道驊騮之逸足；覩淺近者，難與論要渺之深情。以余鎮兹遐方，日從事扵金戈鐵馬間，雖天威咫尺，而神京萬里，不得與鵷班鵠立諸臣虎拜颺言，所藉以媚兹一人，稱祝無疆者，惟是晨鐘暮鼓，存駿奔對越之想。況瞻仰慈容，而令良有司念切如傷，賢子弟愛深孔邇，則作忠教孝，均在乎是。孰與夫銅柱標名，刑書買謗，為余不穀邀福于大覺諸天也。』因各稽首唯唯，請書其事于石。

旹康熙三年歲次甲辰孟冬吉旦。

平南王尚可喜薰沐拜題。

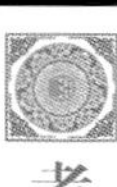

考略

此碑存廣州大佛寺。高261釐米，寬145釐米。篆額，正文楷書。清平南王尚可喜於清康熙三年（1664）所題，敘尚可喜定粤後，因原龍藏寺毁於兵，為祝釐佑國重建此大佛寺之經過。是尚可喜建寺後所刻立的兩通碑中的第一通。因碑文漫漶不清，依清宣統《南海縣志》抄錄。

尚可喜，字元吉，號震陽，明遼東海州人。原為明朝副將，後降清，率軍入關，攻破廣州城時濫殺無辜，清廷封其平南王。與吴三桂、耿精忠並稱『清初三藩』，後清廷削藩，其子尚之信反叛，發兵圍困其父府邸，憂急而死。

大佛寺題名碑

清康熙三年（1664）

釋文

（碑額）大佛寺題名碑

鼎建大佛寺題名碑

茲寺之所由建也，於以祝國釐奠蒼生，寓敬天勤民之意，前文已備載之矣，無容贅也。蓋聞國之大事，在祀與戎，戎馬之功，効力於邊陲者，師武臣之力固已。其所以奉天子簡書，威鎮嶺海，節制文武，撫綏百姓，同勷國事，措糧餉，執國憲，揆文奮武，蹠附後先，奔走禦侮，一時咸有賴焉。嘉績既奏於興朝，而芳名宜垂於福地，則勒石揚休，寧敢獸後於諸君哉？不穀自底定東粵，當時櫛風沐雨，恢復海疆，所與共勷軍國大事者，不可勝紀。語云：『開剏難，守成正自不易。』今日蕩平之功，與開剏相等，使有尺地反側，一夫向隅，曷足以歌功誦德？乃年來威鎮嶺南者，總制文武者，撫綏萬姓者，暨諸司道府佐縣令，咸相拮据，為國為民，極一時之盛。甲辰穐，奉命東征，不戰而屈，豈非諸君之播揚，天子威命有素，曷克至此？戎事與有同功，應備列以光祀典。時十有一月，厥工告成，不穀因命勒石，共垂不朽云！

康熙三年歲次甲辰仲冬吉旦。

平南王尚可喜敬題。

（以下文武官員姓名略）

考略

此碑存廣州大佛寺。高261釐米，寬147釐米。花崗岩質。篆額，正文楷書。是清平南王尚可喜於清康熙三年（1664）所題的一通定粵官員紀功碑。寺廟建成後，尚可喜共刻立兩通碑，前一通碑為敘事碑，說明建寺緣由，此碑為題名碑，先敘國家大事，一為祀典，一為戎馬。再將此番定粵過程中的有功者姓名刻於碑後，以光祀典。因碑文漫漶不清，依清宣統《南海縣志》抄錄。

（碑刻局部）

六榕寺諸碑

王文誥摹刻蘇軾「六榕」題字并附記

清嘉慶二十三年（1818）

釋文

六榕。

六榕二字，蘇文忠公題廣州淨慧寺榜也，後署眉山軾題并書六字。公以紹聖元年甲戌遷惠，九月過廣，訪章質夫，往游城西天慶觀，卽自蒲澗發扶胥入羅浮矣。至四年丁丑四月十九日，再徙儋耳，惟時王敏仲謫袁州，到廣僅一面卽解去，據趙叔盎碑載寺營建始末，寺落成，公已渡海，初未至也。元符三年庚辰六月徙廉，八月遷永，命長子邁自惠移家來會。二十九日挈少子過離廉，九月六日發鬱林，沿容藤而下，十七日抵蒼梧。公欲由封溯臨賀追范沖，而江涸舟缺，乃改計度大庾，從吉出，陸適長沙到永，遂下康、端，以二十四日游三洲，泛羚峽。邁既來赴，而中子迨亦至自陽羨，其遇於廣州蓋九月之杪也。何述罷去，朱行中未至，都轉運使兼攝經畧安撫使程懷立、提舉常平使孫鼛、提點刑獄使王進叔方按臨迎公而入，公感疾，不可以風，餽藥致膳，使旌相望於道，及出報謁移廚傳，淨慧寺乞公臨存，因同游榕林紺塔之間者竟日，而手題寺榜卽其時也。暢月初吉，公將發，懷立為具舟，既餞別，復治筵寺中，而孫鼛與其子候送數十里外，前旌已達，作報書曰來約淨慧，無緣重詣，遂行。公之畱廣月餘，及至寺題榜大畧如此。時年六十有五矣。

計自元符庚辰，迄今歷一十二甲子，此榜丹質金文，屢經雕漆，壞其題款，而大字波畫整暇，生氣凜然猶震耀百世之下。如陸務觀、周子充、朱晦菴、魏華父諸家誦說也。先是，余病公之詩為呂東萊以後編註所亂，其有增輯，得不償失，而與全集諸文自述事實舛誤。嘗汰其蕪謬，補其缺失，積三十年裒成一書，凡詩四十五卷，帖子詞一卷，名曰《蘇文忠公詩編註集成》，卒業於廣之古藥洲上。垂垂老矣，殆將歸焉，尚念此榜更有塗飾，日益損壞，余登蕭山朱橒向學公詩，且以從余備聞公之遺事，爰請具書其狀勒石，納諸寺壁，俾永流傳，余深嘉其意，遂為之紀。

嘉慶戊寅十月戊辰朏。

仁和王文誥見大書於韻山堂中。

兒子霖圻摹榜，寺僧明著監刻。

南海譚明英入石。

考略

此碑存廣州六榕寺。高83釐米，寬200釐米。楷書。花崗岩質。刻於清嘉慶二十三年（1818），『六榕』二字為宋著名文學家、詩人蘇軾手書，清王文誥臨摹并附記。據《蘇軾年譜》載：元符三年（1100）九月，應程懷立之約，遊淨慧（六榕）寺，憩寺六榕下，題『六榕』。王文誥《蘇文忠公詩編註集成》總案又云：『後有「眉山軾題并書」六字，亦凸，僅存字形而已。』據王文誥附記稱：蘇軾於宋紹聖元年（1094）被貶後，曾數次遊廣州，元符三年（1100）九月，又偕其子蘇迨到廣州。廣州安撫使程懷立等迎接，設宴款待，在淨慧寺遊覽，手書『六榕』寺榜。寺榜從元符三年至清嘉慶年間，屢經雕漆，後為防題款損壞，乃將字摹刻石上，以傳真迹。一九二〇年，該手迹再次被摹刻。『文化大革命』後，又據石榜刻為木榜，懸於寺門。

王文誥，字純生，號見大。浙江仁和人。客粵三十年，至老歸鄉。擅書法兼山水畫，能詩。對蘇軾生平及詩文有研究，著有《蘇文忠公詩編註集成》《韻山堂集》等。

重修六榕寺佛塔記

清光緒元年（1875）

重脩六榕寺佛塔記

重脩六榕寺佛塔記

廣州城西有寺曰寶莊嚴中有塔曰舍利梁大同三年沙門曇裕所造也唐及五代世有繕脩迨宋初燬

於火勝蹟湯然元祐元年郡人林脩創議建復改其名曰千佛凡九級高二十有七丈魏煥輪囷實為粵

東之望然其間時移世變更數百年屢興屢癈風雨剝蝕兵燹摧殘已非前日之舊觀矣迨咸豐六年秋

颶母為災塔頂亦委墜於地象教陵夷於斯為甚余以同治壬申歲奉

天子命來撫是邦幸賴

聖澤覃敷歲豐人和海宇無事於是搢紳耆老咸以脩塔請僉曰是塔俯臨百粵雄關三城厥狀如五色筆矗

插霄漢有文明之象加以王子安記事之文蘇子瞻題額之字前賢遺蹟烏可久湮今當百癈具舉盍重

新輪奐為萬民祈福乎余因念培植文風興復古蹟皆守土責也遂商諸瑞澄泉節相長樂初將軍及二

三僚友詢謀僉同爰籌經費并選幹員鳩工營繕經始於同治甲戌孟秋至光緒元年四月而工畢規模

宏麗寶相莊嚴四方來觀翕然稱善惜乎澄泉節相先已騎箕未能一日登覽以落其成良可慨歎雖然

余之與諸君子經營是役者非徒為壯觀瞻快臨眺已也使他日人文蔚起海澨澄清民登袵席之安士

萃衣冠之盛而後此舉為不虛焉至謂是塔以鎮海眼地脉所關鄉曲傳聞存而弗論可耳與是役者布

政使俊達按察使張瀛鹽運使國英督糧道貴珊補用道文星瑞廣州協副將喀郎阿例得附書是為記

誥授資政大夫兵部侍郎都察院右副都御史巡撫廣東等處地方提督軍務兼理糧餉山左張兆棟撰并書

大清光緒紀元歲在旃蒙大淵獻斗柄指巳之月穀辰　立石

釋文

（碑額）重脩六榕寺佛塔記

重脩六榕寺佛塔記

廣州城西有寺曰寶莊嚴，中有塔曰舍利。梁大同三年沙門曇裕昕造也。唐及五代世有繕脩，迄宋初燬於火，勝蹟蕩然。元祐元年，郡人林脩創議建復，改其名曰千佛，九九級，高二十有七丈，巍煥輪囷，實為粤東之望。然其間時移世變，更數百年屢興屢廢，風雨剥蝕，兵燹摧殘，已非前日之舊觀矣。迨咸豐六年秋，颶母為灾，塔頂亦委墜於地，象教陵夷，於斯為甚。余以同治壬申歲奉天子命來撫是邦，幸賴聖澤覃敷，歲豐人和，海宇無事，於是縉紳耆老咸以脩塔請僉曰：『是塔俯臨百粤，雄闞三城，厥狀如五色筆矗插霄漢，有文明之象，加以王子安記事之文，蘇子瞻題額之字，前賢遺蹟烏可久湮，今當百廢具舉，盍重新輪奐，為萬民祈福乎。』余因念培植文風，興復古蹟，皆守土責也。遂商諸瑞澄泉節相長樂初將軍及二三僚友，詢謀僉同。爰籌經費并選幹員鳩工營繕，經始於同治甲戌孟秋，至光緒元年四月而工畢。規模宏麗，寶相莊嚴，四方來觀，翕然稱善。惜乎澄泉節相先已騎箕，未能一日登覽以落其成，良可慨哉。雖然，余之與諸君子經營是役者，非徒為壯觀瞻快臨眺已也，使他日人文蔚起，海滋澄清，民登衽席之安，士萃衣冠之盛，而後此舉為不虛焉。至謂是塔以鎮海眼，地脉昕關，鄉曲傳聞，存而弗論可耳。與是役者，布政使俊達、按察使張瀛、鹽運使國英、督糧道貴珊、補用道文星瑞、廣州協副將喀郎阿例湑附書。是為記。

誥授資政大夫兵部侍郎都察院右副都御史巡撫廣東等處地方提督軍務兼理糧餉山左張兆棟撰并書。

大清光緒紀元歲在旃蒙大淵獻斗柄指巳之月穀辰立石。

考略

此碑存廣州六榕寺。高 240 釐米，寬 100 釐米。隸額，正文楷書。花崗岩質。碑文先敘六榕寺歷史沿革，再述佛塔年久失修，咸豐六年（1856）颶風將塔頂吹落，作者與僚友籌備重修佛塔之經過。

撰文者張兆棟，字伯隆，號友山。山東濰縣人。以進士授刑部主事，累遷郎中。咸豐十一年（1861）陞廣東巡撫，後曾兼攝總督事。

重修六榕寺佛塔記

清光緒元年（1875）

重修六榕寺佛塔記

廣州都會憑山瞰海為百蠻鏢鑰番船連檣貨寶鮮集固一大重鎮也城西有窣堵坡為梁大同三年曇裕法師建塔賜號寶莊嚴者是也唐王勃嘗撰舍利塔記宋端拱中繕脩之改名淨慧寺後燬於火塔無存世易時移陵谷遷變元祐元年郡人林脩創議建復夢神告以在子城朝天門外里許四環有水之井者即故基也果得之并獲古鼎鏡劍塔乃成計九級巍峨輪奐雄矗入十海船收港引為表望也紹聖時蘇文忠公謫戍嶺南僑寓天慶觀沙門道綜丐公題額公喜其地有六榕古翠濃陰大書六榕兩字與之懸諸門牓由是來游者仰玩東坡墨寶羣以六榕呼而不知寺名之為淨慧也噫異矣公文章經濟麟麟炳炳為宋名臣惜其道未之大行使非偃蹇南來前賢顯濡何從光鑾徽而與佛塔同壽哉不佞束髮讀史即深仰止同治己巳恭銜

巽命鎮茲疆土署與塔鄰又為漢軍正藍旗駐防地幸得訪公之舊跡瞻公之遺翰予與公豈非緣哉雖然名勝興替時也亦守土責也地經兵燹巋然獨存而多歷年所風雨剝蝕半摧壞今

聖天子寶祚凝承南方無事傳曰有其舉之莫敢廢也遂謀諸僚友取撥於海防經費之羨餘亟鳩厥工咸裁浮費始脩於甲戌孟秋落成於乙亥孟夏未逾稔而古跡煥然觚稜巑岏旋廊宛轉朱闌寶頂五光十色仍舊制也且瞻遠登眺三城形勢如在掌中庶千載下彼都人士訪文忠之舊跡瞻文忠之遺翰因知此舉顛末予或附公後而名藉得圖以並彰焉豈又非緣哉是為記

皇清光緒元年歲次旃蒙大淵獻孟夏月穀辰

誥授振威將軍鎮守廣州等處地方將軍統轄滿漢八旗及水師旗營官兵節制廣東陸路鎮協各營加三級紀錄十三次札庫穆長善撰文

誥授振威將軍和碩額駙鎮守廣州等處地方漢軍副都統兼署滿洲副都統統轄滿漢八旗及水師旗營官兵世襲散秩大臣加七級紀錄二次果爾敏書丹

督脩官

誥授武顯將軍二品頂戴鑲白正藍旗漢軍協領加五級紀錄二次[illegible]德源

誥授武翼都尉正黃正紅旗漢軍協領加一級紀錄六次劉[illegible]

釋文

（碑額）重修六榕寺佛塔記

重修六榕寺佛塔記

廣州都會，憑山瞰海，為百蠻鏁鑰，番船連檣，貨寶鱗集，固一大重鎮也。城西有窣堵坡焉，梁大同三年曇裕法師建塔，賜號寶莊嚴者是也。唐王勃嘗撰舍利塔記，宋端拱中繕脩之，改名淨慧寺，後燬於火，塔無存。世易時移，陵谷遞變，元祐元年，郡人林脩創議建復，夢神告以在子城朝天門外里許，四環有九古井者，即故基也，果得之，并獲古鼎鏡劍。塔乃成，計九級，巍峨輪奐，雄矗天半，海舶收港引為表望也。紹聖時蘇文忠公謫戍嶺南，僑寓天慶觀，沙門道綜丐公題額，公喜其地有六榕，古翠濃蔭，大書『六榕』兩字，與之懸諸門牓，由是來游者仰玩東坡墨寶，羣以六榕呼而不知寺名之為淨慧也。噫！異矣！公文章經濟，麟麟炳炳，為宋名臣，惜其道未之大行，使非偃蹇南來，前賢穎瀋，何從光蠻徼而與佛塔同壽哉！不佞束髮讀史，即深仰止，同治己巳恭銜巽命鎮茲疆土，署與塔鄰。又為漢軍正藍旗駐防地，幸得訪公之舊跡，瞻公之遺翰，予與公豈非緣哉！雖然名勝興替，時也，亦守土責也，地經兵燹，巋然獨存，而多歷年所，風雨剥蝕，半摧壞。今聖天子寶祚凝承，南方無事，傳曰『有其舉之，莫敢廢也』，遂謀諸僚友，取撥於海防經費之羡餘，亟鳩厥工，咸裁浮費。始脩於甲戌孟秋，落成於乙亥孟夏，未逾稔而古跡煥然，觚稜巀嵲，旋廊宛轉，朱闌寶頂，五光十色，仍曩制也。且瞻遠登眺，三城形勢，如在掌中。庶千載下，彼都人士訪文忠之舊跡，瞻文忠之遺翰，因知此舉顛末，予或附公後而名藉浮圖以並彰焉，豈又非緣哉？是為記。

皇清光緒元年歲次旃蒙大淵獻孟夏月穀辰。

誥授振威將軍鎮守廣州等處地方將軍統轄滿漢八旗及水師旗營官兵節制廣東陸路鎮協各營加三級紀錄十三次札庫穆長善撰文。

誥授振威將軍和碩額駙鎮守廣州等處地方漢軍副都統兼署滿洲副都統統轄滿漢八旗及水師旗營官兵世襲散秩大臣加七級紀錄二次果爾敏書丹。

督脩官：誥授武顯將軍二品頂戴鑲白正藍旗漢軍協領加五級紀錄二次丁德源。

誥授武翼都尉正黃正紅旗漢軍協領加一級紀錄六次劉秉和。

考略

此碑存廣州六榕寺。高233釐米，寬94釐米。篆額，正文楷書。嵌花崗岩浮雕雙龍碑框。碑文記述重修佛塔經過，作者於同治八年（1869）奉命來守廣州，時六榕寺佛塔半摧壞。遂謀諸僚友取撥於海防經費之羨餘修塔，於同治十三年（1874）秋動工，光緒元年（1875）夏修成。

撰文者長善，字樂初，他塔喇氏，滿洲正紅旗人。官至廣州將軍。是光緒時珍妃、瑾妃的伯父。有《芝隱室詩存》。

書丹者果爾敏，滿族人。清同治八年（1869）出為廣州漢軍副都統，光緒二年（1876）授杭州將軍，後任馬蘭峪總兵。在廣州八年期間曾作《廣州土俗竹枝詞》。著有《洗浴齋詩草》。

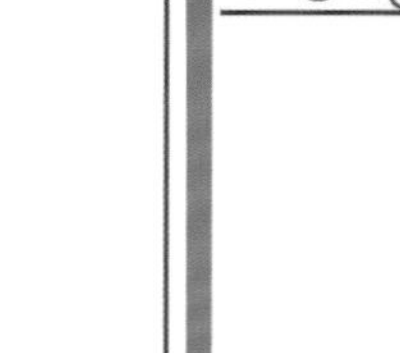

六榕寺建東坡精舍記

民國九年（1920）

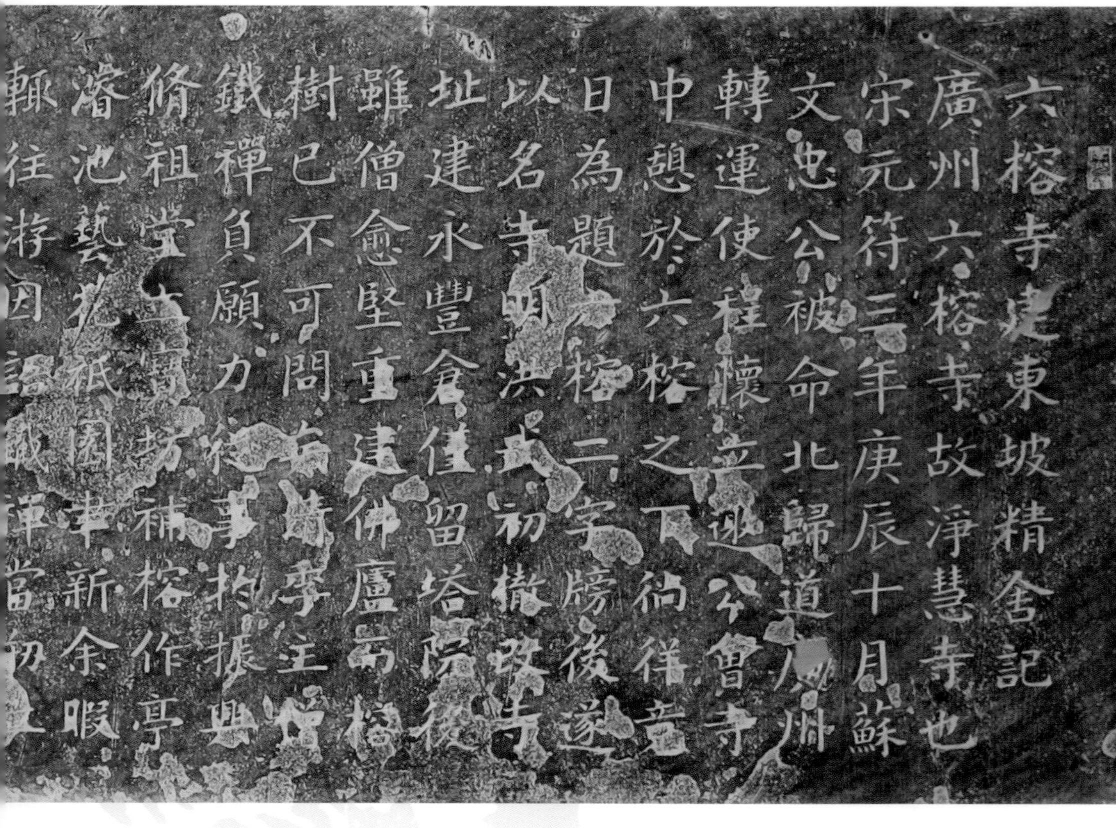

贊美獨出鉅金擔其營造
計日而觀成奉公笠屐像
嵌公書證道歌殘石於壁
四時佳日士女瞻禮舉欣
欣然趨避為勝事蓋文忠
公以名臣大儒遠[illegible][illegible]謫
於時小人[illegible]之於其所[illegible]
寄官舍僦民居猶被[illegible]逐
而孰知身後之嚮慕崇拜
即空桑一宿鴻雪一痕凡
所經行標揭增重有如是
者其亦足以信人世秉彝
之公而[illegible][illegible]夫特立之節
也已鐵禪絢初謂不可無
述也為之記使鐫諸石
庚申四月劍川趙藩譔書

考略

此碑原存廣州六榕寺，現僅存拓本。據《蘇軾年譜》，宋元符三年（1100）五月蘇軾『量移廉州』，約在九月底至廣州，為廣州淨慧寺題『六榕』二字，由是寺以人名，人以寺傳，後世之人愛東坡其人，亦惜東坡遺迹，遂在寺中築舍以紀念之。

撰文者趙藩，字樾村，一字介庵，別號蝯仙，晚年號石禪老人。雲南省劍川縣人。雲南省白族。雲南省近代歷史上著名的學者、詩人、書法家。光緒乙亥年（1875）舉人，曾任四川臬臺，官至川南道按察使。參加過辛亥革命和護國、護法運動。任雲南省圖書館館長。總纂《雲南叢書》等。

釋文

六榕寺建東坡精舍記

廣州六榕寺，故淨慧寺也。宋元符三年庚辰十月，蘇文忠公被命北歸，道應州轉運使程懷立邀公會寺中，憩於六榕之下，徜徉竟日，為題六榕二字牓，後遂以名寺。

明洪武初，撤改寺址建永豐倉，僅留塔院，後雖僧愈堅重建佛廬，而榕樹已不可問矣。

清季主僧鐵禪負願力，從事抡振興，脩祖堂，立寶坊，補榕作亭，濬池藝花，祇園聿新。余暇輒往游，因語鐵禪，當剏立東坡精舍，表蘇公遺蹟。而新會劉絢初居士煥聞之贊美，獨出鉅金，擔其營造。計日而觀成，奉公笠屐像，嵌公書《證道歌》殘石於壁。四時佳日，士女瞻禮，舉欣欣然，韙為勝事。

嗟夫！文忠公以名臣大儒遭讒遠謫抡時，小人極之於其所往，寄官舍、僦民居，猶被責逐，而孰知身後之嚮慕崇拜，即空桑一宿，鴻雪一痕，凡所經行，標揭增重，有如是者，其亦足以信人世秉彝之，公而堅士夫特立之節也已。鐵禪、絢初謂不可無述也，為之記，使鐫諸石。

庚申四月劔川趙藩譔書。

蘇文忠公笠屐像

民國九年（1920）

釋文

蘇文忠公笠屐像

生平所見公象寫本刻本無慮數十，水月幻化，大率意為，惟北平翁氏所摹南熏殿藏宋人寫本，當得其真。因轉繪之，仍笠屐拄杖，用存嶺南故事，付鐵禪鐫石，嵌奉精舍，并識歲月。

時庚申五月二十日滇南後學趙藩。

考略

此碑存廣州六榕寺。高156釐米，寬78釐米。行書。花崗岩質。清中葉，翁方綱以其昔年在宮廷南薰殿臨摹的宋人所繪《東坡笠屐圖》贈六榕寺，歷代相傳至鐵禪和尚珍藏。民國八年（1919）依趙藩建議，將此圖鐫刻入石，翌年五月二十日工竣。

撰文者趙藩簡介參見《六榕寺建東坡精舍記》之考略。

海幢寺諸碑

鼎建海幢寺碑記

清康熙十八年（1679）

考略

此碑存廣州海幢寺。篆額，正文楷書。碑已殘。清康熙十八年（1679）刻立，海幢寺住持今無立石。此碑曾散佚，至一九九二年春在海珠區南園酒家停車場被發現，其時架於磚上做桌子使用，已殘缺，後運回海幢寺。清宣統《番禺縣續志》卷三十六《金石志四》輯錄此碑記。

撰文者王令，字仲錫，陝西渭南人。生卒年不詳。由拔貢生官至廣東按察使（提刑按察使司按察使）。在廣東任職十餘年，工詩文，著有《念西堂詩集》八卷，《古雪堂文集》十九卷，《四庫總目》傳於世。丹霞山著名石刻『丹霞』為其手筆。

釋文

（碑額）鼎建海幢寺碑記

創建海幢寺碑記

當郡城都會，大河之南，（昔曰盧城，今曰河南。考古迹，蓋萬寀嶺福場園地也。舊有千秋寺，地址頗曠，相傳為南漢所建。久廢為居民產。前有僧光半、月池募於長）者郭龍岳，稍加葺治，成（佛堂、準提堂各一。顏曰：『海幢』。蓋取效法於海幢比邱之義。以比邱在昔能修習般若波羅蜜，入百萬阿僧，祇刦了無障礙故也。乙未）春，長慶空老人應（平、靖兩藩請，偶憩於此。樂其幽靜，遂一寄迹。尋返錫華首，四衆思慕。亡何，入滅皈禮。諸檀信如大中丞李公瑞梧、侍郎王公圓長、）總戎張公葵軒、方伯曹（公秋岳輩，謂主法不可無人，相率禮請其嫡嗣雷峯天和上繼席。和上癖於岩壑不往，而難於辭。適阿公承心印、受衣鉢，囑屬）以首座。遂命主海幢院（事。事無鉅細，率稟教焉。公豎大法幢，撾塗毒鼓，吸西江而翻東海。緇素文風，四方雲集，上而王公大人，下而販夫稚子，莫不泥首皈）命，業大歡喜，隨地布金，（因緣輻輳。遂於丙午之夏，首建大殿，廣七楹、高三尋有咫，矢棘翬飛，碧紺萬狀，望若天半彩霞。殿后右角，則地藏之閣，聳峙巍峩。八）角鐘臺，聲澈雲表。

逾年（丁未，□□□□就大殿。前二百餘武，建四大天王殿，金碧掩映，像設莊嚴，見者竦然生敬。入山門，過天王殿，左右肅立，為韋馱、伽）藍兩殿。更十餘武，窓楹（相間，兩翼森列者為廻廊，周折而整齊。由是迤邐而行，

以盡寺之右方，稍近裏者為叢現堂。堂前棟宇相連，上下各五楹，窓楹對啟，）上則香積厨，其下則齋（堂。由齋堂而右，則大悲閣與藥師佛母堂，參差并蓋，鼎足而三焉。其俯而平，揖而內向者，則職事諸寮也。退而稍後，則有持福堂，）因地勢而建。其地之址，（視前楹瓴脊有加，為諸檀信尸祝之所。枕斯堂後，傑閣重廊，連雲并卷者，則庫司兩座，以貯米鹽零雜。又後為彌陀院。環院而拱列）者，若寮舍，若開房，乃不（可殫述。而牆外彌望，率為蓺植圃，圃之盡處，為普同墖。圃之中區，坭垣草屋，斜散蕭疎，宕然煙邨籬落景況，令人軒冕之想都忘。若）僧光半、池月始基所建，則今（之禪堂、客堂者。是以其緊附右廊，庇而存之，以志不忘。如是而海幢之壯麗不獨甲於粵東，抑且雄視宇內，土木之功亦云殫矣。而）後衛未聳，則形勢不全，（侈視者猶以為病。於是信施諸公，羣然而興。乃就後方餘地，築土成臺。出地數尺，周甃以石臺，上建藏經閣。廣九楹，其高逾於大殿）者三之一。碧瓦朱甍，侵（霄爍漢。叢林創建之盛，至是蓋無以加矣。非阿公廣種人天福，何以叩而輒應、標指而成有若是哉。比年以來，余獲與公以暇）日遲公過署流連，動以（數日談，宵分不輟，汩汩滔滔，辯才無礙，瞬目揚眉，莫非機用所發。其所以為人者，徹底徹裏，於無語句處，截斷衆流。真令見者喪身，）聞者失命，此上根之士，（所以歸之若鶩也。

嗟乎！古今所稱善知識者，指不勝屈，求其如公之福慧具足，有幾人哉？余謂公之語錄文字，無一不侶大慧，而作）用過之，殆祖位中再來（者。公嘗語余：『後殿功成請藏，事竣尋當退院，一瓢一鉢，以行腳老寺之本末，子盍為我記之？』余謂公能若是，余當掛冠以從，相與翱）翔於吴山越水間，以行（其素志。今公之願力既遂，余

乃請申前約可乎？嘗聞自古聖賢豪傑之出世間，無不具大智慧、大力量，其經營建置，往往非人所及。）因就公所述，

記其緣起（之由、創造之迹，以迄於落成之日者，如此以視後之人，俾數守焉。若檀信姓氏捐修欵項，及舖舍、租課、

田產坵段，例得數目，詳載於）碑陰。

廣東提刑按（察使司關中王令頓首拜撰。）

賜進士第吏（部觀政古岡殷章頓首拜書。）

戊午科解元（候選知縣南海林開春頓首拜篆額。）

康熙十八（年歲在己未夏六月廿三日住持今無立石。）

禁婦女入寺燒香示

清光緒七年（1881）

禁婦女入寺燒香示

廣東布政使司姚
廣東按察使司倪　為嚴禁婦女入寺燒香以維風化事照得男女之防古今通禮行然異路授受不親所以别嫌明微也本司等偶過觀音山見有男女成群焚香拱拜已覺駭然乃聞省城内外凡有寺院叢林無不如是廣東習俗溺於福田利益之説以佞佛飯僧誦經修廟為功德一若富壽多男皆由求佛而獲無知婦女相率効尤甚服冶容題緣齋願男女混雜大會無遮甚至祝髮皈依捨身供役傷風敗俗莫甚於斯訪得本年五月初旬海幢寺僧招引婦女多人修建齋醮夜以繼日衆觀如堵物議沸騰以致遊客與寺僧互相捧唱幾釀事端惡習相仍殊堪髮指本應聞風飭捕又恐不教而誅合行出示曉諭為此示仰該管官吏及軍民住持人等知悉嗣後婦女各宜静守深閨恪遵女誡如敢於各寺院叢林仍前遊治託為禮懺逐愿燒香者婦坐其夫無夫即坐本婦女坐其父無父坐其伯叔兄僧道尼姑不行拒絶敢於招引者該地方官一併鎖拿到案按律懲處如示通衢決不寬貸該管地方官容隱不舉或經訪聞或被告發地方官亦必議以應得之咎各宜懔遵毋違特示

光緒七年五月　　日告示

釋文

（碑額）禁婦女入寺燒香示

廣東布政使司姚、廣東按察使司倪：為嚴禁婦女入寺燒香以維風化事。照得男女之防，古今通禮，行必異路，授受不親，所以別嫌明微也。本司等偶過觀音山，見有男女成群，焚香摸拜，已覺駭然。乃聞省城內外，凡有寺院叢林無不如是。廣東習俗溺於福田利益之說，以佞佛、飯僧、誦經、修廟為功德，一若富壽多男皆由求佛而獲。無知婦女相率効尤，豔服冶容，題緣賽願，男女混雜，大會無遮。甚至祝髮皈依，捨身供役，傷風敗俗，莫甚於斯。訪得本年五月初旬，海幢寺僧招引婦女多人修建齋醮，夜以繼日，衆觀如堵，物議沸騰，以致遊客與寺僧互相捧唱，幾釀事端。惡習相循，殊堪髮指。本應聞風掩捕，又恐不教而誅，合行出示曉諭，為此示仰該管官吏及軍民住持人等知悉：嗣後婦女各宜静守深闈，恪遵女誡。如敢於各寺院叢林仍前遊冶，託為禮懺還愿燒香者，婦坐其夫，無夫即坐本婦；女坐其父，無父坐其伯叔弟兄。僧道尼姑不行拒絶，敢於招引者，該地方官一併鎖拿到案，按律懲處，枷示通衢，决不寬貸。該管地方官容隱不舉，或經訪聞，或被告發，地方官亦必議以應得之咎。各宜懍遵毋違。特示。

光緒七年五月日告示。

（碑側文字：此碑如有毀損，該寺主持照刻補豎。）

此碑存廣州海幢寺。高61釐米，寬29釐米。碑額及正文楷書。花崗岩質。是清光緒七年（1811）廣東布政使姚覲元與按察使倪文蔚聯銜頒布告諭，勒石置於寺廟。碑文斥責粵人佞佛，辭鋒直指海幢寺，因婦女遊寺，男女混雜，大會無遮，認為『傷風敗俗，莫甚於斯』，故而禁之。

廣州光孝寺也有一方類似碑刻，碑已毀，《光孝寺志》輯錄碑文，與該碑略同。又，江蘇蘇州府、浙江天台縣、安徽休寧縣等地亦有類似禁止婦女入寺燒香示諭碑記，可知此等禁令並非針對某個寺廟，可能是適用於所有寺廟。

清律嚴禁婦女私自入寺早有明文規定，並且是沿襲《明律》，把婦女入寺燒香視為『淫祀』行為而加以禁止。清廷認為邪教蠱惑愚民，由來已久，善男信女上當受騙者，以婦女居多；也由於婦女私自入寺廟，輒為無良僧道所惑，騙財失身，故以奸罪論處。此律一頒，婦女私自入廟燒香便觸犯官府律例。同時，巫覡術士之妄言吉凶，蠱惑婦女，煽動人心，誘人入教，為害不小，『故為首者絞候』。清廷一再申明此等條例，自有其社會風氣的考量因素。舊時婦女被禁錮在家不得自由，從中可見一斑。

聯歡亭記

民國二十三年（1934）

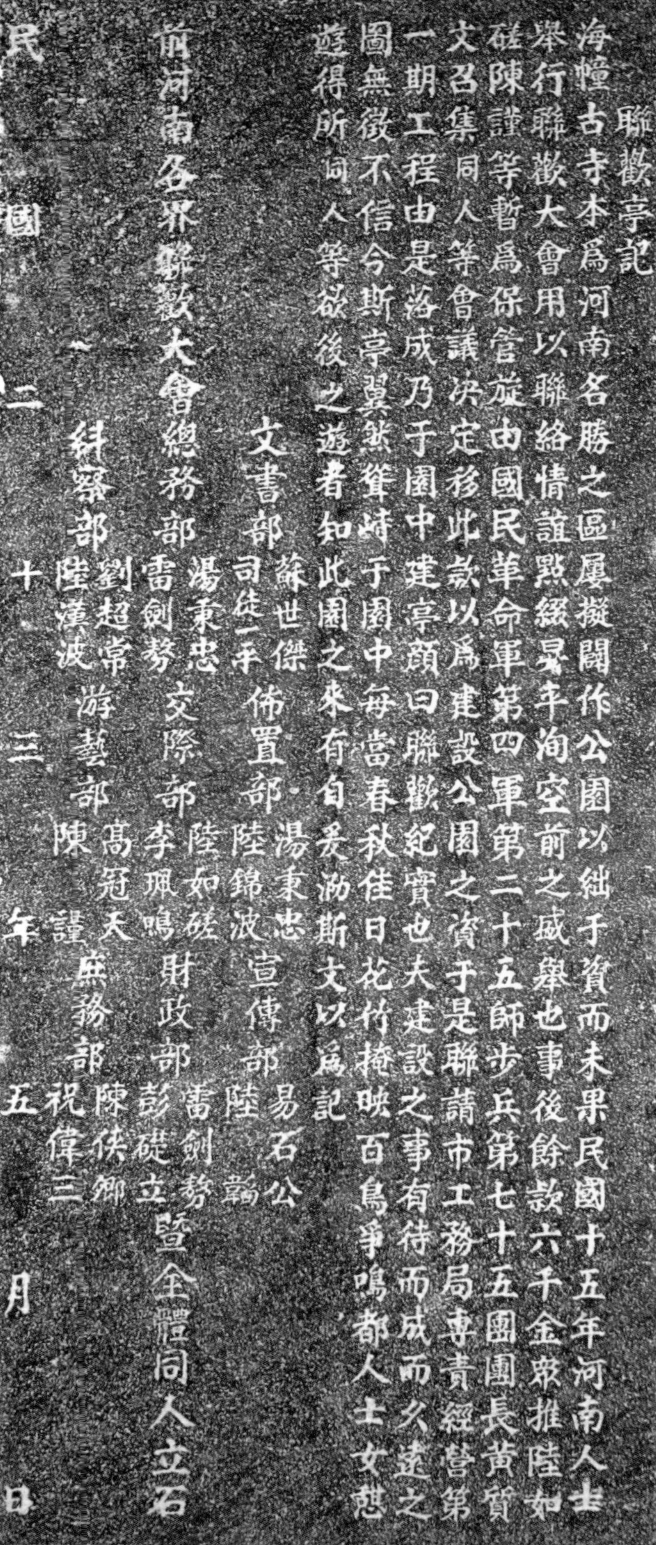

聯歡亭記

海幢古寺本爲河南名勝之區屢擬闢作公園以絀于貲而未果民國十五年河南人士舉行聯歡大會用以聯絡情誼點綴昇平洵空前之盛舉也事後餘款六千金衆推陸如磋陳謹等暫爲保管旋由國民革命軍第四軍第二十五師步兵第七十五團團長黄質文召集同人等會議決定移此款以爲建設公園之資于是聯請市工務局專責經營第一期工程由是落成乃于園中建亭顔曰聯歡紀實也夫建設之事有待而成而久遠之圖無徵不信今斯亭翼然聳峙于園中每當春秋佳日花竹掩映百鳥爭鳴都人士女憩遊得所同人等欲後之遊者知此園之來有自爰泐斯文以爲記

前河南各界聯歡大會總務部 湯秉忠 雷劍勢

文書部 蘇世傑 司徒一平　佈置部 湯秉忠 陸錦波　宣傳部 易石公 陸翰

交際部 陸如磋 李珮鳴　財政部 蕾劍勢 彭礎立

糾察部 劉超常 陸漢波　游藝部 高冠天 陳謹　庶務部 陳俠鄉 祝偉三

暨全體同人立石

民國二十三年五月　日

廣府金石錄

釋文

聯歡亭記

海幢古寺本爲河南名勝之區，屢擬闢作公園，以絀于資而未果。民國十五年，河南人士舉行聯歡大會，用以聯絡情誼，點綴昇平，洵空前之盛舉也。事後餘款六千金，衆推陸如磋、陳謹等暫爲保管。旋由國民革命軍第四軍第二十五師步兵第七十五團團長黄質文召集同人等會議，决定移此欵以爲建設公園之資。于是聯請市工務局專責經營第一期工程，由是落成。乃于園中建亭，顔曰『聯歡』，紀實也。夫建設之事有待而成，而久遠之圖無徵不信。今斯亭翼然聳峙于園中，每當春秋佳日，花竹掩映，百鳥爭鳴，都人士女憩遊得所。同人等欲後之遊者知此園之來有自，爰泐斯文以爲記。

文書部：蘇世傑、司徒一平。

佈置部：湯秉忠、陸錦波。

宣傳部：易石公、陸韜。

前河南各界聯歡大會總務部：湯秉忠、雷劍棼。

交際部：陸如磋、李珮嗚。

財政部：雷劍棼、彭楚立。

糾察部：劉紹常、陸漢波。
游藝部：高冠天、陳謹。
庶務部：陳俠卿、祝偉三。
暨全體同人立石。
民國二十三年五月　日。

考略

此碑存廣州海幢寺。楷書。刻於民國二十三年（1934）五月。據載，民國初期，廣州市政當局與河南各界人士有在河南設立公園之議，並於民國十五年（1926）三月的市政決議案中，選址寶崗建『河南公園』。在籌備期間，因遇到大量遷墳和工程耗資較大，且可能會引起族姓爭議，故至民國十八年（1929），才又決定先行把海幢寺改為公園。河南各界人士舉行聯歡大會，並籌措經費作為第一期工程。同時建『聯歡亭』，置立『聯歡亭記』碑刻以紀其事。亭原在海幢公園正門內，木結構，後被毀。。

懷聖寺諸碑

重建懷聖塔寺之記

元至正十年（1350）

釋文

（碑額）重建懷聖塔寺之記

重建懷聖寺記

奉議大夫廣東道宣慰使司都元帥府經歷郭嘉撰文。

政議大夫同知廣東道宣慰使司都元帥府副都元帥撒的迷失書丹。

中奉大夫江浙等處行中書省叅知政事僧家訥篆額。

白雲之麓，坡山之隈，有浮圖焉。其製則西域，㠊然石立，中州所未睹，世傳自李唐訖今。蝸旋蟻陟，左右九轉，南北其扃。其膚則混然，若不可級而登也。其中為二道，上出惟一戶。古碑漶漫，而莫之或紀。寺之燬于至正癸未也，殿宇一空。今叅知淛省僧家訥元卿公寔元帥，是乃力為葺礫樹宇，金碧載鮮，徵文扵予，而未之遑也。適元帥馬合謨德卿公至，曰：『此吾西天大聖擗奄八而馬合麻也。』其石室尚存，脩事歲嚴。至者乃弟子撒哈八以師命來東，教興，歲計殆八百，製塔三，此其一尔。因興程租，久經廢弛。選于衆，得哈只哈散使居之，以掌其教。噫！茲教崛于西土，乃能令其徒顚顚帆海，歲一再週，堇堇達東粵海岸，逾中夏，立教茲土。其用心之大，用力之廣，雖際天極地，而猶有未為已焉者。且其不立象教，惟以心傳，亦髣髴達磨。今覘其寺宇空洞，闃其無有像設，與其徒日禮天祝釐，月齋戒惟謹，不遺時刻晦朔，扁額『懷聖』，其所以尊其法，篤信其師教，為何如哉！既一燬蕩矣，

而殿宇宏敞，廣厦周密，則元卿公之功焉；常住無隱，徒衆有歸，則德卿公之力焉。烏呼！不有廢也，其孰以興？不有離也，其孰與合？西東之異俗，古今之異世，以師之一言，歷唐宋五代，四裂分崩，而卒行乎昭代四海一家之盛世，于數十萬里之外，十百千年之後，如指如期，明聖已夫！且天之所興，必付之人，雖灰燼之餘，而卒昭昭乎成于二公之手，使如創初，又豈偶然哉？遂為之辭曰：

天竺之西，曰維大食。有教興焉，顯諸石室。

遂逾中土，闡于粵東。中海外內，窣堵表雄。

廼立金鷄，翹翼半空。商舶是賑，南北其風。

火烈不渝，神幻靡窮。珠水溶溶，徒集景從。

甫田莽蒼，複厦穹窿。寺曰懷聖，西教之宗。

至正十年八月初一日，當代住持哈只哈散。

中順大夫同知廣東道宣慰使司都元帥府副都元帥馬合謀。

此碑原存廣州懷聖寺，『文化大革命』時被砸毀，一九八四年據拓本重刻，環以龍雲浮雕的篆額是原石。高165釐米，寬92釐米。額高48釐米，寬115釐米。篆額，正文行楷。碑額下方有三行半阿拉伯文。刻於元至正十年（1350），為我國現存年代最早的漢字伊斯蘭教碑記。碑文中描述塔的外形及內部結構：『蝸旋蟻陟，左右九轉，南北其扃』『其中二道，上出惟一戶』，『其膚則混然，若不可級而登也』。與現存塔之形制一致。碑文還記述了伊斯蘭教在中國的傳播：『茲教崛于西土，乃能令其徒顓顓帆海，歲一再周，堇堇達東粵海岸，逾中夏，立教茲土。其用心之大，用力之廣，雖際天極地，而猶有未為已焉者。』末段銘辭說：『中海內外，窣堵表雄。迺立金鷄，翹翼半空，商舶是賑，南北其風。』表明當時的懷聖塔，也起到海船借以觀察風信和航標的作用。白壽彝《中國伊斯蘭史存稿・跋〈重建懷聖寺記〉》錄此碑全文。

撰文者郭嘉，字元禮，濮陽人。祖昂，父惠，俱以戰功顯。嘉慷慨有大志，元泰定三年（1326）登進士第，授彰德路林州判官，累遷翰林國史院編修官，除廣東道宣慰使司都元帥府經歷。後入為京畿漕運使司副使，尋拜監察御史。至正十八年（1358），敵寇進攻上京，遼陽陷落。郭嘉率義兵力戰而死。謚忠烈。

書丹者撒的迷失、篆額者僧家訥，皆為當時廣東高官。

重建懷聖塔寺之記

清康熙三十七年（1698）

考略

此碑存廣州懷聖寺。高165釐米，寬89釐米。篆額，正文楷書。記載康熙三十七年（1698）重修懷聖寺之事。碑中提到『本朝定鼎，城為藩兵所駐三十餘年，而寺之禮拜未嘗或輟』。可知懷聖寺在當年禮拜一直未嘗中斷。

撰文者拜音達禮，蒙古烏魯特人，漢軍正白旗，承襲其兄巴圖的二等輕車都尉兼佐領世職。康熙十九年（1680），三藩之亂平定後，被授予廣州副都統，於康熙二十七年（1668）至康熙三十七年（1678）任廣州將軍。

（碑額）重建懷聖塔寺之記

重修懷聖塔寺記

余行天下多矣，所見浮圖，無不七級而上，六面通門者。始至廣州，登高遥望，有特立十餘丈若華表然，聳出城中，上鋭而外圓，古色蒼翠。問之，曰懷聖寺浮圖也。既而稽其年代，盖建于唐之貞觀，有古碑焉，然不可讀矣。得元至正碑，備載為西天大聖。石室之教，其徒奉命，至今唯謹。東來興教，建塔者三，此其一也。其銘云：『乃立金鷄，翹翼半空。』與郡志所載金鷄随風南北之言相合，特志不能詳。教之自來何，攷据之踈也。碑載寺至正癸未燬于火，元帥僧家訥馬合謀興之，而志載成化中都御史韓雍重建，則千年之間，寺之廢興不知凡幾。而此塔則巋然獨存，固其形勢峻峭，風火所不能侵，而創造者工力心力之精堅深遠，固非後世所得而及也。余常觀于其寺，不設像，不立位，闃然堂陛，清潔無塵，其人唯竭誠致禮以事天，而其色尚白，西方之色也。在《易》：乾為天、為金，而位于西。西，金方也，金，性堅剛，而扵五德為義，故其人尚義而勇敢，所謂西方之强者歟？西天之聖，夫亦因其資以立教者也。寺居廣州城中光塔街，本朝定鼎，城為藩兵所駐三十餘秊，而寺之禮拜未常或輟。比以木石朽泐，乃盡撤而新之，經營三載，工力浩大，而不假于外助，皆其教中自成之，以其代有掌教之人，故屢經變亂而卒不廢。寺既落成，以紀事之文來請。聞之仲尼曰：『天何言哉！四時行焉，百物生焉，天何言哉！』其

昕謂天命之性，率性之道，脩道之教，反覆千萬言，皆為不信天者而詳耳。石室之教，不立儒者文字，與達磨西來之旨若有相似。然達磨以心為宗，而石室之教以天為本。且五倫之禮，不悖於儒者，究其指歸，似於孔門之道為近。世徒以其國近天竺，自西而東，而寺塔之屬，有類于釋氏，遂欲比而同之，其亦未之審矣。余嘉其人信天之誠，奉教之謹，而修事之勇也。為之銘曰：

金天之域，其教不一。石室之傳，以敬為質。

厥事維天，天又何言。不立名像，其中洞然。

建塔東土，已閱百紀。風霜不蝕，烈火不燬。

寺之興衰，則關運數。元明之盛，其興已屢。

際此熙朝，殿宇重新。崔嵬炳煥，上徹紫宸。

千春不沫，秉教之職。紀其歲時，壽此貞石。

旹康熙三十七年歲次戊寅仲春穀旦。

鎮守廣東等處地方將軍世襲一等阿達哈哈番拜音達禮撰文。

鎮守廣東等處地方副都統牛鈕書丹。

鎮守廣東等處地方副都統魏黑納篆額。

五仙觀諸碑

廣州重修五仙祠記

宋政和四年（1114）

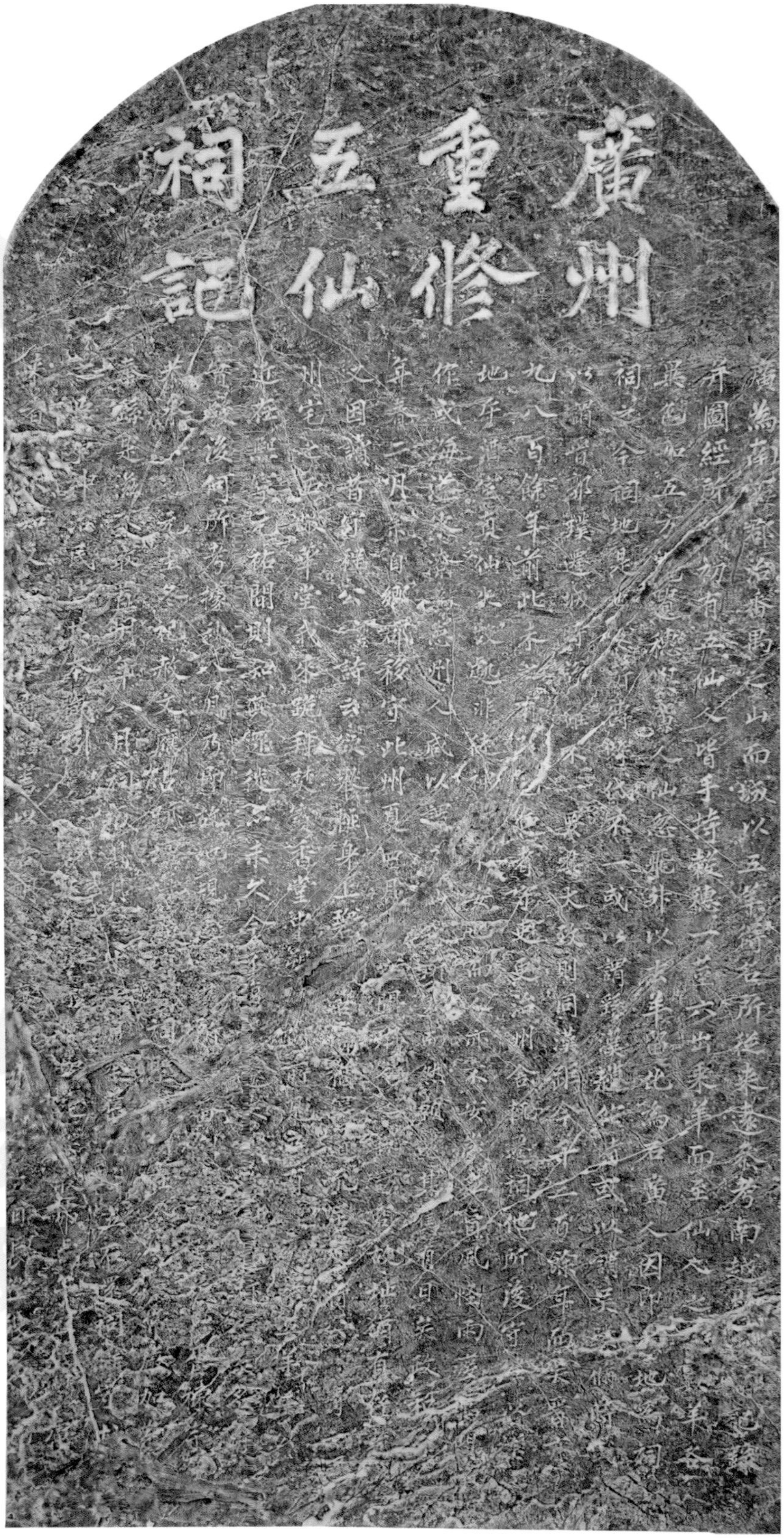

古仙舊題

宋德祐間

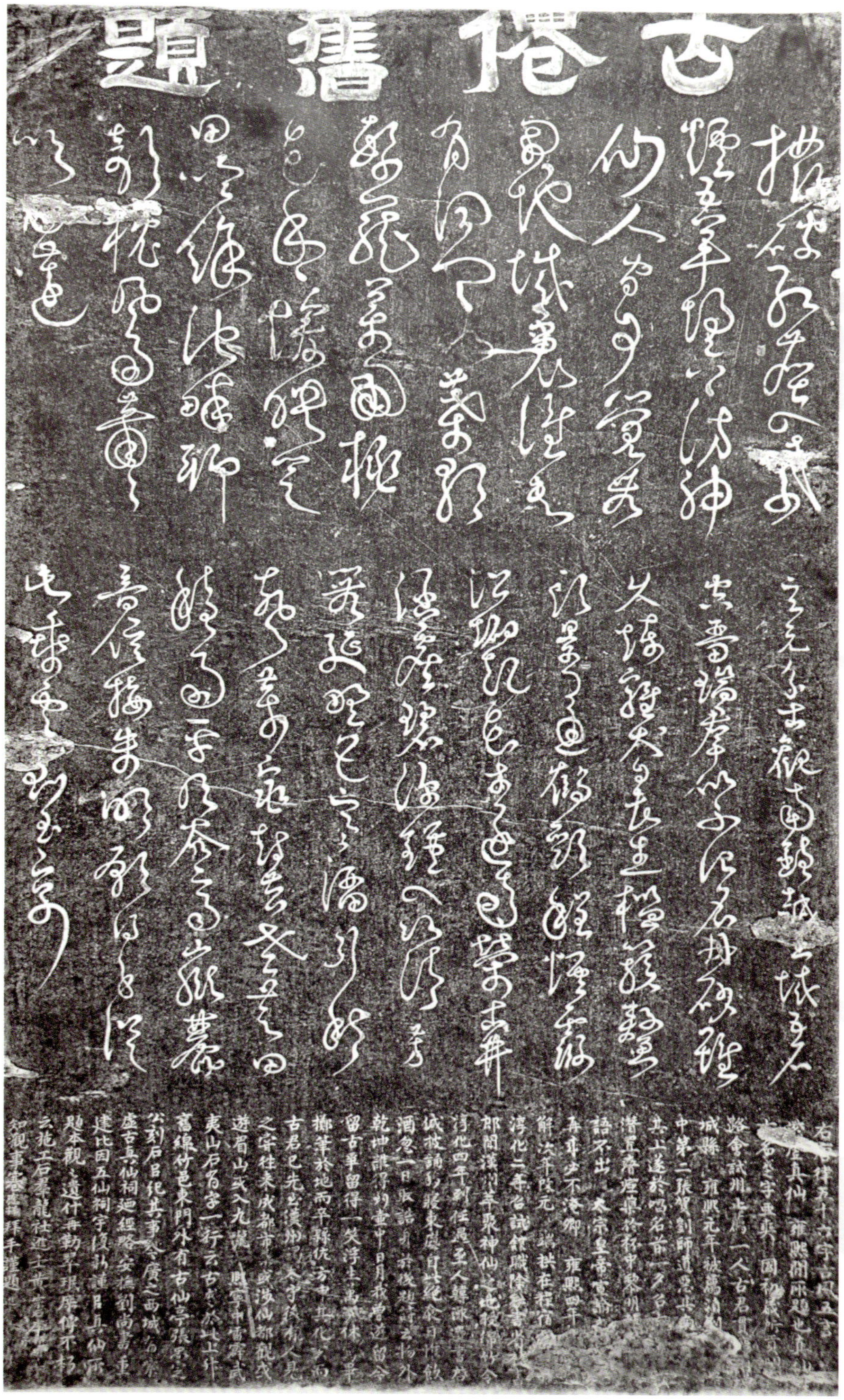

釋文

（碑額）古僊舊題

撥破紅塵入紫煙，五羊壇上訪神仙。人間自覺無閑地，城裏誰知有洞天。

竹葉影繁籠藥圃，桃花香煖暎芝田。吟餘池畔聊欹枕，風雨蕭蕭吹白蓮。

玄元分古觀，南鎮越王城。五石空留瑞，羣仙不記名。

丹砂雖久煉，鷄犬自長生。檻簇鰲頭景，門通鶴頸程。

煙霞沿砌起，花木逐時榮。古井涵虚碧，深鐘入竹清。

芳蕪延野色，寒溜引秋聲。藥竈封苔老，芝田積雨平。

風光齊嶽麓，音信接朱明。願得身從此，乘雲到玉京。

右唐律五十六字，古風五言，紫虚真仙雍熙間昕題也。真仙姓古，名成之，字亞奭。國初歲所貢闈一路會試，州止薦一人。古君貫廣州增城縣，雍熙元年被薦，洎到南宫，考中第二。張賀、劉帥道惡其南人名居其上，遂於唱名前一夕召古君夜飲，潛置瘖瘂藥於杯中。黎明赴唱名，語不出，太宗皇帝宣諭之曰：『明年再來，必不淹卿。』雍熙四年，又取州解。次年，改元端拱，在程宿榜及第。淳化二年，召試館職，除秘書省校書郎。聞漢州萃聚神仙之地，授綿竹令。淳化四年到任，遇至人韓泳遺書，啓緘披誦，移寢東廡，自此絶食，日惟飲酒。忽一日，取誥身，於後題詩云：『物外乾坤誰得到，壺中日月我曾遊。留今留古爭留得，一笑浮生萬事休。』寫畢，擲筆於地而卒。縣佐方申其化去，而古君已先至漢州謁太守。後有人見之嘗往來成都市藥，或涉仙都觀，或遊眉山，或入九隴。熙寧中，雷霹武夷山石，有字一行云：『古成之於此上升。』舊綿竹邑東門外有古仙亭，張忠定公刻石目紀其事。今廣之西城有紫虛古真仙祠，廼經略安撫劉尚書重建。比因五仙祠宇復新，謹目真仙昕題本觀之遺什，再勒翠珉，庶傳不朽云。

施工石羣龍社進士黃宗石、李□□。知觀事蹇應祥拜手謹題。進士李□□、林□刻。

考略

此碑存廣州五仙觀。高116釐米，寬70釐米。上段為隸額『古仙舊題』，中間兩段為草書七律一首及五言排律十韻一首，下段為楷書題跋。正文分詩、文兩部分。前一部分兩首詩，為宋古成之所作。後一部分跋語介紹古成之生平及將其詩刊石背景。兩首詩描述了宋代五仙觀風景，跋謂『紫虛真仙』古成之於雍熙年間題寫詠五仙觀之詩，德祐年間重修五仙觀時，修繕者將其所題之詩鐫刻於石上。在簡介其舉進士、任官經歷後，敘其卒於淳化四年（993），後成仙並於武夷山飛升。此碑不書年月，從立碑人員姓名、任職等情況推測，碑刻立時間當在宋德祐間。據阮元主修道光《廣東通志》考證，跋文中『國初』『太宗皇帝』等字前均空一字，當為宋刻無疑。此碑詩書俱佳，一碑中有三種書體，皆意態瀟灑。廣東草書素不為世人所重，但此碑狂草開張跌宕，筆走龍蛇，意態橫出，兼有懷素、張旭餘緒，允為嶺南史上狂草名品。

古成之，字亞奭，人稱紫虛先生，惠州河源人。五代末避地增城，嘗結廬羅浮山。端拱元年（988）進士。卒於官。南漢末已有詩名，因其為宋代嶺南舉進士第一人，時有『寰中有道逢千載，嶺外觀光止一人』之譽。

重修藥王廟碑記

清乾隆十八年（1753）

釋文

（碑額）**重修藥王廟碑記**

穗石左側崇奉藥王由來舊矣。向因堂卑殿狹，□失覩瞻，幸而住持羽士梁中勸□集我同儕，鳩工廣建，既已落成，庶幾有盈尺之□，□蹌拜□僅有容身之地，□□歲時伏臘脩祀事□報□神靈，苦無□宿之所，特牲之墟，亦由向之□□□□□□□而未□，崇而未崇，幸而殿東□□□□□□□□閱堂集同人□資命工，治而蕪穢，去而蓬蒿，辟地以爲東堂，日與吾人遊憩其間，仰觀□□之木天，俯聽仙泉之漏激，共樂于□□□□□□□□□□□宿，特牲又得其所，不更勝于昔之卑狹哉。于是乎書芳名列左。

喜塑三皇名醫聖像，信士楊夢麟。

（捐助者姓名及款額略）

乾隆十八年一月　日立。

緣首：

杜士成：工金花錢二大員。

陸家秉：工金花錢二大員。

蕭朝士：工金花錢肆大員。

王軾：工金花錢二大員。

孫邦俊：工金紋銀壹両。

楊夢光：工金花錢□大員。

卜雲龍：工金紋銀壹両。

官維正：工金□□大員。

李德卿：工金紋銀伍錢。

考略

此碑存廣州五仙觀。高93釐米，寬57釐米。碑額及正文楷書。青石質。刻於清乾隆十八年（1753）。敍藥王廟在穗石左側由來已久，此次重修之緣由，以及贊助工金者姓名和款目。從碑文中可知藥王廟是由住持梁中勸集資而建，塑三皇名醫聖像者為楊夢麟。廟的位置可以『俯聽仙泉之漏激』，應當在今天的仙人拇迹側。該碑可實證五仙觀曾建有藥王廟。據載，『藥王廟』始建於順治十一年（1654），在原番禺縣治（番禺縣衙在番禺學宫即今農講所西側、法政北路）。另一說在城隍廟側（今中山四路）。後『藥王廟』又於康熙二十五年（1686）遷建泰康路（今西横街西側），以後廣州地方志書再沒有『藥王廟』之記載。此碑可起補史作用。

藥王殿

清乾隆五十四年（1789）

釋文

藥王殿。

乾隆五十四年六月吉旦立。

闔省宰官紳商善信仝重建。

考略

此石匾存廣州五仙觀，是二十一世紀初五仙觀重建工程時發現的。高62釐米，寬200釐米。楷書。可證『藥王廟』曾在『乾隆五十四年六月』再次遷建於五仙觀，稱『藥王殿』。此故實史書未載。

重修南海五仙觀碑

清嘉慶十七年（1812）

重修南海五仙觀碑

通奉大夫廣東布政使司布政使南城曾燠撰

中憲大夫署兩廣鹽運使候補道陽湖楊煒書

粵中之有五仙觀，其来久矣。見於傳志者云：周顯王時有五仙人騎羊降於楚庭，並持穀穂一莖六出，衣與羊如五方色，遺穂騰空而去，羊化為石。洲人即其地立廟祀焉，今城曰羊城，門曰五仙門，所以志也。楚庭者，楚之疆域嘗至於南海也。夫帝堯之時五老遊河渚，漢文帝出長安門若見五人於道北，此皆經史所載，五仙人殆若是歟。黄初平之石為羊，五仙人之羊為石，變化一理，固無足怪。自宋以前其廟遷徙不常，至政和三年經畧使張勵乃復其舊址，即今觀是也。明洪武元年平章廖永忠嘗新之。其十年布政使趙嗣堅謂仙人好樓居，始建閣奉仙像於其中。成化五年布政使張瑄又加修焉。嘉慶十五年，予奉命旬宣於粵，始至之日，敬謁諸神祠，至是觀，則庭宇摧頹，香火闃寂，慨然興歎，以為享祀不虔，官斯土者與有責也。都統那公見與予合，於是相與請諸大府，咨諸同人，各捐廉俸，克日鳩工。商旅之有力者亦踴躍求助焉。址不加拓，制準於前，木之材選其堅，陶之工取其密。自殿閣門庭以迄齋館庖湢，更衣之所，焚修之室，靡榱不新，靡墉不固，斐焉翼焉，眈眈巘巘，所以妥神靈而肅觀瞻者，前此殆未嘗有。比歲中風雨以時，癘疫不作，禾黍屢豐，鯨鱷遠徙，瀕海數千里無犬吠之警焉。論者以為非神貺不至是。役既蕆，凡有功斯舉者，自將軍、制撫下，例得載姓名於樂石。予忝始事，僭為文以紀其顛末云。

大清嘉慶十有七年歲次壬申三月既望　上石

釋文

重修南海五仙觀碑

通奉大夫廣東布政使司布政使南城曾燠撰

中憲大夫署兩廣鹽運使候補道陽湖楊煒書

粵中之有五仙觀，其來久矣。見於傳志者云：周顯王時，有五仙人騎羊降於楚庭，並持穀穗一莖六出，衣與羊如五方色，遺穗，騰空而去，羊化為石，州人即其地立廟祀焉。今城曰羊城，門曰五仙門，所以志也。楚庭者，楚之疆域嘗至於南海也。夫帝堯之時，五老遊河漢，文帝出長安門，若見五人於道北，此皆經史所載五仙人，殆若是歟。黃初平之石為羊，五仙人之羊為石，變化一理，固無足恠。自宋以前，其廟遷徙不常，至政和三年，經畧使張礪乃復其舊址，即今觀是也。明洪武元年，平章廖永忠嘗新之。其十年，布政使趙嗣堅謂仙人好樓居，始建閣，奉仙像於其中。成化五年，布政使張瑄又加修焉。嘉慶十五年，予奉命旬宣於粵，始至之日，敬謁諸神祠。至是觀，則庭宇摧頹，香火闃寂，慨然興歎，以為享祀不虔，官斯土者，與有責也。都統那公見與予合。於是相與請諸大府，咨諸同人，各捐廉俸，克日鳩工。商旅之有力者，亦踴躍求助焉。址不加拓，制準於前。木之材選其堅，陶之工取其密。自殿閣、門庭以迄齋館、庖湢、更衣之所、焚修之室，靡椽不新，靡墉不固，斐焉翼焉，眈眈巘巘，所以妥神靈而肅觀瞻者，前此殆未嘗有。比歲中風雨以時，癘疫不作，禾黍屢豐，鯨鱷遠徙，瀕海數千里無

犬吠之警焉。論者以為非神貺不至。是役既蕆，凡有功斯舉者，自将軍制撫下，例得載姓名於樂石。予忝始事，

借為文以紀其顛末云。

大清嘉慶十有七年歲次壬申三月既望上石。

考略

此碑存廣州五仙觀。高162釐米，寬76釐米。楷書。刻於清嘉慶十七年（1812年）。碑文首敘五仙觀歷代修建沿革，『自宋以前，其廟遷徙不常』。可知宋之前五仙觀幾次遷移的位置無考。提到宋政和三年張勱『復其舊址』。簡述歷次重修，其中明成化五年（1469）張瑄加修之事，無碑可考，足補觀史。次敘曾氏於嘉慶十五年（1810）來粵履任，於始至之日敬謁神祠，見五仙觀庭宇摧頹，香火冷落，於是『請諸大府，咨諸同人，各捐廉俸』，予以重修。這是記敘五仙觀歷代修建沿革的重要碑刻。

撰文者曾燠簡介參見《光孝寺新建虞仲翔先生祠碑》之考略。

書丹者楊焯，字槐占，號星園。江蘇陽湖人。善書。乾隆四十三年（1778）進士，書丹時官廣東候補道。

重修五仙觀碑文

清道光二十五年（1845）

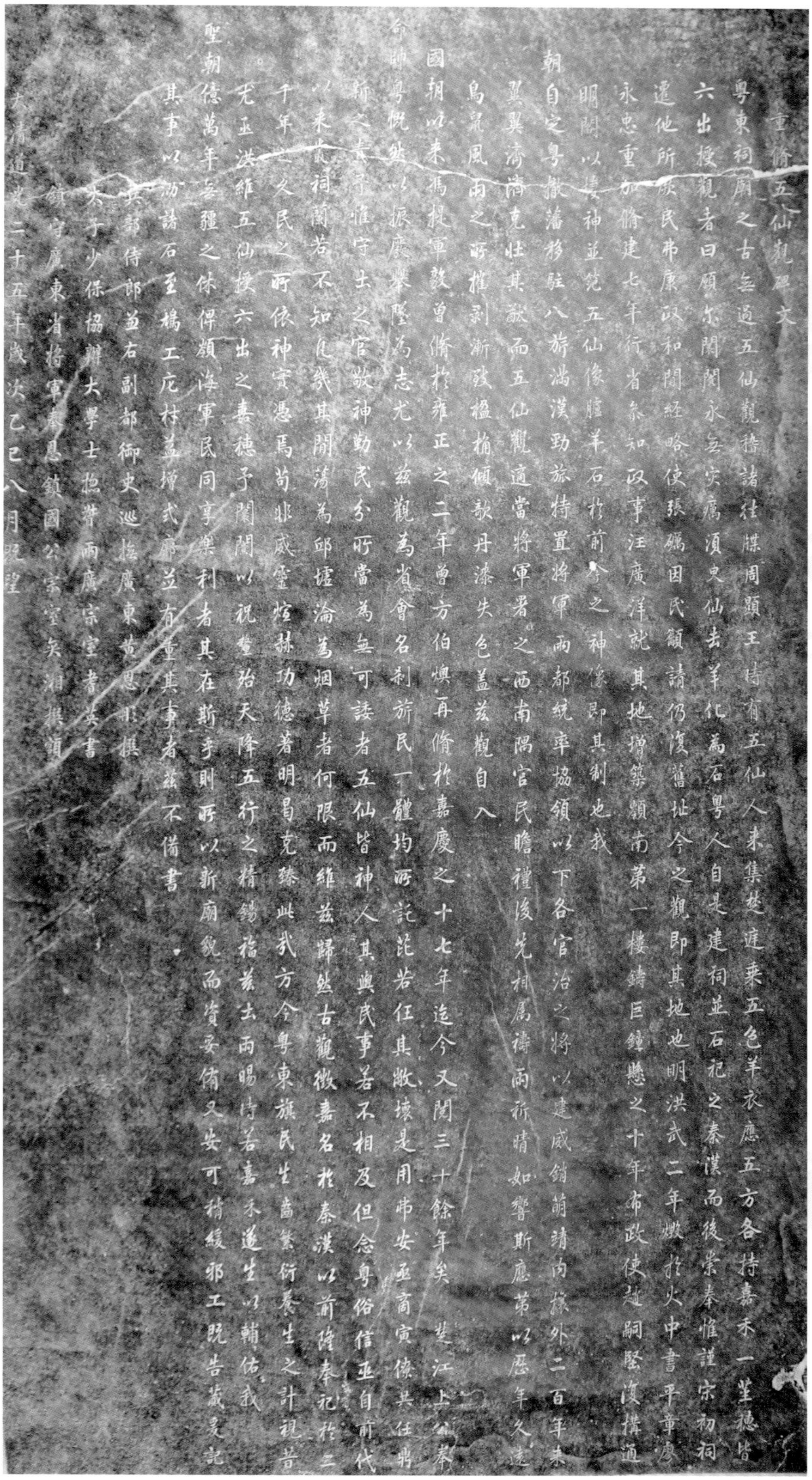

重脩五仙觀碑文

粵東祠廟之古無過五仙觀稽諸往牒周顯王時有五仙人來集楚庭乘五色羊衣應五方各持嘉禾一莖穗皆
六出授觀者曰願爾闤闠永無荒饑須臾仙去羊化為石粵人自是建祠并石祀之秦漢而後崇奉惟謹宋初祠
還他所厥民弗康政和間經略使張勵因民籲請仍復舊址今之觀即其地也明洪武二年燬於火中書平章廖
永忠重加脩建七年行省參知政事汪廣洋就其地增築嶺南第一樓鑄巨鐘懸之十年布政使趙嗣堅復搆道
明閣以棲神并塑五仙像騎羊石於前今之神像即其創也我
朝自定粵撫藩移駐八旗滿漢勁旅特置將軍兩都統率協領以下各官治之將以建威銷萌靖內捍外二百年來
翼翼濟濟克壯其猷而五仙觀適當將軍署之西南隅官民瞻禮後先相屬禱雨祈晴如響斯應第以歷年久遠
烏鼠風雨之所摧剝漸致楹桷傾欹丹漆失色蓋茲觀自入
國朝以來馮提軍鼓曾脩於雍正之二年曾方伯燠再脩於嘉慶之十七年迄今又閱三十餘年矣楚江上公奉
命帥粵慨然以振廢舉墜為志尤以茲觀為省會名刹旂民一體均所託芘若任其敝壞是用弗安亟商寅僚共任斯
新之竊惟守土之官敬神勤民分所當為無可諉者五仙皆神人其與民事若不相及但念粵俗信巫自前代
以來叢祠蘭若不知凡幾其間蕩為邱墟淪為烟草者何限而維茲歸然古觀徵嘉名於秦漢以前隆奉祀於二
千年之久民之所依神實憑焉苟非威靈烜赫功德著明曷克臻此我方今粵東旗民生齒繁衍養生之計視昔
尤亟洪維五仙授六出之嘉穗予闤闠以祝豐殆天降五行之精錫福茲土雨暘時若嘉禾遂生以輔佑我
聖朝億萬年無疆之休俾碩海軍民同享樂利者其在斯乎則所以新廟貌而資妥侑又安可稍緩邪工既告蕆爰記
其事以泐諸石至鳩工庀材董撙式廓并有董其事者茲不備書
兵部侍郎兼右副都御史巡撫廣東黃恩彤撰
太子少保協辦大學士總督兩廣宗室耆英書
鎮守廣東省將軍奉恩鎮國公宗室奕湘篆額
大清道光二十五年歲次乙巳八月既望

釋文

重脩五仙觀碑文

粵東祠廟之古無過五仙觀。稽諸往牒，周顯王時有五仙人來集楚庭。乘五色羊，衣應五方，各持嘉禾一莖，穗皆六出。授觀者曰：願尔闤闠，永無灾癘。須臾仙去，羊化為石，粵人自是建祠並石祀之。秦漢而後，崇奉惟謹。宋初，祠遷他所，厥民弗康。政和間，經略使張礪因民籲請，仍復舊址，今之觀即其地也。明洪武二年，燬於火，中書平章廖永忠重加脩建。七年，行省叅政知事汪廣洋就其地增築嶺南第一樓，鑄巨鐘懸之。十年，布政使趙嗣堅復構通明閣以棲神，並范五仙像，臚羊石於前，今之神像即其制也。我朝自定粵撤藩，移駐八旂，滿漢勁旅，特置將軍、兩都統率協領以下各官治之，將以建威銷萌，靖內攘外。二百年來，翼翼濟濟，克壯其猷。而五仙觀適當將軍署之西南隅，官民瞻禮，後先相屬，禱雨祈晴，如響斯應。第以歷年久遠，鳥鼠風雨之所摧剥，漸致楹桷傾欹，丹漆失色。盖茲觀自入國朝以來，馮提軍毅曾脩於雍正之二年，曾方伯燠再脩於嘉慶之十七年，迄今又閱三十餘年矣。楚江上公奉命帥粵，慨然以振廢舉墜為志，尤以茲觀為省會名刹，旂民一體，均所託芘，若任其敝壞，是用弗安。亟商寅僚，共任鼎新之責。予惟守土之官，敬神勤民，分所當為，無可諉者。五仙皆神人，其與民事，若不相及。但念粵俗信巫，自前代以來，叢祠蘭若不知凡幾，其間蕩為邱墟、淪為烟草者何限？而維茲巋然，古觀徵嘉名於秦漢以前，隆奉祀於二千年之久，民之所依，神實憑焉。苟非威靈烜赫，功德著明，曷克臻此哉！方

今粵東旗民生齒繁衍，養生之計，視昔尤亟。洪維五仙授六出之嘉穗予闤闠以祝釐，殆天降五行之精，錫福茲土，雨暘時若，嘉禾遂生，以輔佑我聖朝億萬年無疆之休，俾領海軍民同享樂利者，其在斯乎？則昕以新廟貌而資妥侑，又安可稍緩邪？工既告蕆，爰記其事以泐諸石。至鳩工庀材，益增式廓，並有董其事者，茲不備書。

兵部侍郎兼右副都御史巡撫廣東黃恩彤撰。

太子少保協辦大學士撫督兩廣宗室耆英書。

鎮守廣東省將軍奉恩鎮國公宗室奕湘撰額。

大清道光二十五年歲次乙巳八月既望。

考略

此碑存廣州五仙觀。高245釐米，寬145釐米。行楷書。全碑一套共有四通，第一通為敘事碑，第二通錄官紳善信所捐供器，第三通錄捐助工金官紳名單，第四通錄捐助芳名，前三通立石於道光二十五年（1845），最後一通立石於道光二十六年（1846）。此碑為第一通，碑文稱『粵東祠廟之古無過五仙觀』，敘五仙觀歷代修建沿革，以及當年重修之經過。此碑記載雍正二年（1724）馮毅重修事，有補史作用。

撰文者黃恩彤，原名丕範，字綺江，號石琴，別號南雪。山東寧陽人。是中國近代史上首個不平等條約——《南京條約》主要簽訂人之一，道光二十五年（1845）陞任廣東巡撫。

書丹者愛新覺羅·耆英，字介春，隸滿洲正藍旗，清朝宗室。耆英是《南京條約》的簽訂人之一。

撰額者愛新覺羅·奕湘，字楚江，滿洲正藍旗人，清朝宗室。曾任廣州將軍。

重修五仙觀樂贊助芳名碑

清道光二十六年（1846）

重修五仙[illegible]芳名碑
[illegible]理事廳[illegible]府[illegible]再助[illegible]兩正
廣東城守協鎮部督府余萬清助工銀伍拾大員
署兩廣部堂協鎮撫標中衛參府慶寅助銀伍拾大員
兼署巡撫部院中軍參府右營遊府花壽助銀伍拾大員
廣東欽州營參府多隆武助工銀伍拾大員
廣州番禺縣敬義堂再助銀貳拾兩正
道光二十六年冬月吉旦

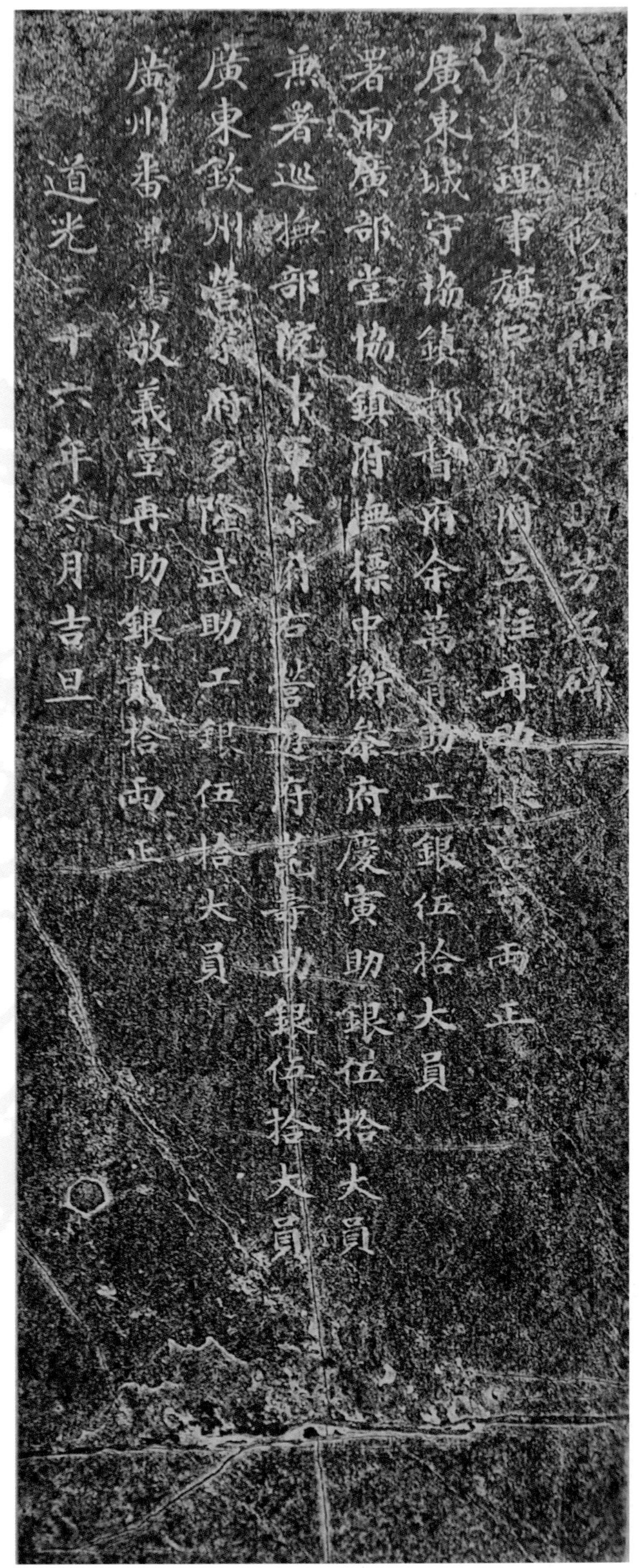

釋文

重修五仙觀樂助芳名碑

廣東理事旗民粮務府立柱再助銀壹百両正。

廣東城守協鎮都督府余萬青助工銀伍拾大員。

署兩廣部堂協鎮府撫標中衡条府慶寅助銀伍拾大員。

兼署巡撫部院中軍条府右營遊府崑壽助銀伍拾大員。

廣東欽州營条府多隆武助工銀伍拾大員。

廣州番禺潘敬義堂再助銀貳拾両正。

道光二十六年冬月吉旦。

考略

此碑存廣州五仙觀。高93釐米，寬36釐米。楷書。是道光二十五年（1845）重修五仙觀之四通碑中的第四通，內容為當時重修五仙觀時贊助工金者之姓名及款目。

五仙古觀

清同治十年（1871）

釋文

五仙古觀。

同治辛未孟冬吉旦。

文淵閣大學士兩廣總督瑞麟敬書。

考略

此石匾存廣州五仙觀。高78釐米，寬360釐米。刻於清同治十年（1871）。

題額者瑞麟，字澄泉，葉赫那拉氏，滿洲正藍旗人，歷任太常寺少卿、內閣學士、禮部侍郎、軍機大臣、戶部侍郎、禮部尚書、戶部尚書、兩廣總督、文淵閣大學士。同治五年（1866），奉旨接替吳棠擔任兩廣總督，一任九年。期間為五仙觀題寫石匾。

同治壬申重修

清同治十一年（1872）

釋文

（碑額）同治壬申重修

重修五仙（下文殘缺）

觀自道光以前，修葺□□□□大□□□□居多□咸豐丁巳□□□□同治甲子後□灾羊石裂。時事之感，非第風雨漂搖也，回禄之警□□□□□蝕也，苟□施以□□□□不能□□□□□□是築同人共襄盛事，幸官紳士民踴躍餉助，摒擋未足，在滿洲八旗官軍薪俸補之。自辛未迄□□之玉皇殿、五仙殿、□□□，旁如三官殿、□□□、□聖殿、關帝殿、觀音殿併各殿概行修葺，抑吾思之，瞻北斗魁躔，應南州冠冕，觀之東□□□樓並創復焉。行□□□非盛已。顧吾人荷寵聖朝，駐防此地，將使廣厦萬間，冀斯民之廕庇也。鳩工云乎哉，庀材云乎哉。工竣泐石。時襄事者，有協領承惠、國興、伊勒哈春，佐領全禄、惠齡、吉勒□□□色卿阿其人，予殷然而為之序。

欽加二品頂戴簡放副都統記名協領承惠謹撰。

（捐助者姓名及款額略）

考略

此碑存廣州五仙觀。高182釐米，寬80釐米。碑額及正文楷書。碑文敘清同治十一年（1872）重修五仙觀，修葺了玉皇殿、五仙殿、三官殿、關帝殿、觀音殿等建築，可見五仙觀其時殿宇較多。此次捐資修觀的主體乃當地官員。從碑文提及『丁巳』『同治甲子』等年份可知，咸豐七年（1857）浩劫，五仙觀也未能幸免。當年英法聯軍攻陷廣州，兩廣總督葉名琛被俘，解往印度加爾各答。

撰文者承惠，生卒年不詳。八旗駐防廣州協領廣德之孫，曾任簡放副都統記名協領，後出任署廣州滿洲副都統。

廣州市中山同鄉會通告

民國三十七年（1948）

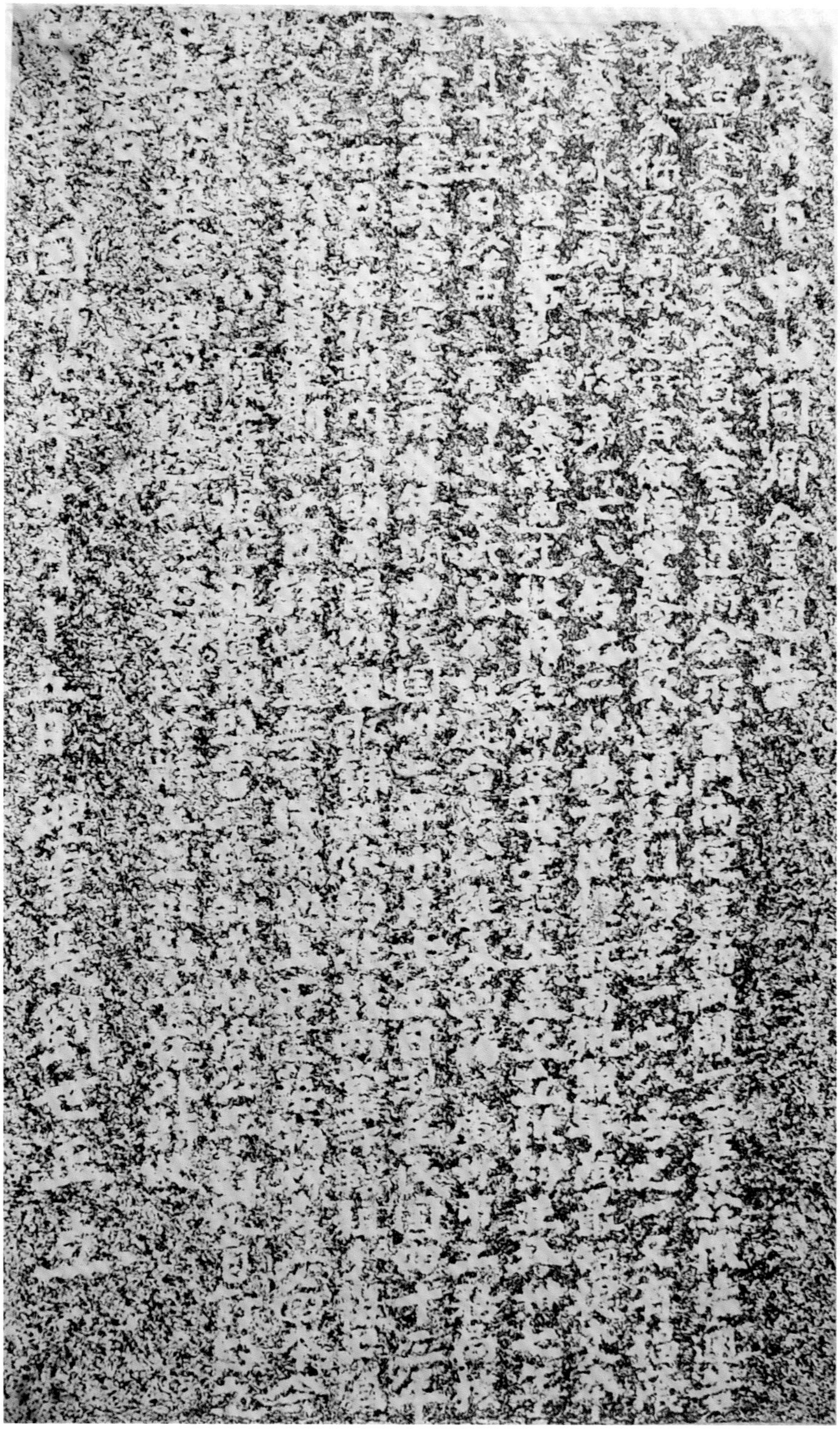

釋文

廣州市中山同鄉會通告

查本会第三次会員大会通過，將会昕首門兩便建舗兩間一堂，業經依法通告，登報公佈，召商承建。兹有儉德堂廖登承建，現編門牌第一七八号之一；又有福蔭堂鄭華承建，現編門牌第一七八号之二。以两方出租最高，批期年限最短，提交本会第六次理監事聯席会議通過，批与該两堂，其建築工盖互立批約，并於卅七年十月十五經由廣州地方法院公証處合法公証，及函請廣州市公務局核准給照建築各在卷。查昕批年期，由民國卅七年十月十五日起，至民國四十三年十月十四日止，在批期內，訂明不得加租、取舗，然依約准該两堂□轉租分租出租□人，但不許舗□□。至期滿之日，該两堂無条件將地上昕建築物料等交回本会管理。□□該堂照約定價□價□□□□依照當年□利或物價公平□定。自訂約之日起，先收租金一年，以後□年照約□理，除將互立批約妥存外，特此通告。

中華民國卅七年十月十五日理事長劉世正立。

考略

此碑存廣州五仙觀。高104釐米，寬45釐米。楷書。民國中山同鄉會，原名『香山公會』，於一九一三年遵孫中山先生囑創建，後改名『中山同鄉會』。一九二三年五月，廣州市政廳為籌備軍餉，決定拍賣五仙觀。廣州香山公會為保存古迹，決定除已捐收銀五千元外，暫向銀行按揭五萬元，即日向市政府繳價，承領五仙觀。據《香山公會保存古迹宣言》載，香山公會在承領五仙觀後，遣散觀內道士，在此處設立會址，五仙觀古迹得以保存。抗戰期間，中山同鄉會會務停頓，會址被敵偽長期占駐，建築毀壞不堪。抗戰勝利後，於民國三十五年（1946）修葺會址，開展會務，在仙迹池畔興建『中山同鄉會小學』。該碑內容為中山同鄉會處理會務之公告。

南海神廟諸碑

南海神廣利王廟碑

唐元和十五年（820）

釋文

（碑額）南海神廣利王廟碑

南海神廣利王廟碑

使持節袁州諸軍事守袁州刺史韓愈撰。

使持節循州諸軍事守循州刺史陳諫書并篆額。

海於天地間，為物𡨋鉅，自三代聖王，莫不祀事。考於傳記，而南海神次𡨋貴，在北東西三神河伯之上，號為祝融。天寶中，天子以為古爵莫貴於公侯，故海岳之祀，犧幣之數，放而依之，所以致崇極於大神。今王，亦爵也，而禮海嶽，尚循公侯之事，虚王儀而不用，非致崇極之意也。由是冊尊南海神為廣利王，祝號祭式，與次俱昇。因其故廟，易而新之。在今廣州治之東南，海道八十里，扶胥之口，黄木之灣，常以立夏氣至，命廣州刺史行事祠下，事訖驛聞。而刺史常節度五嶺諸軍，仍觀察其郡邑，於南方事，無所不統。地大以遠，故常選用重人，既貴而富，且不習海事，又當祀時，海常多大風，將往，□憂慼；既進，觀顧怖悸。故常以疾為解，而委事於其副，其来已久。故明宫齋廬，上雨旁風，無所盖鄣；牲酒瘠酸，取具臨時；水陸之品，狼籍籩豆；薦祼興俯，不中儀式。吏滋不供，神不顧享，盲風恠雨，發作無節，人蒙其害。元和十二年，始詔用前尚書右丞、國子祭酒、魯國孔公為廣州刺史，兼御史大夫，以殿南服。公正直方嚴，中心樂易，祗慎所職，治人以明，事神以誠。內外單盡，不為表襮。

至州之明年，将夏，祝册自京師至，吏以時告。公乃齋祓視册，誓羣有司曰：『册有皇帝名，乃上所自署。其文曰：「嗣天子某，謹遣官某敬祭」。其恭且嚴如是，敢有不承？明日，吾将宿廟下，以供晨事』。明日，□以風雨白，不聽。於是州府文武吏士凡百數，交謁更諫，皆揖而退。公遂陞舟，風雨少弛，棹夫奏功，雲陰解駮，日光穿漏，波伏不興。□牲之夕，載暘載陰，将事之夜，天地開除，月星明概。五鼓既作，牽牛正中，公乃盛服執笏，以入即事。文武賔屬，俯首聽位，各執其職。牲肥酒香，罇爵静潔，降登有數，神具醉飽。海之百靈祕恠，慌惚畢出，蜿蜿虵虵，来享飲食。闔廟旋艫，祥飆送颿；□□旄麾，飛揚晻藹；□鼓嘲轟，高管嗷譟；武夫奮棹，工師唱和；穹龜長魚，踴躍後先；乹端坤倪，軒豁呈露。祝之之歲，風災□滅，人猒魚蟹，五穀胥熟。明年祀歸，又廣廟宫而大之，治其廷壇，改作東西兩序。齋庖之房，百用具脩。明年其時，公又固往，不懈益虔，歲仍大和，耋艾謌詠。始公之至，盡除他名之稅，罷衣食於官之可去者。四方之使，不以資交，以身為帥，燕享有時，賞與以節，公藏私蓄，上下與足。於是□屬州負逋之緡錢廿有四萬，米三萬二千斛。賦金之州，秏金一歲八百，困不能償，皆以丐之。加西南守長之俸，誅其尤無良不聽□□，□□□自重慎法。人士之落南不能歸者，與流徙之冑百廿八族，用其才良，而廪其無告者。其女子可嫁，與之錢財，令無□時。刑德並流，方地數千里，不識盜賊；山行海宿，不擇處所。事神治人，其可謂備至耳矣。咸願刻廟石，以著厥美，而繫以詩，乃作詩曰：

南海陰墟，祝融之宅。即祀于旁，帝命南伯。

吏惰不躬，正自今公。明用享錫，右我家邦。

惟明天子，惟慎厥使。我公在官，神人致喜。
海嶺之陬，既足既濡。胡不均弘，俾執事樞。
公行勿遲，公無遽歸。匪我私公，神人具依。
元和十五年十月一日建，□字人李叔齊。

考略

此碑存廣州南海神廟。高247釐米，寬113釐米。篆額，正文楷書。刻於唐元和十二年（817），為廣州現存最早的唐碑。碑文敘述元和十二年（817）詔用前尚書右丞、國子祭酒孔戣為廣州刺史兼御史大夫，明年將夏，祭拜南海神廟之祝冊自京師送到，孔戣不顾风雨，坚持親自往祭。祀歸，又擴修廟宇之事。碑文詳敘孔戣之德政。韓愈撰寫此碑，其敘海岳祝冊，可補兩《唐書》『禮樂志』所未備。《舊唐書·孔戣傳》所敘孔戣的政績，多源於此碑。歐陽修《集古錄》說韓愈集中其他文章錯字甚多，此碑獨因拓本流傳，錯字極少。日本學者松浦章指出，有關航海技術、航運的『海事』一詞，最早見於此碑。該碑文字與書法俱佳，極為珍貴。

撰文者韓愈，字退之，唐朝文學家、哲學家。其文氣勢雄健，被尊為『唐宋八大家』之首。同治《番禺縣志·金石略一》輯錄此碑全文。

篆額及書丹者陳諫，唐代書法家，唐順宗時參與王叔文變革，憲宗時被貶台州司馬，為唐史上『八司馬』之一。此碑為陳諫貶至嶺南，官循州刺史時所書。書法嚴謹，方勁有力，工穩秀雅，中正平和。篆額亦工穩清峻。清金石家翁方綱於廣東尋碑時，特別推崇此碑，云『此碑字尚有晉人意』。

大宋新修南海廣利王廟之碑

宋開寶六年（973）

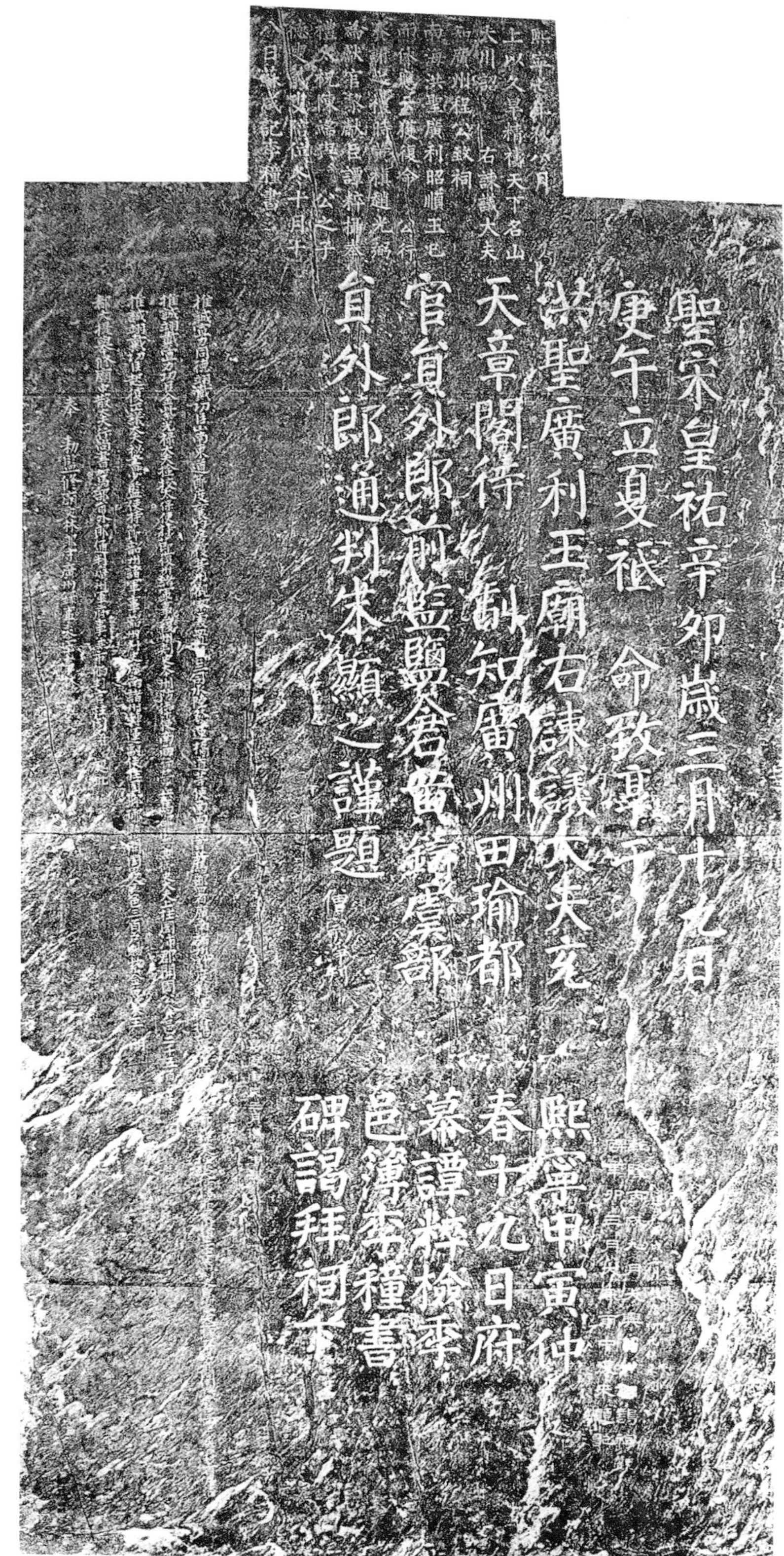

大宋新修南海廣利王廟之碑（碑陰）

釋文

（碑額）大宋新修南海廣利王廟之碑

大宋新修南海廣利王廟碑銘并序

山南西道節度掌書記將仕郎守右補闕柱國賜緋魚袋臣裴麗澤奉勑撰。

朝議郎行監察御史權知端州軍州事臣韓溥奉勑書。

臣聞海所以能為百谷王者，以其善下故也，能善其下，故百川委輸歸往焉。亦猶山不自高，衆塵由是歸矣；海不自大，衆水所宗焉。是知不積衆塵，無以崇其萬仞；不積衆水，何以成於四溟？溟則海也。以四夷分而言之，謂之四海；以大瀛緫而言之，謂之裨海，其實一也。炎荒之極，南海在望。洪濤瀾漫，萬里無際；風潮洶湧，雲島相連；浴日浮天，乍合乍散；珊瑚生於波底，蘭桂藂乎洲上。其或天吴息浪，霊胥退濤，彼俗乃駕象牽犀，捒金拾翠。入千重之水，累累貫珠；披萬頃之沙，往往見寶。自古交阯七郡，貢獻上國，皆自海沿于江，達于淮，逾于洛，至於南河。故礪砥砮丹、羽毛齒革、底貢無虛歲矣。唐天寶十載封為廣利王，被之冕服，享以牢醴，每歲春秋致奠，略無闕焉。自有唐將季也，中朝多故，戎馬生郊，竊号假名，憑深恃險，五嶺外郡，遂為劉氏所據殆七十年。故玄纁璣組，包匭茅菁，闕供於王祭矣，何暇禱祀嶽瀆耶？

嗚乎！物不終否，否極必泰。故我今皇帝受上玄之命，庇下土之民，協和萬邦，光被四表，率土之內，無遠弗屆。

金狄十二，鄙秦帝威於四夷；黃龍一雙，約賓人来於萬里。故望雲馳奏，向日傾心，納貢槀街者日有所至，史不絕書。蠢茲炎陬，獨迷聲教，阻絕我琛賮，割剥我生民，恣為淫刑，濫行不道，遂致人怨神怒，衆叛親離。民懷徯后之心，俗有後予之怨。是則軒黃神聖，猶亟戰於阪泉；帝堯聰明，尚有征於丹浦。吊民問罪，可得行之。遂乃宜社出兵，鑿門命将。王師纔舉，如時雨之降，若大鵬之征。遍海岱而曾匪崇朝，渡南溟而止期一息。圓月未再，馳馹繼至，則曰：『詔廣之壘，今已平矣；渠魁之属，悉以擒矣。下郡百餘所，拓土千萬里，沿海舊地，盡為我有。』未翌日，廣南道行營招討都部署潘美陳露布，俘偽廣主與官属獻于闕下。夫高屋建瓴，下坂走丸，飛鴻之縱順風，商飈之殞槁葉，奚如是之易也？若非我應天廣運聖文神武明道至德仁孝皇帝聖謨睿略之感應，曷能平盪矣？豈直摽其銅柱，俾馬援分於漠壇；未若走以長纓，羈尉他獻於魏闕。既而海外有截，天下為公。由是降德音，覃霈澤。繫囚未釋者，俾其釋矣；流人不歸者，咸使歸之。污俗濁而自清，亂法邪而復正。化獷土為王土，變桀民作堯民。衆人熙熙，沐皇風如飲醇醴，睹聖政若享太牢。上曰：『彼民既穌，彼俗既化。廣利王之廟自阻隔目來，寂寥莫睹，今既復其土地，可使視其廟貌，俾重崇葺焉』。乃命中使往蕆其事，告帝王之旨，叙克復之意。蘋藻在膺，盞竽具陳。酒一奠而海若龠淪，祥風襲人，嶽舞山轉，若来朝於百神；樂再奏而大壑溟涬，炎精不竞，浪息波停，如恭聽於明命。似律召呂，疑谷應聲；影象相傳，昐蠁如在。林麓以之森聳，山川謂之清明。嗚呼！皇天無親，惟德是輔；陰霊不昧，有感必通。詎非濬哲之君，孰□靈長之德？豈直揚清激濁，梁簡文止述於賦詞；乖蠻隔夷，謝惠連空陳於讃詠。式揚巨德，宜樹豐碑。虔奉綸言，謹為銘曰：

無皋東峙，朱陵南望。極覽滄嶼，渺覿洪浪。
鳳麟鎮其西，炎長洲其上。廻洑萬里，堆疊千嶂。
滉滉漾漾，汪汪洋洋。源流地紀，沠引天潢。
限六蠻扵外服，通七郡以来王。仁惟利涉，道乃霊長。
我后睿聖，載復洪荒。惟神正直，克饗馨香。
靈胥之濤匪怒，陽侯之波弗颺。善下其德，既濟其航。
千年萬禩，永享蒸嘗。
開寶六年太歲癸酉十月九日己丑書建。

（碑陰）

熙寧七年秋八月，上以久旱，精禱天下名山大川，詔右諫議大夫知廣州程公致祠，南海洪聖廣利昭順王，已而休應云獲復命，公行賽謝之禮，時黄禎、趙光弼為獻官，黎獻臣、譚粹攝奉禮太祝，陳端與公之子德叟、義叟陪位。
冬十月十八日，蘇咸記，李橦書。

聖宋皇佑辛夘歲三月十九日庚午立夏，衹命致享于洪聖廣利王廟。右諫議大夫充天章閣待制知廣州田瑜，都官員外郎前監鹽倉黄鑄，虞部員外郎通判朱顯之謹題。僧宗淨刻。

熙寧甲寅仲春十九日府幕譚粹、檢季邑簿李𥠖書碑謁拜祠下。

推誠宣力同德翊戴功臣、山南東道節度襄均房復等州觀察處置兼三司水路發運橋道等使、南面行營兵馬部署、廣南諸州計度轉運使、權知廣州軍府事、市舶使、金紫光禄大夫、撿挍太保、使持節襄州諸軍事、襄州刺史兼御史大夫、上柱國、滎陽郡開國侯、食邑二千户、食實封二百户潘美。

推誠翊戴宣力功臣、金紫光禄大夫、撿挍太保使持莭復州諸軍事、復州刺史、本州防禦使、南面行營兵馬都監兼御史大夫、上柱國、沛郡開國公、食邑二千五百户朱憲。

推誠翊戴功臣、起復正議大夫、祕書少監使持節韶州諸軍事、韶州剌史、廣南諸州轉運副使、柱國、瑯琊縣開國男、食邑三百户、賜紫金魚袋王明。

都大提舉修廟中散大夫、行尚書駕部員外郎、通判廣州軍府事兼市舶判官、柱國謝處玭。

奉勑監修廟文林郎守廣州録事衆軍事林洵美。

考略

此碑存廣州南海神廟。高372釐米，寬159釐米。雙面刻字，碑陽篆額，正文楷書。碑陰文字皆楷書。碑陽文字刻於北宋開寶六年（973），距宋滅南漢僅兩年。碑文載，因嶺南為劉氏竊據殆七十年，貿易被阻絶，人民受虐待。因此，宋遣潘美討伐，於開寶四年（971）統一嶺南，擒南漢後主，派使修復南海神廟，以期獲神佑。碑陰分別刻有皇祐三年（1051）一段文字，熙寧七年（1074）兩段文字，其中一段為當地官員奉上命致祭南海洪聖廣利昭順王之事，另一段文字列諸官人結銜，潘美兼領市舶使，謝處玭以廣州通判提舉兼任市舶判官修廟，錄事参軍事林洵美監修，皆由皇帝特派，較一般規定用令丞掌治葺修規格為高，可見對海貿朝貢之重視。

清人王昶曾考證此碑，將其與《宋史》對比，發現《宋史》之錯漏，如宋太祖尊號即錯。《潘美傳》未載其當過襄州刺史，《韓溥傳》未載其曾知端州軍事等。此碑皆有補史價值。同治《番禺縣志·金石略二》錄此碑全文。

碑陽撰文者裴麗澤，史迹不多見。

碑陽篆額及書丹者韓溥，是南漢降官，史稱他博學、善筆札。

中書門下牒

宋皇祐五年（1053）

釋文

中書門下牒廣州南海洪聖廣利王

牒奉勑：《易》載『害盈益謙』之旨，蓋神道正直，必有輔於教也。其有陰相吾民，沮遏凶醜，應荅明白，不列美稱，曷以揚神之休？南海洪聖廣利王，惟王廟食尊爵表于炎區，年既遠矣！唐韓愈記稱神次最貴，且有福禍之驗，國家秩禮祀等尤高。康定中，朕嘗增王徽名，牲幣器數，罔不稱是。今轉運使絳言：『迺者儂獠狂悖，暴集三水，中流颶起，舟留三日。逮至城闉，廣已守備。火攻甚急，大風還飈；閉關渴飲，澍雨而足；變怪婁見，賊懼西遯。州人咸曰：「王其恤我者邪！」』朕念顯靈佑順，靡德不酬，其加王以昭順之號。神其歆兹顯寵，萬有千載，永庇南服。宜特封南海洪聖廣利昭順王。仍令本州差官往彼嚴潔致祭，及仰製造牌額安掛。牒至准勑，故牒。

皇祐五年六月二十七日牒。

工部侍郎參知政事劉。

給事中參知政事梁。

戶部侍郎平章事龐。

廣南東路諸州水陸計度轉運使兼提點市舶司本路勸農使朝奉郎尚書工部郎中直集賢院上騎都尉賜緋魚袋借紫

臣元絳。

右臣伏覩廣州有南海神祠，唐天寶中封廣利王，聖朝康定初詔加洪聖之號。臣詢問得，去年獠賊五月二十二日離端州，是時江流湍急，舩次三水，颶風大起，留滯三日，以此廣州始得有守禦之備。爾後暴雨累旬，賊黨梯衝不得前進。而城中暑渴，賴雨以濟。六月中，賊以雲梯四攻，幾及城面，群凶讙噭，以謂破在頃刻。無何，疾風盡壞梯屋。又一日，火攻西門，烈燄垂及，又遇大風東回，賊既少退，故守卒得以灌滅。於是賊懼天怒，漸有西遯之意。始州之官吏及民屢禱于神，翕忽變化，其應如響。蓋陛下南顧焦慮，威靈震動，天意神貺，宜有潛佑。臣竊稽前史，苻堅之寇肥水，司馬道子禱於鍾山，獲八公草木之助；温造平漢中之難，祈晴於鷄翁山，應時開霽，當時並蒙封崇。況南海大神，歷代稱祀。唐韓愈嘗謂：『考於傳記，神次最貴，在北東西三神之上』。今茲助順，度越前聞。及問得海神之配，故老傳云：『昔嘗封明順后，自歸聖化，未正褒封』。其洪聖廣利王及其配，臣欲望朝廷別加崇顯之號，差官致祭，以荅神休，仍乞宣付史官，昭示萬世。如允所奏，伏乞特降敕命。謹具狀奏聞，伏候敕旨。

皇祐五年四月十九日廣南東路諸州水陸計度轉運使兼提點市舶司本路勸農使朝奉郎尚書工部郎中直集賢院上騎都尉賜緋魚袋借紫臣元絳狀奏。

皇祐壬辰夏，獠儂猾二廣，絳奉詔使嶠外，問廣民，皆稱道南海神事。明年賊平，輒以狀聞于朝。上心感焉，召詞臣蔡襄作誥，增王徽名，且遣使奉將綈函就勒扁署，致牲幣之祀。今年春，又敕中貴人乘傳加王冕九旒、犀簪導、青纊充耳、青衣五章、朱裳四章、革帶、鉤鰈、緖韍、素單、大帶、錦綬、劒佩、履韈，并內出花九樹，袿襹簪鐶，署曰『賜明順夫人』。又命道釋爲之會凡十夕，且以荅王靈休。冬十一月，絳來謁神祠，伏念天子仁聖，潔誠以依神康保于元元，所以蕃錫之備厚，宜有金石之刻，鋪張光明，使極天所冒，知朝廷威靈變化之感。噫嘻盛哉！

至和元年歲在敦牂，十二月二十一日庚戌，絳謹記。

始興李直書丹。

僧宗浄刻。

考略

此碑存廣州南海神廟。高156釐米，寬86釐米。楷書。與慶元四年的尚書省牒共用一石。碑文分上中下三段，上段為中書門下省奉宋仁宗敕，賜加南海神昭順之號的牒文。中段為時任廣州轉運使元絳的奏章原文。下段為元絳敘其謁祠致祭事。阮元《廣東通志·金石略》、同治《番禺縣志·金石略》輯錄該碑文。

元絳，字厚之，浙江錢塘人。北宋大臣、文學家。皇祐四年（1053）為廣東轉運使，時儂智高起兵反宋，他修治城廓、水寨，籌備軍餉器械，因禦敵有功，轉為度支判官。累遷翰林學士，拜參知政事，以太子太保致仕。著有《玉堂集》。

六侯之記

宋紹興五年（1145）

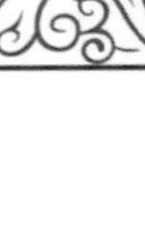

釋文

（碑額）六侯之記

達奚司空，慶曆中，阮遵有記云：『普通，菩提達磨由南天竺國與二弟航海而至』。達奚，乃季弟也。經過廟，款謁王，王留共治，達奚立化廟門之東。元豐秋苦雨，太守曾布祈晴於祠下，默有禱於神。一夕感夢，告以所復。逾月被命，了然不差。因而命工修飾祠像，以答靈貺。今封助利侯。

杜公司空，不知其名，父老相傳乃北人也。形皃清秀，有才幹。明道年中，重修廟宇，差公監役，不日而成。既畢工，公遂禱於王曰：『王威鎮一方，利資百粵，助國濟民，其功莫測。願助王爲陰兵部轄之首』。言訖而化。從茲廟內忽生飛鼠，不知其數。皇祐中，儂賊犯廣，猛風飄滯，獠船不進，廣人遂得爲備。又元祐間，岑探賊發自新州，領衆數千來泊城下，民庶驚擾，官吏茫然。既蒼卒之際，州城守禦器械皆無備枝梧。郡官登城，遂禱之於神。是日晴霽，忽起大風暴雨，結爲寒泫三晝夜，賊徒寒栗不能攻擊及城。人忽見飛鼠遶之樓櫓，而賊衆觀其城上甲兵無數，恐懼顛越，鳥竄鼠伏。當時咸謂杜公陰兵助王威德，以護官民。至今飛鼠集而不散。今封助威侯。

巡海曹將軍，不知何時人。有海客船過大洋，至於無涯之所，風浪滂浡。驚懼之際，船人隱隱見有金甲神人，平波伏浪，人皆頂仰云：『巡海將軍也！』至癸亥歲四月，內前監市易務梅菁得替赴惠州博羅縣任。十六日，船至扶胥海，風雨忽作，波濤競起，船將傾危，菁即呼南海王。未已，隱隱見一金甲神人指呼，船獲平濟。菁到廟謁謝，行至巡海將軍堂前，頂仰將軍有如早所見之神。菁再拜謝：『不知將軍姓氏，欲求傳於後。』至晚，下船就寢，復夢將軍云：『吾姓曹，助王威久矣，人無由知，亦不欲顯世間。既聞命，故當見子』。菁忽然而覺，次日置牌以顯於後。今封濟應侯。

巡海提點使，元祐五年五月十三日夜三更時，廣帥蔡公下忽夢神人身長丈餘，紫袍金帶，容皃堂堂，趋走而前，似有贄見之禮。蔡公云：『吾授天子命來守此土，公何人而輙至此？』神人曰：『余姓蒲，本廣州人也，家有三男。余昨辞人世，以平生所積陰功稍著，上帝命充廣利王部下巡海提點，但未立祠位』。言訖而没。夢覺，但增歸仰。次日，具述夢由於郡官之前，聞者莫不嘆服。遂命工委官詣廟致祭，綵繪神像，并寫立南海廟牌。其神今封順應侯。

王子一郎封輔靈侯。王子二郎封贊寧侯。

漸紹興辛酉季夏赴倅曲江，經途扶胥鎮，奠謁祠下，詢訪六侯故事，無有識者。適於壁角間得板六，揩拭辨認，字差可讀，六侯豐功偉績，烜赫照人耳目。如此歲久無記，幾絶其傳。若板一失，必至埋没矣，惜哉！漸乙丑中夏回守程鄉，廼以六侯事跡移刻之石，更不易一字，謹存其舊，以信來者。

二十四日莆陽方漸跋。

此碑原存廣州南海神廟，後移置廣州博物館。高177釐米，寬82釐米。碑額及正文楷書。刻於宋紹興五年（1145）。該碑所記六侯為：助理侯達奚司空、助威侯杜公司空、濟應侯巡海曹將軍、順應侯巡海蒲提點使、輔靈侯王子一郎、贊寧侯王子二郎。其事迹多類神話，如達奚司空為南朝梁普通年間（520—526）菩提達摩之弟，自天竺（今印度）泛海而至廣州拜謁南海神，王留共治廟事，『立化廟門之東』。碑文還涉及宋代岑探農民造反進攻廣州之事。該碑是研究民俗神話、諸神起源的可資借鑒的史料。近年有人撰文證此碑是後人假託而刻的一方偽碑，其說可供參考。同治《番禺縣志·金石略二》輯錄該碑文。

撰文者方漸，福建莆陽人，宋重和元年（1118）進士，紹興中通判韶州，改知梅州，官至朝散郎。好藏書，曾建有富文閣藏書。

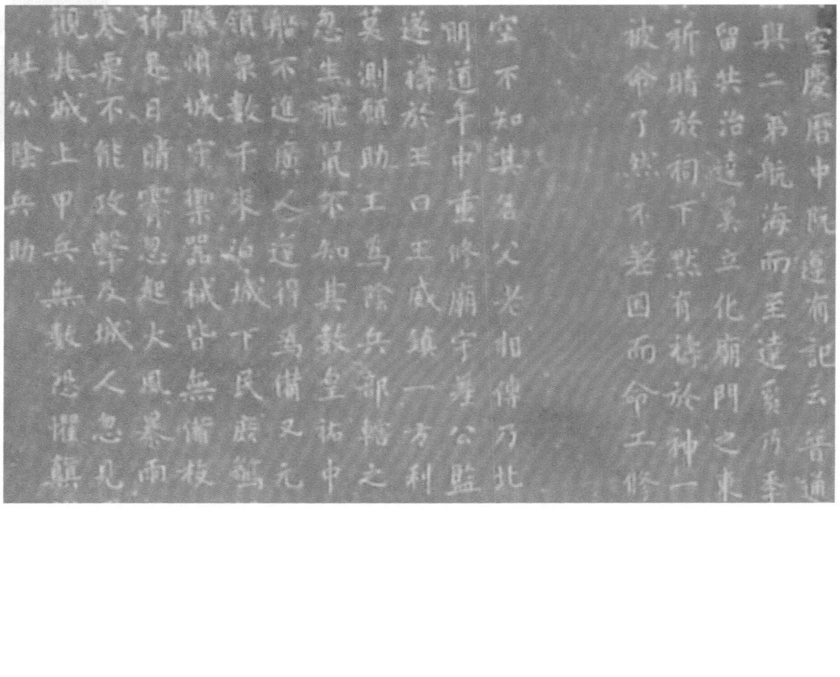

（碑刻局部）

南海廣利洪聖昭順威顯王記

宋乾道元年（1165）

南海廣利洪聖昭順威顯王記

釋文

（碑額）南海廣利洪聖昭順威顯王記

南海廣利洪聖昭順威顯王記

左朝奉郎權發遣南恩州軍州主管學事兼管內勸農事借紫陳豐撰

右朝奉大夫提舉廣南路鹽事廣東常平茶事賜紫金魚袋詹夸書

左承議郎權發遣廣南東路轉運判官兼提舉學事芮煇篆額

南海王有功德於民，威靈昭著，傳記所載與故老傳聞，歷歷可考。自唐以來，褒封崇極，隆名徽稱，累增而未已。天寶中，冊尊為廣利王，牲幣祭式與爵命俱升。元和十二秊，詔前尚書右丞孔公戣為刺史，有惠政，事神不懈益虔，神所顧歆，風災熄滅，仍歲大熟。韓昌黎為之記，爛然與日月争光，神之靈迹益著。

聖宋開基，太祖皇帝遣中使修敬易故宮而新之，冊祝唯謹。仁宗康定改元之明年，增封四海，而王加號洪聖。皇祐壬寅，蠻獠猾二廣，暴集三水，中流颶作。閉關渴飲，雨降而足。變恠驚異，賊矍然若加兵頸上，一夕遁去。有司以狀聞，上心感歎，詔增昭順之號，加冕旒簪導，以荅靈休。元祐間，妖巫竊發新昌，領衆數千來薄城下。官吏登城望神而禱。是日晴霽，忽大晦冥，震風凌雨，凝為冰泫，群盜戰慄，至不能立足；望城上甲兵無數，怖畏顛沛，隨即潰散。雖八公山草木之助，未若是之神速也。狀奏下太常擬定所增徽名，禮官以為王號加至六字矣，

疑不可復加。二聖特旨詔工部賜緡錢，載新祠宇，於以顯神之賜。太上皇御圖，慨然南顧，務極崇奉。紹興七年秋，申加命秩，度越元祐，於是有威顯之號。寵數便蕃，不以為侈，第恨無美名徽稱以酬靈貺，豈復計八字褒封耶？左海遐陬，颶風掀簸，蛟鰐磨牙。祝融司南，彈壓百恠，庇護南服，俾瀕海居民飽魚蟹，饜稻粱，舟行萬里，僅如枕席上過；獲珠琲犀象之贏餘，斂惠一方厚矣！而京師頃年旱暵異常，裕陵遣使懇祈雨雪，應不旋踵，又何惠澤溥博若是也！黎弓毒矢，嘯聚巖谷，多櫓大棹，出沒濤波，弄兵未旬時，旋即撲滅。蔭護捍禦，而人不知神之力，冥漠之中，陰賜多矣！至於震風反燄，霈雨蘇暍，見新城於水中，出陰兵於城上，飛鼠凝澌，變恠萬狀，又何靈異顯著若是也！日者郴寇猖獗，侵軼連山，南海牧長樂陳公偕部使者祓齋以請于祠下。未幾賊徒膽落，折北不支，屬城按堵，帖然無犬吠之警。公之精誠感神，如桴鼓影響之應；神之威靈排難，如摧枯拉朽之易。皆當大書深刻，以詔後人。豐叨乘一障在窮海之濱，方託价藩帡幪而竊神庇佑居多，不敢以蕪類為辭。謹再拜而書之，且系以詩曰：

顯顯靈異，百神之英。功德在民，昭若日星。

庇佑南服，民無震驚。風雨時叙，百穀用成。

夷舶往来，百貨豐盈。順流而濟，波伏不興。

自唐迄今，務極徽稱。祀典祭式，與次俱升。

捍禦劇賊，問見陰兵。呼吸變化，風雨晦冥。

壓難折衝，易如建瓴。奔儂磔岑，群盗肅清。

蠢爾郴冦，噉嘐橫行。傳聞訩訩，郡邑靡寧。

堂堂元侯，賢於長城。邀我星軺，各盡其情。

祓齋以請，神鑒惟精。式遏冦攘，惟神之靈。

應如影響，惟元侯之誠。惟部使者，協恭同盟。

選值群賢，惟天子之明。神休無斁，何千萬齡。

乾道元年十月二十五日。

右朝請大夫直敷文閣權發遣廣州軍州主管學事兼管內勸農事主管廣南東路經略安撫司公事馬步軍都總管賜紫金魚袋陳輝立石。

《記》成，求石於肆，得之丁氏，高大中度，其直二萬。鐫已，明年夏饗，以舟津寘，俾戍官植于廟，而戍官以趺坐為慮，祠祝曰：『後殿之旁有之，弃不用。』試度其鑿無差。又舁碑以夫七十，坐如之。詎非陰有所護而然耶？弃奉親陪祀，目擊其事，謹識左方，用来者。古靈陳弃。

考略

此碑原存廣州南海神廟，後移置廣州博物館。高188釐米，寬130釐米。篆額，正文楷書。刻於宋乾道元年（1165），歷敘各朝所加封南海神之封號：唐天寶中（742—755）為『廣利』；宋康定二年（1041）加『洪聖』；皇祐間（1049—1053）加『昭順』；紹興七年（1137）加『威顯』。名號之加，與『妖巫竊發新昌』『郴寇猖獗』等民衆起事、圍攻廣州有關。另史無紹興七年（1137）加『威顯』號事，此碑可補史志之闕。

撰文者陳豐，字宣仲，福建仙遊人，紹興中進士。

創建風雷雨師殿記

宋乾道三年（1167）

考略

此碑原存廣州南海神廟，已佚，僅存拓本，藏於廣州博物館。隸額，正文楷書。刻於宋乾道三年（1167），內容為在南海神廟內創建風雷雨師殿之緣由和經過。原石碑部分受損，《廣東通志》《番禺縣志》《波羅外記》輯錄該碑文。撰文及書丹者康與之，字伯可，一字叔聞，號順庵，一號退軒。洛陽人，居滑州，南宋著名學者，受書法於陳二丈叔易，著有《昨夢錄》等。此碑書法流麗清俊。

釋文

（碑額）創建風雷雨師殿記

凡陰陽凝結之氣，積高廣大者，皆神明之隩，故古之君天下者，必柴望扵嶽瀆。周公相成王，懷柔百神，咸秩無文，五嶽視三公，四瀆視諸侯。漢神爵元年，制詔太常曰：『江海，百川之大者也，今闕焉無祀，其令禮官以四時祀江海。』聖朝治暢道洽，神明饗荅，海嶽册禮，跨古尊顯。□南粵置使掌□服諸夷，貿□□□歲資□邦，計數百鉅萬。胡商海賈以不貲之貨，入重譯之地，行萬里之海，必禀命扵南海，□□□水之便，然後敢行，舟舳既濟，輸征乃廣，國以饒用，吏以稱職，可不敬歟？共惟□□順□□遂之美，受慶禪之禮，光明緝熙，以報付託。審求吏能，旁扵踈遠，□□□□入□行，在昕不稱者報罷。

始吴興陶公定分符治，貴陛對之次，玉音激揚□□□□舶□選才上錄，陶公移使焉。公清名峻節，聞扵天下，精辭麗句，推扵前輩。至則辦治，歲貢倍□，神實相之。□怠扵□□□薦南海神祠下，謂未至者。南海神，大神之尊，主扵事；而風雷雨師，□□□□□列□扵事。昔無陛級之嚴，雜廊廡之祀，非昕以配食大神，攸司上列□□□之□□□□□□□□□器□謝曠闕。是歲也，田豐海熟，迅霆収聲，颶母滅影，歸檣去柂，安若衽席。以乾道□□□□□□□落成，□□奉安，謹攻石紀始，以告扵後。

洛師康與之記并書。

寺觀壇廟類

尚書省牒

宋慶元四年（1198）

釋文

尚書省牒

禮部狀准都省批送：下中奉大夫充秘閣修撰知廣州主管廣南東路經略安撫司公事錢之望狀奏：竊見南海洪聖廣利昭順威顯王廟食廣州，大芘兹土，有禱必應，如響斯答。臣領事之始，大奚小醜，阻兵陸梁，既迫逐延祥官兵，怙衆索戰；復焚蕩本山室廬，出海行刼。臣即爲文，以告于神：願借檣風，助順討逆，俾獻俘祠下，明正典刑，毋使竄逸，以稽天誅。然後分遣摧鋒水軍前去會合。神誘其衷，既出佛堂門外洋，復回舟送死，直欲趨州城。拾月貳拾叁日，至東南道扶胥口東廟前海中，肆拾餘艘銜尾而進，與官兵遇。軍士争先奮擊，呼王之號以乞靈。戰鬬數合，因風縱火，遂焚其舟，潮汛陡落，徐紹夔所乘大舶，膠于沙磧之上。首被擒獲，餘悉奔潰。暨諸軍深入大洋，招捕餘黨。如東薑叚門諸山，素號險惡，或遇颶風竊發，不容艤舟，人皆危之。既至其處，波伏不興；及已羅致首惡，則長風送颿，巨浪□至，武夫奮棹，且喜且愕，益仰王之威靈。凡臣所禱，無一不酬。將士間爲臣言，此非人之力也。凱旋之日，闔境士民，以手加額，歸功于王。乞申加廟號，合辭以請。臣參訂輿言，具有其實。除已先出帑錢千緡崇飾廟貌外，用敢冒昧上聞。臣考之圖經，惟王有功於民，著自古昔，載在祀典，神次最貴。唐天寶十載，始封爲廣利王。國朝康定貳年，增號洪聖。皇祐伍年，以陰擊儂賊，詔錫昭順，紹興柒年，復加威顯。所以致崇極于神者，其來尚矣，旌應表異，正在今日。欲望睿慈，特降指揮，申命攸司，討論典禮，優加命數，昭示褒寵，

以答神休，以從民欲，伏候勅旨。後批送部勘當，申尚書省。尋行下太常寺勘當。去後據申，照得上件神祠係是五嶽四海四瀆之神，兼上件靈應，並是助國護民，蕩除兇寇，比尋常神祠靈應不同，所有陳乞廟額，本部尋再行下太常寺擬封，去後據申，今將南海洪聖廣利昭順威顯王廟，合擬賜廟額降勅。伏乞省部備申朝廷，取旨施行。

伏候指揮。

牒奉勅宜賜英護廟爲額。牒至準勅。故牒。

慶元四年五月（尚書省印）日牒。

糸知政事何，糸知政事謝，右丞相□。

考略

此碑存廣州南海神廟。高156釐米，寬86釐米。畫押行書，正文楷書。刻於宋慶元四年（1198）。該碑與皇祐五年中書門下牒共用一石，為公文行移之式。據牒文所述，慶元年間（1195—1200），大奚山民聚眾叛亂，至廣州東南扶胥江口，與官兵相遇，潰敗而走，餘眾被殲。時廣南東路經略安撫使錢之望以為南海神陰助而獲勝，遂乞加廟號，尚書省合擬得旨賜『英護廟』為額。

蘇軾南海浴日亭詩

宋嘉定十四年（1221）

釋文

南海浴日亭

劒氣峥嶸夜插天，瑞光明滅到黄灣。坐看暘谷浮金暈，遥想錢塘湧雪山。
已覺滄涼蘇病骨，更煩沆瀣洗衰顏。忽驚鳥動行人起，飛上千峰紫翠間。

右紹聖初元東坡先生謫惠州過浴日亭所作也。壁間今存小刻，乃後人所書，□微有舛異。筠舊得此真蹟於湘中，嘉定辛巳立夏，祇奉皇帝祝簓，來謁祠下，因出以壽諸石，□補斯亭之闕。蓋斯亭觀覽之偉，固自足以雄視海天，而此詩詞翰之神，尤足以彈壓千古，是可私其□□□無傳也哉？清源留筠端父書。

考略

此碑存廣州南海神廟浴日亭，於『文化大革命』期間被砸，後尋回重拼，現亭内竪碑乃重刻者，據云殘碑現夾於新碑與陳獻章詩碑之間。原碑拓片存於廣州市文物考古研究院。高154釐米，寬84釐米。碑分詩與跋兩部分，詩楷書，跋行書。據跋，此詩是蘇軾所作并書，宋嘉定年間廣州知府留筠摹勒上石。王昶《金石續編》載，此石有至元十八年（1281）上將軍都元帥白佐重刻之題記，迄清代已漫漶不可全辨識。同治《番禺縣志·金石二》輯錄有此碑文。

撰書者蘇軾，字子瞻，又字和仲，號東坡居士，世稱蘇東坡、蘇仙。眉州眉山人。北宋著名文學家、書法家、畫家。文為『唐宋八大家』之一，書法為『宋四家』之一。曾因朝廷内部黨爭被貶嶺南。

陳獻章浴日亭追次東坡韻

明成化二十一年（1485）

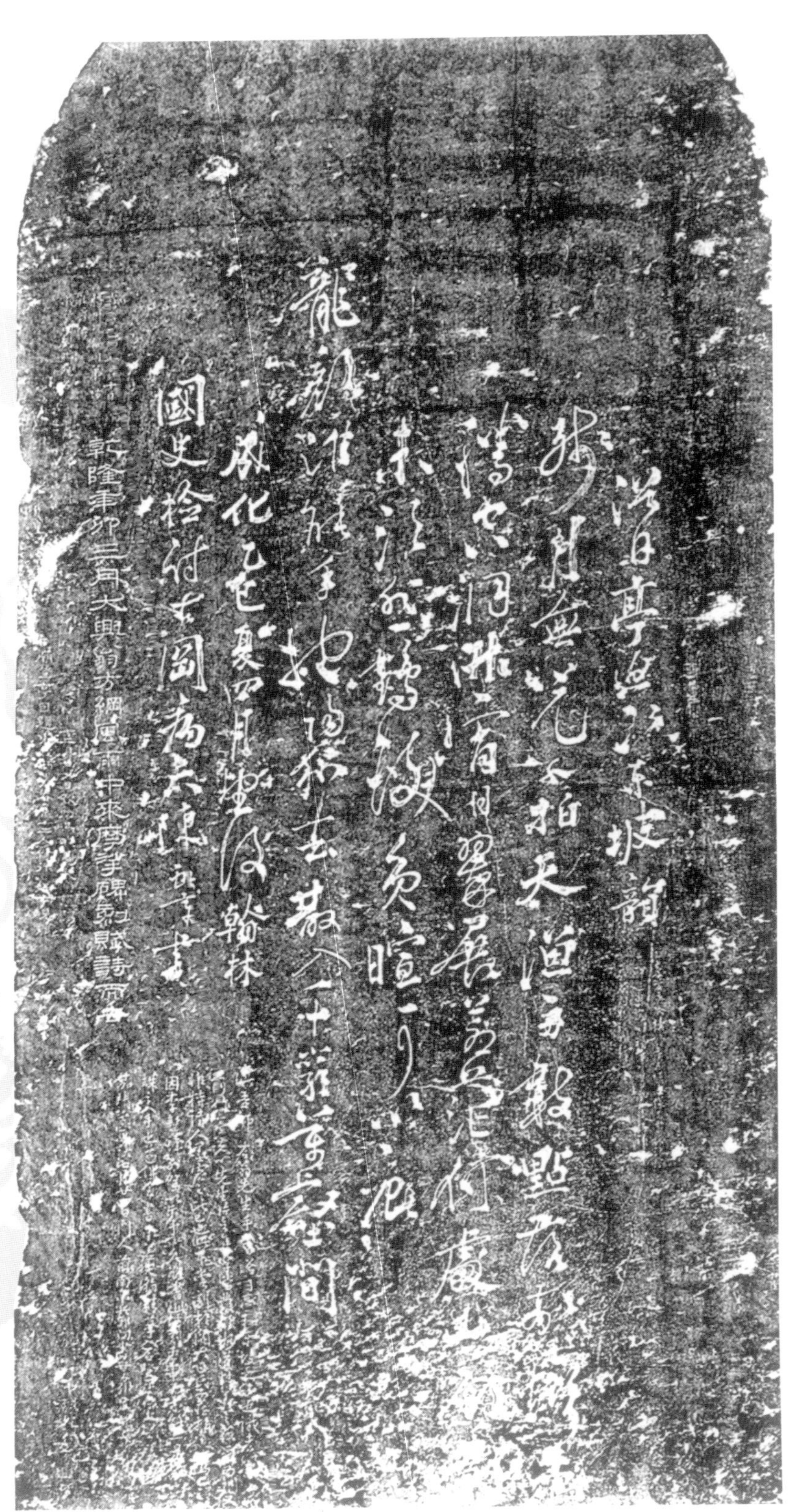

釋文

浴日亭追次東坡韻

殘月無光水拍天，漁舟數點落前灣。赤騰空洞昨宵日，翠展蒼茫何處山。

顧影未須悲鶴髮，負暄可以獻龍顏。誰能手抱陽和去，散入千巖萬壑間。

成化乙巳夏四月望後。翰林國史檢討古岡病夫陳獻章書。

考略

此碑存南海神廟浴日亭。高195釐米，寬88釐米。行草書。背依蘇軾詩碑，是明成化二十一年（1485）陳獻章次蘇東坡詩韻所作，以茅草作筆而書，筆勢靈活飛動。

碑字間及左、下方有明、清人題字六段，為陳氏門人湛甘泉、清代金石家翁方綱、儀克中等所書。清翁方綱《粵東金石略》、周韻生《廣東考古輯要》均輯錄此詩碑。

撰書者陳獻章，字公甫，號石齋，又號病夫，世稱陳白沙，為明代廣東著名的理學家、書法家，擅長草書，晚年以茅根作筆，世稱『茅龍筆』，作書有樸野之致。

薛綱浴日亭詩

明弘治三年（1490）

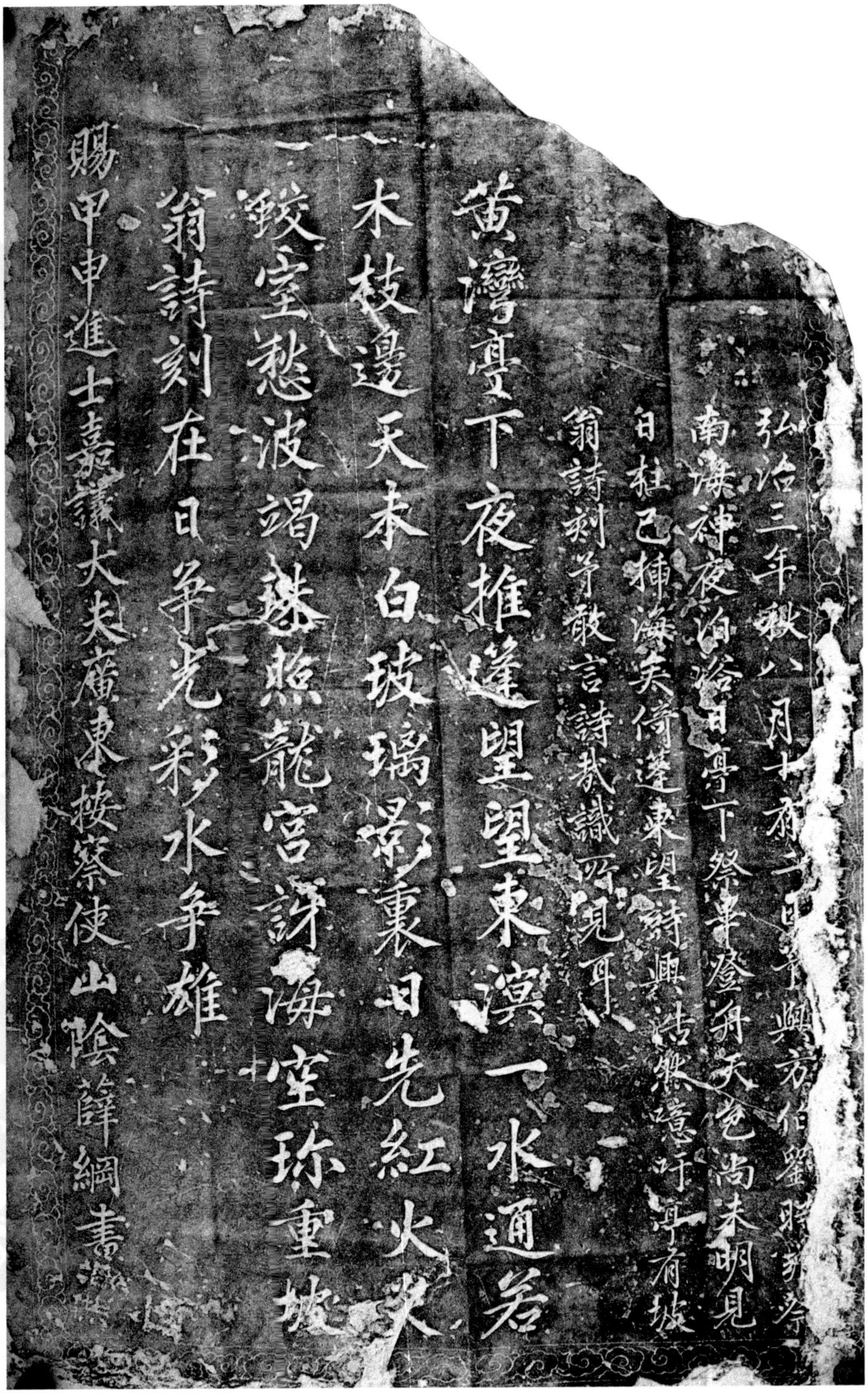

釋文

弘治三年秋八月十有二日，予與方伯劉時雍祭南海神，夜泊浴日亭下。祭畢登舟，天色尚未明，見日柱已揷海矣，

倚篷東望，詩興浩然。噫吁，亭有坡翁詩刻，予敢言詩哉？識所見耳。

黄灣亭下夜推篷，望望東溟一水通。若木枝邊天未白，玻璃影裏日先紅。

火炎蛟室愁波竭，珠照龍宫訝海空。珎重坡翁詩刻在，日争光彩水争雄。

賜甲申進士嘉議大夫廣東按察使山陰薛綱書。

考略

此碑存廣州南海神廟。高147 筆，寬90 筆。楷書。明弘治三年（1490）時任廣東按察使薛綱與劉時雍祭罷南海神，天色未明時登舟而作。劉時雍，即名臣劉大夏，字時雍，湖南華容縣人，明天順八年（1465）進士，弘治朝任廣東右布政使。《明史》有傳。該詩亦見載於清翁方綱《粤東金石略》與同治《番禺縣志》。

撰書者薛綱，字之綱，浙江紹興人，明天順八年（1465）進士，弘治二年（1489）任廣東按察使。

王命璿步東坡浴日亭詩原韻

明萬曆四十六年（1618）

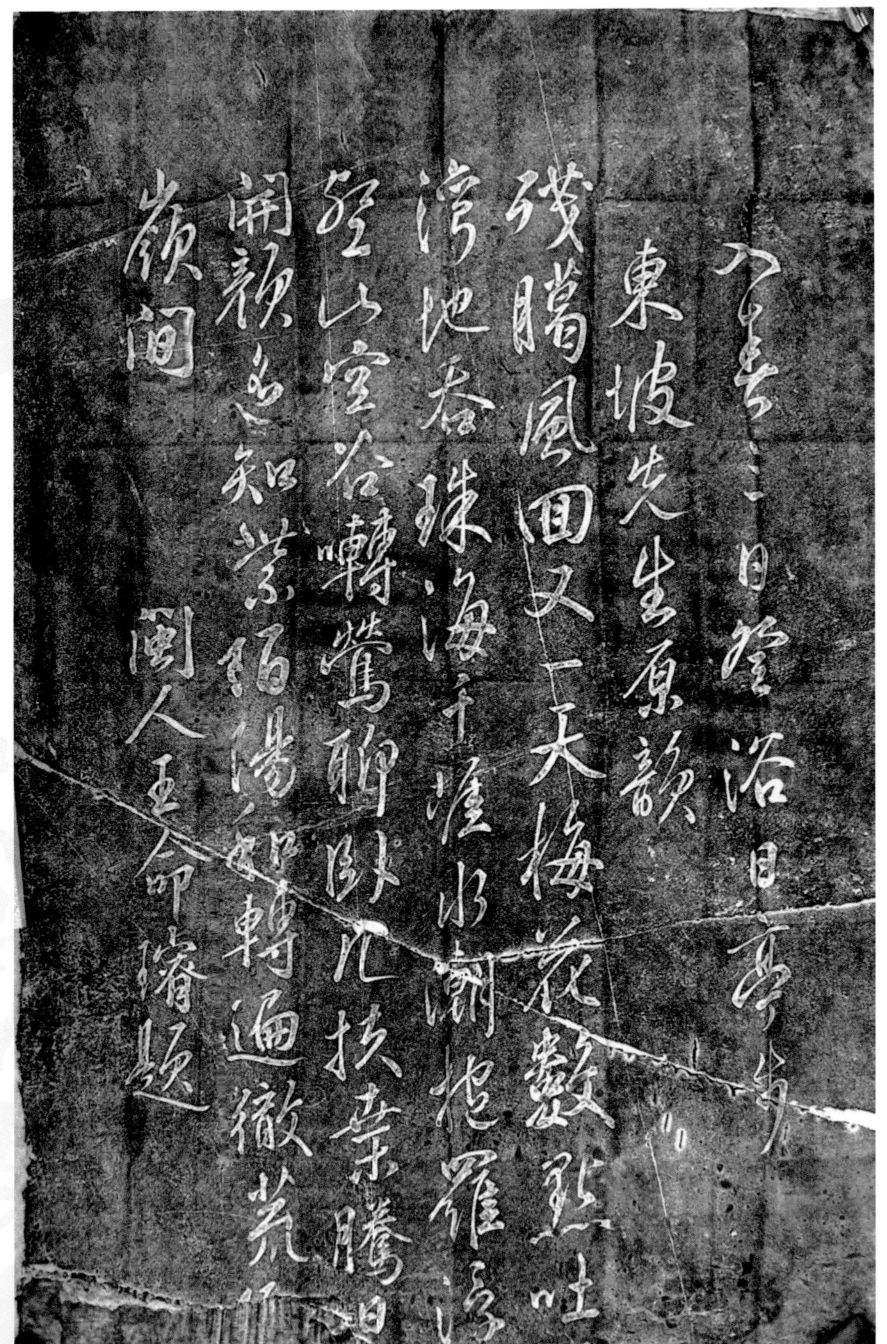
九月三日登浴日亭步
東坡先生原韻
殘臘風回又一天梅花數點吐
灣地香珠海千涯水潮憑羅浮
登山空谷轉鶯聊卧几扶桑騰
開顏遂知紫陌陽和轉遍徹荒
嶺間 閩人王命璿題

釋文

入春三日登浴日亭步東坡先生原韻

殘臈風回又一天，梅花數點吐黄灣。地吞珠海千崖水，潮抱羅浮萬壑山。

空谷囀鶯聊卧几，扶桑騰日更開顔。遥知紫陌陽和轉，遍徹荒陬五嶺間。

閩人王命璿題。

（碑側小字如下：）

萬曆戊午，梁生啓運偕同志凌騰龍、李選、曹昌縉讀書波羅，至冬十二月廿四，實新春之三日也，適遇按臺王大宗師道經浴日亭，登而憩焉，遂次東坡先生韻。詩成，以示啓運，諸子捧誦欣躍，敬勒諸石，以垂不朽。番禺門人梁啓運識。門人凌騰龍、李選、曹昌縉同立石。

考略

此碑存廣州南海神廟。高149釐米，寬94釐米。行書。因碑底没入基座，故拓片缺部分字。刻於明萬曆四十六年（1618）。碑側有小字數行，敘勒石經過。

撰書者王命璿，福建晉江人，明萬曆十二年（1584）進士，萬曆四十年（1617）任巡按御史。

觀音像

清乾隆五十一年（1786）

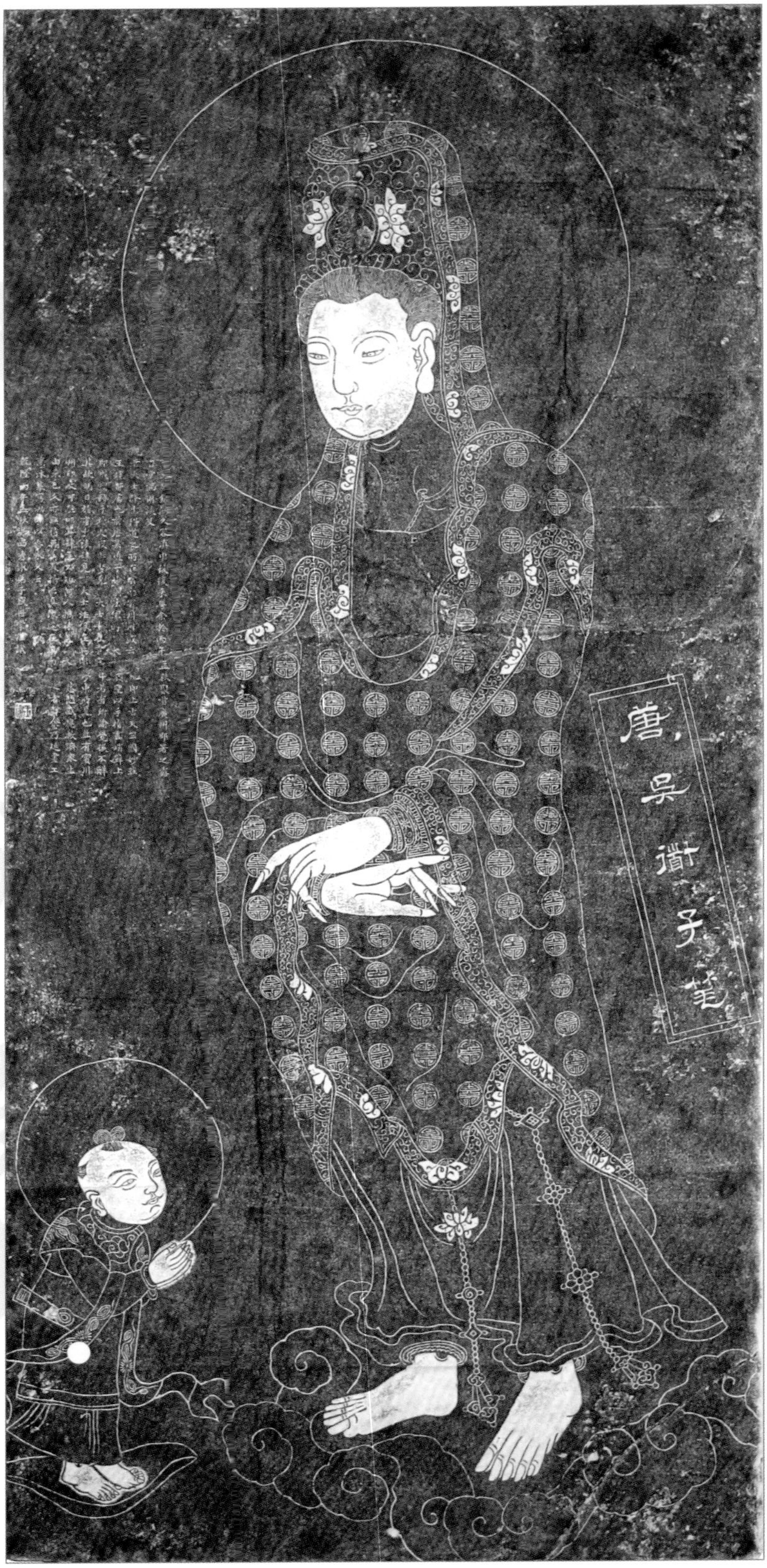

釋文

唐吳衜子笔。

吉水劉鋤洲久客滇中，後復来粤。余於丙午孟秋聚首廣州郡署之露香堂，偶爾談及觀音大士降生得道之所，在雲南賓川州，或云□地即上古天竺國妙莊王建都處也。前唐吳道子繪圖法像時，大□顯聖，以手指畫峭壁上，即成聖跡。予於是夜即夢見大士半在雲霞中，若有所諭，覺後不解其故。明日於市中裱肆見大士法像在焉，即夢中所見也，並有賓川州印文可驗。叩其肆主，不知何人携裱。盖大士慈悲感應，救濟衆生，由來已久，亦無待再為表揚。而真像遠在滇南，識之者鮮。余乃延畫工熏沐摹寫泐碑，以垂永久云。

乾隆丙午孟秋。浙西秀水弟子盛世掌謹識。

考略

此碑存廣州三元宮。高190釐米，寬89釐米。款云『唐吴道子筆』，隸書。正文楷書。刻於清乾隆五十一年（1786）。三元宮，始創於晉，為南海郡太守鮑靚修道之所，又作為其女鮑姑修道行醫之處，初稱越岡院。明萬曆間重修，崇禎年間擴建大殿，改祀三元大帝，名三元宮。世傳吴道子擅畫人物，尤精佛像，然幾無真迹傳世。後世依吴道子畫稿所摹繪觀音菩薩像頗多，如山東東平少岱山碧霞元君宮、四川閬中羅寂寺、浙江嘉興東塔寺、甘肅成縣吴道子祠、湖北武當縣玉泉寺、河南嵩山少林寺、河南省博物館、西安碑林等處均有觀音像，其款每作『唐吴道子作』，畫貌各異。題跋者盛世掌，浙西秀水人。

三元宮人體修煉穴位圖

清嘉慶十七年（1812）

釋文

（碑額）悲迷夜渡津，剖紋質天真。仍昧色中色，寧識身外身。

人之身有三百六十骨節、八萬四千毛孔，後有三關，尾閭、夾脊、玉枕也。尾閭在夾脊之下盡頭處，關可通內腎之竅，從此關起一條髓路号曰漕溪，又名黄河，乃陽升之路，直至两腎，對處為夾脊，又上至腦為玉枕，此三関也。前有三田，泥丸、土釜、玉池是也。泥丸為上丹田，方园一寸二分，虚関一竅，乃藏神之所。眉心入內正中之處，天門入内一寸為明堂，再入一寸為洞房，再入一寸為泥丸。眉心之不謂之鼻柱，又名雷霆府，金橋下至口中有两竅連喉，謂之鵲橋，喉是頸骨，乃内外之氣所由出入者也。後有軟喉，謂之咽，乃進飲食通門胃者也。其喉有十二節，号曰重樓，直下肺竅以至於心，心上有骨名為鳩尾，心下有穴名曰絳宫，乃龍虎交會之處，直下三寸六分名曰土釜，黄庭宫也，乃中丹田，左有明堂，右有洞房。無英居左，肝也；白元居右，肺也。亦空一寸二分，乃藏氣之所、煉氣之鼎，直下至臍三寸六分，故曰天上三十六，地下三十六，自天至地，八万四千里。自心至腎，有八寸四分，天心三寸六分，地腎三寸六分，中有丹田一寸二分，非八寸四分而何。臍門号曰生門，有七竅通於外。腎乃精神漏洩之竅，名曰偃月炉。即任脉下有九竅，即地獄酆都是也，又曰氣海。稍下一寸三分曰玉池，又曰下丹田，乃藏精之所、採藥之處。左明堂，右洞房，亦空一穴，方园一寸二分，此處有二竅通於内腎，腎中有竅通於尾閭，由尾閭通两腎堂，以至膝下三里穴，再下至湧泉穴，此人身相通之関竅也。

天有九宫，地有九州。人下丹田有九竅，以象地之九州；泥丸竅有九穴，以按天上九宫。腦骨八片，以應八方，一名彌羅天，又名玉帝宫，又名純陽天宫，中空一穴名玄穹主，又名元神宫。口内有舌，舌内有金鎖関，與舌相對，又名鵲橋鼻，鼻下人中穴與金鎖関相對，其間有督脉，乃是人之根本，名上九竅，一名性根。口名玉泉，又号華池，舌下有四竅，二竅通心為液，両竅通腎為津，寔我神室。泥丸九竅乃天皇之宫，中間一穴形如鷄子，狀似蓬臺，崑崙是也。釋曰：修真之子，不可不知也。

嘉慶壬申年石碑存畱洋城粤秀山三元宫。

行舟邱鳳山造叩。

心神形如朱雀，象如倒懸蓮花，能變水為血也。神名丹元，字守灵，重十二両，對鳩尾下一寸，色如縞映絳，中有七孔三毛，上智之人，心孔通明；中智之人，五孔心穴通炁；下智無孔炁明不通。心為肝子，為脾母，舌為之宫，腰竅通耳。左耳為丙，右耳為丁。液為肝腎，邪悉則汗溢，其味甘。小腸為之腑，與心合。《黄庭經》曰：『心部之宅蓮含花，下有童子丹元家。』童子即心神也。心下為絳宫。

肝神形如青龍，名龍煙，字含明，象如懸匏，小近心，左三葉，右四葉，胆附短葉下。重四斤四両，為心母，為腎子。肝中有三塊，名曰爽灵、白光、幽精。目為之宫，左目為甲，右目為乙。男子至六十肝炁衰，肝葉薄，胆漸減，目即昏。在形為筋，肝脉合於水，魂之藏也。於液為淚，腎邪入肝，故多泪。胆為肝之腑，胆與肝合也。《黄庭經》云：『和制寃寃津液平，外應眼目日月精。百疴所鍾存無英，用同七日自充盈。』

肺神形如白虎，象如懸磬，居五藏之上，對胞若覆盖，故為華盖，神名浩華，字虛成，重三斤三兩，六葉両耳，捴計八葉。肺為脾子，為腎母，內藏七寃如嬰兒，名曰尸拘，伏屍雀陰，吞賊排毒，除穢辟臭，乃七名也。寃為之宮，左為庚，右為辛，在炁為咳，在液為涕，在形為皮毛也。上通炁至腦，下通炁至脾，中是以諸炁屬肺，肺為呼吸之根。《黃庭》云：『喘息呼吸，依不快急。』存白元，和六氣。

胆者金之精，水之氣，其色青，附肝短葉下。胆者，敢也。胆天者，必不將。神名耀，字威明。如龜蛇混形，其象如懸袋，重三兩三，脉為肝之腑，若擄胆，當不在五臟之內，應帰於六腑。因胆亦变水氣，與坎同道，又不可同於六腑，故別立胆臟，合於膀胱，亦事毛髮。《黃庭經》曰：『主諸氣力捍虎兵，外應眼瞳鼻柱間，腦髮相扶亦俱鮮，九色錦衣綠華裙。』

脾屬中央土，旺於四季為黃□，形如鳳，象如覆盆，名常住，字䰞庭，正掩臍上，横覆於胃，坤之炁，土之精也，居心下三寸，重一斤二兩，濶三寸，長一尺。脾為心子，為肺母，外通眉，口為之宮，其神多嫉。肺無定形，生土阴也，故脾為五臟之樞，開竅於口，在形為熉，脾脉出于隱白，乃內之本意虞也。《黃庭經》云：『治人百病消谷粮，黃良紫帶龍鳳章。』

腎屬北水，於封屬坎，形似玄鹿兩頭，名玄寘，字育嬰，鋃如囝孕生，对臍墜臏脊，重一斤一兩，主分水氣，灌注一身，如樹之有根。左曰腎，右曰命，生炁之府，死炁之如，守之則存，甲之則竭，為肝母，為肺子。耳為之宮，天之生我，流氣而变，謂之精，精氣往来為之神。神者，腎藏其情智。左属壬，右属癸，在辰為子亥，在氣為吹，在液為，在形為骨。經捦上有，榮捦中焦，衛捦下焦。《黄庭》云：『腎部之宫玄闕园，中有童子名上玄。主諸穴腑九液源，外應兩耳百液津。

（其餘身體穴竅説明及修煉要點等文字略）

考略

此碑存廣州三元宫。高140釐米，寬70釐米。篆額，正文楷書。落款印文『行舟道人』『邱鳳山造叩印』。刻於清嘉慶十七年（1812）。是道家修煉兼針灸穴位圖。碑正中是一個半側身趺坐人體圖，其頭面部及雙足寫實，軀幹部分則繪示穴位、內臟及脊柱。人像四周環繞月相、卦相等圖形。整碑圖文並茂，直觀詳實。碑文分八段，前兩段屬緒論，對人體各部分及煉功要點作概述，其餘六段則分別以六神配以六臟論述其功能特點。此碑或為三元宫中給道徒講解內功課時用的教具。道家養生之法亦涉及醫學理論。從此碑中可見中國傳統『醫』與『道』合一的特徵。

重修三元宮碑記

清同治八年（1869）

重修三元宮碑記

重修三元宮大殿碑　　山陰朱用孚譔并書丹

蓋聞興廢之理存乎數成敗之機繫於人在數者不可知在人者我可得而操之所操者何才與志而已故制事以才非才不理精進以志無志不成吾於三元宮之興廢而深有悟焉是觀居越臺之西爲黃冠清修之所其教則老子清靜之學中奉　三皇其建始則前人備載之矣咸豐丁巳爲異端所毀瓦礫傾圮道衆散之四方衆咸曰觀其廢矣辛酉歲道士佩青歸而慨然欲興之人皆以爲誕而莫之許也歸謀諸侶無應之者道士奮然曰有志者事竟成惡知其不可爲耶遂往結節而居焉念此舉非萬金不辦乃具懸河之口說生公之法廣布金之地結衆善之緣士大夫憐其志皆各有所助版築鳩工不數月而綿蕞已定求道侶居其中乃奉身而退告衆曰昔以一念之興不計成敗今廢者已舉固數也然此山爲叢林之一烏可以年少者主持且此山自有主者功成而居人其謂利而據之矣當求齒德者共事之諸道長皆曰觀之興皆子之力雖然規模已定而殿宇尚未巍峩如故也願終其志且時平則尚齒時艱則論功其無多讓佩青曰諸公以大義相責曷敢違於是經營者累年而大殿成廣於昔者尋丈共費白金萬餘兩士大夫之遊覽名勝者莫不歎其才而佩青之名大噪同治歲次己巳正月余以習靜處於東偏朝夕過從與談古今成敗精悍之色見于眉間因與余言是觀興廢之由而請記於余且言觀後數楹未葺於心歉然顧無諛辭吁佩青其黃冠之雄乎夫士君子上則治國家下則成事業莫不以得才而理非才而廢舉重若輕游刃而有餘者才也期而必至者志也唯天下爲才志之士乃可以言事功可以言興廢成敗嗟乎若宏其才勵其志得其遇偉其功業爲救時之良使治國家如建宇必大有可觀而顧以黃冠終老何爲哉爰爲記其始末而感慨係之道士黃姓名宗性佩青其號也成佩青之志者諸士大夫之力也是爲記

大清同治八年歲次己巳正月中浣勒石

釋文

（碑額）重修三元宫碑記

重修三元宫大殿碑

山陰朱用孚譔并書丹。

蓋聞興廢之理存乎數，成敗之機繫於人。在數者不可知，在人者我可得而操之。所操者何？才與志而已。故制事以才，非才不理；精進以志，無志不成。吾於三元宫之興廢而深有悟焉。是觀居越臺之西，爲黄冠清修之所，其教則老子清静之學，中奉三皇，其建始則前人備載之矣。咸豐丁巳，爲異端所毁，瓦礫傾圮，道衆散之四方。道衆咸曰：『觀其廢矣。』辛酉歲，道士佩青歸而慨然欲興之。人皆以爲誕而莫之許也。歸謀諸侣，無應之者。道士奮然曰：『有志者事竟成，惡知其不可爲耶？』遂往結茆而居焉。念此舉非萬金不辦，乃具懸河之口，説生公之法，廣布金之地，結衆善之緣，士大夫憐其志，皆各有所助。版築鳩工，不數月而綿蕞已定。求道侣居其中，乃奉身而退，告衆曰：『昔以一念之興，不計成敗，今廢者已舉，固數也。然此山爲叢林之一，烏可以年少者主持。且此山自有主者，功成而居，人其謂利而據之矣。當求齒德者共事之。』諸道長皆曰：『觀之興皆子之力，雖然規模已定，而殿宇尚未巍峩如故也，願終其志。且時平則尚齒，時艱則論功，其無多讓。』佩青曰：『諸公以大義相責，曷敢違？』於是經營者累年，而大殿成，廣於昔者尋丈，共費白金萬餘兩。士大夫之遊覽名勝者，莫不歎其才，而佩青之名大噪。

同治歲次己巳正月，余以習靜，處於東偏，朝夕過從，與談古今成敗，精悍之色見于眉間。因與余言是觀興廢之由，而請記於余。且言觀後數楹未葺，於心歉然，顧無諛辭。吁，佩青其黄冠之雄乎？夫士君子上則治國家，下則成事業，莫不以得才而理，非才而廢，舉重若輕，游刃而有餘者，才也；期而必至者，志也。唯天下爲才志之士，乃可以言事功，可以言興廢成敗。嗟乎，若宏其才，勵其志，得其遇，偉其功業，爲救時之良，使治國家如建宇，必大有可觀。而顧以黄冠終老，何爲哉？爰爲記其始末，而感慨係之。道士黄姓，名宗性，佩青其號也。成佩青之志者，諸士大夫之力也。是爲記。

大清同治八年歲次己巳正月中浣勒石。

考略

此碑存廣州三元宫。高182釐米，寬80釐米。篆額，正文楷書。刻於清同治八年（1869）。碑文記載咸豐七年（1857）三元宫毁於戰亂，道士黄佩青倡議募捐重新修復之經過。

撰文及書丹者朱用孚，宛平人。清同治二年（1863）以軍功代理東莞縣知縣。此文是朱用孚在三元宫静修期間，應當時的住持道人黄佩青之請所撰碑記。

重修三元宮碑記

民國三十三年（1944）

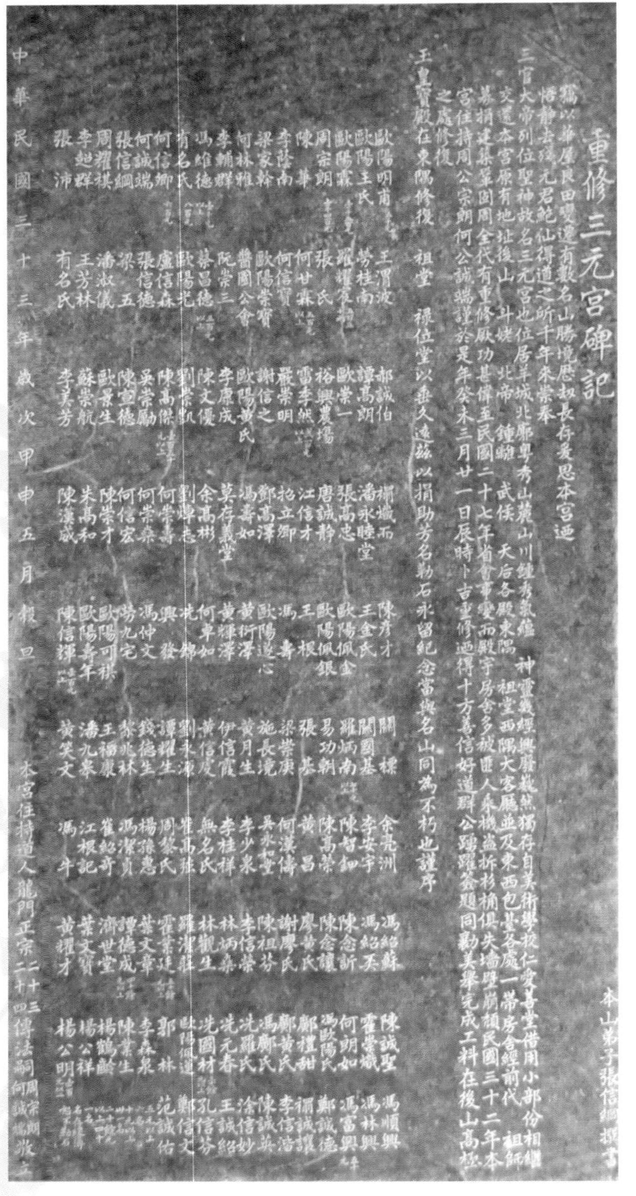

重修三元宮碑記

竊以華屋良田變遷有數名山勝境歷刼長存爰思本宮乃悟靜去殘元君飛仙得道之所千年來崇奉
神靈香煙興盛巍然獨存自美術學校仁愛善堂借用小部份相繼交還本宮原有地址後山斗姥 北帝 鍾離 武侯 天后各殿東隅 祖堂西隅大客廳並及東西包臺各處一帶房舍經前代 祖師募捐建築鞏固周全代有重修厥功甚偉至民國二十七年省會事變而殿宇房舍多被匪人乘機盜折杉桷俱失墻壁崩頹民國三十二年本宮住持周公宗朗何公誠端謹於是年癸未三月廿一日辰時卜吉重修迺得十方善信好道群公踴躍簽題同勷美舉完成工料在後山高塔之處修復
玉皇寶殿在東隅修復 祖堂 祿位堂以垂久遠茲以捐助芳名勒石永留紀念當與名山同為不朽也謹序

本山弟子張信綱撰書

中華民國三十三年歲次甲申五月穀旦

考略

此碑存廣州三元宮。高140釐米，寬70釐米。楷書。敘民國三十三年（1944）重修三元宮之事，碑文所提民國二十七年省會事變，指一九三八年日軍侵占廣州。當時殿宇被匪人盜折，牆壁崩頽。後經住持周宗朗、何誠端倡議重修，得復舊觀。

撰文者張信綱，曾備資修葺三元宮的虬井古屋一間，以紀念鮑姑於此得道。

釋文

重修三元宮碑記

本山弟子張信綱撰書。

竊以華屋良田，變遷有數；名山勝境，歷刧長存。爰思本宮迺悟静去殘元君鮑仙得道之所，千年來崇奉三官大帝，列位聖神，故名三元宮也。位居羊城北廓粵秀山麓，山川鍾秀，氣蘊神靈，幾經興廢，巍然獨存，自美術學校、仁愛善堂借用小部份相繼交還，本宮原有地址後山、斗姥、北帝、鍾離、武侯、天后各殿，東隅祖堂，西隅大客廳並及東西包臺各處一帶房舍，經前代祖師募捐建築，鞏固周全，代有重修，厥功甚偉。至民國二十七年，省會事變，而殿宇房舍多被匪人乘機盜拆，杉桷俱失，墻壁崩頽。民國三十二年，本宮住持周公宗朗、何公誠端，謹於是年癸未三月廿一日辰時卜吉重修，迺得十方善信、好道群公踴躍簽題，同勷美舉，完成工料，在後山高極之處修復玉皇寶殿，在東隅修復祖堂、禄位堂，以垂久遠。茲以捐助芳名勒石永留紀念，當與名山同為不朽也。謹序。

（捐助者姓名及款額略）

中華民國三十三年歲次甲申五月穀旦。

本宮住持道人龍門正宗二十三傳法嗣周宗朗、二十四傳法嗣何誠端敬立。

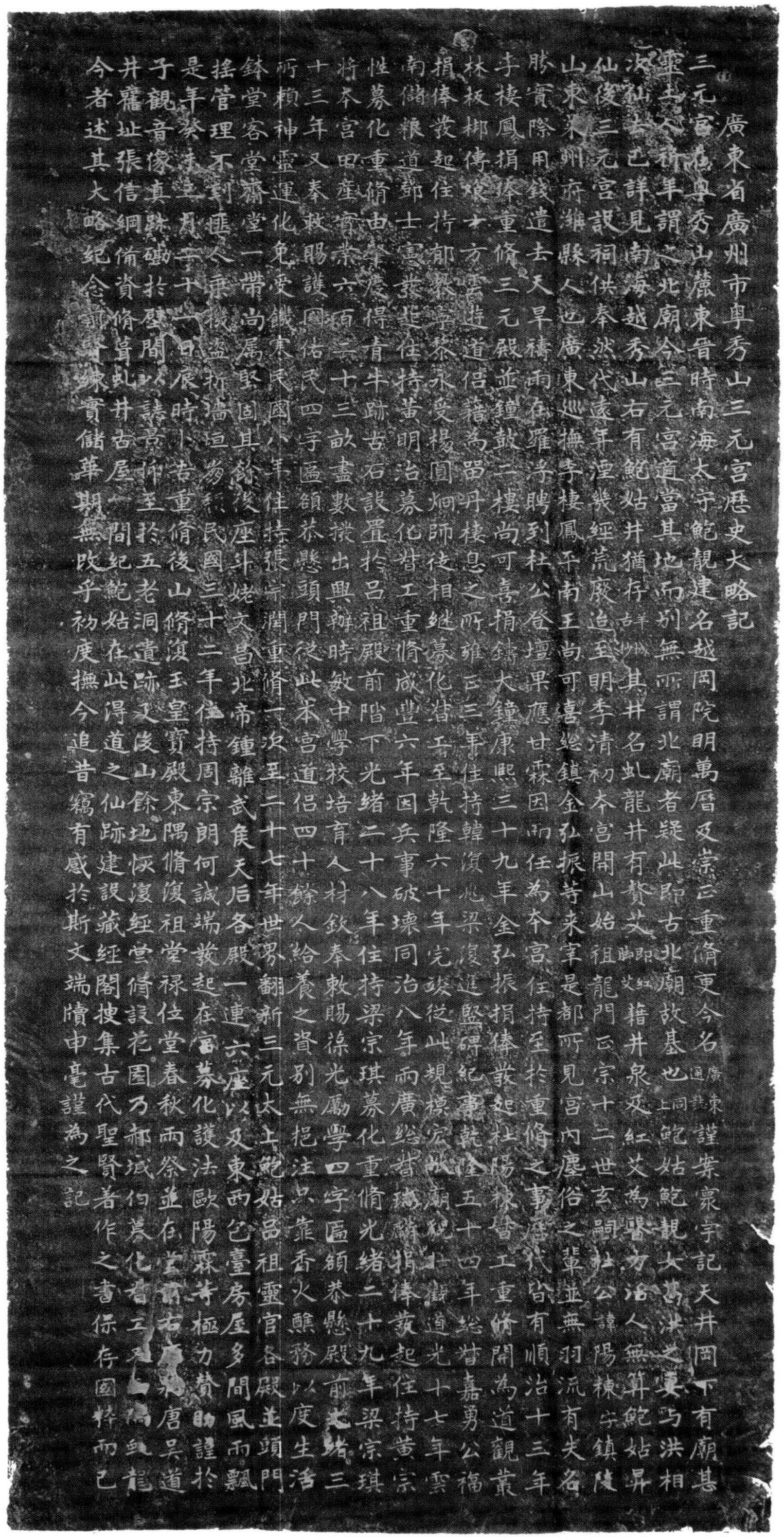

廣東省廣州市粵秀山三元宮歷史大略記

民國三十三年（1944）

釋文

廣東省廣州市粵秀山三元宮歷史大略記

三元宮在粵秀山麓，東晉時南海太守鮑靚建，名越岡院。明萬曆及崇正重脩，更今名（《廣東通誌》）。謹案《寰宇記》：「天井岡下有廟，甚靈，土人祈年，謂之北廟。今三元宮適當其地，而別無所謂北廟者，疑此即古北廟故基也。」（同上）鮑姑，鮑靚女，葛洪之妻，與洪相次仙去，已詳見《南海》。越秀山右有鮑姑井，猶存（《羊城古抄》），其井名虬龍，井有贅艾（即紅脚艾），藉井泉及紅艾為醫方，活人無算。鮑姑昇仙後，三元宮設祠供奉，然代遠年湮，幾經荒廢。迨至明季清初，本宮開山始祖、龍門正宗十二世玄嗣杜公，諱陽棟，字鎮陵，山東萊州府濰縣人也，廣東巡撫李棲鳳，平南王尚可喜，総鎮金弘振等来宰是都，所見宮內塵俗之輩，並無羽流，有失名勝實際，用錢遣去。天旱禱雨，在羅浮聘到杜公登壇，果應甘霖，因而任為本宮住持。至於重脩之事，歷代皆有。順治十三年，李棲鳳捐俸重脩三元殿並鐘、鼓二樓，尚可喜捐鑄大鐘；康熙三十九年，金弘振捐俸業起，杜陽棟督工重脩，開為道觀叢林，板椰傳殉，十方雲遊道侶，藉為留丹棲息之所；雍正三年，住持韓復兆、梁復進竪碑紀事；乾隆五十四年，総督嘉勇公福捐俸業起，住持郁教寧、黎永受、楊圓炯師徒，相繼募化督工，至乾隆六十年完竣，從此規模宏敞，廟貌壯觀；道光十七年，雲南儲粮道鄧士憲業起，住持黃明治募化督工重脩；咸豐六年，因兵事破壞；同治八年，兩廣総督瑞麟捐俸業起，住持黃宗性募化重脩，由肇慶得青牛跡古石，設置於吕祖殿前

階下；光緒二十八年，住持梁宗琪募化重脩。光緒二十九年，梁宗琪将本宫田産實業六百二十三畝，盡數撥出，興辦時敏中學校，培育人材，欽奉敕賜『葆光勵學』四字匾額，恭懸殿前。光緒三十三年，又奉敕賜『護國佑民』四字匾額，恭懸頭門。從此本宫道侶四十餘人，給養之資，别無挹注，只靠香火醮務以度生活，昕賴神靈運化，免受饑寒。民國八年，住持張宗潤重脩一次；至二十七年，世界翻新，三元、太上、鮑姑、吕祖、靈官各殿，並頭門、鉢堂、客堂、齋堂一帶尚属堅固，其餘後座、斗姥、文昌、北帝、鍾離、武侯、天后各殿，一連六座，以及東西包臺房屋多間，風雨飄搖，管理不到，匪人乘機盗拆，墻垣崩頹。民國三十二年，住持周宗朗、何誠端崇起，在宫募化護法，歐陽霖等極力賛助，謹於是年癸未三月二十一日辰時，卜吉重脩。後山脩復玉皇寶殿，東隅脩復祖堂、禄位堂。春秋兩祭，並在堂前右廊將唐吴道子觀音像真跡磡於壁間，以誌景仰。至於五老洞遺跡及後山餘地，恢復經堂，脩設花園，乃郝城伯募化督工。又西隅虬龍井舊址，張信綱備資脩葺虬井古屋一間，紀鮑姑在此得道之仙跡，建設藏經閣，搜集古代聖賢著作之書。保存國粹而已。今者述其大略，紀念前賢。練實儲華，期無改乎初度；撫今追昔，竊有感於斯文。端牘申毫，謹為之記。

考略

此碑存廣州三元宫。高140釐米，寬70釐米。楷書。青石質。是民國三十三年（1944）重修三元宫後所刻立，簡敘三元宫從清順治十三年（1656）到民國三十二年（1943）間的歷次重修情況，以及本次修繕經過。對瞭解三元宫的歷史具有一定的參考價值。

晉關內侯葛洪之像

年代不詳

釋文

晉關內疾葛洪之像

考略

此碑原存廣州三元宫，已佚，僅存拓本，藏於廣州博物館。刻石年代不詳。三元宫初稱越岡院，相傳東晉時期南海郡太守鮑靚之女、葛洪之妻鮑姑曾於此處修道行醫，後世據此推測葛洪也曾居於此。

葛洪，字稚川，自號抱朴子。丹陽郡句容人。東晉道教學者、著名煉丹家、醫藥學家。曾受封為關內侯，後隱居羅浮山煉丹。

重修真武廟記

明天啓二年（1622）

釋文

（碑額）重修真武廟記

恩洲堡泮塘鄉，先年建剏真武帝廟，雄鎮一方，神威赫奕，至誠福□。□是乎人和而神□□以福庇蒙閭里之遐邇也。逮至甲寅歲，洪水傾頹，神像塵舊，因循歲月，未復營脩，道經者無不□懷而仰嘆也。但工用浩繁，難以獨□，不有□□，孰與助焉。是以五社會集募緣，協志重脩。即置簿于通鄉，十方募化，喜捨資財，卜日鳩工置料，經營脩復。□嚴裝真武金相一尊、部從官將六員、後殿金花奶娘，廟貌一新，煥乎其有章矣。玆筆之，聊以紀施財之姓名併收支數目，開列于左。

（捐助者姓名及款額略）

天啓二年歲在壬戌季夏十一乙亥吉旦立石。

考略

此碑存廣州仁威廟。高157釐米，寬74釐米。篆額，正文楷書。青石質。記載明天啓二年（1622）重修泮塘鄉真武廟情況。此次重修是由泮塘五社會集募緣籌資興建，對瞭解嶺南鄉社建廟形式有一定參考價值。碑文中提到的『甲寅歲洪水』，應發生於明萬曆四十二年（1614）。真武本稱玄武，『玄武』信仰，起源於古代星宿信仰，北宋真宗時，奉祀玄武已非常流行。

北帝廟香燈祭業碑

清康熙十二年（1673）

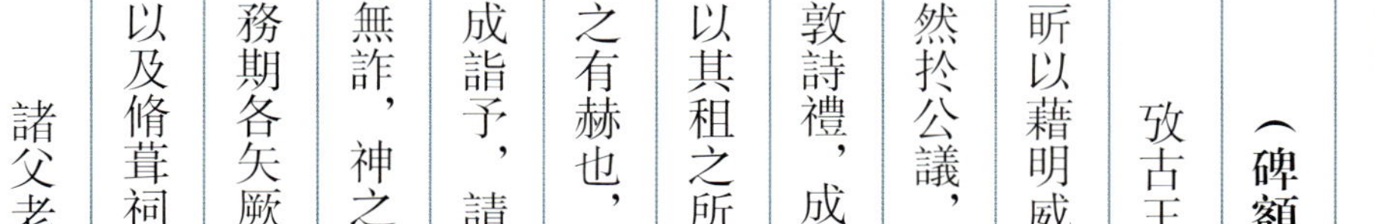

釋文

（碑額）北帝廟香燈祭業碑

攷古王者，以鄉三物教民而賓興之，其二曰『六行』，謂孝、友、睦、渊、任、恤也。今世鄉里之中，建廟祀神，所以藉明威有赫一閭里之心志。歲時伏臘供祀事，集父老子弟於其中，俻孝弟，講信睦，明慈惠，辨是非，俾凜然於公議，而無敢有越。厥志于以式靈昭享而長久勿替也。省城半塘鄉之北帝神廟，創建有年，鄉之人講信義而敦詩禮，成醇龐之俗，神之佑之非一日。邇有□等各家税地，初以□□□□□□□□□各地主發誠心，□□為神業，以其租之所入供廟中諸□，甚盛典也。鄉中諸好義者，□□□以□各需，因而□□上□明决公斷□其故物，惟成之有赫也，閭黨之有慶也。諸耆老秉信仗義，勷助之力實多也，嗣是而國課有供矣，廟中香燈祀典有賴矣。□老成詣予，請一言以記其事，以□永久。予謂神之格思，惟誠是輔。人心惟誠於事神，則一其志氣以將事，而無虞無詐，神之佑之□在是也。念兹祭業，捐地捐貲，皆出一念之誠，無不藉神力之普照。從兹以往，鄉之父老子弟，務期各矢厥誠，始終致敬，毋懷二心，毋圖私己。將地租所入計糧，務供輸外，盡數以修廟中之費。自香燈祀典，以及俻葺祠宇，悉于是乎資之而無敢有越志侵漁者，是之謂端人，是之謂厚俗。以神之佑之而□保爾又□昌熾之美焉。諸父老子弟，其恪守此志以勿斁。予因書此以勒之石，并紀其□□□用力將事者之姓名于左：

第五約周駿卿地連定弓税五厘貳毫，税原在恩洲堡一啚十甲鄭永富户内。

李胤麒、胤德、胤錫連定弓税叁分貳厘，税在蘇山堡二十三啚四甲周耀光户内。

譚運成連定弓地税壹分陸厘，税在蘇山堡二十三啚四甲周耀光户内。

第四約梁子昭連定弓地税貳分貳厘，税在大通堡二十八啚十甲：

梁文法連定弓地税四分，税在恩洲堡一啚十甲鄭永富户内。

鄭星喬、鄭昭霞□税地一畝七分六厘八毫。

恩洲堡十四啚十甲梁錦琦税地肆分捌厘正。又梁壯君税地壹分正，税在梁錦琦户内。

恩洲堡十啚六甲劉會同税地壹畝肆分，系收蘇山堡二十四啚四甲周學□户的。

康熙十七年戊午歲孟夏吉旦。香燈地已經廣府案内，東南西北四至明白，共税肆畝九分。

立断約人：顔明佐、鄭永富、梁錦琦等，各有地叚□□□□本村涌□□因靖藩□□□□□□□□順治十八年

□□□等赴縣領回管業□□。

康熙三年，地主各姓卜吉，創造起盖，時遇被遷民黎恒生呈示安插。至八年，展界内有田籍，又被市棍吴標

□□□，復落侵占，富等只得控□□道案，□勢□□□□□妥裝□□赴職□□准批，廣府蒙行司勘富等無□，

强狼衆見，覩目傷心，老少徬惶，致有不平，反□□□使用。各地主□□□□□□□入北帝祖廟，永為香燈公用，

自後但有官中使費，各約科用，其地税照依丈尺開收，不得多推分厘。自断約之後，毋得㤜悔。今仁用信立此断約，

□□各約鄉老收□□張永遠為炤。

康熙拾貳年五月　日。

立断約人：梁烔南、梁錦琦、顧仰吾、鄭楚生、梁西疇、黄國求、鄭昭明、鄭昭日、鄭昭霞、顔明佐、劉亦庚、鄭星喬、李胤宗、鄭昭賜、鄭高生、羅敬治、鄭國祥。

考略

此碑存廣州仁威廟。高131釐米，寬77釐米。青石質。篆額，正文楷書。記載清康熙十二年（1673）恩洲堡泮塘鄉民因田地產權糾紛，將有争議的田地捐獻給北帝廟，永為廟中香燈祀典以及修葺廟宇之用。文後聲明，這些田地已經過官府核批，東南西北的四至明白。這是一份珍貴的廟宇經濟類史料。

帝父帝母碑記

清康熙五十二年（1713）

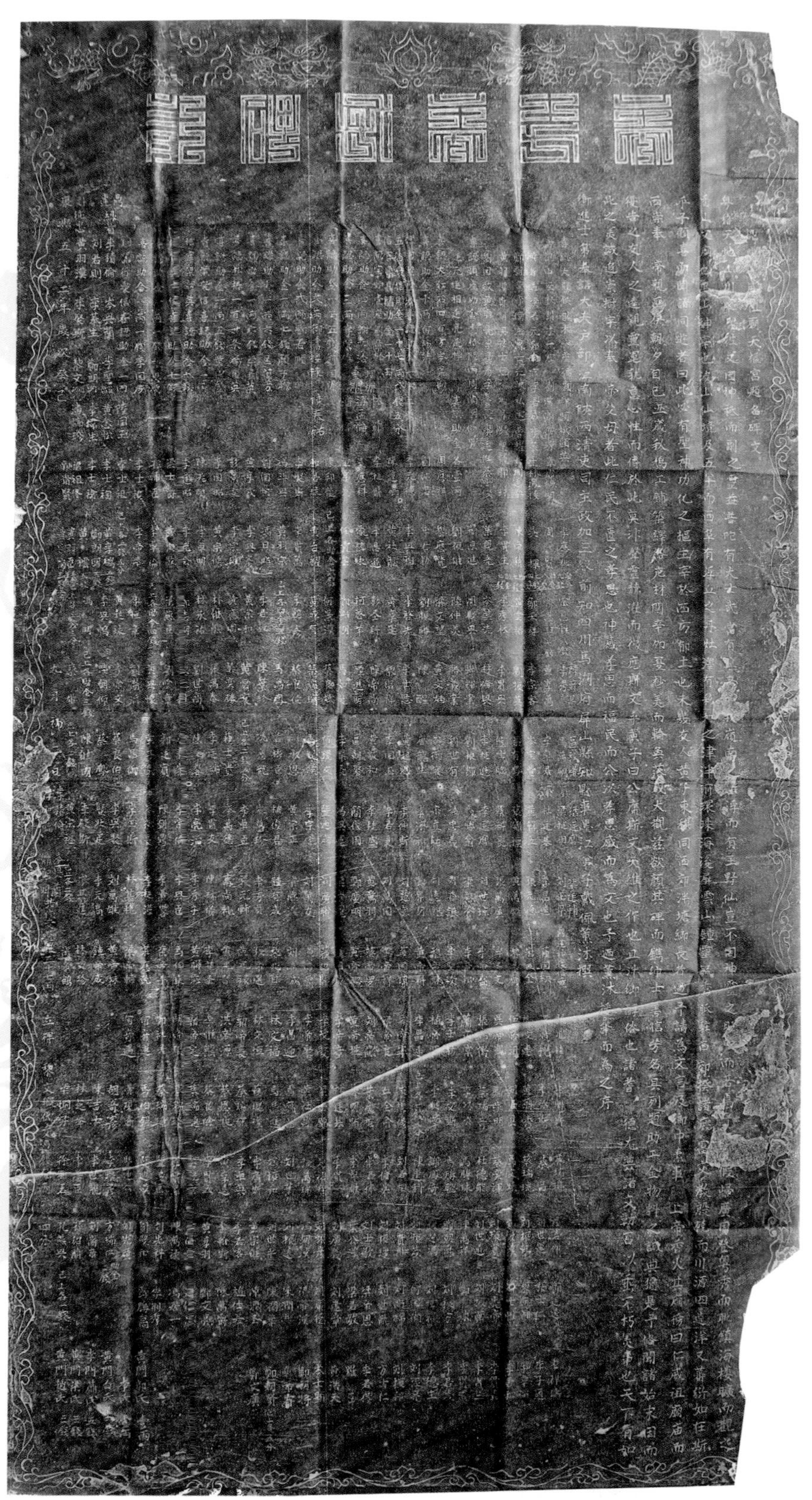

釋文

（碑額）帝父帝母碑記

鼎建仁威祖廟天樞宮題名碑文

粵稽天地山川之□，往又因神祇而副之靈。葢普陀有大士，武當有上帝，如我嶺南之羅浮而有王野仙，豈不因神靈之昭明而著焉。予自欽假帰廣，因登粵秀而眺鎮海樓。曠而觀之，番山，文廟也；禺山，神宰也；坡山，仙境。及五羊而西，阜有浮丘之丹灶，澤有彩虹之津泮。前環珠海，後屏雲山，鍾靈毓秀，脈駐西郊。揆諸庶富，文教殷饒，而川源四達，洋又蕃衍，如在斯乎。予顧喜，而聞諸同遊者曰：『此必有聖神功化之樞，主宰於西方郁土也。』未幾，友人黃子東穆，同西郊泮塘鄉長者過予，請為文，言及鄉中素事上帝香火，其廟榜曰『仁威祖廟』，庙而西崇奉帝親，匪伊朝夕。

自己丑歲秋，鳩工鋪築，繹絡庀材，閱辛夘夏杪，美而輪奐，落成大觀。茲欲顏其碑，而鐫紳士善信芳名，具列題助工金物料之誠典猶是。予俻聞諸始末，因而復告之友人之達親靈運，孰意心性而傳於此，莫非聲靈赫濯而徵應斯文乎。黃子曰：『公膺斯文，天維之作也。且泮鄉醇俗也，諸耆德尤兼諸文，勒石以垂不朽，美事也。天下有如此之美，誠追崇材宇以奉帝父母者，此仁民不匱之孝思也。神感孝思而福民，而公以孝思感而為文也。』予廼薰沐援筆而為之序。

鄉進士第奉議大夫户部江南陝西清吏司主政加三級前知四川馬湖府屏山縣知縣事墨江弟子戴佩薰沐撰。

（捐助者姓名及款額略）

康熙五十二年歲次癸巳九月初二日立碑。

考略

此碑存廣州仁威廟。高185釐米，寬92釐米。青石質。篆額，正文楷書。記載泮塘鄉於清康熙五十二年（1713）重修仁威廟時，於廟西崇奉帝父帝母之過程。

撰文者戴佩，廣東始興人。曾任屏山令，為官有令名，時值荒歉，民采蕨根充饑，佩為購米，設粥以拯民饑。應好友黃東穆之邀，戴佩撰此文。

重修仁威祖廟碑記

清乾隆十三年（1748）

釋文

（碑額）重修仁威祖廟碑記

重建仁威祖廟玉虚宫碑記

聞之人籍神庇，神以地靈，所謂人傑地靈者，非耶？省城之西，路接龍津，衢通長壽，粤秀雲山擁其後，大通鶩潭繞其前，是謂仁威之里。昔人曾建玉虚宫，其中座正殿奉祀北極帝君，其後座奉祀帝親，西廳中座奉祀梓潼帝君暨華光大帝，其第三座奉祀金花夫人。是雖一廟而六神威靈實式凴焉。彼都人士奉為萬年香火，非一日矣。赫厥聲，濯厥靈，凡有祈禱，罔不響應。

國朝定鼎之初，四郊多壘，干戈不擾，雖有兵燹，廟貌如故。神威之庇護斯民，何其奕奕也。經今日火，棟宇將傾，墻垣将圮。彼都人士與諸父老謀曰：『斯廟為省里一坊香火，棟宇朽壞，垣墉就頹，非所以妥神靈、大觀瞻也。』於是僉謀設簿，會衆醵金，善信樂助，不約而同，得助金若干。就日鳩工庀材，圬者墁者，工師大匠，俱得其人。朽者堅，陳者新，樸者斲，堊者飾。

興工于庚申年閏六月二十五日，告竣於戊辰年三月廿八日。於是輪奐聿新，鳥革斯翬，廟貌奕奕，神威赫濯，猗欤休哉！斯時也，神人胥慶，四民樂業。士者功名顯達，耕者時和秊豐，商者賈者，利有攸往，遂意貿遷。里人之事神也無已，神之降福于里人寧有涯哉。所有題助芳名，備列於左。

遂記。

賜進士出身文林郎吏部截選知縣龐遥。

（捐助者姓名及款額略）

考略

此碑存廣州仁威廟。高190釐米，寬95釐米。碑額及正文楷書。青石質。記載泮塘鄉於清乾隆五年（1740）至十三年（1748）間仁威祖廟重修之事。從中可知仁威廟除了曾使用真武廟、北帝廟之名外，還曾名為玉虛宮。當時的仁威廟奉祀北極帝君、帝親、梓潼帝君暨華光大帝、金花夫人等幾位神靈。

重修仁威古廟碑記

清乾隆五十年（1785）

釋文

（碑額）重脩仁威古廟碑記

重脩仁威古廟碑記

廣州府城之西四里，而近地為南海之半塘，有廟以奉真武之神，鄉人昕稱仁威廟者也。其剏建年月無可考，而重脩則在有明天啓二年，蓋廟之由來舊矣。國朝百餘年來香火不絶，而歲久漸圮，鄉人鳩工庀材，葺而新之，經始于乾隆庚子年七月，以乙巳年十一月落成，屬余作記。余案：元武者，北方七宿。北為水位，故其神司水。昔高陽氏以水德帝，少皞氏之子曰脩、曰熙，相繼為水官，故記稱其帝顓頊，其神元冥，昕謂有功於民則祀之者也。真武之神，蓋亦生有功德，故隆以列宿之號而司水者歟！神宧顯於均州之太和山，迄今奉祀遍天下，而廣州濱海為水鄉，宜神之靈歆享於是。且廣州之水，當西粵下流，自牂牁江而東注，出羚羊峽匯北江、湞、洭、溱肆諸水，逕府城以入大洋。每當暑雨水潦驟漲，南海、順德郙落多被水，小者沒阡陌，大者決隄防，故居人咸思邀福於神，以不至成災。而半塘地附郭多陂塘，有魚稻荷芰之利，無沮洳墊隘之苦，似神之獨厚於是鄉者，宜鄉人之奉祀倍虔。謀新神寓而趋事恐後也。

廟舊為屋三重，奉神於正殿，而西序以奉別神。今增築東序與西相埒，又齋室三楹，廊房庖湢，莫不畢治，蓋規橅視舊為益。拓土木陶旊之費計二萬有奇，而遠近助工者至三千餘人。夫南海祝融之神，載在祀典，廟之脩

除黝堊，掌于有司，而神之廟則民間率其私錢，以時脩之。此以見水利之關於民者甚鉅，不特上之為民祈福，而民之所以託庇於神者，亦無不盡其誠也。余故樂為之記，以諗後之將事無怠者。

乾隆五十年十一月朔張錦芳并書。

曾紹光鐫。

考略

此碑存廣州仁威廟。高177釐米，寬80釐米。隸額，正文行書。青石質。碑一套四通，除第一通碑為敘事碑外，其餘三通為捐助者題名碑。該碑為其中的第一通敘事碑，記載泮塘鄉於清乾隆四十五年（1780）至五十年（1785）重修仁威廟過程。

撰文者張錦芳，字粲光（一作粲夫），號藥房。廣東順德人。清乾隆五十四年（1789）進士，改翰林院庶吉士散館，授編修。學問博洽，敦崇經術，通《說文》，喜金石文字，長於詩，與馮敏昌、胡亦常稱『嶺南三子』。著有《南雪軒文鈔》。

重修仁威祖廟碑記

清同治六年（1867）

釋文

（碑額）重修仁威祖廟碑記

北方真武之神，位正天樞，澤流坎水。相傳北斗七星降霛，得道於武當山，有龍樓鳳閣之竒，儼羽葢霓旌之制，耀被髮仗劍之威，道兼仙佛，擅伏虎降龍之力，靈懾龜蛇。我泮塘鄉近連珠海，遠接石門，無旱乾水溢之虞，具菱芡菰茭之利，以水鄉而虔祀水神，理固然也。廟創扵宋皇祐四年，由元而明以迄我朝，代有葺治，不懈益虔。至乾隆五十年，大恢舊制，式焕新模，張药房太史為之記，盖骎骎乎有桂殿蘭宫之盛矣！當咸豐四年，紅匪蠭起，豺牙宼厲，虺毒潛吹，省垣成鼎沸之形，薄海儼土崩之勢。森時鄉居，與家鳳笙、司馬景韶、黄醴泉都戎、洪釗等首倡團練，力壓賊衝，擒獲賊匪百餘人。復倡捐仁威巡船貳號，自備口糧，森與黄都戎及李記委、逢清等随同官軍在韶關、清遠、石門、文滘打仗十餘次，奪獲賊船賊目旂幟礮械無算，計費白金萬餘。後外洋滋擾，復倡團練，饑饉洊臻，力謀捐賑，卒能井閭如故，鷄犬無驚。雖經營辛苦十餘年，實神之力有以默祐于無窮也。惟是閱時歴日，上雨旁風，瓦竟分鴛，檐空宿燕，爰邀太守黄雲峯先生暨耆老值事等力謀鼎新，鳩工庀材，刻日雲集，經始扵同治六年二月，落成扵六年十月，捐助者約五千人，縻白金一萬伍千餘両。奠土日蹌蹌濟濟，喬喬皇皇，萬善同歸，神儀有懌。雖昕云從蓬闕扵人間，落蕊宫于地上，不是過也。事竣，諸督理備極勤劬，復顧瞻麗牲之石，属森為文。森幸生禮讓之鄉，躬逢盛事，千載一時，不當以譾陋無文解，爰不辞而為之記。復為迎神送神之曲，使歌以侑神。

其詞曰：

龍樓鳳閣開重重，武當山峙天當中。星旗寶劍光熊熊，神之來兮乘黑龍。
前驅屏翳後豐隆，泮塘萬頃荷花紅。荔香菱熟吹薰風，爾酒既旨殽既豐。
神具醉止天改容，嘉祥上瑞来無窮。康衢鼓腹歌時雍。（右迎神）
神之去兮歸武當，雲車風馬神洋洋。七星旗閃騰光芒，龍降虎伏道力強。
古之花塢寔水鄉，早禾晚稻饒豐穰。盜賊姦宄胥遁藏，報之殽烝與腯羊。
天樞正位何堂堂，齋宮肅肅占霱長。萬年降福歌無疆。（右送神）
軍功五品藍翎歲貢生即選訓導里人梁玉森頓首拜撰。
候選縣丞國學生番禺黃景義墨池頓首拜書丹。
同治六年十月穀旦勒石。
長樂周文任手刻。

考略

此碑存廣州仁威廟。高177釐米，寬80釐米。碑額及正文楷書。青石質。碑一套共有七通，除第一通碑為記事碑外，其餘六通皆為捐助者題名碑。該碑為其中的第一通敘事碑，記載泮塘鄉於清同治六年（1867）重修仁威廟經過。據碑文載，北方真武神乃兼司水之神，故水鄉泮塘奉祀水神。文中咸豐四年（1854）『紅匪蠭起』指廣東洪兵（亦稱紅兵）起義，作者與幾位鄉紳『首倡團練』，與洪兵鬥爭，及隨同官軍作戰之事。反映了當時廣東地方的一個富有特色的歷史事物『公局』的產生。『公局』是『團練公局』簡稱，是廣東地方士紳組織建立、控制鄉村基層社會的一種權力機構，廣泛建立於晚清的廣東鄉村社會。

純陽觀諸碑

鼎建純陽觀碑記

清道光九年（1829）

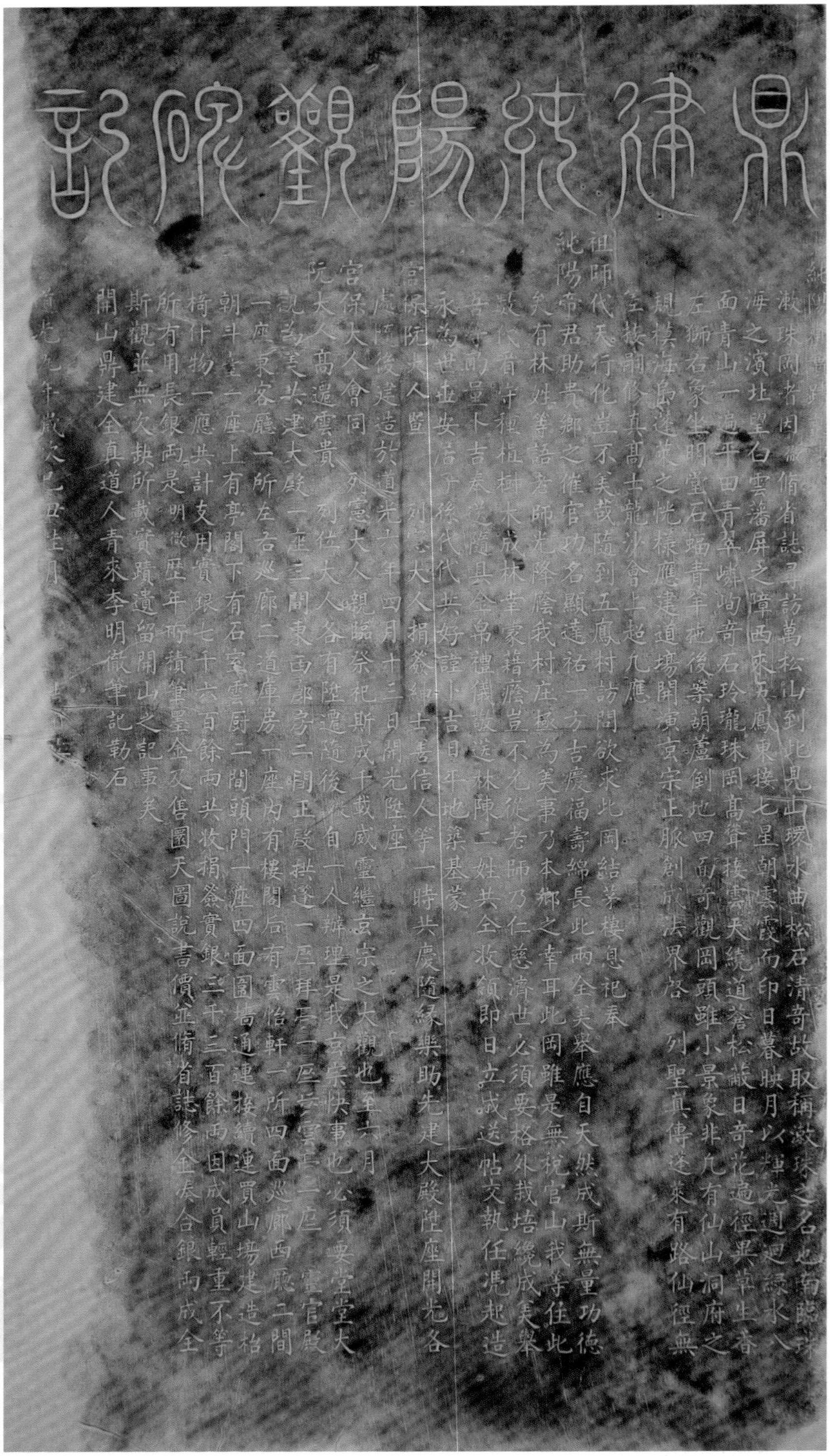

（碑額）鼎建純陽觀碑記

純陽觀實蹟記事

漱珠岡者，因徹脩省誌，尋訪萬松山到此，見山環水曲，松石清奇，故取稱漱珠之名也。南臨珠海之濱，北望白雲藩屏之障，西來五鳳，東接七星；朝雲霞而印日，暮映月以輝光。週廻綠水，八面青山，一遍平田青翠，嶙峋奇石玲瓏。珠岡高聳接雲天，繞道蒼松蔽日，奇花遍徑，異草生香。左獅右象坐明堂，石蝠青羊梔後案，葫蘆倒地，四面奇觀。岡頭雖小，景象非凡，有仙山洞府之規模，海島蓬萊之恍樣。應建道場，開演玄宗正脈，創成法界，啓列聖真傳。蓬萊有路，仙徑無差；接嗣修真高士，龍沙會上超凡，應祖師代天行化，豈不美哉！隨到五鳳村訪問，欲求此岡結茅棲息，祀奉純陽帝君，助貴鄉之催官功名顯達，祐一方吉慶福壽綿長，此兩全美舉，應自天然，成斯無量功德矣。有林姓等語：『老師光降，廕我村庄，極為美事，乃本鄉之幸耳。此岡雖是無稅官山，我等住此，數代看守，種植樹木成林，幸蒙藉廕，豈不允從。老師乃仁慈濟世，必須要格外栽培，纔成美舉。吾等酌量卜吉，奉送隨具金帛禮儀，敬送林、陳二姓共仝收領。即日立成，送帖交執，任凴起造，永為世世安居，子孫代代共好。』謹卜吉日，平地築基，蒙宫保阮大人暨列憲大人捐簽，紳士善信人等一時共慶，隨緣樂助。先建大殿，陞座開光，各處隨後建造。於道光六年四月十三日開光陞座，宫保大人會同列憲大人親臨祭祀，斯成千

載威靈，繼玄宗之大觀也。至六月，阮大人高遷雲貴，列位大人各有陞遷，隨後徹自一人辦理。是我玄宗快事也，必須要堂堂大觀為美。共建大殿一座三間，東西廊房二間，正殿拱篷一座，拜亭一座，步雲亭一座，靈官殿一座，東客廳一所，左右巡廊二道，庫房一座，內有樓閣，后有雲怡軒一所，四面巡廊，西廳二間，朝斗臺一座，上有亭閣，下有石室，雲厨二間，頭門一座，四面圍墻通連接續，連買山塲，建造枱椅什物，一應共計支用實銀七千六百餘兩，共收捐簽實銀三千三百餘兩，因成員輕重不等，所有用長銀兩，是明徹歷年所積筆墨金，及售《圜天圖說》書價，並脩《省誌》修金，湊合銀兩，成全斯觀，並無欠缺。所載實蹟，遺留開山之記事矣。

開山鼎建全真道人青來李明徹筆記勒石。

道光九年歲次己丑桂月吉日立。

考略

此碑存廣州純陽觀。篆額，正文楷書。青石質。內容為李明徹記述其鼎建純陽觀的經過。首敘漱珠岡景色清奇，遂起意修建道觀，續談發起修建經過，後述所籌費用來源。時任兩廣總督的阮元也捐款襄助，於開光陞座之時親臨祭祀。

撰文者李明徹，字大綱，一字飛雲，號青來。江蘇松江縣人。先世入粤，繫籍廣東番禺，著有《圜天圖說》三卷，《續編》二卷。

潄珠岡純陽觀開山祖李青來師行實

清道光十七年（1837）

釋文

潄珠岡純陽觀開山祖李青來師行實

維青來師卒之五年，予人事抵省垣，偶至純陽觀，其徒林師請曰：先師弃世數年，生平行事不可聽其終沒，君與之交最久，相知亦最深，請述其行實，俾得藉以求當世名，云作傳誌墓，感德不淺矣。予辭不獲。案：師名明澈，字大綱，道號青來，俗姓李，世為松江名族，祖聖年南來遊粵，因家會城，父品君，母林氏，繼母朱氏。師少有高世之志，年十二乞出家為道士，父母弗之强也，顧無所求。師乃遊羅浮，思覲異人受業，無當意者，拜牌簪冠而還。某歲，江□傳許真君龍沙見天下高行道流大集，師聞而詣焉，亦無所遇而返，少為糊口計，學寫洋画，工洋线六法，為同輩所推，設肆者酬以善值，輒以市道藏，及推步諸書，日事研究，資盡始為之下筆。適大吏以洋画充貢，求善画者，衆共推師，師画竟，貢使揭之北行至京，自以推步術未精，詣欽天監監正某，執贄受學，監正授書一函，自是所學大進。既歸，居白雲山，旋為城内龍王廟司祝道士。黄秀才一桂者，江西名下士也，來粵詣其中表盧西津運使，性好静，僦居龍王廟，每當月夜輒坐殿廡下乘凉，與諸人談論典籍，偶指天上諸星語同坐者，莫不歎異。師時在坐默然。黄怪詰之，因與辨諸星名各宿度分淺深及三角割圜諸法，夜深不輟，黄大驚。他日以語運使，龍王廟道士李某異人也。當是時，阮芸臺大人總制两粤，百廢具舉，方開志局，延諸名公修省志，而天文一門未有所屬。時對屬員歎曰：『嶺南人才不鲜，顧未得精推步者，何也？』運使遽以師對。制軍亟命召之，

以《圜天圖說》進，即述監正昕授者也。制軍親為之序，命梓以行世。招入志局，分纂《地輿略》。覈晷度之高卑，究朦影之濶狹，圖北極出地之度，列南極環星之象，皆前志所未及也。及任事者以全省輿圖呈制軍，摇首曰：必李道士。或疑繪圖恐非昕長。制軍曰，李道士必能之。師進昕画圖，制軍始首肯。志局例，身沒後所著撰始得入志。制軍特命以昕撰《圜天圖說》入《蓺文略》，破格也。由是名譽大起，時年七十一矣。粤中未有純陽廟，甲申歲師于漱珠岡剏建，盡用志局昕酬金，顧不肯求諸貴人助捐，以故事久未集，制軍不之知也。日語人曰：李道士安可尚令司龍王廟香火耶？或對曰：彼方建純陽觀，未就也。召問之，對以嘉慶中上諭各省建純陽廟，而粤中未建，故欲創為之耳。制軍即捐俸二百金，令藩司給諭，委訓道曹謨勸簽并建楊議郎孚祠，親題扁額，築朝斗石臺数丈，遂以己丑歲桂月工竣。道光六年春，彗星見南方，制軍疑為兵祥，召問師，以旱對。制軍謀昕以禳旱，師曰：『不可禳也，惟謀備旱而已』。問之，對曰：『某常為夷人繪画，各國山川地勢遠近，物值低昂，皆所素悉。據各國米值，不能當粤之半。舊例載米至者不許載貨回，若許其載貨必源源來矣。粤東之米半藉粤西，更得洋米至，雖旱可以不害。』制軍喜，與闗部達大人、撫憲成大人會銜出示曉諭：夷人載米至者，許其載貨回。是年秋旱，米價反賤。厥後比歲水灾，皆藉洋米接濟，其端自師發之。師生平儉約有守，不事干求，當阮大人在粤，嘗親左右，及李大人制粤，亦甚重之。卒未嘗有所祈請，有以事託之者，輒稱『世外人』以辭。戊子歲，天字馬頭灾，煨燼堆積海旁成地数十丈，民或於其上營建舖屋，而地未有屬。適李制軍暨諸大憲到觀宴會，語及此地，許為永遠觀中香火之資。今觀中碑昕云，每歲永遠官給香火銀壹百両是也。師以壬辰年八月十五日卒，弟子至亮等以乙未年奉瘞於松柏嶺，寅申向

之原。弟子四十五人、再傳弟子四人、三傳弟子二人。師卒後，弟子至亮承潘居士璞齋捐助勸簽，鼎建華先師殿、二松軒，添造丹房數椽。祖堂奉祀師為本觀開山始祖，又祀各大憲禄位、李氏祖考，成師志也。所著《圜天圖説》五卷、《黄庭經注》一卷、《道德經注》二卷、《著證道書》一卷已刊。惟《脩真詩歌》三卷未鐫。予與師交遊最久，故得悉其行事，謹述為行實言語，鄙塞無當大雅，伏望當世大人先生賜之佳傳，藉垂不朽，至亮等感佩無既，抑亦發潛闡幽之盛業也。

七十一歲左圖謹書。道光十七年七月吉日。

弟子：林至亮、麥至榮、葉至華、鄧至賢、黄至良、陳至宏、雷至鳴。

再傳弟子：莫理繁、岑理鑑、潘理堅、蔡理梅。

三傳弟子：潘宗盛、潘宗開仝立石。

考略

此碑存廣州純陽觀。楷書。敘鼎建純陽觀的開山祖李明徹之生平及行事言語，羅列事實，娓娓道來，對其德行、為人、才學等方面都予以高度評價。

撰文者左圖，是李明徹友人。

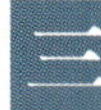

三元古廟諸碑

重修三元古廟碑誌

清乾隆五十年（1785）

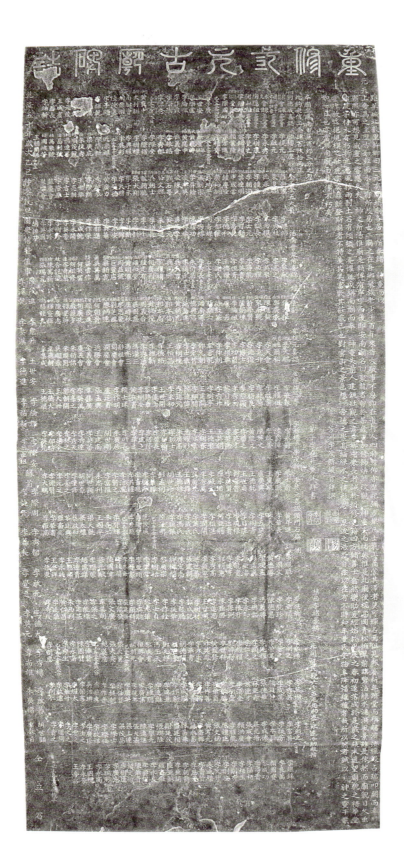

釋文

重修弎元古廟碑誌

距羊城北數里許，鄉曰三元，有南北廟各居一，所奉諸神靈，而以元天上帝爲之主，歷古如兹，而未嘗有所改易也。二廟之在吾鄉，聚族老少，千百年來香火敬事不息。即在道行人，四時瞻仰，亦歷祀彌多。舉凡士農工商，蒙其澤者莫可殫名焉。但見報賽祈年，躋堂而稱觴濟濟；禳祲占瑞，叩闕而奉醴熙熙。亦可想見威靈之響應矣。夫神之所憑，惟廟是賴，俾有寧宇，而後即安。南廟名曰聚龍者，曾於某歲重加修飾，焕然改觀，神靈妥而祐矣。惟是北廟，後枕高岡，青松擁翠；前臨碧沼，緑水漣漪。風景雖是依然，而廟貌日久，虫蝕鼠穿，材木有朽折之患；風催雨剥，土石有傾頹之憂。懼無以稱南廟而奉神靈，失前人建瓴壯觀之意。幸鄉中衆長者誠於捐修，更藉四方諸善士翕然樂助，爰經始於甲辰之春初，遂落成於是歲之秋末。遥望廟貌之精華，堂堂非故；近挹規模之壯麗，奕奕鼎新。登斯廟者，不特羡其美富、歎其莊嚴已也。對雲山之景色，想帝德之崇高；緬緑水之情形，思恩波之浩淼。自兹以往，有不時和年豐，民安物阜，降福穰穰者哉。所以然者，誠以神之靈千載如一日也，亦當與南廟而並傳不朽矣。

芳洲李茂新頓首拜撰，弟子李堯昇薰沐拜書，樵西李緒豪鐫。

本廟坐庚向甲兼酉夘三分之原。

（捐助者姓名及款額略）

乾隆五十年歲次乙巳仲冬穀旦

闔衆信暨值事：陸茂進、李澤乾、李堯升、李參漢、王世安、李德進、李綸輝、李祐新、李際安、李西長祖。

緣首：李際周、李捷元、李秀郁、李蕃長、李啟元、李覺之、王德大、李英元、李秀標、韋尚雄、李啟蕃、朱廣標、胡世顯、李啟貞仝立石。

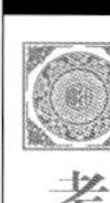

考略

此碑存廣州白雲區三元里三元古廟。高183釐米，寬79釐米。篆額，正文楷書。青石質。是現存最早的關於三元里三元古廟的碑記。三元鄉本有南北兩廟，所奉皆為玄天上帝，南廟名聚龍，北廟名三元，此碑敘北廟由『約衆』名義捐資修繕之經過，反映出清代鄉里以各約之間所構成的地域共同體大都有一定的共有財產基礎。

撰文者李茂新，邑人，清乾隆年間人。

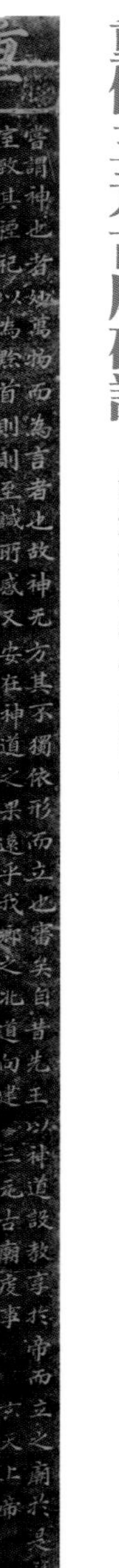

重修三元古廟碑記

清道光二年（1822）

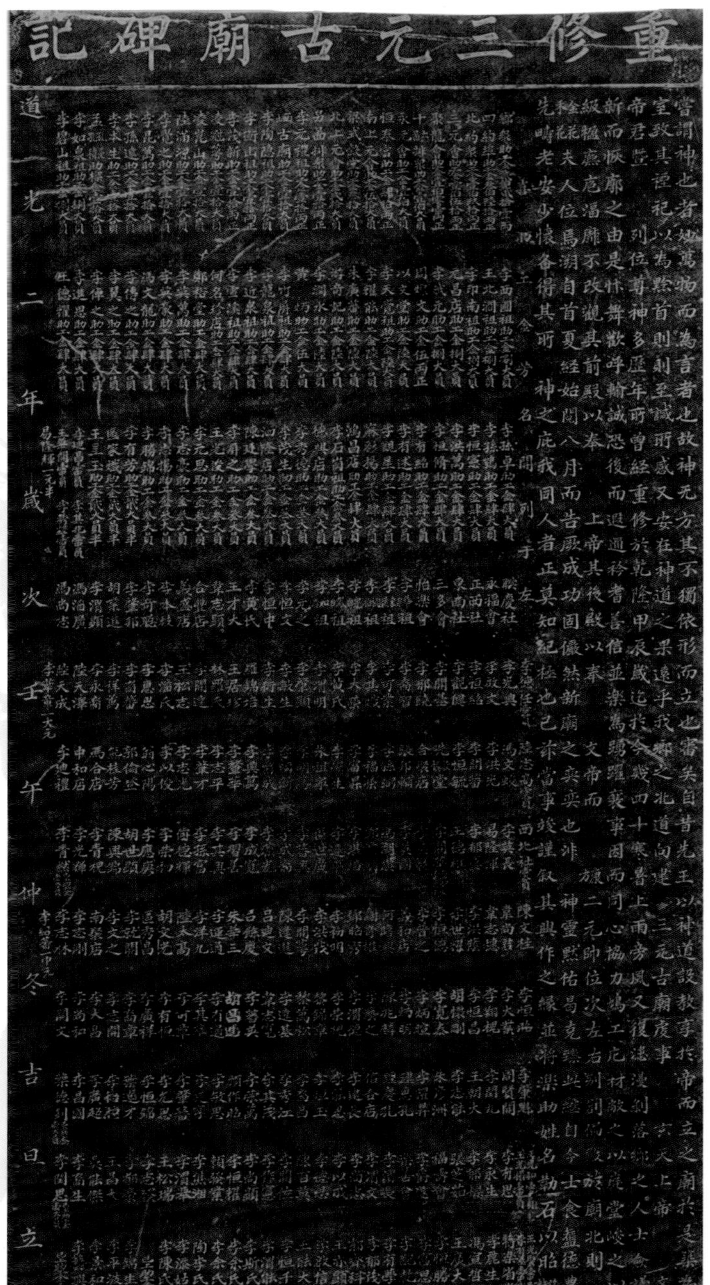

重修三元古廟碑記

道光二年歲次壬午仲冬吉日立石

考略

此碑存廣州白雲區三元里三元古廟。高145釐米，寬74釐米。碑額及正文楷書。據碑載，清道光二年（1822）重修時，各殿分別奉玄天上帝、文昌帝君，康、方二元帥，金花、禾花夫人。從碑文中也可瞭解到以三元古廟為祭祀中心的三元鄉社會組織情況。

釋文

（碑額）重修三元古廟碑記

常謂神也者，妙萬物而為言者也，故神無方，其不獨依形而立也，審矣。自昔先王以神道設教，享扵帝而立之廟，扵是築為宮室，致其禋祀，以為黔首則，則至誠昕感，又安在神道之果遠乎！我鄉之北道，向建三元古廟，虔事玄天上帝、文昌帝君暨列位尊神，多歷年昕，曾經重修於乾隆甲辰歲，迄扵今幾四十寒暑，上雨旁風，又復漶漫剝落，鄉之人士僉議更新而恢廓之。由是忭舞歡呼，輸誠恐後，而遐邇衿耆善信並樂為踴躍襄事，因而同心協力，鳩工庀材，敞之以庭堂，峻之以陛級，楹廡庖湢，靡不改觀。其前殿以奉上帝，其後殿以奉文帝，而康、方二元帥位次左右；別創偏殿於廟北，則金花、禾花夫人位焉。

溯自首夏經始，閱八月告厥成功，固儼然新廟之奕奕也，非神靈默佑，曷克臻此？繼自今士食舊德，農服先疇，老安少懷，各得其昕，神之庇我同人者，正莫知紀極也已。兹當事竣，謹叙其興作之緣，並將樂助姓名勒石以昭兹來許云。

喜助工金芳名開列于左：

（捐助者姓名及款額略）

道光二年歲次壬午仲冬吉旦立石。

復建三元古廟碑誌

清咸豐十一年（1861）

考略

此碑存廣州白雲區三元里三元古廟。高135釐米，寬70釐米。碑額及正文楷書。據碑文載，咸豐年間（1851—1861）三元古廟先後遭遇兩次浩劫，先是咸豐四年（1854）廣州附近的太平天國戰火，後是咸豐七年（1857）第二次鴉片戰爭，廟被英法侵略軍焚毁。三元里原有南、北兩廟，俱奉玄天上帝為之主。

撰文者李福成，邑人。

釋文

復建三元古廟碑誌

嘗聞天地無私，神明時察，則人宜立廟祭享也，明矣。因溯粵省城北距三里許，有鄉曰三元，原建南北兩廟，俱奉玄天上帝爲之主，其顯威靈於四境，沛德澤於遐陬，莫罄名焉。維是北廟創自前人，立前後二殿，廟北又立偏楹，兼奉諸神，隨事祈禱，碑誌猶存，規模壯麗，堂峻輝煌，較南廟而更式廓矣。不料氣數有定，迨至甲寅，醜類頻滋，丹垣艧棟，倒塌消磨；越丁巳，胡塵紛擾，玉質金相，盡歸朽腐，不議脩復，焉能妥侑以祀享也。若二廟同建，又艱於財，議以後先籌謀或易。鄉北信善，倡首歡呼，輸誠恐後，而闔鄉士庶，亦皆踴躍贊襄，同稱美舉，故建復北廟始也。爰藉吉神呵護，官紳鄉民，各坊士女，樂助訢題。計金購料，復建兩椽一殿。中正以奉上帝，左右位次諸神。對越莊儼，尤爲赫濯。

始經營於庚申之秋，遂落成於是歲之末，倏然廟貌維新，非神之默祐，曷克臻此。自兹以往，官紳婦幼、士農工商，莫不飲和食德，被其澤者，罔有極也。今當告竣，誌念仁人，或觧盛囊，或助重器，謹叙其建復之緣，勒之貞珉，以垂不朽云爾。里人李福成頓首拜撰。

喜助工金用器芳名列左：（捐助者姓名及款額略）

咸豐十一年歲次辛酉臘月穀旦。

關夫子廟諸碑

鼎建西來禪院關帝聖殿碑記

清康熙二十二年（1683）

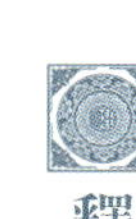

釋文

（碑額）鼎建西來禪院關帝聖殿碑記

鼎建西來禪院関帝聖殿碑記

天下事無以倡美於前，則有美勿彰；無以振興於後，則雖盛弗繼。矧事属創造大舉，佛教儒脩，化民善俗所由，係有其始之，復有以繼之。俾杉榆里社歲時伏臘，藉以抒誠祗德，講婣睦，敦禮讓，而起親遜之風者可矣。以紀其盛，用昭來許哉！

里中華林寺暨関帝宮，即今之西來菴舊址也。明壬午癸未間，父老所創，予与洪君敬亭、林君明華曾襄其事，初止一椽，足蔽風雨，中奉佛座，未有廓廡、榱桷、漆飾、丹艧之煌煌也。已丑庚寅後，西関長者陳世興、徐暹、洪元祥、鍾景潤、陳朝雅、劉嗣美、蔡弘奎、莊端、陶正隆、蘇韜、康德陞、郭柱、林猶龍捨布地之金四百餘両，仍募僊城內外共湧三百餘金。購地庀材鳩工，拓而大之，池圃、僧寮、几筵、木石畢脩，請宗符禪師駐錫其中，於菴左建関帝殿，置屋六間，以為香燈久遠計。越癸丑春，程君有和、王君瑛捐資興舉，謀之本里汪君景漢，又偕原倡首諸君募金成事，復建□殿兼設厨房，增置香燈屋二間。自是歷年隨時加脩，而歲中慶慰大典，急公倡義，大節月吉，聚衆商度桑梓機宜，進美匡過，莫不有事於其中，因而講信脩睦，敦仁尚德，里中縉紳人士愿撲秀良相與，陶情淑性，為善去惡，咸嘉賴之。葢奉佛教以明因果，敦儒脩以講大義，有以始之於前，復有以成之於後，

夫非後先繼美，相淂益彰者耶！癸亥花朝，汪君景漢、陳君于寵，慮緣起之未詳，無以垂遠也。謂里中老成，歷其事之端末而詳悉之既久者，惟予為宜，屬予□以紀之。予曰：『事有為耳目昕見闻者，猶足當考獻徵文之實，况身其事者乎？是誠非予莫悉也。』因為叙其初終，付勒之石，而詳記其起建年月與捐金購地庀材鳩工拮据有事諸君子之姓名于左。

乙酉科舉人原候選推官里人直菴顏養氣常集甫撰文。

庚寅歲起建西來禪院関帝聖殿縉紳士商里老及緣首助金芳名開俻扵後。

（捐助者姓名商號及款額略）

康熙二十二年歲次癸丑莆月癸夘吉旦立石。

考略

此碑原存廣州西關華林寺東側的關夫子廟，因廟已久毀，連同該碑在內的數通碑移置廣州博物館。篆額，正文行書。附錄芳名楷書。據碑載，華林寺暨關帝宮始建於明崇禎十五年至十六年（1642—1643）間，清順治六至七年（1649—1650）間起建西來禪院關帝聖殿，康熙十二年（1673）春再添建廚屋和香燈屋一間。另據民國五年（1916）《重修城西關夫子廟碑記》記載：『舊址名西來庵，鼎建於明季崇禎壬午癸未間，惟時洪亭敬、林明華、顏養氣等同襄其事。』與該碑所記同。

撰文者顏養氣、常集甫，皆為里人。

重修關夫子廟碑記

清嘉慶二十年（1815）

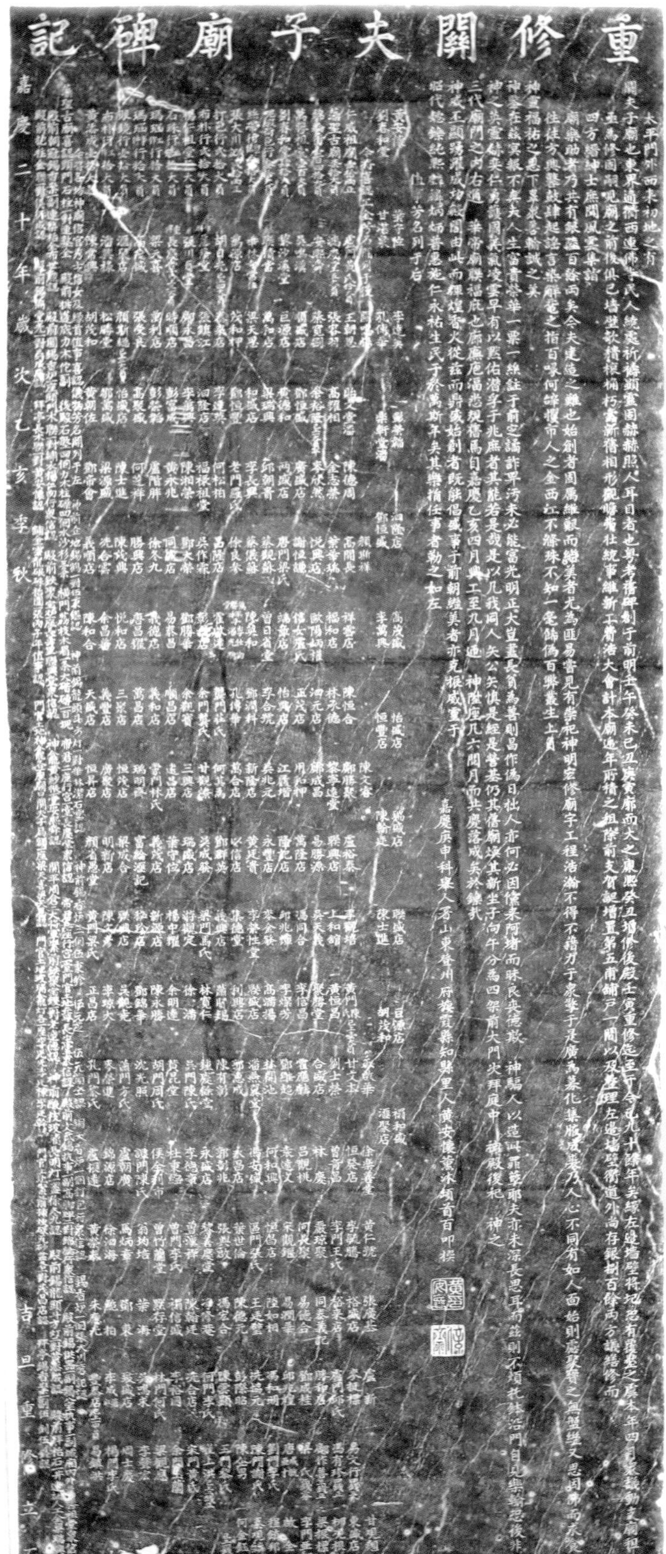

重修關夫子廟碑記

釋文

（碑額）重修關夫子廟碑記

太平門外西來初地之有關夫子廟也，東界通衢，西連佛寺，民人繞處，祈禱顯靈，固赫赫照人耳目者也。粤考舊碑，創于前明壬午癸未，己丑庚寅廓而大之，康熙癸丑增修後殿，壬寅重修，迄至于今，已九十餘年矣，缘左邊墻壁将圮，恐有覆壓之虞，本年四月，衆議動支廟租亟為修固。嗣見廟之前後俱已墻壁欹頹，榱桷朽蠹，新舊相形，觀瞻弗壯。統事維新，工費浩大，會計本廟遞年所積之租，除前支賀誕、增置第五甫舖户一間，以及整理左邊墻壁衢道外，尚存銀捌百餘両，方議繕修，而四方縉紳士庶聞風雲集，詣廟樂助者，乃共有銀陸百餘両矣。今夫建造之難也，始創者固属維艱，而繼美者尤為匪易。嘗見有崇祀神明，宏修廟宇，工程浩瀚，不得不藉力于衆擎。于是廣為募化，集腋成裘，乃人心不同有如人面，始則慮聚寳之無盤，繼又思因佛而求食。往往方興鼛鼓，肆起謡言，染鮮黿之指，百喙何辞；攫市人之金，西江不滌。殊不知一毫餙偽，百弊叢生，上負神靈福祐之恩，下辜衆善輸誠之美。神鑒在兹，寔報不爽。夫人生富貴榮華，一票一絲，註于前定，譎詐卑污，未必能富，光明正大，豈盡長貧。為善則昌，作偽日拙。人亦何必因儻來阿堵，而昧良喪德，欺神騙人，以造此罪孽耶。夫亦未深長思耳，而兹則不煩托鉢沿門，自見樂輸恐後，非神之英霊赫奕，仁勇護國，義氣凌雲，早有以黙佑潛孚于兆庶者，其能若是哉。是以凡我同人，矢公矢慎，是経是營，基仍其舊，廟煥其新，坐子向午，分為四架，前大門，次拜庭，中神殿，後祀神之三代。廟門之內，右通華帝廟，聯福庇也，廊廡庖湢悉規舊焉。自嘉慶乙亥四月興工，至九月迺神陞座，凡六閱月而共慶落成矣。於鑠哉！

神威丕顯，踴躍成功，殿閣由此而輝煌，香火從茲而鼎盛，始創者既能倡盛事于前朝，繼美者亦克振威靈于昭代。懿鑠純熙，麟麟炳炳，普惠施仁，永祐生民于於萬斯年矣。

其樂捐任事者勒之如左。值事芳名列于后。

嘉慶庚申科舉人署山東登州府棲霞縣知縣里人黃安懷薰沐頓首百叩撰。

（捐助者姓名及款額略）

嘉慶二十年歲次乙亥季秋吉旦重修立石。

考略

此碑原存廣州西關華林寺東側關夫子廟，後移置廣州博物館。高180釐米，寬71釐米。碑額及正文楷書。青石質。碑文記載西來初地關夫子廟的創建時間及歷年修繕沿革，敘嘉慶二十年（1815）該廟重修經過。從捐助名單中可知（本釋文略），此次重修時，廣州十三行行商之一的伍氏家族參與了捐助。

重修關夫子廟碑記

清同治十年（1871）

重修關夫子廟碑記

各廟□□□香資列左：

仁威廟香資銀拾大員、清平天后廟香資肆員、長壽寺香資銀肆大員、城西祖廟香資銀□□、瑞□行香資銀弍大員、德星里香資銀弍大員、□□□行香資銀弍大員、昌勝堂香資銀弍大員、萬福堂香資銀□□□、鹿隆□香資銀壹大員、□里裕和祥銀壹大員、萬勝堂香資銀壹大員、□□陳積善堂銀壹員、□□約廟香資銀壹大員、□西□八約銀壹中員、□巧綸行□銀壹中員、礪璋堂香資銀壹中員、老氏香資銀壹中員、□□□香資銀壹中員、宜芳□香資銀壹中員正、□□炳貴香資銀壹中員。

今將進數開列：

已上總共進各大廟堂助来工金廟平兑收寔銀陸百捌拾弍兩叁錢七分正。

已上總共進各盛行會館助来工金廟平兑收寔銀叁百叁拾七兩零六分正。

已上共進各緣首助来工金除欠平外除未交出廟平兑收寔銀陸千零陸拾陸兩零八分五厘正。

已上共計進弍拾五街每店户捐租壹月主客各半除欠平外除未交出廟平兑收寔銀叁千七百伍拾壹兩八錢八分八厘。

已上共進各行大廟□□送来香資廟平兑收寔銀弍拾八両八錢四分正。

已上共進各行各號喜認什物本廟代辦廟平兑收回寔銀七百五拾七両零零九厘正。

一 進□各號項数利息銀弍百零四両叁錢弍分五厘。

一 進□出各行工料什物数項共溢平銀五拾壹両□錢八分七厘正。

一 進沽出舊料什物廟平兑收寔銀弍百九拾叁両四錢八分正。

一 進巡游袍帽什物成数沽去廟平兑收寔銀壹百四拾両零五錢六分五厘。

一 進西來約華光廟補囬坭水工料廟平兑收寔銀叁拾九両八錢八分正。

進數：

已上拾壹欵通大共進寔銀壹萬弍仟叁百五拾叁両弍錢八分九厘正。

已下支數共叁拾五欵通大共支去銀壹両弍千九百陸拾柒両五錢弍分九厘正。

除進銀外不敷交借當年值事歴年積存嘗銀陸百壹拾四両弍錢四分正。

今將支數開列：

（以下支付明細略）

歴傳置鋪屋開列：

其廟鋪壹間，在西門外第五甫甫頭第六間，坐東向西，深三大進，濶□□□行，四圍墻壁，前至官街後至水脚。

又廟鋪壹間，在太平門外菜欄□□，坐西向東，深壹大進，濶拾七□□□，墻壁上盖連地，前至官街，左右至鋪。

每年納地税銀捌分正。

重修□午值事□□太平門外曉珠里□□間，深陸丈零五寸，濶弍拾□□□□□□□厨房上盖連地，

四圍牆壁，食井俱全，前至□□，後至光耀里□巷，坐西向東，□□□銀壹□□□□兩正□□□契銀

□□□□□□□□□□□□□□中人銀弍拾八両四錢正。

同治拾年歲次辛未孟冬吉旦立。

考略

此碑原存廣州西關華林寺東側關夫子廟，後移置廣州博物館。高198釐米，寬71釐米。碑額及正文楷書。青石質。碑上段中部為關夫子廟平面示意圖，可見當時中路建築有：關夫子廟大門、馬軍、丹墀、拜亭、香亭、武帝殿、聖□殿、□房天井；東路建築有八間本廟香燈屋；西路建築有：華光廟大門、□帝殿、西來禪堂。平面圖周邊列各廟各行送香資明細、本次修繕資金的進數與支數明細、歷傳置鋪屋明細。從中可知該廟修繕資金來源及支出情況。

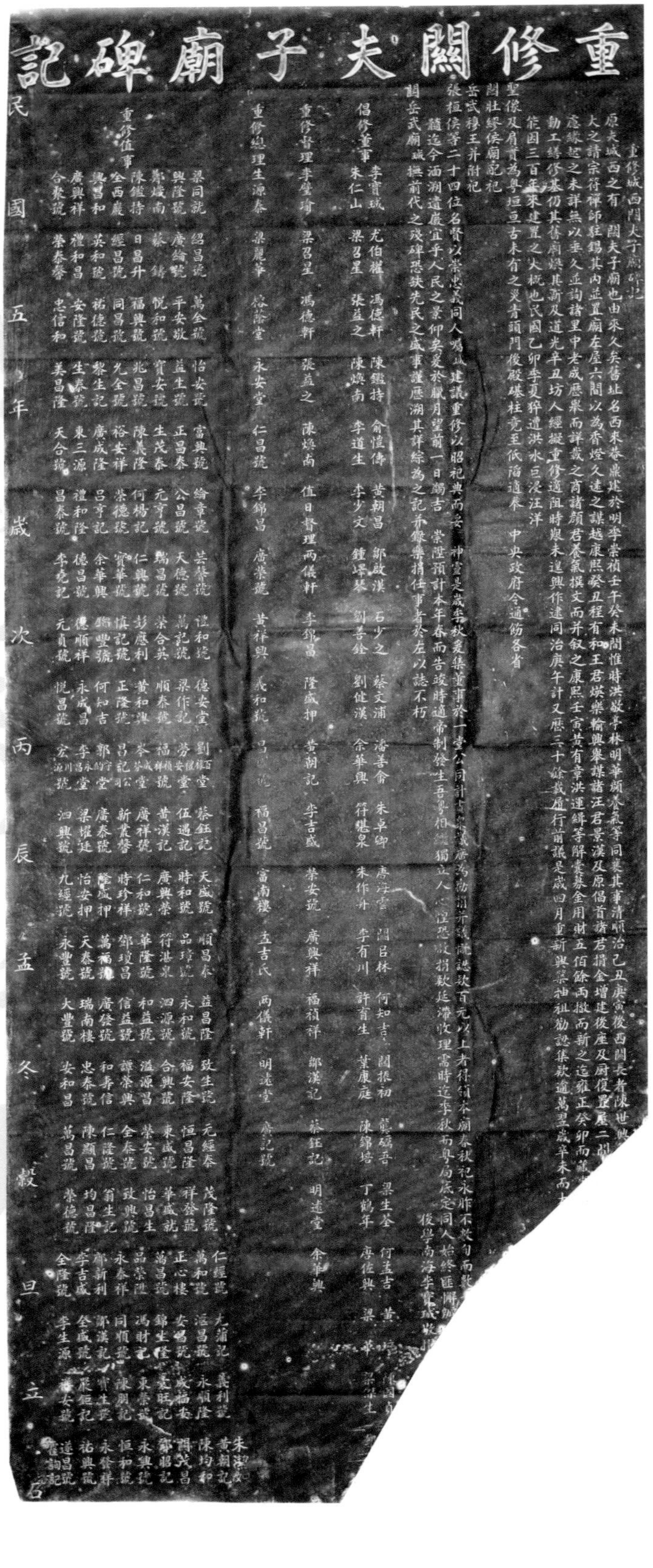

重修關夫子廟碑記

民國五年（1916）

釋文

（碑額）重修關夫子廟碑記

重修城西關夫子廟碑記

原夫城西之有關夫子廟也，由來久矣，舊址名西來庵，鼎建於明季崇禎壬午癸未間，惟時洪敬亭、林明華、顏養氣等同襄其事，清順治己丑庚寅後，西關長者陳世興□□□□□□□□□□□□□□□□□大之請宗符禪師駐錫其內，並置廟左屋六間，以為香燈久遠之謀，越康熙癸丑，程有和、王君熯樂輸興舉，謀諸汪君景漢及原倡首諸君，捐金增建後座及廚，復置屋二間，□□□□□□□□□□□□□□□□慮緣起之未詳，無以垂久，並詢諸里中老成，歷舉而詳載之，商諸顏君養氣撰文而并叙之。康熙壬寅，黄有章、洪運緝等解囊募金，用財五佰餘兩，撤而新之，迄雍正癸卯而藏□□□□□□□□□□□□□□□□動工繕修，基仍其舊，廟煥其新，及道光辛丑，坊人經擬重修，適阻時艱，未遑興作，逮同治庚午，計又歷三十餘載，履行前議，是歲四月重新興築，抽租勸認，集欵逾萬。翌歲辛未，而大□□□□□□□□□□□□□能因三百年來建置之大概也，民國乙卯季夏猝遭洪水，巨浸汪洋，聖像及肩，實為粤垣亘古未有之災眚，頭門後殿磉柱竟至低陷。適奉中央政府令，通飭各省：關壯繆侯廟配祀岳武穆王，并附祀張桓侯等二十四位名賢，以崇忠義。同人囑珹，建議重修以昭祀典而妥神靈。

是歲季秋，爰集董事於一堂，公同計畫，衆議廣為勸捐，并議慨認欵百元以上者，得領本廟春秋祀永胙。不數旬而數□□□□□□□□□□□□髓，迄今湎溯遺徽，宜乎人民之景仰矣。爰於臘月望前一日蠲吉崇陞，預計本年春而告竣。時適帝制發生，吾粵相繼獨立，人心惶恐，故捐欵延滯，收理需時，迄季秋而粵局底定，同人始終匪懈辦□□□□□□□□□□□闕岳武廟。珹撫前代之殘碑，恐缺先民之盛事。謹歷溯其詳，綜為之記，并錄樂捐任事者於左，以誌不朽。

後學南海李寶珹敬撰。

（捐助者姓名略）

民國五年歲次丙辰孟冬穀旦立石。

考略

此碑原存廣州西關華林寺東側關夫子廟，後移置廣州博物館。高168釐米，寬62釐米。碑額及正文楷書。青石質。刻於民國五年（1916），敘關夫子廟創建及歷代重修歷史，是一份較完整的廟史大事略。後言及民國乙卯洪水之後，中央政府令通飭各省『關壯繆侯廟配祀岳武穆王，並附祀張桓侯等二十四位名賢，以崇忠義。』可知當時政府曾下令祀關夫子、岳武穆、張桓侯。

楊箕村玉虚宫諸碑

重建玄帝古廟碑記

清康熙六十年（1721）

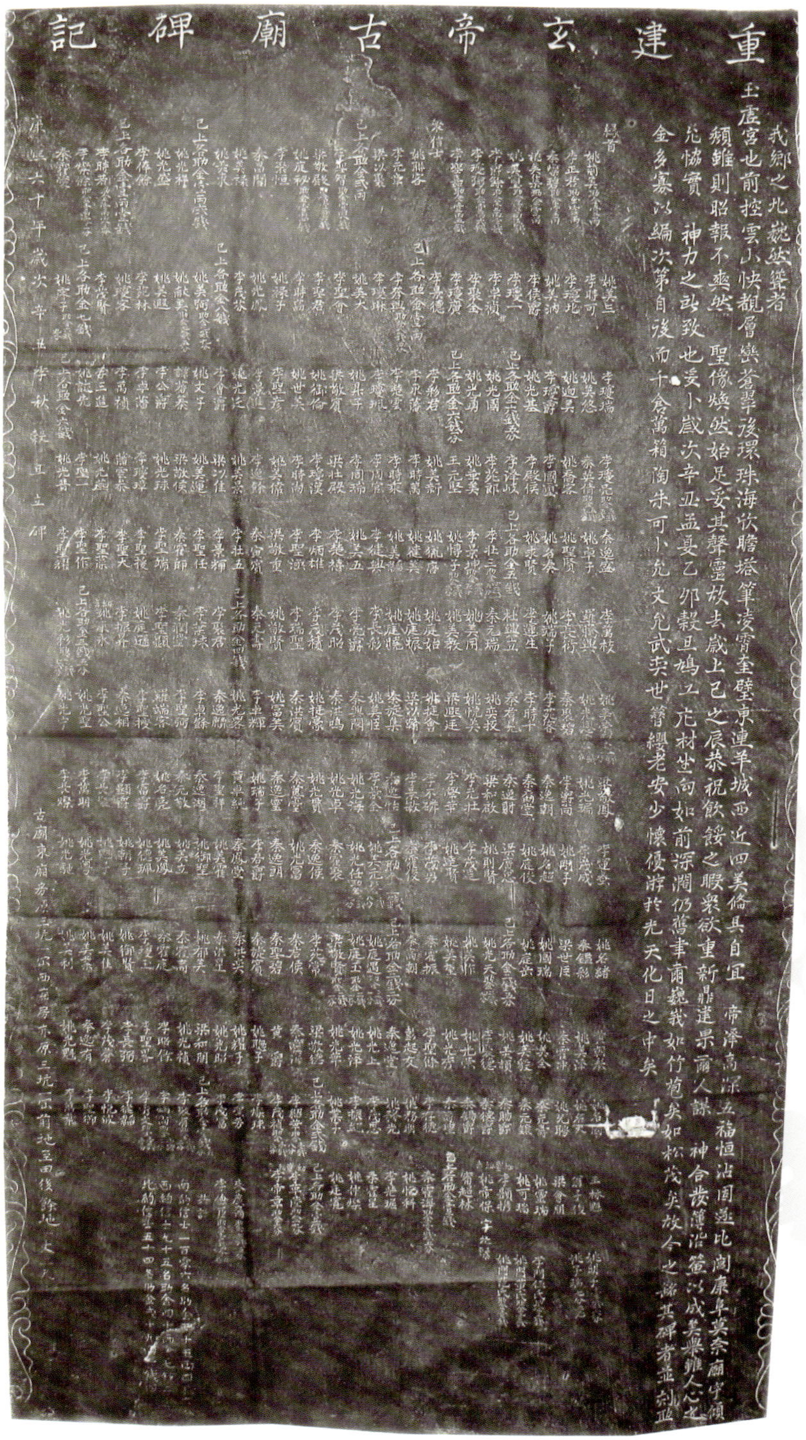

釋文

（碑額）重建玄帝古廟碑記

我鄉之北，巍然聳者，玉虚宫也。前控雲山，快覩層巒蒼翠；後環珠海，欣瞻塔筆凌霄。奎壁東連，羊城西近。四美偹具，自宜帝澤高深；五福恒沾，固遂比閭康阜。莫奈廟宇傾頹，雖則昭報不爽，然聖像煥然，始足妥其聲靈。故去歲上巳之辰，恭祝飲餒之暇，衆欲重新鼎建。果爾人謀神合，丵簿沿簽，以成美舉。雖人心之允協，實神力之所致也。爰卜歲次辛丑孟夏乙夘穀旦，鳩工庀材。坐向如前，深濶仍舊，聿爾巍峩，如竹苞矣，如松茂矣。故今之銘其碑者，並刻助金多寡，以編次第。自後而千倉萬箱，陶朱可卜，允文允武，奕世簪纓，老安少懷，優游於光天化日之中矣。

（捐助者姓名及款額略）

康熙六十年歲次辛丑季秋穀旦立碑。

古廟東廟房原三坑一缸，西廟房亦原三坑一缸，前地至田後餘地一丈二尺。

考略

此碑存廣州楊箕村玉虚宫。高133釐米，寬65釐米。碑額及正文楷書。未署撰文者姓名。文敘玉虚宫地理位置之佳，玄帝之澤福祐鄉里，以及衆人重新鼎建玉虚宫經過，附鄉人姓名助金於後。從中可瞭解廣府地區以村落為單位，在內居住的幾個姓氏共同出資修繕神廟的情況。

玉虛宮重修碑記

清乾隆十九年（1754）

考略

此碑存廣州楊箕村玉虛宮。高191釐米，寬70釐米。碑額及正文楷書。未署撰文者姓名。碑文記載玉虛宮於清乾隆十九年（1754）修繕經過，楊箕村東、南、西、北四約的鄉民捐金情況。文中既錄有本鄉信士捐金，也錄有異鄉信士捐金，說明當時居住在楊箕村的人員已不僅僅是姚、李、秦、梁四姓。

釋文

（碑額）玉虚宫重修碑記

嘗聞人傑地靈，無非藉神明之默祐；然必廟宇輝煌，庶得展馨香之荐，而報昭功也。如我鄉之玉虚宫，控雲山而環珠海，山川鍾秀，神最靈焉。迄今百有餘年，鄉人莫不蒙恩而默祐也。但重建日久，風剥雨蝕，頹垣拆棟，大失觀瞻，神明是褻，情所難安。是以集衆議復重修。果尔童叟欣然，随緣樂助，鳩工庀材，指日告成。煥然廟宇，将見地之靈者益靈，人之傑者益傑，後之蒙恩而默祐者，視昔不更有加乎。爰序数言，以鐫諸石，并編勒金多寡于後，永垂不朽。

（捐助者姓名及款額略）

南約共人壹百四十八名，共計銀捌拾壹両一錢八分。

西約共人壹百五十三名，共計銀柒拾五両二錢六分。

東約共人壹百三十八名，連社王共計銀伍拾捌両三錢九分。

北約共人七十三名，共計銀叁拾三両三錢四分。

乾隆拾九年歲次甲戌季冬穀旦重修立石。

重修北帝廟碑記

清嘉慶四年（1799）

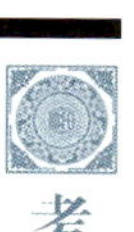

考略

此碑存廣州楊箕村玉虛宮。高138釐米，寬72釐米。碑額及正文楷書。碑文記載玉虛宮於嘉慶四年（1799）修繕經過，闡明此廟在鄉里的作用為『達明』與『興德』，鄉里父老每於廟中教諭子弟，凡違鄉約者亦於廟中是懲。撰文者姚允梓，里人。

釋文

（碑額）重修北帝廟碑記

幽明一理。鄉之有廟，將以達有神，即將以興有德也，故虔禱奉祀。《書》言『明德惟馨』，修德行仁；《詩》言『神罔時恕』，事神事人，殊途而同歸矣。我鄉之于北帝廟也，奠居鄉□□，前挹雲山靈秀，後帶珠海瀠洄，一鄉之中奉為福主，亦為鄉約。約之為義，約束其蕩檢踰閑之謂，約要其講信修睦之禮。假而有不由其道者，則于廟中是懲。有不睦于□□，則于廟中是勸。恭逢盛世，君德隆盛，治教休明，恪遵聖諭廣訓。凢我父老，四時詣廟宣講，教誡子弟，和鄉黨，睦鄰里，厚風俗，正人倫，以仰副聖天子□□上理。《記》曰『觀于鄉而知王道之易易也』，其在斯乎。時因日久不修，棟垣剥蝕，興舉廢墜，衆志從同。是舉也，興工于仲冬朔日，告竣于季冬乙巳之吉。所有助金芳名備勒□□，以垂不朽。

里人姚允楫撰。

（捐助者姓名及款額略）

嘉慶四年季冬吉旦重修立碑。

重修兩廟碑記

清嘉慶十年（1805）

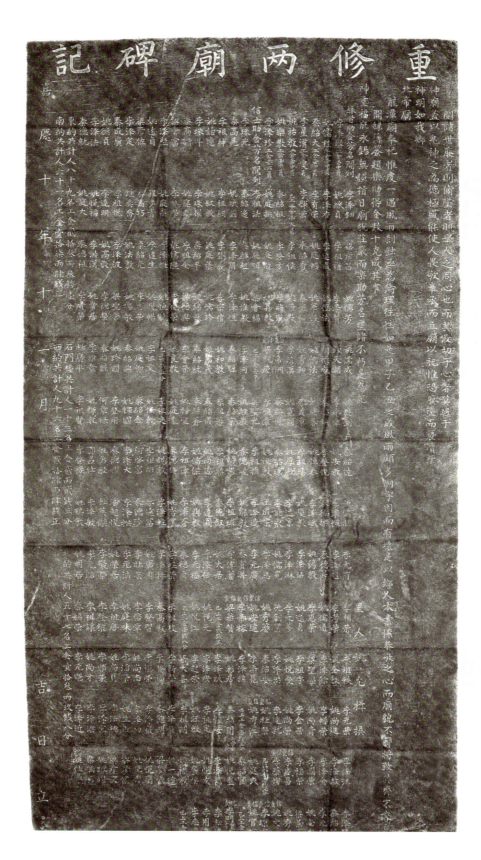

釋文

（碑額）**重修兩廟碑記**

閱諸世廢者則脩，墜者則舉，人之同心也。而其最切于心者，莫過于神廟。蓋以鬼神之為德極盛，能使人畏敬奉承而立廟以祀，惟恐廢墜而褻瀆于神明。如我鄉北帝廟、龍潭廟，奉祀惟虔，一遇風雨剥蝕，亟為脩理，往往如是。甲子、乙丑之歲，風雨頗多，廟宇因而有壞。是以鄉人本素懷恭敬之心，而廟貌不齊，将致其齊，不容怠□。□開緣簿，簽題樂助，得金数十，克成其事。神靈福庇，永錫無疆，指日廟貌莊嚴，而樂助芳名垂諸不朽。是為記。

里人姚允楫撰。

（捐助者姓名及款額略）

嘉慶十年十一月吉日立碑。

考略

此碑存廣州楊箕村玉虛宫。高126釐米，寬65釐米。碑額及正文楷書。記載清嘉慶十年（1805）楊箕村兩廟（北帝廟和龍潭廟）重修之事，據鄉人稱，龍潭廟毁於抗日戰爭時期。

撰文者姚允楫簡介參見《重修北帝廟碑記》之考略。

重建玉虛宮碑記

清道光二十三年（1843）

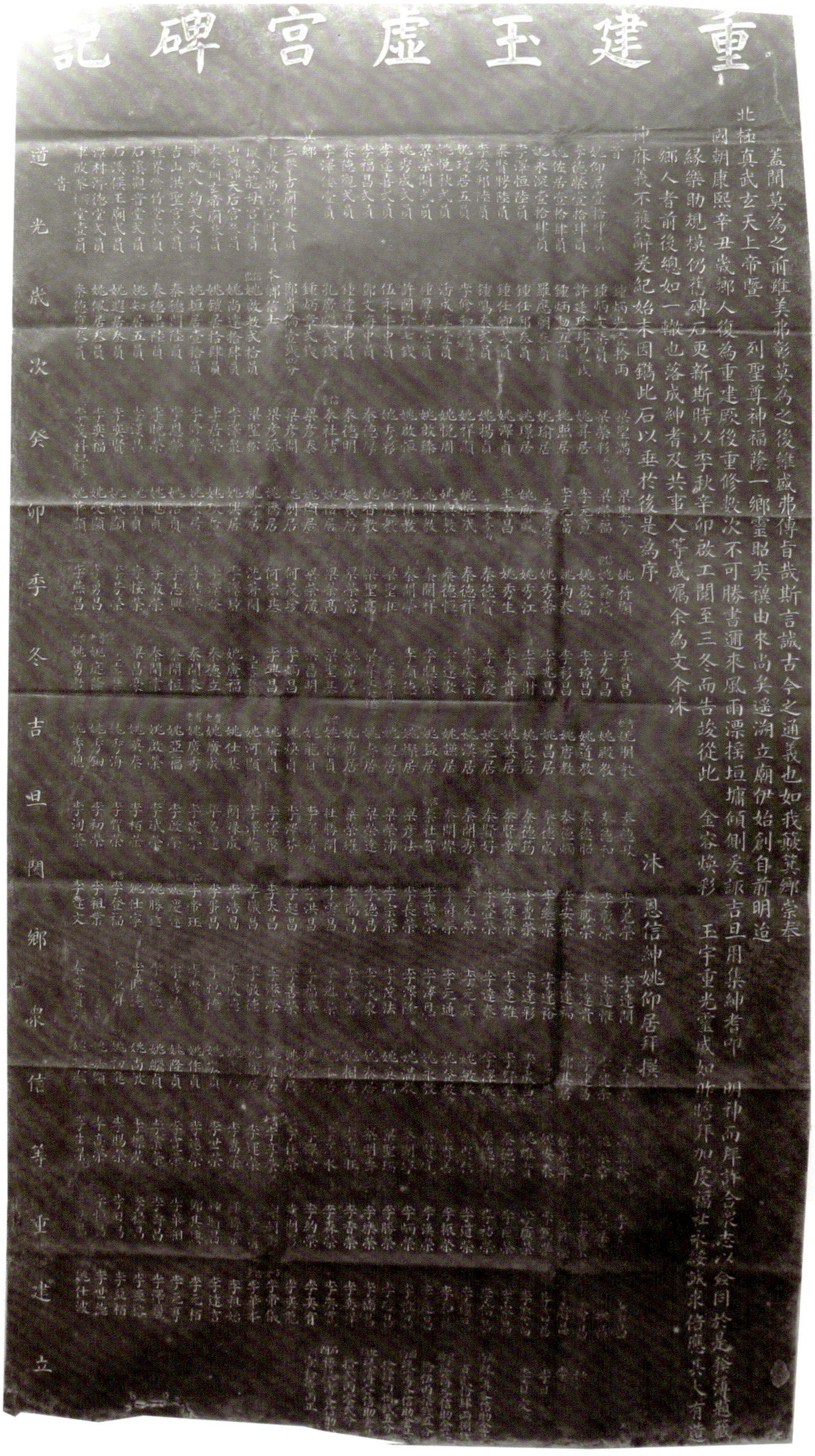

釋文

（碑額）**重建玉虛宮碑記**

蓋聞『莫為之前，雖美弗彰；莫為之後，雖盛弗傳』，旨哉斯言，誠古今之通義也。如我簸箕鄉崇奉北極真武玄天上帝暨列聖尊神，福蔭一鄉，靈昭奕禩，由來尚矣。遙溯立廟伊始，創自前明，迨國朝康熙辛丑歲，鄉人復為重建。厥後重修數次，不可勝書。邇來風雨漂摇，垣墉傾側，爰諏吉旦，用集紳耆，叩明神而拜許，合衆志以僉同。於是發簿題籤，□緣樂助，規模仍舊，磚石更新。斯時以季秋辛卯啟工，閱至三冬而告竣。從此金容焕彩，玉宇重光，靈威如昨，瞻拜加虔，福祉永綏，誠求倍應，其大有造□鄉人者，前后總如一轍也。落成，紳耆及共事人等咸囑余為文。余沐神庥，義不獲辭，爰紀始末，因鐫此石以垂於后。是為序。

沐恩信紳姚仰居拜撰。

（捐助者姓名及款額略）

南約緣簿各信助金共百貳拾肆両捌錢。

東約緣簿各信助金共拾伍両柒錢五分□。

西約緣簿各信助金共拾肆両捌錢五分□。

北約緣簿各信助金共拾弍両零弍分□。

石門樓緣簿各信助金共壹拾壹両正。

道光歲次癸卯季冬吉旦闔鄉衆信等重建立。

考略

此碑存廣州楊箕村玉虛宫。高133釐米，寬65釐米。碑額及正文楷書。記載清道光二十三年（1843）重修玉虛宫的經過，從碑文中可知當時楊箕村仍用舊鄉名，稱『簸箕鄉』。

撰文者姚仰居，里人。

重修玉虛宮碑記

清光緒二十七年（1901）

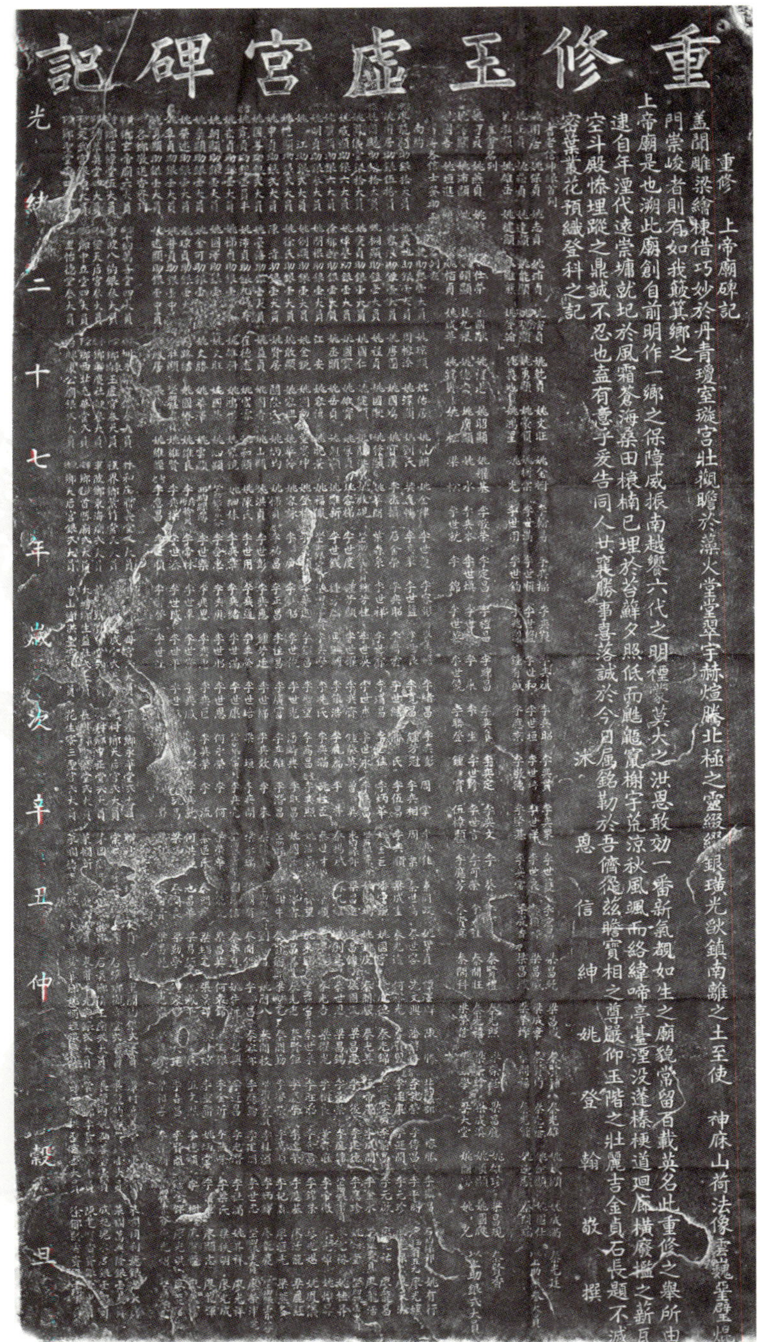
重修玉虛宮碑記

光緒二十七年歲次辛丑仲□穀旦

考略

此碑存廣州楊箕村玉虛宮。高133釐米，寬71釐米。碑額及正文楷書。記載清光緒二十七年（1901）重修玉虛宮的緣由及經過，文後除附本鄉信士助金姓名金額外，還錄有其他各鄉祖堂和廟宇資助香資名單及金額，對瞭解清末廣州村內廟宇與其他地區廟宇的關係有一定參考價值。

撰文者姚登翰，里人。

釋文

（碑額）重修玉虛宮碑記

重修上帝廟碑記

蓋聞雕梁繪棟，借巧妙於丹青；瓊室璇宮，壯觀瞻於藻火。堂堂翠宇，赫煊騰北極之靈；綴綴銀璜，光燄鎮南離之土。至使神庥山荷，法像雲巍，堊壁焜□，□門崇峻者，則有如我簸箕鄉之上帝廟是也。溯此廟創自前明，作一鄉之保障；威振南越，饗六代之明禋。蒙莫大之洪恩，敢効一番新氣；覯如生之廟貌，常留百載英名。此重修之舉，所由□□，逮自年湮代遠，崇墉就圮於風霜；蒼海桑田，榱桷已埋於苔蘚。夕照低而鼪鼯竄，榭宇荒涼；秋風颯而絡緯啼，亭臺湮没。蓬榛梗道，廻廊橫廢檻之薪；瓦□□空，斗殿㤥埋蹤之鼎。誠不忍也，盍有意乎？爰告同人，共襄勝事，喜落誠於今日，屬銘勒於吾儕。從茲瞻寶相之尊嚴，仰玉階之壯麗，吉金貞石，長題不滅□□，密葉叢花，預織登科之記。

沐恩信紳姚登翰敬撰。

（捐助者姓名及款額略）

光緒二十七年歲次辛丑仲秋穀旦□。

重修南安古廟碑記

清嘉慶十七年（1812）

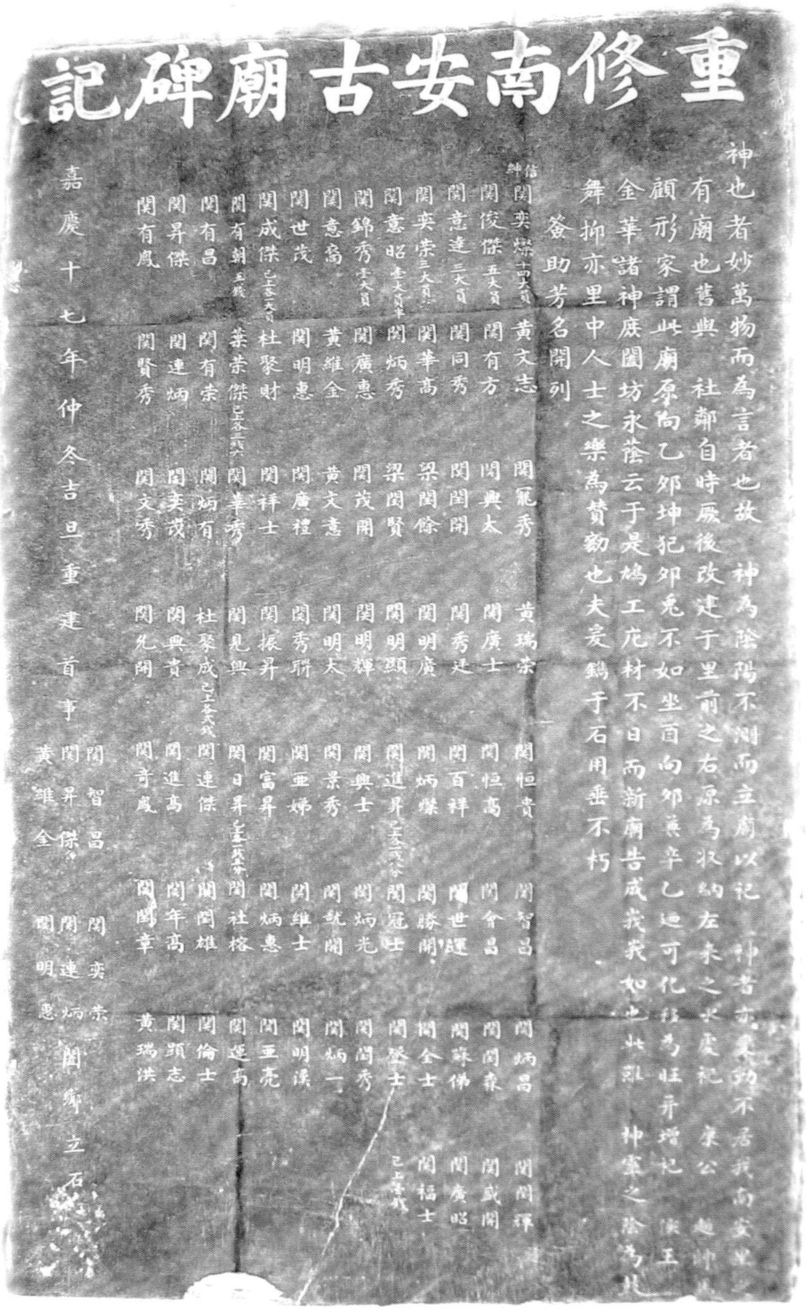

釋文

（碑額）**重修南安古廟碑記**

神也者，妙萬物而為言者也，故神為陰陽不測，而立廟以祀神者亦變動不居。我南安里之有廟也，舊與社鄰。自時厥後，改建于里前之右，原為收納左來之水處，祀康公趙帥，馬顧形家謂此廟原向乙夘，坤犯夘兎，不如坐酉向夘兼辛乙，迺可化移為旺，并增祀侯王、金華諸神，庶闔坊永蔭云。于是鳩工庀材，不日而新廟告成，峩峩如也。此雖神靈之陰為鼓舞，抑亦里中人士之樂為賛勷也夫。爰鐫于石，用垂不朽。

簽助芳名開列：

（捐助者姓名及款額略）

嘉慶十七年仲冬吉旦。

重建首事：閔智昌、閔昇傑、黄維金、閔奕榮、閔連炳、閔明惠，闔鄉立石。

考略

此碑存廣州西塱村南安里的南安古廟。高100釐米，寬60釐米。青石質。碑額及正文楷書。未署撰文者姓名。刻於嘉慶十七年（1812），碑文敘該廟祀康公趙帥，重修時增祀侯王金華諸神，及重修廟宇經過。

重建南安古廟碑記

清咸豐十一年（1861）

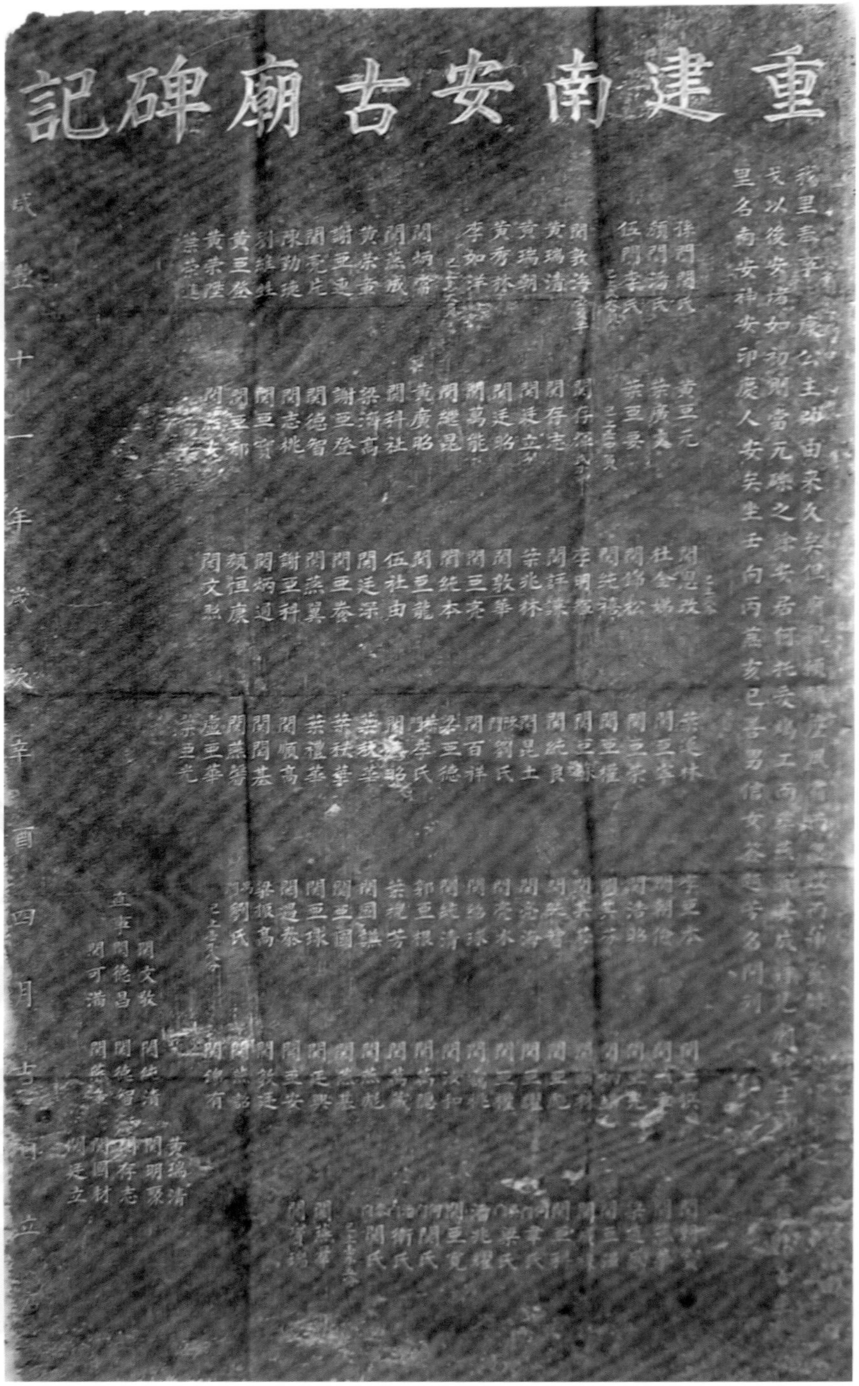

釋文

（碑額）重建南安古廟碑記

我里奉事康公主帥由來久矣。但廟貌傾頹，歷風霜而忽改，而神靈赫奕，宜棟宇之重新。况直干戈以後，安堵如初，則當瓦礫之餘，安居何托。爰鳩工而築，燕賀其成。将見廟號主帥，潯主無非善主，里名南安，神安印慶人安矣。

坐壬向丙兼亥巳。善男信女簽題芳名開列：

（捐助者姓名及款額略）

咸豐十一年歲次辛酉四月吉日立石

考略

此碑存廣州西塱村南安里的南安古廟。高100釐米，寬60釐米。青石質。碑額及正文楷書。刻於清咸豐十一年（1861）。碑文敘南安古廟供奉神靈及兩次重修的情況，有『我里奉事康公主帥由來久矣』之句，可確認南安古廟供奉的神像，是北宋抗遼名將康保裔。

蘿崗北帝古廟諸碑

重建廟宇碑記

清乾隆元年（1736）

考略

此碑存廣州蘿崗塘頭村均安坊北帝古廟。高161釐米，寬44釐米。碑額及正文楷書。記載該廟於清乾隆元年（1736）重修經過。從文中可知，當地認為玄帝屬水神，而嶺南為澤國，固應奉祀玄帝。這應是廣東許多鄉村建有北帝廟的原因。

撰文者鍾光尚，清乾隆年間人，進士。撰碑時為候選儒學教諭。

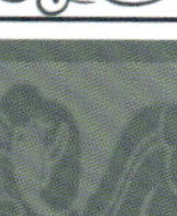

釋文

（碑額）重建廟宇碑記

玄帝，水神也，嶺南，澤國也，鎮於南北宜也。吾鄉僻處山谷，奉爲香火，有由來矣。誠以神威無遠弗屆也。塘頭一鄉，四面皆田，突揷奇峯，人烟稠集，中構一廟，來龍綿遠。臨水面山，若天作然。但日久傾頽，耆老合而嘀之曰：『辱在帡幪，廟貌不修，無以妥神靈，即無以庇族党也。第爲費不資，點金無術，凢居梓里，務集腋以成裘，積塵而纍岳。』衆曰唯唯。由是鳩工悉集，百堵新興，翬飛矢棘，堂廡昭壯麗之覩；松茂竹苞，上下著實枚之同。共出分金以助者，固属誠心，而額外僉題者，更爲欣躍，爰勒石以垂永久。

乾隆元年恩進士候選儒學教諭弟子鍾光尚薰沐拜撰。

文林郎壬子科舉人序選知縣乙夘科廣西同考試官弟子鍾獅薰沐拜書。

計開通約壹百伍拾人每人出分金叁錢、米壹斗，芳名不録，另加題者序列于左。

（捐助者姓名及款額略）

旹雍正歲在壬子孟秋吉旦喜題重建。

乾隆元年歲在丙辰季春上巳吉旦立石。

重修碑記

清乾隆三十九年（1774）

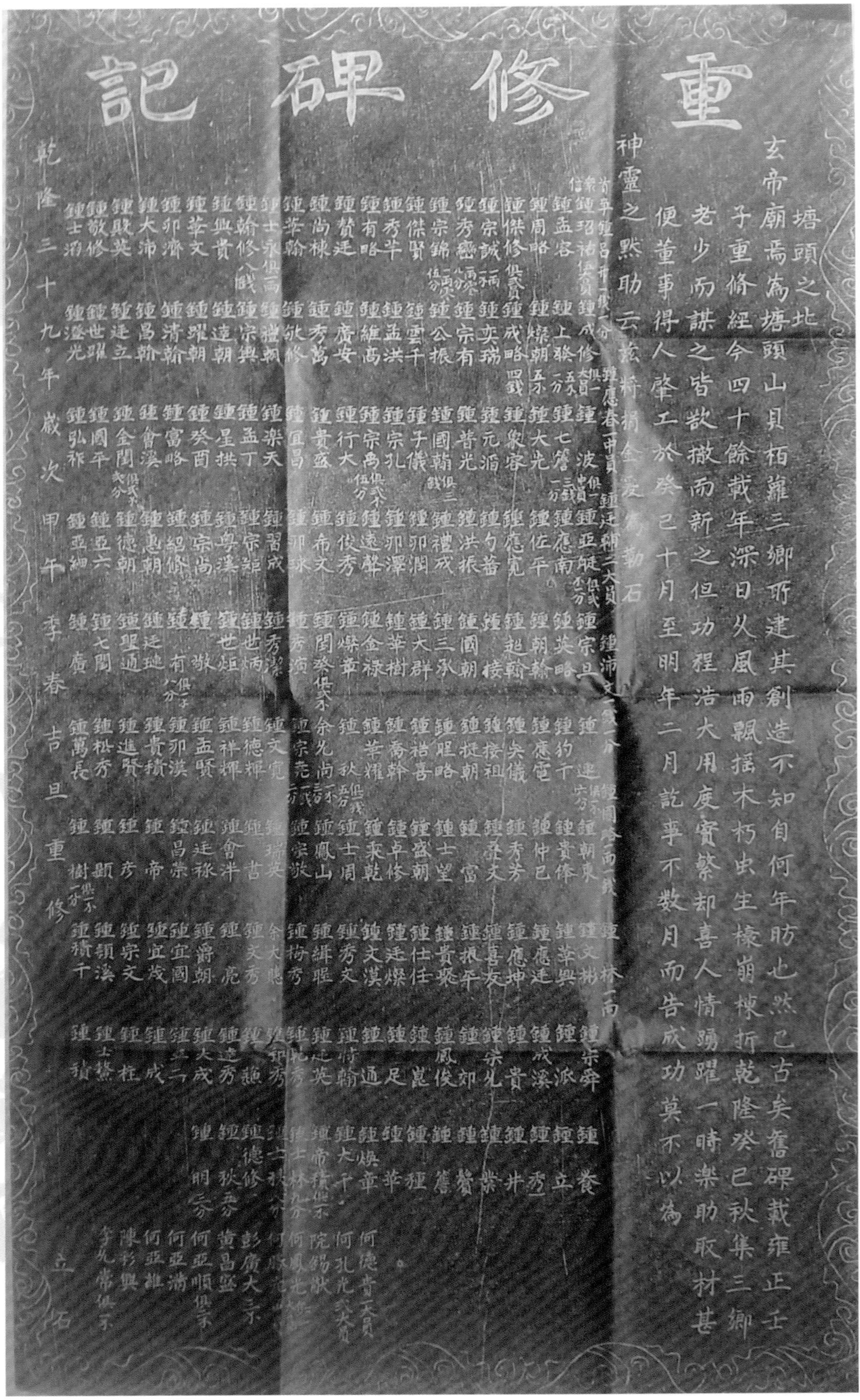

重修碑記

塘頭之北
玄帝廟焉爲塘頭山貝栢羅三鄉所建其創造不知自何年昉也然已古矣舊碑載雍正壬
子重脩經今四十餘載年深日久風雨飄搖木朽虫生椽崩棟折乾隆癸巳秋集三鄉
老少而謀之皆欲撤而新之但功程浩大用度實繁郤喜人情踴躍一時樂助取材甚
便董事得人鳩工於癸巳十月至明年二月訖事不數月而告成功莫不以爲
神靈之默助云茲將捐金姓名勒石

乾隆三十九年歲次甲午季春吉旦重修 立石

釋文

（碑額）重修碑記

塘頭之北，玄帝廟焉，為塘頭、山貝、栢蘿三鄉所建，其創造不知自何年昉也，然已古矣。舊碑載雍正壬子重脩，經今四十餘載，年深日久，風雨飄摇，木朽虫生，榱崩棟折，乾隆癸巳秋，集三鄉老少而謀之，皆欲撤而新之，但功程浩大，用度實繁，却喜人情踴躍，一時樂助，取材甚便，董事得人。肇工於癸巳十月，至明年二月訖事，不數月而告成功，莫不以為神靈之默助云。兹將捐金爰為勒石。

（捐助者姓名略）

乾隆三十九年歲次甲午季春吉旦重修立石。

考略

此碑存廣州蘿崗塘頭村均安坊北帝古廟。高90釐米，寬55釐米。碑額及正文楷書。文敘該廟於清乾隆三十九年（1774）重修經過。據碑文記載，此廟始由塘頭、山貝（即元貝）、栢蘿三鄉共建，始建年月已無考，可知在廣東鄉村有幾鄉共建一廟宇奉祀神靈的形式。

題捐創建本廟東廳記

清嘉慶十二年（1807）

考略

此碑存廣州蘿崗塘頭村均安坊北帝古廟。高47釐米，寬76釐米。楷書。記載清嘉慶十二年（1807）鄉人於塘頭村北帝古廟中創建東廳的緣由和經過。從文中可知，該廟不僅是村民奉祀神靈的場所，也是重要的公議會所。在聯繫村民和管理鄉村事務方面承擔了很大作用。可見廣東鄉村的宗教廟宇是一個具備多重功能的場所。

撰文者鍾谷，邑人。

釋文

題捐創建本廟東廳記

吾約之建有神廟非一日矣，第廊廡淺狹，約內人繁，每當有事會議，殊少暢叙之昕，歲在丙寅上元日，因公慶集，姪孫秀長嘀同諸父老，欲于廟左增建東廳，適地主鍾裕勝兄弟亦殷然将地送出，不計其直，而約之人復為踴躍題助工費，以足其用。遂即令秀長董乃役、畢乃工焉，洵属一時美舉也。維兹落成，因紀其事而並次第其樂助之名，以勒于石。

約人國學生鍾谷撰。

一 廟左白地原有坑渠通流，後簷滴水，今蒙福主鍾裕勝、裕德、裕智兄弟，愿送地横濶十三坑明坑外，另陽墻坑渠，任衆造建，前後俱照廟滴水，日後不得種樹遮逼致碍墻垣。衆即送回地價銀八両弍錢正，合並書明。

一 凢簽題之人不拘長少，議簽銀多者名居上列。

今将芳名列后：

（捐助者姓名及款額略）

嘉慶十二年歲次丁卯季春吉旦立石。

元貝村玉虛宮諸碑

元貝村玉虛宮重建上帝祖廟碑記

清乾隆五十六年（1791）

釋文

（碑額）重建上帝祖廟碑記

重建元貝鄉神廟記

神不恃人而存，而村每依神而立，故南方鄉落莫不各奉神以為之主，是猶有古聖人神道設教之遺也。然吾粤居天之南，于辰為午，于卦為離，則祀事應惟火帝是尊，而何以家户而尸祝者，又不遺乎北帝哉？蓋離以水為體，以火為用，北居坎位，其德在水，而帝之威靈亦昭應于炎方者，殆所謂用不離乎體，而水火之所以既濟歟？距予鄉火村数里而北有同族之鄉曰元貝，厥祖自蘿岡青紫約遷居至此。青紫約固奉帝為香火者也，元貝之人不忘所自，于雍正壬子歲塑帝像而祀之，至乾隆己未立廟于鄉之下關。後因鄉運中衰，堪輿家咸謂廟位未協，允藏之下，而棟桷復遭風雨飄零，遂迎神歸祀鄉閭，忽忽数十載矣。乾隆庚子，鄉人復起重建之議，然以所貯無多，未遽興役。乃先請集百益會銀，積放生息，迄今垂十餘年。而又為之設簿題助以充其工費，于是就舊廟之前地數丈外，相其陰陽，度其高下，砌石為基，結磚為墻，灰瓦材木靡不具備。

計經始于辛亥二月，而落成于九月。從此居歆有所，聲靈愈赫，鄉之人禳災者恒于斯，祈福者恒于斯，將見神普其庥，人蒙其惠，和風甘雨，錫我豐年，野有絃歌，民無夭札，則神之威靈與祝融火帝同昭昭于炎方也。曷有既乎？是役也，其功首在百益會，而題助者亦與有力焉。鄉人曰：是不可不有以記之，因命鄉中之素與予交厚

者朝顯、巨萬二君，浼予執筆，予故為記其顛末，而并書百益會友及題助之姓名勒諸石，以為後來之念祖敬神者勉。

番禺縣儒學增生火村弟子鍾鳳薰沐叩首拜撰。

（捐助者姓名及款額略）

乾隆五十六年歲次辛亥孟秋日闔鄉立。

考略

此碑存廣州蘿崗街元貝村玉虚宫。高110釐米，寬66釐米。碑額及正文楷書。硯石質。碑文敘述重建元貝鄉北帝廟的緣由。北帝廟為崇拜北帝的廟宇，亦常作真武廟、玉虚宫、玄天宫、北極殿等衆多名稱，多散布於珠江三角洲一帶，北帝在各地俗稱上帝公、上帝爺或帝爺公，是漢族民間信仰的神仙之一，為統理北方、統領所有水族（故兼水神）之道教民間神祇，又稱黑帝。此碑敘鄉人既奉水神北帝，同時也並祀統理南方的火帝祝融，對研究廣府民俗文化有一定借鑒作用。

撰文者鍾鳳，番禺縣儒學增生，里人。

重建元貝鄉上帝爺廟碑記

清嘉慶十八年（1813）

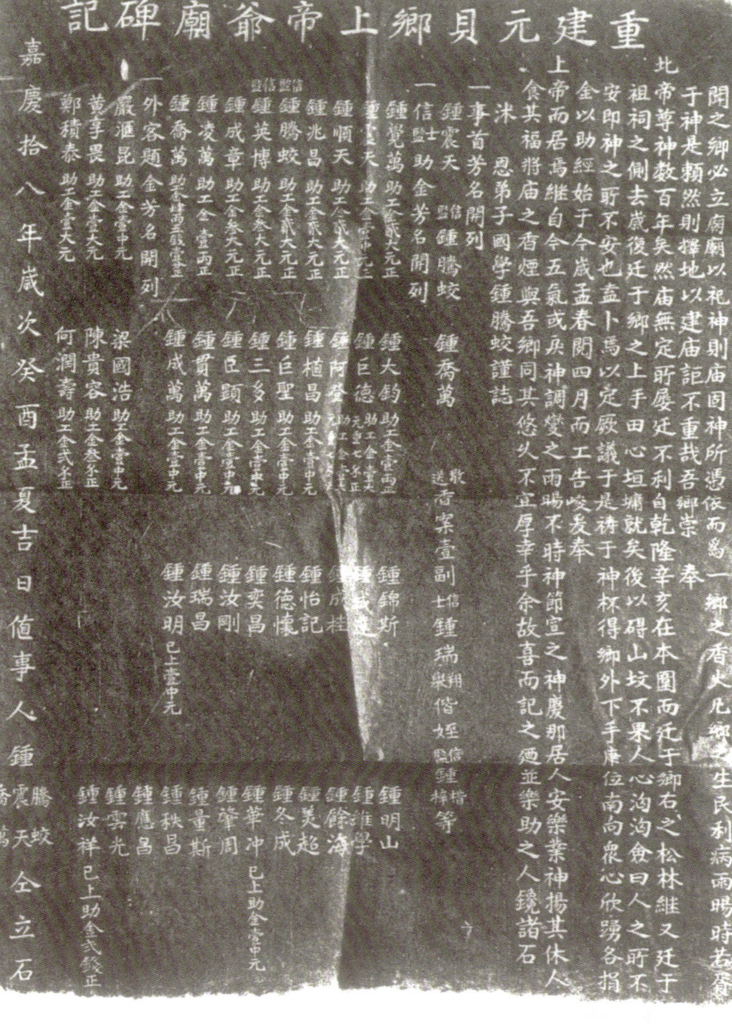

重建元貝鄉上帝爺廟碑記

建廟小記

聞之鄉必立廟，廟以祀神，則廟固神所憑依而爲一鄉之香火，凡鄉之生民利病、雨暘時若賚于神是賴。然則擇地以建廟詎不重哉！吾鄉崇奉北帝等神數百年矣，然廟無定所，屢遷不利。自乾隆辛亥在本圍而遷于鄉右之松林，継又遷于祖祠之側。去歲復遷于鄉之上手田心，垣墉就矣，後以碍山坟不果。人心洶洶，僉曰人之所不安，即神之所不安也，盍卜焉以定厥議。于是祷于神，杯得鄉外下手庚位南向，衆心欣躍，各捐金以助經始。于今歲孟春閏四月而工告竣。爰奉上帝而居焉。継自今五氣或戾，神調燮之；雨暘不時，神節宣之；神慶那居，人安樂業；神揚其休，人食其福。將廟之香煙與吾鄉同其悠久，不宜厚幸乎！余故喜而記之，廼並樂助之人鐫諸石。

沐恩弟子國學鍾騰蛟謹誌

一事首芳名開列：鍾震天　監鍾騰蛟　鍾喬萬

敬送香案壹副：信士鍾瑞樂翔偕姪監信鍾楷等

一信監士助金芳名開列

鍾覺萬助工金貳大元正　鍾寶天助工金[illegible]　鍾順天助工金貳大元正　鍾兆昌助工金貳大元正　鍾騰蛟助工金貳大元正　監信鍾英博助工金叁大元正　監信鍾成章助工金叁大元正　鍾凌萬助工金壹兩正　鍾喬萬助[illegible]

鍾大鈞助工金壹兩正　鍾巨德助工金[illegible]　鍾丙登[illegible]　鍾植昌助工金壹中元　鍾巨聖助工金壹中元　鍾三多助工金壹中元　鍾臣顯助工金壹中元　鍾貫萬助工金壹中元　鍾成萬助工金壹中元

鍾錦斯　鍾□武　鍾成桂　鍾怡記　鍾德懷　鍾奕昌　鍾汝剛　鍾瑞昌　鍾汝明　已上壹中元

鍾明山　鍾維學　鍾餘海　鍾美超　鍾冬成　鍾華冲　已上助金壹中元

鍾肇周　鍾量斯　鍾秋昌　鍾應昌　鍾雲光　鍾汝祥　已上助金弍錢正

外客題金芳名開列

嚴滙昆助工金壹中元　黃享畏助工金壹大元　鄭積泰助工金壹大元　梁國浩助工金壹中元　陳貴容助工金叁分正　何潤壽助工金弍分正

嘉慶拾八年歲次癸酉孟夏吉日值事人鍾騰蛟、鍾震天、鍾喬萬仝立石

考略

此碑存廣州蘿崗街元貝村玉虛宮。高90釐米，寬60釐米。碑額及正文楷書。硯石質。碑文敘元貝鄉於嘉慶十八年（1813）集資重修上帝爺廟的經過。因廟無定所，屢遷不得，遷址之位置始終未能確定，此番選址采取了占卜形式，當屬此地鄉俗。

撰文者鍾騰蛟，里人。

釋文

（碑額）重建元貝鄉上帝爺廟碑記

建廟小記

聞之鄉必立廟，廟以祀神，則庙固神所憑依，而爲一鄉之香火。凡鄉之生民利病雨暘時若胥于神是賴，然則擇地以建庙，詎不重哉！吾鄉崇奉北帝尊神数百年矣，然庙無定昕，屢迁不利。自乾隆辛亥在本圍而迁于鄉右之松林，継又迁于祖祠之側，去歲復迁于鄉之上手田心。垣墉就矣，後以碍山坟不果。人心洶洶，僉曰：人之昕不安即神之昕不安也，盍卜焉以定厥議，于是祷于神杯，得鄉外下手庚位南向，衆心欣踴，各捐金以助。經始于今歲孟春，閱四月而工告竣，爰奉上帝而居焉。継自今五氣或戾，神調燮之；雨暘不時，神節宣之。神慶那居，人安樂業，神揚其休，人食其福。將庙之香煙與吾鄉同其悠久，不宜厚幸乎。余故喜而記之。廼並樂助之人鑱諸石。

沐恩弟子國學鍾騰蛟謹誌。

（捐助者姓名及款額略）

嘉慶拾八年歲次癸酉孟夏吉日。

值事人：鍾騰蛟、震天、喬萬仝立石。

重修天慶觀記

宋元豐二年（1079）

釋文

（碑額）重修苂慶觀記

廣州重修天慶觀記

道家之教，盖源於宗周之老聃，興於有唐之明皇，盛於我宋之章聖。然則老子著《道》《德》二经，其言盡冲虚之理，非源而何。明皇憲章道宗，詔天下立開元觀，非興而何。真宗崇奉至道，祥符中勑州郡建天慶觀，非盛而何。嶺外都會、廣府之西南有斯觀焉，所以見尊崇之尤盛也已。皇祐四年，廣源儂寇乘不倄，沿流竊至番禺，中城之外延災，觀宇悉為煨燼，於是荒殘，誰能修復？苟非富而好道，誠而求福者，又烏肯留意哉。五羊瀕巨浸，接諸蕃，飛航交集之地。

治平中，有三佛齊地主、都首領地華迦囉遣親人至囉囉押舶到此，見斯觀瓦觧，遺塞蕪沒。時與蕃中一親人囬見地主，具道其事，於是欣然有向道崇起之心。至四年，再遣思離沙文詣廣閒府，始構大門建。熙寧元年，修殿未了，沙文復歸。至二年再來，畢殿，并起府西之宣詔堂，仍廻。至三年，地主又遣親人附物，及請廬山道士羅盈之住持本觀，紫衣何德順為監臨。當年并乞以十萬金錢買田，在觀供奉。時會羅盈之復囬舊山，其來人懇告藩司，堅乞申明，請何德順繼住持，續建保真堂、北極殿、齋廳，以至塑繪天帝像位，擁從完集。何見沙文復還本蕃，而有志圖全道門，思復靈迹，遂附疏於地主，以誘諭之。

適判官麻圖華囉遠懷文德，來貢琛貝，遂具章奏，願偹金錢修三清殿、御書閣，及乞看童行，歲度一人，鑄大鐘，起鐘樓，仍捨四十萬金錢置田充廣之需。朝廷加其意而允其請，且各封美爵，就加地主以保順慕化大將軍，錫何德順以崇道大師。迄元豐二年，閱月七八，莫不規模宏偹，煥若洞府，清風時過，鈴鐸交音，晴日下臨，金碧相照。向所謂四十萬金錢之捨，買到南海縣三桂村外洲龍灣岸田一頃九十畝零，歲收租谷七百五十八斛。清遠縣連塘村田植種九十斛，二莊歲收租米七百斛，入充道流之用。金錢各十萬，在净慧寺置田，均為僧尼齋粥之費。其地主自修觀以來，[illegible]舸舶跨洪濤之險，常淂安濟，無曩日之驚危，足驗真靈之護祐也。若乃繼舉巨舟，獲上清之美報，固可量也。余竊觀异事，曰崇道之請，乃為之記。

旹元豐二年重九日也。

判官保順郎将麻圖華囉、迦連縛圖迦哪吒、功德主保順慕化大将軍地華迦囉。

住持崇道大師賜紫何德順立石。

考略

此碑原存廣州天慶觀（原址在今海珠北路祝壽巷一帶），觀久已毁。碑於一九六三年移置廣州博物館。高178釐米，寬120釐米。篆額，正文行書。未署撰文者姓名。刻於宋元豐二年（1079）。該碑書風近王羲之《聖教序》，澹雅道麗，秀美清峻，筆勢流暢，氣韻生動。

宋真宗大中祥符二年（1009）十月詔示天下建天慶觀，廣東的廣州府、惠州府、瓊州府均有建。根據當時北宋政府『路、州、府、軍、監、關、縣』的數量，可知大中祥符年間一次建天慶觀達千所以上。當時擔任殿中侍御史的張士遜上奏言：『今營造竟起，遠近不勝其擾。願因諸舊觀為之』。宋真宗下詔允諾：『改舊宮觀名題而崇葺之，以奉三清玉皇，並以天慶為額。』廣州天慶觀在府治西，即是唐代開元寺所改建。宋代的天慶觀屬於官設道觀，地位較高，具有神道設教『鎮服海內，誇示夷狄』的皇權象徵意義。

碑文記載三佛齊國（今印度尼西亞）首領捐資重修廣州天慶觀，宋朝廷也封其美爵予以嘉獎。可補《宋史》有關中外交往之闕略。

（碑刻局部）

玄妙觀重修三皇真像碑

明嘉靖二十八年（1549）

釋文

（碑額）玄妙觀重修弎皇真像碑

玄妙觀重修三皇真像碑

番禺梁有譽譔。番禺黎民表書。南海吳旦篆額。

原夫道生開刼之始，淳精之播氣無窮；理肇泰蒙之前，玄造之紀物斯賾。其示法也，曠冥漭蕩；其生成也，闔闢絪縕。渾儀以之鶩靈，方祇以之薦祉。寥兮象帝之先，筭隸首而罔詳；湛兮為氣之祖，步竪亥而未極。上德不德，揔謂自然之宗；可名非名，强曰太元之宰。是知蒼蒼閟載，穆穆神樞，固非寰宇之昕能意况也。然顯道著則杳漠可遡理而推；靈感宣則清虛可凴迹而悟。摛青簡而闡說，披紫籙以詮言。於是有瓊闕瑤京之名，大帝上皇之號。覽圖紬牒，信古徵今。粵維三皇統三垣以立極，主七政而宣化。四輔列侍，六甲周陳。馮馮灟灟，斡旋霊霩；恢恢浩浩，鼓冶億類。演治化於黃圖，錫禎祥于赤縣。廣無為之為，而蠉飛蠕動，莫漏其恩；握無象之象，而蔀屋曾淵，罕逃其鑒。金格玉書，欝儀奔日之文，非聖莫覿；瓊篆紫字，結璘奔月之章，歷劫始授。雖復軒轅神智，受內文於東丘；帝嚳精誠，領真篇於牧德。亦難以洞觀偃伏，言探□物之玄；昭晰垠陔，弘方耀魄之竇。是以答霊貺者，其云七十二君；卜休期者，亦曰萬八千歲。遼哉邈矣，毋得稱焉。

吾廣郡治西隅有玄妙觀者，圖娊跰趾，績刱唐時；弘制宆名，緒承宋日。迨我皇明，益增賁飾，錫以瑯函之籙，署為玄教之司。爾其結構魏峨，雲棟瞰銀潢之曉落；盤基窈寂，風檽通璧月之霄輝。歷擾攘而鍾虡不移，經世代而瞻禮愈謹。苐地非善忍，人異給戶。大戒三百，以杜未兆之禍，守之者誰氏；威儀二千，以興自然之福，褻之者比肩。遂使流電之庭就晦，明霞之宇將湮。赫赫瓊顏，冒埃塵而歛彩；沉沉寶座，襲苔蘚以成紋。非昕以祇奉明威，廣延協氣也。屬有好道之士吳時，夙具懸解，冥搜衆妙，徑涉乎九流，博綜夫三氏，迥離情網，養紫室之天倪；超脫塵機，策丹田之地景。因造斯地而嘆曰：『賴鄉表祠廟之崇，嵔壘興俎豆之敬。矧茲威靈，爍奔霆於六寓；仰彼明鑒，赫隆曦於九玄。照臨下土，覆育斯民。朝夕罔敢不虔，儀形詎容弗飭。』遂迺竭誠瀝誓，躍志捐貲，選吉龜從，庀材麕至。

以是年三月興修，至是年五月訖工。維其神讚人謀，是以績成事敏。軒檽撤敝，龕座鼎新，餙堊塗金，施丹襍綵。蒼龍奉扆，遂還紫翠之容；錦鳳銜旒，更表圓明之色。於是神儀肅穆，法相森嚴。儼寥陽而非遙，併協晨其奚爽。都梁芬郁，金枝煒燿。千香寶樹，飄空洞之真華；九乳霜鐘，應豐山之雅韻。虬驂鳳盖，晞茵閣以投誠；羽旆雲軺，望芝宮而云戾。功果弗窮，善念何極！豈不韙與？豈不誠與？

夫天之視聽自民，帝之陟降在士，心合道則真宰可通，念違善則幽譴隨及。報施之理，史遷憤而未悟；畀與之旨，趙簡受而靡真。載觀蓐收降罰于虢公，勾芒賫羡于秦穆。由斯以談，厥應不忒。是以往哲遐觀，達士沖舉，莫不體上天仁壽之心，法神功清淨之化。道之昕尊，天也，修而證者，玄同妙有；心之昕存，天也，覺而瑩者，汗漫熙融。嘆執玉於瑤池，多累未遣；想求珠於赤水，機事頓忘。用能運清鑒於希夷之域，縱神轡於莽蒼之野。

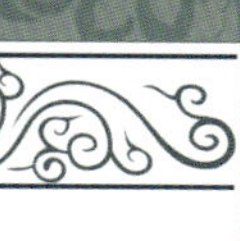

嗟元精汩潏，悼識慧沉霾。坐火井而積薪，詎免焚軀之禍；淪苦海而負石，寧思登岸之期。可謂蓼蟲習苦，燭腹無明。豈知道本在己，天不遠人。盖光寔生影，而影之附者非光；谷寔應聲，而聲之運者非谷。大小相乘，疾徐相答。取之自我，何遠之有？天人之理，豈不猶斯？第天道無窮而尚儉，人理有盡而樂奢。諄天從人，安得不敝？譬彼露荄風葉，随莭候而彫零；猶夫聚沫旋漚，逐流波而散漫。古之人不嘆馳景而嘆馳心，不思化金而思化欲，守天昕尚也。有譽蓬心未艾，覺路多眩。非敢上談乾則，聊以鋪叙神功。反覆蕪詞，用志歲月。諸昕捐金名氏，併列諸碑陰。

銘曰：

貸三生一，是曰天道。萬類之根，百法之寶。

聖人生知，上準穹昊。先天弗違，後天而老。

下民昏椓，弗康弗庸。唯予是行，窒徹喪宗。

汝不有躬，唯帝其恫。嶫屹神宇，神容翼翼。

是瞻是依，寅恭永式。兇剔頑湔，善則克迪。

億萬斯年，澤流罔極。

嘉靖二十八年歲次己酉夏六月。

此碑原存廣州天慶觀遺址。篆額，正文楷書。天慶觀乃宋大中祥符年間由唐代開元觀改名而來。至元代元貞元年，元成宗下詔將全國的『天慶觀』一律改名為『玄妙觀』，明代仍稱『玄妙觀』，至清、民國時則稱『元妙觀』。

碑文是梁有譽為玄妙觀重修三皇像而作。道教宮觀所供奉的三皇神，一般指伏羲大帝、神農大帝和軒轅大帝。通篇分三段，先表個人對道的見解，繼敘玄妙觀的歷史及重修該觀的經過，後述三皇殿修繕後的景象及澤被民生之意義。碑文采用駢體，在聲韻上講究韻律和諧，修辭上注重藻飾和用典，鋪錦織繡，辭藻華麗。

撰文者梁有譽，字公實，別號蘭汀，世稱蘭汀先生，廣東順德人。明嘉靖二十九年（1550）進士，有《蘭汀存稿》八卷存世。

書丹者黎民表，字惟敬、號瑤石、羅浮山樵、瑤石山人，廣東從化人。嘉靖十三年（1534）中舉人，累官河南布政參議。

篆額者吳旦，字而待，號蘭皋，別署雲臺山樵。廣東南海沙頭鎮人。明嘉靖十六年（1537）舉人，後授官歸州知州。

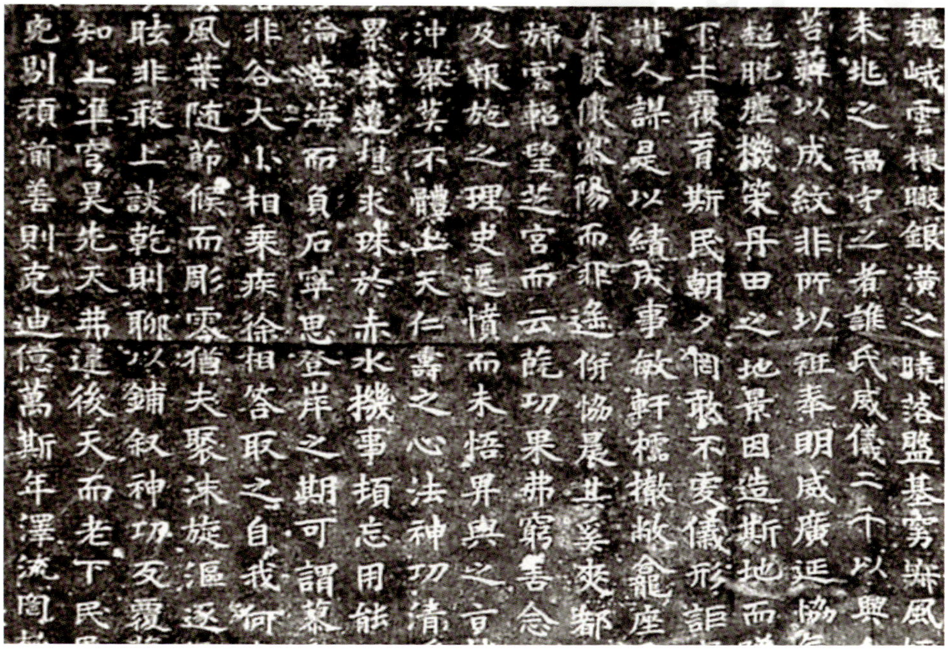

（碑刻局部）

其他寺觀諸碑

元刻蘇軾題廣州寶陀寺詩

元泰定二年（1325）

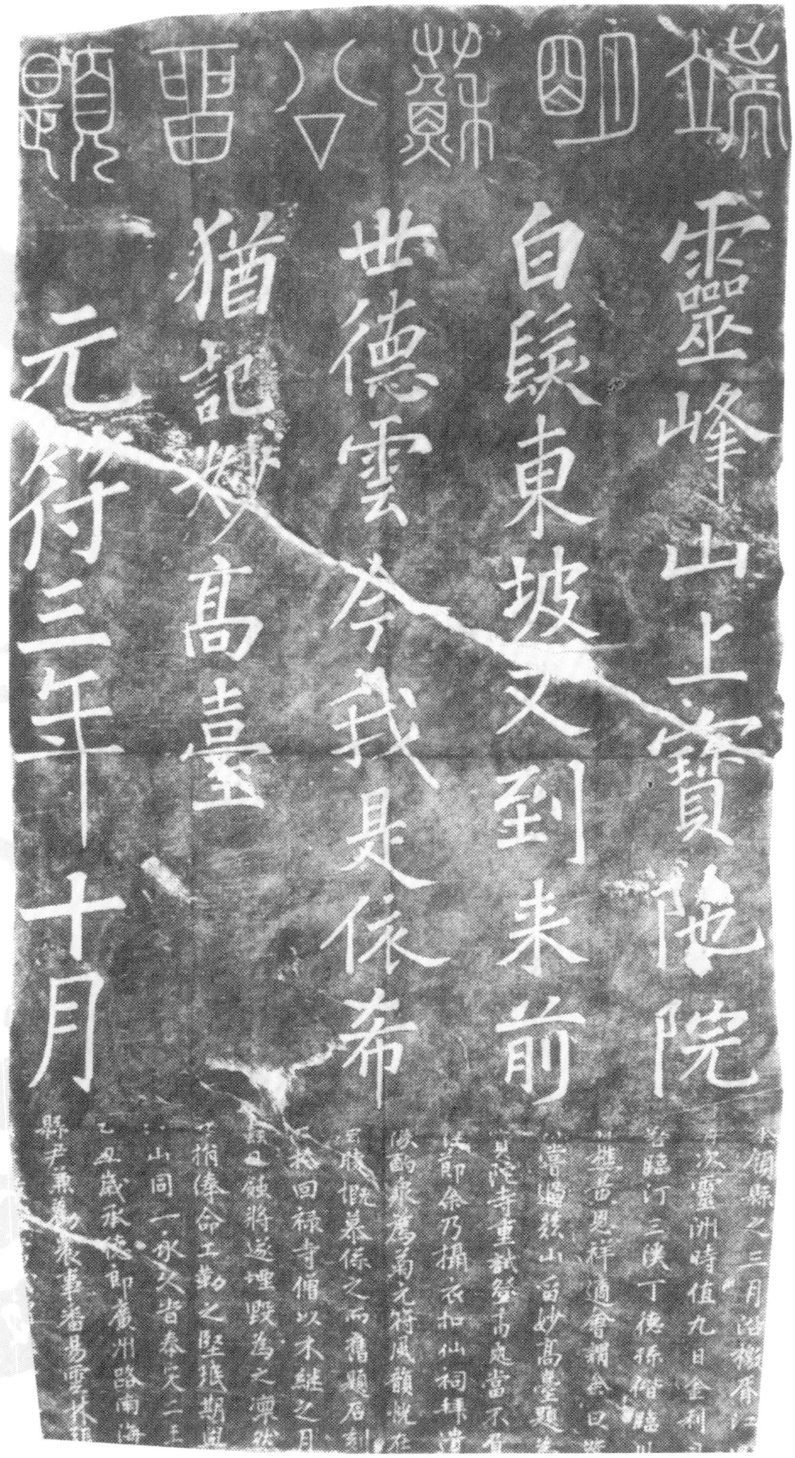

靈峰山上寶陀院
白鬚東坡又到来前
世德雲今我是依希
猶記妙高臺
元符三年十月

釋文

（碑額）端明蘇公留題

靈峰山上寶陁院，白髮東坡又到來。前世德雲今我是，依希猶記妙高臺。

元符三年十月。

余領縣之三月，沿檄胥江回，舟次靈洲，時值九日。金利司警臨汀三溪丁德孫偕臨川此樵黃恩祥適會，謂余曰：『坡仙嘗過玆山，留妙高臺題，為寶陀寺重，試登高處，當不負佳節。』余乃攝衣扣仙祠，拜遺像，酌泉薦菊。元符風韻，恍在眉睫，慨慕係之。而舊題石刻厄於回禄，寺僧以木繼之，月蠹日蝕，將遂堙毀，為之凛然。乃捐俸，命工勒之堅珉，期與江山同一永久。

旹泰定二年乙丑歲。承德郎廣州路南海縣尹兼勸農事番易雲林張拱辰書。□當代僧□□□。

考略

此碑原存廣州寶陀寺，寺久已毀，原刻亦毀。元泰定二年（1325）張拱辰重摹刻碑，今亦無存，僅存拓本。篆額，正文楷書。碑下跋文述重摹經過。宋元符三年（1100），蘇軾由海南移永州，途經廣州，遊靈洲寶陀寺題此詩，他認為自已前世是德雲和尚，故詩中以『德雲』自況。妙高臺在江蘇鎮江金山寺，蘇軾曾遊覽過。靈洲風景與鎮江金山寺相仿。寶陀寺又名金山古寺，為晉代慧波和尚始建，初名普陀禪院，元、清時以『靈洲鰲負』『金山古寺』列羊城八景之一。明成化二十三年（1487）曾重修，抗日戰爭時期被日軍占為兵營，後湮沒。

明刻蘇軾題廣州蒲澗寺

明萬曆十五年（1587）

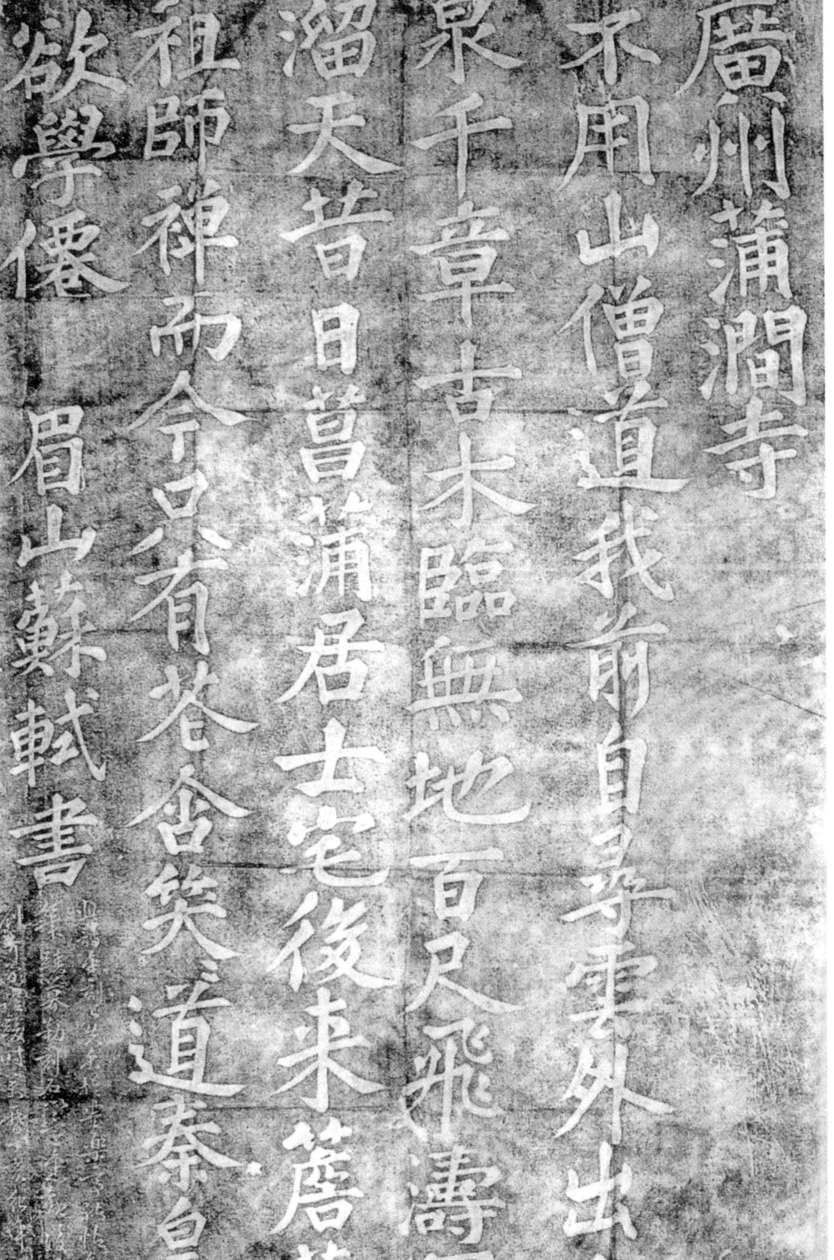
廣州蒲澗寺
不用山僧道我前自尋雲外出山
泉千章古木臨無地百尺飛濤瀉
溜天昔日菖蒲居士宅後來薝蔔
祖師禪而今只有花含笑〻道秦皇
欲學僊　眉山蘇軾書

釋文

廣州蒲澗寺

不用山僧道我前，自尋雲外出山泉。千章古木臨無地，百尺飛濤瀉溜天。

昔日菖蒲居士宅，後來薝蔔祖師禪。而今只有花含笑，笑道秦皇欲學僊。

眉山蘇軾書。

此詩舊刻已失。余於豐樂亭法帖集公筆蹟，摹勒刻石，以還舊觀，後學劉介齡誌跋。

時萬曆丁亥紀年。

考略

此石刻原存白雲山蒲澗寺，原刻已失。明萬曆五年（1587）劉介齡摹蘇軾筆迹刻石以還舊觀，今亦無存，僅存拓本。楷書。此詩『溜天』一本作『漏天』，『居士』一本作『方士』。蒲澗寺即以唐之菖蒲觀改建而來，唐詩人許三畏作《題菖蒲廢觀》詩，稱『本是安期燒藥處，今來改作坐禪宮』。其所見已為釋教之禪宮矣，據此可知觀於唐僖宗時（874—888，許氏為該朝進士）已易為禪寺。

東坡寓居廣州遊蒲澗寺題詩一事，最早見載於南宋方信孺《南海百詠》。

番禺筆村鼎建玄帝廟碑記

南明隆武元年（1645）

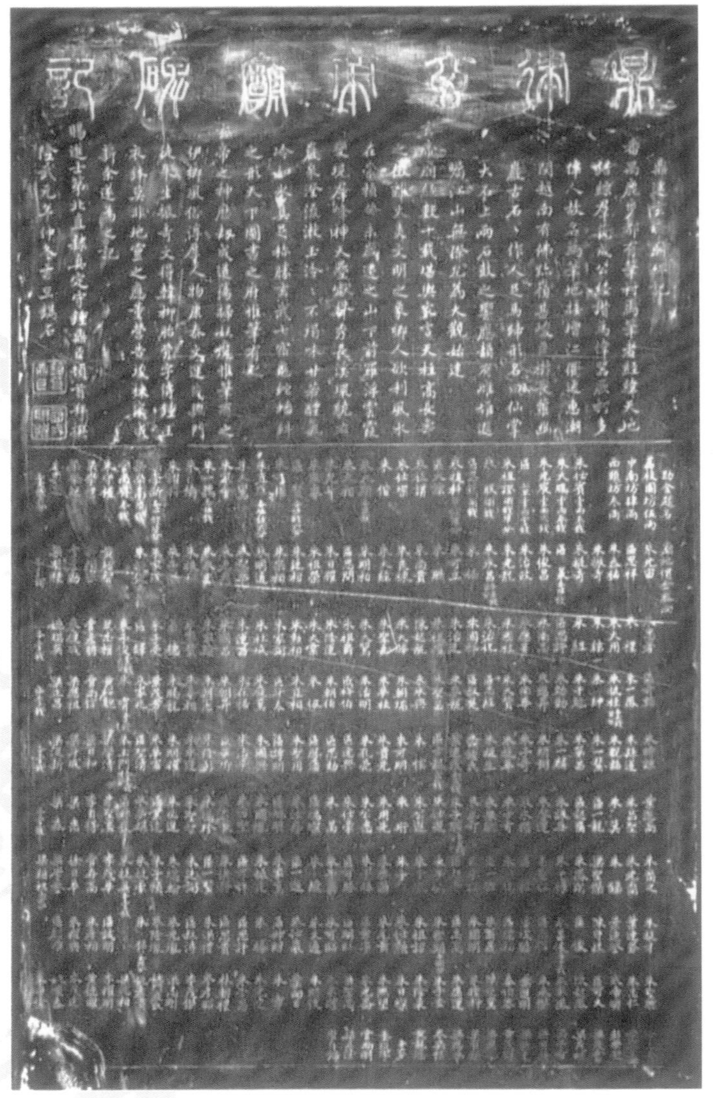

考略

此碑存廣州蘿崗東區街筆崗社區玄帝廟。高100釐米，寬60釐米。篆額，正文楷書。黑雲石質。文末署『隆武元年』，隆武是明末唐王朱聿鍵在福州建立南明政權的年號，存在十一個月後旋即滅亡。隆武元年即清順治二年（1645），其時廣東仍奉隆武年號，該碑是廣州現存碑記中唯一的一方南明隆武年號碑刻。

撰文者鍾鼎臣，廣東新會人。明崇禎六年中舉，連捷進士，由部郎出知浙江嘉興府。時清兵入關，嘉興孤城不支，自縊守節，清帝感其忠勇，賜謚節愍。

釋文

（碑額）鼎建玄帝廟碑記

鼎建玄帝廟碑記

番禺鹿步都有筆村焉，筆者，經緯天地，錯綜羣藝，成公綏贊為偉器。厥村多偉人，故名為筆。地接增江，衢通惠、潮、閩、越。南有佛跡嶺，甚峻，巨樹長籮，幽巖古石。石作人足馬蹄形，名曰仙掌。大石上兩石鼓之響應，韻有雌雄。遐矚江山無際，允為大觀。始建玄帝廟，經數十載，堪輿家言：『天柱高長壽之徵，離火炎文明之象。』鄉人欲利風水，在崇禎癸未歲遷之山下，前羅浮雲霞變現，羣峰插天，疊巘聳秀，長溪環繞。右巖泉澄流漱玉，泠泠不竭，味甘若醴，氣冷如冰，真足称勝。玄武七宿，龜蛇蟠蚪之形，天下圖書之府，惟筆有之。玄帝之神，歷刼成道，蕩掃妖魔，惟筆有之。伊鄉風俗淳厚，人物康泰，文運茂興。門徒朱生振奇，文得韓柳胎骨，字傳鍾王衣鉢，莫非地靈之應。重營告竣，棟宇咸新，余遂為之記。

賜進士第北直隸真定守鍾鼎臣頓首拜撰。

隆武元年仲冬吉旦鐫石。

（捐助者姓名略）

重修張桓侯廟記

清順治十一年（1654）

重修張桓侯廟記

重修張桓侯廟記

從来英雄本色多負剛大之氣一往直行睥睨千古報國家必為猛士許肝膽必為義友盖其性自天生絕無矯揉造作直可屹山嶽而動鬼神覺塗飾文具之人幾欲望其肩背而不能者如翼德張侯當炎昂改遷之日與劉關不介而孚定盟白馬慨思赤手扶乾天心眷主此何如激烈也奮其威武萬軍層甲之中藐似匹雛之戲當時兩強若吴魏聾聞侯之名莫不相顧咋舌豈他偉績雄風彪炳在人耳目間者殆未可更僕数究之先主大業垂成赤符再振爪牙腹心之衞維侯功實居半臣忠友義足以克全無媿迄今上下千百禩山陬海澨瞻仰猶昔豈非至剛至大常此充塞兩間有不可磨者在乎會城迤北越秀山舊有張侯廟址歲月寖久鞠為榛莽

平藩五世子以英標傑槩從躍馬試劍時輙艷稱侯之遺烈若有神契于是因其頹宇首捐橐鏹以議新之庀材鳩工費固不貲仍賰衆金聿美輪奐落成伊始而廟貌巍然矣具大威神力生常欽敬心于以護

國康民雖謂

張桓侯至今存焉可也爰授管以紀之

平南王尚

世子尚之信 尚之孝 尚之蕙 尚之仁 尚之義 任中凰 尚[illegible]

尚之明 尚之智 尚二廣 尚三廣 尚里孚

信启程 官 翟時運 周朝義 孫得才 許弘倫 許弘道 許弘義 徐[illegible]明 馬登舉 郭有才 劉祥 劉可通

聶應舉 尚有成 孫成功 尚奇成 韓繼孟 許宗孟 方我榮 孫有明 官王都 任宗人 張有禄 尚國教

夏永爵 徐世泰 馬應魁 張串期 李先明 張官禄 李廷柱 劉秉政 張文兆 班際盛 金光 劉尹覺

于鳳鳴 何寅 劉大啓 徐文燦 王仲奎 孫彥仁 馬九科 姚顯居 暹象乾 蘭新民 杜朝相 曹孔發

胡文進 高起鳳 趙秉恭 劉承德 徐進忠 呂三傑 譚守仁 劉國金 鹿應瑞 唐國祥 僧鎮通

欽差巡撫廣東等處地方軍務兼理糧餉鹽法兵部右侍郎都察院右僉都御史加一級閬陽李棲鳳謹譔

龍飛順治拾壹年歲次甲午陽月吉旦立

督工緣首弟子李世福

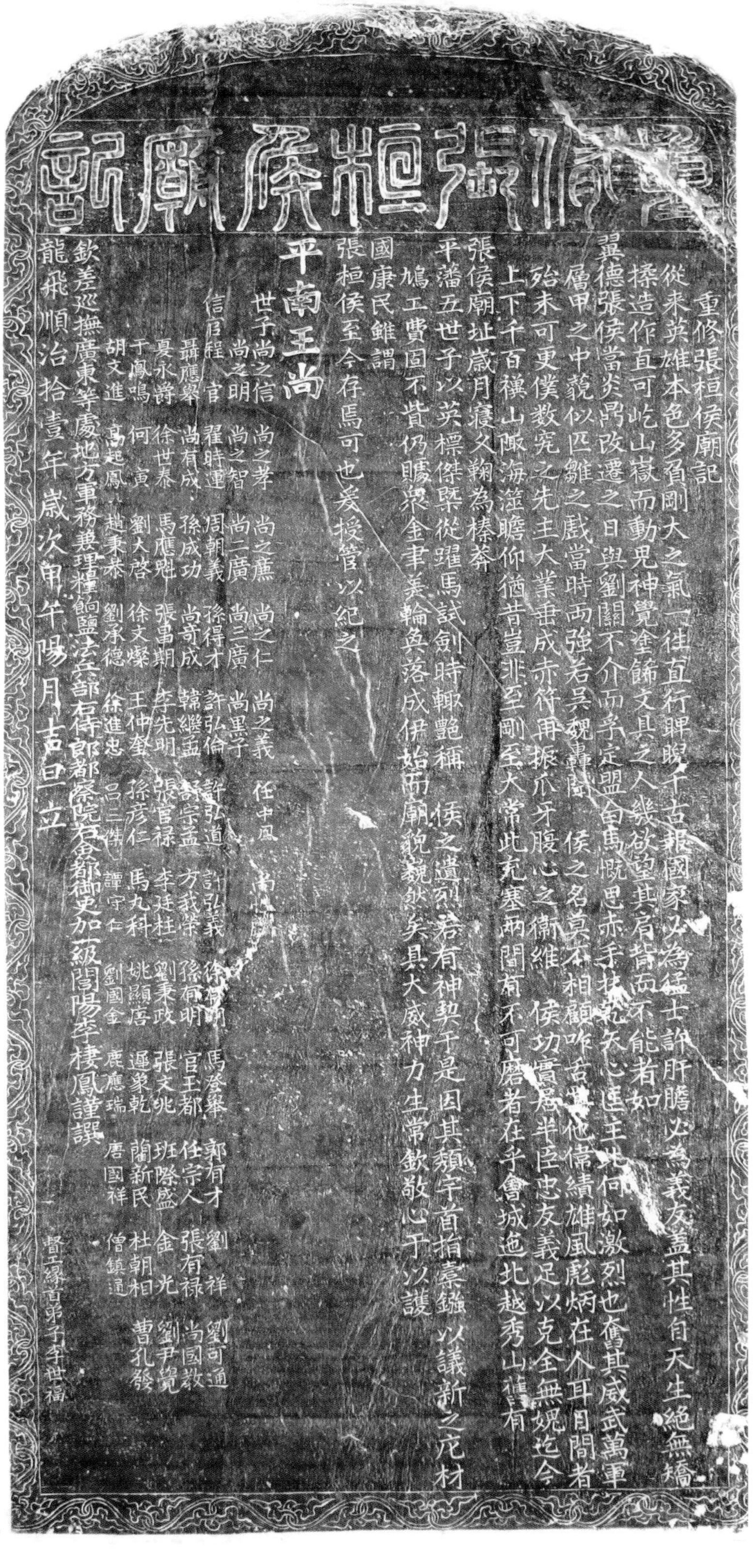

釋文

（碑額）重修張桓矦廟記

重脩張桓侯廟記

從來英雄本色，多負剛大之氣，一往直行，睥睨千古，報國家必為猛士，許肝膽必為義友。蓋其性自天生，絕無矯揉造作，直可屹山嶽而動鬼神。覺塗餙文具之人，幾欲望其肩背而不能者。如翼德張侯，當炎鼎改遷之日，與劉、關不介而孚，定盟白馬，慨思赤手扶乾，矢心匡主，此何如激烈也。奮其威武萬軍層甲之中，藐似匹雛之戲。當時兩強若吳魏轟聞侯之名，莫不相顧咋舌，其他偉績雄風，彪炳在人耳目間者，殆未可更僕数。究之先主大業垂成，赤符再振，爪牙腹心之衛，維侯功實居半。臣忠友義，足以克全無媿，迄今上下千百禩，山陬海澨，瞻仰猶昔。豈非至剛至大，常此充塞兩間，有不可磨者在乎？會城迤北越秀山，舊有張侯廟址，歲月寖久，鞠為榛莽。平藩五世子，以英標傑槩，從躍馬試劍時，輙艷稱侯之遺烈，若有神契。于是因其頹宇，首捐橐鏹，以議新之。庀材鳩工，費固不貲，仍醵衆金，聿美輪奐，落成伊始，而廟貌巍然矣。具大威神力，生常欽敬心，于以護國康民，雖謂張桓侯至今存焉可也。爰授管以紀之。

平南王尚。

世子：尚之信、尚之孝、尚之廉、尚之仁、尚之義、任中鳳、尚□□、尚之明、尚之智、尚二廣、尚三廣、尚黑子。

信官：程官、翟時運、周朝義、孫得才、許弘倫、許弘道、許弘義、徐有明、馬登舉、郭有才、劉祥、劉可通、聶應舉、尚有成、孫成功、尚奇成、韓繼孟、舒宗孟、方我榮、孫有明、官玉都、任宗人、張有禄、尚國教、夏永爵、徐世泰、馬應魁、張昌期、李先明、張官禄、李廷柱、劉秉政、張文兆、班際盛、金光、劉尹覺、于鳳鳴、何寅、劉大啓、徐文燦、王仲奎、孫彥仁、馬九科、姚顯唐、遲象乾、藺新民、杜朝相、曹孔發、胡文進、高起鳳、趙秉恭、劉承德、徐進忠、吕三傑、譚守仁、劉國金、鹿應瑞、唐國祥、僧鎮通。

欽差廵撫廣東等處地方軍務兼理糧餉鹽法兵部右侍郎都察院右僉都御史加一級閭陽李棲鳳謹譔。

龍飛順治拾壹年歲次甲午陽月吉旦立。督工緣首弟子李世福。

考略

此碑原存越秀山關帝廟，廟久已毀，後移置廣州博物館。篆額，正文楷書。三國蜀將張飛，字翼德，謚『桓侯』。據碑載，廣州越秀山舊有張桓侯廟址，因久圮，尚之信遂捐資倡修。尚之信，字德符，號白，清初藩王。祖居遼東，尚可喜長子。據《清史稿》載：『之信殘暴猜忌，醉輒怒，執佩刀擊刺。又屢以鳴鏑射人。』，性情似與其所崇拜的張飛『暴而無恩』（《三國志》陳壽評語）頗為相似。

撰文者李棲鳳，遼東廣寧人。隸漢軍鑲紅旗。明崇禎末年任甘肅總兵，後降清。清順治六年（1649）任廣東巡撫，配合清軍平定廣東。順治十五年（1658）任兩廣總督。

暹崗村重修華帝古廟碑記

清乾隆三十四年（1769）

釋文

（碑額）重修華帝古廟碑記

重修華光古廟碑記

番禺控五羊郡城東南之秀，爲百粵名區。從城東下三四十里，有魚珠江，背江邐迆而北，居人之環山而家者，不可指屈。山□厚重而不遷，故人敦龐而淳樸。自魚珠岸行二十里許，為暹岡鄉，後蟠峻嶺，前引通津，握東南諸路咽喉，尤山明水秀，地古風淳。參天喬木，連雲大厦，掩映於丹崖碧岫，恍惚在蓬萊方丈。豈非地靈人傑，藉明神之臨涖，故有如是之田池桑竹，閭閻煙火，皞皞而熙熙哉。神之盛德在炳洩三極眞精，爲玉虛前部伏敕賜五顯華光，總以見神之威靈炳煥輝煌，能安民福衆，大有造於居人，足以享綿綿之廟食而熒熒香火也。廟在鄉之西境，以大嶺爲屏翼，左右峯廻水帶。緣逼近宅舍，故闢地頗隘。然而赫聲濯靈，介休錫祉。自建廟迄今，未之有易。前康熙辛巳曾□而新之，奈摇風漂雨，藻繪又復漫漶，柱礎又復欹危，廟之蓄積僅供歲時祈賽。近賴神之靈降有阻來嘉種芃芃茁茁，計金約值百有餘両。今春幸際時和年豐，鄉人士遂謀鼎煥而稍廓之，然猶恐棟宇未盡壯麗，簷阿未盡華采，復踴躍捐題，又得銀計叁拾餘両有奇。

夫神依於廟，猶人萃於鄉，廟之與鄉，神之與人，其理實相爲感通。未有神寧於廟，而人不安於鄉者。蓋廟之莊嚴枚實，即鄉之稠密鞏固也；神之威光凜烈，即人之端方正直也。神與廟之相宜、相合、相旺、相生，即人

與鄉之相安、相樂、相親、相睦也，其理不有若合符節者哉。今且輪奐聿新，而金磚畫戟，復赫赫然有掣電鞭雷之勢。吾知是役也，異日定有蛟騰鳳起之士。盛百粵之衣冠，萃五羊之清淑。聯袂接踵，爲斯鄉生色，以應當今昌明隆盛之運，以顯尊神五通三昧之靈，以騐今日經營捐助之力者，鄉人其拭目俟之。嘉名壽石，永垂不朽。

（捐助者姓名及款額略）

乾隆三十四年歲次己丑仲冬朔日吉旦。

首事黄大才、大用、大本、曉成等重建立石。

考略

此碑存廣州蘿崗聯和街暹崗村華帝古廟。高120釐米，寬70釐米。篆額，正文楷書。硯石質。未署撰文者姓名。碑文記載華帝古廟於清乾隆三十四年（1769）重修的緣由和經過。辭采清麗，音律諧美。為鄉村廟宇碑文中文采斐然之文。

敕封廣濟桐君廟碑

清道光二十九年（1849）

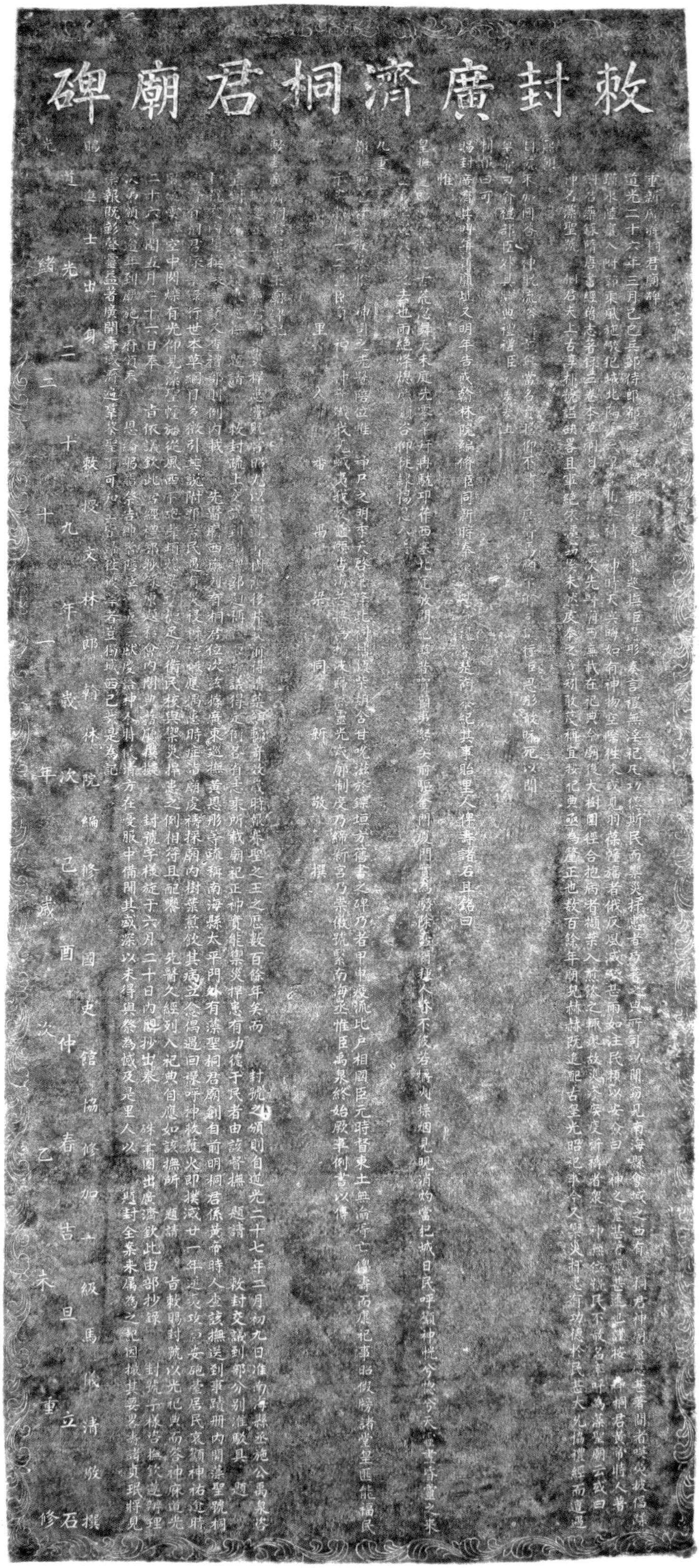

敕封廣濟桐君廟碑

釋文

（碑額）敕封廣濟桐君廟碑

重新廣濟桐君廟碑

道光二十六年三月己巳，兵部侍郎都察院左副都御史廣東巡撫臣恩彤奏言：禮無淫祀，凡功德斯民而禦災扞患者，乃著之典，所司以聞。窃見南海縣會城之西有桐君神廟，靈應甚著。間者，嗼夷披倡，蹂躪水陸，竄入附郭，乘風施礮，犯城北隅，居民皇皇相率禱神。時天冥晦，如有神物空際往来，或見羽葆幢旛者。俄反風滅礮，甚雨如注，民賴以安。僉曰：神之靈甚著，應甚速也。謹按：神桐君，黄帝時人，著《桐君藥録》，《隋唐書經籍志》著録三卷，《本草綱目》多引其說，位次先醫廟西廡，載在祀典。今廟後大樹圍徑合抱，病者擷葉入煎，飲之輒瘳，故災疹疾疫，祈禱者衆。神無位號，民不敢名，率呼為藻聖廟云。或曰神名藻聖，號桐君。夫上古淳樸，號謚缺畧，且事絶依據，窃揆未然，虔奉之意，矧敢蔑稱，宜按祀典，亟為釐正也。数百餘年，廟皃赫赫，既追配古皇，光昭祀事，今又禦災扞患，有功德於民甚大，允協禮經而遭遇熙朝，封號未加，罔答神貺，流俗稱戴，無當名實，瞻仰不肅，黎庶慉焉。願下所司議行，臣恩彤敢昧死以聞。皇帝曰俞禮部臣外其詳典禮，禮臣如奏奏上，制報曰可，賜封廣濟。其明年新廟址，又明年告成。翰林院編脩臣同新時奉恩命視學楚南，恭紀其事貽里人，俾壽諸石，且銘曰：惟皇撫運，昭宣百靈。邃古荒忽，舞天未庭。

先零罕幵，冉駹邛莋。西塞北庭，敂關絶漠。
昔嚬嘯夷，弩矢前驅。金門厦門，實為騷除。
蠢爾種人，昏不彼若。爝火操烟，見晛消灼。
當犯城日，民呼籲神。怳兮惚兮，天霾晝昏。
靈之来也，電掣霆激。靈之去也，雨絶烽熄。
庶類咨仰，徒隸惕息。入告九重，都俞□□。
古皇鞭藥，惟神司之。先醫陪位，惟神尸之。
明季天啓，肇降此祠。桔梗柴胡，含甘吮滋。
於鑠垣方，舊書之碑。乃者甲申，疫流比户。
相國臣元，時督東土。無淪胥亡，俾壽而康。
祀事昭假，牓諸堂皇。匪能福民，亦克報國。
一二藎臣，負神神賚。殲我鬼蜮，夷我蛟鼉。
願告海若，無為揚波。巋然靈光，式廓制度。
乃締新宮，乃崇徽號。緊南海丞，惟臣禹泉。
終始厥事，例書以傳。

里人番禺梁同新敬撰。

敕封廣濟桐君藻聖王廟碑記

會城迤西里餘有桐君廟，禦災捍患，靈貺常昭。尤以醫道著，樹蔭後，井甃前，得請藥餌輒奇效。歲時報賽，聖之王之，歷數百餘年矣。而封號之頒，則自道光二十七年二月初九日，准南海縣丞施公禹泉咨呈到廟。始先是廣東巡撫題請敕封，疏上交議到部禮部，題稱該臣等議得定例，各省志乘所載廟祀正神，實能禦災捍患，有功德于民者，由該督撫題請敕封交議到部，分別准駁具題封號交内閣撰擬等語，又查禮部則例，内載先醫廟西廡列有桐君位次，兹據廣東巡撫黄恩彤等疏稱，南海縣太平門外有藻聖桐君廟，創自前明，桐君係黄帝時人，查該撫送到事蹟册内開：藻聖，號桐君，□著有《桐君採藥録》行世，《本草綱目》多徵引其説，附郭居民遇有災祲，祈禱輒應，偶患時症，詣廟虔禱，採廟内樹葉煎飲，其病立愈。偶遇回禄，呼神救護，火即撲滅。廿一年逆夷攻西安砲臺，居民哀籲神祐，適時風回雲轉，空中閃爍有光，仰見藻聖幢旙從風西下，砲聲頓熄，是功德足以衛民，核與禦災捍患之例相符，且配饗先醫久經列入祀典，自應如該撫所題請，旨敕賜封號以光祀典而答神庥。道光二十六年閏五月二十六日，奉旨依議，欽此。當經禮部抄禄原題，移會内閣典籍廳撰擬封號字樣，旋于六月二十日内閣抄出奉硃筆圈出『廣濟』，欽此。由部抄録封號字樣，咨撫欽遵辦理，次第頒發，逾年到廟，施贊府頒奉恩綸躬詣祭告，紳耆陪位，禮成三獻，慶洽神人，時儀清方在憂服中，備聞其盛，深以未得與祭為憾，及是里人以題封全案来属為之記，因撮其要畧，壽諸貞珉，將見崇報既彰，聲靈益著，廣開壽域，濟遍羣黎。聖不可知，王皆歸往。被澤者豈獨城西已哉。是為記。

賜進士出身敕授文林郎翰林院編修國史館協修加一級馬儀清敬撰。

道光二十九年歲次己酉仲春吉旦立石。

光緒二十一年歲次乙未重修。

考略

此碑原存廣州市西關桐君廟，廟久已毁，後移置荔灣區下九路五眼古井之側。碑高190釐米，寬110釐米。碑額及正文楷書。端石質，碑周有浮雕龍紋。碑文分為兩段，前段為梁同新所撰《重新廣濟桐君廟碑》，後段為馬儀清所撰《敕封廣濟桐君藥聖王廟碑記》。兩段碑文皆記第一次鴉片戰爭期間，英軍攻占廣州城北越秀山，炮襲廣州内城，時值暴雨，英人火炮喪失威力，廣州士民暫賴以安，乃傳為暗得神靈桐君保佑。後廣東巡撫黄恩彤奏報題請敕封之事，朝廷遂賜加桐君『廣濟』封號，及批准修建廣濟桐君廟等史實。

桐君屬道教神，主醫藥業，相傳為黄帝時醫師，曾結廬於浙江桐廬縣東山桐樹下，識草木金石性味，定為三品，著《采藥録》《藥性》。桐君在諸神中地位名聲並不顯赫，僅為黄帝、神農、伏羲三藥皇之衆多配神之一，自從民間演繹其護城故事及黄恩彤奏報題請敕封後，其不但受賜『廣濟』封號，還修建專祠祀奉。

撰文者梁同新，原名綸機，字應辰，號矩亭。番禺人。清代廣州十三行行商之一梁經國之子。道光十六年（1836）進士，官至順天府尹。馬儀清，字君湖，號應龍，晚年號芸湖山人。高要人。清道光二十四年（1844）進士，官至翰林院編修、江蘇候補道。

永勝古寺增塑十八羅漢碑記

清咸豐三年（1853）

釋文

（碑額）永勝古寺增塐十八羅漢碑記

永勝寺增建十八羅漢像記

粵城東郊有永勝寺，創自前朙，殿宇具備，中奉弍寶佛像，兩旁懸十八羅漢圖。惟繪以紙，歲久日就剥蝕，無從瞻仰，擬謀而新之，然世無貫休祖師作繪，烏能傳其精神，窮其殊相也。因欲依仿遺象，范以土，飾以金，作久遠計，而所費不貲。古德能以弍粒粟見丈六金身，以弍莖艸化頃刻樓臺。僧愧無魈通，爰與徒穎勤募緣，蒙官紳信士發大願心，作恒河沙布施，共成美舉，由是瀀雲慧日，隱見祇園；寶相金光，飛騰鹿苑。毗邪十笏地，頓改莊嚴，皆大歡喜，贊歎希有。此十方功德，不可思議。用勒貞珉，以垂永久。

咸豐弎秊歲次癸丑嘉平穀旦。

主持僧靈苗謹譔立石。

弟子穎勤敬篆。

粵嶽山人題額。

丁勤、有勤、穗坡、澤念仝監刻。

捐助題名：

（捐助者姓名及款額略）

穎勤并書。勸書堂鐫字。

考略

此碑原存廣州永勝寺，寺久已毁。拓本存廣州博物館。隸額，正文篆書，附捐助題名楷書。碑文記述清咸豐三年（1853）永勝寺增塑十八羅漢像之經過。永勝寺，舊在廣州城東門外（今東皋大道），創自明朝，清康熙四年（1665）僧宜重募修。嘉慶十八年（1813）僧覺耀再修。道光十七年（1837）、二十九年（1849）僧靈苗再修。咸豐初，粵中名士黄培芳曾招邀名流宴集於此。

撰文者靈苗，永勝寺住持僧。

書丹者穎勤，是靈苗弟子。

題額者黄培芳，字子實，號香石，又號粤嶽山人。香山人。以詩文譽世，書法亦佳，傳世遺墨多爲行草書，亦工隸書，李蟠《楚庭書風》謂其『不與諸賢同功，八分書自超脱』。該碑額即為隸書。

重建天后古廟碑記

清同治五年（1866）

釋文

（碑額）重建天后古廟碑記□

重建城北天后古廟碑記

粤維風后煉石補天，而天獲彌其缺，后克副其名，遐哉尚矣。然循曩疏佗之書，荒遠難稽，理陽理陰，聚訟紛如，考古者略而弗論。降逮中古，侈言榮光出河，卿雲復旦，而求竏謂正直配天，聰明作后，以神道設教者，闃寂無聞，則菩普薩濟之稱，亦徒懸厥名於想像耳。乃莆田鍾坎德之祥，林氏表坤元之瑞，妙齡而儀型邦族，中歲而超脱塵寰，冲舉於雍熙之年，受封於宣和之代，由妃而后，徽號疊加。迨至興朝特崇御祭，信乎惟天惟大惟后則之矣。吾聞莆田，古閩越之區，夏王之苗裔也。在昔神禹治水塗山，后助以陰功，迺能地平天成，元圭告錫，其遺烈迄今永存，固宜瑞表坤元，祥鍾坎德也。夫神之德，無所不在，神之功，無刻不昭，矧穗城與閩越接壤，尤為靈爽，實式憑哉！洪惟我后覆幬無私，覃敷有象，護國則河清海晏，庇民則物阜財豐，胞與偏乎蒼生，懷保深於赤子。無怪千秋俎豆，萬户香煙，肸蠁攸隆，明禋用潔者矣。兹廟之建，歷有年所，聲靈赫濯，陟降在庭，疾痛艱危，禱罔弗應。中間星霜遞嬗，風雨飄揺，幾度增修，均資默佑。惟是運會有滄海桑田之變，叢祠多鼎新革故之圖。丁巳冬，惡氛煽虐，兵燹為殃，夜郎機發，而殿瓦皆飛；祝融燄張，而榱題並燼。遂致紅牆周圮，寶相無光，暫結茅龍，聊棲茀翟。然而三椽雲牖，非所以薦馨香也；數尺土階，非所以肅拜跪也。爰集同人，共謀興作，賴神靈之勷贊，克集腋以成裘。

而青烏家言，曩昔者向離，固取水火既濟之功，今易而朝兑，則金能生水，彌卜慶洽，神人僉韙。若言頓更故址，諏吉於太歲甲子者，欲其廟貌重新，肖乎幹枝首建也。用是庀材鳩工，聿增式郭，花朝經始，稻月落成，既莊嚴而金相，亦翬飛而鳥革，庶幾神安其所，人被其庥。而是廟也，負郭為堂，朝山作案，左浥雙井之泉，右注蘭湖之水，將見閭閻長沐恩波，士庶咸沾惠澤，其□□天撫我則后不猶乎？媧皇偉功，輔翼四極；大禹明德，奠定九州也哉！磨石勒名，藉附不朽。

欽加五品銜前署廣州府新會縣儒學正堂加三級馮廷熙沐薰頓首拜撰。

重建紳耆：（以下姓名略）。重建緣首：（以下姓名略）。重建值事：（以下姓名略）。

同治五年歲次丙寅蒲月吉旦。

重建總理梁全安督工。

考略

此碑原存廣州城北天后廟，廟久已毁，後移置廣州博物館。高171釐米，寬73釐米。篆額，正文楷書。記載清同治五年（1866）移址重建天后廟經過。據碑文載，廟曾毁於丁巳戰火，丁巳年，即清咸豐七年（1857），正值第二次鴉片戰爭期間，英軍進犯廣州，廟宇及民居多遭毁壞。

天后廟奉祀天后海神。據傳，天后乃宋代福建莆田人，性聰慧，好濟施，人稱林默娘。民間傳説其卒後曾屢顯應於海上。舊時通海之地多立廟祀之，有天妃廟、天妃宫、天后宫等稱。

撰文者馮廷熙，廣州府新會縣儒學。

寺觀壇廟類

天后元君廟形真迹

清同治五年（1866）

釋文

（碑額）天后元君廟形真跡

是廟也，祀之遐矣，歷宋迄明，咸稱顯赫。敕妃封后，徽號崇加，沛雨露於閩中，錫恩波於斯土。曩對離垣，常蔭物阜；今朝兑府，豫垂民豐。地得牛眠，廟貌鼎新革固；座騎龍髻，聖頌錫福無疆。得英清之吐脉，作弼賴有西邨；藉粤秀之靈根惟輔，豈無雉堞。右通雲嶺，左達珠江，望彩虹之飛騰曜舞，倚兩極之巍坐嵩居。神安斯土，必也人傑地靈；景色悠揚，故謂物華天寶。春花滿道，士女興明媚之風光；秋色盈堤，仕宦遊清商之雅爽。且雙井泉湧，流花澍德，橋環青石。對蘭湖而波濤浩蕩，背象嶺而峰壑巍峩。畔外則凉瓜翠蘿，沼裏則碧藕波菱。果迺地得鍾靈，方謂天然勝境。不枉朱紫文人滿衢稱盛，三多老者在道僖遊矣。

旹丙寅之秋重陽望後蔴田黄鶴飛繪。

共籲靈臺。

正殿簷高壹丈七尺，闊四十七坑。

頭門凹藏深七尺弍寸。

當中深壹丈壹尺。

弍進香亭深壹丈六尺，闊壹丈七尺。

大殿正座深叁丈。

門口高九尺五寸，闊五尺。

偏殿簷高壹丈六尺，闊弍十壹坑。

後進深弍丈八尺。

香亭深壹丈弍尺。

到朝廳深弍丈叁尺六寸。

天井深六尺壹寸。

火巷凹藏深壹尺弍寸，闊七坑。

後簷高壹丈七尺。

考略

此碑原存廣州越秀山北麓天后古廟，廟久已毀，後移置廣州博物館。高171釐米，寬74釐米。篆額，正文隸書，平面圖説明文字楷書。碑上方為敘事文字，記載天后廟之由來，此處自宋迄明皆建有此廟。碑下方繪天后廟形制圖，從圖中可見此廟規模較大，平整規肅。越秀山上的廣州城垣、四方炮臺、拱極炮臺、鎮海樓等均清晰在目。

重修觀音古樓改建妙吉祥室記

民國二十四年（1935）

重修觀音古樓改建妙吉祥室記
竊維善惡之機動於一念善念偶動機斯應之若善機相應則佛天護佑機緣巧合有不
期然而然者本室原名萬善宮所供
觀世音菩薩法像乃有清尚藩入粵所載南來四像之一建立斯宮坐鎮南隅二百年來
瑞應昭著莫能殫述最靈顯者同治甲戌火不成災民國乙卯魔不為厲蓋以此區士庶
信佛最篤以此善根靈感默應者歟辛亥以後象教淩夷四大叢林鞠為茂草獨此危樓
一角巍然猶存中經寺僧奸生肘腋偽造賣契化公為私幸而佛誘其衷自書真相據以
定讞璧返珠還同人等三載經營以善相勸不假緣助輪奐一新易以今名妙吉祥者須
祝佛教重興吉祥光放也當時張靈川趙凱臣兩君首倡重修舒澹庵君則力禦外侮傅
星垣君則終任其成而傅啟隆關鳳臣傅覺民何芝生諸君尤能不憚艱險奔走襄贊其
餘政法商三界若許崇清陳寶尊張百川何時傑文鐵琴盧寶永黃少棠鍾慈普梁立築
唐雨三杜之杕吳英華杜琯英陳舜臣諸君佛子若諦閑寶靜廣修三法師女界若梁定
慧傅道清雨居士類皆因時應變化險為夷其中種種機緣誠有莫之為而為莫之致而
致者謂非諸君子善念堅定仰邀慈眷烏能默相厥成若此哉同人等敢貪天功以為
己力謹撮錄事實泐石以垂不朽者亦見人定自可勝天善惡之念不容一息稍忽云爾
中華民國二十四年歲次乙亥十二月佛臘日　澹庵舒謙如恭撰星垣傅祥聚敬書

釋文

重修觀音古樓改建妙吉祥室記

竊惟善惡之機，動於一念；善念偶動，機斯應之。若善機相應，則佛天護佑，機緣巧合，有不期然而然者。

本室原名萬善宮，所供觀世音菩薩法像，乃有清尚藩入粵所載南來四像之一。建立斯宮，坐鎮南隅，二百年來，瑞應昭著，莫能殫述。最靈顯者，同治甲戌，火不成災；民國乙卯，魔不為厲。蓋以此區士庶信佛最篤，以此善根靈感默應者歟？辛亥以後，象教淩夷，四大叢林，鞠為茂草，獨此危樓一角，巍然猶存。中經寺僧奸生肘腋，偽造賣契，化公為私，幸而佛誘其衷，自書真相，據以定讞，璧返珠還。同人等三載經營，以善相勸，不假緣助，輪奐一新，易以今名『妙吉祥』者，預祝佛教重興，吉祥光放也。

當時張靈川、趙凱臣兩君首倡重修，舒澹庵君則力禦外侮，傅星垣君則終任其成。而傅啟隆、關鳳臣、傅覺民、何芝生諸君尤能不憚艱險，奔走襄贊。其餘政、法、商三界，若許崇清、陳寶尊、張百川、何時傑、文鐵琴、盧寶永、黄少棠、鍾慈普、梁立榘、唐雨三、杜之杕、吳英華、杜琯英、陳舜臣諸君；佛子弟若諦閑、寶靜、廣修三法師；女界若梁定慧、傅道清兩居士類，皆因時應變，化險為夷。其中種種機緣，誠有莫之為而為，莫之致而致者。謂非諸君子善念堅定，仰邀慈眷，烏能默相厥成若此哉？同人等敢貪天功以為己力？謹撮錄事實泐石，以垂不朽者，亦見人定自可勝天，善惡之念，不容一息稍忽云爾。

中華民國二十四年歲次乙亥十二月佛臘日。

澹庵舒謙如恭撰。

星垣傅祥聚敬書。

考略

此碑存廣州海珠中路與惠福西路交匯處之觀音樓。高136釐米，寬70釐米。楷書。記述該樓重修及改建緣由經始等。據碑載，該樓本名萬善宮，又稱萬善禪院，肇建於清初，原為八旗官兵崇祀香火之所，奉平南王尚可喜入粵所攜來觀世音菩薩像一尊，世人又呼之曰觀音廟。至民國二十三年（1934）重修之，易名『妙吉祥室』。

此地在清代為滿洲八旗之正紅旗駐防之區，該觀音樓一直是正紅旗管理。光緒年間曾請來一位貞海和尚做主持，後貞海和尚又將主持交給其徒弟作禪和尚。辛亥革命後，廣州市政公所清理登記八旗公產，觀音樓名列公產範圍。當時政府規定所有八旗公產先行沒收後再招投，但原使用人有優先承投的權利，這時一部分滿族人就合議保存並贖回觀音樓，由作禪和尚和滿人佟廣安出名向外籌款，優先把觀音樓承投回來，並將『投回執照』交債權人抵按。不久政府又按中央條例，再次清查廟宇，作禪和尚利用此機會，瞞着滿族民眾私自向債權人索回『投回執照』，用張貞海與梁作的名義進行登記，辦理產業轉移手續，換名契稅，觀音樓遂變為作禪和尚私產。此欺騙行為激起滿族民眾公憤，如傅星垣、舒澹庵、張靈川等人出面與作禪和尚交涉，無果後即向廣州地方法院提出控訴，後作禪和尚因『佛誘其衷，自書真相』，方始真相大白。民眾遂收回觀音樓並改建易名『妙吉祥室』。

學宮署衙類

加封孔子大成至聖文宣王聖詔

元大德十一年（1307）

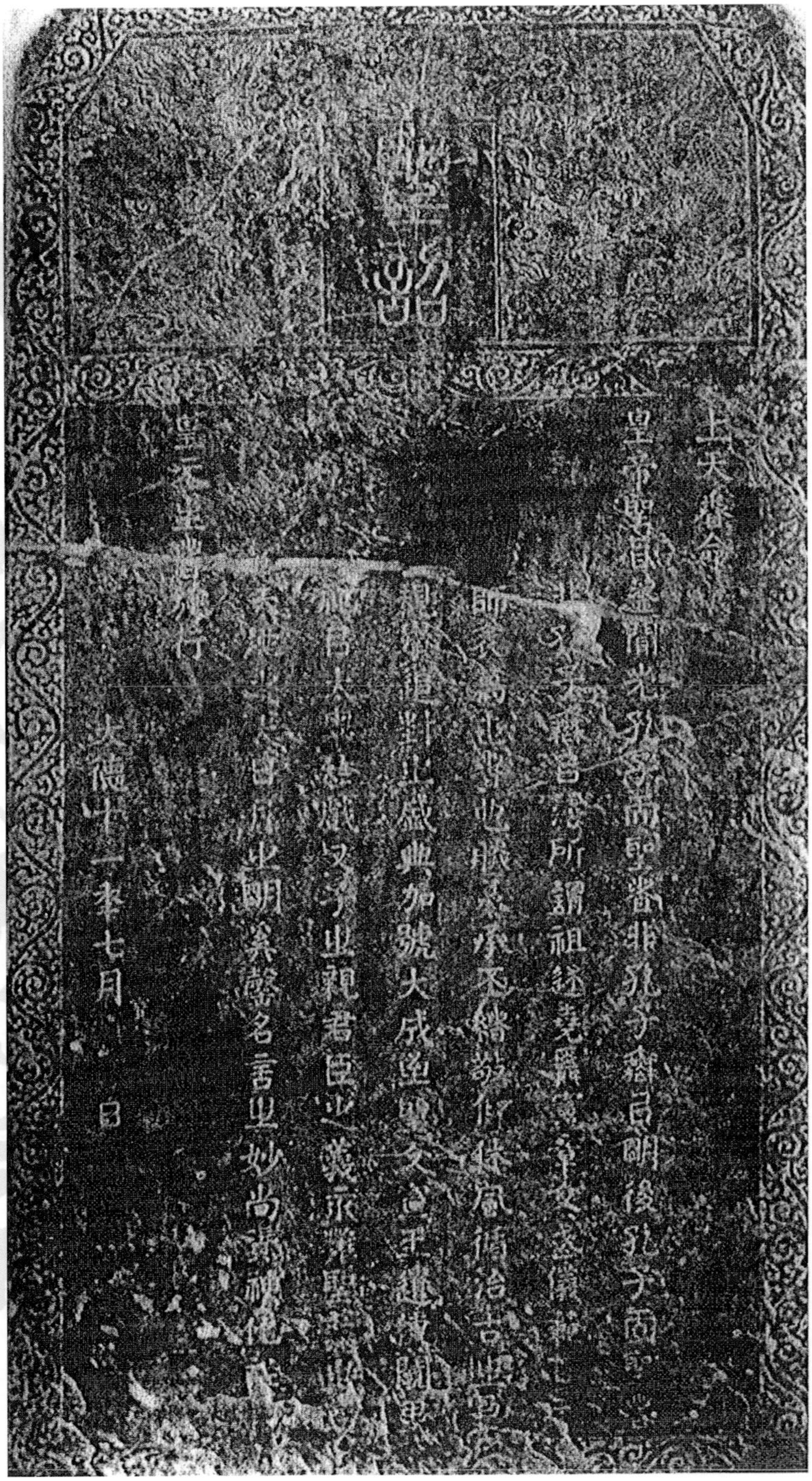

釋文

（碑額）聖詔

上天眷命，皇帝聖旨：蓋聞先孔子而聖者，非孔子無㠯明；後孔子而聖者，非孔子無㠯灋。所謂祖述堯舜，憲章文武，儀範百王，師表萬世者也。朕纂承丕緒，敬仰休風，循治古之良規，舉追封之盛典，加號『大成至聖文宣王』，遣使闕里，祀㠯太牢。於戲！父子之親，君臣之義，永惟聖教之尊；天地之大，日月之明，奚罄名言之妙？尚資神化，祚我皇元主者施行。

大德十一季秋七月　日。

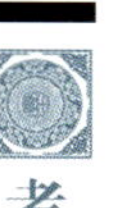

考略

此碑原存廣州府學泮池北之左，一九六三年移置廣州博物館。高 242 釐米，寬 132 釐米。篆額，正文楷體帶篆法。碑脚稍殘，損末行字。此碑為元武宗加封孔子為『大成至聖文宣王』的詔旨碑。元代尊孔，據《元史·祭祀志》載，此至聖加號詔於大德十一年（1307）七月頒行天下，各路、州、縣都曾鐫碑立於廟學，故直至清代存世尚多，各地金石文獻也多有輯載。

宣聖遺像并序

元至正五年（1345）

釋文

宣聖遺像

前景陵簿靳氏傳云：『昔堙驛梁，有執政者過之，其馬嘶伏，策亦不進，遂得此石刻於橋之下，乃唐吴道子筆也。尋輿置郡之崇文閣。』予時都運山東計府使，得兹本藏之。歲在甲申，調官宣帥東廣。視政之暇，出是刻及昕繪《尼山》《孔林》二圖，示掾劉從龍摹臨。將立石郡庠以新士人之瞻，乃請建置於憲長君雪公元素正議。公曰：『信哉！聖人之貌，威而不猛，恭而安，其道如日月之麗天也。然沮魋而彌彰，畏匡而彌光，抑焉得而毁歟？今神宇陸沈于雜還蹄涔之間，曾不知其幾千百年，彼驥之有識，一嘶之頃，宛然儼出于殿陸，以昭我皇元文明之聖。宜壽于石，以廣公傳。』時憲副子謙徐公、知憲事東甫何公、照磨彦文許公僉曰可。迺命廣庠文學掾陳元謙伐越山之石，鐫碑三，居聖像于中，左山右林，立于文廟雲章之閣，俾郡之士人君子、荒服島夷，崇仰聖人高堅前後之風、河嶽光噩之輝、廟林文蔚之氣，如在鄒魯之邦，豈不有助於風化也歟！

至正五年歲次乙酉正月望日。

中奉大夫廣東道宣慰使都元帥僧家奴記。

承宣郎廣東道宣慰使司都元帥府經歷貢師謙篆額。

廣東憲曹天台張譓書。

承直郎都事沈思誠、奉議大夫都事張哈剌臺立石。

考略

此碑存廣州博物館。高182釐米，寬111釐米。刻孔子像，左有篆書『宣聖遺像』四字，右有隸書一段，敘摹勒原委。據序所述，中奉大夫廣東道宣慰使都元帥僧家奴在山東任職時得到石刻拓本，傳為唐吴道子所繪孔子像。至正五年（1345）廣州路屬吏劉從龍奉僧家奴之命摹刻。原存廣州府學宮後圃番山燕居亭，一九六三年移置廣州博物館。碑脚稍殘。吴道子繪畫真迹傳世極罕，此碑刻對研究吴道子畫法有一定參考價值。

（碑刻局部）

學宮署衙類

進士題名記

明天順六年（1462）

釋文

（碑額）進士題名記

廣州府學進士題名記

夫進士，制科也，自鄉舉里選之法廢，而科舉事作。蓋昉于隋唐，以迄于今，欲得人以資用世之具，率是科焉出。故是科也，每三歲禮部考天下所貢士而進于廷，天子臨軒策試之。翌日，設鹵簿，駕百官，具朝服，天子復第其高下出身有差，命鴻臚唱名以傳。既而宴賞有典，廷對有録，釋菜有碑，以為其身之榮而名之永也。吁！亦重矣哉！夫重其名，所以重其人也；重其人，得非重其道乎？道非人不弘，世非道不立，有天下國家之寄，而思以道濟天下之大，以求底乎熙皞之歸，舍是奚適焉。先儒謂豪傑由之而進者，此也。大嶺之南，而廣州為一都會地，其學創于宋，其士由科目進者，載在前志，可考也。

國朝自洪武乙丑始設科，而廣得五人，繼奮庸而思齊者接武而起，蓋視他郡為獨盛矣。顧題名缺碑，使游歌者無以指淑慝為喜懼之勸，非有待於興厲之得人乎？巡按監察御史弋陽李君曰良，以予使交南至廣，首言及此，復命教授鄭萬、訓導王纁、龔愔、司馬昌率諸生来請言。余謂士而題名于大學，固係天下之望；而鄉學又係一郡之望。望之重者，責之備也。使其人賢矣，足以為榮，而否則議之来也，秖取辱爾。所謂責善于前，正望善于後也。今廣之諸士當取其郡之善者而進之，决科以行道為本，垂聲邁烈，以收重望于無窮。吾知嶺海儲靈孕秀，將有待於其人矣。雖然，李君按歷是邦，振作士風，匪獨為是。復命工伐石拓地，新泮池於學宮，侈宏規於貢院，凡舉此者，民皆不知費與役也。有別記詳之，茲不及贅。

賜進士翰林院侍讀學士奉直大夫直文華殿雲間錢溥撰。

天順六年壬午秋七月吉日立。

乙丑科　洪武十八年

朱華慶，南海縣人。任工部主事。

陳綬，南海縣人。任刑部主事。

勞仕寬，南海縣人。任刑部主事。

周尚文，香山縣人。任福建龍岩縣丞。

戴雲，清遠縣人。任刑部主事。

甲申科　永樂二年

潘幬，番禺縣人。任監察御史陞山東青州府知府。

李寧，南海縣人。翰林院庶吉士任貴州參議。

李仲芳，番禺縣人。任監察御史。

乙未科　永樂十三年

林超（解元），番禺縣人。翰林院庶吉士，任九江府知府。

趙純，番禺縣人。授監察御史，陞河南僉事。

梁能，番禺縣人。授刑部主事。

彭森（解元），南海縣人。授監察御史，陞至福建參政。

戊戌科　永樂十六年

郭英，番禺縣人。浙江金華縣知縣。

甲辰科　永樂二十年

區賢（解元），南海縣人。任□□戶部主事。

甲戌科　景泰五年

韓殷，番禺縣人。任刑部主事，陞郎中。

康麟，順德縣人。監察御史，陞福建僉事。

梁矩，番禺縣人。任行人。

丁丑科　天順元年

梁昉（解元），順德縣人。任蕭山知縣，陞監察御史。

何淡，順德縣人。任山東濟南府賓州知州。

陳玠，南海縣人。任兵部主事。

楊孟芳，南海縣人。任戸部主事。

甲申科　天順八年

唐盛，南海縣人。任禮科給事中。

陳棫，番禺縣人。任戸部員外。

丙戌科　成化二年

鄺文，南海縣人。任監察御史。

戴縉，南海縣人。任監察御史、南京工部尚書。

鍾晟，南海縣人。翰林院庶吉士，任戸部主事。

區正，南海縣人。

己丑科　成化五年

江源，任上饒縣知縣。

張翊。

壬辰科　成化八年

梁方。

林貴。

乙未科　成化十一年

黎鼎。

倫善。

戊戌科　成化十四年

梁儲（會元）。

李祥。

周穎。

辛丑科　成化十七年

何文。

甲辰科　成化二十年

吴璉。

李渭。

丁未科　成化二十三年

涂瑞（探花）。

庚戌科　弘治三年
□文輔。
羅□。
癸丑科　弘治六年
梁辰。
黄澤。

考略

此碑原存廣州府學，後移置廣州博物館。高152釐米，寬88釐米。篆額，正文楷書。碑始刻於明天順六年（1462），續刻至弘治六年（1493）。翰林院侍讀學士錢溥撰文，共列自洪武十八年（1385）至弘治六年（1493）進士四十四人，其中探花一人、解元四人。據此可補廣州府縣志之『選舉略』。明代廣東社會經濟逐漸走向興盛，為文化發展創造了良好環境，也造就了一個巨大的人才群體，其中很重要的一部分即是各類科舉人才，其數量之多、分布之廣，不但超過了前代，也為後世所不及，是廣東科舉人才鼎盛時期。

撰文者錢溥，字原溥，號九峰，別號瀛州遺叟。松江華亭人。正統四年（1439）進士，曾出使安南，成化中官至南京吏部尚書，謚文通。曾修《寰宇通志》《大明一統志》。

學宮圖及工費述

明天順七年（1463）

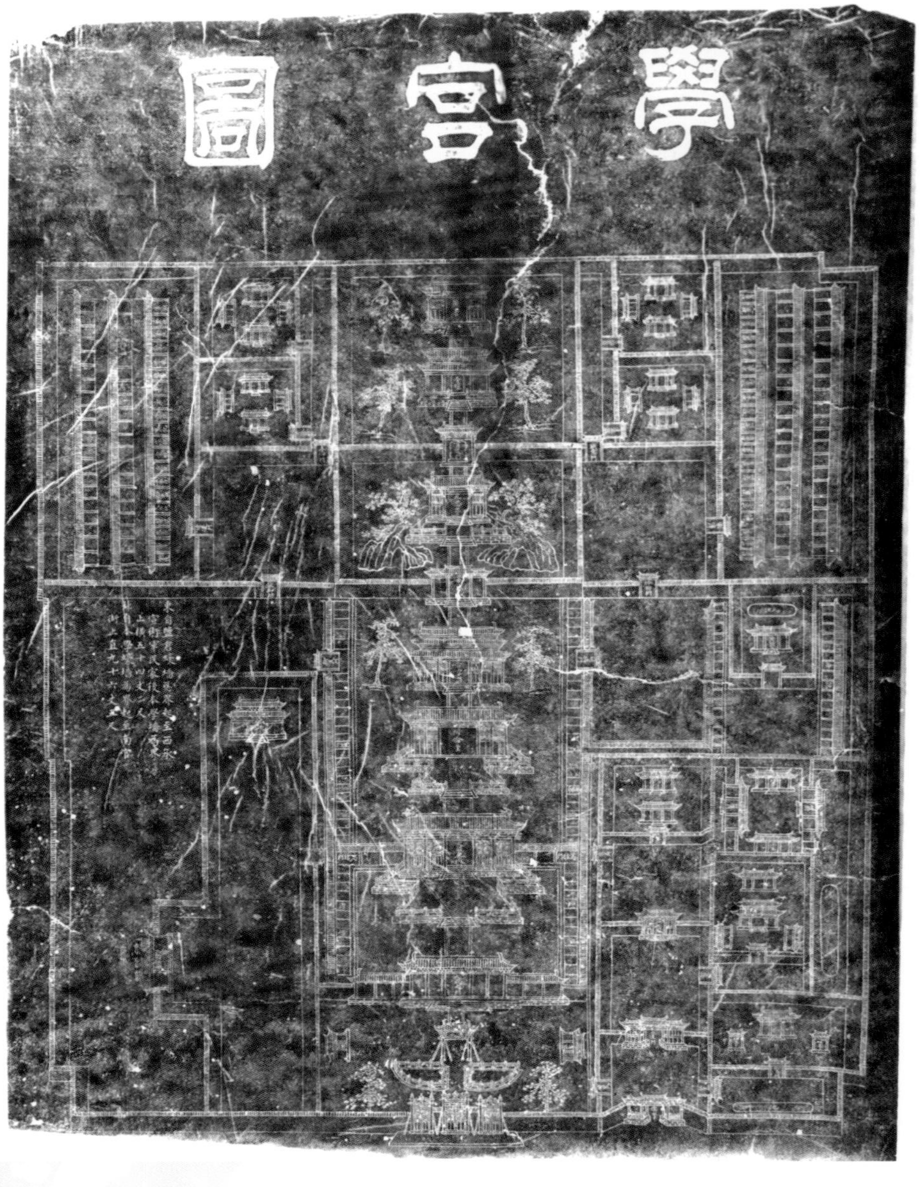

考略

此碑原存廣州府學，一九六三年移置廣州博物館。高220釐米，寬120釐米。篆額，正文楷書。明天順七年（1463）刻，繪廣州府學宮平面示意圖，該碑是廣州現存最早的石刻建築圖。圖下附有《廣州儒學修造工費述》，詳述在當時修建學宮的工程中，新建及維修屋舍的間數、圍牆、門窗與所用建築材料的具體數量、費用等，是難得的研究明代廣州地區建築工程工料費等情況的經濟史料。

（碑額）學宫圖

東自鹽倉蠔墻為界起，至西承宣街軍民家後本學墻為界止，横五十四丈二尺。

北自本學蠔墻為界起，至南官街止，直九十六丈五尺。

廣州儒學脩造工費述

天順癸未冬十有二月初吉，拱辰承巡撫都憲葉公牒暨提學胡君率有司、官屬、耆民、工匠，重修廣州儒學，而相視會計，學舍之孰創孰葺，財用之或予或奪，則予二人實定其議。既禀命於公以經始，復參決於巡按監察御史涂公而成終焉。凡宫墻横序，昔有而欲壞者，脩葺之；昔無而不可缺者，創造之。禮殿東南隅楹柱斗拱，洎上覆陶瓦雲章□；西北隅一柱二樑四楹節棁、兩階甃石，則易置而脩葺者也。夾杏壇，直東西旁隙地，廨宇四所，號舍六連，周廻蠔殼垣墉，則攻位而創造者也。蓋爲新屋百四十有八間，門十有五座，牌匾七十有四，周垣蠔殼甃者，高可尋丈許，衡百三十一丈，從倍於衡。土築者，衡、從半之。斧工五十九人，鋸工六十二人，圬者廿有八，而居肆之日，僅十旬。役夫之受傭于公者，五萬三千工有奇，而義助者不與焉。竹之以竿計者，二萬

一千一百五十。木之以根計者，三千六十。板之以片計者，九百一十。磚出于陶者，四萬一千三十五；出于摶埴者，減半。瓦之圓筒者，六十一萬三千二百餘；方片者，少圓筒三之一。蠔殼高廣方五尺者，三百六十五。灰之以石計者，二千一百三十七。釘之以枚計者，多陶磚一萬有千。油漆之以斤計者，千二百七十焉。計傭工市材之費，凡用錢一百一十三萬七千五百五十文，而工畢矣。外儲錢三千，爲繪事用。或曰：『三千錢於繪事足乎？』曰：『質既其美，文或不足，奚病？夫子嘗云：「禮與其奢也，甯儉。」亦此意也。』

初，經理甫定，有司召巨賈詢之云：『所用材木，非七十餘萬錢不可，而他費稱是。』慮其用侈，或傷財厲民也。乃令自購木於都市，從其市賈，止一萬七十錢而用足。他如陶磚灰，皆自購於其作處。而工役之傭，亦計勞給之。於是罔利者，無所售其姦；怠事者，莫不作其力。諸承委官屬，若知事李和，知縣陸澄、吳鑑，典史周文郁、秦翔，督工耆民若梁瓊、梁評、葉茂森、梁景聚、顏來譽、錢森、麥華、羅端、高盛、譚盛、季貴全、崔成聚，悉協心殫力，樂於率勸。故役雖大而不費，民雖勞而不怨。是又可見聖人之神，化千萬世而長存，不特綏來動和於當時也。人心，理義之天，無間乎貴賤賢否，不特譽髦多士所獨有也，顧感之者何如耳。遂因紀述工費，并著之如此。

淳安胡拱辰書。

嘉靖御書程子言箴

明嘉靖間

考略

此碑原存廣州府學，後移置廣州博物館。高90釐米，寬140米釐。碑周圍線刻八條游龍，其上以雙龍奪珠烘托篆書『宸翰』二字。碑正文刻寸楷，文後一段小楷訓詞則是告誡士子應謹言慎行。清同治《番禺縣志》輯有此碑，題曰《明世宗御書宋儒范氏心箴暨程子視聽言動箴注釋》，凡六碑，存於廣州府學，現僅存『言箴』一石。程子箴碑原由內閣大臣張璁抄奉嘉靖皇帝，嘉靖分別為之注釋闡發，頒旨刻石置於翰林院，並敕禮部通行兩京國子監及十三省提學，刻於府州縣學，為天下學子士人訓範。

釋文

（碑額）宸翰

程子言箴

人心之動，因言以宣；發禁躁妄，内斯静專。矧是樞機，興戎出好；吉凶榮辱，惟其所召。傷易則誕，傷煩則支；已肆物忤，出悖來違。非法不道，欽哉訓辭。

樞機者，譬戶之軸、弩之牙也。戎是兵戎，好是喜好。程子之意，説凡人所言，必謹其妄出輕發，如弩之發矢，度而思之，務求其中焉。言易則至於狂誕，言煩不免於支離，非聖賢之法言不敢道之於口，所以告來世之君子也。朕因而論之曰：凡人所言，必求其合諸道理，準諸經傳，然後可以為言也，夫言以文身也。《書》云：惟口起羞。《大學》云：言悖而出者，亦悖而入。《孝經》云：非先王之法言不敢道。斯之謂也。人之於言，必加謹焉，而人君之言，尤當謹之。先儒云：王言如絲，其出如綸；王言如綸，其出如綍。人君之發號施令皆言也，令出之善則四海從焉；一或不善則四海違焉。故凡出一言、發一令，皆當合於天理之公。因諸人情之所向背，若或徒用己之聰明，恃其尊大，肆意信口，不論事理之得失、民情之好惡，小則遺當時之患，大則致千百年之禍，可不戒畏之哉？程氏之作箴，其用心也至矣。嗚呼！謹之。

廣府黎侯重修文廟碑記

清順治十五年（1658）

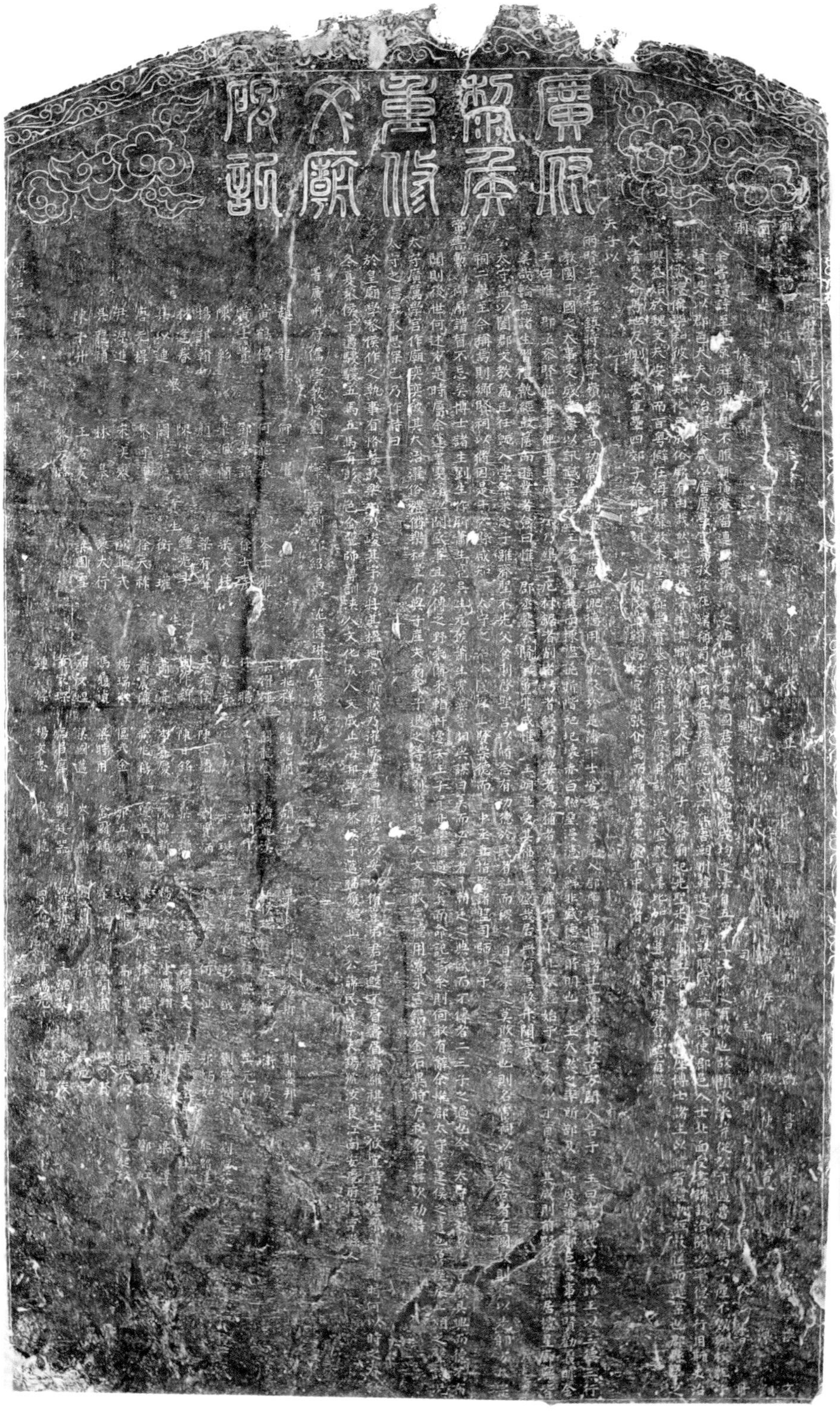

釋文

（碑額）廣府黎矦重修文廟碑記

重脩廣州府學碑記

前賜進士第資政大夫正治上鄉刑部尚書李覺斯撰文。

前賜進士第嘉議大夫資治尹戶部右侍郎湖廣左布政使曾道唯篆額。

前承德郎禮部儀制清吏司主事楊昌文書丹。

余嘗讀《詩》，至『鎬京辟雍』『無思不服』，輒掩卷留連。夫學，誠治之始也，古者建國，君民教學，為先成均之法，自五帝三王未之有改也。故頖水采芹，從公于邁，魯人頌焉。子產不毀鄉校，孔子賢之。是以郡邑大夫大治濯俗，咸以廣厲學宮為孜孜。在漢稱蜀文翁，在晉豫章范武子，在唐潮州韓退之，皆設膠序，立師長，使郡邑人士北面受書，講議洽聞，以率德茂行，用斯吏治烝烝，禮備樂和，彼誠知化□成俗，厥有由哉！然此特太守率其職以教馴其人，非有天子之命。廟祀先聖先師，用王者事，巍然當座，博士諸生以時習禮，執經鼓篋而遜業也。郡縣學之興，葢始於魏文天安中，而百粤僻在海邦，聲教未暨，廣郡學實基於有宋之慶曆，自玆以來，歷數百年，比加脩葺，戟門寢殿，有翼有嚴。

大清受命粤地，反側未安，軍壘四郊，子衿佻達，俎豆之間，茂草鞠焉。材官蹷張，介馬而蹋，戟者室處其中。

屬者天子以兩賢王若諸鎮將敉寧嶺嶠，勞苦功高，命訓董其世，庶無侀德，用克厥家。於是藩下士皆英英譽髦，入郡庠，與博士諸生齒讓，廼按古方聞入告于王曰：古師氏以媺詔王，以三德三行教國子，國之大事受成□學，以訊馘告學，蓋王者所重哉！而棟楹撓折，階戺圮壞，赤白黝堊，漫漶不鮮，非盛德之昕明也。王大然之，率所部及節度藩臬郡邑當事諸賢勸義醵金。王曰：惟郡丞黎賢能事事，俾董其成。公乃鳩工庀材，鋸者、削者、圬者、鏝者，為梁者、為桷者、為甍為廉者，大小具舉。經始于乙未冬，以丁酉春落其成，則前殿、後寢、燕居、櫺星、廊廡皆美哉輪奐。諸生習禮執經，鼓篋而遜業者僉曰：惟郡城黎公賢，能董其成，惟王明並受其福也。嘻，盛哉！居無何，惠政升，聞晉太守，益以闔郡文教為己任。既入學祭菜，念子雖齊聖，不先父食，則啓聖宮以脩；念有功德於民者，社而稷之，有其舉之，莫敢廢也，則名宦祠以脩；念古者有國故，則祀以先師，方大琮祠二獻，至今稱焉，則鄉賢祠以脩。因是十六縣咸知太守之治。本虞庠上賢崇德，而中丞直指暨諸監司師錫于帝，書勳御屏，謂督不忌矣。博士諸生劉生作斯、蕭生亮、吳生元侯、蕭生震藻等相與謀曰：美而必章者，朝廷之典；盛而不傳者，二三子之過也。今太守崇起教化，百廢俱興，而德不布聞，則後世何述？方是時，屬余蓬藁雯溪，與聞盛事，且欲傳之野乘，備采輶軒。

適二三子買舟鱷湖，過大奚而命記焉，余則何敢有辭！余惟郡太守，古建侯之遺也，魯侯慶止頌之聲詩，況太守廣厲學宮，作廟奕奕，彼其大治濯俗，禮備樂和，豈不與子產、文翁、武子、退之等爭烈哉！我粵人文詎敢忘德？用為永言，鐫諸金石，異時尸祝名宦紘次初詩太守之德，去永思深已。乃作詩曰：

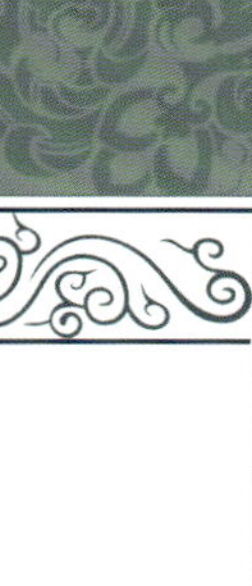

於皇廟學，黎侯作之。執事有恪，鼛鼓樂之。
乃峻其宇，乃丹其楹。廼安斯寢，乃濯厥靈。
廼濯厥靈，以妥以侑。豈弟君子，遐不眉壽。
眉壽維祺，髦士攸宜。詩書禮樂，肆哉維時。
何以時之，春秋冬夏。黎侯于邁，騣騣五馬。
五馬有彭，玉色金聲。師尊訓浹，人文化成。
人文成止，海邦寧止。黎侯于邁，福履繩止。
公諱民貴，字天錫，號汝良，江南安慶府懷寧縣人。
署廣州府儒學教授劉一熚，司訓鄧紹禹、沈德琳、黃啓瑞。
鄉官：趙龍、黃鶴僊、黃士貴、陳彩、楊邦翰、林逢春、吳以連、唐元楫、尹源進、吳龍禎、陳子升、何燿、何龍春、鄧夢詔、梁佩蘭、顏養氣、陳敏璿、關嘉薦、黎可逢、宋奕鑾、林皋、王者友、黎方潞。
貢生：岑士雅、徐士彥、梁文桂、梁有聲、鍾光斗、衛瓘、徐天祚、歐正式、黎大行、梁園雪。
（以下姓名略）
順治十五年冬十一月穀旦立。

考略

此碑原存廣州府學，後移置廣州博物館。高157釐米，寬103釐米。青石質。篆額，正文楷書。碑正面左右兩邊線刻雲紋。現存地方史書未錄此碑文，此碑對瞭解清初廣州府學情況、教育機構及其布局等方面均可提供參考，是研究廣府地區清初教育史的珍貴資料。

撰文者姓名，現碑記中已漫漶一字。據清宣統《南海縣志》卷十二《金石略》錄《皇明中憲大夫提督學政廣西提刑按察司副使粵良關公傳》中所提及的撰文者，可知缺字當是『斯』，則碑記撰文者為李覺斯無疑。

李覺斯，字伯鐸，東莞人。明萬曆四十六年（1618）舉人，天啓乙丑（1625）進士，官至刑部尚書，後罷官歸里，耕田勞作，著書立說，被人喻為『竹林隱士』。

篆額者曾道唯，是明末清初一位頗有聲譽的地方官員。

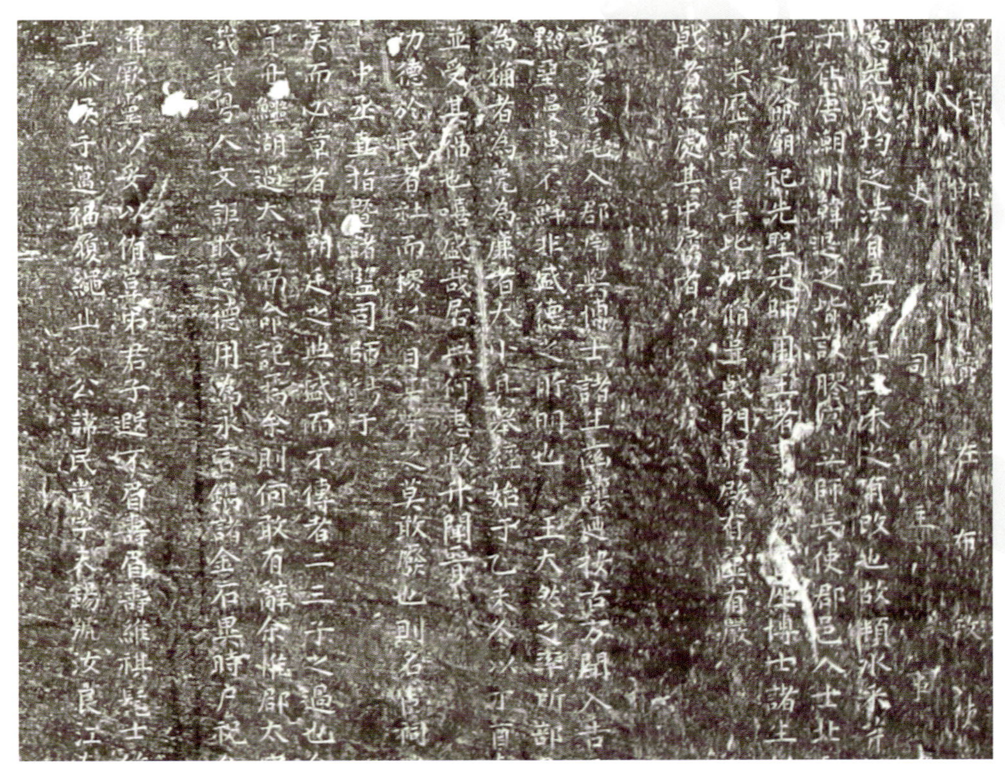

（碑刻局部）

中憲大夫署糧鹽守巡道廣州府知府黎公去思碑

清康熙元年（1662）

釋文

（碑額）中憲大夫署糧鹽守巡道廣州府知府黎公去思碑

賜進士第出身奉政大夫脩正庶尹吏部考功清吏司郎中前文選司員外郎主事欽差典試陝西正主考兵部職方司督捕主事郡人尹源進撰文。

賜進士第出身中憲大夫資治尹奉勑整餙常鎮地方兵備道前南贛等處分巡嶺北道江西按察司副使内翰林秘書院編修乙未會試同考官郡人陳彩篆額。

賜進士第承德郎湖廣長沙府推官郡人胡景曾書丹。

昔劉中壘有言：『賈太傅上《治安策》，言三代與秦治亂之故，其論甚美，通達國體，雖古之管晏，未能遠過。』又云：『董江都《對策》，天人有王佐之才，雖古之伊呂，無以復加，管晏之屬，又不足云也。』然二君竟以偉才，當漢盛之時，而位止于下國二千石，論者不深為二君惜，而深為漢朝之君惜也。我朝世祖章皇帝開疆拓宇，奄有南方。皖城汝良黎公應時而出，奉命特授江西南康府同知，歷任三載，復改廣州府同知。會郡守員缺，中丞李公謂軍需旁午，首郡需才，以公通明練達，克勝斯任，特疏題請。惟帝念兹海邦，賚予循良。公莅任，宣力效能，闔郡為之肅清，其間興革損益，善政不可殫述。公固南國名士，為諸生時，已具經國大猷，博古通今，洞察民生利病，所以一切開源節流、興利除害諸事，或若取諸其懷而出之也。吾粵順治三年始入版圖，而叵測不常至于七年。王師入粵，

始能底定而通文教。廣城庠序學校，皆碎瓦頽垣；泮宮之地，鞠為茂草。公奉藩院諸上臺德意，殫精鋭志，勤勞修復，至公帑之物力有限不能旁及者，公則捐俸修助，如啓聖宫、名宦鄉賢祠及燕居亭，一切臺榭沼沚，皆公之精神物力兼到者。在府學已身任其勞，而南、番二學又躬率其事，公之有功于文廟者，固已不可磨滅也。因而培養士類，三次校士，皆矢公矢慎。藻鑑惟明，而澤及窮簷者，賦額十清，而圞田可無病民也。蔗税既罷，而地畝可無重納也；雜税既除，而小民可無侵爭也；捕盜有法，而百姓可得安堵、行旅不至重困也；戢奸既嚴，而元惡不至為害，良民可得安業也。脩築城堡，以安内也；添設炮臺，以禦外也。防守清英嶺上之鎖鑰，鞏固添造戰船，海外之鯨鯢屏息。

公之為國愛民者，固無所不周，而謹身潔己，所以與民休息者，省刑剔蠹，猶且不遺餘力，至于正體統以率萬民，禁營債以戢兵威。修殿宇，置守寺産以種福田；建會館，集紳士以採風謠。百事具舉，固非托諸空言。而六事陳言，尤欲見諸行事，夫豈有遺議焉。積其勞心竭力，以惠我斯民者，即天神亦為之降監。所以淫雨不止，害于耕桑，公齋戒祈禱，不旋踵而興雲出日，尤德政之奇驗者。若夫署税道，而釐剔陋規，自行收驗，毋致奸胥停閣，或有究買者，亦毋致奸胥擡價，凡内外遠近州縣，莫不稱便，幾于剖斗折衡而民不爭。署鹽道，而餉額恒足；署守、巡二道，而疆土無虞。凡此皆公之才。問宫宫應，問商商應，叩之以小，則小鳴，叩之以大，則大鳴，兵刑錢穀，無往而不得具宜也。然而更有難為者，公順治十三年應茲寵命，于今七年，大兵大役，不可勝書，移鎮添兵，皆無虛日，一切經久長費，緩急遲速，左支右吾，安上全下者，悉以資公。公則五官竝用，而宰制于一心，

後先迎刃而解，如庖丁解牛，並無有棘手處。所轄十六州縣，雖土地之饒瘠不同，糧餉之完欠不一，公則善于御下，率屬莫不調劑咸宜，亦無復有為公累者。所以公每歲得與上考。□院各上臺，以公之才，歷光剡牘，久擬召對便殿，賜金晉秩矣。但吾粤自王師入省，坐鎮内城，凡道府公署，皆為新建。府治庫獄，俱屬草創。去夏陰雨頹垣因歸湯繼，而新例初定，致公解組歸里。聞命之日，闔郡紳衿耆老，連章累牘，咸稽首曰：『願借我寇恂一日。』而公則毅然欲往，且曰：『得遂初衣之願，七年于兹，勞神焦形，日夕不暇，汝諸父老，尚欲難我乎。』既而知公不果留，咸欲立諸石，以垂不朽。

余則烏能為文，惟直書公之善行耳。昔人謂賈、董二君，位止于下國二千石，不深為二君惜，而深為漢朝之君惜，則今日吾闔郡之人，亦不必為公惜也。况賈生之才，不過洛陽年少，公則老成練達；董子下帷，僅闡天人之奥，而公則無所不貫通。異日者，聖天子訪求故老，詢諸占夢，則或出或處，公知所以自審矣。今國運方興，治行自不乏人，然前人為其難，後人未必遂為其易，後人未必遂為其易，益知前人實為其難。由前觀後，由後觀前，當不以予今日之言為私公之所好也。公諱民貴，字天錫，别號汝良，安慶之懷寧人。

旹康熙元年歲次壬寅中秋穀旦。

廣州府闔郡鄉紳舉貢監生員耆民里排保約商賈舖行仝立石。

考略

此碑原存廣州府學，後移置廣州博物館。高173釐米，寬81釐米。篆額，正文楷書。碑文記述廣州知府黎民貴在任時的主要政績，如重修廣府學宫和番禺、南海縣學宫；罷蔗稅，除雜捐；修築城堡，添炮臺，增造戰船；懲治奸盜，整頓市價；實施與民休息政策等。黎民貴，字天錫，别號汝良。安徽安慶府懷寧人。清順治九年（1652）任江西南康府同知，十二年（1655）任廣州府同知，次年任廣州府知府，任職期間重修廣州府學。去思碑，即頌德政之碑。用以贊頌賢良仁德官吏。凡清廉秉政之官或吏治能員，有功於社稷民生者，人們撰文勒碑，以示感懷。人稱『德政碑』或『頌德碑』『惠政碑』等。逝者、生者均可立。

撰文者尹源進，字振民，號瀾柱，廣東東莞人。清順治十二年（1655）進士，官至郎中。康熙二年（1663）曾辭歸，康熙十七年（1678）進太常寺卿。居鄉期間，常與被譽為清初『嶺南三家』的屈大均、梁佩蘭、陳恭尹交往吟詠。著有《愛日堂集》。

撰額者陳彩，字美公，廣東南海人。清順治九年（1652）進士，選弘文院庶吉士、秘書院編修。

書丹者胡景曾，廣東順德人。清順治十一年（1654）中舉，第二年中進士，官至湖北武昌知府。

重修廣州郡學碑記

清康熙十年（1671）

釋文

（碑額）重修廣州郡學碑記

（前文殘缺）記

（環粤皆山水也，介）在荒服，自秦始置郡剖符，嗣後賢哲輩出，遂稱名邦。予生長三韓，距粤萬里，曩者備官侍從，搜秘石渠，流覽版輿，緬焉神往。我國家昭文德以治天下，聲教久敷於遐方，予叨承簡命，謬膺節鉞，撫兹南服。控五嶺之崔嵬，襟三江之淜湃。紫海滄漭，朱厓奥折，向所披圖者，今則躬歷矣。美哉山川，標險抒奇，毓靈挺秀。惟其風土擅勝，是以人文蔚興，先達名世，難以悉數。如唐宋之最著，則有張文獻、余忠襄、崔菊坡其人；於明則有智略之何東官、儒雅之丘瓊山、經濟之梁文康、理學之陳白沙、氣節之海忠介其人。昭代以來，蒐羅俊乂，接武聯翩，迨三十年，凡兹彬彬崛起者，多文學之士。郭璞所謂南海衣冠之氣，方開而未艾，亶其然乎？夫端章服者攝其領，樹巨蔭者龐其柢。省會固十郡之宗源，而黌宫實多士之淵藪。

廣州郡學，據佳址於靈洲之東，左則虎門，潮汐層湧而來；右則西樵，峰巒疊嶂而峙。珠江一水，盈盈洄繞於前；白雲諸山，嶙嶙亙綿於後。誌所載禺山者，屹居於宫之中，陟巔而望之，形勝宛在矣。宫之襟對為文明門，向因戒嚴久扃，術家謂氣脉壅窒，有關庠序，予與前制軍周公會商於藩府，洞啟有日矣。但兹數仞之内，自兵燹而後，未經脩葺，以致棟宇將頹，壁垣半圮，橋門鞠為茂草，泮水卒成污萊。有事於兹土者，未嘗不躑躅興歎。迨夫庚戊秋祭，予屆齋期。是夕，隱几之間，恍見先師冠珮雍雍，向予告語焉。夙興盥沐，展拜傾誠。起而循宮諦瞻，有動乎中。曰首捐俸金百鎰，購材鳩工。良賴在省三司各道及太守，相與協心經畫，共襄盛舉。

爰是整復舊制，廓清故基，約椓之舉大興，丹雘之施加餙，櫺星有□，戟門將將。首正殿，以崇至聖之位；次兩廡，以妥先賢之靈；次明倫堂，以弘開講藝之地。至于啟聖及名宦、鄉賢諸祠，在在加脩，所以追尚淵源而興起後學也。傍辟西圃，肇建一亭，顏曰『觀德』，俾濟濟多士為肄射之所。《詩》云：『竹苞松茂，鳥革翬飛。』庶其似之。倚與五羊之俎豆，聿新百粵之文風，攸繫將來。階此發祥者，霞蔚雲蒸，麟麟炳炳。予撫綏茲土，亦與有光。庶幾仰佐聖天子右文之治，曲江之風度依然不綦。盛哉！工師告竣，援筆紀言，壽諸石以誌垂久云。是役也，不煩公帑，不勞民力，亦不敢苟簡從事。其督工之員効有勤勞者，例得立書于左。

康熙拾年歲次辛亥月穀旦。

欽命巡撫廣東等處地方兼管糧餉鹽法都察院右副都御史加一級劉秉權謹識。

協脩官：廣東等處承宣布政使司布政使加一級徐烜、廣東等處提刑按察使司按察使佟養鉅、廣東督糧道布政司參議徐養仁、廣東鹽驛道兼管水利按察司僉事加一級王令、廣東提學道按察司僉事沈令式、廣東都使司掌印都司金珙、廣州府知府汪永瑞。

督工官：廣東按察司照磨所照磨金聲洪、廣州府南海縣縣丞塗永泰。

布政司經歷司經歷張□傑篆額。

按察司經歷司經歷王敦善薰勒。

廣州府儒學教授翟蒙孔書丹。

考略

此碑原存廣州府學，後移置廣州博物館。高171釐米，寬93釐米。篆額，正文楷書。廣州府學位於廣州番山一帶，肇建自北宋，代有興修，迄明清而燦然大備，乃廣東最高學府。時移世易，昔日學宫建築群今已無存，現廣州博物館留存有廣府學宫石碑數方，此為康熙十年（1671）刻立，碑文見宣統《番禺縣續志》卷三十六《金石志四》，言碑在廣州府學貫道門。

撰文者劉秉權，字持平，清漢軍正紅旗人。順治元年（1644）任兵部主事，順治十五年（1658）改任刑部主事，康熙六年（1667）十二月出任廣東巡撫，後因平息劉進忠在湖州發動的叛亂有功，陞為兵部右侍郎。康熙十三年（1674）十一月卒於軍中。謚『端勤』。

康熙御製平定朔漠告成太學碑

清康熙四十三年（1704）

釋文

聖祖御製平定朔漠告成太學碑

惟天盡所獲，海内外日月所出入之區，悉以畀予一人。自踐阼迄今，蚤夜殫思，休養生息，冀臻熙皞，以克副維皇大德好生之意，庶幾疆域無事，得以偃兵息民。

迺厄魯特噶爾丹阻險北陲，困此一方人，既荼毒塞外，輒狡焉肆其凶逆，犯我邊鄙，虐我臣服，人心不甯。夫蕩寇所以息民，攘外所以安内，邊寇不除，則吾民不安。此神人所共憤，天討所必加，豈憚一人之勞，弗貽天下之逸？扵是斷自朕心，躬臨朔漠，欲使悔而革心，故每許以不殺。彼怙終不悛，我師三出絶塞，朕皆親御長驅，深入不毛，屢涉寒暑，勞苦艱難，與偏裨士卒共之。迨彼狂授首，脅從歸誠，荒外君長，來享闕下，西北萬里，灌燧銷烽，中外乂謐。

惟朕不得已用兵以安民，既告厥成事，迺蠲釋眚災，潔事禋望，為億兆祈昇平之福。而廷臣請泐石太學，垂示來兹。朕勞心扵□，本嘗欲以文德化成天下，顧兹武畧。廷臣僉謂：『所以建威消萌，宜昭斯績扵有永也。』朕不獲辭。攷之《禮·王制》有曰：『天子将出征，受成於學。出征執有罪，反釋奠扵學，以訊馘告。』而《泮宫》之詩亦云：『矯矯虎臣，在泮獻馘。』又《禮》：『王師大獻，則奏愷樂，大司樂掌其事。』則是古者文事武事為一，折衝之用，且在樽俎之間。故受成獻馘，一歸扵學，此文武之盛制也。朕嚮意扵三代，故斯舉也，出則告於神祇，歸而遣祀

闕里。茲允廷臣之請，猶禮先師，以告克之，遺意而於六經之指為相符合也。爰取『思樂泮水』之義，為詩以銘之，以見取亂侮亡之師，在朕有不得已而用之之實，或者不戾於古帝王伐罪安民之意云爾。銘曰：

巍巍先聖，萬世之師。敬信愛人，治平所基。
煌煌聖言，文武道一。禮樂征伐，自天子出。
朕臨域中，逾茲三紀。嘗見羹墻，寤寐永矢。
下念民瘼，上承帝謂。四海無外，盡隸侯尉。
維彼兇醜，瀆亂典常。既梗聲教，遂竄我疆。
譬之於農，患我螟螣。秉畀爰施，將害稼穡。
度彼游魂，險遠是怙。震以德威，可往而取。
朕志先定，龜筮其依。屬車萬乘，建以龍旂。
祝融驂鸞，風伯戒途。宜暘而暘，利我樵蘇。
大野水涸，川瀆効靈。泉忽自湧，其甘如醴。
設為犄角，一出其西。一出其東，中自將之。
絶域無人，獸羣受掩。五日窮追，彼狂走險。
大殲於路，波血其孥。翦其黨孽，俘彼卒徒。

梟烏晝號，單馬宵遁。恐久駐師，重為民困。
慎固戍守，還轅於京。自夏徂冬，雨雪其零。
載馳載驅，我行至再。蠢茲窮寇，昏惑不悔。
我邊我氓，以休以助。爰甯其居，爰復其賦。
藩落老稚，斯恬斯嬉。歲晏來歸，春與之期。
春風飄翩，揚我旆旓。我今於邁，如涉我郊。
言秣我馬，狼居胥山。登高以眺，閔彼彈丸。
天降兇罰，孤雛就羈。三駕三捷，封狼輿尸。
既臘梟獍，既獮豺貙。沙漠西北，解甲弃殳。
振振凱入，澤霈郊卜。明禋肆赦，用迓景福。
昔我往矣，在泮飲酒。陳師鞠旅，誓屈羣醜。
今我來思，在泮獻功。有赫頌聲，文軌來同。
採芹採藻，頌興東魯。車攻馬同，亦鐫石鼓。
師在安民，非出得已。古人有作，昭示此旨。
緬維虞廷，誕敷文德。聖如先師，戰慎必克。

惟兵宜戢，惟德乃綏。億萬斯年，視此銘詞。

康熙四十三年三月二十一日。

考略

此碑原存廣州府學，一九六〇年移置廣州博物館。高360釐米，寬180釐米。滿漢雙語合璧，漢文楷書，額已失。碑文記述漢西蒙古準格爾部受沙俄挑唆，發動叛亂，康熙御駕親征，平定叛亂後告成太學的史實。該御製碑於康熙四十三年（1704）立於京師孔廟（今北京國子監博物館），是一方把平定叛亂、維護國家統一作為莫大功績而勒石、告功天下的豐碑，同時詔令『天下文廟，盡皆摹刻樹立』。廣州府學此碑，《廣東通志》、光緒《廣州府志》卷九十七《金石略一》等均有記載。

（碑刻局部）

清摹刻秦石鼓文

清咸豐三年（1853）

岐陽石鼓文十碣今在京師國子監先師廟列戟門內左右余曩官監簿時職典守摩挱久矣惜泐蝕太甚僅存三百三十二字世所傳浙江鄞縣范氏天一閣藏元時搨本計存四百八十七字揚州阮文達公元曾重摹刻石二一置杭州府學一置揚州家塾甚盛事也余就養東粤次男名澧自都中寄油素雙鈎本是從鄞縣范氏摹出者因選工勒石并題首跋尾寄置吾鄉漢陽府學以廣其傳茲復重為摹勒留置廣州府學俾同好者共窺古法且以結翰墨之緣云耳

咸豐三年歲在癸丑暮春之初修禊日漢陽葉志詵識于兩廣督署福祿壽綿長之居長男名琛侍觀并監刻

釋文

周宣王石鼓文

《吾車》第一

避車既工，避馬既同。避車既好，避馬既駘。

君子員邋，員邋員斿。麀鹿速速，君子之求。

牸牸角弓，弓兹目寺。避敺其特，其來趩趩。

𧽤𧽤𩮃𩮃，即遨即時。麀鹿趚趚，其來大次。

避敺其樸，其來遺遺，射其豬蜀。

《汧殹》第二

汧殹沔烝，烝彼淖淵。鰋鯉處之，君子漁之。

澫有小魚，其斿𧻓𧻓。帛魚䲞䲞，其籃氏鮮。

黃帛其鯾，有鰟有鮊。其朗孔庶。

䜌之𩵋𩵋，汪汪趥趥。其魚隹可，隹鱮隹鯉。

可目橐之，隹楊及柳。

《田車》第三

田車孔安，鋚勒馬馬。四介既簡，左驂旛旛，右驂騝騝。

避𨑓陵于䢦，避戎止陝。宮車其寫，秀弓寺射。

麋豕孔庶，麀鹿雉兔。其𧻚有旃，其□𧻚𧻚。

大□□□，□出各亞，□□昊□，執而勿射。

多庶趮趮，君子卣樂。

《鑾車》第四

□□鑾車，𦾔敕真□。彤弓孔碩，彤矢□□。

四馬其寫，六轡騺騺。徒馭孔庶，鄜□宣搏。

眚車䡕衍，戎徒如章。䢦隰陰陽，趍趍奔馬。

射之𤞷𤞷，迂□如虎，獸鹿如□。

□□多賢，迪禽□□，避隻允異。

《霝雨》第五

□□□癸，霝雨□□。流迄滂滂，盈渫濟濟。

君子即涉，涉馬□流。汧殹洎洎，淒淒□□。

舫舟囪逮，□□自鄘，徒馭湯湯，隹舟㠯衍。

或陰或陽，極深㠯□。于水一方。勿□□止。

其奔其敔，□□其事。

《作原》第六

□□□猷，乍邍乍□。□□□□，道遄我嗣。

除帥皮陂，□□□䓿。爲□卌里，□□□微。

䓿䓿卣罟，□□□栗。柞棫其□，□□櫏楢。

□□鳴□，□□□□，亞箬其華，□□□□。

爲所斿𩶘。□□盩導，二日封□，□□五日。

《而師》第七

□□□□，□□□□。□□□□，□□而師。

弓矢孔庶，□□□□，□□□㠯，左驂□□。

滔滔是戠，□□□不。具舊□復，□具肩來。

□□其寫，小大具□。□□來樂，天子來□。

嗣王始□，古我來□。

《馬薦》第八

□□□□，□天□虹。□皮□走，𩦺𩦺馬薦。□□芃芃，㪔㪔雉□。□心其一，□□□□。□□□□，□□□□。□□□□，□□□之。

《吾水》第九

避水既瀞，避道既平。避□既止，嘉封則里。天子永寍，日隹丙申。昱昱薪薪，避其奭道。避馬既迪，敖□康康。駕弇□□，左驂驁驁。右驂騝騝，□□□□。母不□□，四翰𩅰𩅰。□□□□，公謂大□，余及如□，害不余及。

《吳人》第十

吳人𢡊亟，朝夕敬□。𩝔西𩝔北，勿竈勿代。而初□□，□獻用□。□□□□，□□大祝。曾受其𩫏，□□𣐭寓。逢中圞孔，□麀□□。

避其□□，□□緟緟，大□□□，□□□求。

有□□□，□□□是。

周宣王石鼓文

岐陽石鼓文十碣，今在京師國子監先師廟列戟門內左右。余曩官監簿，時職典守，摩抄久矣。惜泐蝕太甚，僅存三百三十二字。世所傳浙江鄞縣范氏天一閣藏元時搨本，計存四百八十七字，揚州阮文達公元曾重摹刻石二，一置杭州府學，一置揚州家塾，甚盛事也。余就養東粵，次男名澧，自都中寄油素雙鉤本，是從鄞縣范氏摹出者，因選工勒石，并題首跋尾，寄置吾鄉漢陽府學，以廣其傳。茲復重為摹勒，留置廣州府學，俾同好者共窺古法，且以結翰墨之緣云耳。咸豐三年，歲在癸丑，暮春之初修禊日，漢陽葉志詵識于兩廣督署福祿壽綿長之居，長男名琛侍觀并監刻。

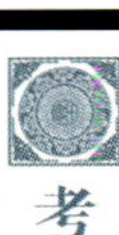

考略

此石刻原存廣州府學，一九六三年移置廣州博物館。是清咸豐三年（1853）根據天一閣宋拓本摹刻的。原有十石，另有一石為主持摹刻者葉志詵的題記，現存四石，每石高60釐米，寬80釐米。大篆，款題楷書。石鼓文原石是我國現存最古的石刻，所刻文字近似《詩經》的四言詩，每石一詩，唐宋人多以為是周代文物，現代學者一般認為這是春秋戰國時期秦國的石刻。所刻書體大篆，即籀文。此石刻對研究中國古代歷史、文學和篆刻有一定的參考價值。為便於讀者瞭解石鼓文內容，附錄十石釋文。

清摹刻琅琊臺秦篆

清同治七年（1868）

釋文

五大夫楊樛。

皇帝曰：『金石刻盡始皇帝所爲也。今襲號而金石刻辭不稱始皇帝，其於久遠也如後嗣爲之者，不稱成功盛德。』

丞相臣斯、臣去疾、御史大夫臣德昧死言：『臣請具刻詔書金石刻，因明白矣。臣昧死請。』制曰：『可。』

琅耶臺秦篆。同治七年摹刻於粵秀山學海堂，陳澧題記。潘石朋刻。

附：《史記·秦始皇本紀》記載的刻石頌辭：

維二十八年，皇帝作始。端平法度，萬物之紀。以明人事，合同父子。聖智仁義，顯白道理。東撫東土，以省卒士。事已大畢，乃臨于海。皇帝之功，勤勞本事。上農除末，黔首是富。普天之下，摶心揖志。器械一量，同書文字。日月所照，舟輿所載。皆終其命，莫不得意。應時動事，是維皇帝。匡飭異俗，陵水經地。憂恤黔首，朝夕不懈。除疑定法，咸知所辟。方伯分職，諸治經易。舉錯必當，莫不如畫。皇帝之明，臨察四方。尊卑貴賤，不踰次行。姦邪不容，皆務貞良。細大盡力，莫敢怠荒。遠邇辟隱，專務肅莊。端直敦忠，事業有常。皇帝之德，存定四極。誅亂除害，興利致福。節事以時，諸產繁殖。黔首安寧，不用兵革。六親相保，終無寇賊。驩欣奉教，盡知法式。六合之內，皇帝之土。西涉流沙，南盡北戶。東有東海，北過大夏。人迹所至，無不臣者。功蓋五帝，澤及牛馬。莫不受德，各安其宇。

維秦王兼有天下，立名爲皇帝，乃撫東土，至于琅邪。列侯武城侯王離、列侯通武侯王賁、倫侯建成侯趙亥、倫侯昌武侯成、倫侯武信侯馮毋擇、丞相隗林、丞相王綰、卿李斯、卿王戊、五大夫趙嬰、五大夫楊樛從，與議於海上，曰：『古之帝者，地不過千里，諸侯各守其封域，或朝或否，相侵暴亂，殘伐不止，猶刻金石，以自爲紀。古之五帝三王，知教不同，法度不明，假威鬼神，以欺遠方，實不稱名，故不久長。其身未歿，諸侯倍叛，法令不行。今皇帝并一海內，以爲郡縣，天下和平。昭明宗廟，體道行德，尊號大成。羣臣相與誦皇帝功德，刻于金石，以爲表經。』

考略

此石刻為清光緒二十八年（1902）廣東金石學家何瑗玉據古拓善本並親臨山東琅琊臺研習原石筆勢而摹刻，原存廣東肇慶七星岩，後移置廣州六榕寺，一九六三年移置廣州博物館。高1.29米，寬0.75米。篆書，十三行，八十六字。秦始皇二十八年（前219）東巡，所到之處多刻石頌揚統一功績。現保存下來原石形制的，只有琅琊臺刻石。刻辭傳為秦李斯所書，為標準小篆。宋熙寧九年（1076），蘇軾為高密太守時，始皇刻辭已泯滅不存，僅存秦二世元年（前209）詔書，即現在保存下來的琅琊臺刻石文字。此爲秦代傳世最可信的石刻之一，筆畫接近《石鼓文》。用筆既雄渾又秀麗，結體圓轉部分比《泰山刻石》圓活。正如韋續所言：『先急回，後疾下，鷹望鵬逝，信之自然，不得重改；送腳如游魚得水，舞筆如景山興雲，或卷或舒，乍輕乍重。』李斯被稱為小篆鼻祖，其傳世書迹有《泰山刻石》《琅琊臺刻石》《嶧山刻石》和《會稽刻石》等。為便於讀者知悉琅琊臺刻石內容，於釋文後附錄《史記·秦始皇本紀》記載的刻石頌辭全文。

『行己有恥　博學於文』聯

清同治十一年（1872）

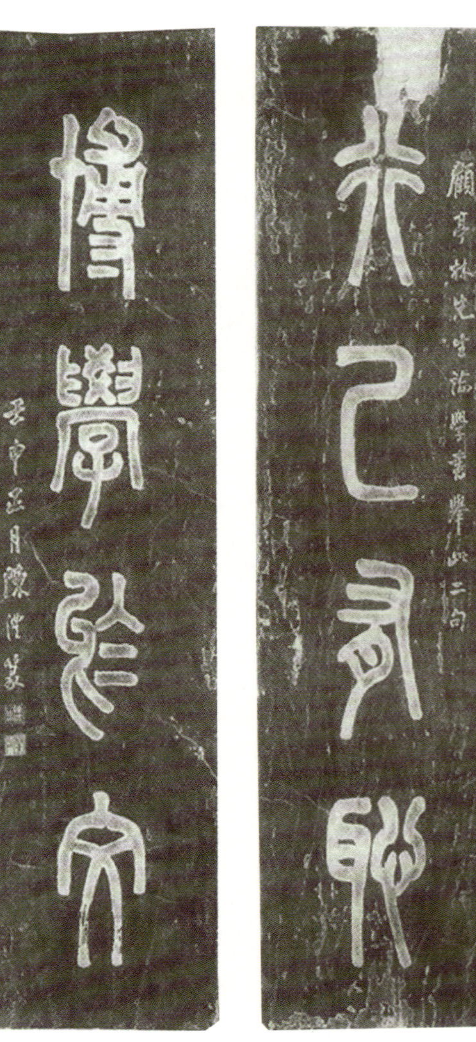

釋文

行己有恥，博學於文。

顧亭林先生論學書舉此二句。

壬申正月陳澧篆。

考略

此聯原存廣州學海堂，民國後期，時局動盪，學海堂漸荒廢毀圮，石刻碑碣等多無存，此粵中著名學人陳澧題書顧炎武（字亭林）聯石刻拓本，後輾轉存於廣州博物館。篆書，落款行書。集《論語》句，為師生士人訓範。

陳澧，字蘭甫，號東塾。番禺人。清代廣東著名學者。學問精博，著述頗豐，曾任廣州學海堂學長和菊坡精舍山長。在天文、地理、歷史、音韻、樂律、數學等方面均有一定研究和貢獻。著有《漢儒通義》《東塾讀書記》《聲律通考》《東塾集》等。

漢大司農高密鄭公象

清同治十三年（1874）

釋文

漢大司農高密鄭公象

南薰殿本。朱崔年摹。

阮元刻石。

同治十三年五月，學海堂重摹杭州詁經精舍拓本，刻石至山亭。陳璞題記。

考略

此碑原存廣州學海堂，現僅存拓本。刻漢大司農鄭玄畫像，摹自杭州詁經精舍之拓本。學海堂是清代道光時期著名書院，由時任兩廣總督的阮元繼在杭州創建詁經精舍之後，於道光五年（1825）在廣州城北粵秀山創辦的又一個以專重經史訓詁為宗旨的書院。阮元崇拜鄭玄為集大成之儒者，故將鄭玄之像刻碑立於學海堂。他在《重修高密鄭公祠碑》中寫道：『元嘗博綜遺經，仰述往哲。行藏契乎孔顏，微言紹乎游夏，則漢大司農高密鄭公其人矣……兩京學術，用集大成，天下師法，久而彌篤，固不以齊魯域焉。』他不僅推許鄭玄表章為天下師法，而且把漢儒的訓詁一律抬高。如他說：『趙岐之學，以較馬鄭許服諸儒稍為固陋，然屬書離辭，指事類情，於詁訓無所戾，（『孟子』）七篇之微言大義，藉是可推。』

說文統系圖并跋

清光緒五年（1879）

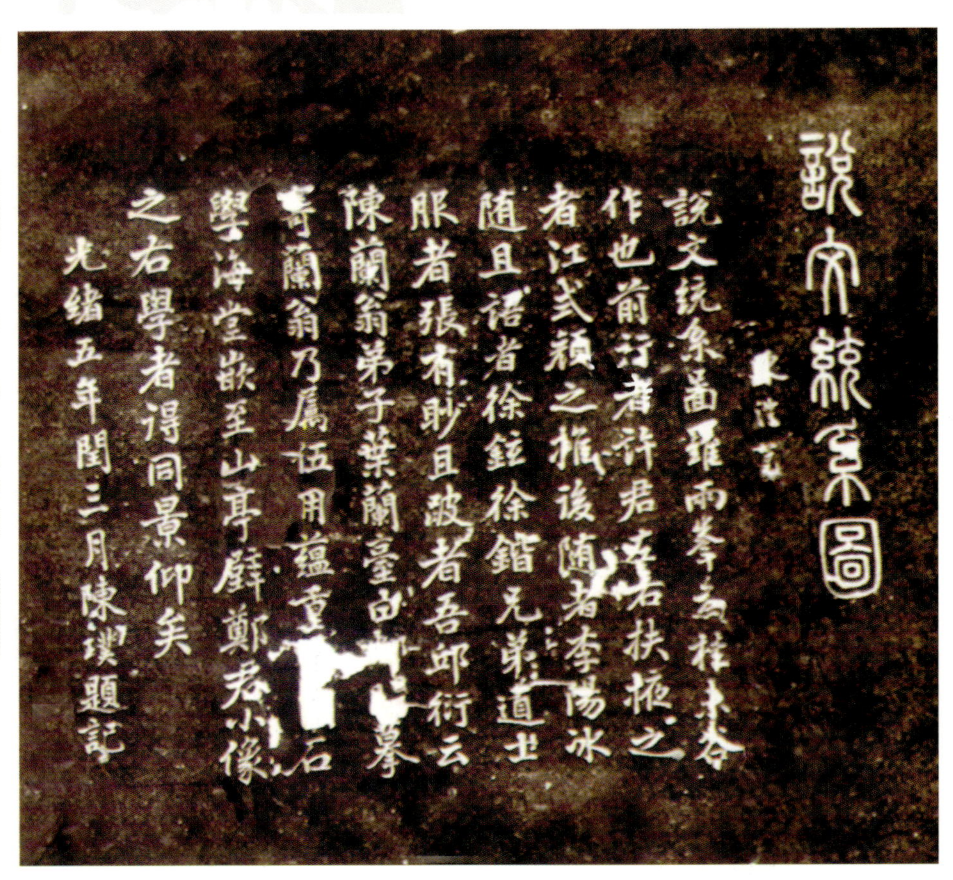

說文統系圖

說文統系圖羅兩峯為桂未谷作也前行者許君[illegible]右扶掖之者江式顏之推後隨者李陽冰隨且語者徐鉉徐鍇兄弟道士服者張有眇且跛者吾邱衍云陳蘭翁弟子葉蘭臺由[illegible]摹寄蘭翁乃屬伍用蘊重[illegible]石學海堂嵌至山亭辟鄭君小像之右學者得同景仰矣

光緒五年閏三月陳璞題記

釋文

說文統系圖

陳澧篆。

說文統系啚，羅兩峯爲桂未谷作也。

前行者許君，左右扶掖之者江式、顏之推；後随者李陽冰；随且語者徐鉉、徐鍇兄弟；道士服者張有；眇且跛者吾邱衍云。

陳蘭翁弟子葉蘭臺由京師摹寄，蘭翁乃属伍用蘊重摹上石，學海堂嵌至山亭壁鄭君小像之右，學者得同景仰矣。

光緒五年閏三月陳璞題記。

考略

此碑原存學海堂。篆題，正文楷書。為清光緒五年（1879）粵中學人、畫家伍學藻根據葉衍蘭自京師所寄羅聘（字兩峰）繪《說文統系圖》重摹刻石，圖繪元代之前以東漢許慎為首的將《說文解字》作為本體研究的八位學者。意態雍容，前擁後隨。中國古代學術最講緒統，即繼承性與延續性。文字學是古老而精深的傳統學科，追源溯流，自先秦至今，延綿不絕，且與時俱進，其範疇不斷擴大延伸。

乾嘉時考據之風頗盛，小學大興。《說文解字》為考據學派之淵藪，羅聘與考據金石家如翁方綱、桂馥、王念孫、孫星衍等相契，原圖繪於乾隆四十四年（1779），繪此圖以明古文經學訓詁之師承家派。

題記者陳璞，字子瑜，號古樵，別署尺岡歸樵。廣東番禺人。清咸豐元年（1851）舉人。任江西福安知縣，後任學海堂學長。工書擅畫。

陳東塾先生象

民國十九年（1930）

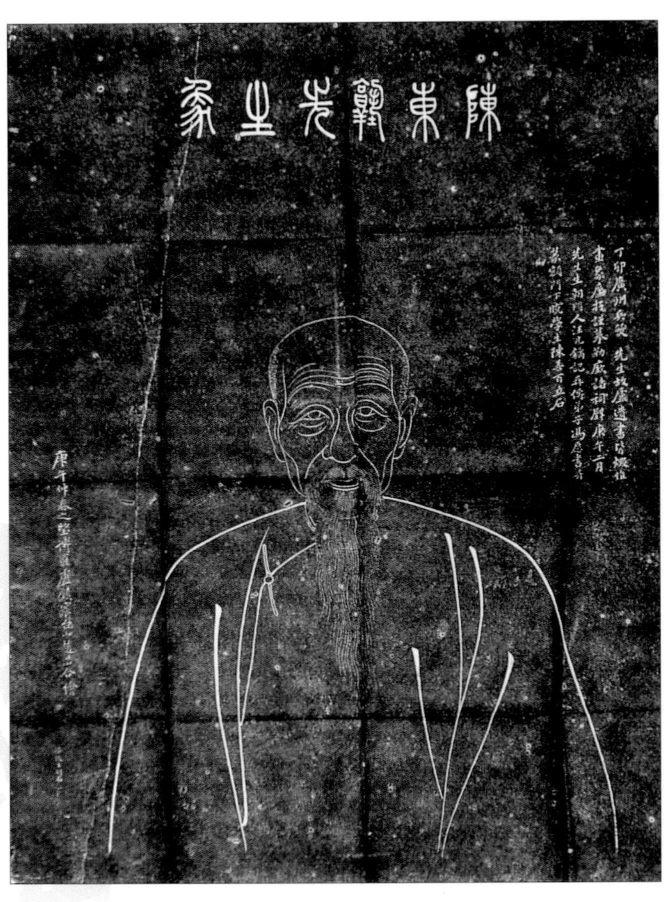

釋文

陳東塾先生象

丁卯廣州兵燹，先生故廬遺書皆燬，惟畫象廑存。謹摹勒廞諸祠壁。

庚午二月先生生朝門人汪兆鏞記。再傳弟子馮愿書并篆額，門下晚學生陳善百立石。

庚午仲春之望，博羅盧鎮寰、台山趙浩合繪。梁俊生刻石。

考略

此碑原存廣州禺山書院，一九六三年移置廣州博物館。高81釐米，寬54釐米。篆額，正文行書。陳澧的學生根據其家藏的傳真畫像所刻。

陳澧簡介參見《『行己有恥，博學於文』四言聯》之考略。

漢東吴虞功曹象

年代不詳

釋文

漢東吴虞功曹象

長沙鄭棻重摹。

羊城李□刻石。

考略

此碑原存廣州學海堂。刻漢東吴虞翻畫像。虞翻，字仲翔，會稽餘姚人。東漢日南太守虞歆之子。三國時期吴國學者。本是會稽太守王朗部下功曹，後投奔孫策，自此仕於東吴。於經學頗有造詣，尤精《易》。虞翻曾因言忤吴主孫權而被流放交州，在番禺王園寺（今廣州光孝寺）暫住，講學授徒，粤人築虞翻祠以紀念。

廣雅書院諸碑

創建廣雅書院恭摺

清光緒十三年（1887）

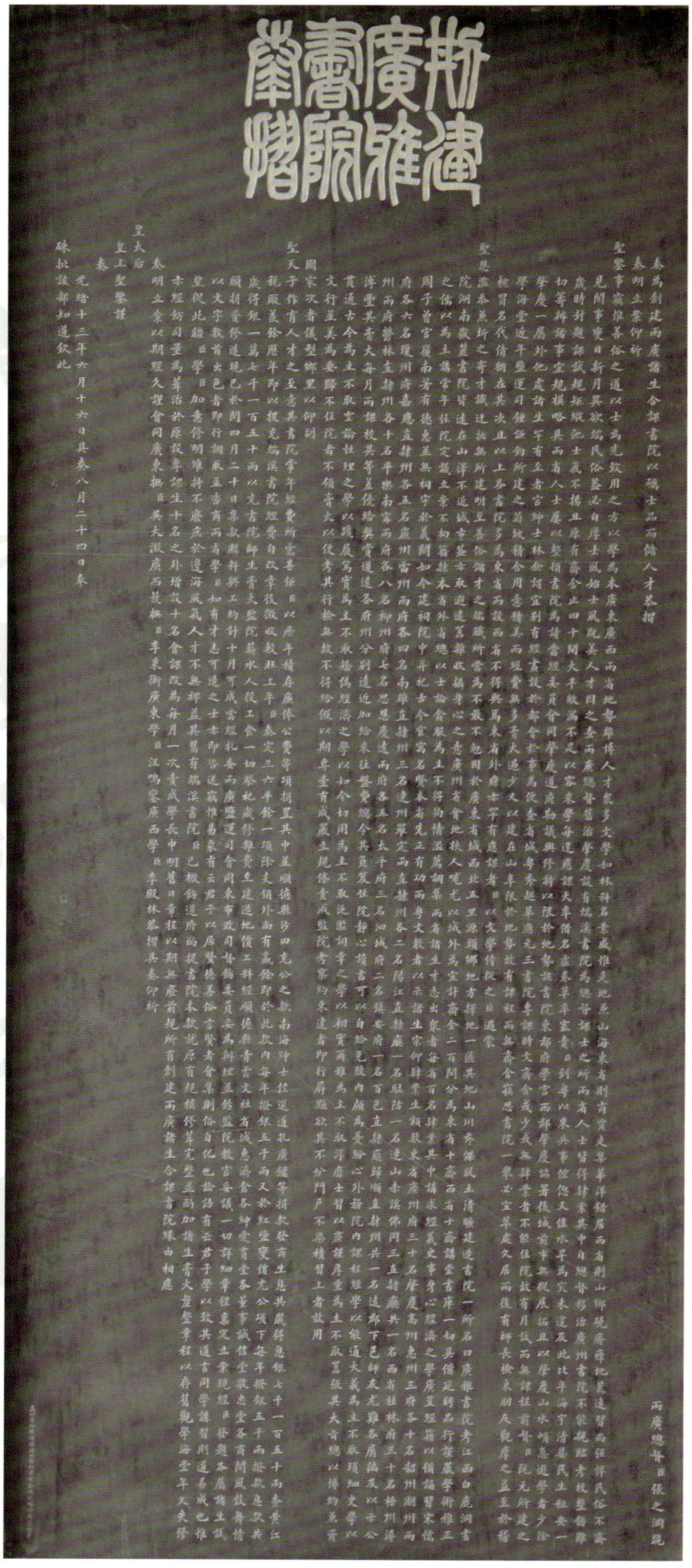

釋文

（碑額）創建廣雅書院恭摺

兩廣總督臣張之洞跪奏，為創建兩廣諸生合課書院，以礪士品而儲人才恭摺，奏明立案，仰祈聖鑒事。

竊惟善俗之道，以士為先；致用之方，以學為本。廣東、廣西兩省，地勢雄博，人才衆多，文學如林，科名素盛。惟是地兼山海，東省則商賈走集，華洋錯居；西省則山鄉磽瘠，瘴地荒遠，習尚强悍，民俗不齊。見聞事變，日新月異，欲端民俗，蓋必自厚士風始。士風既美，人才因之。

查兩廣總督舊治，肇慶設有端溪書院，為總督課士之所，兩省人士皆得肄業其中。自總督移治廣州，書院不能親臨考校整飭。雖歲時封題課試，規矩縱弛，士氣不揚。且原有齋舍止四十間，大半敝漏，不足以容來學。每逢應課，大率借名虚卷，草率塞責。臣到粤以來，兵事倥偬，又值水旱為灾，未遑及此。比年海宇清晏，民生粗安，一切籌辦諸事宜，規模略具。兩省人士屢以整頓書院為請，當經委員會同肇慶道府勘議興修。特以限於地勢，該書院東鄰府學宫，西鄰肇慶協署，後城前市無從拓展。且以肇慶山川峭急，遊學者少，除肇慶一屬外，他處諸生罕有至者。官紳士林僉謂：宜别有經畫，設於都會，於事為便。查省城粤秀、越華、應元三書院，專課時文，齋舍或少或無，肄業者不能住院，故有月試而無課程。前督臣阮元所建之學海堂、近年鹽運司鍾謙鈞所建之菊坡精舍，用意精美而經費無多，膏火過少，又以建在山阜，限於地勢，故有課程而無齋舍。竊思書院一舉，必宜萃處

久居而後有師長檢束、朋友觀摩之益。至於稽核冒名代倩，猶在其次。且以上各書院，多為東省而設，西省不得與焉。東省外府亦罕有應課者。臣以文學侍從之臣過蒙聖恩，濫忝兼圻之寄，才識迂拙無所建明，至善俗儲才之端，職所當為，不敢不勉。因於廣東省城西北五里源頭鄉地方，擇地一區，其地山川秀傑，風土清曠，建造書院一所，名曰『廣雅書院』。考江西白鹿洞書院、湖南嶽麓書院，皆遠在山澤，不近城市，蓋亦取避遠囂雜、收攝身心之意。廣州省會地狹人哤，尤以城外為宜。計齋舍二百間，分為東省十齋，西省十齋。講堂書庫一切具備。延聘品行謹嚴、學術雅正之儒以為主講，常年住院，定議立案。不拘籍隸本省、外省，總以士論翕服為主，不得徇情濫薦。調集兩省諸生才志出衆者，每省百名肄業其中，講求經義、史事、身心、經濟之學，廣置經籍以備誦習。宋儒周子曾官嶺南，著有德惠，並無祠宇，於義闕如。今建祠院中，并祀古今宦寓名賢、本省先正有功兩粵文教者，以示諸生宗仰。

肄業生額數，東省廣州府三十名，肇慶、高州、惠州三府各十名，韶州、潮州兩府各六名，瓊州府、嘉應直隸州各五名，廉州、雷州兩府各四名，南雄直隸州三名，連州、羅定兩直隸州各二名，陽江直隸廳一名，駐防一名，連山、赤溪、佛岡三直隸廳共一名。西省桂林府三十名，梧州、潯州兩府、鬱林直隸州各十名，平樂、南甯兩府各八名，柳州府七名，思恩、慶遠兩府各五名，太平府三名，泗城府二名，鎮安府一名，百色直隸廳、歸順直隸州共一名。遠郡下邑師友尤難，各屬徧及以示公溥，豐其膏火，每月兩課校其等差，優給獎賞。道遠各府州，分別遠近加給來往盤費，總令其負笈住院、靜心讀書，可以自給，免至內顧為憂，紛心外務。院內課程，經學以

能通大義為主，不取瑣細；史學以貫通古今為主，不取空論；性理之學以踐履篤實為主，不取矯偽；經濟之學以知今切用為主，不取泛濫；詞章之學以翔實爾雅為主，不取浮靡；士習以廉謹厚重為主，不取囂張。其大旨，總以博約兼資、文行並美為要歸。不住院者不領膏火，以便考其行檢。無故不得給假，以期專壹有成。嚴立規條，責成監院考察約束，違者即行屏黜。欲其不分門戶、不染積習，上者效用國家，次者儀型鄉里，以仰副聖天子作育人才之至意。

其書院常年經費所需甚鉅，臣以歷年積存廉俸公費等項捐置其中，並順德縣沙田充公之款，南海紳士、候選道孔廣鏞等捐款，發商生息，共歲得息銀七千一百五十兩。查黃江稅廠羨餘，歷年即以提充端溪書院經費，自改章後徵收較旺。上年，臣奏定三六平餘一項，除支銷外，尚有贏餘，即於此款內每年撥銀五千兩。又於紅鹽變價充公項下，每年撥銀五千兩。撥款息款共歲得銀一萬七千一百五十兩，以充書院師生膏火、監院薪水、人役工食、一切祭祀歲修雜費。至建造地價工料，經順德縣青雲文社，省城惠濟倉各紳，愛育堂各董事，誠信堂、敬忠堂各商，聞風鼓舞，情願捐資修造。現已於閏四月二十日集款購料興工，約計十月可成。當經札委兩廣鹽運司，會同東布政司督飭委員，妥為辦理。並飭監院、教官，妥議一切詳細章程，稟定立案。現經臣發題各屬諸生試以文字，數首出色者即行調取。並咨商兩省學臣，如有才志可造之士，亦即咨送。

竊惟《易象》有云：『君子以居賢德善俗。』言賢者會集則俗自化也。《論語》有云：『君子學以致其道。』言同學講習則道易成也。惟望從此疆臣、學臣加意修明，維持不廢，庶於邊海風氣，人才不無裨益。

其舊有端溪書院，臣已檄飭道府酌提書院本款，就原有規模修葺完整，並酌加諸生膏火，釐整章程，以存舊觀。學海堂年久失修，亦經飭司量為葺治，於原設專課生十名之外，增設十名，會課改為每月一次，責成學長申明舊日章程，以期無廢前規所有。創建兩廣諸生合課書院緣由相應奏明立案，以期經久。

謹會同廣東撫臣吳大澂、廣西護撫臣李秉衡、廣東學臣汪鳴鑾、廣西學臣李殿林恭摺具奏。

仰祈皇太后、皇上聖鑒。謹奏。光緒十三年六月十六日具奏。八月二十四日奉硃批該部：知道。欽此。

高州府知府補潮州府知府翰林院編修楊霽書。

考略

此碑存廣州廣雅中學。高214釐米，寬92釐米。端石質。篆額，正文楷書。刻於清光緒十三年（1887）。內容是兩廣總督張之洞為創辦廣雅書院呈給光緒皇帝的奏摺。張之洞任兩廣總督期間，認為廣州雖有粵秀、越華書院及菊坡精舍、學海堂等學校，但均少齋舍，肄業者不能住院，經費窘拮。於是會同廣東、廣西巡撫吳大澂、李秉衡，廣東、廣西學政汪鳴鑾、李殿林呈奏光緒皇帝批准，興辦廣雅書院，以一新風氣。

撰文者張之洞，字孝達，貴州興義府人。咸豐二年（1852）中順天府解元，同治二年（1863）廿七歲中進士第三名探花，授翰林院編修，歷任教習、內閣學士、山西巡撫、兩廣總督、湖廣總督、軍機大臣等職，官至體仁閣大學士。早年是清流首領，後為洋務派代表人物。

書丹者楊霽，字子和，漢軍正紅旗。浙江上杭駐防旗人。清同治四年（1865）進士，授編修。

開設廣雅書局恭摺

清光緒十三年（1887）

兩廣總督臣張之洞
廣東巡撫臣吳大澂跪

奏為粵省開設書局刊布經籍以裨士林　奏明立案仰祈
聖鑒事竊惟經學昌明至我　朝為極盛道光年間前督臣阮元校刻
皇清經解一千四百餘卷藏板學海堂既以表章先正亦以鼓舞來學於是海內通經致用之士接
踵奮興迨今六十餘年通人著述日出不窮或有稾草遺編家藏鈔本當時未見近始流傳亟應
續輯栞行以昭
聖代文治之盛況學海堂為當日創栞經解之所是粵省尤當力任此舉勉紹前規臣等海邦忝
深惟治源亟宜殫敬教勸學之方以收經正民興之效此外史部子部集部諸書可以攷鑑古今
裨益經濟維持人心風俗者一併蒐羅刊播上年即經臣之洞捐資設局舉辦然必須籌有常款
擇有定地方能經久現經臣等公同籌度即將新城內舊機器局量加脩葺以為書局名曰廣雅
書局臣之洞捐銀一萬兩臣大澂捐銀三千兩順德縣青雲文社捐銀一萬兩仁錫堂西商捐銀
一萬兩省城惠濟倉紳士捐銀五千兩潮州府知府朱丙壽捐銀五千兩共銀四萬三千兩發商
生息每年得息銀二千三百六十五兩又誠信堂敬忠堂商人每年捐銀五千兩共七千三百六
十五兩以充書局常年經費計款項尚不甚充如以後別有籌捐之款再當奏撥應用視經費之
贏絀為栞書之多寡擬飭兩廣鹽運司綜理局事博訪文學之士詳審校勘將來各書刻成當隨
時刷印咨送國子監以備在監肄業者攷覽之助所有開設書局並籌捐經費各緣由據善後局
司道會同鹽運使英啟具詳前來謹會同廣東學政臣汪鳴鑾恭摺　奏明立案伏祈
皇太后
皇上聖鑒謹奏　光緒十三年十二月十二日奉
硃批該衙門知道欽此

臣陶濬宣恭錄

釋文

兩廣総督臣張之洞、廣東巡撫臣吳大澂跪奏，為粵省開設書局，刊布經籍，以裨士林，奏明立案，仰祈聖鑒事。

竊惟經學昌明，至我朝為極盛。道光年間，前督臣阮元校刻《皇清經解》一千四百餘卷，藏板學海堂，既以表章先正，亦以鼓舞來學。於是海內通經致用之士，接踵奮興，迨今六十餘年，通人著述，日出不窮，或有稾草遺編，家藏槧本，當時未見，近始流傳，亟應續輯栞行，以昭聖代文治之盛。況學海堂為當日創栞經解之所，是粵省尤當力任此舉，勉紹前規。臣等海邦承乏，深惟治源亟宜殫敬教勸學之方，以收經正民興之效。此外，史部、子部、集部諸書，可以攷鑑古今，裨益經濟，維持人心風俗者，一併蒐羅刊播。上年，即經臣之洞捐資設局舉辦，然必須籌有常款，擇有定地，方能經久，現經臣等公同籌度，即將新城內舊機器局量加脩葺，以為書局，名曰『廣雅書局』。臣之洞捐銀一萬兩，臣大澂捐銀三千兩，順德縣青雲文社捐銀一萬兩，仁錫堂西商捐銀一萬兩，省城惠濟倉紳士捐銀五千兩，潮州府知府朱丙壽捐銀五千兩，共銀四萬三千兩，發商生息，每年得息銀一千三百六十五兩。又誠信堂、敬忠堂商人每年捐銀五千兩，共七千三百六十五兩，以充書局常年經費。計款項尚不甚充，如以後別有籌捐之款，再當奏撥應用。視經費之贏絀，為栞書之多寡。檄飭兩廣鹽運司綜理局事，博訪文學之士詳審校勘。將来各書刻成，當隨時刷印，咨送國子監，以備在監肄業者攷覽之助。所有開設書局並籌捐經費各緣由，據善後局司道會同鹽運使英啟具詳前來，謹會同廣東學政臣汪鳴鑾恭摺，奏明立案，伏祈皇太后、皇上聖鑒。謹奏。

光緒十三年十二月十二日。

奉硃批：該衙門知道，欽此。

臣陶濬宣恭録。

考略

此碑存廣州廣雅中學。高138釐米、寬71釐米。楷書。是清光緒十三年（1887）十二月十二日兩廣督張之洞與廣東巡撫吴大澄聯名奏請朝廷開設廣雅書局事宜之奏摺碑。

廣雅書局創辦於光緒十三年（1887），原設於菊坡精舍，後在省城舊機器局場屋修葺應用，聘請順德李文田學士為總纂，開局以後，『海内通經致用之士接踵奮興，著述日出不窮』。雕版成書者千餘種，雕片逾十萬，刻書數量在當時居全國所有官刻書局之首。書局所刊刻的各種經籍圖書，均贈藏廣雅書院藏書樓（名冠冕樓），供院中諸生借閱研習。

撰文者張之洞簡介參見《創建廣雅書院恭摺》之考略。

録碑者陶濬宣，字文沖，號心雲，别號東湖居士，浙江紹興人，清光緒二年（1876）舉人，精於目錄版本學，受聘廣雅書局；精通書法，筆力峻厚，名馳江南。著有《稷山樓詩文》。

朱子白鹿洞書院學規

清光緒十四年（1888）

光緒十四年七月　日講起居注官　南書房行走翰林院侍讀學士順德李文田書

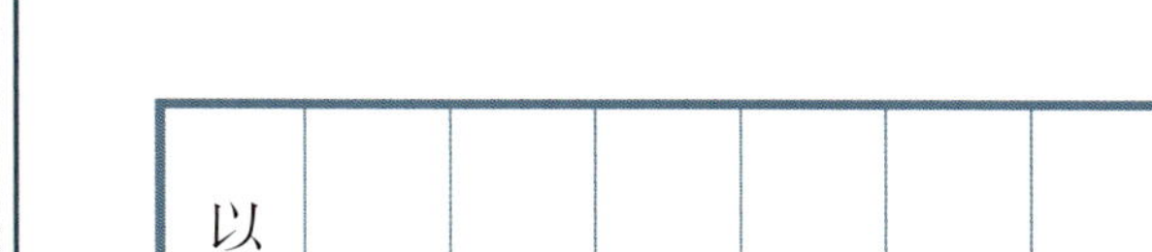

釋文

朱子白鹿洞書院學規

父子有親，君臣有義，夫婦有別，長幼有序，朋友有信。

右五教之目。堯舜使契爲司徒，敬敷五教，即此是也。學者學此而已，而其所以學之之序，亦有五焉，其別如左：

博學之，審問之，慎思之，明辨之，篤行之。

右爲學之序。學、問、思、辨，四者所以窮理也。若夫篤行之事，則自修身以至於處事接物，亦各有要，其別如左：

言忠信，行篤敬，懲忿窒欲，遷善改過。

右修身之要。

正其誼不謀其利，明其道不計其功。

右處事之要。

己所不欲，勿施於人。行有不得，反求諸己。

右接物之要。

熹竊觀古昔聖賢所以教人爲學之意，莫非使之講明義理，以修其身，然後推以及人，非徒欲其務記覽、爲詞章，以釣聲名、取利祿而已也。今人之爲學者，既反是矣。然聖賢所以教人之瀍，具存於經。有志之士，固當熟讀深

思而問辨之。苟知其理之當然，而責其身以必然，則夫規矩禁防之具，豈待他人設之而後有所持循哉！近世於學有規，其待學者爲已淺矣，而其爲灋又未必古人之意也。故今不復以施於此堂，而特取凡聖賢所以教人爲學之大端，條列如右而揭之楣間。諸君其相與講明遵守而責之於身焉，則夫思慮云爲之際，其所以戒謹而恐懼者，必有嚴於彼者矣。其有不然，而或出於此言之所弃，則彼所謂規者，必將取之，固不得而略也。諸君其亦念之哉！

光緒十四年七月，日講起居注官南書房行走翰林院侍讀學士順德李文田書。

考略

此碑存廣州廣雅中學。高300釐米，寬185釐米。篆書，落款楷書。內容為朱熹所撰白鹿洞書院的揭示，即《白鹿洞書院學規》。白鹿洞書院位於江西省廬山五老峰南麓後屏山下，因唐李渤嘗讀書於此，養一白鹿自娛，人稱白鹿先生。而此地四山環合，俯視似洞，因名。南唐昇元年間，白鹿洞正式闢為學館，亦稱『廬山國學』，後擴為書院。本學規是朱熹為培養人才而製定的教育方針和學生守則。集儒家經典語句而成。首先，它提出教育的根本任務，是讓學生明『義理』，以達到自覺遵守的目的。其次，它要求學生按學、問、思、辨的『為學之序』去『窮理』『篤行』。再次，它指明了修身、處事、接物之要，作為實際生活與思想教育的準繩。

篆書者李文田，字畬光、仲約，號若農、芍農，謚文誠。廣東順德均安上村人。咸豐九年（1859）進士，官至禮部侍郎。嶺南書法名家，對碑帖源流有深入研究。

程子四箴碑

清光緒十四年（1888）

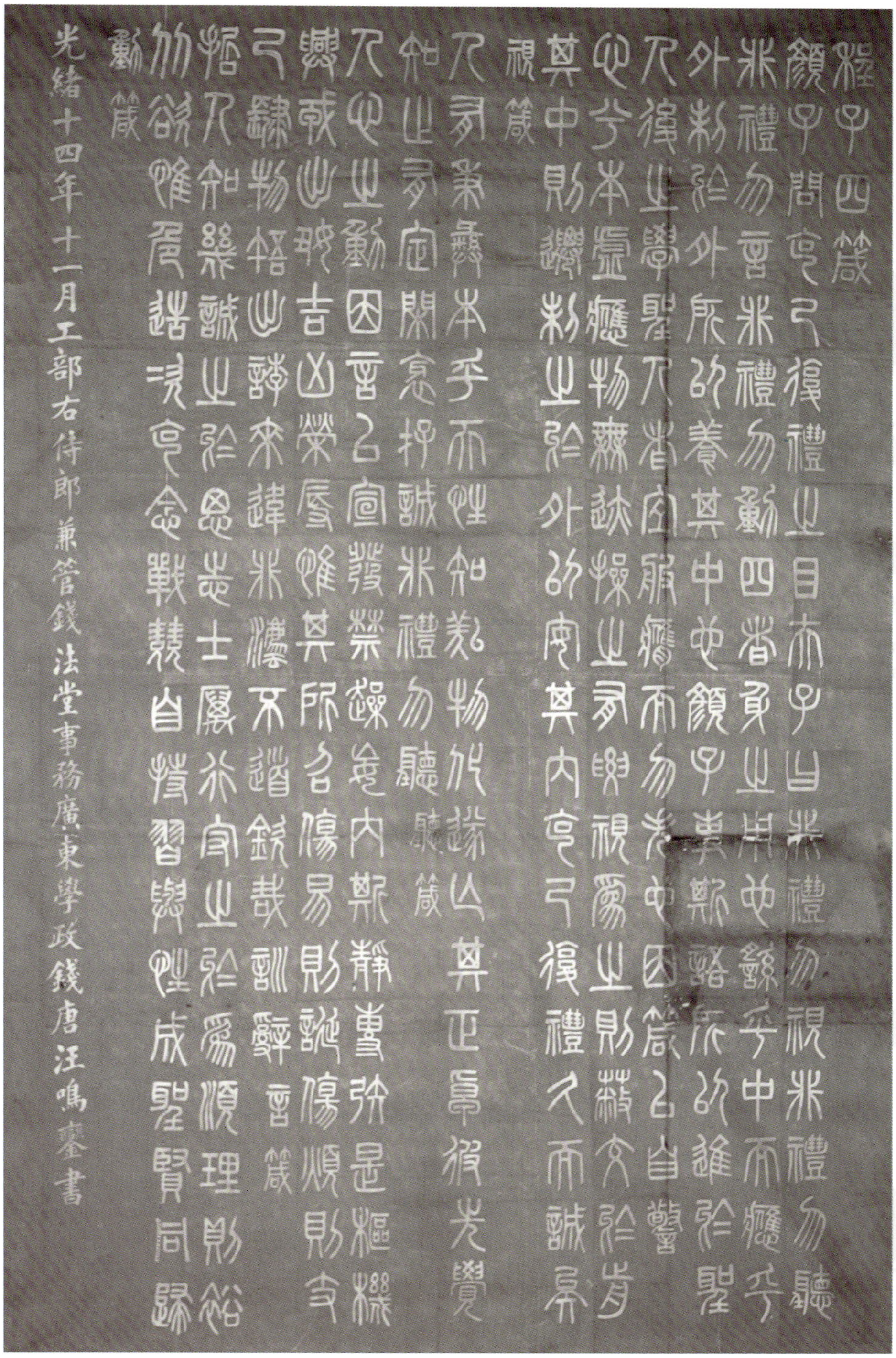

程子四箴

顏子問克己復禮之目，夫子曰：非禮勿視，非禮勿聽，非禮勿言，非禮勿動。四者身之用也，由乎中而應乎外，制於外所以養其中也。顏子事斯語，所以進於聖人。後之學聖人者，宜服膺而勿失也。因箴以自警。

心兮本虛，應物無迹。操之有要，視為之則。蔽交於前，其中則遷。制之於外，以安其內。克己復禮，久而誠矣。視箴

人有秉彝，本乎天性。知誘物化，遂亡其正。卓彼先覺，知止有定。閑邪存誠，非禮勿聽。聽箴

人心之動，因言以宣。發禁躁妄，內斯靜專。矧是樞機，興戎出好，吉凶榮辱，惟其所召。傷易則誕，傷煩則支，己肆物忤，出悖來違。非法不道，欽哉訓辭。言箴

哲人知幾，誠之於思；志士勵行，守之於為。順理則裕，從欲惟危。造次克念，戰兢自持。習與性成，聖賢同歸。動箴

光緒十四年十一月工部右侍郎兼管錢法堂事務廣東學政錢唐汪鳴鑾書

释文

程子四箴

顔子問克己復禮之目，夫子曰：『非禮勿視，非禮勿聽，非禮勿言，非禮勿動。四者身之用也，繇乎中而應乎外，制於外所以養其中也。』顔子事斯語，所以進於聖人，後之學聖人者，宜服膺而勿先也。因箴以自警。

心兮本虚，應物無迹。操之有要，視爲之則。蔽交於前，其中則遷。制之於外，以安其内。克己復禮，久而誠矣。（視箴）

人有秉彝，本乎天性。知誘物化，遂亡其正。卓彼先覺，知止有定。閑邪存誠，非禮勿聽。（聽箴）

人心之動，因言以宣。發禁躁妄，内斯静專。矧是樞機，興戎出好。吉凶榮辱，惟其所召。傷易則誕，傷煩則支。己肆物忤，出悖來違。非灋不道，欽哉訓辭。（言箴）

哲人知幾，誠之於思。志士厲行，守之於爲。

順理則裕，从欲惟危。造次克念，戰兢自持。

習與性成，聖賢同歸。（動箴）

光緒十四年十一月工部右侍郎兼管錢法堂事務廣東學政錢唐汪鳴鑾書。

考略

此碑存廣州廣雅中學。高300釐米，寬185釐米。篆書，落款楷書。內容為宋代大儒程頤所撰視、聽、言、動四箴。

篆書者汪鳴鑾，字柳門，號郋亭，一作郇亭，浙江錢塘人。同治四年（1865）進士，歷官翰林院編修，陝甘、山東、江西、廣東等省學政，主考河南、江西、廣西、山東等省鄉試，選拔人才注重實學，號稱得人。以功晉侍讀學士、內閣學士。晚年還鄉主講杭州詁經精舍、敷文書院，潛心治學，化育人才。此碑當是汪氏任廣東學政時所書。廣州藥洲《續廣東學政題名碑》上有汪氏名。

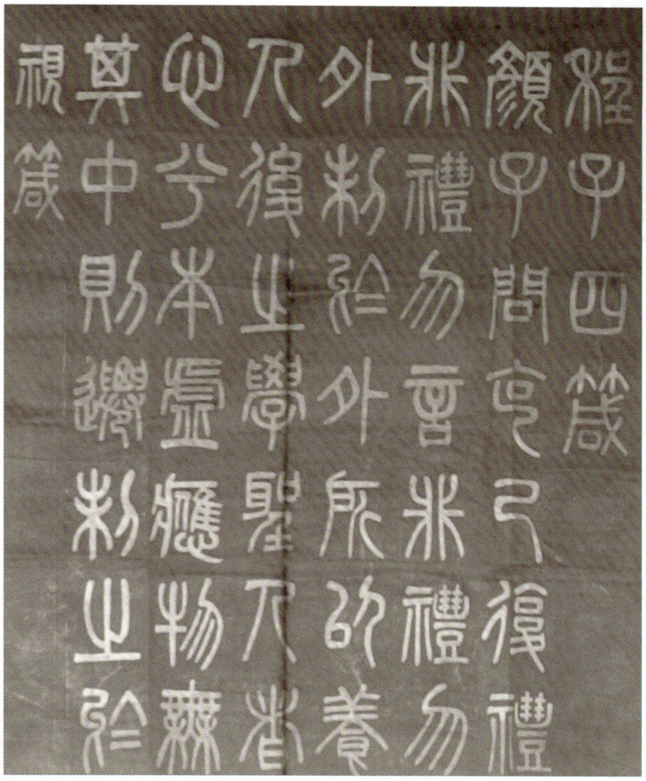

（碑刻局部）

鄭君六藝論

清光緒十五年（1889）

釋文

鄭君六藝論

六藝者，圖所生也。（《春秋公羊傳》，徐彥疏）

河圖洛書，皆天神言語所以教告王者也。（《詩·大雅·文王敘》，孔穎達正義）

易者，陰陽之象。天地之所變化，政教之所生，自人皇初起。（孔穎達《禮記正義·敘》，羅泌《路史前紀》五，羅蘋注）

遂皇之後歷六紀九十一代至宓羲始作十二言之教，以亨君臣之別。（《禮記正義·敘》，羅泌《路史後紀》一，羅蘋注）

宓羲作十言之教曰：『乾坤震巽，坎離艮兑，消息。』無文字，謂之《易》。（朱震《漢上易傳》卷八）

孔子求書，得黄帝元孫帝魁之書，迄秦穆公凡三千二百三十篇。斷遠取近，定可以爲世灋百二十篇。以百二篇爲《尚書》，十八篇爲《中侯》。（王應麟《玉海》卷三十七引鄭元論）

若堯知命在舜，舜知命在禹，猶求於羣臣，舉於側陋。上下交讓，務在服人。孔子曰：『人可使由之，不可使知之。』此之謂也。（《書·堯典》，孔穎達正義）

詩者，弦歌諷喻之聲也。（虞世南《北堂書鈔》卷十，《太平御覽》卷六百八）

自書契之興，樸略尚質。面稱不爲諂，目諫不爲謗。君臣之接如朋友然，在於懇誠而已。斯道稍衰，姦僞以生，上下相犯。及其制禮，尊君卑臣，君道剛嚴，臣道柔順。於是箴諫者稀，情志不通。故作詩以誦其美而譏其過。（《詩譜敘》疏）

唐虞始道其初，至周分爲六詩。（《詩》《毛詩·國風》，孔穎達正義）

河間獻王好學，其博士毛公善說《詩》，獻王號之曰『毛詩』。未有若今傳訓章句。（同上）

注《詩》宗毛爲主，毛義若隱略，則更表明。如有不同，即下己意，使可識別也。

《春秋緯·演孔圖》云：『《詩》會五際、六情。』《泛歷樞》云：『午、亥之際爲革命，卯、酉之際爲改正。辰在天門，出入候聽，卯，天保也。酉，祈父也；午，采芑也；亥，大明也。然則亥爲革命，一際也；亥又爲天門，出入候聽，二際也；卯爲陰陽交際，三際也；午爲陽謝陰興，三際也；酉爲陰盛陽微，五際也。其六情者，則《春秋》之喜、怒、哀、樂、好、惡是也。』（竝同上）

文王刱業至魯僖間，《商頌》不在數矣。孔子刪《詩》時錄此五章，豈無意哉！商邑翼翼，三方之極。我有嘉客，亦不夷釋。豈能忘哉。景山商墳，墓之所在也。商邑之大，豈無賢材哉！松柏仄仄，在於斲而遷之。方斲而敬承之，以用之爾。松柏小材，有挺而整布；衆楹大材，有閑而靜別。既各得施，則寢成而孔安矣。共成羣材而任以成國，則人君高共仰成矣。是綢繆牖戶之義也。（《路史後紀》下，羅蘋注）

禮者，敘尊卑之制，崇敬讓之節也。（《北堂書鈔》卷九十五。《太平御覽》卷六百八，引作崇讓合敬也）

漢興，始於魯淹中得古《禮》五十七篇，其十七篇與今《儀禮》同。其餘三十篇藏在祕府，謂之『逸禮』。

其投壺禮亦此類也。（《禮記·禮器》正義）

漢興，高堂生得《禮》十七篇。（《禮記·禮器》正義）後得孔子壁中古文《禮》凡五十六篇。（一作五十七篇）

其十七篇與高堂生所傳同而字多異，其十七篇外，則『逸禮』是也。（《禮記·敘》正義，又《禮器》正義）

《周官》壁中所得六篇。（《禮記·敘》正義）

案，《漢書·執文志·儒林傳》云：傳《禮》者十三家，唯高堂生及五傳弟子戴德、戴聖名在也。又案，《儒林傳》云：

漢興，高堂生傳《禮》十七篇，而魯徐生善爲頌。孝文時，徐生以頌爲禮官大夫，瑕丘蕭奮以《禮》至淮陽太守。

孟卿，東海人，事蕭奮。以授戴德、戴聖。（同上）

今《禮》行於世者，戴德、戴聖之學也。戴德傳《記》八十五篇，則《大戴禮》是也；戴聖傳《禮》三十九篇，

則此《禮記》是也。（同上）

《春秋》者，國史所記人君動作之事也。左史所記爲《春秋》，右史所記爲《尚書》。（《公羊傳》徐彥疏、

《太平御覽》卷六百八引云：《春秋》者，古史所記之制動作之事也）

治《公羊》者，胡母生、董仲舒。董仲舒弟子嬴公，嬴公弟子眭孟，眭孟弟子莊彭祖及顏安樂，安樂弟子陰豐、

劉向、王彥。（《公羊傳》疏）

左氏善於禮，公羊善於讖，穀梁善於經。（《春秋穀梁傳》敘，楊世勛疏）

孔子以六執題目不同，指意殊别，恐道離散，後世莫知根淵，故作《孝經》以總會之。（《孝經·敘》疏）、元又爲之注。（《唐會要》）

光緒十五年歲在己丑春王正月，署理河南山東河道總督廣東巡撫吴縣吴大澂書。

考略

此碑存廣州廣雅中學。高300釐米，寬185釐米。篆書。刻於光緒十五年（1889）。《六藝論》為東漢鄭玄撰寫的經學論作，已散佚，今存輯本約十種。清人皮錫瑞《六藝論疏證》述之甚詳。

篆書者吴大澂，字止敬，又字清卿，號恒軒，晚號愙齋，江蘇吴縣人。清同治七年（1868）進士。歷官廣東巡撫使，河南、山東河道總督。擅書法，尤精篆書。時粤督張之洞在廣州創建廣雅書院，此碑當是吴氏應張之洞之請而書寫的。張、吴在京為官時，即以清流自居，與張佩綸、陳寶琛、黄體芳、鄧承修等人一起，放言高論，糾彈時政。

許君說文解字序

清光緒十五年（1889）

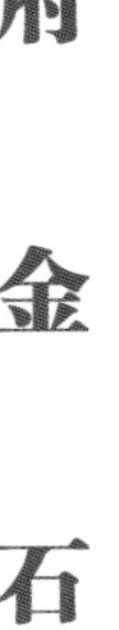

釋文

許君說文解字序

古者庖犧氏之王天下也，仰則觀象於天，俯則觀灋於地，視鳥獸之文與地之宜，近取諸身，遠取諸物；於是始作易八卦，㠯垂憲象。及神農氏，結繩爲治而統其事。庶業其緐，飾僞萌生。黃帝之史倉頡，見鳥獸蹏迒之迹，知分理之可相別異也，初造書契。百工㠯乂，萬品㠯察，蓋取諸夬，揚于王庭。言文者宣教朙化於王者朝廷，君子所㠯施祿及下，居德則忌也。倉頡之初作書，蓋依類象形，故謂之文。其後形聲相益，卽謂之字者，言孳乳而浸多也。著於竹帛謂之書者，如也。㠯迄五帝三王之世，改易殊體，封于泰山者七十有二代，靡有同焉。

《周禮》：八歲入小學，保氏教國子，先㠯六書。一曰指事。指事者，視而可識，察而可見，『上』『下』是也。二曰象形。象形者，畫成其物，隨體詰詘，『日』『月』是也。三曰形聲。形聲者，㠯事爲名，取譬相成，『江』『河』是也。四曰會意。會意者，比類合誼，㠯見指撝，『武』『信』是也。五曰轉注。轉注者，建類一首，同意相受，『考』『老』是也。六曰叚借。叚借者，本無其字，依聲託事，『令』『長』是也。及宣王太史籀，著《大篆》十五篇，與古文或異。至孔子書《六經》，左丘朙述《春秋傳》，皆㠯古文，厥意可得而說。其後諸侯力政，不統於王。惡禮樂之害己，而皆去其典籍。分爲七國，田疇異畝，車涂異軌，律令異灋，衣冠異制，言語異聲，文字異形。秦始皇帝初兼天下，丞相李斯乃奏同之，罷其不與秦文合者。斯作《倉頡》篇。中車府令趙高作《爰歷》篇。

太史令胡母敬作《博學》篇。皆取史籀大篆，或頗省改，所謂小篆者也。是時，秦燒滅經書，滌除舊典。大發隸卒，興役戍。官獄職務緐，初有隸書，㠯趣約易，而古文由此絶矣。自爾秦書有八體：一曰大篆、二曰小篆、三曰刻符、四曰蟲書、五曰摹印、六曰署書、七曰殳書、八曰隸書。

漢興有艸書。尉律：學僮十七已上始試。諷籀書九千字，乃得爲吏。又㠯八體試之。郡移太史并課，最者㠯爲尚書史。書或不正，輒舉劾之。今雖有尉律，不課，小學不修，莫達其說久矣。孝宣時，召通《倉頡》讀者，張敞從受之。涼州刺史杜業、沛人爰禮、講學大夫秦近，亦能言之。孝平時，徵禮等百餘人，令說文字未央廷中，㠯禮爲小學元士。黄門侍郎楊雄采㠯作《訓纂》篇。凡《倉頡》已下十四篇，凡五千三百四十字，羣書所載，略存之矣。及亾新居攝，使大司空甄豐等校文書之部。自㠯爲應制作，頗改定古文。時有六書：一曰古文，孔子壁中書也。二曰奇字，卽古文而異者也。三曰篆書，卽小篆，秦始皇帝使下杜人程邈所作也。四曰左書，卽秦隸書。五曰繆篆，所㠯摹印也。六曰鳥蟲書，所㠯書幡信也。

壁中書者，魯恭王壞孔子宅，而得《禮記》《尚書》《春秋》《論語》《孝經》。又北平矦張倉獻《春秋左氏傳》。郡國亦往往於山川得鼎彝，其銘卽前代之古文，皆自相佀。雖叵復見遠流，其詳可得略說也。而世人大共非訾，㠯爲好奇者也，故詭更正文，鄉壁虛造不可知之書，變亂常行，㠯燿於世。諸生競說字，解經誼，稱秦之隸書爲倉頡時書，云：「父子相傳，何得改易？」乃猥曰：「馬頭人爲長，人持十爲斗，虫者屈中也。」廷尉說律，至㠯字斷灋：「苛人受錢，苛之字止句也。」若此者甚眾，皆不合孔氏古文，謬於史籀。俗儒啚夫，翫其所習，蔽所希聞。不見通學，未嘗睹字例之條。怪舊埶而善野言，吕其所知爲祕妙，究洞聖人之微恉。又見《倉頡》篇中『幼子承詔』，因號：『古帝之所作也，其辭有神僊之術焉。』其迷誤不諭，豈不悖哉！

《書》曰：『予欲觀古人之象。』言必遵修舊文而不穿鑿。孔子曰：『吾猶及史之闕文，今亾也夫！』蓋非其不知而不問。人用己私，是非無正，巧説衺辭，使天下學者疑。蓋文字者，經埶之本，王政之始。耑人所吕垂後人所吕識古。故曰：『本立而道生。』知天下之至嘖而不可亂也。今敍篆文，合吕古籀。博采通人，至于小大信而有證，稽譔其説。將吕理羣類，解謬誤，曉學者，達神恉。分別部居，不相雜廁。萬物咸睹，靡不兼載。厥誼不昭，爰朙吕諭。其偁《易》孟氏，《書》孔氏，《詩》毛氏，《禮》周官，《春秌》左氏，《論語》，《孝經》，皆古文也。其於所不知，蓋闕如也。

光緒十五秊七月。

兩廣總督兼署廣東巡撫南皮張之洞書。

考略

此碑存廣州廣雅中學。高300釐米，寬185釐米。篆書。刻於光緒十五年（1889）。《說文解字》是東漢經學家許慎所著的一部文字學專著。許慎在序言中提出了其對漢字源流發展、體式、作用等方面的見解。對我們瞭解古文字發展情況有一定參考價值。許慎，字叔重。東漢時期汝南召陵人。曾任太尉南閣祭酒等職。師事賈逵攻古文經學。為正秦漢以來書體錯亂和今文經派臆解經義之謬，撰寫了《說文解字》。為我國古文字學的開山之作。篆書者張之洞簡介參見《創建廣雅書院恭摺》之考略。

請頒御書扁額摺

清光緒十五年（1889）

請頒御書扁額摺

奏爲援案請
頒廣雅書院
御書扁額以光講舍而勵人才恭摺仰祈
聖鑒事竊照廣東省會創建廣雅書院合課東西兩省諸生臣於光緒十三年六月曾經
奏明在案祠經書院落成選調兩省士子肄業其中嚴定學規慎防流弊分經史理學經濟四門隨其性之所近而習之各立課程日記以便考核兩省肄業生額定各百名人數衆多添設分
教四人分門講授至策勵品行考察勤惰院長實總其成臣於公餘之暇開諸書院考業稽疑時加訓勉先之以嚴辨義利課之以博約兼資大指欲力救漢學宋學之偏痛戒有文無行之
弊兩年以來才俊輩出造就斐然其餘亦多恪守院規不蹈陋習十年以後人才必大有可觀竊惟嶺海雄博本多秀傑之才近來華洋錯處事雜言哤習俗所移其志趣凡下者多存奇圖
倖獲之念其才智穎悟者或有歧於異學之憂臣設立書院之舉竊欲鼓舞士類維持世風上者闡明聖道砥礪名節博通古今明習時務期於體用兼備儲爲
國家楨幹之材次者亦能圭璧飭躬恂恂鄉黨不染浮囂近利習氣足以淑身化俗士習既善民風因之伏惟我
朝崇儒重道
列聖典學右文各省會書院多蒙
發帑興修賸給諸生膏火江蘇之紫陽書院浙江之敷文崇文兩書院福建之鼇峰書院均蒙
聖祖仁皇帝頒給
御書扁額其江蘇福建之紫陽鼇峰兩書院重蒙
高宗純皇帝頒賜扁額同治年間福建創建正誼書院江蘇重建正誼紫陽兩書院復蒙
穆宗毅皇帝俯允疆臣之請頒發
御書扁額欽
列朝宸翰之昭垂示多士
訓行之正軌人文日盛厥有由來今粵省創建廣雅書院事同一律且兩省肄業人才尤多相應援案仰懇
天恩頒發
御書扁額一方
垂範士林以正學術以勵儒修俾海隅邊徼之士得以瞻仰奉由奮興鼓舞從此賢才蔚起經正民興皆涵濡
聖澤於靡涯矣所有援案請
頒廣雅書院
御書扁額緣由謹會同護理廣西撫臣馬丕瑤廣東學臣樊恭煦廣西學臣黃槐森恭摺具
奏再廣東巡撫現係臣兼署無庸會銜合併陳明伏祈
皇上聖鑒謹
奏
光緒十五年八月二十二日具奏　月　日奉
硃批

兩廣總督臣張之洞跪

釋文

（碑額）請頒御書扁額摺

兩廣總督臣張之洞跪奏，為援案請頒廣雅書院御書扁額，以光講舍而勵人才恭摺，仰祈聖鑒事。

竊照廣東省會創建廣雅書院，合課東西兩省諸生，臣於光緒十三年六月曾經奏明在案，嗣經書院落成，選調兩省士子肄業其中，嚴定學規，慎防流弊，分經、史、理學、經濟四門，隨其性之所近而習之，各立課程日記以便考核。兩省肄業生額定各百名，人數衆多，添設分教，四人分門講授，至策勵品行，考察勤惰，院長實總其成。臣於公餘之暇，閒詣書院考業稽疑，時加訓勉，先之以嚴辨義利，課之以博約兼資大指，欲力救漢學宋學之偏，痛戒有文無行之弊。兩年以來，才俊輩出，造就斐然，其餘亦多恪守院規，不蹈陋習，十年以後，人才必大有可觀。竊惟嶺海雄博，本多秀傑之才，近來華洋錯處，事雜言哤，習俗所移，其志趣凡下者，多存希圖倖獲之念，其才智穎悟者，或有歧於異學之憂，臣設立書院之舉，竊欲鼓舞士類，維持世風，上者闡明聖道，砥礪名節，博通古今，明習時務，期於體用兼備，儲為國家楨幹之材，次者亦能圭璧飭躬，恂恂鄉黨，不染浮囂近利習氣，足以淑身化俗，士習既善，民風因之。

伏惟我朝崇儒重道，列聖典學右文，各省會書院多蒙發帑與修，贍給諸生膏火。江蘇之紫陽書院，浙江之敷文、崇文兩書院，福建之鼇峰書院，均蒙聖祖仁皇帝頒給御書扁額。其江蘇、福建之紫陽、鼇峰兩書院，重蒙高宗純皇帝頒賜扁額。同治年間，福建創建正誼書院，江蘇重建正誼、紫陽兩書院，復蒙穆宗毅皇帝俯允疆臣之請，頒發御書扁額。欽列朝宸翰之昭垂，示多士訓行之正軌，人文日盛，厥有由來。今粵省創建廣雅書院，事同一律，且兩省肄業人才尤多，相應援案，仰懇天恩頒發御書扁額一方，垂範士林，以正學術，以勵儒修，俾海隅邊徼之士，得以瞻仰，率由奮興鼓舞，從此賢才蔚起，經正民興，皆涵濡聖澤於靡涯矣。

所有援案請頒廣雅書院御書扁額緣由，謹會同護理廣西撫臣馬丕瑤，廣東學臣樊恭煦，廣西學臣黄煦，恭摺具奏，再廣東巡撫現係臣兼署，無庸會銜，合併陳明，伏祈皇上聖鑒。謹奏。

光緒十五年八月二十二日具奏。月　日奉硃批。

兩廣鹽運使前翰林院編修英啟謹書。

考略

此碑存廣州廣雅書院。高214釐米，寬92釐米。端石質。篆額，正文楷書。刻於光緒十五年（1889），是兩廣總督張之洞奏請光緒皇帝頒給廣雅書院御書匾額的奏摺。碑文中列舉江蘇紫陽書院，浙江敷文、崇文書院，福建鼇峰、正誼書院等都曾獲御書匾額，張之洞援引各案，會同護理廣西撫臣馬丕瑤等懇請光緒皇帝賜廣雅書院御書匾額，用以『垂範士林，以正學術，以勵儒修』。

篆書者張之洞簡介參見《創建廣雅書院恭摺》之考略。

書丹者英啟，號續村，瀋陽漢軍鑲白旗人。清咸豐九年（1859）進士，授翰林院編修，晉侍講，以奏辦院事察典記名。曾任兩廣鹽運使。著有《雪堂唱和集》。

廣雅書院學規

清光緒十五年（1889）

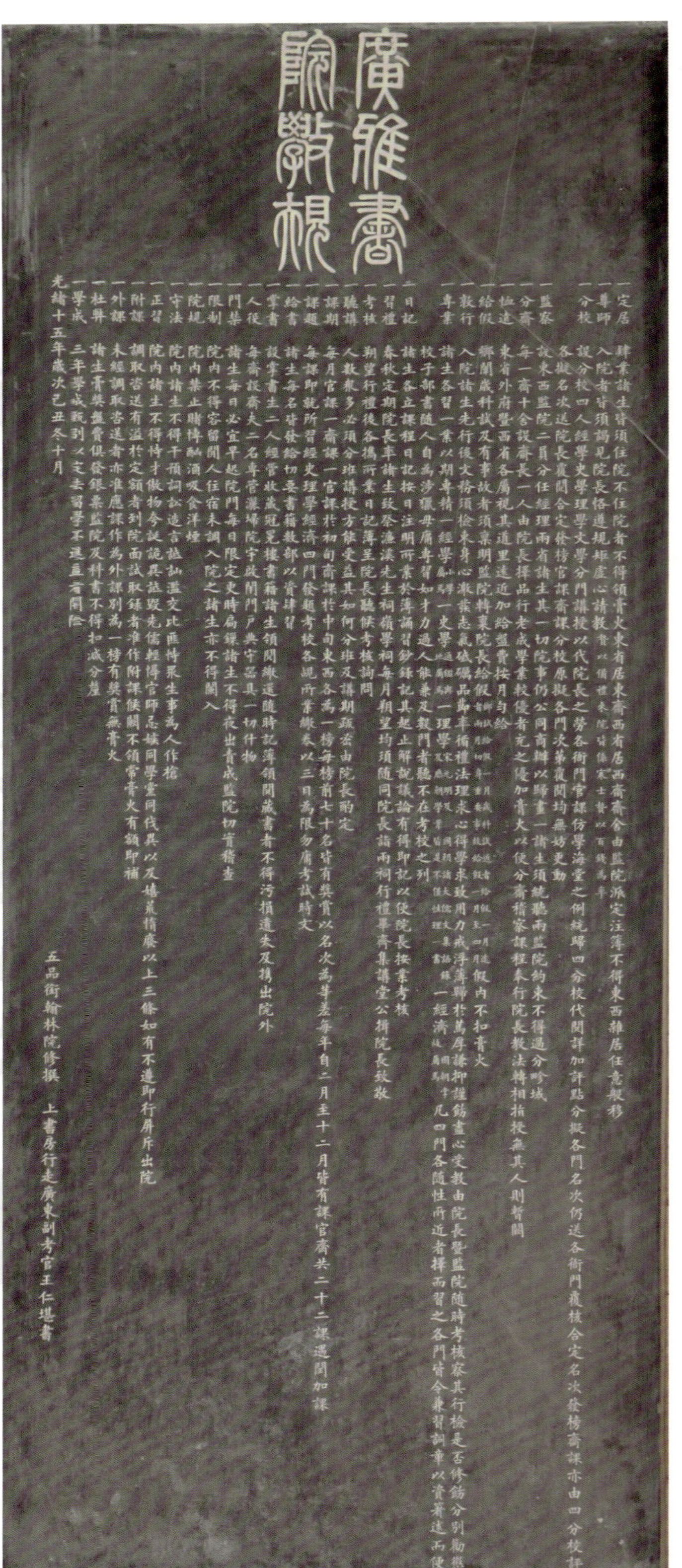

廣雅書院學規

一定居 肆業諸生皆須住院不住院者不得領膏火東省居東齋西省居西齋齋舍由監院派定注簿不得東西雜居任意搬移

一尊師 入院者皆須謁見院長恪遵規矩虛心請教（贄以備禮束脩皆係寒士贄以百錢爲率）

一分校 設分校四人經學史學理學文學分門講授以代院長之勞各衙門官課仿學海堂之例統歸四分校代閱詳加評點分擬各門名次仍送各衙門覆核合定名次發榜齋課亦由四分校評閱各擬名次送院長覆閱合定發榜官課齋課分校原擬各門次第覆閱均無妨更動

一監察 設東西監院二員分任經理兩省諸生其一切院事仍公同商辦以歸畫一諸生須統聽兩監院約束不得遇分畛域

一分齋 每一齋十舍設齋長一人由院長擇品行老成學業較優者充之優加膏火以便分齋稽察課程奉行院長教法轉相指授無其人則暫闕

一恤遠 東省外府暨西省各屬視其道里遠近加給盤費按月勻給

一給假 鄉闈歲科試及有事故者須稟明監院轉稟院長給假（[illegible]）假內不扣膏火

一敦行 入院諸生先行後文務須檢束身心激發志氣砥礪品節率循禮法理求心得學求致用力戒浮薄歸於篤厚謙抑謹飭盡心受教由院長暨監院隨時考核察其行檢是否修飭分別勸懲

一尊業 諸生各習一業以期專精 一經學（[illegible]）一史學（[illegible]）一理學（[illegible]）一經濟（[illegible]）凡四門各隨性所近者擇而習之各門皆令兼習詞章以資著述而便考校子部書隨人自爲涉獵毋庸專習如才力過人能兼及數門者聽不在考校之列

一日記 諸生各立課程日記按日注明所業於講誦習鈔錄記其起止解說議論有得即記以便院長按業考核

一習禮 春秋定期院長率諸生致祭濂溪先生祠嶺學祠每月朔望均須隨同院長詣兩祠行禮畢齊集講堂公揖院長致敬

一考核 朔望行禮後各攜所業日記簿呈院長聽候考核詢問

一聽講 人數衆多必須分班講授方能受益其如何分班及講期疏密由院長酌定

一課期 每月官課一齋課一官課於初旬齋課於中旬東西各爲一榜每榜前七十名皆有獎賞以名次爲等差每年自二月至十二月皆有課官齋共二十二課遇閏加課

一課題 每課即就所習經史理學經濟四門發題考校各視所業繳卷以三日爲限勿庸考試時文

一給書 諸生每名皆發給切要書籍數部以資肄習

一掌書 設掌書生二人經管收藏冠冕樓書籍諸生領閱繳還隨時記簿領閱藏書者不得污損遺失及攜出院外

一人役 每齋設齋夫二名專管灑掃院宇啟閉門戶典守器具一切什物

一門禁 諸生每日必宜早起院門每日限定更時扃鑰諸生不得夜出責成監院切實稽查

一限制 院內不得容留閒人住宿未調入院之諸生亦不得闌入

一院規 院內禁止賭博酗酒吸食洋煙

一守法 院內諸生不得干預詞訟造言誣訕濫交比匪恃衆生事爲人作槍

一正習 院內諸生不得恃才傲物妄誕詭異詆毀先儒輕侮官師忌嫉同學黨同伐異以及嬉荒惰廢以上三條如有不遵即行屏斥出院

一附課 調取咨送有溢於定額者到院面試取錄者准作附課候闕不領常膏火有額即補

一外課 未經調取咨送者亦准應課作爲外課別爲一榜有獎賞無膏火

一杜弊 諸生膏獎盤費俱發銀[illegible]監院及[illegible]書不得扣減分釐

一學成 三年學成甄別以定去留學不進益者開除

光緒十五年歲次己丑冬十月

五品銜翰林院修撰 上書房行走廣東副考官王仁堪書

釋文

（碑額）廣雅書院斆規

一　定居。肄業諸生，皆須住院，不住院者，不得領膏火。東省居東齋，西省居西齋，齋舍由監院派定注簿，不得東西雜居，任意般移。

一　尊師。入院者皆須謁見院長，恪遵規矩，虛心請教。（贄以備禮，來院皆係寒士，贄以百錢為率。）

一　分校。設分校四人，經學、史學、理學、文學，分門講授，以代院長之勞。各衙門官課，仿學海堂之例，統歸四分校代閱，詳加評點，分擬各門名次，仍送各衙門覆核。合定名次發榜。齋課亦由四分校評閱，各擬名次，送院長覆閱，合定發榜。官課齋課，分校原擬各門，次第覆閱，均無妨更動。

一　監察。設東西監院二員，分任經理兩省諸生，其一切院事，仍公同商辦，以歸畫一，諸生須統聽兩監院約束，不得過分畛域。

一　分齋。每一齋十舍，設齋長一人，由院長擇品行老成，學業較優者充之，優加膏火，以便分齋稽察課程，奉行院長教法，轉相指授，無其人則暫闕。

一　恤遠。東省外府暨西省各屬，視其道里遠近，加給盤費，按月勻給。

一　給假。鄉闈歲科試及有事故者，須稟明監院，轉稟院長給假。（鄉試給假一月，歲科試近者給假一月，

遠者兩月，切身重要事故，給假一月至四月。）假内不扣膏火。

一　敦行。入院諸生，先行後文，務須檢束身心，激厲志氣，砥礪品節，率循禮法，理求心得，學求致用，力戒浮薄，歸於篤厚謙抑，謹飭盡心受教，由院長暨監院隨時考核，察其行檢是否修飭，分别勸懲。

一　專業。諸生各習一業，以期專精。一經學（小學屬焉），一史學（《通鑒》《輿地》屬焉），一理學（宋、元、明及國朝諸大儒文集、語録及歷朝學案皆是，不僅《性理》一書），一經濟（國朝掌故屬焉）。凡四門各隨性所近者，擇而習之，各門皆令兼習詞章以資著述，而便考校。子部書随人自為涉獵，毋庸專習，如才力過人，能兼及數門者，聽不在考校之列。

一　日記。諸生各立課程日記，按日注明所業於簿，誦習鈔録記其起止，解説議論有得即記，以便院長按業考核。

一　習禮。春秋定期，院長率諸生致祭濂溪先生祠、嶺學祠，每月朔望均須随同院長詣兩祠，行禮畢，齊集講堂，公揖院長致敬。

一　考核。朔望行禮後，各擕所業日記簿，呈院長聽候考核詢問。

一　聽講。人數衆多，必須分班講授，方能受益，其如何分班及講期疏密，由院長酌定。

一　課期。每月官課一，齋課一，官課於初旬，齋課於中旬。東西各為一榜，每榜前七十名，皆有奬賞，以名次為等差。每年自二月至十二月，皆有課，官齋共二十二課，遇閏加課。

一　課題。每課即就所習經、史、理學、經濟四門發題考校，各覘所業，繳卷以三日為限，勿庸考試時文。

一　給書。諸生每名各皆發給切要書籍數部，以資肄習。

一　掌書。設掌書生二人，經管收藏冠冕樓書籍，諸生領閲繳還，隨時記簿，領閲藏書者，不得污損、遺失及携出院外。

一　人役。每齋設齋夫二名，專管灑埽院宇、啟閉門戶、典守器具一切什物。

一　門禁。諸生每日必宜早起、院門每日限定更時扃鑰，諸生不得夜出，責成監院切實稽查。

一　限制。院内不得容留閒人住宿，未調入院之諸生，亦不得闌入。

一　院規。院内禁止賭博、酗酒、吸食洋煙。

一　守法。院内諸生不得干預詞訟、造言、詆訕、濫交比匪、恃衆生事、為人作槍。

一　正習。院内諸生不得恃才傲物、夸誕詭異、詆毁先儒、輕慢官師、忌嫉同學、黨同伐異，以及嬉荒惰廢。

以上三條如有不遵，即行屏斥出院。

一　附課。調取咨送有溢於定額者，到院面試，取録者准作附課候闕，不領常膏火，有額即補。

一　外課。未經調取咨送者，亦准應課作為外課，别為一榜，有奬賞無膏火。

一　杜弊。諸生膏奬盤費，俱發銀票，監院及科書不得扣減分釐。

一　學成。三年學成，甄别以定去留，學不進益者開除。

光緒十五年歲次己丑冬十月。

五品銜翰林院修撰、上書房行走、廣東

副考官王仁堪書。

考略

此碑存廣州廣雅書院。高214釐米，寬92釐米。端石質。篆額，正文楷書。內容為廣雅書院學規，分定居、尊師、分校、監察、分齋、恤遠、給假、敦行、專業、日記、習禮、考核、聽講、課題、給書、掌書、人役、門禁、限制、院規、守法、正習、附課、外課、杜弊、學成等二十七條，可見廣雅書院制度極為嚴格。後又續增十條，更為詳細。

書丹者王仁勘，福建閩縣人。清光緒三年（1877）正科狀元。先授翰林院修撰，後外放山西學政。先後主持貴州、江南、廣東鄉試。

一定居 肄業諸生皆須住院不住院者不得
一尊師 入院者皆須謁見院長恪遵規矩虛
一分校 設分校四人經學史學理學文學分
各擬名次送院長覆閱合定發榜官
一監察 設東西監院二員分任經理兩省諸
一分齋 每一齋十舍設齋長一人由院長擇
一恤遠 東省外府暨西省各屬視其道里遠
一給假 鄉闈歲科試及有事故者須禀明監
一敦行 入院諸生先行後文務須檢束身心
一專業 諸生各習一業以期專精一經學屬小
校子部書隨人自為涉獵毋庸專習
一日記 諸生各立課程日記按日注明所業
一習禮 春秋定期院長率諸生致祭濂溪先
一考核 朔望行禮後各攜所業日記簿呈院
一聽講 人數衆多必須分班講授方能受益
一課期 每月官課一齋課一官課於初旬齋
一課題 每課即就所習經史理學經濟四門
一給書 諸生每名皆發給切要書籍數部以
一掌書 設掌書生二人經管收藏冠冕樓書
一人役 每齋設齋夫二名專管灑埽院宇啟
一門禁 諸生每日必宜早起院門每日限定
一限制 院內不得容留閒人住宿未調入院

（碑刻局部）

拙禽

清光緒間

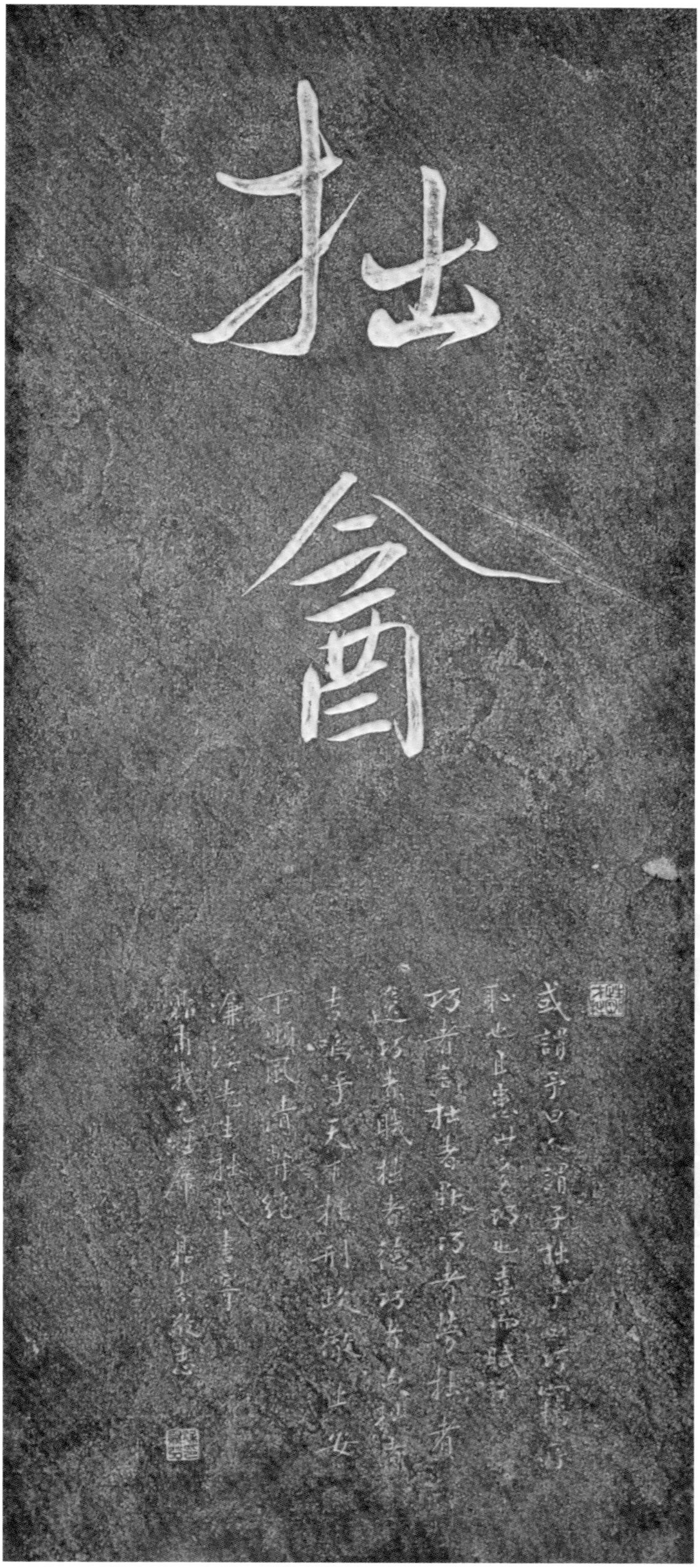

釋文

拙畬

或謂予曰：『人謂子拙。』予曰：『巧，竊所耻也。且患世多巧也。』喜而賦之：

巧者言，拙者默；巧者勞，拙者逸；巧者賊，拙者德；巧者凶，拙者吉。嗚呼！天下拙，刑政徹。上安下順，

風清弊絶。

濂溪先生《拙賦》。

書寄鼎甫我兄經席。

鼎芬敬志。

考略

此碑存廣州廣雅中學。端石質。楷書。晚清粤中名士梁鼎芬題書。錄宋代理學家周敦頤（濂溪）《拙賦》，朱熹曾以『拙窩』名其居室，表達為人處事寧拙毋巧的心志。

撰文者梁鼎芬，廣雅書院第一任山長（1888—1889）；朱一新，廣雅書院第二任山長（1888—1894），即朱鼎甫侍御。二山長均為剛正直言篤實之人。

元廣州市舶提舉司殘碑

元至正三年（1343）之後

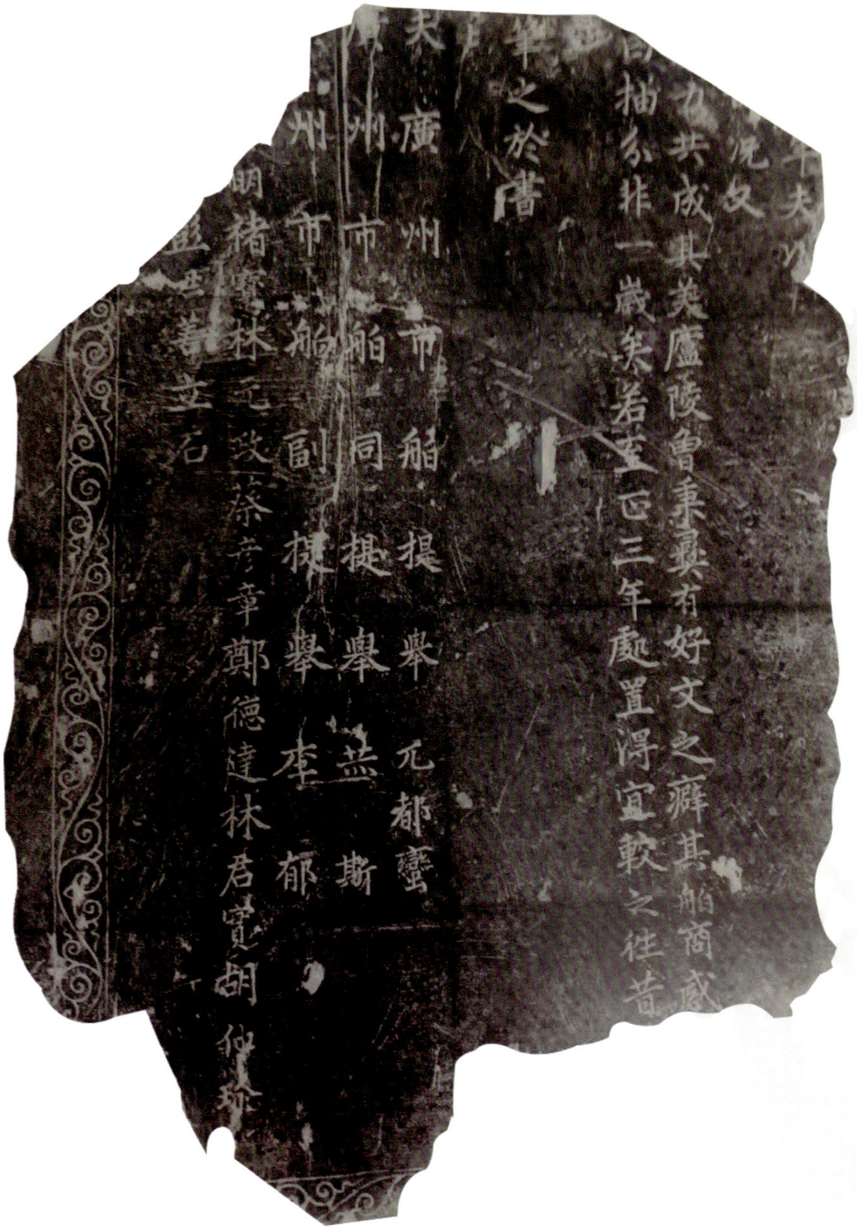

釋文

（前文殘缺）年夫以（下文殘缺）

（前文殘缺）況又（下文殘缺）

（前文殘缺）力，共成其美。廬陵魯秉彝

有好文之癖，其舶商感（下文殘缺）

（前文殘缺）曰抽分非一歲矣。若至正三

年處置淂宜，較之往昔（下文殘缺）

（前文殘缺）筆之於書。

（前文殘缺）夫廣州市舶提舉　兀都蠻

（前文殘缺）廣州市舶同提舉　赫斯

（前文殘缺）廣州市舶副提舉　李郁

（前文殘缺）明、褚寶、林元政、蔡彥章、

鄭德達、林君實、胡仲珍

（前文殘缺）彭君善立石。

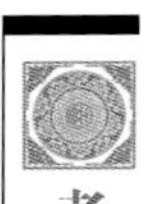

考略

此碑已佚，僅存拓本，藏於廣東省博物館。殘高41釐米，寬30釐米。文中有『至正三年處置得宜』等句，可知此碑當立於至正三年（1343）之後。該碑為元代廣州市舶提舉兀都蠻等所刻，內有『舶商』『抽分』等字樣，反映了元代廣州市舶司對海外貿易商品進行徵稅的情況。

元代廣州市舶司設於至元二十三年（1286），全稱為廣州市舶提舉司。元代市舶借鑒宋代市舶法規，製定有詳盡的市榷法，對海外番舶進行徵稅，稱『抽分』，稅後方可交易。元代多委任色目人擔任海舶督理官員，如著名的海商泉州蒲壽庚、澉浦楊樞等，此廣州市舶提舉兀都蠻則又為一例，可證史志之闕者。

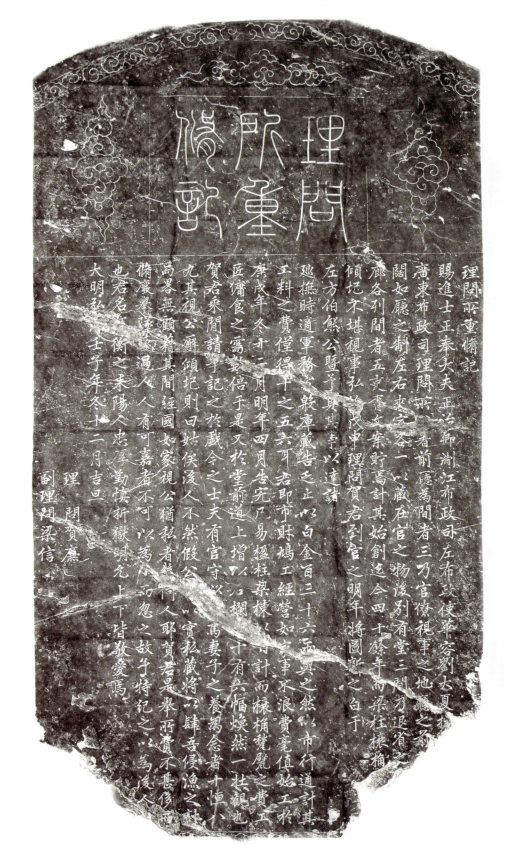

理問所重修記

明弘治五年（1492）

理問所重脩記

賜進士正奉大夫正治卿浙江布政司左布政使華容劉大夏撰

廣東布政司理問所[illegible]者前廳爲問者三乃官僚視事之地廳之前

闕如廳之制左右夾室各一以藏在官之物後別有堂三間乃退省之

廊各列間者五吏胥文案貯焉計其始創迄今四十餘年而梁柱榱桷

傾圮不堪視事弘治戊申理問賀君到官之明年將圖新之白于

左方伯熊公暨予具其事以達諸

巡撫時適軍務[illegible]殷庫藏告乏止以白金百三十六兩興之然以市行通計其

工料之費僅得十之五六耳君即市財鳩工經營如家事不浪費毫值始工於

庚戌年冬十二月明年四月告完凡易楹柱梁棟[illegible]計而榱桷甓甃之費工

匠傭食之需數倍于是又於堂前道上增以欄十有六楹煥然一壯觀也

賀君乘間請予記之於戲今之士夫有官守以爲妻子之養爲念者十恒八

九其視公廨傾圮則曰姑俟後人不然假公以實私藏將以肆吾侵漁之計

而略無顧藉其間經國如家視公猶私者幾何人耶賀君是舉所費不悉侈[illegible]

脩廢舉墜[illegible]過人人有可嘉者不可以爲[illegible]而忽之故予特紀之以爲後人

也君名[illegible]衡之耒陽人忠厚勤慎折獄明允上下皆敬愛焉

大明弘[illegible]壬子年冬十二月吉旦

理　問賀　廉

副理問梁　信

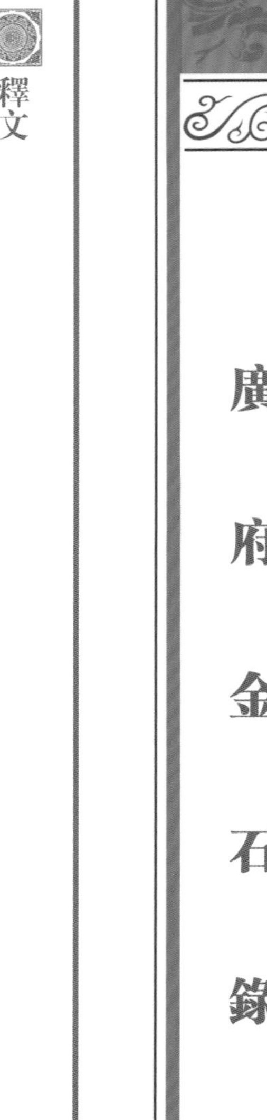

釋文

（碑額）理問所重脩記

理問所重脩記

賜進士正奉大夫正□卿淛江布政司左布政使華容劉大夏撰。

廣東布政司理問所□署前，廳為間者三，乃官僚視事之地。廳之前□□□□闊如；廳之制，左右夾室各一，以藏在官之物；後別有堂三間，乃退省之□，□□廊各列間者五，吏胥文案貯焉。計其始創迄今四十餘年，而梁柱榱桷□□□傾圮，不堪視事。弘治戊申，理問賀君到官之明年，將圖新之，白于左方伯熊公暨予，具其事以達諸巡撫。時適軍務方殷，庫藏告乏，止以白金百三十六兩與之，然以市行通計，其工料之費，僅得十之五六耳。君即市財鳩工，經營如家事，不浪費毫值。始工於庚戌年冬十二月，明年四月告完，凡易楹柱梁棟以百計，而榱桷甃甓之費、工匠傭食之需，數倍于是。又於堂前道上增以石欄□十有六幅，煥然一壯觀也。賀君乓冑請予記之。於戲！今之士夫有官守以□□妻子之養為念者，十恒八九，其視公廨傾圮，則曰姑俟後人，不然，假公□以實私藏，將以肆吾侵漁之計而略無顧藉。其間經國如家，視公猶私者，幾何人耶？賀君是舉，所費不甚侈，而脩廢舉墜遠過人。人有可嘉者，不可以為小而忽之，故予特紀之，以為後人□□也。君名廉，衡之耒陽人，忠厚勤慎，折獄明允，上下皆敬愛焉。

大明弘治壬子年冬十二月吉旦。

理問：賀廉。

副理問：梁信。

考略

此碑原存廣東布政司署，後移置廣州博物館。高 180 釐米，寬 103 釐米。篆額，正文行楷書。書法峻秀穩健。碑腳殘兩角。內容為廣東布政司理問賀廉倡議並完成重修理問所建築之經過。布政司為明代行省最高行政機關，行政長官布政使主掌一省之政；理問所，元朝始設，為行中書省衙署，掌勘核刑名案件。明清時期，理問所為布政使司所屬機構。

撰文者劉大夏，字時雍，號東山，湖廣華容人。與王恕、馬文升合稱明『弘治三君子』。弘治二年（1489）任廣東右布政使，賑災平亂，勸農治吏，饒有政績。弘治十五年（1502）任兵部尚書。正德十一年（1516）五月卒。贈太保，謚忠宣。

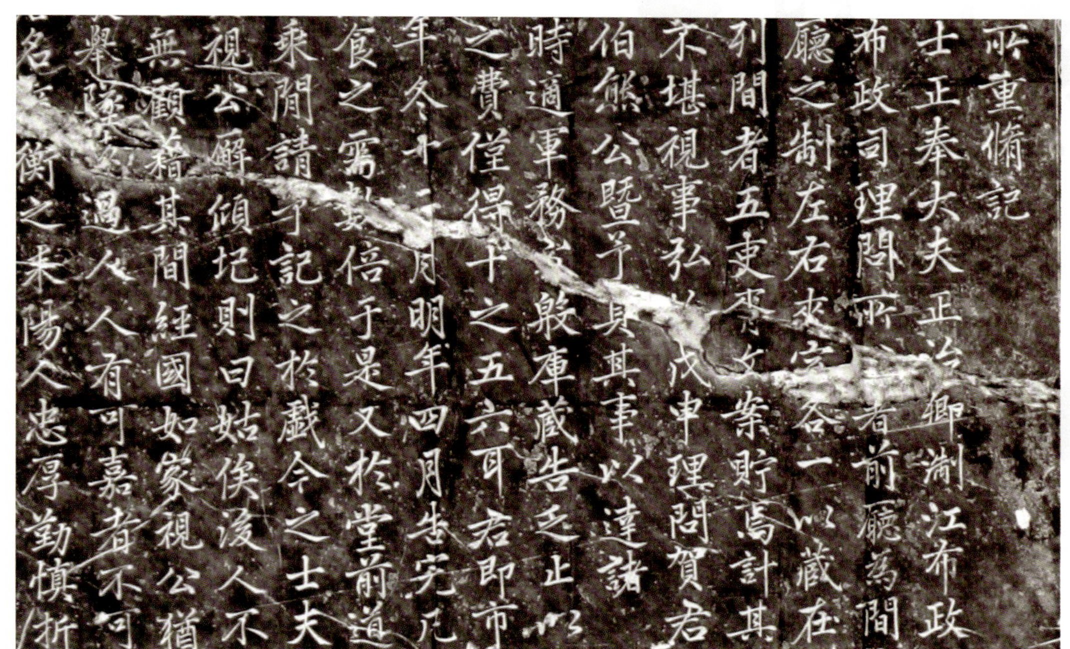

（碑刻局部）

重修理問所記

明弘治五年（1492）

釋文

（碑額）重脩理問所記

重脩理問所記

奉議大夫廣州府同知襄陽鄒濟撰。

承直郎都司斷事司斷事武進吴瑛書。

事宜而勞民，民不告勞；事宜而費財，財不恤費；事宜而有言，言不為誇。東廣自行省變而為布政使司，即有理刑之昕，名曰理問，與天下藩省設理刑之昕等也。厥昕之建，在司之東偏，蓋以昕生待昕訊也。昕之廳事廢舉，不知其幾，今之昕脩者，實正統戊辰歲理問李公珩之昕建也。自戊辰曁庚戌，幾四十有三年矣，梁棟傾欹，瓦垣剥落，堦除蓁蕪，華采漫漶，其不堪瞻□者多矣。吾鄉賀公以清文事優為，世故老練，性資清楚，素為鄉人之昕愛慕者也。弘治戊申夏來官扵此，飄風濕雨，觸目興懷，既為昕訊者慮，亦為訊之者之昕不足，由是建白扵方伯熊公、劉公，移文扵都憲秦公，皆以昕舉為不可已者，由是得支廣豐白金五鎰餘。賀公領既，盡付之昕吏譚珩、梁廷琮而公其昕出，賀公扵此畧不染指，惟示責扵二吏而稽驗之耳。其案牘顧景廉亦惟協助扵其間。由是鳩工貿材，撤舊為新，前廳事凡六間、耳房二間、後堂三間、東廳事三間、左右吏房凡十間，内門樓一座，甬道堦砌石欄凡三十有六幅，則皆為之輪奐有足觀者。肇工自庚戌冬季月，為落于辛亥夏孟月，辛勤而服其事者畧不憚煩。壬子春，同官者梁公適至，一覩其□□者，稱賞再四，蓋樂賀公之倜儻磊落，豪邁不羈，善昕事也。□賀公弗為，而梁公覩之，亦必如賀公之昕為也。蓋事宜而不容自已，人心之昕同也。賀公以其事囑記於予，予因属筆而著其實，具以誌歲月也。詩云乎哉！其荔枝木八本，松木五本，皆舊之昕植而今益繁茂也。自□而復有昕本者，則賀公、梁公之昕植也。凡昕言者皆勒於石，庶幾後之觀者於此亦有昕據。

大明弘治壬子歲孟冬吉日。

承務郎廣東布政司理問昕理問：耒陽賀廌。從仕郎廣東布政司理問昕副理問：棠邑梁信。

案牘：嘉興顧清。司獄：瀘州程相。

吏典：李蓁、林豪、黄遠、梁裕、宋時遠、黄應春、陳詔、羅萬慶、董昂、陳鼐、宋綬等立石。

考略

此碑原存廣東布政司署，後移置廣州博物館。高167釐米，寬71釐米。篆額，正文行楷書。內容為明弘治年間重修廣東布政司之屬衙理問所事宜。明清時，理問所為布政使司所屬機構。理問者，審理、詢問之謂也，理問之職掌推勘刑名。據《元史·刑法志一》：『其鬬訟，及科差不公自相告言者，從本管理問。』明代廣東布政使司在廣州惠愛大街（今廣州北京路北段），該處在西漢時為南越王宫苑，隋為廣州刺史署，唐為嶺南東道清海軍節度使府，南漢為王宫，宋為廣南東路經略安撫使署，元為廣東道宣慰使司都元帥府，明初為廣東行中書省，洪武九年（1376）改為廣東承宣布政使司，清代因之。

撰文者鄒濟，襄陽人，曾任廣州府同知。書丹者吴瑛，武進人，曾任承直郎都司斷事司斷事。

番禺縣新建義學記

清雍正八年（1730）

考略

此碑原存何處不詳，現置廣州博物館。高127釐米，寬88釐米。楷書。碑下段殘缺。內容為清雍正八年（1730）番禺知縣麗嶼於省城大東門內捐建義學經過。清代義學之設，是根據康熙四十一年（1702）『定義學小學之制』（《清世祖實錄》），及康熙五十一年（1712）『令各省府州縣多立義學，聚集孤寒，延師教讀』（《清世祖實錄》）之規定而设，與府州縣學、社學、書院及私塾教館等組成地方教育體系。

撰文者王士俊，字灼三，號犀川，貴州平越府人。清康熙五十九年（1720）進士。歷任河南許州知州、廣東瓊州知府、廣東布政使、湖北巡撫、兵部尚書、四川巡撫等職。

釋文

番禺縣新建義學記

宋范純仁之知襄邑也，縣宇學舍皆新之，又營義學上田，擇鄉之賢者（下文殘缺）今聖天子御宇重守，令振學校，思得經明行脩之士，文治光昭海隅，率俾五領以（下文殘缺）能集事其大者，澄清欺隐，解散盜賊，民咸賴之。踰年報最，人疑令之以强（下文殘缺）在養民，有父之尊在教民。夫子不云乎？子產猶衆人之母也，能食之不能教（下文殘缺）刮垢磨光之氣，吾知其必有勸也。遂捐養廉四百金，建義學於縣治之右，有（下文殘缺）養，氣象軒露，規模弘備，落成於雍正庚戌年二月初吉，余因告令曰：善哉！令之（下文殘缺）余更有說焉。《韓子》云：『學者所以敎其寔也。』《白虎通》云：『庠者詳禮義，序者序長幼』（下文殘缺）其弗文也，而患其或遺於行也。且夫義學之教，與宮墻不同，宮墻之內，進取有定（下文殘缺）小學也，成人有德，小子有造，弗限其年；士之子為士，農之子亦為士，弗辨其類（下文殘缺）也。堯舜之道，孝弟而已矣；夫子之道，忠恕而已矣。是教實行之說也。吾知令之立（下文殘缺）而令遷廣東司馬，職在理猺，將之任，書以示之。夫猺人，猶鄒魯之民也，忠信篤敬（下文殘缺）聖朝一道同風之化，尊君親上之誼，是教之大成也。余又将執筆記之。龎君名嶼，粵西欝（下文殘缺）。

雍正八年春二月中浣穀旦。

賜進士出身欽點翰林院庶吉士廣東等處承宣布政使司布政使王士俊撰。

重建南園十先生粟主碑記

清嘉慶十五年（1810）

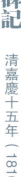

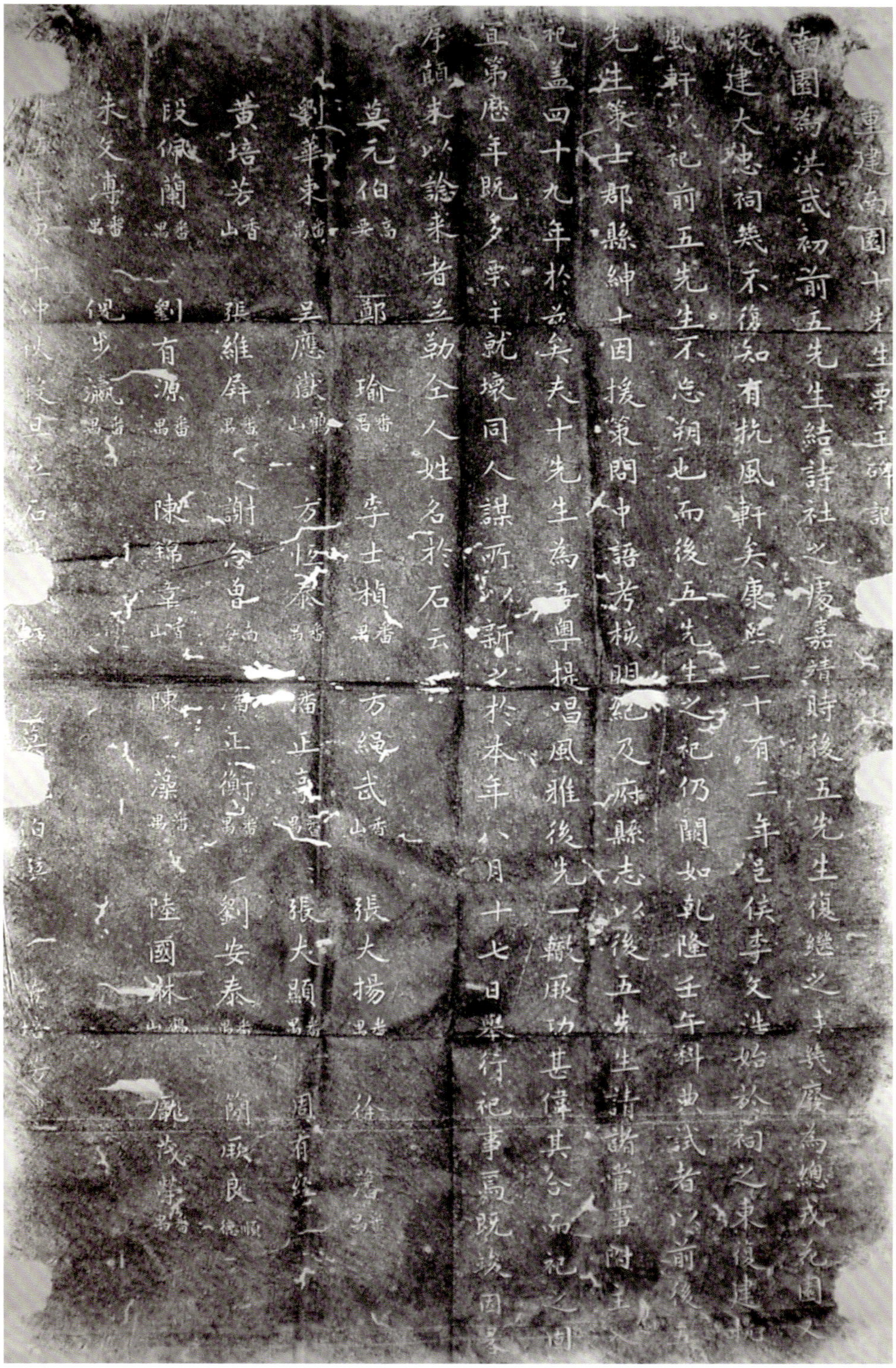

釋文

重建南園十先生栗主碑記

南園為洪武初前五先生結詩社之處，嘉靖時後五先生復繼之。未幾廢為總戎花園，又改建大忠祠，幾不復知有抗風軒矣。康熙二十有二年，邑侯李文浩始於祠之東復建抗風軒，以祀前五先生，不忘朔也。而後五先生之祀仍闕如。乾隆壬午科典試者以前後五先生策士，郡縣紳士因援策問中語考核明紀及府縣志，以後五先生請諸當事，附主入祀，盖四十九年扵兹矣。夫十先生為吾粵提唱風雅，後先一轍，厥功甚偉，其合而祀之，固宜。第歷年既多，栗主就壞，同人謀所以新之，扵本年八月十七日舉行祀事焉。既竣，因掾序顛末，以諗來者，並勒仝人姓名扵石云。

莫元伯（高要）、鄭瑜（番禺）、李士楨（番禺）、方繩武（香山）、張大揚（番禺）、徐藩（番禺）、劉華東（番禺）、吴應嶽（鶴山）、方恒泰（番禺）、潘正亨（番禺）、張大顯（番禺）、周有經、黄培芳（香山）、張維屏（番禺）、謝念曾（南海）、潘正衡（番禺）、劉安泰（番禺）、簡厥良（順德）、段佩蘭（番禺）、劉有源（番禺）、陳錦章（香山）、陳藻（番禺）、陸國琳（鶴山）、龎茂榮（番禺）、朱文溥（番禺）、倪步瀛（番禺）。

嘉慶十五年庚午仲秋穀旦立石。莫元伯撰，黄培芳書。

此碑原存廣州南園詩社抗風軒，今園久已毀，碑亦不存，僅存拓本。內容為重建南園十先生祠經過。文中盛贊『南園十先生』對南粵的貢獻。『南園十先生』，是指明代廣州南園詩社的十位詩人，分前五先生（孫蕡、王佐、黃哲、李德、趙介）；後五先生（歐大任、梁有譽、黎民表、吳旦、李時行）。南園詩社對嶺南詩壇的影響極大，詩人們以文會友，推動了嶺南詩歌藝術的繁榮發展，在嶺南乃至中國詩歌史上有着重要的地位。其流風遺韻，至近代不衰。

撰文者莫元伯，字臺可，廣東高要人。清乾隆四十四年（1779）進士，官番禺訓導。喜讀史，以學行聞於時。著有《柏香齋詩鈔》，《清史列傳》等。

書丹者黃培芳，清廣東香山人，字子實，又字香石，自號粵嶽山人。清嘉慶九年（1804）中式副榜（副貢生）進入太學肄業。道光二年（1822）充補武英殿校錄官，後陞肇慶府訓導，封內閣中書銜。能詩，亦工書畫。與張維屏、譚敬昭合稱『粵東三子』。

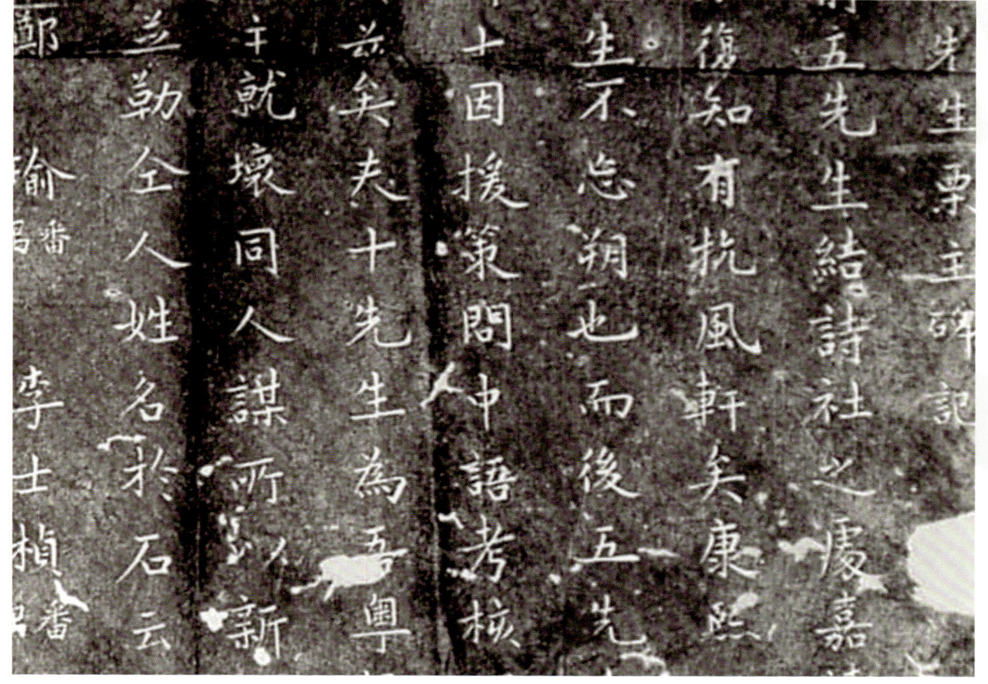

（碑刻局部）

廣東歷任水師提督題名碑記

清道光十五年（1835）

（碑額）廣東歷任水師提督題名碑記

天生五材，去兵未聞於自古；國張九伐，治隆莫尚於當今。顧秋獮春蒐，本寓習戎之術；而揆文奮武，原無偏廢之時。《司馬法》曰：『天下安，忘戰危。』故建帥設營，雖自古帝王未有能去兵者。况粵東海道，東聯閩浙，西達雷瓊。番船、夷船遠來絕徼，漁舟、商艇絡繹重洋。龍穴之外，則汪洋浩渺；虎門以内，又港汊分歧。審扼要情形，虎門海口誠中路咽喉也。至於藩籬穗郡，控馭群夷，提督責成，實水師鉅任也。歷稽往籍，虎門自康熙年間創設副將，繼因任重事繁，改設左翼鎮總兵。迨嘉慶年間，海氛不靖，經兩廣制軍百公齡籌議，改設水師提督，於嘉慶十五年奏蒙俞允，以廣東陸路提督童公鎮陞調授。繼則孫公全謀、李公光顯、沈公烜、陳公夢熊、李公增階，接踵陞授。其間暫權斯篆者，則有南澳鎮羅公鳳山、陽山鎮吳公紹麟、碣石鎮譚公安，後先視事。道光十四年七月，有唎咭暎夷目嗶嘮啤者，護貨來廣，私進洋行，為奸夷所誘，欲違禁入城，與督撫抗禮。經盧制軍坤稍示兵威，而犬羊膽裂，醜類潛逃。斯時也，李公增階臥病在牀，偶以疎防，致干例議。幸天恩高厚，念其事先病臥，僅予奪職，而李公旋亦謝世矣。是年九月，余在江南蘇松總兵任内，仰蒙特旨，簡授廣東提督。復奉恩命，馳驛赴任。迨冬月六日，會城受事。其時盧制軍已將嗶嘮啤泥首畏罪，悔懼乞恩，並委官將其押禁澳門各情形具奏。聖德汪洋，念彼化外冥頑，免罪釋逐。該夷目幸逃顯戮，旋伏冥誅，其妻負屍回國。議者頗慮，狐群兔黨，罔識高深。

余下車伊始，親歷重洋，遍觀扼塞，籌增大炮，議建新臺，改大角、沙角為號令炮臺，築鞏固、永安，堵潛逃捷徑。會商兩院意見，僉同聯銜具奏，悉奉允行。惟是慮不先定，不可以應猝；兵不閒習，不可以當敵。爰即通行訓練章程，挑選精壯士卒，設誌樁測潮水之長落，添木墊定炮口之高低，精製火器，修整戈矛，凡百所需，悉加籌備。猶慮積習難移，先定專條遍示。分兵教練，指地專防，不遺一士之技能，不乖衆人之性習，非敢謂撫以惠感而不驕，臨以威肅而不怨。孔子曰：『臨事而懼，好謀而成。』孫子曰：『不患其來，患我無備。』至哉斯言！誠督兵之要旨，籌海之津梁也。余雖不敏，無日忘之。第識淺才踈，深慚固陋，兢兢十月，麤定規模，仗寅友之劻勷，賴屬僚之忠告。重申紀律，整肅軍容，練虎門之勇士，操龍穴之師船，水馬飛騰，火龍閃掣，震雷霆於八方臺上，揚威武於九洲洋中。梟獍聞風膽落，犬羊目擊心寒。賞不逾時，鼓動三軍鋭氣；罰以懲懦，追回七校頹風。乃知難御莫如兵，而易感亦莫如兵也。於是止鼓鳴金，聚軍纛下，訓於衆曰：『武侯有言，「國之大務莫先於戒備」，吾儕身列戎行，同舟共濟，感蒙皇上豢養深恩，當矢忠心報効，勤練技能，勇敢任事，守廉知恥，畏法懷恩。信乃立身大本，和為處事良箴，志欲圓而行欲方，膽宜壯而心宜細。居常奉公守法，臨陣奮勇當先。鼓進金退，毋違號令；耳聽目視，毋許諠譁。毋躁進，毋畏縮，毋恃血氣，毋憚煩勞，毋犯邪淫，毋貪利慾，毋酗酒滋事，毋欺虐良民，有犯必誅，雖功不宥。爾衆士悉聽余言，從此互相策勵，果能立志建功，雖今日之弁兵，即他年之將帥。勉之勗哉，勿辜余望。』竊念籌海防夷，調度當知緩急；選兵練士，王法本乎人情。喜逸惡勞，慨常人之通病；勸勤懲惰，乃將帥之權衡。援筆籌思，咨商定議。如《防夷調派摘要三十三條》《春秋訓練籌備一十五款》。添儲備以數軍實，撥款項而卹兵艱。

備火船於臨事，練水卒於平時。炮子鑄連環，截鯨奔之要路；箭箱貯群虎，斷鱟逸之餘魂。臺設渡船，便吾兵之樵採；歲增藥袋，免微弁之捐攤。旂壯觀瞻，椿量深淺，臺防險隘，船逐狂瀾。斷外洋之接濟，絶內地之勾聯。凡議定之章程，悉載登於檔案，昕冀同寅砥礪，勗我未能；追思前輩儀型，勒名不朽。計石旂建帥以來，於今二十五載，體聖主懷柔之德，共享億萬斯年。豈不庥哉！是為記。

道光十五年歲次乙未仲冬望日。廣東全省提督軍門節制各鎮提調水師官兵加三級淮陰關天培譔。

一九七六年六月，鴉片戰爭虎門人民抗英紀念館重摹。

考略

此碑原存東莞虎門清廣東水師提督衙署，後署拆毁，碑亦不存。一九七六年六月鴉片戰爭虎門人民抗英紀念館據拓本重摹。篆額，正文楷書。是關天培任廣東提督期間為嚴肅紀律撰寫相關的規章制度。綠營廣東水師初成軍於康熙三年（1664），水師提督駐惠州，至康熙七年（1668）復置水師提督，駐虎門。水師提督之職在於防禦海寇。《清會典事例》載：『廣東綠旗營制，廣東水師提督一人，節制五鎮，駐紮東莞縣虎門寨，統轄本標中左右前後五營、香山協左右營、順德協左右營、大鵬協左右營、赤溪協左右營、新會協左右營、前山營。』碑文還記述道光十四年（1834）兩廣總督盧坤與英國商務監督　嘮啤交鋒之過程。

撰文者關天培，字仲因，號滋圃，淮安府山陽縣人。行伍出身，歷任把總、千總、守備、參將、副將、提督等職。清道光十四年（1834）授廣東水師提督。支持林則徐實行禁煙。道光二十一年（1841）二月初六，英軍對虎門要塞發動進攻，關天培親自指揮，壯烈殉國。謚忠節，加封振威將軍。其辦理廣東海防的奏摺公牘，輯為《籌海初集》。

創立虎門義學記

清道光十八年（1838）

釋文

（碑額）創立虎門義學記

治世以文，戡亂以武，有文事也必有武備焉。粵自上古，凡有國家者，未有不揆文奮武，兩途竝重者也。顧文臣以經傳為先資，武將以韜鈐為秘籍。求工於文者，必學精於六經；擅長於武者，必研究天七書。是學也者，實明德新民至善之大根基也。吾人幸生斯世，有不爭自濯磨，以仰副聖朝天保采薇之盛治乎？况虎門為粵海要疆，省城屏翰，處全洋之衝要，當江海之咽喉，一水相聯，萬帆雲聚。我皇上華夷一視，威惠兼施，是以向化之國日廣，互市之船日衆，而備豫不虞亦日嚴矣。於是建大帥，設重兵，三千虎賁，百隊雄師，飛輪碁佈於重洋，炮臺星羅於要路，因地制宜，崇尚武畧也，不亦宜乎。

甲午仲冬，予奉恩命來督海上諸軍，下車之始，即親歷重洋，籌增大砲，議建新臺，督率將弁分兵訓練，指地專防，籌劃經營，駑駘誓竭，奏蒙硃諭嘉奬，謂予有幹濟之才。仰沐聖恩高厚，予何克當此？然予少時承祖父師長之教，由小學以至大學，循序漸進，不敢以質之不敏暴弃自安，雖殫精竭力，而科名之念淡如也。夫學以躬行為本，遇合有時，窮通有數，要之不失於義，不離乎道，即不負予之所學而已。予年既壯，弃學從戎，雖馳驅鞍馬，涉歷波濤，閒則鑽研書史，曾未嘗一日忘也。迨蒞任玆土，數月以來，訓練之暇日，所親目所見者，皆糾糾虎臣，而弦誦之聲則闃然無聞矣。伏念折衝禦侮，固應以武勇為先，其籌劃經營，尤藉夫文才贊治。歷觀僚属中智勇兼優者，恒不乏人。而不辯魯魚者，亦復有之。盖人不讀書，則不能深明義理。心鏡欠明，則智謀不廣。居下位者，或由於見聞寡陋，每惜其氣質塵浮。即因其武勇過人，致身顯要，或任性凌其屬下，偏聽倒其是非，昧乎經權，心懷得失，欲其忠孝廉明，卓然自立，智仁嚴信，因利制權，而應變無窮，發為經濟者，不亦難哉。此無他，幼而不學，長而無術耳。是以古者立井田學校之制，造就人材。凡鄉射飲酒、春秋合樂、養老勞農、尊賢使能、攷藝選言、獻馘訊囚諸大政，無一不出於學，所以養德性，資閱歷，備實用也。不獨春誦夏絃，秋冬學禮，遂謂盡事。故五代之人材，文武兼備，道義昭宣，非其明驗歟？

我大清誕膺天命，撫馭萬邦，聖聖相傳，崇重儒術，優於前古。凡各直省有州縣治者，靡不設立學校，及夫家塾義學，遍諸閭里，風淳俗美，禮讓興行，煥乎與三代同風矣。惟念虎門一寨，離縣治稍遠，向止講求武備，而未暇及乎文章，故於古今聖賢之學，咸置不問。其間既壯且老者，往不可追，而後生可畏，乃任其浪擲居諸，任令諸弟子逸居無教，予甚惜焉。於是籌設義學於武廟之東西兩楹及後殿閒屋，又將中軍衙門官廳餘屋，一律修整，分為五塾。捐俻束修，延師授業，示招寨垣内外弁兵子弟，各於所居近便處所，咸來就學。戊戌春，創造萬壽宮。既成，復移義學三塾於宮之外屋焉。計自乙未春開學以來，迄將四載。每於公餘之暇過其門，即聞誦讀之朗朗。入其室，且見舉動之彬彬。噫，變化氣質非復昔日之頑皮子弟矣。將見英奇之士蔚起，海隅從此日就月將，則正心誠意之學，修身齊家之道，逐漸琢磨，使方寸之心，明盛衰成敗之道，識經權治亂之機，立奇功，奏偉績，宣閫外之謨猷，决千里之勝算，運籌於帷幄之中，指揮於艨艟之上，庶文事修而武功益著矣。予於諸弟子有厚望焉，恐日久而義學廢也，爰勒石誌之，以告後之君子。

道光十八年歲次戊戌八月吉旦

廣東全省提督節制各鎮提調水師官兵加三級淮陰關天培譔。

考略

此碑原存廣東水師提督衙署，後署拆毀，現置鴉片戰爭博物館。高 273 釐米，寬 100 釐米。碑額隸書，兼有篆書意味，正文楷書。碑周邊飾有連草紋。刻於清道光十八年（1838）。記述關天培為解決虎門水師官兵及其弟子讀書治學問題而設立義學的經過。從碑文可知關天培設立此學校並延師授業的目的，是希望水師官兵及其子弟既講武備又習文章，未來成為文武兼修的人才。

撰文者關天培簡介參見《廣東歷任水師提督題名碑記》之考略。

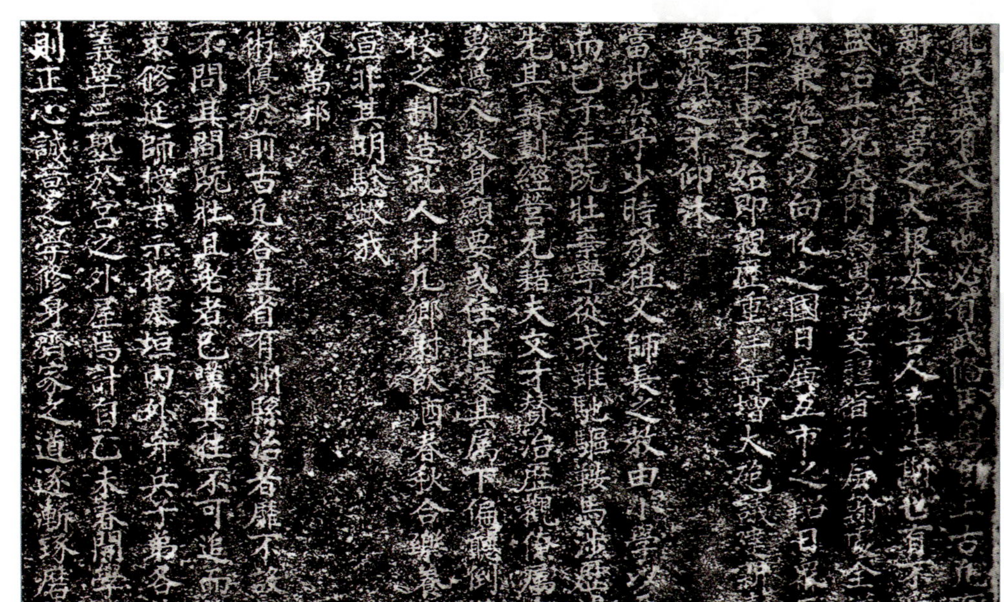

（碑刻局部）

番禺府縣新生印金章程碑記

清光緒四年（1878）

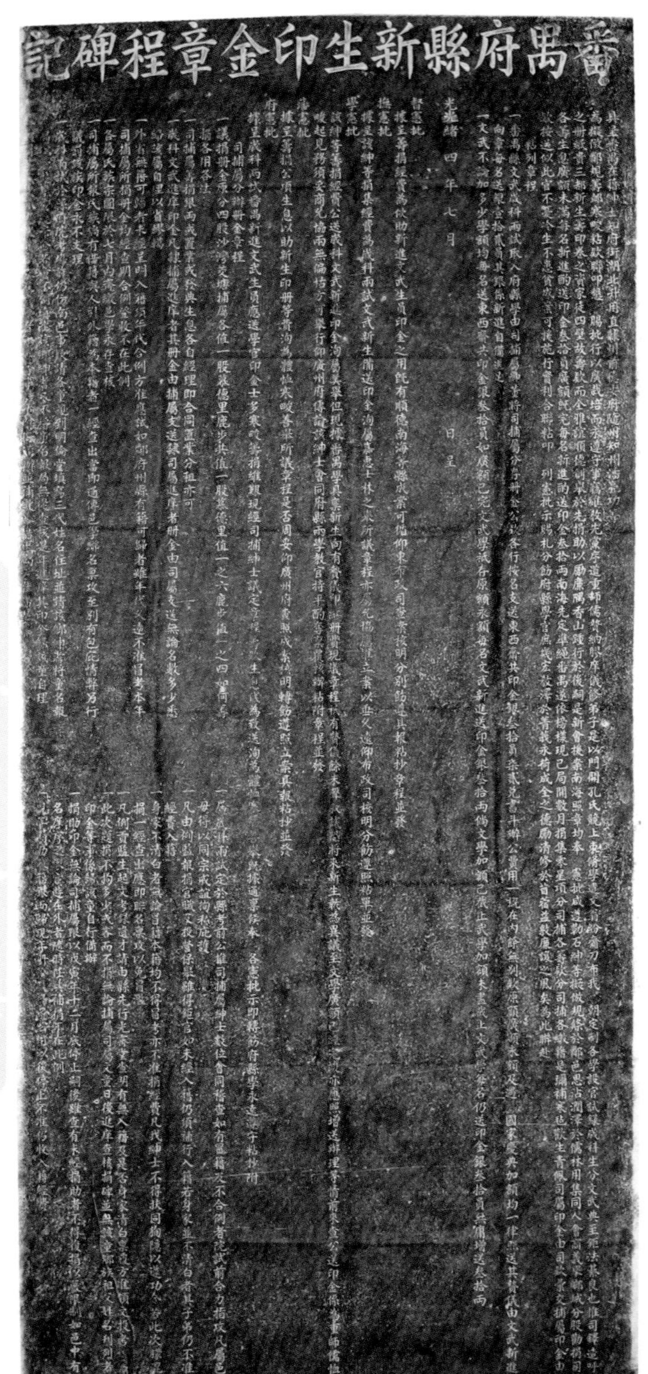

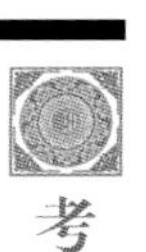

考略

此碑原存廣州番禺學宮，六通為一組，此碑為第一通。其餘五通碑毀損嚴重，大部分文字剝落。高173釐米，寬74釐米。碑額及正文楷書。敘番禺學宮歲科新進文武生員，本應送學宮印金，因士多寒畯，籌捐維艱，經紳士議定章程，籌款生息，代為致送。而此項規定是依循南海學宮，所謂『南海先定準繩，番禺遂依榜樣』，從中可瞭解清代南海、番禺兩學宮，為籌印造呼名之冊資金，而采取捐款之法。文中對冒籍及身家不清白者要求均不得冒考，亦不准捐經費。亦可見當時科考冒籍之狀況。

釋文

番禺府縣新生印金章程碑記

具呈番禺在籍紳士知府銜湖北升用直隸州前德安府隨州知州潘亮功等。

為擬倣鄰規，籌卹寒畯，粘欵聯叩懇賜批行，以廣栽培，而永遵守事。

竊維教先黨序，道重師儒。贄納膠庠，儀修弟子。是以門開孔氏，競上束脩；學遺文翁，紛賫刀布。我朝定制，各學設官試録，歲科生分文武，典至鉅法，綦良也。惟司鐸造呼名之册，紙貴三都；新生籌印卷之資，家徒四壁。故籌欵而全雅誼，順德創舉於先；捐助以勵廉隅，香山踵行於後。嗣是新會援案南海，照章均奉憲批，咸遵勒石。紳等擬倣規條於鄰邑，思沾潤澤於儒林，用集同人，會商義舉，鄉城分股，勸捐司捕，各籌生息。廣額未滿，每名新進酌送印金叁拾員。廣額既完，每名新進酌送印金叁拾両。南海先定準繩，番禺遂依榜樣。現已局開數月，捐集零星。項分司捕，各籌欵分。司捕各繳，藉是彌補寒氈，歡生青佩。司屬印金由司欵彙交，捕屬印金由捕欵按送。似此，官不憂冷，生不患貧，成案可援，施行實利，合聯粘叩列憲批示，賜札分飭府縣學官。庶幾宏教澤於菁莪，永荷成全之德。勵清脩於苜蓿，益敦廉讓之風矣。為此聯赴粘列章程。

一　番禺縣文武歲科兩試取入府縣學，由司捕屬紳董将司捕屬分存册金公欵，各行按名支送東西齋共印金銀叁拾員，柒貳兌書斗，辦公費用一概在內，餘無別欵。原額、廣額、永額及遇國家慶典加額均一律照送其贄儀，

由文武新進照向章，每名送銀壹拾貳員，其銀係新進自備送足。

一　文武不論加多少學額，均每名送東西齋共印金銀叄拾員。如廣額已完，文武學祇存原額、永額，每名文武新進送印金銀叄拾両。倘文學加額已截止，武學加額未盡截止，文武學每名仍送印金銀叄拾員，無庸增送叄拾両。

光緒四年七月日呈督憲批。

據呈籌捐經費為佽助新進文武生員印金之用，既有順德南海等縣成案可循，仰東布政司查案核明，分別飭遵具報，粘抄章程並發撫憲批。

據呈該紳等捐集經費為歲科兩試文武新生備送印金，洵屬嘉惠士林之舉，所議章程，亦屬允協，應准立案，以垂久遠。仰布政司核明，分飭遵照，粘單並發學憲批。

該紳等籌捐經費公送歲科文武新進印金，洵屬美舉，但現據番禺學具禀，新生向有贄儀印紅册費，現議章程祇有贄儀，餘未聲叙。誠恐將來新生執為異議。至文學廣額已經完竣，亦應照增送辦理等情前來。查公送印金係為重師儒、恤寒畯起見，務須妥商允協，兩無偏枯，方可舉行。仰廣州府傳諭該紳士會同府縣兩學教官持平酌奪，禀覆核辦。粘附章程並發藩憲批。

據呈籌捐公項生息以助新生印册等費，洵為體恤寒畯善舉，所議章程是否周妥，仰廣州府查照成案核明，轉飭遵照立案具報，粘抄並發府憲批。

據呈歲科两試番禺新進文武生員應送學官印金，士多寒畯，籌捐維艱，現經司捕紳士議定章程，籌欵生息，

代為致送，洵為體恤寒儒善舉。既據通禀，候奉各憲批示，即轉飭府縣學，永遠遵守，粘抄。

附：司捕屬分辦冊金章程

一　議捐冊金原分四股，沙灣、茭塘、捕屬各值一股，慕德里、鹿步共值一股，慕德里值一之六，鹿步值一之四。

一　司捕屬籌捐銀両或置業或發典生息，各自經理。即合同置業分租亦可。如何籌捐，各用各法。

一　歲科文武進庠印金，凡隸捕屬進庠者，其冊金由捕屬支送；隸司屬進庠者，冊金由司屬支送。無論名數多少，悉歸該屬自理，以省轇轕。

一　外省無籍可歸者，未經呈明入籍，須年代合例方准應試。如鄰府州縣有籍可歸者，雖年代久遠，不准冒考本年。司捕屬所捐冊金均經查明合例登收，不在此例。

一　各屬氏族宗圖限於七月内齊繳邑學，永存查核。

一　司捕屬所報氏族倘有借籍與人，引外籍為本籍者，一經查出，當即通傳邑學，聯名禀攻，至別有包庇情弊，另行議罰，該族印金永不支理。

一　歲科兩試於縣府院考場前仍仿南邑事欵，請各童親到明倫堂填寫三代姓名住址，並請該鄉紳耆將童名報□□□□□□□冊金。若童不到填並該鄉紳耆又不將童名報局，無從查核，是年進庠，其印金歸該童自理。

□□□□□□□□□□□□□□□□□□□□等情。該童□□補辦並補繳入籍銀両，方准歸學。

一　屆歲科兩試定於縣考前，公推司捕屬紳士數位會同稽查。如有冒籍及不合例者，院試前合力指攻。凡屬邑紳毋得以同宗戚誼，徇私庇護。

一　凡由例監報捐官職及投營保舉，雖得鉅官，如未經入籍，仍須補行入籍。若身家並不清白者，其子弟仍不准捐經費入籍。

一　身家不清白者，無論冒籍本籍，均不得冒考，亦不准捐經費。凡我紳士不得扶同徇隱，以遵功令。若此次朦混題捐，一經查出，應即聯名禀攻，以免冒濫。

一　凡例貢監生起文考録遺才，請由縣先行光霽堂查明，有無入籍及是否身家清白，禀覆，方准領文投考。

一　此次題捐不拘多少，或吝而不捐，無論捕屬司屬，文童日後進庠，查核捐碑，並無該童鄉族祖父姓名刊列者，印金等事係歸該童自行備辦。

一　捐助印金，無論司捕屬，限以戊寅年十二月底停止。嗣後雖查有未經捐助者，不得復捐，以嚴限制。如邑中有科名庠序之家，宦遊在外者，隨時任其補捐，不在此例。

一　現年捐助入籍銀兩歸現年册金。又□□□月以後停止，不准仍收入籍經費。

重修試院文明閣記

清光緒二十年（1894）

重修試院文明閣記

奉政大夫國史館協修會典館詳校翰林院編修兼撰文事　賞戴花翎提督廣東全省學政仁和徐琪譔

奉政大夫分部行走郎中番禺梁慶暄書

試院之東南有高閣爲矗立雲表署外望之不見朔望行香則至其地其閣凡三層上祀魁星中祀文昌末祀宋儒濂溪周

子蓋是冡在署之巽當奎壁之野實有繫通省之文風故昔建斯閣而周子之祀則以當時曾提刑廣南粵人德之此閒蓋爲濂

溪書院姚文僖書濂溪遺址四字一石尚在樂洲之東書院雖不存而周子之祀不可廢故亦奉於此也然其中有可異者余下

車之初至閣展謁甫入門見周子乃冠帶一象高丈餘通體皆金色以爲文昌塑象也及謁魁星文昌後行至周子座

前乃所奉僅栗主一後列一石刻像并無所謂塑像豈余目眵耶蓋文光之炳耀否則周子之神有默感於其閒者余私不示人

而言於吾師曲園先生先生貽書獎飾謂誠之所通是瑞徵也余雖不敢遂信然顧瞻斯閣剝蝕日久欄楯闕如登者既有戒心且

梯處甚暗行必以燭昌黎詩云萬生都陽明是雾爲文明之地尤不可暗乃飭工修之先去其數甓嵌以文窗而東南之巽氣通爲

拾級而登豁然光明之世界也然後易其椽棟之久蠹者補其窗櫺之不掩者丹堊塗茨無一不備文飾神以彩龕而以琉璃衛之

於是瞻望神光內外交映而飈鼠不敢登風沙不能襲觀者皆以爲善乃於九月之吉率省中高手諸生祠以少牢而告成於群靈

是日也庭桂甫開芳馨襲人而風日晴好有如早春余語諸生曰今日之舉非徒婆娑樂神修治官廨之謂蓋將以振全省之文風

俾自此掇巍科而成大儒者上應星文以比蹤前哲也及榜發而歲試新生中至七人等第前列者中至十餘人而武童新進捷鄉

榜者多至二十有一人五魁且得其四至次年會試學中進士十六人皆出於廣州一府雖由此邦人材之日盛然不可謂非斯閣

之功也於是諸生僉以重修之舉請記於余余惟斯閣之建通志無徵蓋當時修志者未嘗至署外閒視之不見故亦無人考訂之

者然以前學使恭伯震先生所作一記證之其時在嘉慶三年而伯震先生實於乾隆六十年任此中言曾爲颶風吹傾云云則此

閣之設必在張雪書作考古記以後殆雍正乾隆時所建矣然即以嘉慶三年計至今已九十七年倘不及時葺之則後此日即傾

頹圮蓋將無考且今年又逢大比諸生日變月異以承斯閣之瑞必有如伯震先生所言可爲棟梁人傑者余適采太湖石撫家伯

手寫魁星欲嵌之壁因爲是記授梁生慶暄書之於後伯震先生蓋記僅名　文昌祠然其上有　魁星而下復有　周子若仍

其蓋名似不足以括之因題曰文明閣庶學之人文將從此而益盛乎余文殊不工豈能爲斯閣增重而慶暄之書則甚精異日或

素愛慶暄之書而並珍金文者則又翰墨無盡之因已是爲記

光緒二十年歲次甲午秋九月　立石

梁雲湶剡

重修試院文明閣記

奉政大夫國使館協修會典館詳校翰林院編修兼撰文事賞戴花翎提督廣東全省學政仁和徐琪譔。

奉政大夫分部行走郎中番禺梁慶暄書。

試院之東南有高閣焉，矗立雲表，署外望之不見。朔望行香則至其地。其閣凡三層，上祀魁星，中祀文昌，末祀宋儒濂溪周子。蓋是處在署之巽，當奎壁之野，實有繫通省之文風，故昔建斯閣。而周子之祀，則以當時曾提刑廣南，粵人德之。此間舊為濂溪書院，姚文僖書『濂溪遺址』四字一石，尚在藥洲之東。書院雖不存，而周子之祀不可廢，故亦奉於此也。然其中有可異者，余下車之初，至閣展謁，甫入門，見周子乃冠帶一象，高丈餘，通體皆金色，以為文昌塑象也。及謁魁星、文昌後，行至周子座前，乃昕奉僅栗主一，後列一石刻像，并無所謂塑像。豈余目眵耶？蓋文光之炳耀否？則周子之神有默感於其間者。余秘不示人，而言於吾師曲園先生，先生貽書奨飾，謂『誠之盰通，是瑞徵也』。余雖不敢遽信，然顧瞻斯閣，剝蝕日久，欄楯闕如，登者既有戒心，且梯處甚暗，行必以燭。昌黎詩云：『萬生都陽明』。是處為文明之地，尤不可暗，乃飭工修之。先去其數甓，嵌以文窗，而東南之巽氣通焉。拾級而登，豁然光明之世界也。然後易以其椽棟之久蠹者，補其窗櫺之不掩者，丹堊塗茨，無一不備。又飾神以彩龕，而以琉璃衛之，於是瞻望神光，內外交映，而鼯鼠不敢登，風沙不能襲，觀者皆以為善。

乃於九月之吉，率省中高才諸生，祠以少牢而告成於群靈。是日也，庭桂甫開，芳馨襲人，而風日晴好，有如早春。余語諸生曰：『今日之舉，非徒婆娑樂神，修治官廨之謂，蓋將以振全省之文風，俾自此掇巍科而成大儒者，上應星文，以比蹤前哲也。』

及榜發，而歲試新生中至七人，等第前列者中至十餘人，而武童新進捷鄉榜者多至二十有一人，五魁且得其四。至次年會試，粵中進士十六人皆出於廣州一府，雖由此邦人材之日盛，然不可謂非斯閣之功也。於是諸生僉以重修之舉請記於余，余惟斯閣之建，通志無徵，蓋當時修志者未嘗至署，外間視之不見，故亦無人考訂之者。然以前學使恭伯震先生所作一記證之，其時在嘉慶三年，而伯震先生實於乾隆六十年任，此中言曾為『颶風吹傾』云云，則此閣之設必在張雪書作《考古記》以後，殆雍正、乾隆時所建矣。然即以嘉慶三年計，至今已九十七年，倘不及時葺之，則後此日即傾頹，恐益將無考。且今年又逢大比，諸生日變月異，以承斯閣之瑞，必有如伯震先生所言：『可為棟梁人傑者』。

余適采太湖石，撫家伯手寫魁星，欲嵌之壁，回為是記，授梁生慶暄書之於後。伯震先生舊記僅名『文昌祠』，然其上有魁星，而下復有周子。若仍其舊名，似不足以括之，回題曰『文明閣』，庶粵之人文將從此而益盛乎！余文殊不工，豈能為斯閣增重，而慶暄之書則甚精，異日或有愛慶暄之書而並珍余文者，則又翰墨無盡之回已，是為記。

光緒二十年歲次甲午秋九月立石。

梁雲渠刻。

是記作於九月六日，及文闈榜發，新生正副中式十五人一等，正副中式二十六人，解元、第三皆一等，第八即新生也。北闈榜發又中等第二人，新生武會試聯捷者復得二人，武鄉試揭曉，又中新生十九人，五魁且得其二。科名之盛實託神庥。今日將建碑於閣，因更記此以為鼎甲連綿之驗。

十一月二十日，琪又記。

考略

此碑存廣州藥洲，徐寶謙繪《魁星圖》之碑陰。高160釐米，寬69釐米。楷書。碑刻於清光緒二十年（1894），敘廣東試院之東文明閣重修之經過。徐琪期望修葺該閣以振全省之文風。明代提學道署、清代學政署曾設於藥洲。

撰文者徐琪，字玉可、號花農，浙江仁和人，光緒六年（1880）進士，歷任廣東學政、內閣大學士，兵部右侍郎。著有《粤東葺勝記》《粤軺集》《日邊酬唱集》等。

書丹者梁慶暄，番禺人，曾任奉政大夫分部行走郎中。

東山學堂碑記

清光緒三十三年（1907）

釋文

東山學堂碑記

世界進化猶萬物滋生，必須多歷時期而後能收效果。此天演人為必然之理勢也。丁未季春東山兩等小學堂成立，僉稱迭奉明詔，廢科舉，設學堂，以育才圖強為急務。予與賴太史際熙、王君國璜、陳君鑑清、王君國琛、胞兄璇源、王君儀清等籌辦，乃將東山義學分局改建而成。追其原始，不特此學堂非藉菁華文社再助其貲而開辦，再讓其田擴校地，不獲觀厥成；即此義學此分局非藉菁華文社讓田為基址助貲以建造，亦不獲觀厥成。翳以我都之進化，而方以萬物之滋生，如前賢范公良謨、賴公啟均、高公真養、王公見龍等創立菁華文社，幾經積累而獎勵文人，洵一播種時期；厥後如王公兆熊、胞伯家修、高公雲龍、陳公天秩、王公鏡溶、李公桂芬等創建東山義學，幾費經營而立學課士，洵一萌芽時期。如家君梅修、王君儀清、王君國璜、劉君鴻逵、王君國琛、胞兄璇源等創設東山分局，幾經交涉而集欵辦公，洵一培植時期；即如予與賴王陳諸君創辦東山學堂，幾經籌措而興學培才，又洵一滋長時期；顧既備植其基，自當循序漸進，果從此而佑助之、扶植之，不數年而都内新少年咸得進以新智識，受其新獎勵，此又一發榮時期。更從此而擴充之、建設之、普教育、立會所，使都内地方統一自治，與世界競放光明，此即效果時期。凡我同人尚其共維公益，循天演之公理，盡人為之義務，毋失前人意，毋令後人笑，力求進化，大啟文明，而達其目的焉，是予最希望馨祝於靡既矣。予忝為發起，始終其事，爰備述理由並歷誌原因，留為紀念。

旹旹光緒三十三年歲次強圉協洽仲冬月上浣穀旦，都人劉璇燊謹序。

聯名呈請立案。

奉陶邑侯批示：

劉璇燊等批據禀既悉。該紳等所辦東山兩等小學堂現已成立開校，查核繳到章程各件，甚屬妥協。候即據情詳請提學憲核明存案，刊發鈐記，以資信守。該紳等仍飭各教員，認真教育，期收實效，是所厚望。粘繳章程圖表各一份均附，旋由陶邑侯轉詳。

奉欽命署理廣東提學使司王批示：

禀摺附圖均悉。劉紳璇燊舊年與黎紳希孟同時派赴東洋，調查教育事項，積有經驗。故此籌設牛都東山公立兩等小學堂，所擬辦法較諸黎氏家族學堂章程而倍加精審，深堪嘉許，應准立案。另候札發鈐記，仰即轉行該紳等知照，并該校各員按照實行，務觀成效，有厚望焉。此繳摺圖存。

是年十一月奉發到鈐記一顆。

考略

此碑存廣州增城區正果鎮正果洋村東山小學。高 118 釐米，寬 64 釐米。楷書。碑文分兩部分，前部分是序文，敘東山公立兩等小學堂成立始末。後部分分別是縣令和廣東提學使司對設立該學堂的批示。該碑的文字敘述文白相雜，體現了晚清時期文人將外來文化與傳統文化相融合的文風。

撰文者劉璇燊，增城人。廩貢生。歷陽朔、灌陽等縣知縣，養利州知州，有吏才。

廣州市市立中山圖書館記

民國二十年（1931）

釋文

廣州市市立中山圖書館記

昔孔氏之徒嘗歎仲尼之聖固天縱之，又謂其發憤忘食樂以忘憂不知老之將至，史稱其讀《易》至於韋編三絕，猶曰假我數年，五十以學《易》，其辭若有不足者。是時周之柱下史儲書最多，既遠適而觀之，車轍所及又輒與其士大夫游，因得博覽其國之圖籍。蓋自昔雖先知先覺之儔，其治學未有不自勤於讀書始，而況其下者乎。吾党總理孫中山先生學問之深純，思想之淵博，智識之卓越，亦為生民以來所未有。而其為學之勤，雖戎馬之際，未嘗不以書卷自隨，治事少暇，即手不釋卷。余獲侍之日久，蓋嘗親見之，民族主義自序，亦謂此書之成，參攷西籍至數百種。

於乎！總理之所以成其大，豈無故而然哉！廣州為革命策源之地，總理畢生精力耗於此者幾半焉，市府爰有建圖書館以為紀念之舉，將以總理救國不忘讀書，讀書不忘救國之精神詔示來者，意至善也。

夫總理之靈如日之在天，無所不照，斯館之建本無足重輕，惟吾人嚮往之誠，非此不足以致其意，又焉容已乎。余知後之讀者仰念總理博厚悠久之精神與偉大崇高之人格，必悠然興感，求所以克□樹立而無愧者，則斯館為不朽矣。

建館之議倡之者，市長林君雲陔。董其事者，工務局長程君天固、教育局長陸君幼剛。而奔走募集使卒□於成者，則伍女士智梅及陳君耀垣、黃君謙益也。至其始末，余友陳君協之記之已詳，茲不贅云。

中華民國二十年七月。

番禺古應芬撰並書。

考略

此碑存廣州市文德路上的廣州市立中山圖書館舊址。高181釐米，寬43釐米。青石質。楷書。碑文先敘孔子勤於讀書之史實，再敘孫中山先生『救國不忘讀書，讀書不忘救國』之精神，並闡明建圖書館為紀念孫中山先生之舉。撰文者古應芬，字勷勤，亦作湘芹，番禺人，是中國國民黨早期的組織家、活動家，國民黨元老，早年留學日本，中國同盟會會員，先後參與廣州新軍起義、黃花崗起義、辛亥廣東光復之役，為孫中山先生最重要的助手之一。民國時期先後任廣東省財政廳廳長、中國國民黨中央監察委員、南京國民政府財政部長、文官長等職。

廣州市市立中山圖書館碑記

民國二十年（1931）

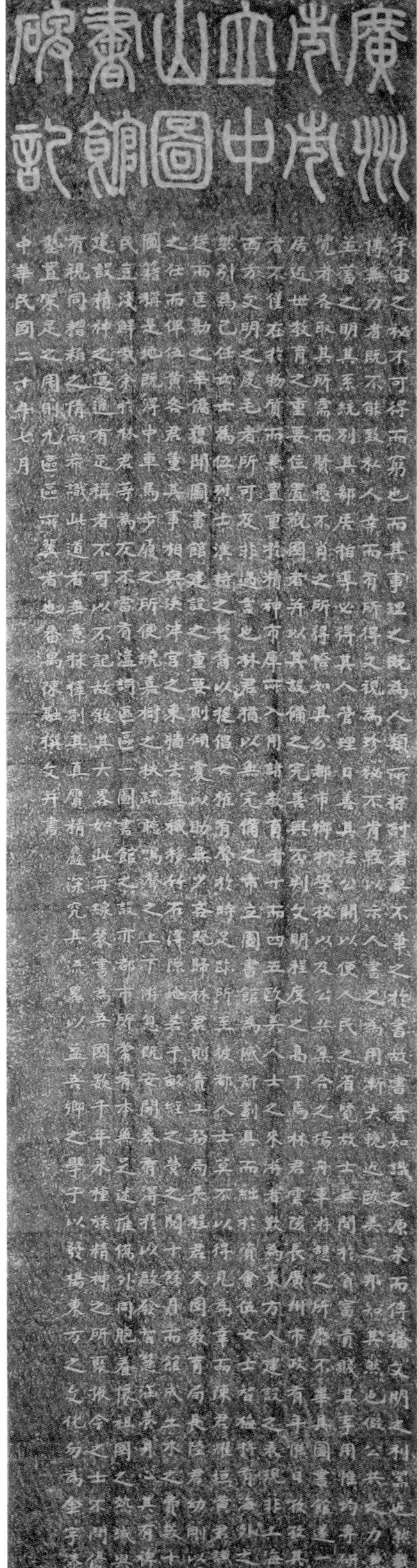

釋文

（碑額）廣州市市立中山圖書館碑記

宇宙之祕，不可得而窮也，而其事理之既為人類所探討者，莫不筆之扵書，故書者，知識之源泉而傳播文明之利器也。然載籍之博，無力者既不能致，私人幸而有所得，又視為珍祕，不肯輕以示人，書之為用漸失。晚近歐美之邦知其然也，假公共之力，兼收而並蓄之，明其系統，別其部居，指導必得其人，管理日善其法，公開以便人民之省覽，故士無間扵貧富貴賤，其享用惟均，專研與博覽者各取其所需，而賢愚不肖之所得恰如其分，都市鄉村學校以及公共集合之場，舟車游憩之所，靡不畢具，圖書館遂一躍而居近世教育之重要位置。觀國者并以其設備之完善與否，判文明程度之高下焉。

林君雲陔，長廣州市政有年，惟日孜孜其致力者，不僅在扵物質，而兼置重扵精神，市庫所入用諸教育者十而四五。歐美人士之來游者，歎為東方人建設之表現，非上海僅襲西方文明之皮毛者所可及，非過言也。林君猶以無完備之市立圖書館為憾，計劃具而絀扵資，會伍女士智梅將有海外之行，毅然引為己任。女士為伍烈士漢持之哲裔，以提倡女權有聲扵時，足跡所至，彼都人士莫不以得見為幸，而陳君耀垣、黃君謙益又從而匡勸之。華僑獲聞圖書館建設之重要，則傾囊以助，無少吝。

既歸，林君則責工務局長程君天固、教育局長陸君幼剛以建置之任，而俾伍、黃各君董其事，相與決泮宮之東

牆，去蕪穢，移竹石，得隙地若干畝，經之營之，閱十餘月而館成，土木之費，數十鉅萬，圖籍稱是地既得中車馬步履之所便，繞嘉樹之扶疏，聽鳴聲之上下，游息既安，開卷有得，於以啟發智慧，涵養身心，其有裨於市民豈淺鮮哉。余於林君等為友，不當有溢詞，區區一圖書館之設，亦都市所常有，本無足述，惟僑外同胞，眷懷祖國之熱誠，與吾党建設精神之邁進，有足稱者，不可以不記，故敘其大畧如此。再綫裝書為吾國數千年來種族精神之所聚，振今之士不問優劣，先有視同糟粕之情，尚希識此道者，垂意採擇，別其真贋精麤，深究其流，畧以益吾鄉之學子，以發揚東方之文化，勿為金字漆皮書塾置架足之用，則尤區區所冀者也。

番禺陳融撰文并書。

中華民國二十年七月。

考略

此碑存廣州市文德路廣州市立中山圖書館舊址。高181釐米，寬41釐米。青石質。篆額，正文楷書。敘圖書館在現代社會之功用，廣州建此圖書館之始末。據碑載，館選址於廣府學宮東牆處，所籌資金皆來源於海外愛國華僑。該圖書館為廣州第一座公立圖書館，環境極佳。據一九一三年教育部的《視察第七區學務總報告》稱：『地面廣闊，景致絶佳。亭閣樓臺，間以橋溪，青林翠竹，圍繞四周，人之性靜神安，有超然塵世之想。』

撰文者陳融，字協之，號頤庵，另號顒園、秋山、松齋。原籍江蘇，遷居廣東番禺。早年留學日本，中國同盟會會員。民國時期先後任廣東司法處處長、廣東警官學校校長、廣東審判廳廳長、高等法院院長、廣州國民政府秘書長、西南政務委員會秘書長、總統府國策顧問等職。

中山大學明遠亭銘

民國二十六年（1937）

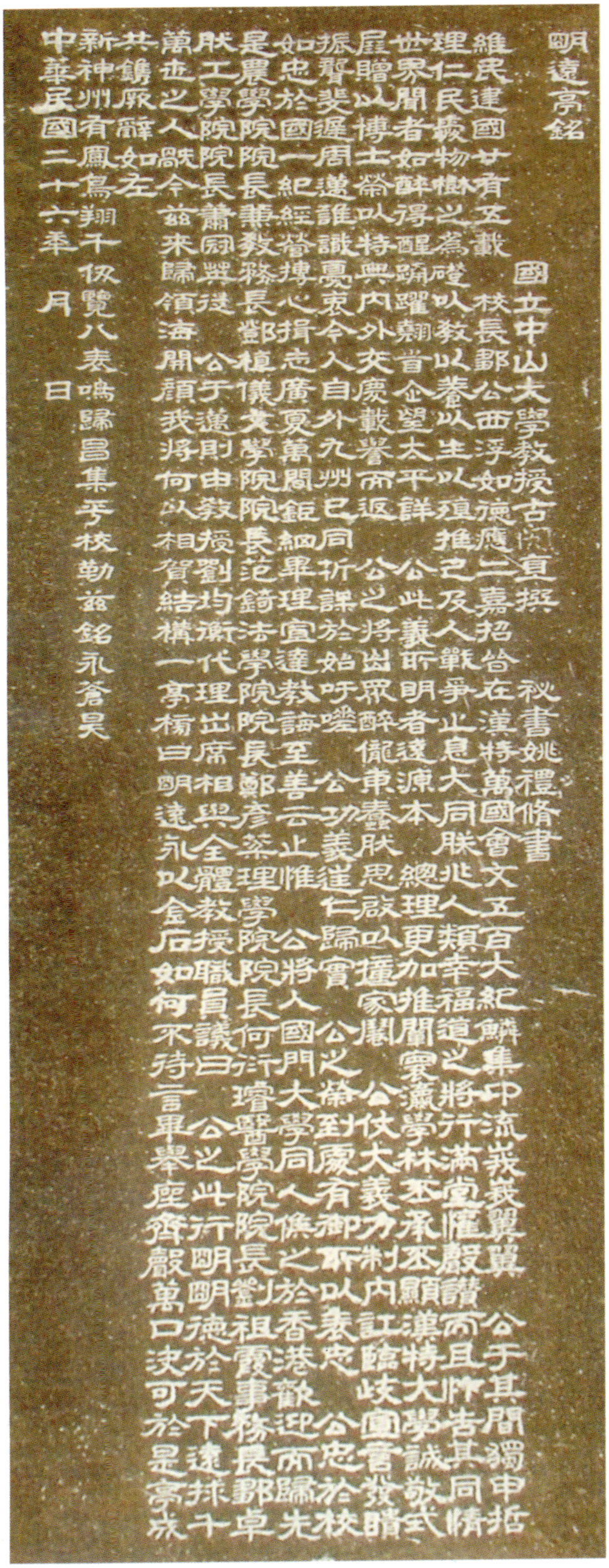

釋文

朙遠亭銘

國立中山大學教授古閔直撰。祕書姚禮脩書。

維民建國，廿有五載。校長鄒公，西浮如德。應二嘉招，皆在漢特。萬國會文，五百大紀。鱗集中流，峩峩翼翼。

公于其間，獨申哲理。仁民愛物，樹之爲磴。以教以養，以生以殖。推己及人，戰爭止息。大同朕兆，人類幸福。

道之將行，滿堂懽聲。讃而且怍，告其同情。世界聞者，如醉得醒。踊躍翹首，企望太平。詳公此義，昕明者遠。

源本總理，更加推闡。寰瀛學林，丕承丕顯。漢特大學，誠敬式展。贈以博士，榮以特典。内外交慶，載譽而返。

公之將出，衆醉儱東。蠢肰思啟，以撞家閧。公仗大義，力制内訌。臨歧宣言，發瞶振聾。斐遲周邁，誰識憂衷。

今人自外，九州已同。折謀於始，吁嗟公功。義迋仁歸，實公之榮。到處有御，昕以表忠。公忠於校，如忠於國。

一紀經營，搏心揖志。廣夏萬間，鉅細畢理。宣達教誨，至善云止。

惟公將入國門，大學同人候之於香港，歡迎而歸。先是農學院院長兼教務長鄧植儀、文學院院長范錡、法學院院長鄭彦棻、理學院院長何衍璿、醫學院院長劉祖霞、事務長鄒卓肰、工學院院長蕭冠英，從公于邁，則由教授劉均衡代理出席，相與全體教授職員議曰：公之此行，朙朙德於天下，遠捄千萬世之人，既今茲來歸，領海開顏，我將何以相賀？結構一亭，榜曰『朙遠』，永以金石，如何？不待言畢，擧座齊聲，萬口決可。於是亭成，共鐫厥辭如左：

新神州，有鳳鳥。翔千仞，覽八表。

鳴歸昌，集乎校。勒兹銘，永蒼昊。

中華民國二十六年　月　日。

考略

此碑原存廣州市內廣東工業大學五山校區田螺崗的明遠亭中，後移置華南理工大學二號樓東側。高120釐米，寬70釐米。隸書。明遠亭原屬國立中山大學石牌校園建築，建成於民國二十五年（1936）。碑文以中山大學校長鄒魯訪學歐洲回國為切論點，闡述『明德致遠』之於大學教育的重要性。

撰文者古閔直，時為國立中山大學教授。

書者姚禮修，字叔若，又作粟若，廣東番禺人。早年留學日本。歸國後從事教育，兼工書畫，尤擅山水花卉。著有《碧盧瑣記》。

祠堂會館類

廬江書院諸碑

廬江書院碑記

清嘉慶十八年（1813）

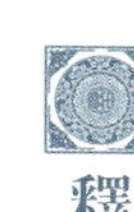

釋文

（碑額）廬江書院碑記

廬江書院者何？粤何氏合族祠也。合族之義，古有之乎？曰：『有之。』《戴記》曰：『尊祖故敬宗，敬宗故收族。』又曰：『君子因睦以合族。』宗之為言，尊也。宗有大小，大宗百代不遷，小宗五世則遷。族之為言，湊也，聚也。謂思愛相流湊、懽戚相聚會也。夫自始祖而下，支分派别，勢日散，情日疎，而欲聯之於一堂，使相親相睦，則既祠大宗、小宗、復祠、合族，其義大矣。何之得氏也，始於韓公子瑊，其遷嶺南也，始於瑊六世孫紹，姬要自湞陽啟基，礽耳遞衍。鄉賢名宦，代相接踵。若漢中散大夫丹，唐侍中太保寧國伯昌期，後唐御史昶，宋之三鳳，明尚書維柏，其尤著也。洎乎國朝，科甲鼎盛，蔚為望族。顧散處諸郡邑，家自為宗，族自為譜，其愈遠愈疎，必然之勢也。然而潯陽九派，悉源岷江。臺嶺諸支，實本衡岳。人之本源，亦猶是也，是焉可無以聯之使相親睦也哉！乾隆中，孝廉方正瓛洲何公，暨族議建合族祠於粤會，既而未果。嘉慶十五年，何氏之後賢，始卜地於流水井之陽地，故世家宅，輾轉質於官，值事佐鏞、健翎等力購得之。於是鳩工庀材，垣墉既動，閈閎斯竣。中為堂三楹，後為寢室，榱棟維奐，階礎孔固。奉瑊祖暨列祖入祠，翼翼繹繹，以妥以侑，溯流尋源，上及得姓之始，所以尊親也；由本達支，旁及百世之親，所以敬宗也。歲時祭祀，子姓咸集，藹然相親，秩然有序，於流湊會聚意，良有合焉，而睦族之道得矣。祠之左有園一區，為齋十楹，俾族之就試者絃誦其中，藏修息游，其毋惰窳，且後

之人思今兹立祠之意，型仁講讓，崇信修睦，遠匪僻之行，而敦孝弟力田之風，上繩祖武，下詒孫謀，科名簪紱，彌盛於昔，詎不偉歟？是役也，始於嘉慶十三年，落成於十八年。趋事者靡不踴躍，而経營擘畫佐鏞等別駕之力為多云，余嘉其事恊於古，故為之記。至其系次必有能筆之家乘者，兹不具書。

賜進士出身翰林院編修加一級番禺後學劉彬華頓首拜撰。

始建祖祠值事：南海深巷西岸房健翎，南海大岸房珽瑋，南海永福房朝用，南海荷溪房世宗，南海石龍房晋齡，南海石龍房毓齡，南海沙滘房翺然，南海沙滘房浩然。

辦理祖祠值事：南海沙滘房元湛，三水高豐魯村房應來，南海沙水房載公，南海詒翼房聰贊，南海海口羅格房循然，南海華平房漢瓊，順德黄連世澤房宰翹，南海沙滘房周耀，南海沙滘房森衡，順德星槎房潤之。

書院坐丙向壬兼巳亥。南海沙水房孫載公定向。

嘉慶拾捌年歲次癸酉仲夏吉旦立石。

考略

此碑存廣州大小馬站流水井盧江書院。碑額及正文楷書。詳述清嘉慶十八年（1813）盧江書院鼎建經過，以及嶺南何姓繁衍之歷史、何氏所出名人。此碑是盧江書院始建歷史的最早記錄。

撰文者劉彬華，字藻林，一字樸石。番禺人。清嘉慶六年（1801）進士，授翰林院編修。無意仕途，乞假歸。先後主端溪、越華書院講席。著有《玉壺山房詩鈔》，輯《嶺南群雅》二集。

重修盧江書院碑記

清道光二十年（1840）

釋文

（碑額）重脩廬江書院碑記

我廬江書院之鼎建也，肇自嘉慶癸酉歲，樸石劉太史嘗為之記矣。有嚴有翼，以妥以侑，歷有年𣚋，而凡我族之散處於廣肇兩屬者，赴秋闈暨歲科試，多肄業於其中焉。歲戊戌仲秋朏𦃃時，•襄事者咸在，僉謂：『祠之東隅，房屋十餘間，淪於東街流水井，猥庯鄙瑣，非𣚋以肅規模而壯觀瞻也。』謀𣚋以更張之，爰招徠族之新入祠者，得十有七房，醵金貳千弍伯餘両，即以其地改為各房寓試之𣚋，大小一倣乎舊門路，咸統於正，越己亥歲，鳩工庀材，諏吉重建，迄數月工告竣，煥然改觀矣。其氣象則鳥革翬飛，與西隅互相輝映；其出入則規行矩步，與東街杜絶囂塵。並以工費之餘增置嘗業，然後知天下事弊無不可以革，利無不可以興，推而脩之家者獻之廷，俱可。於吾宗之聯翩日上者，拭目俟之也。倘後之濟美者，復能脩舉廢墜，恢宏舊規，尤予𣚋厚望也。夫是役也，董其事者，允盛、其彬、作芳、陽禧、獻珍諸公。玉成亦以宗廟之中有事為榮，固不敢以不文辭乜，爰為之記。

辛外恩科鄉進士揀選縣知縣裔孫玉成謹識。

續入房份：

恩平區村房、恩平區村房、恩平區村房、順德龍山房、番禺棠下房、番禺鳳尾房、增城白岡房、增城小樓房、番禺河南石溪房、番禺河南石溪房、番禺河南石溪房、南海和順惠于房、南海大江海口張槎房、南海必冲城西房、三水田溪廣富房、增城沙頭仙石岡厦房、三水沙湖田溪善繼房。

列祖主銜：

（自宋至清九十一位名稱略）

長生位銜：

清三水三江五峯房乙峰翁、清南海大江海口張槎房誠齋翁、清南海大江海口張槎房本立翁、清新會靜齋房華邦翁、清增城岡厦房瑞明翁、清三水田溪善繼房敦剛翁。

續入主銜：

宋開平龍塘房南瑛祖

收支總數開列：

一　收續入房份拾柒房、牌位玖拾壹位，共銀貳千壹佰陸拾伍両五錢弍分。

一　收豪畔街西約錦華店高第街中約茂芳店共押櫃銀捌拾両正。

合共實收得銀貳千弍佰肆拾伍両五分弍分。

一　支買潘敬業堂舖壹間、賀安堂舖弍間，連中人共銀壹千叁百叁拾捌両陸錢五分。

一　支重修書院正座神樓牌位、東西房舍刻譜、勒碑、泥水木石油漆、各匠工料及太祖進火陞座奠士春祭各項雜用，共銀捌佰陸拾肆両肆錢伍分□厘。

合共實支出銀貳千貳佰零叁両壹錢。

除支實存銀肆佰弍両四錢弍分。

道光二十年歲次庚子仲秋吉旦。

重脩值事：

番禺蕭岡房玉成、三水三江房其彬、南海沙灣房允盛、新會世耀房陽禧、南海深巷房作芳、三水赤岡房獻珍

仝勒石。

考略

此碑存廣州大小馬站流水井盧江書院。篆額，正文楷書。記載清道光二十年（1840）重修盧江書院的經過，此役將祠東建築改建為各房寓試之所。

撰文者何玉成，號琢石。番禺人。溥道光十一年(1831)舉人。道光二十一年(1841)鴉片戰爭爆發，英軍進犯廣州，玉成即謀求聯合各社學保守鄉閭，並組織義勇於三元里牛欄崗擊潰英亘。隨後又奉命率懷清社義兵駐紮城外各炮臺，抵禦英軍。道光二十四年(1844)大挑一等，任四川射洪縣知縣。至咸豐末，辭官歸里，主持鄉中保良局，護守鄉里。其詩文多散佚，後人輯有《攬翠山房詩輯》。

重修盧江書院碑記

清同治七年（1868）

釋文

（碑額）重修廬江書院碑記

吾族之散處於嶺南者，不可勝數，然散而使之聚，則敬宗收族之義散所宜急講也。溯自嘉慶壬申，族人佐鏞翁等倡建廬江書院於流水井之地，合廣肇兩郡諸宗族，聚處一堂，泒别支分，原原本本，爾時人文蔚起，科第聯翩，稱極盛焉。越道光庚寅，孝廉琢石翁等僉以祠右纏護之屋，闤闠湫隘，有失觀瞻，遂議改建書房，統歸内地，規模壯濶，棟宇閎深，形勢之雄，殆逾舊制，而士之争自濯磨者，亦得以藏修息游，其利□後人良不少也。歲壬戌，颶風大作，墻屋傾頹。思欲葺而新之，而苦於無貲，時芸史翁方在院肄業，而予適改選南歸，相與邀集宗人酌籌工費。仍擬仿照舊章，修補廢壞，復於祠之東隅改建住房四座，鳩工庀材，閲一月而工告竣。并所餘銀両添置嘗業，今而後，族之来應歲科鄉試者，方以學問文章相砥礪，而敦宗睦族即寓於朝稽夕考之中，將見掇巍科、登顯仕，後先濟美，蔚為國器者，未必不於此基之也。是為記。

壬子科舉人前任饒平縣教諭現任茂名縣教諭裔孫鍔頓首拜撰。

續入房份列：

南海致祥堂房、南海繹思堂房、清遠致遠堂房、小欖崇德堂房、南海洲溪房、番禺沙涌房、順德莘村房、順德北門房、南海展旗房、順德東馬甯房、順德東馬甯房、順德東馬甯房。

入主位街列：

（一百一十一位名稱略）

一 買西關西炮台□街舖一間，深二丈七尺四寸，後活二丈七尺，現造德心香店。

一 買馬鞍街中約舖一間，有墻界，現造美生鞋店。

一 買豪畔街西約舖一間，有墻界，現造同興籐器店。

一 買高第街中約舖一間，深三丈九尺，活一丈一尺三寸，現造巨章鞋店。

一 買小新街五顯巷舖一間，深二丈七尺二寸，活一丈一尺，現造信昌合德花梨錫店。

一 買水母灣舖一間，深一丈六尺二寸，活一丈〇七寸，現造祥泰雜貨店。

一 買泰康里舖一間，深至城脚□，活九尺二寸，現造泰來竹器店。

重修值事：（七位名稱略）

同治歲次乙丑孟春吉旦等泐石。

考略

此碑存廣州市大小馬站流水井盧江書院。碑額及正文楷書。内容為清同治四年（1865），因颶風致書院屋傾，族人集資重修書院的經過，後録負責重修的值事姓名及資金使用情況。

撰文者何鍔，番禺人。舉人，曾任饒平縣教諭、茂名縣教諭。是何氏族人。

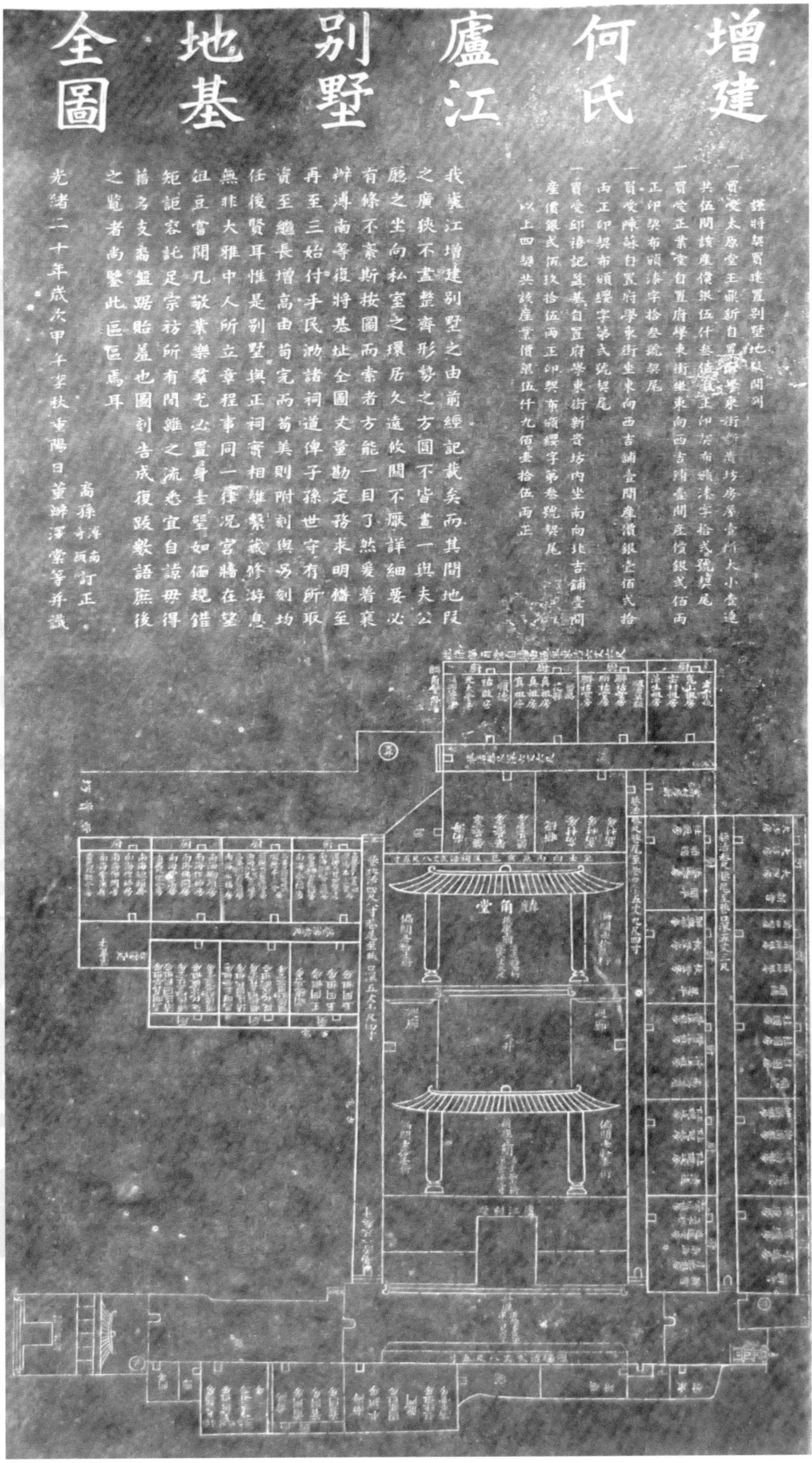

增建何氏盧江別墅地基全圖

清光緒二十年（1894）

增建何氏盧江別墅地基全圖

謹將契買建置別墅地段開列

一買受太原堂王鼎新自置府學東街新貴坊房屋壹所大小壹連共伍間該產價銀伍什叁佰兩正印契布頒漆字拾弍號契尾

一買受正業堂自置府學東街坐東向西吉鋪壹間產價銀弍佰兩正印契布頒漆字拾叁號契尾

一買受陳蘇自置府學東街坐東向西吉鋪壹間產價銀壹佰弍拾兩正印契布頒纓字第弍號契尾

一買受邱禧記盈基自置府學東街新貴坊內坐南向北吉鋪壹間產價銀弍佰玖拾伍兩正印契布頒纓字第叁號契尾

以上四契共該產業價銀伍什九佰壹拾伍兩正

我廬江增建別墅之由前經記載矣而其間地段之廣狹不盡整齊形勢之方圓不皆畫一與夫公廳之坐向私室之環居久遠攸關不厭詳細要必有條不紊斯按圖而索者方能一目了然爰着袞辦溥南等復將基址全圖丈量勘定務求明備至再至三始付手民泐諸祠道俾子孫世守有所取資至繼長增高由苟完而苟美則附刻與另刻均任後賢耳惟是別墅與正祠實相維繫藏修游息無非大雅中人所立章程事同一律況宮牆在望俎豆嘗聞凡敬業樂羣之必置身圭璧如偭規錯矩詎容託足宗祊所有閒雜之流悉宜自諒毋得藉名支蓋盤踞貽羞也圖刻告成復跋數語庶後之覽者尚鑒此區區焉耳

高孫溥南奇頤訂正

光緒二十年歲次甲午季秋重陽日董辦溥棠等弁識

釋文

（碑額）增建何氏廬江別墅地基全圖

謹將契買建置別墅地段開列：

一　買受太原堂王鼎新自置府學東街新貴坊房屋壹所，大小壹連共伍間，該産價銀伍仟叁佰両正，印契布頒漆字拾式號契尾；

一　買受正業堂自置府學東街坐東向西吉舖壹間，産價銀式佰両正，印契布頒漆字拾叁號契尾；

一　買受陳蘇自置府學東街坐東向西吉舖壹間，産價銀壹佰式拾両正，印契布頒纓字第式號契尾；

一　買受邱禧記盈基自置府學東街新貴坊内坐南向北吉舖壹間，産價銀式佰玖拾伍両正，印契布頒纓字第叁號契尾。

以上四契共該産業價銀伍仟九佰壹拾伍両正。

我廬江增建別墅之由，前經記載矣，而其間地段之廣狹不盡整齊，形勢之方圓不皆畫一，與夫公廳之坐向，私室之環居，久遠攸關，不厭詳細，要必有條不紊，斯按圖而索者，方能一目了然。爰着襄辦溥南等，復將基址全圖丈量勘定，務求明備，至再至三，始付乎民，泐諸祠道，俾子孫世守有所取資。至繼長增高，由苟完而苟美，則附刻與另刻，均任後賢耳。惟是別墅與正祠實相維繫，藏修游息，無非大雅中人，所立章程，事同一律。况宫

牆在望，俎豆嘗聞，凡敬業樂羣，尤必置身圭璧，如偭規錯矩，詎容託足宗祊，所有閒雜之流，悉宜自諒，毋得藉名文裔，盤踞貽羞也。圖刻告成，復跋數語，庶後之覽者尚鑒此區區焉耳。

裔孫：溥南、奇穎訂正。

光緒二十年歲次甲午季秋重陽日。

董辦澤棠等并識。

考略

此碑存廣州大小馬站流水井廬江書院。碑額及正文楷書。碑分兩部分，上半部分為敘事文字，下半部分為別墅地基全圖。文敘何氏族人購置用於建造別墅的地價銀數目及契號，丈量別墅基址繪製全圖之緣由。此圖刻於清光緒二十年（1894），對研究當時廬江書院建築的規模、布局等提供了參考。

梁氏先賢千乘侯家廟碑記

清康熙四十一年（1702）

（碑額）梁氏先賢千乘侯家廟碑記

太宗祖千乘侯家廟碑

粵稽我始祖康公，周封夏陽梁伯，其後以國為氏。傳八世而有先賢叔魚公，諱鱣，居齊千乘，從學孔聖之門，七十二賢公與焉。吾家之安定梁宗，實發祥于此。顧公生于成周之世，迄今二千有餘載，雖歷代褒崇，配享文廟，而我族姓繁衍，星居各省郡邑，由漢唐逮元明，多歷年所。自宋仲謨公建祠江左武進而外，未聞家廟之設報本追遠上及先賢叔魚公者，況嶺海天末也哉！末學支孫貽燾，自束髮受書，涉獵經史，嘗讀《家語》，見公姓氏里居，溯厥由來，為之三復流連，雖不能至，心竊向往之。迨康熙辛未，叨捷南宮，丙子除授中翰西清，公餘每念宗祠之舉。邇來建議者雖不乏人，而毅然擔當、秉至公以始終其事者，恒戞戞乎其難之，無何。

歲丁丑，天子命禮臣會試天下貢士。鳳城弟壺洲，諱學源，公車入都，訪余冷署，攜家譜及諸序文示余，且曰：『吾鄉鷺渚兄甫山，博聞強識，明敏有操，嘗與樵西兄躍龍暨各鄉房長，惓念祖德，矢志欲成斯舉，但將伯者鮮其人。兄其圖之，吾幸獲雋，當相助為理也。』余謝不敏。已而榜發，壺洲果登第，余益欣幸斯舉之由是而成一大機緣也。

是歲夏四月，適余家報至，痛先人窀穸未安，慊慊成疾，隨白宰輔以聞于朝，乞假而省墓焉。比南還，族屬老少莫不欣欣然相告，語曰：『古之王天下者，嘗為卿大夫作家廟，士庶亦得祀其先，盖以萬物本乎天，人本乎祖，無容恝也。先世之流風餘韻，幾泯而無傳，追本源以厚民德，序昭穆而佩先型，此其時矣，何幸經理之得人耶！』于是奔走就事者，以後為羞。祠之立也，經始于康熙三十八年己卯冬，卜吉則省會之區，購宅在南海之域，受之歐氏，街名馬鞍。維時廣肇諸鄉邑率先僉助者若干房，陸續醵金者若干房；董茲役者，則躍龍甫山與珠岡元叔、大墩淺洲、吉滘適之、龍潭顯廷、碧滘寅五、圓岡未決若而人。總大綱者則余與壺洲也。原貯祠金出納無悞，則吉滘耀德、良江君求也。由是亀從筮從，衆心允愜，而祠遂以成，乃具狀請于學使左公准録，典儀生梁瀜、梁克峻、梁園客、梁浣等諸人，用襄祀事。越辛巳春，爰稽古禮，修禴祭，雖百事草刱，而已駸駸乎廟貌改觀，衣冠雲集，環廟門而瞻拜者，不下七千餘人，自是我先賢之道，其益南矣。聖人以神道設教，以孝治天下，萃渙合離，衆心和悅，皆于是乎在。

既而環視堂廡，規制尚狹，爰再集衆，擬于西向三座之後，將大地及舊屋鼎建寢室南向，督修者，則仍躍龍甫山與樵西仰生、珠岡雲捷、西雍芝體、莘村簡君也。而綜理前後大小收支数目，則淺洲、仰生二人之力尤多。若夫遇事效勞，則天等愚圃、石洲幹旻、貽燕仰恒、吉滘瓊賓、柱章，鷺渚迪常等與有力焉。維時攻石攻木之工若干，而人不以為勞；杞梓梗楠雕繪丹漆之用若干，而人不以為侈。且也翬飛鳥革，閎偉軒翔，庭殖殖正噲噲，而人不以為僭。庀材鳩工，凡幾閱月，寢廟告竣，諸首事裹糧從事，殫乃心力，自己卯迄辛巳，寒暑數易，不敢妄費公帑，如是者功成，而闔族安之。若夫夏陽始祖，則又建祠堂左，庶追遠無遺憾焉。

本祠前堂三進，俱西向，大堂匾額曰『忠孝堂』。二堂中間高屏一座，繕寫當今聖諭以勸族衆。此堂與三堂俱

有樓閣及左右廂房，俱為各子孫應試寓。此堂之左有治事小廳，為遞年值事公館。館之後為大廚房。三堂後南向八柱大堂，深若干，濶若干，為先賢正寢室，學使左公顏其額曰『道開南服』。寢室之東為始封夏陽祖祠，題額曰『先河堂』。寢室前牌坊一座，寢室東角有餘屋，今改建青雲書院，暨前面朝廊，俱為各房子姓讀書舍。正寢室西北角曲巷内有斗室四間，係倡建支孫穆菴、甫山、愚圃、淺洲、仰生、芝体等捐料修置。祠之西向頭門，即大街右，有便門出入。其大門樓右廂房一間，為襍貨舖，租若干；左廂房一間，為紙筆舖，租若干；祠之右茶館一間，租若干；祠之左酒樓一間，租若干。大小四間，每年共銀叁拾貳両，為祭典公費。凡我忠孝堂子姓，慎毋變更侵蝕，庶自兹以往，春雨秋霜，以妥以侑，可告無罪于先賢焉耳。

雖然，余更有進，今夫南面而堂，一以奉古之人，一以居今之人，尊卑長幼，□然並立，此非苟焉而已也。如僅視為省會聚集之場，而不思所以正心術、勵廉隅、敦孝弟、崇齒讓，推原夫古聖人立廟教孝之本，與恪遵今天子化民成俗之盛典，吾恐五品不遜，九族不親，奸偽並起，而争競日滋，其何以對越我先賢而無慚也歟！衆皆瞿然避席，改容而謝曰：『子言善哉，盍記之』。爰勒貞珉，以垂不朽。

計開捐建各房：

外有經營首事收支錢數及通族公議禁約條例詳載刻本傳後。

南海：丹竈房、樵西房、吉滘房、州心房、扶南房、半塘房、鹽步房、黄竹岐房、西崑房、張槎房、大通房、赤岡南街房、溶荷田房、良沙步房、南鳳房、同東房、岡潭房、明翰房。

番禺：北員禪浦房、珠岡房、京塘房、龍溪大山房、冼村赤勘房、詒燕房。

順德：大塾房、扶閭澳口房、水口東便房、莘村房、江心房、鷺渚房、甘竹龍山房、碧教房、龍潭房、麥村房、龍江房、龍眼尚義房、西雍房、烏洲房、高讚房、陳村龍頭房、桂石平江房、石洲房、北頭房、仕版充元房、倫教仁厚房、黎村房、黄涌房、大都甘村房、杜村洲頭房、杜村仁厚房、鳳山房、裕涌房、馬寧房。

新會：禮義房、小橋房、潮連房、坡山房、天等房、小岡房、東甲房、新璣房。

香山：欖桂房。

新寧：横岑房。

高要：良江房。

開平：長沙房、蕉園房。

新興：西街錦霞房。

賜進士第初授徵仕郎内弘文院誥敕中書舍人古岡禮義房支孫貽熹穆菴拜撰。

賜進士第吏部觀政欽假候選文林郎鳳城大墪房支孫學源壺洲拜書。

兵部候推乙酉科舉人番禺珠岡房支孫善長元叔篆額。

康熙四十一年歲次壬午二月十九日。

值事：躍龍、甫山、淺洲、適之、顯廷、寅五、未決、耀德、君求等仝立。

考略

此碑存廣州起義路與惠福東路交界處的梁氏千乘侯祠（青雲書院）。篆額，正文楷書。廣州梁氏千乘侯祠為廣東廣州府和肇慶府梁氏合族祠，該碑文敘家廟鼎建之緣由、經過、功用、建築規模及部分題額等，是該家廟歷史較詳實的記錄。據碑載，清康熙三十七年（1698），梁氏族人集資購買省城廣州馬鞍街區、林雨家房屋若干間，於此地建家廟。至康熙四十年（1701），祠堂建成。文中提出，合族祠不僅為族親在省會聚集之場所，還具有立廟教孝、化民成俗之功用。民國九年廣州九曜坊正文堂刊印《千乘侯祠全書》，對該梁氏合族祠記輯甚詳。

撰文者梁貽燾，廣東新會人，康熙三十年（1691）辛未科進士。

（碑刻局部）

重修梁氏先賢千乘侯家廟碑記

清乾隆四十一年（1776）

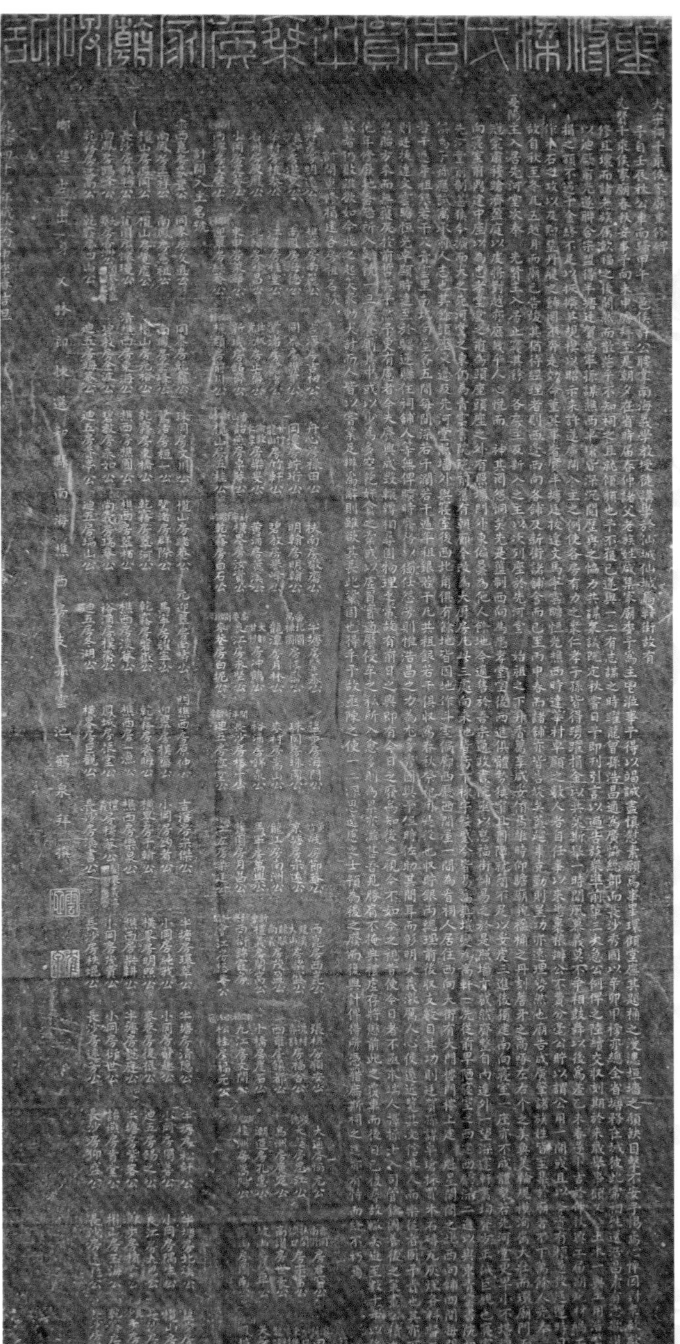

考略

此碑存廣州起義路與惠福東路交界處的梁氏千乘侯祠（青雲書院）。篆額，正文楷書。碑文敘祠堂自建成七十餘年後，於乾隆四十一年（1776）由南海梁雲池、梁應祥發起重修，自秋至冬越五個多月，工始告竣。迨同治五年（1866），祠堂再次重修並拓展，越二年即同治七年（1868），祠堂大修告成。擴建後，祀主數目空前擴大。此碑對研究該祠堂的歷史及其歷代重修情況有一定的價值。

撰文者梁雲池，字鶴泉。南海人。進士，時任文林郎揀選知縣。梁氏族人。

釋文

（碑額）重修梁氏先賢千乘侯家廟碑記

大宗祠千乘侯家廟重修碑

予自壬辰秋公車南歸，甲午，邑侯許公聘掌南海義學教授徒講學於仙城，仙城馬鞍街故有先賢千乘侯家廟，春秋妥事，予向未申瞻拜，至是朝夕在省，時屆春仲，諸父老族姓咸集家廟，委予爲主鬯涖事，予得以竭誠盡慎，慰素願焉。事畢，環顧堂廡，其題桷之漫漶，垣墻之頹缺，目擊不安。予惕焉心悼，因對衆欷歔曰：『斯祠不修且壞。』而諸老族屬飲福之後，鬨然而散，茫乎不知祠之且就傾頹也。予不獲已，遂與一二有志謀之。時躍龍曾孫浩昌適爲廣協総部，而長沙秀國以辛卯甲榜，亦總全省塘務在城，彼此常相往還，浩昌素有志，欲纘躍龍之緒，以迪厥前光。遂聯合宗盟，得半塘廷賀、馬寧孫謀、樵西卓瑲，皆深沉閱歷，與之協力共謀。衆議既定，秋嘗日，予即刊引言，以遍告族衆，準前輩三次急公例俾之陸續交收，刻期於來歲舉事，顧又念土木一興，工用浩繁，恐各房肵捐之額不過千金，終不足以恢擴其規模，以昭示来許，遂廣開入主之例，使各房有力之衆、仁孝子孫皆得踴躍捐金，以共襄斯舉。一時聞風慕義，莫不爭相鼓舞，以後爲羞。

乙未春，遂卜吉於仲秋興工，届期庀材鳩工，凡垣墉之作、木石之攻，以及黝堊丹雘之飾，罔不奔走効命。董其事者，實半塘挺拔、達文，馬寧雲瞻、恒光，樵西時達，莘村卓顯之數人者，自任事以来，悉裏糧辦公，不費

分毫公貯，以謂公用一開，或且以斧資有賴，遂致延遲時日，以私害公。故自秋至冬，凡五越月，而廟已告竣。其猶待經理者，則西邊西向各舖及新街諸舖舍而已，至丙申春而諸舖亦皆告竣矣。蓋趨事克勤則呈功亦速，理勢然也。

廟告成，廣肇諸族姓皆至，集於廟者不下萬餘人。先奉夏陽主入居先河堂，次奉先賢主入居正寢，其餘各房主及新入之主以次列座於先河堂始祖之下，升香薦享，咸妥侑焉。維時瞻仰廟貌，楹桷之丹刻，簷牙之高啄，左右个之，美奂美輪，規模洵属大壯，而環廟門而祇謁者復冠裳肅穆，蹌濟盈庭，以虔將對越亦庶幾乎？人心悦而神其罔怨恫矣。先是舊制西向為忠孝堂，堂後两進俱體勢狹窄，且因陋就簡，不足以妥虔。三進後，獨建南向寢室一座，亦不成體製，若先河堂更卑小不堪覩矣。今於南向寢室前，鼎建中座以為忠孝堂，堂之前為頭座，頭座之外有照墻。門外東偏，曩為他人餘地，今適售於吾宗通政書院，亟以惠福街舖易之，於是照墻亦截然齊整，自內達外，一望深邃軒翥，均齊方正，誠巨觀也。寢室之東，仍為先河堂，前制甚狹，今擴而大之。先河堂之東，仍為青雲書院，院前舊有朝廊，今改為大厨房。凡此三處，向来地皆污下，棟宇矮蹙，今皆易爲爽塏，變為高軒，一洗從前卑陋。寢室之西，建西廳，深二進，以與東青雲書院相配，此两處俱為子孫應試寓，承前人志也。其餘頭座東邊及先河堂照墻外與寢室後西北角，俱有餘地，皆因地作斗室，偏廊西廳西閒屋一間，為看祠人居住。西向大街有大門樓，門樓上建魁星閣，閣之北西向，舖四間，每間深若干，濶若干，遞年租銀若干；又青雲里南北向，屋各五間，每間深若干，濶若干，遞年租銀若干。凡共租銀若干，俱收爲春秋祭祀用。

是役也，收貯銀兩，總理前後收支數目，其功則廷賀、孫謀、卓瑲；採買木石磚瓦灰煙各料，督工監造，其勞則廷拔、達文、雲瞻、恒光、卓顯、時達。至於驅逐賺住祠舖人等，無俾曠時廢務，以獨任怨勞，則惟浩昌之力為尤多，秀國與予但時佐助其間耳。而彰明大義，激厲人心，使遠近覽其文、信其人而樂從者，固予責也。其亦可以對我族衆貽方來而無獲戾扵前哲矣乎！然予更有慮者，今夫廢興成毁，輾轉相尋，固物理之常，故有前日之興，即有今日之廢，烏知後之視今，不如今之視昔。使今日者不亟求端人擇操士入司管鑰，圖善後之策畫公積之規，以預為他年修廢地，吾恐所入雖饒，一旦饕餮廁其中，或以少為多，空飽奸貪之橐；或以虛冒實，適饜侵牟之私。所入愈多，則為累亦滋甚。吾見豚肩不掩，典禮虛存，將懲前此之覆車，而後日已復尋故轍矣。迨至數十年以後，新者復故，故者仍敗，雖欲如今此之起大衆、動大計，而人皆以嘗業足辦爲辭，則雖欲其長此鞏固也，得乎？予故亟陳之，使一二深思遠慮之士，預為後之廢而復興計，俾得所憑藉，庶斯祠之建，亦有恃而終不朽焉。

計開重修捐建各房祖名號：

南海：丹竈房明遠公、樵西房南麓公、吉滘房吉初公、舟心房祿田公、扶南房敬齋公、半塘房肇基公、塩步房海門公、黃竹岐房莭菴公、西崑房西崑公、張槎房順安公、大通房協元公、赤岡南街房君寶公、溶荷田房廣川公、良沙步房湛東公、南鳳房海德公、同慕房樵華公、岡潭房竚珩公、明翰房明翰公。

番禺：北圓禪圃房慎齋公、珠岡房珠岡公、京塘房宗遠公、龍溪大山房梁盛公、冼村赤勘房福舍公。

順德：大塾房思江公、扶閭澳口房宗富公、水口東便房華山公、莘村房植參公、江尾房桂堂公、鷺渚房鷺渚公、

甘竹龍山房竹軒公、碧教房譽峰公、龍潭房月林公、麥村房嵩山公、龍江房南洲公、龍眼尚義房茂盈公、西雍房
鎮都公、烏洲房廣定公、高讚房世豪公、陳村龍頭房國滋公、石州房庚鳳公、北頭房餘昌公、仕板充元房止齋公、
倫教仁厚房樂叟公、黄涌房黄溪公、大都甘村房冲鶴公、裕涌房錦泉公、馬寧房萬興公。

新會：禮義房蘭窩公、小橋房崖石公、潮蓮房孔惠公、坡山房登年公、天等房天挺公、小岡房定菴公、東甲
房萊莘公、新璣房銘齋公。

香山：詒燕房卓庵公。

新寧：横岑房汝資公。

高要：良江房永堅公。

開平：長沙房椿一公、蕉園房月昌公。

新興：西街錦霞房。

新開南海九江房文開公、新開順德桂洲房嵩陽公、新開順德德山房圖南公、新開順德鳳城房康寧公、新開東
莞两塘房文璧公、新開東莞迎翠房純菴公、新開新會横嶺房前川公、新開香山欖山房五桂公、新開香山乾霧房白石公、
新開新寧麥巷房白坭公、新開高要迪五房雪堂公、新開平洲江左房樂廷公、新開會江房悠菴公、新開獅嶺松桂房
福元公。

計開入主名號：

宋：西崑房象豐公、同慕房友直公、同慕房乾龕公、珠岡房文川公、欖山房緒菴公。

元：迎翠房南疇公。

明：樵西房原仲公、吉滘房宗傑公、半塘房環翠公、半塘房清隱公、半塘房松軒公、半塘房北溪公、塩步房夢庚公、南鳳房孟祥公、南鳳房憲祖公、南鳳房雲峰公、鷺渚房桓一公、鷺渚房群際公、馬寧房耀寧公、迎翠房樸齋公、小岡房釣者公、小岡房純我公、小岡房静趣公、小岡房獨善公、小岡房隅生公、欖山房松山公、欖山房鳳岡公、欖山房覺虛公、欖山房光裕公、乾霧房東橋公、乾霧房翠河公、乾霧房磐嶽公、乾霧房養晦公、横岑房于翰公、横岑房明照公、麥巷房復振公、迪五房錫之公、良江房大包公、長沙房渙穆公、長沙房鉄輪公、蕉園房懷瓊公。

清：樵西房東海公、樵西房樵圃公、樵西房翠栢公、樵西房淡菴公、樵西房一漁公、樵西房樂泉公、樵西房樂耕公、半塘房懿庭公、半塘房紫客公、良沙步房積業公、良沙步房普奴公、南鳳房鶴峰公、大塾房壺洲公（闔衆義立）、碧教房金波公、碧教房泰如公、尚義房瑞菴公、裕涌房樸齋公、鳳城房振堂公、禮義房穆菴公（闔衆義立）、小岡房茂貴公、小岡房衍世公、詒燕房肯堂公、欖山房玉海公、乾霧房建青公、乾霧房逸高公、乾霧房四山公、迪五房晦菴公、迪五房賚亭公、迪五房瑞山公、迪五房冬湖公、横岑房巨觀公、長沙房渙書公、長沙房秩焜公、長沙房遠芳公、長沙房仰盛公、長沙房遠位公、長沙房禄位超培公。

鄉進士出身文林郎揀選知縣南海西樵房支孫雲池鶴泉拜撰。

乾隆四十一年歲次丙申季春吉旦。

始平書院諸碑

增入主位添置嘗產碑記

清同治五年（1866）

增入主位添置嘗產碑記

同治五年歲次丙寅十一月吉旦

（碑額）增入主位添置嘗産碑記

吾宗在粤為望族，始平書院創建□□□□□□，於乾隆丙辰恭祀入粤始祖以及列祖壹百有八位，報本追遠，禮也。歲久院宇漸荒，道光庚子，少僕□□偕州倅朝經以捐脩綦難，首倡助工入祀之議，各房子孫輸百金者，奉一主配正祀；輸三十金者，附左右旁祀。當時子姓，咸樂劾輸，百廢具舉。工竣，以羨餘設立嘗業，春秋薦享外，子孫進横舍以至登鄉、會榜，遞有□惠，所以奉先祀而裕後昆者，至備也。迨咸豐甲寅丁巳間，紅匪跳梁，重以夷難，屋瓦垣墻，摧殘特甚，加以城厢内外，半遭焚燬，嘗業閉歇，租息無著，經費支絀，祀典闕如，時則有訓導太清州□椿名集各房議倣前例，助工入祀。中座擬增主三十位，左右座擬增主六十位。議甫出，而子姓復翕應，未周歲，座位已滿。得白鏹肆千捌百両。乃繕葺垣墉，修理廢業，增置嘗産，一□奉先祀、裕後昆者，□故祭之日，父老觀者洒然動容，有漢家官儀之感，知刼運乘除，人事出焉，否泰消長之機兆此矣。若夫量度委積，節財利用，光大前業，尤昕望於後之賢且能者。

是役也，董事開炳等七人，皆殫心力，而太清與椿勞勩尤著。栻宗時由刑部郎假還，樂觀厥成。族人以序請，爰敬述之，捐貲出力者，皆備書泐石，漢《禮記》碑陰題名至百數，其例也。

賜進士出身誥授奉政大夫刑部貴州司主事兼河南司行走加二級九江房裔孫栻宗百拜謹識。

值事：開炳、芳之、仕楨、卓培、斯顯、端昌、常用拜立。

（捐助者姓名及款額略）

謹將進支銀両數開列於後：

一 進正座、旁座主位銀肆千捌佰両。

一 進甲子至丙寅年主位息銀壹百玖拾壹両叁錢八分。

一 進主位陞座掛號份金銀壹拾壹両肆錢。

合共進得銀伍千零零弍両七錢八分。

一 支買蔡宅歸德門橋腳西□舖壹間，深一大進，計一丈八尺，以墻心為界，濶弍拾七桁明桁，該舖價併中人利試共銀壹千壹百弍拾伍両五錢九分，現租與聯義布店，每年租銀玖拾陸両正，閏月照算。

一 支買何宅顯鎮坊北向舖□間深三□計八丈零五寸，以墻為界，濶壹拾七桁明桁，該舖價併中人利試共銀壹千弍百陸拾玖両七錢九分，現租與廣利薯莨店，每年租銀玖拾陸両六錢，閏月照算。

一 支買陳宅楊巷東向舖一間，深弍□進計□□□五寸，以墻心為界，濶壹拾五桁，前進明桁，後進暗桁，該舖價併中人利試共銀伍百壹拾両，現租與瑛記絲帶店，每年租銀伍拾陸員，閏月照算。

一 支買馮宅油欄門城腳南向舖壹間，深一進，計壹丈弍尺叁□□□脚為界，濶壹拾七桁，該舖價併中人利試共銀肆百叁拾捌両六錢，現租與怡昌故衣店，每年租銀伍拾捌員，閏月照算。

一 支榮昌修造主位龕銀陸拾壹両零四分。

一支利名牌扁油漆銀肆拾六両壹錢□□□。

一支啓承神主銀弍拾捌両壹錢七分壹厘。

一支花紅紗綾紅賃洋燈枱櫈搭棚，共銀弍拾伍両叁錢壹分八厘。

一支天源酒米雜貨天合金猪三牲，共銀弍拾叁両弍錢叁分叁厘。

一支陞座點主禮生利□□陸拾陸両肆錢八分。

一支全珍酒席銀伍拾肆両零弍分。

一支果品餅各項，共銀叁拾叁両肆錢六分五厘。

一支寶琳齋碑石連刻字，共銀肆拾叁両捌錢柒分。

合共支出銀叁千柒百弍拾伍両柒錢□□□。

除支應存銀壹千弍百柒拾柒両，錢弍分叁厘，其銀撥歸歷年進支部列。

同治五年歲次丙寅十一月吉旦

考略

此碑原存廣州仙湖街始平書院，後書院毀，移置廣州博物館。高177釐米，寬74釐米。碑額及正文楷書。據碑載，始平書院曾於清道光二十年（1840）重修。因咸豐四年（1855）、七年（1857）廣東洪兵戰亂而遭焚毁。同治五年（1866）重修時采取了『助工入祀』方式，即以各房集資多少確定入祀牌位位置，反映了商品經濟對傳統社會秩序的影響。

撰文者馮栻宗，字越生。南海人。清同治四年（1865）進士。著有《海日盧詩草》。

增入主位碑記

民國十八年（1929）

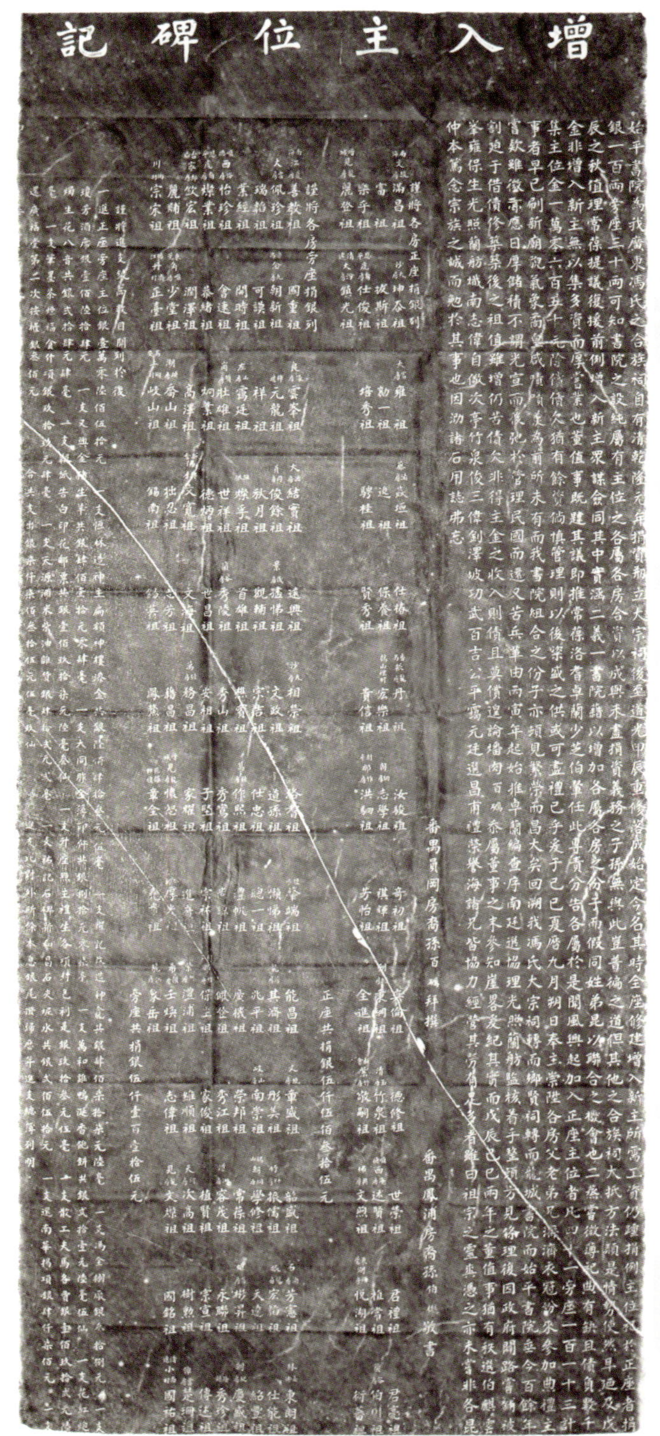
增入主位碑記

考略

此碑原存廣州仙湖街始平書院，後書院毀，移置廣州博物館。高180釐米，寬76釐米。碑額及正文楷書。據碑載，始平書院創建於乾隆元年（1736），始稱馮氏大宗祠，後多次重建，一百餘年間，曾相繼為鄉賢祠、龍城書院、始平書院。民國十八年（1928），因書院業物微薄窘迫，復因政府闢路，嘗舖被割，苦於債欠莫償，遂再次發動馮氏族人捐資增入新主。反映了廣東宗祠入民國以來由盛轉衰的現實狀況。

撰文者馮百礪，南海人，馮氏族人。書丹者馮伯樾，南海人，馮氏族人。

釋文

（碑額）增入主位碑記

始平書院為我廣東馮氏之合族祠，自有清乾隆元年捐資剏立大宗祠後，至道光甲辰重修落成，始定今名。其時全座修建，增入新主，所需工資，仍踵捐例。主位祀於正座者，捐銀一百両，旁座三十両，可知書院之設，純屬有主位之各屬各房合資以成，與未盡捐資義務之子孫無與，此豈普徧之道？但其他之合族祠，大抵方法類是，情勢使然耳。迺及戊辰之秋，值理常葆提議，復援前例增入新主，衆謀僉同。其中實涵二義：一，書院藉以增加各屬各房之份子，而假同姓弟昆以聯合之機會也。二，蒸嘗微薄，祀典有缺，且債負數千金，非增入新主無以集多資而厚嘗業也。董值事既韙其議，即推常葆、洛耆、卓蘭、少芝、伯翬任此專責，分告各屬，於是聞風興起，加入正座主位者凡四十一，旁座一百一十三，計集主位金一萬零六百五十元，除償債欠，猶有餘資，倘慎管理，則以後粢盛之供或可盡禮已乎。

爰于己巳夏曆九月朔日奉主祟陞，各房父老弟兄濟濟衣冠，紛來參加典禮。主事者早已刷新廟貌，氣象喬皇，咸嘖嘖羡為前所未有，而我書院組合之份子，亦頓見繁榮而昌大矣！回溯我馮氏大宗祠，轉而鄉賢祠，轉而龍城書院，而始平書院，垂今百餘年。嘗欵雖微，亦應日厚。儲積不謂光宣，而後弛於管理，民國而還，又苦兵革，由丙寅年起始，推卓蘭編查序，南廷選協理，光照、蘭舫監核，着手整頓，方見條理。復因政府闢路，嘗舖被割，廹于借債修築，

築後之祖值雖增，仍苦債欠，非得主金之收入，則債且莫償，遑論燔肉。百礪忝屬董事之末，參知崖畧，爰紀其實，而戊辰、己巳兩年之董值事猶有秩選，伯麒、雲峯、雍、保生、光照、蘭舫、熾南、志偉、自儆、次亭、竹泉、俊三、偉釗、澤坡、功武、百吉、公平、靄元、廷選、昌甫、禮榮、譽海諸兄，皆協力經營，其勞有足多者，雖曰祖宗之靈爽憑之，亦未嘗非各昆仲本篤念宗族之誠，而勉於其事也。因泐諸石，用誌弗忘。

番禺員岡房裔孫百礪拜撰。

番禺鳳浦房裔孫伯樾敬書。

（捐助者姓名及款額略）

謹將進支銀両數目開列於後：

一　進正座旁座主位銀壹萬零陸佰伍拾元。

一　支恒林造福神主扁額神樓漆金共銀陸佰肆拾叁元伍毫。

一　支耀記改造神龕共銀肆佰柒拾柒元陸毫。

一　支馮全棚廠銀叁拾捌元。

一　支瓊芳酒席銀壹佰陸拾肆元。

一　支又與金猪生羊共銀肆佰壹拾元零肆毫。

一　支大同胙金簿印件共銀捌拾元零柒毫。

一　支萬和鷄鴨涎香飽餅共銀弍拾壹元陸毫伍仙。
一　支花紅炮燭生花八音共銀弍拾肆元肆毫。
一　支報紙告白印花郵票共銀壹佰玖拾柒元陸毫叁仙。
一　支升座點主禮生各項封包利是銀玖拾叁元伍毫。
一　支散工夫馬各費銀壹佰玖拾弍元陸毫。
一　支筆墨茶煙福食什項銀玖拾玖元肆毫。
一　支天源酒米柴油雜貨銀肆拾弍元弍毫。
一　支祐記石碑新和昌石灰坭水共銀弍佰伍拾元。
一　支還南華揭項銀肆仟柒佰元。
一　支還廣福堂第二次按櫃銀叁佰元。
合共支出銀柒仟柒佰叁拾伍元伍毫玖仙。
進支比對外，所餘本息銀尾，撥歸歷年進支總簿列明。
中華民國十八年歲次己巳十一月吉日立。

報德祠諸碑

臘圃報德祠碑記

明萬曆二十三年（1595）

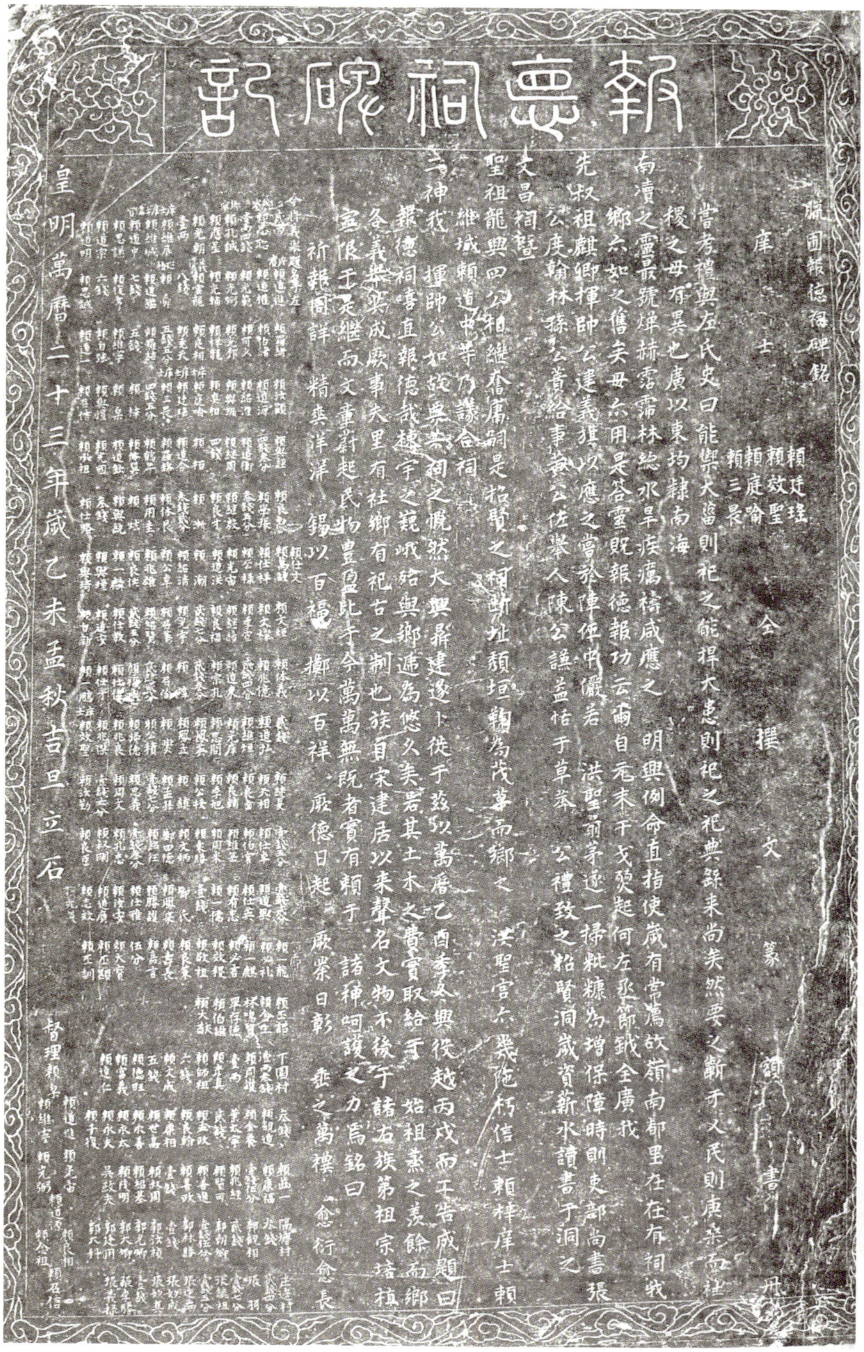

釋文

（碑額）報悳祠碑記

臘圃報德祠碑銘

庠士：賴廷瑤、賴效聖、賴庭喻、賴三畏仝撰文篆額書丹。

嘗考《禮》與《左氏史》曰：『能禦大菑則祀之，能捍大患則祀之。』祀典繇来尚矣。然要之蕲于人民則庚桑，而社稷之母有異也。廣以東均隸南海，南瀆之靈，最號焯赫，霑霈林總，水旱疾癘，禱咸應之。明興例命直指使歲有常薦。故嶺南都里，在在有祠。我鄉亦如之舊矣，母亦用是答靈貺、報德報功云爾。

自元末干戈竅起，何左丞節鉞全廣，我先叔祖麒卿揮帥公建義旗以應之，嘗於陣伍中儼若洪聖前茅，遂一掃秕糠，為增保障。時則吏部尚書張公度、翰林孫公蕡、給事黄公佐、舉人陳公謙益恬于草莽，公禮致之招賢洞，歲資薪水，讀書于洞之文昌祠。暨聖祖龍興，四公相繼奮庸，嗣是招賢之祠，断址頹垣，鞠為茂草，而鄉之洪聖宫，亦幾陁朽。信士賴梓、庠士賴維城、賴道中等乃議合祠二神。我揮帥公如故典共祠之，慨然大興鼎建，遂卜徙于兹。以萬曆乙酉季冬興役，越丙戌而工告成，題曰『報德祠』。嘻！直報德哉。棟宇之巍峨，殆與鄉遞為悠久矣。若其土木之費，實取給于始祖蒸之羡餘，而鄉各義舉，共成厥事。

夫里有社，鄉有祀，古之制也。族自宋建居以來，聲名文物，不後于諸右族第，祖宗培植寧限于是？繼而文章蔚起，民物豐盈，比于今萬萬無既者，實有賴于諸神呵護之力焉。

銘曰：

祈報周詳，精爽洋洋。錫以百福，擲以百祥。

厥德日起，厥業日彰。垂之萬禩，愈衍愈長。

（捐助者姓名及款額略）

皇明萬曆二十三年歲乙未孟秋吉旦立石。

督理：賴臯、賴道進、賴維雲、賴光寅、賴光弼、賴道源、賴良相、賴念祖、賴召信。

考略

此碑存廣州增城小樓鎮臘圃村報德祠。高108釐米，寬68釐米。篆額，正文楷書。記述臘圃村建報德祠之緣由及經過。據碑文記載，賴姓族人拟建祠祭奉元末明初建義旗以應何真起兵、報國立功的先叔祖賴麒卿，因該鄉原有招賢祠（原招賢洞之文昌祠），後鞠為茂草，原有洪聖祠亦陁朽，鄉人遂建報德祠合祀洪聖、賴麒卿二神，這在嶺南民間中頗為少見。文中記載當年張度、孫蕡、黄佐、陳謙益在臘圃讀書隱居時，曾獲賴麒卿禮致之招賢洞，歲資薪水之事，亦足補史闕。

撰文篆額書丹者賴廷瑤、賴效聖、賴庭喻、賴三畏，皆為增城人。賴氏族人。

送田入報德祠碑記

清乾隆五十五年（1790）

送田入報德祠碑記
釋教因果之說儒者不道而先王以神道設教由來尚矣本鄉報德祠崇祀
勅封南海廣利洪聖大王招僧典守禱祀維虔向設廟嘗以備香燭之需兄見前
人美意怡矣志者久之私願藉庇得愜所懷即置產入廟以昭書已而見
子張烈撥泮疊慶美璋怡頗遂教子之志而有含飴之樂仰戴□□業□
重新報德祠扁額仍撥田叁畝零歲租九石以充歲時香燭其餘□□□
者匪報也所以表事 神之忱亦以體古先王設教之意云爾
旹
乾隆五十五年歲次庚戌孟冬吉旦太學生輯怡偕男邑庠生張烈孫浦等
頓首拜撰
計開所撥稅畝字號列後
原字八百六十三號田稅二分七厘六毫土名高子力
八百六十五號田稅四分二厘三毫土名高子力
八百七十三號田稅六分三厘一毫土名高子力
八百七十七號田稅四分九厘二毫土名高子力
八百九十號田稅三分八厘三毫土名高力
九百七十六號田稅五分三厘七毫土名石廟
一千三百一十一號田稅五分一厘六毫土名羅墹
共田七號稅叁畝弍分五厘九毫歲租九石正斗
的名報德額銀壹錢弍分九厘八毫色米弍升四合八勺其租
現爭交僧寄嚴收管其糧米遞年交典守僧完納以垂永遠

釋文

送田入報德祠碑記

釋教因果之説，儒者不道，而先王以神道設教，由來尚矣。本鄉報德祠崇祀勅封南海廣利洪聖大王，招僧典守，禱祀維虔。向設廟蒸，以偹香燭之需，足見前人美意。怡矢志者久之，私願藉庇，得愜所懷，即置産入廟，以昭素心。已而兒子張烈掇泮，疊慶美璋。怡頗遂教子之志，而有含飴之樂。仰戴鴻恩，業經重新報德祠扁額，仍撥田叁畝零，歲租九石，以充歲時香燭，其餘以供典守者。匪報也，听以表事神之忱，亦以體古先王設教之意云爾。

旹乾隆五十五年歲次庚戌孟冬吉旦。

太學生賴怡偕男邑庠生張烈孫浦等頓首拜撰。

計開听撥稅畝字號列後：

靡字八百六十三號田稅二分七厘六毫，土名高子力。

靡字八百六十五號田稅四分二厘三毫，土名高子力。

靡字八百七十三號田稅六分三厘一毫，土名高子力。

靡字八百七十七號田稅四分九厘三毫，土名高子力。

靡字八百九十號田稅三分八厘三毫，土名高力。

靡字九百七十六號田税五分三厘七毫，土名石廟。
靡字一千三百一十一號田税五分一厘六毫，土名羅塱。
共田七號，税叁畝弍分五厘九毫，歲租九石正斗。
的名賴報德額銀壹錢弍分九厘八毫、色米弍升四合八勺。
其租現年交僧密嚴収管其糧米，遞年交典守僧完納，以垂永遠。

考略

此碑存廣州增城小樓鎮臘圃村報德祠。高62釐米，寬45釐米。楷書。碑文述鄉人賴怡置產入廟，用以充歲時香燭之需，其餘以供典守者。可知當時報德祠招僧典守，文後附有所撥税畝字號。從中可瞭解廣府鄉村宗祠神廟經營管理的一種模式。

撰文者賴怡、賴張烈、賴浦，皆為增城人。賴氏族人。

送觀音宮香油田碑記

清咸豐六年（1856）

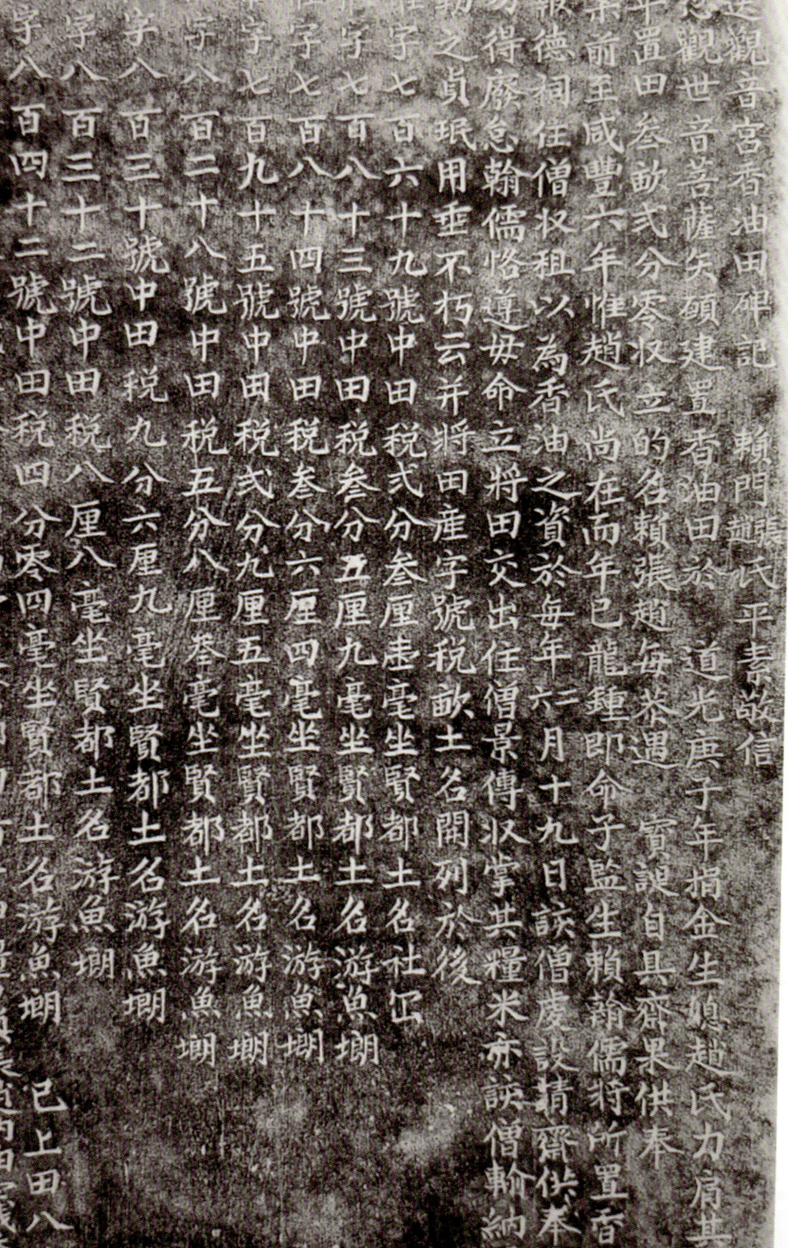
送觀音宮香油田碑記　賴門趙張氏平素敬信
送觀世音菩薩矢願建置香油田於道光庚子年捐金生息趙氏力肩其任經營有
年置田叁畝弍分零收立的名賴張趙每來遇實誕自具齋果供奉
業前至咸豐六年惟趙氏尚在而年已龍鍾即命子監生賴翰儒將所置香油田送出
報德祠住僧收租以為香油之資於每年二月十九日誕僧虔設精齋供奉演誦經懺
分得盛意翰儒恪遵母命立將田交出任僧景傳收掌其糧米亦該僧輸納因誌緣起
勒之貞珉用垂不朽云并將田產字號稅畝土名開列於後
惟字七百六十九號中田稅弍分叁厘壹毫坐賢都土名社岡
惟字七百八十三號中田稅叁分五厘九毫坐賢都土名游魚塱
惟字七百八十四號中田稅叁分六厘四毫坐賢都土名游魚塱
惟字七百九十五號中田稅弍分九厘五毫坐賢都土名游魚塱
惟字八百二十八號中田稅五分八厘叁毫坐賢都土名游魚塱
惟字八百三十號中田稅九分六厘九毫坐賢都土名游魚塱
惟字八百三十二號中田稅八厘八毫坐賢都土名游魚塱
惟字八百四十二號中田稅四分零四毫坐賢都土名游魚塱　已上田八號共稅叁
畝弍分九厘叁毫歲租拾石田鴨壹隻賢都四啚十甲糧户賴張趙納油壹錢叁分五厘五米壹升四合
豐六年丙辰歲八月仲秋僧景傳吉立

釋文

送觀音宫香油田碑記

賴門張、趙氏平素敬信慈悲觀世音菩薩，矢願建置香油田，於道光庚子年捐金生息。趙氏力肩其任，經營有年，置田叁畝弍分零，收立的名賴張、趙每恭遇寶誕，自具齋果，供奉案前。至咸豐六年，惟趙氏尚在，而年已龍鍾，即命子監生賴翰儒，將所置香油田送出報德祠住僧收租，以為香油之資。於每年二、六月十九日，該僧虔設精齋供奉，演誦經懺，勿得廢怠。翰儒恪遵毋命，立將田交出，住僧景傳收掌。其糧米亦該僧輸納。因誌緣起，勒之貞珉，用垂不朽云。

并將田産字號税畝土名開列於後：

惟字七百六十九號中田税弍分叁厘壹毫，坐賢都土名社岗。

惟字七百八十三號中田税叁分五厘九毫，坐賢都土名游魚塱。

惟字七百八十四號中田税叁分六厘四毫，坐賢都土名游魚塱。

惟字七百九十五九號中田税弍分九厘五毫，坐賢都土名游魚塱。

惟字八百二十八號中田税五分八厘叁毫，坐賢都土名游魚塱。

惟字八百三十號中田税九分六厘九毫，坐賢都土名游魚塱。

惟字八百三十二號中田税八厘八毫，坐賢都土名游魚塱。

惟字八百四十二號中田税四分零四毫，坐賢都土名游魚塱。

已上田八號，共税叁畝弍分九厘叁毫，歲租拾石，田鴨壹隻。

賢都四啚十甲糧户賴張、趙納油壹錢叁分五厘、米壹升四合。

咸豐六年丙辰歲八月仲秋，僧景傳吉立。

考略

此碑存廣州增城小樓鎮臘圃村報德祠。高45釐米，寬29釐米。楷書。據碑載，賴門張、趙氏建置香油田送報德觀音宫，由住僧景傳收租，以為香油之資。文末附田産字號税畝土名。從該碑可瞭解廣府鄉村祠廟之中，信衆輸捐田産以為善禱之形式。

撰文者賴怡、賴張烈、賴浦簡介參見《送田入報德祠碑記》之考略。

其他祠堂諸碑

亭岡黄氏祠堂之記

明成化五年（1469）

考略

此碑存廣州白雲區石井街紅星村宣撫使祠。篆額，正文楷書。該祠是紅星村萬善約黄姓族人之祖祠，始建於明天順三年（1459），此碑刻於明成化五年（1469），為廣州目前發現時代較早的祠堂類碑刻，鐫刻精美，品相完整。

撰文者丘濬，字仲深、瓊山，號深庵、玉峰，别號海山老人，廣東瓊山府城下田村人。歷經明景泰、成化、弘治朝，累官侍講、禮部尚書兼文淵閣大學士，著述頗豐，聲名遠播。

釋文

（碑額）亭岡黄氏祠堂之記

亭岡黄氏祠堂記

賜進士及第翰林院侍講學士奉訓大夫經筵講官同修國史琼臺丘濬撰文。

賜進士出身吏部驗封清吏司主事承德郎盱江左贊篆額。

京闈鄉貢進士掌制誥事中書舍人徵仕郎雲間沈瑜書丹。

古人廟以祀其先，因爵以定數，上下咸有定制。粵自封建之典不行，用人以能不以世，公卿以下有爵而無土，是故父為士而子或為大夫，父為大夫而子或為士，廟數不可為定制，且又仕止不常，遷徙無定，而廟祀不能有常所。漢魏以來，知經好禮之士如晉荀氏、賀氏，唐杜氏、孟氏，宋韓氏、宋氏，或言於公朝，或創於私家，然議之而不果行，行之未久而遽變；或為之于獨而不能同之於衆；或僅卒其身而不能貽於後。此無他，泥于古便于私而不可通行故也。至宋司馬氏始以意剏為影堂，文公先生易影，以伊川程氏所剏之主定為祠堂之制，著於家禮通禮之首，蓋通上下以為制也。自時厥後，士大夫家往往倣其制而行之，然行之者率閩浙江廣之人，所謂中州人士蓋漠如也。嶺南僻在一隅，而尚禮之家不下於他方，南海亭岡黄氏世有顯宦，其先世有在宋為朝奉大夫者，自渡江南徙以來，今若干世矣。其六世以前，世惟單傳，六世以後，支庶繁衍，自是又若干世。至處士洪僧者為黄氏族長。乃謀於衆曰：

『吾儕承先世貽謀，以有今日，為子孫者，人競殖產，以自私顧，使祖宗無棲神之所，於心安乎？盍相與建祠堂。』衆曰：『然』。於是擇地於所居之東，如家禮，建屋一堂三室以為祠堂，堂之前有亭翼，以庖厨齋沐之所。外為三門，繚以周垣，樹以栢松，專俾童僕一人司啟閉焉。規制如家禮而少異也。置祭田，具祭器，晨必謁，出入必告，而正至、朔望必參，歲時伏臘及有新物必薦，有事必以告。四仲之月及忌辰，必有事於正寢，一一按家禮以行。蓋自天順己卯經始，明年庚辰成而釁祀之，至是歲己丑，天運一周矣。

處士子玶暨其從子瓘以鄉貢進士屢辭校官，卒業太學，援例寧覲，將南還，介友人封部大夫馮君宗轍來徵予記。按《禮》，大夫、士有田則祭，無田則薦，是有士者乃得廟祀也。古者有田則有爵，今有爵者未必有田，而有田者徃徃多在扵編民。今世擯士扵民，苟服章縫，習詩禮，是亦古之士也，矧又時有掇科躋仕者，雖比古之大夫亦未為過，既名為士大夫，而又有世業之田，則立祠以妥先靈，置田以給祭需，私家之事，孰有先扵此者？然世之人果扵殖產而不果扵行禮，爭扵貽謀而緩扵報本，有能特然興舉古禮以報先德、以訓後昆若黄處士者，豈非家之孝子，族之宗英者乎？是宜書之，俾玶持歸，鑱扵石以示其後人，使知其所自，其尚繼繼繩繩，守而有之，以弗廢墜哉！

成化五年龍集己丑秋七月吉日。

（文後附立石者姓名略）

署增城事懷泉趙公遺愛碑

明嘉靖間

釋文

署增城事懷泉趙公遺愛碑

鄉進士文林郎知直隸繁昌縣事邑人石峯黄文典撰。

隆慶戊辰冬，吾增缺令，無何樞府熊公于屬郡有司中甄其廉敏者，特檄懷泉趙公來署茲邑。比至，公歷考前令朱、文二公，咸以廉慈稱，足怙焉。邇有肆騁不迪，武視魚肉，民無完產者凡幾許，乃嘆曰：『予業此，拯溺捄焚，候也。反之，宜亟少有乖張以殃民自殖，循覆轍耳也。又何賴直以父母斯民為己任，視民隱若瘝乃身，苟有一分可以寬民者，饒為之。』其催科括銀，則酌直定準。有不如直而恣求，不如準而加揞者，笞以懲。雖病其厲，巳弗恤，人人獲惠，若繁陰之覆蔭，春陽之和煦，鑠金烈石之炎寒頓易，厚下安宅之恩渥矣。夙性清介，茹蔬，晏如也，有旅以甘脆者，拒弗顧。風節愈凜，人不敢以私干公，慎不以私假人。本源澄徹，心地光明，可以對天地質鬼神，躋公古廉循儔匹，可後先媲美，是不可以觀公之完哉！若詢事辨詞，親筆牘，束群吏無得輕重上下手，乃公餘耳，匪足為公知也。彌五月代邑，皤弁章縫、商技朦瞽咸頻送泣下不忍別，攀留清風一握。徵文於余，鐫石以求遐思。予欣然，唯曰：『瓊玖思報，甘棠思遺，古今一心，厚道也。仁以虐啓，恩以怨資，怨虐蔑然，仁恩易顯。予既追往感今，贈公言，知公審矣，敢不敬揚光烈，以翼成休美哉』！公諱鉞，字可處，閩之長汀人，登丙午鄉薦，始令潮普寧，尋補惠長寧咸新邑。詞曰：

列宿朗耀兮徹斗台，一脉陽和兮毓百荄。神龍奔波兮施雨来，孤鳳翔仞兮迴氛埃。

五月賞澤兮閏八垓，獨噛冰蘗兮苦九迴。圖書滿篋兮愧多財，兒童好音兮孰鏘哉。

願公浚源兮流益恢，祝公順壽兮熙春臺。

考略

此碑原存廣州增城區趙公祠，祠久已不存，碑移置增城區荔城街鳳凰山公園鳳凰亭北側。高170釐米，寬92釐米。青石質。篆額，正文楷書。敘述明嘉靖年間署增城事的趙鉞，雖僅五月餘，但其清介廉直，寬民恵民，秉公詢事，令邑人感念其恩澤。據碑載，趙鉞，字可處，福建長汀人。

撰文者黃文典，明嘉靖三年（1524）舉人，授陽朔縣教諭，陞任繁昌知縣。碑文未落年款。據此可推測該碑應刻於明嘉靖三年（1524）之後。

重建廣裕祠碑記

明崇禎十二年（1639）

釋文

（碑額）重建廣裕祠碑記

重建廣裕祠碑記

余聞兩儀祖于太極，地脉祖于崑崙，以暨禽魚動植，胥有根有源，而况於人乎？故祖廟之脩，以隆水木也，其来舊矣。

兹有陸家之祠，實剏于宣廟旹，奕奕堂寝，夙稱傑構。邇來宗耆陸拙吾、睿衷、敬所、清門、日平、充元、奕昌、永生、邦慱，仕魁輩，以其不協堪輿家術，門廡叠架，陰晦居多，欲更拓而軒豁之。集其族類，上自昆友，下逮曻仍，各捐己橐中金，以從事焉。鳩工彙材，必庀其事而後即安。問記扵予，欲勒諸貞珉，以垂扵不沏云。説者謂其努力獵名，不免怙丹楹刻桷之侈，予謂人本于祖，祖棲于祠，恒情貪饕，兟兟蝇營，握祠筭者，動差池其筆舌而乾沒之，誰肯稍觧杖頭蚨，以供祠宇之營繕哉？能仗義遹脩，是亦時流中之皎皎也。囬睎緘縢纖嗇者，不相去星淵乎？斯役也，自經始以迄落成，蓂莢甫再，更而告竣，馳道爽塏，仰覩天日，建造軒翔，黝堊孔焕，以妥先靈，忭莫最焉。雖然，予更有以祝之，使構成而後皆藻心毖行，以保世亢宗，慎無隕越，以昭祖庙羞，則斯記為彌光矣。

予瞶何知，業承囑，敢不覼縷其顛末，以昜将来。

十世孫庠生陸微臣頓首拜撰。

計開義舉捐金名列于後：

（捐助者姓名及款額略）

大明崇禎十二年歲次己卯季夏吉旦重脩。

考略

此碑存廣州從化錢崗村廣裕祠。高100釐米，寬65釐米。硯石質。篆額，正文楷書。碑文詳述重修陸氏祖祠之緣由與建祠經過。從化廣裕祠是該地區陸氏家族的宗祠，是有確切建築年代的明代建築，歷史上曾有六次明確的維修記錄刻在脊檁下或者牆體的碑文上，是考據北民南遷歷史以及南北建築風格互相借鑒的一座重要古建築。據云，當年南宋宰相陸秀夫在廣東崖門以身殉國後，其南遷的部分族人秘密逃至此處藏匿，幾百年後發展成錢崗村。

撰文者陸微臣，從化人。陸氏族人。

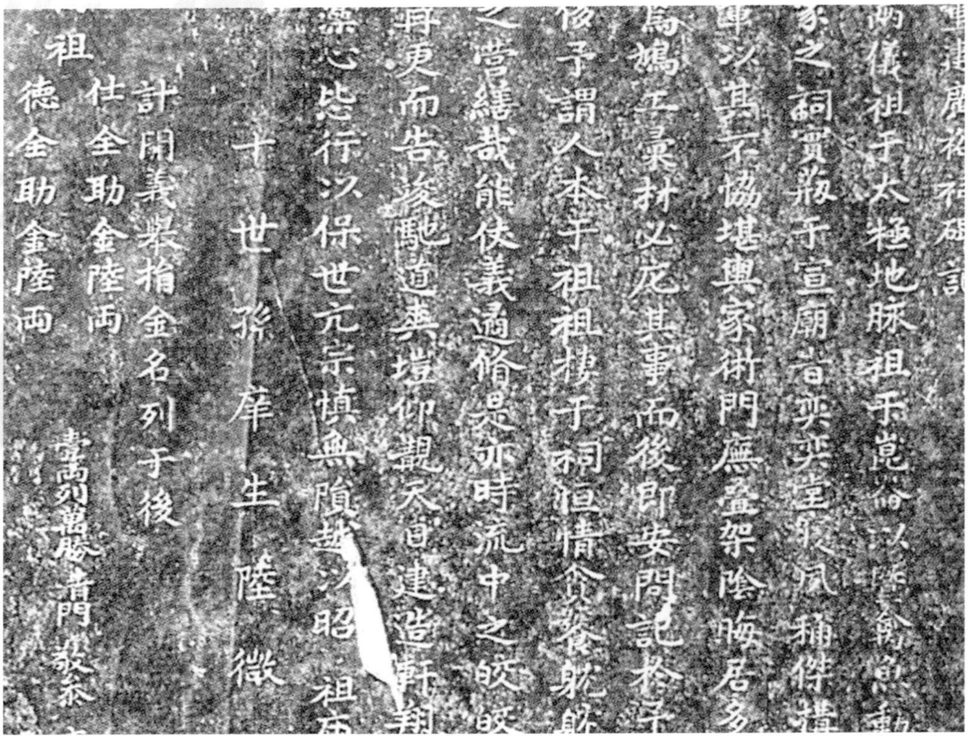

（碑刻局部）

麥氏始祖隋宿國公桂香祠記

清康熙三十二年（1693）

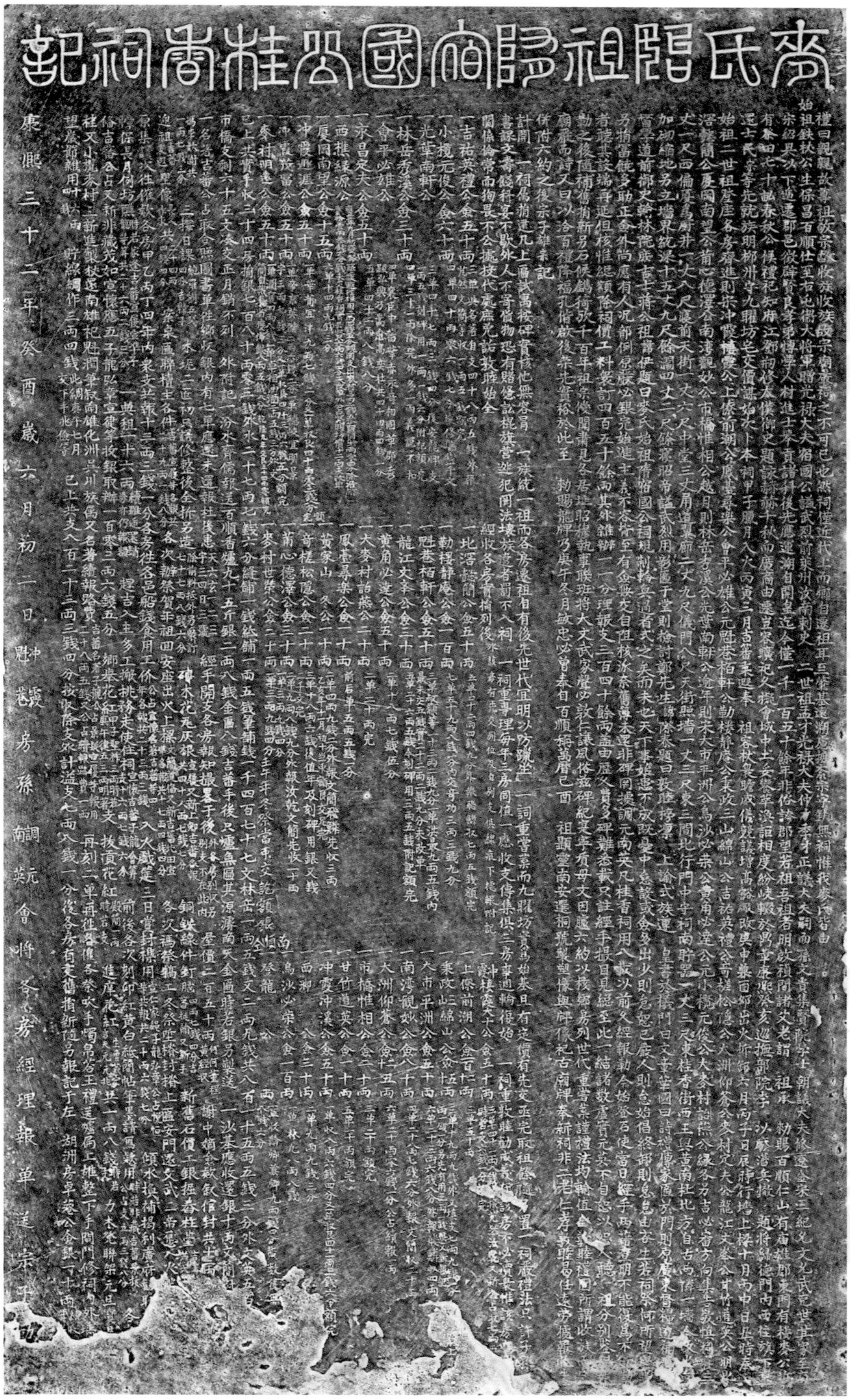

釋文

（碑額）**麥氏始祖隋宿國公桂香祠記**

《禮》曰：『親親故尊祖，敬宗故收族，收族故宗廟嚴』。祠之不可已也，然祠僅近代上而鄉自遷祖耳，至肇基遠溯，慮摭紊宗寧缺無祠。惟我麥氏，皆由始祖鉄杖公，生保昌百順，仕至右屯衛大將軍，贈光禄大夫、宿國公，謚武烈。前萊州、汝南刺史、二世祖孟才，光禄大夫；仲才、季才，正議大夫。嗣而孫文貴，集賢院學士、朝議大夫，修遼、金、宋三紀，允文允武，克世其家。至南宋紹興以下，遞遷郡邑，徵辟賢良孝弟博學人材進士舉貢諸科，後先應運。溯自開皇迄今，僅一千一百五十餘年，非俗誇郡望若祖吾祖者。明啟、禎間，諸父老謂祖承勅賜百順仁山有庙，雄郡東門有樓，麥公坵有祭田七十畝，春秋公侯禮祀，知府江鄧翔修，太僕御史題詠，赫赫千秋，而廣裔由遷，豈容曠祀。久擬會城中土，妥饗萃渙，詎相度紛岐，輟於鼎革。

康熙癸亥，巡撫部院李以廢藩兵撤，題將歸德門内西住旗下東還士民。宗等先就族明柳州守九曜坊宅，交價謀始次卜本祠。甲子臘月入火，丙寅三月，吉蕃秉遐奉祖容杖，衆瞻威儀，競議增高豁敞，改庚申兼西夘，出火拆卸，六月丙子日辰時，行墻上樑，十月丙申日丑時，奉始祖、二世祖登座，各房齊進，則宋冲霞、棲霞公，上僚前潮公，鳳臺尋樂公，會平必雄公，元魁巷栢軒公，勒樓静庵公，秉政三山、綿山公，吉祐英禮公，奇槎松隱公，太洲仰蒼公，麥村定夫公，龍江文峯公，甘竹道英公，明北滘懿簡公、厦岡南望公、莆心德澤公、南灣觀妙公、市橋

惟相公。越月，則林岳秀溪公、光葉南軒公。逾年，則宋大市平洲公、烏沙必榮公、黄角必達公、元小欖元俊公、大麥村詒燕公。緣各另吉，必審方向，集告敬慎。

祠寢三丈一尺，西偏厦爲厨井一丈八尺，寢前天街一丈六尺，中堂三丈，甬道翼廊二丈九尺，儀門八尺，天街照墻一丈三尺；東三間、北行門、中守祠、南貯器一丈三尺，東桂香街，西王與黄，南杜，北方，自古两隣一墻，今改坐西，加砌縮地，另立墻界，統深十五丈九尺餘，濶四丈二尺餘。寢昭帝謚『武烈用彰』匾，于堂則檢討鄭先生諱際泰題曰『敦睦榜凛』，上諭式族遵皇書於儀門曰『文章華國』、曰『詩禮傳家』匾，於門則原廣東督糧道補□督學道前御史翰林院庶吉士蔣公祖諱伊題曰『麥氏始祖隋宿國公祠』，規制輪奂，過者式之矣。而未也，天下事始患不成，既憂中怠，設或僉多出少則怠，恕己嚴人則怠，始倡終卸則怠，怠由吝生，若祠祭何所望□□另捐富饒多助正僉外，尚應有人，况部例原嚴，必銀完始進主，義不容背，至有僉無交，自阻核泒，奈舊簿未還，非碑罔據。調元、南英凡桂香祠用八載，以前久經報勒，今始登石，使當日經手兩藉查明，不能復爲不□□者聽其設端再延，但核惟総額除祠價工料衆訂四百五十餘両，其外雜辦，一一分理，報支三百四十餘両。盖由歷久費多，碑難悉載，只注經手撮目見総，至此一結諸數虚實，元英不自恕以恕人，聽祖分别鑒□□勒之後，隨補舊捐新，另石候鐫。

猗欤！千百年祖宗僾聞肅見，各居址昭穆執事聯班，将大文武家聲，必敦仁讓風俗，兹碑紀寔，寧質毋文，因臚六約以核鄉房，列世代，重嘗業，謹禮法，均輸值，全敦睦，《禮》固所謂收族而宗廟嚴。而《詩》又曰：

『以洽百禮，降福孔偕。』啟後榮先，實裕於此。至勅賜龍牌，乃庚午冬月，敏忠、必曾奉自百順，稱萬曆己酉，祖顯靈南安，選桐號，製塑像與牌像，祀古廟牌奉新祠，非二老仁孝敦睦，曷任遠勞攄報□土併附六約之後。

宗子雄宗記。

計開：

一　祠屬捐建，凡上匾試寓，按碑實核，他無容冒。

一　族統一祖，而各房遷祖，自有後先，世代宜明，以防躐坐。

一　詞（应為『祠』——編者注）重嘗業，而九曜坊實爲始基，且有定價，有先交，亟完取租，餘隨另置一祠。

嚴禮法，只許子孫讀書課文，壽餞科宴，不歇外人，不寄貨物，恐有賭僡訟棍旗營逊犯罔法壞族，違者罰不入祠。

一　祠重專理，每年三房同值，一應收支傳集，俱三房事，週輪復始。

一　祠重敦睦勸戒，義在該房，不必瀆衆，惟該房內外關係倫常而狥畏不公，據投代處，庶免訴敦睦始全。

經收各房實捐列後：

（麥氏各房捐資數目略，僅列各房祖）

吉祐英禮公、小欖元俊公、光葉南軒公、林岳秀溪公、會平必雄公、永昌定夫公、西樵緑源公、厦岡南望公、冲霞遯涯公、冲霞茂福公、麥村明遠公、北滘懿簡公、勒樓静庵公、魁巷栢軒公、龍江文峯公、黄角必達公、大麥村詒燕公、鳳臺尋樂公、黄家山冬公、奇槎松隱公、莆心德澤公、麥村世榮公、冲霞棲霞大十公、上僚前潮公、秉政三山綿山公、大市平洲公、南灣觀妙公、大洲仰巷公、市橋惟相公、甘竹道英公、冲霞冲溪公、西琅公、烏沙必榮公、登龍公。

康熙三十二年癸酉歲六月初二日。

冲霞魁巷房孫調元、南英，會将各房經理報單送宗子勒石。

考略

此碑原存麥氏始祖隋宿國公祠（舊址位於今中山五路與起義路交匯處），祠久已不存，原碑亦佚，僅存拓本，藏於廣州博物館。篆額，正文楷書。據碑文載，該麥氏宗祠規模較大，是明清時期廣州城內諸多合族祠之一，即廣東各地麥姓族人在省城廣州捐資修建的大宗祠。據乾隆《南海縣志》載：『麥氏始祖隋宿國公祠，在桂香街，裔孫調元、吉臨等建。』廣東麥氏，多聚居於廣府地區之番禺、南海、順德、香山、新會、東莞及粵北韶州、始興等地，而咸以隋宿國公麥铁杖為始祖。

撰文者麥雄宗，南海人。麥氏族人。

防禦使鍾公祠五言古詩并跋

清康熙間

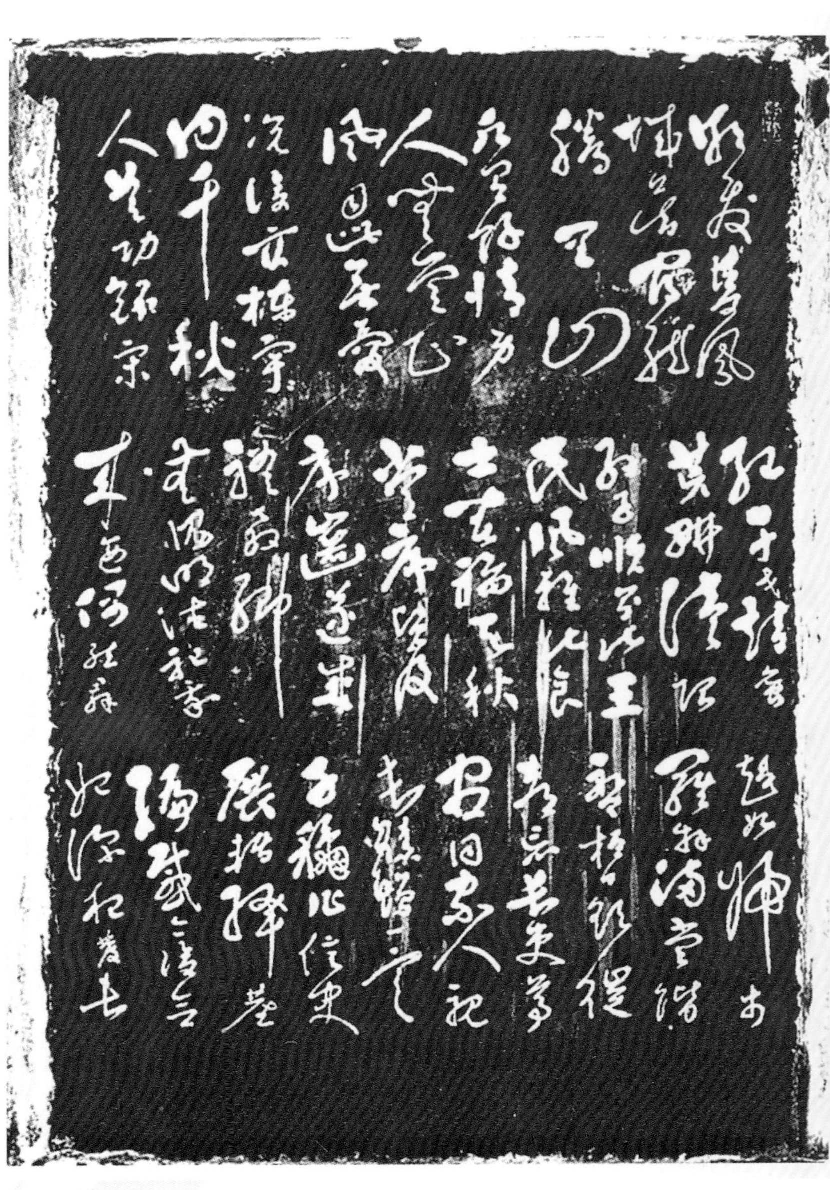

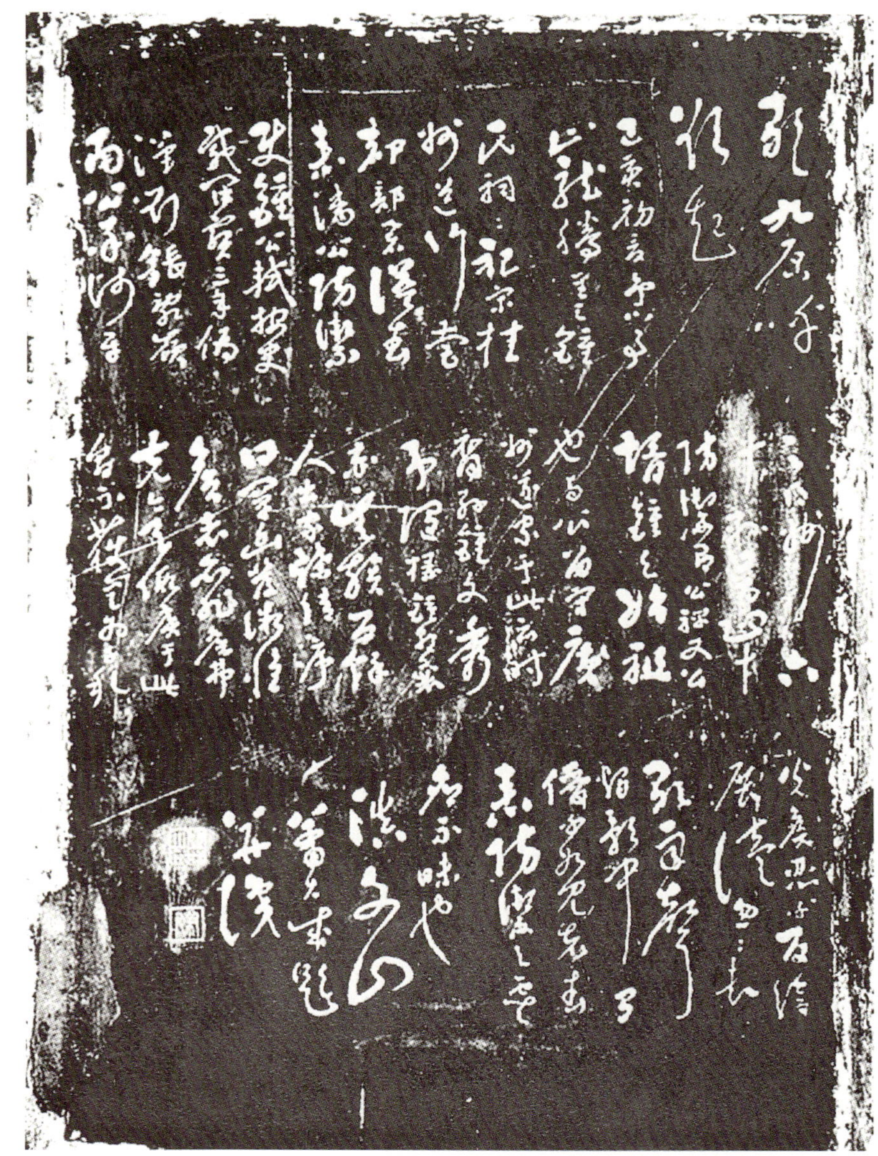

考略

此碑存廣州從化太平鎮屈洞村防禦使鍾公祠。共兩塊，皆高101釐米，寬70釐米。草書。刻五言古詩一首及跋。詩之內容為作者來到龍騰里，與鍾氏族人相處融洽。跋文述鍾氏始祖防禦史鍾公軾之事迹及家於廣州之緣由，作者受邀撰序之經過。書以狂草，走筆如龍。

撰詩文及書寫者蕭大成，雲南建水人，清康熙年間任從化知縣。

釋文

朝發雙鳳城，暮宿龍騰里。山水有餘情，勞人無定止。
風雨此無憂，況復高棟宇。宇内千秋人，豐功銘宋紀。
干戈靖蠻荒，耕讀貽孫子。順則比王民，風雅比良士。
春福與秋嘗，序賢及序齒。遂成禮教鄉，無愧明德祀。
我來迺偶然，羣趨如歸市。羅拜滿堂階，盤桓日欲徙。
喜忘長吏尊，相同家人視。長歌贈一言，千秋作信史。
展轉驛塵編，感今復念始。深夜發長歌，九原呼欲起。

己亥初夏，予以事止龍騰里之鍾氏祠，祠祀宋桂州道行營都部署謚武惠潘公，防禦使鍾公軾。按史載，開寶三年，偽漢劉鋹亂嶺南，公率師平之，得州六十，縣二百四十，防禦有公禪，又公培，鍾之始祖也，與公留守廣州，遂家于比云。時裔孫鍾文秀、予隨椽鍾朝襄率其族百餘人出家牒請序。曰：闡幽發微惟侯志，亦非侯弗克，今天假侯于此，曾不獲乞為千秋光，侯忍乎？反復展讀，忽忽長歌，雨聲燭影中，有僭乎如見者，武惠防禦之靈應不昧也。

滇文山蕭大成題并識。

三捷何公祠碑記

清嘉慶十九年（1814）

釋文

嘗思祠宇之創始，廼捷公之置作焉，勞心竭力，靈爽之有式憑也。夫遡祖于康熙年間，由永安青溪白石移來增城八斗，開基築室，耕讀爲業，教訓子孫，克勤克儉，忠厚傳家。公生六子，俱各完配，及公已逝，人丁亦頗蕃盛，産業亦暫廣置。自此以來，將公所遺屋舍左右前後，搭厠安居，以至人口靡寧，財資耗散，不如公之福澤焉。所幸安邑堂姪號東澤，邀請堪輿老師諱朝元，到舍開經詳看。即説明公之所立此祠，山向分金，俱亦的當，但屋前後搭厠塞界，其弊如此，急宜重復還原体，方保平安。是則人各住居星散，呼集兄弟叔姪酌議，敬請黄先生擇取甲戌年改換樑棟，修餙墻垣，掃開右邊禾塲屋宇，左邊架造横屋，須護界水分明，方可造福。自今修整于後，齊集兄弟叔姪，設立禁止，以憑永久，俾世世子孫，不得違例，庶紹箕裘，以恢宏先志者也。

一　祠堂一棟門樓左手邊宜兩層横屋，界水外又新造兩横屋須護，日後不得架造以塞界。又祠堂右手宜一層横屋，界水外今掃去，囑後不宜架造屋寮、禾塲、屎堈、稈棚，已上若有持强仍造者，衆議罰銀壹両歸衆。

一　祠堂上下廳要潔净灑掃，不許放人家物件。

一　禁門樓堦壆不許放鷄鴨柴艸物件。

一　禁祖堂風衛竪界爲止，栽培樹木，不許刬艸斬枝伐幹。已上倘有持强抗頑者，衆議罰銀壹両歸衆。若有不遵罰者，訂入嘗簿照除。

一　禁祖堂天井不許洗身露體，以浼祖宗；又寒天不得焚火，以污物項；又祠堂上下廳不許婦人績蔴機布枋績。

一　禁盜圪人家杉木者，要罰銀壹両歸衆，□□見者報知衆議賞花紅銀式分。

已上若有不遵罰者，送官究治。

一　凡子弟各宜守法，父戒其子，兄□其弟。日后倘有子弟不肖者，合衆送官究治。謹白。

嘉慶十九年仲冬月吉旦。

經衆六大房重修祠宗囑立規條勒石爲記。

考略

此碑存廣州蘿崗聯和街八斗村三捷何公祠。高80釐米，寬60釐米。黑雲石質。楷書。未署撰文者姓名。碑文前段述三捷何公祠建成之後，因人丁興旺，後人附祠加建搭建較多，經堪輿家詳看，認為應將前後搭建之屋拆除，復還原體，以保平安。後段為相關規則禁條，以約束族人。從中可見廣府鄉村對堪輿之說頗為信服，以及祠堂立碑示禁族人的約束力。

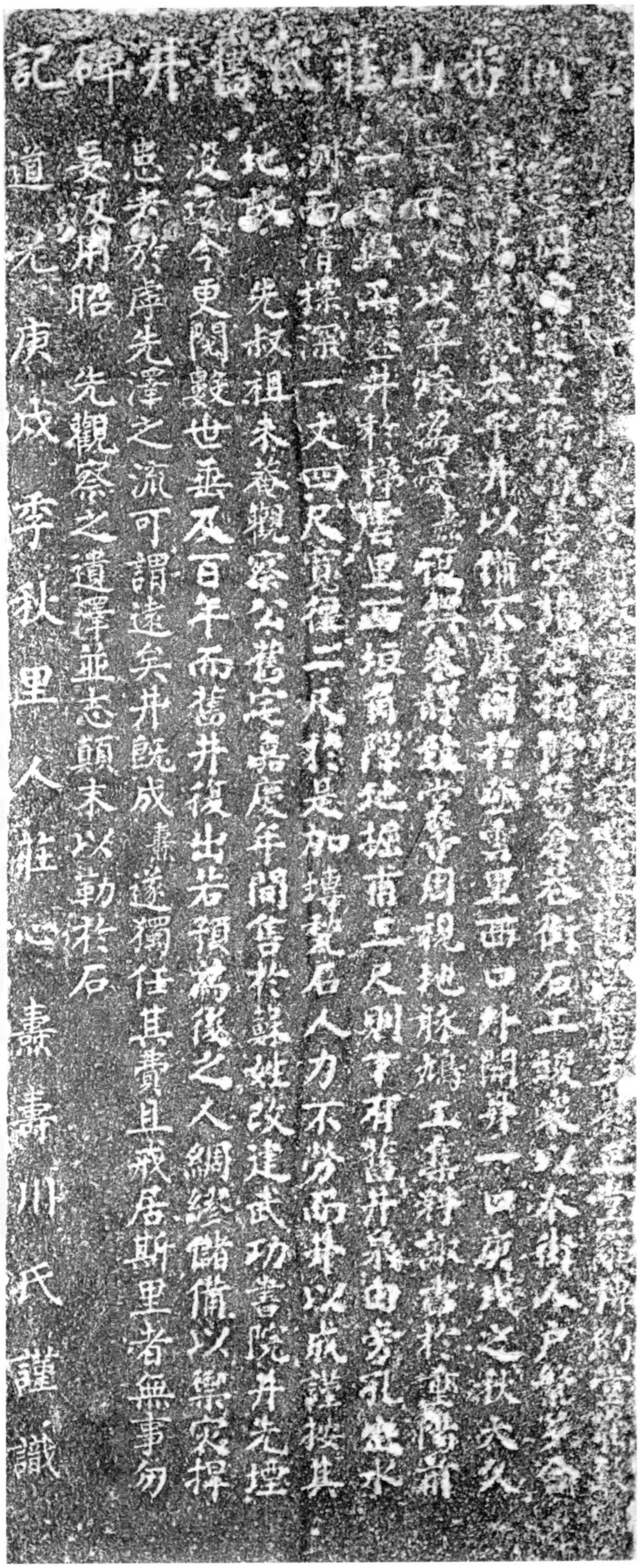

重開番山莊氏舊井碑記

清道光三十年（1850）

釋文

（碑額）重開番山莊氏舊井碑記

□□□□□□□□□□□堂何□□□單趙□□王養正堂、羅博約堂、崔致善堂、單道澄堂、周愛蓮堂、衛□善堂諸君捐修舊倉巷街石，工竣，衆以本街人户繁多，合□□□設□太平井，以備不虞，□於梯雲里西口外開井一口。庚戌之秋，天久不雨，人以旱燥為憂。燾、福興、來靜、致裳、中周視地脈，鳩工集料，諏吉於重陽前一日興工，鑿井於梯雲里西垣角隙地。掘甫三尺，則下有舊井泉由旁孔出水，洌而清，探深一丈四尺，寬徑二尺，於是加塼甃石，人力不勞而井以成。謹按其地，故先叔祖來菴觀察公舊宅，嘉慶年間售於蘇姓，改建武功書院，井先堙沒，迄今更閱數世，垂及百年，而舊井復出，若預為後之人綢繆儲備，以禦灾捍患者。於虖！先澤之流可謂遠矣。井既成，燾遂獨任其費，且戒居斯里者無事勿妄汲，用昭先觀察之遺澤，並志顛末，以勒於石。

道光庚戌季秋，里人莊心燾壽川氏謹識。

考略

此碑原存廣州舊倉巷梯雲里，後移置廣州市越秀區博物館。高143釐米，寬47釐米。花崗岩質。楷書。碑文記載王、羅、崔、單、周、衛諸姓合資於梯雲里鑿井一口，恰於鑿井之處掘出原莊氏所開舊井，不需花費人力，即獲得清洌的井水，衆人認為是先祖遺澤所致，遂立碑記此事。碑文中所提莊氏，即清代乾隆年間狀元莊有恭家族，舊倉巷一帶曾有莊有恭的舊居。

撰文者莊心燾，莊氏後人。

鳳翔書院全圖

清道光間

右十七桁

正座廿三桁

左十七桁

深貳丈伍尺二寸

天井

柳溪堂

深貳丈七尺五寸

天井

鳳翔書院

深壹丈九尺三寸

東北巷至南連街直深長一十丈零八尺

西北巷至南連街直深長一十丈零六尺九

頭門街前東至西共闊五丈四尺二寸七分

後批墻東廳至西共闊六丈一尺八寸五分

書院坐壬向丙兼亥巳三分

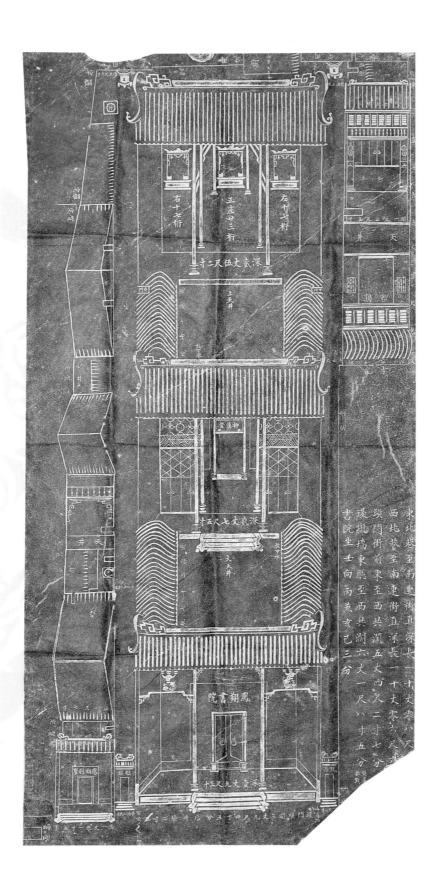

釋文

東北巷至南連街直深長一十丈零八尺（下文殘缺）

西北巷至南連街直深長一十丈零六尺六（下文殘缺）

頭門街前東至西共濶五丈四尺二寸七分

後批墻東廳至西共濶六丈一尺八寸五分

書院坐壬向丙兼亥巳三分

考略

此碑原存廣州舊倉巷鳳翔書院（址在今倉邊路），書院久已毀，碑移置廣州博物館。楷書。未書年月。鳳翔書院是清道光年間由廣州陳姓族人建的合族祠，抗戰時期書院被炸毀。該碑為鳳翔書院平面圖，圖中標注書院所處位置、四至及書院各建築名稱等，右下方文字表述書院所處方位。此圖對瞭解當年鳳翔書院的平面布局有參考價值。

永思堂祠碑記

清咸豐元年（1851）

永思堂祠碑記

嘗思木之有根則枝葉榮盛水之有源則支派流長我 始祖處士雲襟公祖妣梁氏孺人于明嘉靖年間由南雄
珠璣巷徙於省垣高第之麓公生平好學與邑進士巡按河南監察御史龎尚鵬為莫逆交迨 二世祖諱寅蒼邑
庠歲貢生設帳四方課諸弟子無懈至 五世祖國學生其光公始遷居于城西十里之鄭水棲馬歷及 十世祖
聖惠公生二子延十一世祖長恂敬公次恂永公始分兩房恂敬公傳至十五世登仕郎顯琮公公生二子即十六
傳長剛立公次章立公也鄉飲大賓剛立公號健亭一生勤儉娶妻梁氏副室李氏梁氏生一女一子女適招門其
子即十七傳啓泰公娶妻高氏年甫十九未生子女不幸早亡家無餘蓄闔房伯叔戚友均以健亭年近古稀所生
一子已故允宜擇房內昭穆相當者承嗣茲有次房十七傳本初之第三子鴻昌應擇立為健亭之嗣孫曾當房衆
耆老寫立繼書永遠承嗣至李氏祇生一女適香山翠微鄉候選布政司理問韋松圃為妻今鴻昌隨松圃學習洋
務生理數年貿易儉積畧有餘資與其姑母韋霍氏念自 始祖雲襟公來粵至祖父健亭公相傳十餘世向無祠
宇棲奉木主愴惻殊深是以姑姪再三籌酌全捐資買地在本鄉內建祠一所共深三大進濶二十一桁另傍建廚
房一所四圍青磚石脚地價工料一應共用銀一千元有奇俱係姑韋霍氏及姪鴻昌二人捐銀建造茲次房由始
祖至十五世毓琮公燦琮公佩琮公均請入祠其長房由始祖至十八世孫鴻昌亦俱請入祠永遠安奉倘將來各
房子孫有欲請牌位入祠者擬每一主助銀叁拾兩歸本祠內添置產業生息以為年中祀奉之需自立祠之後各
房子孫務當遵守家規永遠不得將祠拆毀及改為住宅屯貯什物窩匪聚賭盜賣祠內器具等情如有上項弊端
闔房公議輕則革胙或以家法警責重則送究決不姑容忖思建立此祠其地價工料銀兩俱係韋霍氏與鴻昌二
人捐出創建為安奉各 太祖而設上妥先靈下貽孫子各房子孫均屬永遠有份同沾日後毋得以執有執無執
多執寡彼此爭競致失前人美意倘我子孫將來更能創立基業添置田園則門閭昌大自無負鴻昌與韋霍氏姑
姪捐資建祠之初心從此慶洽宗祊祥開奕禩我 祖宗實有厚望焉茲各工告竣爰泐石以垂不朽

我原黄竹岐堡滘口村六十四啚四甲霍伍全戶於崇禎甲午年正月五世祖其光公等與黎庶就承納虛粮充
當戶長分為二股承領蔦高戶值一半諫戶達戶新奇三股同值一半有立約書明炳據如下日圖內蓄積銀兩
係恂敬公子孫居半恂永公子孫居半因其虛粮向係二人頂納所以蓄積圖內餘資仍係恂敬二孫居半恂永
子孫居半均沾各無爭論至恂敬公房向所得一半亦係鴻昌與順泰兩份均分毋得爭執

建祠之地分三股俱係與蔦高戶子孫分三契買受共深八丈餘濶二丈五尺零門口濶三丈零合共受地價銀
壹百六十餘兩因其地稅零星書明毋庸收稅補納現將原契投印存照

一各子孫不得遷家眷入祠居住並貯屯違禁什物歇宿匪人
一祠內什物別人借用須先通知耆老一二人知見不得私借別人
一早晚二季收割不許在祠內打禾及堆積禾稈

本鄉基尾塘原係十六傳健亭公庶
室李氏勤儉積成自置之業今送入
雲襟祖批佃收租永為蒸嘗留祭及
抵納虛粮費用衆子孫共均胙肉斷
不得變賣此塘業經呈明南海縣在
案今又勒於碑石以垂不朽也

咸豐元年歲次辛亥仲冬吉旦立石

釋文

（碑額）永思堂祠碑記

嘗思木之有根，則枝葉榮盛；水之有源，則支派流長。我始祖處士雲襟公、祖妣梁氏孺人，于明嘉靖年間，由南雄珠璣巷徙於省垣高第之麓。公生平好學，與邑進士廵按河南監察御史龎尚鵬為莫逆交。迨二世祖諱寅蒼，邑庠歲貢生，設帳四方，課諸弟子無懈。至五世祖國學生其光公，始遷居于城西十里之鄭水棲焉。歷及十世祖聖惠公，生二子，廼十一世祖長恂敬公、次恂永公，始分兩房。恂敬公傳至十五世登仕郎顯琼公，公生二子，即十六傳長剛立公、次章立公也。鄉飲大賓剛立公號健亭，一生勤儉，娶妻梁氏，副室李氏。梁氏生一女一子，女適招門，其子即十七傳啓泰公，娶妻高氏，年甫十九，未生子女，不幸早亡。家無餘蓄，闔房伯叔戚友均以健亭年近古稀，所生一子已故，允宜擇房内昭穆相當者承嗣。茲有次房十七傳本初之第三子鴻昌，應擇立為健亭之嗣孫。曾當房衆耆老，寫立繼書，永遠承嗣。至李氏只生一女，適香山翠微鄉候選布政司理問韋松圃為妻。今鴻昌隨松圃學習洋務生理，數年貿易，儉積畧有餘資，與其姑母韋霍氏，念自始祖雲襟公來粵，至祖父健亭公，相傳十餘世，向無祠宇棲奉木主，愴惻殊深。是以姑姪再三籌酌，仝捐資買地，在本鄉内建祠一所，共深三大進，潤二十一桁，另傍建厨房一所，四圍青磚石脚。地價工料一應共用銀一千元有奇，俱係姑韋霍氏及姪鴻昌二人捐銀建造。茲次房由始祖至十五世毓琼公、燦琼公、佩琼公均請入祠，其長房由始祖至十八世孫鴻昌亦俱請入祠，永遠安奉。倘

將来各房子孫有欲請牌位入祠者，擬每一主助銀叁拾両，歸本祠內添置産業生息，以為年中祀奉之需。

自立祠之後，各房子孫務當遵守家規，永遠不得將祠拆毀及改為住宅，屯貯什物，窩匪聚賭，盜賣祠內器具等情。如有上項弊端，闔房公議，輕則革胙，或以家法警責，重則送究，决不姑容。忖思建立此祠，其地價、工料銀両俱係韋霍氏與鴻昌二人捐出創建，為安奉各太祖而設，上妥先靈，下貽孫子，各房子孫均属永遠有份同沾，日後毋得以孰有孰無，孰多孰寡，彼此爭競，致失前人美意。倘我子孫將來更能創立基業，添置田園，則門閭昌大，自無負鴻昌與韋霍氏姑姪捐資建祠之初心，從此慶洽宗祊，祥開奕禩，我祖宗實有厚望焉。兹各工告竣，爰泐石以垂不朽。

我原黄竹岐堡滘口村六十四啚四甲霍伍全户，於崇禎甲午年正月，五世祖其光公等與黎庶，就承納虚粮充當户長，分為二股承領嵩高户值一半，諫户、達户、新竒三股同值一半，有立約書明炳據如下，日圖內蓄積銀両，係恂敬公子孫居半，恂永公子孫居半，因其虚粮向係二人頂納，所以蓄積圖內餘資，仍係恂敬子孫居半，恂永子孫居半均沾，各無爭論。至恂敬公房內所得一半，亦係鴻昌與順泰兩份均分，毋得爭孰。

建祠之地分三股，俱係與嵩高户子孫分三契買受，共深八丈餘，濶二丈五尺零，門口濶三丈零，合共受地價銀壹百六十餘両。因其地税零星，書明毋庸收税補納。現將原契投印存照。

一　各子孫不得遷家眷入祠居住並貯屯違禁什物、歇宿仄人。

一　祠内什物别人借用，須先通知耆老一二人知見，不得私借别人。

一　早晚二季收割，不許在祠內打禾及堆積禾稈。

本鄉基尾塘原係十六傳健亨公庶室李氏勤儉積成，自置之業，今送入雲襟祖批佃收租，永為蒸嘗留祭及抵納虛粮費用，衆子孫共均胙肉，斷不得變賣此塘。業經呈明南海縣在案，今又勒於碑石，以垂不朽也。

咸豐元年歲次辛亥仲冬吉旦立石。

考略

此碑存廣州芳村五眼橋雲襟霍公祠。高77釐米，寬62釐米。青石質。碑額及正文楷書。未署撰文者姓名。該祠堂是滘口村霍氏族人宗祠，始建於清咸豐元年（1851）。據碑載，雲襟霍氏始祖於明嘉靖年間從廣東南雄珠璣巷遷廣州高第之麓，後再遷居南海縣黄竹岐堡滘口村。自霍雲襟至霍健亨相傳十餘代，並無建祠堂供奉祖先，其十六傳健亨公之庶室李氏之女與健亨公之繼子，姑姪二人捐資，在滘口村購地建祠堂。從文中可知，當時在宗族內如一房無子孫承繼譜系，可擇房內昭穆相當者承嗣的傳統。另從『鴻昌隨松圃學習洋務生理，數年貿易，儉積略有餘資。』可知當時廣州商貿發達、洋務興起之社會經濟現象。文後附禁約及公告相類內容。該碑對瞭解廣州清咸豐年間經濟社會及宗祠文化有一定的借鑒價值。

關忠節祠節馬圖

清同治元年（1862）

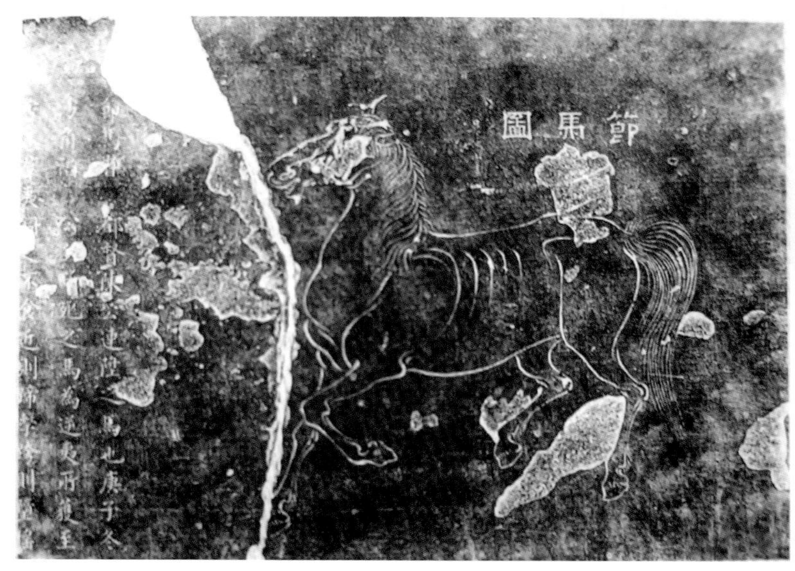

（碑刻局部）

釋文

節馬圖

節馬者，都督陳公連陞之馬也。庚子冬，沙角陷，公父子死之，馬為逆夷所獲。至香港，羣夷飼之不食，近則蹄撃，跨則墮摇，逆怒刀斫不從，放置香港山中，草亦不食，日向沙灘北面悲鳴。華人憐而飼之則食，然必以手捧之，若置地即昂首而去，以其地為夷有也。每華人圍視指為陳公馬，即淚涔涔下，或呼能帶歸，亟摇尾随之。然逆終不肯放還，以致忍餓骨立，猶守節不變。道光壬寅四月，馬卒香港，須為詩誌之。

君不見太白經天海出血，將星墜地天厩折。

欃槍一起海氛生，人兮物兮成大節。嶺南虎海為天關，天設險阻門重環。

沙角首當第一隘，嘆夷突犯先攻攀。乃公死守不肯下，大帥早令避三舍。

跋前躓後可奈何，父子精忠貫華夏。豈知有馬心如公，汗血霜蹄曾立功。

胡沙百戰騁神駿，雄姿壯志同羣空。主人云亡竟被執，淚眼盈盈垂涕泣。

恨不行空駕烈魂，追随神武天門人。逆夷牽向香港中，悲嘶首北難朝東。

撫摩叫跳跨摇墮，側目疾視仇讐同。貞操耻食夷人粟，只受吾華芻一束。

忍饑忍痛骨如柴，山下采薇猶自辱。古來騏驥傳名駒，如斯節烈前古無。

良馬之性猶人性，烏騅赤兔難齊驅。可知天朝忠義洽，馬猶不肯為夷脅。

何況斯民沐化深，肯向蠢夷甘服壓。蠢夷投餌奸民貪，奸民見馬當懷慙。

恩威不顧忍餓死，物猶如此人何堪！吁嗟乎，可憐香港荒煙沒，誰肯千金收駿骨。

今我題詩當史書，壬寅四月節馬卒。番禺庠士陳昭子坡未定稿，順德賴子猷敬書。

同治元年歲次壬戌孟冬吉旦。

調署水師提標中軍參將鄭耀祥、調署水師提標右營遊擊賴建猷仝立石。

考略

此碑原存廣東虎門寨關忠節祠，後移置廣州博物館。高150釐米，寬40釐米。黑雲石質。題款隸書，正文楷書。

關忠節即關天培，第一次鴉片戰爭中戰死於虎門炮臺，謚忠節。因奉旨建祠紀念，附祀節馬主人陳連陞父子及官兵。清同治元年（1860）重修該祠時，虎門水師提標中軍參將鄭耀祥，右營遊擊賴建猷立此石。抗日戰爭期間，關忠節祠被毀，石刻下落不明。一九五六年廣州博物館在虎門寨雜草廢墟中發現此碑，已破裂不全。碑分《節馬圖》與七言古風兩部分。詩之序記載了一八四一年一月七日，英軍重兵進攻虎門海口沙角炮臺，陳連陞父子戰死沙角，坐騎被俘運到香港，它絶食報主而亡的事迹。七言古風贊頌戰馬『貞操恥食夷人粟』『如斯節烈前古無』的氣節。陳連陞，湖北鶴峰人。行伍出身。道光十九年（1839）曾率兵在九龍官涌挫敗英侵略軍，關天培調他到虎門駐守沙角、大角炮臺。在沙角之戰中陣亡。

撰文者陳昭，字子坡，番禺人，庠士。

書丹者賴子猷，字雪舟，順德人，清道光二十三年（1843）中舉，三十年（1850）進士，官內閣中書，咸豐三年（1853）回籍辦理團練局務，即時人稱『保康圍』。

重修伏波書院碑記

清同治九年（1870）

釋文

（碑額）**重修伏波書院碑記**

蓋聞莫為之前，雖美弗彰；莫為之後，雖盛弗傳。此繼志述事賢子孫所以廸前人光也。况乎敬宗收族，上以體聖朝錫類之仁，下以綿百世本支之好者哉！吾祖自直北公始莖會城，其後子孫蕃衍展轉播遷，朝代屢更，半忘譜系，其近居廣肇者昭穆尚多失次，矧以他郡之遥，派遠支分且不可窮詰矣。然稽之往籍，質諸父老傳聞，猶能略尋其源委者。今伏波書院建百餘年，堂階之式廓未增，祭産之留存有限，順德夔史孝廉、新甯雲臺茂才倡議重脩，酌擬章程，悉臻妥協，其兄甘泉孝廉，事親鉅細，靡間始終，各房踴躍題捐，於是為鳩工庀材，百廢具舉，不崇朝而寢廟告成矣。

夫人各親其親，而後不獨親其親；各祖其祖，而後不自私其祖。繼自今根深者葉茂，源遠者長流。合數十派之雲礽，明千百年之禋祀。以是為世世萬萬子孫無相忘也乎？余因斯祠落成，光於前，垂於後，而喜為宗族告也。於是乎書。

賜進士出身誥授中憲大夫江蘇即補道前翰林院編修加三級儀清撰并書。

規條列左：

一　董理之宜當也。書院嘗業向例十八房，分八年輪管，今新入五房，仍按年派開，一律承辦，無庸另議章程。

遞年輪值，各房公舉賢能接理，如有虧短，即將該房胙金扣除，仍一面追繳，以昭公當。

一　地方之宜潔也。書院原為子孫應試而設，除正座安神及奎星樓議事辦公外，均不得居住，其餘書館及頭門兩厢房各編房次，當衆鬮執。如應試人多，別房亦可通融下榻，但不得租借别姓及屯積違禁與移眷住居，以防混雜。該值事亦要隨時稽察，毋得瞻徇，該守祠亦不得懶惰偷安，致干斥逐。

一　祀典之宜崇也。書院春秋二祭，除舊房正主胙肉四斤，配主胙肉弍斤半，及新房太祖胙肉四斤外，其餘俱每主分胙肉金壹錢八分，統歸各房衿耆分派，以歸畫一。如路途遠涉，未便届期到取，此胙金乃貯箱内，隨時給領。另早晚飯食，每弍棹共支艮四両，酒米在内，係為值事辦公而設，無庸多備酒筵，以省縻費。

一　宗族之宜聯也。書院喜金科歲两試進庠者弍大員，鄉試文武中式者四大員，會試文武中式者八大員，翰林侍衛拾弍大員，鼎甲加倍，恩拔副歲優五貢叁大元。文武官陞任三品以上八大元，五品以上四大元，七品以上弍大元，其報紅扁額仍自分送各房，以繼一脉。

以上各欵俱仿照舊章畧加增減，法良意美，例在必行，宜勒貞珉，以垂久遠。

第一年值事：山頂房，内：裏水房、豐崗房，冲茶房。

第二年值事：水藤房、桑麻房、横山房、東莞房。

第三年值事：潮連房、楊滘房、海豐房。

第四年值事：電白房、馬洞田坡房、歸善房。

第五年值事：香山房、深湾房、高亭房、楓園房、馬村房。

第六年值事：麻園房，內：四會房、高要房，龍江房。

第七年值事：馬洞房、淩沖房、沙富房。

第八年值事：植村房、謝村房、龍水房、龍溪房、增城房。

重修書院值事：源清、耀清、熙韶、泮池、應□、春□、為良、耀天、贊勳、恭行、河清、溢林等同勒石。

同治九年歲次庚午季冬榖旦立。

考略

此碑原存廣州大小馬站的伏波書院，書院久已不存，碑移置廣州博物館。高168釐米，寬71釐米。碑額及正文楷書。伏波書院是廣東各地馬氏族人集資在省城廣州建的合族祠堂。因奉東漢名將馬援（曾任伏波將軍）為顯祖，而名其宗祠曰『伏波書院』。據碑文推斷，此伏波書院可能創建於清乾隆年間，馬氏族人於同治九年（1870）捐資重修。該碑還記載了有關書院的運作方式及管理規則等，為研究地方宗族社會提供了可貴的文獻材料。

撰文并書丹者馬儀清，字君湖，號應龍，晚年號芸湖山人。高要人。清道光二十四年（1844）進士，官至翰林院編修、江蘇候補道。

增建祥鎮軍祠添置祀田碑記

清光緒十二年（1886）

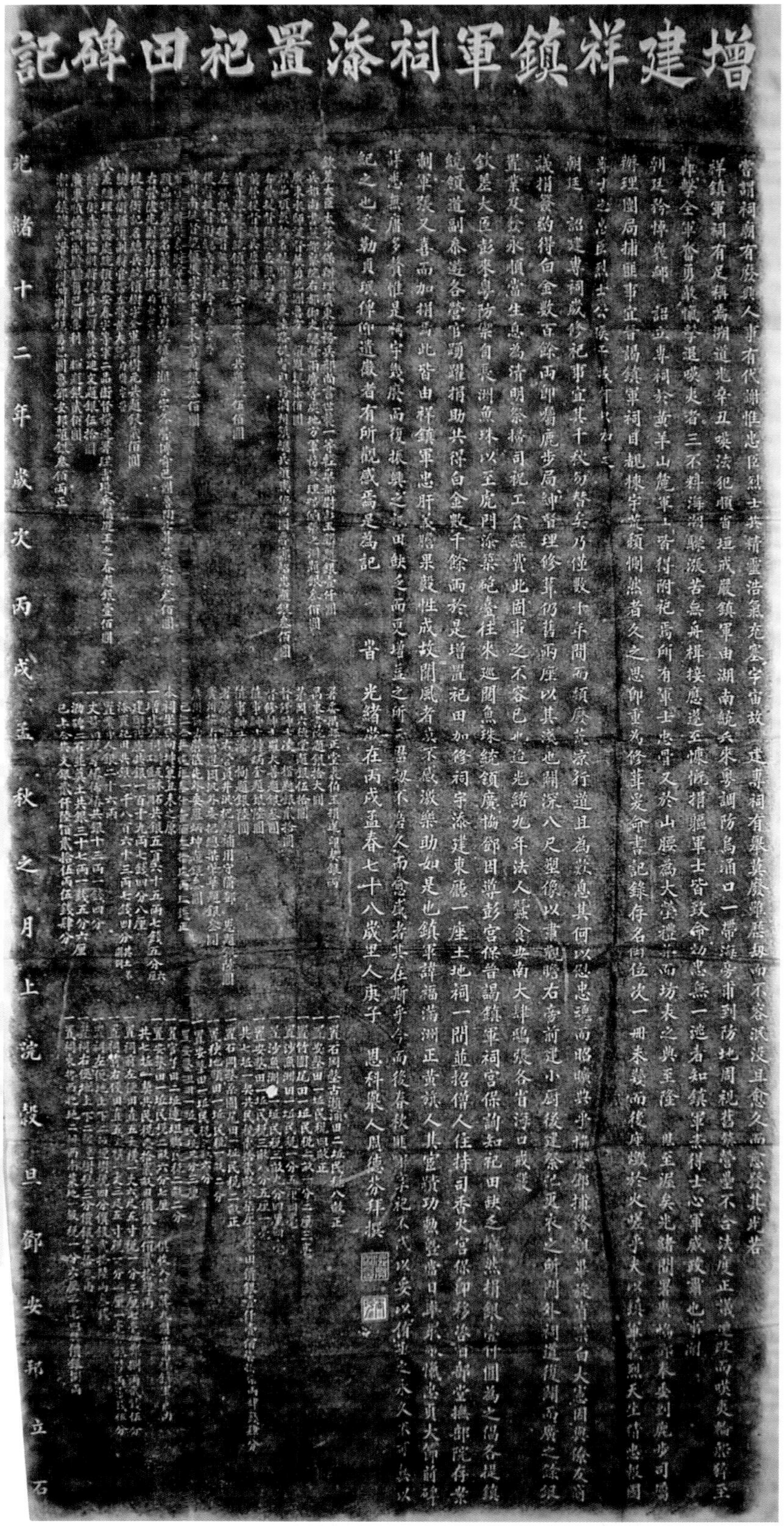

釋文

（碑額）增建祥鎮軍祠添置祀田碑記

嘗謂祠廟有廢興，人事有代謝。惟忠臣烈士，其精靈豪氣，充塞宇宙。故建專祠，有舉莫廢，雖歷刼而不容泯没，且愈久而愈發其光。若祥鎮軍祠，有足稱焉。溯道光辛丑，𠸄法犯順，省垣戒嚴。鎮軍由湖南統兵來粵，調防烏涌口一帶海旁。甫到防地，周視舊築營壘，不合法度，正議遷改，而𠸄夷輪船猝至轟擊，全軍奮勇敵愾，擊退𠸄夷者三。不料海潮驟漲，苦無舟楫接應，遂至慷慨捐軀，軍士皆致命効忠，無一逃者。知鎮軍素得士心，軍威政肅也。事聞朝廷，矜悼褒卹，詔立專祠於黄羊山麓，軍士皆得附祀焉。所有軍士忠骨，又於山腰為大塋禮葬。而坊表之典至隆，恩至渥矣。

光緒間，署廣協鄧奉委到鹿步司屬，辦理團局捕匪事宜，晉謁鎮軍祠，目覩棟宇荒頹，惻然者久之，思即重為修葺。爰命書記録存名銜位次一册，未幾而後座燬於火。嗟乎！夫以鎮軍義烈天生，精忠報國，雖古之忠臣烈士、公侯干城，何以加之。朝廷詔建專祠，歲修祀事，宜其千秋勿替矣。乃僅數十年間，而頹廢荒凉，行道且為欷息，其何以慰忠魂而昭曠典乎？協臺鄧捕務覩畢，旋省禀白大憲，因與僚友商議捐簽，約得白金數百餘両，即囑鹿步局紳督理修葺，仍舊両座，以其淺也，闢深八尺，塑像以肅觀瞻。右旁前建小厨，後建祭祀更衣之所。門外祠道，復闢而廣之，餘銀置業及發永順當生息，為清明祭掃、司祝工食經費，此固事之不容已也。

迨光緒九年，法人蠶食安南，大肆鴟張，各省海口戒嚴。欽差大臣彭來粵防禦，自長洲魚珠，以至虎門，添築砲臺，往來巡閲。魚珠統領廣協鄧，因導彭宫保晉謁鎮軍祠，宫保詢知祀田缺乏，慨然捐銀壹千圓為之倡，各提鎮統領道副条遊各營官，踴躍捐助，共得白金數千餘兩。於是增置祀田，加修祠宇，添建東廳一座，土地祠一間，並招僧人住持司香火。宫保卽移咨督部堂撫部院存案，制軍張又喜而加捐焉。此皆由祥鎮軍忠肝義膽，果毅性成，故聞風者莫不感激樂助如是也。鎮軍諱福，滿洲正黄旗人，其宦蹟功勳暨當日率衆敵愾，忠貞大節，前碑詳悉，無庸多贅。惟是祠宇幾廢而復振興之，祀田缺乏而更增益之，所云歷刼不磨，久而愈盛者，其在斯乎？今而後，春秋匪懈，享祀不忒。以妥以侑，垂之永久，不可無以紀之也。爰勒貞珉，俾仰遺徽者有所觀感焉。是為記。

旹光緒歲在丙戌孟春，七十八歲里人庚子恩科舉人周德芬拜撰。

欽差大臣太子少保辦理廣東防務兵部尚書世襲一等輕車都尉彭玉麟題銀壹千圓。

兵部尚書兼都察院右都御史總督兩廣等處地方軍務兼理糧餉張之洞題銀叁百圓。

廣東水師提督展勇巴圖魯方耀題銀柒百圓。

頭品頂戴記名提督署廣東陸路提督印務潮州總兵額騰依巴圖魯鄭紹忠題銀叁百圓。

（捐助者姓名及款額略）

光緒十二年歲次丙戌孟秋之月上浣穀旦。

鄧安邦立石。

考略

此碑原存廣州市東郊烏涌祥鎮軍祠，祠久已毀，碑於一九六三年移置廣州博物館。碑額及正文楷書。記述在第一次鴉片戰爭時期，湖南鎮軍祥福（滿族）率領湖南兵九百人增援黃埔烏涌炮臺，抗擊英國侵略者的事迹。一八四一年二月二十七日，英軍猝然向烏涌炮臺進攻，祥福率軍奮勇抗敵，最後全軍將士壯烈殉國。戰後，清政府在烏涌修建了祥鎮軍祠，又在祠後的牛山建合葬墓，以表彰殉國的官兵。光緒年間，因祠宇荒廢，又由時任廣協左營都司鄧安邦倡議捐資重修祠宇。清光緒九年（1863），欽差大臣、太子少保、辦理廣東防務兵部尚書彭玉麟倡議捐資增置祀田、加修祠宇。文後所附捐款名單中，除彭玉麟外，還包括兩廣總督張之洞、廣東水師提督方耀、廣東陸路提督鄭紹忠、潮州鎮總兵鄧安邦及其他將領。該碑是研究鴉片戰爭時期所發生系列戰事的重要史料。

撰文者周德芬，番禺人，清光緒年間舉人。

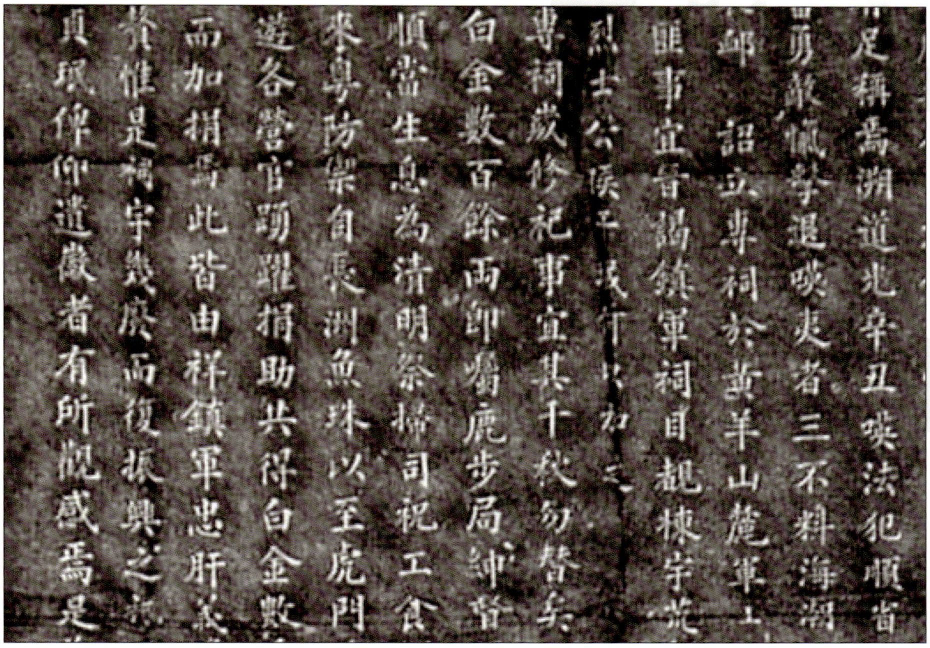
足稱爲淵道光辛丑咲法犯順酋
勇敢佩孚還咲夷者三不料海潮
邱詔立專祠於黃羊山麓軍上
匪事宜晉謁鎮軍祠目覩棟宇荒
烈士公
專祠歲修祀事宜其千秋勿替矣
白金數百餘兩即爲鹿步局紳晉
順當生息爲清明祭掃司祝工食
來粵防堵自長洲魚珠以至虎門
遊各營官踴躍捐助共得白金數
而加捐爲此皆由祥鎮軍忠肝義
貲惟是祠宇幾廢而復振興之
貞珉俾仰遺徽者有所觀感焉是

（碑刻局部）

宋崔清獻公畫象

清

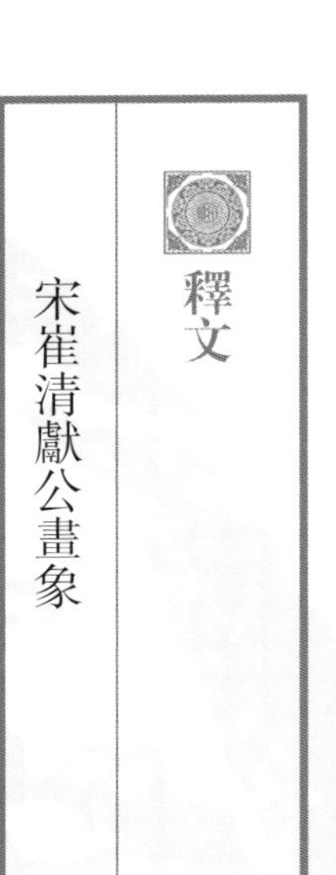

釋文

宋崔清獻公畫象

考略

此碑原存廣府十賢祠，祠久已毀，碑亦不存，僅存拓本，藏於廣州博物館。

崔與之，字正子，號菊坡，謚清獻。廣東增城人。南宋名臣。其治學嚴謹，提倡經世致用，在學術思想上與當時風靡全國的程朱理學異趣，對嶺南思想界有巨大影響，在此基礎上形成了嶺南歷史上第一個學術流派——菊坡學派。崔與之曾在各地出任要職，晚年淡出官場，退居廣州。史稱其『八辭參知政事，十三辭右丞相』。端平二年（1235），在廣州催鋒軍叛亂圍城時，崔與之挺身而出，接受宋理宗所授廣南東路經略安撫使兼知廣州。不顧年事已高，登上城頭勸阻安撫叛軍，平息兵變。他淡泊名利，勤政愛民，得到後人的推崇敬仰。廣州朝天路的崔府街，曾是崔與之的住所。

梨園會館諸碑

建造會館碑記

清乾隆二十七年（1762）

釋文

（碑額）建造會館碑記

道家有南斗六司北斗九皇之説，六司者，二十八宿之一；九皇者，真誥所我貪巨禄文廉武破，其二則為輔弼，皆昭然於帝車之次者也。其名星以司以皇者，以司（以下字迹模糊不辨）刻畫精能，眉目莊嚴，十相具足，鍥成携歸海北，謀築室以奉香火，歉於力未逞也。而不幸以死易貧之際，持香像投余，俾成厥志，迄今垂十餘年矣。余□年之（以下字迹模糊不辨）笥奉之陋室，其毋乃褻越矣乎。爰捐貧索，倡始經營，又媿力綿不能獨任，遍告同人，共勸斯舉。爰卜地於南邑之魁巷，築閣三楹，以祀皇像。前殿則以奉老郎之神，從諸伶工詩也。其餘房廊庖湢，罔不畢具。祠成，而香燈燎繞，鍾魚互答，潔凈莊嚴，以妥以侑，庶□迓神之庥（以下字迹模糊不辨）于斯堂以展誠敬，後之人時而葺之，毋使廢墜，實有厚望焉。

刑部湖廣清吏司沈助銀拾両。

協和堂助花銀二十四員。

一勤堂助花銀拾員。

（以下捐助者姓名及款額略，僅列班名）

文聚班、朝元班、永興班、文彩班、瑞祥班、丹桂班、太和班、永盛班、金成班、保和班、福和班、豫鳴班、

慶和班、六合班、陸盛班。

以上共捐銀肆佰叁拾柒両陸錢捌分。

一 置買會館用銀叁佰貳拾両。

一 彩畫油漆窓楞戲檯等項用銀柒拾柒両玖錢柒分。

一 置辦館内家伙用物等項用銀壹佰零叁両陸錢。

一 置碑記刻字用銀陸両。

一 買木料磚瓦並工人用銀叁佰捌拾貳両肆錢叁分。

一 神亭二座香機二張并買金箔用銀叁拾壹両。

一 迎神進館用銀捌拾伍両。

以上七項共用銀壹千零陸両。

乾隆貳拾柒年陸月吉日穀旦。

弟子□□□薰沐立石。

考略

此碑原存廣州梨園會館（址在今廣州解放中路魁巷），館久已毀，碑移置廣州博物館。碑額及正文楷書。碑刻於清乾隆二十七年（1762），為該會館現存年代最早的碑刻，碑文敘卜地魁巷始建梨園會館之經過。後附梨園各班的助金者姓名及款額。

外江梨園會館碑記

清乾隆四十五年（1780）

釋文

（碑額）外江梨園會館碑記

粵省外江梨園會館始創造於乾隆二十四年，鍾先廷及各班建□，後劉守俊等不忍坐視荒，於三十四年暨四十年邀仝各班捐費修整二次，奈此時来廣貿易者寡偶少助，公項不敷，以致神臺前後俱缺費遲擱。幸邇来接踵至省約有十餘班，神靈赫躍，誠為萬古不朽矣。是以公議出首事劉守俊、李國興、楊國定、李雲山四等，復議重修，詎衆班聞風即踴躍争先，捐銀千金。自庚子春興工修理，至夏六月告竣，非神靈默佑，何以輝煌若斯之盛耶！然樓臺畫棟，神威固肅觀瞻；規條嚴明，人心更加約束。于是同儕之虞怍胥泯，萬古之禋祀常留。謹將公議條規開列於後，以永垂不朽云。

一　議修理會館需費千數餘金，所存公銀不敷用度，今各班捐金凑用，業以完竣，新班到粵，先上會艮壹伯両入會，開臺酒三席。

一　議各班招牌俱入會館，凡賜顧者必期至會館指名某班，定戲付錢。老城内外臺戲拾二元，加箱四元，每元重七錢足，如收輕者，查出公罰。新城外戲臺一拾二元，加箱四元。下鄉開臺四元。

一　議各鄉到城定戲，揔以先後為主，價錢高者可做。如不依，查出，其艮盡罰入會館。

一　議両班合做，有賞公分皆□各班，另賞歸與本班。

一　議官差誤下，聽其定家，另調別班，本班送往別班可也。

一　議各班邀請脚色場面人等，須憑會館言明，两班各自情願方可，不得私自刁唆。凢包者須一年分者，公議還清公賬，方可出班。如有本人私自投別班者，公罰，各班不許收留。

一　議来粵新班具要上會入公，如有充官班不上會，官戲任唱，民戲不挂。

一　議各班下鄉，每場提花錢一元充公，在城每本艮一分錢入會，以作公費，此項各班公派。

一　議各管班在本班行事不公，肥囊入己，查出公堂向會館議罰。

一　議各班不許私自上門攬戲，查出，戲金入公管班，罰戲一本。

一　議凡有新班到，管班先上會艮拾両，然後方可出名拜客投手本，如無，不准。

一　議倘有在各衙門主東處議論別班長短者，查出聽罰。

一　議各班内抬扛自辦，亦不時常□班，仍蹈前轍，知會各班不得收留。

一　議班内有事赴會館理論，先備茶點，理虧者憑公處罰。

一　議會館不許□留閒襍人等居住。各班抬箱人在館閑住，有班者試問該管班，無班者惟看館人試問。

一　議定戲鞋金，除本城衙門及士商各行等俱無鞋金。

文彩班：劉守俊、劉祚昆、譚錫寶、鄭國明、徐廷相、賴禧滿、沈國志、劉天定、李日瀚、曾福梁、文燦、戴超元、顧萬英、孫俊明、劉廷龍、沈雲吉、顧世英、容龔聖、馮聯勝、陳世九、陸振廷、鄧廣成、陸紹榮，捐銀陸拾捌両正。

湖南祥泰班：汪稚林、廖銓衡、楊國定、周伯綱、陳雲開、汪松林、劉朝曾、鄧廣祥、李自登、鍾惟善、陳為禮、許先魁、羅朝宣、袁光華、易明弟、李俊貴、宋賓賢、劉文恩、陳泰友、袁應龍、邱如叔、陳元懷、陳彩鳳、張天惠、劉鶴鳴、楊再韓、陳玉翠、嚴匹貴、徐廷誥、劉占賓、蕭敬義、劉滿官、吴杜翠、謝三秀、譚朝綱、楊彩祥，捐銀陸拾捌両正。

安徽文秀班：方曉陽、李雲山、袁宏高、傅廷輝、張有貴、吴起龍、陳鳳彩、龍振國、李弘貞、楊鶴清、蕭瘦比、程倉吟、汪吉昇、汪南山、張殿臣、鄭翠華、樊易泰、殷佑明、王在中、黄昇顯、袁成龍、陳北順、劉定國、胡萬春、熊楚才、江徐林、姜有萬、范翠銀、聶秀官、王鳳高、董振達、陳坤山、李克念、孔振遠、劉義榮、汪祥三，捐銀陸拾捌両正。

安徽上陞班：方恒啓、陳懷以、舒相國、陳昇遠、肖華章、王明春、汪金源、姜焰柏、楊文仁、姜定高、姜少杰、蔡有志、徐文元、嚴秋山、陳朝榮、潘連慶、黄三元、張壽官、姜翠華、胡金玉、何元、陳彩霞、蔣英翠、錢壽官、李聖才、陸仲芳、高永年、焦雅朋、金允成、楊七、周東山、錢明九、李兆熙、蕫效從、顔世福、郝聖爵、陳志高、張士建，捐銀陸拾捌両正。

安徽保和班：産豪士、姜玉彩、産永高、程佩直、趙迎祥、張次聲、産泰周、柳先春、張燕貴、姜盛華、王五彩、産二保、産長生、劉福官、劉雙慶、劉禄貴、劉雙福、劉玉翠、産吉慶、張雙全、朱連陞、張增福、董雙喜、錢金福、程應官、李百順、董長樂、石凝官，捐銀陸拾捌両正。

安徽翠慶班：黄定攀、陳南山、程君典、胡聖才、劉步青、汪文魁、陳茂翠、陳潛玩、盧明傳、何武魁、汪裕萬、汪占魁、陳中元、陳相栢、吴蘭官、楊開拱、程美元、周寶官、陳敬堂、劉邦恒、張雲才、陳經貴、楊林贊、周燮侯、王仲先、陳豔華、張雲起、王位侯、徐仲遠、王銀山、黄明萬、胡周起、黄攀桂、徐大坤、陳爵高、鄧福有、姜文華，捐銀陸拾捌両正。

集慶班：徐鳳山、羅智堯、董思永、方利東、張道嵩、曾心侖、王陞甫、劉國榮、陽開三、侯萬龍、趙汝茂、楊陞官、宋正遠、許四官、毛廷琚、趙重楊、胡寶官、王禹亮、鄺成振、李朝鼎、徐鳳長、顧大官、蔡長官、歐洪光、劉及潮，捐銀陸拾捌両正。

安徽上明班：胡集萬、楊萬清、陳連喜、謝林江、史福壽、劉池官、胡秀芳、張國凱、陳寶官、汪天陞、楊勝高、陳寧官、潘節官、程鳳官、董留官、丁元官、陳三官、潘星官、聶爵官、汪諧官、孫鳳官、熊正周、魯金明、潘鳳官、段趙萬、張同春、張廣才、曾選書、劉文獻、潘爾雅、何文義、李四漢、劉合官、潘潮一，捐銀陸拾捌両正。

安徽百福班：李金玉、黄庭蘭、袁洪恩、産士傑、孫鳳美、李榮芳、李聚山、徐松山、張朝恩、盧海龍、張九高、姚玉芳、陳大本、黄世光、徐文贊、楊正高、甘凱文、王明九、程正倫、何效彩、王宗廷、劉鳳儀、李聚芳、羅喜官、方玉林、王小娃、章德寶、王大貴、劉思坤、石鳳林、馮文榮、何觀鍾、汪加爵，捐銀陸拾捌両正。

安徽春臺班：汪飛雲、四壽官、蕫桃官、胡芳翠、李豹章、産會三、徐兆書、石大元、張在遇、徐運官、陳華官、孫國學、王秀亭、王兆關、張元官、何福官、王翠官、趙諧官、楊何官、黄陵官、何官捐，銀陸拾捌両正。

右江江易班：陳江焰、胡必貴、張允文、熊文瑞、劉仕佐、吴心、羅國臣、袁文達、王見龍、李茂林、熊祖賢、袁時三、朱祖對、熊榜泰、胡文秀、王龍壽、金其昌、鄧凡龍、胡緒文、李錦圓、陶維周、劉永清、熊萬榮、王龍虎、王茂春、巢傳彩、閻顯仁、李長春、羅福長、黄全秀、嚴聚秀，捐銀陸拾捌両正。

江西貴華班：萬陞才、梁步龍、王彩翰、葛依凱、蕭臣選、熊璧華、張如英、趙仙友、彭建榜、李鳳山、楊雲從、冷文元、鄒錫章、周德義、冷文解、舒化龍、謝文魁、汪廣裕、李榮立、吴胤廣、符學信、簡鳳達、李興萬、萬全伍、張芝麟、胡國選、王國發、羅壽山、魯七官、傅瑞燦、王貴保，捐銀陸拾捌両正。

安徽榮陞班：徐紹湯、曾國聘、魏覲臣、陳天樂、楊禎模、江金山、何迪賜、龔慶華、何國安、曾魁士、賈華四、楊逢春、王開元、楊亞九、吴六官、汪增壽、王洪徑、潘文凱、吴鳳山、陳福官、鄭洪美、嚴佩朝、謝福才、薑秀元、張焰南、吴才高、魯孔昭、汪廷贊、程育文、楊孔謂、汪友進、陳翠雲、劉國賢，捐銀陸拾捌両正。

文彩管班：劉守俊

祥泰管班：楊國定

文秀管班：李雲山

上陞管班：舒相國

保和管班：産豪士

翠慶管班：程君典

集慶管班：徐鳳山

百福管班：黄庭芝

上明管班：楊萬清

春臺管班：汪飛雲

江易管班：劉士佐

貴華管班：蕭臣選

榮陞管班：魯國聘

集秀管班：鄭錫九

□□管班：劉天錫

乾隆四十五年七月初三日。

外江捴寓會首公具。

考略

此碑原存廣州粵省外江梨園會館（址在今廣州解放中路魁巷），館久已毁，碑移置廣州博物館。碑額及正文楷書。據碑載，該會館始建於乾隆二十四年（1759），此碑為乾隆四十五年（1780）重修會館時所刻。當時參加修建會館的有湖南、江西、安徽等省的十多個戲班（其中以安徽戲班居多），反映了當時廣州與外省曲藝交流的盛况，以及粵劇受外地劇種影響的情况。從一個側面反映了清代一口通商下的廣州，中外商客往聚、各省戲班匯集、經濟生活繁盛的景象。

重修聖帝金身碑記

清嘉慶五年（1800）

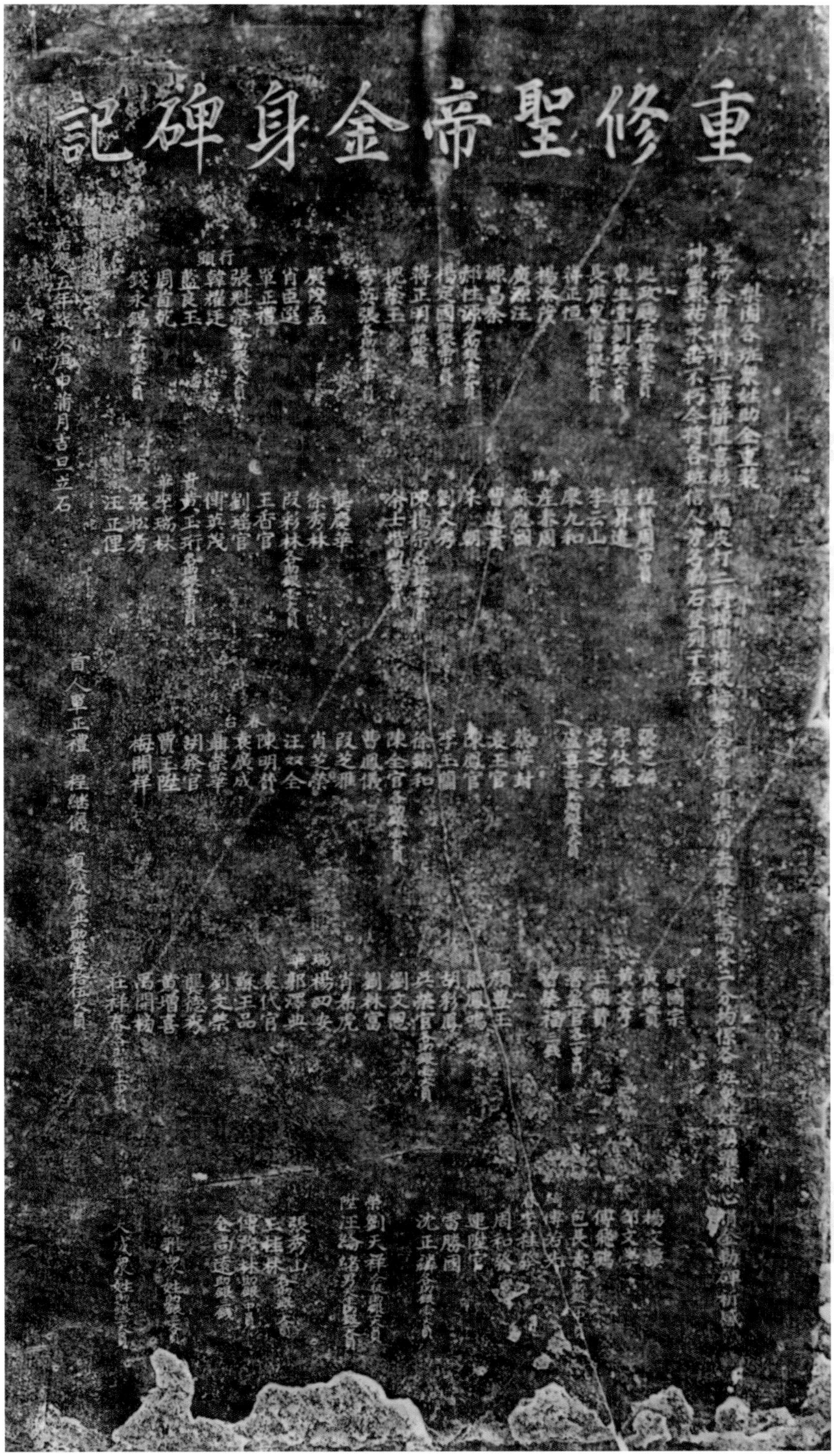

釋文

（碑額）重修聖帝金身碑記

梨園各班衆姓助金重裝聖帝金身神将二尊，併置喜彩一幅、皮灯二對、棹、圍椅、披椅墊、金堂等項，共用去銀柒拾両零二分，均係各班衆姓踴躍齊心捐金勒碑，祈感神靈默祐，永垂不朽。今将各班信人芳名勒石登列于左：

廵政廳孟助銀壹大員。

東生堂劉助銀六大員。

長庚衆信助銀拾大員。

蔣正恒、楊添茂、廣源汪、源昌佘、郝性源，各助銀壹大員。

楊定國助銀壹中員。

蔣正明助銀四錢。

槐蔭王、秀英張，各助銀壹中員。

行頭：廣茂孟、肖臣選、單正禮、張魁榮，各助銀二大員。韓耀廷、藍良玉、周首乾、錢永錫，各助銀壹大員。

管班：程賛周一中員，程昇遠、李雲山、廖九和、産泰周、蘇應國、曹遠貴、朱朝、劉文秀、陳揚宗，各助銀壹大員。佘士堦助銀壹中員。

貴華：龔慶華、徐秀林、叚彩林，各助銀壹大員，王香官、劉瑤官、傅英茂、黄玉珩，各助銀壹中員。李瑞林、張松考、汪正俚、張芝麟、李伏隆、吴芝英、盧喜壽，各助銀二大員。

春台：蔡華封、袁玉官、陳鳳官、李玉蘭、徐錦和、陳全官，各助銀壹大員。曹鳳儀、叚芝雅、肖芝榮、汪双全、陳明贊、袁廣成、聶榮華、胡發官、賈玉陞、梅開祥、舒國宗、黄德貴、黄文亨、王朝贊、魯盈官，各一中員。曾榮福三錢。

瑞華：顔豐玉、熊鳳鳴、胡彩鳳、吴榮官，各助銀壹大員。劉文恩、劉林富、肖希虎，楊四安、郭澤典、袁代官、蘇王品、劉文榮、龔德秀、黄增喜、禹開榜、莊祥泰，各助銀壹中員。

綺春：楊文謨、鄒文學、傅飛鶴、包長壽，各助銀一中員。傅若先、李桂發、周和發、連陞官、雷勝國、沈正麟、各助銀壹大員。

榮陞：劉天祥仝徒助銀一大員。汪綸緒、男天生，助銀一大員。張秀山、王桂林，各助銀二大員。

傅茂林助銀一中員。

金尚遠助銀三錢。

鴻雅衆姓助銀三大員。

大成衆姓助銀三大員。

首人：單正禮、程繼儀、夏成廣，共助銀壹拾伍大員。

嘉慶五年歲次庚申蒲月吉旦立石。

考略

此碑原存廣州梨園會館（址在今廣州解放中路魁巷），館久已毀，碑移置廣州博物館。碑額及正文楷書。此碑記載清嘉慶五年（1800）梨園會館重裝聖帝金身神將二尊，各班為此捐款經過。附參與助金的各班弟子姓名及款額，對瞭解當時廣州戲班情況有一定參考價值。

重修會館碑記

清嘉慶十年（1805）

釋文

（碑額）重修會館碑記

蓋聞恩流東粤，唐創梨園。廣寒傳法，地降琼枝。至今千載，慶比堯天。豐登歌舞，盛世元音。我□□□□□□此風雨飄洒，墻壁消磨。吾等聞風踴躍，公議首事單正禮等，発缘簽助，仁人鼎力捐貲，重修□□□□神霊顯赫，廟貌增輝。自于乙丑年孟秋月竣工，重新共□□賚金，衆信樂助，共成美舉，勒石芳名，萬古不朽，是為序矣。

今将各班捐金開列：

貴華班衆姓捐銀壹百大員。

瑞華班衆姓捐銀壹百大員。

綺春班衆姓捐銀壹百大員。

瑞麟班挂牌銀柒拾大員、衆姓捐銀五拾大員。

長春班衆姓捐銀五拾大員。

貴和班挂牌銀柒拾大員、衆姓捐銀五拾大員。

湖南衡州府衡陽縣單正禮助銀壹百両補足。

宋喜元助銀五員。

王太元助銀四員。

修整會館磚瓦木料灰工銀雜用共用銀六百二十二両三錢三分。

會館先存厘頭改牌花梨木共進銀一百零二□錢九分。

收各班助銀叁百壹十五両正。

二共進銀五百二十二両三錢三分。

大清嘉慶乙丑年孟秋上浣之吉日。

首事：李雲山、楊定國、程繼儀、叚章秀、古天祥、蕭臣選、劉文秀，衆班仝立石。

考略

此碑原存廣州梨園會館（址在今廣州解放中路魁巷），館久已毁，碑移置廣州博物館。碑額及正文楷書。此碑記載清嘉慶十年（1805）重修梨園會館，各班踴躍捐款之經過。後附有此次重修收支款項及各班捐金款目，從中可瞭解當時活躍在廣州的戲班情況。

重修會館各殿碑記

清嘉慶十年（1805）

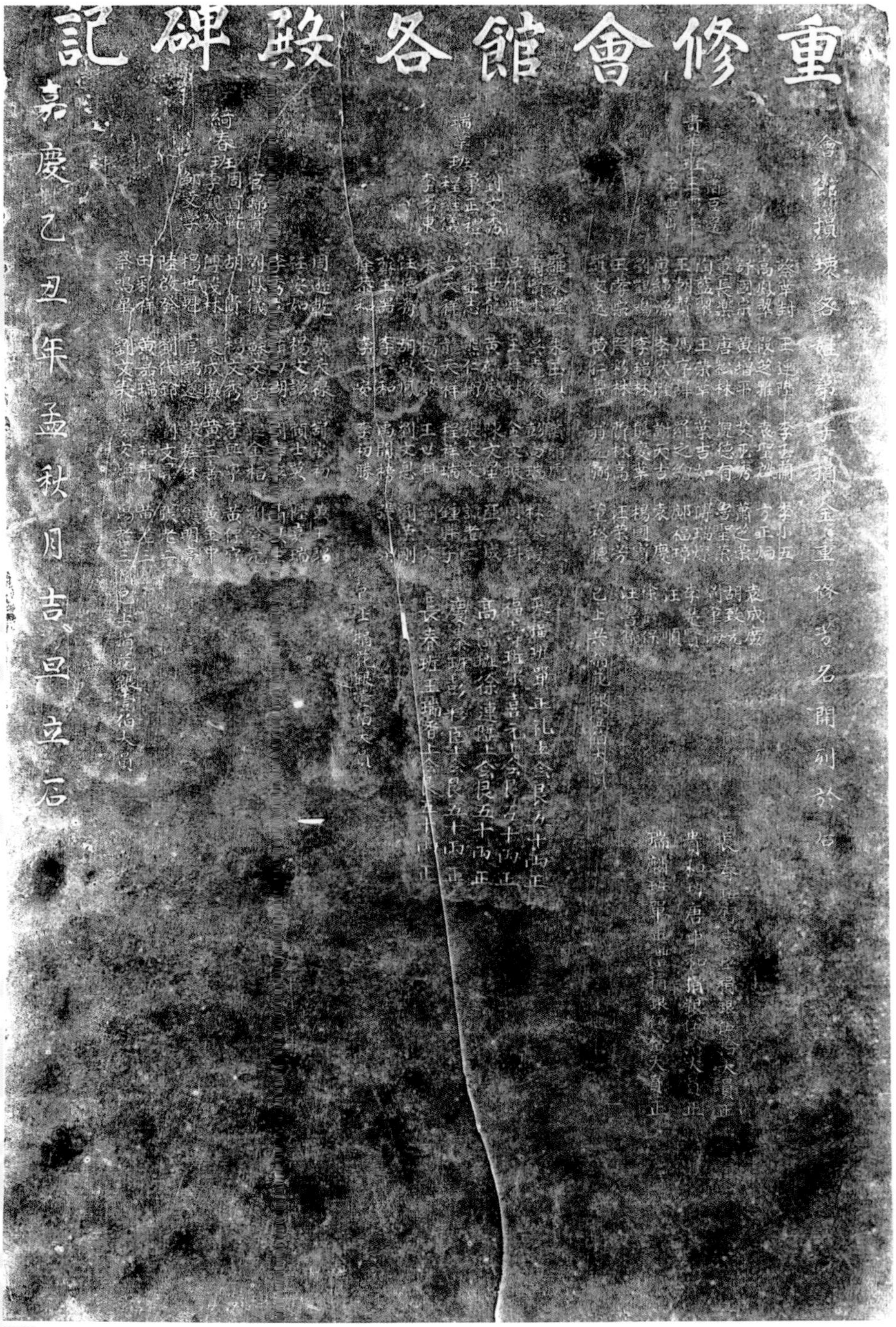

釋文

（碑額）重修會館各殿碑記

會館損壞，各姓弟子捐金重修芳名開列於后：

貴華班：蕭臣選、王靄亭、李雲山、蔡葉封、高鳳翠、舒國宗、董長樂、陶藍翠、王朝賛、唐練藻、劉鶴鳴、王孝宗、羅文遠、王連陞、叚芝雅、黄增平、唐松林、王榮葉、馮序墀、李伏瀧、李瑞林、叚彩琳、黄仁義、李玉蘭、袁聖啟、艾玉秀、倪德有、葉吉如、羅之繪、謝天吉、龍慶葉、費林高、翁元弼、李小五、方正炳、蕭之榮、魯聖榮、傅瑞燦、鄺福璋、袁慶、楊國賓、汪榮芳、董裕德、袁成廣、胡致元、劉肇海、李楚賢、汪順、徐能保、汪魯儀，

以上共捐花銀壹伯大員。

長春班：舒中臣捐銀伍拾大員正。

貴和班：唐中和捐銀伍拾大員正。

瑞麟班：單正禮捐銀伍拾大員正。

瑞葉班：劉文秀、單正禮、程繼儀、李署東、羅永隆、蕭賢杰、吳作霖、王世龍、余亞志、古天祥、朱□□、汪德秀、蘇玉器、徐恭和、朱玉瑛、吳堯俊、王桂林、黄麟慶、熊仁衡、龍天祥、楊文發、胡彩鳳、李仁和、李安、蕭雅虎、彭尚瑞、金文振、陳文星、張大文、程祥瑞、王世科、劉文思、禹開榜、李初勝、林奎茂、周學科、

亞成、譚老三、鍾胖子、劉六、劉榮剛、張發，已上共捐花銀壹佰大員。

天福班：單正禮上會艮五十両正。

福壽班：宋喜元上會艮五十両正。

高陞班：徐連陞上會艮五十両正。

慶泰班：彭彩臣上會艮五十両正。

長春班：王瑞香上會艮五十両正。

綺春班：官錦貴、周首乾、李觀發、邹文學、周遜乾、任安如、李秀立、劉鳳儀、胡貴、傅茂林、楊世魁、陸啟發、

田彩祥、蔡鳴皋、戴天禄、楊文謨、聶田瑚、蘇文學、楊文秀、夏成廣、官錦遂、劉代玲、黃嘉瑞、劉文美、舒安初、

顧士英、劉壽寧、連金栢、李興寧、黃三喜、朱桂林、劉文昇、李和貴、姜文煥、黃玉碧、陸嘉瑞、聶秋生、劉登元、

黃保官、黃金中、熊明亮、張老二、黃老三、湯老三，已上捐花銀壹佰大員。

嘉慶乙丑年孟秋月吉旦立石。

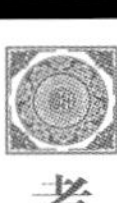

考略

此碑原存廣州梨園會館（址在今廣州解放中路魁巷），館久已毀，碑移置廣州博物館。碑額及正文楷書。據碑載，因會館損壞，清嘉慶十年（1805），各班弟子捐金重修會館各殿。

財神會碑記

清道光三年（1823）

考略

此碑原存廣州粵省外江梨園會館（址在今廣州解放中路魁巷），館久已毀，碑移置廣州博物館。碑額及正文楷書。據碑載，該梨園會館原供奉有福德財神，此次重修由財神會眾贊助。外江梨園會館是外省戲班行為公會性質的組織，財神會是該館外省戲劇藝人捐資設立的福利性組織。碑文所列的規條中，有紅白喜事相助及年老身衰者給予回家路費等規定，體現了該會的功用，以及民間藝人團結互助的精神。此碑是研究廣府地區戲劇史的重要史料。

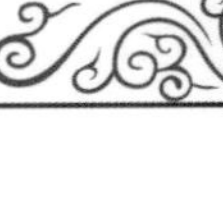

釋文

（碑額）財神會碑記

天下世間無不藉神為主，神安則人樂，人以財為生也。本會館原有福德財神，歷年已久，凡在同行，無不沾恩獲福、叨庇平安。今于道光四年煥然新之。凡各項用費，會中諸友踴躍簽題，各觧慳囊，多寡不吝，共成美舉，亦由神力默助，以免後吝。神人共慶，福有攸歸。是以立碑，永垂不朽。是為序。

一　議但有本行朋友來粤，若搭那班，限半月上會。見十扣一，問班主實問。

一　議但有本行紅白喜事，送花銀衆公議。再者，本行有年老身衰，不能做班，衆議。

一　議以五年為止，或歸家遠近不一，本會再議，以為路費。

一　議本會之銀，以四季頭人管理，倘若失悞，頭人是問。

一　議本會之銀，以照典行息，倘有私圖利息，查出重罰。

一　議但有人借銀，會齊衆友，方可借出。若無到齊，不得私借。

一　議本會不得借銀，倘有私借，查出重罰。

一　議銀廂交大師管理，鎖匙頭人管理。

前會存銀弍拾員。

瑞麟：單正禮捐銀拾両。

福壽：宋喜元捐銀拾両。

長春：王瑞香捐銀拾両。

慶泰：彭彩臣。

周松麟捐銀三拾員，單双鳴捐銀二拾員，朱玉蘭捐銀陸大員，麥双英捐銀四大員，周玉喜捐銀四大員，黃有元捐銀四大員，楊香官捐銀拾大員，莫天壽捐銀拾五員，周双鳳捐銀陸大員，費有魁捐銀四大員，熊金貴捐銀三大員，劉天喜捐銀二大員，袁天貴捐銀二大員，何五福捐銀二大員，盛占魁捐銀二大員，羅喜官捐銀一大員，高容官捐銀二大員，羅天才捐銀一大員，唐大喜捐銀一大員，張壽官捐銀一大員，趙貴麟捐銀五大員，彭鳳彩捐銀二大員，曾欢喜捐銀二大員，彭天秀捐銀一大員，曾玉美捐銀一大員，馮双貴捐銀四大員，玉喜、双喜共捐銀二大員，駱福林捐銀二大員，蕭長泰捐銀四大員，雷福林捐銀四大員，劉君異，黃亞華捐銀二大員，武德保捐銀二大員，柳龍官捐銀二大員，王玉貴捐銀二大員，余双福，劉文□捐銀二大員，黃鸞官捐銀二大員，王亞官捐銀一中員。

（以下文字因碑文漫漶略）

道光三年七月財神會衆等住持僧循聖仝立。

梨園箱上長佛會碑記

清道光十七年（1837）

考略

此碑原存廣州梨園會館（址在今廣州解放中路魁巷），館久已毀，碑移置廣州博物館。碑額及正文楷書。內容是會眾於清道光十年（1823）重興梨園會館總寓管理的長佛會，為整飭行規，訂立條款章程。從此碑開列章程各條款可以瞭解梨園箱上長佛會的管理情況。

釋文

（碑額）梨園箱上長佛會碑記

蓋聞梨園総寓向有長生、長庚、長慶、長□、長聚等會，維箱上原有福和會，現已殘敗，今承各會首事令我行公論，重興長佛會，整飭行規，不□疏虞漏失，九□□者，須立條欵章程，庶無渾擾等弊。今將各欵條例開列於右：

一 議凢至會者，不拘前後，單自今日為始，每位上會銀貳大員，計兑並設酒□，通知各會，以后每年每班每月每位供銅錢壹百文，將長年香油做會雜項所用，神□之期，再為踴躍簽題。

一 議我會之人分做各班，務宜謹慎精勤，不得偷安懈以致損失。倘有歸箱物件遺失者，理應賠還。倘有歸箱物件失起不嘗□□□□□。

一 議不以公事為要，任意胡為，偷當服色，有意大悮公事，罰銀貳大員，神功用。

一 議不上會，竟自管箱，固意違拗，公銀有悮，神功罰銀伍両，神功用。

一 議新來上會外行銀陸大員，請酒通知，然後凖其上會。另上會銀肆大員。

一 議有面生之人入戲房，招呼亂坐箱上者，一應箱上失去物件，問招呼之人賠償。

一 議戲房所有失去物件，即追偷盗之人，追着本會齊送官究治。追不着，遺失物之人三服均分賠償。

一 議在班滿期一年，任憑本家用與不用，倘有用銀錢打發做班，查出罰銀拾両，供奉香燈。

一　議失漏服色物件，照舊例于開箱為始，失漏衣物等項，應問管箱人照還。鎖箱后倘疎扵上鎖，亦應照賠。開箱後不鎖箱，扵管箱人無涉，此照舊例。

一　議搶行奪食，凢各班在會或因身俸錢短少，傲氣出班，又有本會之人向班主貪其異外生利，與本出班人身俸更低，情愿充當其任者，查出罰銀拾大員，神功用。

一　議凢有四鄉生理遺失衣物等件，照舊例請主會實問，與本會人無涉，恐有不法之徒私盜箱物，故謂遺失者，無論于會管班查確具等人，公議逐出。

一　議别處全班到省上會，每逢箱上會銀共捌両四錢正。

一　議凢在會人如有身故者，會上送奠儀銀貳大員。倘遇孤貧無靠，念在同行，向各班簽題埋塟。

單正禮、劉光耀、林本茂、謝毛姑、宋福祐、賴巖軒、蔡茂蘭、王在伏、胡志元、曾應祥、鄺佛章、楊庭信、黃雙全、袁興祥、楊大志、馮亞長、甯開發、郭賛亭、彭元昌、曾世元、貴利、黃榜保、譚祥曜、單章煥、袁芝亭、徐秦和、曾立傳、楊彩亨、龍彦德、王名俊、李洪元、費廣進、周光林、黃雙秀、單章炳、李桂林、陶永祥、徐文有、賀霞官、周官四、盧亞□、湯崑山、劉亞福、叚亞鳳、袁敬泉、袁四平、何德富、莫天德、陳廣發、沈本経、劉苟仔、林亞善、鄧鳴鳳、張亞夾、陳福隆、袁亞全、陳亞錦、何亞榮、鄧金安、高亞容、李亞右、黃亞漢。

道光十七年六月日合會衆信勒石。

重起長庚會碑記

清道光十七年（1837）

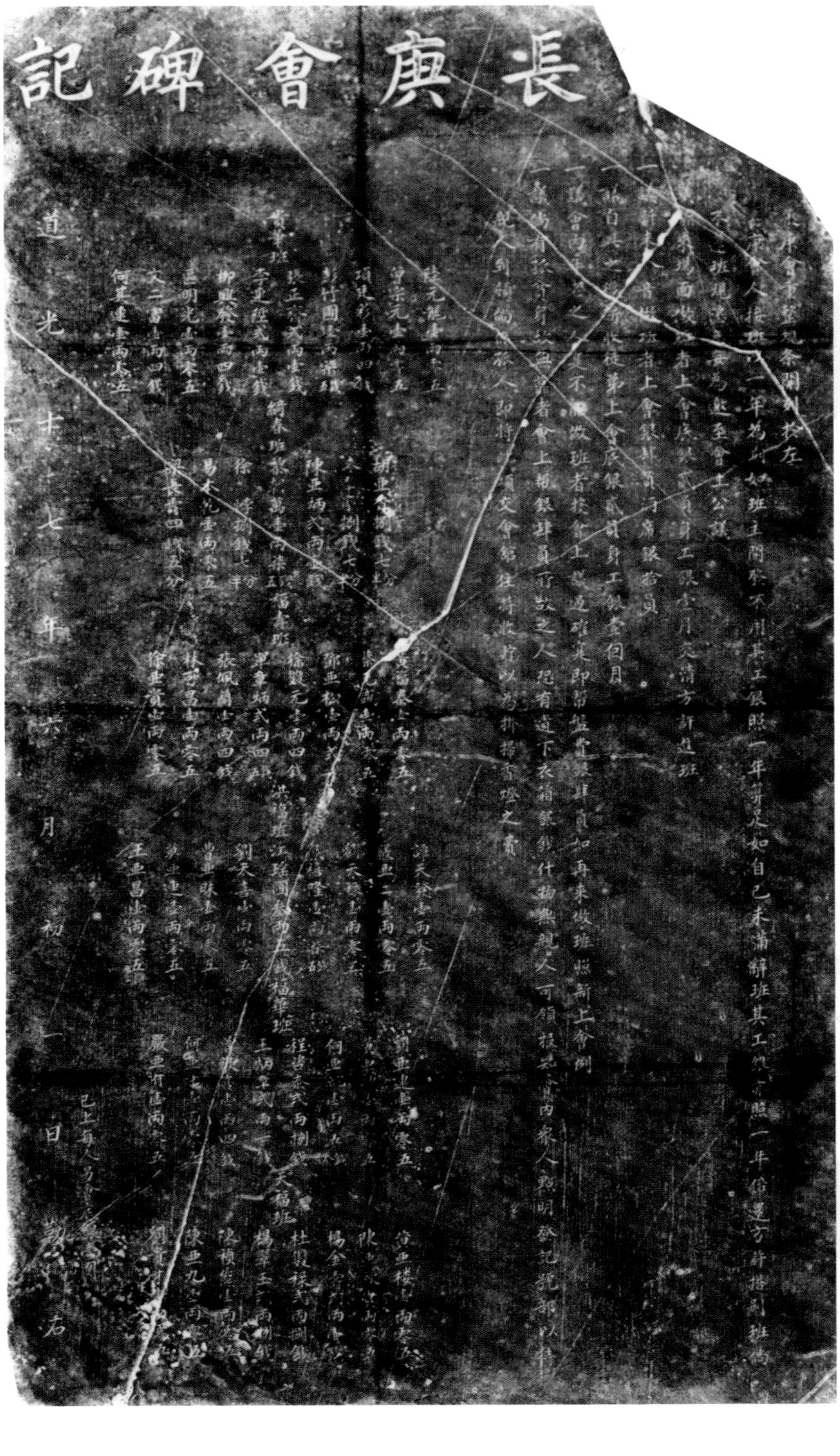

釋文

（碑額）□□長庚會碑記

長庚會重整規条開列扵左：

一　議長庚會人接班，以一年為期，如班主開發不用，其工銀照一年算足。如自己未滿辭班，其工銀亦照一年倍還，方許搭别班，倘不遵班規，恣意妄為，邀至會上公議。

一　議新來場面做班者，上會底銀貳員，身工銀壹月交清，方許進班。

一　議新來八音做班者，上會銀肆員、酒席銀拾員。

一　議自此之後，新收徒弟上會底銀貳員、身工銀壹個月。

一　議會内年老之人寔不能做班者，投會上議過確寔，即帮盤費銀肆員。如再来做班，照新上會例。

一　議倘有孤貧身故無靠者，會上帮銀肆員。昕故之人恐有遺下衣箱銀錢什物，無親人可領，报知會内，衆人點明登記號部，以待親人到領。倘係孤人，即将此項交會館住持收貯，以為掛掃香燈之費。

貴華班：陸元龍壹両零五，曾宗元壹両零五，項廷彩壹両四錢，彭竹圃壹両七錢五，張正齋二両壹錢，李連陞弍両壹錢，柳興發壹両四錢，區明光壹両零五，文二富壹両四錢，何其連壹両零五。

綺春班：胡亞香捌錢七分半，麥翠亭捌錢七分半，陳亞炳弍両壹錢，黎朝萬壹両七錢五，徐悖捌錢七分半，

易本乾壹両零五，梁長壽四錢五分。

福壽班：黃福泰壹両零五，蔡元盛壹両零五，鄧亞松壹両弍錢二，徐雙元壹両四錢，單章炳弍両四錢五，張佩蘭壹両四錢，林可昌壹両零五，徐亞貴壹両零五。

洪福班：譚天發壹両零五，嚴亞二壹両零五，劉天禄壹両零五，熊禧隆壹両柒錢五，江瑤圃叁両五錢，劉天喜壹両零五，曹亞昧壹両零五，莫亞連壹両零五，王亞昌壹両零五。

福華班：劉亞連壹両零五，黃亞坤壹両零五，何亞□壹両五錢八，程咨泰弍両捌錢，王炳章弍両一錢，曾歡喜壹両四錢，何亞才壹両零五，嚴亞有壹両零五。

天福班：黃亞坤壹両零五，陳亞秋壹両零五，楊金壽弍両壹钱，杜雙禄弍両捌钱，楊翠玉弍両捌钱，陳禎熊壹両零五，陳亞九壹両零五，劉貴才壹両零五。

已上每人另會底銀壹圓。

道光十七年六月初一日勒石。

考略

此碑原存廣州梨園會館（址在今廣州解放中路魁巷），館久已毀，碑移置廣州博物館。碑額及正文楷書。碑右上角殘缺之字，據考補為『重起』二字，刻於清道光十七年（1837）。長庚會是當時到廣州演戲的外省戲劇藝人所建立的互助福利組織。碑文中所列條規中，有『會內年老之人實不能做班者，即幫助盤費』『孤貧身故無靠者會上幫銀』等內容，體現了民間組織內部成員間相互扶助的情況。

銀行會館諸碑

重建銀行會館碑記

清道光九年（1829）

考略

此碑原存廣州城南銀行會館（址在今廠後街），後移置越秀區博物館。高177釐米，寬80釐米。楷書。敘該銀行會館始建於鰲魚洲，清雍正十三年（1735）改建於廣州永清門外麥欄街。永清門位於今北京路與萬福路交界處，麥欄街今仍沿其名。銀行會館是清代廣州金融業的行會組織。銀錢業泛稱錢業，包括舊時錢莊、錢店、票號、爐號、兌換店，該碑所列之銀號即屬爐房類，爐房也稱銀爐，負責專化金銀，熔鑄元寶。

釋文

重建銀行會館碑記

蓋凡世其業者，必有師承，故流澤之長，特隆廟祀，以邀神貺而萃群情，有志同道合之誼焉。我藩、運銀行供奉元帥趙公爲祖師由來已久，先是立廟于鰲魚洲，雍正十三年改建于永清門外麥欄街，迄今百有餘年。歲集同人，肅將祀事，致誠盡禮，以迓神庥，神听憑依于是乎著。惟歷年既久，風霜剥蝕，且規模稍隘，未極尊崇，非足以昭其誠敬，咸欲新之者迨將十載。廼者國課日裕，而神聽益和，詢謀僉同，愿增式廓。遂于道光己丑諏吉重建，鳩工庀材，将木之朽者易之，基之狹者廣之，高其閎閈，新其棟樑，莫不恪瞻壯麗，共仰威靈，人抒其誠而神詔以福，不其偉歟！是役也，経始于是歲之夏，而落成于冬，胥皆矢慎矢公，共勷厥事。爰將九家捐資重建及添買舖舍改地價銀並泐于碑，使後之覽者，知締造听由來，喜神人之共慶，而不懈益虔者，有听觀感云。遂書以壽諸石。

藩憲銀號：廣源店、源昌店、榮茂店、麗珍店、寶隆店，共捐番銀壹千七百二拾両。

運憲銀號：廣陞店、寶聚店、慎誠店、茂和店，共捐番銀壹千七百二拾両。

嘉慶十六年九月，藩、運两行銀號共捐番銀壹百弍拾両，買受廟前廖逢泰屋一間，将瓦面墻壁拆去，以作戲塲白地。

道光九年十一月十五日泐石。

癸酉重建會館碑記

清同治十三年（1874）

釋文

（碑額）癸酉重建會館碑記

重建銀行會館碑記

《語》有之曰：『羣萃州處』。又曰：『懋遷化居』。古之商賈，靡不列肆而居也。後世里閭狹小，市廛内同業不能連衡比户，無以周知貨賄之畸重畸輕，無以聯合人情之相親相友。行業會館之設，其羣萃之意歟？誼最古也。粤東省垣銀行會館，向在西關連珠里，而報本返始，則祀其先師趙公。肇建自康熙十四年，重修於五十年，厥後六十一年，及雍正九年、十二年，乾隆十三年、三十四年，屢次重修，疊增式廓，前記載之詳矣。今閱百餘年，為日既久，棟宇不無朽槽；為地所限，規模仍覺淺隘。去歲得後進地，遂擬推深一層，前榮後梠，為大厦者三；左右拱巡，為迴廊者四；而且東壁煜爚，西廂拓恢，為觀廳者二；夾道登雲，高樓聳漢，為青雲路、為催官閣者各一。乃眷西顧，為四椽大廳事者一。頭門階墀、照牆、展壁，均重修整。另展壁之西園，增建住屋四間，北向之留餘一座，左鄰平排舖二間。詢謀僉同，鳩工庇材，經始於癸酉年三月，落成於甲戌年蒲月，共費白金萬両有奇，煥然赫然，氣象聿新矣。夫莫為之前，雖美弗彰；莫為之後，雖盛弗傳。又况繼長增高，擴充廣大，謂非同業日新月盛，烏能如是不啬不吝趨事赴功，成於不日哉？古王者，常聽臚言於市廛，又常命市納賈，以觀民之好惡。我國家深仁厚澤，久道化成，而銀行會逢其適，集資以廣厥廛居，蓋不獨妥神靈、昭萃處已也。而神靈之佑庇，會萃之樂胥，亦於是

擴而充之耳。同業諸君繼美增榮為之兆矣。既以其原委，請予為記，爰申古義，并紀新猷，被之於碑，以告後來。

覃恩誥授通奉大夫欽加鹽運使司運同加四級乙未恩科經元軍功賞戴藍翎江蘇補用同知直隸州知州前任松江府南匯縣知縣調署蘇州府元和縣事加五級隨帶加四級紀錄一次誥封中議大夫賞戴花翎廣西思恩府加二級南海馮樹勳撰文。

今將各號芳名開列：

全發號、裕成號、緜信號、錫隆號、乾昌號、祐隆號、榮吉號、緝隆號、逢安號、逢昌號、集和號、信行號、元亨號、榮信號、旋吉號、隆記安、晋昌號、源源號、昆怡號、正安號、怡福號、全亨號、晋隆號、皆安號、啟隆號、泰興號、德興號、榮德號、泰亨號、寶信號、生財號、億隆號、泰生號、兆安號、泰元號、昭泰號、榮亨號、祥泰號、裕安號、利恒仁、永祥號、真德號、祐亨號、同發號、利昌號、時昌號、鴻安號、泰利號、安行號、謙和號、宜記號、祐吉號、和興號、佶孚號、旋安號、恒□號、全泰號、廣裕號、緜安號、成信號、昭隆號、祥和謙、廣昌號、祐昌號、公安號、舌安號、和隆號、興隆號、泰安號。

已上每號捐出重建額銀壹百大員。

已上每號又捐出買受後座屋價派額銀伍拾両正。

已上每號捐出重建高義題簽銀伍拾大員。

公推重建總理芳名列左：

旋吉號：蘇景星翁。全泰號：蔡梅生翁。祥和謙：何幹廷翁。昆怡號：蘇杰臣翁。居安號：姚世簡翁。泰利號：

崔□南翁。泰亨號：黎如槐翁。時昌號：馮曉堂翁。利昌號：伍桂彌翁。全發號：李景文翁。廣裕號：譚席之翁。

祐隆號：梁在徵翁。

壬申癸酉重建當年值事：

生財號、源源號、寶信號、隆記安、裕安號、鴻安號。

癸酉甲戌重建當年值事：

昭隆號、裕成號、泰生號、成信號、同發號、祐吉號。

同治十三年歲次甲戌仲夏吉旦。西關銀行忠信堂立石。

考略

此碑原存西關銀行會館（址在今廣州荔灣區珠璣路連珠巷），後移置廣州博物館。碑額隸書，正文楷書。據碑載，該銀行會館於清康熙十四年（1675）始建，同治十二年（1873）重建時，建築規模擴大，出資修建的銀號有六十四家。而據乾隆三十四年（1769）該會館《己丑重修銀行會館碑記》記載，當時參加重修會館的銀號為三十四家，即前後相距九十四年，參加修建的銀號就增加近一倍之多，可見至晚清廣州銀號業的興旺，反映了清代廣州商品生產和貿易的繁榮。該碑記對研究當時廣州銀號的性質、特點和地位等方面，有重要的參考價值。

撰文者馮樹勳，號述翁。南海人。曾任蘇州府元和縣事等職。

癸酉重建會館形圖碑誌

清同治十三年（1874）

釋文

（碑額）癸酉重建會館形啚碑誌

本會館坐癸向丁兼子午，照原日舊向，增深壹座。

西關銀行忠信堂立石。

考略

此碑原存西關銀行會館（址在今廣州荔灣區珠璣路連珠巷），後移置廣州博物館。碑額隸書，説明文字楷書。是清同治十三年（1874）重修銀行會館時刻立，從此碑圖可見廣州銀行會館經此次重修擴建後的宏大規模（參見《癸酉重建銀行會館碑記》），該碑圖是廣州保存下來為數不多的有百餘年歷史的石質建築平面圖之一。

錦綸會館諸碑

錦綸祖師碑記

清雍正九年（1731）

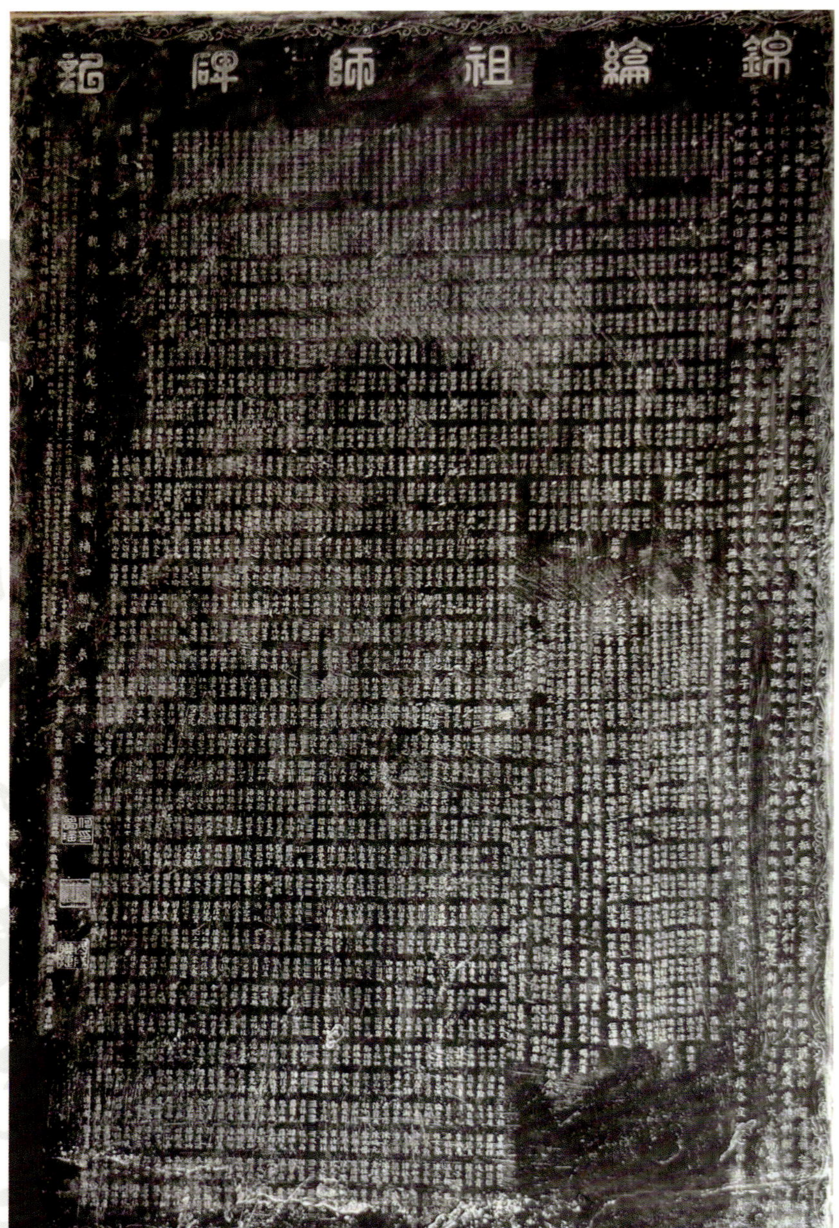

釋文

（碑額）錦綸祖師碑記

郡城之西隅，業蠶織者，寗僅數百家。從前助金脩建關帝廟于西來勝地，以爲春秋報賽及萃聚衆心之所。迨後生聚日衆，技業振興，爰于癸夘之歲，集衆僉題助金，構堂於關帝廟之左，以事奉仙槎神漢博望張侯焉。蓋蠶織之事雖肇端于黄帝之世，然機杼之巧，花樣之新，實曰侯於元狩年間，乘槎至天河得支機石，遂擅天孫之巧，於是創制立法，傳之後人，至今咸蒙其利，賴兹構堂崇奉。實食德報本、不忘所自之輿情也。徵予言以記其事，予不禁爲之喜曰：『即此可觀世道之隆焉』。

粤自文明，既啟天地，有必洩之精華章服，既興組織，有日工之制作。然曠覽前朝季世大東有咏，每嗟杼軸之空，短褐不完，易起無衣之歎，欲求其錦繡遍於寰區，蠶織易於倍售者，又安能乎？兹幸值聖天子在位，德教誕敷，恩覃薄海，彼都人士擅衣冠文物之奇，遠國商帆，盡困載貿遷之盛，則合坊之經營于斯藝、聚集于斯土者，不其安適豐裕哉！獨是事之有始者，尤貴于善後，各宜德心相照，信義交孚。勿作詐偽以欺人，勿因日久而懈怠，庶幾仙槎之神居歆昭格永錫，純禧于無斁矣。爰壽諸貞珉，以誌不朽。

所有芳名及廟例並刻于左：

（捐助者姓名及款額略）

賜進士出身奉旨命往廣西觀政派委協充志館纂修候補知縣何夢瑶撰文。

一　先年原醵金六十零脩建關聖帝君廟，每歲主會十有二人遞主□事，今建立祖師神廟，每歲亦議主會十二人，惟誕節建醮係其堂理，餘外一應雜項均不干與。

一　壬申年主會捐金叁両捌錢正，龔榮伯、馮在聰、何翰璧、冼懿文、吴益聰、梁殿高、楊榮舉、鄧德璇、陸辰元、何維傑、梁開燦、潘昌和。

一　本行衆議錦綸主會歷年出例金叁両伍錢，上承下效，不得催延，交盤之日，印契連銀點明交與下手主會收貯。

一　衆議會館内家伙什物并助金交盤之日，亦是交與先師主會收貯。

一　衆議凡新開舖每户出助金貳錢，值月□首收起交與先師主會收貯，以爲日後修整祖師會館使用。

一　衆議會館内衹許創始重修首事乃得上扁，自壬子年起各案主會不得效尤。

緣首：

黎居惠、梁元尚、梁承良、陳廣輝、關廣亮、鄭惟端。

雍正九年十二月。

此碑存廣州市荔灣區康王南路的錦綸會館。高198釐米，寬128釐米。碑額隸書，正文楷書。刻於清雍正九年（1731）。先敘廣州城西聚集業蠶織者數百家，可知當時蠶織業的規模極大，再敘會館擇地於西來勝地附近。最後詳細記錄了廣州錦綸會館的始建經過。從碑文中可知，當時錦綸會館供奉的是被世人稱為『仙槎神』的漢代博望侯張騫。文中簡要敘述了張騫『乘槎至天河得支機石』的傳說。提及『彼都人士擅衣冠文物之奇，遠國商帆，盡困載貿遷之盛』，可知廣州當時的商貿繁盛狀況。錦綸會館是清朝至民國期間廣州絲織行業會館。原位於下九路西來新街，是廣州紡織業（即錦綸行）的管理者聚會議事的場所，見證了中國資本主義的萌芽，是目前廣州唯一留存的行業會館建築。

撰文者何夢瑤，字報之，號西池。廣東南海人。清代嶺南著名醫學家。清雍正八年（1730）進士，其後曾任義寧、陽朔、岑溪、思恩等縣縣令，乾隆十五年（1750），辭官返回廣州，先後在粵秀書院、越華書院主持院務。他對中醫學頗有研究，撰寫了《醫碥》《傷寒論近言》《幼科良方》《婦科良方》《醫方全書》等著作，均屬依據嶺南獨特的地理氣候環境下人體病變的特徵，運用經絡學説作精確的醫理論證，揭示了相關臨床治療的秘笈。

重修碑記

清光緒二年（1876）

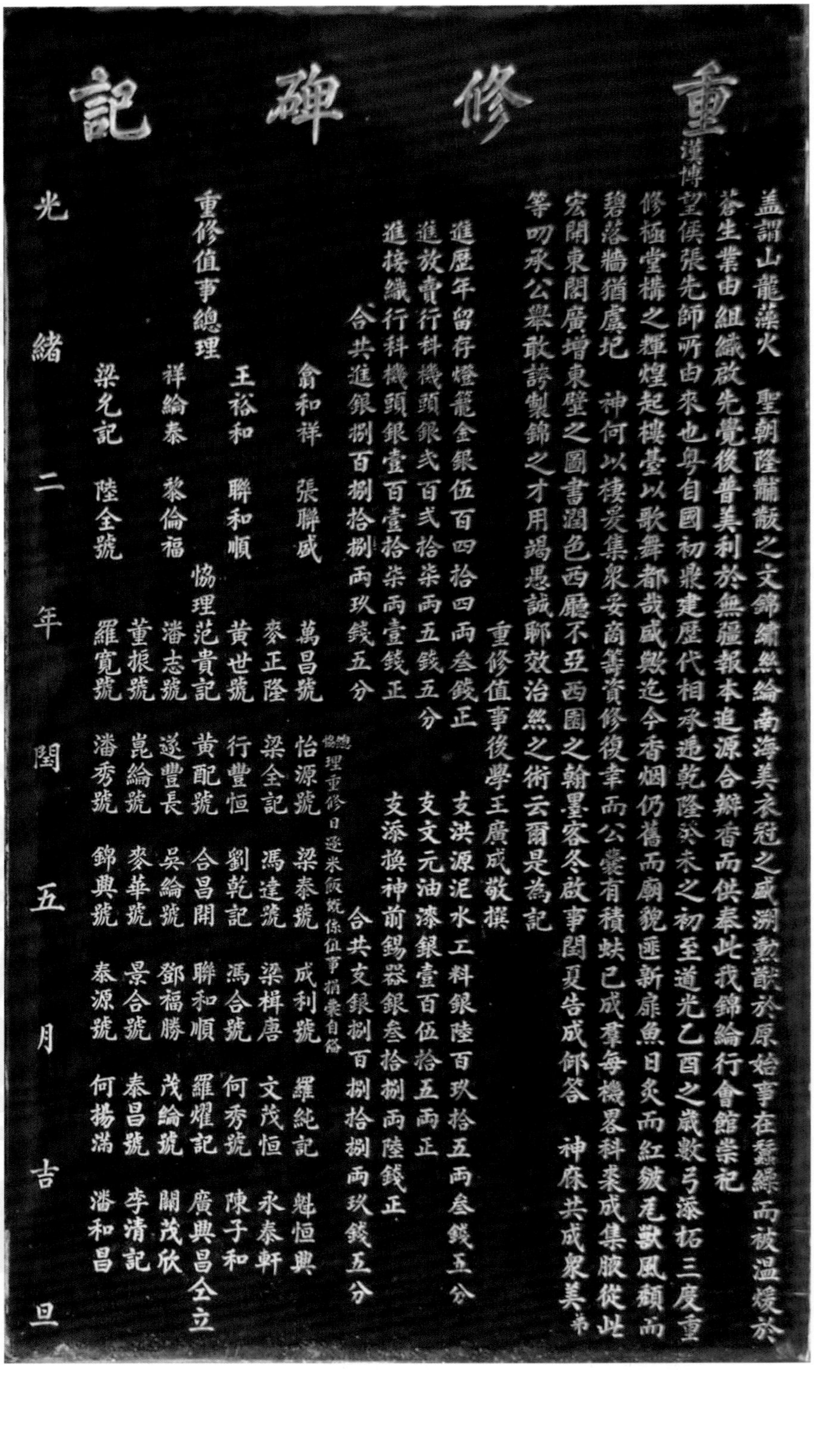

重修碑記

蓋謂山龍藻火　聖朝隆黼黻之文錦繡絲綸南海美衣冠之盛溯勳猷於原始事在蠶繰而被温煖於
蒼生業由組織啟先覺後普美利於無疆報本追源合辦香而供奉此我錦綸行會館崇祀
漢博望侯張先師所由來也粤自國初鼎建歷代相承遞乾隆癸未之初至道光乙酉之歲數弓添拓三度重
修極堂構之輝煌起樓臺以歌舞都哉盛歟迄今香烟仍舊而廟貌匪新扉魚日炙而紅皺尾獸風頽而
碧落牆猶虧圮　神何以棲爰集衆妥商籌資修復幸而公囊有積蚨已成羣每機畧科湊成集腋從此
宏開東閣廣增東壁之圖書潤色西廳不亞西園之翰墨客冬啟事閏夏告成卻答　神庥共成衆美弟
等叨承公舉敢誇製錦之才用竭愚誠聊效治絲之術云爾是為記
重修值事後學王廣成敬撰

進歷年留存燈籠金銀伍百四拾四兩叁錢正　支洪源泥水工料銀陸百玖拾五兩叁錢五分
進放賣行科機頭銀弍百弍拾柒兩五錢五分　支文元油漆銀壹百伍拾五兩正
進接織行科機頭銀壹百壹拾柒兩壹錢正　支添換神前錫器銀叁拾捌兩陸錢正
合共進銀捌百捌拾捌兩玖錢五分　合共支銀捌百捌拾捌兩玖錢五分

重修值事總理
俞和祥　張聯盛
王裕和　聯和順
祥綸泰　黎倫福
梁允記　陸全號

協理
萬昌號　怡源號　梁泰號　成利號　羅純記　魁恒典
麥正隆　梁全記　馮達號　梁楫唐　文茂恒　永泰軒
黃世號　行豐恒　劉乾記　馮合號　何秀號　陳子和
范貴記　黃配號　合昌開　聯和順　羅耀記　廣興昌
潘志號　遂豐長　吳綸號　鄧福勝　茂綸號　關茂欣
董振號　崑綸號　麥華號　景合號　泰昌號　李清記
羅寬號　潘秀號　錦興號　泰源號　何揚滿　潘和昌　仝立

總協理重修日逐米飯皆係值事捐囊自備

光緒二年閏五月吉旦

釋文

（碑額）重修碑記

蓋謂山龍藻火，聖朝隆黼黻之文；錦繡絲綸，南海美衣冠之盛。溯勳猷於原始，事在蠶繅；而被温煖於蒼生，業由組織。啟先覺後，普美利於無疆；報本追源，合瓣香而供奉。此我錦綸行會館崇祀漢博望侯張先師所由來也。粵自國初鼎建，歷代相承，遞乾隆癸未之初，至道光乙酉之歲，數弓添拓，三度重修，極堂構之輝煌，起樓臺以歌舞，都哉盛歟！迄今香烟仍舊而廟貌匪新，扉魚日炙而紅皴，瓦獸風頹而碧落。牆猶虞圮，神何以棲？爰集衆妥商籌資修復。幸而公囊有積，蚨已成羣。每機畧科，裒成集腋。從此宏開東閣，廣增東壁之圖書；潤色西廳，不亞西園之翰墨。客冬啟事，閏夏告成。仰荅神庥，共成衆美。弟等叨承公舉，敢誇製錦之才，用竭愚誠，聊效治絲之術云爾，是為記。

重修值事後學王廣成敬撰。

進歷年留存燈籠金銀伍百四拾四両叁錢正。

進放賣行科機頭銀弍百弍拾柒両五錢五分。

進接織行科機頭銀壹百壹拾柒両壹錢正。

合共進銀捌佰捌拾捌両玖錢五分。

支洪源泥水工料銀陸百玖拾五两叁錢五分。

支文元油漆銀壹百伍拾五両正。

支添換神前錫器銀叁拾捌両陸錢正。

合共支銀捌佰捌拾捌両玖錢五分。

總協理重修日進米飯甑係值事捐囊自備。

重修值事總理：翕和祥、張聯盛、王裕和、聯和順、祥綸泰、黎倫福、梁允記、陸全號。

協理：萬昌號、怡源號、梁泰號、成利號、羅純記、魁恒興、麥正隆、梁全記、馮達號、梁楫唐、文茂恒、永泰軒、黄世號、行豐恒、劉乾記、馮合號、何秀號、陳子和、范貴記、黄配號、合昌開、聯和順、羅燿記、廣興昌、潘志號、遂豐長、吳綸號、鄧福勝、茂綸號、開茂欣、董振號、崑綸號、麥華號、景合號、泰昌號、李清記、羅寛號、潘秀號、錦興號、泰源號、何揚滿、潘和昌，仝立。

光緒二年閏五月吉旦。

考略

此碑存廣州市荔灣區康王南路的錦綸會館。高116釐米，寬68釐米。碑額及正文楷書。記載清光緒二年（1876）重修錦綸會館經過。據碑載，錦綸會館自清初鼎建，乾隆癸未至道光乙酉之歲，曾三度重修。碑後附重修會館的資金來源，包括歷年留存及本次助金款目，實物、商號，對瞭解當時廣州絲織業狀況有一定參考價值。

永遠不得別立名目再行征抽□□念碑

清光緒二十四年（1898）

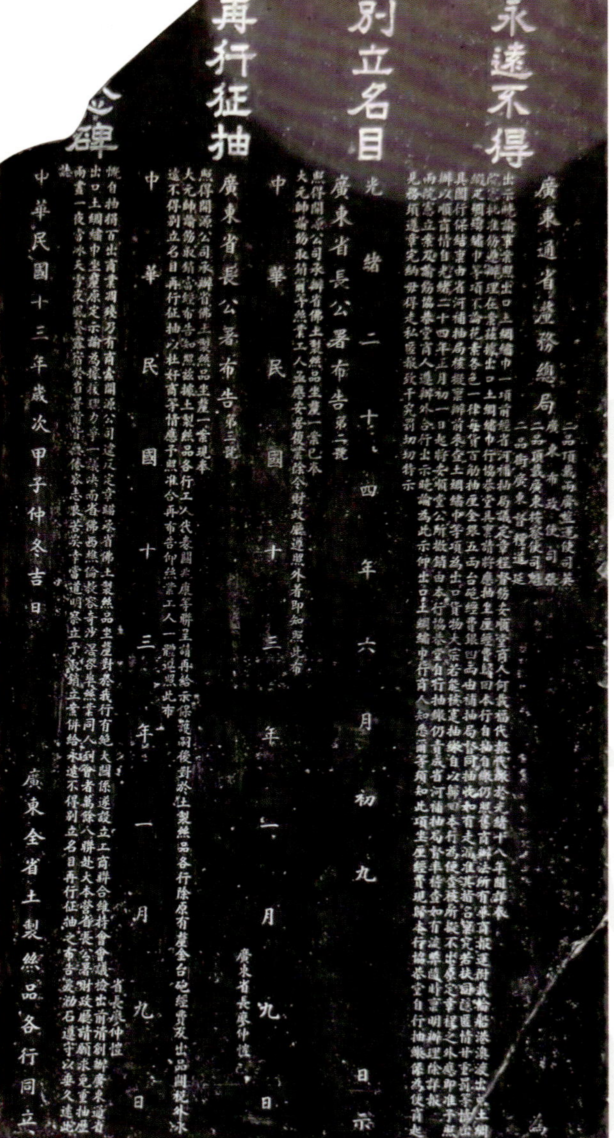

考略

此碑存於廣州市荔灣區康王南路的錦綸會館內。高136釐米，寬70釐米。碑額及正文楷書。碑文分三部分，第一部分為清光緒二十四年（1898）的政府公文。第二部分為民國十三年（1924）廖仲愷省長簽署的兩份佈告。第三部分為行會對上述公文的說明。主要內容為政府對出口土綢繡巾等項須將應抽繳厘金經費歸回本行，永遠不得別立名目再行征抽。為瞭解清及民國時期廣州行業會館的功能、出口稅收政策提供了史料。

釋文

（碑額）永遠不得别立名目再行征抽□□念碑

廣東通省釐務總局二品頂戴兩廣鹽運使司英、廣東布政使司張、二品頂戴廣東按察使司魁、二品銜廣東督糧道延，為出示曉諭事。

案照出口土綢繡巾一項，前經省河補抽局議定章程，督飭安順堂商人何載福代報代繳，於光緒十八年間詳奉院憲批准飭遵辦理在案。茲據出口土綢繡巾行協恭堂具稟，請將應抽坐厘經費歸回本行，自抽自繳仍照舊商辦法，所有華商報運附載輪船港澳渡出口土綢緞疋綢縐繡巾等項不論花素各色，一律每貨百觔抽厘金銀五兩，台砲經費銀四両由補抽局督同抽收，如有走漏准其指名稟究。若扶同隱匿，情甘重罰等情，出具闔行保結稟，由省河補抽局核擬稟辦。前來查土綢繡巾等項為出口貨物大宗，若能核寔抽繳，自以歸回本行為便，查核所擬不出原定章程之外，應即准予照辦以順商情。自光緒二十四年正月初一日起，將安順堂公所撤銷，由本行協恭堂自行抽繳，仍責成省河補抽局督率稽查，如有流弊，隨時稟明辦理。除詳報兩院憲立案及諭飭協恭堂商人遵辦外，合行出示曉諭，為此，示仰出口土綢繡巾行商人知悉，爾等須知此項坐厘經費現歸本行協恭堂自行抽繳，係為便商起見，務須遵章完納，毋得走私匿報，致干究罰，切切特示。

光緒二十四年六月初九日示。

廣東省長公署布告第二號：

照得開源公司承辦省佛土制絲品坐釐一案，已奉大元帥諭飭取銷，爾等絲業工人，亟應安居復業，除令財政廳遵照外，着即知照。此布。

中華民國十三年一月九日。廣東省長廖仲愷。

廣東省長公署布告第三號：

照得開源公司承辦省佛土制絲品坐釐一案，現奉大元帥諭飭取銷，當經布告知照。茲據土制絲品各行工人代表關兆康等聯呈，請再給示保護，嗣後對於土制絲品各行，除原有釐金台砲經費及出品關稅外，永遠不得别立名目再行征抽，以杜奸商等情，應予照准，合再布告，仰絲業工人一體遵照。此布。

中華民國十三年一月九日。省長廖仲愷。

慨自抽捐百出，商業凋殘，乃有商蠹開源公司違反定章，瞞承省佛土制絲品坐釐，對於我行有絶大關係，遂設立工商聯合維持會，會議檢出前清創辦廣東通省出口土綢繡巾坐釐原定示諭為據，援理力爭，一議決而省佛、西樵、倫教、容奇、沙滘各埠絲業同人，到會者萬餘人，聯赴大本營省長公署財政廳請願，求免重抽，歷兩晝一夜，當冰天雪夜，風餐露宿於省署前，皆無倦容，志良苦矣。幸當道明察，立予取銷立案，併給永遠不得别立名目再行征抽之布告，爰泐石遵守，以垂久遠。此誌。

中華民國十三年歲次甲子仲冬吉日。廣東全省土制絲品各行同立。

木行會館諸碑

務本堂重建碑記

清道光七年（1827）

務本堂重建碑記

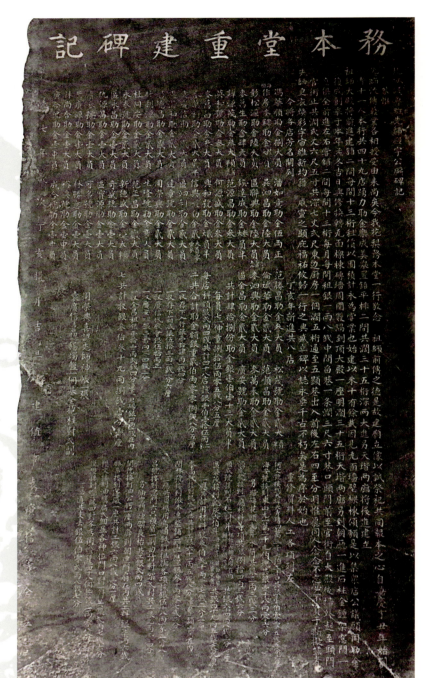

釋文

（碑額）務本堂重建碑記

北城侯魯班先師殿宇公所碑記

恭惟先師流傳藝業，各相授受，由来尚矣。今我花梨務本堂一行，敬念祖師前傳之德，是故建廟立像，以誠祭祀共同報本之心。自嘉慶丁丑年始創者十一人，本行共四十九店，踴力助金，樂成美舉。置舖平排二間，共濶三十五桁，深兩大進，另天堦兩廊，將後進建立祖師大殿，將前進建舖二間，每間十三桁，租賃以圖積計，永為嘗業也。始建以來，十有餘載，因見瓦面墻壁樑棟傾頹，是以集衆店公議，願同助金，復成創舉。于本年孟冬吉日興修，換轉瓦面樑棟，磚墻周圍雙隅到頂，大殿一座明濶三十五桁，天堦兩廊另到朝廳一進，石柱、金鐘架、窓門一應俱全。前進左右嘗舖二間，每間十三桁，每月每間租銀一両八錢。中間甾巷一條，濶三尺六寸，巷口頭門前至官街，自大殿后墻外起，至頭門官街止，共濶弍丈六尺五寸，共深七丈弍尺。東边厨房一個，濶五桁，通至五顯巷出入。前後左右四至分明，惟愿同人念念不忘，必不負于斯擬茲者。先師更衣煥彩，宇宙維新，均籍威靈之顯庇，福祐攸歸，一行之興盛，立碑以誌，永垂千古不朽矣。是為序於始也。

今将各店芳名開列：

馮華順助金捌大員、海關作房麥黎莫助金陸大員、彭松源助金陸大員、麥萬生助金肆大員、譚源茂助金叁大員半、英和號助金叁大員、麥萬昌助金叁大員、麥萬利助金貳大員半、袁廣信助金貳大員、梁滿和助金貳大員、彭德昌助金貳大員、林利源助金貳大員、杜同安助金貳大員、永泰號助金貳大員、區永昌助金壹大員、仇源昌助金壹大員、廣泰號助金壹大員、葉廣源助金壹大員、林尚和助金壹大員、廣和號助金壹中員、潘如意助金五両正、吳泗昌助金陸大員、區聯興助金陸大員、侯達成助金叁大員半、范源昌助金叁大員、何源盛助金叁大員、興和號助金貳大員半、信興號助金貳大員零壹分、區泗利助金貳大員、達章號助金貳大員、周榮興助金貳大員、生隆號助金貳大員、范正昌助金貳大員半、新德盛助金壹大員半、奇盛號助金壹大員、區寶源助金壹大員、可名號助金壹大員、林勝意助金壹大員、裕興號助金壹中員、成合號助金壹中員。

丁亥年新進共八店：

范勝昌助金叁大員、倫斌華助金貳大員、麥泗興助金貳大員、區全昌助金貳大員、松茂號助金貳大員半、范順昌助金貳大員、麥萬来助金貳大員、廣安號助金貳大員。

共計肆拾捌份助金銀壹伯壹十叁三大員半。

每員七一伸重捌拾伍両零伍錢八分五厘。

每店科額銀式両四錢，共計四十八店，該銀壹伯壹拾伍両二分。

二共合計助金額銀重貳伯両零零捌錢八分五厘。

一　收存下入行銀壹拾肆両一錢四分。

一　收存下箱底銀伍拾三両一錢一分六厘；

一　收廣信代敝會銀伍拾両正。

一　收廣安租銀壹拾両零四錢三分。

一　收全昌租銀壹拾壹両弍錢四分連承造磚銀四両一錢在内。

七共計收銀叁伯叁十九両捌錢壹分壹厘。

周榮興喜認先師神帳一張。

袁廣信喜認錫燭盤一個、基全抱柱對弍副。

重修買料人工各項列左：

何文號接到大□大青磚四萬二千七伯二十口，共銀壹伯零零五錢五分六厘。

海安號接到東山瓦一萬二千九伯塊，共銀壹十八両零六分。另堦磚、花頭瓦并水筒，共銀三両三錢三分。

源盛號接到一應杉料等項，共銀捌拾四両三錢六分。

順成號接到石柱一對，并柱□六個、天堦在内頭門字額一塊，共銀六十四両八錢三分七厘。

區榮茂接到乾灰六伯斗，每員十斗，并白脟□灰、草灰在内，共銀四十九両五錢七分八厘。

一應共計用材料銀叁伯弍十両零七錢二分一厘。

麥高號接到坭水，一應共計工銀六十一両五錢八分，連整舖二間在内。

闗林號接到做木連整舖二間，一應工銀叁十四両零七錢二分。
一應共買襟用烏煙、鐵釘、擔腳各項該銀五十八両一錢三分八厘。
吕號接到窓門六只、横眉一副、曲竹對架弍對，共工銀九両零四分。
另油窓門、烛架、長枱，共工銀弍両四錢。
闗號接到油公昕一座两廊到朝連門扇在内，共工料銀柒両六錢。
勝昌接到篷厰一座，共計工銀六両八錢三分一厘。
陞文接到油舊匾弍個並各神位門口對一對，共銀弍両七錢六分。
悦陞接到燈籠四對、各店街燈籠四十八個，共銀三両零八分。
一應通共支去銀伍伯零弍両八錢七分。
道光七年歲次丁亥臘月吉旦。重建值事袁廣信等仝立石。

考略

此碑存廣東省博物館。高120釐米，寬85釐米。青石質。碑額及正文楷書。記載了木行會館創建緣由、清道光七年（1827）重修經過、捐金商號款目及收支情況。會館始建於嘉慶二十二年（1817），建堂曰『務本堂』，奉祀魯班先師。

務本堂重修碑記

清咸豐元年（1851）

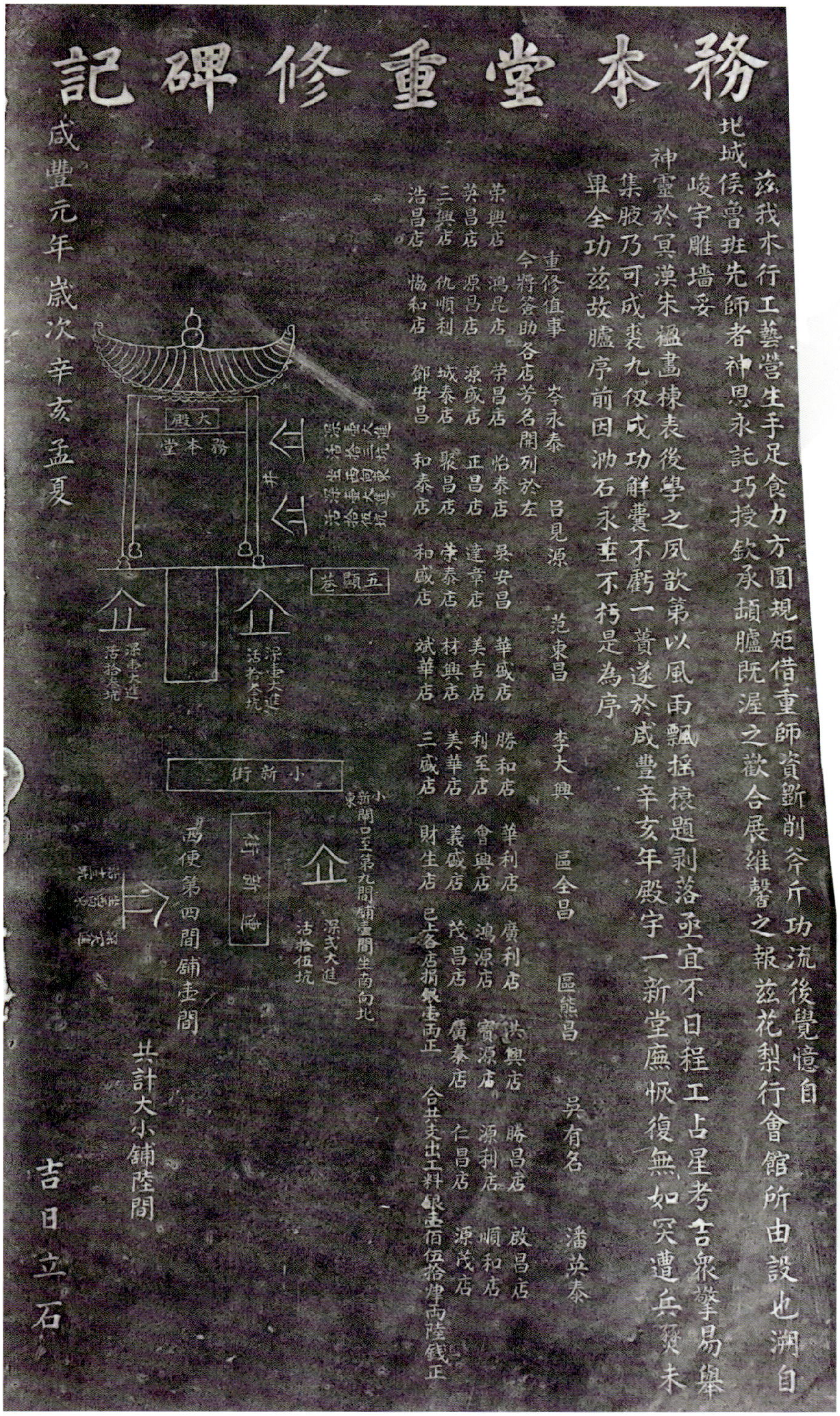

務本堂重修碑記

茲我木行工藝營生手足食力方圓規矩借重師資斲削斧斤功流後覺憶自

北城侯魯班先師者神恩永託巧授欽承頡臚既渥之歡合展維馨之報茲花梨行會館所由設也溯自

峻宇雕墻妥

神靈於冥漠朱楹畫棟表後學之風歆第以風雨飄搖榱題剥落亟宜不日程工占星考吉衆擎易舉

集腋乃可成裘九仞成功鮮蕢不虧一簣遂於咸豐辛亥年殿宇一新堂廡恢復無如突遭兵燹未

畢全功茲故臚序前因泐石永垂不朽是為序

重修值事　岑永泰　呂見源　范東昌　李大興　區全昌　區熊昌　吳有名　潘英泰

今將簽助各店芳名開列於左

榮興店　鴻昆店　榮昌店　怡泰店　吳安昌　華盛店　勝和店　華利店　廣利店　洪興店　勝昌店　啟昌店

英昌店　源昌店　源盛店　正昌店　達章店　美吉店　利至店　會興店　鴻源店　寶源店　源利店　順和店

三興店　仇順利　城泰店　聚昌店　榮泰店　材興店　美華店　義盛店　茂昌店　廣泰店　仁昌店　源茂店

浩昌店　協和店　鄧安昌　和泰店　和盛店　斌華店　三盛店　財生店

已上各店捐銀壹兩正

合共支出工料銀壹佰伍拾肆兩陸錢正

大殿

務本堂

井

深壹大進　活拾三坑　坐南向東

五顯巷

深壹大進　活拾叁坑

深壹大進　活拾叁坑

小新街

小新開口至第九間舖壹間坐南向北

深弍大進　活拾伍坑

西便第四間舖壹間

共計大小舖陸間

咸豐元年歲次辛亥孟夏　吉日立石

釋文

（碑額）務本堂重修碑記

茲我木行工藝營生，手足食力，方圓規矩，借重師資，斲削斧斤，功流後覺。憶自北城侯魯班先師者，神恩永託，巧授欽承。頓臚既渥之歡，合展維馨之報。茲花梨行會館所由設也，溯自峻宇雕墻，妥神靈於冥漠；朱楹畫棟，表後學之夙歆。第以風雨飄摇，榱題剥落，亟宜不日程工，占星考吉。衆擎易舉，集腋乃可成裘；九仞成功，觧囊不虧一簣。遂於咸豐辛亥年殿宇一新，堂廡恢復，無如突遭兵燹，未畢全功。茲故臚序前因，泐石永垂不朽。是為序。

重修值事：岑永泰、吕見源、范東昌、李大興、區全昌、區熊昌、吳有名、潘英泰。

今將簽助各店芳名開列於左：

榮興店、鴻昆店、榮昌店、怡泰店、吳安昌、華盛店、勝和店、華利店、廣利店、洪興店、勝昌店、啟昌店、英昌店、源昌店、源盛店、正昌店、達章店、美吉店、利至店、會興店、鴻源店、寶源店、源利店、順和店、三興店、仇順利、城泰店、聚昌店、榮泰店、材興店、美華店、義盛店、茂昌店、廣泰店、仁昌店、源茂店、浩昌店、協和店、鄧安店、和泰店、和盛店、斌華店、三盛店、財生店。

已上各店捐銀壹両。

合共支出工料銀壹佰五十肆両陸錢正。

（務本堂殿廡繪圖及四至標識略）

共計大小舖陸間。

咸豐元年歲次辛亥孟夏吉日立石。

考略

此碑存廣東省博物館。高120釐米，寬85釐米。青石質。碑額及正文楷書。記載了木行會館於清咸豐元年（1851）重修經過。文中務本堂殿廡繪圖及四至標識，位於廣州小新街、大新街、連新街及濠畔街一帶，即在明清所謂『新城』內。近代廣州為粵海通衢，商貿發達，工匠彙聚，會館眾多，各類會館或公所（如錦綸會館、象牙會館、鐘錶會館、鐵器會館、銀行會館、梨園會館等）載諸典籍者殊多，迄今所見之遺迹遺物亦不少，皆為工商經濟歷史研究之所資鑒者，而茲二碑自不例外。

其他會館諸碑

閩會館碑

清道光二十三年（1843）

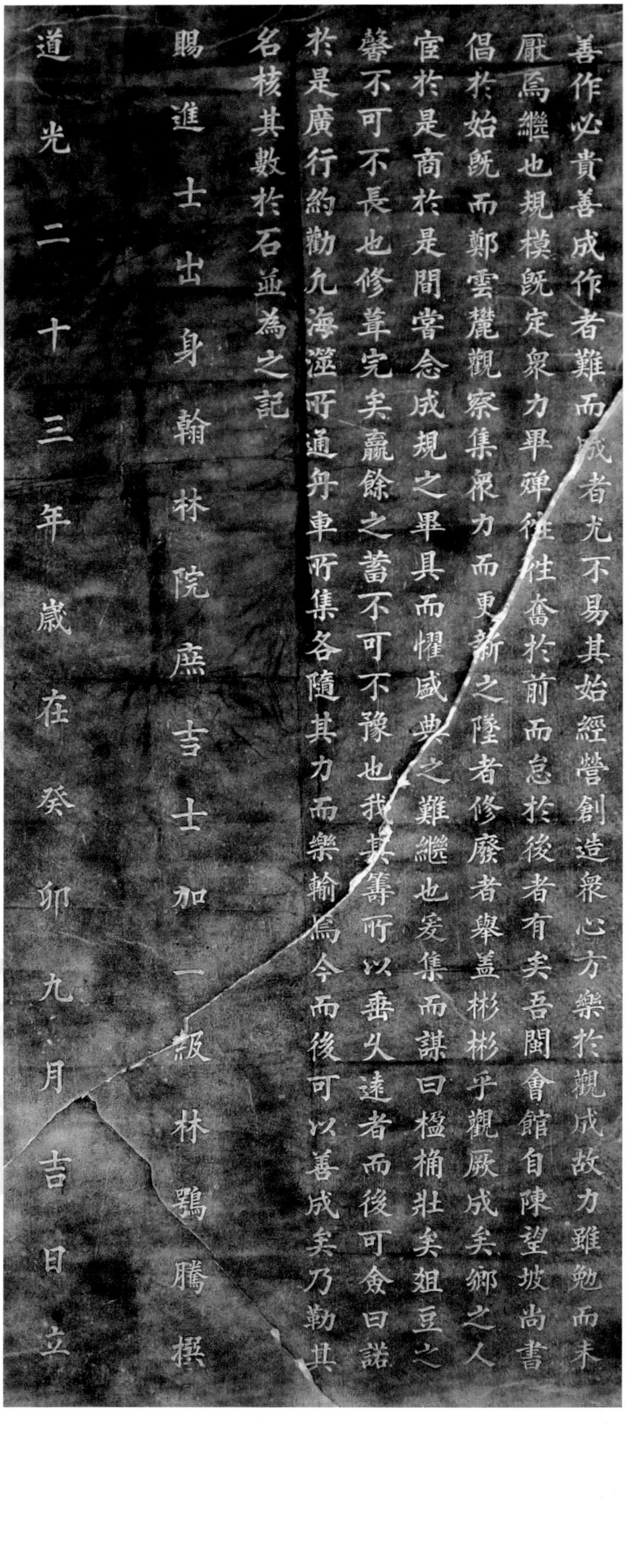
善作必貴善成作者難而成者尤不易其始經營創造衆心方樂於觀成故力雖勉而未
厭爲繼也規模既定衆力畢殫往往奮於前而怠於後者有矣吾閩會館自陳望坡尚書
倡於始既而鄭雲麓觀察集衆力而更新之隆者修廢者舉蓋彬彬乎觀厥成矣鄉之人
宦於是商於是間嘗念成規之畢具而懼盛典之難繼也爰集而謀曰楹桷壯矣俎豆之
馨不可不長也修葺完矣羸餘之蓄不可不豫也我其籌所以垂久遠者而後可僉曰諾
於是廣行約勸凡海澨所通舟車所集各隨其力而樂輸爲今而後可以善成矣乃勒其
名核其數於石並爲之記
賜進士出身翰林院庶吉士加一級林鴻騰撰
道光二十三年歲在癸卯九月吉日立

釋文

善作必貴善成，作者難而成者尤不易。其始經營創造，衆心方樂於觀成，故力雖勉而未厭焉。繼也規模既定，衆力畢殫，往往奮於前而怠於後者有矣。吾閩會館自陳望坡尚書倡於始，既而鄭雲麓觀察集衆力而更新之，墜者修，廢者舉，蓋彬彬乎觀厥成矣。鄉之人宦於是、商於是間，嘗念成規之畢具，而懼盛典之難繼也。爰集而謀曰：楹桷壯矣，俎豆之馨不可不長也；修葺完矣，贏餘之蓄不可不豫也。我其籌所以垂久遠者而後可？僉曰「諾」。於是廣行約勸，凡海澨所通，舟車所集，各隨其力而樂輸焉。今而後可以善成矣。乃勒其名、核其數於石，並為之記。

賜進士出身翰林院庶吉士加一級林鶚騰撰。

道光二十三年歲在癸卯九月吉日立。

考略

此碑原存廣州閩會館，館久已毁，後移置廣州博物館。碑額已失。楷書。敘閩會館成立始末。據碑載，該閩會館自陳望坡倡建，鄭雲麓曾更新之。陳望坡即陳若霖，字宗覲，號望坡，福建閩縣人。乾隆五十二年（1787）進士，曾任廣東署理布政使、廣東巡撫兼兩廣總督，重修《廣東通志》。鄭雲麓即鄭開禧，字迪卿，又字雲麓，福建龍溪人，嘉慶十九年（1814）進士，曾分巡廣東糧儲道。

撰文者林鶚騰，字薦秋，號晴皋，同安縣廈門人。道光二十年（1840）進士，官編修。

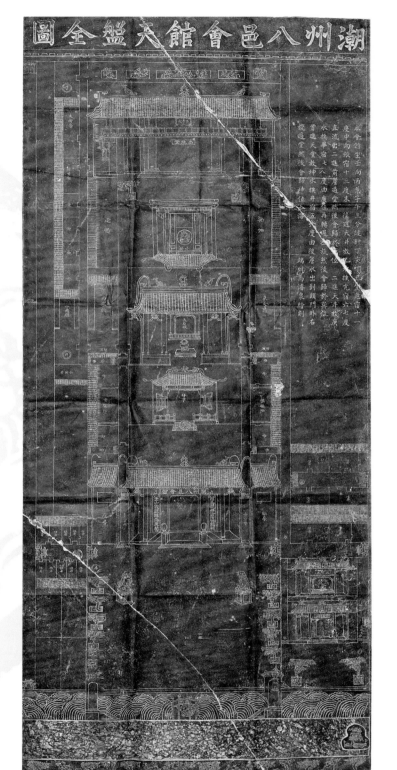

潮州八邑會館天盤全圖

清同治十四年（1875）

釋文

（碑額）潮州八邑會館天盤全圖

本會館坐壬向丙兼子午三分，縫針丁亥丁巳，坐危宿十一度中，向張宿十三度末，後進天井放乙未挨亢宿六七度，直流出二進前簷過堂，然後會歸於庚位。

二進天井放庚水挨畢宿七八度，由庚位再轉過左旋，然後會歸於巽位。

首進天堂放坤水挨井宿五六度，由後簷水出到頭門外，右旋過堂，然後會歸坤位入海。

端州馬濬泉繪刻。

考略

此碑原存廣州市長堤大馬路長堤真光中學校內的潮州八邑會館，後移置廣州博物館。高178釐米，寬74釐米。端石質。碑額及正文楷書。該會館創建於清同治十年（1871），由當時的署潮州總兵方耀倡議在廣州建立，邀廣州、香港兩地潮商襄助。現址僅存中堂和禮亭。此碑分為文字和圖兩部分，繪潮州八邑會館的方位天盤全圖，文字詳述該建築的具體位置。此圖對瞭解當年潮州八邑會館的建築規模和布局有一定的參考價值。

黃岐益會份碑記

清光緒三十一年（1905）

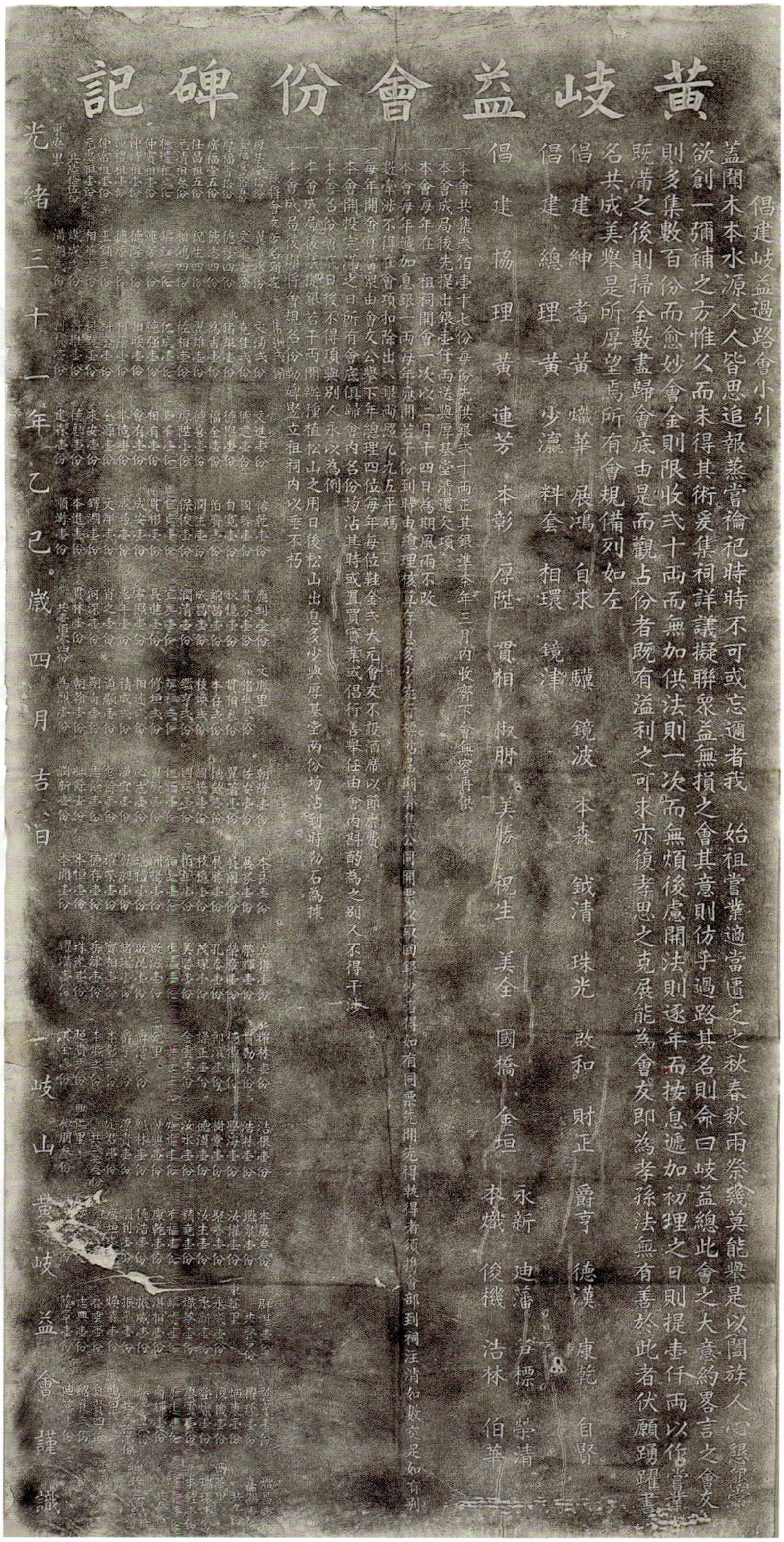

黃岐益會份碑記

倡建岐益過路會小引

蓋聞木本水源人人皆思追報蒸嘗禴祀時時不可或忘適者我 始祖嘗業適當匱乏之秋春秋兩祭總莫能舉是以闔族人心懇懇欲創一彌補之方惟久而未得其術爰集祠詳議擬聯衆益無損之會其意則仿乎過路其名則命曰岐益總此會之大意約畧言之會友則多集數百份而愈妙會金則限收弍十兩而無加供法則一次而無煩後慮開法則逐年而接息遞加初理之日則提壹仟兩以佐嘗業既清之後則掃全數盡歸會底由是而觀占份者既有溢利之可求亦復孝思之克展能為會友即為孝孫法無有善於此者伏願踴躍[illegible]名共成美舉是所厚望焉所有會規備列如左

倡建紳耆 黃 熾華 展鴻 自求 驥 鏡波 本森 鉞清 珠光 啟和 財正 爵亨 德漢 康乾 自賢

倡建總理 黃 少瀛 料奎 相環 鏡津

倡建協理 黃 連芳 本彰 厚陞 賈相 淑朋 美勝 槐生 美全 國橋 金垣 永新 廸潘 芦標 榮清 本熾 俊機 浩林 伯華

一本會共集叁佰壹十七份每份先供銀弍十兩正其銀準本年三月內收齊下會無容再供

一本會成局後先提出銀壹仟兩送與厚基堂清還欠項

一本會每年在 祖祠開會一次以二月十四日為期風雨不改

一本會每年遞加息銀一兩每年應開若干份到時由總理核算存息多少先行標貼晷期齊集公同開票以取回銀少者得如有同票先開先得執得者須携會部到祠注消如數交足如有別[illegible]數牽涉不得在會項扣除出入銀兩照九九五平碼

一每年開會由會眾由會友公舉下年總理四位每年每位鞋金弍大元會友不設酒席以節糜費

一本會開投完滿之日所有會底俱歸會內名份均沾其時或置買實業或倡行善舉任由會內斟酌為之別人不得干涉

一本會名份認定日後不得頂與別人永以為例

一本會成局後撥銀若干兩開辦種植松山之用日後松山出息多少與厚基堂兩份均沾到時勒石為據

一本會成局後即將會規名份勒碑豎立祖祠內以垂不朽

[illegible]

光緒三十一年乙巳歲四月吉旦 黃岐山黃岐益會謹識

釋文

（碑額）黄岐益會份碑記

倡建岐益過路會小引

蓋聞木本水源，人人皆思追報；蒸嘗禴祀，時時不可或忘。邇者我始祖嘗業，適當匱乏之秋，春秋兩祭，幾莫能舉。是以闔族人心懇懇，常欲創一彌補之方，惟久而未得其術，爰集祠詳議，擬聯衆益無損之會，其意則仿乎過路，其名則命曰『岐益』。總此會之大意約畧言之，會友則多集數百份而愈妙，會金則限收弍十両而無加，供法則一次而無煩後慮，開法則逐年而按息遞加。初埋之日，則提壹仟両以作嘗業，既滿之後，則掃全數盡歸會底。由是而觀，占份者既有溢利之可求，亦復孝思之克展，能為會友，即為孝孫，法無有善於此者，伏願踴躍書名，共成美舉，是所厚望焉。所有會規，備列如左：

倡建紳耆：黄熾華、展鴻、自求、驥、鏡波、本森、鉞清、珠光、啟和、財正、爵亭、德漢、康乾、自賢。

倡建總理：黄少瀛、料套、相環、鏡津。

倡建協理：黄連芳、本彰、厚陞、貫相、椒朋、美勝、祝生、美全、國橋、金垣、永新、廸藩、笋標、榮清、本熾、俊機、浩林、伯華。

一　本會共集叁佰壹十七份，每份先供銀弍十両正，其銀準本年三月内收齊，下會無容再供。

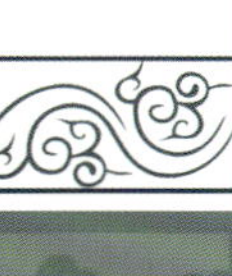

一　本會成局後，先提出銀壹仟両，送與厚基堂清還欠項。

一　本會每年在祖祠開會一次，以二月十四日為期，風雨不改。

一　本會每年遞加息銀一両，每年應開若干份，到時由總理核算存息多少，先行標帖，届期齊集公同開票，以取回銀少者得，如有同票，先開先得，執得者，須携會部到祠注消，如數交足，如有別數牽涉，不得在會項扣除，出入銀両照九九五平碼。

一　每年開會日，當衆由會友公舉下年總理四位，每年每位鞋金弍大元，會友不設酒席，以節靡費。

一　本會開投完滿之日，所有會底俱歸會内，名份均沾，其時或置買實業或倡行善舉，任由會内斟酌為之，別人不得干涉。

一　本會名份會底，日後不得頂與別人，永以為例。

一　本會成局後，議提銀若干両，開辦種植松山之用，日後松山出息多少，與厚基堂両份均沾，到時勒石為據。

一　本會成局後，即將會規名份勒碑竪立祖祠内，以垂不朽。

兹將會友芳名列左：

厚基堂拾份，全福堂弍拾五份，厚福會拾份，廣福堂五份，仕昌祖五份，元清祖叁份，德達祖弍份，仲賓祖壹份，仲詩祖壹份，仲禮祖壹份，仲常祖壹份，元惠祖壹份。共陸拾伍份。

東安里：翼華八份、文寵六份、德珍四份、德志四份、祝生四份、相鴻四份、錦江叁份、連芳弍份，德隆弍份，

德添弍份，玉鋪弍份，相華弍份，熾成弍份，滿湖弍份，□洲弍份，文湧弍份，堯佳弍份。東安豬埠壹份，為吉壹份，
翼雄壹份，佐相壹份，佐成壹份，德強壹份，相暖壹份，相蔭壹份，料套壹份，料蓺壹份，料堆壹份，料械壹份，
文進壹份，德建壹份，德熙壹份，福全壹份，德喜壹份，厚陞壹份，勤有壹份，相有壹份，會有壹份，本億壹份，
金源壹份，來安壹份，德厚壹份，建森壹份，信乾壹份，國玲壹份，自寬壹份，伯齊壹份，潤生壹份，保俊壹份，
自貞壹份，貫彬壹份，成安壹份，成均壹份，文泮壹份，鐸湖壹份，本進壹份，順游壹份，應釗壹份，貫芬壹份，
秋穩壹份，錦昌壹份，成昌壹份，潤清壹份，宜興壹份，長進壹份，寧照壹份，兆年壹份，肖之壹份，河深壹份，
貫林壹份。共壹佰零四份。

文鳳里：北向豬埠叁份，貫相叁份，本存弍份，枝煥弍份，鑑亨弍份，英祥弍份，修垣弍份，相遠弍份，積成弍份，
道顯壹份，嗣奇壹份，朝翰壹份，為烈壹份，朝隆壹份，佐安壹份，翼著壹份，德餘壹份，國橋壹份，國珠壹份，
佐謫壹份，翼敏壹份，心志壹份，漢宜壹份，怎餘壹份，志餘壹份，壯餘壹份，潤新壹份，本良壹份，展芬壹份，
展同壹份，展勝壹份，枝穩壹份，伯華壹份，伯餘壹份，洲揚壹份，瑞禮壹份，翼祖壹份，耀榮壹份，德存壹份，
本恒壹份，本開壹份，立權壹份，榮輝壹份，榮章壹份，孔泰壹份，茂琛壹份，美勝壹份，少瀛壹份，啟滋壹份，
啟昆壹份，緒環壹份，寶相壹份，岳津壹份，珠光壹份，耀滿壹份，耀林壹份，賢勤壹份，德恒壹份，郎滾壹份，
操正壹份，金雲壹份。共柒拾弍份。

三元里：爵傳叁份，爵亨弍份，本彰弍份，本熾弍份，超貴弍份，美全壹份，洁根壹份，浩林壹份，學海壹份，

樹棠壹份，德漢壹份，汝水壹份，煜進壹份，龔典壹份，魁林壹份，淳貴壹份，定君壹份。共弍拾叁份。

興仁里：椒朋叁份，本晟叁份，鑑泉壹份，汝權壹份，聚養壹份，汝生壹份，精堯壹份，有福壹份，康乾壹份，

德浩壹份，順利壹份，廣垣壹份，□□壹份，□□壹份，□□壹份，群湛壹份。共弍拾份。

東華里：永威壹份，永新壹份，熾華壹份，錦燦壹份，湛相壹份，振威壹份，振平壹份，煥森壹份，疊雲壹份，

志興壹份，蔭章壹份，翼亨壹份，耀珍壹份，炳康壹份，俊機壹份，登燦壹份，賡雲壹份，廣忠壹份，裔輝壹份，

聯慶會弍份。共弍拾壹份。

鳳鳴里：自賢四份，紹良弍份，廸藩壹份，熾昌壹份，嘉湖壹份。共九份。

西華里：瑞環壹份，本銓壹份，逢帶壹份。共叁份。

總共叁佰壹拾柒份。

光緒三十一年乙巳歲四月吉日。

岐山黄岐益會謹識。

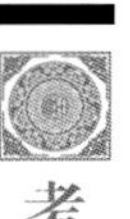

考略

此碑存廣州花都區新華街岐山村的黄氏宗祠。碑額及正文楷書。刻於清光緒三十一年（1905），内容為黄氏族人因嘗業資金匱乏，難以維持春秋兩祭，遂創立『岐益』過路會，籌集資金。倡議族人入會為會友，收取會金，以解決資金問題。從中可瞭解廣州宗族祠堂集資以維持管理的方式。

示諭規約類

花縣高氏大宗祠禁諭碑

明崇禎四年（1631）

（碑額）禁諭碑

禁諭碑

吾家自宋迄明，住居二十餘代，承平日久，族類繁滋。觀其野而耕鑿之景熙然，入其鄉而絃誦之聲不輟。家淳俗樸，庶幾古無懷風焉。頃因賊王鍾國讓刧掠鄉村，擄捉族人，聯控兩臺，梟之藁街。賊弟鍾國相恨報兄仇，師事李三覺，構黨數千，以崇禎四年春圍攻本鄉。上賴祖宗在天之靈，下賴子姓同仇之力，外藉孫爺解援之師，用能脫險而夷，轉危而安。頌德一碑，言之不啻詳矣，茲不具論。論其脩戰之具，捍禦之方，及夫箕裘素業，可為子孫世守者。夫以賊勢遙屯，攻圍曠日，喑嗚而殺氣朝昏，叱咤而陣雲晝捲，令他族當之，何異發蒙振落。而吾家卒幸無虞，斯何以故？則以吾家前瞰長流，賊雖衆不能飛而渡；後環深溝，賊雖悍不能跳而越。溝內堅築女墻，賊之銃努不能加。而我之銃石一發，賊輒多所中傷，死亡相藉。墻內四週，通衢徃来，賊或東擊，我則併力而東；賊或西擊，我則併力而西。賊雖多，不能為也。且也各門多設巨銃，以備攻擊。賊之天車雖巧，不能進而窺也。而藉是以免于難，謂非先公貽謀之有道耶！

追維嘉靖，歲在甲子，唐亞六、萬尚欽之徒，聚黨流刧，不減今日之國相也。吾鄉雖不與其難，而一時運籌設策率多。達人其憂深，其慮遠，以故溝則浚而深，壘則築而固，銃礮之類，則飭而周。人知當日之為唐、萬謀，

而不知當日之豫為鍾、李謀也。今特踵而脩之，因而用之耳。先公真神人哉！乃其本尤在於人和。假令被圍時，而非吾鄉骨肉一家，同心禦侮，雖掉蘇、張之舌不能間，產晋陽之蛙不能携，亦安能堅壁以待援師之至，而再覩天日乎？

前艱既遠，後慮宜周。為高之後者，務期父慈子孝，兄友弟恭，雍雍乎禮義相先，肫肫乎廉耻相勵。毋或非為，以傷雅俗。庶幾□□成風，英豪濟美。下光厥考，上光厥宗。即與天壤同久，無窮極可也。其壕四週皆廣壹丈陸尺，深壹丈有奇；墻內周圍皆廣壹丈，可通車輿。銃則生鐵者壹拾伍門，圍壹尺伍寸；熟鐵者貳拾伍門，圍皆壹尺壹寸。至若更鈴之設，專備非常。司更輪支廵邏，從昏達旦。列祖嘗租，歲時奉祀。上供朝廷稅額，下給子侄燈油。列祖松山，宅兆資其蔭芘，居埸賴其擁衛。祭籍所書，□册所載，班班可考，尤吾家命脉係焉。凡我子孫，毋以田地近壕而涎利逼侵，毋以屋近基墻而架連阻塞，毋以銃属家藏而私自盜賣，毋以鈴稍寧靖而失誤不傳，毋以祖業頗饒而輕言變伐，陰謀利己，有一于此，衆共殛之。著為令。

崇禎四年仲夏吉旦。高林盛、廣等衆子孫同立。

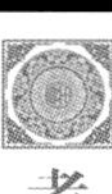

考略

此碑存廣州花都區花東鎮楊二村高氏大宗祠。高171釐米，寬84釐米。青石質。碑首呈弧形，上飾『祥雲擁日』圖案，碑額及正文楷書。據碑載，明崇禎初年，鍾國相、鍾國宰兄弟糾合李三覺等，聚眾起事，擾掠番禺縣楊村（今花都區花東鎮楊二村）等鄉。鄉紳高林盛、高廣率村民擊敗來犯之敵，等到解援之師，從而護衛了鄉里。崇禎四年（1631）事平，楊村士民倡立《番禺縣楊村士民頌德碑》以紀其事，並率村民訂立鄉約，立《禁諭碑》，要求加強防禦，做好自衛準備，以保鄉里長久安寧。從碑文中可以瞭解當時廣府鄉村的自衛方式。

花縣高氏大宗祠奉上批

清康熙二十六年（1687）

考略

此碑存廣州花都區花東鎮楊二村高氏大宗祠。高143釐米，寬71釐米。青石質。碑額及正文楷書。據碑載，該鄉村民因南海、番禺北部置花縣，楊村、荷田一鄉兩社分兩處隸屬繳納糧銀，呈請按傳統仍歸番禺縣管轄。經報官批准，並經勘界查明，豎立界碑。村民將官府告示以《奉上批》勒石立於村內。

釋文

（碑額）奉上批

廣東分廵廣南韶道按察使司僉事加十九級陳為税粮疆土部憲成例，復經踏勘竪明界址，乞賜通詳賞示永奠封疆以安民生事。

據番禺縣竹料堡七啚三甲户長高林盛、三十五啚九甲户長高廣、鄉老高盛業、保長高明俊禀稱：盛等世居楊村、荷田，一鄉両社，居處相連，離花縣九十里，又遙隔水西一百餘里。楊村居民一百四十家，老幼五百餘丁；荷田三十家，老幼一百丁，均属番禺管下。林盛户内遞年粮餉額銀一百九十餘両，廣户每年粮銀九十餘両，均是輸納番禺，黄册可稽。即花户人丁、田廬宅舍，亦俱住番禺疆土。况盛現今承拆湴湖，壚餉税粮丁役，難分両隷。今憲天兼同本縣親臨踏勘，分别疆土，踏明界址，以土名蓆草塘埗册載番禺地方，竪立界限，童叟咸歡。乞賜詳文鈞批賞示，以杜影混，永奠封疆等請到道，當批已如詳照舊矣，准給示在案。據此合行給示。為此示仰楊村、荷田両鄉里老人等知悉：爾等鄉庄界址，已經本道勘明，詳奉撫院批行，照依原撥里地定界：爾等仍在番禺縣輸納粮差，安生樂業，尚義急公，毋得恃頑抗逋，自罹法網。慎之。特示。

康熙貳拾陸年柒月十二日示。

發仰楊村、荷田地方張掛曉諭。

皇恩聖裔歷朝優免定案碑記

清雍正三年（1725）

釋文

（碑額）皇恩聖裔歷朝優免定案碑記

聖裔奉上優免碑文

番禺縣詵敦庄生員孔衍焯等，小龍庄監生孔興祈等，暹岡庄族人孔尚高等，龍伏房孔毓章等，孔邊庄孔衍經、孔衍昌、孔興鳳等，緣祖孔戣謙至聖三十八代孫，為唐嶺南節度使，特陞禮部尚書，迨曾孫昌弼登進士第，官拜散騎常侍，因朱温篡亂，避地入粤，依祖舊治，家於南雄保昌縣平林村。至三子葆，裔孫繼明，由南雄遷居廣州城彩虹橋，傳嗣惟聚、惟翰，卜居番禺，迨後子孫蕃衍，散寓南海、順德者，皆由出於番禺小龍、詵敦之祖安禮子曰粹、曰巨之一脉也。

嘉靖二十三年，蒙先宗主衍聖公為振作遠宗事，題請移文粤憲，轉行各縣，比照闕里一体優免。萬曆三十六年，又蒙衍聖公為查錄流族以廣聖澤事移咨，照例優免。興朝順治九年，又蒙宗主衍聖公為聖朝尊崇聖教，懇念徵裔，准賜明示，照例豁免事，移咨前撫、藩憲，蒙准檄行給示，一槩豁免，無得朦朧混派在案。後因順治十五年間，科臣馬以劣衿員役濫免情弊等事来文，並無干及聖裔免徭差之條，縣吏混将槩停。兹幸聖朝重道崇儒，隆恩廣錫，蒙廣東等處承宣布政使司布政使加六級圖，為懇賜移咨照例優免，以廣皇恩，以恤遠宗事，雍正二年九月三十日，奉巡撫廣東等處地方提督軍務兼理粮餉都察院加六級年憲牌，雍正二年九月二十六日，准太子少師襲封衍聖公府咨據廣東廣州府順德縣上冲鄉生員孔尚蓮等，番禺縣小龍庄監生孔興祈等，詵敦庄生員孔衍焯等，暹岡庄族人孔尚高等，龍伏房族人孔毓章等，孔边陪祀生員孔衍経、孔衍昌、孔興鳳等，南海縣羅格庄生員孔顯文等，孔村房族人孔衍師、監生孔毓溟等，石碣庄監生孔衍颺等，疊滘庄族人孔傳御等，南村房族人孔衍卿等，雙溪房族人孔毓臣等呈前事，呈等切蓮等支派係出至聖三十八代孫諱戣，後裔厥曾孫昌弼登唐進士第，官拜散騎常侍，因朱温篡亂，避地入粵，依祖舊治，家於南雄保昌縣平林村，至三子葆，裔孫繼明，由南雄而遷居廣州府。及子孫蕃衍，散處番禺、順德、南海等縣，小龍、詵敦、上冲、羅格等村庄各為戶。前嘉靖年間，先太宗主題請移文粵藩行縣，比照闕里一體優免蓮等家戶粮差，詳載郡邑誌書，並頒級訓典及印册可考。後於順治十五年間，因科臣馬以劣衿員役濫免等弊事来文，並無干及聖裔免徭條欵，縣吏混將槩停。有幸歷朝隆恩，兹恭逢大宗主，世承先德，澤蔭遠支，謹脩家乘進覽，叩懇賜印頒田，庶得珍藏符驗，并懇俯准移咨各憲行縣，將蓮等各戶比照闕里事例一體優免，庶使朝廷盛典咸籍均沾等情到府。據此，查照至聖先師後裔，自漢唐以來，累代優免，至興朝重道崇儒，上超千古，屢奉部文申飭豁免徭役，其流寓遠方子姓，比照闕里一体優免在案。今順德等縣孔尚蓮等的係分支者，槩停優免，混派滋擾，殊負皇上深恩，有累聖門族姓，合咨煩請查照咨内事理，檄府行縣，將流寓順德之孔尚蓮等、番禺之孔衍焯等、南海之孔顯文等各戶，照例優免其雜徭，并飭該房立案，永遠不得混派，庶皇恩廣被，聖澤永綿矣等因，到院。准此，擬合就行備牌，仰司即便轉飭廣州府，將流寓順德之孔尚蓮等、番禺之孔衍焯等、南海之孔顯文等各戶，照例優免其襍徭，併飭該房立案，永遠不得混派，等因。奉此，依奉行府遵照照例優免，等因。蒙廣州府正堂紀録二次宋牌行番禺縣正堂加四級又軍功加二級紀録三次裘，遵照在案。又蒙廣東等處承宣布政使司布政使加六級朱，為乞催照例優免憲以廣皇恩事。雍正三年四月初四日，奉巡撫都察院加六級年批據孔興祈呈前事，奉批仰布政司查議詳奪，并發限票一張到司，奉此檄行廣州府查覆，等因。蒙廣州府正堂加一級張轉行各縣点覆在案。雍正三年十二月十三日，蒙署理番禺縣正堂事增城縣正堂周，為懇賜移咨照例優免以廣皇恩以恤遠宗事。雍正三年十一月二十日，奉本府信牌。雍正三年十月三十日，奉署理廣東等處承宣布政使司印務分巡惠潮道按察使司副使仍帶紀録九次方憲牌。雍正三年九月二十五日，奉兵部尚書總督兩廣部院帶管廣東巡撫印務加三級孔批本署司呈詳查得，奉憲准襲封衍聖公府咨開將流寓順德之孔尚蓮等、番禺之孔衍焯等、南海之孔顯文等，各照例優免雜徭，永遠不得混派。因業経前司轉行各該縣遵照在案，續奉前憲批據孔興祈等呈開照會計粮米則例，民米無優免，派有徭差民壯均平驛傳，民米有優免，止派粮科均平銀两，無各項差徭之派，與闕里誌載免役免差例符，奉批，仰前司查議詳奪。茲據廣州府行據南番順三縣詳覆該府核議詳請，将雜務、差徭、耗羨及里役等項均從豁免，致若人丁米銀之差徭，向来并無闕里成案可稽，無從懇議詳請咨詢等由，本署司覆查，至聖先師後裔，既奉准行比照闕里一體優免，則流寓順德之孔尚蓮等、番禺之孔衍焯等、南海之孔顯文等，應将雜務、差徭、耗羨、里役等項，飭行各該縣遵照立案，永遠不得混派科收。惟查孔傳御等所開闕里纂要，孔氏賦役一切雜派雜派差徭俱行蠲免，是否人丁差徭與民米派徵、徭差、民壯、驛傳之項均應優免，實無向例可查，事関正項錢粮，應否豁免，本署司未敢擅專，伏候憲臺批示遵行。奉批，孔尚蓮等各名下正項丁粮差徭，應照常輸納，不得援引闕里特旨全免之例，其餘襍務差徭，照紳衿例優免，仰即轉飭立案檄等因，備牌行府，仰縣照依事理，即便遵照憲批，將聖裔流寓番禺小龍庄監生孔興祈等，詵敦庄生員孔衍焯等，暹岡庄族人孔尚高等，龍伏庄孔毓章等，孔边庄孔衍経、孔衍昌、孔興鳳等，各名下正項丁粮差徭照常額起徵，其餘里役及耗羡等項，一切雜務差徭照紳衿例槩行優免，不得混派科收。立石定案，以垂永久。仍將碑模并各村庄所分啚甲戶口開列清册，各一樣四本，繳赴本府以核明，轉繳藩憲核奪，均無有違，等因。奉此，案查先奉布政司信牌行同前事，當経轉行各司及出示曉諭在案，兹奉前因，合再出示遵照，為此示諭小龍庄監生孔興祈等，詵敦庄生員孔衍焯等，暹岡庄族人孔尚高等，龍伏房孔毓章等，孔边庄陪祀生員孔衍経、孔衍昌、孔興鳳等，即便遵照，各名下正項丁粮差徭照常額輸，將其餘里役及耗羡等項，一切雜務差徭照紳衿例業行優免，立石定案，以垂永久。仍具定案碑模，并將各村庄所分啚甲戶口開列報查，以憑繳報藩憲暨本府存查，均毋有違，須至牌者。

雍正四年二月二十二日，又蒙廣州府番禺縣正堂唐為懇賜移咨優免等事。又雍正四年二月十八日，奉署廣州府正堂事理瑶分府兼管連陽三州縣捕務樓信牌。雍正四年二月十五日，奉廣東等處承宣布政使司布政使加二級常憲牌。催繳孔興祈等優免定案碑模及各村庄戶口清册，轉繳巡撫廣東等處地方提督軍務兼理粮餉都察院右副都御史加四級又軍功加二級楊大老爺存案等因。奉此，依遵立石定案，永遠不得混派，湏至牌者。

雍正三年十二月十三日。

督理刊碑立石人：陪祀生員孔衍経、衍焯、衍昌、衍廷、興周。

族人：孔衍傑、衍禎、毓章。

番禺縣兵驛科，承洪業戶丁陪祀生員孔衍焯、孔衍齊等，復聖戶丁孔衍傑等立石。

考略

此碑存廣州蘿崗聯和街暹崗中街孔姓族人之宗祠——聖裔宗祠。高189釐米，寬79釐米。碑額及正文楷書。據碑載，孔子之三十八代孫孔戣之後裔定居廣州，散處番禺、順德、南海等縣，小龍、詵敦、上沖、羅格等村莊，其後裔依例請求優免雜徭，官府准予優免部分雜徭，立石定案，將優免定案碑模分至相關各縣。本碑是位於蘿崗暹崗的一通，現白雲區江高鎮葉邊村中街的孔姓族人太公祠聖裔家廟內也存有一通，內容與本碑相仿。從文中可知清政府因宣揚儒家思想而按明朝之例優待孔子後裔。

儒教是我國封建時代的社會倫理支柱，孔子是儒家學派的創始人，被作為儒家至聖而尊崇，孔子後裔自漢唐以來，累代優免。一個家族能長久地享有歷朝各種恩遇，在歷史上絕無僅有。正因如此，孔氏一門對這種恩遇極為重視，清康熙二十八年（1689），應族人之請，衍聖公制訂祖訓箴規頒示各地族人，於祭祀、文教、差役、詞訟、婚姻、修譜等作了詳細而嚴格的規定，尤其強調禁詐偽，明示『孔氏子孫，寓居州縣，朝廷追念先聖，優免差役，毋得因而隱占他姓，以蠹有司之所』。同時，官府亦多次公布條款予以禁示。

皇恩番邑聖裔優免碑記

清雍正三年（1725）

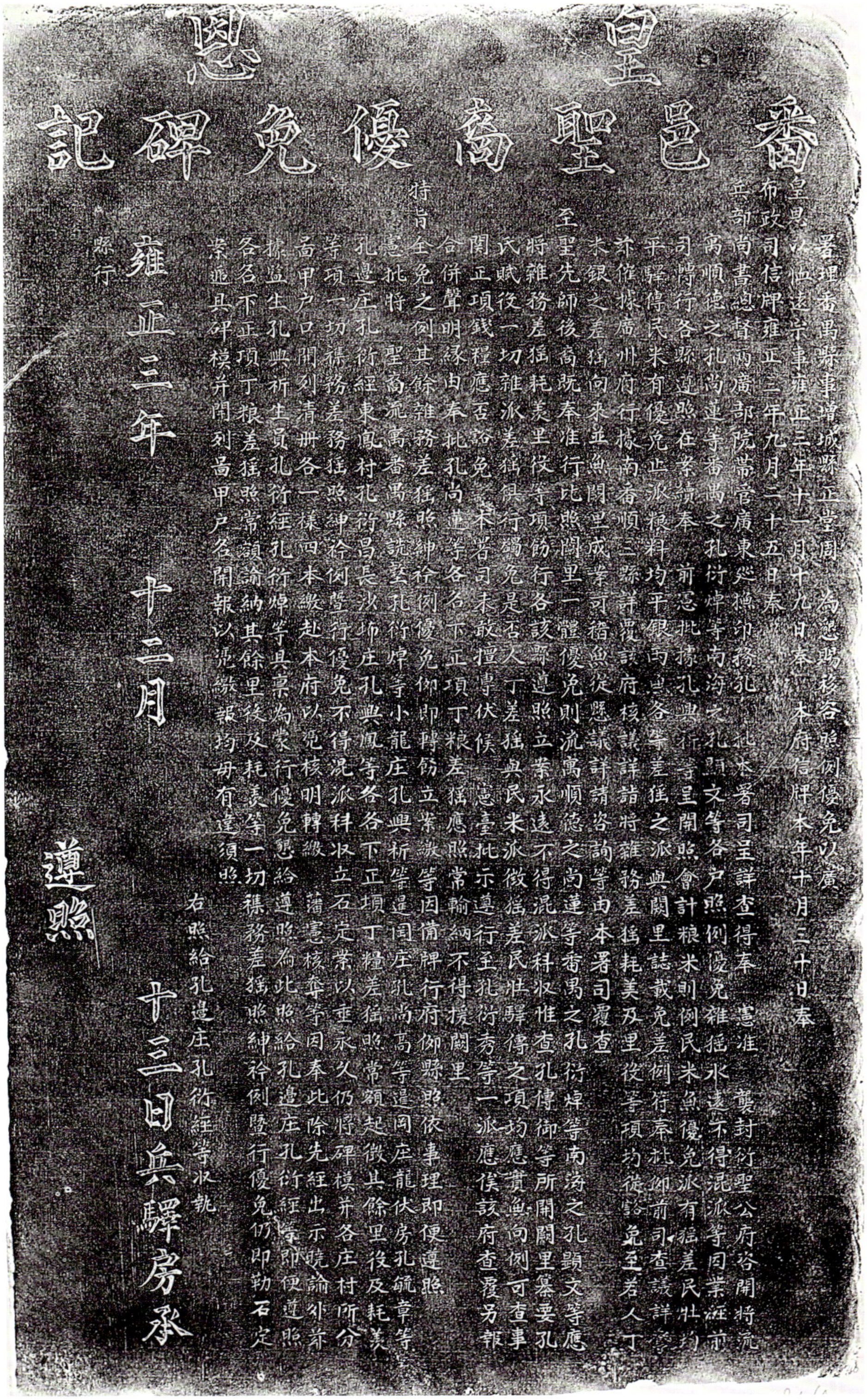

皇恩
番邑聖裔優免碑記

署理番禺縣事增城縣正堂周　為懇賜移咨照例優免以廣
皇恩以恤遠宗事。雍正三年十一月十九日奉　本府信牌，本年十月三十日奉
布政司信牌，雍正三年九月二十五日奉
兵部尚書總督兩廣部院常、管廣東巡撫印務孔　扎：本署司呈詳查得奉　憲准　襲封衍聖公府咨開，將流
寓順德之孔尚蓮等、番禺之孔衍焯等、南海之孔顯文等各戶照例優免雜猺，永遠不得混派等因，業經前
司轉行各縣遵照在案。續奉　前憲批：據孔興衍等呈開，照會計糧米則例，民米無優免，派有猺差、民壯、均
平、驛傳、民米有優免，正派糧料、均平銀兩無各等差猺之派，典闕里誌載免差例符，奉批仰前司查議詳奪。
并催據廣州府行據南、番、順三縣詳覆，該府核議，詳請將雜務差猺、耗羨及里役等項均從豁免，至若人丁
米銀之差猺，向來並無闕里成案可稽，無從懸議，詳請咨詢等由。本署司覆查
至聖先師後裔既奉准行比照闕里一體優免，則流寓順德之尚蓮等、番禺之孔衍焯等、南海之孔顯文等應
將雜務差猺、耗羨、里役等項飭行各該縣遵照立案，永遠不得混派科派。惟查孔傳御等所開闕里纂要孔
氏賦役，一切雜派差猺俱行豁免，是否人丁差猺與民米派徵猺差、民壯、驛傳之項均應實無向例可查事
闕正項錢糧應否豁免，本署司未敢擅專，伏候　憲臺批示遵行。至孔衍秀等一派，應候該府查覆另報。
合併聲明緣由。奉批：孔尚蓮等各名下正項丁糧差猺應照常輸納，不得援闕里
特旨全免之例，其餘雜務差猺照紳衿例優免，仰即轉飭立案繳等因，備牌行府仰縣，照依事理，即便遵照
憲批將聖裔流寓番禺縣訛墍孔衍焯等、小龍庄孔興析等、連岡庄孔尚高等、連岡庄龍伏房孔毓章等
孔邊庄孔衍經、東鳳村孔衍昌、長汰坊庄孔興鳳等各名下正項丁糧差猺照常額起徵，其餘里役及耗羨
等項一切雜務差猺照紳衿例暨行優免，不得混派科派，立石定案，以垂永久。仍將碑模并各庄村所分
啚甲戶口開列清冊各一樣四本，繳赴本府，以憑核明轉繳　藩憲核奪等因。奉此，除先經出示曉諭外，并
據監生孔興析、生員孔衍經、孔衍焯等具稟，為蒙行優免，懇給遵照。為此，照給孔邊庄孔衍經等，即便遵照
各名下正項丁糧差猺照常額諭納，其餘里役及耗羨等一切襍務差猺照紳衿例暨行優免，仍即勒石定
案，遞具碑模并開列啚甲戶各開報，以憑繳報，均毋有違。須照。
照行

右照給孔邊庄孔衍經等收執

雍正三年十二月十三日兵驛房承

遵照

釋文

（碑額）**皇恩番邑聖裔優免碑記**

署理番禺縣事增城縣正堂周為懇賜移咨照例優免以廣皇恩以恤遠宗事。

雍正三年十一月十九日，奉本府信牌。本年十月三十日，奉布政司信牌。雍正三年九月二十五日，奉兵部尚書總督兩廣部院帶管廣東巡撫印務孔批本署司呈詳。查得奉憲准襲封衍聖公府咨開将流寓順德之孔尚蓮等、番禺之孔衍焯等、南海之孔顯文等，各户照例優免雜徭，永遠不得混派，等因。業経前司轉行各縣遵照在案，續奉前憲批，據孔興祈等呈開照會計粮米則例，民米無優免，派有徭差民壯均平驛傳；民米有優免，止派粮料均平銀両，無各等差徭之派，與闕里誌載免差例符。奉批，仰前司查議詳奪。兹催據廣州府行據南番順三縣詳覆該府核議詳詣，將雜務、差徭、耗羨及里役等項均從豁免至若人丁米銀之差徭，向來並無闕里成案可稽，無從懸議詳情咨詢等由，本署司覆查，至聖先師後裔既奉准行比照闕里一體優免，則流寓順德之尚蓮等、番禺之孔衍焯等、南海之孔顯文等，應將雜務、差徭、耗羨、里役等項，飭行各該縣遵照立案，永遠不得混派科收。惟查孔傳御等所開闕里纂要，孔氏賦役一切雜派差徭俱行蠲免，是否人丁差徭與民米派徵、徭差民壯驛傳之項均應，實無向例可查，事関正項錢糧，應否豁免，本署司未敢擅專，伏候憲臺批示遵行。至孔衍秀等一派，應俟該府查覆另報，合併聲明緣由。奉批，孔尚蓮等各名下正項丁粮差徭，應照常輸納，不得援闕里特旨全免之例。其餘雜務差徭照紳衿例優免，仰

即轉飭立案繳，等因。備牌行府，仰縣照依事理，即便遵照憲批，將聖裔流寓番禺縣詵塾孔衍焯等，小龍庄孔興祈等，暹岡庄孔尚高等，暹岡庄龍伏房孔毓章等，孔邊庄孔衍經，東鳳村孔衍昌，長沙埇庄孔興鳳等，各名下正項丁糧差徭照常額起徵，其餘里役及耗羡等項，一切襍務差徭照紳衿例暨行優免，不得混派科收，立石定案，以垂永久，仍將碑模并各庄村所分啚甲户口，開列清册，各一樣四本，繳赴本府，以憑核明，轉繳藩憲核奪，等因。奉此，除先経出示曉諭外，兹據監生孔興祈、生員孔衍経、孔衍焯等具禀，為蒙行優免，懇給遵照，為此照給孔邊庄孔衍経等即便遵照，各名下正項丁粮差徭照常額輸納，其餘里役及耗羡等，一切襍務差徭照紳衿例暨行優免，仍即勒石定案，遞具碑模，并開列啚甲户名開報，以憑繳報，均毋有違，須照。

右照給孔邊庄孔衍経等收執。

雍正三年十二月十三日。

兵驛房承縣行遵照。

考略

此碑存廣州白雲區江高鎮葉邊村中街孔姓族人的太公祠聖裔家廟，孔姓族人又稱該祠為『驛祠』。碑額及正文楷書。記載內容與廣州蘿崗聯和街暹崗中街孔姓族人之聖裔宗祠內《皇恩聖裔歷朝優免定案碑記》相仿，為同一時期所製。可參見《皇恩聖裔歷朝優免定案碑記》。

楊箕村詳奉各憲斷定三圳輪灌陂水日期碑記

清乾隆七年（1742）

釋文

（碑額）**詳奉各憲断定三圳輪灌陂水日期碑記**

廣州府番禺縣正堂百爲鳴鑼鼓衆等事。

乾隆七年四月二十日，奉廣州府正堂加五級紀録二次張信牌。乾隆七年四月初九日，奉廣東等處提刑按察使司按察使加一級紀録三次潘憲牌。乾隆七年四月初四日，奉都察院左都御史管廣東巡撫事王批本司呈詳。

查看得番禺縣民李仕文等與姚美三等互争大沙河陂水灌田一案。先據該縣府議詳，大水圳村與冼村、簸箕村三庄田畝均藉大沙河陂水灌溉。大水圳陂頭居上，簸箕村陂頭居下，冼村介在其中，并有田畝交錯上下两庄之内。但大水圳額田雖少尚有鄰村田畝分灌，簸箕村額田雖多半有海潮蔭注。議令按日平分。如遇亢旱，于大水圳口横築陂基，先聽李仕文等激水入圳灌注两日；次聽姚美三等決開基口，亦放两日，均與冼村同資灌溉，週而復始等由，業経據由詳奉批回如詳轉飭遵照在案。嗣因李仕文等禀請勒石，該前縣發刊碑文遺漏與冼村同灌字樣，経冼姓呈明，查照添入，碑摹在案。上年八月内，冼佐朝等因田缺水，即将中陂堵截，水不下流。而簸箕村陂姚亞孟于初七日前往鋤挖，被冼佐朝等捉獲禀縣是脱。有冼奕聖在外傭工回家，経過簸箕村前，被姚光開等扭毆，致将所携錢米撒散，経潘爵三勸釋。冼村居民聞知姚姓又欲往挖陂基，而梁周藹即于十一日鳴鑼知會冼佐朝等，各持木棍防護陂口，姚美三等遂以鳴鑼鼓衆等事，赴憲轅具控批，仰廣州府查報，兹據該縣喚訊，将梁周藹等分别擬以杖笞，并勘断

三鄉各分二日詳府□奉批司覆核妥擬詳奪，等因。本司復查，姚美三等據審所控梁周藹等鳴鑼持械屬寔，而吹角、担旗、毀苗、封庄均係子虛。應如該府所擬。梁周藹爲首鳴鑼，應照不應重律杖八十，折責三十板。冼佐朝、盧鳴遠、冼文燦、冼奕全雖各持木棍，但未鬪毆，均照不應輕律笞四十，折責十五板。姚美三架詞上瀆。應照越訴律笞五十，折責二十板。姚光開、姚光臻因冼奕聖経過鄉前，擅敢截扭，以致撒散錢米，亦照不應重律杖八十，折責三十板。仍于該二犯名下追還錢五十文、米七升給冼奕聖收領。但查上年八月内雨澤愆期，各犯寔因田禾起見，而目下正當農務孔亟，現奉憲臺批飭，踈釋輕罪人犯可否。俯如該府所請，将梁周藹等槩予□免，餘屬無干均無庸議。再查大水圳村與冼村、簸箕村遞分上、中、下三圳，前因止係上下两圳互争，是以前縣断令大水圳截灌两日，次聽簸箕村决開基口亦放两日，週而復始。其居中冼村止称堵截决放，同資灌溉，並未按圳分日，即冼佐朝等亦止以碑摹漏列冼村有分爲言，並不呈請分日者，以上下两處俱有本村田畝在内，現又居中，水流必経，故爲含糊以坐收鷸蚌之利。迨因田中缺水，即于上年八月初七日将中陂徑行截塞，遇有姚亞孟前往鋤挖，即往捉獲送究，並恐姚姓復行開基，于十一、十二等日鳴鑼執械糾衆防護，致奉憲臺訪聞飭縣勘查，是冼佐朝等中陂田畝既不較日于定案之時，乃敢堵截圳口數日，致簸箕村應得之水不得下流，寔属狡詐。今據署縣勘明，三鄉田畝原分上、中、下三截，議請每鄉各分二日，是簸箕村必待至四日之後方得開放两日，得水較遲。現上相安無辭，而李仕文等反以偏詳翻案赴司瀆呈。其冼佐朝又欲專就下陂两日，伊中陂截分一日，是上中两處顯有通同，将原案四日之水分佔三日，殊覺偏枯。應如縣府所議，飭令三陂各輪两日，每月初一、初二属李仕文等上陂截灌，初三、初四属冼佐朝等中陂截灌，初五、初六属姚美三等下陂截灌，週而復始。每日水期仍照原議，均以黎明爲始，并令毁去旧碑，另行勒石，以垂永久。如有再起争端，即嚴拿重究，是否允協緣由奉批如詳飭遵另行勒石，取碑摹送查繳，奉此，擬合就行，備牌行府，仰縣照依事理即便遵照。将梁周藹等均從寛免議，并飭令三陂各輪二日。每月初一、初二属李仕文等上陂截灌。初三、初四属冼佐朝等中陂截灌。初五、初六属姚美三等下陂截灌。週而復始，每日水期仍照原議，均以黎明爲始，并令毁去旧碑，另行勒石，以垂永久。如有再起争端，即嚴拿重究，取具碑摹一様三本，詳繳赴府以憑轉繳查核，等因。奉此，合就抄發勒石，永遠遵守。爲此勒石，令李仕文、冼佐朝、姚美三等即便遵照。奉憲詳定成規，三陂各輪二日。大水圳李仕文等，上陂每月初一、初二截流二日，與圳内冼村、石牌林和庄、簸箕村田畆同流灌潤。冼村冼佐朝等中陂，于每月初三、初四截流二日，與圳内大水圳簸箕村田畆同流灌潤。簸箕村姚美三等下陂，每月初五、初六截流二日，與圳内冼村、大水圳田畆同流灌潤。上陂之水同灌上陂之田，中陂之水同灌中陂之田，下陂之水同灌下陂之田。不得越取别陂之水，復起争端。按陂次第輪流，週而復始，其水期均以黎明爲始。如遇月小，各分二十個時辰，上陂李仕文等自二十五日黎明辰時起灌至二十六日亥時正。中陂冼佐朝等自二十六日夜子時起灌至二十八日未時止，下陂姚美三等自二十八日申時起灌至二十九夜夘時止。以免偏枯，亦不得紊越。倘有混行挽奪，致啟釁端者，許值日灌水之家指名據實赴縣首報以憑按名嚴拿重究。尔等務宜各懷和協，各盡公平，永為遵守。毋貽後悔，須至碑者。

乾隆七年六月十九日立石。

考略

此碑存廣州楊箕村玉虚宮。高125釐米，寬70釐米。碑額及正文楷書。刻於清乾隆七年（1742）。碑文記述當年大水圳村、冼村、籔箕村三村幾年來多次爭水糾紛之事。陂水為幾條村村民共用的水源，遇乾旱時節，常因用水而發生矛盾，成為爭執、爭鬥的根源。後經廣州府番禺縣正堂立案處理，判定三鄉輪值的用水規則。要求村民勒石豎立，永遠遵守，以絶爭端。該碑反映了當時廣府鄉村農耕水利灌溉資源配置利用的情況。

（碑刻局部）

楊箕村奉憲均斷三鄉碑文

清乾隆十年（1745）

奉憲均斷三鄉碑文

釋文

（碑額）奉憲均斷三鄉碑文

特授廣州府番禺縣正堂加三級紀録五次李爲鳴鑼鼓衆等事。

乾隆九年七月初五日，奉廣州府正堂加一級紀録三次金信牌。乾隆九年六月二十五日，奉廣東等處提刑按察使司按察使紀録四次張憲牌。乾隆九年六月二十日，奉欽命鎮守廣東等處將軍兼管粤海関事署理廣東巡撫印務紀録四次策批本司呈詳。

查看得番禺縣民李國文等與冼奇德等日争大沙河陂水一案。緣大水圳村居上，冼村居中，簸箕村居下，三村之人互争陂水，訐訟已久，先經潘陞司據詳□三陂各分流二日。詳奉前憲批允飭遵，玆于乾隆七年六月内勒石在案，迨乾隆八年□□内上陂之國文等，以乞電下情飭救粮命事，赴司呈懇，必得用車引灌，中陂之冼奇德等，以奸蠹鼓黨釀禍無休等事，赴司呈請禁止車截，均經前司先後批行，廣州府查報嗣□番禺縣百令查明，前縣李、馮二令屢勘明白，分期灌□詳明勒石，應令照舊遵守，詳覆到司，因查前項水利不應用車，亦應將用車何以有碍緣由剴切詳定，以塞奸徒滋訟之口。該縣未經履勘情形，又不聲明不應用車之故，批囬移委附近廳□議另詳續，據前署府保丞移委廣押通判沈倅勘訊，上陂田多水少，改議上陂多添水期一日，詳請另行勒石等由到司，未經批囬，而下陂之姚美三等，復以懇□憲恩乞照碑文詳奪事，上陂李仕文等，又以乞察始末詳由断給絶訟寧民事，□□□

此案據該廳勘議，由前署府核轉，而紛紛攻訐者不一，其次與該廳所訊供情迥異。今該廳現署府篆其□形又曾目擊，自足以折服不平之心。批飭再行確訊，秉公定議，另詳核奪去後隨據。姚美三以翻背憲案，粮命攸關等事赴前憲□□□□□親勘定議，由前司核轉批結日久，廣粮通判之勘，係何時差委，因何已定之案又須另辦，未據詳□□□□□奪，等因。茲行據廣粮通判覆勘繪圖，查明上、中、下三陂田畝列冊，酌議貼補分爲七日內，將三日給與上陂引灌，中二日□□□二陂滲漏以及陶墓坑水盡歸下陂，毋許中陂堵截，等由。牒府該府核擬具詳，前來本司覆查陂圖與開報田畝稅冊。下陂簸箕村共田二十一頃零五畝，附近大沙河兼有上、中二陂滲漏以及陶墓坑水分潤。中陂冼村共田壹□貳畝，田畝□□，然有上陂滲漏以及陶墓坑水侵注。惟上陂大水圳共田貳拾弍頃玖拾肆畝，勢居高亢，止藉麒麟牛角嶺諸山源泉，此外毫無餘瀝，且尚有田貳頃六拾畝，坐落中陂圳頭，地勢最高，非車灌不可，從前盧敬斯徃車中陂之水□□題議毋許車截，今此不爲分晰三陂田畝之多寡，高下之各異，貼補灌救照舊二日輪流引灌，上陂苦不足，下陂幸有餘，車截釀禍，勢必復有。應如該通判所議定，于每年二月爲始，初一、初二上陂村民築塞木石水槽，決開陂口，照舊引灌上陂之□築塞。良家圳、大壆圳與戴家坊，并新圳、後岡小圳各口塔囬木石水槽，在于上陂接流引灌，附在中陂圳頭之田，若有盈餘，仍歸上陂分蔭，中、下二陂不得爭取，初四、初五兩日則歸中陂，毋許上陂堵截。初六、初七兩日則歸下陂，上、中二陂滲漏□水盡歸下陂，上、中二陂不得堵截，七日循環，毋論月大月小，按日接算，週而復始，毋許越期混爭，其決開堵□水期，均以黎明爲始，各陂之田向有原用車灌者，應聽其照舊舉行，但不許上陂車中陂。中陂車下陂，仍飭該縣另行勒石，公同竪立，

□杜争端，姚美三等串同誣控，俯念因田賦起見，從寬免議，嗣後姚美三等與附近居民，如再恃強争灌，逞刁□訟，立拿重究，是否允協緣由，奉批如詳行，仍取碑摹，遵依送查繳圖冊存，等因。奉此合行，遵照備牌行府，仰縣照依事理，即便飭令李□姚美三等遵照，另行勒石，公同竪立，永遠遵守，取具碑摹，各造遵依，呈送撫憲、臬憲及本府查考，餘照看議遵行，毋有違，等因。到縣，奉此正在給示勒石間。

乾隆九年九月二十三日，奉本府信牌。乾隆九年九月十五日，奉按察使司張批本府申詳。查看得番禺縣民李仕文等，與冼奇德等，互争大沙河陂水一案。前奉憲臺詳奉撫憲批結，業經卑府轉行該縣遵照去後，兹據該縣復以中陂冼奇德等，懇請□□□陂滲漏以及陶墓坑水歸與中陂字樣，而下陂姚美三，又以田多水少懇請照舊分流，據呈詳請核示，前來卑府伏查本案訐訟，呈平甫奉批結。姚美三等本□□，豈可復據其餙詞另議更張至所有滲漏以及陶墓坑之水，現奉憲詳。上、中二陂滲漏以及陶墓坑之水盡歸下陂，上、中二陂不得堵截，已極明□□□□似乃冼奇德等，以憲詳内有冼村田畆較多，然有上陂滲漏以及陶墓坑水侵注之文強行牽合，呈請注明滲漏，殊不知中陂田畆本少于上、下二陂，今上陂坐落中陂内之高田，已另添一日，不藉中陂之水灌溉，是二日之水儘足灌中陂之田，下陂從前原係大日二日，今七日内輪流二日，得水較遲，將上、中二陂滲漏以及陶墓坑之水盡歸下陂，是乃憲臺酌盈濟虚之道，冼奇德等混呈，本可毋庸置議，但既據該縣詳請核示，前來兩造素属多事之徒，仍恐拘文牽義，復啓釁端，相應詳請憲臺批示，以杜重起波瀾，并飭該縣另立新碑，將舊碑起除，以昭畫一。是否允協，理合詳請憲臺核奪批示。飭遵□□□批如詳，飭遵繳印發到府，奉此，擬合就行備牌，仰縣照依事理，即將本案情節，遵照先後奉憲批行看詳□□□□□□□□着令各造遵照。另勒新碑，竪立公所，永遠遵守。原立舊碑飭令起除，取具各造遵依碑摹□繳撫憲、臬憲及本府查□□□□□□各□縣。奉此，合就給示，勒石遵照。爲此示諭李仕文、冼奇德、姚美三等知悉，即便遵照先後奉憲議断，将圳水次序□□□□，毋得抗断挽奪。另行勒石，公同竪立。永遠遵守，均毋有違。特示。

乾隆拾年貳月十九日示。

發仰冼奇德、李仕文、姚美三遵照勒石，永遠遵守。

考略

此碑存廣州楊箕村玉虛宮。高132釐米，寬79釐米。碑額及正文楷書。刻於清乾隆十年（1745）。記載籤箕村（今楊箕村）與大水圳村、冼村三村爭大沙河陂水一案，由官府兩次作出處理立碑之事。文敘乾隆七年（1742）六月，因持續大旱，三村村民為爭大沙河陂水灌田而爭執械鬥。時官府曾作出處理：『輪流二日得水。』爭執平息，勒石在案。乾隆九年（1744），又值大旱，三村村民再次為爭水灌田械鬥，又上公堂，後經廣州府縣勘察核實上、中、下陂的田畝數量及地勢情況，訂立灌溉規則，作出新的處理。為免再起爭端，要求三村將官府定案刻在石碑上竪立於公所。

粵海關告示

清乾隆五十四年（1789）

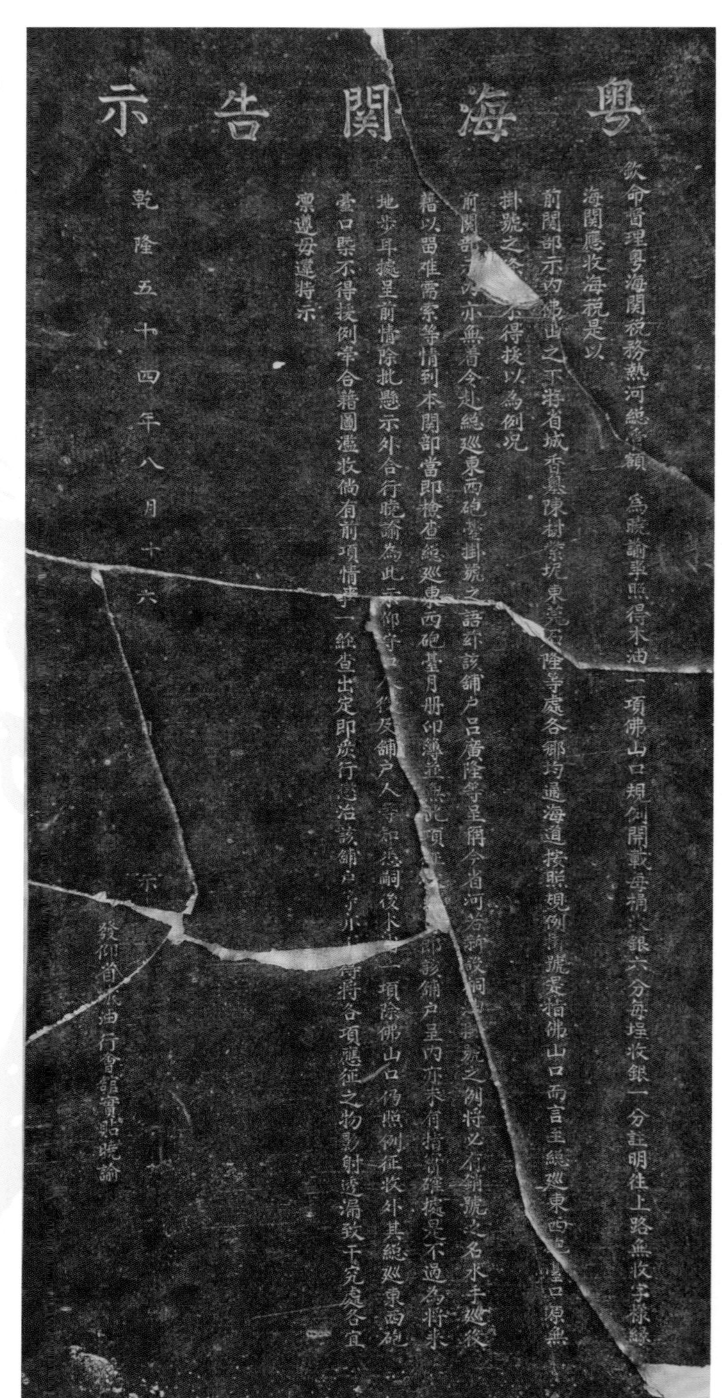
粵海關告示
欽命督理粵海關稅務熱河總管額　為曉諭事照得木油一項佛山口規例開載每桶收銀六分每埕收銀一分註明往上路無收字樣緣
海關應收海稅是以
前關部示內佛山之下將省城香縣陳村紫坑東莞石龍等處各鄉均通海道按照規例掛號是指佛山口而言至總巡東西[illegible]臺口原無
掛號之[illegible]不得援以為例況
前關部示內亦無着令赴總巡東西砲臺掛號之語茲該舖戶呂廣隆等呈稱今省河[illegible]
藉以冒推需索等情到本關部當即檢查總巡東西砲臺月冊[illegible]
地步耳據呈前情除批懸示外合行曉諭為此示仰守[illegible]役及舖戶人等知悉嗣後木[illegible]一項除佛山口仍照例征收外其總巡東西砲
臺口概不得援例牽合藉圖濫收倘有前項情事一經查出定即嚴行[illegible]該舖戶[illegible]將各項應征之物影射透漏致干究處各宜
稟遵毋違特示
乾隆五十四年八月十六　示
發[illegible]木油行會館實貼曉諭

考略

此碑已佚，僅存拓本，藏於廣州博物館。碑文內容為粵海關征收木油稅，向來只在佛山掛號口，後因總巡東、西炮臺口也將征收此項稅款，鋪户呂廣隆等提出異議，經官府核查，認為木油按例確實應只在佛山掛號口征收，遂將此事予以公示。文中所謂木油稅即貨稅之一種。按《粵海關志》卷十一《稅則四·佛山掛號口》條有『佛山木油往香、澳並下路各鄉，每桶收銀六分，每埕收銀一分。往上路不收』等句，與碑文所載一致，可資互證。

釋文

（碑額）粤海關告示

欽命督理粤海関税務熱河総管額爲曉諭事。

照得木油一項，佛山口規例開載，每桶收銀六分，每埕收銀一分，注明『往上路無收』字樣，緣海関應收海税，是以前関部示内，佛山之下游省城、香墺、陳村、紫坭、東莞、石隆等處各鄉均通海道。按照規例，掛號是指佛山口而言，至総巡東、西砲臺口，原無掛號之條，不得援以為例。况前関部示内亦無着令赴総巡東、西砲臺掛號之語。兹該舖户吕廣隆等呈稱，今省河若新設桐油掛號之例，将必有銷號之名，水手巡役藉以留难需索等情，到本関部，當即檢查総巡東、西砲臺月冊印簿，並無此項征收□□即該舖户呈内亦未有指實確據，是不過為将来地步耳。據呈前情，除批懸示外，合行曉諭為此示，仰守口人役及舖户人等知悉：嗣後木油一項，除佛山口仍照例征收外，其総巡東、西砲臺口槩不得援例牽合，藉圖濫收，倘有前項情事，一経查出，定即嚴行懲治。該舖户等亦不得将各項應征之物，影射透漏，致干究處，各宜凛遵毋違。特示。

乾隆五十四年八月十六日示。

發仰省城油行會館實貼曉諭。

萬春鄧公祠分甲自催錢糧碑記

清乾隆五十五年（1790）

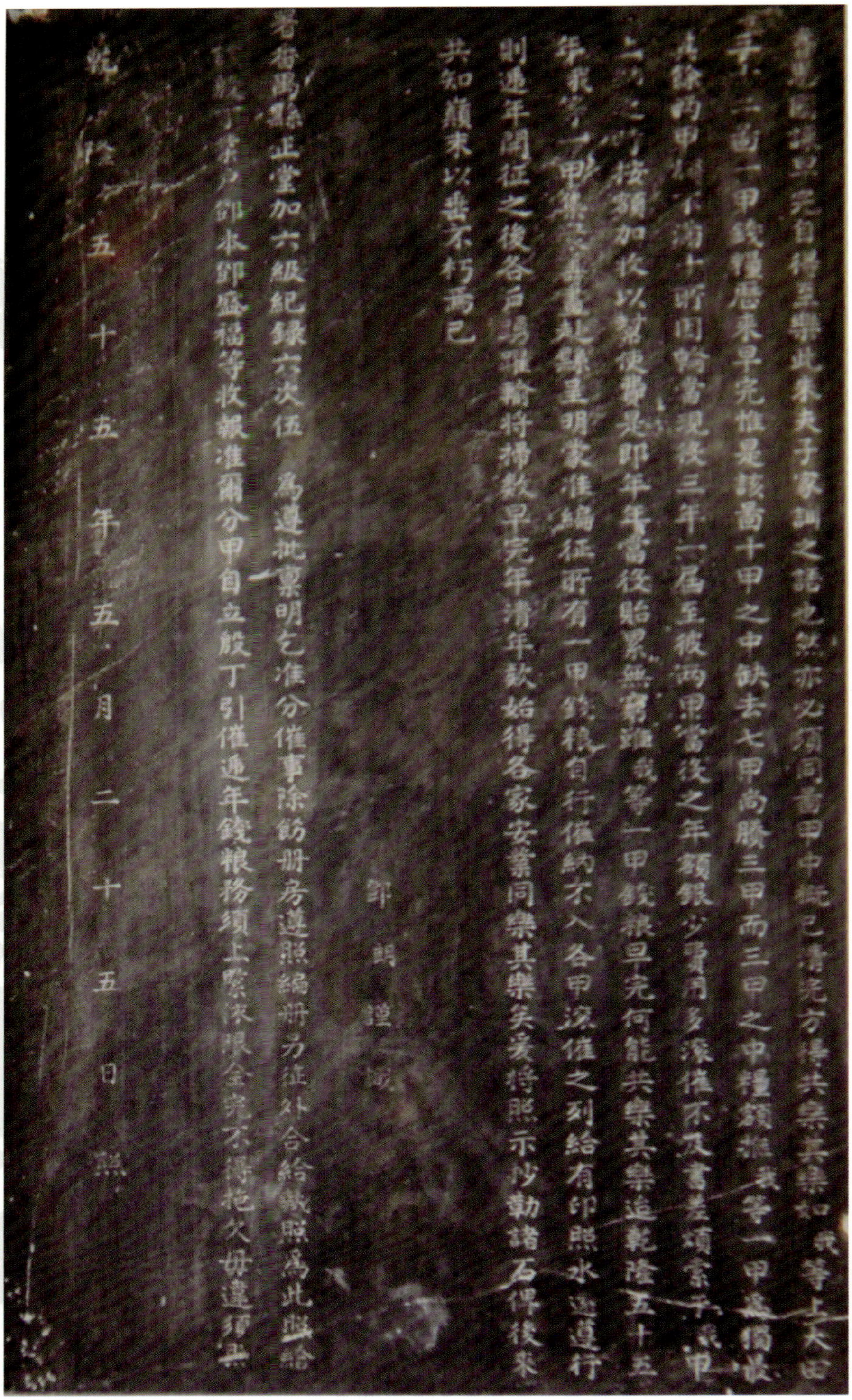
國課早完自得至樂此朱夫子家訓之語也然亦必須同當甲中錢已清完方得共樂其樂如我等上大田
[illegible]二啚一甲錢糧歷來早完惟是該啚十甲之中缺去七甲尚賸三甲而三甲之中糧額推我等一甲為獨最
其餘兩甲糧不滿十畝因輪當現役三年一届至彼兩甲當役之年額銀少費用多派催不及書差須索于我甲
[illegible]接額加役以致使費是即年年當役貽累無窮雖我等一甲錢糧早完何能共樂其樂迨乾隆五十五
年我等一甲[illegible]處起錄呈明蒙准編征所有一甲錢糧自行催納不入各甲派催之列給有印照永遠遵行
則遞年開征之後各戶踴躍輸將掃數早完年清年款始得各家安業同樂其樂矣爰將照示抄勒諸石俾後來
共知顛末以垂不朽焉已
鄧晧謹識
署番禺縣正堂加六級紀錄六次伍　為遵批稟明乞准分催事除飭冊房遵照編冊另征外合給執照為此照給
該甲業戶鄧本鄧盛福等收執准爾分甲自立戶丁引催遞年錢糧務須上緊依限全完不得拖欠毋違須照
乾隆五十五年五月二十五日照

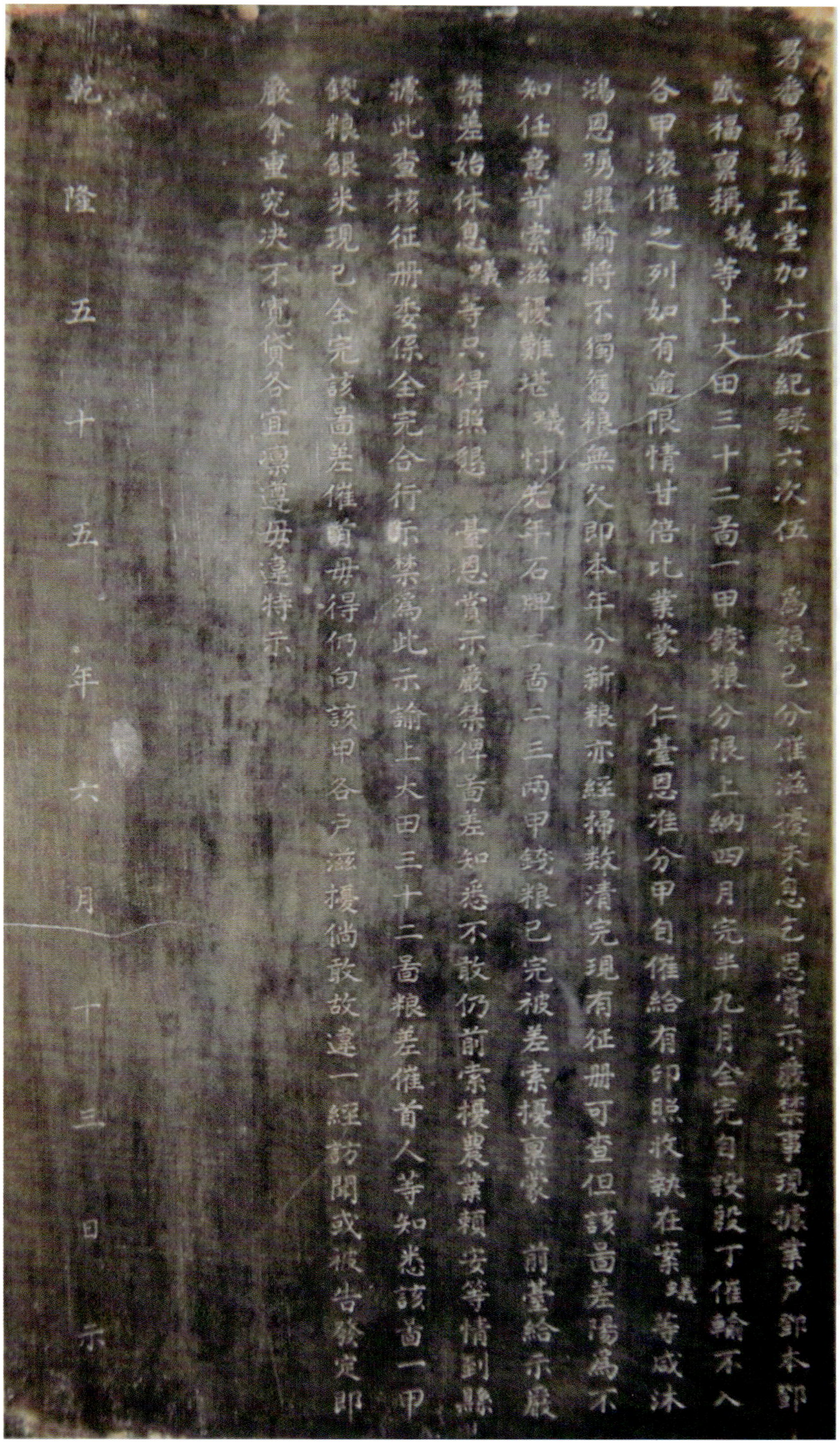

署番禺縣正堂加六級紀録六次伍 爲糧已分催滋擾未息乞恩賞示嚴禁事現據業户鄧本鄧
猷福稟稱蟻等上大田三十二啚一甲錢糧分限上納四月完半九月全完自設殺丁催輸不入
各甲滚催之列如有逾限情甘倍比業蒙 仁臺恩准分甲自催給有印照收執在案蟻等咸沐
鴻恩踴躍輸將不獨舊糧無欠即本年分新糧亦經掃數清完現有征册可查但該啚差陽爲不
知任意苛索滋擾難堪蟻忖先年石碑二啚二三兩甲錢糧已完被差索擾稟蒙 前臺給示嚴
禁差始休息蟻等只得照懇 臺恩賞示嚴禁俾啚差知悉不敢仍前索擾農業賴安等情到縣
據此查核征册委係全完合行示禁爲此示諭上大田三十二啚糧差催首人等知悉該啚一甲
錢糧銀米現已全完該啚差催首毋得仍向該甲各户滋擾倘敢故違一經訪聞或被告發定即
嚴拿重究決不寬貸各宜凜遵毋違特示

乾隆五十五年六月十三日示

釋文

碑一：

嘗思國課早完，自得至樂，此朱夫子家訓之語也。然亦必須同啚甲中概已清完，方得共樂其樂。如我等上大田三十二啚一甲錢糧歷来早完，惟是該啚十甲之中缺去七甲，尚賸三甲。而三甲之中，糧額推我等一甲爲獨最，其餘兩甲額不滿十，昕因輪當現役，三年一屆，至彼兩甲當役之年，額銀少，費用多，滚催不及，書差煩索于我甲。上納之時，按額加收，以幫使費。是即年年當役，貽累無窮。雖我等一甲錢粮早完，何能共樂其樂？迨乾隆五十五年，我等一甲集衆籌畫，赴縣呈明，蒙准編征。昕有一甲錢粮，自行催納，不入各甲滚催之列。給有印照，永遠遵行。則遞年開征之後，各戶踴躍輸将，掃数早完，年清年欵，始得各家安業，同樂其樂矣！爰将照示抄勒諸石，俾後來共知巔末，以垂不朽焉已。

鄧朗謹識。

署番禺縣正堂加六級紀録六次伍爲遵批稟明乞准分催事。除飭册房遵照編册另征外，合給執照，爲此照給該殷丁業户鄧本、鄧盛福等收報，准爾分甲自立，殷丁引催，遞年錢粮務須上緊依限全完，不得拖欠。毋違。須照。

乾隆五十五年五月二十五日照。

碑二：

署番禺縣正堂加六級紀録六次伍爲粮已分催滋擾未息乞恩賞示嚴禁事。

現據業户鄧本、鄧盛福稟稱：蟻等上大田三十二啚一甲，錢粮分限上納，四月完半，九月全完。自設殷丁催輸，不入各甲滚催之列，如有逾限，情甘倍比。業蒙仁臺恩准，分甲自催，給有印照收執在案。蟻等咸沐鴻恩，踴躍輸将，不獨舊粮無欠，即本年分新粮亦経掃數清完，現有征册可查。但該啚差陽爲不知，任意苛索滋擾難堪，蟻忖先年石牌二啚二三兩甲錢粮已完，被差索擾，稟蒙前臺給示嚴禁，差始休息。蟻等只得照懇臺恩賞示嚴禁，俾啚差知悉，不敢仍前索擾，農業賴安等情，到縣。據此，查核征册，委係全完，合行示禁。爲此，示諭：

上大田三十二啚粮差催首人等知悉，該啚一甲錢粮銀米現已全完，該啚差催首，毋得仍向該甲各户滋擾。倘敢故違，一經訪聞或被告發，定即嚴拿重究，决不寬貸。各宜凜遵毋違。特示。

乾隆五十五年六月十三日示。

考略

兩碑存廣州白雲區石井街鴉崗村石臺街萬春鄧公祠。楷書。皆錄番禺縣衙公文。第一碑內容為該村村民鄧朗代表鄧氏族人提請分甲自催錢糧，以免差催煩擾，並獲番禺縣衙公文批准。第二碑內容為鄧家因按規繳納錢糧，卻仍被差滋擾，遂請官府予以明確嚴禁公示以免差催。獲官府准予公示。從碑文中可瞭解當時嶺南課稅收繳的程序，以及鄉村官吏苛索鄉民，百姓不堪其擾的情形，也反映了地方政府瞭解民情解除民憂之具體方式。

禁鍬白坭告示碑

清乾隆五十八年（1793）

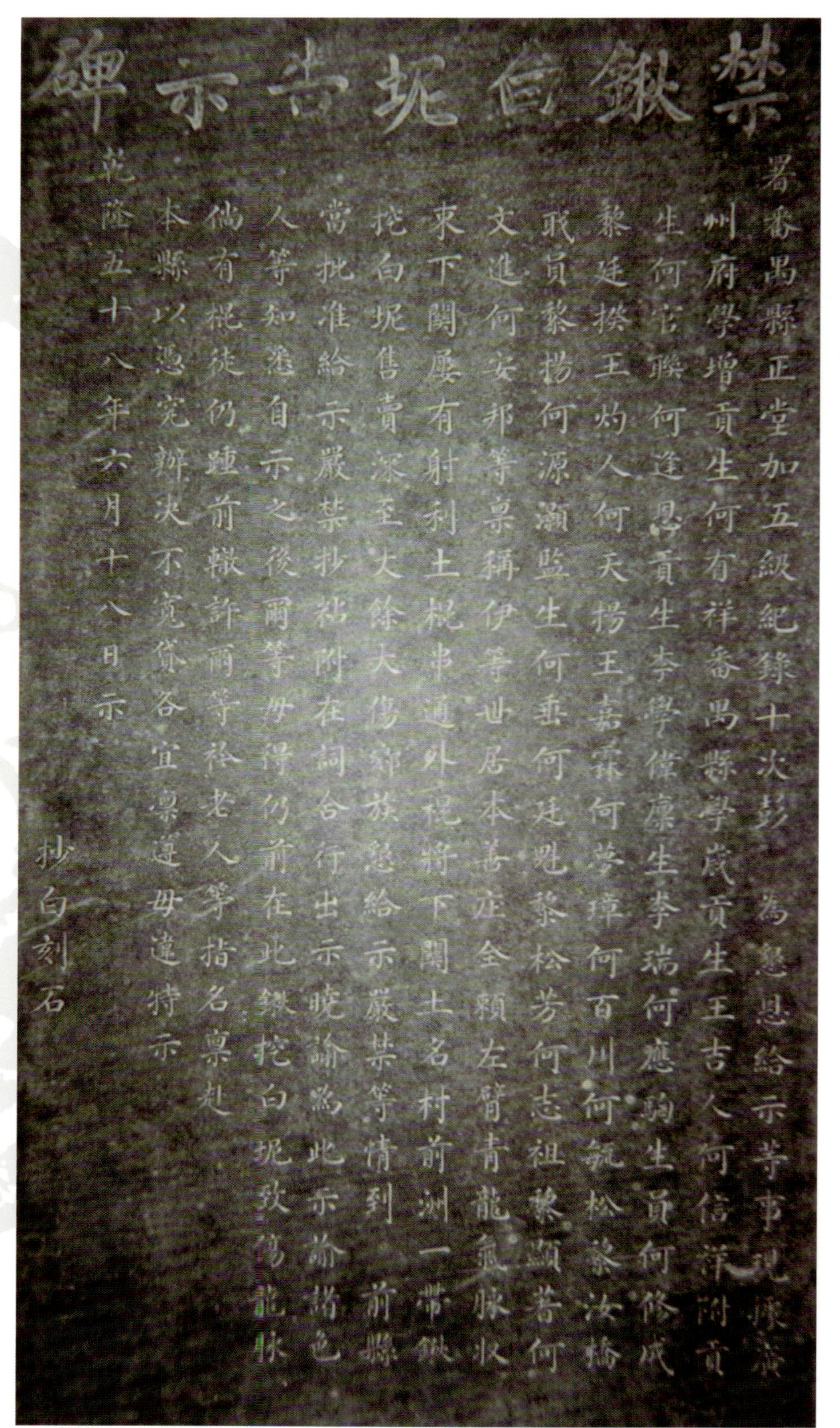

釋文

（碑額）禁鍬白坭告示碑

署番禺縣正堂加五級紀錄十次彭為懇恩給示等事。

現據廣州府學增貢生何有祥，番禺縣學歲貢生王吉人、何信祥，附貢生何官聯、何逢恩，貢生李學偉，廩生李瑞、何應騊，生員何修成、黎廷揆、王灼人、何天揚、王嘉霖、何夢璋、何百川、何毓松、黎汝橋，戢員黎揚、何源灝，監生何垂、何廷魁、黎松芳、何志祖、黎顯著、何文進、何安邦等稟稱，伊等世居本善庄，全賴左臂青龍氣脉收束下關，屢有射利土棍，串通外棍，將下關土名村前洲一帶鍬挖白坭售賣，深至丈餘，大傷鄉族，懇給示嚴禁。等情，到前縣。當批准給示嚴禁，抄粘附在詞，合行出示曉諭。為此，示諭諸色人等知悉。自示之後，爾等毋得仍前在此鍬挖白坭，致傷龍脉。倘有棍徒仍踵前轍，許爾等衿老人等，指名稟赴本縣，以憑究辦，決不寬貸。各宜凜遵毋違，特示。

乾隆五十八年六月十八日示。

抄白刻石。

考略

此碑存廣州番禺區沙灣鎮武帝古廟。高 110 釐米，寬 57 釐米。黑雲石質。碑額及正文楷書。內容為番禺縣正堂接世居沙灣本善莊諸貢生、生員、監生就下關土名村前洲一帶濫挖白坭售賣，大傷鄉族一事，稟呈官府勒石告示，嚴禁在該處挖坭。該告示體現了當時村民篤信風水之説，且有保護本地資源意識，以及縣衙悉查民情秉公辦事等情況。

奉憲嚴禁強丐示

清乾隆六十年（1795）

奉
憲
嚴
禁
強
丐
示
乾隆六十年十二月初八日

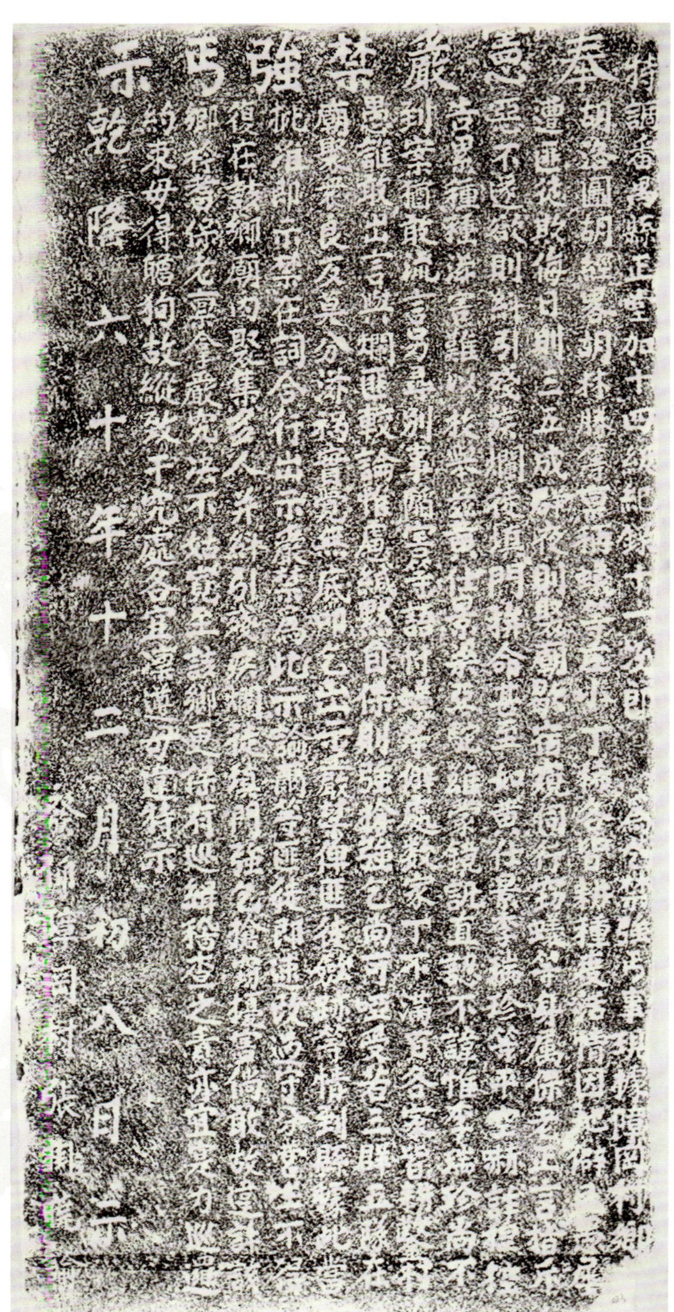

考略

此碑存廣州白雲區障崗村西入口處。高170釐米，寬78釐米。花崗岩質。碑額及正文楷書。清乾隆六十年（1795），因匪首黃仕景、李瑞珍等糾合成群的殘疾者聚於村廟內，以行乞為名，滋擾鬧事，強搶強乞，擾得村無寧日，激起村民義憤，遂由鄉民代表上書行稟，請番禺縣正堂頒發公文告示嚴禁強丐，勒石置於村邊，體現了當時鄉村的社會狀況。

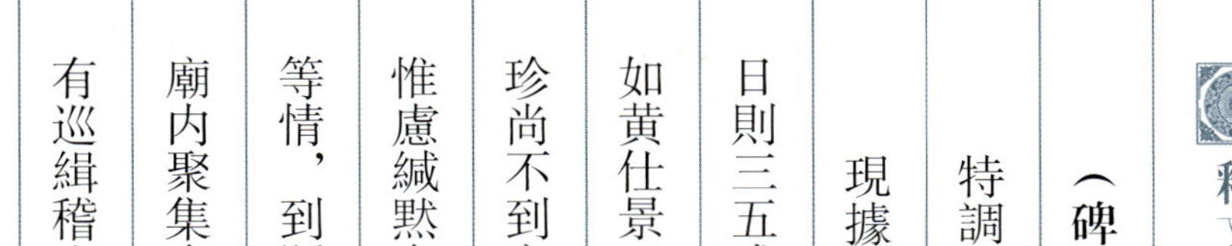

釋文

（碑額）奉憲嚴禁強丐示

特調番禺縣正堂加十四級紀録十一次郎爲乞禁強丐事。

現據障岡村鄉老胡洛圖、胡經畧、胡林勝等禀稱：蟻等庄小丁稀，各皆耕種度活，情因地僻民愚，屡遭匪徒欺侮，日則三五成群，夜則聚廟歇宿，窺伺行窃。蟻等身属保老，正言指斥，惡不遂欲，則糾引殘疾爛徒填門拚命，甚至如黄仕景、李瑞珍等平空嚇詐，捏控告累，種種滋害，難以枚舉。兹黄仕景、梁亞駝雖蒙鏡訊，直認不諱，惟李瑞珍尚不到案，猶敢流言另尋别事陷害等語。忖蟻等僻處数家，丁不滿百，各家皆耕鑿村愚，誰敢出言與爛匪較論？惟慮緘默自保，則強搶強乞尚可啞受，若三群五隊在廟聚衆，良歹莫分，滋禍實覺無底，叩乞出示嚴禁俾匪徒斂跡。等情，到縣。據此，當批准即示禁在詞，合行出示嚴禁。爲此示諭：爾等匪徒即速改過，守分营生，不得復在該鄉廟内聚集多人，并糾引殘疾爛徒填門強乞搶窃擾害。倘敢故違，許該鄉衿耆保老禀拿嚴究，决不姑寬。至該鄉更保有巡緝稽查之責，亦宜寔力巡邏約束，毋得瞻徇故縱，致干究處。各宜凛遵毋違。特示。

乾隆六十年十二月初八日示。

發仰障岡村張掛曉諭。

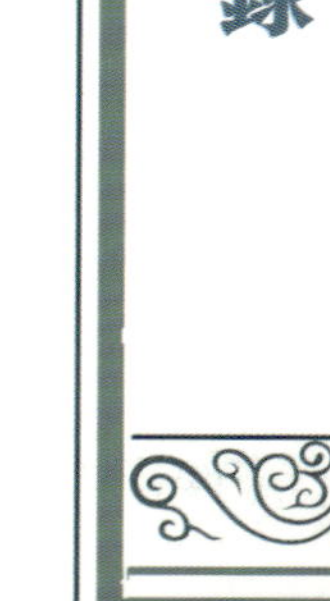

番禺縣正堂訊斷繪註蒲蘆園陂圍各圳水道圖形

清道光十二年（1832）

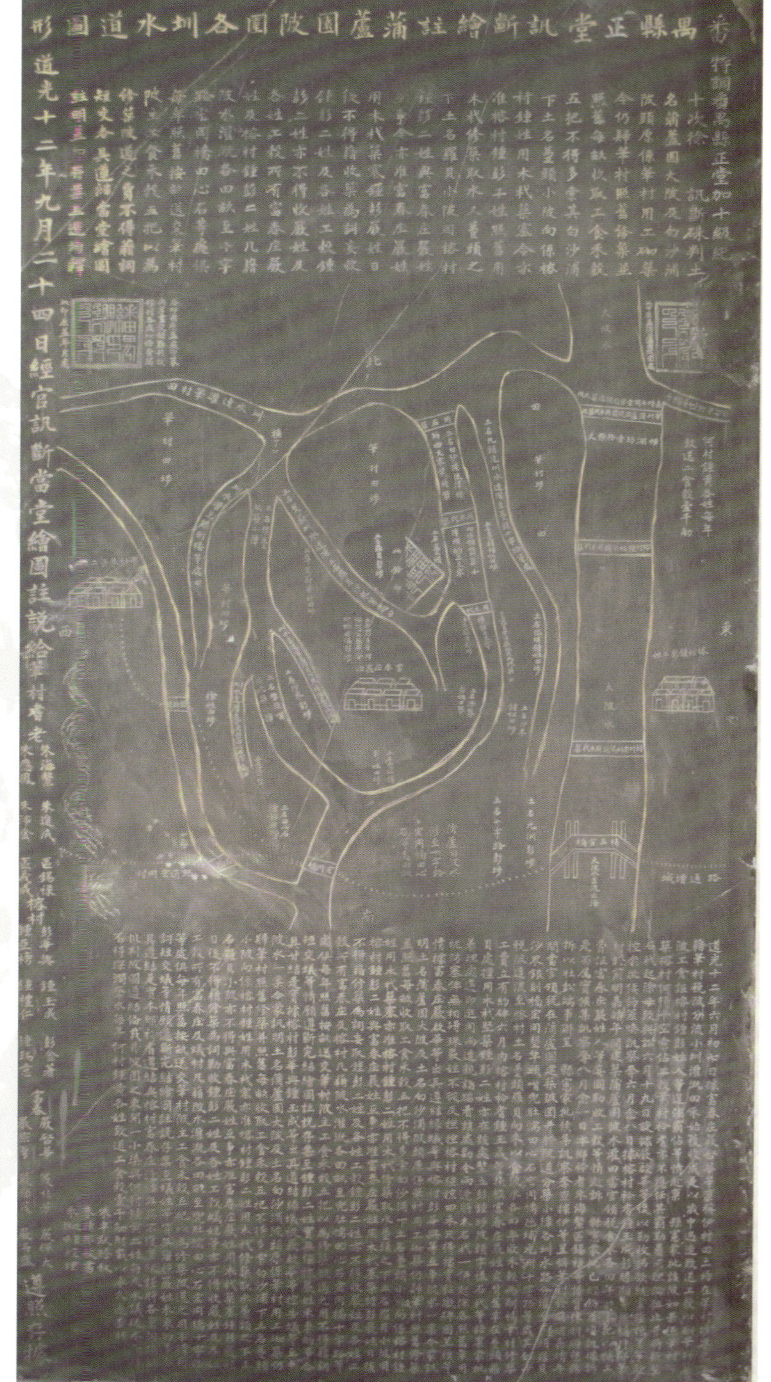

考略

此碑存廣州蘿崗東區街玄帝廟。高145釐米，寬75釐米。碑額及正文楷書。内容為蒲蘆園陂圍相關使用爭議及官府斷案情況。碑文分上、中、下三部分，上方為斷案結果，中間為各圳水道圖，下方為案發起因、調查經過、結案情況。為研究廣府鄉村陂水灌田水道使用糾紛及經官訊斷的情況提供了案例。

釋文

（碑額）番禺縣正堂訊斷繪註蒲蘆園陂圍各圳水道圖形

特調番禺縣正堂加十級紀録十次徐訊斷硃判。

土名蒲蘆園大陂及白沙浦陂頭原係筆村用工砌築，今仍歸筆村照舊修築，並照舊每畝收取工食禾穀五把，不得多索。其白沙浦下土名蔓頭小陂，向係榕村鍾姓用木杙築塞，今亦准榕村鍾、彭二姓照舊用木杙修築取水。又蔓頭之下土名羅貝小陂，因榕村鍾、彭二姓與富春庄嚴姓互爭，今亦准富春庄嚴姓用木杙築塞。鍾、彭、嚴姓日後不得藉收築為詞，妄收鍾、彭二姓及各姓工穀。鍾、彭二姓亦不得收嚴姓及各姓工穀，所有富春庄嚴姓及榕村鍾、彭二姓，凡藉陂水灌溉各田畝，至十字路、宏岡橋、田心石等處，俱每年照舊按畝送交筆村陂主工食禾穀五把，以為修築陂道之費，不得藉詞短交。各具遵結，當堂繪圖註明，蓋印存案，三造均釋。

道光十二年六月初七日，據富春庄嚴啓華等禀稱：伊村田土均在筆村埗界之下，藉筆村稅陂分流小圳灌溉田禾，始獲收成。是以歲中遇造致送工穀以酬筆村築陂工食，詎榕村鍾、彭姓人等逞強霸佔，等情，赴禀縣憲。蒙批：該陂如果係筆村所築，榕村何得平空索佔工穀？筆村衿耆亦不應任其霸勒，着同理論阻止，并將新竪石杙起除，毋致興訟。六月十九日，旋據嚴啟華等復以勒收拂欲統黨強掠等事赴控，蒙批候飭差喚訊察奪。六月念八日，據榕村衿耆鍾玉成、彭勝顯等訴稱，村鄰筆村，於前明嘉靖年間建築蒲蘆園陂水灌田，當官領稅，食水各田年收禾

把以補工費，詎富春庄嚴姓人等妄圖勒收工穀等情赴訴縣憲。蒙批：已經飭差喚訊，據訴是否屬實，候集訊察奪。八月念一日，本鄉衿耆朱海鰲、區錫祿等，據實陳明，聯懇飭拆以杜訟端事，聯呈縣憲。蒙批：候集訊察奪。查據伊等呈稱筆村於前明嘉靖年間，當官領稅，在蒲蘆園建築陂圍，并於陂道分築小障，各圳水路分灌至蔓頭羅貝沙界、銀則橋、宏岡塱、犂頭嘴、兜肚懦、田心石、宏岡橋、氹埔、元洲、十字路等處。其白沙稅陂，達流至榕村土名蔓頭羅貝，向來以食陂水各田年收禾穀為酬，補筆村修築工費，立有約碑。六月內，榕村衿耆鍾玉成等投稱，富春庄嚴姓，突背舊章，在蔓頭羅貝處擅用木杙堅築，鍾、彭二姓亦在該處豎立『彭鍾埗陂頭』字樣石杙等語稟。蒙批：着理處。遵即邀同兩造親詣踏看該處，勸令兩造將木石杙一併起除，各照舊章，用坭防塞，俾無相碍。殊嚴姓不從，反揑控榕村強掠田禾，只得據實粘繳碑圖呈核等情。據富春庄嚴啟華等出具遵結，緣蟻等與榕村彭華興等互爭陂水一案，今蒙訊明，土名蒲蘆園大陂及土名白沙浦陂頭，原係筆村用工砌築，仍歸筆村照舊修築，並照舊每畝收取工食禾穀五把，不得多索。白沙浦下土名蔓頭小陂，向係榕村鍾姓用木杙築塞，亦准榕村鍾、彭二姓用木杙修築取水。蔓頭之下土名羅貝小陂，因榕村鍾、彭二姓與富春庄嚴姓互爭，亦准富春庄嚴姓用木杙築塞。鍾、彭、嚴姓日後不得藉修築為詞，妄取鍾、彭二姓及各姓工穀；鍾、彭二姓亦不得收嚴姓及各姓工穀。所有富春庄及榕村，凡藉陂水灌溉各田畝至兜肚懦、田心石、宏岡橋、十字路等處，俱每年照舊按畝送交筆村陂主工食禾穀五把，以為修築陂道之用，不得藉詞短交。蟻等情願遵斷完結繪圖，註說存案。至鍾、彭二姓，實無強掠嚴姓禾束的事，合具甘結是實。據榕村彭華興、鍾玉成等出具遵結，緣蟻被嚴啟華等控告蟻等互爭陂水一案，今蒙訊明，土名蒲

蘆園大陂及土名白沙蒲陂頭，原係筆村用工砌築，仍歸筆村照舊修築，并照舊每畝收取工食禾穀五把，不得多索。白沙浦下土名蔓頭小陂，向係榕村鍾姓用木杙塞，亦准榕村鍾、彭二姓，用木杙修築取水。蔓頭之下土名羅貝小陂，亦不得與富春庄嚴姓互争，亦准富春庄嚴姓用木杙築塞。鍾、彭、嚴姓日後不得藉修築為詞，勒收鍾、彭二姓及各姓工穀；蟻姓等亦不得收嚴姓及各姓工穀。所有富春庄及蟻村，凡藉陂水灌溉各田畝，至兜肚壖、田心石、宏岡橋、十字路等處，俱每年照舊按畝送交筆村陂主工食禾穀五把，以為修築陂道之用，不得藉詞短交。蟻等情願遵斷完結，繪圖註說存案。至蟻姓等實無強掠嚴姓禾束的事，合具遵結是實。本鄉衿耆遵結與榕村、富春庄遵結無異，不復重叙。謹將各稟詞摘叙批判陂圖遵結備載，并陂圍之東開一小渠與何村鍾、黄二姓，每尺水議送水二寸，不得深濶奪水。每年何村鍾、黄各姓致送工食穀一千觔。附載以垂久遠。查核。

朱卓猷謄叙。

朱靖邦敬書。

朱廷聖、□□經理。

道光十二年九月二十四日。

經官訊斷當堂繪圖註說，給筆村耆老：朱海鰲、朱進成、區錫祿、朱應鳳、朱沛金、區義成；榕村：彭興華、鍾玉成、彭金著、鍾亞榜、鍾禮仁、鍾瑞意；富春：嚴啓華、嚴桂芳、嚴輝大、嚴宗萼、嚴輝茂、嚴滿盛，遵照存據。

嚴禁索擾省河貨運船戶告示

清道光十七年（1837）

釋文

欽命廣東等處承宣布政使司布政使加十級紀録十次阿，欽命廣東等處提刑按察使司按察使兼管全省驛傳事務加五級紀録十次王，為示廢弊出等事。

案奉两廣總督部堂鄧批，據南海縣蛋户陳德貴、郭亜松、石華錦、吳聯昭、李昭發、何北水、陳連慶、杜麟德、劉福寧、吳聯琼呈稱，切蟻等西瓜扁船隻常泊省河，聽候輪運洋行餉貨或載往香山、澳門、佛山、新會、江門、東莞、石龍，過付客店或運赴番禺、黄埔、濠墩、獅子洋面等處交納夷船。嘉慶三年，船户羅朝陞等船経各塘汛闗口，及遇蝦笱巡船槳艇，無論輕船重載，屢遭留難勒索陋規，并被南、番二縣戎河捕三廳差役輪收奉造册結陋規。更有匪徒假冒兵役過船□取貨物不遂逞兇尋毆，甚至□松擇食，當經聯叩前糧憲吳批，仰南海縣示禁，船隻賴安。嘉慶五年，示被雨廢，兵役棍徒故態復萌，羅朝陞等又経聯赴前署憲瑚批，仰前藩憲常、前臬憲吳會同查禁，并諭飭各衙門知照在案，迄今日久，示廢弊生，竟有兵役棍徒不知前奉示禁，復向蟻等船隻勒索。即如道光十五年底，船户何北水被棍匪崩牙二等，詐不遂，串同營兵安□□□番禺縣審釋拖累数月，乃近日兵差棍徒仍前勒詐索擾，慘難名言，仰覩仁憲福星蒞粤，除弊安民，勢得粘抄前示，聯叩憲恩，乞准照前賞示嚴禁曉諭，勒石通衢，以垂永久。俾兵役匪棍知法，弊絶風清，愚蛋樂業，永頌公侯，切赴等情，奉批，該蛋民等西瓜扁船隻既係装載餉貨，並非走私，乃所到留難勒索，一至此極，□兵役闗口執法滋擾，相習成風，至匪徒亦冒名尤而效之，為害伊於胡底。可歎可恨！

咨明粵海關監督一體查辦外，仰東按察司會同布政司查照控情，即日出示嚴禁，一面移行各營縣，認真確查究報，毋任玩縱，貽害干咎，粘抄並發，等因。印發到司，奉此，除咨移粵海關監督一體出示嚴禁，並行廣州府移行各營縣認真查究外，合行出示嚴禁。為此，示諭南海、番禺、香山、新會、東莞各營縣廳捕兵役及西瓜扁船户人等知悉，嗣後凡有西瓜扁船隻載運貨物過往，毋許勒索陋規節禮錢銀，揹留阻滯以及強取貨物。其該管衙門亦只許照例編號造册，不許勒索册結使費。該船户人等亦不得藉有告示，任意載運私貨及違禁物件，阻抗盤查，致干重咎。

各宜凛遵毋違。特示。

道光十七年五月初十日示

附郭亜松等道光十七年五月十八日聯稟請示勒石。二十二日，奉两廣總督部堂鄧批曉経司示嚴禁，准查照勒石豎立番禺縣黄埔等處，俾垂久遠而結擾累。仰東按察司會同布政司轉行各該縣知照，仍飭隨時認真稽查，倘該船户等藉示走私或攬載違禁貨物，亦即拏究勿貸。粘抄並發豎立番禺縣黄埔地方曉諭。

考略

此碑原存廣州黄埔村醬園碼頭，即原粵海關黄埔掛號口辦公之處，後移置長洲黄埔軍校舊址中山故居前，即原粵海關黄埔分關辦公樓門前。高130釐米，寬63釐米。楷書。花崗岩質。記述了兩廣總督部堂鄧廷楨針對南海縣蛋户陳德貴、郭亞松等關於運載洋行餉貨的西瓜扁船經各塘訊關口屢遭兵差留難勒索的聯禀呈文，頒佈不准勒索西瓜扁船的命令。因蛋户聯名禀請勒石，遂於番禺縣黄埔地方立碑。這是有關廣府蛋民生存情況的珍貴資料，對研究清代廣州對外貿易的繁榮狀況也有一定的參考價值。

番禺元貝村嚴禁風水樹條例

清道光十八年（1838）

嚴禁風水樹條例

本村下手一帶樹木乃先人遺下通鄉風水樹也雖有人家之樹亦不得自行砍伐向來有例嚴禁無人敢犯第日久漸寬人心不一有無知之輩竟向林中砍伐而不知有壞風水也茲闔鄉老少酌議不得不深謀遠慮重申例嚴自后凡我村內之人無論男女所有一槩乾濕樹枝不許入林私拾私砍如有故犯被獲有贓罰銀伍大圓歸廟尚不依例遵罰鳴衆聯名稟究決不寬恕使費衆人支理議每年看守銀貳大圓歸更夫巡守以作酧勞之費更夫不得自看自拾自砍如有故違經鄉人聲明衿耆有據加倍處罰尚別人私拾私砍更夫亦不得包庇隱瞞託為不知日後察出仍加倍處罰歸廟各宜自重毋貽後悔可也

道光十八年秋月吉日闔鄉重申公禁

釋文

嚴禁風水樹條例

本村下手一帶樹木，乃先人遺下，通鄉風水樹也。雖有人家之樹，亦不得自行砍伐，向來有例嚴禁，無人敢犯。第日久漸寬，人心不一，有無知之輩，竟向林中砍伐而不知有壞風水也。兹闔鄉老少酌議，不得不深謀遠慮，重申例嚴。自后凡我村内之人，無論男女，所有一槩乾濕樹枝，不許入林私拾私砍，如有故犯，被獲有贓，罰銀伍大圓歸廟。倘不依例遵罰，鳴衆聯名稟究，決不寬恕。使費衆人支理，議每年看守銀貳大圓歸更夫巡守，以作酧勞之費。更夫不得自看自拾自砍，如有故違，経鄉人聲明，衿耆有據，加倍處罰。倘别人私拾私砍，更夫亦不得包庇隱瞞，託為不知，日後察出仍加倍處罰歸廟。各宜自重，毋貽後悔可也。

道光十八年秋月吉日。

闔鄉重申公禁。

考略

此碑存廣州蘿崗元貝村玉虚宫。高55釐米，寬35釐米。楷書。碑文内容為該鄉為保護風水樹，不許村人私拾、私砍之鄉約，從中可瞭解清代廣府鄉村對於風水之説的篤信。

東平公社界址保護示諭

清道光二十三年（1843）

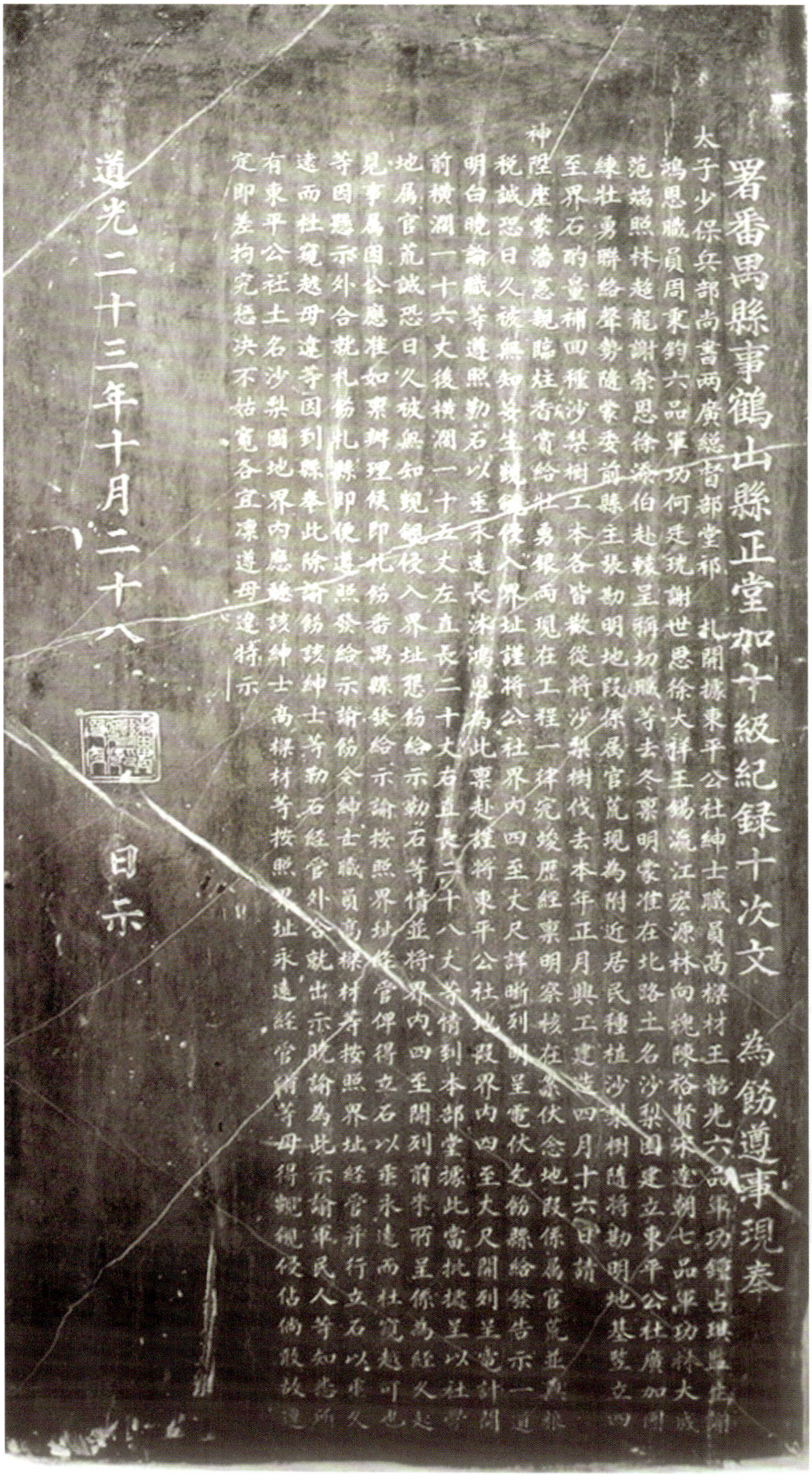

釋文

署番禺縣事鶴山縣正堂加十級紀録十次文為飭遵事。

現奉太子少保兵部尚書两廣総督部堂祁札開：據東平公社紳士職員高樑材、王韶光，六品軍功鍾占琪，監生謝鴻恩，職員周秉鈞，六品軍功何廷珖、謝世恩、徐大祥、王錫瀛、江宏源、林向槐、陳裕賢、宋達朝，七品軍功林大成、范端照、林超龍、謝榮恩、徐添伯赴轅呈稱，切職等去冬稟明，蒙准在北路土名沙梨園建立東平公社，廣加團練壯勇，聯絡聲勢。隨蒙委前縣主張，勘明地叚係属官荒，現為附近居民種植沙梨樹、隨将勘明地基豎立四至界石，酌量補回種沙梨樹工本，各皆歡從，将沙梨樹伐去。本年正月興工建造，四月十六日請神陞座。蒙藩憲親臨炷香，賞給壯勇銀両。現在工程一律完竣，歷経稟明察核在案。伏念地叚係属官荒，並無粮税，誠恐日久被無知妄生覬覦，侵入界址，謹将公社界内四至丈尺詳晰列明呈電，伏乞飭縣給發告示一道，明白曉諭，職等遵照勒石，以垂永遠，長沐鴻恩。為此稟赴，謹將東平公社地叚界内四至丈尺開列呈電。計開：前横濶一十六丈，後横濶一十五丈，左直長二十丈，右直長二十八丈，等情，到本部堂，據此當批。摅呈，以社學地属官荒，誠恐日久被無知覬覦，侵入界址，懇飭給示勒石，等情，並将界内四至開列，前來昕呈，係為経久起見，事属因公，應准如稟辦理。候即札飭番禺縣發給示諭，按照界址経管，俾得立石，以垂永遠，而杜窺越可也，等因，懸示外合就札飭札縣即便遵照，發給示諭，飭令紳士職員高樑材等，按照界址経管，并行立石，以垂久遠，而杜窺越毋違，

等因，到縣。奉此，除諭飭該紳士等勒石経管外，合就出示曉諭。為此，示諭軍民人等知悉。所有東平公社土名沙梨園地界内應聽該紳士高樑材等按照界址永遠経管，爾等毋得覬覦侵佔。倘敢故違，定即差拘究懲，決不姑寬。各宜凛遵毋違。特示。

道光二十三年十月二十八日示。

考略

此碑存廣州白雲區永平街東平村沙梨園六巷東平公社舊址。高140釐米，寬75釐米。楷書。是清道光二十二年（1843）番禺縣正堂為保護東平公社界址的佈告。碑文中提到『蒙准在北路土名沙梨園建立東平公社，廣加團練壯勇，聯絡聲勢』，從中可知東平公社在當時是地方武裝力量，具有保衛鄉里的社會功能。

證果寺告示

清道光二十四年（1844）

告示
道光二十四年八月初八日示

考略

此碑存廣州增城證果寺。楷書。是增城縣事出具的告示。記載因寺廟田引灌之事引起糾紛，對陳亞蔭等鄉人將陂中公共引灌之水塞源截流，以致寺田無水灌蔭之舉予以警告。從中可見在鄉中寺廟田產相關利益與其他私人田產一樣受到保護。

釋文

調署增城縣事始興縣正堂加十級紀録十次莫為嚴禁塞陂截水以安農業事。

案據證果寺僧亮言呈控，陳亞蔭等恃勢塞陂截水，乞拘開復以灌田禾，并據保老陳可升等以僧亮言在伊等税陂私開小圳引水獨灌己田，陳亞蔭看見向阻反被揑控等情一案，業経飭差傳齊两造及案證人等到案提集質訊，據衿老姚俸臻、彭大寧等僉供，該陂水自上而下，向係公同引灌田畆，雖據陳亞蔭等稱，該陂係伊等税業，當堂查問，毫無凴據，則該陂為公共引灌之水已無疑義。至該寺所開小圳，係在自己税田之内，與陳亞蔭等上流截塞之處相離尚遠，衆供如一，其為陳亞蔭等塞源截流，㝠圖勒收陂穀，強横已極，本應提究，姑寛。斷令陳亞蔭等嗣後不得恃強截塞，仍照前公同分注以資灌溉，而免争端，除取具两造遵結附誊外，合就出示嚴禁。為此，示諭該處附近鄉民人等，即便遵照。所有該陂圳水嗣後務宜照舊公同引灌田畆，毋得扵上流恃強截塞，以致寺田無水灌蔭，倘有再蹈陳亞蔭等故轍，希圖私抽陂穀、截塞水源者，許寺僧指名禀控以凴差拘到案，從重究懲，斷不稍為寛貸也。各宜凛遵毋違。特示。

道光二十四年八月初八日示。

告示。寔貼證果寺曉諭。

花縣嚴禁挖煤示諭

清同治二年（1863）

釋文

花縣邑内各處産煤地方永遠封禁不得開挖敬謹勒碑以垂炯戒

同治二年十月二十日，奉督辦四川軍務頭品頂戴四川總督臣駱秉章跪奏，為廣東花縣前已封禁煤窑，近復違禁開挖，易致聚匪滋事，請旨飭禁，以杜患萌事。

竊臣接據花縣紳耆王立俊等公械稱：花縣象山脚等處産煤，自乾隆四年、乾隆三十四年，迭経本縣封禁。嘉慶二十一年，復経前任巡撫董教增勒石封禁。皆因開挖煤垅，不但有傷田園廬墓，且匪徒易於聚氣，不免滋生事端。是以歴年封禁，實為慎重地方起見。乃自咸豐十一年二月，間有劣衿盧桂芳串同土棍王文田及舉人游鰲，勾引南海奸商區彬秀、生員易蓮生、職員林樂善，朦稟本縣許准，強在象山脚、仙閣鄉、担米坳、大窟、企人石、西嶺、圓田山、下嶺等處，開採煤垅，先勾通象山脚村土豪江南標、武舉江耀清等，向象山脚等八處開挖。経職員江立常、生員王熙光稟請封禁，廣州府批令舉人譚蛟查勘。乃區彬秀賄囑譚蛟，含糊稟覆。區彬秀遂得恣意開挖。自開採之後，附近墓墳慘遭毀棄，固不待言，而聚匪愈多，刧盗頻仍。咸豐十一年二月間，平山墟運合油店被刧；六月間，新街三益油店被刧；十二月間，三八墟怡名鞋店被刧；同治元年八月間，三八墟合豐油店被刧；又草羅村梁姓被刧，刃傷事主；十一月間，新街協益染房被刧；十二月間，舊三八墟正記鉄店被刧；二年正月間，平山江姓又有開棺刧尸之慘。迭経報官有案。其餘被刧之家，更難悉數。若再開挖滋泛，必（以下缺一石之文）。

欽加同知銜廣州府花縣正堂鄢，為封禁煤窑不准採挖，以靖地方事。

照得現奉布政使司吳轉奉兩廣總督毛札開：『同治二年十二月十二日，欽奉上諭：「駱秉章奏花縣開挖煤窑請旨飭禁一摺，着速將該處煤窑永遠封禁，以杜乱萌，等因，欽此」。』欽遵轉行到縣，奉此，遵查縣属象山脚等處，向産煤坭。自乾隆、嘉慶等年，迭奉大憲嚴示勒石封禁在案。嗣於咸豐十年十一月間，商人區彬秀等，呈請誠採輸餉，経前代理縣方據情轉禀軍需局憲，詳請前督憲勞批准開採輸餉，是以該商等得在該處挖掘煤坭。茲奉前因，除飭差嚴緝私挖各匪徒外，合亟出示，永遠封禁。為此，示諭軍民人等知悉：自此次封禁之後，不特該匪等不准在該處私自開挖，即該商等亦不准藉詞曾経批准，再行在該處開挖。倘敢故違，仍在象山脚等八處挖取煤坭，立即飭差嚴拿。並許該紳等指名禀究，按律懲辦。各宜凛遵毋違。特示。

同治弍年十二月廿七日示。

花縣闔邑紳耆敬立。

考略

此碑原存舊廣州花縣縣城（今花山鎮花城圩）。一九七六年文物部門調查洪秀全在花縣早期革命活動歷史時發現。碑記由三塊花崗岩條石並列刻字記載，每塊碑高192釐米，寬45釐米。全碑總寬1.35米。現一塊置於花城小學校內球場旁，一塊横置在花城獸醫站前做橋樑使用，中間一塊遺失。楷書。為花縣紳士通過駱秉章奏請朝庭嚴禁在花縣挖煤之事，反映了十八世紀中葉至十九世紀中葉花縣的社會經濟狀況。

撰文者駱秉章，原名駱俊，字籲門，號儒齋，廣東花縣人。清道光十二年（1832）進士，選庶吉士，授編修，遷任江南道、四川道監察御史等職。清後期封疆大吏。治軍平亂，功績卓著。謚文忠。與曾國藩、左宗棠、李鴻章等人並稱『晚清八大名臣』。

嚴禁侵擾崔氏税山界碑

清同治三年（1864）

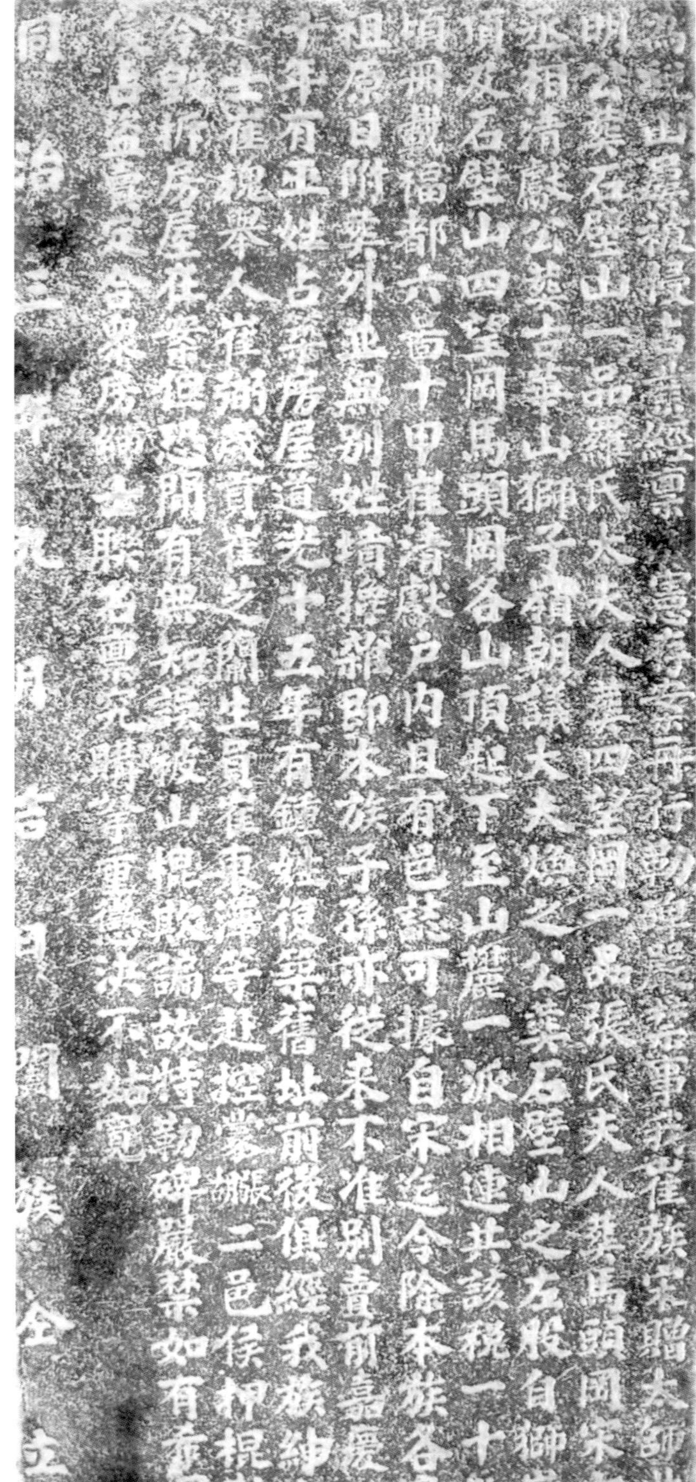

釋文

為稅山屢被侵占業經稟憲存案再行勒碑嚴禁事。

我崔族宋贈太師世明公葬石壁山，一品羅氏太夫人葬四望岡，一品張氏夫人葬馬頭岡。宋右丞相清獻公葬古華山獅子嶺。朝議大夫煥之公葬石壁山之左股，自獅嶺頂及石壁山、四望岡、馬頭岡各山頂起，下至山麓，一派相連，共該稅一十餘頃，冊載福都六啚十甲崔清獻户內，且有邑誌可據。自宋迄今，除本族各房祖原日附葬外，並無別姓墳攙雜，即本族子孫，亦從来不准别賣。前嘉慶二十年，有巫姓占築房屋；道光十五年，有鍾姓復築舊址。前後俱經我族紳士進士崔槐、舉人崔弼、歲貢崔芝蘭、生員崔東澤等赴控，蒙張、胡二邑侯押棍勒令毀拆房屋在案，但恐間有無知誤被山棍欺騙，故特勒碑嚴禁。如有希圖侵占盜賣，定合衆房紳士，聯名稟究。購拏重懲，決不姑寬。

同治三年九月吉日。闔族仝立。

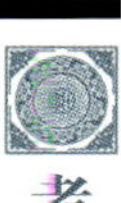

考略

此碑存廣州天河區朱村街鳳崗村官莊華山南面山坡崔與之墓附近『崔太師祠』天井右照牆上。高160釐米，寬63釐米。楷書。花崗岩質。是崔氏後人為保護家族墓及其稅山，將墓之四至及稅山數目明示，並述兩次被他人所占築屋，經稟憲存案之經過。崔與之，南宋名臣。字正子，一字正之，號菊坡，謚清獻，原籍江西寧都白鹿營，幼年隨父移居廣東增城，宋紹熙四年（1193）進士。端平元年（1234），授廣東經略安撫使兼知廣州。二年，除參知政事。三年，拜右丞相兼樞密使。嘉熙三年（1239）以觀文殿大學士奉祠。著有《崔清獻公集》。

必昌謝公祠公嘗田繳款碑記

清同治八年（1869）

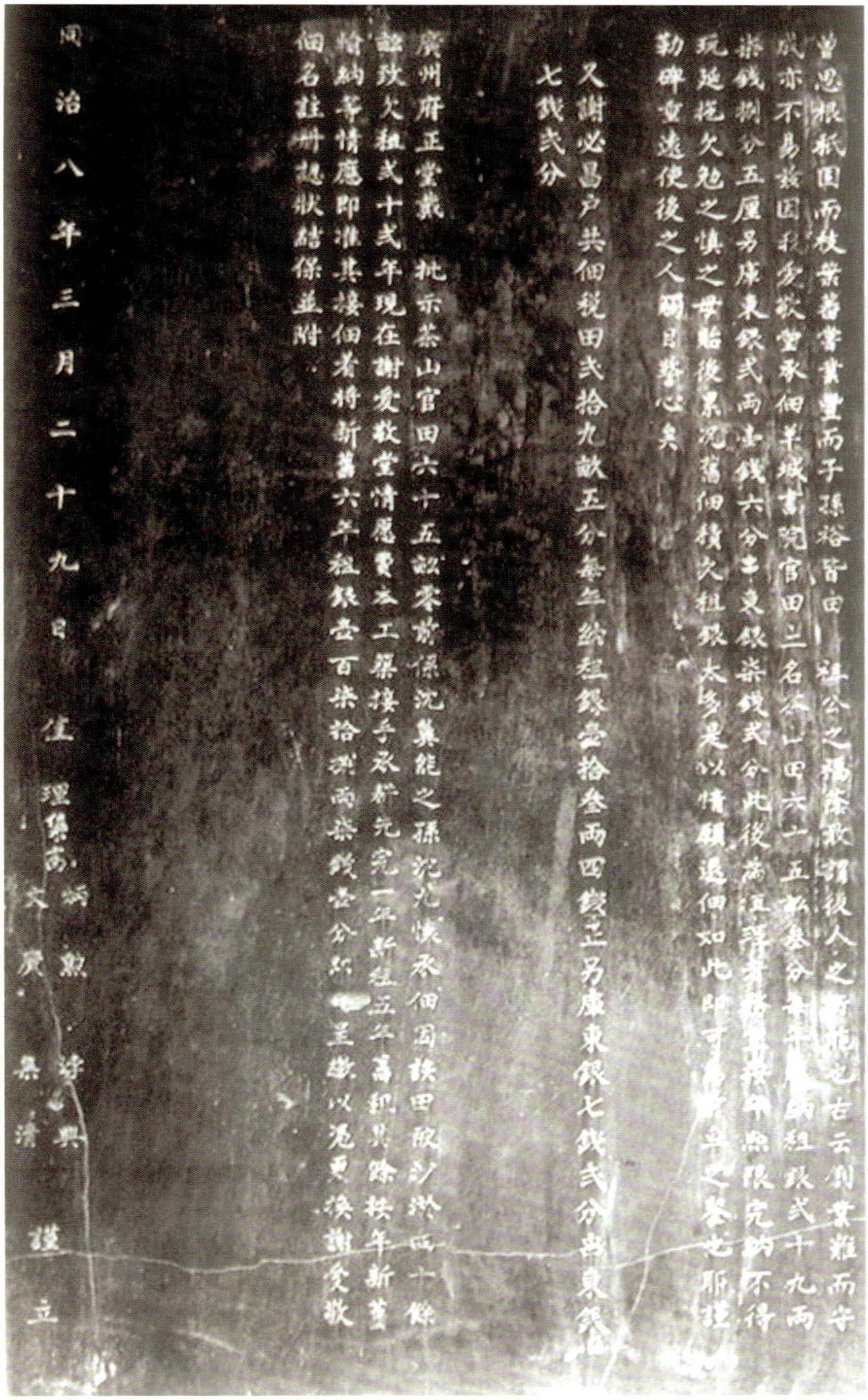

釋文

曾思根柢固而枝葉蕃，嘗業豐而子孫裕，皆由祖公之福蔭，敢謂後人之所能也。古云創業難，而守成亦不易。

茲因我愛敬堂承佃羊城書院官田，土名茶山，田六十五畝叁分，每年應納租銀式十九両柒錢捌分五厘，另庫東銀式両壹錢六分，串東銀柒錢式分，此後為值理者務宜按年照限完納，不得玩延拖欠，勉之慎之，毋貽後累。況舊佃積欠租銀太多，是以情願退佃，如此即可為前車之鑒也耶！謹勒碑垂遠，使後之人觸目警心矣。

又謝必昌戶共佃税田式拾九畝五分，每年納租銀壹拾叁両四錢正，另庫東銀七錢式分，串東銀七錢式分。

廣州府正堂戴批示：茶山官田六十五畝零，前係沈冀能之孫沈九懷承佃，因該田被沙淤四十餘畝，致欠租式十式年。現在謝愛敬堂情愿費本工築，接手承耕，先完一年新租、五年舊租，其餘按年新舊輸納，等情。應即准其接佃，着將新舊六年租銀壹百柒拾捌両柒錢壹分，即日呈繳，以凴更換。謝愛敬佃名註册認狀結保並附。

同治八年三月二十九日。

值理：集安、炳勳、文廣、浮興、集清謹立。

考略

此碑存廣州白雲區太和鎮龍歸管理區夏良村市頭大街東的必昌謝公祠。楷書。內容為該族謝愛敬堂從沈懷九處接手承佃羊城書院官田之事。碑分兩部分，前半部分敘述每年應納租銀等若干，要求族人按年照限完納，不得拖欠。後半部分附廣州府正堂要求謝愛敬堂補繳租銀准其接佃的公文。

大珠村嚴禁盜挖潤遠陂奉憲告示

清同治九年（1870）

大珠村奉憲告示

補用軍民府直隸州署花縣正堂加十級紀錄十次吳　為出示嚴禁事
現據監生王淮清等稟稱伊等潤遠古陂前於同治七年七月十九日夜被豪監邵伯仁等庇縱邵
祖美等糾衆持械搶挖陂杙經通稟　各大憲均奉批行拘辦本月初七日蒙　恩提集兩造訊明
斷令伯仁等賠杙五百株給生等自行修復業經兩造出具遵結在案生等銜結無涯莫敢多瀆惟
潤遠陂水灌溉村田十數頃向有横陂一道及水射上中下三度俱用木樁排密但山潦無常流沙
壅遏靡定歷來修築因時制宜該陂為合村民命所關陂水陂杙屢被匪徒偷搶致令蓄泄失時田
多荒蕪若不思患預防再有失事噬臍無及仰　憲台慈愛為懷興利除弊凡屬宇下莫不撥雲
霧而覩青天迫得遵抱再叩　台階伏乞軫念民艱迅賜賞示嚴禁匪徒偷挖潤遠陂水陂杙如有
抗違立即拘拿從嚴究辦俾粒食無虞小民得安耕鑿沾　恩靡既矣切赴等情批查本案先經蒙
集斷訊斷令邵祖美等罰賠陂杙五百株給監生王淮清等自行照舊修復並堂諭邵祖美等不得
再行盜挖滋事在案據稟前情除批揭示外合行出示嚴禁為此示諭潤遠陂附近各村民人知悉
爾等嗣後務宜各安本分毋得再行盜挖潤遠陂杙放水滋事倘敢故違一經訪聞或被告發究即
嚴拿按法懲辦決不姑寬各宜凜遵毋違特示
同治九年五月十九　日示

考略

此碑原存廣州花都區花山鎮鐵山河潤遠，後移置花山鎮和郁村王氏大宗祠。碑額及正文楷書。內容為花縣正堂出示嚴禁偷挖潤遠陂水陂杙之始末。將告示立碑，起警示作用，是廣府農村水利灌溉糾紛處理的案例。

釋文

（碑額）大珠村奉憲告示

補用軍民府直隸州署花縣正堂加十級紀録十次吳為出示嚴禁事。

現據監生王淮清等稟稱：伊等潤遠古陂，前於同治七年七月十九日夜，被豪監邵伯仁等庇縱邵祖美等，糾眾持械搶挖陂杙，經通稟各大憲，均奉批行拘辦，本月初七日，蒙恩提集兩造訊明，斷令伯仁等賠杙五百株，給生等自行修復。業経兩造出具遵結在案。生等唧結無涯，奚敢多瀆。惟潤遠陂水灌溉村田十數頃，向有横陂一道，及水射上中下三度，俱用木椿排密。但山潦無常，流沙變遷靡定，歷來修築因時制宜。該陂為合村民命所關，陂水陂杙屢被匪徒偷搶，致令蓄洩失時，田多荒蕪，若不思患預防，再有失事，噬臍無及。久仰憲台慈愛為懷，興利除弊。凡属宇下，莫不撥雲霧而覩青天。迫得遺抱再叩台階，伏乞軫念民艱，迅賜賞示，嚴禁匪徒偷挖潤遠陂水陂杙，如有抗違，立即拘拿，從嚴究辦。俾粒食無虞，小民得安耕鑿，沾恩靡既矣，切赴，等情。批查本案先経覆集勘訊，斷令邵祖美等罰賠陂杙五百株，給監生王淮清等自行照舊修復，並堂諭邵祖美等不得再行盜挖滋事在案。據稟前情，除批揭示外，合行出示嚴禁。為此，示諭潤遠陂附近各村民人知悉：爾等嗣後務宜各安本分，毋得再行盜挖潤遠陂杙放水滋事。倘敢故違，一経訪聞，或被告發，定即嚴拿，按法懲辦，决不姑寬。各宜凛遵毋違。特示。

同治九年五月十九日示。告示。

白鴿票花會公禁

清同治十年（1871）

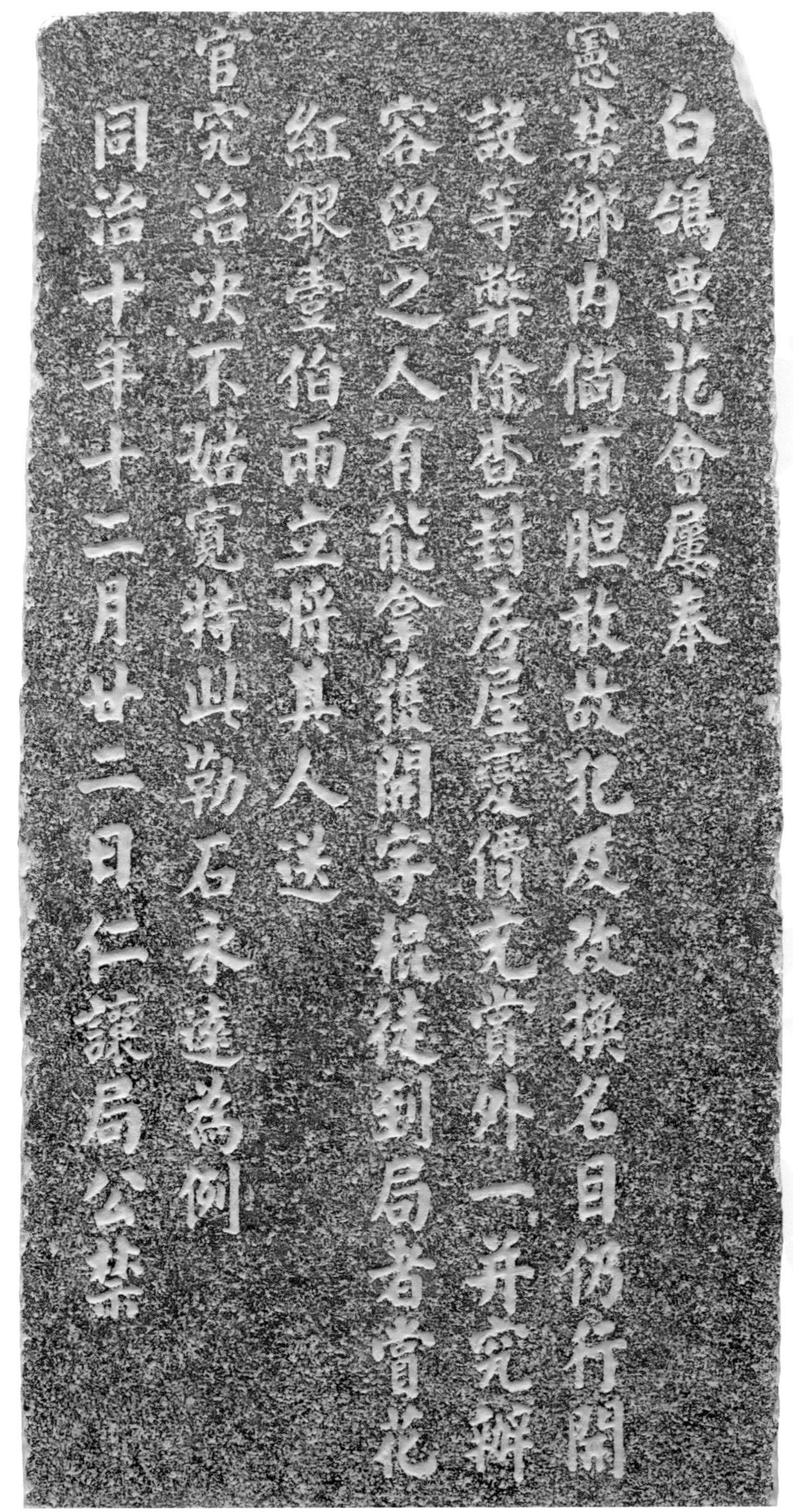

白鴿票花會屢奉
憲禁鄉內倘有胆敢故犯及改換名目仍行開
設等弊除查封房屋變價充賞外一并究辦
容留之人有能拿獲開字梘徒到局者賞花
紅銀壹伯兩立將其人送
官究治決不姑寬特此勒石永遠爲例
同治十年十二月廿二日仁讓局公禁

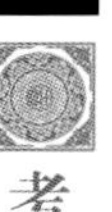

釋文

白鴿票、花會屢奉憲禁，鄉内倘有胆敢故犯，及改换名目仍行開設等弊，除查封房屋變價充賞外，一并究辦容留之人。有能拿獲開字棍徒到局者，賞花紅銀壹伯兩，立将其人送官究治，决不姑寬。特此勒石，永遠為例。

同治十年十二月廿二日。仁讓局公禁。

考略

此碑存廣州番禺區沙灣鎮安寧仁讓公局舊址。高133釐米，寬65釐米。花崗岩質。楷書。『白鴿票』『花會』是清代在廣府地區民間流行的賭博形式。為禁止這種賭博，仁讓公局將獎罰内容刻錄於碑，以示永禁。仁讓公為清朝鄉村級地方行政機構，隸屬番禺縣沙灣司管轄，民國後更名為沙灣鄉公所。

永遠嚴禁白鴿票碑記

清同治十二年（1873）

考略

此碑存廣州從化學宮之明倫堂。高130釐米，寬46釐米。花崗岩質。碑額及正文楷書。白鴿票為清中後期廣東沿海一帶出現的由官府發行、借賑災名義籌募賑款的票據，後有人利用此行當坑害百姓，騙取錢財。為遏制非法白鴿票，官府列永禁規條勒於石上。從化學宮明倫堂，為宣講鄉約、教化百姓之所。於此處公示，使民習而興思，從而斷白鴿票之流毒。

釋文

永遠嚴禁白鴿票碑記

竊念作奸犯科而為民害者，白鴿票其甚然者也。商賈農工咸墮其彀，華童婦女多陷其途。票匪之囊橐甚盈，萬民之脂膏已竭。盜賊因之而起，身家從此敗亡。關心民瘼者，未嘗不嘆息而痛恨也。爰集同人，議垂禁典，用除惡孽，安厥良民，務期永絕根株，不使再行暴虐，如復再違法律，定然殲厥渠魁，不可一日狥情，任他毒害。但願千秋同志，勵我廉隅，一洗貪污之習，即成禮讓之邦。是為引。

謹将拏獲票匪賞給花紅，勒石永禁規條列後：

一　議捉獲開白鴿票有名出字票匪，綑綁送到明倫堂，即賞花紅銀壹佰大員。

一　議捉獲堂主設局勾引内外票匪，綑綁送到明倫堂，即賞花紅銀壹佰大員。

一　議捉獲在廠總理票券出入者，綑綁送到明倫堂，即賞給花紅銀伍拾大員。

一　議本、鄰境有開白鴿票廠，我邑人等倘敢開艇私帶，捉獲綑綁，自行送官収妥，賞給花紅銀陸大員。

同治十二年歲次癸酉十二月初三日。明倫堂立。

廣州府禁西關洪恩里開設娼寮賭館示論

清光緒四年（1878）

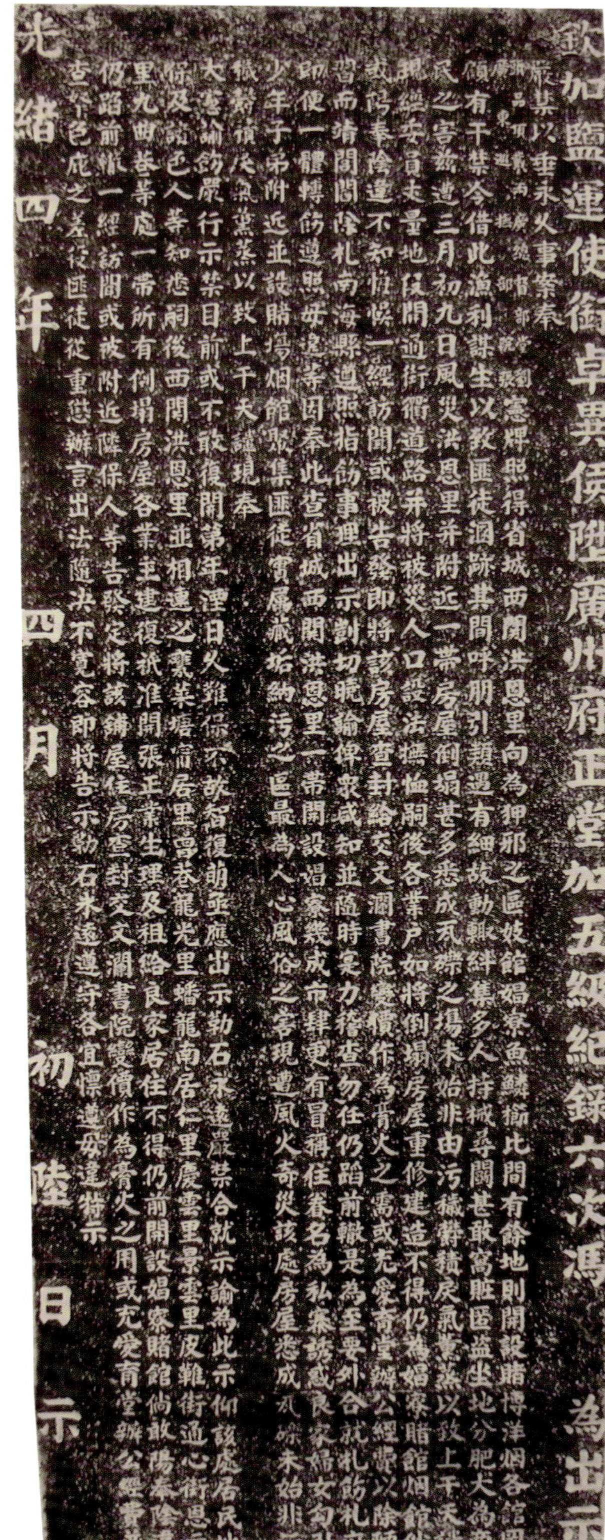

欽加鹽運使銜卓異候陞廣州府正堂加五級紀錄六次馮　為出示嚴禁以垂永久事案奉兩廣總督部堂劉　署廣東巡撫部院張　憲牌照得省城西關洪恩里向為狎邪之區妓館娼寮魚鱗櫛比間有餘地則開設賭博洋烟各館罔顧有干禁令借此漁利謀生以致匪徒溷跡其間呼朋引類遇有細故動輒糾集多人持械尋鬭甚敢窩贓匿盜此地分肥大為商民之害茲遭三月初九日風災洪恩里并附近一帶房屋倒塌甚多悉成瓦礫之場未始非由污穢薰蒸戾氣鬱結以致上干天譴現經委員丈量地段開通街衢道路并將被災人口設法撫恤嗣後各業戶如將倒塌房屋重修建造不得仍為娼寮賭館烟館倘或陽奉陰違不知悔悟一經訪聞或被告發即將該房屋查封給交文瀾書院愛育堂作為膏火之需或充愛育堂辦公經費以除陋習而靖閭閻除札南海縣遵照指飭事理出示剴切曉諭俾眾咸知並隨時認真力稽查勿任仍蹈前轍是為至要外合就札飭札府即便一體轉飭遵照毋違等因奉此查省城西關洪恩里一帶開設娼寮幾成市肆更有冒稱住眷名為私寨誘惑良家婦女勾引少年子弟附近並設賭場烟館聚集匪徒實屬藏垢納污之區最為人心風俗之害現遭風火奇災該處房屋悉成瓦礫未始非污穢薰蒸戾氣鬱結以致上干天譴現奉

大憲諭飭嚴行示禁目前或不敢復開第年湮日久難保不故智復萌亟應出示勒石永遠嚴禁合就示諭為此示仰該處居民地保及諸色人等知悉嗣後西關洪恩里並相連之虆菜塘青居里粵香龍光里蟠龍南居仁里慶雲里景雲里皮靴街通心街恩元里九曲巷等處一帶所有倒塌房屋各業主建復祇准開張正業生理及租給良家居住不得仍前開設娼寮賭館倘敢陽奉陰違仍蹈前轍一經訪聞或被附近鄰保人等告發定將該鋪屋住房查封交文瀾書院愛育堂作為膏火之用或充愛育堂辦公經費並查拏色庇之差役匪徒從重懲辦言出法隨決不寬容即將告示勒石永遠遵守各宜懍遵毋違特示

光緒四年四月初陸日示

釋文

欽加鹽運使銜卓異侯陞廣州府正堂加五級紀録六次馮為出示嚴禁以垂永久事。

案奉頭品頂戴兩廣總督部堂劉、廣東廵撫部院張憲牌，照得省城西関洪恩里，向為狎邪之區，妓館娼寮，魚鱗櫛比，間有餘地，則開設賭博、洋烟各館，罔顧有干禁令，借此漁利謀生，以致匪徒溷跡其間，呼朋引類，遇有細故，動輒糾集多人持械尋鬬，甚敢窩賍匿盜，坐地分肥，大為商民之害。茲遭三月初九日風災，洪恩里并附近一帶房屋倒塌甚多，悉成瓦礫之塲。未始非由污穢欝積，戾氣薫蒸，以致上干天譴。現經委員丈量地段，開通街衢道路，并將被災人口設法撫恤。嗣後各業户如將倒塌房屋重修建造，不得仍為娼寮、賭館、烟館，倘或陽奉陰違，不知悔悞，一經訪聞，或被告發，即將該房屋查封，給交文瀾書院變價作為膏火之需，或充愛育堂辦公經費，以除陋習而靖閭閻。除札南海縣遵照指飭事理出示，剴切曉諭，俾衆咸知，並隨時寔力稽查，勿任仍蹈前轍，是為至要外，合就札飭札府，即便一體轉飭，遵照毋違，等因。奉此，查省城西関洪恩里一帶開設娼寮，幾成市肆，更有冒稱住眷，名為私寨，誘惑良家婦女，勾引少年子弟。附近並設賭塲、烟館，聚集匪徒，實属藏垢納污之區，最為人心風俗之害，現遭風火奇災，該處房屋悉成瓦礫，未始非污穢欝積，戾氣薫蒸，以致上干天譴。現奉大憲諭飭，嚴行示禁，目前或不敢復開，第年湮日久，難保不故智復萌，亟應出示勒石，永遠嚴禁，合就示諭。為此，示仰該處居民地保及諸色人等知悉。嗣後西関洪恩里並相連之甕菜塘、甯居里、曾巷、龍光里、蟠龍南、居仁里、慶雲里、景雲里、皮鞋街、通心街、恩元里、九曲巷等處一帶，所有倒塌房屋，各業主建復，祇准開張正業生理及租給良家居住，不得仍前開設娼寮賭館，倘敢陽奉陰違，仍蹈前轍，一經訪聞，或被附近隣保人等告發，定將該舖屋住房查封，交文瀾書院變價作為膏火之用，或充愛育堂辦公經費，並查拏包庇之差役匪徒，從重懲辦，言出法隨，決不寬容。即將告示勒石，永遠遵守。各宜懔遵毋違。特示。

光緒四年四月初陸日示。

考略

此碑存廣州荔灣區文昌南路慶壽里。高210釐米，寬78釐米。花崗岩質。楷書。是官府公示。內容為當時的廣州府正堂馮泰松奉兩廣總督劉坤一、廣東巡撫張兆棟之憲令，曉諭衆人嚴禁在西關洪恩里一帶開設娼寮賭館煙館事宜。清光緒四年（1878）三月初九日風災，洪恩里一帶房屋倒塌甚多，官府認為是由於此地一向為娼寮賭館煙館集聚之區，乃污穢鬱積所致。要求各業户將倒塌房屋重建後，不得再為娼寮賭館煙館。

文瀾書院清濠公所示諭

清光緒八年（1882）

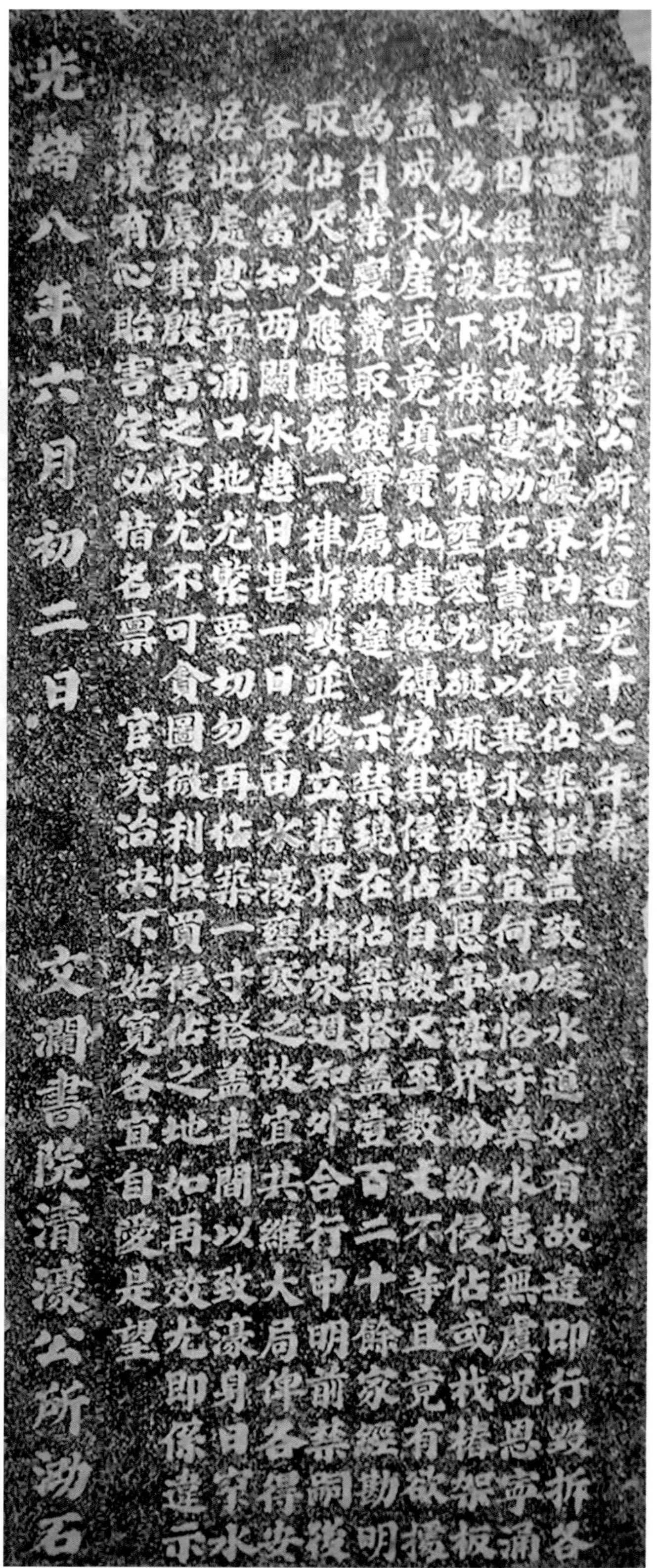

釋文

文瀾書院清濠公所於道光十七年奉前縣憲示。

嗣後水濠界内不得佔築搭蓋致礙水道，如有故違即行毀拆各等因。經豎界濠邊，泐石書院，以垂永禁。宜何如恪守，奠水患無虞。况恩寧涌口為水濠下游，一有壅塞，尤礙疏洩。兹查恩寧濠界紛紛侵佔，或杙樁架板，盖成木屋，或竟填實地，建做磚房，其侵佔自数尺至数丈不等，且竟有欲據為自業，變賣取錢，實屬顯違示禁。現在佔築搭盖壹百二十餘家，經勘明取佔尺丈應聽候一律拆毀，並修立舊界，俾衆週知外，合行申明前禁，嗣後各家當知，西關水患日甚一日，多由水濠壅塞之故。宜共維大局，俾各得安居此處，恩寧涌口，地尤緊要，切勿再佔築一寸、搭盖半間，以致濠身日塞，水潦多虞。其殷富之家，尤不可貪圖微利，悮買侵佔之地，如再效尤，即係違示抗衆，有心貽害，定必指名稟官究治，決不姑寬。各宜自愛是望。

光緒八年六月初二日。

文瀾書院清濠公所泐石。

考略

此碑存廣州市荔灣區恩寧路逢慶首約。高160釐米，寬75釐米。楷書。是文瀾書院於清光緒八年（1882）刻立的為維護西關濠渠順暢、禁止違規占地搭建房屋的禁示文告。當時西關一帶地勢低窪，西濠涌經常淤塞，致河水氾濫。嘉慶十五年（1810），由西關士紳何太清等人與洋行行商發起清理濠渠事宜，在文瀾書院設立清濠公所，作為清理濠渠的機構。文瀾書院，曾位於廣州下九路以北的文瀾巷，創設於嘉慶十六年（1811），在清濠和助學方面有較多貢獻。

禁在風水基内填築示

清光緒九年（1883）

釋文

（碑額）禁在風水基内填築示

欽加同知銜署南海縣正堂隨帶加四級紀録十次張爲出示曉諭事。

案據泮塘仁威局生員李芝芳等呈稱，伊等聚族世居泮塘，居民多以種塘為業。仁威廟前縱橫仟陌，外涌内塘間以壹基，名曰風水基，鄉議不得在此起建房屋，致蔽通村明堂，前嘉慶年間建有小屋数間，村内大為不利，鄉人是以禁止起建，百餘年來相安無異。基内所有種植必由塘内竇口通涌，以備旱潦。不料鄉人梁亜保於本年正月買得基内一塘約畝餘地，為各處水道出入咽喉要區，亜保素性强悍，任意妄為，自以填塘起家，為富不仁，於上月鳩工，竟將此塘填築閉塞水口，當經耆老集廟理勸弗恤，亜保聲言將建高樓大廈轉售别人，任控莫奈，復經伊等勸阻不從，現尚日僱十數沙艇運坭填塞，人心洶洶，闔村忿恨，勢必釀成械鬬，倘任築成平地，潦無宣洩，旱無蓄儲，何以種植！繪圖聯叩拘傳，勒令仍舊挑疏示禁填築起建，等情，到縣。據此，當經飭差查覆属實在案。兹復據李芝芳等以亜保仍敢填築，呈請拘傳示禁前來除批揭示，并差傳梁亜保到案，勒令將所填之塘照舊挑疏，不准建造房屋外，合行出示曉諭。為此，示諭軍民人等知悉：爾等須知仁威廟前風水基，外涌内塘，係該村明堂，且為各處水道出入咽喉，不准填築起建房屋，以免蔽塞而期宣洩，如敢故違，則是有心玩抗，一經指控，定即拘案嚴究，決不寬貸。各宜凛遵毋違，特示。

光緒九年四月二十三日示。

考略

此碑存廣州荔枝灣河涌旁。碑額及正文楷書。內容為荔枝灣北面的仁威廟前有沙洲一處，向為恩洲堡鄉民視作一方風水基及該村明堂，且此處為各處水道出入咽喉。清光緒九年（1883）鄉人梁亞保購買此沙洲，閉塞水口並欲建高樓大廈，鄉民認為此舉有礙風水，且影響水的宣洩與蓄儲，遂聯名呈訴於南海縣衙。縣令出告示禁諭，鄉民刻石立於沙洲。該禁諭碑與他處所見為維護河涌湖汊而立的官衙告示碑一致，均為利於疏濬河道而立。特別之處在於強調風水觀念，並提出『基』這一具有地方色彩的地理名詞。

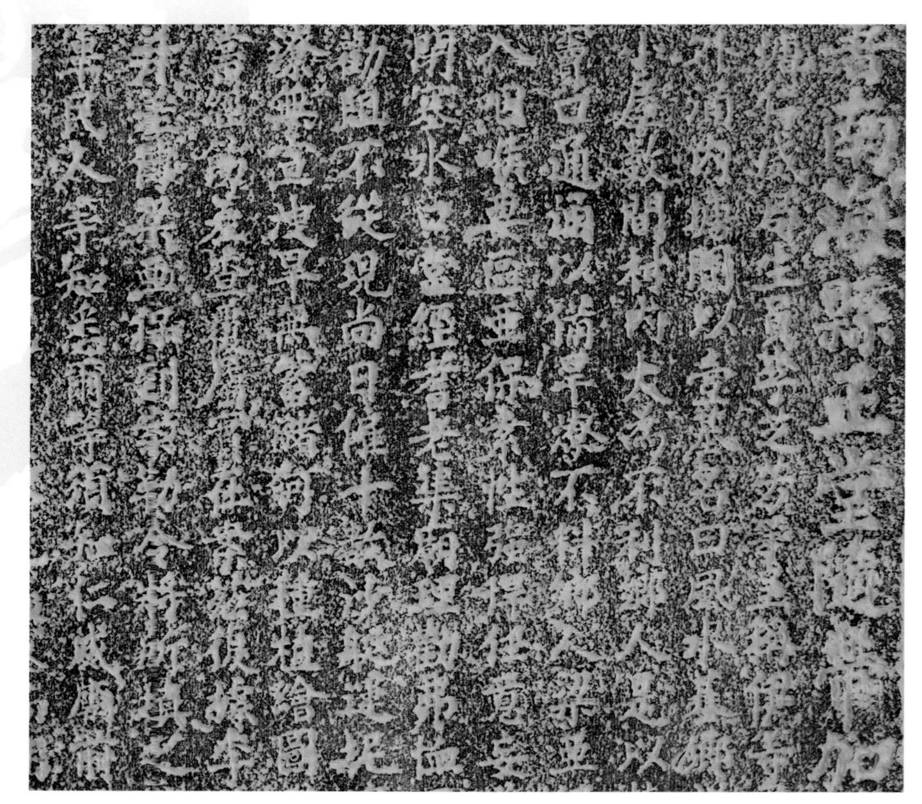
（碑刻局部）

沙灣仁讓公局四姓公禁

清光緒十一年（1885）

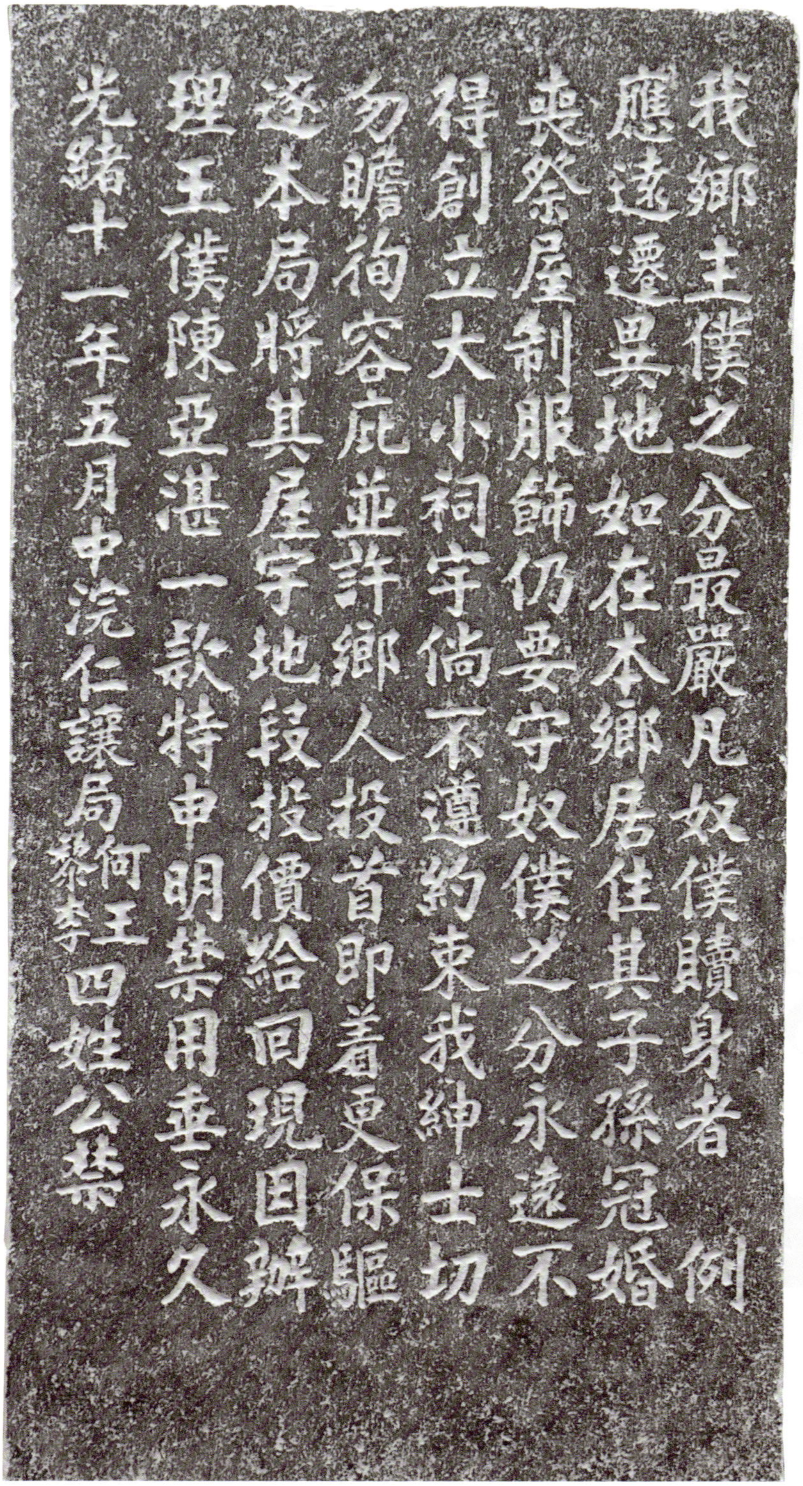

我鄉主僕之分最嚴凡奴僕贖身者例
應遠遷異地如在本鄉居住其子孫冠婚
喪祭屋制服飾仍要守奴僕之分永遠不
得創立大小祠宇倘不遵約束我紳士切
勿瞻徇容庇並許鄉人投首即着吏保驅
逐本局將其屋宇地段投價給回現因辦
理王僕陳亞湛一款特申明禁用垂永久
光緒十一年五月中浣仁讓局何王黎李四姓公禁

釋文

我鄉主僕之分最嚴，凡奴僕贖身者，例應遠遷異地。如在本鄉居住，其子孫冠婚、喪祭、屋制、服飾，仍要守奴僕之分，永遠不得創立大小祠宇。倘不遵約束，我紳士切勿瞻徇容庇，並許鄉人投首，即着更保驅逐，本局將其屋宇地段投價給回。現因辦理王僕陳亞湛一款，特申明禁，用垂永久。

光緒十一年五月中浣。

仁讓局何、王、黎、李四姓公禁。

考略

此碑存廣州番禺區沙灣鎮安寧市仁讓公局舊址東牆外。高134釐米，寬62釐米。楷書。花崗岩質。碑文揭示當時封建社會森嚴的等級關係，是封建專制政治之明證。據鄉人所憶，陳亞湛等是本鄉祠僕，即『家生娣』，後因在鄉中致富，便在今沙灣戲院空地上建『陳家祠』，但被碑中所說『主僕之分最嚴』的鄉中四姓出面干預，拆去其所建祠堂，由何族後代建以新生祠，名曰『寶藏祠』。並於清光緒十二年（1886），在主持沙灣鄉政事的仁讓公局內立四姓公禁碑。陳亞湛等只有遠離沙灣，後來家道中落，再回沙灣定居。據此亦可證鄉約對鄉人有較高的約束力。

奉憲免抽牙捐示諭

清光緒十一年（1885）

奉憲免抽牙捐示諭

諭石朴石料行各商人知悉照得該商等所承雨行牙捐實係一物兩轇轕纏訟已經數月分辦不能合辦不可諸多窒礙愈理愈紛查本局辦理牙捐于工作手藝原不抽收姑念該石朴石料雨行均係琢石貧民工作謀食從寬酌量概免抽收以示體恤其餘不得援以為例各宜凜遵毋違特諭

光緒十一年七月十三日　示

石行永勝堂等抄刻

釋文

（碑額）奉憲免抽牙捐示諭

諭石朴石料行各商人知悉：照得該商等所承兩行牙捐，實係一物，而轇轕纏訟已經數月，分辦不能，合辦不可，諸多窒礙，愈理愈紛。查本局辦理牙捐，于工作手藝原不抽收，姑念該石朴、石料兩行，均係琢石貧民，工作謀食，從寬酌量，概免抽收，以示體恤。其餘不得援以為例。各宜凛遵毋違。特諭。

光緒十一年七月十三日示。

石行永勝堂等抄刻。

考略

此碑原存廣州越秀區北京南路同慶里，後移置越秀區博物館。高130釐米，寬50釐米。碑額及正文楷書。內容是當時廣州府稅局為處理石朴行和石料行行商為代收牙捐糾紛之事，因考慮兩行均為琢石貧民，官府決定免收兩行牙捐，以示恩遇。兩行遂將此示諭抄錄刻石曉眾。從中可瞭解兩行在廣州的經營及管理情況。該碑原來所在之同慶坊曾是傳統的石料加工作坊聚集區。自清代始，廣州北京南路、泰康路、八旗二馬路一帶多有石朴石料行，現八旗二馬路的海員俱樂部即是當年的石行工會。同慶坊附近還有製作石料的堪寧會館、石行會館等。據考，清代廣州城南臨珠江，同慶坊靠近天字碼頭，屬商貿繁華地段，自清至民國，乃至中華人民共和國成立之後的一段時期，都是加工石料的作坊區。

番禺禁伐古松告示

清光緒十一年（1885）

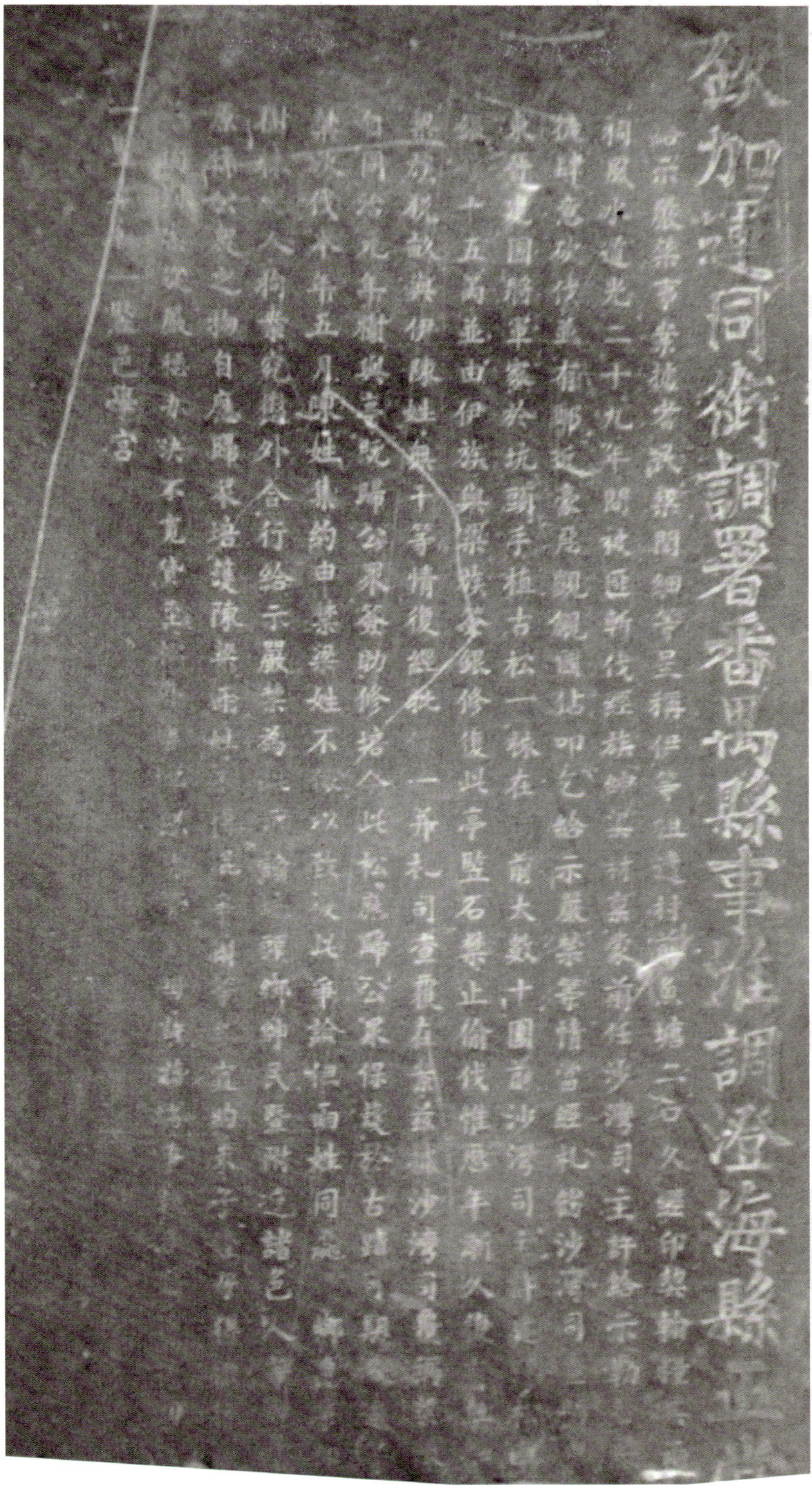

釋文

欽加運同銜調署番禺縣事淮調澄海縣正堂（下文殘缺）給示嚴禁事。

案據耆民梁閆細等呈稱，伊等祖遺村前魚塘二口，久經印契輸糧，其兩（下文殘缺）祠風水，道光二十九年間，被匪斬伐，經族紳梁材稟，蒙前任沙灣司主許給示勒石，嚴（下文殘缺）徒肆意砍伐，並有鄰近豪惡覬覦圖佔，叩乞給示嚴禁，等情。當經札飭沙灣司查明，申（下文殘缺）東晉建國將軍家於坑頭，手植古松一株，在祠前，大數十圍，前沙灣司主許建拜松亭（下文殘缺）銀七十五両，並由伊族與梁族簽銀修復此亭，豎石禁止偷伐。惟歷年漸久，復有無知（下文殘缺）梁族税畝，與伊陳姓無干等情，復經批候一并札司查覆在案。茲據沙灣司覆稱梁、陳（下文殘缺）自同治元年，樹與亭既歸公眾簽助修培，今此松應歸公眾保護，於古蹟可期久遠□（下文殘缺）禁砍伐。本年五月陳姓集約申禁，梁姓不依，以致彼此争論。但兩姓同處一鄉，息争即（下文殘缺）樹林之人拘案究懲外，合行給示嚴禁。為此，示諭坑頭鄉紳民暨附近諸色人等知悉（下文殘缺）原係公眾之物，自應歸眾培護，陳、梁兩姓不得混争。爾等各宜約束子姪，毋得擅行以（下文殘缺）□拘到案，從嚴懲办，決不寬貸。至松外塘地照契管業，毋許藉端争執。各宜凛遵毋違。（下文殘缺）一竪本□，一竪邑學宫。

光緒十一年八月。

此碑存廣州番禺區南村鎮坑頭村子集陳公祠。下半部殘缺。殘高137釐米，寬71釐米。硯石質。楷書。內容為原南村坑頭有一株一千多年樹齡的古松，為東晉建國大將軍陳元德手植，被視為風水寶樹，清道光二十九年（1849）古松曾遭人砍伐，為此，沙灣司專門立石禁止偷伐，並建『拜松亭』以示景仰。清同治元年（1862），古松與亭由公眾出資培修，後本鄉陳、梁兩姓爭古松權屬，經縣衙調停，認為古松應屬公眾之物，由公眾培護。在該祠和番禺縣學宮各立一石碑告示，現番禺學宮石碑已失。

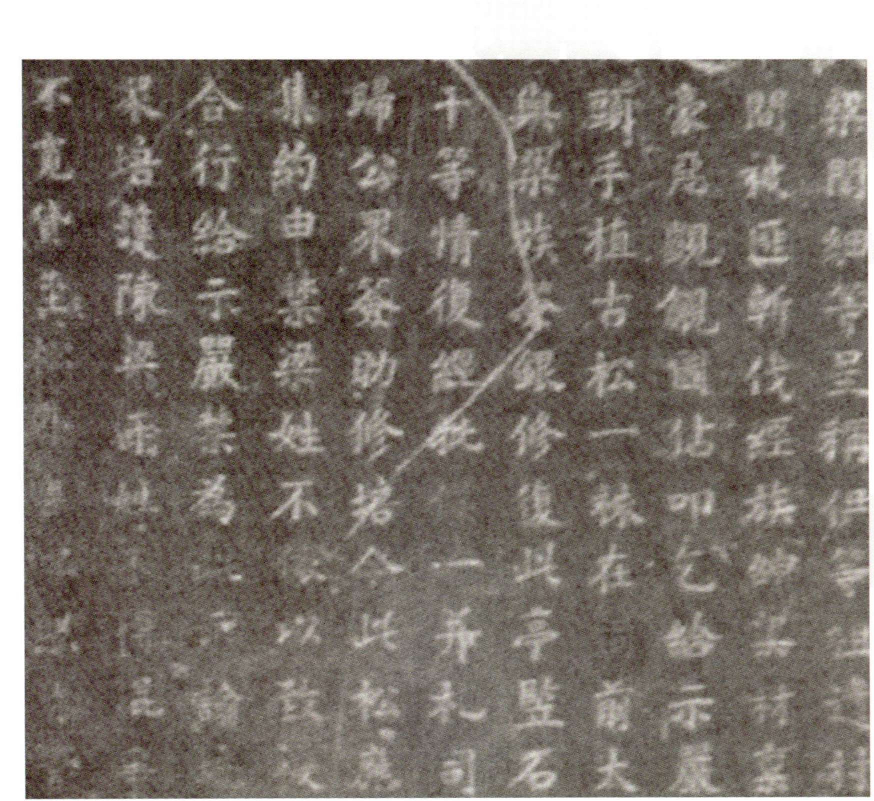

（碑刻局部）

廣東督糧道定普濟院規則

清光緒十二年（1886）

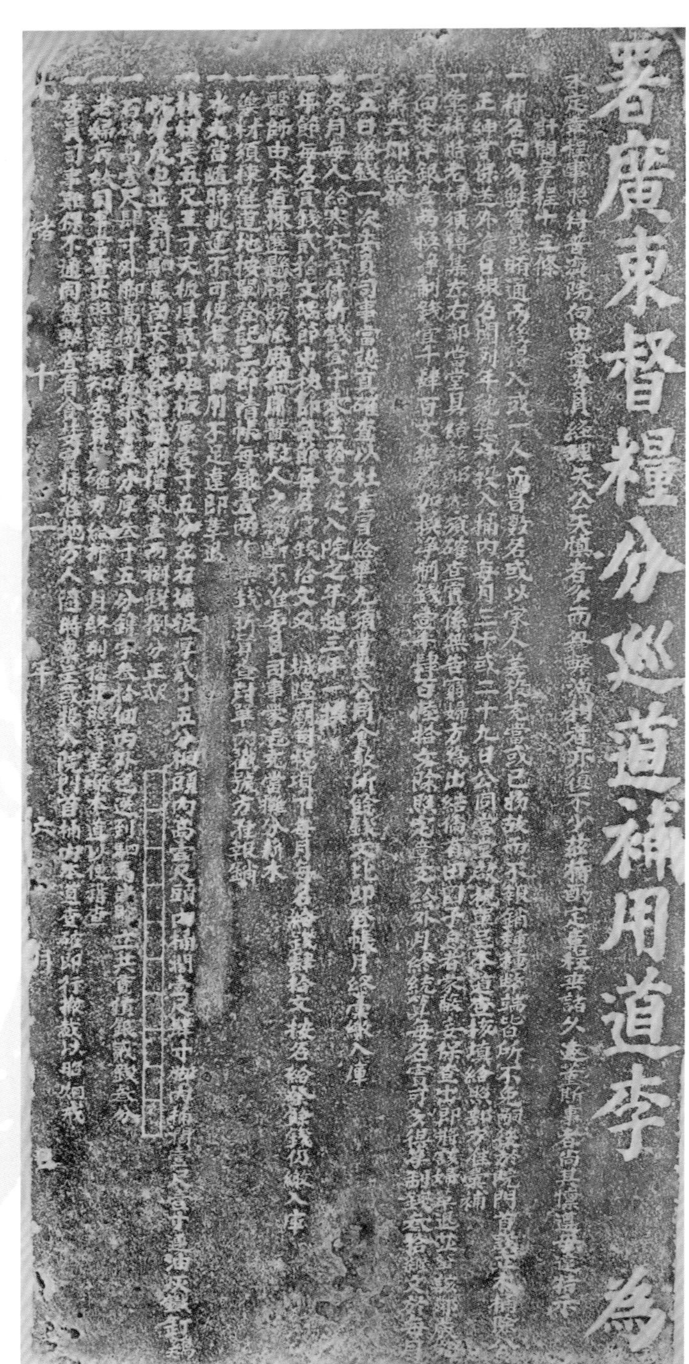

考略

此碑原存廣州越秀區黄華路南洋電器廠，後移置廣州博物館。楷書。黄華路在明崇禎十七年（1644）建有黄華寺，清乾隆十九年（1754）改為女養濟院，是主要收養貧老婦人的公辦福利組織，後改為普濟院。碑文内容涉及普濟院内老婦人入院資格的審核、每月例錢支付情況、年節補貼、就醫、病故後的棺木規格等規則，為瞭解清代公辦救濟機構的情況提供了珍貴資料。

釋文

署廣東督糧分廵道補用道李為永定章程事。

照得普濟院向由道委員経理，矢公矢慎者多，而舞弊漁利者亦復不少。茲特酌定章程，垂諸久遠，董斯事者尚其懍遵毋違。特示。

計開章程十三條：

一　補名向多弊竇，或賄通而後得入，或一人而冒數名，或以家人差役充當，或已物故而不報銷，種種弊端，皆所不免。嗣後於院門首設壱木桶，除公正紳耆保送外，准自報名，開列年紀箕業投入桶內。每月三十或二十九日，公同當堂啟視，單呈本道查核，填給照部，方准彙補。

一　彙補時，老婦須傳集左右鄰，當堂具結，該鄰亦須確查，實係無告窮婦，方為出結。倘有田園子息者，蒙蔽妄保，查出即將該婦革退，並拏該鄰嚴究。

一　向來洋銀壹両換浄制錢壹千肆百文，現□加換淨制錢壹千肆百陸拾文，除照定章支給外，月終統算，每名實可多得浄制錢叁拾陸柒文，於每月第六即給發。

一　五日給錢一次，委員、司事當認真確查，以杜重冒。給畢，尤須當堂公同會數，所餘錢文，比即登帳，月終彙繳入庫。

一　冬月每人給寒衣壹件，折錢壹千零五拾文，從入院之年起，三年一換。

一年節每名賞錢貳拾文；端節、中秋節，每節每名賞錢拾文。又城隍廟司祝項下，每月每名給錢肆拾文，按名給發，餘錢仍繳入庫。

一醫師由本道揀選，懸牌飭派，庶無庸醫殺人之禍，斷不准委員、司事蒙混充當，攤分薪水。

一藥材須揀選道地，按單登記，三節清帳；每銀壹兩作柒錢折算，查對單内戳號方准報銷。

一水夫當隨時挑運，不可使老婦日用不足，違即革退。

一棺材長五尺三寸，天板厚貳寸，地板厚壹寸五分，左右墻板厚貳寸五分；板頭内高壹尺，頭内桶濶壹尺肆寸，脚内桶濶壹尺壹寸；連油灰、鐵釘、雞枕、□灰包並送到駟馬崗安葬，合共每副價銀壹两捌錢捌分正。尺式：（圖略）

一石碑高壹尺肆寸，外脚高捌寸，寬柒寸五分，厚叁寸五分，鎸字叁拾個内外，包送到駟馬崗監立，共實價銀貳錢叁分。

一老婦病故，司事當查出照簿，報知委員驗確，方給棺木；月終列摺並照簿呈繳本道，以便稽查。

一委員、司事難保不通同舞弊，查有貪婪實據，准地方人隨時稟呈，或投入院門首桶内，本道查確，即行撤裁，以昭炯戒。

光緒十二年六月日。

嚴禁侵占盜賣伍國英墓地告示

清光緒十三年（1887）

考略

此碑存廣州番禺區化龍鎮水門村赤珠崗伍國英墓前。碑額及正文楷書。是番禺縣事應伍氏後人提出為免祖墳被毁占的要求而發的告示，從中可瞭解古人對祖墳保護的各種方式。伍國英生卒年及生平事迹待考，但從告示碑『自元代安葬五世祖國英公暨祖妣黄氏』看，伍國英卒年應在元代。又據該墓配置有石獅和華表來看，墓主人似有較顯赫的身份。

釋文

（碑額）告示

補用府陞用同知直隸州署番禺縣事連平州正堂加十級紀錄十次陳為出示嚴禁事。

現據宗子伍學能等禀稱：竊伊等承祖遺下新造隔山村前土名赤珠岡山地一段，該税三畝一分，東至李山，西至潘地，南至嚴山，北至嚴山，前面横濶一十四丈九尺二寸，後面横濶七丈五尺五寸，左邊直長一十五丈九尺二寸，右邊直長一十五丈六尺。自元代安塟五世祖國英公暨祖妣黄氏並宗族隨後附塟墳塋共式拾壹穴，久経監有石界，並立契投叩。蒙布頒無字八十一號契尾收執，歷年祭掃輸糧無異，惟是該處墳山與伊村相隔遙遠，加以山鄰叢集，時慮照管不及，致有毁佔之虞。且山狗棍徒，只圖謀利，罔顧害人，或鋤墳盜塟，或毁界佔争，甚至挖滅骨骸，移甲易乙，種種弊端難以枚舉。近因毁墳控告之案，層見疊出，與其臨事告發，曷若先事防維，然必奉有憲示，山狗始能斂跡，迫得粘抄契據，並繪具山圖，呈叩台階，伏乞迅賜給示，泐石嚴禁，俾杜後患而妥先靈，存歿均感，切赴等情。據此，批揭示外，合行出示曉諭。為此，示諭諸色人等知悉：爾等須知該處山地係伍姓祖墳，業已安塟多年，毋得侵佔盜賣。倘敢故違，一經查出，或被指控，定行拘究不貸。各宜凛遵毋違。特示。

光緒十三年二月日示。

番禺縣波羅廟革退住持僧示諭

清光緒十六年（1890）

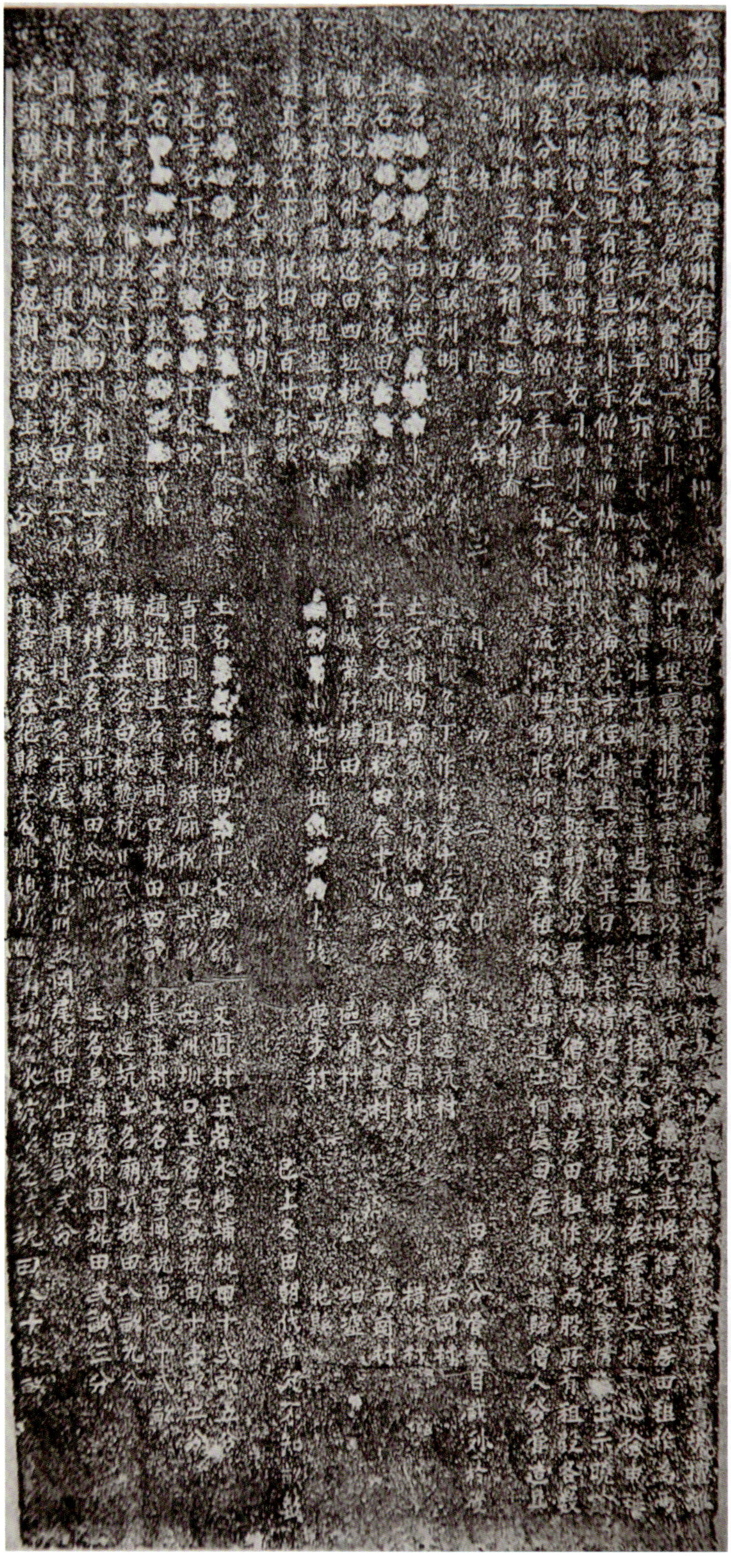

考略

此碑存廣州黄埔區穗東街廟頭社區南海神廟。高176釐米，寬78釐米。花崗岩質。楷書。記載番禺縣正堂的諭示，稱波羅廟（即南海神廟）住持僧吉雲不守清規，擅離職守，未能處理廟事常務等，故將其革退而另聘廣州華林寺僧接任；並對廟側的凝真觀、海光寺道僧兩房田租作了分配規定。文後列觀、寺名下的田産位置與數目，是研究南海神廟管理沿革的相關資料，對瞭解廣府寺廟、道觀稅田管理情況也可資借鑒。

釋文

欽加同知銜署理廣州府番禺縣正堂楊□□諭飭遵照事。

案據署鹿步司郭巡檢具稟，波羅廟住持僧吉雲不守清規，擅離職役，名為兩房僧人，實則一房，且非常在廟中司理，稟請將吉雲革退，以法輪寺僧榮峰接充，並將僧道三房田租作為兩股，僧道各執壹年，以照平允，亦專責成等情。業經准予將吉雲革退，並准僧榮峰接充，給發照示在案。隨又據該巡撿申稱：榮峰辭退，現有省垣華林寺僧量聰情願接充海光寺住持，且該僧平日恪守清規，人亦清静，堪以接充，等情。□出示曉諭，並給照僧人量聰前往接充司理外，合就諭到該道士即便遵照。嗣後波羅廟内僧道两房田租，作為两股。所有租穀各数，两房分撥。其值年事務，僧一年，道一年，各自輪流辦理。仍將何處田産租穀，撥歸道士；何處田産租穀，撥歸僧人分管，造具清册，繳縣立案，勿稍違延。切切。特諭。

光緒拾陸年三月初二日諭。

田産分管数目載列於後：

凝真觀田畝列明：

土名□□□，税田合共□□□十餘畝零。

土名□□□□，合共税田□□五畝餘。

觀西北墻外路边田四坵，税五畝餘。

省河南黄崗頭，税田租銀四両八錢。

凝真觀名下作税田壹百廿餘畝。

凝真觀名下作税叁十五畝餘。土名捕狗帘、鉄炉坑，税田八畝。

土名大洲圍，税田叁十九畝餘。

省城黄孖塘田□□□，山地共租□□□壹錢。

水逕坑村、吉貝崗村、雞公塱村、區涌村、鹿步村，茅岡村、横沙村、南崗村、細墟、花縣，已上各田朝代年久不知畝数。

海光寺田畝列明：

土名□□□，税田合共□□□十餘畝零。

海光寺名下作税□□□十餘畝。

土名□□□□，合共税□□□□畝餘。

海光寺名下作税叁十餘畝。

龍潭村，土名僧洞脚、金狗洲，税田十一畝。

圍涌村，土名大洲頭、波羅坑，税田十六畝。

木頭塱村，土名吉皃岡，税田壹畝八分。

土名□□，税田□十七畝餘。

吉貝岡，土名埔頭廊，税田六畝。

趙波圍，土名東門口，税田四畝。

横沙，土名白杬墪，税田弍畝。

筆村，土名村前，税田叁畝。

文園村，土名水陟埔，税田十弍畝五分。

西洲圳口，土名石寮，税田十壹畝二分。

長溢村，土名尾窑岡，税田七十弍畝。

小逕坑，土名廟坑，税田八畝九分。

土名烏涌墟竹園，税田弍畝三分。

茅崗村，土名牛尾軛，墪村前，長岡尾，税田十四畝弍分。

官窑税在花縣，土名鷓鴣坑，鶴浦坑，滄水坑，□□坑，税田八十餘畝。

不准占用花地河道示諭

清光緒十七年（1891）

釋文

欽加知府銜補用直隸州署理番禺縣事即補縣正堂加十級紀録十次李為出示曉諭永禁事。

案照縣屬舖民李慶輝等，呈控郭存善瞞承土名自岸沙欄坦畝，有碍河道，乞請追繳執照，等情。一案控，奉藩憲批行，當經前署縣楊移請沙田局查明案由，示期詣勘，即扵光緒十六年七月十四日親詣查勘，郭存善不到，因飭原告李慶輝等引勘，自小蓬仙舘至策頭鄉天后廟一帶，均係河面，並無坦形。據舖民均稱，此河面即係花地河面，郭存善瞞墾之坦，即係此處。督飭弓役勘丈，河旁两岸均舖户居民，河身逼窄。寬處不過十七八丈，窄處僅祗十五六丈，為西北两江往来通津。復詢土名，自岸沙欄與花地河面是一是二，據稱，郭存善所承之坦地，實係花地河面，並非土名自岸沙欄。查勘該處河之两岸，皆係民房，其東岸有村名曰自岸村，臨河房屋比鱗，並無坦田，何從開墾？郭存善所承自岸沙欄名為自岸村前之河道，實即李慶輝等所謂花地河面，河身原小，豈可再令奸巧之徒藉墾影佔，致碍商民来往水道。

楊前署縣斷令：不准開墾，繪圖存卷。未及詳銷卸事。本署縣抵任，接准移交，當經查案詳銷。現奉藩憲批行如詳示禁追照繳銷，等因。正在遵辦問，據沙螺西塱等堡崇文局紳以李慶輝等請禁郭存善填築之後，自在小蓬仙舘後便沙欄，新設石壩私自佔築，禀請諭禁前来。除飭差查禁押拆，並吊郭存善所領部照呈銷外，合行出示曉諭。為此，示諭該處舖民人等知悉：爾等須知，花地河面一帶，係經楊前署縣勘明，河面狹窄，有碍水道，不准

郭存善填築，即附近居民李慶輝等，亦不得私行佔踞，自出示後，如有奸徒市儈巧立名目，擅行填築，藉圖自利，一經訪聞或被控告，定即嚴拿究辦，立即押拆，決不姑寬。其各凜遵毋違。特示。

光緒十七年五月十七日示。

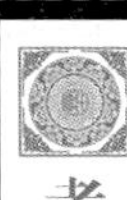

考略

此碑原存廣州荔灣區花地河口古渡頭（碼頭）旁，後移置荔灣區文化廣電新聞出版局。高174釐米，寬86釐米。花崗岩質。楷書。該碑於二〇〇三年十一月二日築花地河防洪堤開挖土方時出土，是番禺知縣的民事訴訟判決示諭碑。內容為舖民李慶輝狀告郭存善私自在花地河岸填築，非法占用河道，有礙交通一案，經前任知縣審理批示不許。後李慶輝又私占填築。本任知縣再次公告申明不得私行占用。碑文中提及花地一帶的一些地名，對研究花地河歷史、地理有一定的參考價值。

番禺大嶺鄉堵塞川梁口示諭

清光緒十八年（1892）

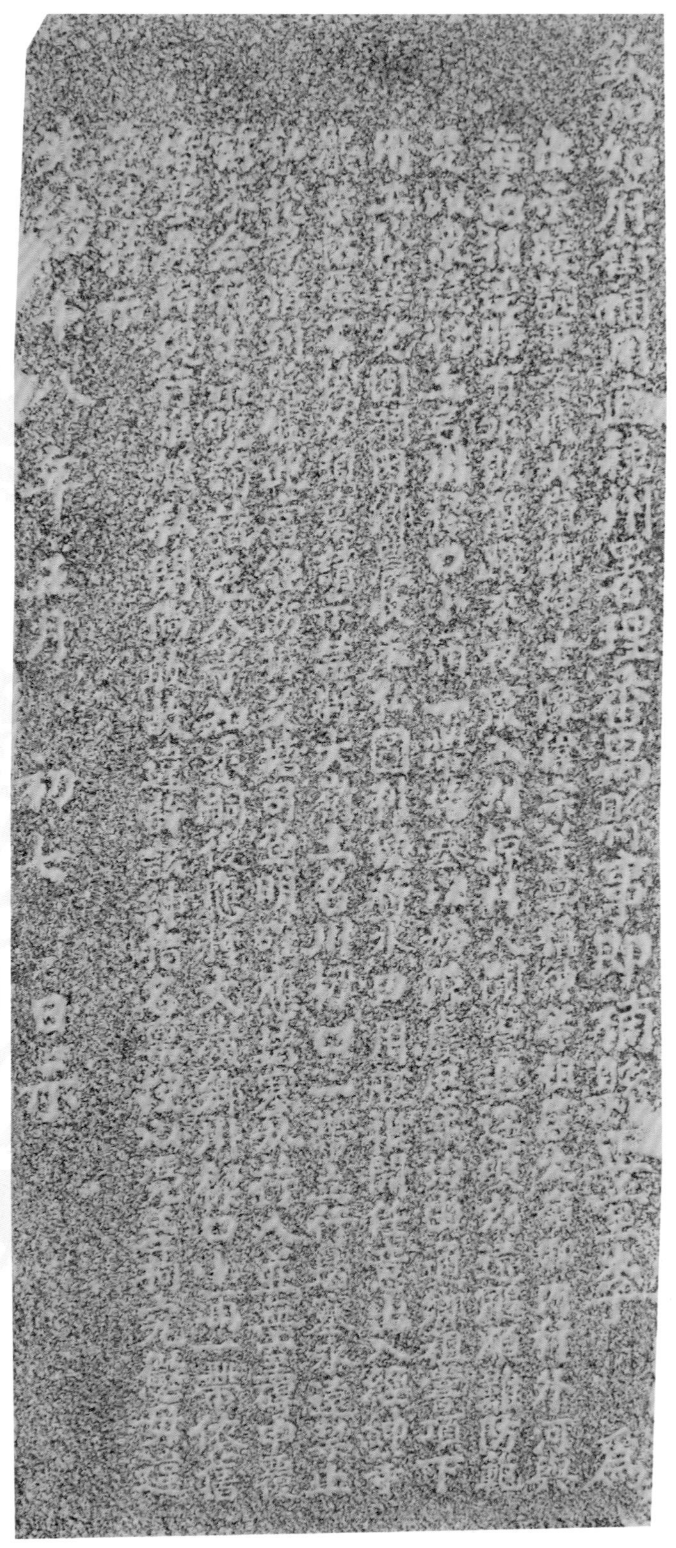

釋文

欽加知府銜補用直隸州署理番禺縣事即補縣正堂李爲出示曉諭事。

案據大嶺鄉紳士陳偉宗等稟稱，紳等祖居大嶺鄉内，村外河與海面相連，時有水賊潛蹤，乘夜竄入，刦掠村人，聞警退還，頃刻遠颺，頗難防範。是以衆議將土名川樑口小涌一帶堵塞，以妨疏虞。歷年均由通鄉祖嘗項下用工修築完固。詎因鄉農收禾，私圖利便，將水口用艇推開，任意出入。經紳等嚴禁，怙惡不悛，必須稟請示禁，將大嶺土名川樑口一帶立行堵塞，永遠禁止私挖，等情，到縣。據此，當經飭據茭塘司查明，確應堵塞，於行人並無窒碍，申覆前來，合行出示曉諭：諸色人等知悉，詎後應將大嶺鄉川樑口小涌一帶，依舊堵塞，毋得復行推艇私開。倘敢故違，許該紳指名稟控，以憑差拘究懲。毋違。速速。特示。

光緒十八年正月初七日示。

考略

此碑存廣州番禺區石樓鎮大嶺村龍津橋東南側的水塘邊。露出地表部分高124釐米，寬49釐米。花崗岩質。楷書。是當時署理番禺縣事即補縣正堂所立。内容為大嶺鄉因村外河與海面相連，時有水賊潛入，鄉人遂堵塞川梁口。後因有人圖便利推艇私開，鄉中紳士要求官府示諭禁止，以保障闔鄉安全。

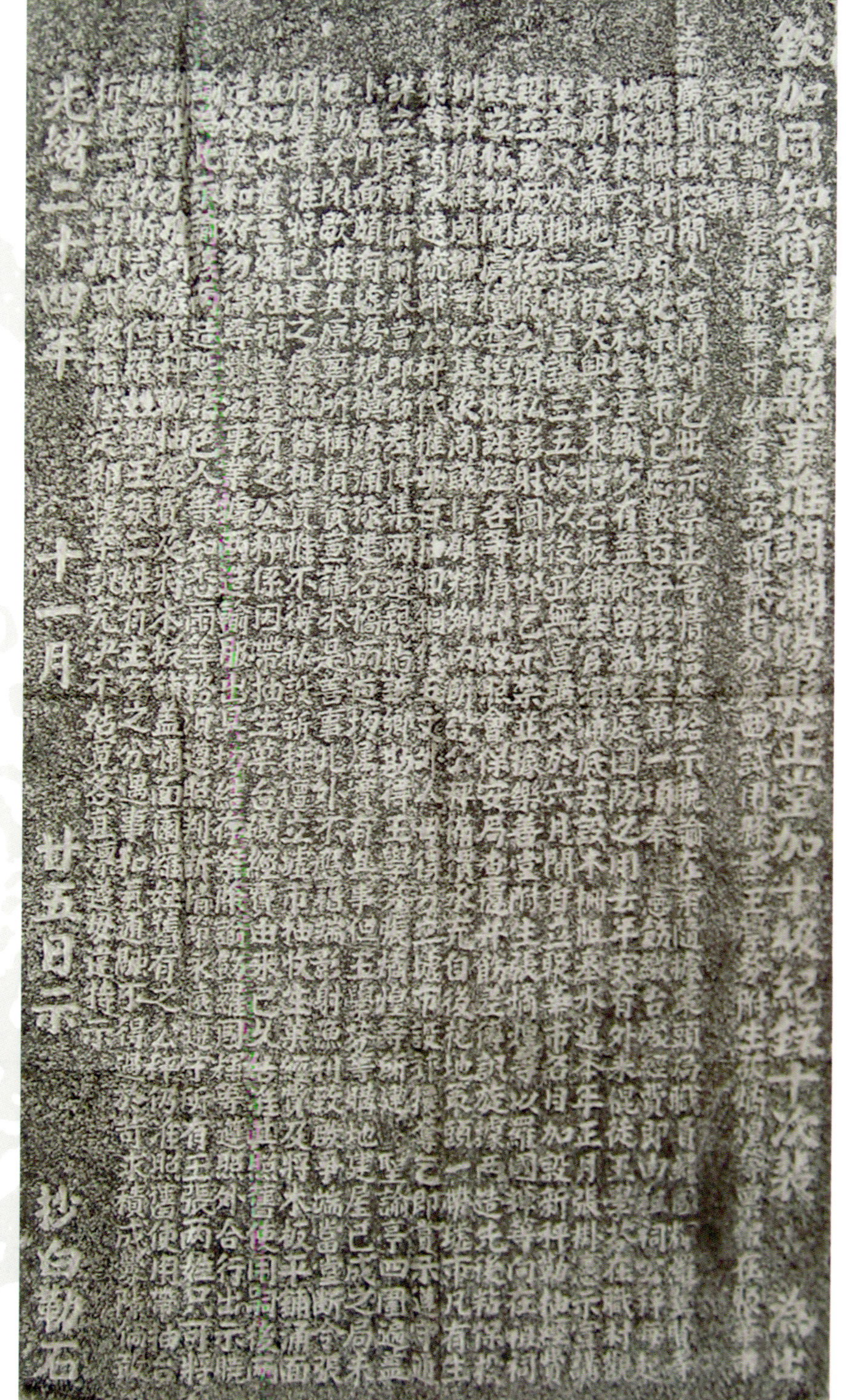

番禺縣花地花果墟市示諭

清光緒二十四年（1898）

釋文

欽加同知銜番禺縣事准調潮陽縣正堂加十級紀録十次裴為出示曉諭事。

案據聚華市紳耆、五品頂戴指分廣西試用縣丞王學芬附生張熵煌等稟報，在聚華市亭内宣講聖諭廣訓，誠恐閒人喧鬧，叩乞出示禁止，等情。當經給示曉諭在案。隨據策頭局職員羅國輝、羅翼賢等稟稱：職村向有花菓墟市，已歷數百年。該墟生菓一項，奉憲飭繳台礮經費，即由祖祠公秤，每起抽收錢文，彙由合和堂呈繳，少有盈餘，留為該處團防之用。去年突有外来棍徒王學芬，在職村觀音廟旁購地一段，大興土木，將石板鋪塞官涌涌底，安設木柵，阻塞水道。本年正月，張掛憲示，宣講聖諭，只於掛示時宣講三五次，以後並無宣講。突於六月間，自立聚華市名目，加設新秤，勒抽經費，設立勇廠。顯係假公濟私，影射圖利。叩乞示禁。並據樂善堂附生張熵煌等，以羅國輝等向在祖祠設立私秤，閙虞攙奪，捏棍誣控，各等情。即經照會保安局查覆，并飭差傳訊。旋據兩造先後粘保投到，并據羅國輝等以集衆商議，情願將鄉内所設公秤備價承充，自後花地策頭一帶墟市，凡有生菓等項，永遠統歸公秤代權，每百抽囬銅錢五文。外人毋得另立墟市，設秤攙奪。乞即賞示遵守通詳立案，等情，前来。當即飭差傳集兩造，親指該鄉，勘得王學芬、張熵煌等所建聖諭亭四圍，遍盖小屋，門面頗有墟塲規模，跨涌添建石橋，两道均属實有其事。但王學芬等購地建屋已成之局，未便勒令閉歇，惟其原稟所稱捐資宣講，本是善事，此外不應藉端影射漁利，致啟爭端。當堂斷令：張熵煌等准將已建之屋照舊租賃，惟不得私設新秤，擅立墟市，

抽收生菓經費，及將木板平鋪涌面，致碍水道。至羅姓祠堂舊有之公秤，係因帶抽生菓台礮經費，由来已久，姑准其照舊使用。嗣後两造務敦和好，勿得尋釁滋事。業據两造輸服出具切結存案。除諭飭羅國輝等遵照外，合行出示曉諭。為此，示諭該两造暨諸色人等知悉：爾等務須遵照判斷情節，永遠遵守。所有王張两姓，只可將鋪出賃，不准開墟設秤，勒抽經費，及將木板鋪盖涌面。爾羅姓舊有之公秤，仍准照舊使用，帶抽台礮經費，依斯完繳。但羅姓與王張二姓，有主客之分，遇事和氣通融，不得過於苛求，積成釁隙。倘敢抗違，一經訪聞或被指控，定即提案訊究，決不姑寬。各宜凛遵毋違。特示。

光緒二十四年十一月廿五日示。

抄白勒石。

考略

此碑原存廣州荔灣區策頭（花地）觀音廟前，中華人民共和國成立初期，拆觀音廟時，石碑被移置荔灣區花地大策直街。高140釐米，寬80釐米。花崗岩質。楷書。內容為番禺縣民事訴訟判決的告示。據碑文載，花地策頭花菓墟市有數百年的歷史，墟市一直由羅姓族人負責管理，墟市管理收入還需抽繳台礮經費及鄉村團防之用。後因外來人員王學芬（廣西試用縣丞）附生張熇煌等來到花地策頭購地建商鋪，將木板鋪蓋涌面，並在觀音廟旁設秤、收取花菓墟市經費。經番禺縣堂判決，王學芬等只可將鋪出租，不准開墟設秤、占用涌面，羅姓族人仍舊設秤和管理墟市。此為民告官員獲勝的一個案例，對研究花地歷史有一定參考價值。

南海縣文昌路禁賭示諭

清光緒二十五年（1899）

釋文

欽加五品銜署南海縣正堂加十級紀録十次董為示禁事。

現據文廟紳士等呈稱，竊第十甫文廟係紳等奉祀之所，自廟傍文昌巷起，至李家祠道閘脚止，前經嚴禁賭博，一律肅清。近有賭匪在廟傍及廟後香燈塘附近，開設賭館六間，殊失體統。乞封拆拘究示禁，等情，到縣。據此，除批示並票差移行封拆外，合就永遠示禁。為此，示諭該處人等知悉：爾等須知，賭博久干厲禁，罪名加重，況第十甫文昌廟係西關各紳奉祀之所，附近地方豈容開設賭館，至生事端。自勒石示禁後，務須各圖正業，倘敢仍在該處開賭，一經查悉，或被告發，定必嚴拿，從重治罪，决不姑寬，凛之毋違。特示。

光緒二十五年二月廿四日示。

考略

此碑存廣州荔灣區文昌南路慶壽里。高86釐米，寬56釐米。花崗岩質。楷書。內容為當地士紳呈請官府嚴禁賭博，獲官府同意並勒石公告。對瞭解清代廣府民風有一定參考價值。

禁占官涌碑記

清光緒二十九年（1903）

釋文

（碑額）禁佔官涌碑記

我滙津橋一帶官涌，被公昌、合生、盛品、□合記四家佔築杉塘，屢禁弗恤，迫於五月初九日，皆同工人拆焚，誠恐該杉店狡焉思逞，復於閏五月十三日詳禀縣憲在案。

據呂明府□示，如果公昌等店敢再圍築，隨時可請局紳阻，違即禀究等語。□特勒石，俾衆咸知。並將禁條列左：

一　各杉店不准再竪檣杙在官涌內，如違，即禀官究治。

一　各杉排隨到隨起，至遲不得逾五日，如違，許来往人等抛棄勿論。

一　杉木及壽板等，不准堆放桥眼及桥脚左右，如違，許来往人等抛棄勿論。

一　鄉內如有不法人等，受私包庇，查確指名傳到□約，當衆責罰不貸。

光緒二十九年六月吉日。

瑤溪闔鄉紳耆公啓。

考略

此碑存廣州海珠區寶崗大道馬涌直街滙津橋南橋頭東側。碑額及正文楷書。內容為瑤溪鄉紳耆告誡河涌兩旁竹木杉店應保持河道暢通，不准在河床、河堤竪檣杙，杉排隨到隨起，不准停留過久，壽柩（棺材）、木材不准緊靠河岸堆放等。該處在明清時期已成竹木集市。據鄉人所言，二十世紀三十年代仍有許多竹木貨棧、長生（棺材）店，官府一直嚴加管制以保河道暢通。該碑內容對研究清末民初河涌管理、商貿發展、民情風俗有一定價值。

番禺沙村陳姓與增城滄頭區姓分水批示

民國三年（1914）

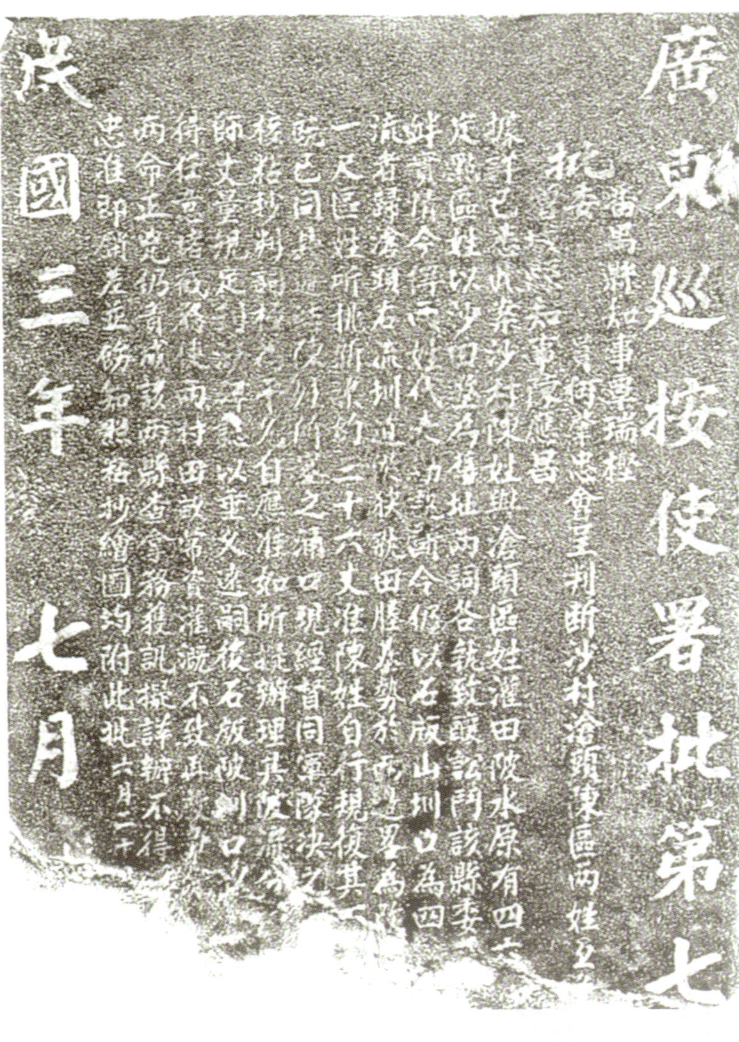
廣東巡按使署批第七

民國三年七月

考略

此碑存廣州黃埔區荔聯街滄聯社區始祖街區氏大宗祠。下部殘缺，現存部分高89釐米，寬85釐米。內容是廣東巡按使對番禺、增城兩縣知事呈文之批覆。沙村陳姓（舊屬增城）與滄聯區姓（舊屬番禺）因陂水而爭鬥，致傷人命，由省巡按作判決並勒石公告。反映了水利資源對農業社會的影響，也是研究當時廣府社情的相關資料。

釋文

廣東巡按使署批第七（下文殘缺）

批番禺縣知事覃瑞樫、委員何肇忠、增城縣知事陳應昌，會呈判断沙村滄頭陳、區兩姓互（下文殘缺）。

據詳已悉此案，沙村陳姓與滄頭區姓灌田陂水，原有四六（下文殘缺）定點，區姓以沙田墪為舊址，兩詞各執，致釀訟鬥。該縣委（下文殘缺）衅實情。今傳兩姓代表勸説，斷令仍以石版山圳口為四（下文殘缺）流者歸滄頭，右流圳道淤狹，就田塍基勢，於兩邊畧為改（下文殘缺）一尺，區姓所挑新梁，約三十六丈，准陳姓自行規復其（下文殘缺）既已同具遵結，陳姓所塞之涌口，現經督同軍隊決之（下文殘缺）核粘抄判詞，極為干允，自應准如所擬辦理。其陂流分（下文殘缺）師丈量規定，刊泐碑誌，以垂久遠。嗣後石版陂圳口（下文殘缺）得任意堵截，務使兩村田畝，常資灌溉，不致再啟争（下文殘缺）兩命，正兇仍責成該兩縣查拿，務獲訊擬詳辦，不得（下文殘缺）忠，准即銷差。並飭知照粘抄繪圖，均附此批。

六月二十（下文殘缺）

民國三年七月（下文殘缺）

番禺沙村陳姓與增城滄頭區姓分水布告

民國八年（1919）

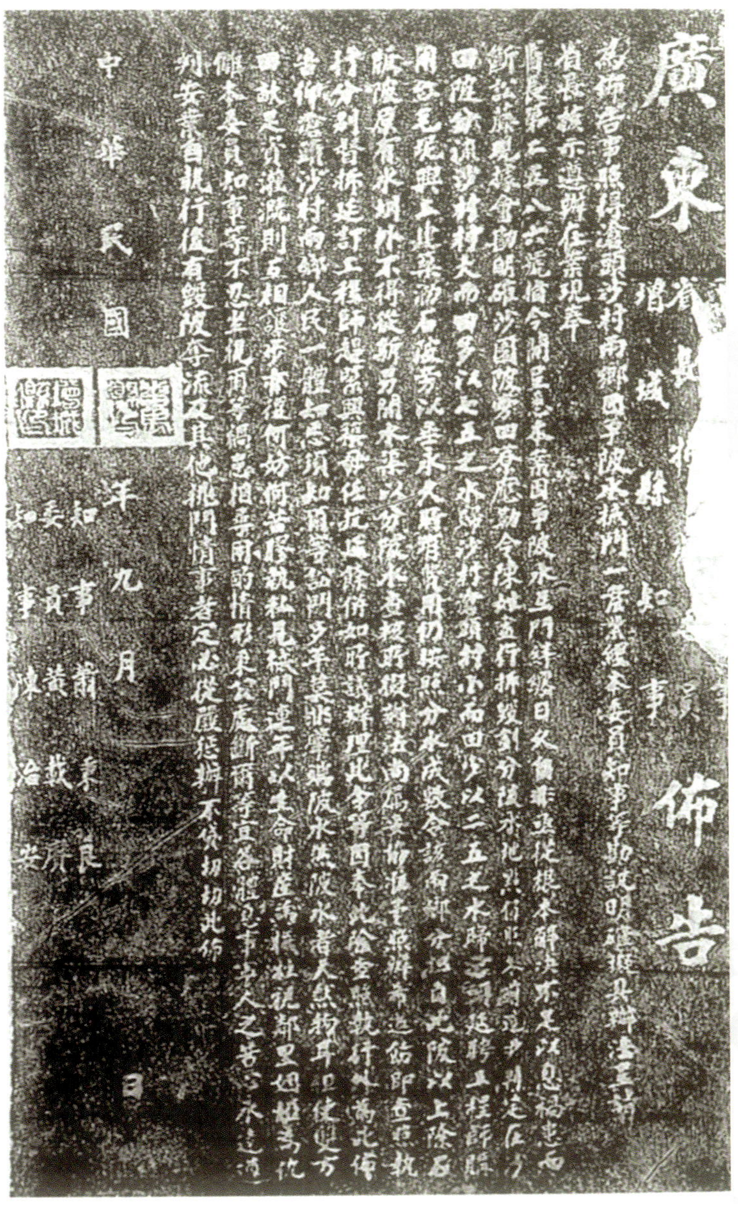

廣東省長 增城縣知事 佈告

為佈告事：照得滄頭、沙村兩鄉因爭陂水械鬥一案，業經本委員、知事等勘訊明確，擬具辦法呈請

省長核示遵辦在案。現奉

省長第二五八六號指令開：呈悉。本案因爭陂水互鬥，將經日久，自非逕從根本辦法，不足以息禍患。而

斷訟藤規，據會勘明確。沙園陂旁四眷應勒令陳姓盡行拆毀，劃分陂水地點，仍照大圍近沙村處所定位分

四陂，分流沙村。村大而田多，以七五之水歸沙村；滄頭村小而田少，以二五之水歸滄頭。延聘工程師，照

開窗見寬與上址築砌石陂，务以垂永久。所有費用仍按照分水成數，令該兩鄉分攤。自此陂以上，除石

脈陂原有水圳外，不得從新另開水渠，以分陂水。查核所擬辦法，尚屬妥協。仰即會縣辦齊，迅飭即查照執

行，分別督拆，延訂工程師，趕緊興築，毋任延遲。除併如所議辦理外，合行會同布告，此論，查照執行，外合亟佈

告。仰滄頭、沙村兩鄉人民一體知悉：須知爾等訟鬥多年，莫非爭端陂水。然陂水者，天然利益，但使更有

田畝，足資灌溉，則互相退步，有何妨。倘若堅執私見，械鬥連年，以生命財產而作孤注，視鄰里如世仇

讎，本委員、知事等不忍坐視爾等禍患相尋，用將情形呈公處斷，爾等宜各體恤，不事爭奪之苦心，永遠遵

判，安業息訟。自執行後，有毀陂奪流及其他挑鬥情事者，定必從嚴懲辦，不貸。切切。此佈。

中華民國八年九月　日

知事蕭秉良

委員黃載賡

知事陳治安

考略

此碑原存廣州黃埔區荔聯街滄頭村與廣州增城區沙頭村交界處。今已不存，僅存拓本。高108釐米，寬80釐米。楷書。碑文所述之事與前錄民國三年分水諭示碑相同，沙村陳姓（舊屬增城）與滄聯區姓（舊屬番禺）因爭陂水而械鬥連年，訟諸官府，由番禺縣知事、省長特派員、增城縣知事聯合作出判決，予以公示。

釋文

廣東番禺縣知事、省長特派委員、增城縣知事佈告。

為佈告事：照得滄頭、沙村兩鄉因争陂水械鬥一案，業經本委員、知事等勘訊明確，擬具辦法，呈請省長核示，遵辦在案。現奉省長第二五八六號指令，開呈悉：本案因争陂水互鬥，糾纏日久，自非亟從根本解決，不足以息禍患而斷訟藤。現據會勘明確，沙園陂旁田寮，應勒令陳姓盡行拆毀；劃分陂水地點，仍照朱前道尹判定，在沙田陂分流。沙村村大而田多，以七五之水歸沙村；滄頭村小而田少，以二五之水歸滄頭。延聘工程師，購用紅毛坭興工建築，洳石陂旁，以垂永久。所有費用，仍按照分水成數，令該兩鄉分担。自此陂以上，除石版陂原有水圳外，不得從新另開水渠，以分陂水。查核所擬辦法，尚属妥協，准予照辦，希遵飭即查照執行。分别督拆，延訂工程師，趕緊興築，毋任抗延，餘併如所議辦理此令，等因，奉此。除查照執行外，為此佈告，仰滄頭、沙村兩鄉人民一體知悉。須知爾等訟鬥多年，莫非肇端陂水，然陂水者，天然物耳，但使雙方田畝足資灌溉，則互相讓步，亦復何妨。何苦膠執私見，械鬥連年，以生命財産為犧牲，視鄰里姻婭為仇讎？本委員、知事等不忍坐視爾等禍患相尋，用酌情形，秉公處斷，爾等宜各體息事寧人之苦心，永遠遵判安業。自執行後，有毀陂奪流及其他挑鬥情事者，定必從嚴懲辦不貸。切切。此布。

中華民國八年九月日。

知事：蕭秉良；委員：黄載賡；知事：陳治安。

廣州市財政局投承城隍廟廟產布告

民國十二年（1923）

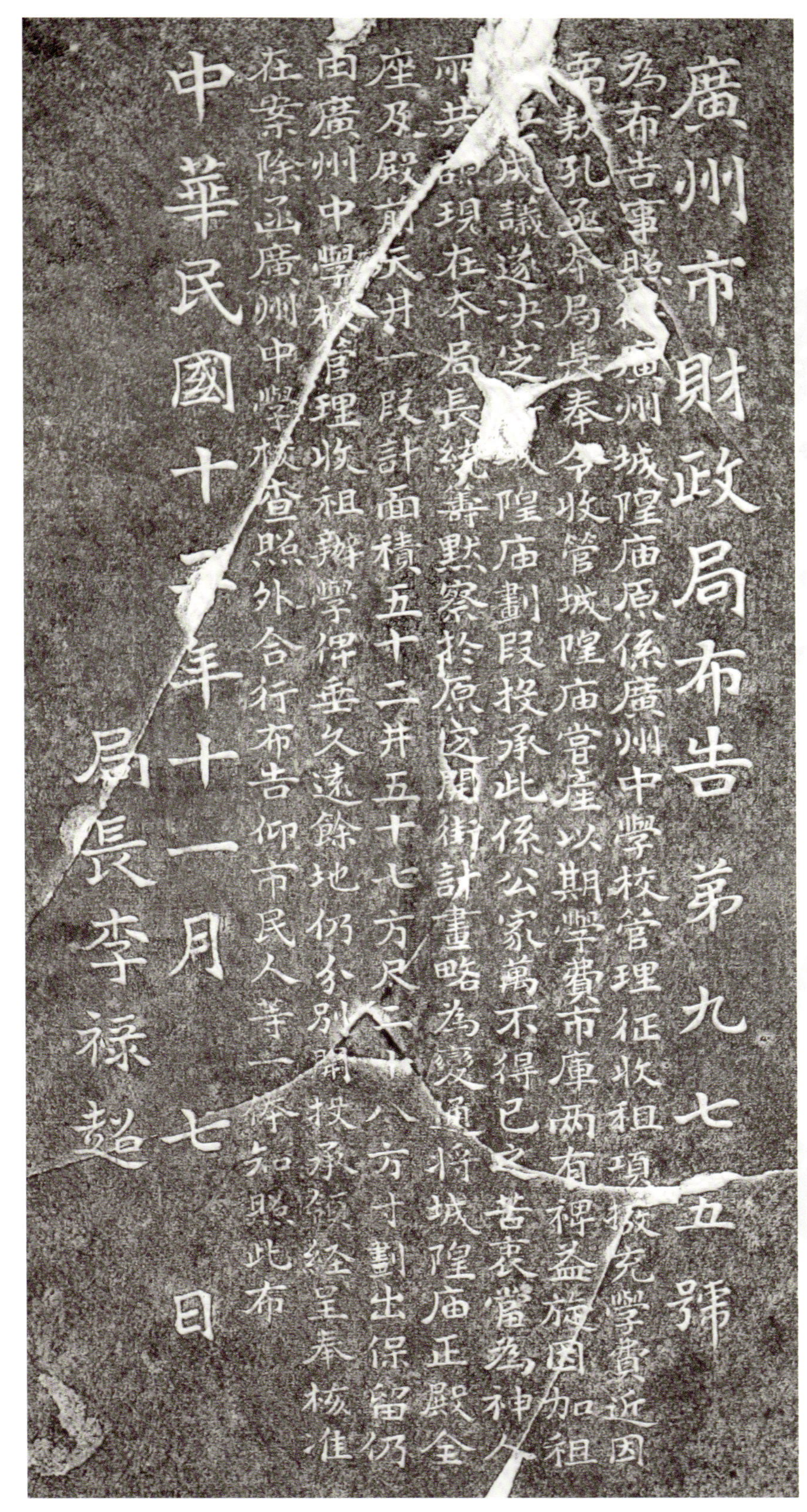

廣州市財政局布告　第九七五號

為布告事照得廣州城隍庙原係廣州中學校管理征收租項撥充學費近因需款孔亟本局長奉令收管城隍庙嘗産以期學費市庫兩有裨益旋因加租未成議遂決定城隍庙劃段投承此係公家萬不得已之苦衷當為神人所共諒現在本局長統籌默察於原定開街計畫略為變通將城隍庙正殿全座及殿前天井一段計面積五十二井五十七方尺二十八方寸劃出保留仍由廣州中學校管理收租辦學俾垂久遠餘地仍分別開投承領經呈奉核准在案除函廣州中學校查照外合行布告仰市民人等一體知照此布

中華民國十二年十一月七日

局長李祿超

釋文

廣州市財政局布告第九七五號

為布告事。

照得廣州城隍廟，原係廣州中學校管理，征收租項，撥充學費。近因需欵孔亟，本局長奉令收管城隍廟嘗產，以期學費、市庫两有裨益，旋因加租□□成議，遂决之□城隍廟劃叚投承，此係公家萬不得已之苦衷，當為神人昕共諒，現在本局長統籌默察，扵原之開街計畫略為變通，将城隍廟正殿全座及殿前天井一叚，計面積五十二井五十七方尺二十八方寸，劃出保留，仍由廣州中學校管理，收租辦學，俾垂久遠。餘地仍分別開投承領，経呈奉核准在案，除函廣州中學校查照外，合行布告，仰市民人等一体知照。此布。

中華民國十二年十一月七日。

局長李禄超。

考略

此碑存廣州市越秀區中山四路廣東都城隍廟。高52釐米，寬28釐米。楷書。內容為民國十二年（1923）廣州市政府收管城隍廟產並劃段投承之事。文中記述廣州財政局局長李祿超將規劃略為變通，將正殿全座及殿前天井一段劃出保留，仍由廣州中學校管理，餘地開投承領。是記錄該城隍廟歷史的珍貴資料。據史料載，一九二三年二月，孫中山在廣州設立大元帥府後，為籌集北伐軍費和廣州市政建設的資金，將廣州的寺產作為市有財產收管、拍賣，在廣州掀起了一場投變寺產的運動。這場投變寺產的運動持續了一年半時間，曾在廣州引起一場風波，並間接引發了商團事變。

夏園鄉禁鑿掘田坭免傷龍脈告示

民國十五年（1926）

為嚴禁鑿掘田坭免傷龍脉事溯自我
太祖松石徙居此地建祠立字按家譜遺訓此祠
地脉係由將軍崗黄甲帽貫脉穿田而来歷宋至
今共世世相承子孫蕃盛派衍兩鄉均藉此祠地發
祥之蔭也詎近年来間有子侄貪圖私利欲將村
後田坭鑿掘情弊紳耆等為保存風水起見因此
爰集兩房公孫在本祠議決泐石嚴禁所有大小
二塝份村前村後一帶俱屬禁內嗣後倘再有胆
敢故違查出為首者永遠出族附和者革胙二十
年例出必行斷無寬貸各宜凜遵毋違此禁
民國十五年歳次丙寅冬月吉旦大敬堂紳耆公立

釋文

為嚴禁鏨掘田坭免傷龍脉事。

溯自我太祖松石徙居此地，建祠立宇。按家譜遺訓，此祠地脉，係由将軍崗黄甲帽貫脉穿田而来，歷宋至今，世世相承，子孫蕃盛，派衍两鄉，均藉此祠地發祥之蔭也。詎近年来，間有子侄貪圖私利，欲将村後田坭鏨掘情弊，紳耆等為保存風水起見，因此爰集两房公孫，在本祠議决，泐石嚴禁。所有大小二坳份村前村後一帶，俱属禁内。嗣後倘再有胆敢故違，查出為首者，永遠出族；附和者，革胙二十年。例出必行，断無寛貸，各宜凛遵毋違。此禁。

民國十五年歲次丙寅冬月吉旦。

大敬堂紳耆公立。

考略

此碑存廣州黄埔區穗東街夏園社區松石徐公祠。高62釐米，寬52釐米。楷書。內容為該族紳耆禁止鄉人亂挖田坭，免傷風水龍脈。可知在民國期間廣府鄉村風水之説仍盛。此碑為研究嶺南民風習俗及鄉約提供了借鑒。

蒲蘆園陂圍碑記

明嘉靖十八年（1539）

考略

此碑存廣州蘿崗東區街筆崗社區玄帝廟。高75釐米，寬52釐米。碑額及正文楷書。記載鄉人為建築陂圍用於灌溉事，要求各家子弟需每日到陂所參與築圍，議定收禾定例。從中可知廣府鄉村農業築陂圍用水分配情況。

釋文

（碑額）蒲蘆園陂圍碑記

立各約人朱、區、梁、周等為建築陂圍以綿灌溉事。

窃見吾鄉良田百頃，屡逢旱魃，國課難輸，且粒食無靠。咸見大陂土名蒲蘆園處建築陂圍可資濟活，遂集通鄉衿耆，赴禀縣主臺前，懇恩准蒙批，既能防水旱，堪為善作。當官領税陂圍上渠口圳左右兩壆及大潭民税八畝零，凢各家子弟，務宜同心戮力，每日齊到陂所挑築，毋得躲避。倘有一名不到者，每工補回銀壹錢正歸衆。其附近将田拔圳者，永遠收單，以抵國税。其餘論水遠近，派算雙单收取。雙者每斗收禾壹把四分，单者收禾七分，永為定例。日后毋得異言执拗。如有外鄉耕入界内食水之田，收禾加倍。賴藉榕村彭公、何村鍾黄各公鼎力秉公赴訊，無可报答，自后彭宅耕管食水之田，永不收禾。衆見陂水頗有餘剩，陂源之東任依鍾黄二宅開一小渠，每尺水議送水弍寸，不得深濶奪水。每年蒙許酧回稲子壹千觔，以助每年修築工費。今欲有憑，立此合約，永遠收執存照。

集衆公舉：區鰲、朱敬、朱悦、鍾寧、區紹明、彭演滙、黄賔、朱懷國、區紹、區宗等。

嘉靖八年工築至十八年，蒙各公鼎力，請賁鄉所酬神，本年正月十五年日集衆立合約，朱、區、彭、鍾、黄、梁、周各公人等同志立約，永垂于遠久。

寅堂祖祠立退帖

清乾隆十二年（1747）

釋文

立退帖。

十九世孫萬始爲退田蒸田以完國課。

始有邏岡六啚四甲鍾克孝額銀一両叁錢八分，米四斗弍升弍合，其税俱係留餘堂十一世、十二世、十三世祖分派遺流。但始自己産業已盡，其蒸八年之内淂收叁年，难以取級，是以連年逋欠，差役追呼，靡有寧日不已。與從叔遠千嘀議，除十三世祖蒸以爲贍養，情愿將十一世、十二世祖蒸田始名下應得八分之一二代蒸租，八年之内一連二年全届，俱係萬始名下，以此浼房長吐書、喬作、鰲上、天虬等，將留餘堂租貯積之銀上納。鍾克孝户銀米，其弍祖之蒸輪田始應收年届，听衆永遠管業。吐等見國課攸関，誼属難辞，只得允諾，將銀炤己巳年份旧欠銀米上納。另現銀壹拾弍両紋馬，係始親手接回應用，嗣後克孝户遞年永遠俱係衆納，十一、二世祖蒸田輪回永遠衆收，其祀典亦係衆辦，歴代不易。克孝現役係衆承當，俱不淂貽累萬始。始之蒸租，戊寅、己夘、庚辰年届已預批與别人，其三年祀典亦係衆辦，已後十三世祖祀，係萬始自辦。十一世、十二世祖蒸租至丁亥、戊子二年方淂交衆收，其後依次輪流，永遠俱係衆收管，其二祖之蒸祖田土名及萬始應收年届，衆皆明白，不在臚列，但以納前後之粮，預辦數年之祀典，約共費用銀弍百餘両。又遲至十餘年方得租，其價亦自均值，且有現銀壹拾弍両，皆房衆加厚之意，始日后其敢盟異志乎？倘或房衆將祖田均分，或將變業，始無淂與列，並不淂阻當及借

端需索等情。今欲有憑，立此退帖，交與房衆永遠收執爲照。

乾隆十二年五月初八日立退帖。

十九世孫萬始、從叔遠千。

考略

此碑存廣州蘿崗街蘿峰龍田村寅堂祖祠。高60釐米，寬40釐米。大理石質。楷書。寅堂祖祠建於清乾隆十二年（1747）。從碑文可知，鄉村祠堂有多重功能，可將一些鄉約契據等刻碑立於祠堂內，起公告作用。此立退帖即族人將退回蒸田以完國課之原委刻碑立於祠堂。

茅崗分水規約

清乾隆三十三年（1768）

考略

此碑存廣州黃埔區魚珠街茅崗社區西華大街鄉約亭。高57釐米，寬45釐米。楷書。刻於清乾隆三十三年（1768），碑文內容是清番禺縣正堂公告文書，為解決茅岡村用水糾紛，重申明嘉靖時期、清康熙時期的官府判決有效。可藉此對不同朝代的政令沿襲情況做比較研究。

釋文

署廣州府番禺縣正堂加三級紀録八次記功二次張爲聯叩臺恩俯賜一體給陂帖事。

據鹿步司西華村監生族正彭挺俊，族正梁尚鰲，族老彭英俊、梁建英、梁紹经、彭學儒、彭達卿、梁緯儒稟前事稱，緣生等茅岡愛蓮、倉下、西華等處周、彭、梁共三姓税田相連，統藉大塘陂慕園水口源流灌溉税田数百餘頃。嘉靖年間，黄村、新塘两鄉黄、簡二姓争奪控，蒙藩憲飭縣勘断，給陂帖四張執照，相安無異。但彭姓長房與周姓税田居上流，彭姓次房與梁姓税田居下流。康熙五十八年，上流周、彭塞窄陂口，下流彭、梁業經控拆，断令上流税田灌流二日，下流税田灌流二日。世遠年湮，生等下流陂帖無存，周文紹、彭文作等田居上流，不與生等知聞。本年四月十一日，以再叩臺堦等事，懇給換陂帖。奉批該房查稟在案。兹生等查覺，只得歷稟仁臺，俯賜電察，秉公照舊，給換陂帖，一様四張，俾各執存照，以杜謀奪，截佔上流，致啓争端，國課、民生两賴。生等下流，永頌甘棠于不朽，等情到縣。據此，業經批着四姓，備具甘結去後，兹據具結前來，當批候給帖結存案，合行給帖，爲此填用預鄉空白帖，給彭挺俊等收執。即便遵照原定日期，将大塘陂慕園水上流税田灌溉二日，下流税田灌溉二日，週而復始，毋得堵塞把截及塞窄陂口，致啓争端。倘敢抗違，許爾等指名稟報本縣，以憑拿究，各宜凛遵毋違，須帖。

乾隆三十三年十二月廿四日。

元貝村禁約

清乾隆五十年（1785）

釋文

元貝村禁約

自先人由蘿岡遷居元貝，数百年来，亦既寢昌寢熾矣。顧支分而不忘乎本，歲逢春秋祀事，回謁大宗祖祠，与族內衿耆聚首，立談除教孝教弟外，尤必按切近日流弊，諄諄告誡，不許招惹客家一事。蓋客家人衆而雜，呼群引類，日聚日多，招之即来，麾之不去，其患將有不可勝言者。祖宗之預立家規，父老之常為提命，洵属先機卓識也。况我元貝一村，山深地僻，現有横岡客籍賃僑處此，更不可不深謀遠慮。爰承族約，重申禁例。凡我村內子弟，有田園地叚枕近客家村庄前後左右者，一概不得貪涎重價，私賣与客家為業，以種争訟之根。如有故違，即為不孝，所有各祖祀事胙飲，永遠世代革罰。各宜凛遵，毋貽後悔。

乾隆五十年仲秋吉日。闔鄉衿老仝啟泐石。

考略

此碑存廣州蘿崗元貝村玉虛宫。高27釐米，寬40釐米。楷書。內容為元貝村紳耆為防與鄰近的客家起糾紛，要求子弟不得將與客家相鄰的田產業私自賣與客家，以杜糾紛。從中可見宗祠鄉約中對族人子弟在各方面的約束力，也可瞭解到廣府地區村民與客家村民之間的微妙關係。

南社禁占涌基示約

清道光八年（1828）

此南社古涌爲鄉內出水之區自嘉慶十五年
爲防海氣鍬築基圍剩此涌尾日久淤塞因各
姓爭占是以齊集通鄉衿耆并邀請彬社各鄉
衿耆商定後開各款嚴禁各姓子弟毋滋事端
立石公禁永遠遵照
一禁不得填塞起造　一禁不得復開涌搭魚塘
一禁不得種植樹木蔬果禾稻
一禁田頭不得侵占　一禁不得在此捕取魚蝦
道光八年六月初六日彬社　公禁　立石

釋文

此南社古涌為鄉內出水之區，自嘉慶十五年為防海氛鍬築基圍，剩此涌尾，日久淤塞。因各姓爭占，是以齊集通鄉衿耆，并邀請彬社各鄉衿耆，商定後開各欵，嚴禁各姓子弟毋滋事端。立石公禁，永遠遵照。

一　禁不湡填塞起造。

一　禁不湡復開涌滘魚塘。

一　禁不湡種植樹木蔬果禾稻。

一　禁田頭不湡侵占。

一　禁不湡在此捕取魚蝦。

道光八年六月初六日。彬社公禁立石。

考略

此碑存廣州市海珠區新港東路黃埔村西疇里。高60釐米，寬56釐米。花崗岩質。楷書。為防各姓爭占南社古涌尾，由通鄉衿耆及彬社各鄉衿耆合議立約，嚴禁侵占毀涌基。

南崗秦氏宗祠規約

清道光十一年（1831）

祠内各禁條列后、

一祠内務宜洒掃潔净朝晚香燈以昭誠敬

一祠内不許寓留面生可疑之人歌宿聚飲

一看守祠宇者不得在祠内婚男嫁女與凶喪等事

一祠内不許打禾晒穀堆積柴草安設碓磨

一祠内不許牧養耕牛[illegible]蓄雞豕

一附近耕種田土不得在祠内安放禾把

以及一切水車犁耙並扶植果菜等物

已上諸条如看守人有犯即行逐出如係子

孫有犯即集衆公議革胙重責决不寬恕

道光辛卯年仲冬吉日敦本堂立石

釋文

祠内各禁條列後

一　祠内務宜洒掃潔净，朝晚香燈，以昭誠敬。

一　祠内不許寓留面生可疑之人歇宿聚飲。

一　看守祠宇者不得在祠内婚男嫁女與凶喪等事。

一　祠内不許打禾晒穀，堆積柴草，安設碓磨。

一　祠内不許牧養耕牛，□蓄雞豕。

一　附近耕種田土，不得在祠内安放禾把，以及一切水車、犁、鋤，並扶植果菜等物。

已上諸条，如看守人有犯，即行逐出；如係子孫有犯，即集衆公議，革胙重責，决不寬恕。

道光辛夘年仲冬吉日。敦本堂立石。

考略

此碑存廣州黄埔區南崗街秦氏大宗祠。高53釐米，寬35釐米。楷書。碑文所列為祠堂禁條，申明祠堂僅作祭祖之用，其喪葬嫁娶聚飲留宿諸事，均為所禁。為研究廣府祠堂功用提供了資料。

王聖堂鄉新建石路碑記

清同治七年（1868）

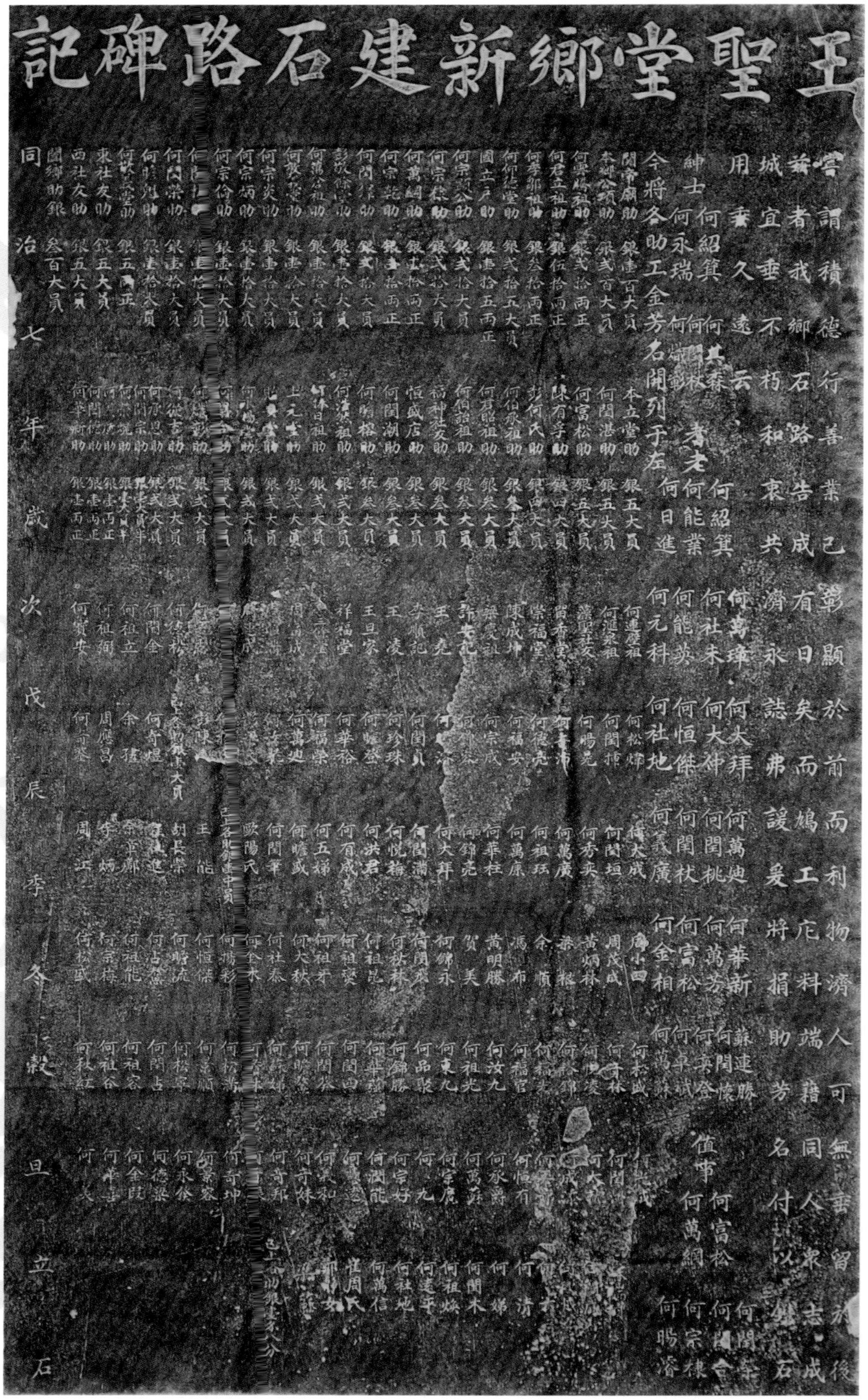

釋文

（碑額）王聖堂鄉新建石路碑記

嘗謂積德行善，業已彰顯於前；而利物濟人，可無垂留於後。玆者我鄉石路告成有日矣，而鳩工庀料，端藉同人衆志成城，宜垂不朽，和衷共濟，永誌弗諼。爰將捐助芳名，付以鐫石，用垂久遠云。

紳士：何紹箕、何永瑞、何其森、何閏秋、何熾彰。

耆老：何紹箕、何能業、何日進、何萬璋、何社未、何能英、何元科、何大拜、何大仲、何恒傑、何社地、何萬廸、何閏桃、何閏杕、何義廣、何華新、何萬芳、何富松、何金相、蘇連勝、何閏懷、何奕登、何卓斌、何萬蘇。

值事：何富松、何萬綱、何閏榮、何閏合、何宗棣、何晹濬。

今將各助工金芳名開列于左：

（捐助者姓名及款額略）

同治七年歲次戊辰季冬穀旦立石。

考略

此碑存廣州越秀區礦泉街王聖堂鄉。碑額及正文楷書。王聖堂鄉位於廣州舊城北，舊屬恩洲堡，以何姓為主。碑文內容為何氏族人集資在鄉內修築石路，簡述其意義。從中可瞭解廣府鄉村社會基礎設施建設的籌資方式。

番禺南村八角廟鄉規民約

清光緒十七年（1891）

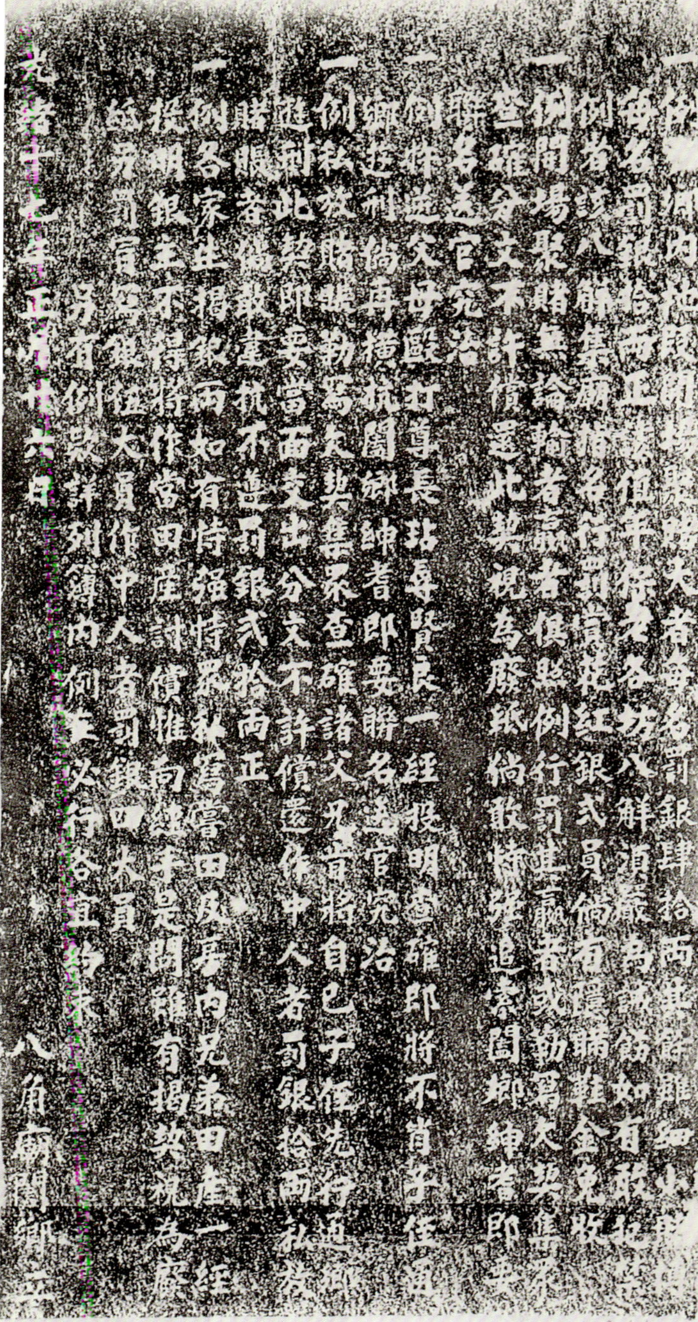

考略

此碑原存廣州白雲區太和鎮龍歸南村八角廟，後移置龍歸南村老人活動中心。高95釐米，寬46釐米。花崗岩質。楷書。敘當年南村鄉立下鄉規民約，嚴禁開場聚賭，用以約束村民。

釋文

一　例在鄉内地段開場聚賭，大者每名罰銀肆拾両，其餘雖細小賭博，每名罰銀拾両正，該值年保老各坊八鮮須嚴為誡飭，如有敢犯禁例者，該八鮮集廟指名行罰，賞花紅銀弍員，倘有隱瞞，鞋金免收。

一　例開場聚賭，無論輸者贏者，俱照例行罰。其贏者或勒寫欠契，集衆查確，分文不許償還，此契視為廢紙。倘敢恃强追索，闔鄉紳耆即要聯名送官究治。

一　例忤逆父母，毆打尊長，玷辱賢良，一経投明查確，即將不肖子侄通鄉遊刑，倘再横抗，闔鄉紳耆即要聯名送官究治。

一　例私放賭賬，勒寫欠契，集衆查確，諸父兄肯將自己子侄先行通鄉遊刑，此契即要當面交出，分文不許償還，作中人者罰銀拾両，私放賭賬者，倘敢違抗不遵，罰銀弍拾両正。

一　例各家生揭銀両，如有恃强、恃衆私寫嘗田及房内兄弟田産，一経投明，銀主不得將作當田産討償，惟向経手是問，雖有揭契，視為廢紙，另罰冒寫銀伍大員，作中人者罰銀四大員。

另有例欵詳列簿内，例在必行，各宜約束。

光緒十七年正月廿六日

八角廟闔鄉立。

芙蓉三約渡頭稅契換約碑記

清光緒二十三年（1897）

釋文

芙蓉三約渡頭稅契換約碑記

□□□堡文閣祀典會買受楊宅田稅契地圖泐左。此稅契曆存芙蓉三約洪聖廟箱中輪管。立明賣田契人楊錄明係塭步堡文華約人，今因闔司重修文閣並改石橋，建築步頭應用。八堡紳耆商議問讓，將此自置之田田割出弍分賣與本閣祀典會。其田坐在文閣側便，土名螳蝐涌。自賣之後，任從填築建亭，以便往來或栽種樹木，毋得異言。此係二家允肯送回弍分田，價銀弍拾両正。就日丈量明白，立契交易。此田確係楊錦明自買，與別人無干。倘有來歷不明係賣主同中理明，不干買主之事。其稅載在塭步堡六十三圖二甲簡萬程戶內。目今賣主割出，輸納糧務載入大通堡三十壹圖四甲梁餘勝戶內，恐後無憑，立此契壹帋，交與祀典會值事收執為據。

一　實賣出田弍分正。

一　實收到田價銀弍拾両正。

中人：鄭連遠、梁朝、楊善。

道光拾壹年十二月吉日立。賣田契人：楊錦明的□。

（渡頭地稅形圖略）。

芙蓉三約與八堡文閣祀典會互換橫水飼渡頭約文泐左。此約文歷存祀典會箱中，輪管照部點交。

立明永遠相換渡路人係神安司属大通堡芙蓉三約人何禮章、梁溢汪、梁昌元等，緣因古來有横水餉渡税路，渡頭在閪司文閣右便，今閪司衿耆見此路有碍於文閣，故齊集商議，自願買受文閣下手左便楊宅田式分，并築回渡頭道路搭蓋石橋，與芙蓉三約互相替換，而芙蓉三約之舊路交與閪司文閣，變田收租，以為祀典之需，此係三約舊渡頭石路與閪司易回新築渡頭石路，以利行人。自換之後，其新築渡頭灣泊渡船併石橋永遠歸芙蓉三約管業，其渡船往來，每次每人□銅錢壹文，以為輪餉渡夫日□之資。任由行人上落，由此直往各處通津大路，倘日後傾頽，並建風雨亭，任從三約自行修葺，日後毋得異言反悔。而芙蓉三約之舊路税及買受楊宅田之税，總歸芙蓉三約輪納，恐口無憑，立此八堡沿簽換約壹帋，併買受楊宅田契壹帋，交與芙蓉三約永遠收執存照。

一　實買受楊宅田税式分（原税載在塩步堡六十三圖二甲簡萬程戶，割與大通堡三十一圖四甲梁餘勝戶）。

一　實該田價銀式拾両正。

道光拾壹年二月二十四日立。替換渡頭石路約人：梁溢汪、何禮章、梁昌元。

其八堡衿耆立與芙蓉三約存箱之替換渡頭約，其文與上約相同，惟沿簽各紳姓名則異耳。謹將其姓名録左（其約文係塩步堡陳□□手書）：

（以下姓名略）

光緒二十三年歲在丁酉重陽日，芙蓉三約紳耆僉同立石。

考略

此碑原存廣州荔灣區芳村的洪聖古廟，廟久已毀，碑移置海北社區芙蓉崗一條河涌邊。高170釐米，寬120釐米。碑額及正文楷書。碑文分三部分：一是清道光十一年（1831）八堡文閣祀典會（地方性宗族組織）買楊宅田。鹽步堡文華約（地名）人楊錦明自願將自置之田二分賣與祀典會。二是道光十一年（1831）芙蓉三約與八堡文閣祀典會互換土地，祀典會將在所買楊氏田地上修築灣泊石橋，並用來交換芙蓉三約舊路，變田收租，以為祀典之需，而新築之灣泊石橋歸芙蓉三約擁有，收取渡輸費。三是光緒二十三年（1897）因新建風雨亭地界未明，芙蓉三約呈請祀典會鄉紳名流再次商議公斷，刻碑立石。

（碑刻局部）

九善堂碑

民國九年（1920）

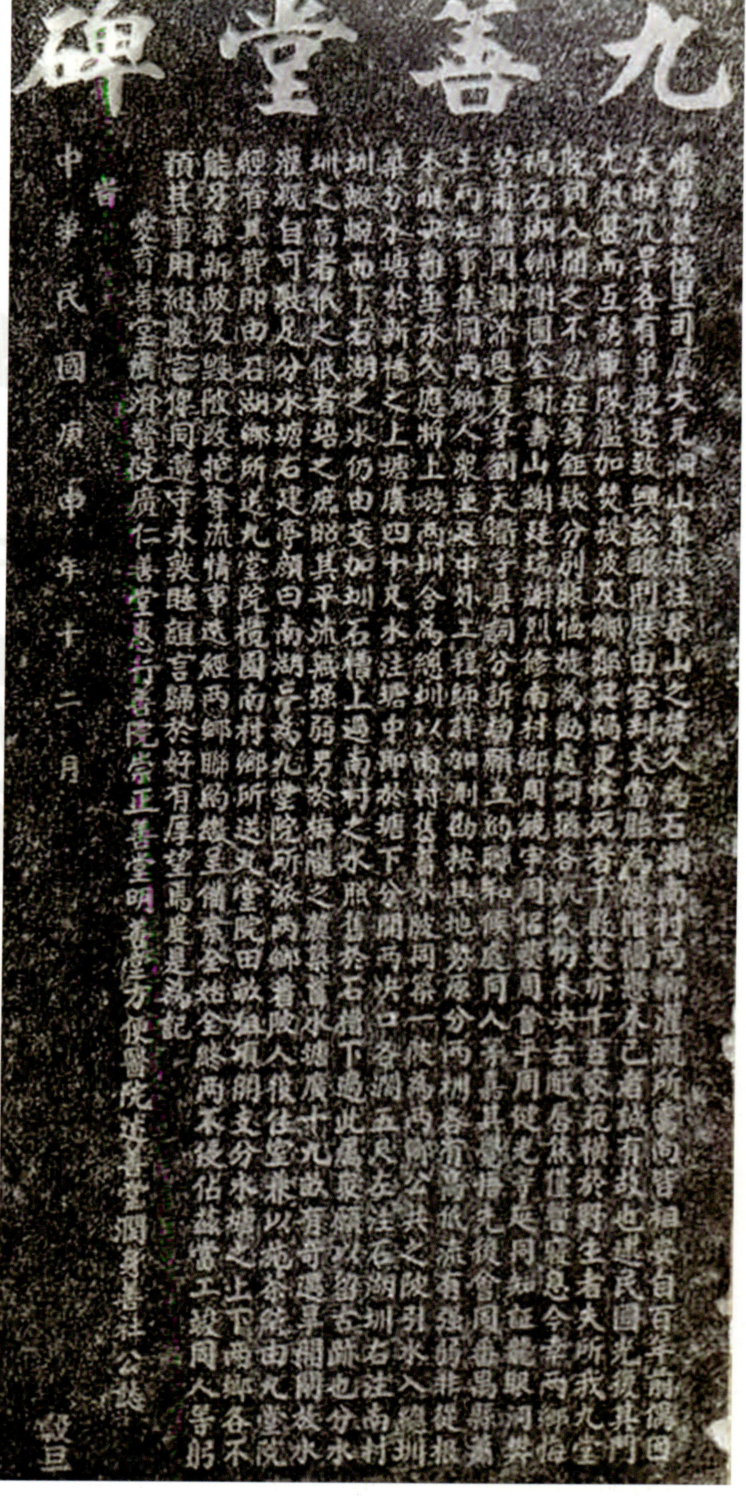

釋文

九善堂碑

番禺慕德里司屬大元洞，山泉流注茶山之麓，久為石湖、南村兩鄉灌溉所需，向皆相安。自百年前偶因天時亢旱，各有爭競，遂致興訟釀鬥，歷由官判失當，貽為厲階，禍懸未已者，誠有故也。逮民國光復，其鬥尤烈，甚而互誘軍隊，濫加焚殺，波及鄉鄰，其禍更慘，死者千數，焚亦千百家。死橫於野，生者失所。我九堂院同人，聞之不忍，亟籌鉅欵，分別賑恤。旋為勸處，詞猶各執，久仍未決，舌敝唇焦，僅暫寢息。

今幸兩鄉悔禍，石湖鄉謝國奎、謝壽山、謝廷瑞、謝烈修，南村鄉周鏡宇、周侶夔、周會平、周健光等，延同知證龍眼洞樊芳甫、蕭岡謝添恩、夏茅劉天衢等，具詞分訴，均願立約聯和候處。

同人等嘉其覺悟，先後會同番禺縣蕭、王兩知事，集同兩鄉人衆，並延中外工程師，詳加測勘，按其地勢，原分兩圳，各有高低，流有强弱，非從根本解决，難垂永久。應將上游兩圳合為總圳，以南村舊蓄水陂同築一陂，為兩鄉公共之陂，引水入總圳，築分水塘於新橋之上，塘廣四十尺，水注塘中，即於塘下分開兩决口，各濶五尺，左注石湖圳，右注南村圳，蜒蜿而下。石湖之水仍由交加圳石槽上過，南村之水照舊於石槽下過，此屬衆願，以留古跡也。

分水圳之高者低之，低者培之，庶昭其平，流無强弱。另於梅隴之麓築蓄水塘，廣十九畝有奇，遇旱開閘放水，

灌溉自可敷足。

分水塘右建亭，顏曰『南湖亭』，為九堂院所派兩鄉看陂人役住室，兼以施茶，統由九堂院經管其費，即由石湖鄉所送九堂院欖園、南村鄉所送九堂院田畝租項開支。分水塘之上下兩鄉各不能另築新陂及毀陂改挖奪流情事。迭經兩鄉聯約，繳呈備案，全始全終，兩不侵佔。茲當工竣，同人等躬預其事，用綴數言，俾同遵守，永敦睦誼，言歸於好，有厚望焉。爰是為記。

愛育善堂、廣濟醫院、廣仁善堂、惠行善院、崇正善堂、明善堂、方便醫院、述善堂、潤身善社，公誌。

旹中華民國庚申年，十二月穀旦。

考略

此碑存廣州白雲區太和鎮大源路。高140釐米，寬63釐米。碑額及正文楷書。花崗岩質。刻於民國九年（1920），為九大善堂聯合出面調停解決石湖與南村村民持續百多年來的水利糾爭而立。晚清時期廣州出現了適應城市社會救濟需要而以商人行會為主導的民間慈善組織——善堂，從十九世紀下半葉至二十世紀初，先後設立於廣州的各種善堂（包括善社、醫院）不下十八家。其中愛育善堂、廣仁善堂、崇正善堂、潤身善堂、述善善堂、明善善堂、廣濟醫院、方便醫院、惠行醫院，即是清末民初著稱一時的『九大善堂』，它們多分佈於西關人口密集、工商業繁盛的地區，是廣州晚清時期一個引人注目的社會現象。

茅岡鄉修路規約

民國十六年（1927）

釋文

我茅岡鄉約亭，有自築大涌一條，直通魚珠大海，土名新涌，原為利便輸運起見，乃於民國十六年，政府興築中山公路，横貫其間，當時政府擬架平橋，以為行車之用，而我約民衆僉謂有礙運輸。是以稟請公路處，求將該橋加高，由中山公路基面至橋底高三尺，俾便輸運，経蒙批准照辦。惟恐年久遺忘，故特立石存留，以垂永久焉。

廣東建設廳公路處批四十三号。

批番禺茅岡鄉約亭農民協會彭昌堅等呈一件，呈請按照原批，飭將中山公路第五十号橋樑提高，由路基面至橋底高三尺以上，俾便輸運，由呈悉准飭承商照辦矣。仰即知照，此批。

中華民國十六年四月二日。

處長陳耀祖。

中華民國十六年歲次丁卯孟秋吉旦。

考略

此碑存廣州黃埔區魚珠街茅崗社區西華大街鄉約亭。高50釐米，寬34釐米。楷書。碑文分兩部分，前部分敘述民國十六年（1927）政府興建中山公路，經鄉民與公路處協商，將擬建平橋設計升高三尺以便利運輸。後半部分為政府批文。勒石以存，體現了鄉約亭在昔日廣府鄉村社會的功用。

下册

廣府金石錄

高旭紅　陳鴻鈞　著

SPM 南方出版傳媒
廣東人民出版社
·廣州·

圖書在版編目（CIP）數據

廣府金石錄 / 高旭紅，陳鴻鈞著．-- 廣州 ：廣東人民出版社，2021.6
（嶺南金石叢書）
ISBN 978-7-218-11594-8

Ⅰ．①廣… Ⅱ．①高… ② 陳… Ⅲ．①金石－廣東－古代－圖錄
Ⅳ．① K877.22

中國版本圖書館 CIP 數據核字（2017）第 001291 號

GUANGFU JINSHI LU

廣府金石錄

高旭紅 陳鴻鈞 著

出 版 人：蕭風華

責任編輯：張賢明
裝幀設計：陳奕秋 蔡曉敏
責任技編：吳彥斌 周星奎

出版發行：廣東人民出版社
地　　址：廣州市海珠區新港西路 204 號 2 號樓（郵政編碼：510300）
電　　話：020-85716809（總編室）
傳　　真：020-85716872
網　　址：http://www.gdpph.com
印　　刷：廣州市金駿彩色印務有限公司
開　　本：787mm×1092mm 1/16
印　　張：82　　字　　數：800 千
版　　次：2021 年 6 月第 1 版
印　　次：2021 年 6 月第 1 次印刷
定　　價：1200.00 元（全二冊）

鐘鼎璽印類

銅鐵器銘

商「子系」爵

商

釋文

子系。

考略

此爵出土於河南安陽。商代青銅器。容庚舊存，藏於廣州博物館。爵通柱高19釐米，由尾至流廣16釐米，腹廣8釐米，深9.3釐米。腹有饕餮雷紋一道。色棗紅，有綠鏽。扳內鑄銘「子系」二字。篆書。商代青銅銘文比較簡單，一般只有二字或數字，多為所祭祀先公先祖之名。

商『枚父乙』鼎

商

釋文

枚父乙。

考略

此鼎出土於河南洛陽。商代青銅器。容庚舊存，藏於廣州博物館。通高17.5釐米，口徑15.2釐米，腹徑16.1釐米。圓腹，三柱形直足，兩直耳，腹部飾有象紋，間以圓渦紋。腹內壁銘文『枚父乙』三字。篆書。此器《頌齋吉金續錄》有著錄。

周『剌』鼎

周

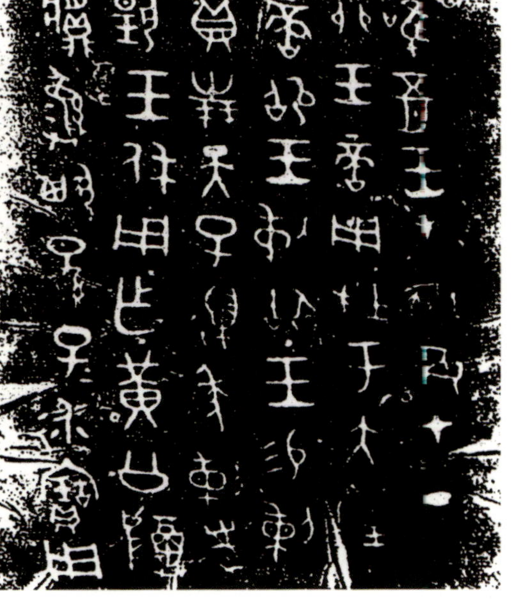

釋文

唯五月，王在衣，辰在丁卯，王啻，用牡于大室，啻邵王，剌御，王易剌貝卅朋。天子邁年，剌對揚王休，用乍黃公尊䵼彝，其孫孫子子永寶用。

考略

此鼎為周代青銅器。容庚舊存，藏於廣州博物館。通高 19 釐米，口徑 17.5 釐米，腹徑 18 釐米。圓腹，三柱形直足，兩直耳，器口邊沿飾鳥紋一周。內壁有銘文五十一字。篆書。大意是：五月，穆王祭祀其父周昭王，以公牛作牲品。剌參加了祭祀，因輔助周穆王有功而受賞賜貝三十朋。剌為頌揚穆王美德，製作此鼎，鑄銘以記，子孫相傳。

周『昜』鼎

周

釋文

唯十月，使于曾，宓白于成周，休毗小臣金，弗敢喪，昜用乍寶旅鼎。

考略

此鼎出土於山西洪洞縣。周代青銅器，又稱小臣鼎。容庚舊存，藏於廣州博物館。通高23.5釐米，口徑21釐米，腹徑22釐米。雙直耳，直口，圓腹，平底，柱形足。器腹部飾雲雷紋，製作較精細。器內銘文二十五字。篆書。大意是：十月，昜出使鄫國，宓伯在成周受賜珍貴的銅，不敢懈怠，製作寶鼎以為紀念。《春秋》襄公六年，『莒人滅鄫』；又昭公四年九月，『魯取鄫』。《傳》曰：『莒亂，著丘公立而不撫鄫，鄫叛而來，故曰取。』此器《頌齋吉金續錄》《攈古錄金文》及《善齋禮器錄》有著錄。

周『郘盄』簋

周

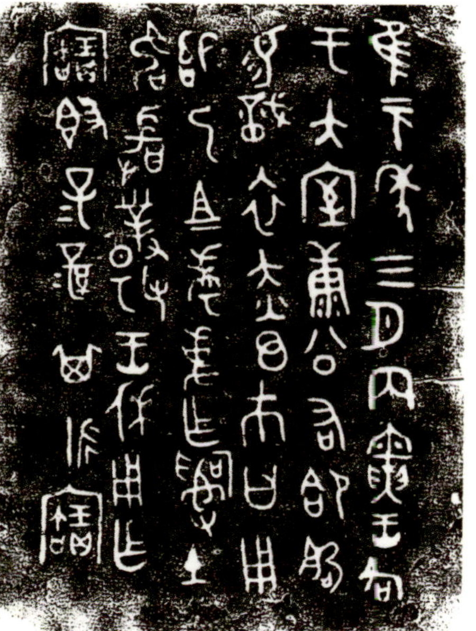

釋文

唯元年三月丙寅，王各于大室，康公右郘盄，易織衣赤環巿，曰：用司乃祖考事，乍嗣土盄，敢對揚王休，用乍寶簋，子子孫孫其永寶。

考略

此簋為周代青銅器。容庚舊存，藏於廣州博物館。高15釐米，口徑23釐米，腹徑21.5釐米，足徑19釐米。鼓腹、圈足、撇口，腹部和圈足各有夔龍紋兩道，腹部的龍紋上有獸頭兩隻，兩環耳作獸頭狀。器內底部有銘文五十字。篆書。大意是：元年三月丙寅，周夷王册命康公繼承父祖司徒的職位，並賜予織衣和赤巿，製作寶簋以紀念此盛事，希望世代留傳享用。這是周夷王期間的一種任命、賞賜官員僚屬的制度，是周禮的重要組成部分。『赤巿』即『赤韍』，是周諸侯和卿士穿戴的一種紅色的禮服；『司土』及司徒，為上古官職。

周『寍姯』鬲

周

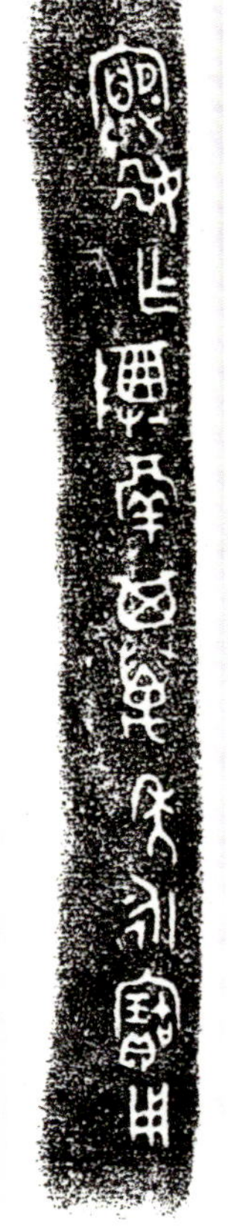

釋文

寍姯作尊鬲，其萬年永寶用。

考略

此鬲為周代青銅器。容庚舊存，藏於廣州博物館。高18.5釐米，口徑19.5釐米，腹徑19釐米。盤口，三足，附耳，器腹飾環帶雷紋。口沿內有銘文十一字。篆書。器形凝重典雅，紋飾流暢，有西周晚期青銅器的特點。

秦『張義』青銅戈銘

秦惠王更元四年（前 321）

釋文

張義。

考略

此戈一九八三年出土於廣州南越文王墓，藏於廣州西漢南越王博物館。通長 22.3 釐米，援長 13.7 釐米，內長 8.6 釐米，胡長 12 釐米。銅質。戈上有銘文三行，篆書，筆畫纖細而不失剛勁。其中有『王四年相邦張義』等字。古代『義』通『儀』，『張義』即戰國縱橫家『張儀』，此戈為秦惠王更元四年（前 321）相邦張儀督造，屬秦早期兵戈銘刻，或為秦軍平南越時帶來。

秦『十四年屬邦』青銅戈銘

秦王政十四年（前233）

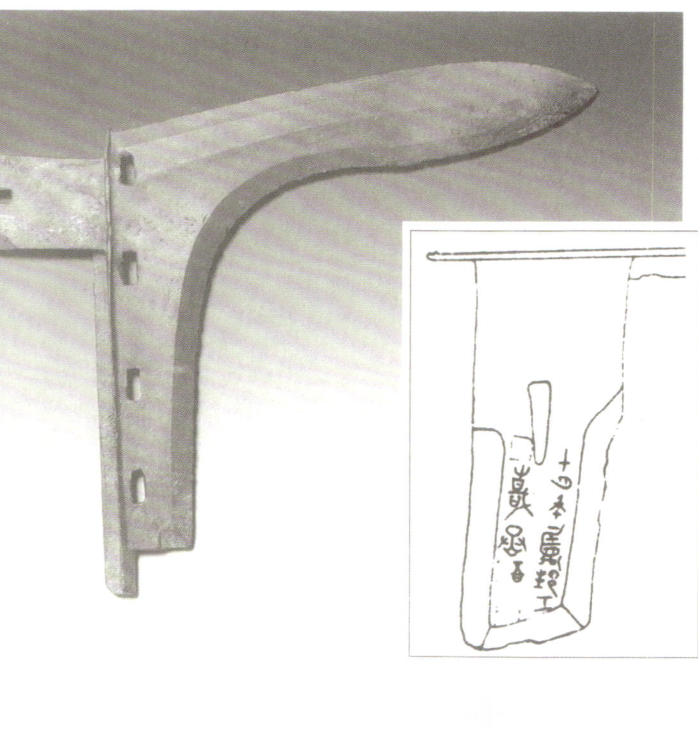

釋文

十四年屬邦工□蕺丞□□□。

考略

此戈一九六二年出土於廣州區莊螺崗秦墓，藏於廣州博物館。通長26釐米，援長16.3釐米。銅質。篆書。字畫紋道細如髮絲，『十四年』為秦王政十四年（前233）。屬邦，官署名，主管附屬國事務，始置於戰國，秦漢沿置。漢避高祖劉邦諱，改稱屬國或典屬國。此戈當是秦平南越時由秦軍帶來，字體與中原地區同期者相一致。

南越國銅鼎銘文若干

南越國

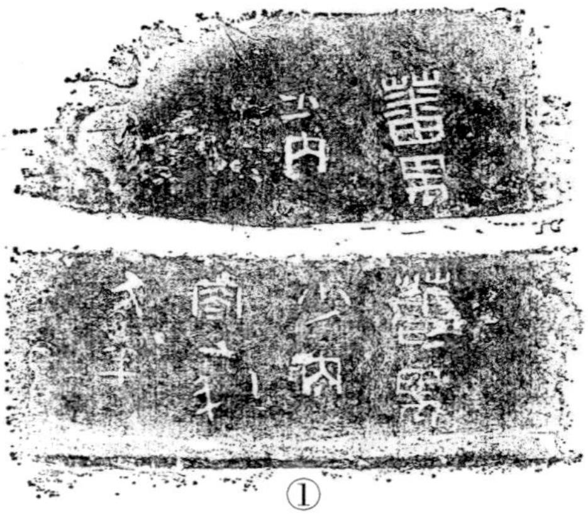

①

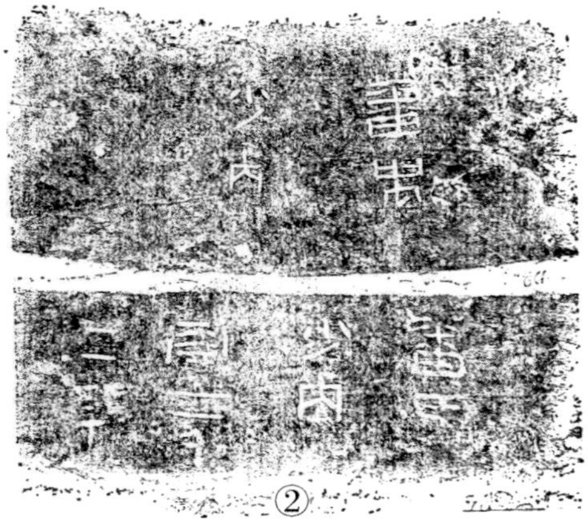

②

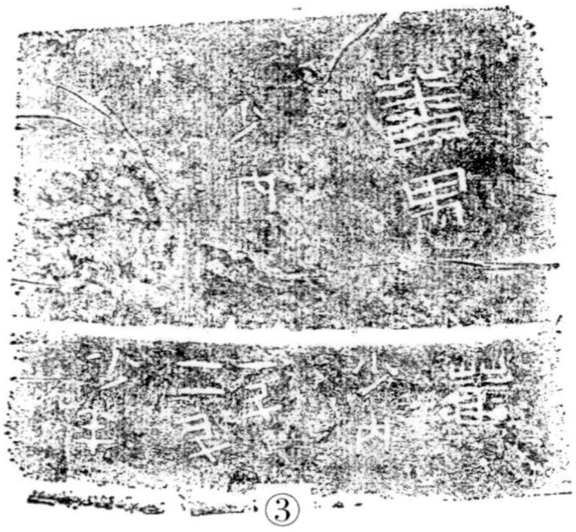

③

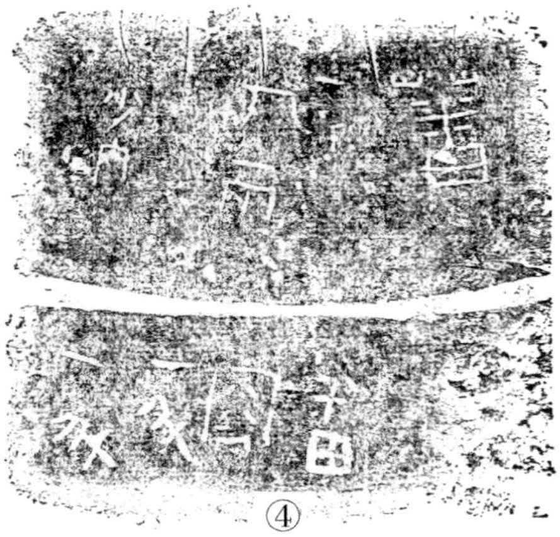

④

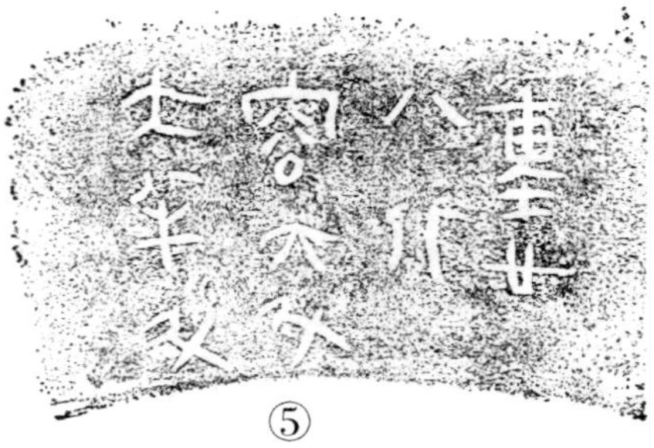

⑤

⑥

⑦

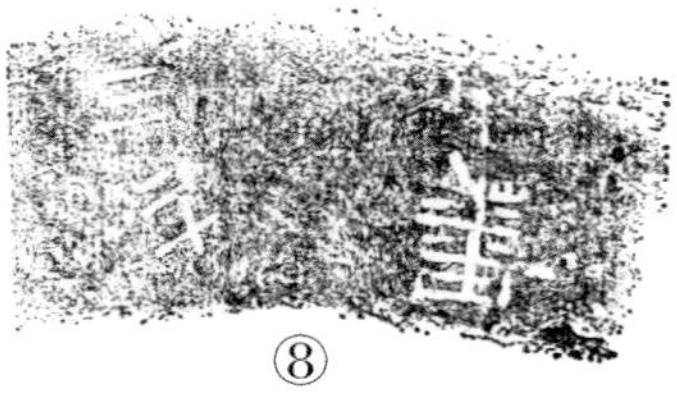

⑧

釋文

①蕃禺，少內。蕃禺，少內，容一斗大半。

②蕃禺，少內。蕃禺，少內，容二斗二升。

③蕃禺，少內。蕃，少內，一斗二升少半。

④蕃，一斤九兩，少內。蕃，容一斗一升。

⑤重廿八斤，容六斗大半斗。

⑥蕃禺。

⑦重十六斤，容三斗大半斗。

⑧蕃，三斗。

考略

這批帶有銘文的銅鼎一九八三年出土於廣州南越文王墓，藏於廣州西漢南越王博物館。銅質。隸書。鼎分為漢式、越式兩種，拓片中第一至第四為漢式鼎銘文，第五至第八為越式鼎銘文。其中第六件鼎銘文『蕃禺□』為黑漆書於口沿處，其他七件皆為刻銘。銘文中的『蕃禺』即南越王國的蕃禺工官簡稱，是秦在嶺南推行郡縣制的歷史物證。『少內』是秦漢時管理宮廷內庫房的官員。戰國時期秦國即置有此官職，統屬於內史，分掌財貨。在雲夢秦簡中，『少內』有中央、地方之分。漢朝建立後，亦沿設，南越國少內應與漢制相同。從鼎的形制到銘文內容，皆可證該時期古南越文化與中原文化之交融。

南越國銅匜文

南越國

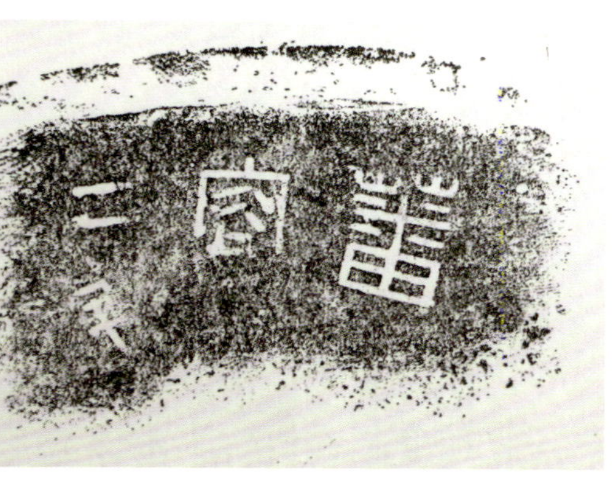

考略

此匜一九八三年出土於廣州南越文王墓，藏於廣州西漢南越王博物館。通横寬27.2釐米，通流長33.2釐米，高10.3釐米。鎏金銅質。上刻『蕃』『容二斗』四字，隸書，有篆書意味。其中『蕃』字較大，當為南越國蕃禺工官之省稱。

釋文

蕃。

容二斗。

南越國錯金銅虎節文

南越國

考略

此虎節一九八三年出土於廣州南越文王墓，藏於廣州西漢南越王博物館。長19釐米，寬11.6釐米，厚1.2釐米。銅質。虎節正面有錯金銘文『王命命車駬』五字，篆書，字體長方，上緊下舒，筆畫細如鐵線，挺勁偉拔，而又具圓秀之態，說明當時已自秦篆發展為典型的漢篆。節，是古代用於軍事和外交等方面的信物。按形狀可分為龍節、虎節、人節等。該虎節從銘文內容看，應是一枚調動車兵的信符。從紋飾及文字風格來看，與楚文化深有淵源。它是迄今為止發現的唯一錯金虎節。

釋文

王命命車駬。

南越國『文帝九年樂府工造』銅句鑃文（選一）

西漢元光六年（前 129）

釋文

文帝九年樂府工造第七。

考略

此句鑃一九八三年出土於廣州南越文王墓，藏於廣州西漢南越王博物館。一套八件，每件鉦部均有陰刻篆書『文帝九年樂府工造』，其下由大到小分別刻『第一』至『第八』編碼。大小和重量依次遞減。最大的通高 64 釐米，最小的通高 36.3 釐米。銅質。『文帝』為南越國第二代王趙眛的僭號。句鑃為古吳越樂器。文帝九年，即西漢元光六年（前 129）。銘文字體呈方形，用筆方圓兼備，沿襲秦二十六年權量、詔版風格。漢制，中央設樂府，主管音樂事宜。負責監造樂器，職掌郊廟祭祀及古兵法武樂，采集民間歌謠等。該套銘文句鑃是漢初南越王效仿漢制的重要物證。

南越國『王』字鐸

南越國

釋文

王。

考略

此鐸一九八三年出土於廣州南越文王墓，藏於廣州西漢南越王博物館。通高 42.8 釐米，甬長 16 釐米，銑間 11 釐米。銅質。篆書。鐸是古代宣布政教法令用的，亦為古代樂器，還可用作舞具。盛行於春秋戰國時期至漢代。該鐸通體修長，器壁厚重。鐸身上狹下寬，兩銑尖長。鉦部正面上方刻有一『王』字。四邊以棱線框成長方如旗形，內飾羽狀紋，鼓部飾垂鱗紋。

漢『內清以昭明』銅鏡銘

漢

釋文

內清以昭明，光夫日月不泄。

考略

此鏡出土於廣州海珠區大元崗漢墓。圓形，直徑一二釐米。銅質。素寬緣，圓球鈕，圓鈕座，座外一周鑄飾凸弘紋圈及一周內向八連弧紋帶，連弧間有簡單的紋飾，其外兩周短線斜紋之間鑄銘文曰：『內清以昭明，光夫日月不泄。』認為銘文中的『而』應是銘文中間的間隔裝飾，不宜釋讀作『而』字。或亦讀作『內而清而以而昭而明而光而夫而日而月而不而泄。』屬篆隸式變體。字體方整。

漢『與天相壽』銅鏡銘

漢

釋文

與天相壽，與地相長。

考略

此鏡於廣州西漢前期墓出土。圓形。伏螭鈕。直徑 15.9 釐米。銅質。四花瓣四花葉，凹面方框及弦紋方格間有銘文：『與天相壽，與地相長。』篆書。每邊二字。方格內角一花苞向外伸出二片卷葉，四邊外各一枚並蒂四葉乳，乳兩側有對稱連疊花瓣紋。內向十六連弧紋緣。此鏡花瓣重疊多層，甚為特殊，但整個構圖形式與對稱連疊草葉紋鏡相同。

漢『毋相忘』銅鏡銘

漢

釋文

常與君，相歡幸；毋相忘，莫遠望。

考略

此鏡出土於廣州柳園崗漢墓。直徑 8.8 釐米。銅質。三弦紋鈕，鈕外分凹面形方格及大方格兩區域，兩方格內為銘文帶，銘文左旋，每句從四邊角起始，連讀為：『常與君，相歡幸；毋相忘，莫遠望。』篆書。紋飾由地紋與主紋組成，地紋為圓渦紋及斜行短線紋，主紋由一正向二反向的虺紋構成，中間無乳釘紋。

漢初至魏晉南北朝時期的銅鏡銘文較多且複雜，但在內容上又具有明顯的一致性，大體上可分為吉語祝詞、相思情語、誇耀絢詞、紀年銘文等幾種，往往有幾種表現形式兼而有之的情形。

漢『長宜子孫』銅鏡銘

漢

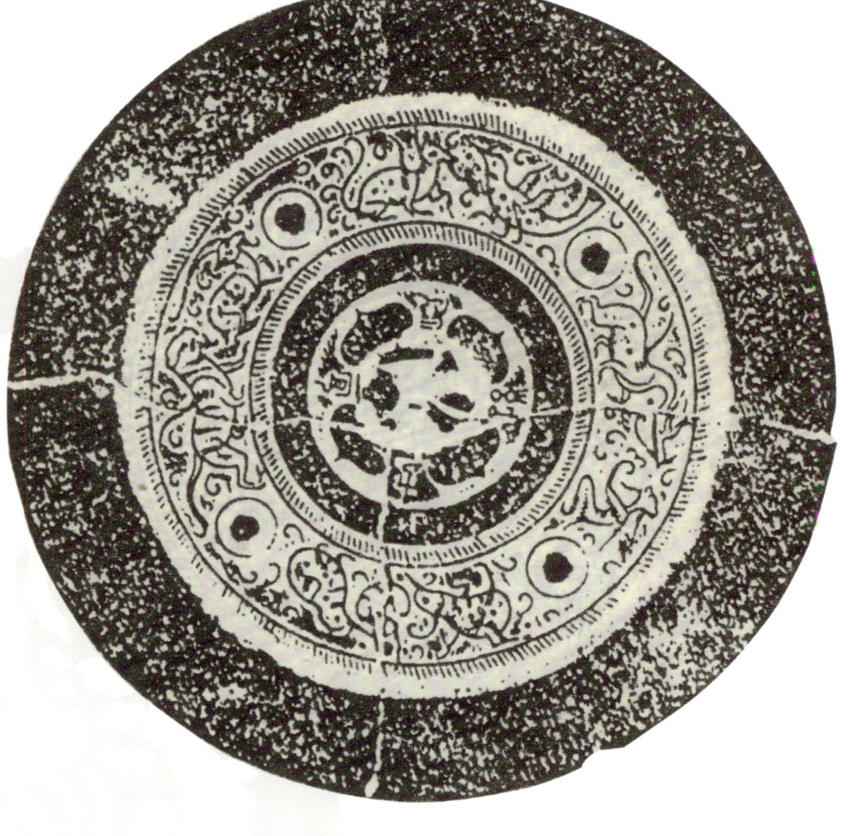

釋文

長宜子孫。

考略

此鏡圓形。直徑11釐米。銅質。圓鈕，柿蒂四葉紋鈕座，蒂葉間鑄『長宜子孫』銘文，篆書。座外一周内向八連弧紋圈帶，連弧之間有簡單的紋樣，兩周短線紋（也稱櫛齒紋、輻射紋）中鑄飾數道弘紋及漩渦形紋，平素寬緣。『長宜子孫』是漢鏡常見吉語銘文，類似表述的還有『宜君子孫』『宜子孫』等，反映了人們希望子孫興旺、家業相傳的願望。

西漢『攀公』銅壺文

西漢

釋文

攀公。

考略

此壺出土於廣州漢墓。銅質。上刻『攀公』二字，從字體上看，篆隸兼備，具有西漢時期由篆而隸演化過渡時期的特點，『攀』字結體篆味尤濃，『公』字已有隸意。

東漢銅鏡銘兩種

東漢

考略

兩鏡一九九四年出土於越秀區廣州先烈南路大寶崗東漢墓，藏於廣州市文物考古研究院。皆為銅質。一為規矩鏡，即總體外形為圓形，鏡紐較大，多作半球形，紐座外有方欄，實為古代六博局紋。直徑14釐米，厚0.40釐米。半環形鈕，凹形方格鈕座，有四葉柿蒂紋，內區飾八乳、規矩和四靈。銘文帶鑄『尚方作竟（鏡）真大巧，上有仙人不知老。渴飲玉泉飢食棗，□□□□壽而□』，屬篆隸式變體。外區緣上飾鋸齒紋。另一鏡為連弧紋鏡。即圓形鏡，背面以弧線或凹面寬弧帶連成圈，作為主紋。直徑17釐米，厚0.40釐米。半環形鈕，柿蒂紋鈕座，蒂間鑄『長宜子孫』，篆書。

釋文

尚方作竟真大巧，上有仙人不知老。

渴飲玉泉飢食棗，□□□□壽而□。

釋文

長宜子孫。

南朝銅鏡銘

南朝

釋文

旦□光三月□□昭□。

考略

此鏡一九九六年出土於廣州越秀區東山梅花村南朝墓，藏於廣州市文物考古研究院。銅質。為神獸鏡，已殘。神獸以鈕為中心作環繞式排列，神獸紋外是一圈半圓方枚紋，九個方枚紋中有九個反字銘文。屬篆隸式變體。

後梁清泉禪院鐘款

後梁開平五年（911）

釋文

苐子節度左押衙充府墻池内外副指撝使并都教練使銀青光禄大夫撿校尚書右僕射使持節端州諸軍事守端州刺史御史大夫上柱國利郃去，天復二年十一月廿三日鑄造洪鐘壹口，重壹阡斤，於清泉禪院供養，永乞爵位高遷，家眷寧謐。此時設齋慶讃訖，久未得題号，今專差匠人周匡往鐫字。

開平五年六月三日重記。

□教化住持禪大德子希普勸衆緣鑄造。

考略

此鐘原存廣州玄妙觀（舊址在今惠福西路），現僅存拓片。是梁端州刺史利郃去於唐昭宗天復二年（902）所鑄銅鐘，重達一千斤。説明當時鑄造業大量生産日常生活用具，南北朝及隋唐時期，廣州冶鐵業較前代又有新的發展。此鐘用於廣州清泉禪院供養，於後梁開平五年（911）鐫字。楷書。鋒芒鋭利，尚帶隋風。銘文載於《金石萃編》及阮元編《廣東通志》。為開平銅器拓本之僅存者，不僅有書法之價值，兼有史料價值。

鑄鐘者利郃去，充節度使府左押衙等職。考諸史籍，是年前後，實掌嶺南道節度使之權力者為原封州刺史、行軍司馬劉隱（南漢立國後追謚烈宗）。利郃去職銜之『牆池使』，涉及避諱。『牆池使』本作『城池使』，因避梁太祖朱温之父朱誠之諱，而改『城』為『牆』。此處云『府牆池内外副指撝使』，蓋司城隍之官。

南漢芳華苑鐵花盆銘

南漢大有四年（931）

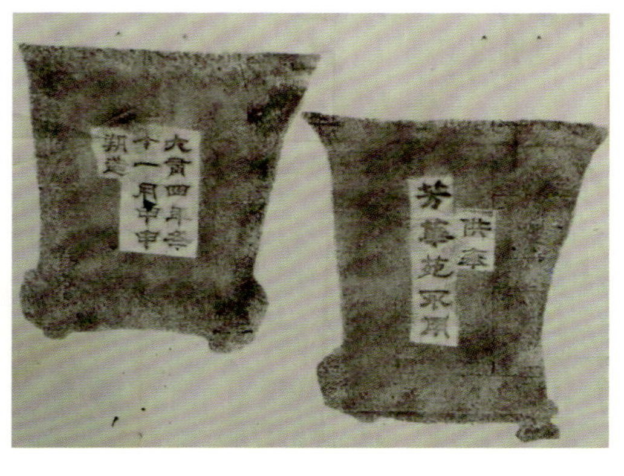

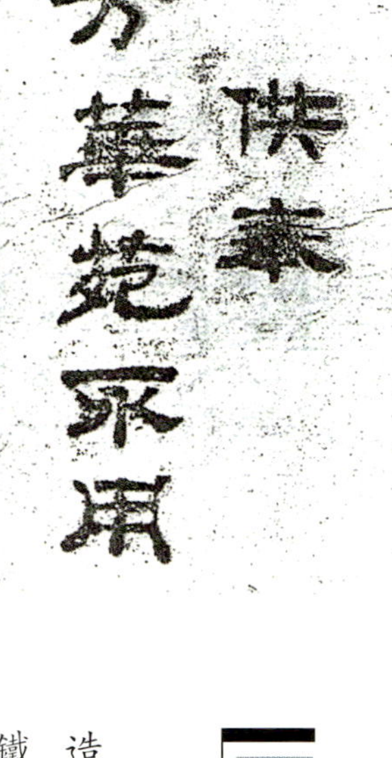

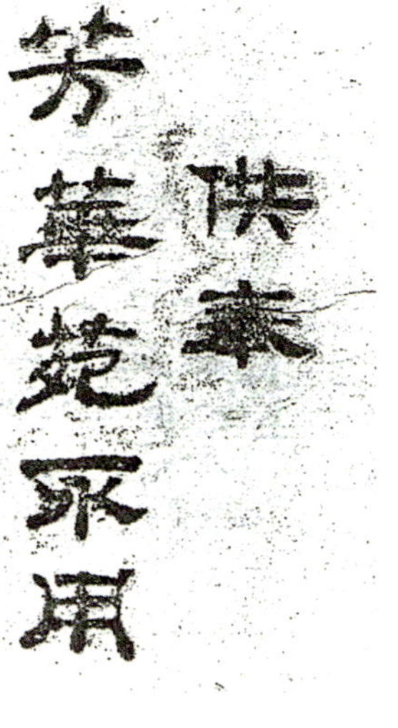

釋文

供奉芳華苑永用。

大有四年冬十一月甲申朔造。

考略

花盆一對出土於廣州，藏於廣州博物館。造型大小相同。高 30 釐米，口徑 27 釐米。鐵質。隸書。敞口，上部呈十二角棱形，下部深圓，三短足。盆身兩側鑄有銘文，一為『供奉芳華苑永用』，一為『大有四年冬十一月甲申朔造』。『大有』為南漢高祖劉龑使用的第二個年號，即公元 931 年。『芳華苑』位於廣州城西，是南漢王朝帝王與宮人宴遊之地。民國時期的廣州博物館陸續收到海內外收藏家的捐贈，此南漢鐵花盆是清末湖廣總督吳榮光的後人捐贈給廣州博物館的。

南漢大寶鐵盤銘

南漢大寶元年（958）

釋文

西方大士，第一圓通。以大悲心，而成佛道。
衆生昏迷，沉淪慾海。曰慾愛身，若繭纏身。
菩薩威靈，說清凈法。斷除愛功，脫離苦海。
如大願船，普渡衆生。無聖無凡，同登覺路。
惟漢大寶元年。
僧衆立。

考略

此盤拓本藏於廣東省立中山圖書館。盤鑄於南漢大寶元年（958）。銅質。隸書。銘文內容為讚頌西方大士觀世音菩薩普渡衆生之功德。此盤形似筆洗，曾為歷史學家鄧之誠收藏，著錄於《骨董瑣記全編》中。

南漢寶林禪院鐘款

南漢大寶二年（959）

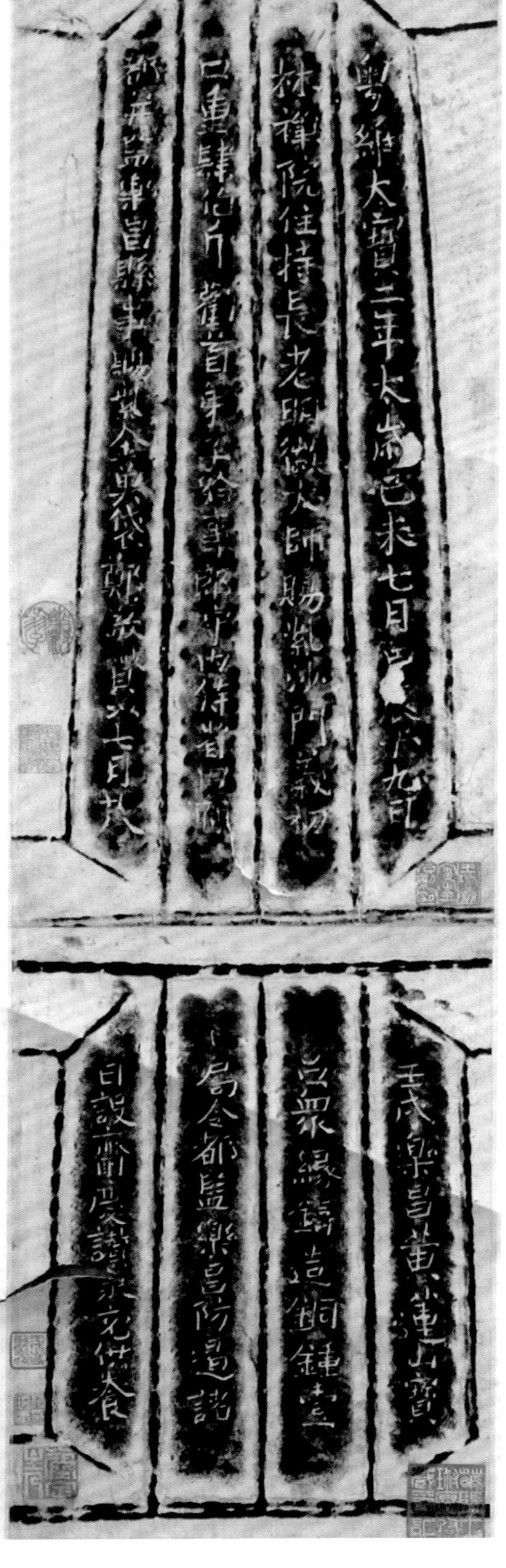

釋文

粵維大寶二年，太歲己未七月甲辰十九日壬戌，樂昌黃蓮山寶林禪院住持長老明徹大師，賜紫沙門義初召衆緣鑄造銅鐘壹口，重肆伯斤。勸首第子、給事郎守内侍省内府局令都監樂昌防遏諸都并監樂昌縣事賜紫金魚袋鄭敬贇，以七月廿八日設齋慶讃，永充供養。

背款：

（奉敕鐫題黃蓮山銅鐘一口。官□）

考略

此鐘原存韶關樂昌寶林禪院，後移置韶關文昌廟，鐘款拓本藏於廣州博物館。銅質。楷書。據銅鐘之款載，寶林禪院當建於南漢大寶二年（959）七月之前，至易名為『寶林寺』者，則在宋嘉祐三年（1058）。據翁方綱《粵東金石略》載：此『南漢大寶鐘款，鐘高二尺四寸，圍四尺，口五尺，紐高五寸，圍二尺……鐘不知何時移於韶州府學明倫堂，問之，學官皆不知。予親至堂上摩挲銑始得讀而拓之。』可知清乾隆年間，鐘被移置韶州府學明倫堂。據清伍崇曜編刻的《嶺南遺書》載，清光緒年間，鐘已從明倫堂移置文昌廟。又云『陽識易成，陰款難鐫……此文乃是陰款，尤為難得。』

南漢光孝寺西鐵塔銘

南漢大寶六年（963）

（西鐵塔東面）

（西鐵塔西面）

（西鐵塔南面）

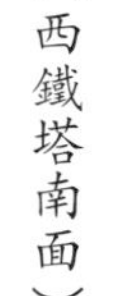

（西鐵塔北面）

釋文

玉清宮使、德陵使、龍德宮使、開府儀同三司、行內侍監、上柱國龔澄樞同女弟子鄧氏三十二娘以大寶六年歲次癸亥五月壬子朔十七日戊辰鑄造，永充供養。

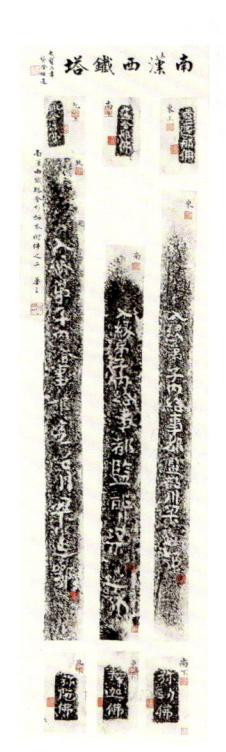

考略

西鐵塔位於廣州光孝寺大雄寶殿右側，處寺之西，故名西塔。鑄於南漢大寶六年（963）。鐵質。是我國現存有確切鑄造年代的最早的大型鐵塔。仿樓閣式實心塔，原有七層，今僅存三層，殘高310釐米。下為石刻須彌座，座高約168釐米。鐵塔平面為四方狀，每層四面塔身均鑄有多個佛龕，內有佛像，全塔共鑄佛像千餘，故又稱『千佛塔』。塔東、西、南、北四面皆刻有字，陰文，楷書。東、南、北三面多漫漶剝蝕，惟西面清晰可辨。四面文字皆同。

鑄造者龔澄樞，南海人，南漢宦官。幼為高祖劉龔內供奉，後陞至內給事。中宗劉晟即位後受重用，先後任龍德宮使、玉清宮使等。後主劉鋹即位後，加澄樞特進開府儀同三司、萬華宮使、驃騎大將軍，後又改授上將軍、左龍虎軍觀軍容使、太師等職，軍國大事一應交予澄樞。後宋將潘美在龍德宮中抓獲，押往汴京問斬。

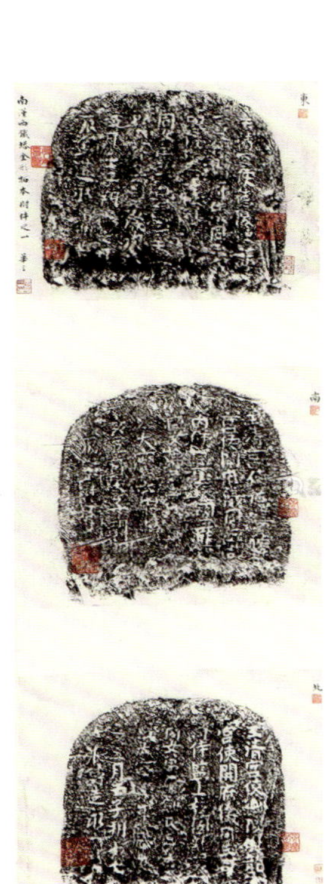

（麥華三題蔡守談月色藏西鐵塔銘拓本）

南漢光孝寺東鐵塔銘

南漢大寶十年（967）

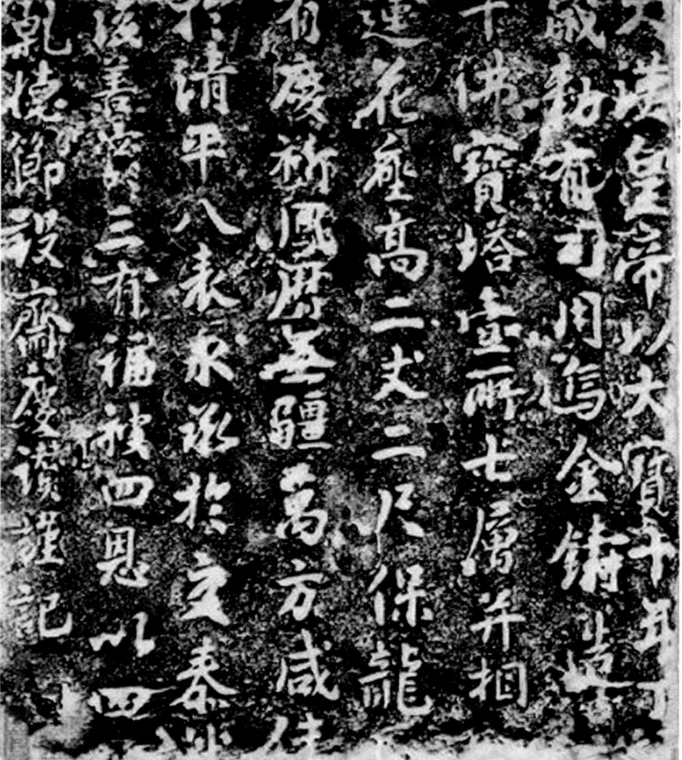

大漢皇帝以大寶十年丁卯
歲敕有司用烏金鑄造
千佛寶塔壹所七層并相
輪蓮花座高二丈二尺保龍
躬有慶祈鳳曆無疆萬方咸使
於清平八表永銷於交泰然
後善資三有福被四恩以四
月乾德節設齋慶讃謹記

釋文

大漢皇帝以大寶十年丁卯歲，勑有司用烏金鑄造千佛寶塔壹所，七層并相輪蓮花座高二丈二尺。保龍躬有慶，祈鳳曆無疆。萬方咸使於清平，八表永承於交泰。然後善資三有，福被四恩。以四月乾德節設齋慶讚。謹記。

考略

東鐵塔位於廣州光孝寺大雄寶殿東側塔殿中，處寺之東，故名東塔。鑄於南漢大寶十年（967）。塔形制大體與西鐵塔同，是仿樓閣式實心塔，七層。塔刹已殘，殘高769釐米，塔身之下有石刻仰蓮及須彌座，座高約130釐米。四周鑄行龍火珠。塔平面呈四方形，每層四面塔身均鑄有多個佛龕，內有佛像，全塔鑄佛像千餘。初建時，周身貼金，光彩奪目，故有『塗金千佛塔』之稱。現貼金早已脱落。塔身最下一層有銘文八行，行楷書。麥華三評價其『法度嚴謹，筆厚意濃，有唐碑風格，亦金文中不可多得精品也』。銘文寺僧曾以灰實之，又塗飾黄金。清乾隆三十九年（1774）李文藻（南澗）持刀剔金，乃得全拓。此或為李文藻剔後最初拓本。

據清顧光所修《光孝寺志》載，塔南面之左有銘云：『內殿大僧錄，教中大法師金紫光祿大夫檢校工部尚書曉真大師沙門監造。』南面之右銘云：『教中大法師內供奉講經首座金紫光祿大夫檢校工部尚書實法大師沙門監造。』北面之左銘云：『教中大法師內供奉金紫光祿大夫檢校工部尚書□□大師沙門監造。』北面之右銘云：『教中大法師、金紫光祿大夫、檢校工部尚書、□□大師沙門監造。』東面之左銘云：『都監住持秀華宫使上將軍上柱國□伯食邑十萬户□□監造。』西面之前銘闕。以上文字，今已不易辨識。

宋廣州天慶觀鐘銘

宋元豐二年（1079）

釋文

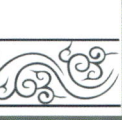

弟子林英捨錢一十五貫文足買銅一百斤。林仲和捨四十斤。陳遘捨五十斤。陳富捨三十斤。劉昇、張叙捨二十斤。

李珉二十斤。關惟辿、陳亮、郭二娘、劉榮、高保、龔相、鄭立新、文惟亮各捨十斤。譚湜、劉昇、鄭政、張榮、

李養、唐世安、元六娘各捨五斤。

會首陳文遇捨錫二十五斤。

廣州天慶觀東嶽行宫住持賜紫道士胡日新鑄造，永充聖帝殿内供養。

元豐二年己未歲二月初六日謹題。

匠人張周。

考略

此鐘原存廣州天慶觀（址在今海珠北路祝壽巷），北宋元豐二年（1079）由胡日新鑄造。鐘久已不存，僅存拓本，藏於廣東省立中山圖書館。拓本一高62釐米，寬27釐米；拓本二高66釐米，寬16釐米。楷書。

唐開元二十六年（738），朝廷要求各州府將當地形勝之道觀、寺廟以『開元』年號為名，時廣州有開元寺。至宋則改為『天慶觀』，奉祀宋朝皇帝。元、明為玄妙觀，清、民國時期為元妙觀，於民國十一年（1922）被拆毁。據一九六二年出土的《重修天慶觀記》碑記載，宋仁宗皇祐四年（1052），儂智高進犯廣州，天慶觀被毁，後由三佛齊（今印度尼西亞）客商首領捐資重建，至神宗元豐二年（1079）完工。時間正與該鐘銘所載相合。可見該鐘也是在這次重修中由信衆捐造的。

遼光孝寺藥師佛造像

遼大康六年（1080）

釋文

大康六年八月十六日，
東作使張楊剌生得小男爽
師，留此，上鑄藥師佛。
願亡過父母，見在眷屬，
法界有情，生生見佛，世
世聞法，道心堅固，乃至
菩提，不墮惡趣。

考略

此銅像原存廣州光孝寺，已佚。有清末民初拓本存世。藥師佛像有遼大康年款識。民國汪兆鏞《微尚齋雜文》中有《遼大康六年藥師銅造像拓本跋》一文，對款識作了考釋，考證銘文中『東作使』職官甚確，認為《文獻通考》中記『宋有東西作使』。遼南面官制多效仿五代、北宋，亦設有作坊司署，上藥師佛銘『東作使』者，即『東作坊使』之省稱。至於該遼地佛像何以入粵，汪氏推測為清初平南王尚可喜之某女薙髮出家，平蕃於廣州城北白雲山下為其築庵曰『藥師庵』，因供此佛像而命名者。此造像拓本有清代梁鼎芬題識：『光孝寺遼佛一尊寄上，無翁督部三哥長壽，鼎芬題記。』。旁又有題記：『竹垞遊廣州訪獨漉，未見此像，世間拓本甚少。鼎芬里居養痾，閒遊寺中得之。藏山又記。』按《梁鼎芬年譜》，梁鼎芬於一九一一年自京歸粵休養，則此題識當在是年之後。

宋「湖州」銅鏡銘

宋

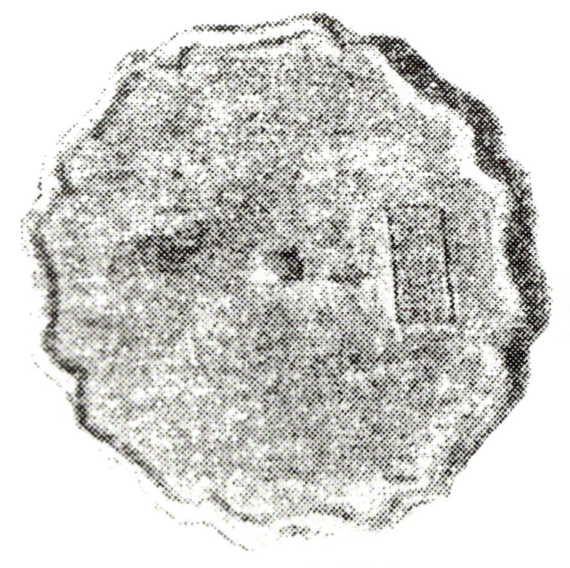

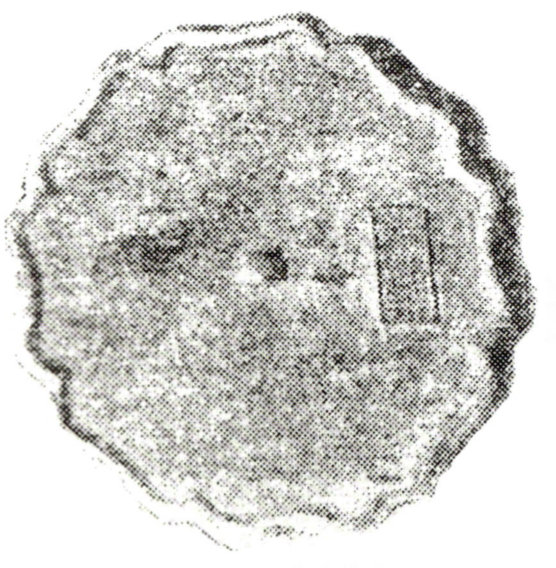

釋文

湖州真石家念二叔照子。

考略

此鏡一九五六年出土於廣州東山犀牛路馬潢水崗宋墓，藏於廣州博物館。直徑17.7釐米，厚0.4釐米。銅質。楷書。為八瓣葵花形。周沿起凸邊，小鈕扁圓，素面，一側有長方形銘文印「湖州真石家念二叔照子」。有邊框和豎界。

元銅壺滴漏刻銘

元延祐三年（1316）

廣東道宣慰使……

承直郎廣東道宣慰使司都元帥府都事王巨威

承務郎廣東道宣慰使司都元帥府都事楊後

承直郎廣東道宣慰使司都元帥府經歷穆齊[illegible]

承直郎廣東道宣慰使司都元帥府經歷捏古尚

中順大夫廣東道宣慰副使僉都元帥府事王[illegible]

奉議大夫廣東道宣慰副使僉都元帥府事拜降

懷遠大將軍同知廣東道宣慰使司副都元帥阿剌不花

中奉大夫廣東道宣慰使都元帥帖里

資善大夫廣東道宣慰使都元帥馬速忽

釋文

資善大夫廣東道宣慰使都元帥馬速忽。

中奉大夫廣東道宣慰使都元帥怗里。

懷遠大將軍同知廣東道宣慰使司副都元帥阿剌不花。

奉議大夫廣東道宣慰副使簽都元帥府事拜降。

中順大夫廣東道宣慰副使簽都元帥府事王從政。

承直郎廣東道宣慰使司都元帥府經歷捏古伯。

承直郎廣東道宣慰使司都元帥府經歷穆齊英。

承務郎廣東道宣慰使司都元帥府都事楊復。

承直郎廣東道宣慰使司都元帥府都事王巨威。

廣東道宣慰使司都元帥府令史常文廣。

廣州路總管府判官札忽。

承德郎廣州路總管府推官王思聰。

承直郎廣州路總管府推官王亨。

廣州路總管府知事宋居敬。
廣州路總管府提控案牘兼照磨承發架閣常天錫。
承務郎廣州路南海縣尹兼勸農事周勝寶提調監鑄。
廣東道宣慰使司都元帥府陰陽提領簡德輔監鑄。
南海縣該吏陳用和。
作頭杜子盛。
作頭冼運行。
延祐三年十二月十六日造。

考略

此銅壺滴漏原存廣州雙門底（今北京路）的拱北樓上，現藏於中國國家博物館。銅質。銘文凡二十一行。楷書。滴漏是中國古代的計時工具，該滴漏鑄造於元延祐三年（1316），自製成之日起，一直被使用到1900年前後，歷時近七百年，是我國現存最早、最大、最完整的計時器。整件滴漏由四個銅壺組成，分別是日壺、月壺、星壺、受水壺。也有一種說法稱為日天壺、夜天壺、平水壺和受水壺。壺壁分別鑄有『太陽圖』『月形圖』『北斗七星圖』及『八卦圖』，並配以祥雲圖飾。其中，日壺外側刻有銘文，列當時參與鑄造工程的廣州各級官員、工匠姓名凡十八人，並有鑄造時間，此是上古器物製作『物勒工名』的遺緒，也可見官府對鑄造此物的重視。銘文中所列官員馬速忽、怗里、阿剌不花等於《廣州府志》有載，餘皆無考。末署『作頭』姓名，對於研究元代民間鑄造工藝有一定價值。

元六榕寺塔刹刻字

元至正十八年（1358）

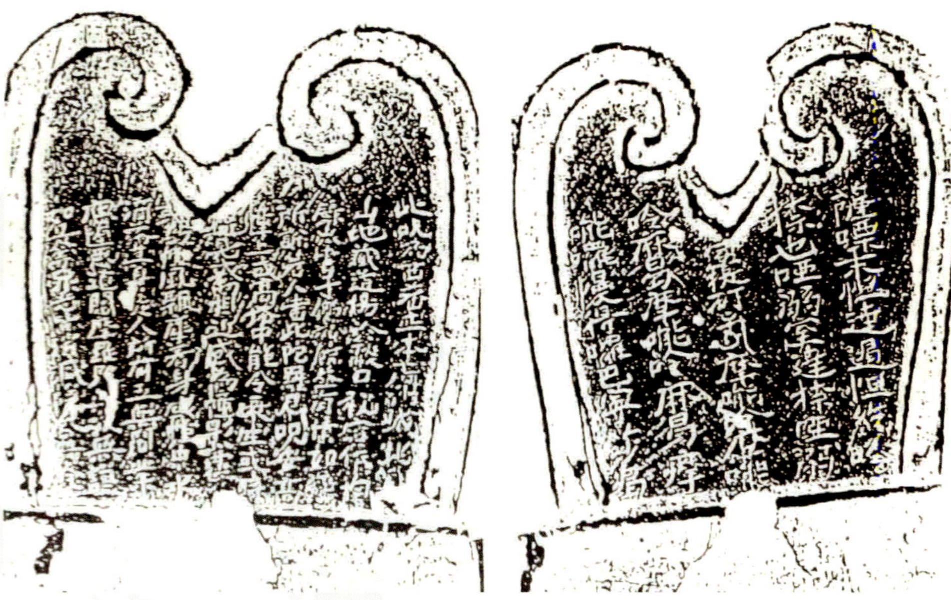

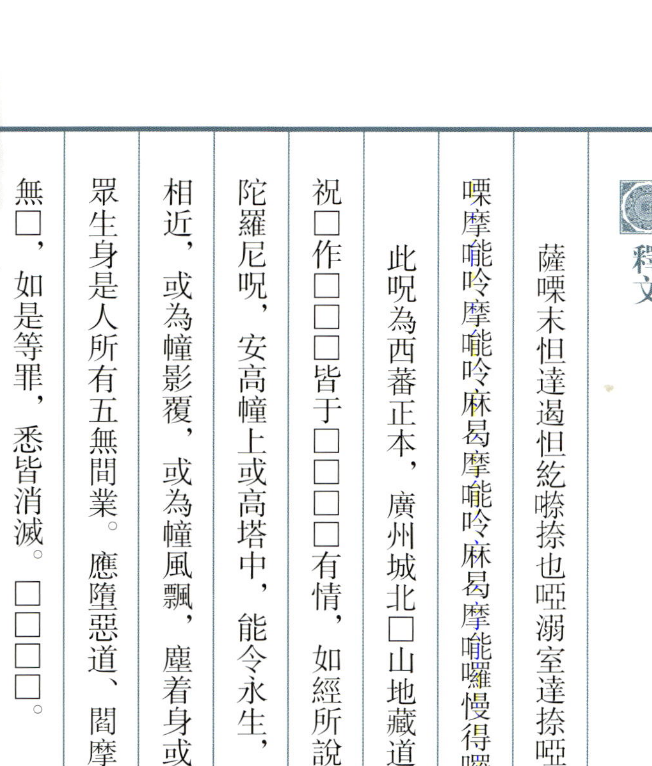

釋文

薩嘌末怛達遏怛紇㖿捺也啞溺室達捺啞溺室提矴薩嘌摩能吟摩能吟麻曷摩能吟麻曷摩能囉慢得囉吧寧沙曷。

此呪為西蕃正本，廣州城北□山地藏道場，於欿口祝□作□□□皆于□□□□有情，如經所說，若人書此陀羅尼呪，安高幢上或高塔中，能令永生，或時遙見或相近，或為幢影覆，或為幢風飄，塵着身或幢映水，消眾生身是人所有五無間業。應墮惡道、閻摩羅界，無□無□，如是等罪，悉皆消滅。□□□□。

考略

此塔刹存廣州六榕寺塔。銅質。六榕寺史稱千佛塔（俗稱花塔），創建於梁大同三年（537），初為木結構，南漢時毀於火。宋初重建，改用磚木結構，歷代多次重修。其塔刹遞修屢葺，宋宣和六年（1124）重鑄塔刹寶珠，後又被雷擊落。元至正十八年（1358）興工鑄造千佛銅柱，塔刹寶珠以銅易鐵，表面鍍金。此刻字應為當時所鑄。為元朝佛教崇奉藏傳的珍貴文獻之一。

明五仙觀嶺南第一樓鐘銘

明洪武十一年（1378）

釋文

大朙國洪武十壹秊歲次戊午孟春十八日

辛卯。廣東等處承宣布政使司鑄造。

考略

此鐘存廣州五仙觀嶺南第一樓。鑄於明洪武十一年（1378）。通高 304 釐米，口徑 210 釐米。銅質。篆書。字體古雅剛健。鐘紋飾較簡單，但造型莊重，鐘鈕由二頭四爪蒲牢組成，在鐘身中部偏下的一條凸弦紋上均布四個大方格，其中一格內鑄有銘文。下部則為四個空白的細長方格。大鐘的鐘口為平直形，口沿處的壁厚則明顯增厚。鐘口之下，正對嶺南第一樓的樓基中心有一方形大井口，與券形洞相通，形成一巨大『共鳴器』，扣之可傳聲十里。因平時禁止敲鐘，此鐘又被稱作『禁鐘』。

明崇禎十七年鐵炮銘

明崇禎十七年（1644）

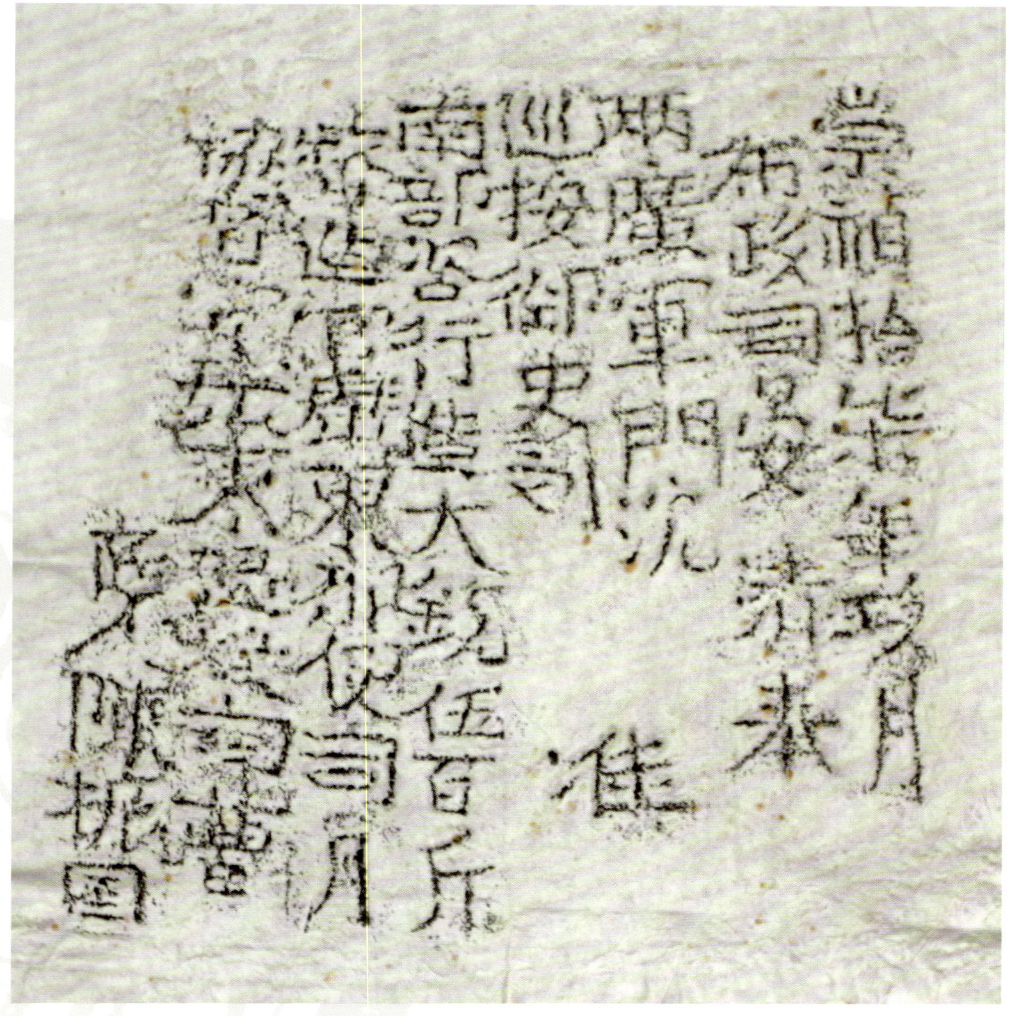

釋文

崇禎拾柒年玖月，布政司晏清，奉兩廣軍門沈、巡按御史刘，准南部咨行造大銃伍百斤。

督造官：廣東都使司月。

協督官：廣東提舉司曹。

匠人：陳振国。

考略

此炮藏於廣州博物館。炮身長 130 釐米，口徑 14 釐米，腹徑 17 釐米。屬紅夷型鐵炮。陽鑄銘文，楷書。明崇禎帝朱由檢於崇禎十七年（1644）三月十九日縊死於北京，至是明王朝滅亡。此炮之所以仍鑄崇禎十九年九月者，或雖知崇禎帝已死，但仍奉明室舊朔耳。

銘文所謂晏清，乃廣東布政使，廣西人。明室亡後，曾與廣西巡撫瞿式耜一道擁立桂王朱由榔監國於肇慶，旋稱帝，次年改號永曆。宣統《番禺縣續志》卷三十四《金石志》載有南明弘光二年（1645，順治二年）晏清捐資鑄造景泰寺鐵爐一款，其結銜為『廣東鹽法道今陞尚寶司卿』。兩廣軍門沈，當是萬曆四十四年（1616）入仕、崇禎時官至總督兩廣軍務兼廣東巡撫的沈猶龍。督造者月，當是廣東都使司僉事月光華。

明永曆四年鐵炮銘

明永曆四年（1650）

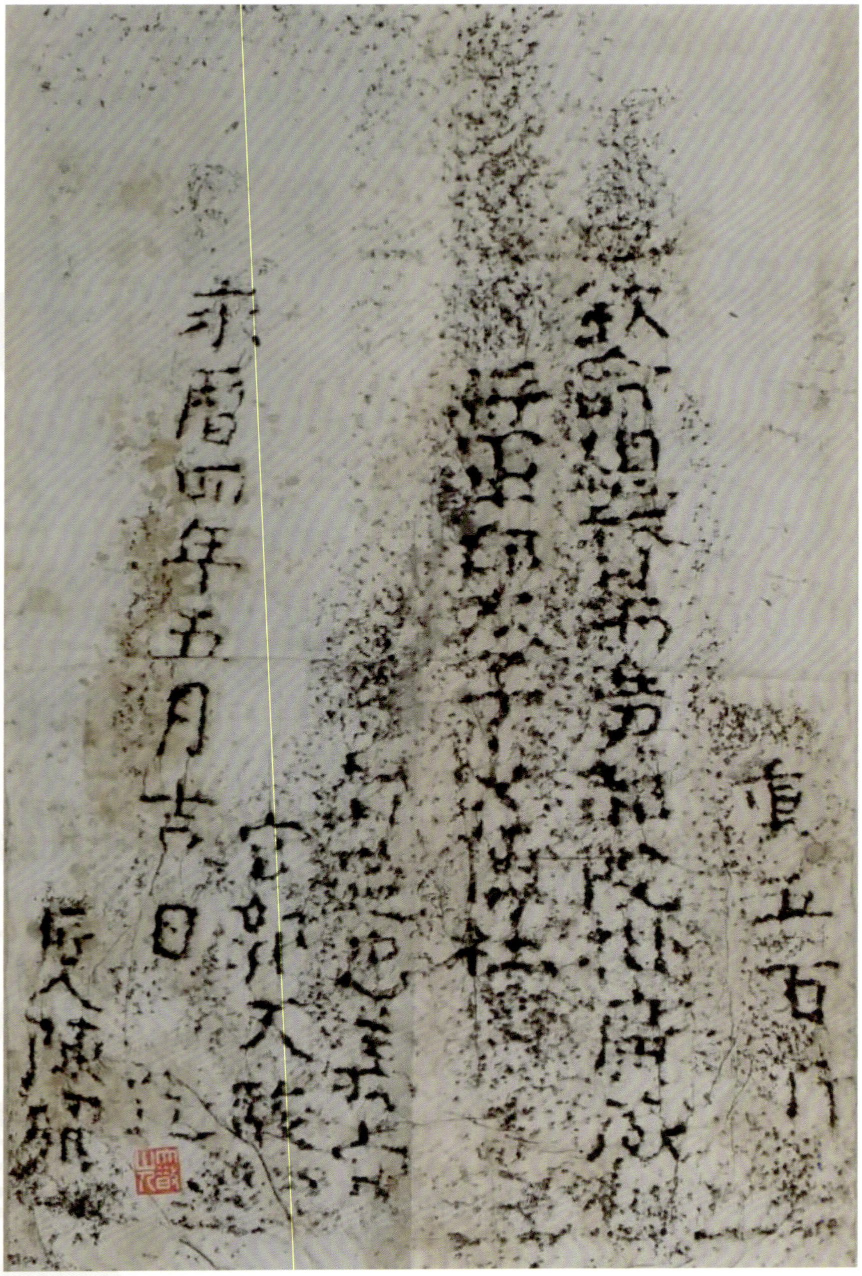

釋文

重五百斤。

欽命總督兩廣部院掛廣威將軍印太子太傅杜。

南監忠義堂官郭天駿。

永曆四年五月吉日。

匠人陳□。

考略

此炮拓本藏於廣東省博物館。長50釐米，寬35釐米。楷書。鐵炮鑄於明永曆四年（1650）。清兵入關後，明宗室先後建立多個政權對抗，史稱『南明』。其中，永曆帝朱由榔登基於肇慶，實力最強時，曾名義統治臺灣、中南及西南多個省份，包括兩廣。清嘉慶十五年（1810）在番禺沙灣、一九五六年在香港九龍北佛堂海底均曾發現類似銘文的火炮，鑄造時間在永曆四年五月或六月，應均為時任兩廣總督杜永和主持鑄造。

清太平庵鐘款

清順治七年（1650）

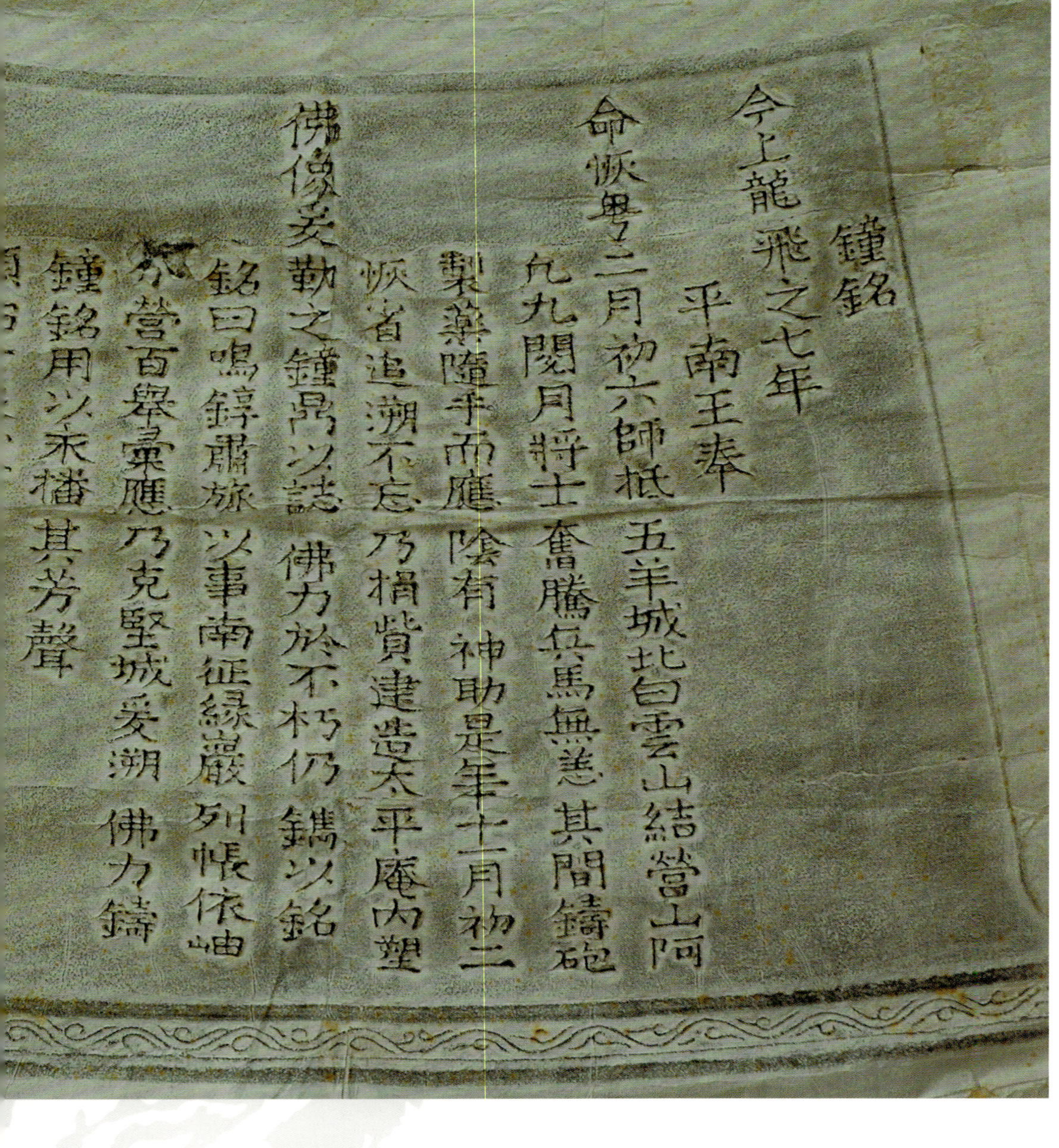
鐘銘
今上龍飛之七年　平南王奉
命恢粵二月初六師抵五羊城北白雲山結營山阿
九九閱月將士奮騰兵馬無恙其間鑄砲
製藥隨手而應陰有神助是年十一月初二
恢省追溯不忘乃捐貲建造太平庵內塑
佛像爰勅之鐘爲以誌佛力於不朽仍鐫以銘
銘曰嗚鋍肅旅以事南征緣嚴列帳依岫
營百舉彙應乃克堅城爰溯佛力鑄
鐘銘用以永播其芳聲

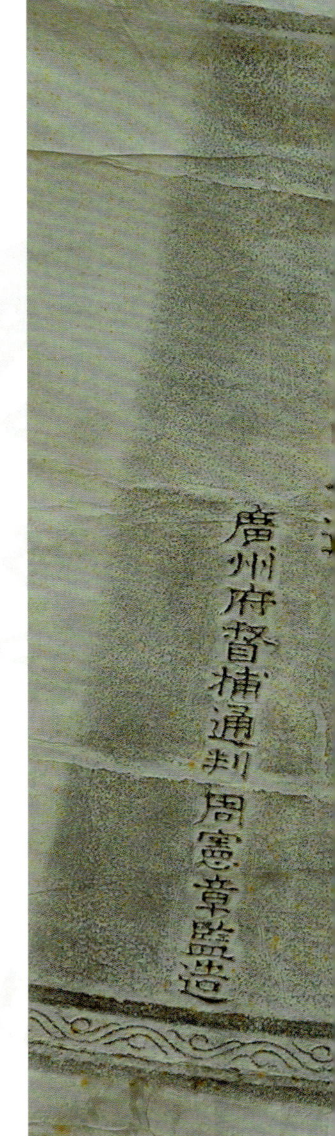

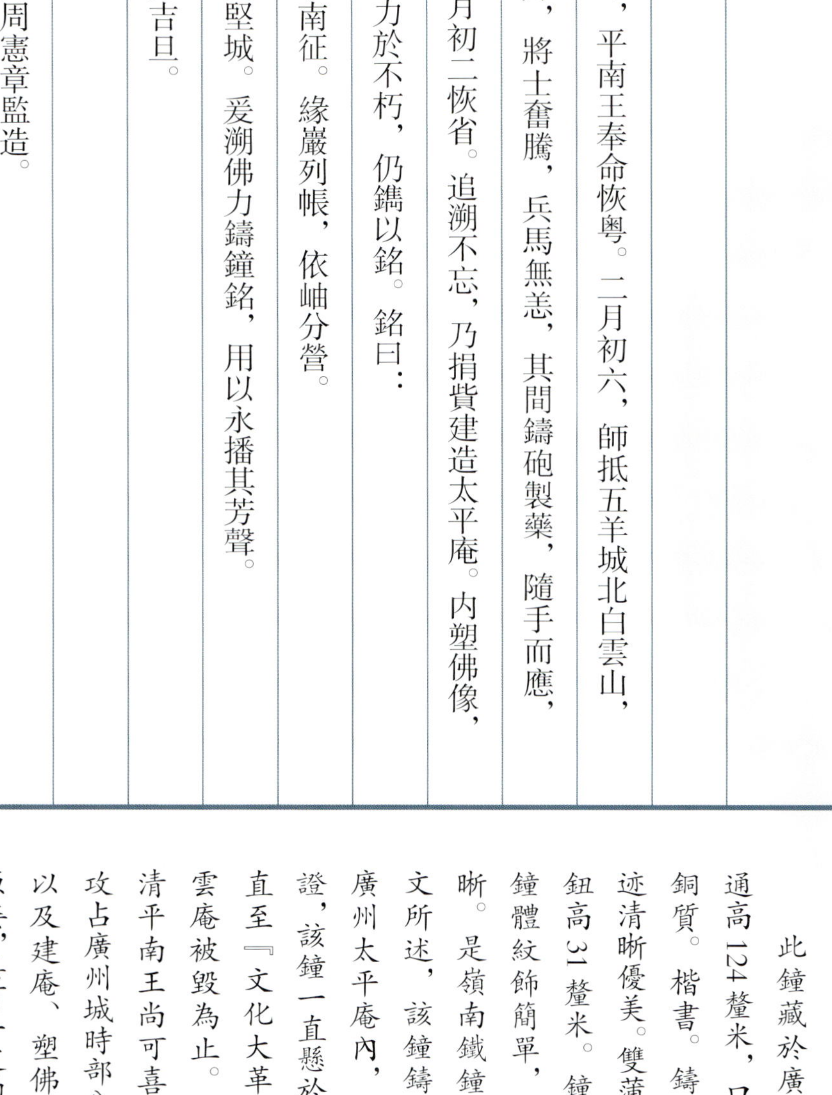

釋文

鐘銘

今上龍飛之七年，平南王奉命恢粵。二月初六，師抵五羊城北白雲山，結營山阿，九九閲月，將士奮騰，兵馬無恙，其間鑄砲製藥，隨手而應，陰有神助。是年十一月初二恢省。追溯不忘，乃捐貲建造太平庵。內塑佛像，爰勒之鐘鼎，以誌佛力於不朽，仍鐫以銘。銘曰：

鳴鐘肅旅，以事南征。緣巖列帳，依岫分營。

百舉彙應，乃克堅城。爰溯佛力，鑄鐘銘，用以永播其芳聲。

順治壬辰歲三月吉旦。

平南王建。

廣州府督捕通判周憲章監造。

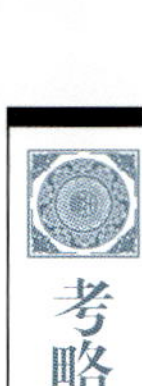

考略

此鐘藏於廣州博物館。通高124釐米，口徑92釐米。銅質。楷書。鑄刻精良，字迹清晰優美。雙蒲牢獸形鈕，鈕高31釐米。鐘口微外撇，鐘體紋飾簡單，三匝鑄痕清晰。是嶺南鐵鐘精品。據銘文所述，該鐘鑄成後保存於廣州太平庵內，但經專家考證，該鐘一直懸於白雲庵內，直至『文化大革命』後期白雲庵被毁為止。銘文內容為清平南王尚可喜在順治初年攻占廣州城時部分用兵事略，以及建庵、塑佛像、鑄此鐘原委，具有一定的史料價值。

清海幢寺康熙五年鐘銘

清康熙五年（1666）

釋文

海幢禪寺幽冥鐘壹口，重壹千伍百餘觔。

鐘聲主鏗，鏗以立號。若擊鯨魚，吼震蒲牢。

悲哉冥塗，百苦煎熬。或罹烽刃，死輕鴻毛。

或纏饑疫，道殣相遭。窮陰疑閉，霜白風蕭。

骨暴沙礫，長夜叫撓。仰仗洪扣，拔此凄蒿。

經笥武庫，粵海流膏。萬丈青藜，八面龍韜。

乘大願船，持智慧刀。特冶靈鏞，響徹空壕。

一百八數，喚醒幽曹。如夢使覺，解脱天弢。

真金作器，音泛海潮。提聾振聵，大千玉毫。

生人生天，拍手遊敖。銘功勿替，萬里雲濤。

廣東海塩道蘇霖。

廣東督學道侯良翰。

廣東都使司王履吉。

康熙伍年歲次丙午仲冬吉旦。

解脫天路　真金作器　音逐海潮
提撕振聵　大千玉毫　生人生天
指手遊教　銘功勿替　萬里重譯

廣東海鹽道　蘇霖
廣東督學道　侯良翰
廣東都使司　王履吉

康熙伍年歲次丙午仲冬吉旦

考略

此鐘存廣州海幢寺。銅質。楷書。史載海幢寺始建於明末，此處原是富商郭龍嶽的宅園，後由僧人光牟、池月捐建佛殿，取名海幢寺。清康熙五年（1666），海幢寺得平南王尚可喜及靖南王耿繼茂兩藩的捐助，乃得大興修築，建成大雄寶殿、地藏閣、天王殿、韋馱殿、伽藍殿等。此後又相繼建成叢觀堂、大悲閣、藏經閣、義鹿亭等，成為規模宏大的寺院。此鐘即鑄造於此時期。其時適逢明清易幟之際，廣州遭兵燹之禍，死殤枕藉，故鑄此幽冥之鐘以超度亡魂。誠如澹歸和尚《海幢寺壁間詩》：『三城熱血塗丹壁，十萬冤魂話寶幢。』

清海幢寺康熙十四年鐘銘

清康熙十四年（1675）

鐘銘

去如來去
厥體空洞
一塵不着
歛之若嘿
如獅子吼
崖崩其上
松風午夜
醍醐在肩
敲人肺腑
回頭何處
星飛月朗

齋七望七

厥在無方
萬竅斯藏
放之若狂
如海湖洋
淵隨其旁
迷入雲房
冰霜在床
四顧傍徨
天地清涼
魑魅循良

鑄鐘弟子姓氏

梁士浩　徐儉吳　徐凱
梁國標　潘世卿　何廷相
徐天錫　鍾鎮遠　梁聲濟
張雄　李向榮　邵應熊
何古圖　金祿　金陞
李思元　李廷森　李德桂
李廷標　黎日登　吳網
劉震麟　張成　張志翔
趙奇　曾升師　趙承運
劉廷相　吳光祖　黄象乾
衛天壽　劉德勝　倪龍光
崔文衛　許本剛　許本嘉
李天眷　王天挂　周泰運

鑪錘在手　龍瞶津梁
扣之則起　非扣則亡
起滅何殊　盻在徽芒
平旦之氣　借伊為坊
塞乎天地　至大至剛
夢者斯醒　醒者斯忘
賴爾朝昏　萬劫迴光
孰為為之　我聞法王
建鐘設鈴　今聖慈航
喧寂希一　聽者更張
肅然在座　山高水長
廣東按察使司闕中
王令謹銘

任三奇　劉　威徐門朱氏
易傳受　杜傳輪衛門鍾氏
姚等祿　周等慧姚門李氏
淩傳仁　淩傳宴等捐資鑄造
海幢禪寺
大雄寶殿銅鐘壹口重貳千觔
迴向
佛前永遠供僊
曹洞正宗三十五世住持
沙門今無
比丘古璞敬募
康熙乙卯仲冬吉旦

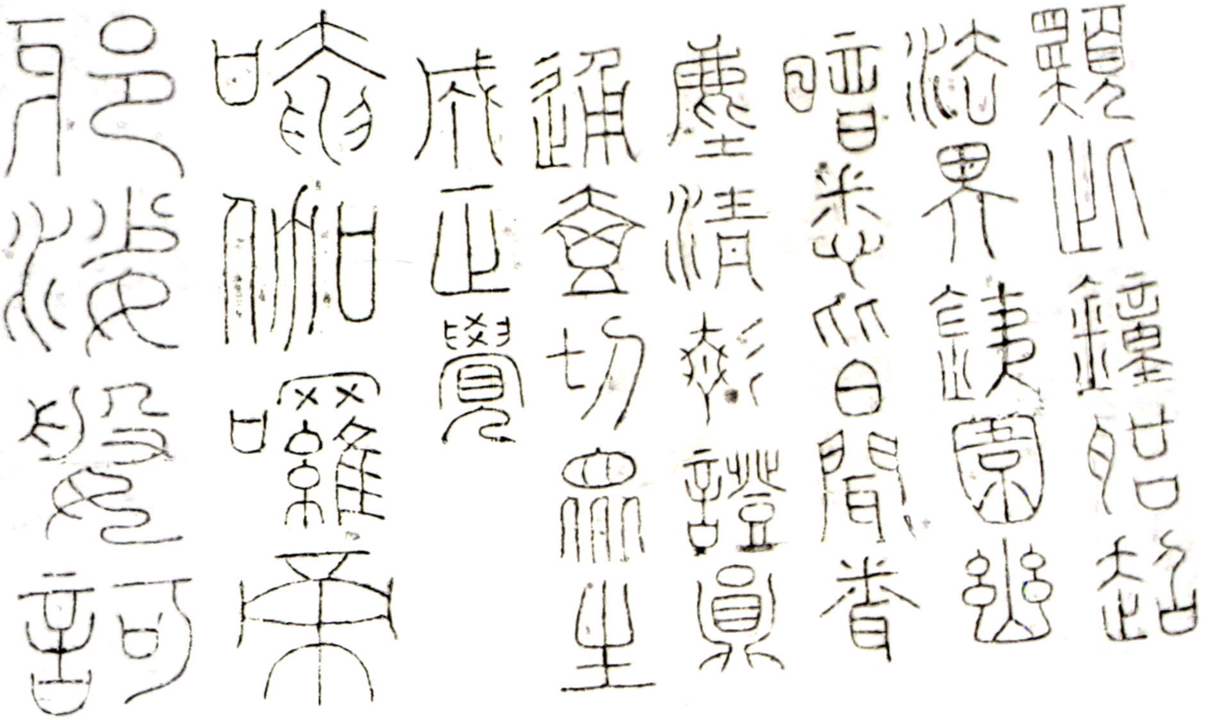

總督兩廣部院金光祖
巡撫廣東部察院佟養鉅
廣東提督軍門嚴自明
廣東布政使司徐養仁
督糧道吳盛藻
督學道張為仁
鹽驛道高光國
廣肇道傅應奎
分巡南韶道伍峻
都使司金𪧶

釋文

鐘銘

古如来舌，喬喬皇皇。厥體空洞，厥應無方。
一塵不着，萬籟斯藏。斂之若嘿，放之若狂。
如獅子吼，如海潮洋。崖崩其上，渊墮其旁。
松風午夜，送入雲房。醍醐在頂，冰雪在床。
敲人肺腑，四顧徬徨。囬頭何處，天地清凉。
星飛月朗，魑魅循良。鑪錘在手，聾聵津梁。
扣之則起，弗扣則亡。起滅何殊，盻在微芒。
平旦之氣，借伊為坊。塞乎天地，至大至剛。
夢者斯醒，醒者斯忘。賴爾朝昏，萬刼廻光。
孰為正之，我問法王。建鐸設鈴，千聖慈航。
喧寂本一，聽者更張。肅然在座，山高水長。
廣東按察使司関中王令謹銘。

鑄鐘弟子姓氏：

李士浩、徐仍吳、徐凱、梁國標、潘世卿、何廷□、徐天錫、鍾鎮遠、梁芳濟、張雄、李向榮、邵應熊、何古圓、金禄、金陞、李庚元、李挺森、李挺桂、李挺桓、黎日登、吳炯、劉震鼎、張成、張志初、趙□竒、魯子師、趙承運、劉廷相、吳光祖、黄象乾、衛天壽、朙德勝、倪龍先、崔文衡、許本剛、許本柔、李天眷、王天桂、周泰運、任三竒、劉威、徐門朱氏、易傳受、杜傳輪、衛門鍾氏、姚等禄、周等慧、姚門李氏、淩傳仁、淩傳宴等，捐資鑄造海幢禪寺大雄寶殿銅鐘壹口，重貳千觔，廻向佛前，永遠供養。

曹洞正宗三十五世住持沙門今無、比丘古璞敬募。

康熙乙卯仲冬吉旦。

願此鐘聲超法界，銕圍幽暗悉皆聞。聞塵清淨證圓通，壹切衆生成正覺。

唵伽囉帝耶娑嘍訶。

總督两廣部院金光祖，巡撫廣東都察院佟養鉅，廣東提督軍門嚴自朙，廣東布政使司徐養仁，督糧道吳盛藻，督學道張為仁，鹽驛道高光國，廣肇道傅應舉，分巡南韶道任峻，都使司金珙。

考略

此鐘存廣州海幢寺。銅質。經文篆書，鐘銘及落款楷書。鑄於清康熙十四年（1675）。落款之職官人物，皆可補志乘之闕。

撰文者王令，字仲錫。陝西渭南人。拔貢，清康熙十三年（1674）任廣東提刑按察使司，官至布政司參議。工詩文，著有《念西堂詩集》《古雪堂文集》等。

清海幢寺康熙十五年鐘銘

清康熙十五年（1676）

釋文

警爾昏，定爾時。
夫是不止，謂之坐馳。
月起踈林，風入松枝。
脱落窠臼，真獅子兒。
孰與響寂而俱移。
阿字道人銘海幢鐘扳堂鐘。
康熙丙辰仲春吉旦鑄。
弟子等劉造供。

海幢鐘板堂鐘

康熙丙辰仲春

吉旦鑄

弟子等劉懇道供

考略

此鐘存廣州海幢寺。銅質。楷書。鑄於清康熙十五年（1676）。

撰文者今無，番禺縣人，俗姓萬，皈依佛門後稱阿字禪師、阿字道人。博通善解，有氣節，謁雷峰寺函昰禪師，隨師入匡廬，後返粵繼海幢寺丈席，盛冠嶺南。能文善書，著有《光宣臺集》。

清東皋關帝廟鐘銘

清康熙三十年（1691）

釋文

皇上龍飛之三十年春，太原王之蛟與諸同人游射于廣州東皋。時見帝廟傾圮，詢之土人，云：『以為請修葺，卜之具不允所請，似神之欲有待也。』蛟素崇仰神之生平行誼，重以斯言，益起重修之念。遂往卜之，神若曰『可』。會諸當事，皆有同心，各捐金大興工，作不数月，而廟宇落成。既嘉神之霊爽，并欲以紀當事好義之意，爰勒碑以垂永久。復銘于鐘曰：

精金翕艴光氣榮，赤熛紅熖兮白青。
南方祝融驅丙丁，洪爐巨扇搖火鈴。
華鐘萬石梟氏成，銑欒篆帶枚攡幷。
象如錞于如神鉦，躨跜猛簴懸兩楹。
帝宫齊肅天宇清，一擊一吼蒲牢聲。
宣達元氣騰空冥，摧慴羣魅朝百霊。
維帝在昔征不庭，載行處所轟雷霆。
威揚天轉招搖星，奸雄魄喪不敢聽。

何况殿闕升苾馨，銀瑠鐵鳳交洪鳴。
噴薄忠烈通精誠，六鼇地軸横三城。
迷民無耳無目睛，劍輪湯護彳亍行。
忽聞帝座洋洋盈，入微出壯音鏗鎗。
驚回茫蠢一旦醒，曠然天地還清明。
翰林院庶吉士南海後學梁佩蘭拜撰。

又銘：

不窕不槬，八音其諧。鼓于神宫，百靈以懷。
維帝之德，舒疾无乖。鏗以立武，號横終古。
鯨魚之發，君矦赫怒。賊子亂臣，震驚九乳。
番禺後學屈大均拜撰。
康熙三十年歲次辛未長至吉旦。
信官通議大夫鑲黄旗糸領世襲拜塔喇布勒哈番、太原弟子王之蛟偕男王玨勸捐敬鑄。
督工許宦奎、梁士竒。
禪山萬興爐徐振鋳造。

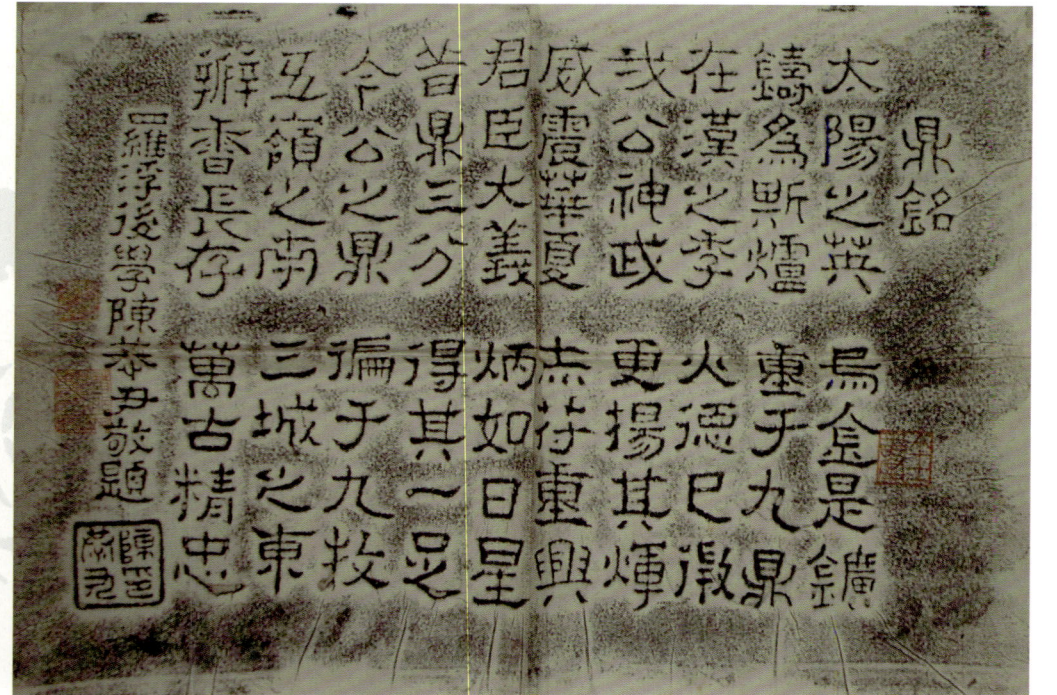

清東皋關帝廟鼎銘

清康熙三十年（1691）

釋文

鼎銘：

太陽之英，烏金是鑛。鑄爲斯爐，重于九鼎。

在漢之季，火德已微。我公神武，更揚其煇。

威震華夏，赤符重興。君臣大義，炳如日星。

昔鼎三分，得其一足。今公之鼎，徧于九牧。

五嶺之南，三城之東。瓣香長存，萬古精忠。

羅浮後學陳恭尹敬題。

康熙三十秊歲次辛未長至吉旦。

信官資政大夫鑲黄旗糸領世襲摔塔勒布喇哈番、太原王之蛟偕男王玨同闔省文武信官捐造，爲廣州府東皋關聖帝君殿前永遠供奉。

梁士奇兼造。

信士黄珍、黄以誠共捐。

禪山萬興炉製。

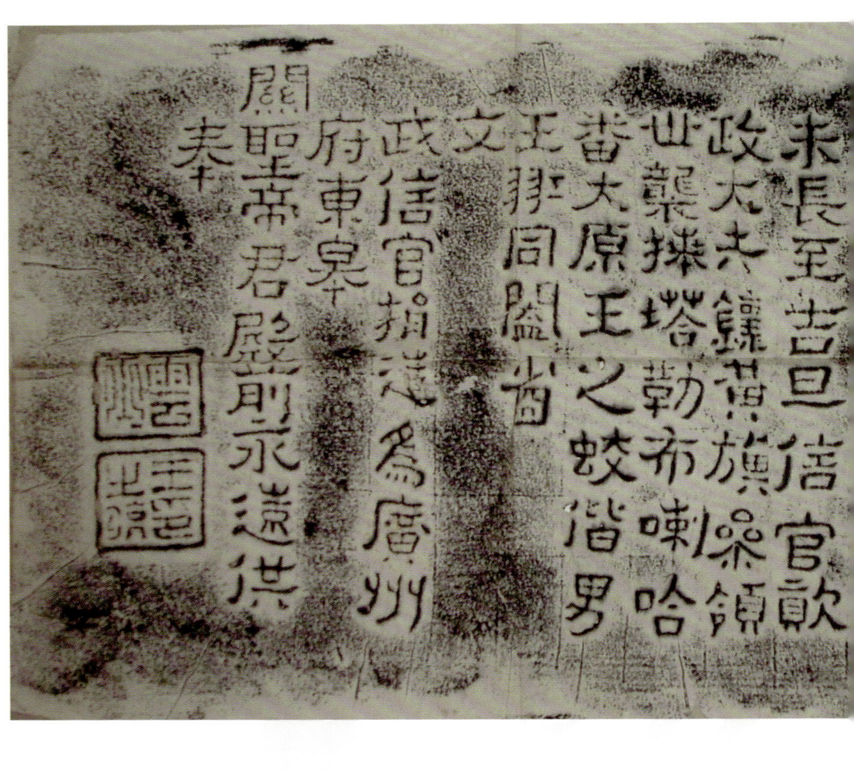

考略

此鐘、鼎原存廣州東門外東皋武帝廟。廟久已毀，鐘、鼎已佚。僅存拓本。梁佩蘭所撰鐘銘和陳恭尹所撰鼎銘為隸書，屈大均所撰鐘銘為篆書。清康熙三十年（1691），廣州八旗駐防參領王之蛟倡領捐資重修廣州東門外東皋武帝廟，鑄鐘鼎各一，請粵中名士屈大均、陳恭尹、梁佩蘭（後世稱為『嶺南三家』）撰文以紀其事。三家之詩文各擅勝場，在書法上亦各有千秋。該鐘、鼎不知毀於何時，民國《番禺縣續志》尚載其存，而汪宗衍於一九五四年在序其所編《屈大均年譜》時，已言『鐘鼎今已毀矣』。

屈大均，初名邵龍，又名邵隆，號非池，字騷餘，又字翁山、介子，號菜圃，番禺人。明末清初著名學者、詩人，有『廣東徐霞客』之美稱。曾與魏耕等進行反清活動。後避禍為僧，中年仍改儒服。著作多毀於雍正、乾隆兩朝，後人輯有《翁山詩外》《翁山文外》《翁山易外》《廣東新語》及《四朝成仁錄》，合稱『屈沱五書』。其中《廣東新語》是研究明清之際廣東經濟、思想和文化的重要文獻。

陳恭尹，字元孝，初號半峰，晚號獨漉子，又號羅浮布衣，順德人。著名抗清志士陳邦彥之子，清初詩人，工書法，時稱清初廣東第一隸書高手，有《獨漉堂全集》。

梁佩蘭，字芝五，號藥亭、柴翁、二楞居士，晚號鬱洲，南海人。清初詩人，年近六十方中進士，授翰林院庶吉士。未一年，遽乞假歸，結社南湖，詩酒自酬。著有《六瑩堂前後集》等。

清道光二十一年鐵炮銘

清道光二十一年（1841）

砲重三千觔

欽命靖逆將軍奕

參贊大臣齊

太子少保兩廣總督部堂祁

兵部侍郎廣東巡撫部院梁

代理佛山同知

廣州城守右營佛山都司韓　監造

道光二十一年十一月　日

砲匠李陳霍鑄

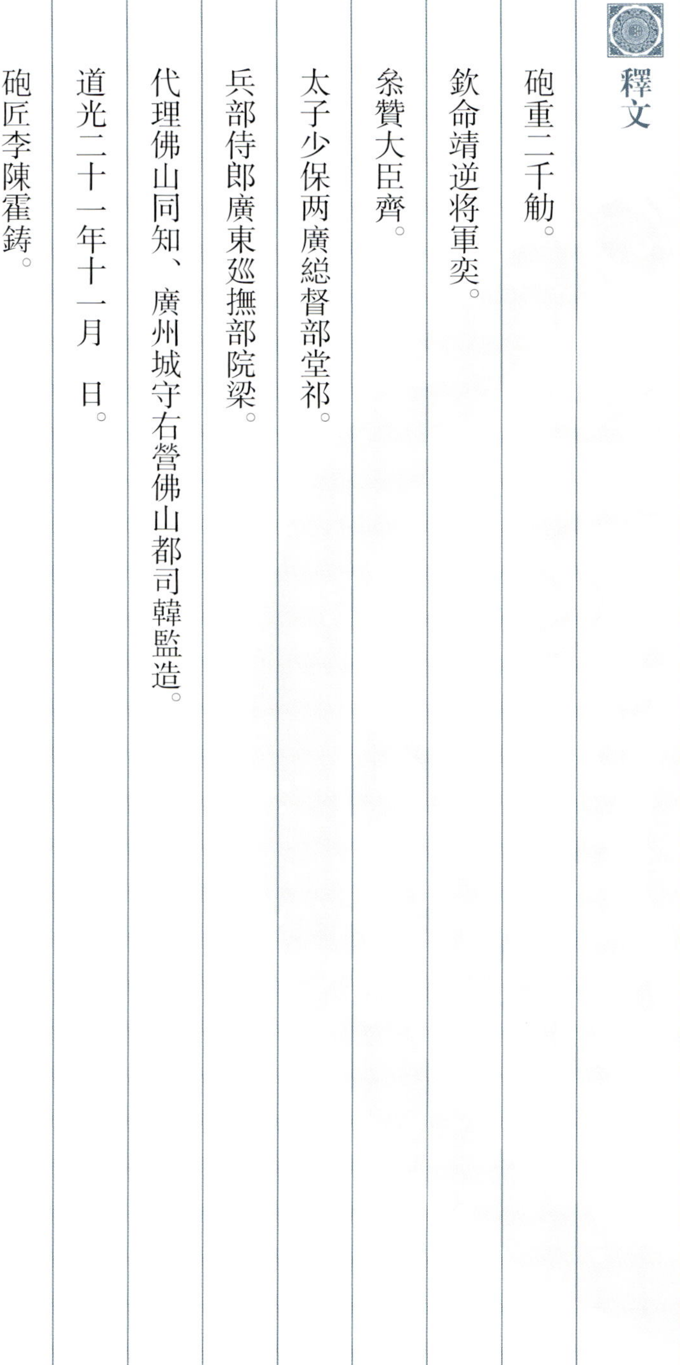

釋文

砲重二千觔。

欽命靖逆将軍奕。

叅贊大臣齊。

太子少保两廣総督部堂祁。

兵部侍郎廣東廵撫部院梁。

代理佛山同知、廣州城守右營佛山都司韓監造。

道光二十一年十一月　日。

砲匠李陳霍鋳。

考略

此炮藏於廣州博物館。炮身長 215 釐米，最大腹徑 40 釐米，炮口外徑 31 釐米，内徑 14 釐米。屬紅夷型鐵炮。陽鑄銘文，楷書。鑄造於清道光二十一年（1841）。清代鐵炮常銘炮名、年款、承造、督造、監造官員及工匠、重量等，有的還有炮長、彈藥重量甚至配方比例等字樣。銘文具有炫耀、問責和操作方便等多項功能，反映出當時鑄炮程序之嚴格。從現存諸鐵炮銘文看，多由總督、巡撫、提督等政要領銜督造，以道光以來鑄造居多，此與第一次鴉片戰爭以來大清國海防較弱，戰事需要有關。文中靖逆將軍奕，當指道光帝族侄、愛新覺羅·奕山。

清廣州長和號消防水槍商標

清宣統三年（1911）

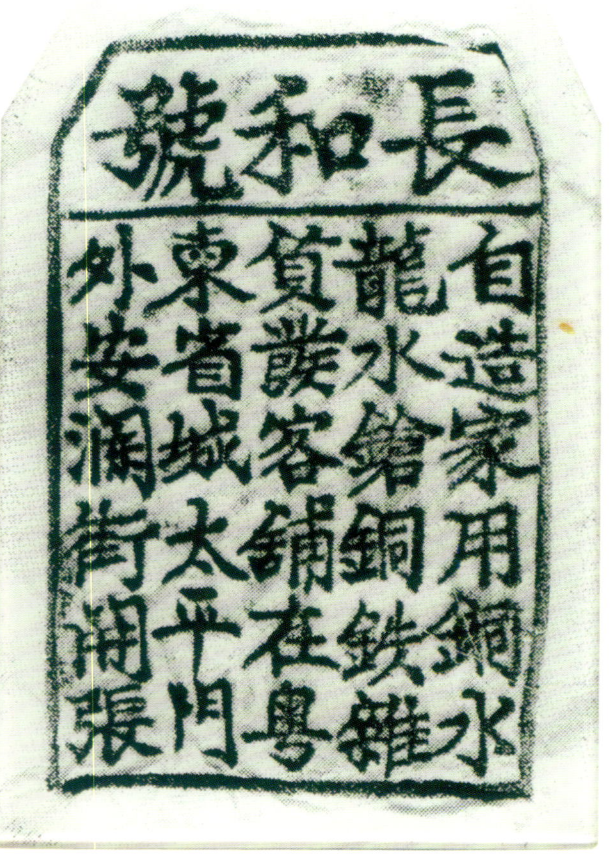

釋文

廣州天成路誠昌造。

長和號。

自造家用銅水龍、水鎗。銅鐵雜貨裝客舖，在粵東省城太平門外安瀾街開張。

考略

兩方商標嵌於廣州博物館收藏的一輛清宣統三年（1911）廣州生產的水壓式消防車所附水槍上。銅質。楷書。清時太平門，在今人民南路和人民南路東側狀元坊交界處。安瀾街，在今一德路西南側。天成路，今仍沿其名。從兩方商標可知清末流行商業廣告的一種形式。

該消防車由鐵木製造，長約250釐米，高約90釐米，鐵輪，以人力拉動行進。車身刻有『宣統三年秋月真慶宫置』字樣。車中間有桶形水泵，靠搖動其上横杆加壓出水。在現代消防車出現之前，這種水壓式消防車曾廣泛使用於珠三角城鄉，多置於衙署、當樓、商舖、廟宇、祠堂等處，且須接近水源（如水井、河涌、池塘等）。水槍也是利用氣壓原理，使用時將救火槍立於水桶中，上下拉動該槍的上半部即可噴水救火。

南越國「萬歲」瓦當若干

南越國

釋文

萬歲。

考略

瓦當盛行於戰國秦漢，此後一直為傳統建築所用。進入漢代，瓦當在使用的藝術性和廣泛性方面都臻於完善，除變化多端的各式雲紋圖案外，還出現了文字瓦當，成為漢代瓦當中最重要的一類。依文字內容可分為宮苑、官署、祠墓、宅舍、吉語、紀事等幾大類，其中吉語瓦當在品種和數量上都非常之多，諸如『長樂未央』『長樂無極』『延年益壽』『長生吉利』『萬歲未央』『千秋萬歲』『千金宜壽』『永奉無疆』以及『天齊』『千秋』『延年』『千萬』等，表達了人們對長壽永生的祈願。

廣州出土的『萬歲』瓦當多呈圓筒形，當面文字具有圖案化特徵，篆書，有多種結體。自清朝末年始，粵中學者便在廣州東山一帶漢代窑址上發現采集了諸多『萬歲』銘文瓦當，二十世紀九十年代以來又在廣州南越國宮苑遺址和徐聞漢代遺址考古出土了大量『萬歲』銘文瓦當。據研究，這些出土『萬歲』瓦當出現於南越國中期，經西漢、東漢的發展變化，至三國時期才消失，這期間有基本完整的發展序列，地方特色明顯。尤其有一個明顯的現象，即在廣府漢代遺址中沒有發現漢長安城和其他地區常見的『千秋萬歲』文字瓦當，較多出現的是『萬歲』文字瓦當。說明一是『萬歲』二字是從『千秋萬歲』一詞省略而來，南越國與漢王朝關係密切；二是南越國雖受漢王朝冊封，成為漢朝的諸侯國，但在國內仍與漢中央王朝分庭抗禮，獨立性很大，這是南越國既臣屬於漢王朝，又保持相對獨立的一個側面反映。從廣州漢墓與宮苑遺址同時出土帶有『長樂宮』『華音宮』銘文陶器，結合漢長安城桂宮遺址出土之『千秋萬歲』銘文瓦當來看，『萬歲』瓦當無疑是南越國承襲中原宮廷營造建制所築的『長樂宮』『華音宮』等使用的建材。

南越國殘甓殘瓦文若干

南越國

釋文　蒼梧。

釋文　侈忌左官。

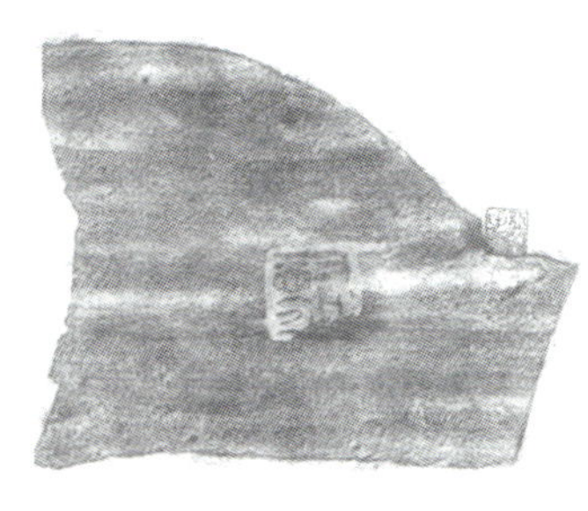

釋文　右夢。

釋文　左官奴單。

釋文　贵賓。

釋文　右官。

釋文　官伎。

釋文　奴利。

釋文　宜子益孫。

釋文　左官卒冣。

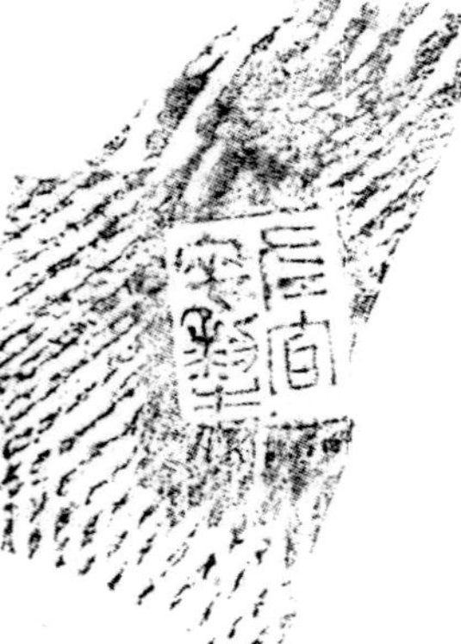

釋文　左官卒犂。

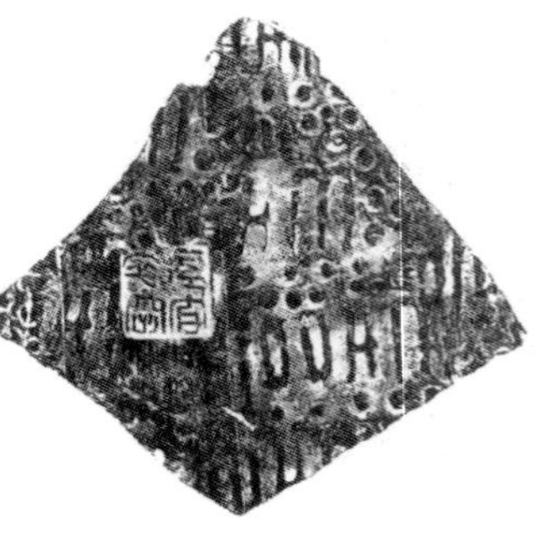

釋文　左官卒窋。

釋文　小府。

釋文　右貧。

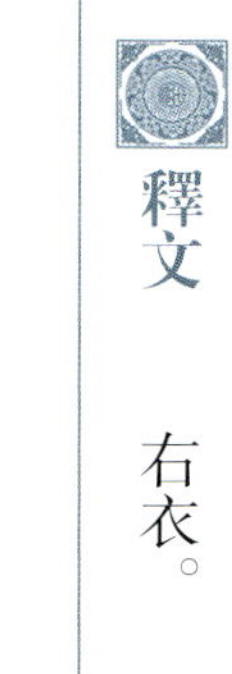

釋文　右衣。

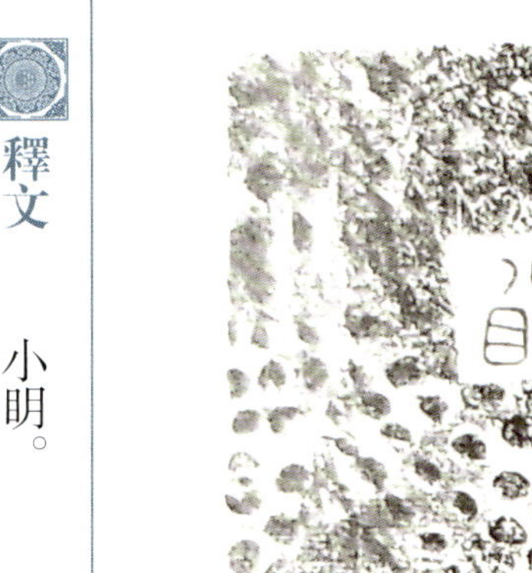

釋文　小明。

釋文　官貢。

釋文　官駒。

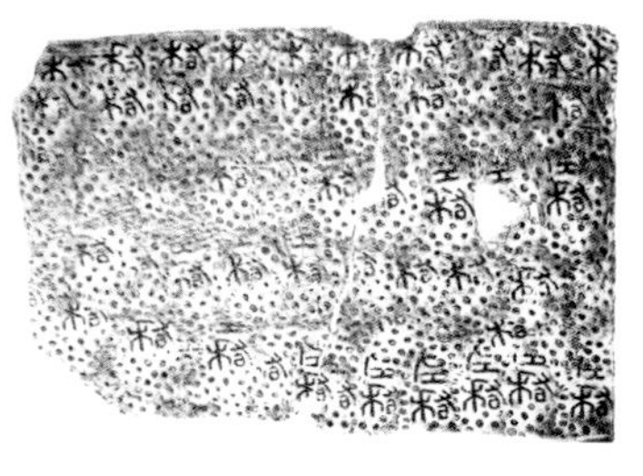

釋文　左稽。

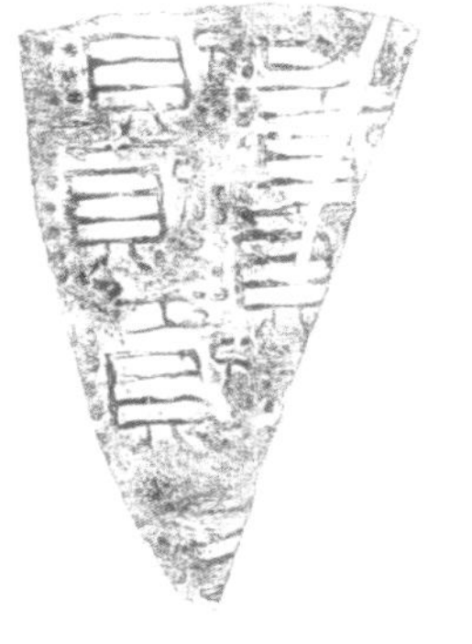

釋文　工則。

釋文　盧典。

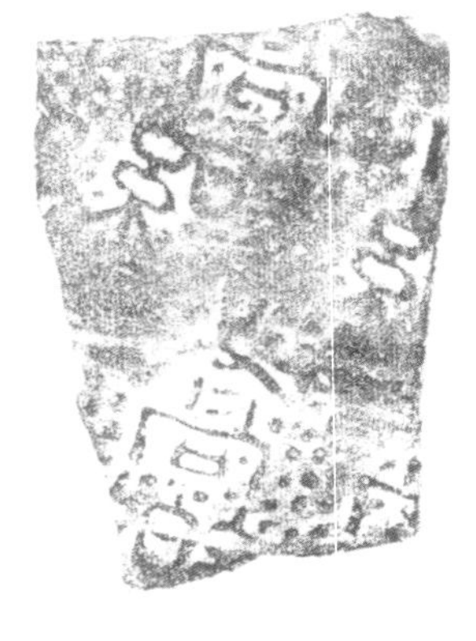

釋文　高樂。

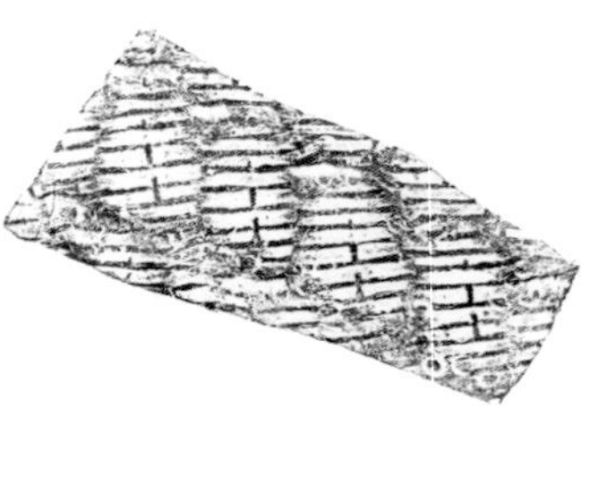

釋文　工吉。

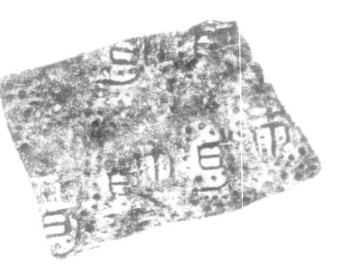

釋文　可市。

釋文 扇。

釋文 犁。

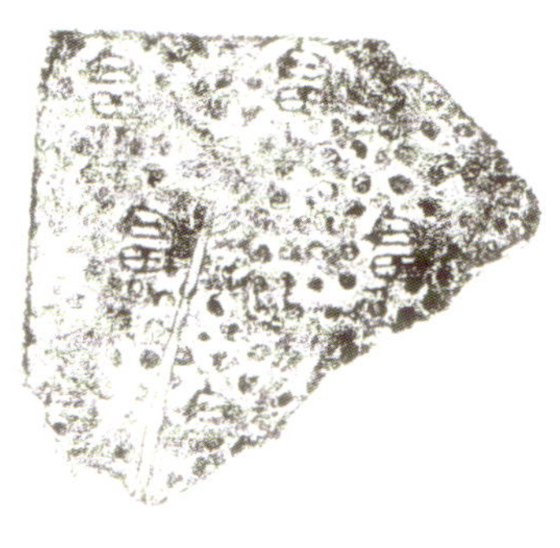

釋文 富。

釋文 蜚。

釋文 單。

釋文 師。

釋文 嘉。

釋文 官橋。

釋文 官宜。

釋文 官九。

釋文 官茆。

釋文 官非。

釋文　官紀。

釋文　官鈕。

釋文　官夢。

釋文　官軍。

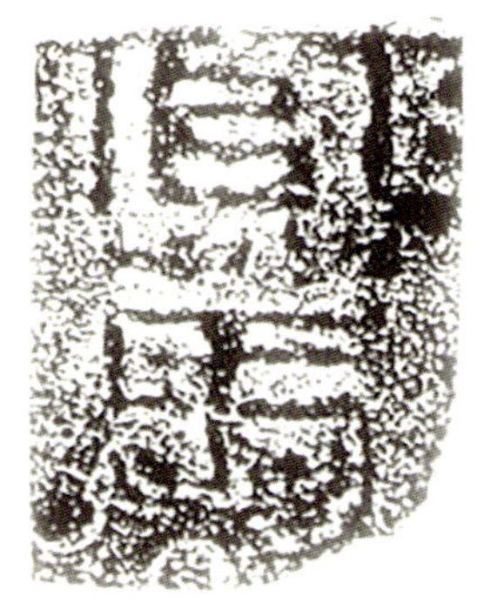

釋文　官馬。

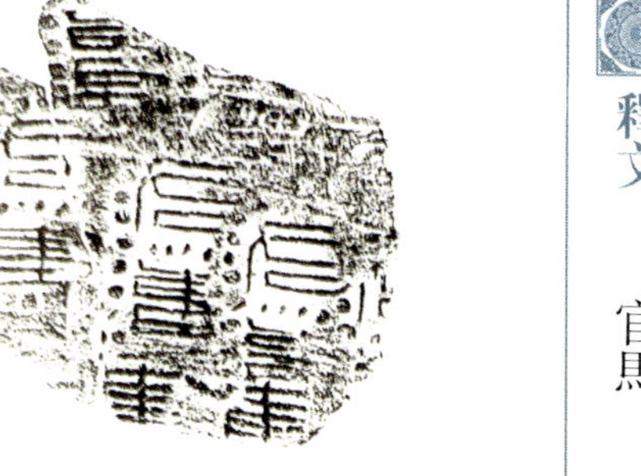

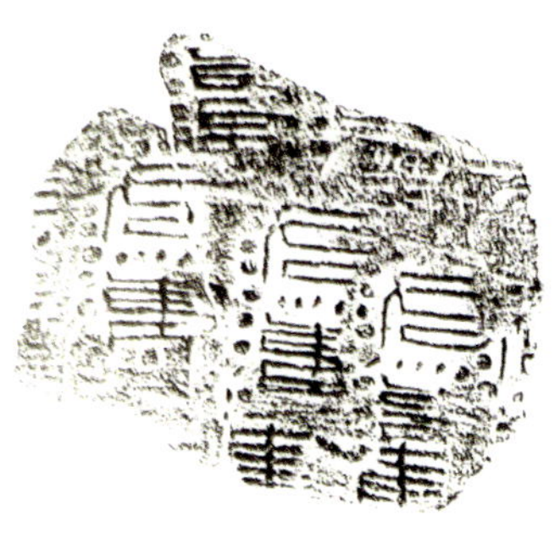

釋文　右𦘔。

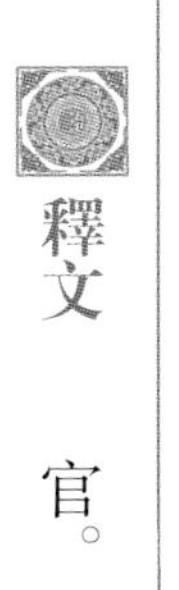
釋文　官。

釋文　莫。

釋文　姐。

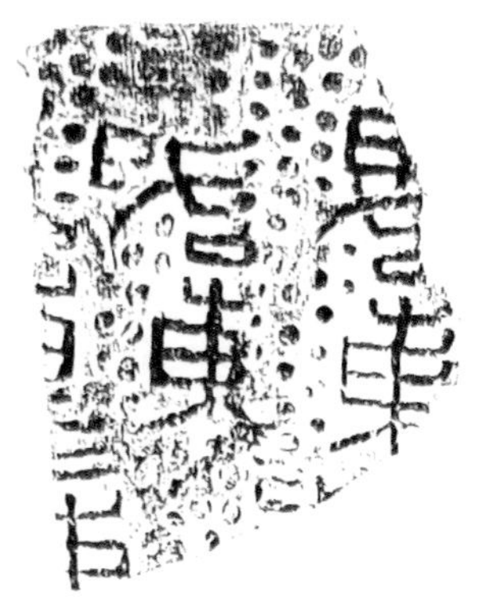

釋文　右東。

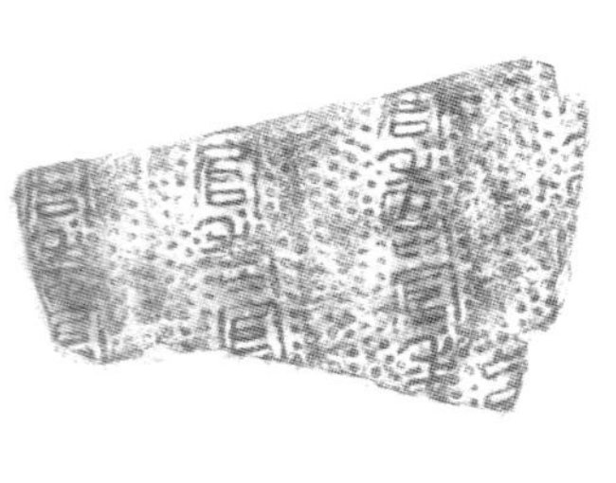

釋文　官委。

釋文　左官。

釋文 右官吉。

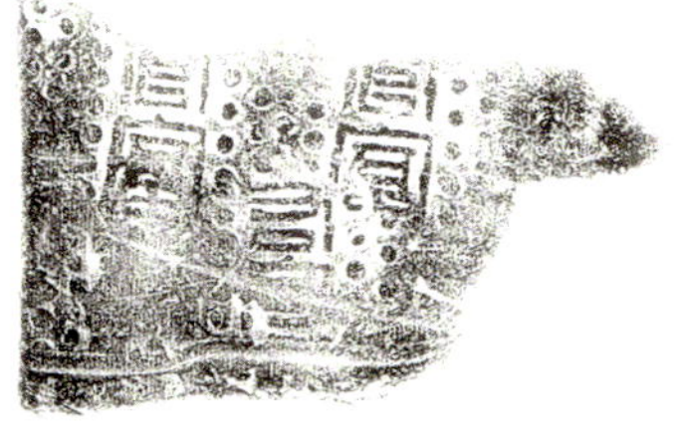

釋文 右官富。

釋文 右官宜，右官富。

釋文 司空。

釋文 寧。

釋文 雨。

釋文 汙。

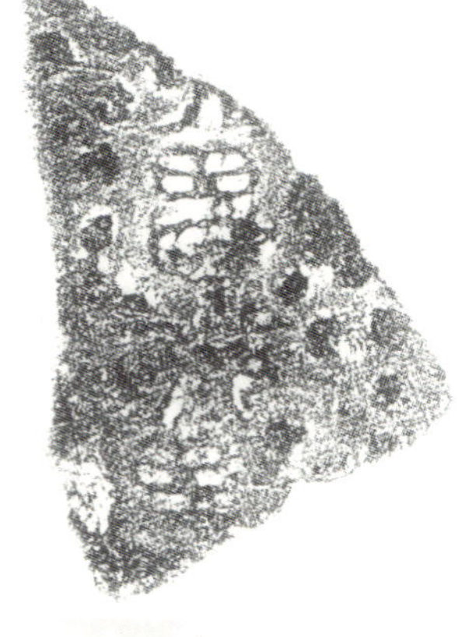

釋文 曾。

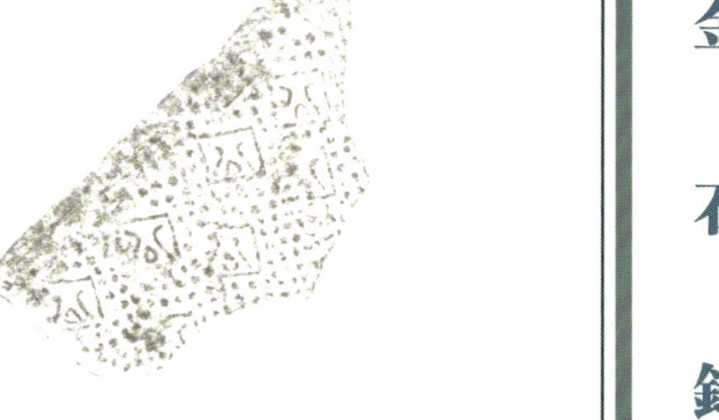

釋文 公。

釋文 市。

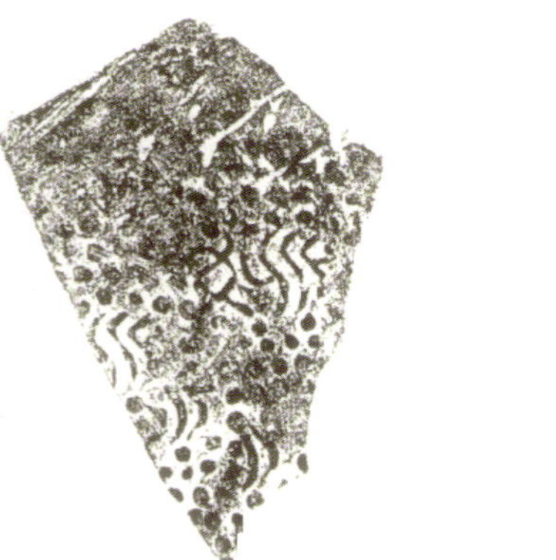

釋文 姚。

釋文 穌□。

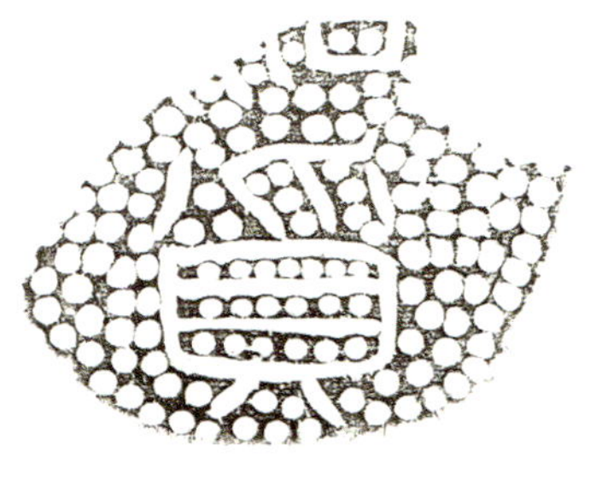

釋文 貧。

釋文 煩。

釋文 冣。

釋文 賴。

釋文 烔。

釋文 匜。

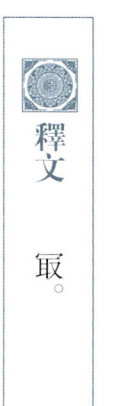

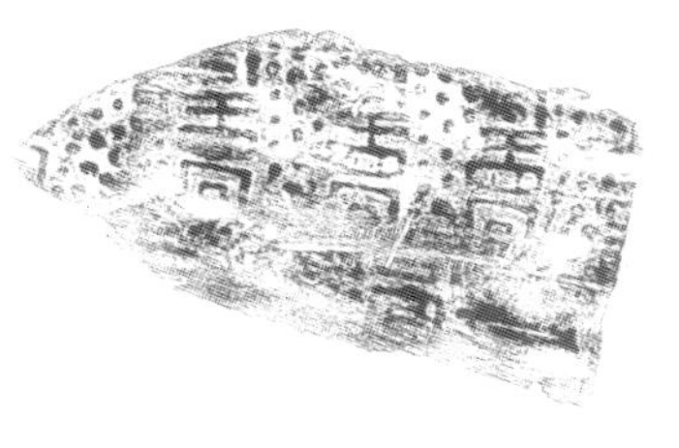

釋文　夢。

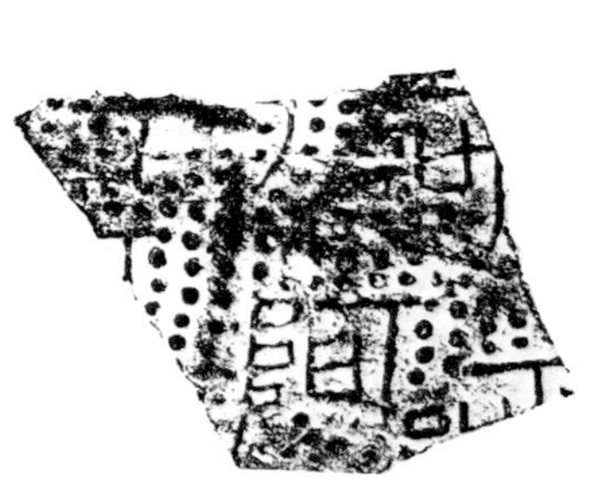

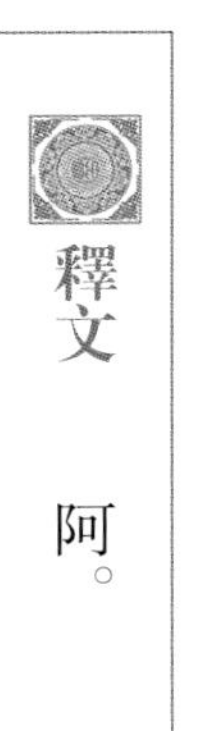
釋文　阿。

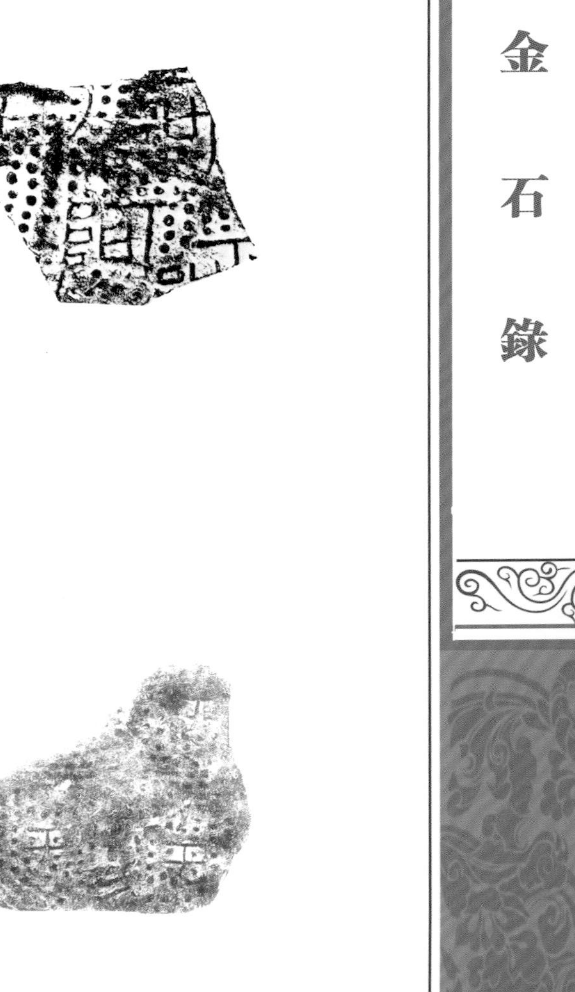

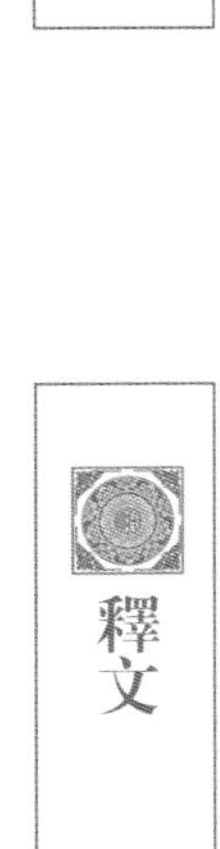
釋文　于。

釋文　柯。

釋文　左三。

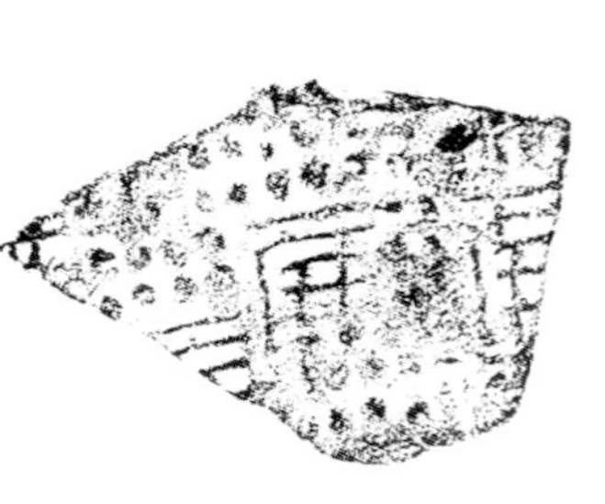

釋文　屏。

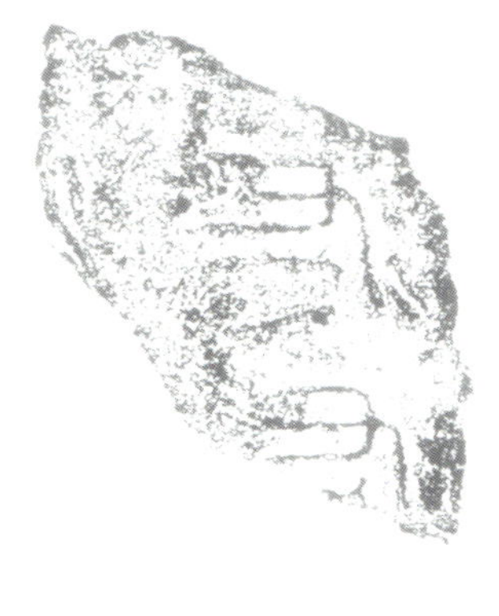

釋文 右。

釋文 鮮。

釋文 工。

釋文 高。

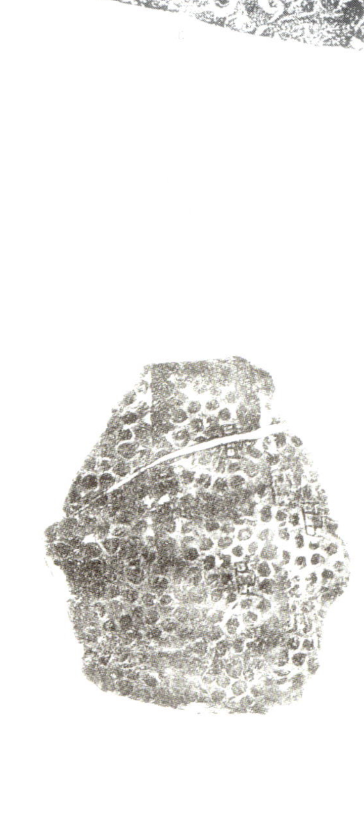

釋文 臣。

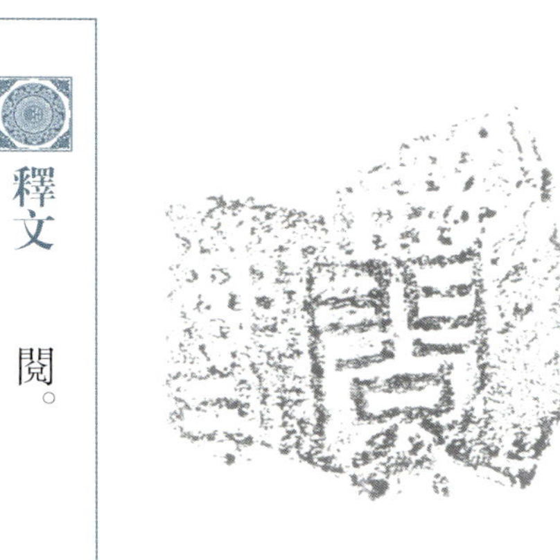

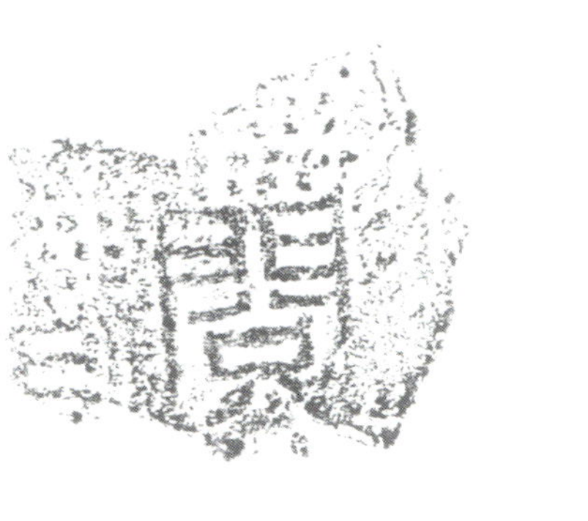

釋文 閱。

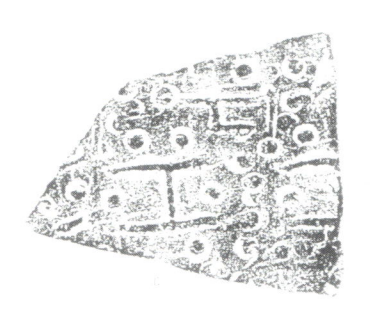

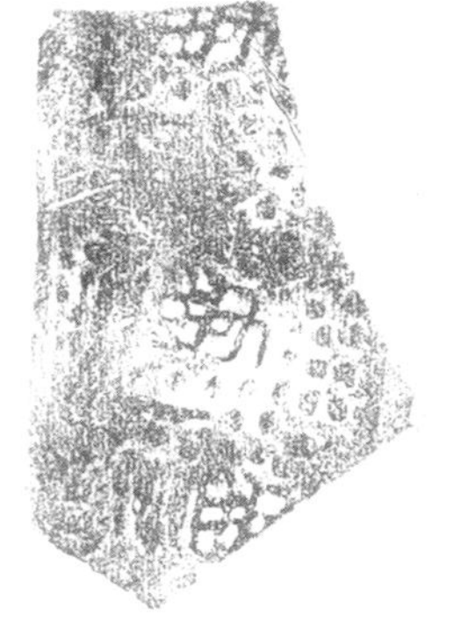

釋文　奴。

釋文　祐。

釋文　畱。

釋文　善。

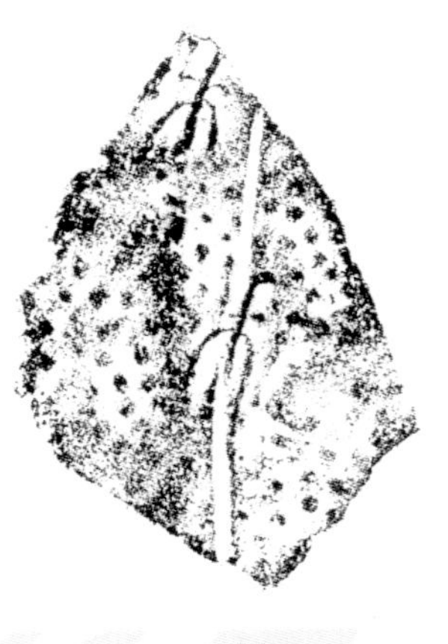

釋文　禾。

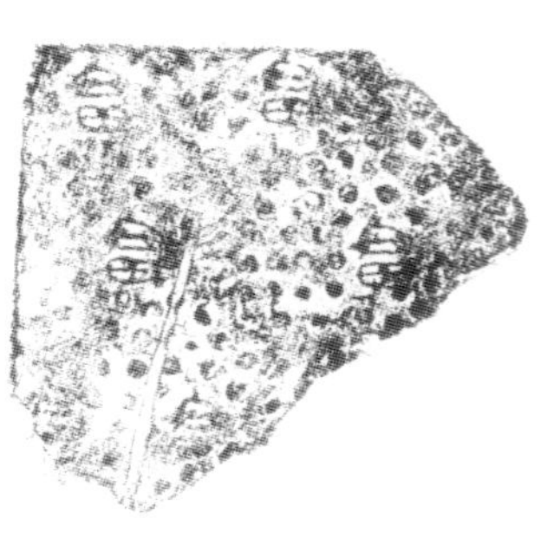

釋文　富。

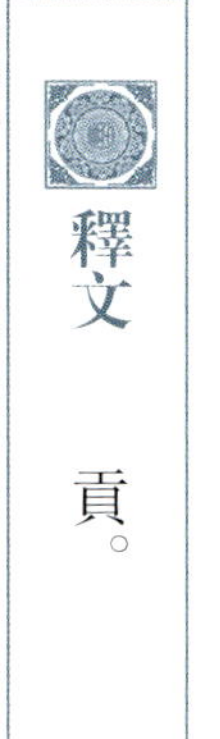
釋文 貢。

釋文 樂。

釋文 橋。

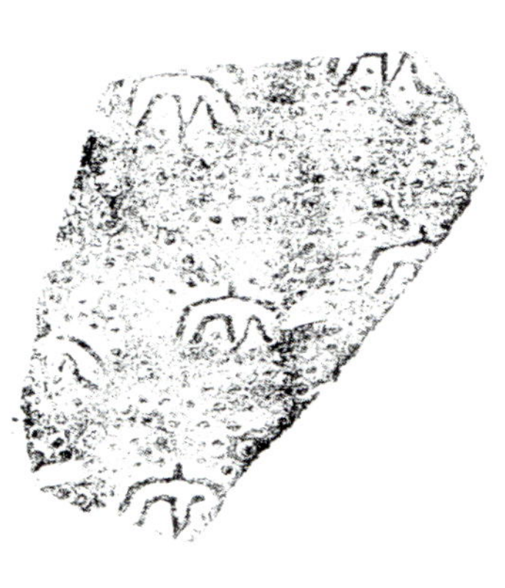

釋文 衣。

釋文 長。

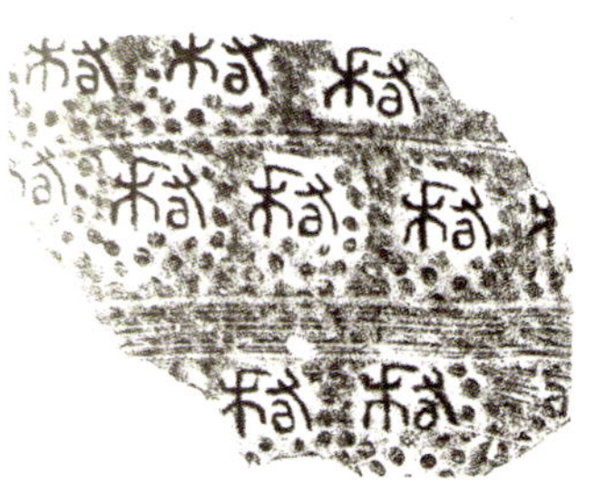

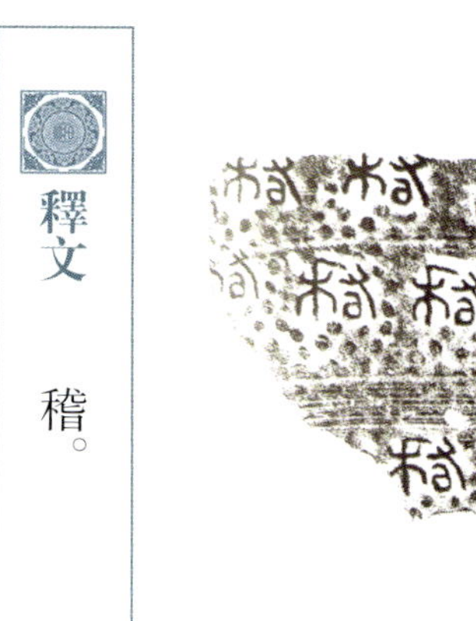
釋文 稽。

釋文　如。

釋文　營。

釋文　喜。

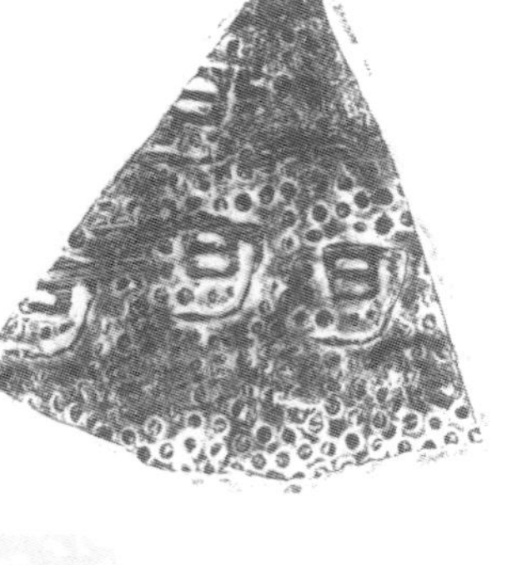
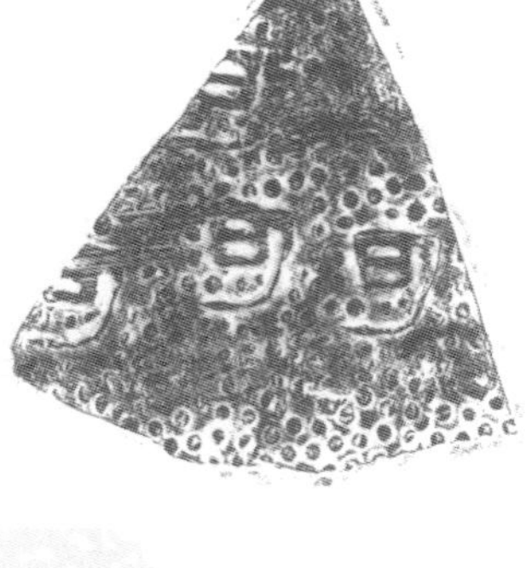

釋文　可。

釋文　右勝。

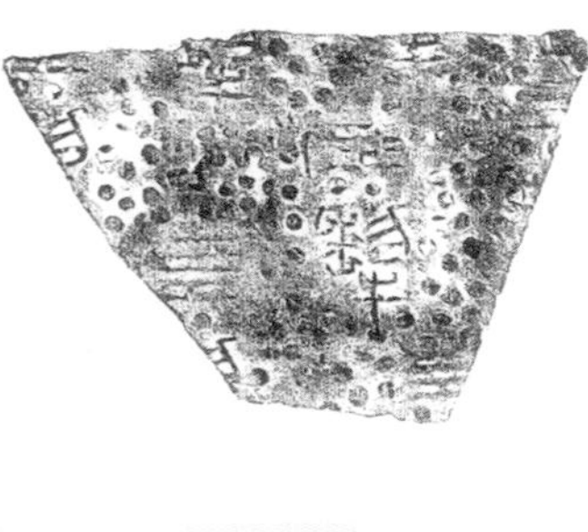
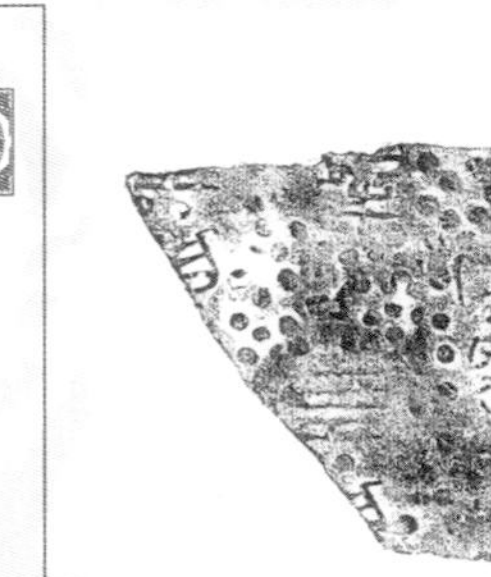
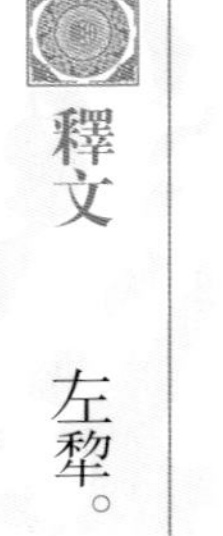
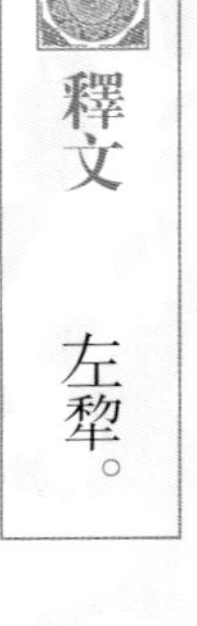

釋文　左犂。

考略

以上殘瓦二十世紀初期出土於廣州東山龜崗廣九鐵路工地，現藏於廣東省博物館。瓦片殘件上或鍥刻或鈐印有文字，被稱為『南越瓦文』，是研究南越國時期廣府歷史以及當時的工官、姓名、建築、度量衡等制度的珍貴資料。部分為嶺南學者黄文寬、王貴忱先生收藏或捐贈。

部分殘甓與殘瓦二十世紀九十年代中期出土於廣州中山四路南越國宫苑遺址，現藏於南越王宫博物館。這些殘甓與殘瓦同在東山龜崗出土的殘瓦，從形制、紋飾、文字的内容和書體方面基本一致。有學者據此推斷，南越國宫苑所使用的瓦、甓等用件是由東山龜崗一帶的瓦窑燒製的。

南越國「常御」陶文戳印若干

南越國

釋文

常御，第六。

考略

此陶器出土於廣州西漢墓。陶文戳印，可視為篆刻之一種，與璽印相比較為隨意。該戳印篆法方正中有變化，生動俊逸。除此「常御」「第六」印文之外，廣州西漢前期墓所出土的陶器上，尚有「常御」「常御第十三」「常御第廿」「常御三斗」等印文。「常御」，漢諸史籍未載，學者或認為「常」通「長」，漢人「常」「長」互代，南越國的「常御」即漢之「長御」，是南越國后宮婢女的稱號。或從所見「常御」印文皆在瓮、甓、罐、壺等陶製諸容器之中推測，「常御」或屬掌管宮室起居膳食之官署名。又「常」「尚」通假，漢少府有尚方、御府二職，該「常御」可能為南越國少府所屬尚方、御府的合稱。

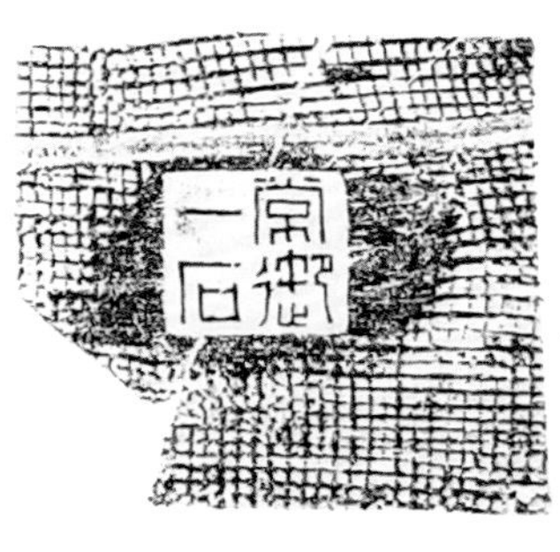

釋文　常御一石。

釋文　常御一斗。

釋文　常御第十三。

釋文　常御三斗。

考略

『常御一石』『常御一斗』兩種陶器戳出土於廣州南越國宮苑遺址。『常御第十三』『常御三千』兩種陶器戳印出土於廣州西漢墓。其中『常御第十三』為隸書，但兼有篆意，典雅流麗。『常御三斗』『常御一石』『常御一斗』皆為篆印，古拙生動。

南越國「居室」陶文戳印若干

南越國

釋文　居室。

釋文　居室。

釋文　居室。

考略

以上陶器的篆文戳印分别出土於廣州南越國宫苑遺址、廣州西漢墓。「居室」二字戳印在廣州有多處出現，篆法方勁古樸。據漢《百官表》云，少府官有「居室」「甘泉居室」等令丞。漢初的居室令，是執掌詔獄的主要官員之一，同時也主管一部分陶器等的監製。今據廣州西漢前期墓出土三件陶罐上「居室」印文，可知該陶器的監造者為南越國居室令，則南越國居室令的職掌同於漢制。

南越國「華音宮」「長樂宮器」「長秋居室」陶文戳印

南越國

釋文　琹音宮。

釋文　長樂宮器。

釋文　長秋居室。

考略

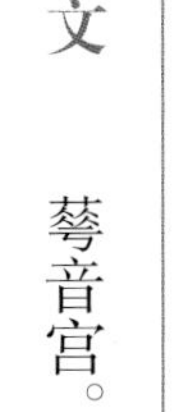

「華音宮」篆文三字戳印出土於廣州南越國宮苑遺址。印文秀雅端麗，應為南越國宮殿名。「長樂宮器」篆文四字戳印出土於廣州南越國南越文王墓。印文筆道粗細略有變化，頗有墨書意味。漢長安城內有長樂宮，是在興樂宮的基礎上建的。南越國仿漢也建有長樂宮，或為南越國第四任國王趙興之母、太后樛氏所居。「長秋居室」篆文四字戳印出土於廣州淘金西漢墓。中有十字界，印文方中帶圓，草草刻就，頗具天然之趣。秦漢不見有「長秋居室」之官職，但有「長秋」「居室」二官職，長秋有二：一是詹事屬下的「中長秋令」，一是專管皇后後宮事的官名，即《漢書》之《百官表》所云「將行，秦官，景帝中六年更名大長秋，或用中人，或用士人」。南越國的「長秋居室」或是將漢官中原屬少府的居室令與原置的長秋令合併而成，可視為特制，即仿漢制，應是宮官，同時可能兼管一些屬於居室令的事務。

南越國「宮中廚」「大廚」「衆魚」「食官第一」陶文戳印

南越國

釋文

大廚。

釋文

宮中廚。

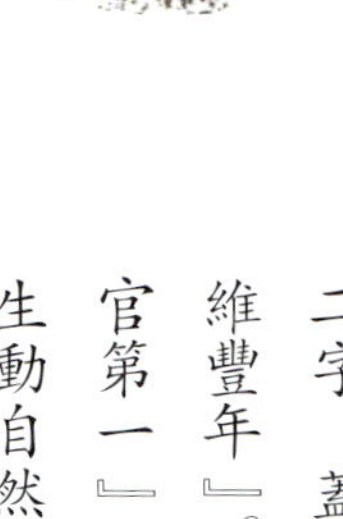

釋文

食官第一。

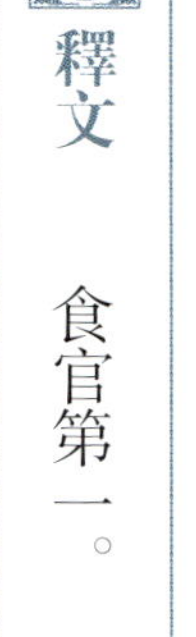

釋文

眾魚。

考略

「宮中廚」篆字陶文戳印出土於廣州南越國宮苑遺址。字體端莊秀逸。其他應為南越國宮殿中的廚房用具。「大廚」陶文戳印出土於廣州西漢墓。《漢書》之《百官表》中無「大廚」，但從出土文物建昭雁足鐙中刻有文字「今陽平家畫一至三，陽朔元年賜，後大廚」來看，意為陽平侯家後大廚所用之物。推測此處應指南越國王之大廚。「眾魚」二字，篆法流轉多姿。蓋取義於詩之「眾維魚矣，實維豐年」。應為吉祥語而非官名。「食官第一」是隸書，但兼有篆意，筆法生動自然。《漢書》之《百官表》，詹事屬官，亦有食官長丞。本陶器當為敘太常所管諸廟寢園有食官長丞。詹南越國詹事所屬之食官令官署中之用器。「第一」為其編號。

東漢『永平十年』墓磚

東漢永平十年（67）

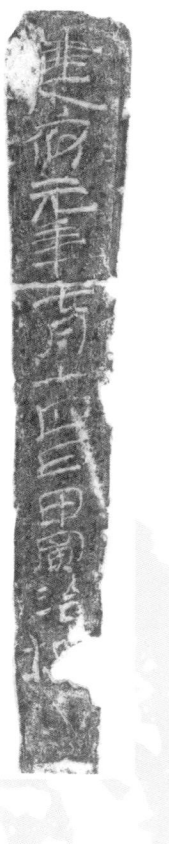

釋文

永平十年正月□□□□。

考略

此墓磚出土於廣州增城區石灘鎮沙隴村圍嶺和三江鎮崗尾村大崗路圍嶺十號墓。隸書。永平，東漢明帝劉莊年號。

東漢『建初元年』墓磚

東漢建初元年（76）

釋文

建初元年七月十四日甲寅治塼。

考略

此墓磚出土於廣州東郊麻鷹崗漢墓。隸書，略帶草意，當為在磚坯未乾時所刻畫，字較隨意，從中可窺隸書與草書交融遞嬗的軌迹。建初，東漢章帝劉炟年號。

東漢「永元九年」墓磚

東漢永元九年（97）

釋文

永元九年甘溪造萬歲富昌。

考略

此墓磚出土於廣州華僑新村孖魚崗漢墓。書體兼具篆隸，但又經過自由變化和裝飾處理，別有趣味。此磚銘證實廣州「甘溪」這一地名在東漢已存在。甘溪竈即甘溪磚窯，磚銘表明此磚是甘溪窯所燒製。

東漢「永元十六年」墓磚

東漢永元十六年（104）

釋文

永元十六年三月作東冶橋北陳次華竈。

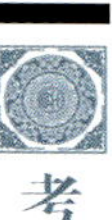

考略

此墓磚出土於廣州西村克山漢墓。磚青灰色，書體兼具篆隸意味並裝飾處理。此磚銘出現了「東冶橋」小地名，「陳次華竈」應屬以窯場主名來命名的竈名。

番禺屏山東漢墓銘文磚若干

東漢

釋文

番禺男□初五年十月□子。

釋文

氏。

釋文

丸。

釋文

番禺都亭長陳誦。

釋文

九具等字。

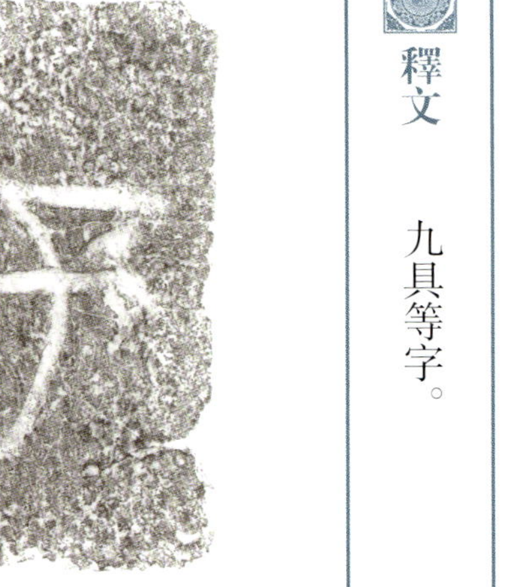

釋文

子。

釋文

載君□。

釋文

永初五年九月廿六日。

釋文　番禺。

釋文　成孰。

釋文　物。

釋文　中安。

釋文

□壹□磬為子□之期會□泉相□。

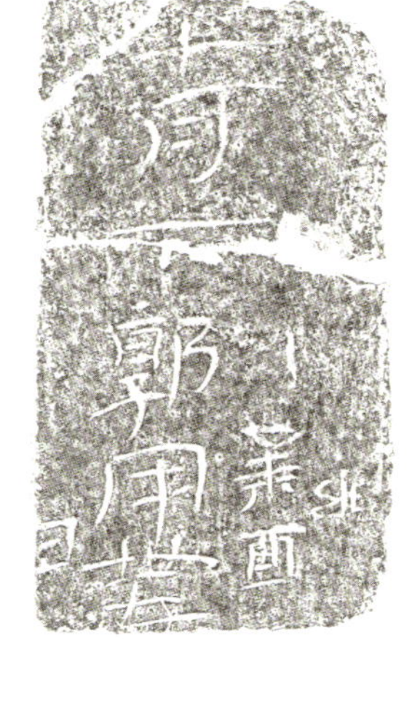

釋文

十月□郭用廿七日辛酉。

釋文

用九具。

釋文

相見，相見，九，見。

釋文　書□□誦。

釋文　九布。

釋文　黄昔□□番禺。

考略

以上刻畫有文字的墓磚出土於廣州番禺鍾村鎮屏山村東漢墓。書體有漢隸和草書。隸書用筆流暢，草書筆畫隨意靈動。墓磚內容包括與墓葬或窯坊相關的姓氏、人名、官職、年號、詩文、吉語、數字、各類符號等，從中可反映東漢時期廣州的社會文化風俗等情況。

東漢「大五」「五十」墓磚

東漢

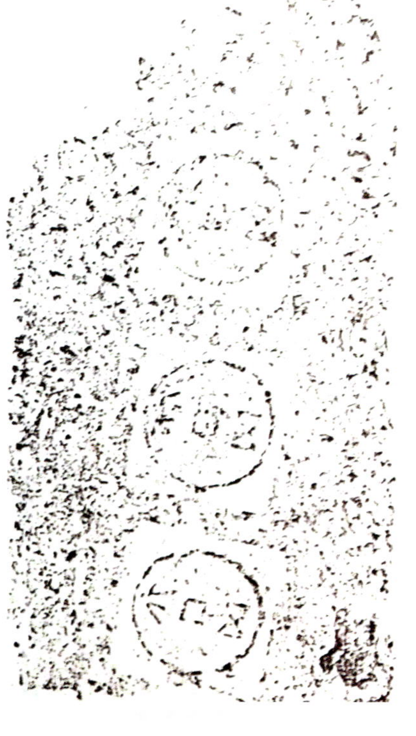

釋文

「大五」，「五十」。

考略

此「大五」「五十」墓磚出土於廣州黃花崗東漢磚室墓。墓磚多印紋，「五十」為陽文銘，「大五」為錢紋。

西晉「太熙元年」墓磚

西晉太熙元年（290）

釋文

太熙元年。

考略

此墓磚出土於廣州沙河頂永福村西晉墓。書體兼俱篆隸意味，古雅流麗。太熙，是西晉第一個皇帝司馬炎的年號。

西晉『永興三年』墓磚

西晉永興三年（306）

釋文

永興三年七月造。

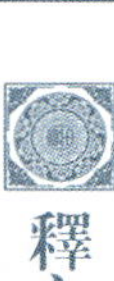

考略

此墓磚出土於廣州增城區新塘晉墓。磚長34釐米，寬18釐米，厚2.8釐米。磚側模印銘文為隸書。反文。永興，西晉惠帝司馬衷年號。

西晉『永嘉』銘文墓磚若干

西晉永嘉間

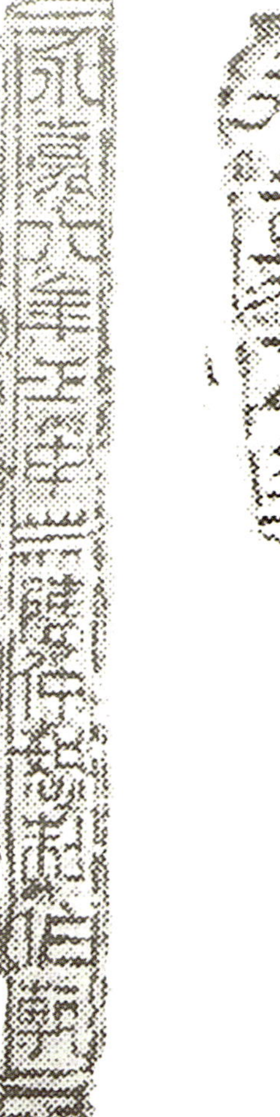

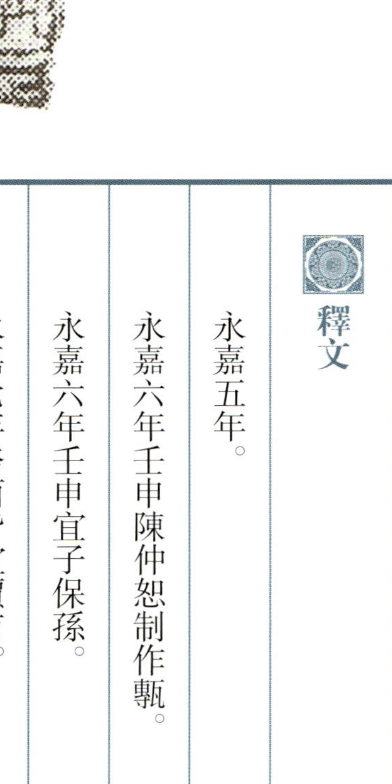

釋文

永嘉五年。

永嘉六年壬申陳仲恕制作甎。

永嘉六年壬申宜子保孫。

永嘉七年癸酉皆宜價市。

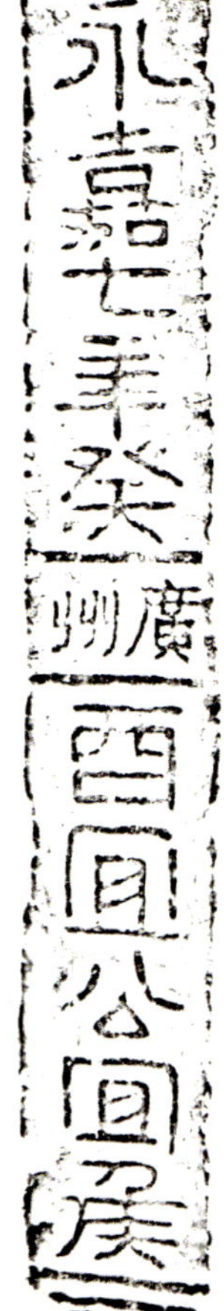

釋文

永嘉七年癸酉（廣州）宜公宜矦。

永嘉世天下荒，余廣州皆平康。

子孫千億，皆壽萬年。

考略

以上『永嘉』墓磚分别出土於廣州西村孖崗晉墓、廣州南郊敦和鄉客村晉墓。墓磚青灰色，朝内一側印有紀年文字、吉祥語或造磚者姓名。隸書。永嘉，為西晉懷帝司馬熾年號，『永嘉之亂』指西晉永嘉五年（311），匈奴攻陷洛陽、擄走懷帝之亂。西晉中後期八王之亂，加以天災連年，胡人遂乘時入侵。磚文中吉語反映了西晉自八王之亂後，五胡入侵，到永嘉年間，中原兵燹連年，廣州地處南海，較少戰亂，生民安居務業，致有『皆宜價市』『康平』的局面。

西晉「建興」銘文墓磚若干

西晉建興間

釋文

建興二年。

建興二年甲戌皆封矦位。

釋文

建興四年四。

建興四年作。

建興四年作。

建興四年七月立作。

建興四年作。

考略

以上『建興』墓磚出土於廣州西晉墓。隸書。其中『建興二年』墓磚出土於廣州沙河西晉墓。『建興二年甲戌皆封侯位』墓磚出土於廣州市增城區新塘西晉墓。磚長36釐米，寬18釐米，厚2.7釐米，磚側模印銘文。『建興四年四』『建興四年作』『建興四年七月立作』三種墓磚出土於廣州沙河獅子崗南麓西晉墓。建興，是西晉愍帝司馬鄴年號。愍帝在位時，北方戰亂頻仍，而南方稍安，北人多有經江淮湖廣而入粵地者，如《交廣記》載：『建興三年，江、揚二州經石冰、陳敏之亂，民多流入廣州，詔加存恤。』

南朝『天監六年故將卜之』墓磚

南朝梁天監六年（507）

釋文

天監六年故將卜之。

考略

天監，又作『天鑒』，南朝梁武帝蕭衍年號。《廣東通志》引《梁書·武帝記》：『天監六年七月，分廣州置桂州。九月，以豫章內史蕭昌為廣州刺史。』

南朝『梁普通元年樂記室』墓磚

南朝梁普通元年（520）

釋文

梁普通元年樂記室。

考略

此墓磚拓本藏於廣東省立中山圖書館。反文。普通，南朝梁武帝蕭衍年號。

『常宜侯王』墓磚

漢—南朝

釋文

常宜侯王。

考略

『常宜侯王』，吉語磚，此類吉語於漢至南朝金石銘文中常見。

唐『開元四年寶安令』墓磚

唐開元四年（716）

釋文

開元四年寶安令。

考略

此墓磚拓本為反文。開元，唐玄宗李隆基年號。寶安，地名，今屬深圳。令，即縣令。此磚文或可補徵《寶安縣志》職官志之闕。

南漢『白龍元年』墓磚

南漢白龍元年（925）

釋文

白龍元年。

考略

此墓磚拓本見《中國磚銘》（江蘇美術出版社，一九九八年）。白龍，是南漢高祖劉龑年號，據史籍載，乾亨九年（925）十二月有白虹化為白龍，見於三清殿，帝改乾亨九年為白龍元年，更名為龑。

南漢『靖海將軍陳公之墓』墓磚

南漢白龍元年（925）

釋文

白龍元年三月十四日。

故靖海將軍陳公之墓。

考略

墓磚拓本藏於廣東省立中山圖書館。故靖海將軍陳公，史未見載。

南漢『承宣使邵公冢』墓磚

南漢大有十四年（941）

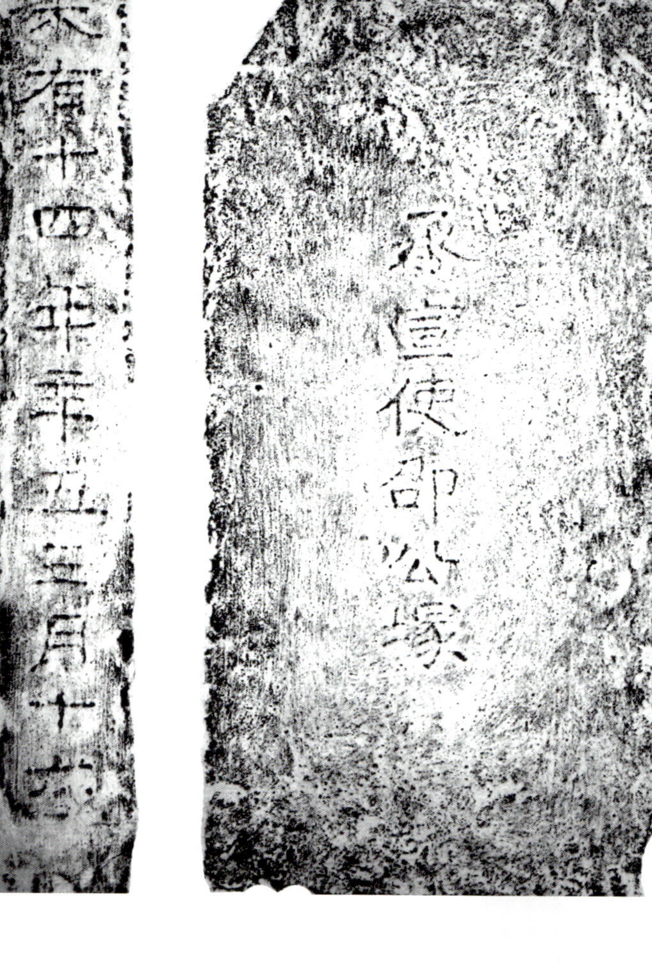

釋文

承宣使邵公塚。

大有十四年辛丑三月十六。

考略

此墓磚拓本藏於廣東省立中山圖書館。大有十四年（941），值後晉高祖石敬瑭天福六年（941），干支為辛丑。大有，南漢高祖劉龑年號。南漢承宣使於大有十四年（941）即有見，早於宋之政和七年（1117）始置百餘年。

南漢昭陵墓磚

南漢乾和十六年（958）

釋文

乹和十六年（下文殘缺）興寧軍□（下文殘缺）好也。

（昭陵出土石俑）

考略

此墓磚出土於廣州東郊石馬村昭陵。墓主為南漢中宗劉晟。乾和，為中宗劉晟年號，十六年（958），時當劉晟之逝年。磚文『興寧軍』後闕字，推測應為『興寧軍節度』。

南漢王氏造藥師佛像磚

南漢大寶二年（959）

釋文

粤維大寶二年七月十五日，王氏為亾夫敬造藥師佛像一區，願亾魂早登仙界。

考略

此墓磚拓本藏於廣東省立中山圖書館。大寶二年（959），為南漢後主劉鋹即位第二年，時當後周恭帝顯德六年。此造像記之『藥師佛』，為『藥師玻璃光佛』之省稱。嶺南造像殊少，此造像尤顯珍貴。

（南漢王氏造藥師佛像）

南漢光孝寺磚銘

南漢大寶六年（963）

釋文

大寶六年歲（下文殘缺）。

龔澄樞同（下文殘缺）。

考略

此南漢殘磚僅存九字。楷書。文字與廣州光孝寺西鐵塔部分銘文相同。西鐵塔為南漢大寶六年（963）太監龔澄樞同女弟子鄧氏三十二娘出資捐造，此殘磚銘當與西鐵塔同時期捐造。

南漢桂嶺縣事歐陽公墓磚

南漢大寶十年（967）

釋文

大寶十年太歲丁卯，故左廂都押衙知桂嶺縣事歐陽公塚。

考略

此墓磚拓本藏於廣東省立中山圖書館。隸書。大寶十年（967），值宋太祖乾德五年（967），干支正為丁卯。墓主歐陽公，據考其名為歐陽敬忠，官左廂都押衙知桂嶺縣事。左廂，當為地方軍之左翼，與右翼相對。該磚字帶隸意。

宋廣州修城銘文磚若干

宋

釋文

寶祐甲寅摧鋒軍修城磚。

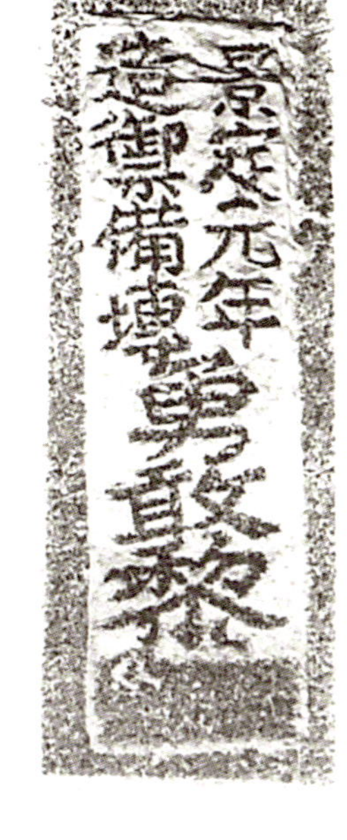
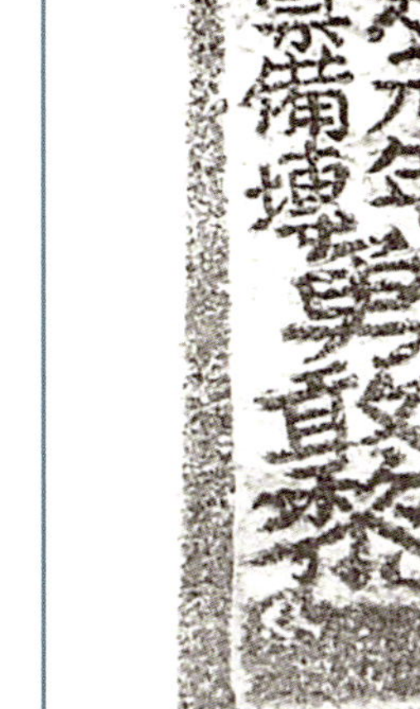

釋文

景定元年造禦備塼勇敢黎。

釋文

水軍記。

釋文

廣州修城磚。

釋文

□州修城塼。

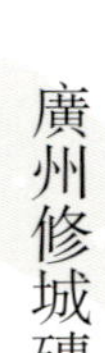

釋文

廣州修城磚。

釋文

水軍廣州修城磚。

釋文

□祐甲寅摧□□修城磚。

釋文　廣州三城。

釋文　東南第十一將造。

釋文　水軍，水軍，廣州修城磚。

釋文　水軍。

釋文

使府城磚水軍造。

釋文

甲頭麦仲琚。

考略

廣州現存城磚，以兩宋時期為多。兩宋（960—1729）是廣州城市建設的重要階段，修築次數多，規模大，拓展修築，建成三城，奠定了後世廣州城的基本格局。從史籍及出土磚銘看，廣州修城磚大致有民造磚、官造磚、軍造磚三大類，而以軍造磚為主，出土的修城磚有『水軍廣州修城磚』『東南第十一造廣州修城磚』『摧鋒軍修城磚』『忠』『勇敢黎』等修城磚。燒造者當為宋代地方廂軍。

南宋時摧鋒軍所造廣州修城磚，其上鐫刻銘文，一為『端平三年摧鋒軍監造廣州修城磚』，是民國初年廣州修馬路大拆城牆時，為好古者搜得。一為『寶祐甲寅摧鋒軍修城磚』，是一九七二年廣州越華西路宋子城牆基考古發掘所得。『摧鋒軍』為南宋時諸多地方軍種之一。據《宋會要稿》，由摧鋒軍監修宋代三城者，有端平三年（1236）、淳祐二年（1242）、寶祐二年（1254）。

宋代廣州水軍修城磚現存多種，有『水軍修城磚』『水軍廣州修城磚』『水軍記』『使府城磚水軍造』諸款。按宋兵制，禁軍和廂軍中均有水軍之設，禁軍中有虎翼水軍、淩波水軍、樓船水軍等；廂軍中有新水軍、舊水軍、巡海水軍等。廣州修城，多役軍士，水軍與有力焉。

『東南第十一將造』銘文修城磚亦屬地方軍士所燒造者，據宋史，『將』作為宋代軍隊編制單位，始於神宗兵制改革，史稱『將兵法』。該『東南第十一將造』銘文修城磚與文獻合，為元豐四年（1081）後所燒造。說明宋代廣州築城燒磚者不僅有廂軍，禁軍也有參與。

汪兆鏞拓廣州城殘磚若干

漢—明

釋文

南海郡。

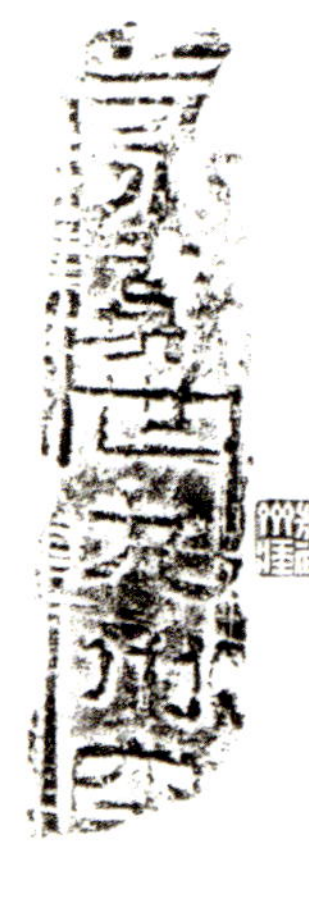

釋文

永嘉世，九州空。

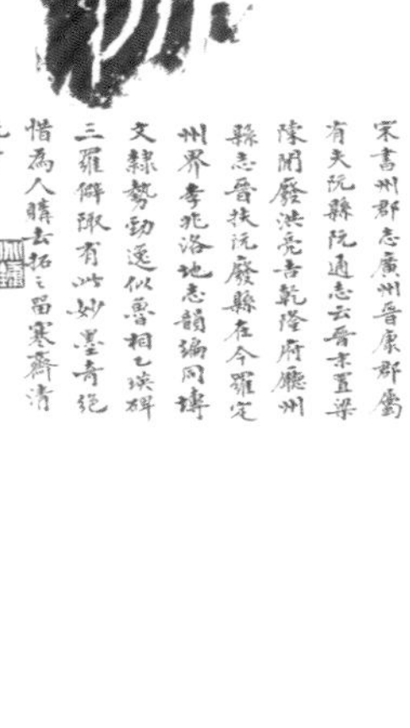

釋文

夫妧。

□大□。

釋文

增城鴈塔塼。

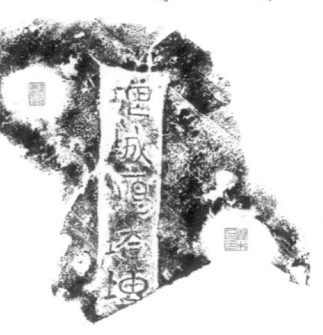

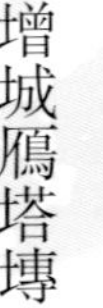

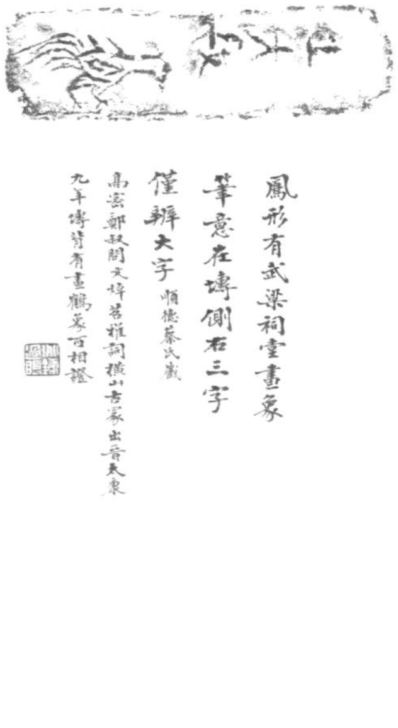

釋文

增城鴈塔塼。

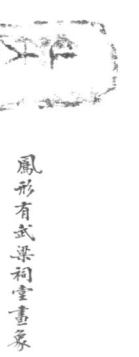

釋文

大吉。

釋文

万善。

釋文

万善。

釋文

万善。

釋文

似從工作到如今，
日日挑柴吃苦辛。
一日秤来要五百，
两朝定是共千斤。
山高路遠難行步，
水深坭滑阻工程。
傳語諸公除減少，
莫教思苦衆軍人。

釋文

南，梁成工人。

釋文

南。

釋文

南。

釋文

番。

釋文

使府城塼。

使府城之稱未知始於何時阮通志唐天寶中置嶺南節度使梁封劉隱為南海王清海軍節度使如故清海軍為大府故梁開平五年清泉禪院銅鐘款識結銜有節度左押衙充府牆池內外副指揮使梁太祖父烈祖名誠避稱府牆也此稱使府城是在梁之後宋慶厤四年經略使魏瓘增築子城此當是魏經略使府城塼歟

戚濟堂藏塼

釋文

府。

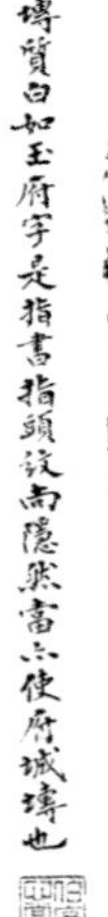

此塼質白如玉府字是指書指頭紋而隱然當亦使府城塼也

官塼二字在塼側書體古樸唐以前物

釋文

官塼。

官字正書反文在塼側未審為何時造

釋文

官。

官專二字反文在塼側字體篆隸之間

釋文

官專。

南海郡隋廢為縣此文在塼側無縣字形製頗樸古

釋文

南海□□□。

南海縣三字歎興三水從化同當是明塼耳

釋文

南海縣。

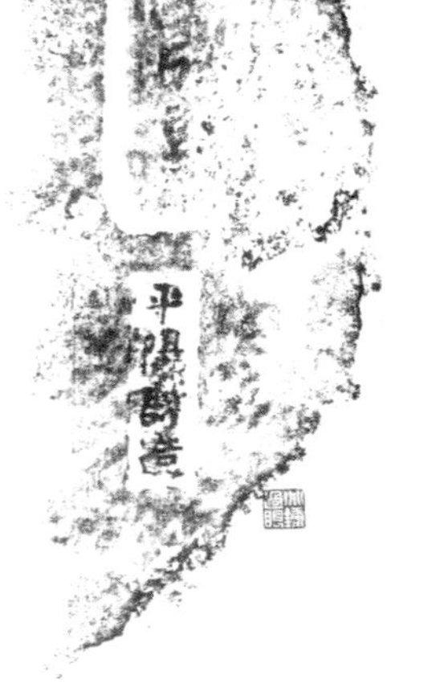

塼首修城上損廣州二字平陽郡造無攷

釋文

平陽郡造。

番禺縣秦置此文在塼面修下損缺塼二字形式似宋造

釋文

番禺縣修□□。

番禺縣三字在塼側

釋文

番禺縣。

釋文

□城縣修城塼。

釋文

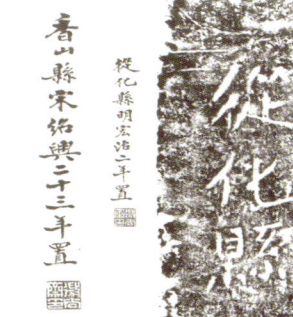

增城縣修城磚。

釋文

增城縣。

釋文

從化縣。

釋文

寶元貳年□太平□□。

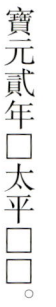

釋文

紹定三年庚寅十一月内嚴解元造。

釋文

老□□。

釋文

甲，二十七。

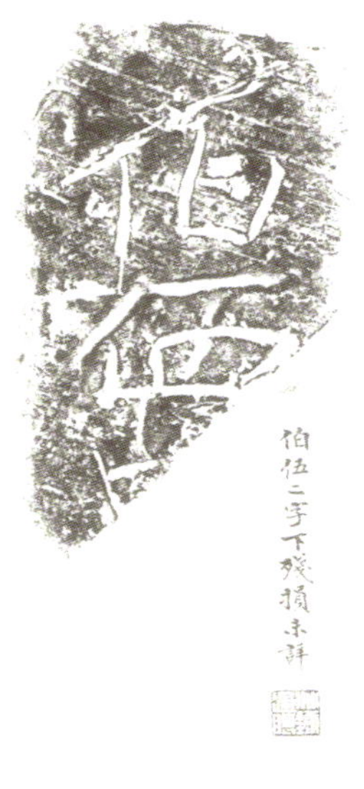

釋文

伯伍□。

鐵城二字

釋文

鐵城。

考略

廣州現存從南漢到明的歷代修城銘文磚拓片多種，是研究歷代廣州城建之珍貴實物。粵中學者汪兆鏞於民國初年廣州拆城牆時，搜羅得銘文磚凡百餘種，拓印後略加考釋，輯成《廣州城殘磚錄》，共收廣州出土自漢代至明代殘磚八十餘種，為研究廣州城建史沿革提供了可貴資料，殘磚文字及其考證不僅可補志史，亦可反映廣府文字流變。

其中所錄的一塊宋代廣州軍士修城的詩文磚頗別致。該磚上刻七律一首，抒發忿怨之情，字迹率意，當為燒磚軍士在磚坯未乾時用小木棍類隨意書寫而成。汪兆鏞為之題跋曰：『戊午廣州拆城，盛濠堂得此磚，屬題。北宋城磚委鬼工，繕完郛堞卻寇功。今得磚文苦工作，眼底揮斥藩籬空。古今事理庸有異，窺時萬態疇能窮。鬼薪城垣良可念，滅除寄語非匆匆。姓名不復記誰某，書格頗近黃涪翁。漫論興廢視殘字，永嘉斷甓將毋同。』

近人黃文寬曾將所收廣州修城磚輯成《廣州古城磚拓片及修城磚考》一書，言『端平、寶祐間，廣州修城之功多出於摧鋒軍之力，城磚之詩有「田坭作磚甚艱辛，子為軍期不得寧。」又云：「日日勞心兼吃苦，幾時傲（按：應為「熬」）得到重陽。」』可見此類詩文磚當不止一方。

容庚舊藏磚拓若干

晉—明

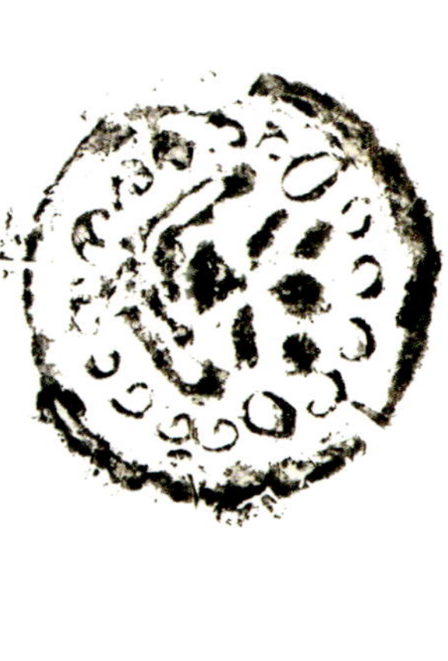

釋文

馮大夫塚磚。

釋文

番，片，譚小泉，羅四，端平三，房梁各。

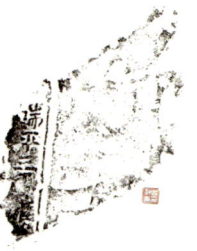

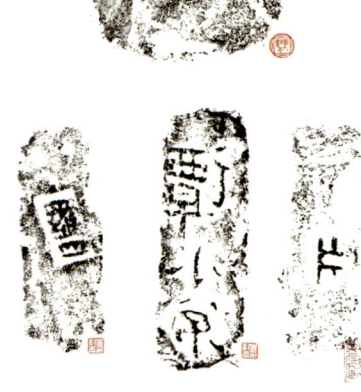

釋文

南海，南海，南海尉，南海，端平三年摧鋒□廣州修，南海，□。

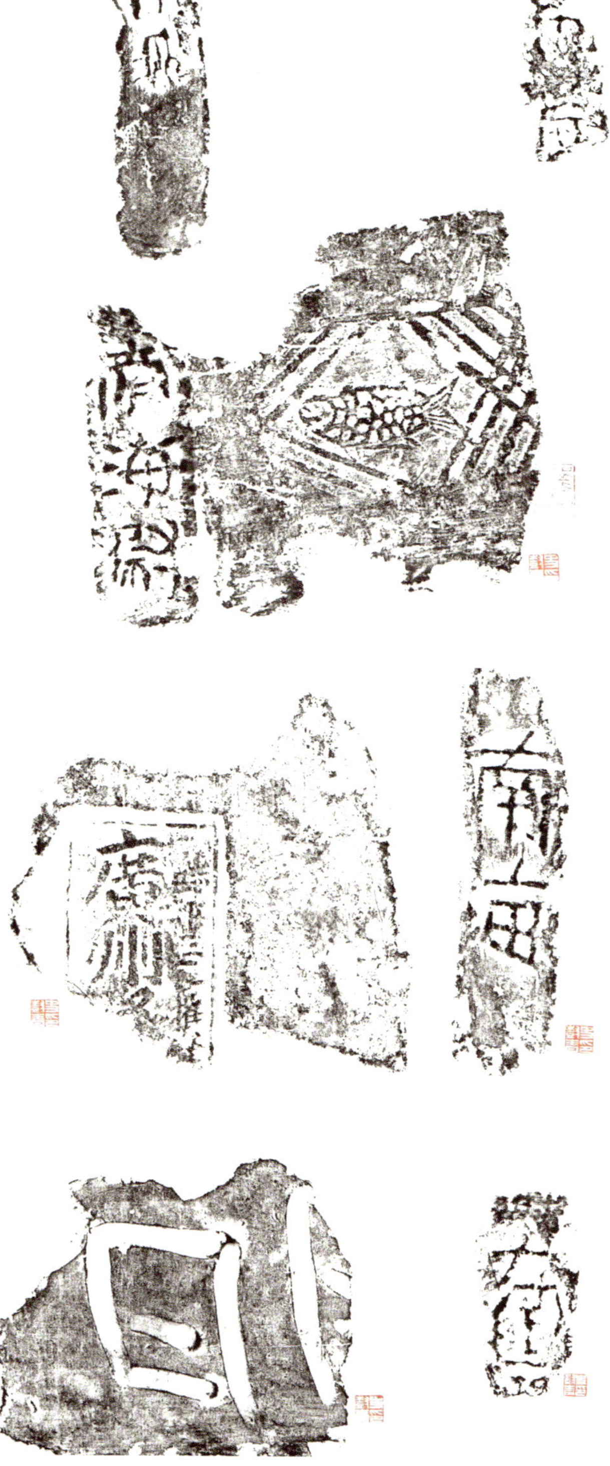

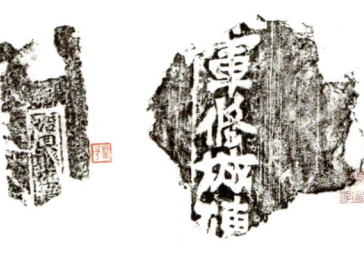

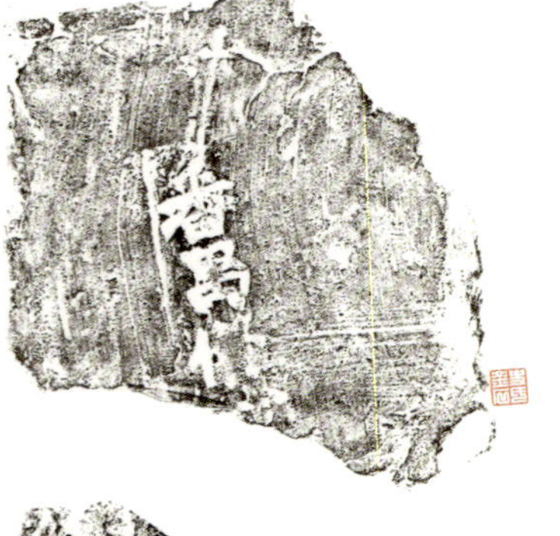

釋文

肇慶府，水軍修城磚，始興縣，番禺修，水軍修。

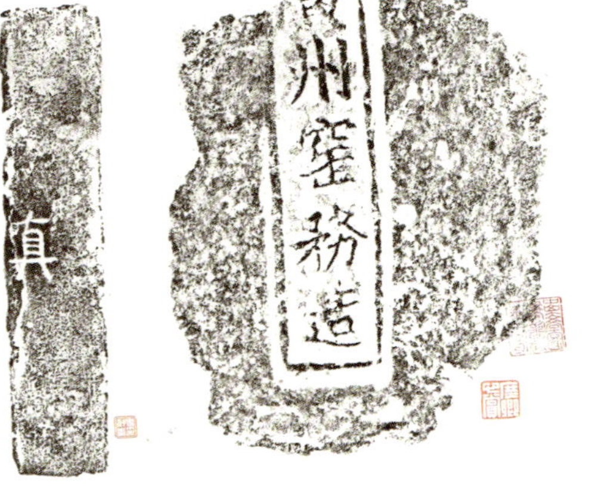

釋文

廣州窑務造，真，□□。

釋文

廣州大塼，□□三月二日作□土□□□□，□□數永□□□□，庚子年砌

城塼監，新，廣州修城磚忠勇造，仁，□。

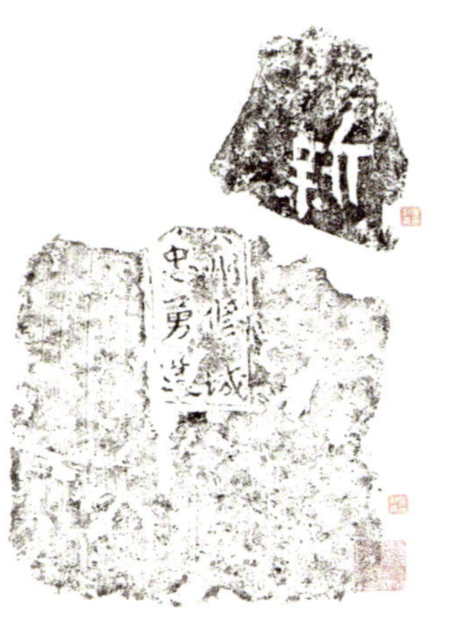

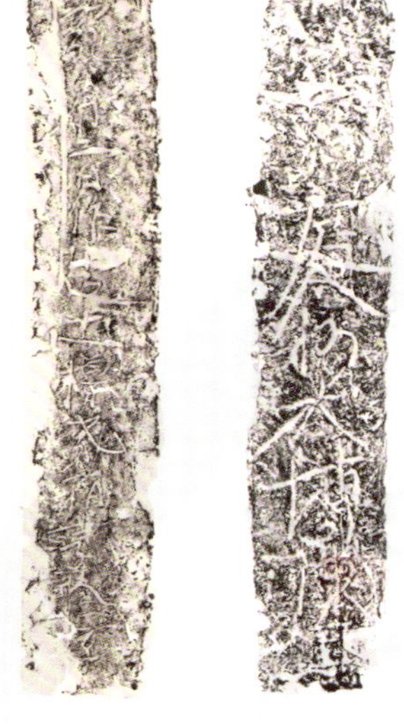

釋文

官，九，□□縣，歸善縣。

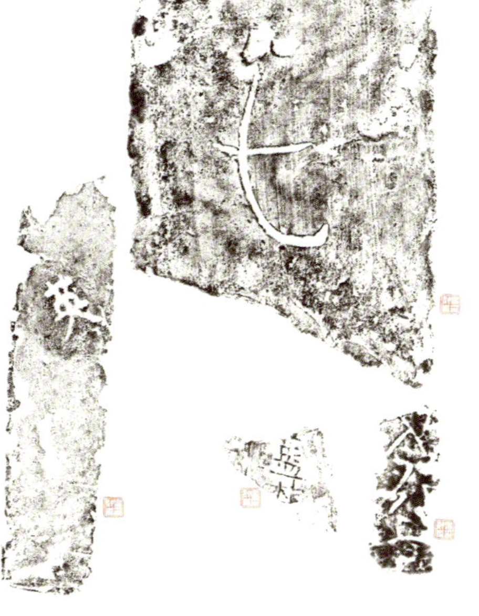

釋文

七，今八二，藍梅，英，始興縣窑戶胡琚。

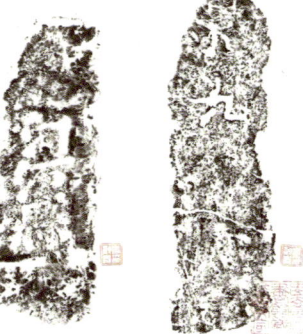

釋文

永保子孫，水軍塼，塼，增，保昌縣，□郎婦，□寒。

釋文

南海，新會修城塼，孔，大千。

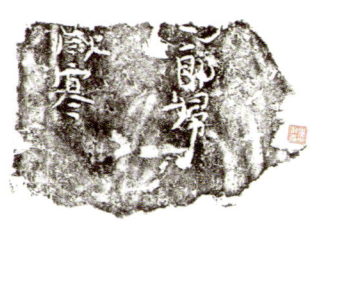

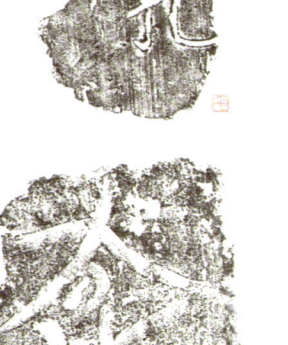

釋文

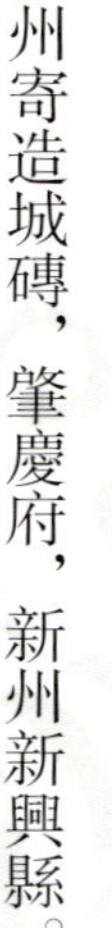

清遠縣塼官□，韶州寄造城磚，肇慶府，新州新興縣。

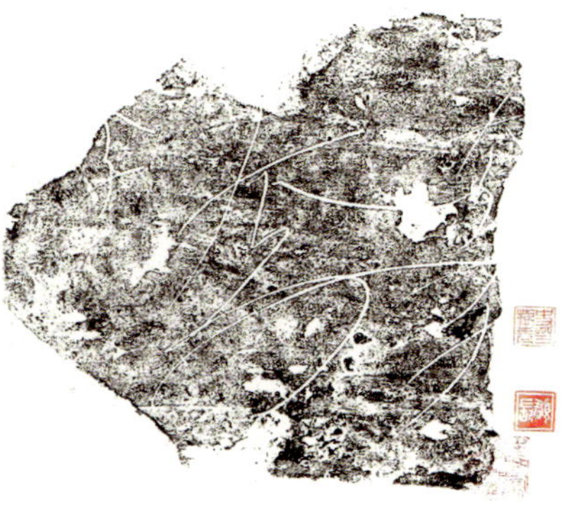

釋文

大千，曾，岑，賛。

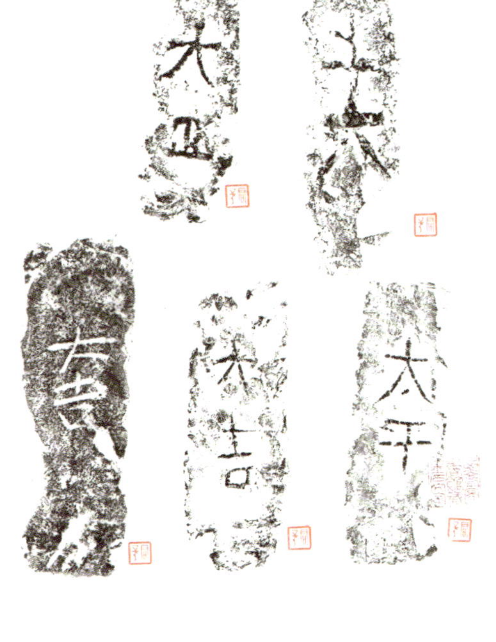

釋文

千六，太平，大吉，大□，大吉，增城縣修城磚。

考略

以上是容庚舊藏城磚拓本一組。從時代上看，有晉南朝墓磚、宋明修城磚等，其中以廣州銘文城磚最佳。容庚所收集此城磚拓本，與民國汪兆鏞、蔡守、胡毅生，以及中華人民共和國成立初黃文寬、盧振寰等所收相關城磚相同或相類。同時數十年來廣州城市考古也出土了不少此類銘文城磚。這批城磚拓本應是容庚返粵執教中山大學時期所隨機徵收者。

璽印封泥

南越文王墓出土璽印若干

南越國

釋文　文帝行璽。

釋文　趙眛。

釋文　帝印。

釋文　泰子。

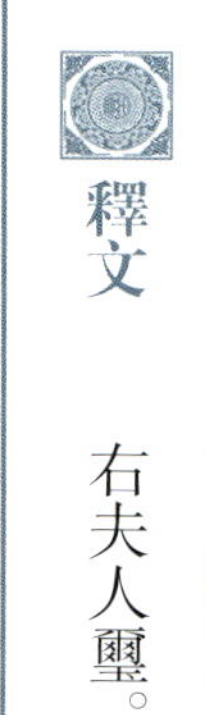
釋文　右夫人璽。

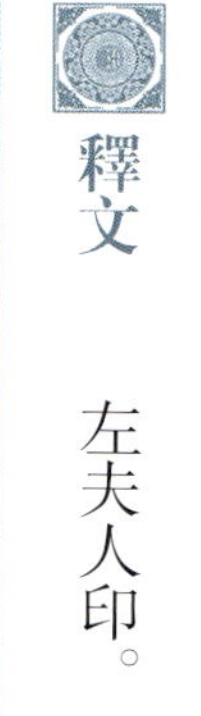
釋文　左夫人印。

釋文　泰子。

釋文　趙藍。

釋文　泰夫人印。

釋文 □夫人印。

釋文 景巷令印。

考略

以上璽印一九八三年出土於廣州南越文王墓，藏於廣州西漢南越王博物館。

『文帝行璽』，金印，龍鈕。邊長3.1釐米，通高1.8釐米。印面有田字界格。四字結構疏密有度，筆畫剛勁沉雄，印面具有莊嚴典重、雄渾偉麗的王者之氣，堪稱古璽印中之極品。是我國目前考古發現最大的一枚西漢金印，也是惟一的漢代龍鈕帝印。

『趙眛』，玉印。邊長2.3釐米，通高1.6釐米。印面有日字豎界格。筆畫勻淨。此為名章，《漢書》記載南越國第二代王文王名趙胡，二者有出入，或為傳抄錯誤，或為一人二名（一漢名，一越名），或為他人名章。

「帝印」，玉印，螭虎鈕。邊長2.3釐米，通高1.7釐米。印面有日字豎界格。筆畫峻拔勁健。應屬南越王印章，這種直書帝印的文物尚屬首見。

「泰子」，金印一，玉印一。印中的「泰」字通「太」，「泰子」即「太子」，很可能是趙佗之子（墓主人之父）的遺物，因佗子未及嗣而亡，歸墓主人掌管，歿而隨葬於墓中。金印為龜鈕，長2.6釐米，寬2.4釐米，通高1.5釐米，印文有日字豎界格。玉印為青色。邊長2.1釐米，通高1.8釐米。玉印的「泰」字書寫風格與秦代刻石《嶧山刻石》相似。兩方「泰子」印皆以摹印篆入印，印風端莊平和。

「右夫人璽」，金印，龜鈕，為墓主人之妻印。邊長2.2釐米，通高1.5釐米。印面有田字界格。陰刻篆文，筆畫端麗遒勁。

「趙藍」，象牙印，覆斗鈕。邊長1.9釐米，通高1.4釐米。印面有日字豎界格。陰刻篆文，筆畫方勁。其中「趙」字與「趙眜」印文相仿。此印與「右夫人璽」一同出土。

「左夫人印」，邊長2.4釐米，通高1.7釐米。「泰夫人印」，邊長2.5釐米，通高1.7釐米。「□夫人印」，邊長2.5釐米，通高1.8釐米。三枚印皆為鎏金銅印，方形龜鈕，陰刻篆文，刻鑿工整，印面有田字界格。

「景巷令印」，銅印，魚鈕。邊長2.4釐米，通高1.8釐米。印面有田字界格。為殉人隨身所帶的官印。景巷令即漢代永巷令，為詹事屬官，職掌宮室家事，多由宦者充任。

墓主人為第二代南越王，僭制稱文帝。這批璽印，在製作上不是很嚴格地按照同時期中原的典制，從中反映出南越國是一個有較強獨立性的割據王國。印文多為秦「摹印篆」，其中亦有略帶詔版風格的。格式上按秦朝的制度，印面多為田字界格和日字界格，使印文趨於規範嚴謹。章法上體現出穿插挪讓、呼應顧盼、富於變化的特點。印面顯得端莊、威嚴。從印面上可看到印文為鑄造後再刻鑿而成，達到了較高的工藝水平。

南越國「帝印」「眛」封泥

南越國

釋文

帝印。

考略

此封泥出土於廣州南越文王墓，藏於廣州西漢南越王博物館。篆書，字體端莊大氣。在墓中還出土了一枚「帝印」玉印。據史載，南越國第一代王、第二代王都曾僭越稱帝，在國內使用皇帝的稱號和禮儀。「帝印」玉印及封泥的出土，證實了史料的這一記載。

釋文

眛。

考略

此封泥出土於廣州南越文王墓，藏於廣州西漢南越王博物館。篆書。在墓中還出土了一枚「趙眛」玉印，應是墓主人的名章，它和「眛」字封泥相互印證，可以確認墓主人姓趙名眛，是南越國第二代王。

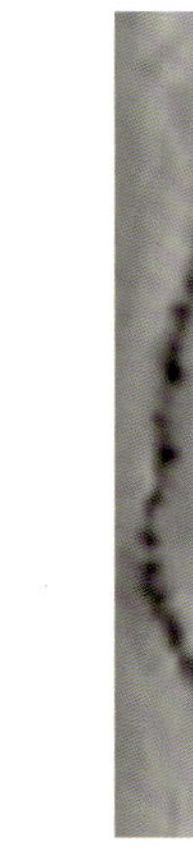

南越國「中府嗇夫」封泥

南越國

釋文

中府嗇夫。

考略

此封泥出土於廣州南越國宮苑遺址，藏於廣州西漢南越王博物館。縱2.3釐米，寬2.5釐米。篆書。「中府」為宮廷府庫之名，「嗇夫」為官吏之名。中府，為漢代「中藏府」之省稱（或有省稱「中藏」者），西漢初，諸侯國設有中府官。嗇夫，為秦漢時鄉官小吏。漢承秦置，鄉置嗇夫職掌訴訟，收取賦稅，且名目甚多，職掌廣泛，有「田嗇夫」（管理農事）「縣嗇夫」（縣級事務小官）、「倉嗇夫」（管理倉庫的小官）、「離宮嗇夫」「宮嗇夫」「都倉嗇夫」「庫嗇夫」「司空嗇夫」等等，該「中府嗇夫」應與「庫嗇夫」相類，屬南越國內庫主管錢財之官。

封泥的使用自戰國至漢魏，是為保密防洩露而在信函文書封口上的膠泥上打上璽印，這種鈐有印章的土塊就是封泥。

南越國「泰官」「殿中」封泥

南越國

釋文

泰官。

考略

此封泥出土於廣州南越文王墓，藏於廣州西漢南越王博物館。篆書，印文古拙樸茂，蒼勁自然，別具一種秀雅風格。南越國也像西漢一樣設有「泰官」一職，是掌管南越王日常飲食的職官。

釋文

殿中。

考略

此封泥出土於廣州南越國宫苑遺址，藏於廣州南越王宫博物館。篆書，修長秀逸。「殿中」為西漢職官之名。西漢有「殿中侍御史」「待詔殿中」等職。南越國也仿西漢設置相應職官。

廣州漢墓出土印章若干

漢

釋文　辛偃。

釋文　臣偃。

釋文　李嘉。

釋文　趙安。

釋文　王武信印、王武私印。

釋文　毛君明印。

釋文　向貢。

釋文　孫熹。

釋文　鄭末。

釋文　趙望之、臣望之。

考略

以上印章出土於廣州西漢墓，藏於廣州博物館。

『辛偃』『臣偃』兩枚玉印，一九五六年出土於廣州沙河麻鷹崗西漢墓。白文篆書，覆斗鈕。『辛偃』邊長2.2釐米，『臣偃』邊長1.5釐米。『辛』應為墓主人姓，『偃』為名；『臣偃』表明墓主身份為官僚，表臣屬關係。

『李嘉』玉印，一九五七年出土於廣州華僑新村西漢墓。白文篆書，覆斗鈕。邊長2.0釐米。墓主人姓『李』名『嘉』，屬私人印章。另據墓葬的規格和隨葬品的數量來看，墓主應為當時官僚貴族身份。印文依據筆畫的繁簡，取相互倚讓之章法，印面布局均衡美觀。

『趙安』瑪瑙印，一九五五年出土於華僑新村西漢墓。乳白色，覆斗鈕。邊長2.2釐米，高1.6釐米。陰文篆書。出土的這枚瑪瑙印在廣州的西漢墓中是僅見的。

『王武信印』『王武私印』兩枚龜鈕銅印、『毛君明印』琥珀印，篆書。近年出土於廣州恒福路漢墓。

『向貢』玉印，『孫熹』玉印，『鄭末』玉印，『趙望之』和『臣望之』兩面銅印。篆書。皆出土於廣州漢墓。

西漢官印若干

西漢

釋文

合浦太守章。

考略

據羅福頤《秦漢南北朝官印徵存》録出。羅福頤注云：『《漢書·地理志》合浦郡注：武帝元鼎六年辟，屬交州。又百官公卿表：郡守，秦官，掌治其郡，秩二千石，景帝中二年更名太守。』

釋文

南海守丞。

考略

據羅福頤《秦漢南北朝官印徵存》録出。羅福頤注云：『《後漢書·郡國志》：南海郡屬交州。注，武帝置。後漢書百官志：每郡置太守一人，二千石，丞一人。』

釋文

日南尉丞。

考略

據羅福頤《秦漢南北朝官印徵存》錄出。羅福頤注云：「《漢書·地理志》：日南郡，故秦象郡，武帝元鼎六年改屬交州。漢書百官公卿表：郡尉，掌佐守典武職，有丞。」

釋文

蒼梧侯丞。

考略

據羅福頤《秦漢南北朝官印徵存》錄出。羅福頤注云：「《漢書·地理志》：蒼梧郡，武帝元鼎六年辟，屬交州。又百官公卿表，中尉屬官有侯丞。此印可證郡亦設此官。」

晉『廣州部曲將印』

晉

釋文

廣州部曲將印。

考略

此印章為近代粵中學者黃詠雩於一九三二年所得，謂為三國時吴國之物。篆書。銅印。傳世漢印，多有『部曲將印』者，然均無地名，此印文中有『廣州』二字，較罕見，尚待考證。

西晉『牙門將印章』

西晉

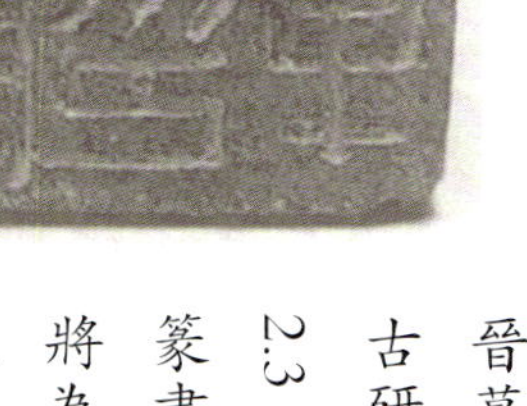

釋文

牙門將印章。

考略

此印章一九九四年出土於廣州黃埔區姬堂村西晉墓，藏於廣州市文物考古研究院。長2.4釐米，寬2.3釐米，通高2.3釐米。篆書。銀質。龜鈕。牙門將為武官名，始見於東漢末年，及晉無改，這是廣州晉墓出土的首枚銀質官印。印文在結體布局上仍遵漢式，但不如漢印之精嚴、渾穆，用筆變化較率意。

西晉「關內侯印」

西晉

釋文

關內侯印。

考略

此印章一九九四年出土於廣州黄埔區姬堂村西晉墓，藏於廣州市文物考古研究院。邊長2.7釐米，通高2.5釐米。篆書有隸意。滑石質。龜鈕。印面有豎界。印文急就章式，當為隨葬明器。關內侯是不到職、不理事、只收租税的勛官，屬於封賞的虛銜。

東晉「部曲督印」

東晉大興二年（319）

釋文

部曲督印。

考略

此印章一九七二年出土於廣州流花橋畔東晉大興二年（319）墓。篆書。漢代體式，布白和諧，筆畫粗細恰到好處，變化隨意，堪可珍賞。

東晉『周頤』六面銅印

東晉

釋文

白記，周頤，周頤白事，臣頤，周頤白牋，周頤示。

考略

此六面印二〇〇四年出土於廣州竹絲崗東晉墓，藏於廣州市文物考古研究院。邊長1.9釐米，高3.2釐米。篆書。銅質。長方體臺鈕，鈕下部有圓形繫孔。臺印為正方體。臺鈕頂面、印面和印臺四側面均刻有篆書印文。臺鈕頂面刻『白記』二字，印面正面刻『周頤』二字，印臺四側面分別刻『周頤白事』『臣頤』『周頤白牋』『周頤示』。印文中『周頤』是印章主人姓名；『白事』『白記』『白牋』中的『白』是明示、表白的意思，行文中又具有述事、陳詞、告語的含義；『牋』也作箋，行文中有表識的含義，近似於近人之手書、手啟。凡此諸種，分屬不同用途。臣，下級對上級所用的謙稱用語，既然稱『臣』，其身份應是官僚。

南朝『周承公』六面銅印

南朝

釋文

白記，周君時，周承公白事，

周承公，周承公白牋，臣承公。

考略

此六面印**一九五七**年出土於廣州東郊華南工學院南朝墓，藏於廣州博物館。邊長1.9釐米，高3.2釐米。篆書。銅質。長方體臺鈕，鈕下部有圓形繫孔。臺印為正方體。臺鈕頂面、印面和印臺四側面均刻有篆書印文。臺鈕頂面刻『白記』二字，印面正面刻『周承公』二字，印臺四側面分別刻『周君時』『周承公白事』『周承公白牋』『臣承公』。在中國印學史上，晉南朝時期流行六面印，即在一方印上分別六面鐫刻主人的姓氏名號等，屬私印性質。廣州出土有兩枚這種六面銅印。印文篆書，字形修長，構圖安排巧妙，筆畫方圓兼施，收放自然流暢。印文中『周承公』是印章主人姓名；『周君時』是印章主人的別號、別名。

南朝『安南將軍章』銅印

南朝

釋文

安南將軍章。

考略

此印章原為民國廣東學者蔡守收購於廣州民間里坊，已佚，印文現藏於廣州某藏家。長3.5釐米，寬3.5釐米。銅質。篆書。印文布局鐫刻率意，類似急就章。『安南將軍』，武官封號。東漢獻帝建安三年（198）始設此職銜，寓安定南方之意。三國魏、蜀、吳沿置。為出鎮南方地區的軍事長官，或作為刺史、太守等地方官員兼理軍務的加官。南朝時最為盛行，為將軍雜號之一。傳世印章大多屬南朝之物。該章為蔡氏得之於廣州，則應為嶺南之遺物。

宋『廣州番禺縣尉司朱記』

宋治平元年（1064）

釋文

廣州番禺縣尉司朱記。

考略

此印章藏於廣州博物館。通高4.5釐米，邊寬4.1釐米。銅質。篆書。杙鈕。印文書體近似九疊篆。印背楷體刻寫『治平元年少府監鑄』，可知此印鑄造於北宋英宗治平元年（1064），其規格、印文及書體均符合宋代官印制度。縣尉，秦漢即設置，與縣丞、主簿同為為縣令（縣長）之屬僚，乃縣內高級佐屬，總轄於縣官。此設置延至明清變化不大。縣尉，職掌一縣逋盜治安事務，秩九品上或下；縣尉司，即縣尉辦公治事之署，或簡稱尉司。

明南海神廟印

明

釋文

南海神印。

考略

此印章藏於南海神廟。正方形，邊長10釐米。青白玉質。九疊篆書印文。獅形印紐。此印不見任何典籍記載，據其形制考察，其年代應為明朝。南海神廟每逢農曆二月十一至十三日波羅誕際，以此印鈐波羅符紙。

清廣東都城隍印

清

釋文

廣東都城隍印。

廣東廣州府都城隍印。

考略

『廣東都城隍印』二〇一〇年於佛山一收藏家處發現。檀香木質。篆書。尚待考證。

『廣東廣州府都城隍印』由廣州收藏家購得。長8.2釐米，寬8.2釐米。木質。九疊篆陽文。布局呈正方形，字字飽滿方正。其中陽文的木刻筆畫上有很多磨損痕迹，可以看出經多次使用。有專家認為，這枚城隍廟印章具有晚清官印的特徵。從唐代起，官印型制變得越來越大，字體筆畫曲折漸多，直到明朝慢慢形成九疊文，又稱九疊篆，是篆書的一種變體，稱『九疊』乃指其多。到了清代，九疊篆被廣泛應用於官印。據清廣東香山人黃芝的《粵小記》記載，清雍正年間（1723—1735），廣東觀風使焦祈年奏請朝廷，廣州府城隍被獲准升格為管轄全省的都城隍。此兩方印章當為廣州府城隍升格為都城隍之後的印章。

明清篆刻若干

明—清

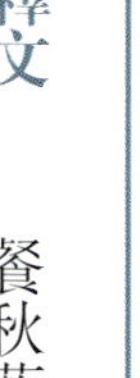

釋文

餐秋蘜之落英。

考略

明代袁登道刻。

袁登道，字道生，别署曲木庵道人，廣東東莞人。於漢印用工甚深，此印得漢印精粹，氣度雍容。

釋文

鐵橋道人。

考略

明代張穆刻。

張穆，字爾啟，號穆之，又號鐵橋，廣東東莞人。此印線條古樸，意態瀟灑，頗有古意。

釋文

乾坤一艸亭。

考略

明代朱光夜刻。

朱光夜，字未央，廣東南海人。精六書，尤以篆刻享譽嶺南。其篆法遠宗秦漢，近溯明人，而能自出新意。此印清麗典雅，配字獨出心裁，別有畫意，章法沉穩，饒有古味。

釋文

玄度。

考略

明代鄧雲霄刻。

鄧雲霄，字玄度，東莞人。此印為名章，意態簡約雍容，明快疏朗，工穩雅淡。

釋文

鄧逢季印。

考略

明代鄧逢年刻。

鄧逢年，東莞人。鄧雲霄之子。擅篆刻。此印體現了鄧氏家族『以漢印質樸』為宗旨，刀法古勁樸拙的特徵。

釋文

于都氏。

考略

明代鄧逢京刻。

鄧逢京，東莞人。鄧雲霄之子。擅篆刻。此印取法漢印，線條勁健沉雄，運刀如筆，章法深得分朱布白之神妙。

釋文

安事一室。

考略

明代黃貞刻。

黃貞，字仲亨，東莞人。性絶巧，以善製印鈕而名於當時。此印擬古璽之法，平和工穩，頗得古意。

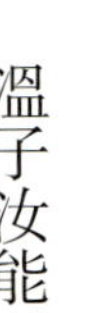

釋文

溫子汝能。

考略

清代謝景卿刻。

謝景卿，字殿揚，號雲隱，南海人。工詩，善篆隸，精篆刻。此印章法配合渾穆天成，繁簡虛實得當，刀法沉穩，蒼勁而古秀。

釋文

小子狂簡。有此傷心人。

考略

清代黎簡刻。

『小子狂簡』印原在二樵後人手中，後為人購藏。黎簡常自稱狂士，所刻印淳厚古雅，風格樸茂。『有此傷心人』印，屬黎簡私印之一，常用於鈐印書畫典籍圖冊。

黎簡，字簡民，一字未裁，號二樵，又號石鼎道人、百花村夫子，廣東順德人。清代乾嘉年間嶺南著名詩人、書畫家。

釋文

古木臥平沙。

考略

清代馮敏昌刻。

馮敏昌，字伯求，號魚山，廣東欽州人（今屬廣西）。精於金石考古，詩書畫印兼擅。此印雖從漢印出，卻自有一種超然意態。

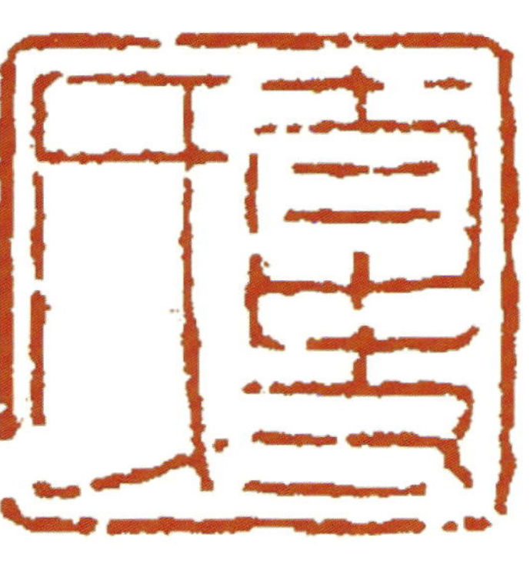

釋文

太史氏。

考略

清代謝蘭生刻。

謝蘭生，字佩士，號澧浦、里甫、理道人，廣東南海人。工詩善畫。此印清新典雅，疏密有致，線條厚樸圓渾，格調頗高。

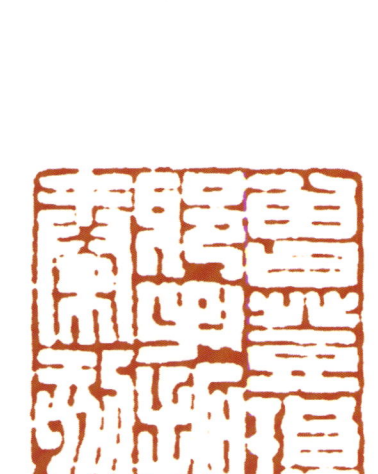

釋文

柱史之商。

考略

清代吴榮光刻。

吴榮光，字伯榮，一字殿垣，號荷屋、可庵，晚號石雲山人，別署拜經老人。廣東南海人。善於金石、書畫鑒藏，且工書善畫，精於詩詞。此印為吴榮光偶爾奏刀所刻，拙中見巧，風雅可賞。

釋文

曾登琅邪手拓秦刻。

考略

清代何昆玉刻。

何昆玉，原名琨，字昆玉，號伯瑜，以字行世。廣東高要人。此印雍容端麗，秀樸不群。

墓誌銘表類

墓誌銘文

神漢桂陽太守周府君功勳之紀銘

漢熹平三年（174）

釋文

（前文殘缺）紀銘

（前文殘缺）散其波，（下文殘缺）歌，名冠卉兮（下文殘缺）。

熹平三年歲（下文殘缺）

考略

此碑已不存，現僅存殘碑拓本。隸書。廣東已知碑刻以此碑最古。碑勒於漢靈帝熹平三年（174），原置韶州樂昌瀧上，東晉時可能有重刻本，唐代有重刻本，北宋時藏於韶州張九齡祠中，南宋時散落於『曲江郊外』，被移置韶州城中。元代時『漢刻本在瀧上，唐重刻本在曲江廟中』。明初，此碑在韶州縣學，韶州守錢旭移置府治，後府治改作王府，此碑復入曲江廟中。清初，『碑石斷缺』。今瀧上原碑、唐代太和年間重刻本皆佚。著名學者、收藏家葉恭綽收藏此殘碑拓本，僅見『紀銘散其波歌名冠卉兮熹平三年歲』數字。拓本旁有兩題，其一曰：『壬戌二月得此拓本，云是何人藏石，審視不似偽刻，姑存之。』其二曰：『越月，詧為《隸釋》「桂陽太守周憬功勳銘」。清明後三日，忻熹再記之。』題跋下鈐『恭綽之印』白文印和『番禺葉氏遐庵珍藏書畫典籍之印記』朱文印。

此碑記述桂陽太守周憬開鑿樂昌瀧、疏濬河道以便利交通的業績。這是粵北規模較大的水利工程。該碑詳細記載了鑿瀧的倡議領導者周憬及參與官吏三十一人的姓名、籍貫、官職等，并記有鑿瀧的時間、地點、工程內容及方法、參與的官吏、民工、軍隊等內容。涉及古代水利工程史以及諸多當時的社會信息，其史料及學術價值極為珍貴。北宋歐陽修《集古錄目》、曾鞏《元豐類藁》、趙明誠《金石錄》、劉昌詩《蘆浦筆記》、趙一清《水

經注釋》及洪適《隸釋》卷四均有記載。《隸釋》輯録了全文，其碑額為『神漢桂陽太守周府君功勳之紀銘』。之後明梅鼎祚《東漢文記》、明歐大任《百越先賢志》、《廣東通志》卷五十九、明都穆《金薤琳琅》和清倪濤《六藝之一録》卷四十五亦有輯録。

據攷，此碑乃周憬的故吏為紀念其整治樂昌瀧的功績而立，多數學者認為撰文者是其故吏郭蒼。據宋《隸釋》《集古録》《寶刻叢編》《元豐類藁》等共引唐代的《韶州圖經》曰：『碑在廟中，郭蒼文。今碑文磨滅云。』之後的《百越先賢志》卷四、《廣東通志》卷四十四中所記『郭蒼』條目中也均説『蒼為撰神漢桂陽太守周府君碑』『蒼為撰銘記勳』。但清代學者顧藹吉在其《隸辨》卷七中則對郭蒼撰文之説予以否定。

碑字體為漢隸，結字方古舒闊，天真樸拙，沒有波磔，保留了早期隸書的很多特點。其體與《三老諱字忌日刻石》《開通褒斜道摩崖》等相若。有學者認為，刻於熹平年間的《熹平石經》隸書結體嚴整，中規中矩，乃至失之天趣，而是銘仍保留古隸神貌，意態恣肆，圓勁古秀。明鄭真《滎陽外史集》卷四十：『漢人隸法在東南予所見者，《校官碑》與此《桂陽太守周府君紀功銘》爾，筆法高古，尤可寶玩，而磨滅不可讀。』從中可知此碑之書法價值。

故太原王夫人墓誌銘并序

隋大業三年（607）

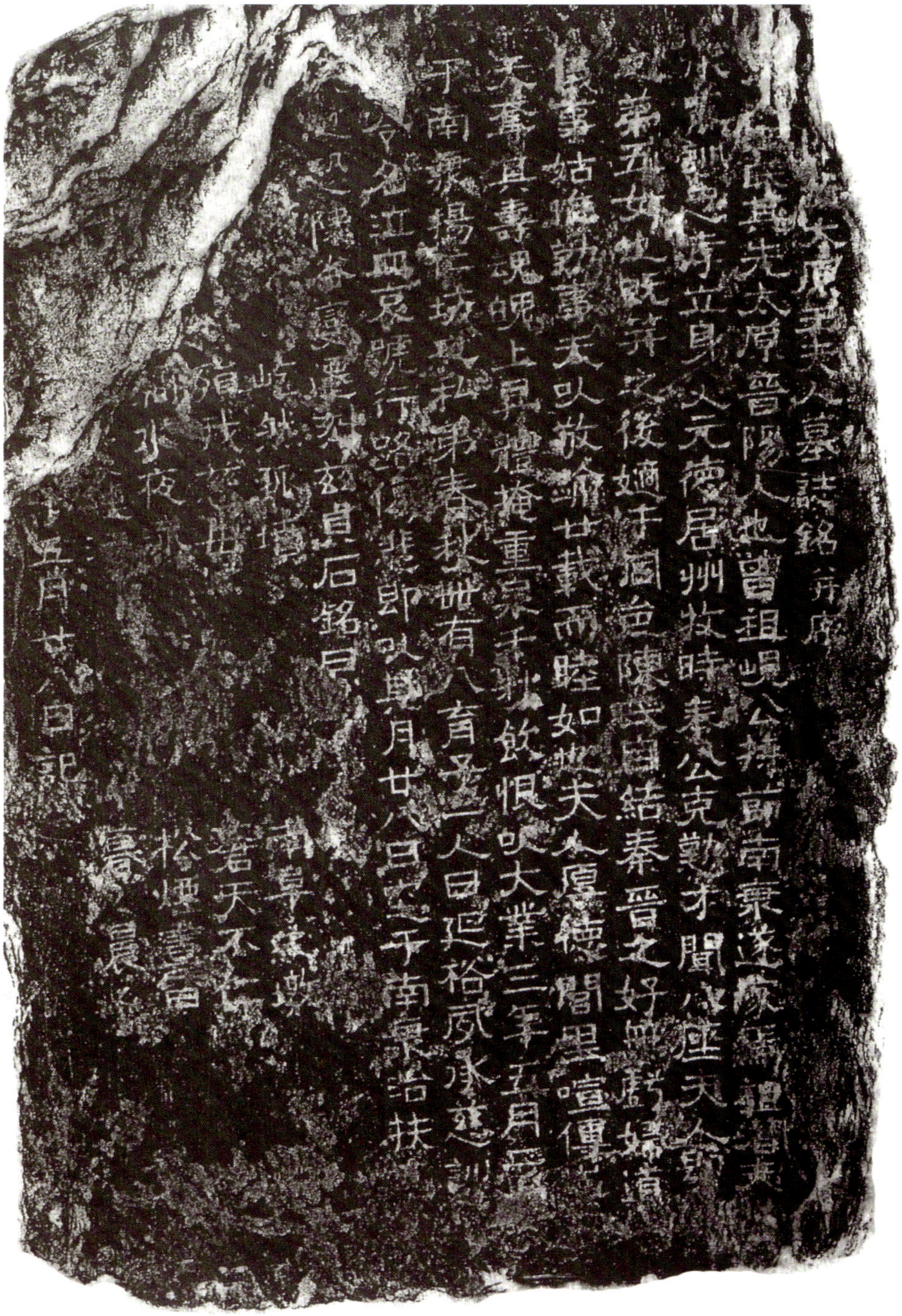

釋文

故太原王夫人墓誌銘并序

夫人王氏，其先太原晉陽人也。曾祖峴公，持節南檕，遂家焉。祖濳夫，世承家訓，忠孝立身。父元德，居州牧時，奉公克懃，才聞八座。夫人即公之苐五女也。既笄之後，嫡于同邑陳氏。自結秦晉之好，無虧婦道之儀。事姑惟勤，事夫叺敬，踰廿載而睦如也。夫人厚德，閭里喧傳。□□天奪其壽，魂魄上昇，體掩重泉，千秋飲恨。叺大業三年五月二日□于南檕揚仁坊之私弟，春秋卌有八。育子一人，曰延裕。夙承慈訓，□□令名，泣血哀號，行路傷悲。即叺其月廿八日，窆于南檕治扶胥□□□。恐陵谷變遷，刻茲貞石。銘曰：

屹然孤墳，南阜之墩。殞我慈母，蒼天不仁。

澗水夜流，松煙晝昏。□□漣洏，暮暮晨晨。

□□□年五月廿八日記。

考略

此碑簡稱《王夫人碑》，清宣統三年（1911）六月出土於廣州城東二十六里鹿步司屬石牌鄉山麓隋墓，後置惠州豐湖書院，旋被盜賣，流出國外。後為香港羅原覺先生購得，輾轉贈予廣州博物館。高40釐米，寬26釐米。隸書。為『廣東四大隋碑』之一。

該碑刻於隋大業三年（607），未署撰文者姓名。墓誌包括『序』（志）及『銘』兩部分。志文中的異體字，可供文字學之考證。此碑面世後，真偽爭議頗多。一九四八年，史學家簡又文著文稱是偽作，但未成定論。民國七年（1918）《番禺縣續志》著錄此碑文。

此碑書法結體嚴謹，樸茂端勁，遒麗天成。對研究廣府地區書法史和廣州城坊沿革有一定價值。

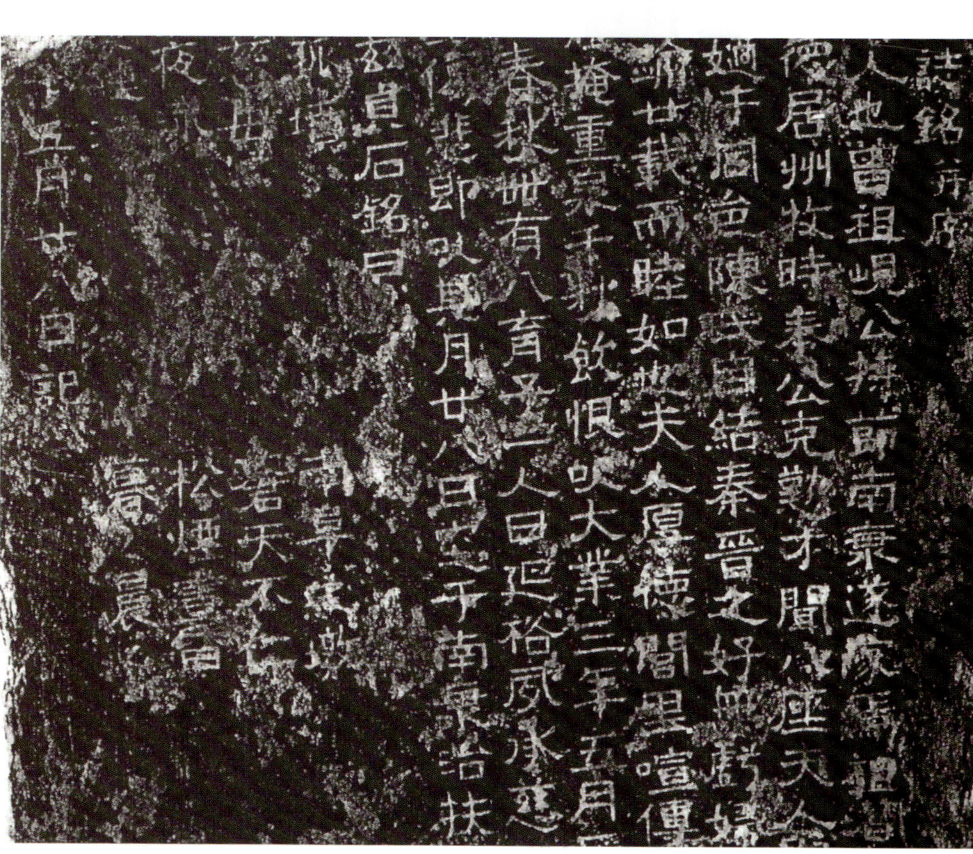

（碑刻局部）

寧越郡欽江縣正議大夫之碑

隋大業五年（609）

釋文

（碑額）寧越郡欽江縣正議大夫之碑

竊以太暤之末，分顓臾之邦；唐叔之餘，為管魯之國。邵公思室，賦《棠棣》之詩；辛有哀本，悲被髮之異。故枝流葉從，自結貞筠之條；宗子維城，各理封壃之邑。故甯相、甯渝傳昆玉之名，甯喜、甯戚紓遺芳之哲。公匡衡在輔，無忘士蔿之工，從而能政，追蹤子范之用。玿以繁衍陵穆，盤根閩越者哉。公諱贙，字翔威，冀州臨淄人也。公惠好自研，齊叔嚮之德；葴誠和誘，同孟明之温。儒藻進賢，常吟雅頌，肅嚴愛善，宫墉之美。祖逵，馳千載仁風，擁六奇高辯，警加木鐸，訓悅過庭。梁武皇帝除定州刺史，捴督九州諸軍事；陳宣武皇帝又除授安州刺史。父猛力，德貫神皇，氣衝牛斗，典礼政事，隋會無聞，卒乘輯睦，先穀懷讓。文皇帝除使持節開府儀同三司、安州諸軍事、安州刺史、宋壽縣開國侯。兄長真，包山岳之志，操雲霞之襟。行應管鐘，義通泉涌。褰惟夲土，刺舉家邦。節盡中朝，風純面海。帝授上儀同三司、欽州刺史。立功於國，勑加官賞，尋進上開府儀同三司、欽江縣開國公，食邑一千户。軒車薄伐，介馬專征，又為行軍捴管。言旋荷戟，猶虎會之獨清；勳入司門，類武安之奉詔。仍轉上大將軍，其年改右光禄大夫、寧越郡太守。爵名暴塞，成似班超之官；皽撫舊閭，還若淮陰之封。以昔方今，盛哉而已。公履端器量，增万頃之淵；含翰縱容，踰四學之勤。開皇十四年，帝以公衣冠子胤，遠來入朝，既秉誠心，宜升戎秩，授大都督，厚贈縑繒，偏加亨礼。以公『長榆之變』，李氏弱乎區分；細柳之撝，條侯反存無策。

南定交趾之州，北靖蒼梧之野。仁壽二年詔：公兄弟建弘，宣楊國化，嗣位牧民，撫寧蕃部，宜加榮秩，用優恒典，增上儀同三司。到大業二年，帝以公驟從戎踐，克著嘉庸，拜上儀同三司，餘官如故。公沉神惟悵，覺羊祐之謀；偹偹繕蒐，覘藏宣之度。披咼《三略》之精，麾師九圍之勇。雲梯再起，魚驪興。維兄及第，陳兵林邑；推鋒振攘，以先啓行。前茅慮無，中權後勁。浮青雀以泛白波，擢赤馬以排綠浪。憑軾相臨，雲橫百陣。靡旌摩壘，有許伯之雄；折馘掉鞅，模攝叔之勢。故淂卧彼皷旗，投衡拔旆，困獸猶鬪。鋪舶新墉之江，出寇阸緣之海。賊艫千乘，公舟二十。旭旦幟交，浸霄未止。公策運在標，權以樓舡伍鷁偏師檄隊，淂潰彼犲狼。争舟指掬，芟夷撲滅，盡殪凶徒。獻捷鐫地，馬伏波慙色以頽；獲神納俘，檀和之愧乎其道。公巡歷三軍，皆如挾纊；聲播百蠻，咸佈斯茂。大業二年十月，馳謁承明，躬親逅闑，乃受開府儀同三司，即其年改為正議大夫。公刑儀□越，子張非其人；容裳簪裾，陸機失其侶。柳蒲早焠，風燭易遷；覩閔既多，霊芝是乏。懃以大業四年歲次戊辰正月十九日，終于私宅，春秋卅有五。嗚呼哀哉！樹絶大夫之陰，營息将軍之号！市停三日，悲盈□邦。大息嗣叔，于終于始，唯明唯孝。大業五年，歸舊竏，密松連盖，踈楊迴吟，言念君子，其銘云尒：

火紀承宗，相土師農。生民厥始，社稷根蹤。

鳳凰垂翼，幽都受封。支傳帝業，祠綦高龍。

棠陰理頌，周□習礼。令美閩越，德隆蕃邸。

仁鏡長明，智花恒啓。遊藝自依，多能偹體。

文著馬鞭，行崇基址。義水怦怦，□泉泚泚。
建國興邦，純守邊壇。威流五嶺，勇振三湘。
臨澮粉溢，昭穆丘長。惟開策運，樓移勢章。
梯衝雲□，城銜月光。旗影飛地，劒抱星芒。
烽連柳塞，陣合魚陽。舟移鷁轉，櫂動蘭芳。
堇蒲葉盡，秦縻麗張。朝□□将，野号賢良。
卿士唯相，參輿是匡。搖落襄變，原隰孤平。
似盖樹委，如樓鼓横。悲悽龍谷，哀慘松□。
□徒從終，傳令傳名。
大業五年四月。

（道光六年秋出土，宣統紀元己酉四月獲碑角『習泉城将徒』五字，合漢銅鼓移置州學尊經閣上。知欽州事長沙鄭榮記。）

考略

此碑又名《寧贙碑》，清道光六年（1826）出土於廣東欽州（現屬廣西），藏於廣東省博物館。高113釐米，寬92釐米。碑額及正文楷書。未署撰文者姓名。碑首有穿孔，尚屬漢代遺制。

該碑刻於隋大業五年（609），『廣東四大隋碑』之一，被譽為粵碑之冠。字迹清晰，點畫分明。碑文綿長，敘事詠頌結合。碑文記述寧氏家族源流，及其在南疆繁衍大略，寧贙姓名、籍貫，祖、父、兄的才學官職，其本人的才學、官職與軍功，以及卒年等。敘事簡要，用辭典雅，體式規整，將寧贙的人生和功勳展示了出來。碑銘部分以四言韻語形式，對寧贙的一生功績予以高度頌贊。該碑比《隋書》編撰完稿早二十七年，比《新唐書》早四百五十一年，故有重要的史料價值，可校正史實及補文獻之不足。

此碑書法價值也為人稱許。汪鋆《十二硯齋金石過眼錄》稱其『書勢端厚』，楊守敬《平碑記》亦以為『緊峭可愛，似歐陽率更《化度寺碑》』。康有為《廣藝舟雙楫・購碑第三》亦特舉此碑目以為學子購碑的參考。羅振玉《雪堂碑跋》對此碑亦加贊許。該碑字體修長，渾厚端莊，實開唐碑之先河。

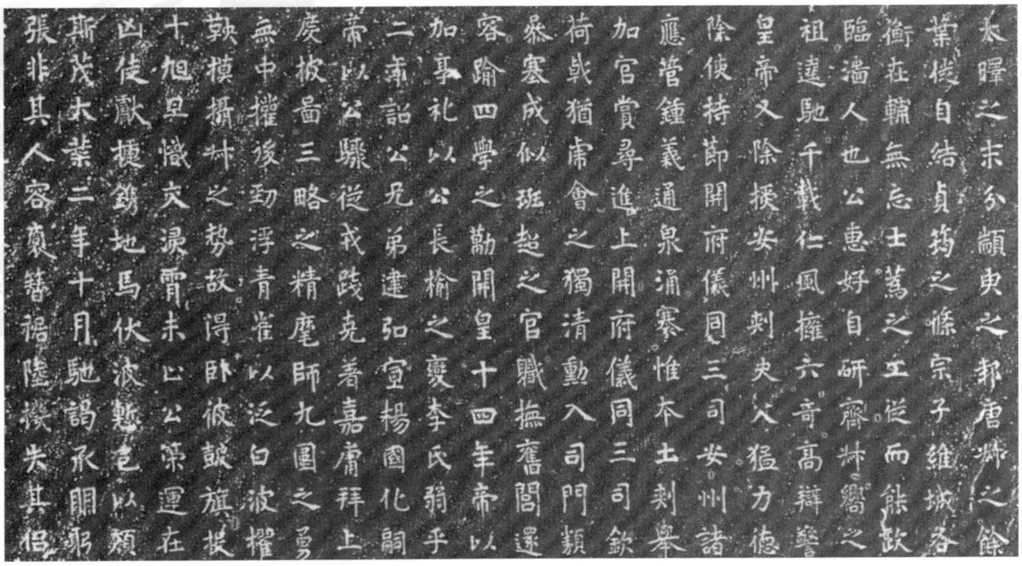

（碑刻局部）

前陳散騎侍郎劉府君墓銘并序

隋大業五年（609）

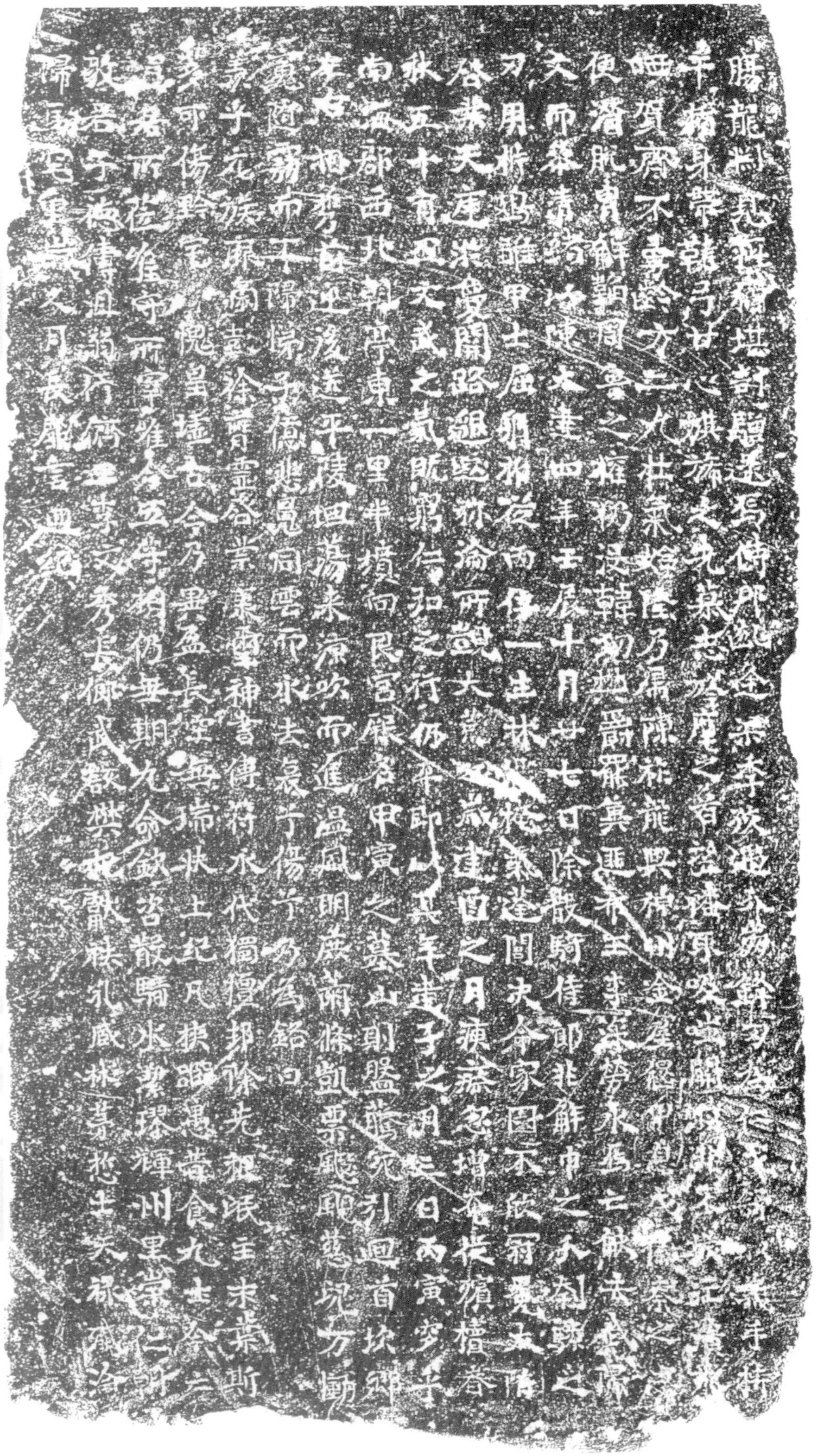

釋文

前陳散騎侍郎劉府君墓銘并序

君諱猛進，字威□。彭城綏輿里人。漢楚元王交之後也。肇漢源於陶唐，顯著姓以季高，十尺八綵之德，指草屈蓂之瑞，大小盈縮之祥，虹胎虬孕，亡兮歲丑之灾；天福昕持，豈有鶯門之難。斯乃玄祐之徵，非蹈夫能測，歷□之妙理也。祖曉，少集經學，七籍俱服。內解獎□丹府，水辯出乎情合。仁德虞龢未竝，孝悌孟䄄豈儔。志性恬惔，澹□寂□，窮搜五典，極研十教。守茲虛静，畢願生年。不尚世榮，垢焉禄位。遂以先基景業，罕得自潛；三辟六徵，讟殲亡請。乃以梁天監二年癸未七月廿五日，除通直散騎常侍、寧遠將軍、桂陽太守。莅撫三稔，獸知報澤，禽識人恩。霍顯之謀，不行於杯杓；荆珂之變，帷幄□興。害蠆亡蹤，烏□潛影。木生連里，畎秀嘉榮。巷出葳蕤，衢舒紫兊。懽謳溢陌，祺誦盈阡。僉簡□徵，如從海運。耆少轜寑，氓吏路眠。棘甚喪親，悲深逝子。長夯□携，俱趋象魏。請以永留，長為氓父。天從民欲，抑守桂邦，遂經九載。乃值辰佑□并，六三禍集，薨于桂陽之任。庶民斬經，悲痛喪親。父仕□，以太清元年丁卯七月十六日，除邵陵王常侍、宣遠将軍、正階縣令。承聖三年甲戌八月十七日，除洪烈将軍、始昌縣令。永定二年戊寅十月廿五日，除武毅将軍、歸善縣令。是乃業運昕鍾，值龍潛鳳隱，九五之應未寧，七旬之末猶變。壽遷云本，天道上升。綱維縣絕，人倫失統，選司廢序，天府輟徵。辟簡既淪，皇符罷記，遂爵杪位徵，絕生平之念。牛衣不被，衮黼陳罕。緘守桂符，息丹穉之踐。

金剛雖缺，不愧魚腸；龍淵見疵，猶堪剖驥。逮焉侍郎，乢逢梁季，孩遇分崩。鋒刄為仁，戈舒以義。手持干楯，身帶韔弓。甘心旗旆之先，慕志旌麾之首。望膰取吸，嗤關羽非□；紫江潰□，哂賀齊不勇。齡方二九，壯氣始隆。乃屬陳祚龍興，神州金屋。偃甲息戈，儀秦之志便潛；脫胄鮮韜，周魯之權仍沒。韓功樊爵，罷冀匪希，王李深勞，永焉亡觖。去武帰文，而叅清緒。以陳太建四年壬辰十月廿七日，除散騎侍郎。非鮮巾之□，刳驎之刄，用拚鳩雉甲士，屈躬相從丙位。一生林□，掩氣蓬間，决命家園，不欣冠冕。大隋啓業，天庭淤夐。開路邈遐，弥淪昕覬。大荒之歲，建酉之月，痪瘵忽增，奄從殯櫝，春秋五十有五。文武之氣既窮，仁知之行仍平。即以其年建子之月三日丙寅，穸乎南海郡西北朝亭東一里半。墳向艮宮，厥名甲寅之墓。山則盤薦宛引，迴首坎鄉。左右相携，前迎後送。平陵坦蕩，来凉吹而進温風。明庻蕭條，凱票颸颫。慈皃万慟，寃随霧而不帰；悌子億悲，寃同雲而永去。

哀兮傷兮，乃為銘曰：

羨乎元族，厥裔彭徐。膺霊啓業，秉璽神書。
傳符永代，獨擅邦除。先根岷主，末葉斯蓃。
可傷黔宅，□愧皇墟。古今乃異，盈長空無。
瑞狀上紀，凡挾誳愚。昔食九士，今亡□君。
昕莅唯守，昕宰唯令。五等相仍，無期九命。
欽咨散騎，水潔璆輝。州里崇仁，朝敦君子。

德儔沮溺，行儕王李。文秀長卿，武該樊杞。
獻秩孔臧，林茅悊士。天禄殱淪，帰焉窀里。
歳久月長，靡言迴紀。

考略

此碑又名《劉猛進碑》，清光緒三十二年（1906）四月出土於廣州北郊王聖堂。初為四川王秉恩所得，後經廣東順德曹有成、中山甘翰臣遞藏，一九四八年歸簡又文，一九七二年簡氏贈與廣東省博物館。高81釐米，寬46釐米，楷書。雙面刻字，未署刻碑年代及撰文者姓名。碑圓首方趺，尚存古風，為『廣東四大隋碑』之一。記錄了劉猛進祖籍，祖、父名及其本人的任職情況和一生功績。碑文涉及陳、隋間廣東歷史地理資料，反映了當時廣州的民生、民俗，具有極高的歷史文獻價值。民國七年（1918）《番禺縣續志》著錄此碑文。

據碑載，劉猛進於陳太建四年（572）十月進授散騎侍郎，張彥生《善本碑帖錄》定此碑立於是年。簡又文著《劉猛進碑考》綜合他說，詳加辨正，考為隋大業五年（609）十一月，可為確論。

該碑不僅可補史闕，其書法亦為人稱道。康有為稱其『書法茂密端厚，而環姿逸態，堪與《舊館壇》比，遠過《寧贙》之上』。又云：『此碑書法樸茂而生逸，兼北碑之長，劉君又志節高峻，益可珍。』可見此碑頗有北魏名碑之韻味。廣東書法可追溯到秦漢書法，但有文獻記載的，目前只能追溯到這塊隋碑，書法介乎行書與楷書之間，由此可看出碑文的書法與北方初唐四家虞世南、歐陽詢的書風一脈相承。

大隋儀同三司建州刺史故徐使君墓誌銘并序

隋大業八年（612）

大隋儀同三司建州刺史故徐使君墓誌銘并序

藴義行仁之國，臨淮負海之州；顓頊承家之宗，高陽祠德之胄。金柯玉葉，六族雲飛；瓊樹芳枝，九州星迥。□氤史策，可略而言。公諱智竦，字達恭，兗州□平人也。偃王□之後。□塗山之會，執玉諸侯，万□同臻，其光斯在。自金行失御，玉律霄□。晉□西微，太康東徙。攀龍矯足，去彼□邦，高蹈燕秦，家于楊□。世封吳興郡，□□□□千戶。彤弓兹矢，青組朱旗。□蕩東南，蟬□吳會。曾祖□宗，起家晉散騎□□、□陽太守，尋遷江州刺史。赤心奉國，不憚三公之威；□難□□，無遺兩□□□。祖瓚，齊永明二季除授著作郎。七年，轉尚書吏部。□顏□未遇，三世□□，□□得賢，五年一轉。父儒□，梁普通六年釋褐開遠將軍、高州長史。連□□□，□里河潤，三異有聞。虎則負子渡江，鴆則携雛入墎。累遷梁、德二州刺史，□□□。温仁莅政，聲教臨民；清白在官，威懷□俗。故淂專城百鴆，變贊六條。重□□州，累遷岳牧。公幼而聰愍，壯受賓廷。研詠詩騷，敦尋篇册；留連風月，賞□□□。容止恭莊，神情雅麗。起家陸安縣令，尋遷海□郡守。兩岐之□，響□□□；五皷之謠，聲流四遠。□屬金陵版蕩，赤縣分崩，□□改時，移家于南海。□□□□入朝，蒙授儀同三司，位重名高，德人斯在。儀□□與，鄧隲俱榮；品□□□，□□同美。揔管趙訥，□□□陳，歷葉鑒識。高明仁惠，遠聞徽猷。夙□□□□刺史，搴帷□□□□□□□燭不□賓□□□□□莅俗□□□□□□□□民無得而□□□□□□□

年改□朝□□□，衣冠變式，授受唯宜。出境聲高，羌無慙色。□天罩□迄江浦，率土来朝□□。衮蠘不輕，同斯大集。雙僮遽逼，万古便侵。大業六年十一月三日，於江都□逝，春秋七十有五。八年三月廿一日，歸塟於南海甘泉北之山。公手無執戟之勞，門無戎馬之跡。直以降生霊岳，藉蔭瓊枝。故淂身宦兩朝，名崇六府；專城百鴆，中秩千鍾。圓闕受榮，方州作牧。位參四等，品迥五星。爵重心伍，俸豐家儉。時復探頤□□，誦習玄言。治寺造經，傾竭資產。昊天不憖，殲此哲人。豫章之榒空懸，延陵之劒徒挂。烏呼哀哉！痛心疾首。行路悲悽，息芝禕䓁。至性仁孝，毀瘠改容。□□松萎，聲哀烏至。嗚呼哀哉！乃為銘曰：

崇基負海，建國□□。遺□後嗣，留愛于民。

興王啓霸，世属功臣。攀龍矯足，高蹈燕秦。

美矣高□，華哉盛族。餘慶必隆，挺兹岳牧。

無遺兩□，有榮五服。負石沉江，嗽流巖谷。

公之誕嗣，蔭□餘榮。承家主奠，寔彼高明。

敦崇礼讓，脩拭身名。詩騷散志，風月吟情。

迥□□朝，位隆二國。吏仰其威，民思其悳。

弓舒啚史，遨迄儒墨。道□南容，□逾□北。

方城剋舉，求瘼帷褰。衢奔竹馬，水涸貪泉。

慈仁孝悌，公亦有焉。九皋□響，聲聞于天。
梁木横桸，太山其頹。哲人萎矣，嗚呼哀哉。
悲風滿□，愁雲□開。淚将花墮，烏共聲哀。
素車同萃，白馬俱交。拦劍空存，懸□徒在。
□返北城，□旋南海。芳林欲正，褰風無改。
孝子欲養，慈親不在。

考略

此碑又名《徐智竦碑》，清宣統三年（1911）出土於廣州城北鎮海樓後山岡，後流往海外。一九六二年，香港何賢先生捐贈廣東省博物館。高 95 釐米，寬 55 釐米。楷書。雙面刻字。首圓趾方，一如古式。其中一面碑額飾雙鸞銜鏡紋及卷草紋。未署撰文者姓名。

該碑刻於隋大業八年（612），為『廣東四大隋碑』之一。述徐智竦曾祖、祖、父及其本人四代名字、擔任官職、籍貫及遷至南海緣由，是研究徐智竦家族的重要實物資料。該碑所列地名，對研究廣州北郊地理建置變遷有重要的參考價值。民國七年（1918）《番禺縣續志》著録此碑文。

此碑書體端莊溫雅，與《劉猛進碑》相較更為細勁雅致。於廣東書法的演進亦有重要參考價值。

唐故順政郡君許夫人墓誌銘并序

唐龍朔元年（661）

唐故順政郡君許夫人墓志銘并序
順政郡君許夫人者中書令之子內史侍郎之孫宦歷二朝家傳万石揚眉俛
睫早識人情觀雪聽琴見稚神悟年十有四歸于馮氏潘州刺史順政公其人
焉中饋是供外言無聞既德如之嫁姊娣德猶偏張京兆之待妻時議未許夫
人閨房[illegible]風氣獨高加以習訓祇蘭敷遊文圃翰墨尤善監悅必書班姬之
團扇入懷徐淑之寶釵曜首聲深哀怨義切風霜以今望古將無媿色顯慶三
年初蒙邑号寵命既備車服有章所以警戒相成之道婉娩聽從之事難酌諸
故實亦發自天心用能使傅姆獲安僚庶胥悅龍朔元年遘疾未幾薨于內寢
使君撫孫幼而長號悼音容之永絕空想如賓之日終無再得之期況復臨太
玉之雕風賦君子之光月燧階壓兮入臚霞紅林下催蓋雲間斷鴈于斯時也
豈直神傷而已哉即以其年十二月廿四日窆于潘州南巴縣之下浮里嗚呼
哀哉乃為銘曰
在唐懿績于周利建祚土惟中降年於萬閨房挺秀掛順先聞是稱玉㮚亦比
蘭蕙百兩言歸三周始御日居未幾人斯何遠雲投而夕彩沒霞朝一瞻河鼓
再斷星橋紈素空齎金翠掩色備物有像幽途無標蒙蒙隴霧颯颯風楊身將
地厚義與天長

釋文

唐故順政郡君許夫人墓志銘并序

順政郡君許夫人者，中書令之子，内史侍郎之孫。宦歷二朝，家傳万石。揚眉俛睫，早識人情；觀雪聽琴，見推神悟。年十有四，歸于馮氏，潘州刺史順政公其人焉。中饋是供，外言無間。阮德如之嫁妹，婦德猶偏；張京兆之待妻，時議未許。夫人閨房□□風氣獨高，加以習訓礼闈，數遊文圃，翰墨尤善，盥悦必書。班姬之團扇入懷，徐淑之寶釵曜首。辤深哀怨，義切風霜，以今望古，将無媿色。顯慶三年，初蒙邑号，寵命既備，車服有章，昕以警戚相成之道，婉娩聽從之事，雖酌諸故實，亦葉自天心。用能使傅姆獲安，僚庻肯悦。龍朔元年遘疾，未幾薨于内寝。使君撫孩幼而長號，悼音容之永絶。空想如賔之日，終無再得之期。况復臨太王之雄風，照君子之光月。凝階露冷，入牖霞紅。牀下催蟲，雲間斷鴈。于斯時也，豈直神傷而已哉。即以其年十二月廿四日窆于潘州南巴縣之下浮里，烏呼哀哉！乃為銘曰：

在唐凝績，于周利建。祚土惟中，降年於萬。

閨房挺秀，淑順先聞。是稱玉絜，亦比蘭熏。

百兩言歸，三周始御。日居未幾，人斯何遽？

雲收雨夕，彩没霞朝。一瞻河鼓，再斷星橋。

紈素空聲，金翠掩色。備物有像，幽途無極。
蒙蒙隴霧，颯颯風楊。身將地厚，義與天長。

考略

此碑又名《許夫人碑》，一九八七年出土於廣東省茂名市電白區，藏於電白區文化部門。高73釐米，寬46釐米。端石質。楷書。未署撰文者姓名。

碑刻於唐高宗龍朔元年(661)。墓主為唐宰相許敬宗之女、冼夫人玄孫馮子由之妻。該碑介紹了許夫人家世出身、于歸年齡、知書識禮、夫妻和睦，以及在許夫人死後，丈夫對她的悼念和眷戀之情等。

該碑書法風格在唐楷代表書風之外，形態古樸，筆法厚重，頗見『魏碑』餘緒。

太原王府君誌銘

唐開成五年（840）

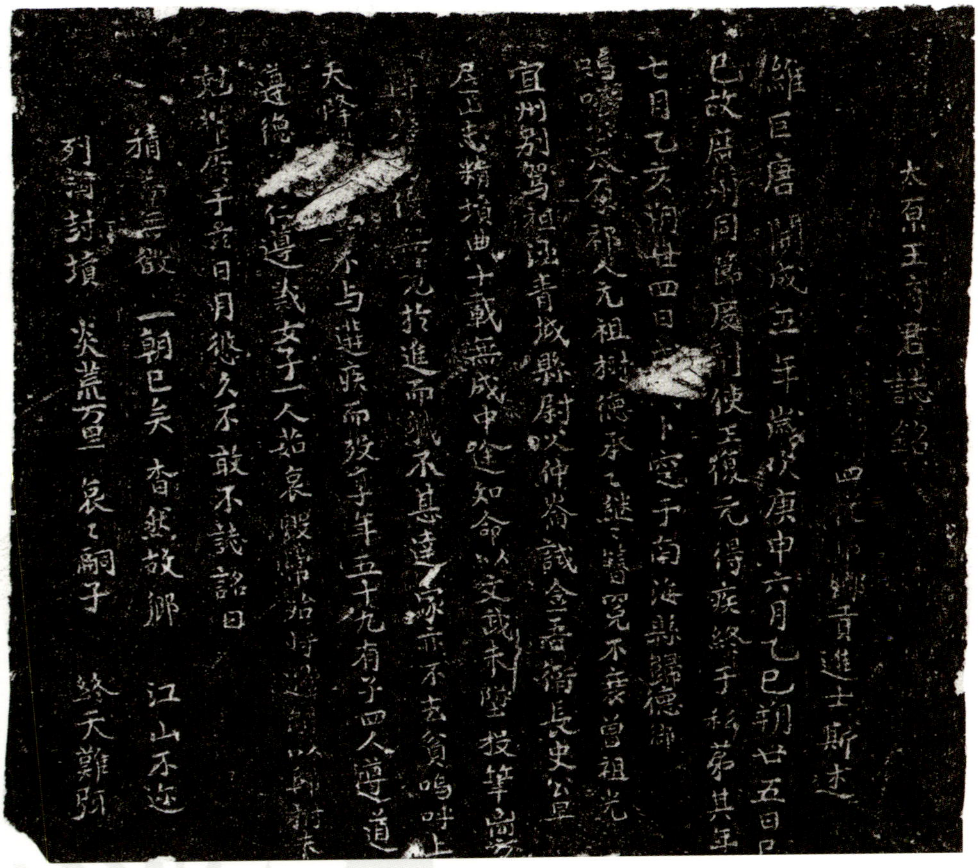

考略

此碑一九九八年出土於廣州太和崗唐墓。高36釐米，寬34釐米。磚質。行楷書。藏於廣州市文物考古研究院。

碑刻於唐開成五年（840），墓主王復元，太原祁陽人，其祖輩曾任別駕、縣尉等小吏。王氏早年讀書，十年無成，不得已離鄉南下，謀得廣州同節度副使職，官秩較微，家境亦未能脱貧，甚至歿後也不能歸故里，遂葬於南海縣歸德鄉。此碑乃唐中晚期以來世家大族逐漸衰微的一個佐證和縮影，也為探研當時人口遷移、職官及地理等提供史料。

撰文者斯述，是墓主王復元堂弟。

此碑書法宗魏晉，兼見唐人褚遂良餘緒。

釋文

太原王府君誌銘

四從弟鄉貢進士斯述。

維巨唐開成五年歲次庚申六月乙巳朔廿五日己巳，故廣州同節度副使王復元得疾，終于私苐，其年七月乙亥朔廿四日戊戌，卜窆于南海縣歸德鄉。

嗚呼！公太原祈人，元祖樹德，承承繼繼，簪冕不衰。曾祖光，宜州別駕。祖涵，青城縣尉。父仲嵛，試金吾衛長史。公早居山，志精墳典，十載無成。中途知命，以文武未墜，投筆离方□□□優無□於進，而職不甚達，家亦不去貧。嗚呼！上天降□□□不与，遘疾而歿，享年五十九。有子四人，遵道遵德，遵仁遵義；女子一人，茹哀毀常。殆将□□以歸拊未尅，作厝于兹，日月悠久，不敢不誌，銘曰：

積善無徵，一朝已矣。杳然故鄉，江山不迩。

列樹封墳，炎荒万里。哀哀嗣子，終天難弭。

唐故清海軍節度掌書記太原王府君墓誌銘

唐天祐三年（906）

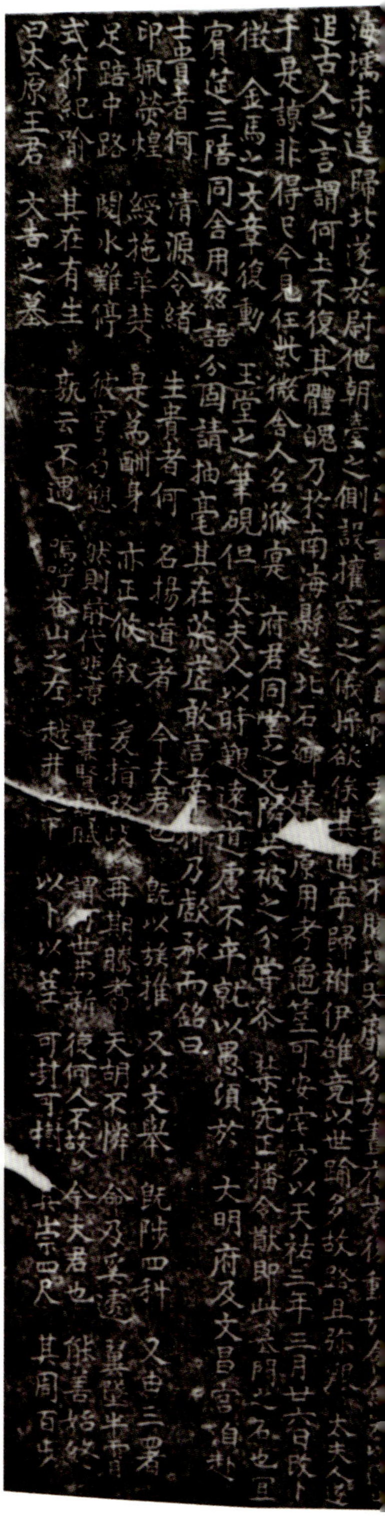

考略

此碑一九五四年五月出土於越秀山鎮海樓後，是廣州唐墓發現的志石中最大、文字最多的一例。藏於廣州博物館。墓誌一合，蓋呈覆斗方型，志身方形，高75釐米，寬78釐米。左下角斷裂為四塊。楷書。

碑文刻於唐天祐三年（906），記載晚唐廣東節度府署官員王涣的生平史事。王涣，字文吉，太原人。大順二年（891）登進士第。授校書郎，歷長安尉、拾遺、補闕、起居郎，後轉司勳、考功、吏部員外郎。光化三年（900），授考功郎中兼御史中丞，為清海軍節度掌書記。工詩，有詩約三百篇，其《惆悵詩》十二首，膾炙士林。其他著述甚多，多佚。《全唐詩》存詩十四首。王涣隨嶺南節度使徐彦若南下，以疾卒於南海金利鎮，初葬於朝臺之側，天祐三年（906）改葬於廣州城北今越秀山上。晚唐社會動亂，北方的一些世家大族士紳，不少引身避禍南下，其中多有流落到嶺南者，王涣家族即其一。該志對研究晚唐史和廣東地方史有一定的參考價值。此碑書法樸茂天然，亦頗可賞讀。

撰文者盧光濟，文中表述為前嶺南東道觀察判官、朝議大夫、行尚書吏部郎中兼御史中丞、上柱國等，按《新表》載范陽盧氏：「昭宗時宰相光啓兄光濟，字子丞。」《全唐詩》鄭谷有《兵部郎中光濟借示詩集以四韻謝之》。又此志撰於天祐三年（906），光濟任吏部郎中當在哀帝時。

釋文

唐故清海軍節度掌書記太原王府君墓誌銘

前嶺南東道觀察判官朝議大夫行尚書吏部郎中兼御史中丞上柱國賜紫金魚袋盧光濟撰。

夫太原王氏之世緒源流，清風懿美。考始本乎姬姓，因族出自緱仙。爾後則冕紱紘綖，文章禮樂，代有華德，史不絕書。應四海之圖諜，百家之龜鏡，咸已備載，此不繁文。苐彼等威，是為鼎甲，故九百軒冑，得與王氏申叙姻好者，即其美乃具，遂使世有颯鏤之比，此之是矣。君乃厥胤，寔承其休。六代祖諱子奇，在開元朝推為門戶主，備于孔氏類例，此大舉也。府君諱渙，字文吉。曾大父諱晤，皇楚州司倉參軍事。大父諱鎡，皇東都留守推官，試大理評事，累贈刑部郎中。烈考諱愔，皇尚書祠部負外郎，贈禮部郎中。君即禮部府君之嫡嗣，季孟之第二子也。太夫人范陽郡太君盧氏，祖分于北，門推于甲，時稱令美，無得而倫。君適當遊戲之年，已無昕好弄，獨於文學筆硯，乃天勑其性。纔十餘歲，其章句之妙，遽有老成人之風，遂稍稍布于名士之聽。未數載，即妍詞麗唱，喧著搢紳，靡不相傳，成誦在口，如非玄賦，與彼生知，信未可造次企擬也。既随計吏，自若聞人，贄執之初，聲稱藉甚。故九昕仰止者，皆世之名士、朝之鉅賢，俾成羽翰，迭用唱和。今司空致政聞喜裴公贄主貢藉之日，登俊造之科。明年，膺美制，授秘書省校書郎。未幾，我故府太尉齊國公猒罷樞務，節制褒梁，唯此初筵，真為刈楚，以節度推官上請，俞制授試太常寺協律郎充職。不再歲，故太傅韋公精擇東舘之吏，遂除長安尉以直之。旋拜左拾遺，

轉右補闕。屢飛諫疏，綽有直聲，凛凛然將造前輩之風軌矣。洎扈駕行闕，遷起居郎。我太尉齊國公時自首台，爰膺重委以鈞軸之任，兼留撫之權，因奏充大明宫留守推官，恩命守本秩加銀艾就職。未久，次轉司勳員外郎。是官也，時謂清華，務稱廢置，處其任者不亦難乎。旋以考績闕人，乃兼判是局，君即檢束猾吏，抉剔弊源，漸踵平規，將符治制。爰属我齊公以中外迭處，倚注斯在，遂頒龍節，往鎮番禺。君既認舊寮，願榮介從，不以滄溟為遠，不以扶養為難，捧記室之辟書，被金章之華寵，因授考功郎中兼御史中丞之職。時則畫鷁方泛，慈顔正歡，撰良辰入賔署者，信宿是期矣。無何，前數日，以膏肓受疾，癘毒寖深，曾未浹辰，奄至猒謝，時乃天復辛酉年十月之三日，去府城之一舍地曰金利鎮也，享年四十有三。玳筵減色，虎幄增悲，九曰纓緌，孰不嗟駭。先君子禮部府君，寔故汝洛中令晉國王公叔堂之生也，洎弃代之日，君尚未冠，既鍾禀斯異，而孝行果殊，何者？盖以當欒棘纏形，值干戈孔熾，君即躡芏屩，奉板輿，周旋於犲武之林，逃脱乎艱難之運，且未嘗致太夫人一膳不以旨，一寐不以甘，盺至而儲峙有餘，有向而寒温適用。在布衣也，猶孺子焉。以丐以營，以家以養，垂十五載，亦難事也，得不謂之殊行者乎。府君每於中令王公之門，以子弟執加等之敬，其盺知遇，亦異群倫。初，僖皇之幸蜀也，時王公以相印總戎，鎮臨白馬，仍於統制有都都之号，即羽檄牋奏，斷可知矣。君於斯務，頗分預焉。又故相國太平鄭公與君有中外之密，盺申奨重，情匪由私。洎先駕駐岐之年，鄭公以計務兼大京兆之任，充京城招葺制置使，凡盺章奏，時悉委之。盺以今褾衮之内，有《燕南筆藁》一十卷，奉王公也。有《西府筆藁》三卷，遵鄭公也。有《徙知筆藁》五卷，乃褒梁與南海途路之次及大明、東舘申軄業也。自私試與呈試，共著詞賦約三十首，凢寓懷觸興，

月榭春臺，兼名友追隨，詞人唱和，所賦詞什約三百篇。又慶賀之詞，吊祭之作，曰牋、曰啓、曰誄、曰銘，復約二百首。應其下筆，靡不稱工，但屬世故多艱，斯文幾墜。有藏于家而未播于人者，有有其題而無其詞者，有人之諷誦者，有士之傳寫者，苟能詮次，亦頗一家。所惜乎編緝未分，而首尾亡序，不成具集，以遺後生，乃吁可恨也。

君將欲精求姬姜之疋，以奉庭闈之歡，竟閡紛綸，乃違誠願。前後生數男子，亦有聰秀可奇者，但皆不勝鞠育。洎屬纊之後，即太夫人命来嗣之子，小字曰宜孫，備于哭次。君長於記覽，復善譚論，既每以氣槩文學自信，故士君子亦多以遠大期之。郍天不與年，止乎郎位，命也若此，為之奈何！凡所與遊，皆時之名德，即如今之内署與三省華達，其間著分，不可殫論。太夫人自罹君喪，日不勝理，哭靡分於晝夜，哀復動於禽魚。先以適止海壖，未遑歸北，遂於尉他朝臺之側，設權窆之儀，将欲俟其通寧，歸祔伊雒。竟以世踰多故，路且弥艱。太夫人遂追古人之言，謂何土不復其體魄，乃於南海縣之北石鄉庠□原，用考龜筮，可安宅穸。以天祐三年三月廿六日改卜于是，諒非得已。今見任紫微舍人名滌，寔府君同堂之兄，隣共被之分，嘗參禁菀，正播令猷。即此墓門之石也，宜徵金馬之文章，復動玉堂之筆硯，但太夫人以時艱遠道，慮不卒就，以愚湏於大明府及文昌宫，洎赴賔筵，三陪同舍，用茲語分，固請抽毫。其在荒虛，敢言牽抑，乃歔欷而銘曰：

士貴者何？清源令緒。生貴者何？名揚道著。

今夫君也，既以族推，又以文舉。既陟四科，又由三署。

印珮熒煌，綬施華楚。是為酬身，亦正攸叙。
爰指路歧，再期騰翥。天胡不憐，命乃奚遽。
翼墜半霄，足蹐中路。閱水難停，彼穹曷愬。
然則前代悲凉，曩賢詞賦。謂何世弗新，復何人不故。
今夫君也，能善始終，式符紀喻。其在有生，孰云不遇？
嗚呼！
番山之左，越井之下。以卜以筮，可封可樹。
其崇四尺，其周百步。曰太原王君文吉之墓。

（碑刻局部）

唐墓表殘石二件　唐

隨儋耳郡感
恩縣令大唐
高州郡晋府
王泉軍遷
陵縣令

月戊寅朔十五日
壬寅廣州
故前儋州
承青可郡
安縣
張府君

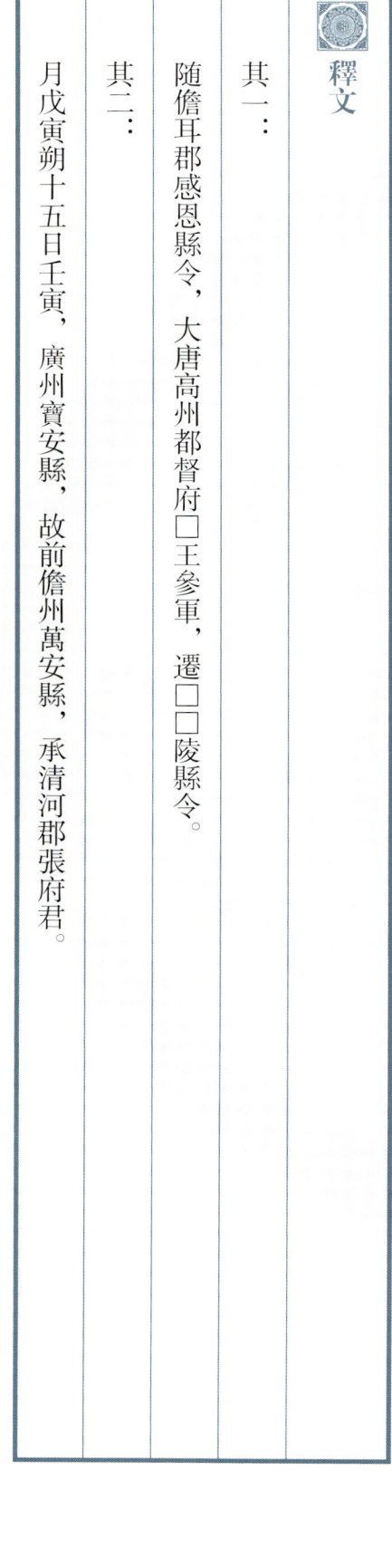

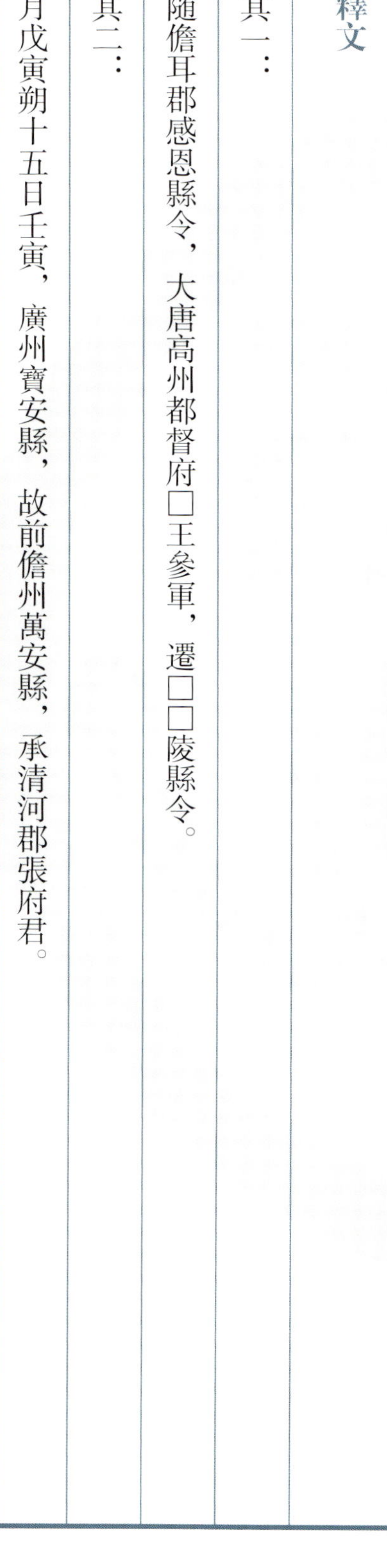

釋文

其一：

隨儋耳郡感恩縣令，大唐高州都督府□王參軍，遷□□陵縣令。

其二：

月戊寅朔十五日壬寅，廣州寶安縣，故前儋州萬安縣，承清河郡張府君。

考略

此墓表殘石二件出土於南越國宮苑考古遺址，已殘。一件殘長約 110 釐米，一件殘長約 168 釐米。楷書。柱身呈八棱形，頂端有一方形凸榫，下部漸收。近頂部墓表向兩側擴展呈兩翼狀，其上鑿刻有銘文。從銘文內容及字體分析，應是唐代墓表，豎立於墓道前。之所以出現在南越國宮苑考古遺址之宋代遺存（據南越王宮博物館、廣州市文物考古研究院《南越宮苑遺址考古發掘報告》）中，推測可能是南漢或宋代興修宮殿園囿、修築城垣，缺乏石料，而自別處搬來諸如此墓表石，再加工成所需之建築石材。

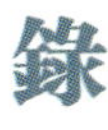

後梁吳存鍔墓誌銘并序

南漢乾亨元年（917）

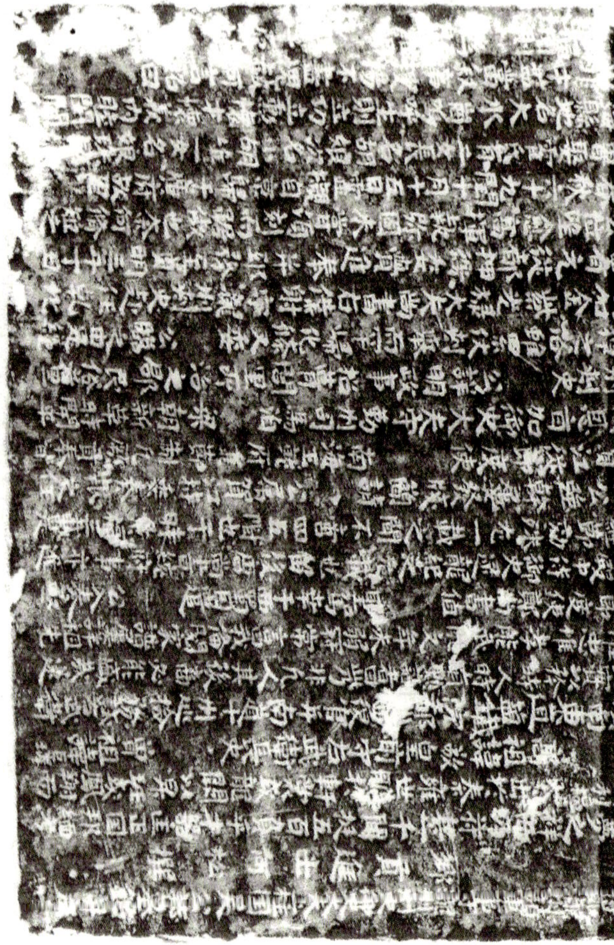

釋文

梁故嶺南東道清海軍随使元從都押衙金紫光禄大夫檢校司空前使持節瀧州諸軍事守瀧州刺史御史大夫上柱國吴公誌墓銘并序。

鄉貢進士何松撰。

夫道著三才，人居中氣，遂有稟岳瀆英霊之粹，叶熊羆卜夢之祥。而乃苻契一千，間挺五百，負乎才器，匡正國邦，緬考史書，世濟貞懿，今扵公而見之矣。公諱存鍔，字利樞，本出扵秦雍，世瞻扵軒裳，或龍闕以昇班，或鳳翔而授職，洎乎荐昌嗣胤，不絶簪裾，遂辞北京，適玆南海。高祖諱敬，皇前守右武衛長史；曾祖諱巨璘，皇前鳳翔節度左押衙右威衛将軍；考諱太楚，皇嶺南東道塩鐵院都巡覆官、并南道十州巡檢務、試右武衛兵曺参軍，寬雅洽衆，禮禳出群，綽藴機籌，洞該玄奥，愽覽典實，以矜時人，時有默識者曰：『此乃非凡人，其後裔必能盛哉。』遂娶扶風馬氏。公則参軍之長子也，幼服先訓，克習令德，惟忠惟孝，能武能文。年未弱冠，常言曰：『我備閲家譜，屢詳祖先，俱列官資，予獨何晚？』扵是時也，乃唐朝中和之三載，遂入職。其年，節度使鄭尚書值聖駕幸于西蜀，曰遣公入奏，亟遷□階，洎達行闕，却廻府庭，以公勤勞，復進數級，授秩殿中侍御史。逮龍紀之元載也，留後唐尚書統府事，亦進數資，加御史中丞。景福、光啓、文德、大順之歲，公進奉相継，節効殊尤，一載之間，不啻四五階也。于時景福三載，是節度使陳相公鎮臨是府，賀江鎮劉太師聞公強幹，屢發牋簡，

請公屬賀江，持委奏報之任，不虧前勞，益申精至。逮乹寧、光化、天復之際，公由賀江從節度使、南海王戭府，秉節制，凢厥貢奉，皆仗扵公，遂陟随使、押衙，仍上都邸務押詣綢進奉，到闕，恩旨加御史大夫、守勤州司馬。洎梁朝新革，時開平元年，又加辰州司馬、守勤州刺史，其年，加兵部尚書守瀧洲刺史。公詳明政事，招葺閭里，昕治之郡，民俗若旱歲而得膏雨也。扵是南海王重公有妙術，以雷州獷猂之俗，雖累仗刺舉而罕帰化，條又委公臨之，由是纔及郡齋，宛然率服。至于乹化元年也，又賫進奉入京，復加金紫光禄大夫、尚書右僕射、守瀧州刺史，赴任。乹化五年，本府節度使南越王統軍府，思公舊勳，乃署元從、都押衙，委賫進奉并邸務。至貞明三年丁丑歲，梁朝以公為主竭忠，無不精切，乃加檢校司空。公位望愈高，揮執弥固，未嘗頃刻而踞傲也。奈何倐短之□理□難明，以其年四月廿日遘疾，廿六日終于梁朝闕下，春秋六十九，閏十月十五日靈櫬自京歸于廣府故里。公娶于黄氏，封江夏縣君；長子延曾，充容省軍將；次子盂子。延曾娶霍氏，有二女，長名胡娘，次名小胡。唯一女名娘珠□□□陸氏。公即以其年十一月一日改号乹亨元年丁丑歲九日葬扵南海縣地名大水崗。嗚呼！生則立功立勳，懷才懷義，内睦閨闈，外揚名譽，終壽之日，凢預知己及其親戚，無不哀慟也。松謬以非才，濫當叙事，搜揚不盡，愧赧何言。銘曰：

乾坤覆揚，英哲立嗣。寧民治俗，匡國輔君。（其一）

禍福罔測，幽顯難明。歸于厚地，永卜佳城。（其二）

考略

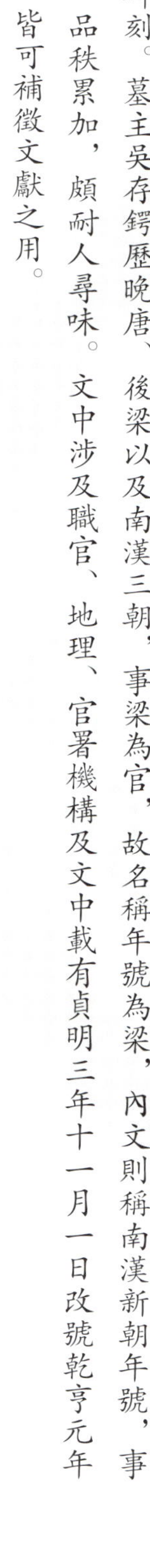

此碑出土時間及地點不詳，藏於廣州博物館。高59釐米，寬40釐米。青石質。楷書。是五代後梁時期的一塊重要碑刻。墓主吴存鍔歷晚唐、後梁以及南漢三朝，事梁為官，故名稱年號為梁，内文則稱南漢新朝年號，事迹繁複，品秩累加，頗耐人尋味。文中涉及職官、地理、官署機構及文中載有貞明三年十一月一日改號乾亨元年等内容，皆可補徵文獻之用。

撰文者為進士何松。該碑書法拙樸閎約，意趣天成。

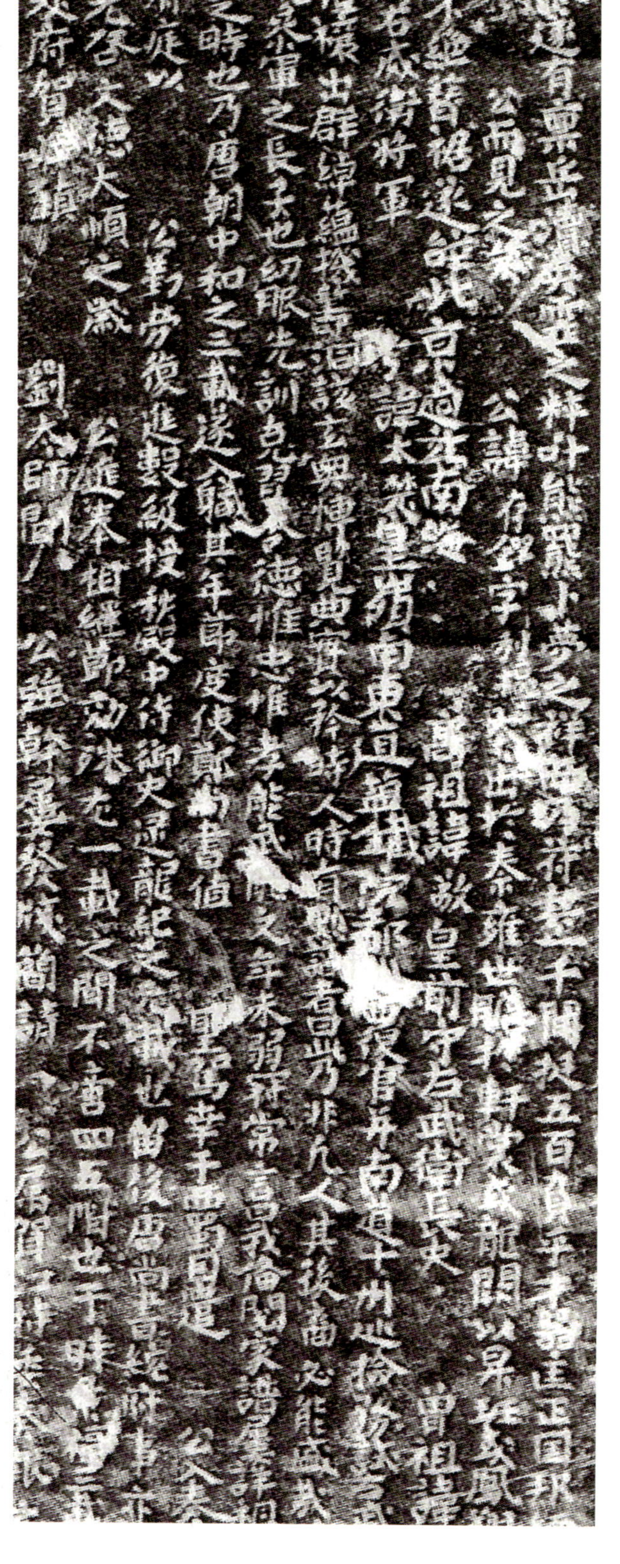

（碑刻局部）

南漢太中大夫李紓墓誌銘

南漢大有元年（928）

釋文

大漢太中大夫守御史中丞兼尚書兵部侍郎上柱國賜紫金袋隴西李府君墓誌銘并序

集賢殿學士文林郎守尚書戶部郎中史館修撰賜紫金魚袋薛絳撰。

龍梭顯雷澤之徵，鵲印示孝侯之貴。鍾茲嘉瑞，非英則賢，雅继伊人，惟隴西府君而矣。公諱紓，字文達，唐朝中王追贈惠莊太子五代孫也。曾祖梜，朝散大夫、京兆興平縣令；祖翻，朝散大夫、鳳嘉二州牧、宗正少卿、衡州刺史；父弘實，許州録事衆軍、賜緋魚袋、贈工部郎中；母，河東縣君柳氏，有淑德而歸於許州。府君生三子，長曰鑾，次曰絢，公則府君之季子也。

公生叶豳詩之夢，幼有老成之風，未弱冠，舉宗正寺明經，朞年辟天德防禦推官、試秘書省挍書郎。尋□朔□搔擾，公舉家南遊，聖上藩邸潛渕，廣招賔彥，首辟公為觀察支使，試大理評事，俄遷國子、廣文博士，賜緋魚袋，次任諸道供軍指揮判官。洎我朝授命上玄，奄有中夏，拜給事中判尚書刑部事，轉右諫議大夫判太常寺事，加左諫議大夫判匭使，遷御史中丞兼戶部侍郎，尋轉兼兵部侍郎。公義路康莊，情田浸潤，玉藴十德，居然瑩徹之容；松挺四時，藹有清涼之韻。器貯達人之量，道弘君子之儒。築名高踵於蘭成，振舉□從於蓮幕。始芸香而踐位，遽椹服以承榮。爰自赤雀，啓符黃龍。瑞我汪洋渥澤，揚歷階資，□□之蘭色申威，棲日之烏群著美。舜誥而方諮注□，莊椿而忽歎凋零。劉楨初困於卧漳，陶侃俄悲於吊鶴。以大有元年四月十四日薨於京師之里苐，

享年五十有三。皇情軫悼，朝野纏哀，豈比夫秦人不相其眷，鄭郊獨□其織，以其年八月十日窆于興王府咸康縣

石子徑，禮也。

夫人馮翊嚴氏，禮叶雞鳴之則，□□鯉躍之風，生一男二女，男景胤，左拾遺，天上石麟，謝家玉樹，得公之恙也，

逾月不鮮其帶，洎公之薨也，一慟幾至於終，泣血寢苦，槁形骨立。長女適左補闕竇光裕，人之師表，士之準繩，

鵠□鳴弦，早□貫心之譽；龍墀鏘珮，咸推造膝之謀。次女未及笄年，皆有父風，俱明女則。

初，公之□疾也，而謂其親族曰：余始自從知縣登朝列位，既高矣且亦貴焉。雖不享年，瞑目何恨。據公之

知天達命，其孰方之，焉得不慮谷變陵遷，聲沉響滅，愛□不以。絳才非金埒，譽愧鐵錢，再命為文，乃為銘曰：

英英府君，偉量難測。朱絲之紘，比公之□。

虹氣之玉，配公之德。令尹子文，喜慍無色。

北宮文子，威儀可則。蓮府從事，栢臺莅官。

□容嶽峙，雅操霜寒。禍福返掌，榮枯走丸。

天不慭老，朝野含酸。人之亡□，里巷汍瀾。

欝欝蒿裡，蕭蕭松塢。仙鶴指地，靈禽銜土。

□□□樹，□□如岵。瘞公貞魂，千古萬古。

考略

此碑出土於廣州市越秀區橫枝崗。高120釐米，寬84釐米。楷書。刻於南漢大有元年（928）。墓主李紓，唐代申王、惠莊太子李成義（唐玄宗李隆基之兄）第五代孫。唐末世亂，舉家南遷後輔佐劉龑，官至南漢大中大夫等職，反映了晚唐北人南遷的史事。據碑文，李紓最初任知縣一職。『知縣』，唐中晚期出現，稱『權知縣事』『權知縣令』，寓試才之意，非正官，也無定名，五代亦然，至北宋以朝官、京官掌知縣事，遂成定制，此為五代十國『知縣』職銜之又一例。據碑文所載，葬地現處的橫枝崗當時為興王府咸康縣石子徑，為南漢都城研究提供了重要資料。

（碑刻局部）

唐故燕國明惠夫人彭城劉氏墓誌記

後唐長興元年（930）

釋文

（碑額）唐故燕國明惠夫人彭城劉氏墓誌

唐扶天保大忠孝功臣威武軍節度使開府儀同三司撿校太師守中書令福州大都督府長史閩王夫人故燕國明惠夫人彭城劉氏墓誌并序。

威武軍節度掌書記撿校右散騎常侍兼御史大夫賜紫金魚袋鄭昌士撰。

承議郎撿校尚書水部郎中賜紫金魚袋王倓書并篆額。

昔周姜后脫簪之諫，則載籍稱焉；魯夫人在手之文，則春秋書也。固是善司彤管，妙掌青編，垂不朽之嘉名，示無窮之懿範。今有歷茲多代，紹彼貞規，為邦國之殊祥，作人倫之具美，獨燕國明惠夫人焉。

夫人諱華，字德秀，其先世居彭城。洎乎晉祚中興，百官南渡，遂波流一派，而家于五羊，今為封州賀水人也。

曾祖諱安，其始則荷巾蕙帶，揖讓三徵；其終則鶴侶鴻儔，優遊万壑。大中、咸通之際，継有恩命而褒贈焉。祖諱謙，字内光，卓犖宏材，經綸偉望。龍紀中，自諸衛将軍拜封州刺史，終扵所任。皇考諱隱，字昭賢，起家世襲為封州刺史、撿校司徒，入署為清海軍節度行軍司馬。太尉齊公寢疾之際，委以兵馬留後。遺表上聞，遂即真拜。後加中書令，進封南平王。儀形磊落，器度汪洋。初則摽隼旆而駕熊車，後乃竪白旄而仗黄鉞。分趙他之茅土，兼馬援之封疆。襦袴之謠，方騰闕下；棟梁之歎，遽覩民間。今燕國明惠夫人即故南平王之仲女、太夫人嚴氏之所生也。夫人婺

宿淪精，素娥垂耀。誕慶雖陳扵巾帨，儲休豈謝扵熊羆。峻節可以敵松筠，温容可以喻瓊玖。加以風騷属思，徽軫留心，佛典常觀，仙書亦覽。機梭有製，蘇家之錦繡斕斒；刀尺無虧，孟氏之衾裯闊大。年二十有二，適于瑯瑯王氏閩王，即忠懿王之令嗣也。實詡潘、楊茂族，秦、晉名邦，今古雖殊，衣冠不異。其嘉慶也，則鸞鳳昭彰乎象象，星辰輝焕乎門庭。好仇合詠於周詩，嘉偶宜褒扵魯史。其禮教也，則入專箕箒，出具蘋蘩，事舅姑而唯孝唯忠，扵伯叔而唯恭唯敬。其柔順也，或籌兹一事，或措彼一言，未常不宛轉遵承，雍容接對。閩王以龍韜豹略，早継弓裘，鶚視鷹揚，亟隆勲業。涣汗而君恩帝澤，聯翩而駟騎星軺。首登齋戒之壇，次佩彤兹之錫。九州侯伯，雖無計以趍風；八表英豪，長有心而迴席。言政理則龔黄避路，定旄傑則廉藺藏鋒。以前修而孰可差肩？以後達而誰能比跡？

夫人母儀夙著，婦道踰光。述箴規而矻矻裨匡，披史藉而孜孜輔弼。漢祖以延鄉之賞，齊侯以石窌之封，亦不加夫人郡國之尊，亦不若夫人纓綏之盛。閨門共仰，内外咸稱。可以兼束素扵妍詞，可以混螽斯於雅韻。魚軒赫奕，既同踐扵脩途；鶴筭延長，合共臻扵遐壽。奚斯美疢，鍾我賢人，霜露不留，英華倏萃，享年三十有四。

長興元年龍集庚寅春三月寢疾，至五月一日，終于府宅之皇堂。莫不痛切，君王悲纏左右。美櫝纔詢扵往制，頌琴俄委扵幽裝。從親至踈，人皆歎惜；自遐逮迩，誰不悽涼。嗚呼！

夫人寢疾之辰，閩王搜訪良醫，煎調至藥。或清宵輟寢，或白晝停飡。仍聞服食之時，更切吞嘗之勸。其次蓮宫、杏觀、魚梵、洪鍾，焚修之會聯翩，課誦之聲響亮。况復蕩狴牢而釋囚繫，寬賦斂而貸逋懸，盖以救療之眆殷勤，

祈禱之所臻至。緊何陽報，却昧陰功，禍福難原，精爽何往。閩王哀傷益甚，哽咽殊多。爰令彩繪之工，重寫平生之皃。一迴瞻矚，兩袖汍瀾。而又散以縑繒，分扵乳藥，還夫人未亡前弘願，度夫人已亡後真僧。是何恩愛之情，始終之義，若此者也！

夫人有令子四人、女二人。長子曰繼嚴，撿挍尚書户部員外郎賜紫金魚袋；次曰繼鵬，泉州軍州副使撿挍尚書金部郎中賜紫金魚袋；次曰繼韜，監察御史賜緋魚袋；次曰繼恭，試大理評事賜緋魚袋。莫不骨器俱奇，年齡相次。或躭乎文藉，或閱以武經，豈唯兩驥雙珠，抑亦荆枝棣蕚。並皆絕漿忘味，泣血茹荼。信□純孝至忠，是謂國珎家寶。女二人，或已當成立，或猶在幼沖，號慟之聲，曉昏相續，然皆令淑，況盡韶穠，他日必慶王門，大光公族。夫人布惠流恩而宏遠，憐孤卹幼以劬勞。是何方履中途，遽辝昭代。然則良緣勝果，早已栽培；六洞三清，不難歸去。閩王追思愈切，修薦弥堅。蓬山之方士何之，漢殿之香寬不返。爰遵禮制，載考蓍龜，復土非遙，嘉城是問。即以其年八月七日卜葬于閩縣靈山鄉寧基里楊坑原，禮也。得不以震兑區分，坎离推步。水向天門撲下，嗚咽可聽；山從地户奔來，崛奇堪畫。何止福流藩閫，固應慶洽子孫，盖蓄至靈，獨標千古。閩王慮乎桑田或變，岸谷斯遷，闃然而地下黄埃，黯尔而人間白日。貞珉可勒，芳烈能存。昌士夙忝招弓，叨司載筆，莫不披文相質，覃思研機。固無愧扵後人，誠有慙扵昔者。敬為銘曰：

二氣将分，三才具陳。紀諸岳瀆，惣乎星辰。禎祥所萃，宛属賢人。陰陽所配，信得其倫。

其倫既得，其儀不忒。胤堯之後，分漢之族。是曰穠華，誠為令德。桃李芳菲，芝蘭芬馥。

六禮纔呈，三星繼明。絲蘿永附，鸞鳳和鳴。顯彰嘉慶，克表光榮。至忠純孝，丹心素誠。
蘋蘩可採，箕箒罔怠。夫貴婦榮，婦敬夫愛。家國之寶，人倫之冣。竹帛宜編，鼎彜合載。
爰膺鳳詔，遂陟魚軒。雖銜帝命，實荷王恩。哇族唯親，乃軍乃氏。頌美之暇，嘉言復陳。
陳曰良哉，我國之后。能贊能佐，時康俗阜。仁加動植，澤至飛走。壽合延長，福宜豐厚。
粒非龍虎，病入肌膚。莊盆遂鼓，劉杖俄扶。令子哀疚，泣血茹荼。樓中鳳去，鏡裏鸞孤。
從高至卑，自遐并迩。痛惜殊多，悲涼莫止。愁寄洛川，恨流湘水。天道寧論，人生到此。
十洲三島，絳闕丹田。渺茫歸路，已矣終天。風月悽然，廢管遺絃。炟花悄然，殘香碎牋。
考彼龜蔡，擇茲封樹。溪壑周環，崗巒克附。掩暎西来，潺湲東注。草色方秋，松聲欲暮。
嘉城欝欝，長夜冥冥。千年蒿里，萬古松扃。含飃帶飈，走碧横青。情誰不感，涕誰不零。
芳猷如此，貞規若彼。天地何窮，日月無已。慮乎陵谷，而有遷徙。嗚呼貞珉，可勒可紀。
長興元年太歲庚寅七月壬戌朔二十有一日壬午置。
威武軍节度衙前虞侯林歡鐫字。

考略

此碑一九六五年二月出土於福建省福州市新店戰阪村東室山五代墓。藏於福建省博物館。高155釐米，寬97釐米。黑頁岩質，圭形。篆額、正文楷書。因墓主劉華是南漢南平王劉隱次女，碑文有涉及南漢相關史實，故本書錄入。

據墓誌記載，南漢劉隱次女劉華，於五代後梁貞明三年（917）嫁與閩王王審知次子、閩國第三主王延鈞，封燕國明惠夫人。於五代後唐長興元年（930）卒於閩。碑文載劉華是南漢劉隱次女，而《十國春秋》誤為其弟劉龑之女。王延鈞封號『唐扶天保大忠孝功臣、威武軍節度使、開府儀同三司、檢校太師、守中書令、福州大都督府長史、閩王』，劉華封號『燕國明惠夫人』皆未見諸史記載。此碑對研究五代南漢國、閩國歷史及文化有一定的參考價值。

撰文者鄭昌士，又名鄭良士，字君夢，福建仙遊人，唐末文人，著有《白岩文集》等。

篆額及書丹者王倓，閩通文年間，官至同平章事，曾書閩王王審知墓誌。

鐫字者林歡，威武軍節度使、衙前虞侯，為閩國宮廷刻工。

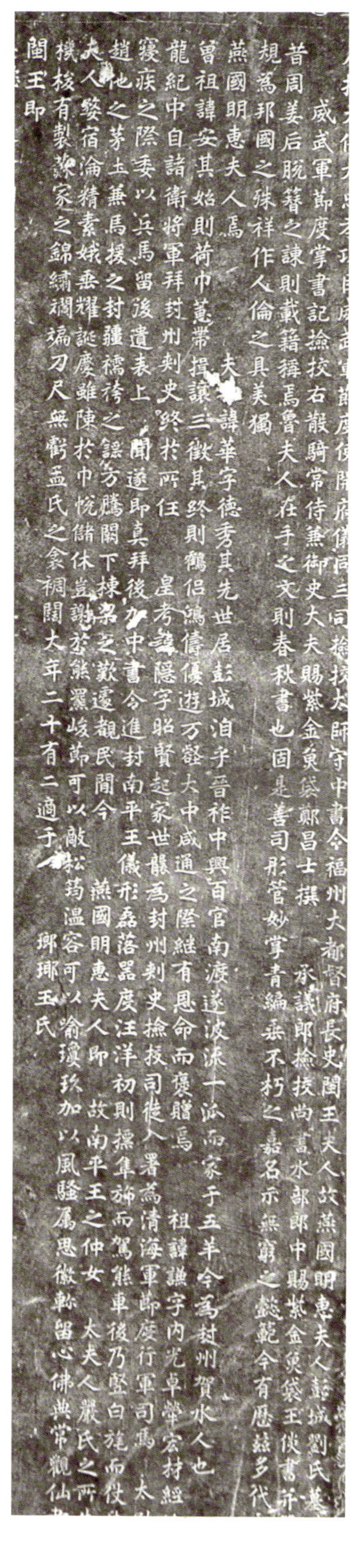

（碑刻局部）

高祖天皇大帝哀冊文

南漢大有十五年（942）

高祖天皇大帝哀冊文

翰林學士承　旨銀青光禄大夫行尚書左丞知　制誥上柱國范陽縣

開國男食邑三百戶臣盧應奉　勑撰并書

維大有十五年歲次壬寅四月甲寅朔二十四日丁丑

高祖天皇大帝崩于正寢粤光天元年九月壬午朔二十一日壬寅遷

神于康陵禮也符卯金而叶運紹斷虵之開基霞同乾建載並坤維法成周而

垂範循世祖而定制攬大業而云終俄臣室而不惑

嗣主仁孝儼俛於階抑情登位感結疚懷動遵遺詔詎隳偯頌六府三事肅然

悠懷億兆文謚家國鍾凌痛深茹慕啓引神皐銜恤須[illegible]詔命臣攜臺伏惟

高祖天皇大帝日月爭靈星辰誕聖爰本玄符式隆景命經天緯地武庫文房接堯拍舜

邁禹超湯君臨萬國星躔三紀四海鏡清九州風靡開物成務知機其神光宅寓縣司

收蒸民惠施五車萬卷聽朝之餘披覽罔倦損益百氏筌篇六經東西飛閣周孔圖

形命鴻儒以臨莅選碩生而讎校部東四部之補亡匪玄之成數奮藻芳魏文收譽揮毫

兮齊武藏名品量分蹤別白重輕禁暴戢兵謳謌獄訟龍韜虎韜七擒七縱扼腕北顧中

原多事爭代在懷未伸耆志[illegible]王業巍巍皇猷三王可擬五帝難儔

天縱聰明凝情釋老悉[illegible]微咸臻壼奧譚玄則變化在手演釋乃水月浮天神遊閬苑

者洞[illegible]乃陰陽推步星辰曆數御覽術[illegible]常矩此外留情藥品精究醫書或南

有加無疎導揚遺制爰命
嗣王守位承祧彝倫弗紊　祖述唐堯遠法成周近遵　孝惠懿範具存丕訓罔替中
外庶務悉稟謨猷嗚呼哀哉　王音在耳大漸弥留億兆號天如喪考妣
攀髯不及推殞而已叶從龜筮克遠有期
玄宮將閟龍輴在茲休列耿光與天偕久刻諸貞珉萬年不朽其詞曰
帝堯貴胄豢龍受氏豐沛建旟南陽倔起代不乏聖乾亨紹位澤被八埏
鏡清三紀其一　開物成務知機其神龍飛紹漢虎視窺秦勵兵秣馬睿志未伸
梯山航海募義歸仁其二　嚴敬在躬克敦紫燎列聖立祠禮同九廟祖考來格
靈鑒洞照美矣孝思克遠有耀其三　鑽研百氏蹂躪六經對峙飛閣周孔圖形
乙夜披覽循環罕停群儒偘息悚懼靡寧其四　王業艱難開基定霸櫛風沐雨
早朝晏罷經營四方寧龍九野事出機先策無遺者其五　損益三代商較百王
重輕黍累剖析毫芒風馳雄辯電疾雌黃至鑒罔測至智難量其六　浮聖多能
博通術數君臣藥品陰陽推步太史膽揖和緩色沮宣呂斂斂拱默無語其七
聖文英武帝業王猷黃石三略洪範九疇志期席卷收馬休牛睿志未就
大漸弥留其八　嗚呼哀哉逸致高情風流蘊藉齊武藏名魏文減價不世英才
挺生王霸青史已編淺辭曷寫其九　嗚呼哀哉龍輴啓引將閟玄宮式揚文德
爰紀武功福流嗣王車書混同刻石獻頌永播無窮其十

釋文

高祖天皇大帝哀册文

翰林學士承旨銀青光禄大夫行尚書左丞知制誥上柱國范陽縣開國男食邑三百户臣盧應奉勑撰并書。

維大有十五年歲次壬寅四月甲寅朔二十四日丁丑，高祖天皇大帝崩于正寢，粤光天元年九月壬午朔二十一日壬寅遷神于康陵，禮也。符夘金而叶運，紹斬蛇之開基。覆同乹建，載並坤維。法成周而垂範，稽世祖而作則。構大業而云終，偃巨室而不惑。嗣主仁孝，僶俛祚階。抑情登位，感結疚懷。動遵遺詔，詎隳俄頃。六府三事，肅然修整；億兆乂謐，家國鍾慶。痛深茹慕，啓引神皐。銜恤頒詔，命臣摛毫。

伏惟高祖天皇大帝，日月孕靈，星辰誕聖。爰本玄符，式隆景命。經天緯地，武庫文房。搓堯拍舜，邁禹超湯。君臨萬國，星躔三紀。四海鏡清，九州風靡。開物成務，知機其神。光宅寓縣，司牧蒸民。惠施五車，葛洪萬卷。聽朝之餘，披覽罔倦。損益百氏，筌簹六經。東西飛閣，周孔圖形。命鴻儒以臨莅，選碩生而讎挍。鄙束晳之補亡，陋鄭玄之成斆。奮藻兮，魏文収譽；揮毫兮，齊武蔵名。品量舛謬，别白重輕。禁暴戢兵，謳謌獄訟。龍韜虎韜，七擒七縱。扼腕北顧，中原多事。吊伐在懷，未伸睿志。炅炅王業，巍巍皇猷。三王可擬，五帝難儔。天縱聰明，凝情釋老。悉篙渕微，咸臻壼奥。譚玄則變化在手，演釋乃水月浮天。神遊閬苑，智洞竺乹。若乃陰陽推步，星辰曆數。仰觀俯察，罔失常矩。此外留情藥品，精究醫書。或南北臣庶，或羽衛勤劬。疾瘵斫縈，御方救療。名醫拱手，

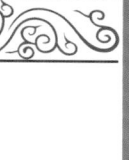

稽顙神妙。將聖多能，視民如傷。朝野抃蹈，億兆懽康。多才多藝，允文允武。戡難夷凶，櫛風沐雨。

嗚呼哀哉！天機秀異，韞藉風流。繕營苑囿，想象十洲。鶴立松巔，鷺穿花塢。水石幽奇，樓臺廻束。萬機之暇，翠華爰處。花朝月夕，嬉遊輦路。灾纏陽九，不裕中春。鍼石藥餌，備盡精臻。晨昏問豎，拱默而退。有加無瘳，導揚遺制。爰命嗣王，守位承祧。彝倫弗紊，祖述唐堯。遠法成周，近遵孝惠。懿範具存，丕訓罔替。中外庶務，悉稟謨猷。

嗚呼哀哉！玉音在耳，大漸弥留。億兆號天，如喪考妣。攀髯不及，摧殞而已。叶從龜筮，先遠有期。玄宮將閟，龍輴在兹。休列耿光，與天攸久。刻諸貞珉，萬年不朽。其詞曰：

帝堯貴胄，豢龍受氏。豊沛建旗，南陽倔起。

代不乏聖，乹亨紹位。澤被八埏，鏡清三紀。（其一）

開物成務，知機其神。龍飛紹漢，虎視窺秦。

勵兵秣馬，睿志未伸。梯山航海，募義歸仁。（其二）

嚴敬在躬，先敦柴燎。列聖立祠，禮同九廟。

祖考来格，靈鑒洞照。美矣孝思，光遠有耀。（其三）

鑽研百氏，蹂躪六經。對峙飛閣，周孔圖形。

乙夜披覽，循環罕停。群儒惕息，悚懼靡寧。（其四）

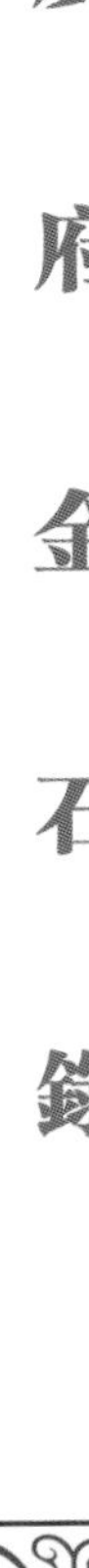

王業艱難，開基定霸。櫛風沐雨，早朝晏罷。
經營四方，牢籠九野。事出機先，策無遺者。（其五）

損益三代，商較百王。重輕絫（累），剖拼毫芒。
風馳雄辯，電疾雌黄。至鑒罔測，至智難量。（其六）

将聖多能，慱通術數。君臣藥品，陰陽推步。
太史膽摺，和緩色沮。宣召敷敭，拱默無語。（其七）

聖文英武，帝業王猷。黄石三略，洪範九疇。
志期席卷，收馬休牛。睿志未就，大漸彌留。（其八）

嗚呼哀哉！逸致高情，風流韞藉。齊武蔵名，魏文減價。
不世英才，挺生王霸。青史已編，淺辞曷寫。（其九）

嗚乎哀哉！龍輴啓引，将閟玄宫。式揚文德，爰紀武功。
福流嗣主，車書混同。刻石獻頌，永播無窮。（其十）

考略

此碑二〇〇三年十一月十八日出土於廣州市番禺區新造鎮小谷圍島大香山康陵墓，藏於原址保護，此處已建設南漢二陵博物館。高115釐米，寬154釐米。楷書。

碑文全稱《高祖天皇大帝哀冊文》，刻於南漢大有十五年(942)，是目前發現年代最早的哀冊文碑石，保存甚好，堪為粵中石刻之精品。據舊志載，劉龑墓在今廣州番禺區新造鎮北亭鄉原南漢之荔枝洲昌華苑，可知碑刻出土之地即為昌華苑故址。碑文為四六體誄文形式，在贊詞中概括總結了劉龑生平之業績、才能和性情。分為八個方面：一為開國創業之功，二為北伐中原之志，三為崇祀先祖列聖，四為學識廣博宏深，五為勤理朝政治國有方，六為富機智雄辯之才，七為精於醫藥陰陽推步術數，八為治國安邦之謀略和志向。在序文裏也對劉龑追尊先祖、興建宮殿苑囿、生平業績、性情才能等方面予以贊頌。該碑為研究南漢時期的經濟、社會、文化和城市建設等提供了重要的史料。碑文字體為端楷，法度嚴謹，筆力遒勁，端麗工緻，筆鋒犀利，有歐體之風。

撰文并書丹者盧應，為南漢官員。

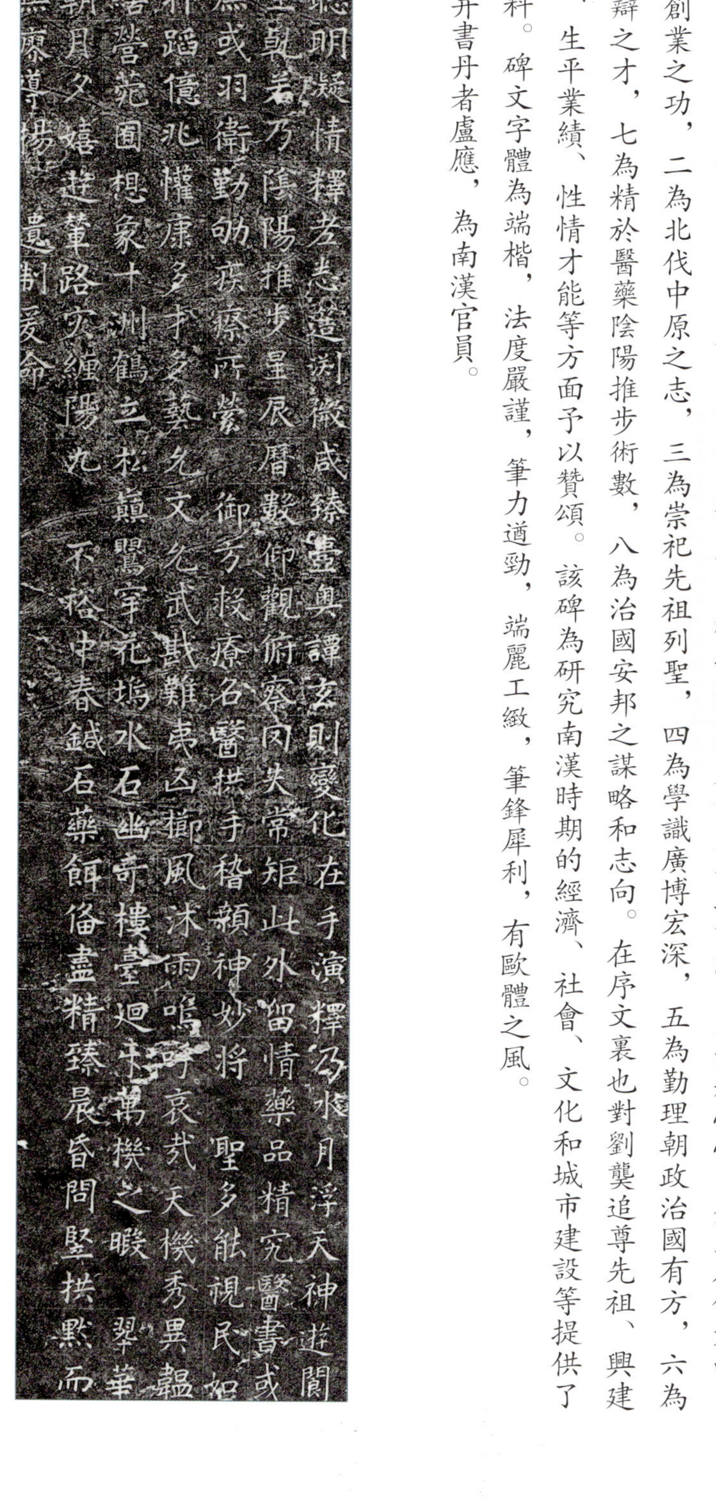

（碑刻局部）

宋單起岩夫婦合葬墓碑

宋景定五年（1264）

紹興乙卯年□□□九月十一日生嘉定八年乙亥適單氏寶祐五年
元□庚申六月十四日終□年辛酉正月壬申日葬于歸□□雲母□□□□洞大嶺之原　恩封孺人景定

男侍班從政郎前知韶州翁源縣主管勸農□事□芳于寨□□軍正單崔明五機宜益明
同□□自明六機宜性明三機宜□明孫□補知翁源□泳可嘉可仁可□
夫承務郎前□韶州軍事判官單□說謹誌

釋文

有宋僉判承務單公之墓

維景定五年十有二月二十有四日壬寅，卜塟府君于歸仁鄉雲母里。子癸向，先妣塋之右原，曰豐湖，從治命也。公諱師説，字起巖，舉五子，勤于訓迪。孟子崔明，叨淳祐庚戌進士，于丁巳清廣海寇難。府君勑封承務郎，先妣封孺人。公質直好義，樂周人急。里有鍾其姓者，貸錢二百緡，久不能償，取券焚之，置不復問。其友兄弟也以懽，其洽鄰里也以和，一鄉稱爲善人。令尹留公嘗白路倏。後行鄉飲，辟舉正賓，造廬累請，不就。性不尚浮屠。妣孺人先公二年卒。公遵朱考亭家禮，而以崔菊坡遺訓句祭潤色之，汲汲焉唯營窀兆置祭田是務。既窆，則鑿其塚右為壽藏，蓋取地道右為尊，男當居右之義。屬疾，顧謂諸子曰：『夫人升遐，予徃來董治塟事，魂魄久據豐湖，不卜決矣。』諸子或問承家事，復應之曰：『心地坦夷，周鄰睦族，當國勤于國，當家勤于家，無損家聲矣。』卧疾五日，如熟寐而逝，享年七十有三。龍集甲子，男侍班從政郎前知韶州翁源縣主管勸農公事兼弓手寨兵軍正單崔明謹誌。

有宋恩封孺人丘氏之墓

紹熙五年甲寅九月十一日生，嘉定八年乙亥適單氏，寶祐五年丁巳恩封孺人，景定元年庚申六月十四日終。

二年辛酉正月壬申日葬于歸仁鄉雲母里豐湖大嶺之原。

男侍班從政郎前知韶州翁源縣主管勸農公事兼弓手寨兵軍正單崔明、五機宜益明、同江判自明、六機宜性明、

三機宜惟明、孫廕補知翁源縣泳可、嘉可、仁可。

夫承務郎前權韶州軍事判官單師說謹誌。

考略

此碑存廣州增城區朱村街神崗村豐湖山一虎望九崗宋代承務郎前權韶州軍事判官單起岩的夫婦合葬墓享堂壁上。享堂正中的墓碑上刻『奉天敕命』四字，右為『有宋僉判承務單公之墓』碑，刻於宋景定五年（1264）；左為『有宋恩封孺人丘氏之墓』碑，刻於宋景定二年（1261）。兩碑正中大字為篆書，兩旁小字為楷書。分別記述了墓主夫婦的生平傳略。此兩方碑是廣州保存較好較完整的宋代墓碑。

據碑文記載，因單起岩之子單崔明曾於淳祐十年（1250）清廣海寇難，故夫婦二人得恩封承務郎、孺人。據《單氏族譜》，單起岩，諱師說，石灘鎮元洲單氏八世祖，宋恩封承務郎韶州僉判。

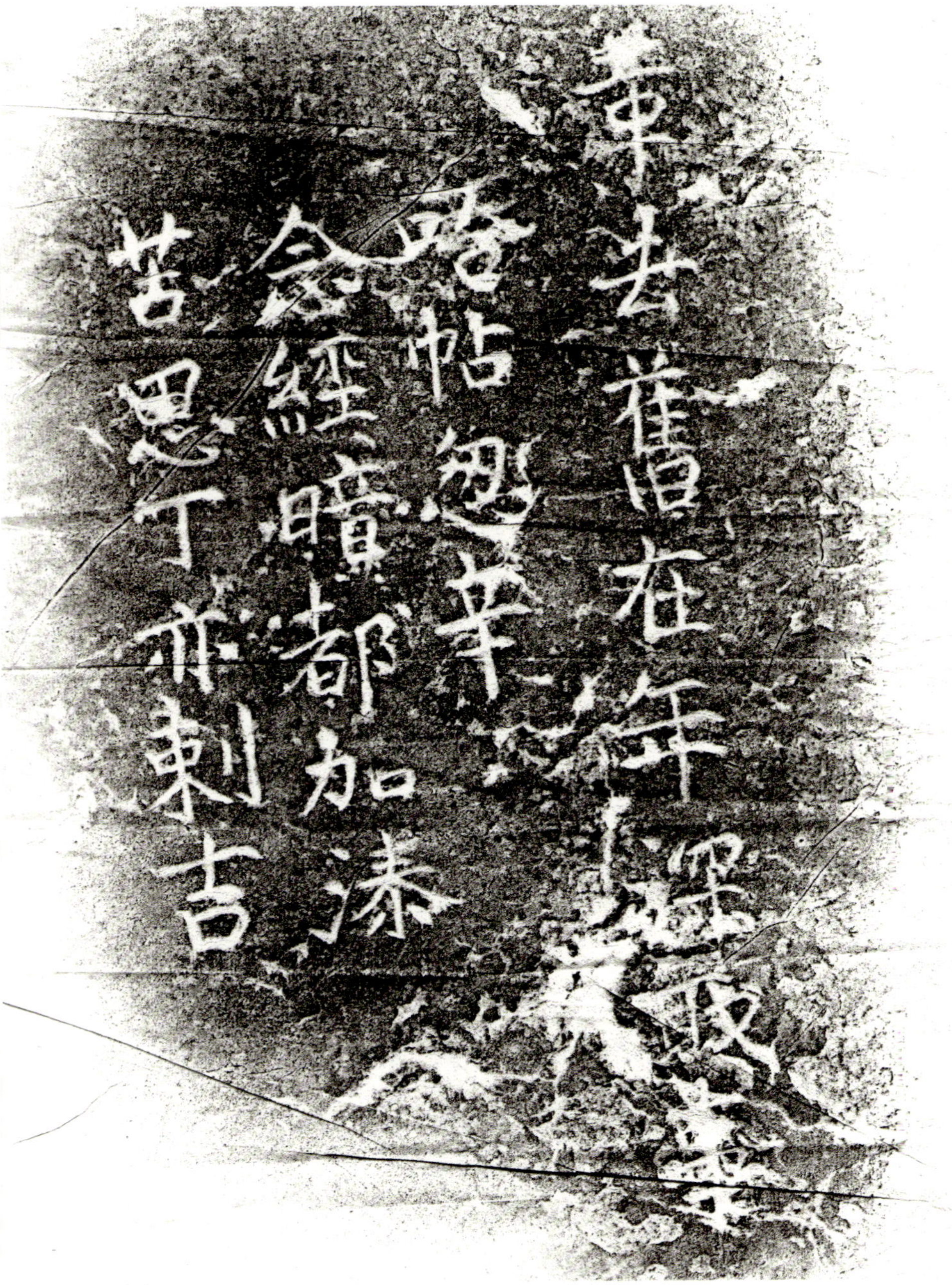

革去回教年深戰事石刻

元

釋文

革去舊在年深戢事。

哈帖忽辛。

念經暗都加湤。

苦思丁亦剌吉。

考略

此石刻原存廣州清真先賢古墓園，今石不存，拓本藏於廣州市文物考古研究院。楷書。石刻中的『哈帖』『念經』為元代伊斯蘭教神職。『哈帖』疑作『哈祇』（Haji），指朝覲過聖地麥加的人。『忽辛』『暗都加湤』『苦思丁亦剌吉』為人名。其中『苦思丁』又作『瞻思丁』（Shamseddin），阿拉伯文意為『尊貴的聖裔』，穆斯林常喜歡取其作名字。蒙元史中多人一名，或一人多名者殊多，如『忽辛』者，名臣賽典赤瞻思丁的三弟也叫『忽辛』；至正年間，江浙行章政事也名『亦剌吉』。故要確定某人的身世經歷，除了名字外，還需要其他材料佐證考訂。

石刻中的三人很可能因元至大四年（1311）『罷回回哈的司屬』而被『革去』的，因為屬於重大事件，故勒石以銘。碑對研究元代廣州的宗教管理等有一定史料價值。

張弘範殘碑　元

崇貞販女平時師興收來

起　佩　護　火　迸　官

惻　然　毋　忘　忠　孝　道　言　毋　厚　壅　高

沈　諉　父　須

莅　贈　封　邗　太　常　孝　乃　龍　銀

褒　准　賜　三　武　珪　有

進　准　陽　釋　延　事　面　義

同　二　司

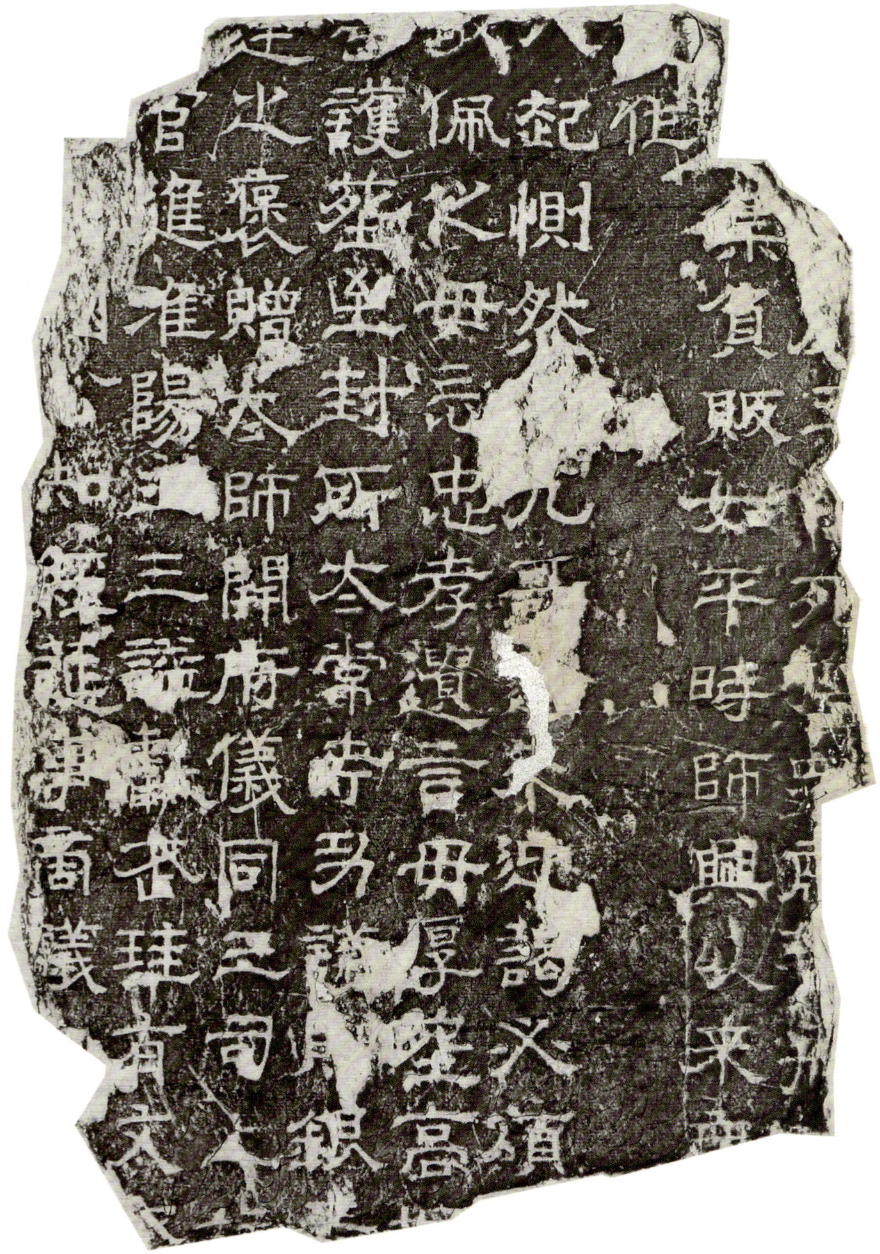

釋文

（前文殘缺）死誓（下文殘缺）

（前文殘缺）集負販如平時師興以来□（下文殘缺）

（前文殘缺）作

（前文殘缺）□起惻然□九哥□來迎謁必須（下文殘缺）

（前文殘缺）□佩之毋忘忠孝遺言毋厚塟高（下文殘缺）

（前文殘缺）□護塟至封所太常考功議贈銀（下文殘缺）

（前文殘缺）□之褒贈太師開府儀同三司上（下文殘缺）

（前文殘缺）官進淮陽王三謚獻武珪有文（下文殘缺）

（前文殘缺）知經筵事商議（下文殘缺）

考略

此張弘範殘碑，民國十年（1921）羅原覺得於廣州小南門外城基，一九五六年羅原覺家屬捐給廣州博物館。隸書。有書家評其書風甚類北碑，無唐隸甜熟之習。

張弘範，字仲疇，涿州定興縣人，為元蔡國公張柔第九子。曾參加過襄陽之戰。元中統初，授御用局總管，至元十五年（1278）封為蒙古漢軍都元帥。卒於至元十七年（1280）。張弘範生於武將世家，一生征戰，蒙元滅宋的所有重大戰役幾乎都與張弘範有關，戰功卓著，允為一代名將。他死後元朝廷曾多次追贈官爵，最後追封淮陽王，謚獻武。除張弘範外，其父張柔、其兄張弘略都曾參與滅宋戰爭，其子張珪為元朝中後期名臣，《元史》均有傳。

贈翰林院編修湛公墓表

明正德六年（1511）

釋文

贈翰林院編修湛公墓表

賜進士出身部驗封清吏司主事餘姚王守仁撰并書。

賜進士及第翰林院編脩□□□國史經筵官□□□□篆額。

嗚呼！聖學晦而中行之士鮮矣。世方弇阿為工，方特為厲，紛縱倒置，孰定是非之歸哉！蓋公治長在縲絏之中，仲尼明非其罪；匡章通國稱不孝，孟子辯之；夫然後在昕禮貌也。剛狷振礪之士，獨行違俗，為世昕娼嫉，卒以傾廢蹈墮，又浼以非其罪者，可勝道哉！予讀怡庵誌而悲之。

怡庵湛公英者，廣之增城人。介直方嚴，刻行砥俗，鄉之善良咸服信取則，倚以扶弱禦侮。然不辭色少貸人，面斥人過惡，至無所容。狡獪之徒動見矯拂，嫉視如讎，聚謀必覆公于惡，毋使抗吾為。公直行其心，不顧，竟為所構誣。憤，發病以死。公既死，其徒惡益行。鄉之人遂皆謂：『湛公行義，顧報戾其施，而惡者自若，吾儕何以善為！』後十餘年，為奸者貫盈；翦滅浸盡。而公子若水，求濂洛之學，為世鉅儒，舉進士，官國史編修。推原尋繹，公德益用表著。朝廷贈官公如子，方顯赫竦耀。鄉人相與追嗟慕歎：『為善之報何如？向特未定矣。』

嗚呼！古有捐介特行之士，直志犯衆惡，之死靡悔，湛公殆其人，非耶？向使得志立朝，當大節，其肯俛首為奸人僕役、呴濡喘息以蕲緩須臾死？其不能矣。夫脂韋佞悅，亦何能緩急有毫毛之賴？為國者當何取哉？

予悲斯人之不遇，而因重有所感也。昔者君子微顯闡幽，以明世、警瞶、信暴者，無庸揚矣。彼忞然就抑，蒙溷垢而弗雪，其可以無表而出之？

正德辛未八月立。

考略

此碑原存廣州黃埔區九龍鎮福洞村果排自然村皇帝頂山山腰之湛若水父親湛瑛墓上，後移置黃埔區文物管理所。楷書。湛若水父親湛瑛，號怡庵，平生耿介，好打抱不平，因被誣陷積憤發病而歿，當時湛若水十九歲。後湛若水中進士，官國史編修，朝廷贈封其父湛瑛為禮部尚書。王守仁與湛若水皆為一代大儒，相知相契，故為湛若水父親湛瑛撰寫碑文。此碑文見載於《王陽明全集》，文字略有不同。

撰文者王守仁，字伯安，號陽明，浙江餘姚人。明代著名的思想家、文學家和軍事家，陸王心學之集大成者，精通儒家、道家、佛家。王守仁的學說思想王學（陽明學），是明代影響極大的哲學思想。其學術思想傳至中國、日本、朝鮮半島以及東南亞，立德、立言於一身，成就冠絕有明一代。弟子極眾，世稱姚江學派。其文章博大昌達，行文間有俊爽之氣。著有《王文成公全書》。

戴縉夫婦合葬墓誌

明正德八年（1513）

尚書公諱縉字[illegible]容號雲巢居士其初南雄沙水鎮人宋有十承事者遷于廣因家焉公之始祖也遂為廣之南海人歷十世有諱璉由科目授廣西羅城司訓即公之父也以公貴贈監察御史公生於大明宣德丁未十一月十二日幼而聰敏負氣將郡庠以易經領景泰癸酉鄉薦成化丙戌登羅倫榜進士觀戶部政丁亥授湖廣道監察御史清慎自持執法不阿遇事論列不失憲體出按貴州蘇松真保定暨京畿城等處所至政聲烨然卓有風裁尤多惠澤及人嘗具疏言時事得失有裨朝政尚知於上成化丁酉特陞尚寶少卿戊戌尋擢右僉都御史未久擢右副都御史右都御史俱在院掌事屬正立朝振肅綱紀成化癸卯轉陞南京工部尚書尋任[illegible]兵部宿弊盡革政務一新民之疑事於部者秋慎而時論允歸車馬未幾以前言事有忤權貴至是以公南遷老合力詆擠遂罷職歸田公論多為不平而公獨泰然不介意繼以恩詔許復冠帶家居訓誨子孫讀書業儒課諸僕本分生理資裕家道未嘗一干于時後壽林下二十有載正德庚午十月初三日以疾終享壽八十有四子男二長曰昊由科目任應天府通判次曰昱女二長適耀嶺鄉鄒仁次適蒲[illegible]陳諧次在室孫男六曰玄思玄忠玄[illegible]玄恩孫女實娘等六人各適名家曾孫男一曰孟孫震孫曾孫女二俱在幼公配周氏以公貴封孺[illegible]先公[illegible]年卒葬于番禺縣[illegible]之家欄岡上[illegible]之原今[illegible]其右焉

孺人姓周氏南海城北雙井街舊族周睨清次女三
而貞靜端莊大明正統十二年適于廣城紙行街戴
縉勤儉治家克相夫子以夫任監察御史受
敕封孺人夫後官至右都御史五部尚書俱歷官未滿
三年不及封例孺人生於永樂癸卯五月初九日巳
時終於弘治壬戌五月二十三日壽八十子男二長
曰昊任應天府通判次曰昱女三長大娘適官窑耀
子嶺鄧仁大智娘適廣城蒲宜巷陳階次鳳娘在室
孫男玄憲等七人女亞實等七人孺人臨終囑其夫
并子孫曰我死之後慎勿以金銀首飾裝我恐爲我
後患瞋目子孫遵其遺囑一以香簪素服並無分毫
金銀首飾裝殮弘治乙丑十二月初四日未時葬于
番禺縣鹿步都蕨萁堡土名象欄頭松子崗坐壬丙
向之原

釋文

尚書公諱縉，字子容，號雲巢居士。其初南雄沙水鎮人。宋有十承事者，遷于廣，因家焉，公之始祖也，遂為廣之南海人。歷十世，有諱璉由科目受廣西羅城司訓，即公之父也。以公貴，贈監察御史。公生於大明宣德丁未十一月十二日，少而聰敏，負氣游郡庠，以《易經》領景泰癸酉鄉薦，成化丙戌登羅倫榜進士，觀戶部政。丁亥，受湖廣道監察御史。清慎自持，執法不阿，遇事論列不失憲體。出按貴州、蘇松真、保定暨京畿城等處。所至政聲燁然，卓有風裁，尤多惠澤及人。嘗具疏言時事得失，有裨朝政，荷知於上。成化丁酉，特陞尚寶少卿。戊戌，尋擢右僉都御史。未久，擢右副都御史、右都御史，俱在院掌事。亷正立朝，振肅綱紀。成化癸卯，轉陞南京工部尚書，莅任初而工部宿弊盡革，政治一新，民之趋事於部者称快，而時論尤歸重焉。未幾，以前言事有忤權貴，至是以公南遷，悉合力誣擠，遂罷戢歸田。公論多為不平，而公獨泰然不介意。繼以恩詔，許復冠帶。家居訓誨子孫，讀書業儒，課諸僕本分生理，資裕家道，未嘗一干于時。優游林下二十有八載。正德庚午十月初三日以疾終，享壽八十有四。子男二：長曰昊，由科目任應天府通判；次曰昱。女三：長適耀嶺鄉鄒仁；次適蒲宜巷陳階；次在室。孫男六：曰玄悳、玄惠、玄忠、玄恕、玄思、玄恩。孫女實娘等六人，各適名家子。曾孫男二：曰孟孫、震孫。曾孫女三，俱在幼。公配周氏，以公貴封孺人，先公八年卒，葬于番禺縣簸箕堡之象欄岡坐壬向丙之原。公至是始合葬於其右焉，乃正德癸酉歲十二月十一日乙巳之吉也。

釋文

孺人姓周氏，南海城北雙井街舊族，周晚清次女。生而貞静端慤。大明正统十二年適于廣城紙行街戴縉。勤儉治家，克相夫子。以夫任監察御史受敕封孺人。夫後官至右都御史、工部尚書，俱歷官未滿三年，不及封例。孺人生於永樂癸卯五月初九日巳時，終於弘治壬戌五月二十三日，壽八十。子男二：長曰昊，任應天府通判；次曰昱。女三：長大娘，適官窑耀子嶺鄒仁；次智娘，適廣城蒲宜巷陳階；次鳳娘，在室。孫男玄悳等七人，女亞實等七人。孺人臨終囑其夫并子孫曰：『我死之後，慎勿以金銀首餙裝我，恐為我後患。』瞑目，子孫遵其遺囑，一以香簪素服，並無分毫金銀首餙裝殮。弘治乙丑十二月初四日未時，葬于番禺縣鹿步都簸箕堡，土名象欄頭松子崗，坐壬丙向之原。

考略

戴縉及其妻周氏兩方墓誌一九五七年出土於廣州東山梅花村南面象欄崗的一座明代墓。碑黑石質。楷書。兩方碑文分别記述戴縉夫婦的生平事迹，評論戴縉尤詳，述其『清慎自持，執法不阿，遇事論列不失憲體』，壽八十四歲。其妻周氏『勤儉治家，克相夫子』，臨終囑家人不以金銀首飾陪葬，壽八十。

據道光《南海縣志》載，戴縉，字子容，號雲巢，景泰癸酉鄉薦，與弟紘、紈同會試都中，人稱『三鳳』，邱濬曾為《三鳳歌》贈之。縉潛心易學，尋登成化丙戌進士，曾授南京湖廣道監察御史，巡永平、河間、蘇松常，鎮貴州等處。

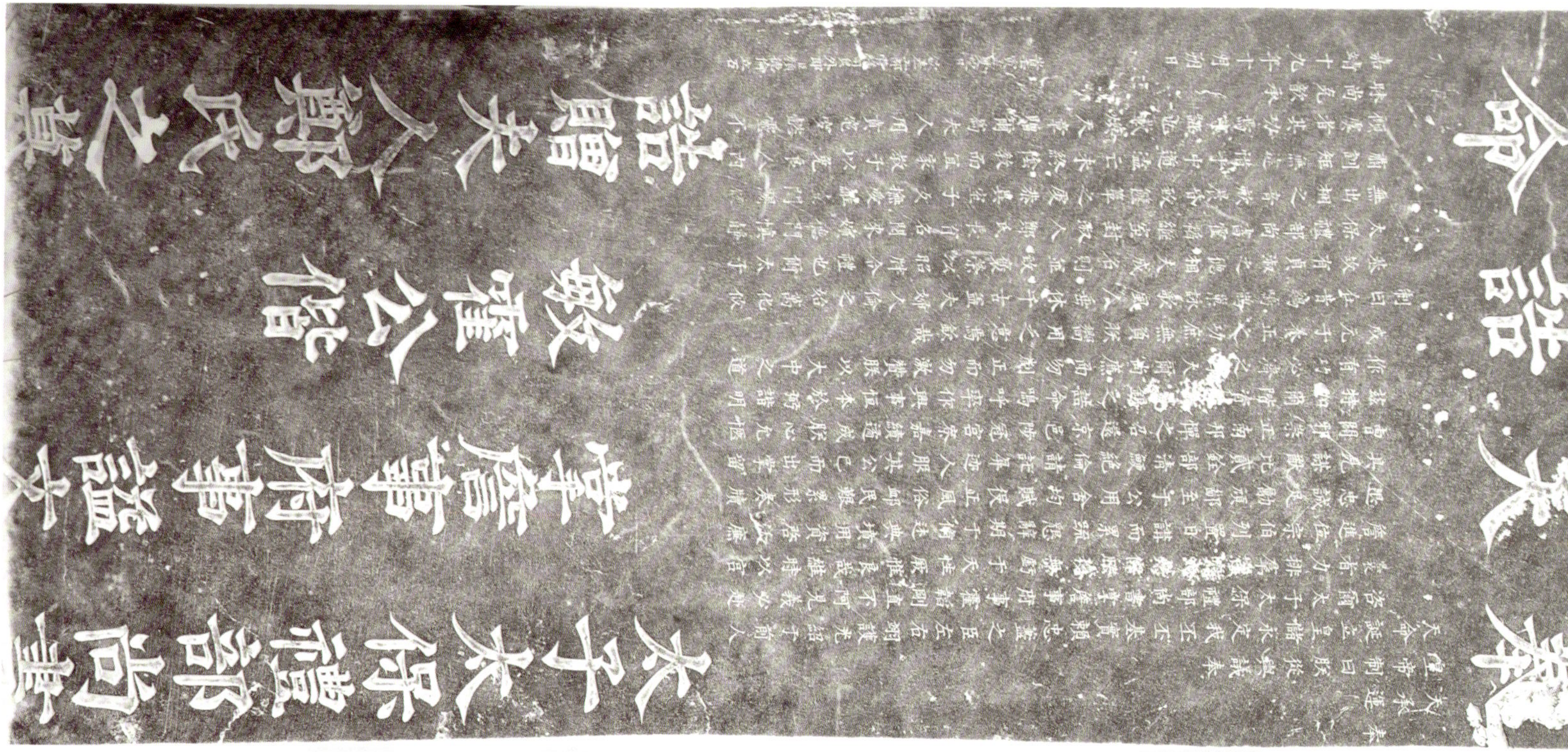

霍韜夫婦合葬墓之『奉天誥命』碑及墓表

明嘉靖二十一年（1542）

奉天誥命

奉

天承運

皇帝制曰朕從輿議奉

天命誕立皇儲永定我丕丕基實賴忠藎之臣左右翊護光紹于前人

咨爾太子太保禮部尚書掌詹事府事霍韜剛直不阿見義必赴

褒者力排群[illegible]無虧于天性厥惟良哉維時以宫

詹進位宗伯列置日講而累疏懇辭期于脩述典墳用資啓沃[illegible]

選忠誠足勵頑鄙至于公用舍均賦役正風俗郵民艱累形奏牘

其允謀猷比貳銓部清覈絶倫請託屏迹人服其公已而出掌留

曹闢邪崇正南邦憚之召還京邑陟冠宮寮嘉績適成朕心允愜

兹特加爾階資[illegible]錫之誥命嗚呼率作興事恒本於猷諧明

作有功必濟之大爾尚庶而勿制正而勿激贊朕以大中之道

成元子養正之功庶無負朕簡用之意焉欽哉

制曰在昔鳥鳴鵲巢詠歌風人垂休千古蓋夫婦人倫之始萬化攸

基故有貞淑之德相夫成名則並致褒榮以昭肸合禮也爾太子

太保禮部尚書霍韜繼室封淑人鄭氏長有名閥來嬪德門慎靜

無出梱之音敬恭秉致[illegible]之度恭其室子久撫愛維[illegible]門以[illegible]

肅訓矩無違借于中道溢亡未終陰教而宜家教子以克良人內

顧憂者其功焉[illegible]誥[illegible]載[illegible]天章贈爾爲夫人用貢寵[illegible]靈不

昧尚克歆承

嘉靖十九年十月朔日

[illegible]立石

太子太保禮部尚書

掌詹事府事謚文

敏霍公偕

誥贈夫人鄭氏之墓

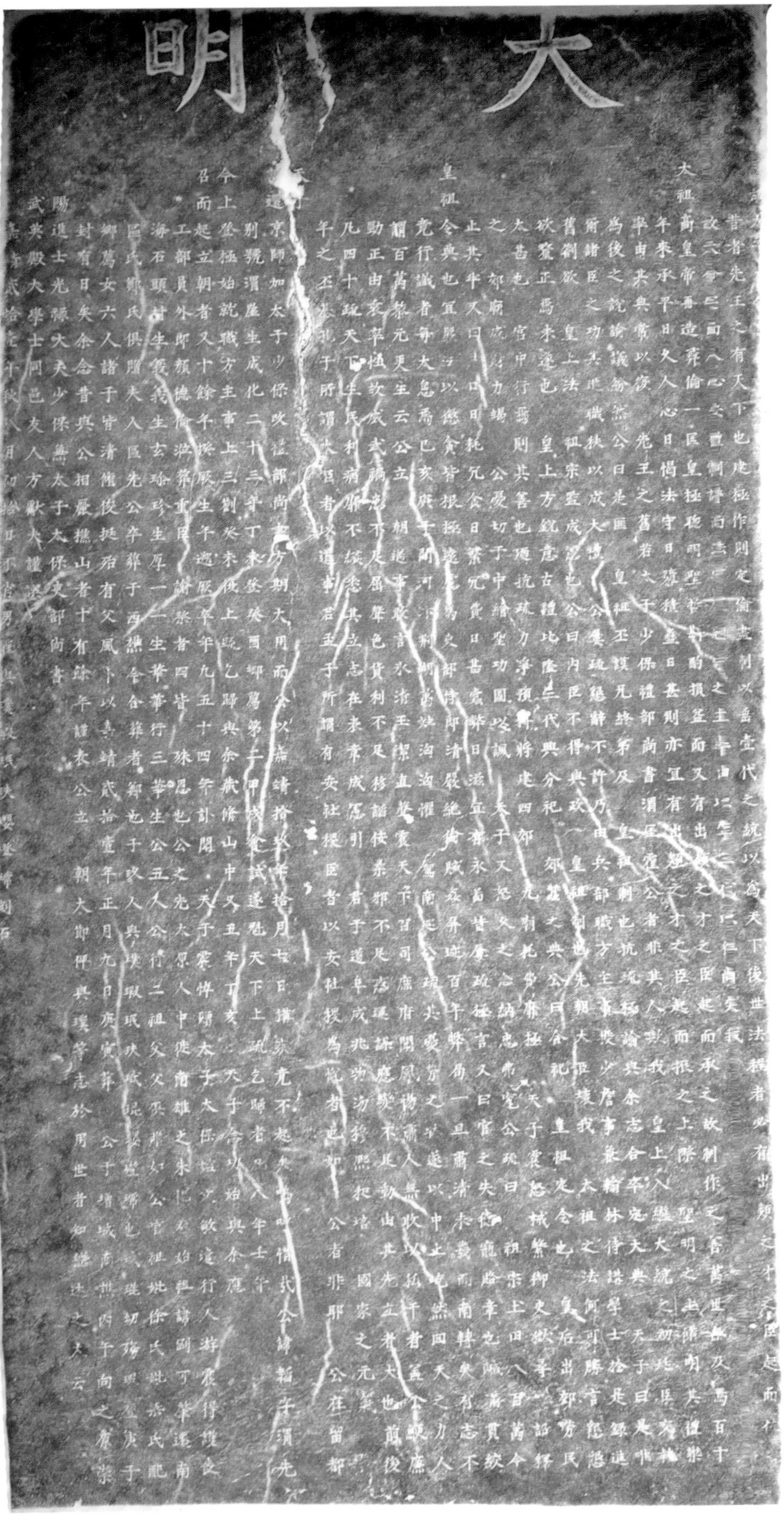

大明

（墓表其一）

（墓表其二）

（墓表其三）

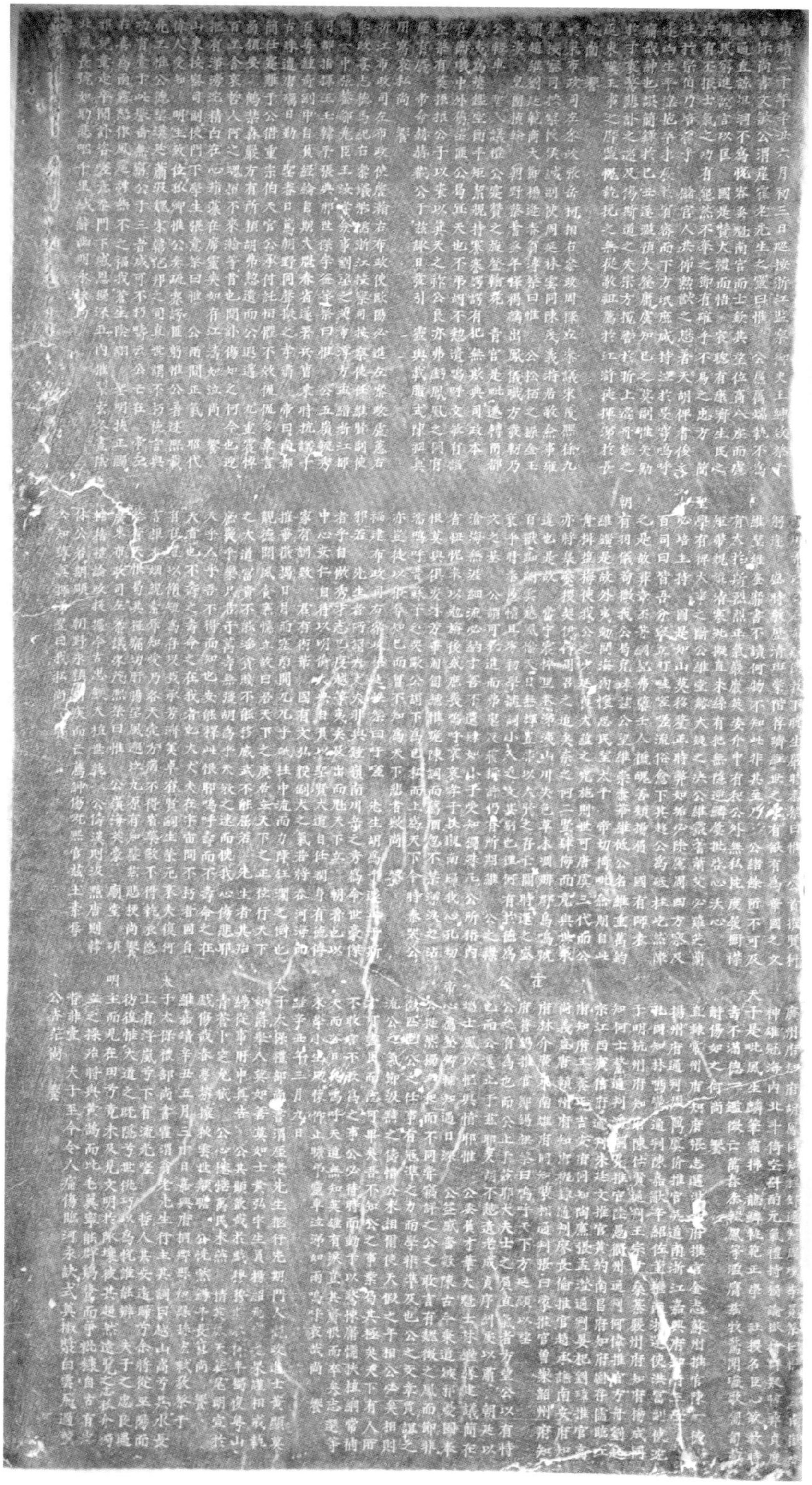

（墓表其四）

釋文

（碑額）奉天誥命

太子太保禮部尚書掌詹事府事謚文敏霍公偕誥贈夫人鄭氏之墓。

奉天承運，皇帝制曰：朕從輿議，奉天命誕立皇儲，永定我丕丕基，實賴忠藎之臣左右翊護，光紹于前人。

咨爾太子太保禮部尚書掌詹事府事霍韜，剛直不阿，見義必赴，曩者力排羣□□□□，俾朕□無虧于天性，厥惟良哉。維時以宮詹進位宗伯，列置日講，而累疏懇辭，期于脩述典墳，用資啓沃，廉退忠誠，足勵頑鄙。至于公用舍，均賦役，正風俗，卹民艱，累形奏牘，具見謀猷。比貳銓部，清鯁絶倫。請託屏迹，人服其公。已而出掌留曺，闢邪崇正，南邦憚之。召還京邑，陟冠宮寮，嘉績遹成，朕心允愜。茲特加爾階資□□□，錫之誥命。嗚呼！率作興事，恒本於弼，諧明作有，功必濟之。□大爾尚，廉而勿劌，正而勿激，贊朕以大中之道，成元子養正之功，庶無負朕嚮用之意焉，欽哉！

制曰：在昔雞鳴鵲巢，詠歌風人，垂休千古。盖夫婦人倫之始，萬化攸基。故有貞淑之德，相夫成名，則並致褒榮，以昭牉合，禮也。爾太子太保禮部尚書霍韜繼室封淑人鄭氏，長育名閥，來嬪德門。慎静無出梱之音欬，晨昏致篋簞之處恭。異室子女，撫愛維壹。閨閫既肅，訓矩無違。惜乎中道溘亡，未終陰教。而宜家教子，以免良人内顧虞者，其功焉可誣也。載焕天章，贈爾爲夫人，用賁窀穸。懿靈不昧，尚克歆承。

嘉靖十九年十月朔日。

旹壬寅孟夏望日。欽差工部營繕司員外郎臣顔德倫立石。

墓表其一：

（碑額）大明

明故太子太保禮部尚書掌詹事府事謚文敏渭厓霍公墓表

昔者先王之有天下也，建極作則，定倫畫制，以垂壹代之統，以爲天下後世法程者，必有出類之才之臣起而佐之，故天命宅而人心安，禮制詳而法守定，嗣守之主，率由以寧，三代以徃尚矣。我太祖高皇帝再造彜倫，一匡皇極，聰明聖哲，斟酌損益，而又有出類之才之臣起而承之，故製作之善，萬世無及焉。百十年來，承平日久，人心日惕，法守日隳，積蠹日甚，則亦宜有出類之才之臣起而振之，上際聖明之主，脩明其禮樂，率由其典常，以復先王之舊。若太子少保禮部尚書渭厓霍公者，非其人歟？我皇上入繼大統之初，廷臣交執爲後之説，論議紛然。公曰：『是匪皇祖不謨，兄終弟及，皇祖制也。』抗疏極論，與余志合，卒定大典。天子曰：『是唯爾諸臣之功，其進職秩，以成大禮。』公屢疏懇辭，不許，乃由兵部職方主事授少詹事兼翰林侍講學士。於是録進舊劄，欲皇上法祖宗監成憲也。公曰：『内臣不得與政，皇祖制也，先朝大臣壞我太祖之法，何可勝言，懇懇欲釐正焉。未遂也。』皇上方鋭意古禮，比隆三代，興分祀郊蠶之典。公曰：『合祀，皇祖定令也；皇后出郊，勞民太甚也；宫中行焉，則其善也。』廼抗疏力爭，預料將建四郊九廟，耗費靡極，天子震怒，械擊御史，獄，尋□詔釋之。郊廟成，財力竭，

公憂切于中，繪聖功圖以諷，天子又怒。久之，念納忠弗究。公疏曰：『祖宗土田八百萬，今止其半。』又曰：『户口日耗，冗食日繁，冗費日甚，蠹弊日滋，宜有永啚。』皆屢疏極言。又曰：『官之失德，寵賂章也，贓滿貫紋，皇祖令典也，宜嚴法以懲貪。』皆根極遠慮。爲吏部侍郎，清嚴絶倫，贓姦屏迹，百年弊局，一旦肅清。未幾而南轉矣，有志不竟行，識者每太息焉。己亥庚子間，河汴荆湖萬姓洶洶，懼駕南巡，公疏其憂勞之狀，遂以中止。屹然回天之力，人謂百萬黎元更生云。公立朝，遇事敢言，冰清玉潔，直聲震天下，百司庶府，聞風惕肅，人無敢以私干者。蓋公鯁廉勁正，由衷率性，故威武禍患不足屈，聲色貨利不足移，諂佞柔邪不足惑，運謀應變不足動，由其先立者大也。前後凡四十疏，天下生民利病，靡不綜悉。其立志在表章成憲，引君于道，阜成兆物，沕穆熙和，培國家之元氣、萬年之丕基，孔子所謂大臣者以道事君，孟子所謂有安社稷臣者，以安社稷爲悦者也。如公者非耶？公在留都，天子詔還京師，加太子少保，改禮部尚書，方期大用，而公以嘉靖拾玖年拾月七日構疾，竟不起矣。

嗚呼惜哉！

公諱韜，字渭先，別號渭崖，生成化二十三年丁未，登癸酉鄉薦第二，甲戌會試，遂魁天下。上疏乞歸者凡八年，壬午今上登極，始就職方主事，上三劄。癸未復上疏乞歸，與余藏脩山中。又五年丁亥，天子念功，始與余應召而起，立朝者又十餘年。揆厥生年，遡厥卒年，九五十四年，訃聞天子，震悼，贈太子太保，謚文敏，遣行人游震，得護喪，工部員外郎顔德倫涖葬重臣，諭祭者四，皆殊恩也。公之先太原人，中徙南雄之朱杞巷，始祖諱剛可，肇遷南海石頭村，生義，義生玄珎，珍生厚一，一生華，華行三，華生公五人，公行二，祖父、父俱贈如公官，祖妣徐氏、

妣梁氏、配區氏、鄭氏俱贈夫人，區先公卒，葬于西樵，今合葬者，鄭也。子玖人，與璞、瑕、珉、玦、珷、琨、瓔、璒、瑺也。珷、琨幼殤，瑕登庚子鄉薦。女六人。諸子皆清脩俊挺，殆有父風。卜以嘉靖貳拾壹年正月九日庚寅，葬公于增城南樵丙午向之原，崇封有日矣。余念昔與公相麗樵山者十有餘年，謹表公立朝大節。俾與璞等志於用世者知繼述之大云。

賜進士光禄大夫少保兼太子太保吏部尚書武英殿大學士同邑友人方獻夫謹譔。

嘉靖貳拾壹年秋八月初拾日，不肖男霍與璞、瑕、珉、玦、瓔、璒、瑺刻石。

墓表其二：

維嘉靖二十年歲次辛丑三月朔七日，少師兼太子太師、吏部尚書、華盖殿大學士夏言，少保兼太子太傅、禮部尚書、武英殿大學士翟鑾，少保兼太子太保禮部尚書嚴嵩，掌詹事府事、禮部尚書溫仁和，太子賓客、吏部左侍郎兼翰林院學士掌院事張邦奇，太子賓客吏部左侍郎兼翰林院學士張潮，禮部左侍郎兼詹事府少詹事、翰林院學士孫承恩，都察院右副都御史兼詹事府丞胡守中，詹事府詹事兼翰林院學士陸深，太常寺卿掌國子監事崔桐，翰林院侍讀學士張衮，翰林院學士兼右春坊右諭德張治，左春坊左庶子兼翰林院侍講童承敘，左春坊左諭德兼翰林院侍讀龔用卿，右春坊右諭德兼翰林院侍讀屠應埈，翰林院侍講胡經，南京翰林院侍讀黄佐，左春坊左中允兼翰林院脩撰李學詩，右春坊右中允兼翰林院脩撰秦鳴夏、閔如霖，左春坊左贊善兼翰林院脩撰浦應麒，翰林院脩撰周文燭、茅瓚，右春坊右贊善兼翰林院檢討郭希顔、閭樸，國子監司業王同祖，左春坊左司直兼翰林院檢討呂懷、謝少南，翰林院編脩敖銑、駱文盛、尹臺、郭朴、王立道、康太和、歐陽晚、嵇世臣，翰林院檢討黄廷用、郭盤、陳東光、全元立、張緒，翰林院孔目李愚、詹事府主簿楊樞、録事屠應埈等，謹以剛鬣柔毛庶羞之儀，致祭于太子太保禮部尚書掌詹事府事謚文敏渭厓霍老先生之靈。曰：維公筮仕中朝，奮自南服，通籍儒林，海邦世族。禮闈舉首，歷任兵曹。耿介自信，超邁入豪。遭值聖明，贊議大禮。爰契皇衷，名位日起。登崇翰苑，遂履宫端。論恩侍從，晉貳天官。擢守留部，俾掌邦禮。夙夜寅清，力振頹靡。召還京闕，翊輔儲官。爰稽訓典，啚上聖功，望崇中外，位司喉舌。簡在九重，倚任方切。云何一疾，倏爾長征。殀生二竪，忽墮台星。蕩蕩帝恩，謚以文敏。生榮死哀，千古不泯。薄陳一奠，聊寫哀悰。洋洋英爽，肅颯其風。尚饗。

維嘉靖辛丑四月廿日總理河道右副都御史郭持平，致祭于太子太保禮部尚書文敏霍公之靈曰：嗚呼！先生南服精英，弁名鼎甲。古道式程，經濟弘業。忠鯁烈聲，爰正典禮。九廟居歆，秉國銓衡。茹茅彙征，尋登宫保。篤棐範型，敭歷多績。倚注方深，云胡不憖。遽驂雲乘。九重嗟悼，爵謚以榮。偎櫬過濟，風慘雲陰。哀忱薄奠，於昭鑒臨。尚饗。

維嘉靖辛丑五月念日巡撫南贛汀漳右僉都御史陳察致祭于太子太保禮部尚書渭厓霍老先生之靈。言曰：維公海嶽間氣，古今傑士。文冠春闈，功崇大禮。忠結□知，力洗時弊。遜志逆志，動求其是。天敘天秩，職思其居。綱紀清肅，珍惜三餘。輟樂減騶，兩都仰止。論道經邦，維其時矣。如何昊天，生□玉樹。□察心夙，神交蓋傾。漳水一别十年，數承高誼。目斷江雲，凔□泣涕。絮酒空勸，執鞭無計。景星懸霄，滄波滿地。於乎哀哉。尚享。

維嘉靖十九年庚子十一月朔六日甲午鄉生南京翰林院侍讀黄佐、刑科給事中陳邦偁、江西道御史曾守約、浙江道御史車邦佑、南京山東道御史李虁、吏部稽勳司主事張烜、戶部山東司郎中何繼之、山西司郎中陳大綸、四川司郎中陳大咸、主事李憲、雲南司員外郎饒相、福建司主事盛若林、廣西司主事陳天然、貴州司主事周世昭、兵部職方司員外郎何中行、刑部□江□□□□珪、工部營繕司郎中吳會期、主事馬拯、都水司主事鄭□□、中書舍人□京李一望、國子監博士馮教、助教蕭躍龍、太僕寺寺丞吳世賓、鴻臚寺序班梁廷珍、錦衣衛千戶陶鳳儀、百戶鄭道、順天府通判黎瞻、觀政進士陳紹儒、盧夢陽等致祭于太子太保禮部尚書掌詹事府事渭厓霍老先生之靈。曰：嗚呼！天地中正，哀降惟均，克濟陽剛，世能幾人。惟公秉德，奮跡南海。石頭之鄉，見此磊磊。大魁春省，家食七年。結廬樵頂，嘯傲雲烟。養晦俟清，聖作乃起。筮仕職方，抗言大禮。天子曰俞。繼統則然，繼嗣則否。嘉爾能言。國是未定，病告歸隱。禮書既成，孚協惟允。天子曰都爾副宫，詹部檄促之，離隱出潛，乃晋宫端，鑾坡之長，親蚕郊祀，執持崛强。天子曰：咈！爾毋予違，械而釋之。寵眷弗衰，罹艱服闋。晉貳天官，黜陟惟公，詆銓者懽。天子曰：吁！爾勤爾忠，乃遷留都，以掌秩宗，向成大典。六辭兹命，舍北而南。惟公恬静，乃申禮制，斥去奇衺，澤及尼娼。使有厥家，前後建明，逾四十疏，斷斷懇切，遠邇傳播。乃晉宫保，以輔皇儲，進言留駕，天下晏如。志所猷爲，寔不止此。天不憖遺，今也則已。其所獨見，周禮繫辭，斥以爲僞，卓然不移。象山之學，指爲禪剎。儕諸莽操，確然不拔。詩傳漢書，乃芟乃裁，改紀惟力，毅然不囬。心之所韙，尊崇猶天。其所不韙，淪之于淵。如彼稼穡，蔍蓑惟力。忽爾翹翹，阪田之特。如彼涉川，洶湧波濤。紼纚弗動，蘭槳自操。填胸正氣，

彪炳森列。上爲列星，耿耿不滅。聖情倚注，倚公克終。邦之殄瘁，云誰不恫。儉以訓家，勤以誨子。有子克家，駪駪卓起。亦既卓起，高舉于鄉。傳公之芳，公也不亡。牲醴匪馨，維誠斯格。惟公精靈，顧我陟側。嗚呼哀哉。尚享。

欽差工部營繕司員外郎顔德倫祭曰：惟翁南海夫子，國朝文章，科甲擅天下其餘緒，爵位列台鼎其微茫，見直者，世祖之黯，計功者，曲江之張。謂清耶，起廉立懦。謂男耶，廷斥左襠。凡皆知翁之淺，而翁亦不以此自亮者，啓沃都俞，致君帝王。反朴還淳，躋世虞唐。會精一而病支離，啓心學敺去詞章。元首股肱，維明維良。帝親冊命，簡在無雙。盖金陵祖宗根本之地，禮官斯文，命脉之綱。秀毓青宫，前星輝煌。顧兹重任，匪翁孰當。帝曰來哉，夙駕皇皇。蒙養聖功，壹蹠耿光。保輔丞弼，周公成王。緊善類之，彙進嘅□。道之靡常，帝心彷徨。日于眷于，勿藥竟夢於黄粱。□□禮制庶僚，奉以周張。蘋藻兮將誠，翁靈兮□□。尚享。

維嘉靖二十年十一月廿日巡按廣東監察御史姚虞致祭于太子太保禮部尚書文敏霍公之靈曰：嗚呼！公乎而遽止是耶。博洽之才，蓍龜之知，耿介之行，勁直之氣，今則已矣。公少爲文，波濤硼硃，蘭省擢秀，禮闈蜚英，遂陟上第，輔教留京。民生豐殖，庶弊肅清，曾不逾時，聖皇馭極。嗟彼衆咻，綱常斯斁。公奮不顧，爭之惟力。帝念其忠，遄加寵錫。入登翰苑，直簡坳螭，人謗且誹，公則不疑。炯炯正議，霄漢陸離。卒排群喙，特進宫闈。乃貳銓衡，明揚側陋。士類磨濯，罔或滯漏。爰典邦禮，南服是懋。損益古今，彰前啓後。帝曰爾來，輔德青宫。稽經訂史，勤牖其聰。庶幾柄用，以底嘉庸。天□不憖，遺遴□嗇，厥躬當宁。震傷士民，無禄命不于常，云胡其毒。

第公年逾知命，位列九卿。行紀國史，謚請太常。傳家有子，厥後克昌。公司無憾，雖亡不亡。肴核旅陳，酹此哀觴。思公不見，清涕浪浪。尚享。

舊属晚學生吏部郎中林春、王嘉賓、張思、高燿，司務胡東、魯羅淮，員外郎王興齡、周卿、劉塾、鄭曉，主事胡鯨、許穀、吳伯亨、李愷、錢邦彥、張瑄祭曰：於戲翁兮！宛然上升。愛而弗見，憂心有沖。白玉樓成，邈帝鄉以容與。明堂棟圮，難師匠之繼登。追惟翁兮，天儲爾精，地鍾爾靈，是故會昌期而誕生，際明時而顯庸。望高北斗，文冠南宮。有浩其氣，頑懦迺懲。有振其響，蒙瞶啓曚。有相之道，禮樂用興。翰林馳譽，銓省留聲。歷官宗伯，國典斯明。帝心有在，簡弼青宮。豈伊一時之愼重，永言奕世之股肱。胡不憖遺，凄其以風。聖帝曰：咨！摧我良臣，薨於政成。元輔曰：猗，鮮予協恭，靡所與同。士林曰：嘻！文不在茲，道將奚從。兆民曰：吁！匪茲相國，孰悲我窮。箕遊莫挽，嶺表圖封。脉脉廣川，悠悠旆旌。盖将指梅關而南下，望白雲以翱翔矣。誄詞告奠，寧已於長號乎哉，尚享。

維嘉靖庚子冬太子太保禮部尚書渭厓相公薨于位，禮部舉故事請謚贈，又遣行人司行人游震得護公之喪，工部郎中顏德倫涖塟事。辛丑春三月十日發京邸，秋七月念日寔抵南海。震得將北上復命。嗚呼！公不可作矣，謹爲文祭于公之前。曰：嗚呼！公奮南服，浚明清忠，慷慨論建，爲時鉅宗。欲開太平，欲建紀綱，欲君堯舜，欲民虞唐。古稱賈誼，通達國體。公才則然，粹而無滓。遭逢我后，惇典明倫。同寅彙征，懋昭聖文。公之愛君，言必剴切。訏謨遠猷，疏章盈篋。公之憂民，至誠敫中。細微幽隱，必協于公。帝罷南狩，群言猶訛。抗疏以告，

民安厥家。朝廷股肱，春宫師保。天胡不憖，奪之壽考。帝哀藎臣，錫謚贈官。命使馳驛，載護其棺。公在長安，杜門絶客。震也晚生，春風阻覿。昌言峻節，中心是藏。乃以職事，送公故鄉。哲人之亡，邦家之瘁。遑遑民生，孰恻顛隮。海月蒼蒼，嶺雲茫茫。斯文正氣，乾坤堂堂。有立有德，有文有子。嗚呼先生，允謂不死。生芻只昘，哀忱孔殷。公靈不昧，庶幾昭臨。尚享。

墓表其三：

維嘉靖二十年辛丑八月初十日□子鄉侍晚生兵部右侍郎等官黄衷、陳錫、黎貫、畢廷拱、鄭翹、何俊、鍾卿、鄧炳、曾世昌、李義壯、梁世驃、馮徽、趙善鳴、鄧文憲、冼桂奇、麥瑩、歐賢等致祭于太子太保禮部尚書霍渭翁老先生之靈。曰：惟公以命世之英才，抱康濟之利器。始事武宗，抗疏欲濬乎化源。迨事今上，議禮適符乎聖志。嗣是眷遇日隆，超擢不次，六辭宗伯，聿崇恬退之風。晉陟青宫，實踐清華之地。貳銓衡而選法清，改南都而邦禮治。洊登宫保，預輔儲貳。殫平生之丹衷，樹敢言之赤幟。事有利於生民，知無不言。政有傷乎國體，言之不避。迹其獻納之弘多，悉歸史臣之載記。其關係最大者，則因流言而默止。飛龍之再狩，奉明詔而極論監國之匪易，省億萬供饋之勞，綿宗社悠長之利，此則天下均受其賜，而功尤爲俊偉者也。善類有所恃賴，姦邪有所畏忌，方異柄用以有爲，云胡遘疾而不起，鄉邦興殄瘁之悲，朝廷失股肱之寄。覩靈車之載旋，隕士類之涕泗。式陳殽核之儀，少罄交游之義。尚饗。

維嘉靖貳拾壹年壬寅六月朔十日丙子，禮部尚書兼翰林院學士黄綰望祭于太子太保禮部尚書渭崖霍老先生之

靈曰：扵乎，我公逸群之才，蓋世之氣，超然直視，沛然無畏。當言必言，雖權弗諱。典禮之章，近倖之弊。南巡之止，監國之議。漢庭汲黯，洛陽賈誼。獨立壹朝，奮乎百世。胡天不憖，遽爾長逝。伊優滿堂，誰啓公揖。興言痛心，莫揮悲涕。尚饗。

維嘉靖二十年八月十二日乙丑，廣東布政司左布政使楊銓，右布政使田秋，左參政張岳，右參政蕭晚、周襗，左參議宋茂熙，按察司副使韓楷、周延、林雲同、陳茂義，僉事雍瀾、趙維、劉廷範、商大節，都司都指揮李能英等致祭于太子太保禮部尚書掌詹事府事謚文敏霍老先生之靈曰：惟公才學超乎夷等，風槩本乎天成，禮闈首選，郎署馳名。聖皇馭極，大禮倡明。乃入翰苑，乃進宮詹，乃秉銓軸，乃陟上卿。靖共介特，仡仡鍧鍧。故或者謂似矯似訐，豈休休有容焉，若古名世之英，而不知士心謬戾，諛汙盈行。公寔憤怏嫉厭，如鬼如蜮，而有以寒其膽、喪其朋，俾肅肅雍雍四海隆平也。胡然而疾又胡然而遐升，豈嶺表之山川弗耀靈也。蓋國家正直之氣莫有主盟，而人文宣朗之候，寔占其弗閎。是以皇心痛悼，稽禮宣情。贈遺葬祭，文敏殊旌。夫苟知遇扵生前，沐優寵扵沒後，固君臣終始之義，盛世昭明之典，不可尚矣。是非生人之大幸，而公遭際之極榮。□銓等夙沾芳潤，共籍典刑。臨風壹卣，灑淚而傾。尚饗。

鄉晚生廣西布政司右布政等官吴章、趙崇信、岑萬、梁建辰、周世雍、朱廷亮、蒙佾、彭世潮、林大典、鄭時舉、何應和、林時衷、顏獻忠、許士德、蘇應旻、徐進、關紹吕、王弘久等祭曰：惟公剛毅天植，英特性成。垂榮名於鍾鼎，濾遨遊乎太清。魄落懸車之夜，魂招箕尾之星，使兒童走卒，拉淚飲泣，而國都人士，涕泗沾纓。嗚呼，天實生

公，扶翊國步。張膽明目，披肝攄悰。志骯髒以回天，屢顛危而不顧。博學雄文，星日爭光。揮翰草奏，煙雲動色。鳳凰開五采之章，鷹鸇奮九秋之翼。朝攬轡於蘭皋，夕憩車于中域。故對公光儀，信爲中朝之吉人，而讀公諫疏，謂爲三代之遺直。公吉議禮，允愜聖心。乃晉青宫，望重祠林。緬惟斯時，郊蠶議起。公惟力爭，憯不畏死。皇心弗懌，遂下於理。處世太潔，爲時所忌。既而貳冢，宰執要樞，宿弊積姦，搜爬無餘。園有瘵鹿，庭有懸魚，朝士謝及門之謁，故人無求薦之書。乃晉秩宗，乃出南畿，振起頹廢，雷厲風飛。遭群言之翕訛，亦獨行而不疑。惟皇思賢，日如不及，三載底績，尋亦召入。公之召入，駕幸□土。疏供億之浩煩，陳人情之危苦。天語丁寧，不震□怒。繼而外議沸騰，公亦再疏論列，敷錫皇猷，宣察民瘼，而乘輿不再出者，亦惟公之力也。公勳業如彼，忠讜如此，天胡使之厄焉，而不究其用尼焉。而不竟其志，奪之於其終，而若或予之於其始，何耶，嗚呼，比干諫死，喬松引年。跖蹻眉壽，夷隨棄捐。天命既去，鵬止于軒。時哉不來，屈沉于淵。固脩短之有數，豈人爲之使然。章等與公同里，聞訃凄惻，歎不能留哲人於丹霄，補袞衣之闕失。又不得挂長繩於九天，繫西飛之白日。聊哀奠以陳詞，怳靈爽其來格。尚饗。

嘉靖辛丑季夏五日太子太保禮部尚書霍文敏公柩經金華之瀫水，年弟南京禮部郎中周文光自山中步三百里，携樽俎瓣香執旐而哭曰：嗚呼，渭翁文魁天下，不爲公奇。學貫古今，不爲公異。位極卿相，不爲公貴。名顯四夷，不爲公榮。惟公負剛大之氣，秉忠貞之節，至誠足以御物，至公足以勝邪，至廉足以立懦，至毅足以任遠。臨大事，決大疑，排大難。如其道也，誘之以聲利而不動。非其道也，怵之以禍患而不驚。巍乎泰山之具瞻，挺乎中流之砥柱。

學者仰如山斗，百姓信如蓍龜。君子賴之而有所樹立，小人畏之而不敢妄爲。中外方慶明良之會，復覩太平之盛，何天不憖遺，奪吾元老之速也。豈斯民遭因而吾道當阨耶？抑貞元未啓，而將有待耶？或游氣雜擾，而賢哲痿痒耶？無亦方正難合，而蜂蠆肆毒耶？彼蒼者天，吾不得而知也。嗚呼！公之身逝矣，而公之神烱烱宇宙間，如雷霆鬼神不可測識，猶足以懾姦諛之心，褫貪夫之膽，不殛其身必誅其子孫。蓋巋然而獨存者，豈與身而俱殂也耶。不肖平生之志，不理於多口，而獨蒙公之知，尚冀公在天之神特鑒乎不肖之誠，詎曰澗谿蘩藻之菜，敢羞於公乎。尚饗。

廣州府知府胡鳳、□□、程鐸，通判周璞、李冕、馬□□，推官駱居敬祭曰：嗚呼！公之宏才邃學，足以長民而輔世，而高風勁節，足以軌俗而康時。矧廼正氣本乎天授，問學敦於日孜。抗壹朝而獨立，俯千古而下之。宜台輔之蚤登，何大命之倏移。俾喆人興云亡之嘆，而天子軫不憖之悲。雖所負之未究，而華問亦足以永垂也。鳳等念星霜之忽易，仰靈輿之載馳。聊束帛以象德，敬陳詞而獻私。英靈如在，伏惟尚饗。

南海縣知縣張峯、縣丞官凝秀、主簿鍾瑛、典史陳佐、番禺縣主簿方重煇、典史徐滔祭曰：惟公懋德，學裕才豊。蜚聲南粵，鶚薦雲從。文魁天下，名動域中。筮仕郎署，歘歷青宮。繼佐銓曹，持明秉公。澄清仕籍，憸慝潛蹤。帝命眷注，廼陟秩宗。表儀朝著，四海稱雄。正氣天植，允竭精忠。進退韓范，伯仲夔龍。公孤是託，倚任方隆。廊廟虛席，待奏元功。胡天弗吊，遂爾高翀。聖心於邑，邺典特崇。護喪祭葬，義協始終。峯等無似，夙仰高風。潔牲肅薦，用獻凉悰。尚饗。

增城縣知縣舒文舉、縣丞蔡玉成等祭曰：嗚呼！惟天地惟正氣是常，惟明王惟正氣是昌，惟哲人惟正氣是揚。公惟天授，乘氣翱翔，以贊天地，以襄聖王。大典建，大獄明，而禮刑著。南巡議群兇跪而朝綱張。君子恃以無恐，小人肅而若藏。剛而大，直而方，翼翼堂堂，與山岳並峙，與日月爭光。古謂社稷之臣，非公其誰可望。夫何瞳眷方殷，而楓宸遽別，泰階甫平，而天柱遂折，豈天固不憖遺元老，使國家猶將借羡於臯契。雖然正氣之在公，豈以生而存，亦豈以亡而滅。其生而在朝也，爲霖雨，爲鼎石。其亡而歸也，爲列星，爲凝碧。然則正氣之所周游，磅礡蒸欝。裕茲後昆，憑業纘績。若將等天壤而相敝，際王國而匹休。孰非我公不朽之遺烈乎。文舉等分屬後生，職在司土，天設地藏，肇茲神道，激昂高風，草木同鼓。肅將□牲，聊攄悃素。尚饗。

直隸滄州知州曾夢祺、徐州知州陳克昌、山陽縣知縣黄曰敬、長洲縣知縣吴世良、吴縣知縣張道、吴江縣知縣喻時、桐鄉縣知縣孫宏軾、仁和縣知縣蕭軾、錢塘縣知縣張瑞、富陽縣知縣湯紹夔、桐廬縣知縣吴宗湯、常山縣知縣程世鵬、廬陵縣知縣袁衮、贛縣知縣蕭善登、大庾縣知縣陳富春、峽江縣知縣龔鐸、泰和縣知縣王春復、曲江縣知縣胡德純、順德縣知縣吴寵、清遠縣縣丞何玹祭曰：嗚呼！惟公濱海英儒，清時豪傑，座應三台，心全孤潔。知足以達其道，毅足以致其決。抗疏千張，風生岩穴。倡大禮以全天子至孝，遏南巡以完天下命脉。君子有所恃而爲善，小民有所賴而綏帖。剛毅韓汲，忠仁伊說。誰謂造物無情，柱石摧折。凝□□□兮絶，朝廷蓍龜兮缺，黔黎兮失怙，姦邪兮掉舌。惆悵乃□□□訓招尚兮領帳，奚挈家寧兮惟彪，奇□□□心□□□□□□□等，末字晚生鶡思彌□梅山蒼巉巉□有遺則海水涸□兮□□咽□□。尚饗。

墓表其四：

維嘉靖二十年辛丑六月初三日巡按浙江監察御史王紳致祭于大宫保尚書文敏公渭崖霍老先生之靈曰：惟公廉厲端執，不爲融通。直諒坦洞，不爲悦容。蚤魁南宫而士欽其望，位高八座而慮周民窮。進讜言以匡國是，贊大禮而悟宸聰。有康濟生民之志，有丕振士氣之功。有毅然不奪之節，有確乎不易之忠。方簡注於宗伯，乃培養乎儲宫。人共仰勳猷之懋著，天胡俾耆俊之遽凶。生平偉抱，卒未展於宥密，而下方岷庶，咸持泣於旻穹。嗚呼痛哉！紳也誤簡録於己丑，遂濫預夫登庸，虞知己之莫副，惟矢勵於寸衷。驚悲訃之遄及，傷斯道之失宗。方攬轡於浙上，適丹旐之返東。嘆王事之靡盬，愧執挽之無從。敬祖薦於江滸，徒揮涕於長風。尚饗。

廣東布政司左參政張岳、柯相，右參政周襗，左參議宋茂熙、徐九皋，按察司按察使侯緘，副使周延、林雲同、陳茂義、游居敬，僉事雍瀾、趙維、劉廷範、商大節、楊逢春、翁溥祭曰：惟公松柏之操，金玉其姿。皇圖楨幹，朝野蔡蓍。蚤年釋褐，麟出鳳儀。職方暌軔，乃公輕車。聖人議禮，公寔贊之。旋登翰苑，青宫是毗。遷轉兩都，爲夷爲夔。鑑空衡平，矩絜規持。謇謇諤諤，有犯無欺。典司政本，□在衡璣。中外屬望，匪公曷宜。天也不弔，胡不憖遺。嗚呼！文敏有謚，葬祭有萊。振振公子，以裘以箕。天之祚公，良亦弗虧。鳳凰之岡，有厓有㢝。帝命赫赫，藏公于茲。諏日暌引，靈輿載脂。式陳祖奠，用寫哀私。尚饗。

浙江布政司左布政使詹瀚，右布政使歐陽必進，左參政盧蕙，右參政婁志德、馬紀，右參議柴儒，浙江按察司按察使任維賢，副使蕭一中、張鏊、鄒堯臣、王汝孝，僉事劉望之、艾希淳、方孟縉，浙江都司都指揮王壬、韓平、

張典、邢世傑、李釜等祭曰：惟公五嶺毓秀，百粤鍾奇。剛中自負，經綸自期。大魁春省，遂署兵曹。秉時抗議，千古殊遭。磨礪日勤，聖眷日篤。朝野同聲，擬之孝肅。帝曰：南都簡任，寔難于公，借重宗伯天官。公承付託，怕懼不效。侃侃多章，言啚領要。鴒禁森嚴，方有所賴。胡弗憖遺，而公遐邁。九重震悼，百工含哀。哲人何之，魂招不來。瀚等昔也聞訃，傷如之何。今也迎柩，有涕滂沱。精白在心，蘋藻在席。靈爽如存，江濤如泣。尚饗。

山東按察司副使門下學生張意祭曰：惟公兩間正氣，昭代偉人。受知明主，致位孤卿。惟公奏疏，蹇諤匪躬。惟公著述，熙載亮工。惟公德望，漢廷蕭汲，魏宋韓范，邦之司直。世謂不朽，德言與功。有壹于此，譽垂無窮。公于三者，咸可不朽。疇云公亡，在帝左右。喜爲雨露，怒作風霆。神無不之，福我蒼生。陰翊聖明，扶正觸邪。兒童走卒，聞訃咨嗟。意忝門下，感恩獨深。五内摧裂，玄冬晝陰。北風長號，如助悲咽。千里緘辭，幽明永决。尚饗。

四川布政司右布政使教下晚生嚴時泰祭曰：惟公首擢賢科，躬逢盛時，敭歷清班，崇階荐躋。經世之□，有猷有爲。華國之文，維璧維奎。靡書不讀，何物不知。此非其至，乃公緒餘。所不可及，有大於斯。烈烈正氣，巖巖英姿。介中有和，公外無私。枕度履衡，襟矩帶規。媿清寒沚，擬直朱絲。有犯無隱，逆鱗屢批。啓心沃心，聖學有裨。大事之斷，公維堂谿。大疑之决，公維靈蓍。蕭艾必薙，芝蘭必培。主持國是，如山莫移。釐正時弊，如垢必除。慮周四方，察及百司。曰皆吾分，寧立町畦。嗟嗟流俗，愈下其趍。公爲砥柱，屹然障之。是故彝章丕著，綱紀弗隳。壬人褫魄，善類揚眉。國有師表，朝有羽儀。苟微我公，曷克臻兹。公望維崇，泰華維低。公名維重，

萬鈞維錙。是故外夷動問，海内懷思。民望太平，帝切倚毗。僉期自此，舟楫塩梅，使我公之少延，獲大藴之究施。則世可唐虞三代，而公亦將臯夔稷契伊傅周召之追矣。奈之何！二豎肆侮，而竟與世永違也。是故當宁震悼，里巷涕洟。山川失色，草木凋腓。群鳥鳴號，百獸跼躪。雲愁風慘，天日無輝。豈非以大賢之存亡，關時運之盛衰乎！時泰愚懵且劣，初學摛詞。小人之文，其别也狸。何有扵德，爲文之基。公謂可教，進而弗麾。反覆稱許，仍有所期。維公之襟，滄海無涯。細流必納，寸善不遺。肆如小子，受知獨殊。凡公所稱，内省忸怩。奉以勉旃，後或庶幾。嗚呼！哀哀，孝子扶櫬南歸，我心孔切，恨莫與俱。爰沐芳華，匍匐繐帷。跪陳詞而薦酒，忽不禁涕淚之沾濡。嗚呼！昔蘇子之哭歐公，謂下爲己私而上爲天下。今時泰哭公，亦豈徒以猥辱知己，而曾不知爲天下悲者歟。尚饗。

福建布政司右參政粱廷振祭曰：吁嗟先生，胡爲乎遽止于斯邪。若先生者，所謂大丈夫非與鍾嶺南川岳之秀，爲命世豪傑者乎。自做秀才，志已度越等夷矣，及出而魁天下，立朝著也，以中心安仁自待，以明倫大典自負，以聖賢大道自任。潤身有德，傳家有訓。致君有術，華國有文。弘毅剛大之氣，若將呑河海而摧華嶽，揭日月而塞兩間。兀兀乎砥柱中流，而力障狂瀾之倒也。覿德聞風，貪廉懦立。故曰：居天下之廣居，立天下之正位，行天下之大道。富貴不能淫，貧賤不能移，威武不能屈，若先生者，其殆庶幾乎。樂只君子，萬壽無疆。胡爲乎天斂之速，而使我心傷悲耶。天乎人乎，吾不得而知也，安能釋此恨耶。嗚呼！壽而不壽，命之在天者也。不壽之壽，命之在我者也。大丈夫在宇宙間，不朽者固自有在。豈以脩短爲存歿哉。承芳濟美，卓有賢嗣。生榮死哀，夫復何言。振忝姻親，素辱知愛。乃各天壹方，病不得省藥，斂不得執衣。悠悠蒼天，恨曷其極。痛切肝腸，望風遡泣。

九原有知，鑒茲悲梗。尚饗。

廣東布政司左參議宋茂熙祭曰：惟公嶺海英豪，廟堂碩輔，稽禮論政，援據今古。忠鯁天植，世孰公儔。漢則汲黯，唐則韓休。公若朞頤，朝野永賴。胡疾而亡，薦紳傷嘅。熙官茲土，素辱公知。薄奠揮涕，豈曰我私。尚饗。

廣州府知府胡鳳，同知程鐸，通判周璞、李冕祭曰：惟公南嶽降神，雄冠海内。北斗倚空，斟酌元氣。禮持獨論，獄折群疑。惇彝貞度，天子是毗。風生麟筆，霜拂龍鱗。軌範正學，社稷名臣。心欲救時，壽不滿德。一鑑徵亡，萬春秦輟。鳳等濫膺茲牧，驚聞殲歌，匍匐載酹，傷如之何。尚饗。

直隸常州府知府張志選，淮安府推官金志，蘇州推官陳一德，揚州府通判周鼒、虞价，推官吴道南，浙江嘉興府知府王學孔，同知林鳴鸞，通判陳嘉猷、辛紹佐、董檻□，浙運使洪富，副使沈子明，杭州府知府陳仕賢，通判王宗尹、桑蓁，嚴州府知府楊成，同知何士鰲，通判潘嗣冕，推官陸愚，衢州通判何偉，推官方舟、劉超宗，江西廣信府通判朱廷文，推官黄約，南昌府知府謝存儒，臨江府知府王養正，吉安府同知陶廉、張孟澄，通判晏杞、劉璋，推官高尚義、盛唐，贛州府知府祝詠，通判廖長倫，推官趙承謙，南安府知府林介，廣東南雄府同知裴相，通判張曰蒙，推官曾樂，韶州府知府符錫，推官鄭錫祺祭曰：嗚呼！天下方延頸以望公之有爲也，而公止于茲耶。大夫士之負直氣者，方望公以有恃也，而公遽止于茲耶。天胡不憖遺，老成貞序，糾虔以肅朝廷，以端士風，以愜輿情耶。惟公蚤負才華，大魁士林。繼緣建議，簡在帝心。薦登卿輔，知遇日深。公益感奮，數陳古今。秉道嫉邪，憂國奉公。挺然獨立，和而不同。嘗竊評之：公之敢言，有魏徵之風，而節非徵匹也。公之任事，有寇準之力，而學非準及也。公之文章，賈誼之流。公之氣節，汲黯之儔。惜公未相爾，使天假之年，相公必矣。相則才可盡用而志可畢矣，吾不知公之事業曷其極矣。天下有人所不敢言，不敢爲之事，公必待時而動，于以驚悚庸懦，扶植綱常，補天而浴日矣。嗚呼！天道無知，英雄有淚。豈其齎恨而卒矣。志選等末學小生，風懷仰止，瞻弔靈車，泣涕如雨。嗚呼哀哉。尚饗。

維辛丑年三月九日太子太保禮部尚書渭厓老先生柩行，先期門人觀政進士黃顯、莫如爵，舉人莫如善、莫如士、黃弘宇，生員楊紹元、盛之果，謹相戒紼從事，用申奠告。公其顧歆哉。於戲！穆穆燕谷，祥車獨復。粤山青蒼，卜窆允臧。公心惓惓，萬民未燕。精英麗天，箕尾朗宣。於戲傷哉！春夢棼擾，秋雲世類。瞻公恍然，錫予長篳。尚饗。

維嘉靖辛丑五月三十日嘉興府桐鄉縣知縣孫宏軾敬祭于太子太保禮部尚書霍渭翁老先生行主，其詞曰：越山高兮吴水長，上有浮嵐兮下有流光。嗟哲人其安適歸兮，余將從巫陽而彷徨。惟大道之既隱兮，世佻巧以爲悦，誰能辨夫子之忠良。遇明主而見在田兮，竟未及見文明於暡壤。彼其超然遠覽之志，孤介獨立之操，殆將與黃鵠而比毛翼，寧能群雞鶩而爭粃糠。自古有志者非壹夫子，至今令人痛傷。臨河永訣，式奠椒漿。白雲飛過，望公杳茫。尚饗。

考略

此五方碑存廣州增城新塘鎮九如村後龍山（即南香山）東南面半山上的明代霍韜夫婦合葬墓前。皆端石質。碑額及正文楷書。該墓規模大，規格高。皇帝賜葬、御筆祭文、當時名人題寫墓表、各類官員撰寫祭文。碑文內容均是介紹霍韜生平事迹和褒揚霍韜為人剛正不阿，嫉惡如仇，敢於直面奸邪，忠於朝廷，以天下為己任，為國為民，以及贊揚其夫人鄭氏賢良淑德等。

位於碑塔正面的為『奉天誥命』碑。高 150 釐米，寬 70 釐米。碑首刻『奉天誥命』四字，上半部分刻嘉靖皇帝御筆嘉獎霍韜及其夫人的祭文。下半部分刻『太子太保禮部尚書掌詹事府事謚文敏霍公偕誥贈夫人鄭氏之墓』。另錄四方志銘碑，其一是明嘉靖二十一年（1542）武英殿大學士同邑友人方獻夫撰的《明故太子太保禮部尚書掌詹事府事謚文敏渭崖霍公墓表》，概述霍韜生平傳略。其二、其三、其四皆為朝廷各級官員及其門人的祭文碑，多為贊頌霍韜品格之辭。

霍韜，字渭先，號渭厓（崖），廣東南海縣石頭村人。明正德八年（1513）鄉試第二名，翌年會試第一名進士。累官至禮部尚書。『大禮朝議』鬥爭之時，他援引古禮，揆之事體，主張嘉靖帝（明世宗）應尊生父興獻王為皇考，不同意群臣以興獻王為皇叔考之名稱，力排眾議。事後陞職，他也因避嫌媚上取寵，三次堅辭不受。嘉靖十五年（1536）才官至禮部尚書太子少保。嘉靖十九年（1540）逝世。追封其為太子太保，謚文敏。霍韜學博才高，工書法，擅丹青，著有《詩經注解》《象山學辨》《程周訓釋》等。今有《霍文敏公全集》傳世。

明封太恭人倫母區氏墓誌銘

明嘉靖二十四年（1545）

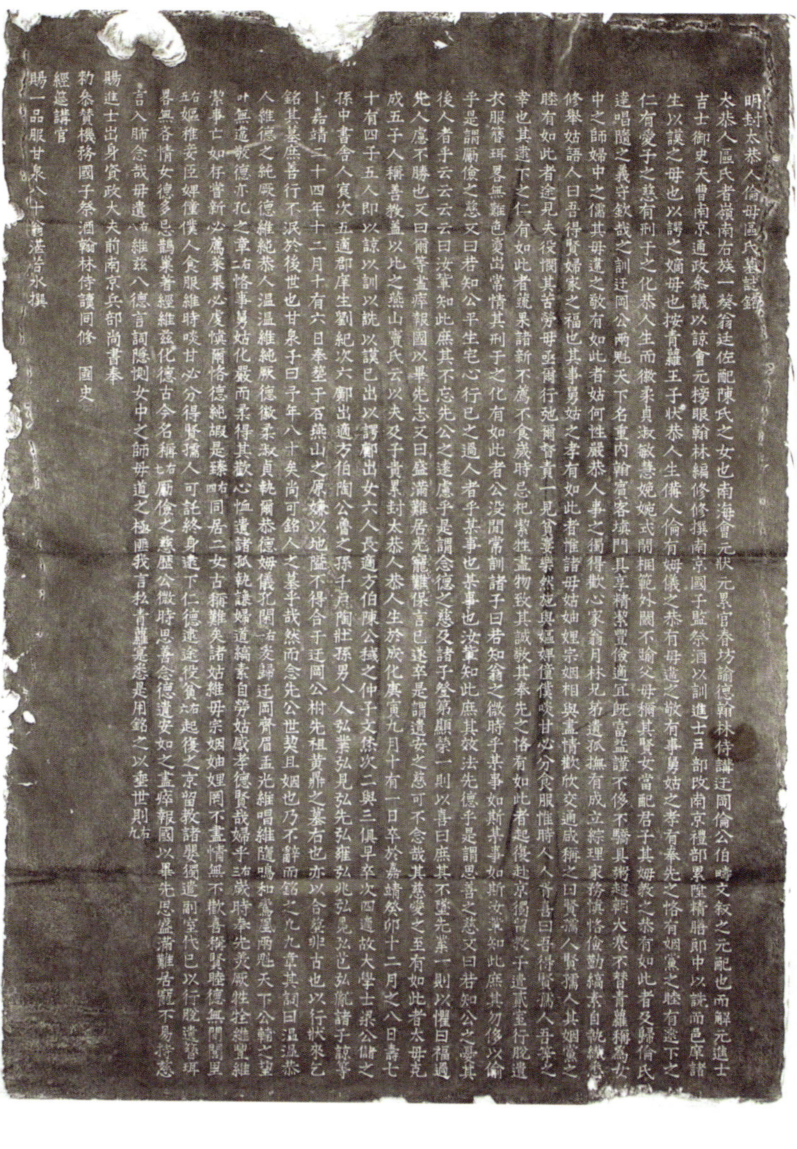

（墓蓋銘文）

釋文

（志蓋）明封太恭人倫母區氏墓誌銘

明封太恭人倫母區氏墓誌銘

太恭人區氏者，嶺南右族一葵翁廷佐配陳氏之女也。南海會元狀元累官春坊諭德翰林侍講迂岡倫公伯疇文叙之元配也。而解元進士吉士御史天曹南京通政參議以諒、會元榜眼翰林編修修撰南京國子監祭酒以訓、進士戶部改南京禮部累陞精膳郎中以詵、而邑庠諸生以謨之母也，以謂之嫡母也。按《青蘿王子狀》，恭人生備人倫，有姆儀之恭，有毋違之敬，有事舅姑之孝，有奉先之恪，有姻黨之睦，有逮下之仁，有愛子之慈，有刑于之化。恭人生而徽柔貞淑，敏慧婉娩，式閑梱範，外閫不踰，父母稱其賢女，當配君子，其姆教之恭有如此者。及歸倫氏，達唱隨之，義守欽哉之訓。迂岡公兩魁天下，名重内翰，賔客填門，具享精潔，豐俭適宜。既富益謹，不侈不驕，具粥趨朝，大寒不替。青蘿稱爲女中之師、婦中之儒，其母違之敬有如此者。姑何性嚴，恭人事之，獨得歡心；家翁月林，兄弟遺孤，撫有成立，綜理家務，慎恪儉勤，縞素自執，纖悉修舉。姑語人曰：『吾得賢婦，家之福也。』其事舅姑之孝有如此者。惟諸母姑妯娌宗姻，相與盡情歡欣交通，咸稱之曰：『賢孺人、賢孺人』。其姻黨之睦有如此者。途見夫役，憫其苦勞，母亟爾行，弛爾督責。一見貧窶，樂然施與。嫗婢僮僕，啖甘必分。食服惟時，人人胥喜，曰：『吾得賢孺人，吾等之幸也。』其逮下之仁有如此者。蔬果諸新，不薦不食。歲時忌祀，潔牲盡物。

致其誠敬，其奉先之恪有如此者。起復赴京，獨留教子，遣貳室行。脫遺衣服簪珥，畧無難色，夐出常情。其刑于之化有如此者。公沒，間常訓諸子曰：『若知翁之微時乎？某事如斯，某事如斯。汝輩知此，庶其勿侈以偷乎？』是謂勵儉之慈。又曰：『若知公平生宅心行已之過人者乎？某事也，某事也。汝輩知此，庶其效法先德乎。』是謂思善之慈。又曰：『若知公之憂其後人者乎？』云云，云云。曰：『汝輩知此，庶其不忘先公之遠慮乎？』是謂念德之慈。及諸子登第顯榮，一則以喜曰：『庶其不墜先業。』一則以懼曰：『福過先人，慮不勝也。』又曰：『爾等盡瘁報國，以畢先志。』又曰：『盛满難居，光寵難保。』言已遂卒。是謂遺安之慈，可不念哉！其慈愛之至有如此者。太母克成五子，人稱善教，盖以比之燕山竇氏云。以夫及子貴，累封太恭人。恭人生於成化庚寅九月十有一日，卒於嘉靖癸卯十二月之八日，壽七十有四。子五人，即以諒、以訓、以詵、以謨已出，以謂鄺出。女六人，長適方伯陳公秫之仲子文烋，次二與三俱早卒，次四適故大學士梁公儲之孫中書舍人宸，次五適郡庠生劉紀；次六鄺出，適方伯陶公魯之孫千戶陶壯。孫男八人：弘業、弘見、弘先、弘雍、弘兆、弘冕、弘芑、弘胤諸子。諒等卜嘉靖二十四年十二月十有六日奉葬于石燕山之原，嫌以地隘，不得合于迂岡公，祔先祖黄鼎之墓右也，亦以合葬，非古也。以行狀來乞銘其墓，庶善行不泯於後世也。甘泉子曰：『予年八十矣，尚可銘人之墓乎哉？然而念先公世契且姻也，乃不辭而銘之，九九章。其詞曰：

温温恭人，維德之純。厥德維純，恭人温温。

維純厥德，徽柔淑貞。執爾恭德，姆儀孔閑。（右一）

爰歸迂岡，齊眉孟光。維唱維隨，鳴和鸞凰。
兩魁天下，公輔之望。叶無違敬，德亦孔之章。（右二）
咯事舅姑，化嚴而柔。得其歡心，恤遺諸孤。
執謙婦道，縞素自勞。姑感孝德。賢哉婦乎。（右三）
歲時奉先，羨厥牲牷。維豐維潔，事亡如存。
嘗新必薦，菜果必虔。愼爾恪德，純嘏是臻。（右四）
同居二女，古稱難矣。諸姑維母，宗姻妯娌。
罔不盡情，無不歡喜。稱賢睦德，無間閭里。（右五）
嫗稚妾臣，婢僮僕人。食服維時，啖甘必分。
得賢孺人，可託終身。逮下仁德，逮途役貧。（右六）
起復之京，留教諸嬰。獨遺副室，代己以行。
脱遺簪珥，畧無吝情。女德多忌，鵲巢著經。
維兹化德，古今名稱。（右七）
勵儉之慈，歷公微時。思善念德，遺安如之。
盡瘁報國，以畢先思。盛滿難居，寵不易持。

慈言入肺，念哉毋遺。（右八）

維兹八德，言詞隱惻。女中之師，母道之極。

匪我言私，青蘿寔悉。是用銘之，以垂世則。（右九）

賜進士出身資政大夫前南京兵部尚書奉勑參贊機務國子祭酒翰林侍讀同修國史經筵講官賜一品服甘泉八十翁

湛若水撰。

考略

此碑二〇一四年六月出土於廣州花都區狀元山明代狀元倫文敘元配夫人區氏墓。墓誌蓋文字為篆書，正文楷書。碑文記述并贊頌區氏賢淑勤儉，慈愛明禮，深明大義。據碑載，『太恭人區氏者，嶺南右族一葵翁廷佐配陳氏之女也。南海會元狀元累官春坊諭德翰林侍講迂岡倫公伯疇文敘之元配也』，證明墓主區氏乃倫文敘之妻，糾正了此前認為墓主為倫文敘母之誤解。又從碑文中可知狀元山在明代稱作石燕山。倫文敘，字伯疇，别號迂岡。南海縣黎涌村人。明弘治十二年（1499）狀元，官至翰林侍講，著有《迂岡集》。倫氏一門父子相繼登三元，非但在嶺南絕無，即便全國也少有，皇帝御賜『中原第一家』，曾立牌坊在南海黎涌村前。

撰文者湛若水，字元明，號甘泉。廣東增城人。明代哲學家、教育家、書法家。明弘治進士，選庶吉士擢編修。後歷南京禮、吏、兵三部尚書。少師事陳獻章，後與王守仁同時講學，各立門户。主張『中原隨處體認天理』，著有《湛甘泉集》。碑文載『青蘿』者，為湛若水門生王漸逵，字伯鴻，號青蘿子。

湛若水墓版築牆銘

明嘉靖三十九年（1560）

釋文

山斗八座，真儒千載。

九十五年，全歸不朽。

考略

此銘文存廣州市增城區新塘鎮陂頭村天蠶山東麓的湛若水墓左右山手版築牆上，刻字與版築同出。雙鈎篆文。銘文內容是稱譽湛若水學術成就及高壽。未署撰書者姓名。墓主人湛若水簡介參見《倫文敘元配區氏墓誌》之考略。

明封淑人勞氏墓誌銘

明萬曆八年（1580）

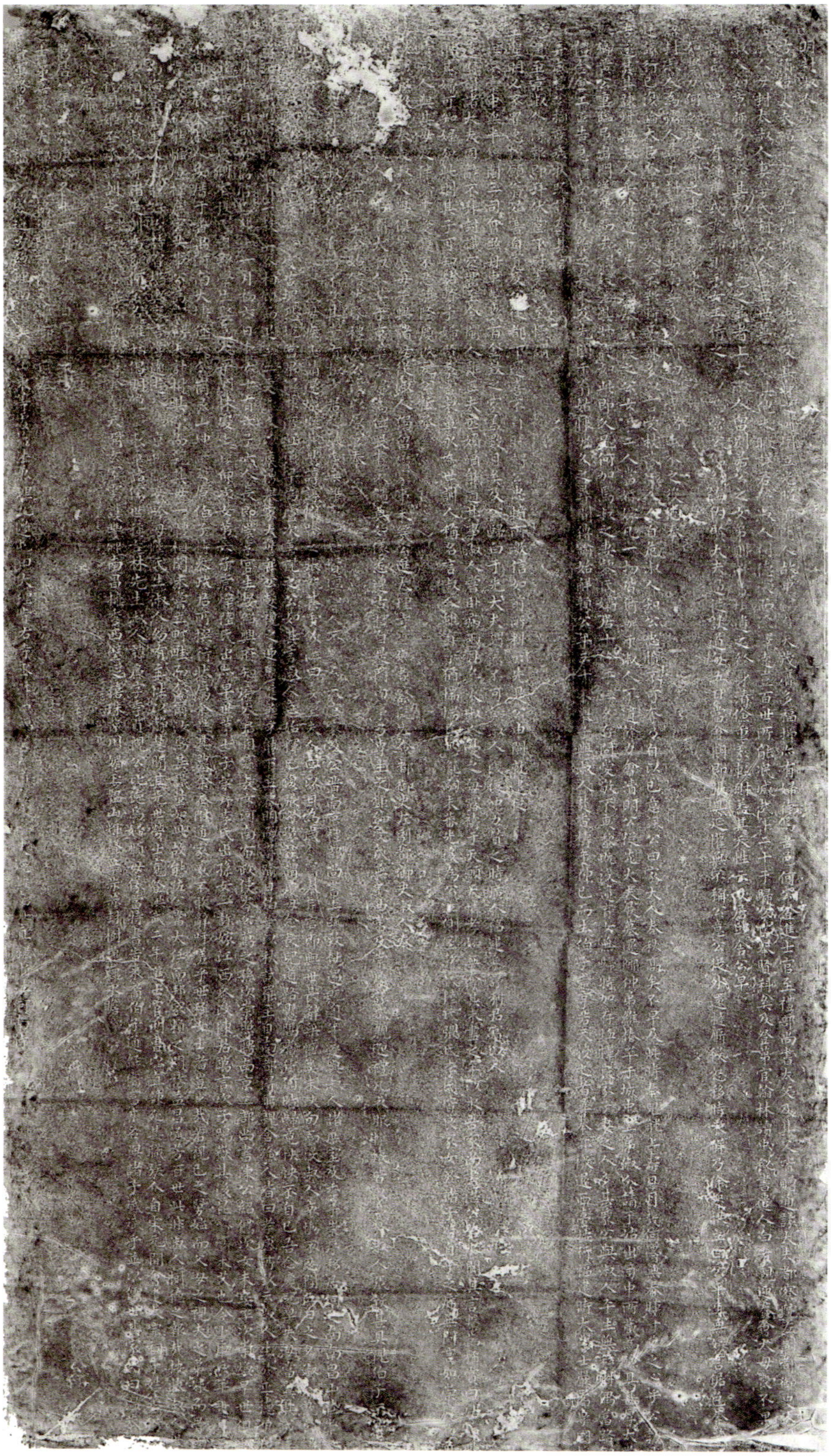

釋文

明封淑人勞氏墓誌銘

古稱偉丈夫福邦家而光門祚，多本於先公及其身之𠩄樹立，光昭前聞，人故申錫自天，茂膺多福，抑亦有婦德焉。吾邑何公登進士，官至禮部尚書，太父及其父皆贈通儀大夫都察院左副都御史，太母贈淑人，母封太淑人，妻勞氏封淑人，盖三世尊顯矣。其他未暇詳，若勞淑人樹德深而流澤遠，豈百世𠩄能泯滅哉！年二十于歸，公已舉賢科矣。及登第，官翰林讀中秘書，遣人白老親迎養，會太母喪，不果行。惟淑人如京師，乃悉檢其初歸時服色之美者，上太淑人留別；若公之女弟，則解簪珥遺之。終身清儉，重義輕財，盖其天性云。及居邸舍，公早朝，輒先雞鳴起，悉有繩度；或夜歸，則手女工待之，歲以為常。公結納海内賢大夫，過從談道，每五日當會期，即張具延懽，無不稱公意。公從外還，撻廝役，怒，移時未觧，乃徐起拱立曰：『公平生無疾言倨色，今若是，如學力何。』公改容謝之。未幾，為御史，奉恩詔封淑人為孺人。尋上封事，請罷安南兵及沙河功德寺諸土木之役，悉奉廷議行已。復論大臣奪情免喪疏，久不報。時臺諫多以言受杖落職，人人自危。淑人知公忠憤不可奪，乃自以己意諷公曰：『家大人春秋高矣。不早及此時奉兕觥上壽，日月幾何，淂無春暉寸草之心乎？』公勃然請告，遂焚其諫艸，與淑人乘傳還，卜居羊城，舉家從之。公女弟二人當婚嫁，凡一切皆倚辦于淑人，不遺餘力。會清明，公從先大夫展墓還鄉，仲弟維椿卒于城中里第，淑人請于姑，出笥中𠩄藏為殮具甚厚。太常卿黃公重臨弔，出門嗟嘆而去，謂：『嫂治其叔喪如此，即父兄何加焉！』叔之妻黎氏孀居十餘年，旦夕存問，愛敬不衰。黎既沒，遺育女無歸，特加存恤，擇良家子妻之，人多其義。公與淑人平生無私財，偶當路饋禮金，會工匠告急請受直，既給之矣。未及先聞于翁姑，悚然久之，尋聞傳諭，始觧顔。公年三十未舉子，與淑人焚香禱于神，已而生伯子崇亨，若天授之者。尋奉部檄還西臺按行福建。時大學士嚴嵩專國，播弄威權，公摘發姦狀疏，請奪其官，上怒，逮至京。淑人淂報，即拜服堂下，慰老親至懷，謂：『天王聖明，必不罪忠，讜願翁姑善自寬。』及公從都下還，喜不自勝，謂公忠憤所激，信如前所料云。先是，公由閩就逮，從詔使□與俱，橐中無半錢，閩三司會助舟車費數百金致之家，盖數月矣。及公歸，白于先大夫，謂義不可納。淑人復從中力贊之。時廣人福建參議利君賓以入賀還，遂附謝諸大夫，固辭不拜，封識宛然，至今閩人雖匹夫匹婦猶能道其事。

淑人嘗臥病兩月矣，太淑人憂之，每露禱于天，願天憐孝婦，無奪其未盡之年，以永吾家。尚書湛公若水聞其言，擊節稱賞曰：『姑如此則其婦可知，婦如此則其子可知。姑賢子婦賢，義當表章，永為世訓。』人稱名言。淑人雖有子，猶惴惴焉，恐胤嗣未蕃，先後為公立側室趙氏、陸氏、張氏、李氏，皆良家女。於諸子皆自子之，庭無間言。如崇慶總角時，淑人與其母夜伴讀書，愛護不忍離。隆慶改元，公祗承時詔，以原官□□奉太淑人與俱，崇慶母子與諸母從，淑人獨留治家事。未幾，公進大理寺少卿都察院左僉都御史左副都御史，淑人奉恩命加□□□□淑人。已而聞太淑人卒于京，率子婦為位哭盡哀，饋奠如儀，悉遵古禮。自是門内事乃專主之，鉅細受成，無不曲當。及崇慶議舉親迎禮，凡衣服帷帳，皆取裁於淑人，張設甚具，視伯子不啻□□□□。『兒無常母，

衣無常主』，今始信然。昏禮成，公復以原官奉□□□□□部侍郎，淑人清儉自持，不改其素，有桓少君之風，庭無雜賓，子姓皆凜凜，人不知為天官家。及公晋南京禮部尚書，上疏致仕，還既逾年，遂與淑人諸庶室及季子崇亨移居河之南南昌山莊，崇慶生母張遺疾，未及從。方月餘，淑人以張母疾，亟請還城。既相見，諄諄慰諭之。張執其手飲泣曰：『妾望夫人回，以日為歲，今得奉片言，即與世長辭無憾矣。』未浹旬而沒，淑人哀慟不忍聞。五日之夕，淑人就公榻前告公曰：『慶兒素未嘗懷□，今處苦塊，恐地當卑濕，非所宜□，早為廬次善視之。』公如其言，淑人意始釋，已復張燈聚談，謂：『慶母念長兒道路懸隔，當得何時歸？竟怏怏不自已。吾念慶兒早失母，當翼其成立，報死者于九原。』時漏下二鼓矣，各相顧而退。至五更，淑人以痰湧，舉家大驚，報公起視之，迎醫進藥不能下，至黎明而卒。踰日，伯子以秋試罷，至自南都，得躬親含殮，人皆曰孝感所致云。

淑人生於正德甲戌六月十八日，卒於萬曆己卯十一月初六日，壽六十有六。子六人，長即崇亨，官生，娶紹興府知府岑君用賓長女，河南布政使岑公萬之孫；次崇照，聘南京工部尚書陳公紹儒次女，未娶，卒；次崇煥，早世，俱淑人出。第四子崇慶，側室張氏出，縣學生，娶邑人平洲林處士彥仲次女。第六子崇燁，陸氏出，亦早世。第七子崇序，李氏出。孫女一，許嫁江西參政陳君萬言次子。嗚！嶽其後昆，濟濟未艾也。今卜庚辰年十月二十日丙辰，奉淑人安厝于番禺河南大塘堡大分崗艮山坤向之原。

伯子持參政君所撰行狀屬余誌其墓，余忝附通家，義不敢辭。吁嗟乎！世稱女士者豈少哉。若視己之舅姑而父母之，視夫之弟妹而骨肉之，皆可勉而能。惟廣擇庶室，共事公為宗祊大計，拊其子而親其母，一體相關，未嘗立町畦而分爾汝焉。其識量如此，故能佐公當大任而邦家賴之。門祿益昌，流芳百世，此非淑人樹德之報哉！

按狀，淑人世居南海登雲里，父諱聰，好古詩，習堪輿家言，嘗遠遊入燕京，擁膝豪吟。母陸氏，生淑人，幼有至性，以靜慧。聞其先世勞士寬登洪武二年進士，官刑曺，以直諫死其職。族人自宋元間會建大宗祠，子姓蕃衍，禮義相先，故淑人淂諸庭訓為多。何公名維栢，倡明絶學，表甲諸儒，世稱古林先生。淑人諱廉，字季貞，視公比德焉。婦順母儀，當特書，告來裔。伯子通經術，富才名，與諸子斌斌乎並以儒世其家。銘曰：

溫恭令德，異代周姬。丕承謨訓，長嗣音徽。

名傳彤管，義重金闈。天開玄室，雲護豐碑。

南昌擁秀，西壁延禧。珠藏川媚，玉韞山輝。

聲華赫赫，封樹巍巍。永瞻帝命，光徹岩扉。

萬曆八年歲次庚辰冬十一月十有八日甲申之吉。

賜進士第嘉議大夫都察院協理院事左副都御史前奉敕提督軍務兼巡撫福建等處地方總理兩淮長蘆山東等處盐法兼理九邊屯田大理寺右寺丞江西福建二道監察御史巡按南北直隸浙江河南侍□□筵提督學校通家眷制生龐尚鵬稽首拜撰。

考略

此碑一九八五年出土於廣州海珠區赤崗某建築工地發掘的一座明代墓，藏於廣州博物館。楷書。墓主為明代南京禮部尚書何維柏、勞廉夫婦。該志撰於明萬曆八年（1580），時何維柏尚在世。志文記述何維柏妻勞氏平生賢良事迹，涉及諸多何維柏之史事。

何維柏，又名何維栢，字喬仲，號古林，謚端恪，廣東南海人。嘉靖十四年（1535）進士。歷授監察御史。坐劾嚴嵩，廷杖除名。家居二十餘年。隆慶初復官。累遷吏部左、右侍郎，因忤張居正，為其排斥。嘗從陳獻章遊，著有《天山草堂存稿》八卷。

撰文者龐尚鵬，字少南，號惺庵。廣東南海人。明嘉靖三十二年（1553）進士，歷任江西樂平知縣、監察御史、浙江巡按、福建巡撫等職，頗有直聲。後因得罪張居正受劾，遂罷官歸里，家居四年卒。謚惠敏。

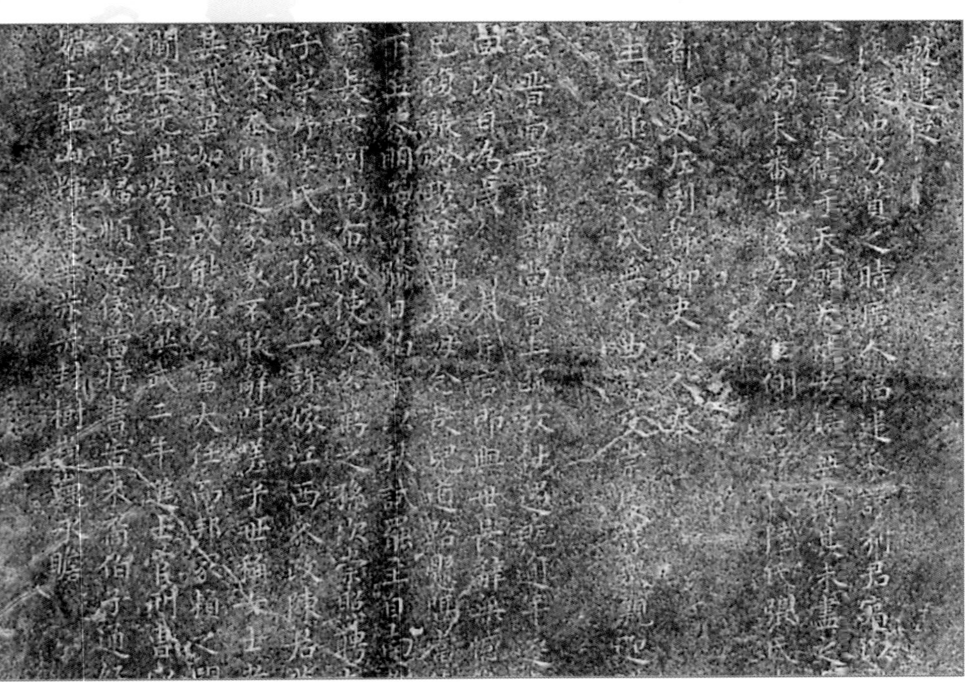

（碑刻局部）

歌者二喬張麗人墓誌銘

南明弘光元年（1645）

釋文

（碑額）歌者弍喬張麗人之墓

歌者二喬張麗人墓誌銘　黎遂球撰

麗人姓張氏，母吳倡也。以能歌轉買入粵，生麗人，體瑩潔，性巧慧。小即能記詞曲，尤好詩詞。每長吟唐人『銅雀春深』句，因自命二喬。以其本吳女，流滯於粵，蓋以自況云。又喜作吳妝，調笑操吳儂語，時而弄鏡問影，婉轉自憐，嫣然不自持也。客或謂二喬雙稱也，不如以小喬呼之。即應聲曰：『兼金雙璧，名有相當。』因指鏡影而笑曰：『此亦一喬。』於是張誕二喬之名，雖城市鄉落、童叟男女，無不豔稱之，以得觀其歌舞為勝。喬既長，母欲擇優贅焉。顧喬志存文雅，思得詞采有心之人，永相屬和，時時虞人見奪。間有覬為落籍者，每婉轉託辭。謂以聲色悅人，亦復何所自好？奈吾母鍾愛，不能暫離。且委身人妻，蜨粉可汙，燕巢終在，不聊勝於入他人手，吼獅換馬，又隨風漂泊哉！是以粵三城多豪華子弟，以三斛珠挑之，復計買其心，堅不為動。甚至設機械、張畢羅，喬惟舞眉冷哂而熱嗔之。無已，則向大人先生之風流雅望者，使為祝解。于時文酒之會，則喬必在，脫珥佐觴，張燈拂席，三城詞壇，遂為名花之叢，媚珠之淵，避鸇獺乎。顧亦能為小詩，善觴政操縱，雖一花半茗，清歡無疲，雅善鼓琴，往往人靜夜長，忻然而弄，好博塞呼賭，輙盡輸其金釵珠璫，未嘗肯稍負責於人，然亦未嘗以小頓，肯易心向金夫也。麗人可謂加人一等矣。

予學道人也，每社事相期，呵筆捧硯，不能不悲其為意。昔歲元宵口口都門，於諸公席間，傳聞麗人死，爭相與為詩弔之。比歸，晤黃子逢永，談麗人死事甚奇。蓋時在新秋，麗人隨諸優於村墟賽神為戲，宿於所謂水二王廟者，夜夢王刻期聘之為妃，醒語其母，泫然悲歎，或歌或吟，皆昔人淋鈴比紅諸句，果以其時小疾而逝。嗟呼！予往知麗人故不屈於勢者，王何繇致之？豈甄后淩波，乃符銅雀之讖耶？若夫粉黛何假，美人何真，豔色等空，春花易謝，後之過者知為麗人埋香處。明月為鏡，清風引簫，好鳥和歌，蛺蝶自舞，徘徊思之，亦可以知生死之無常。或有聞唱，不因柳毅傳書，恍然而悟者乎？

麗人生於萬曆乙卯年三月十六日酉時，卒於崇禎癸酉年七月廿五日午時，為年僅十九歲。先是喬母孑亍多故，余友彭子孟陽居中調護，用是知己之感，相得最歡，傷其逝也，編遺稿，集挽章，賦《蓮香詩》百什首，婉悼備極。遺稿挽詩口為口口口附之剞劂以貽永久。偶堅忍上人為彭子道意於穉恭蘇先生，惠捐勝地，遠帶流泉，下臨湖水，蒼松古石，依枕禪栖。卜以弘光乙酉閏六月丙午之吉葬焉。是舉也，則石閭何長者與其從子景瑋氏實董厥成。口賵贈臨送，則黃君虞六、陳君喬生、梁君漸子、姚君穀符、何君文茲、羅君子開、李君定夫、王君崇道、胡君耀卿、蔡君幼恭、容君明子、梁君學下、楊君奇玉、梁君沃宸、何君景奭、楊君行玉、梁君懋修、吳君惺蓮、黃君運生、彭君聲木、彭君仲文，暨麗人閻趙璧、何文秀、余月生、江澹仙、郭清如、汪一生、陳荊玉、趙素雲、陳水肌、徐秋輪、錢文如、施碧霞、汪妙姑、王楚生、沈奇翠、郭昆秀、施秀芝、陳翠容、周群芳、曹娟娟、李若仙，皆一時倜儻慕義者也。

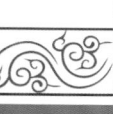

地在三城之北，去花田不百里，蓋庶幾吳真娘墓云。屬余為誌，以告後人，是不可無銘。銘曰：

豔如火，水之妃，是耶？非耶？

噫嘻！嗟乎麗人之不朽者，乃在於斯。

弘光元年歲次乙酉閏六月念六日丙午之吉。

友人彭日禎等拜手立石，土名小梅峃，坐庚向甲之原。

考略

此碑原存廣州白雲山小梅坳，今碑已失，僅存拓本。高 57 釐米，寬 39 釐米。楷書。民國初年汪兆鏞請張金拓得三十餘本，分贈同好。一九三四年，黄慈博、伍佩琳、蔡寒瓊、談月色又曾督拓過一次。今廣州博物館所藏拓本有二，其一有黄慈博等督拓銘印。

張喬，即張二喬，字喬婧，又名張麗人。是明朝萬曆年間廣州一歌妓，清麗脫俗，多才多藝，潔身自愛，品行高潔，平生結交的都是愛國憂民的志士仁人。十九歲時辭世，葬於白雲山百花冢。

撰文者黎遂球，字美周，明末抗清志士，嶺南著名詩人。番禺人。明天啟七年(1627)舉人。南明隆武朝官兵部職方司主事，提督廣東兵援贛州，城破殉難，謚忠愍。善詩文，工山水畫。

清番禺屈氏墓松圖碑記

清乾隆十四年（1749）

釋文

墓松圖碑記

余族環山而居，山多秀美，其著名者曰□□□□□□□，秀出雲霄，週覽四山，五峯前拱，雁群□□□□□□□十九曲旋遶明堂，每當潮長，碧波蜿蜒，□□□□□□□家以為金星善地也。余祖考墳塋在□□□□□□□為祖妣穴，左為先考穴，又下為先兄穴，□□□□□□□前二柱書曰：「淚深松柏地，哀斷蓼莪天」「□□□□□□□，羅威唐頌是吾師」（缺字或為：孝子仁人求我友。屈大均在其遺囑中囑其子書「孝子仁人求我友，羅威唐頌是吾師」之聯於其墓亭。——編者注）。皆先考手書題者，墓傍左□□□□護風水，或挺秀而扶踈，或橫斜而偃仰，□□□□□□□聽松濤之浩蕩，而風木之悲忽生其感，撫□□□□□極之痛不覺其哀，斯亭也，斯松也，匪惟定公之□□□□，宜篤其孝思者也。亭前旗杆二株，先兄□□□□□□□，子孫必有興起而豎神道華表者。墳右行不□□□□□價買長松二株以傍護右臂。由亭迤遞而北，□□□□□妣榆林王氏，鐵城黎氏、梁氏，馮平劉氏四墳塋焉。墳右□□□□□拱護墳塋者，皆百年物也。憶先考廬墓時，□□□□□號禱叩蒼穹，恐其傷折以驚祖墓，其語刻□□□□□昭寰宇。乾隆甲子，祖墳喬松風催其一株，□□□□□戊辰冬，倏有奸小妄生覬覦謀伐亭傍松□□□□□星馳理諭，松獲無恙。然亦危矣，嗟乎，族人□□□□□昕恃有昕不可覬覦者，為之偹矣。兹將□□□□□□□株，繪圖鐫石豎於墳前，以誌先人手澤，並□□□□□□之孝思，長護喬松，無令奸小斧其根株，伐□□□□庶幾喬松永植於高崗，而為後之子孫□□□□□者歟。是為記。

高陽裔孫□□□。

旹乾隆十四年己巳寒食穀旦。

嗣孫□□□□□□。

考略

此碑存廣州市番禺區新造鎮思賢村寶珠崗屈大均墓右側。楷書。據《番禺縣志》記載，墓主屈大均葬於清康熙三十五年（1696），該碑由屈大均之孫刻於乾隆十二年（1747），記述屈氏墓園之環境布局及四界情況。屈氏後人為免奸小妄生覬覦謀伐墓亭傍松樹，繪圖鐫石豎於墳前，并志其先人手澤。碑文因風雨剝蝕多字不清。

屈大均，初名邵龍，又名邵隆，號非池，字騷餘，又字翁山、介子，號菜圃。廣東番禺人。明末清初著名學者、詩人，與陳恭尹、梁佩蘭并稱『嶺南三大家』，有『廣東徐霞客』的美稱。曾與魏耕等進行反清活動。後避禍為僧，中年仍改儒服。詩有李白、屈原遺風，著作多毀於雍正、乾隆兩朝。後人輯有《翁山詩外》《翁山文外》《翁山易外》《廣東新語》及《四朝成仁錄》，合稱『屈沱五書』。

撰文者為屈氏後人。

清葉廷勳墓表

清嘉慶十六年（1811）

考略

此碑於『文化大革命』時被砸，僅存碑正文拓本。後重新補刻新碑，存廣州白雲山。高178釐米，寬87釐米。隸書。此為碑未損前之拓本，缺碑額，現存廣州市文物考古研究院。墓主葉廷勛，字光常，號花谿，原籍福建福清縣。其祖上為明萬曆年間首輔葉向高。葉廷勛在廣州開設義成洋行，從事商貿。

撰文及書丹者伊秉綬，字祖似，號墨卿，晚號默庵，福建寧化人。清代書法家。歷任刑部主事，後擢員外郎。題額者李威，字畏吾、述堂，號鳳岡。福建龍溪人。時任廣州知府。

釋文

資政大夫葉公，以學行顯榮。初，公祖母苦節獲旌，父牽車覲于養。公少勵學，作而曰：『學在克家』。遂棄章句，諸重商旅，信孚遠人。積貲既豐，值國家有急，歷輸臺灣、廓爾客軍糧，永定河、南河石工，計累巨萬。天子褒之，加至鹽運使司銜，錫封二品，榮及三世。迨訓子成才，母壽益高，則輟業孝養，日夕依依，暇仍勵學，詩含清風。順德黎二樵、欽州馮魚山咸折卩與交。曾校王文簡公《古詩選》。大興翁鴻臚方綱一見稱善，出所校本與合刻，藝林珍之。著《梅花書屋詩集》若干卷。顧體羸病，以嘉慶十四年九月六日卒，年五十有七，遠邇惜焉。

公諱廷勳，字光常，號花谿，配顏氏，封太夫人，先意承志，善養其姑，前公三年卒。子三人，夢麟，候選郎中；夢龍，戶部員外郎；夢鯤，光祿寺署正。孫九人。諸詳李太僕宗瀚所作墓志銘。秉綬辱公知愛十餘年，今重來登墳。惟公孝於家，勤于國，信於友，生平任恤解推，不可枚舉。籍本福清，朙宰相葉文忠公之裔，由同安再遷南海。《傳》曰：『公矦之子孫必復其始』。謹表葉氏光大所由，寔緣公內行克脩，垂裒後昆，刻石白雲新阡，以告來者。

資政大夫前揚州府知府署兩淮鹽運使刑部員外郎戊午科湖南主考官愚姪寧化伊秉綬頓首拜撰并書。

朝議大夫廉州府知府署廣東糧儲道婣愚弟龍溪李威頓首拜題額。

嘉慶十六年辛未歲十月丙午朔，距既葬二十有一月立石。

李藥州摹勒上石。

清朱澄墓表

清同治四年（1865）

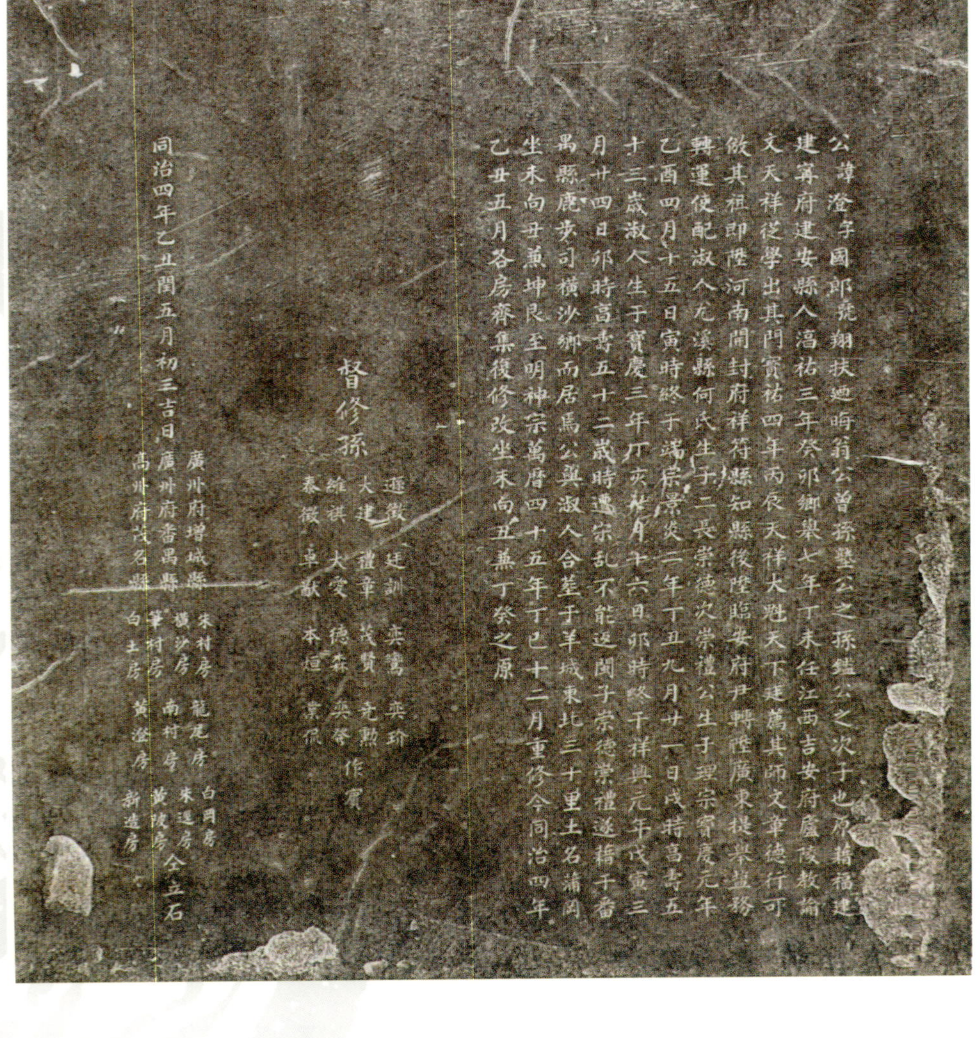
公諱澄字國郎號翔扶廼晦翁公曾孫墊公之孫鉝公之次子也原籍福建
建寧府建安縣人淳祐三年癸卯鄉舉七年丁未任江西吉安府盧陵教諭
文天祥從學出其門寶祐四年丙辰天祥大魁天下建薦其師文章德行可
欽其祖即陞河南開封府祥符縣知縣後陞臨安府尹轉陞廣東提舉鹽務
轉運使配淑人尤溪縣何氏生子二長崇德次崇禮公生于理宗寶慶元年
乙酉四月十五日寅時終于端宗景炎二年丁丑九月廿一日戌時享壽五
十三歲淑人生于寶慶三年丁亥九月十六日卯時終于祥興元年戊寅三
月廿四日卯時享壽五十二歲時遭宋亂不能返閩子崇德崇禮遂籍于番
禺縣鹿步司橫沙鄉而居焉公與淑人合葬于羊城東北三十里土名蒲岡
坐未向丑兼坤艮至明神宗萬曆四十五年丁巳十二月重修今同治四年
乙丑五月各房齊集復修改坐未向丑兼丁癸之原

督修孫 逢徵 廷訓 奕壽 奕珩
大建 禮章 茂贊 光勳 作寶
維祺 大受 德森 奕蓉
泰徽 卓猷 本垣 景祺

同治四年乙丑閏五月初三吉日 廣州府增城縣朱村房 龍尾房 白司房
廣州府番禺縣橫沙房 南村房 朱逕房
高州府茂名縣筆村房 黃陵房 仝立石
白土房 黃澄房 新造房

考略

此碑一九六三年出土於廣州市東郊華南植物園內朱澄墓，清同治四年（1865）廣州朱姓族人立，一九六三年移置廣州博物館。高68釐米，寬64釐米。楷書。墓始建於元初，明、清有重修。據碑載，朱澄乃宋代著名理學家朱熹的曾孫。他於淳祐『七年丁未，任江西吉安府盧陵教諭，文天祥從學出其門』，以及文天祥『大魁天下』後，推薦恩師陞官。這段史實《宋史》未載。有學者認為，該墓表對研究南宋抗元英雄文天祥的師承關係和朱熹學派在政治上對外主張抗敵、對內主張修明政治、減免賦稅的思想提供了新的參考資料。但也有學者指出，該碑文內容多不合史事，殆不可信。

釋文

公諱澄，字國郎，號翔扶，廼晦翁公曾孫，塾公之孫，鑑公之次子也。原籍福建建甯府建安縣人，湻祐三年癸卯鄉舉。七年丁未，任江西吉安府廬陵教諭，文天祥從學出其門。寶祐四年丙辰，天祥大魁天下，廷薦其師文章德行，可倣其祖，即陞河南開封府祥符縣知縣，後陞臨安府尹，轉陞廣東提舉塩務轉運使。配淑人尤溪縣何氏，生子二，長崇德，次崇禮。公生于理宗寶慶元年乙酉四月十五日寅時，終于端宗景炎二年丁丑九月廿一日戌時，亯壽五十三歲。淑人生于寶慶三年丁亥七月十六日卯時，終于祥興元年戊寅三月廿四日卯時，亯壽五十二歲。時遭宋乱，不能返閩。子崇德、崇禮遂藉于番禺縣鹿步司横沙鄉而居焉。公與淑人合葬于羊城東北三十里土名蒲岡，坐未向丑兼坤艮。至明神宗萬曆四十五年丁巳十二月重修。今同治四年乙丑五月，各房齊集，復修改坐未向丑兼丁癸之原。

督修孫：遜徵、大建、維祺、泰徵、廷訓、禮章、大愛、卓猷、奕鸞、茂賢、德森、本烜、奕玠、堯勳、奕登、業侃、作賔。

同治四年乙丑閏五月初三吉日

廣州府增城縣、廣州府番禺縣、高州府茂名縣，朱村房、横沙房、筆村房、白土房、龍尾房、南村房、黄澄房、白岡房、朱逕房、黄陂房、新造房仝立石。

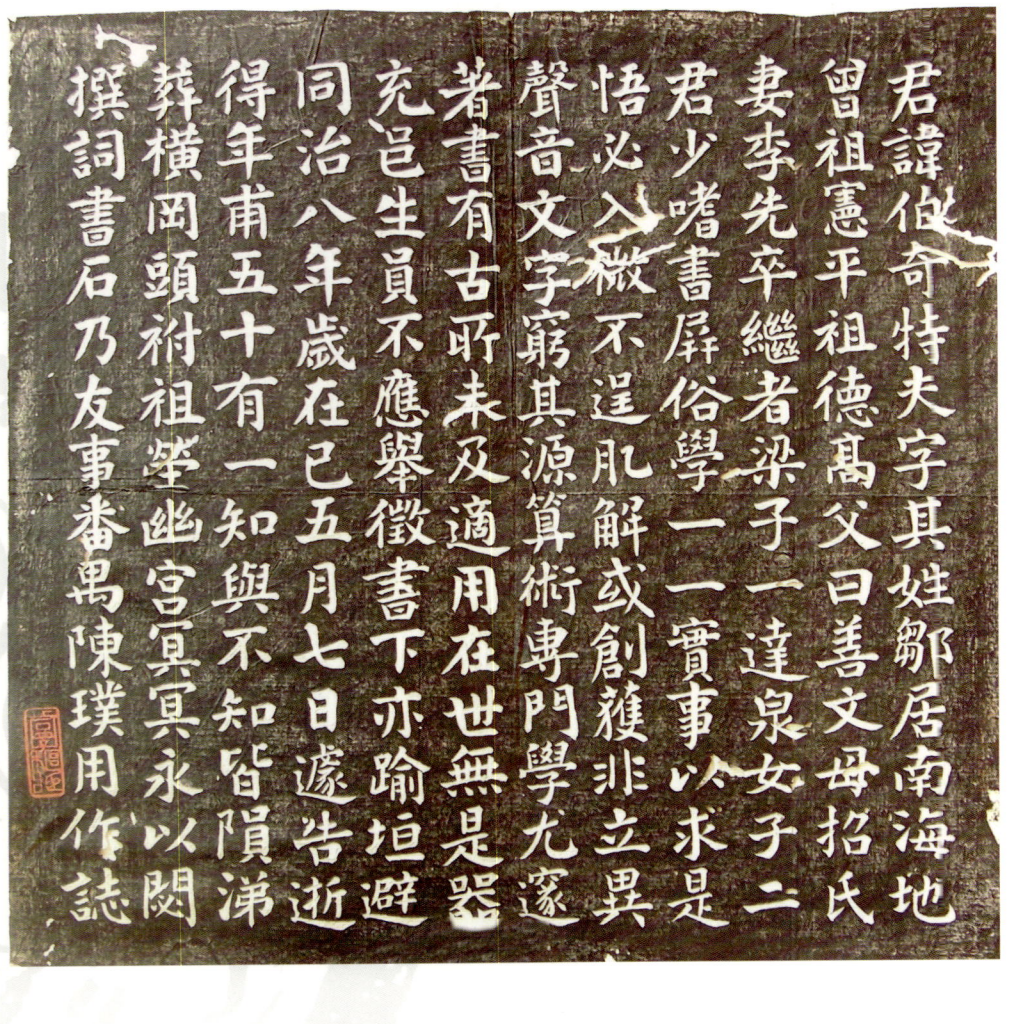

鄒伯奇墓誌

清同治八年（1869）

君諱伯奇特夫字其姓鄒居南海地
曾祖憲平祖德髙父曰善文母招氏
妻李先卒繼者梁子一達泉女子二
君少嗜書屏俗學一一實事以求是
悟必入微不逞肊解或創獲非立異
聲音文字窮其源算術專門學尤邃
著書有古所未及適用在世無是器
充邑生員不應舉徵書下亦踰垣避
同治八年歲在己五月七日遽告逝
得年甫五十有一知與不知皆隕涕
葬横岡頭祔祖塋幽宮冥冥永以閟
撰詞書石乃友事番禺陳璞用作誌

釋文

君諱伯奇特夫字，其姓鄒居南海地。曾祖憲平祖德高，父曰善文母招氏。

妻李先卒繼者梁，子一達泉女子二。君少嗜書屏俗學，一一實事以求是。

悟必入微不逞肊，解或創獲非立異。聲音文字窮其源，算術專門學尤邃。

著書有古昕未及，適用在世無是器。充邑生員不應舉，徵書下亦踰垣避。

同治八年歲在巳，五月七日遽告逝。得年甫五十有一，知與不知皆隕涕。

葬橫岡頭祔祖塋，幽宮冥冥永以閟。撰詞書石乃友事，番禺陳璞用作誌。

考略

此碑原存廣州舊南海縣鄒伯奇墓前，今已佚，僅存拓本，藏於廣州博物館。楷書。此志文撰寫方法獨特，是以七言詩形式撰寫，概述鄒氏之人品、才學及生平、逝世時間等。鄒氏其人『奇』，其墓誌亦『奇』。鄒伯奇，幼名汝昌，字一鶚，又字特夫、徵君。廣東南海人。清代物理學家，學者。是中國近代科學先驅。鄒伯奇於一八四四年製成照相機，因而被世人稱為『中國照相機之父』。他還製造過望遠鏡、顯微鏡、七政儀等，同時又是近代墨學研究第一人。

撰文題書者陳璞，字子瑜，號古樵，晚號息翁，自號『尺岡歸樵』。廣東番禺赤岡人。官至江西安福縣知縣，後為學海堂學長數十年。工詩書畫。

朱次琦題明夔州府知府朱公神道碑

清光緒七年（1881）

明贈嘉議[illegible]兵部左侍
郎原任四川夔州府知府
朱公神道碑
賜同進士出身 誥授奉
政大夫 賞給五品卿銜
原署山西平陽府襄陵縣
知縣加二級隨帶加一級

告假在籍學奉 特旨召
用從孫次琦謹譔并書
不汙至中葉而衰矣而我
八從祖夔州公仕神宗朝
以治行漢三國以來人物
盛於東南為甲族四姓稱
首而其良吏俱嶺表南海

九江支系又始興分公之
經德秉哲以追配於前人
偶然哉公諱讓字次夔號
絅菴先世居始興北宋改
曰保昌保昌人南渡末季
有韋元龍首徙南海乞今

均輸江航漕輓往來稱便
隄溉田萬頃圮廢百年莫
能脩[illegible]方經營靈谷樊水
閘功成永賴比遷邑人祝
輟若失怙恃寬戶部也辜
榷權衡從降傴僂襍作胥
吏莫能為姦差督浙閩疏

彌宿弊汎埽瑕則校士武
林指授經義名士多出其
門其夔州之請巡按行一
條鞭法瘁官泯帖帖不偷
張而事集會大誠露禱儻
二日而雨霑足夔人呼為
朱水垢箭尺書躬親料勤

幹為列縣表率數月而夔
大讙騰院司交薦於是天
子欲大降璽書勞曰朕撫
有方夏軫念民艱每思良
二千石布德宣嘉予天下
維新而於典部尤亟行明

在調寘撫民疾苦作廬井
見生人之樂故在政不擾
既去而民慕之當官留都
澄海唐吏部伯元順德歐
二部大任稱詩公則多治
三人交莫逆而趣尚不同
大任嘗語人我輩喋寧

如倉能及物邪倉曹公攝
職也其為服如此既歸召
補湖廣鄖陽知起中外交
章以用不盡才才堪大受
薦卒不起惟日以福惠閭
為事萬歷三十二年卒壽
七西南馬山改窆大望山

祀南平名宦郡邑鄉賢後
四十四歲孫實蓮卹典
推恩諭祭贈公其官配爾
忝人闇德最著生子贈兵
部左侍郎側室子田甸畯
生贈中書舍人甸庠生更

既幼弦敦敏嚮學治毛詩
記能嚌其精與陳祭政萬
言陳珍從兄通判謨結侶
劘切舉嘉十七年鄉試公
車十六載始於萬曆二年
進士初授福建南知縣調
繁江西臨川冊襄鄉試兩
考擢南京戶部河南司主
事浙江北新關晉員外郎
郎中皆在戶部以京察高
第簡授四夔州知府南平
當八閩之衝困公務以簡
貧息民谿水暴漲壞漂人
畜公不俟報碾於倉粟全
者難之公奮曰文牒往來
溝何賴有譴令自當之無
它及也倅四縣民獲更生
臨川人苦歲者至猿犢妻
息以應公類其衆姓置一
人爲長酌里道中爲計畝
書豈讓惠從公溥威以廉
生著鉤距神塞奔競奮緣
之實薦書特最茲榮寵益
當勵報稱之能果績並龔
黃將採一郡之政成而子
大夫其敬承之公遂入覲
旋安偶疾憩驛喟然曰余
甲戌場前夢蠶滿衣襞蜀
古蠶叢地余字次夔今次
夔矣遽引疾歸宣髮廣顙
目秀而慈未嘗示骯色與
人言不衣而暖然通而有
執宰邑時張居正當國政
尚急有司迎指慘礉少恩
公力持苛觧緩之用大和
及在曹司內時行余有丁
盡反居正所爲一切縱弛
公數執法曰江陵持持太
過耳其綜核名實是也蓋
無心冀獲亦不尚苛廉志
家湛族百折完一朝報禮
之局論者謂公德匪前人
也其穀後尤遠焉公於品
逦者家牒繼甄遺文用討
於時德相與太息曰薤石
幽宮冀垂墓誌以之揭銘
表阡殆將令百興起秀良
扶樹風化不可廢也仁式
讚先烈小子無似敢述斯

釋文

明贈嘉議大夫兵部左侍郎原任四川夔州府知府朱公神道碑

賜同進士出身誥授奉政大夫賞給五品卿銜原署山西平陽府襄陵縣知縣加二級隨帶加一級告假在籍疊奉特旨召用從孫次琦謹譔并書。

（漢治多循良吏，至六朝而衰矣。而宋元嘉中，始興從事朱萬嗣少豫，獨以廉聲振海內，讀史者豔稱之。明祖奮布衣，重親民吏，吏治號）不汙，至中葉而衰矣。而我八（世）從祖夔州公仕神宗朝，以治行（第一，拜璽書之，賜夔州廟祀至今。朱氏自兩）漢三國以來，人物盛於東南，為甲族。四姓稱首，而其良吏俱（出）嶺表。南海九江支系，又始興分（也。然則）公之經德秉哲以追配於前人（者，豈）偶然哉。公諱讓，字次夔，號絅菴。先世居始興，北宋改曰保昌，（為）保昌人。南渡末季有諱元龍者，（奉令甲）徙南海，汔今為南海人。徙居七（世至）公，考文直蚤卒，公貴，贈承德郎。公既幼孤，敦敏嚮學，治《毛詩》《（戴）記》，能嚌其精。與陳參政萬言、陳（同知良）珍、從兄通判謨結侶劘切。舉嘉（靖三）十七年鄉試，公車十六載，始成萬歷二年進士。初授福建南（平）知縣，調繁江西臨川，再襄鄉試（事作，令）兩考。擢南京户部河南司主事，（差榷）浙江北新關，晉員外郎中，皆在户部。以京察高第，簡授四（川）夔州知府。

南平當八閩之衝，困（於供億），公務以簡貸息民。谿水暴漲，壞（田廬），漂人畜，公不竢報，碾放倉粟。主者難之。

公奮曰，文牒往來，溝（瘠）何賴。有譴令自當之，無它及也。（又竭私）俸四賑，民獲更生。臨川人苦歲（運寠）者，至倈債妻息以應。公類其衆姓，置一人為長，酌里道中為（儲），計畝均輸，江航漕輓，往來稱便。（邑有金）隄，溉田萬頃，圮廢百年，莫能脩（繕。公）殫力經營靈谷樊水間，功成永賴。比遷，邑人祝轅，若失怙恃。（其）筦户部也，辜榷權衡，登降傴僂，（與傭卒）裸作，胥吏莫能為姦。差督浙關，（揃貪）疏，殄宿弊。汎埽暇則校士武林，指授經義，名士多出其門。其（守）夔州也，請巡按行一條鞭法。瘁（心贊畫），官氓帖帖，不倘張而事集。會大（旱，精）誠露禱，僅二日而雨霑足，夔人呼為『朱水』。鉅箭尺書躬親，料（量）勤幹，為列縣表率。數月而夔大（治，頌聲）讙騰，院司交薦。於是天子欲大（用公）。降璽書勞曰：『朕撫有方夏，軫念民艱，每思良二千石，布德宣（化），嘉予天下維新，而於典郡尤亟。（其有治）行，明章薦剡茂騰者。特簡其人（而畀）之，以旌前勞而勸来勩。璽書豈（有愛焉，爾四川夔州府知府朱）讓，惠從公溥，威以廉生，著鉤距（擿伏之）神，塞奔競夤緣之竇。薦書特最，（朕用嘉焉）。茲授爾階中憲大夫，爾（膺）茲榮寵，益當勵報稱之。能果（其）績，並龔黃將。採一郡之政成而（召卿矣）。』子大夫其敬承之。』公遂入覲，旋（至公）安。偶疾，憩驛喟然曰：『余甲戌場前夢蠶滿衣襞，蜀古蠶叢地（也）。余字次夔。今次夔矣。』遽引疾歸。（公為人），宣髮廣顙，目秀而慈，未嘗示骯（髒之）色。與人言，不衣而暖，然通而有執。宰邑時，張居正當國，政尚（嚴）急，有司迎指，慘礉少恩。公力持（大體，除）苛解嬈，人用大和。及在曹司內（閣，申）時行余，有丁盡反居正所為，一切縱弛。公數執法曰：『江陵特（主）持太過耳。其綜核名實是也。』蓋（公為政），無心寬猛，亦不尚苛廉，志在調（劑時）宜，拯民疾苦，使廬井見生人之樂。故在政不擾（民），既去而民慕（思）之。當官留都，澄海唐吏部伯元（喜講學），順德歐工部大任稱詩，公則多（談吏）治。三人交莫逆而趣尚不同。大任嘗語人：『我輩喋喋，寧如倉（曹）能及物邪？』倉曹，公攝職也。其為（名流推）服如此。既歸，召補湖廣鄖陽知（府，不）赴。中外交章，以用不盡才，才甚大受，薦辛不起。惟日以福惠（鄉）閭為事。

萬歷三十二年卒，壽七（十，葬鄉）西南馬山，改窆大望山。祀南平、（臨川）名宦郡邑鄉賢。後四十四歲，以孫實蓮卹典，推恩諭祭，贈公（如）其官。配闞恭人，閫德最著，生子（疇，庠生），贈兵部左侍郎。側室子田、甸、畯，（田，庠）生，贈中書舍人。甸，庠生，更名賓（揚。孫十五人，實蓮，户部郎中，卹贈兵部左侍郎。伯蓮，户兵兩科給事中。會蓮，推官。叔蓮，遊擊。協蓮、儀蓮、期蓮，並庠生。公蓮、保蓮、觀蓮、現蓮、覲蓮、明蓮、振蓮、世蓮。女六人，俱適名族。長婿同邑陳熙昌，吏科都給事中。外孫陳子壯，東閣大學士兼兵部尚）書。公既以治行高天下，而從子（署青州知府，凌霄繼之。孫實蓮，）外孫子壯且毀家湛族，百折完（忠，以終）一朝報禮之局。論者謂公德匪（直配）前人也，其穀後尤遠焉。公於品（秩，神道當得立碑，而遷延有闕），迺者家牒繼甄，遺文用討。於時（宗英耆）德，相與太息曰：蘊石幽宮，冀垂（久遠）。墓誌以之，揭銘表阡。殆將令百（世後，式墓輸敬，想見其人，用以）興起，秀良扶樹，風化不可廢也。（粵求當）仁，式讚先烈，小子無似，敢述斯（銘，銘曰：

朱氏二俊，槐里桐鄉。公起而三，是曰三良。

槐里說經，公如其確。桐鄉護民，公符其卓。

況彼少豫，奮治南中。傒公嗣音，豐山應鐘。

為人磊磊，為官亹亹。敷予腎腸，愈爾瘡痏。

華嶽削天，其麓則平。汾澮流惡，不疾以清。

古號惟良，寧非豈弟。有沫而濡，勿毛而鷙。

帝曰俞哉，卿可屏毗。毋忽蟻穴，庶屹金隄。

拱日方東，歸雲忽止。止足遺榮，如聃史指。

以其餘恩，福及閭鄉。餔糜與繒，治竇成梁。

以其餘慶，賴及後昆。磐石之宗，忠孝之門。

小子庸虛，易世為令。寅守徽章，懼乖心鏡。

隃志爰佚，幽碑肆擒。世有墮淚，文無愧詞。）

（碑文據《朱九江先生集》，括弧内是拓本缺字。）

考略

此碑原存南海朱氏祖墓前。現存毀不清。存有拓本，高150釐米，寬約100釐米。楷書。清朱次琦撰書，年代不詳。是為其先祖朱讓所立神道碑。據碑載，朱讓為官『無心寬猛，亦不尚苛廉，志在調劑時宜，拯民疾苦』。朱讓外孫乃明末抗清將領、『嶺南三忠』之一的陳子壯。碑未書撰文時間，從朱次琦落款官職中有五品卿來看，由於朱次琦於清光緒七年（1881）獲賞五品卿銜，數月後卒。據此推測此文當寫於清光緒七年（1881）。

撰書者朱次琦，字稚圭，號子襄。廣東南海人。清道光二十七年（1847）丁未科進士。服官山西，歸里後，講學九江禮山草堂，世稱九江先生。因晚年自焚其稿，故其手迹流傳甚少。雖隨意揮毫，已極雄厚蒼秀。康有為云：『先師朱九江先生，於書道用功至深，其書導源於平原，蹀躞於歐、虞，而別出新意，所謂鷹隼攫搏，握拳透爪，超越陷阱，有虎變而百獸跧氣象，魯公以後，無其倫比。』又謂：『先生所書朱氏祖祠額，雄深絕倫，不復知有平原矣。』朱氏題書祖祠額今雖不存，然詳觀此碑，亦可睹其仿佛。有《論史口說》《大雅堂詩集》傳世。

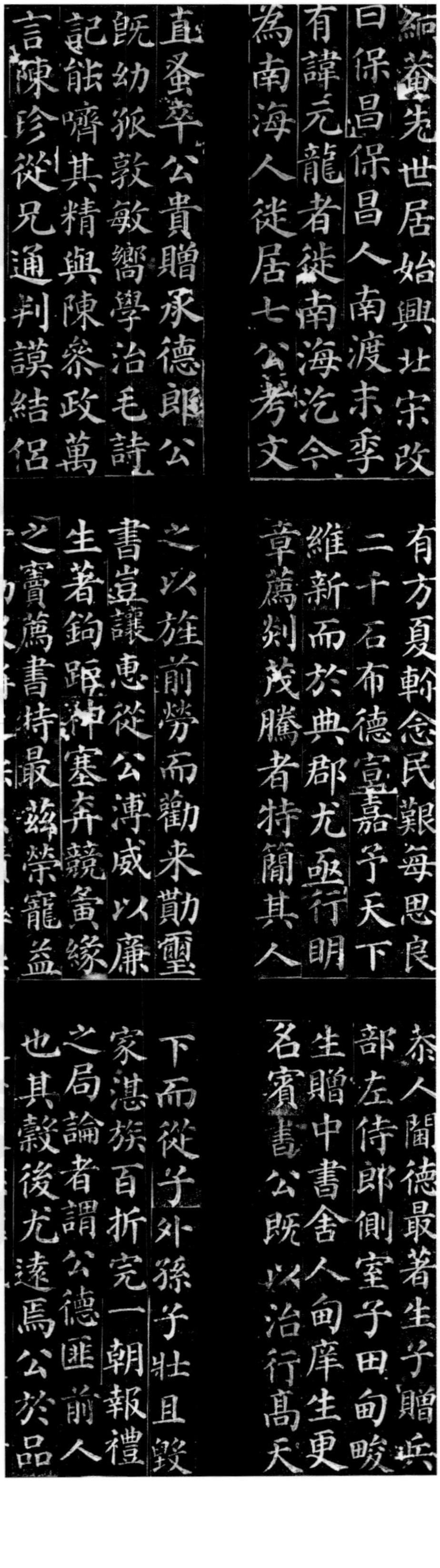

（碑刻局部）

廣州蒲氏先祖墓碑

清光緒十六年（1890）

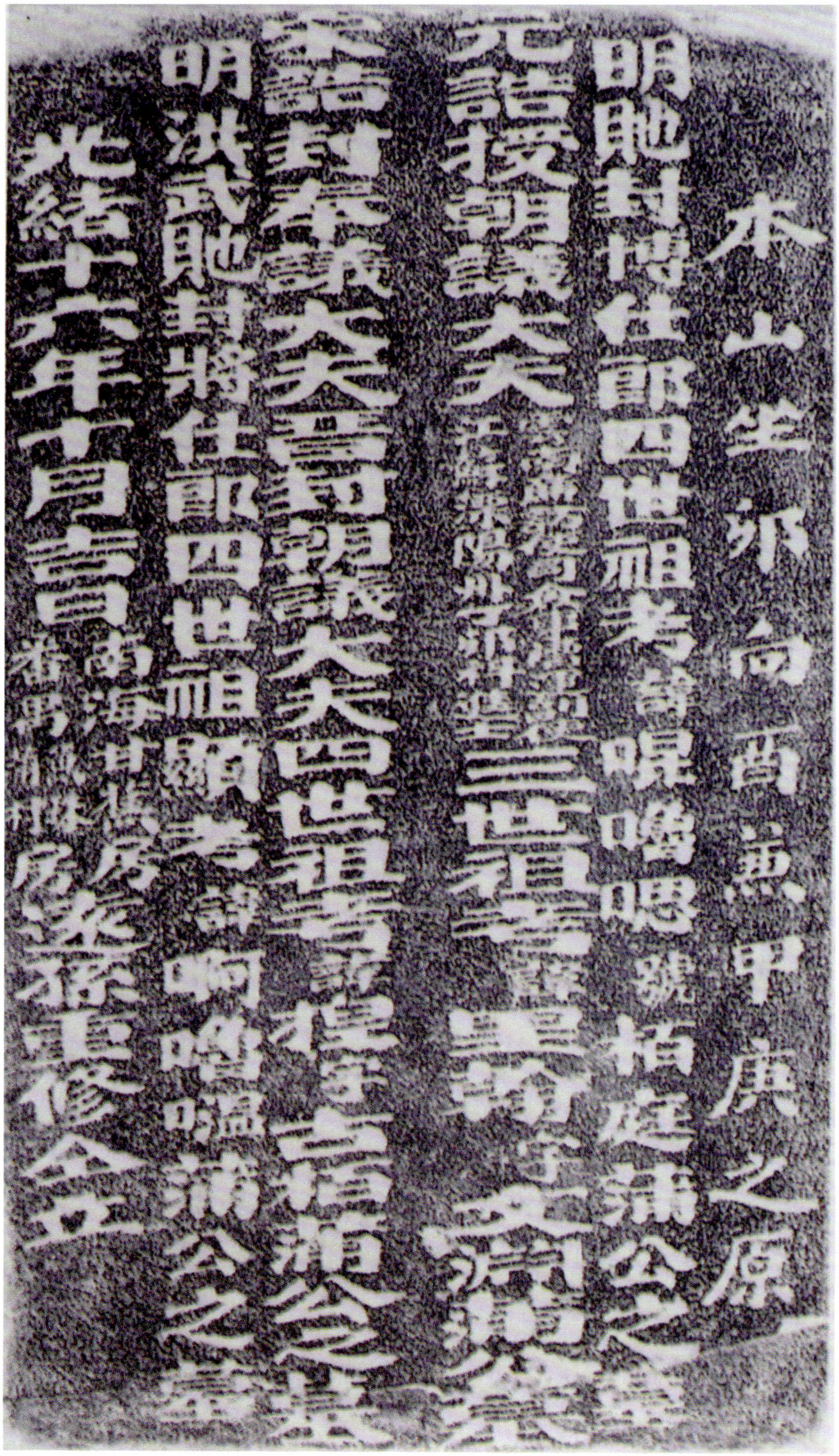

釋文

元誥授朝議大夫雲南廉訪使司僉事漕運副使江蘇溧陽州丁卯科進士三世祖考諱里翰字文淵蒲公墓。

宋誥封奉議大夫晋封朝議大夫四世祖考諱捏字古栢蒲公之墓。

明貤封博仕郎四世祖考諱啹嚕喓號栢庭蒲公之墓。

明洪武貤封將仕郎四世祖顯考諱啊嚕嗢蒲公之墓。

本山坐卯向西兼甲庚之原。

光緒十六年十月吉日。

南海甘蔗房，番禺魚珠、蒲村房遠孫重修仝立。

考略

此碑原存廣州越秀山上蒲氏先世墳塋處，現藏於廣州博物館。楷書。

據《南海蒲氏甘蔗譜·墳塋譜》載，廣州蒲氏先世墳塋有知府窿和菱角岡兩處，均在越秀山上，學者羅香林曾於二十世紀四十年代末親自做過勘訪，著有《廣州蒲氏宋元二代祖墳發現記》一文，時墳塋已殘破不堪，如今更是蹤迹全無。所記八墓主，除三世祖蒲雙於《甘蔗譜》無徵外，其餘均合於譜乘。內有珠岡房之祖啹嚕喓、悅山；蒲村房之祖啊嚕嗢；甘蔗房之祖捏古栢、甫山、守發。且據羅氏研究，啹嚕喓當即阿拉伯語 koonose，意為光亮，亦阿拉伯古人名。啊嚕嗢似為阿拉伯地名。

故明歌者張二喬墓表

清光緒十六年（1890）

考略

此碑原存廣州白雲山小梅坳，今已佚，僅存拓本。藏於廣東省博物館。高71釐米，宽54釐米。楷书。是清光緒十六年（1890）陸應暄、陳芃史等人重修百花冢時所立墓表。拓本下有『黄慈博伍佩琳蔡寒瓊談月色督拓百花冢石刻』朱文印，應為一九三四年黄慈博等人督拓。

撰文者陸應暄，字石孫，號玉緣生，番禺人。清光緒十一年(1885)舉人。著有《素心蘭室詩鈔》。

釋文

故明歌者張二喬墓表

從古佳人淪落不偶，往往寄身樂籍。其所與遊，非名人鉅卿，即騷人逸士。酌酒賦詩，一觴一曲，自詡風流。而□其側者，亦得挾色藝以附驥。究扵綱常名教，概未聞也。吾粵故明歌者張二喬，生有俠骨，昕知多忠義士。南海陳文忠嘗題其畫蘭云：『難將公子意，寫入美人心。』喬又有贈番禺黎烈愍詩云：『輕輕燕子能相逐，怕見西飛是伯勞。』當是時，中原糜爛，而嶺表巢幕安然，二公得以浩落懷抱，寄託聲伎之場。南園裙屐，藐茲弱息，溷跡其間。乃不數年，大厦就傾，二公藏血化碧，而喬佳人薄命，身先萎化。迄今二百餘年，剩一抔土，與芳草斜陽，並資憑弔。蓋其生平昕知，多忠臣義士，故餘氣昕及，雖牧童敲火礪角，而烈愍昕撰墓志，剜苔浣讀，尚得諸模糊隱約之間。以視並世昕稱柳如是、顧横波，失身貳臣，身名俱穢，相去遠矣。歲庚寅，余下第南旋，偕友人出東郭門，上百花塚，追維陳、黎二公之忠烈，又深恨近世歌者，籧篨戚施，列坐羶臭，其昕交，如但知賦詩酌酒之士，亦不可得，况綱常名教，更瞠不知為何矣。明季士夫，崇尚風節，浸淫沾漬，即妓女亦有氣骨。今則乞憐貢媚，有出自士夫者矣。豈不痛哉！美人黄土，附忠義以流傳，雖淪落樂籍，庸何傷。既為詩以弔喬，復敘喬之昕以不朽者表之石。

賁禺陸應暄表。古端州謝炳奎書丹。光緒十六年十二月大寒日重脩立石。

石君星巢墓誌銘

清光緒二十八年（1902）

釋文

石君星巢墓志銘

南海康有為撰。嘉興沈曾植書。

康有為曰：『吾以布衣開堂講學，自番禺石君星巢爲之也。』星巢受學陳東塾，博羣書，通攷据訓詁，能駢散文詩詞，尤精八股文，卅歲為嶺表大師，粵號開堂授徒爲書館。吾少時，粵城館歲略三千，有大館、中館、蒙館，猶大、中、小學也。其蒙館讀經，徒十人以上；中館講經兼論文，則冠歲生廿人卅人以上；其數十百人者號大館，則有諸生達才長年者矣。全粵九十縣才俊萃焉。擁皋比者，必甲乙科宿儒，負八股盛名者。大中館連年講四書及一經，而以應制文為主，輔以詩賦，皆咿唔求利禄也，學問止於是矣。然人誦儒先之言，士行先聖之道，窮鄉僻邑多有人士誦經能文者，輔世長民，熏風俗，廣教化，豈非頼此學者哉。偏行省館，無吾粵若。粵大館著録，歲三四百人，鄉舉幾占半榜，則石星巢先生館冠粵人，且星巢能以攷据駢散文詩詞誘士之敏慧好學者，粵士之登高苐大位多出焉。星巢歲講冬學，嘗請吾說詩，于是粵學者始来問學也。星巢世業鹽而多藏書，吾居西樵山時，遊會城，訪星巢論文，必假所未見書盈篋歸，讀畢還之，再假焉。如是者累年，吾之慱羣書，星巢有力焉。及己丑吾索米長安，星巢會試来，垂問勤勤，贈金而行；暨還粵十年，里巷過從至密。及戊戌，吾官京師，星巢九上公車，與把酒蕭寺，縱談國事；既吾得罪亾海外，遂與星巢永訣而未得少報。

當同治癸酉年，吾年十六，赴試，星巢與戴文誠公並以冠歲登科，名藉甚。先祖連州公頻舉星巢與文誠以相厲，及相見，星巢温文而美富，裘佩甚都，藏書滿家，風流儒雅，望若神仙中人。吾逋亾後，星巢由中書出宦於粵西、四川，久不相聞。暨辛亥川粵大亂，星巢棄官，故鄉不可還，居京師，星巢之門人梁士詒、周自齊、梁啓超皆貴用事，而星巢家五十口舊業盡失矣。星巢乃布衣徒步授徒京師，月脩得卅金，而好酒高吟，蕭然自得，不染腥羶，雖管甯、陶潛，豈有過焉。

當光緒二十八年，星巢以知府需次廣西任政學洋務警察有聲。知思恩府，以剔弊鉏奸課冣，移知鎮安府，繕城、興學、清釐團卆辦警察植松及艾粉數萬株，以忤長吏劾罷歸，民多去思。趙爾豐督川邊，檄充文案及後路營務處，晨草羽書，宵籌軍畫，畫登山察形勝，有《經營邊藏辦法》十餘章，皆施行。充督署禮科參事、會議廳參事，補川邊道。而成都亂作，君往還川中，倉皇奔走，冒險生還，所藏皆散，衣食並缺，君高采薇之節，卆於庚申季正月初九日，春秋六十有九。妻盛夫人孝恭能治家，先以光緒十九季二月二十二日卆，年三十有七，葬于廣州東門外戙旂村穀圍岩之原，君遺命以辛酉正月二十日合葬焉。所著書多佚，今存詩詞十數卷而已。君名德芬，原名柄樞，曾祖廣平，祖琦，父永康，號撝庭，廣西補用同知，皆贈如君官。君子福熙、福籛、福綸、福恂来請銘，吾義不能辭，乃銘曰：

擁皋比爲粵大師，一麾出守布惠施。匹馬登山，畫藏事宜，倉卆歸来，衣露肘而苦采薇。眾徒鼎貴富不貲，先生索長安五升米猶苦饑。少季裘輕馬肥，垂老授徒誦孔日唔咿。此為高節石大夫之豐碑，後世樵蘇勿及之。

門人南海區大原校字。□□□□□□四男福熙十二男福綸督工。高要梁朗文刻石。

考略

此碑已佚，僅存拓本，藏於廣州某藏家。碑文見輯於《碑傳集三編》（汪兆鏞纂），亦見《康有為集》（馬洪林等編注，珠海出版社二〇〇六年版）。文字各有不同，當以此拓本為正。

石星巢，廣東番禺人，為康有為好友。民國《番禺縣續志·人物志》有傳，云『石德芬，原名炳樞，以字（星巢）行。同治十二年（1873）舉人，官廣西思恩府知府，鎮安府知府，四川候補道。』石氏富藏書，為晚清羊城藏書家之一。

撰文者康有為，原名祖詒，字廣廈，號長素，又號明夷、更甡、西樵山人、游存叟、天游化人。廣東南海人，人稱康南海。中國晚清時期重要的政治家、思想家、教育家，資產階級改良主義的代表人物。

書丹者沈曾植，浙江嘉興人，字子培，號乙盦、寐叟。官至安徽巡撫，為清末民初著名書法家。此碑字似楷似隸，渾實醇厚。

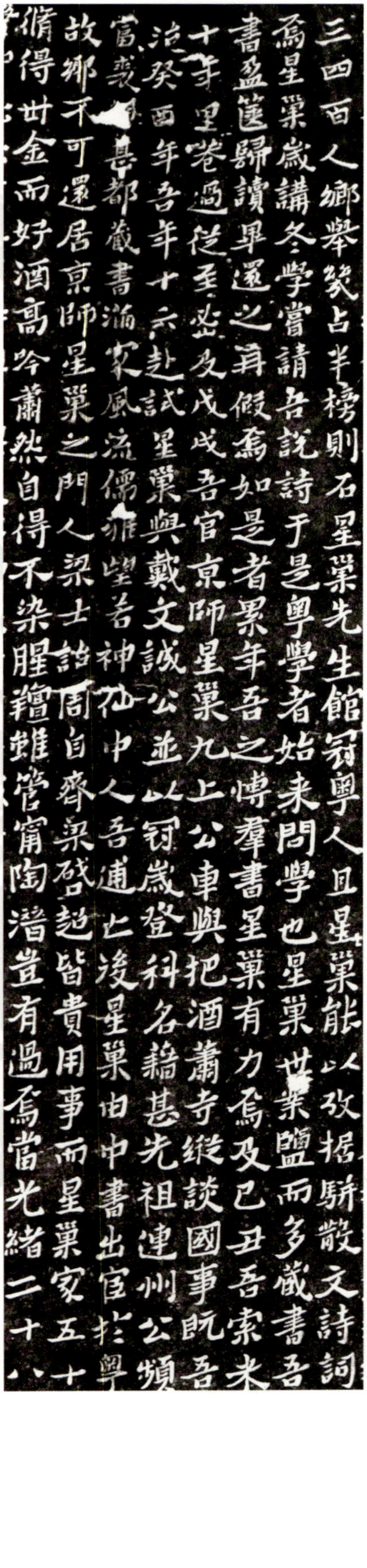

（碑刻局部）

清故京卿朱九江先生祠堂之碑

清宣統二年（1910）

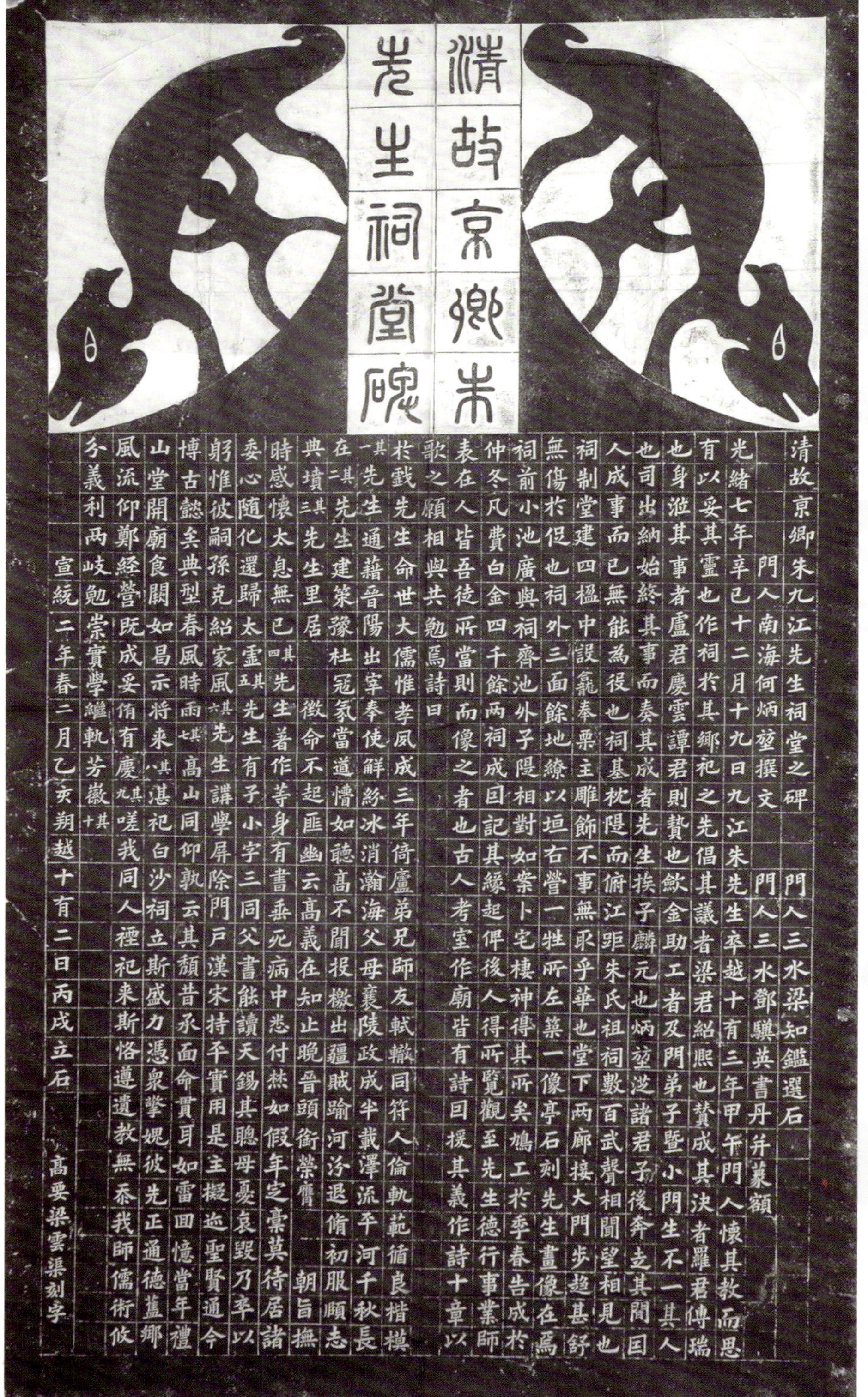

清故京卿朱先生祠堂碑

清故京卿朱九江先生祠堂之碑　門人三水梁知鑑選石
門人南海何炳堃撰文　門人三水鄧驥英書丹并篆額
光緒七年辛巳十二月十九日九江朱先生卒越十有三年甲午門人懷其教而思有以妥其靈也作祠於其鄉祀之先倡其議者梁君紹熙也贊成其決者羅君傳瑞也身溢其事者盧君慶雲譚君則贊也斂金助工者及門弟子暨小門生不一其人也司出納始終其事而奏其成者先生族子麟元也炳堃泛諸君子後奔走其間国人成事而已無能為役也祠基枕隱而俯江距朱氏祖祠數百武聲相聞望相見也祠制堂建四楹中設龕奉栗主雕飾不事無取乎華也堂下兩廊接大門步趨甚舒無傷於促也祠外三面餘地繚以垣右營一牲所左築一像亭石刻先生畫像在焉祠前小池廣與祠齊池外子隄相對如案卜宅棲神得其所矣鳩工於季春告成於仲冬凡費白金四千餘兩祠成囙記其緣起俾後人得所覽觀至先生德行事業師表在人皆吾徒所當則而像之者也古人考室作廟皆有詩曰爰其義作詩十章以歌之願相與共勉焉詩曰
於戲先生命世大儒惟孝夙成三年倚廬弟兄師友軾轍同符人倫軌範循良楷模其一
先生通藉晉陽出宰奉使解紛冰消瀚海父母襄陵政成半載澤流平河千秋長在其二
先生建策豫杜寇氛當道憒憒如聽高不聞投檄出疆賊踰河汾退脩初服順志典墳其三
先生里居徵命不起匪幽云高義在知止晚晉頭銜榮膺朝旨撫時感懷太息無已其四
先生著作等身有書垂死病中悉付然如假年定稾莫待居諸委心隨化還歸太虛其五
先生有子小字三同父書能讀天錫其聰母憂哀毀乃卒以躬惟彼嗣孫克紹家風其六
先生講學屛除門戶漢宋持平實用是主擬迹聖賢通今博古懿矣典型春風時雨其七
高山同仰孰云其頹昔承面命貫耳如雷回憶當年禮山堂開廟食闕如昌示將來其八
湛祀白沙祠立斯盛力憑衆擎媲彼先正通德蓋鄉風流仰鄭經營既成妥侑有慶其九
嗟我同人禋祀來斯恪遵遺教無忝我師儒術攸分義利兩岐勉崇實學繼軌芳徽其十
宣統二年春二月乙亥朔越十有二日丙戌立石
高要梁雲渠刻字

釋文

（碑額）清故京卿朱先生祠堂碑

清故京卿朱九江先生祠堂之碑

門人三水梁知鑑選石。

門人南海何炳堃撰文。

門人三水鄧驥英書丹并篆額。

光緒七年辛巳十二月十九日，九江朱先生卒。越十有三年甲午，門人懷其教而思有以妥其靈也，作祠於其鄉祀之。先倡其議者梁君紹熙也，贊成其決者羅君傅瑞也，身涖其事者盧君慶雲、譚君則贊也，歛金助工者及門弟子暨小門生不一其人也，司出納、始終其事而奏其成者，先生族子麟元也。炳堃從諸君子後，奔走其間，旦人成事而已，無能為役也。祠基枕隄而俯江，距朱氏祖祠數百武，聲相聞，望相見也。祠制堂建四楹，中設龕奉栗主，雕飾不事，無取乎華也。堂下兩廊接大門，步趋甚舒，無傷於促也。祠外三面餘地，繚以垣，右營一牲所，左築一像亭，石刻先生畫像在焉。祠前小池，廣與祠齊，池外子隄相對如案，卜宅棲神，得其所矣。鳩工於季春，告成於仲冬，凡費白金四千餘兩。祠成，旦記其緣起，俾後人得所覽觀。至先生德行事業，師表在人，皆吾徒所當則而像之者也。古人考室作廟皆有詩，旦援其義作詩十章以歌之，願相與共勉焉。詩曰：

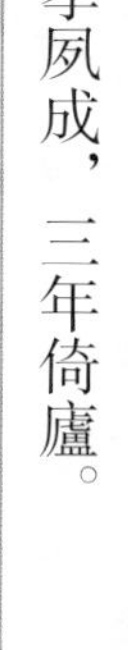

於戲先生，命世大儒。惟孝夙成，三年倚廬。
弟兄師友，軾轍同符。人倫軌範，循良楷模。（其一）
先生通藉。晉陽出宰。奉使解紛，冰消瀚海。
父母襄陵，政成半載。澤流平河，千秋長在。（其二）
先生建策，豫杜寇氛。當道懵如，聽高不聞。
投檄出疆，賊踰河汾。退脩初服，頤志典墳。（其三）
先生里居，徵命不起。匪幽云高，義在知止。
晚晉頭銜，榮膺朝旨。撫時感懷，太息無已。（其四）
先生著作，等身有書。垂死病中，悉付焚如。
假年定槀，莫待居諸。委心随化，還歸太霊。（其五）
先生有子，小字三同。父書能讀，天錫其聰。
母憂哀毀，乃卒以躬。惟彼嗣孫，克紹家風。（其六）
先生講學，屏除門戶。漢宋持平，實用是主。
擬迹聖賢，通今博古。懿矣典型，春風時雨。（其七）
高山同仰，孰云其頽。昔承面命，貫耳如雷。

田憶當年，禮山堂開。廟食闕如，曷示将來？（其八）
湛祀白沙，祠立斯盛。力憑衆擎，媿彼先正。
通德萫鄉，風流仰鄭。經營既戉，妥侑有慶。（其九）
嗟我同人，禋祀來斯。恪遵遺教，無忝我師。
儒術攸分，義利两岐。勉崇實學，繼軌共徽。（其十）
宣統二年春二月乙亥朔越十有二日丙戌立石。
高要梁雲渠刻字。

考略

此碑原存南海縣九江下西村朱先生祠内，現祠久毁，碑之存毁不清。存有拓本，藏於廣州博物館。高170釐米，寬110釐米。篆額，正文楷書。碑文内容述朱門弟子為朱次琦作祠於其鄉祀之緣起及經過，并歌頌朱九江先生德行事業、師表高風。

撰文者何炳堃，篆額并書丹者鄧驥英，選石者梁知鑑，皆為朱門弟子。

處女黎君墓誌

民國二年（1913）

釋文

處女黎君墓誌

君姓黎，諱佩蘭，廣東高要縣人。父夢和，母氏禤君。爲人分而有容，婉而正，廉而知大體，靜而好爲深沉之思；工刺繡紡織，通文翰；待人接物，愷悌有恩惠，而尤篤于所親。有姊三人，既嫁先後卒。君念親老，願終身不字，以遂孝思，數以爲請，親鑒其誠，許之，由是壹其心志，以事父母。家庭之內，愉愉如也；與諸兄弟，怡怡如也。嫂氏梁早卒，生子二，長勇錫，次勇翔，皆劣，君辛勤撫育，以至于成人，有如慈母。歲乙未母病篤，君封股和藥以進，家人無知者。居喪哀毀甚，間聞其作譫語曰：封股可以已疾，偶然耳。一日以摻作，揚其腕，痂痕宛然，始知譫語之有由也。母既歿，家政悉君操之。君體質羸弱而能任勞瘁，居恒憂深慮遠，規畫詳至，雖瑣屑纖細必躬親之；而持之以公，出之以正，家中長幼以逮咸獲咸敬悅無間言。君以家之榮悴爲己之憂愉，動靜語默無或釋，蓋其精神有所專注，而體气亦由是益臒矣。人莫不有所愛，或愛其親，或愛其鄉，或愛其國家，或愛其世界，顧不猒愛之範圍有廣狹已也，其性質亦有純駁，愛之純者無自私之心，而一出于情之自然。故愛之純者，雖□而真，其駁者，雖博而僞。若君之愛其親，推而愛其兄弟，再推而愛其兄弟之子，更推而愛其家之無大小長幼，精而勤，堅而摯，死而後已，可謂純于愛者矣。君之父母以君矢不嫁，予千金爲奩資，君不私之，常以資其家親戚之貧乏者，以時周恤，始終不怠。勇錫既長，學于日本，久而未歸，君念之甚。既而聞其往来南洋羣島間，及歸國，復見其奔走無定時，

汲汲如有所謀，始微知其從事革命，益爲之憂，然哀其志，未嘗阻之也。蓋君嘗曰勇錫而知革命黨人之用心，故雖愛之甚，以爲阻之，毋寧助之，其識斷有如此者。由此益知愛之純者無廣狹之分，曰所遇而發，愛其所親，與愛家愛國愛世界，其質一也。兆銘與勇錫交深如手足，獲知君生平，嘗曰勇錫得一見君。兆銘投獄，君恒念之；及兆銘生還，欲再見君，而君則已歿矣。君卒于民國元年四月二十三日，春秋四十有七。其兄啟瑞、弟佩詩步營祔葬君于親塋，以遂其志云。

（『母既歿』句下脱『越四十日又喪父，自是』几字）

民國二年七月穀旦。番禺汪兆銘謹撰。

南城劉留厂書丹。

考略

此碑存廣州白雲山。高69釐米，寬105釐米。端石質。隸書。碑文記述墓主黎氏終身不嫁、勤勉持家的事迹。文中言及黎氏之侄黎勇錫與撰文者汪兆銘曾在南洋策劃奔走革命事業，互為革命同志。

撰文者汪兆銘，字季新，筆名精衛。廣東三水人。一九〇五年參與組建同盟會。一九一〇年三月，刺殺清攝政王載灃，事泄被捕，名聞於世。武昌起義後出獄，追隨孫中山，後為中國國民黨副總裁。於抗日戰爭期間投靠日本，任偽『國民政府行政院長』兼『國民政府主席』。一九四四年十一月十日，因病卒於日本。

書丹者劉慶崧，一作慶嵩，字聘孫、鄌孫，號萍僧、留庵，又號留公、非翁、四不翁、觀復道人。祖籍江西南城，後寓廣州，蓄碑版書畫之屬甚富，擅詩詞、書法、治印。著有《藝隱廬篆刻》等。

朱執信先生墓誌銘及墓表

民國十一年（1922）

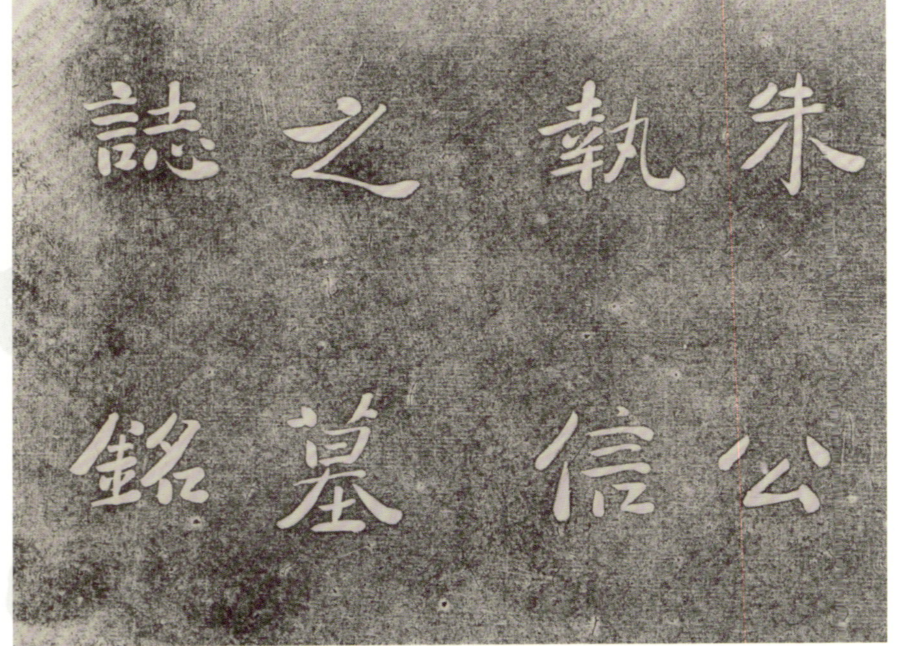

朱公執信之墓誌銘

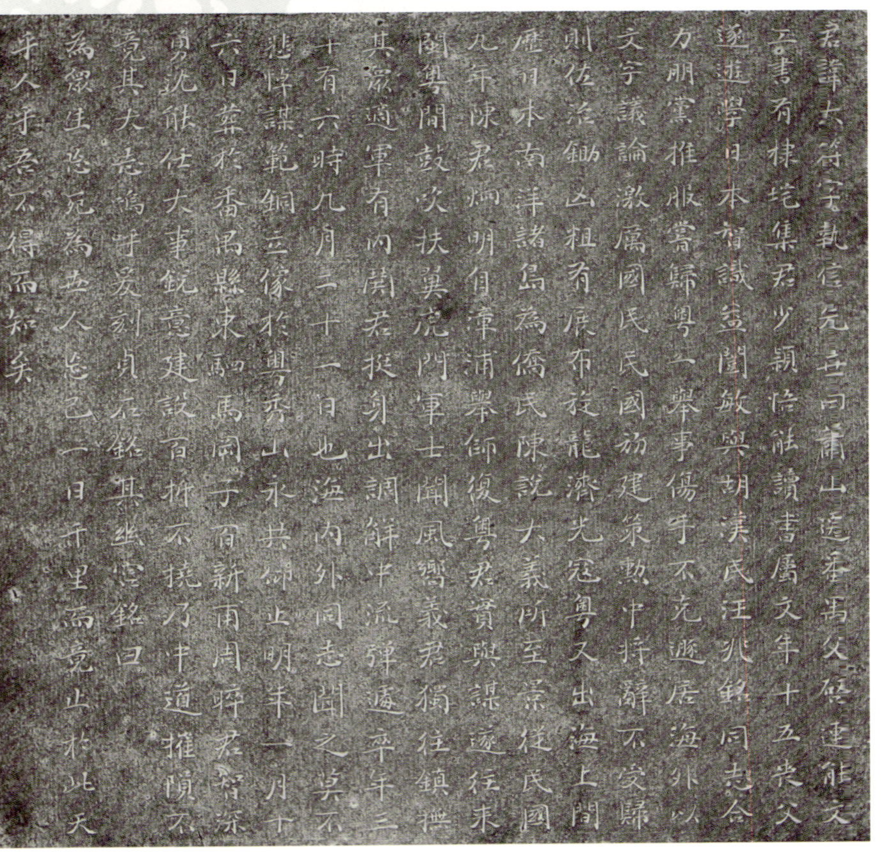

君諱大符字執信先世由蕭山遷番禺父啓連能文工書有棣垞集君少穎悟能讀書屬文年十五喪父遂進學日本智識益闢敏與胡漢民汪兆銘同志合力朋黨推服嘗歸粵一舉事傷手不克避居海外以文字議論激厲國民民國初建策勳中持辭不受歸則佐治鋤亾粗有底布從龍濟光寇粵又出海上間歷日本南洋諸島為僑民陳說大義所至景從民國九年陳君炯明自漳浦舉師復粵君贊與謀遂往來閩粵間鼓吹扶翼虎門軍士聞風嚮義君獨往鎮撫其眾適軍有內鬨君挺身出調解中流彈遂卒年三十有六時九月二十一日也海內外同志聞之莫不悲悼謀範銅立像於粵秀山永共仰止明年一月十六日葬於番禺縣東駟馬岡予有新甫周辨君智深勇沈毅任大事銳意建設百折不撓乃中道摧隕不竟其大志嗚呼爰刻貞石銘其幽宮銘曰為眾任怨死為吾人悲已一日千里而竟止於此天乎人乎吾不得而知矣

朱執信先生墓表

汪兆銓題
汪兆銘撰并書

先生姓朱氏諱大符字執信其先浙之蕭山人祖夏始移居番禺父啓連學者稱棣垞先生有棣垞集行於世母汪氏毅庵先生之次女也先生生於民國紀元前二十六年九月初五日幼承家學自勝衣就傳已不屑意於帖括枕經葄史於諸子百家無所不窺神明內斂望之渾如也然於意所不可則凛乎若干將之不可犯弱冠留學日本治法學先生幼讀史已懷亡國之痛至是究心民主政治遂慨然有志於革命然疾空論益肆力于學民國紀元前七年今大總統孫先生文至東京與故南京留守黄先生興等立中國革命同盟會先生與焉以身許國自此始每與密議潛心銳思持論皆觀微見遠所為文見於民報理精而辭峻見者推服既歸國為教授於廣東公立法政專門學校固以此自晦然於所執業亦殊不苟至於船局危難以遂其志行之數年人猶晏然無所知也其智深勇沈類如此滿洲末造益昏虐知海內憤疾思以暴力制之盛治兵鄙夫因倡為後膛鎗出無革命之說以媚虜而蠱國人先生既以革命自任以為非軍隊反正不能制民賊之死命非集民軍無以發難日與黨人之潛身軍中者相固結又周歷草莽間所至以至誠動之從者益衆自丁未以至辛亥凡廣東革命諸役無一不與勞身焦思審而後發既發而敗則氣益厲謀益深務再舉三月二十九日之役其最著者也是役先生力戰體被創猶不卻衆死亡略盡跳入友人家以免自是始亡命海外然計畫內地事如故且經是役黨人志節著於天下虜魄益喪其季秋八月武昌舉事各省相繼起遂革虜命立民國當廣東之始復也庶事草創胡先生漢民陳先生炯明先後任都督先生悉力佐之既選將簡卒出

銳師北伐内則輯和軍民有桀驁不受制者痛治之事始定元二季間歷任
廣陽綏靖處督辦及廣東審計院長務滌舊污致新治而袁世凱謀反東南
舉兵討之不勝黨人皆亾走先生亦走日本從孫先生參大計幷撰述民國
雜誌舉成敗之由以喻國人暇則補生平未竟之學治英文究算術洞其奥
理博覽羣籍於經濟學尤極深研幾孜孜矻矻惟日不足焉五季袁世凱稱
帝先生受孫先生命起兵廣東其時肇慶撫軍院忌異己百端齮齕之會袁
世凱死軍事解先生舍去從孫先生於上海謂可小休矣六季夏亂又作武
人毁法帝孽乘之謀遂覆民國孫先生集海軍將士於上海議討賊遂率軍
艦至廣州國會開非常會議舉孫先生爲大元帥孫先生念頻季國本未定
民生日彫敝銳以戡亂自任而陸榮廷陰持兩端嗾將士不受命軍政府號
令不行亂日甚先生感憤以爲人事若此國難未有已也七季秋孫先生解
大元帥職之上海先生從日與孫先生商榷建國方略幷撰述建設雜誌復
以餘力治俄文亦時往漳州就粤軍總司令陳先生炯明計軍事九季秋粤
軍自漳州旋師討賊復潮梅進次惠州賊以死力拒戰先生自上海歸集同
志襲虎門克之賊大震脅降卒狙擊先生中要害遽卒時九月二十一日也
先生雖歿粤軍卒復廣東盡逐羣盜迎孫先生建政府北嚮戡亂嗚呼先生
可以無恨先生生平致力于革命極勞苦無休息雖數失敗所成就至多意
之所赴無能沮之者於生命及悠悠没世之名視之蔑如也凡所遇之難皆
以力勝之待人接物一裁以義君子服其勇小人憚其嚴終身窮約以養其
節操好學雖顛沛中手不釋卷進德之猛有由然也卒時年三十有六其蘊
于中而未施諸外者人莫能窺其涘矣娶妻楊氏生三女始嫩如一子百新
先生平日著作多散佚後死諸友輯其遺文刊行之事蹟關係民國者不可
勝紀先命兆銘撮大略表諸墓俾天下後世知所矜式焉
中華民國十一季四月一日

釋文

朱公執信之墓誌銘

君諱大符，字執信，先世由蕭山遷番禺。父啟啓連，能文工書，有《棣垞集》。君少穎悟，能讀書屬文，年十五喪父，遂遊學日本，智識益闓敏，與胡漢民、汪兆銘同志合力朋黨推服。嘗歸粵一舉事，傷手不克，遯居海外，以文字議論激厲國民。民國初建，策勳中将，辭不受，歸則佐治鋤凶，粗有展布。旋龍濟光寇粵，又出海上，間歷日本、南洋諸島，為僑民陳說大義，所至景從。民國九年，陳君炯明自漳浦舉師復粵，君實與謀，遂往来閩粵間，鼓吹扶翼，虎門軍士聞風嚮義，君獨往鎮撫其衆，適軍有内鬨，君挺身出調觧，中流彈遽卒，年三十有六，時九月二十一日也。海内外同志聞之，莫不悲悼，謀範銅立像於粵秀山，永共仰止。明年一月十六日葬於番禺縣東駟馬岡。子百新，甫周晬。君智深勇沈，能任大事，鋭意建設，百折不撓，乃中道摧隕，不竟其大志。嗚呼！爰刻貞石，銘其幽宫。

銘曰：

為衆生忿死，為吾人忿己。一日千里，而竟止於此。天乎人乎？吾不得而知矣。

朱執信先生墓表

汪兆銓題。汪兆銘撰幷書。

先生姓朱氏，諱大符，字執信。其先浙之蕭山人。祖夏始移居番禺。父啓連，學者稱棣垞先生，有《棣垞集》

行於世。母汪氏，穀庵先生之次女也。先生生於民國紀元前二十六季九月初五日。幼承家學，自勝衣就傅，已不屑意於帖括，枕經葄史，於諸子百家無昕不窺。神朙内歛，望之渾如也；然於意昕不可，則凛乎若干将之不可犯。弱冠留學日本，治法學。先生幼讀史，已懷亾國之痛，至是究心民主政治，遂慨然有志於革命。然疾空論，益肆力于學。民國紀元前七季，今大總統孫先生文至東京，與故南京留守黄先生興等立中國革命同盟會，先生與焉，以身許國。自此始，每與密議，潛心鋭思，持論皆觀微見遠，昕爲文見於《民報》，理精而辭峻，見者推服。既歸國，爲教授於廣東公立法政專門學校，固以此自晦；然於昕執業亦殊不苟，至於胉冒危難，以遂其志。行之數季，人猶晏然無昕知也。其智深勇沈類如此。滿洲末造，益昏虐，知海内憤疾，思以暴力制之，盛治兵。鄙夫因倡爲『後膛鎗出無革命』之説，以媚虜而蠱國人。先生既以革命自任，以爲非軍隊反正，不能制民賊之死命；非集民軍，無以發難。日與黨人之潛身軍中者相固結，又周歷草莽間。昕至以至誠動之，從者益衆。自丁未以至辛亥，凡廣東革命諸役，無一不與。勞身焦思，審而後發；既發而敗，則氣益厲，謀益深，務再舉。三月二十九日之役，其最著者也。是役，先生力戰，體被創猶不郤，衆死亾略盡，跳入友人家以免。自是，始亾命海外，然計畫内地事如故。且經是役，黨人志節著於天下，虜魄益喪。其季秋八月，武昌舉事，各省相繼起，遂革虜命，立民國。當廣東之始復也，庶事草創，胡先生漢民、陳先生炯朙先後任都督，先生悉力佐之。既選將簡卒，出鋭師北伐；内則輯和軍民，有桀驁不受制者，痛治之，事始定。元、二年間，歷任廣陽綏靖處督辦及廣東審計院長，務滌舊污，致新治。而袁世凱謀反，東南舉兵，討之不勝，黨人皆亾走。先生亦走日本，從孫先生參大計，并撰述《民國》

雜誌，舉成敗之由，以喻國人。暇則補生平未竟之學，治英文，究算術，洞其奧理，博覽羣籍，於經濟學尤極深研，幾孜孜矻矻，惟日不足焉。五季，袁世凱稱帝，先生受孫先生命，起兵廣東。其時肇慶撫軍院忌異己，百端齮齕之。會袁世凱死，軍事解，先生舍去，從孫先生於上海，謂可小休矣。六季夏，亂又作，武人毀法，帝孽乘之謀，遂覆民國。孫先生集海軍將士於上海，議討賊，遂率軍艦至廣州。國會開非常會議，舉孫先生爲大元帥。孫先生念頻季國本未定，民生日彫敝，鋭以戡亂自任。而陸榮廷陰持兩端，嗾將士不受命，軍政府號令不行，亂日甚。先生感憤，以爲人事若此，國難未有已也。七季秋，孫先生解大元帥職，之上海，先生從，日與孫先生商榷建國方略，并撰述《建設》雜誌，復以餘力治俄文，亦時往漳州，就粵軍總司令陳先生炯明計軍事。九季秋，粵軍自漳州旋師討賊，復潮梅，進次惠州，賊以死力拒戰。先生自上海歸，集同志襲虎門，克之。賊大震，賄降卒狙擊先生，中要害，遽卒，時九月二十一日也。先生雖歿，粵軍卒復廣東，盡逐羣盜，迎孫先生建政府，北嚮戡亂。嗚呼！先生可以無恨。先生生平致力于革命，極勞苦，無休息，雖數失敗，所成就至多，意之所赴，無能沮之者。於生命及悠悠沒世之名，視之蔑如也。凡所遇之難，皆以刀勝之。待人接物，一裁以義。君子服其勇，小人憚其嚴。終身窮約，以養其節操。好學，雖顛沛中，手不釋卷，進德之猛，有由然也。卒時年三十有六。其蘊于中而未施諸外者，人莫能窺其涘矣。娶妻楊氏，生三女：始、孅、如。一子百新。先生平日著作多散佚，後死諸友輯其遺文刊行之，事蹟關係民國者不可勝紀。先命兆銘撮大略表諸墓，俾天下後世知所矜式焉。

中華民國十一季四月一日。

考略

此墓誌銘及墓表存廣州執信路執信中學（原址在先烈東路馴馬崗，後遷至現址）。兩篇碑文皆記述朱執信家世及其生平事迹。墓誌銘碑題及正文楷書。墓表碑題隸書，正文楷書。

朱執信，原名大符，字執信，廣州番禺人。近代中國民主革命家。一九〇五年加入中國同盟會，投身革命，曾策劃廣州新軍起義，參與廣州『三二九』起義。二次革命失敗後，追隨孫中山捍衛共和，加入中華革命黨，任中華革命軍廣東司令長官。一九一七年，隨孫中山南下護法，任廣州大元帥府軍事聯絡。當孫中山於翌年辭去大元帥職務後，又隨孫中山到上海，協助他撰寫《建國方略》。一九二〇年九月二十一日，在虎門調停桂系軍閥與廣東民軍的衝突時殉難。孫中山稱贊其為『最好的同志』『中國有數人才』。

墓誌銘及墓表撰文并書丹者汪兆銘，見《處女黎君墓誌》之考略。

墓表題碑者汪兆銓，字辛伯，一作莘伯，晚號惺默，別署莀軒。廣東番禺人。為汪兆銘之兄。曾任海陽縣教諭、菊坡精舍學長、廣雅書院總校及廣東省教育會會長等職。

梁國一烈士墓聯

民國十三年（1924）

討袁賊平桂寇擊陳逆革命
性成六合之間留正氣
勳蘇村護蘗蘭守壙城求仁
志表百粵以內悼斯人
胡漢民敬題

釋文

討袁賊，平桂寇，擊陳逆，革命性成，六合之間留正氣；

勦蘇村，護菉蘭，守增城，求仁志決，百粵以内悼斯人。

胡漢民敬題。

考略

此碑存廣州黄花崗烈士陵園。高100釐米，寬68釐米。硯石質。行書。碑文内容是胡漢民為梁國一墓所撰書的墓聯。

梁國一，海南文昌人。國民革命軍將領。曾任瓊崖民軍前敵總指揮、國民革命軍陸軍第一師衛隊長兼教練官。一九二三年在阻擊陳炯明軍進攻廣州戰役中犧牲。

撰聯者胡漢民，幼名胡衍鸛，後改名胡衍鴻，字展堂，晚號不匱室主，漢民是他在《民報》上發表文章時所用的筆名。祖籍江西吉安，出生於廣東番禺，國民黨早期主要領導人之一，也是國民黨前期右派代表人物之一。以隸書名世，其行書也頗有特色，瀟灑自如，别具一格。所作碑版，也多用行書。

烈士王昌墓表 民國十三年（1924）

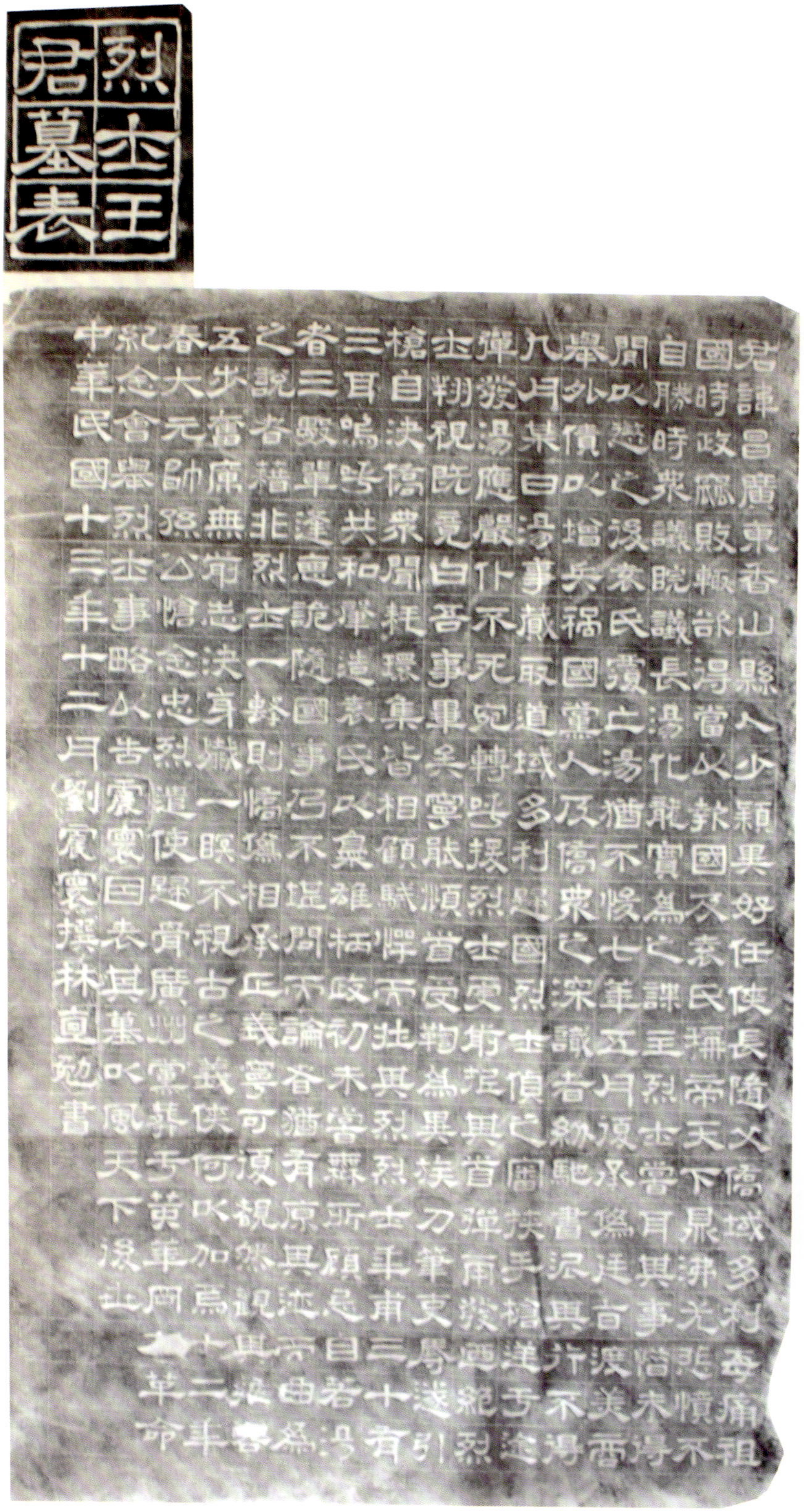

釋文

（碑額）烈士王君墓表

君諱昌，廣東香山縣人，少穎異，好任俠。長隨父僑域多利，每痛祖國時政窳敗，輒欲得當以報國。及袁氏稱帝，天下鼎沸，尤悲憤不自勝。時衆議院議長湯化龍實爲之謀主，烈士嘗耳其事，惜未得間以懲之。後袁氏覆亡，湯猶不悛，七年五月，復承僞廷旨，渡美商舉外債以增兵禍國。黨人及僑衆之深識者紛馳書，泥其行不得。九月某日，湯事蒇，取道域多利歸國。烈士偵之審，挾手槍逆于途，彈發，湯應聲仆，不死，宛轉呼援。烈士更前握其首，彈再發，廼絶。烈士翔視既竟，曰：吾事畢矣。寧能頫首受鞫，爲異族刀筆吏辱。遂引槍自決。僑衆聞耗環集，皆相顧驚愕，而壯其烈。烈士年甫三十有三耳。

嗚呼！共和肇造，袁氏以梟雄柄政，初未嘗無所顧忌，自若湯者三數輩，逢惡詭隨，國事乃不堪問。而論者猶有原其迹而曲爲之説者，藉非烈士一擊則憍僞相承，正義寧可復覩。然觀其雍容五步，奮厲無前，志決身殲，一瞑不視，古之義俠何以加焉。十二年春，大元帥孫公愴念忠烈，遣使歸骨廣州，黨葬于黄花岡左。革命紀念會舉烈士事略以告震寰，曰表其墓以風天下後古。

中華民國十三年十二月。

劉震寰撰。林直勉書。高要張金刻字。

考略

此碑存廣州黄花崗烈士陵園。高120釐米，寬80釐米。硯石質。隸書。碑文記述革命志士王昌刺殺湯化龍後自盡之經過。王昌，廣東香山人。早年隨父僑居加拿大維多利亞城，以開理髮館為生。一九一六年加入國民黨海外支部。一九一八年九月，因痛恨北洋政府屢借外債，準備內戰，遂將北洋政府借款談判代表湯化龍在維多利亞城擊斃，自己亦飲彈身亡。其遺骨後被安葬於廣州黄花崗。是國民黨以黨禮安葬的第一人。

撰文者劉震寰，原名瑞廷，字顯臣、顯承。廣西馬承平人。民國時廣西軍閥。撰此碑文時任建國軍桂軍第三軍軍長。

書丹者林直勉，原名培光，晚號魯直。祖籍廣東增城，後遷居東莞石龍。早年經胡漢民介紹加入同盟會。後曾任孫中山軍政府秘書。擅長書法，尤精漢隸，簡古樸拙。是中國近代傑出書法家，有《林直勉先生墨迹》刊行。

史堅如烈士墓誌

民國十三年（1924）

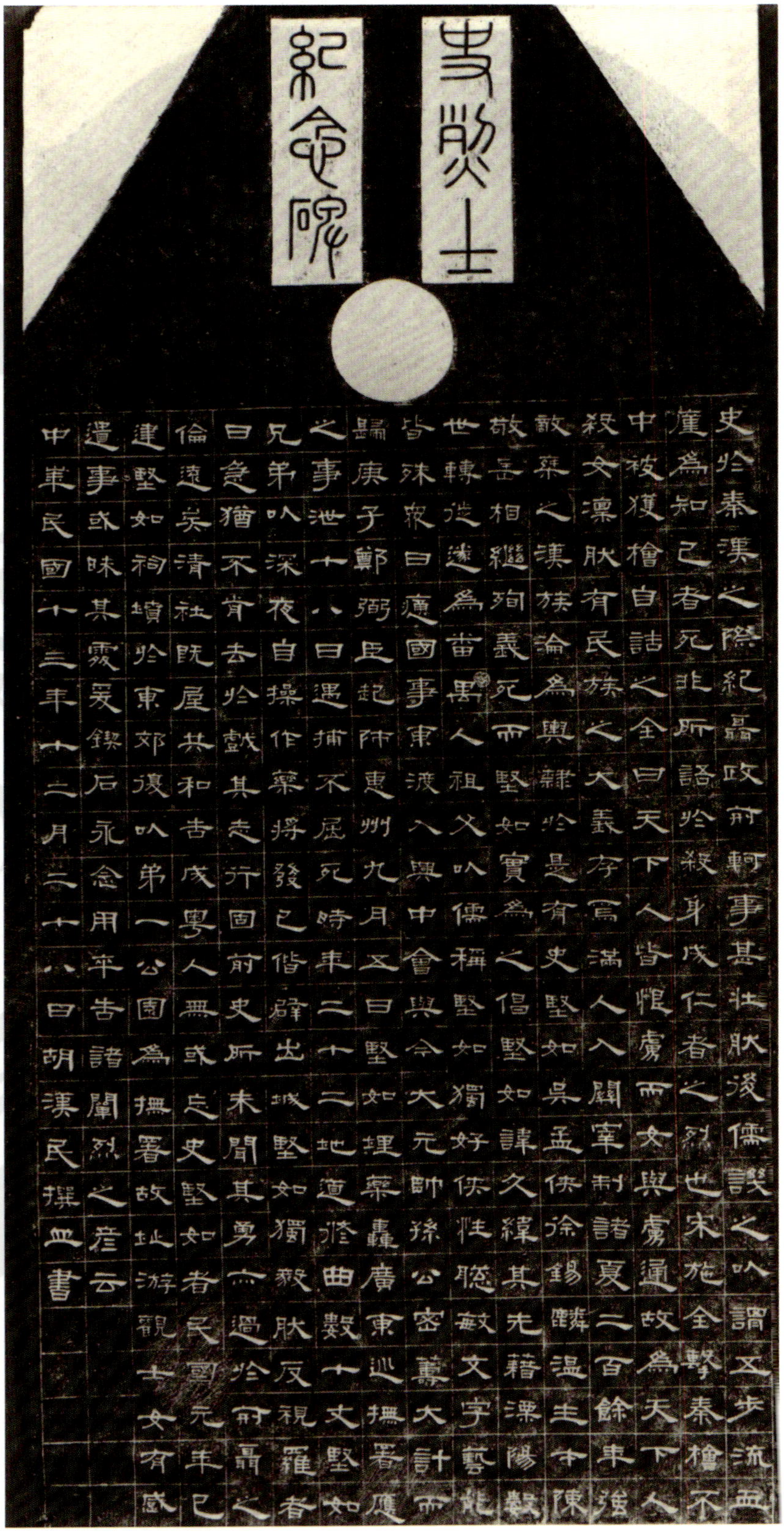

釋文

（碑額）史烈士紀念碑

史於秦漢之際紀聶政荊軻事甚壯，肰後儒譏之，以謂五步流血，廑爲知己者死，非所語於殺身成仁者之烈也。宋施全擊秦檜不中被獲，檜自詰之，全曰：『天下人皆恨虜，而女與虜通，故爲天下人殺女。』凜肰有民族之大義存焉。滿人入關，宰制諸夏二百餘年，強敵棄之，漢族淪爲輿隸，於是有史堅如、吳孟俠、徐錫麟、溫生才、陳敬岳相繼殉義死，而堅如實爲之倡。堅如，諱久緯，其先籍溧陽，數世轉徙，遂爲番禺人。祖父以儒稱，堅如獨好俠，性聰敏，文字藝能皆殊衆，日癒國事，東渡入興中會，與今大元帥孫公密籌大計而歸。庚子，鄭弼臣起斾惠州，九月五日，堅如埋藥轟廣東巡撫署應之，事泄，十八日遇捕，不屈，死，時年二十二。地道修曲數十丈，堅如兄弟以深夜自操作，藥將發，已偕辟出城，堅如獨毅肰反視，羅者日急，猶不肯去。於戲！其志行固前史所未聞，其勇亦過於荊聶之倫遠矣。清社既屋，共和告成，粵人無或忘史堅如者，民國元年已建堅如祠墳於東郊，復以弟一公園爲撫署故址，游觀士女有感遺事或昧其處，爰鍥石永念，用卒告諸闡烈之彥云。

中華民國十三年十二月二十八日。

胡漢民撰竝書。

考略

此碑存廣州黄花崗烈士陵園。原墓葬在先烈路青菜崗，一九一三年建成，一九七八年遷葬至現址。碑高130釐米，寬48釐米。篆額，隸書。碑文記述史堅如為推翻帝制，謀炸兩廣總督，事未遂，英勇就義的過程。高度贊揚史堅如之義舉，認為他與歷史上的聶政、荆軻不同，是為民族大義殺身成仁的烈士。

史堅如，原名文緯。廣東番禺人，民族英雄史可法的後裔。一八九九年加入孫中山創建的興中會，從事革命活動。一九〇〇年十月，為了配合鄭士良在惠州三洲田起義，他挖地道謀炸兩廣總督德壽未遂，不幸被捕，於同年十一月九日就義，時年僅二十二歲。

撰文并書丹者胡漢民，見《梁國一烈士墓聯》之考略。

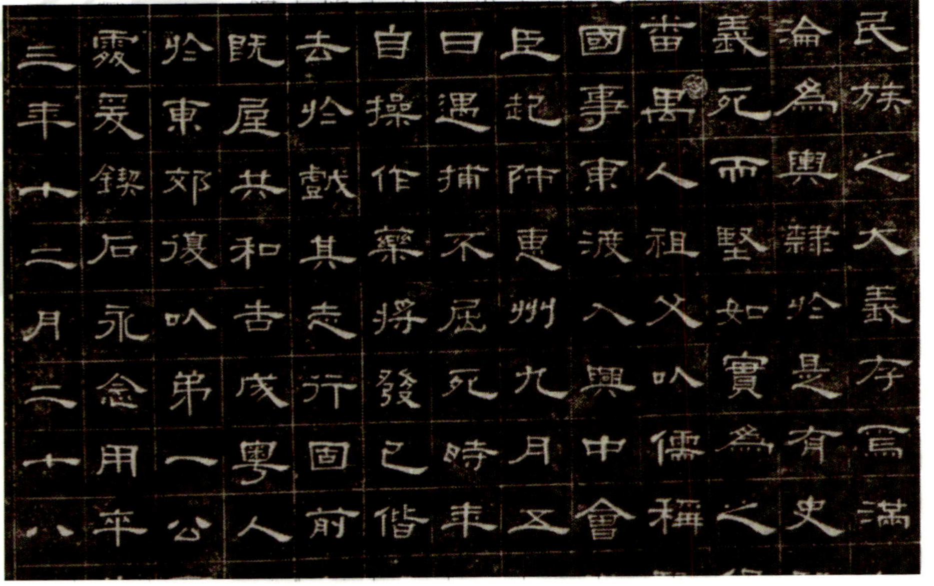
民族之大義存焉滿
淪為輿隸於是有史
義死而堅如實為之
番禺人祖父以儒稱
國事東渡入興中會
臣起師惠州九月又
日遇捕不屈死時年
自操作藥將發已偕
去於戲其志行固前
既屋共和告成粵人
於東郊復以弟一公
霞爰鍥石永念用平
三年十二月二十八

（碑刻局部）

南洋五烈士墓誌

民國十三年（1924）

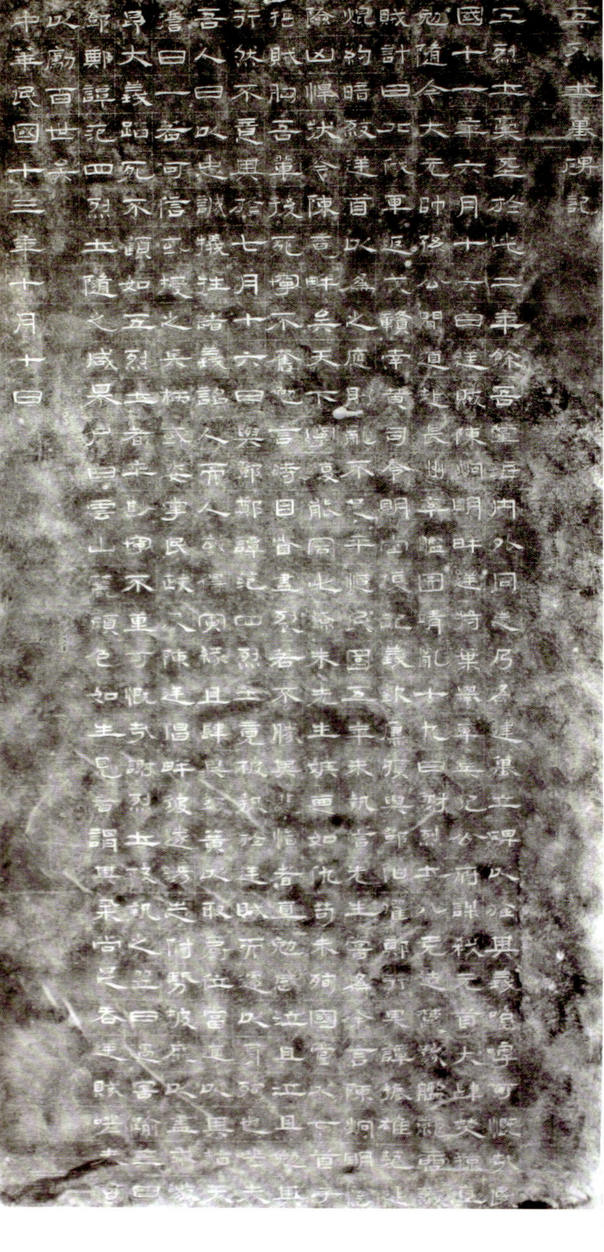

考略

此碑存廣州先烈路南洋五烈士墓園，是愛國華僑謝八堯、鄧伯曜、鄭行果、譚振雄、范運焜五位烈士的合葬墓。高140釐米，寬80釐米。隸書。記載南洋五烈士就義經過。一九二二年六月十六日，陳炯明叛變，派兵圍攻觀音山粵秀樓和總統府。華僑革命黨人謝八堯秘密聯絡華僑中的鄧伯曜、譚振雄、鄭行果和范運焜等革命黨人，謀刺陳炯明，不幸事敗，五人先後被捕遇害。

撰文者林直勉，見《烈士王君墓表》之考略。

釋文

五烈士藁碑記

五烈士藁葬於此二年餘，吾党海内外同志乃爲建墓立碑，以旌其義。嗚嘑！可慨哉！民國十一年六月十六日，逆賊陳炯明畔，逆將葉舉率兵犯公府，謀弑元首，大肆焚掠。直勉隨今大元帥孫公間道赴長州，率艦圖靖亂。十九日，謝烈士八堯造楚豫艦，就商殺賊計。曰：『北伐軍返戈贛南，黄司令明堂復起義欽、廉，頃與鄧伯曜、鄭行果、譚振雄、范運焜約暗殺逆首，以爲之應，則亂不足平。憶民國五年，朱執信先生嘗爲余言陳炯明陰險凶悍狀，今陳竟畔矣，天下寧復能同此獠？朱先生嫉惡如仇，苟未殉國，當以匕首于揕賊胸。吾輩後死，寧不奮勉』。言時目眥盡裂，若不勝其悲憤者。直勉感泣，且泣且勉其行。然不意其於七月十六日與鄧、鄭、譚、范四烈士竟被執於逆賊，而遽以身殉也。

嗟夫！吾人日以忠誠犧牲諸義詔人，而人或得夤緣且肆其鼓簧以取爵位，當道以其指天誓曰一若可信，或授之兵柄，或委掌民政。及陳逆倡畔，彼遂湯志附勢，披靡以盡。求激昂大義、蹈死不顧如五烈士者卒尠，寧不重可慨哉！謝烈士被執之翌日遇害。踰三日，鄧、鄭、譚、范四烈士隨之咸暴尸白雲山麓，顔色如生，見者謂其氣尚足吞逆賊。嗟夫！可以勵百世矣！

中華民國十三年十月十日。

南洋五烈士墓誌

民國十四年（1925）

考略

此碑存廣州先烈路南洋五烈士墓園。高130釐米，寬48釐米。硯石質。行書。記述五烈士為謀刺陳炯明而遇害的經過及埋葬情況。南洋五烈士暴尸白雲山麓後，華僑革命黨人秘密將其殮葬，託名『河南公民立石為志』，并將烈士范運焜改稱為郭家信。陳炯明被逐後，國民革命政府將墓葬遷於先烈中路的新建墓園，重新立碑。

撰文并書丹者胡漢民，見《梁國一烈士墓聯》之考略。

釋文

吾党自民國紀元前七年成立中國革命同盟會後，組織益備，同志益團結以致力國民革命。翌年，漢民隨先總理孫公赴南洋宣傳主義，僑胞翕然贊助者眾，黨務大振。蓋南洋同志僑居異域，遠離宗邦，受帝國主義者之壓迫，痛切而不可忍。推原厥禍，知非傾覆滿清二百餘年一姓之政府，改造中國四千餘年專制之政治，不足以圖存。而三民主義末由實施，故毀家產，捐生命，以從事革命者相踵接。

民國十一年六月十六日，逆賊陳炯明率兵叛變，遐邇鼎沸。謝八堯、鄧伯耀、鄭行果、譚振雄、范運焜五烈士憤逆賊之凶暴，閔民生之疾苦，奮起殺賊，事将成，即為逆党葉舉、金章等所害，暴屍白雲山麓。南洋同僑同志潛舁以藁葬。恐其墓久而湮沒不彰，託名河南公民立石為志，而范運焜且易為郭家信，蓋恐賊等偵知致被毀壞，並因而株連。其委曲苦心，千載下吊其墓者想見當日沉痛之情，而生無窮之感慨。十三年十月十日，海内外同志既為建墓立碑，十四年八月併屬漢民志數言於此。

中華民國十四年八月十六日。

番禺胡漢民。

端州梁俊生鐫石。

明紹武帝臣冢記

民國十六年（1927）

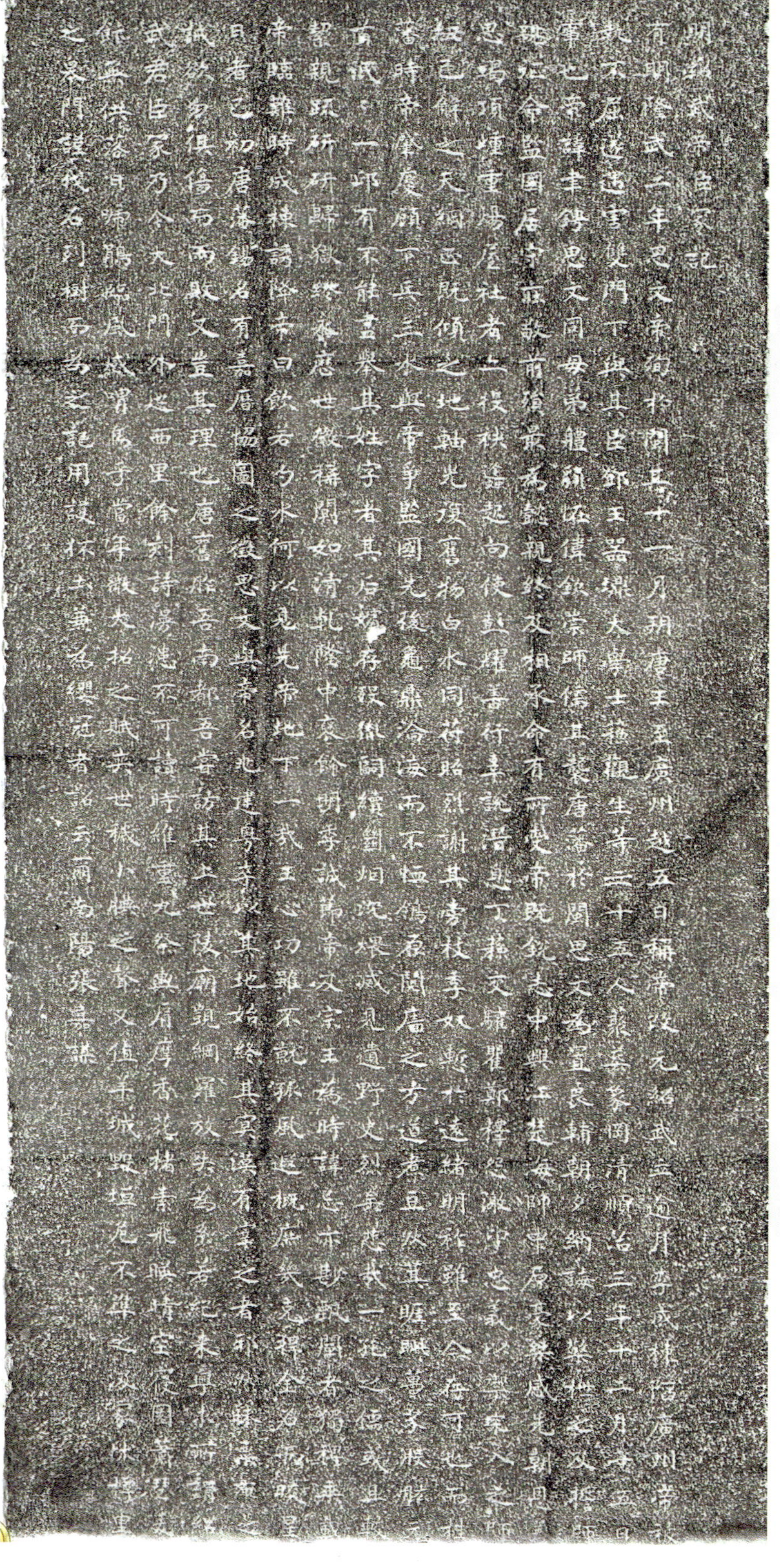

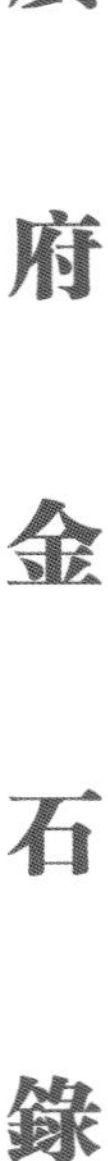

釋文

明紹武帝臣冢記

有明隆武二年，思文帝殉於閩，其十一月朔，唐王至廣州，越五日稱帝，改元紹武。立逾月，李成棟陷廣州，帝被執，不屈，遂遇害雙門下，與其臣鄧王器塌、大學士蘓觀生等二十五人蘽葬象岡，清順治三年十二月廿五日事也。

帝諱聿鐭，思文同母弟，體貌恠偉，欽崇師儒，其襲唐藩於閩，思文為置良輔，朝夕納誨，以檠椳之，及誓師親征，命監國居守，莊敬前殞，最為懿親，終及相承，命有昕受。帝既鋭志中興，江楚海師、中原豪桀，感先朝恩養，思竭項踵，重煬屋社者亦投袂蠭起。向使彭耀善行，辜說潛息，丁蘓交驩，瞿鄭釋怨，激印忠義，以禦深入之師，紐已解之天綱，正既傾之地軸，光復舊物，白水同符，昭烈謝其旁枝，季奴慙於遠緒，明祚雖至今存可也。而桂藩時帝肇慶，顧下兵三水，與帝爭監國先後，黿鼎淪海而不恤，鸰原鬩廧之方遒，煮豆然萁，睚眦蔕芥，股肱元首，泯泯一邱，有不能盡舉其姓字者，其后嬪存歿，胤嗣續𦂳，烟沉煨滅，見遺野史，烈矣！悲哉一孔之儒，或且較絜親疏，研研歸獄，終永歴世，徽稱閴如。清乹隆中，褒餙明季誠莭，帝及宗王為時諱忌，亦尠甄闡者，獨禆乘載。帝臨難時，成棟誘降，帝曰：『飲若勺水，何以見先帝地下。』一哉王心，功雖不就，孤風遐概，庶幾克捍金石而皎星日者已。

初，唐藩錫名有嘉曆協圖之徵，思文與帝名兆建粵，卒以其地始終，其冥漠有宰之者邪？然昧粟布之誡，欲勿俱傷而兩敗，又豈其理也。唐舊胙吾南都，吾嘗訪其上世陵廟，覬綱羅放失，為系若紀。來粵求所謂紹武君臣冢，乃今大北門外迆西里餘，刻詩湧漶不可讀。時維重九，祭輿肩摩，香花楮素，飛暎晴空，寢園蕭瑟，麦飰無供，落日啼鵑，臨風感喟。烏乎！當年微大招之賦，奕世穢小腆之聲，又值羊城毀垣，危不準之汲冢，怵檇里之皋門，謹伐石列樹而為之記。用護抔土，兼為纓冠者詔云爾。

南陽張嘉謀。

考略

此碑存廣州越秀山南秀湖畔明紹武君臣冢前。楷書。紹武政權為明亡後各地方政權之一，由紹宗之弟朱聿鐭在廣州建立，存在時間極短，僅四十一天，即被清軍攻破，君臣被俘，或自縊或遭戮。事後，廣州士人將紹武帝及臣僚等人收葬於城北象崗山北麓，一九五四年因基建遷葬於越秀公園木殼崗。一九八一年再遷葬於越秀公園南秀湖畔。

撰文并書丹者張嘉謀，字中孚，晚年自號梅溪釣徒。祖籍直隸開州。高祖父時遷居河南南陽。民國教育家、藏書家。光緒二十三年（1897）舉人，曾任內閣中書。創辦南陽敬業學堂、河南女子師範學堂等學校。曾任民國時期的河南省議會議員、中州文獻徵輯處調查員、河南通志館纂修、河南省博物館館長等職。

明紹武君臣冢重修碑

民國十六年（1927）

明紹武君臣冢重修碑

君臣冢之名吾粵故老傳為口碑蓋自明亡二百[illegible]十年來矣清光緒閒粵士紳

以北郊外壙塋鱗沓胥小攘竊其中爰設局以糾稽又以君臣冢繫粵故則泐石

表章且舉祀事焉洎辛亥國變君臣之義徒縣天壤[illegible]任樵牧蹂躪棘荒蔵雜傾欹

廢隊莫之顧中原失馭國會南來豫議員張君嘉謀[illegible]感於君臣之義為伐石以紀

其事意至深也去年疆理西關路沿途刻削懼夷[illegible]徵收籲請當道保存緜是同

人僉謀重施畚鍤贊其議者鄧君善麟商君廷康甘君[illegible]錫章陳君慶帶何君家本任

君元熙潘君伯梁董其役者廖君景曾馬君壽彭俞君漢章也抑乃潼重有感者紹

武君臣原與永歷君臣同載粵記顧陳文忠子壯張文烈家玉陳忠愍邦彥粵人稱

為三忠談故事者恆動景仰若紹武君臣則蘇相國觀生為中樞顧以天不祚明但

事西圖罔思東顧其為君臣至暫然能一死報國紹武亦與周益[illegible]等二十四王死

焉明史稱紹武臨難時不受敵饋曰我若飲汝一勺水何以見先人地下大哉王言

洵灼知國君死社稷之義矣顧有謂今[illegible]葬處為十五人者殆莫可深攷獨念當時

無有為之表其冢如今東郊外之豐碑巋然不知何以經久若是豈紹武君臣英烈

今猶存歟抑君臣之運以是終僅寄其名於斯冢歟抑君臣之義天地間必無可延

特揭其名於斯珉歟乃潼老矣願以俟百世君子　順德盧乃潼撰　南海任元熙書

民國十六年丁卯夏五月　清查墳山公所立石　梁俊生刻字

釋文

明紹武君臣冢重脩碑

君臣冢之名，吾粵故老傳為口碑者，蓋自明亾二百四十年来矣。清光緒間，粵士紳以北郊外墳塋鱗沓，宵小攘竊其中，爰設局以糾稽□，又以君臣冢繫粵故，則泐石表章，且舉祀事焉。洎辛亥國變，君臣之義徒縣天壤，□任樵牧蹂躪，棘莠蕺雜，傾缺廢隊莫之顧。中原失馭，國會南来，豫議員張君嘉謀有感於君臣之義，為伐石以紀其事，意至深也。

去年疆理西郇公路，沿途剗削，懼夷沒徵收，籲請當道保存。繇是同人僉謀，重施畚鍤，贊其議者，鄧君善麟、商君廷康、甘君錫章、陳君慶榮、何君家本、任君元熙、潘君伯梁；董其役者，廖君景曾、馬君壽彭、俞君漢章也。抑乃潼重有感者，紹武君臣原與永歷君臣同載《粵記》，顧陳文忠子壯、張文烈家玉、陳忠愍邦彥，粵人稱為『三忠』。談故事者恒動景仰。

若紹武君臣，則蘇相國觀生為中樞。顧以天不祚明，但事西圖，罔思東顧，其為君王至暫，然能一死報國，紹武亦與周、益、遼等二十四王死焉。《明史》稱紹武臨難時不受敵饋，曰：『我若飲汝一勺水，何以見先人地下。』大哉！王言洵灼，知國君死社稷之義矣。顧有謂今藪葬處為十五人者，殆莫可深攷，獨念當時無有為之表其家，如今東郊外之豐碑巍然，不知何以經久若是？豈紹武君臣英烈今猶存歟？抑君臣之運以是終，僅寄其名於斯冢歟？

抑君臣之義天地間必無可逃，特揭其名於斯珉歟？乃潼老矣，願以俟百世君子。

順德盧乃潼撰。

南海任元熙書。

民國十六年丁卯夏五月。

清查墳山公所立石。

梁俊生刻字。

考略

此碑存廣州越秀山南秀湖畔明紹武君臣冢前。楷書。墓冢正面豎一墓碑，中刻『明紹武君臣冢』，上款為『光緒癸未孟冬吉旦』，下款為『粵東紳士重修』。此碑乃民國十六年（1927）廣州清查墳山公所刻立。

撰文者盧乃潼，字清輝，號梓川。廣東順德人。光緒十一年（1885）舉人，歷任廣東諮議局議長，廣州菊坡精舍、學海堂書院學長，廣雅書院院長，廣州中學校長。是廣東近代著名的教育家暨中醫學教育家。

書丹者任元熙，字子貞。廣東南海人。受業於簡岸讀書草堂，清宣統己酉拔貢，官學部二等書記官，總司務學習行走，以學務勞職陞一等書記官。生從事教育，曾掌教廣府中學堂，民國初年自創廣才中學，培育人才甚眾。

屈翁山先生墓碑

民國十八年（1929）

屈翁山先生墓碑
吾粵自宋崔清獻公以晚節爲海內士表至明白沙私淑其旨舉名節道之藩籬語提倡嶺學泰泉繼之敦尚
學行而益以博約爲宗故無無用之文亦無無文之學自是文章氣節合而爲一學者承流洞源遡行含吐風
雅發揮忠愛蔚積既盛至明之亡乃大張著倡義勤王湛身隕族非儒林之宗匠即壇坫之才流至遺窮不復
灼知事無可爲遯跡山林託之著述者更指不勝屈而世所嘖嘖尤推獨漉翁山兩先生獨漉少遭家難中罹
世網晚而韜晦不降不辱翁山傳遊風塵所志不遂出入儒釋網羅文獻記微音於三外追宗風於楚些其志
激故其音哀其才博故其辭放身後遺文有拉觸干禁者其後人惴惴然抱殘叢之慮並其葬地不稱十不樹長
掩抑於荊榛蔓草中嗚呼天將以先生終吾粵有明三百年氣節文章之局乎不然何世變之適犯也近者
先生遺書漸出南海陳侯伯任讀而慕之適宰吾邑訪求葬址爲之葺治復於墓道南數百武築亭因先生自
號八泉翁即以八泉名亭自爲之記而以墓碑文屬余夫士志不素定不足當世變世百變而志不與之俱徙
其人固有自知自信者在也觀先生易簀時不忘曾子得正之語其自知自信者方將與宇宙亘古今而猶立
不懼而何恤身後一抔之寄耶陳侯之爲是舉也亦豈求結古懽於曩哲邀稱聽於時流哉性情所至不相謀
而相感此昌黎所謂不知何心者也先生諱大均屈姓番禺沙亭鄉人墓在北村寶珠峯之原其上爲先生之
考澹足君墓左爲母黃太夫人墓生明崇禎庚午九月終清康熙丙子五月卒葬二百三十餘年而始表於世余
海弃更九原人遠曠世同感乃爲斯銘銘曰
干將可折不掩鋩兮理玉可碎不奪貞兮委蛻埋憂上有芝草兮高馳不傾神遊滄溟兮日月代謝晦則明兮
高阡華表嶙峋嶸兮松柏交蔭柯葉青青兮返轡迴馭尚厥於所生兮　南海馮□□摹刻
己巳冬十月邑人吳道鎔撰並書

釋文

屈翁山先生墓碑

吾粵自宋崔清獻公，以晚節為海内士表，至明白沙私淑其旨，舉名節道之藩籬語，提倡嶺學。泰泉繼之，敦尚學行，而益以博約為宗，故無無用之文，亦無無文之學。自是文章氣節，合而為一。學者承流，淵源遞衍，含吐風雅，發揮忠愛，欝積既盛，至明之亾，乃大瀑著。倡義勤王，湛身隕族，非儒林之宗匠，即壇坫之才流，至道窮不復，灼知事無可為，遯跡山林，託之著述者，更指不勝屈。而世所嘖嘖，尤推獨漉、翁山兩先生，獨漉少遭家難，中罹世網，晚而韜晦，不降不辱。翁山倦遊風塵，所志不遂，出入儒釋，網羅文獻，託微旨於三外，追宗風於楚些。其志激，故其音哀；其才博，故其辭放。身後遺文有抵觸干禁者，其後人惴惴然抱懲羹之慮，並其葬地不封不樹，長掩抑於荆榛蔓草中。嗚呼！天將以先生終吾粵有明三百年氣節文章之局乎？不然，何世變之適相阨也！

近者，先生遺書漸出，南海陳侯伯任讀而慕之。適宰吾邑，訪求墓址，為之葺治。復於墓迤南數百武築亭，因先生自號八泉翁，即以『八泉』名亭。自為之記，而以墓碑文屬余。夫士志不素，定不足當世變；世百變而志不與之俱，彼其人固有自知自信者在也。觀先生易簀時，不忘曾子得正之語，其自知自信者，方將窮宇宙、亘古今而獨立不懼，而何恤身後一抔之寄？即陳侯之為是舉也，亦豈求結古懽於曩哲，飾觀聽於時流哉！性情所至，不相謀而相感，此昌黎所謂不知何心者也。

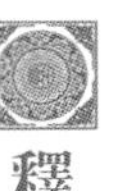

先生諱大均，屈姓，番禺沙亭鄉人。墓在北村寶珠峯之原，其上為先生父澹足君墓，左為母黄太夫人墓。生明崇禎庚午九月，終清康熙丙子五月，葢葬二百三十餘年而始表於世，桑海再更，九原人遠。曠世同感，乃為斯銘。

銘曰：

干将可折不掩鋩兮，珵玉可碎不奪貞兮。委蜕埋憂上有芝莖兮，高馳不顧神遊滄溟兮。

日月代謝晦則明兮，高阡華表欝崢嶸兮。松柏交蔭柯葉青青兮，返轡迴馭尚昵於昕生兮。

己巳冬十月。

邑人吴道鎔撰並書。

南海馮容孫刻。

考略

此碑存廣州番禺南村屈大均墓園。高112釐米，寬52釐米。硯石質。楷書。簡述屈大均生平事迹，贊頌其氣節文章。後述南海陳伯任讀屈大均遺書而慕之，訪求墓址，葺治墓園，并築八泉亭以紀念屈大均之經過。

撰文并書丹者吴道鎔，字玉臣，號澹庵。廣東番禺人。清光緒八年（1882）進士，授翰林院編修，後以講學終其身。工詩文，書法自成一體，曾主修《番禺縣續志》，著有《澹庵詩存》《澹庵文存》《明史樂府》等。

鄧蔭南先生墓表

民國十八年（1929）

釋文

（碑額）鄧蔭南先生墓表

鄧上将蔭南先生墓表

公諱松盛，字蔭南，一字有相，廣東開平縣人。早歲從事革命，為清廷偵急，詭其名曰『三』，以齒亦長於同羣，故羣而稱之曰『三伯公』。考諱善昆，貧居業農，而課子輒以遠大。公性剛毅，有奇志，壯遊于檀島，營糖業於茂宜山，容納華工數千人，得贏利。甲午中東戰起，感祖國之危亾，慨然有澄清之志。會先總理抵檀倡革命，心折之，訂生死交，而願傾家以助。興中會創立，公任副主席。乙未隨先總理返國，設幹部於香港乾亨行，而公為主任，出鉅資購械運省，圖襲廣州。事敗，陸皓東身殉，而公奮鬬之志弗少衰。戊戌，約日人宮崎寅藏設東亞同文會於廣州寶慶新街，以聯絡清軍。與陳少白、李紀堂設《中國報》於香港以鼓吹革命。庚子鄭士良起惠州，公任後方接濟，同時任總司令，謀響應於廣州，令分道埋藥轟要署、總督署。事以史君堅如任，史君行述中當别有詳録。壬寅除夕，復與李紀堂、洪全福、梁務光等謀乘元旦文武官行禮於萬壽宫，統聚而殲之，亦遭告密不得發。以是亡匿。萃黨人謀再舉，前後諸役，公均有昕助，遂毁其家，其熱忱足欽仰如此。辛亥武昌起義，公首舉於廣東新安。民國改元，任新安民軍總監督，旋任開平民團總長。八年，奉命編義軍討逆。九年，粤軍返旆，復編義勇隊響應。大局定，任石龍鼇廠總辦、總統府諮議、内政部農務局長，多昕建白。十年，以民選任開平縣縣長，政聲卓著，

盜風斂戢。十一年六月十六日，陳炯明背叛。先總理蒙難於軍艦，餉盡援絶。公獨以萬金援濟，並舉兵開平，以為聲援。尋赴滬謁先總理，奉命回澳相機討逆。十二年，廣東江防司令部會議事變，公憤鬱致疾，是年二月五日卒於澳門，溯生於清道光丙午八月初四日，淂年七十有八。彌留之際，惟諄諄以努力革命勗其後人，未嘗一語及私。嗚呼！如公者，誠何間言。先總理為之誄曰：『愛國以命，愛黨以誠，家不遑顧，老而彌貞。』數語足盡公之生平，而公之足以不朽於後世，與夫為吾黨模範而無愧焉者。亦數語足概而毋庸贅辭。以崇德報功之意，追贈上將，葬以國禮。其夫人譚氏暨陳氏、韋氏以賢淑稱。子植卿、啟祥、信真，女月棠、月梅、月霞、月祝，孫景桓、能善、繼述。民國十三年十月六日葬公於廣州東郊七寶岡。余與公共事有年，知之深而敬之篤。爰綜其生平事畧行誼，為文泐之於石，昭兹来許，俾登斯墓者知所景仰焉。

中華民國十八年六月。

胡漢民撰文并書。梁俊生刊石。

考略

此碑存廣州先烈南路鄧蔭南先生墓園。高180釐米，寬69釐米。硯石質。篆額，行楷書。碑文記述鄧蔭南生平事迹，贊頌其傾家資以助革命、任興中會副主席、多次參與起義等事。

鄧蔭南，原名松盛，字有相。廣東開平人。著名資産階級民主革命家。

撰文并書丹者胡漢民，見《梁國一烈士墓聯》之考略。

抗逆衛士題名碑記

民國十九年（1930）

釋文

（碑額）抗逆衛士題名碑記

廣州中山紀念堂建築管理委員會建衛士紀念碑於先大總統孫公駐蹕之粤秀山麓，以余曾隨孫公蒙難，稔聞當時衛士抗逆之况，属為文以記之。余以□□熱烈者，恒不若剛毅木訥之忠誠，居高位，蒙厚祿，自古敢死者尠，行伍士卒為國犧牲者多，觀抗逆衛士，寧不慨然興感焉。民國十一年六月十六日，逆賊陳炯明叛於廣州，為曹錕、吴佩孚諸賊應，遣其將葉舉率兵犯公府，謀弑元首，冀逞其篡奪之私。時公府衛士僅六十餘人，槍械不滿三十，死守粤秀山，奮勇抗敵。逆兵多至四千餘，而卒莫之能奪。烏乎！陳逆當時仍於政府任陸軍總長要職，乃稱兵構亂，自取罪戾，以視六十餘衛士，各盡厥職，為國奮鬥，其為賢不肖相去何如也！是年八月十五日，孫公之言曰：『逆賊槍擊不已，繼以發礮縱火，務使政府成為煨燼，而置文於死地，人民之生命財產，悉受蹂躪。』十三年元旦又曰：『吾党數起義師，自鎮南關、河口、三月廿九廣州之役、十月十日武昌之役，無不以寡敵衆。自民國成立後，革命之師雖日益增，而其精神則反不如前，惟陳逆叛時，戍守粤秀山之衛士姚觀順等與叛兵血戰兩晝夜，堅持无餒，誠為近所罕見。』觀去歲東江戰役，我軍三萬進□惠、博，逆僅二萬，竟莫與敵，以此衡諸衛士，益見衛士之難能矣，故特褒獎之，以嘉其勇敢焉。顧孫公崩殂于兹五載，反側時起時仆，且有暗結外敵，危害党國□□□□□□，毒燄方張，其罪等於陳逆。鋤而去之，惟執兵衛國之同志是賴。余不武，願步衛士之後，執鞭從之也。今者刊抗逆

衛士姓名於石，傳之永久，凡我同志，其念之哉！

隊長姚觀順。侍衛副官黃惠龍、馬湘、陳煊。偵緝員陳龍韜。衛士馮俊、黃森、何良、陳海廷、蔣桂林、鄭燿、

容卓廷、鄒海、馮朝、黃仲篪、梁有賢、陳桂標、劉少溪、劉禮泉、蔡鐵俠、陳威、曾國輝、李東英、曾明、馮建廷、

梁全勝、區錦由、黃作卿、鄭國卿、曾維垣、周文勝、潭惠全、馮振彪、陳勝、黃成、何福廷、譚森、丘堪、蔣福卿、

張停、陸福卿、馮漢明、梁表雲、王桂昭、鄧勝欽、張禧、王玉、陳標、楊帶、王基、楊勳、李球、蔣安廷、馮桂林、

彭啓、蔣慶禧、鄺景雲、汪德、陳松、韋漢雄、黃世祥、丘炳權。

中華民國十九年六月十六日。陳兼善篆額，林直勉撰並書。梁俊生刊石。

考略

此碑存廣州越秀山麓『中山先生讀書治事處』碑之碑陰。高 100 釐米，寬 60 釐米。篆額，楷書。記載諸衛士為保衛孫中山，以寡敵眾，與陳炯明叛軍浴血奮戰之經過。國民政府為揚士氣，樹碑以嘉其勇敢，并附六十一名總統府衛士姓名。

撰文并書丹者林直勉，其簡介參見《烈士王君墓表》之考略。林直勉以隸書名於世。其小楷追魏晉之風，從本拓本中可略窺一二。

篆額者陳兼善，動物學家，魚類學家，教育家。早年師從李叔同（弘一法師），業餘善治金石及書法。

重修陳獨漉先生墓記

民國二十年（1931）

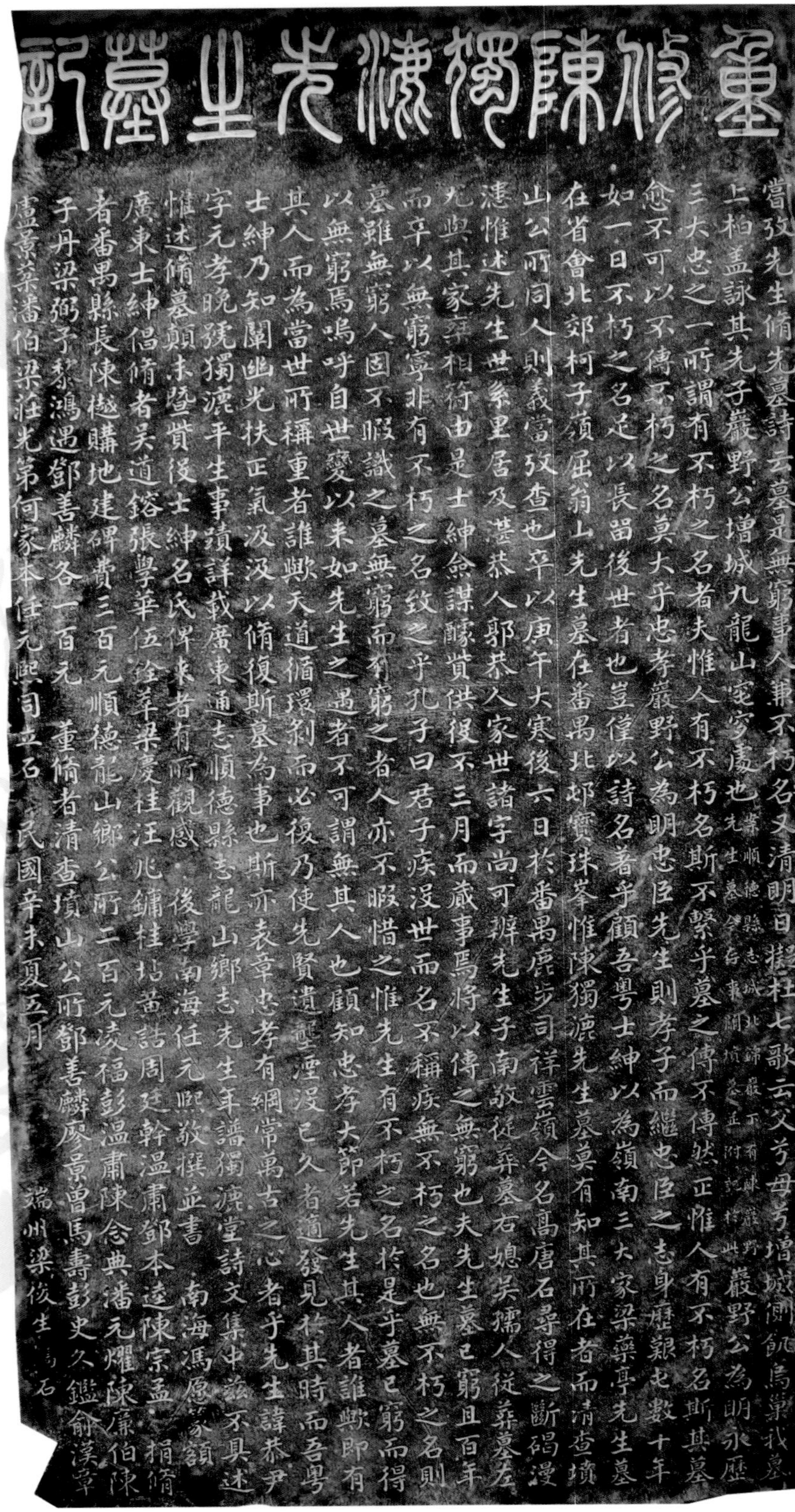

重修陳獨漉先生墓記

嘗攷先生脩先墓詩云墓是無窮事人兼不朽名又清明日擬杜七歌云父兮母兮增城側飢烏巢我墓上柏盖詠其先子巖野公增城九龍山塋穸處也（先生墓今存秉湖墳丞附記於此　業順德縣志城北錦巖下有[illegible]）巖野公為明永歷三大忠之一所謂有不朽之名者夫惟人有不朽名斯不繫乎墓之傳不傳然正惟人有不朽名斯其墓愈不可以不傳不朽之名莫大乎忠孝巖野公為明忠臣先生則孝子而繼忠臣之志身歷艱屯數十年如一日不朽之名足以長留後世者也豈僅以詩名著乎顧吾粵士紳以為嶺南三大家梁藥亭先生墓在省會北郊柯子嶺屈翁山先生墓在番禺北郊寶珠峯惟陳獨漉先生墓莫有知其所在者而清查墳山公所同人則義當攷查也辛以庚午大寒後六日於番禺鹿步司祥雲嶺今名高唐石尋得之斷碣漫漶惟述先生世系里居及甚恭人郭恭人家世諸字尚可辨先生子南敬從葬墓右媳吳孺人從葬墓左先與其家葬相符由是士紳僉謀醵貲供役不三月而蕆事焉將以傳之無窮也夫先生墓已窮且百年而卒以無窮寧非有不朽之名致之乎孔子曰君子疾沒世而名不稱疾無不朽之名也無不朽之名則墓雖無窮人固不暇識之墓無窮而有窮之者人亦不暇惜之惟先生有不朽之名於是乎墓已窮而得以無窮焉嗚呼自世變以來如先生之遇者不可謂無其人也顧知忠孝大節若先生其人者誰歟即有其人而為當世所稱重者誰歟天道循環剝而必復乃使先賢遺壟湮沒已久者適發見於其時而吾粵士紳乃知闡幽光扶正氣汲汲以脩復斯墓為事也斯亦表章忠孝有綱常萬古之心者乎先生諱恭尹字元孝晚號獨漉平生事蹟詳載廣東通志順德縣志龍山鄉志先生年譜獨漉堂詩文集中茲不具述惟述脩墓顛末暨貲役士紳名氏俾來者有所觀感　後學南海任元熙敬撰并書　南海馮愿篆額

廣東士紳倡脩者吳道鎔張學華伍銓萃梁慶桂汪兆鏞桂坫黃誥周廷幹溫肅鄧本逵陳宗孟　捐脩者番禺縣長陳樾購地建碑費三百元順德龍山鄉公所二百元凌福彭溫肅陳念典潘元燿陳廉伯陳子丹梁弼予黎鴻遇鄧善麟各一百元　董脩者清查墳山公所鄧善麟廖景曾馬壽彭史久鑑俞漢章盧景棻潘伯梁莊光第何家本任元熙同立石　民國辛未夏五月　端州梁俊生刻石

釋文

（碑額）重修陳獨漉先生墓記

嘗攷先生《脩先墓詩》云：『墓是無窮事，人兼不朽名。』又《清明日擬杜七歌》云：『父兮母兮增城側，飢烏巢我墓上柏。』盖詠其先子巖野公增城九龍山窀穸處也。（案：《順德縣志》：城北錦巖下有陳巖野先生墓，今存。事關墳墓並附記於此）巖野公為明永曆三大忠之一，所謂有不朽之名者。夫惟人有不朽名，斯不繫乎墓之傳不傳，然正惟人有不朽名，斯其墓愈不可以不傳。不朽之名莫大乎忠孝，巖野公為明忠臣，先生則孝子而繼忠臣之志，身歷艱屯，數十年如一日，不朽之名足以常留後世者也。豈僅以詩名著乎？顧吾粵士紳以為嶺南三大家，梁藥亭先生墓在省會北郊柯子嶺，屈翁山先生墓在番禺北郊寶珠峯，惟陳獨漉先生墓莫有知其所在者，而清查墳山公所同人則義當攷查也。卒以庚午大寒後六日，於番禺鹿步司祥雲嶺今名高唐石尋得之，斷碣漫漶，惟述先生世系里居，及湛恭人、郭恭人家世諸字尚可辨。先生子南敬從葬墓右，媳吳孺人從葬墓左，尤與其家乘相符。由是士紳僉謀醵貲供役，不三月而蕆事焉，將以傳之無窮也。夫先生墓已窮，且百年而卒以無窮，寧非有不朽之名致之乎？孔子曰：『君子疾沒世而名不稱。』疾無不朽之名也，無不朽之名，則墓雖無窮，人固不暇識之；墓無窮而有窮之者，人亦不暇惜之。惟先生有不朽之名，於是乎墓已窮而得以無窮焉。嗚呼！自世變以來，如先生之遇者不可謂無其人也，顧知忠孝大節若先生其人者誰歟？即有其人，而為當世所稱重者誰歟？天道循環，剝而必復，

乃使先賢遺壟湮沒已久者，適發見於其時，而吾粵士紳乃知闡幽光、扶正氣，汲汲以脩復斯墓為事也。斯亦表章忠孝有綱常萬古之心者乎。先生諱恭尹，字元孝，晚號獨漉，平生事蹟詳載《廣東通志》《順德縣志》《龍山鄉志》《先生年譜》《獨漉堂詩文集》中，兹不具述，惟述脩墓顛末暨貲役士紳名氏，俾來者有所觀感。

後學南海任元熙敬撰並書。南海馮愿篆額。

廣東士紳倡脩者：吴道鎔、張學華、伍銓萃、梁慶桂、汪兆鏞、桂坫、黄誥、周廷幹、温肅、鄧本逵、陳宗孟。

捐脩者：番禺縣長陳樾購地建碑費三百元、順德龍山鄉公所二百元、凌福彭、温肅、陳念典、潘元燿、陳廉伯、陳子丹、梁弼予、黎鴻遇、鄧善麟各一百元。董脩者：清查墳山公所、鄧善麟、廖景曾、馬壽彭、史久鑑、俞漢章、盧景棻、潘伯梁、莊光第、何家本、任元熙司立石。

民國辛未夏五月。端州梁俊生鐫石。

考略

此碑存廣州天河區長湴陳恭尹墓園。高 130 釐米，寬 63 釐米。硯石質。篆額，楷書。記述粵士紳尋找、修繕陳恭尹墓之始末，并附參與修繕的士紳姓名。其中多為當時名流。

撰文并書丹者任元熙，見《明紹武君臣冢重修碑》之考略。

篆額者馮愿，字侗若。廣東南海人。曾任兩廣學務處官書編纂，廣東修志局分纂及中山大學教授等職。著有《猥齋叢鈔》。

重修陳獨漉先生墓碑 民國二十年（1931）

釋文

重脩陳獨漉先生墓碑

自王蒲衣輯先生詩，與屈翁山、梁藥亭號『嶺南三家』。三家之名，聿著而論者，推先生與翁山詩尤高。豈不以躬遘滄桑，愴懷家國，哀窈激楚，所謂危苦之言易為工耶。然揆厥生平，忠愛旁薄，處驚濤駭浪之中，皭然有以自立，抑豈僅詩人而已！翁山世無間言，先生少遭家難，身世仳離，間関萬里，出入鋒鏑，迄未獲一伸，是與翁山同。翁山監孫延齡軍，尚或規効一二。先生志在西南，道阻不得進。跼天蹐地，窮蹙怫鬱，當有過於翁山者。及知事無可為，其父執語以先人未葬，奈何欲一死塞責。迺廢然思返，憂患餘生。繪『聽劍圖』自況。間與當代士夫文字往還，而翫世之意寓於湛冥之中，哀郢之思寄諸歌哭之外，故未嘗有所降辱也。杭堇浦題先生遺象詩『南村晉處士，汐社宋遺民。湖海歸來客，乹坤定後身。』又云：『刼已歸龍漢，家猶祭鬼雄。等身遺著在，泉下告而翁。』可謂千秋定論，欷歔欲絶矣。二百年來，孤裔漸微，廣中薦紳文學尚論先哲名蹟，以藥亭墓道光丙戌南海吳公荷屋脩理之。翁山墓久翳榛莽，前歲已巳今邑侯陳君伯任訪得，又為表章之。先生墓在番禺縣治東北高唐石之祥雲嶺。封樹荒毁，詢之耆老，久而始得其遺址。迺醵資鳩匠重加營繕，故碣朽断，别為市石大書深刻，俾垂久遠焉。先生諱恭尹，字元孝，晚號獨漉。順德龍山鄉人。明永厤贈兵部尚書、謚忠愍、諱邦彦之子，廕襲錦衣衛僉事。生明崇禎辛未九月二十五日，卒於清康熙庚辰四月十二日。有《獨漉堂集》，詩十四卷，詞一卷，文十五卷，續

編一卷。配湛，繼配郭，均合窆。子三，贛，南海縣學增廣生員；勵，康熙己夘舉人，湛出。适，順德縣學廩生，郭出。适葬於先生墓下之右。适妻吴葬其左。葺治工畢，士紳告諸有司，請禁樵蘇。陳侯臨視，謂宜拓地築亭，屬為文紀於石，以詔来者。爰系以銘辭曰：

藏複室兮趙武，哭西臺兮皋羽。睠增江兮魂戀，望滇池兮氣沮。

石填海兮口空銜，葵有根兮心自苦。曉音兮賸詩名，孤憤兮抱終古。

勃欝兮靈風，蕭槮兮宰樹。華表歸兮丁令魂，荆棘除兮卞公墓。

伐貞珉兮陳辭，質千祺兮告抷土。

辛未春三月。

番禺汪兆鏞撰。張錫麟書。

考略

此碑存廣州天河區長湴陳恭尹墓園。高93釐米，寬50釐米。硯石質。楷書。記述陳恭尹生平事迹，以及民國時期粤士紳搜尋、營繕陳恭尹墓，購新石為其撰寫碑文之經過。陳恭尹，字元孝，初號半峰，晚號獨漉子，又號羅浮布衣。廣東順德人。抗清志士陳邦彦之子。與屈大均、梁佩蘭同稱『嶺南三家』。

撰文者汪兆鏞，廣東番禺人。原籍浙江山陰。辛亥革命後僑居澳門。嘗受業陳澧門下，治經史。著有《晉會要》《碑傳集三編》《微尚齋詩文集》等。

書丹者張錫麟，字務洪，别號蟲天生、賁南拙夫。廣東番禺人。光緒二十三年（1897）拔貢生。著有《椞園詞鈔》。

總理遺囑

民國二十年（1931）

總理遺囑

余致力國民革命凡四十年其目的在求中國之自由平等積四十年之經驗深知欲達到此目的必須喚起民衆及聯合世界上以平等待我之民族共同奮鬥現在革命尚未成功凡我同志務須依照余所著建國方略建國大綱三民主義及第一次全國代表大會宣言繼續努力以求貫徹最近主張開國民會議及廢除不平等條約尤須于最短期間促其實現是所至囑

釋文

總理遺囑

余致力國民革命凡四十年，其目的在求中國之自由平等，積四十年之經驗，深知欲達到此目的，必須喚起民眾及聯合世界上以平等待我之民族共同奮鬥。

現在革命尚未成功，凡我同志，務須依照余所著《建國方略》《建國大綱》《三民主義》及弟一次全國代表大會宣言繼續努力，以求貫徹。最近主張開國民會議及廢除不平等條約，尤須于最短期間促其實現。是所至囑。

考略

此碑存廣州中山紀念堂。隸書。《總理遺囑》是時任中國國民黨總理孫中山的遺囑，總結四十年來革命成果，并為後來革命指明方向。此碑用曹全碑筆意寫出，波磔多姿，端秀飄逸。

書丹者吳子復，原名鑒，又名琬，字子復，原籍廣東四會，出生於廣州，是廣州近代著名書法家、藝術理論家、油畫家，晚年尤以隸書聞名，其『吳隸』代表了嶺南書風的一大特色。

第十九路軍陣亡將士紀念碑

民國二十二年（1933）

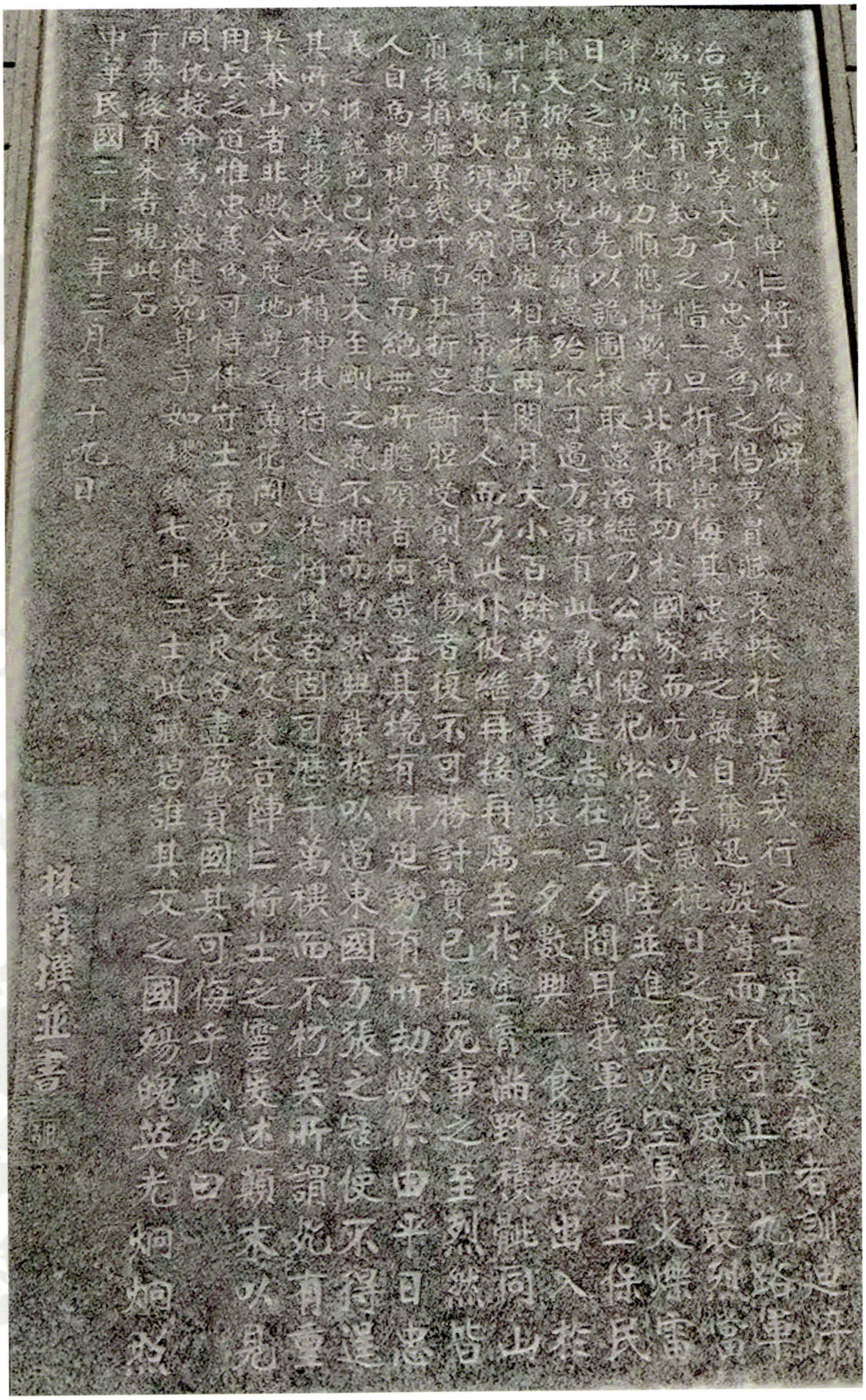

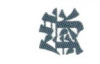

釋文

第十九路軍陣亾将士紀念碑

治兵詰戎，莫大乎㕥忠義為之倡。黄胄賦衷，軼扵異族戎行之士。果得秉鉞者訓廸淬礪，深喻有勇知方之恉。一旦折衝禦侮，其忠義之氣自奮迅激薄而不可止。十九路軍肇剏㕥来，致力順應，轉戰南北，累有功扵國家。而尤㕥去歲抗日之役聲威為最烈。當日人之謀我也，先以詭圖攘取遼瀋，繼乃公然侵犯淞滬，水陸並進，益㕥空軍，火爍雷轟，天掀海沸，兇氛彌漫，殆不可遏。方謂有此脅刦，湜志在旦夕間耳。我軍為守土保民，計不得已與之周旋，相持两閱月，大小百餘戰。方事之殷，一夕數興，一食數輟。出入扵鋒鏑礮火，須臾殞命率常數十人，而乃此仆彼繼再接再厲。至扵塗膏滿野，積胔同山，人自為戰，視死如歸，而絶無昕瞻顧者何哉？豈其境有昕廹，勢有昕刼歟？爾由平日忠義之忱，藴蓄已久，至大至剛之氣，不期而勃然興蔢。扵㕥遏東國方張之寇，使不得逞。其昕㕥蔢揚民族之精神，扶持人道扵将墜者，固可歴千萬禩而不朽矣。昕謂死有重扵泰山者非歟！今度地粤之黄花岡㕥妥兹役及曩昔陣亡将士之靈。爰述顛末，㕥見用兵之道惟忠義焉。可恃使守土者激蔢天良，各盡厥責，國其可侮乎哉！銘曰：同仇授命為義激，健兒身手如鏐鐵。七十二士此藏碧，誰其友之國殤魄。英光炯炯照千奕，後有來者視此石。

中華民國二十二年三月二十九日。林森撰並書。

考略

此碑存廣州先烈東路沙河頂十九路軍抗日陣亡將士陵園。高330釐米，寬175釐米。楷書。

記述十九路軍淞滬抗戰經過和悲壯事迹。十九路軍淞滬抗戰是中華民族抗擊日本侵略者的一項偉大壯舉，它延緩了日本企圖侵占中國的步伐，激發了全國軍民衛國禦敵的鬥志，在我國抗日戰爭史上具有非常重要的意義。

撰文者林森，原名林天波，字子超，號長仁，自號青芝老人。福建閩侯縣人，近代政治家。

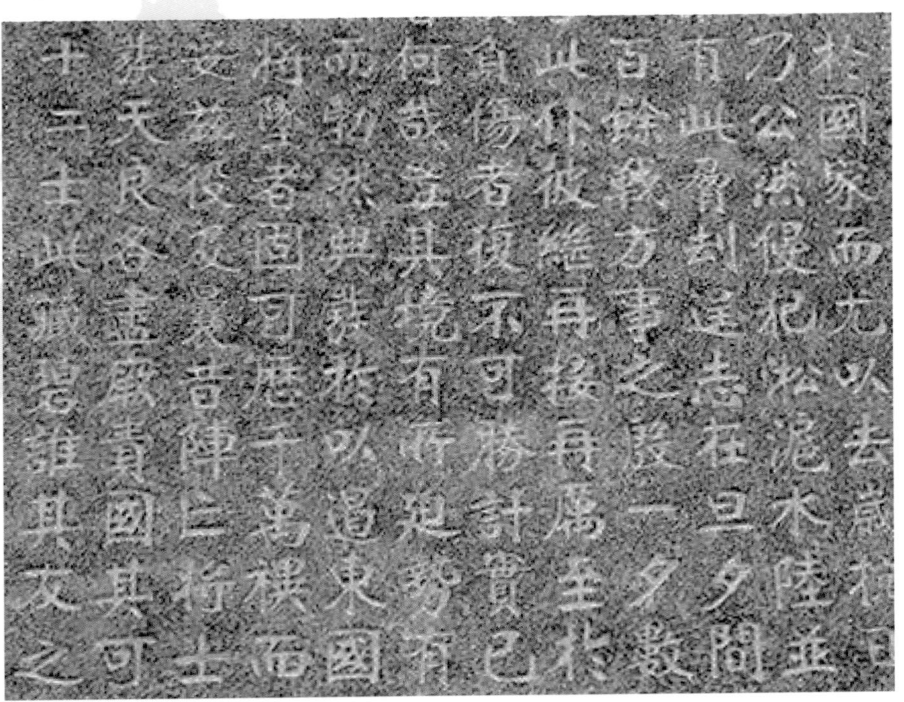

（碑刻局部）

國民革命第十九路軍公墓紀念碑　民國二十二年（1933）

釋文

國民革命第十九路軍公墓紀念碑

中華民國二十年九月十八日，日人既佔我東北。翌年一月二十八日，復挾其陸海空軍之力進犯淞滬。我十九軍以三萬之衆奮起抗戰，相持三十有三日，敵三易其帥，六益其軍，終不得逞。是役也，我軍傷者七千餘人，死者一千九百五十一人。前總指揮蔣憬然，今總指揮蔡賢初，既建殘廢院，以撫輯傷者，復擇地黄花岡之陽，構築公墓以葬死者，並立碑紀念。本軍將士之歷年為黨國死事者，余維外侮憑陵，操權政柄綰虎符者，幾與不抵抗主義相終始。東北淪亡，淞滬告警，朝野束手，靜待宰割。惟十九路軍捍國衛民，屹然為天下先，使斯世知中國之非盡無人。諸將士求仁得仁，亦既盡其職責，然後與歷年轉戰南北為革命犧牲者相随地下，其目可以瞑矣。然一二八之役功敗垂成，政府求和苟安。未期年而寇氛益甚，榆關、熱河相繼陷失，守土者數倍十九路軍之兵力，乃不戰而潰，諸將士死而有知，其目殆不能瞑也。

嗚呼！睢陽之守，常山之節，百世興起，而況當時。有唐社稷之不亡，識者以為惟此是賴。吾中華民族精神不死，有繼淞滬之戰而起者。吾知外侮必戢，失地必復，必有以竟諸將士未竟之志，而收其全功，則死者之目其可以瞑乎！

中華民國二十二年十月。番禺胡漢民敬撰并書。

考略

此碑存廣州先烈東路沙河頂十九路軍抗日陣亡將士陵園。高 330 釐米，寬 175 釐米。隸書。概述十九路軍在淞滬抗戰的經過，贊頌了中華民族的英雄氣概和十九路軍將士的愛國主義精神。撰文并書丹者胡漢民，見《梁國一烈士墓聯》之考略。

（碑刻局部）

十九路軍淞滬殉國並歷年死難將士公墓紀念碑文

民國二十二年（1933）

十九路軍淞滬殉國並歷年死難將士公墓紀念碑文
嗚呼此我十九路軍淞滬殉國及歷年死難將士之公墓亦我中華民族
鬥爭史上之紀念碑人類解放史上之一紀念碑也百年以来國際帝國
主義者淪中國於半殖民地之奴隸地位尤以日本帝國主義之蹂躪為
最慘酷九一八佔領東北後復於一二八進寇淞滬我十九路軍頻年為
民族之獨立統一作反軍閥之鬥爭出死入生者屢矣至是以守土之責
為國家領土之完整奮起抗戰孤軍寡器禦強敵之重砲飛機血肉相搏
前仆後繼志堅金石氣壯山河雖敵我之形勢懸殊然將士一心殺敵致
果從容效命視死如歸方之雷阿尼達之勇睢陽常山之烈殆猶過之嗚
呼驚天地泣鬼神矣此固將士忠肝義膽懷之平日亦民族精神之所激
發而為民族生存之鬥爭故能歷萬死而無悔血戰月餘數摧強敵賊膽
沮落三易其帥全國民氣為之一振國際視聽為之一新雖以不抵抗主
義者誤國求和我軍援絕力盡不能不忍痛回師然此一戰也卒挫日本
佔領淞滬之陰謀且滌歷年畏葸之恥辱奮民族革命之精神使帝國主
義者知中國之非無人而舉國亦知惟抵抗始能求存焉中國之革命係
反帝國主義的革命而淞滬戰爭實中國民眾武力直接武裝反帝戰爭
之第一幕我將士之赤血白骨在中國革命史上人類鬥爭史上所留光
榮壯烈之意義與價值蓋永劫而不磨也雖然淞滬之戰不過我軍反帝
戰爭之第一章而已今暴日併吞華北之陰謀日厲而為虎作倀者方媚

的使命長眠於此碑下者已為國家之獨立統一流其最後之血已為民族之生存盡其最神聖之天職已以其鮮血寫成人類解放史光輝壯烈之一頁而繼續完成中國民族解放之鬥爭完成世界反帝國主義之鬥爭創造中國及世界歷史之新紀元乃吾人後死者義無旁貸之責任而未來鬥爭之猛烈將千百倍於過去民族之獨立與世界之光明尚須付千百倍赤血之代價然則吾人責任之重大深鉅亦將千百倍於先烈矣今長蛇封豕正逞其磨牙吮血之謀社鼠城狐愈肆其禍國殘民之技月黑天高先烈有知必將感憤於地下嗚呼死者已盡其對於時代之任務後死者應知如何不負先烈之犧牲而亦唯有以血與鐵紀念殉國兄弟之英魂以鐵與血完成反帝主義之革命使中國革命與世界革命之血滙合衝決舊世界之黑暗奠新世界之根基始不負十九路軍光榮之史蹟不負十九路軍對於時代所負之偉大使命也憬然賢初孝悃諸同志為紀念本軍此役及歷年死難將士之犧牲築公墓於黃花崗之陽所以志悼死勵生思往追來之意銘樞不敏與本軍同志始終共患難念多年杞澤物歸黃土悲愴中來而怵目危亡又感憤不能自已定庵詩曰落紅不是無情物化作春泥更護花吾知我軍同志必有以繼死者之血跡而前進慰死者之英靈於九原者矣爰為之銘曰

惟我將士之碧血兮民魂之結晶雖我將士之白骨兮革命之菁英昭壯烈於萬古兮參天地而炳日星雖我親愛之同胞兮相期無負乎斯塋、

合浦陳銘樞謹撰

蒼梧李濟深敬書

中華民國二十二年一月二十八日

釋文

十九路軍淞滬殉國並歷年死難将士公墓紀念碑文

嗚呼！此我十九路軍淞滬殉國並歷年死難将士之公墓，亦我中華民族鬥爭史上之紀念碑，人類解放史上之一紀念碑也。百年以來，國際帝國主義者淪中國於半殖民地之奴隸地位，尤以日本帝國主義之蹂躪爲最慘酷，九一八佔領東北後，復於一二八進寇淞滬。我十九路軍頻年為民族之獨立統一，作反軍閥之鬥爭，出死入生者屢矣，至是以守土之責爲國家領土之完整，奮起抗戰，孤軍窳器禦強敵之重砲飛機，血肉相搏，前仆後繼，志堅金石，氣壯山河。雖敵我之形勢懸殊，然将士一心殺敵，致果從容效命，視死如歸，方之雷阿尼達之勇，睢陽常山之烈，殆猶過之。嗚呼！驚天地泣鬼神矣。此固将士忠肝義膽，懷之平日，亦民族精神之昕激發，而為民族生存之鬥爭，故能歷萬死而無悔。血戰月餘，數摧強敵。賊膽沮落，三易其帥。全國民氣為之一振，國際視聽為之一新。雖以不抵抗主義者誤國求和，我軍援絶力盡，不能不忍痛囬師。然此一戰也，卒挫日本佔領淞滬之陰謀，且滌歷年畏葸之恥辱，奮民族革命之精神，使帝國主義者知中國之非無人，而舉國亦知惟抵抗始能求存焉。

中國之革命係反帝國主義的革命，而淞滬戰爭實中國民衆武力直接武裝反帝戰爭之第一幕。我将士之赤血白骨，在中國革命史上、人類鬥爭史上昕留光榮壯烈之意義與價值，盖永刼而不磨也。雖然淞滬之戰不過我軍反帝戰爭之第一章而已。今暴日併吞華北之陰謀日厲，而為虎作倀者方媚日以自雄，瓜分共管之禍亦隨世界風雲之緊張而

愈急。處此危急存亡之秋，除澈底的全民族作反帝之戰爭以外，自無復絲毫之生路。然中國乃帝國主義眆壓迫半殖民地之一，中國革命亦世界革命中之一部分，中國民族鬥爭勢必與全世界之反帝鬥爭合流共赴，始能完成其歷史的使命。長眠於此碑下者，已爲國家之獨立統一，流其最後之血，已為民族之生存盡其最神聖之天職，已以其鮮血寫成人類解放史光輝壯烈之一頁。而繼續完成中國民族解放之鬥争，完成世界反帝國主義之鬥爭，創造中國及世界歷史之新紀元，乃吾人後死者義無旁貸之責任。而未来鬥爭之猛烈将千百倍於過去，民族之獨立與世界之光明，尚須付千百倍赤血之代價。然則吾人責任之重大深鉅，亦將千百倍於先烈矣。今長蛇封豕正逞其磨牙吮血之謀，社鼠城狐愈肆其禍國殘民之技。月黑天高，先烈有知，必將感憤於地下。嗚呼！死者已盡其對於時代之任務，後死者應知如何不負先烈之犧牲，而亦唯有以血與鐵紀念殉國兄弟之英魂，以鐵與血完成反帝主義之革命，使中國革命與世界革命之血匯合，衝決舊世界之黑暗，奠新世界之根基，始不負十九路軍光榮之史蹟，不負十九路軍對於時代眆負之偉大使命也。

憬然、賢初、孝恫諸同志爲紀念本軍此役及歷年死難將士之犧牲，築公墓於黃花崗之陽，眆以志悼死勵生、思往追來之意。銘樞不敏，與本軍同志始終共患難，念多年袍澤，物歸黃土，悲愴中来，而怵目危亡，又感憤不能自已。定庵詩曰：『落紅不是無情物，化作春泥更護花。』吾知我軍同志必有以繼死者之血跡而前進，慰死者之英靈於九原者矣。爰爲之銘曰：

惟我将士之碧血兮，民魂之結晶。維我将士之白骨兮，革命之菁英。

昭壯烈於萬古兮，參天地而炳日星。維我親愛之同胞兮，相期無負乎斯塋。

合浦陳銘樞謹撰。

蒼梧李濟深敬書。

中華民國二十二年一月二十八日。

考略

此碑已佚，僅存拓本。高73釐米，寬144釐米。楷書。由陳銘樞之女陳小漣捐贈給孫中山大元帥府紀念館。碑文是陳銘樞於一九三三年的『淞滬血戰』周年紀念日撰寫，紀念為國犧牲的十九路軍將士。但該碑未見載廣州十九路軍淞滬抗日陣亡將士陵園和歷史文獻，可補史闕。碑文中的憬然即蔣光鼐，賢初即蔡廷鍇，孝悃即戴戟。

撰文者陳銘樞，字真如，合浦人，民主革命家、北伐將領。曾任民國政府軍事委員、廣東省政府主席、代理行政院院長，中華人民共和國成立後任全國人大常委會委員等職。是民國時期國民黨上將、鐵四軍的元老，民革的創始人之一。

書丹者李濟深，原名李濟琛，字任潮。梧州人。原國民黨高級將領，民革主要創始人之一。中華人民共和國成立後歷任中央人民政府副主席、全國人大常委會副委員長、政協全國委員會副主席等職。

義者知中國之非無人而舉國亦知惟抵抗始能求存焉中國之革命係
反帝國主義的革命而淞滬戰爭實中國民衆武力直接武裝反帝戰爭
之第一幕我將士之赤血白骨在中國革命史上人類鬥爭史上所留光
榮壯烈之意義與價值蓋永劫而不磨也雖然淞滬之戰不過我軍反帝
戰爭之第一章而已今暴日併吞華北之陰謀日厲而為虎作倀者方媚
日以自雄瓜分共管之禍亦隨世界風雲之緊張而愈急處此危急存亡
之秋除澈底的全民族作反帝之戰爭以外自無復絲毫之生路然中國
乃帝國主義所壓迫半殖民地之一中國革命亦世界革命中之一部分
中國民族鬥爭勢必與全世界之反帝鬥爭合流共赴始能完成其歷史
的使命長眠於此碑下者已為國家之獨立統一流其最後之血已為民
族之生存盡其最神聖之天職已以其鮮血寫成人類解放史光輝壯烈
之一頁而繼續完成中國民族解放之鬥爭完成世界反帝國主義之鬥
爭創造中國及世界歷史之新紀元乃吾人後死者義無旁貸之責任而
未來鬥爭之猛烈將千百倍於過去民族之獨立與世界之光明尚須付
千百倍赤血之代價然則吾人責任之重大深鉅亦將千百倍於先烈矣
今長蛇封豕正逞其磨牙吮血之謀社鼠城狐愈肆其禍國殃民之技月
黑天高先烈有知必將感憤於地下嗚呼死者已盡其對於時代之任務
後死者應知如何不負先烈之犧牲而亦唯有以血與鐵紀念殉國兄弟

（碑刻局部）

十九路軍淞滬抗日陣亡將士紀念碑

民國二十二年（1933）

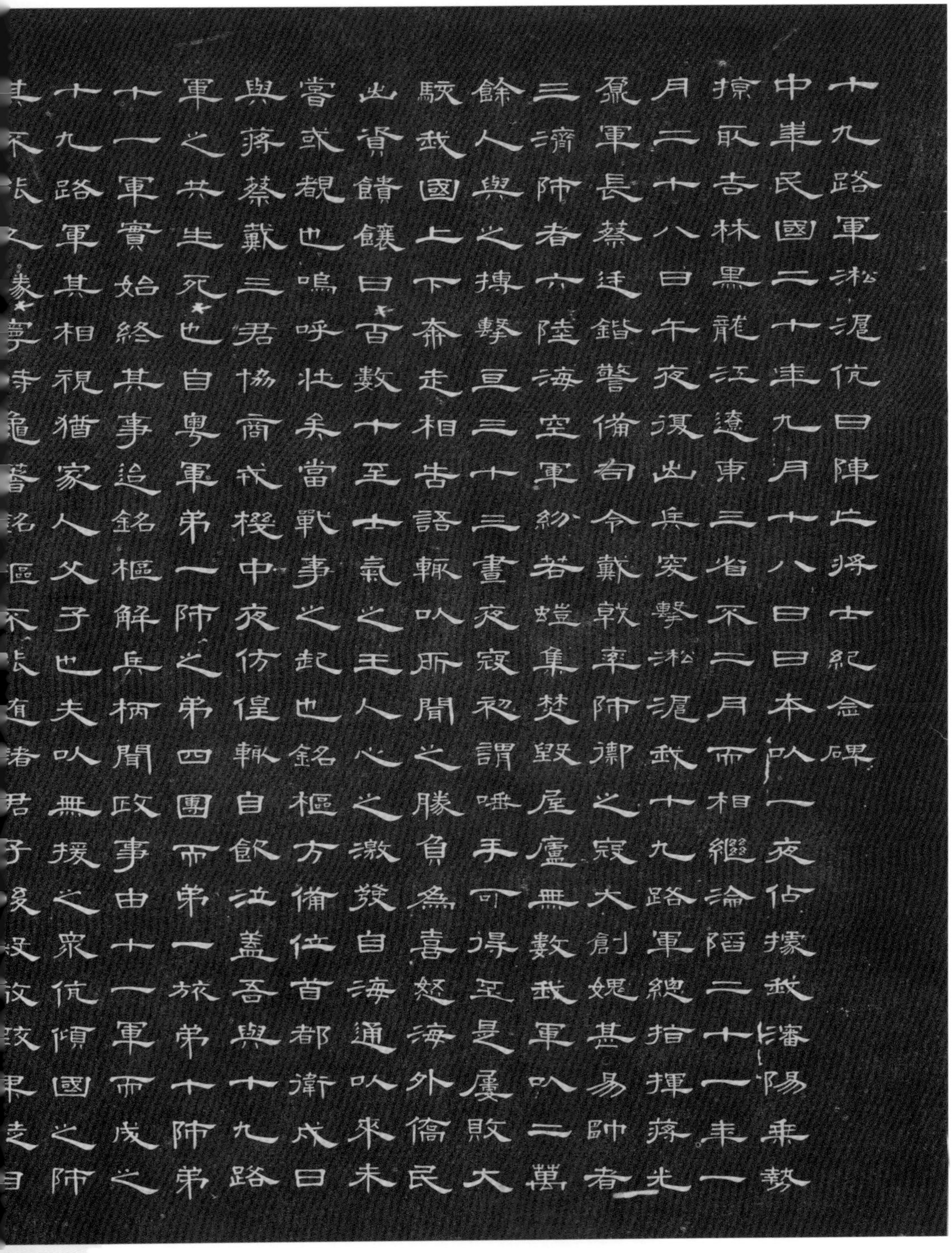

十九路軍淞滬抗日陣亡將士紀念碑
中華民國二十一年九月十八日日本以一夜佔據我瀋陽乘勢
掠取吉林黑龍江遼東三省不二月而相繼淪陷二十一年一
月二十八日午夜復出兵突擊淞滬我十九路軍總指揮蔣光
鼐軍長蔡廷鍇警備司令戴戟率師禦之寇大創媿甚易帥者
三濟師者六陸海空軍紛若蝗集焚毀屋廬無數我軍以二萬
餘人與之搏擊亘三十三晝夜寇初謂唾手可得至是屢敗大
駭我國上下奔走相告語輒以所聞之勝負為喜怒海外僑民
出資饋饟日百數十至士氣之王人心之激發自海通以來未
嘗或覩也嗚呼壯矣當戰事之起也銘樞方備位首都衛戍日
與蔣蔡戴三君協商戎機中夜彷徨輒自飲泣蓋吾與十九路
軍之共生死也自粵軍第一師之第四團而第一旅第十師第
十一軍實始終其事迨銘樞解兵柄間政事由十一軍而成之
十九路軍其相視猶家人父子也夫以無援之眾伉傾國之師

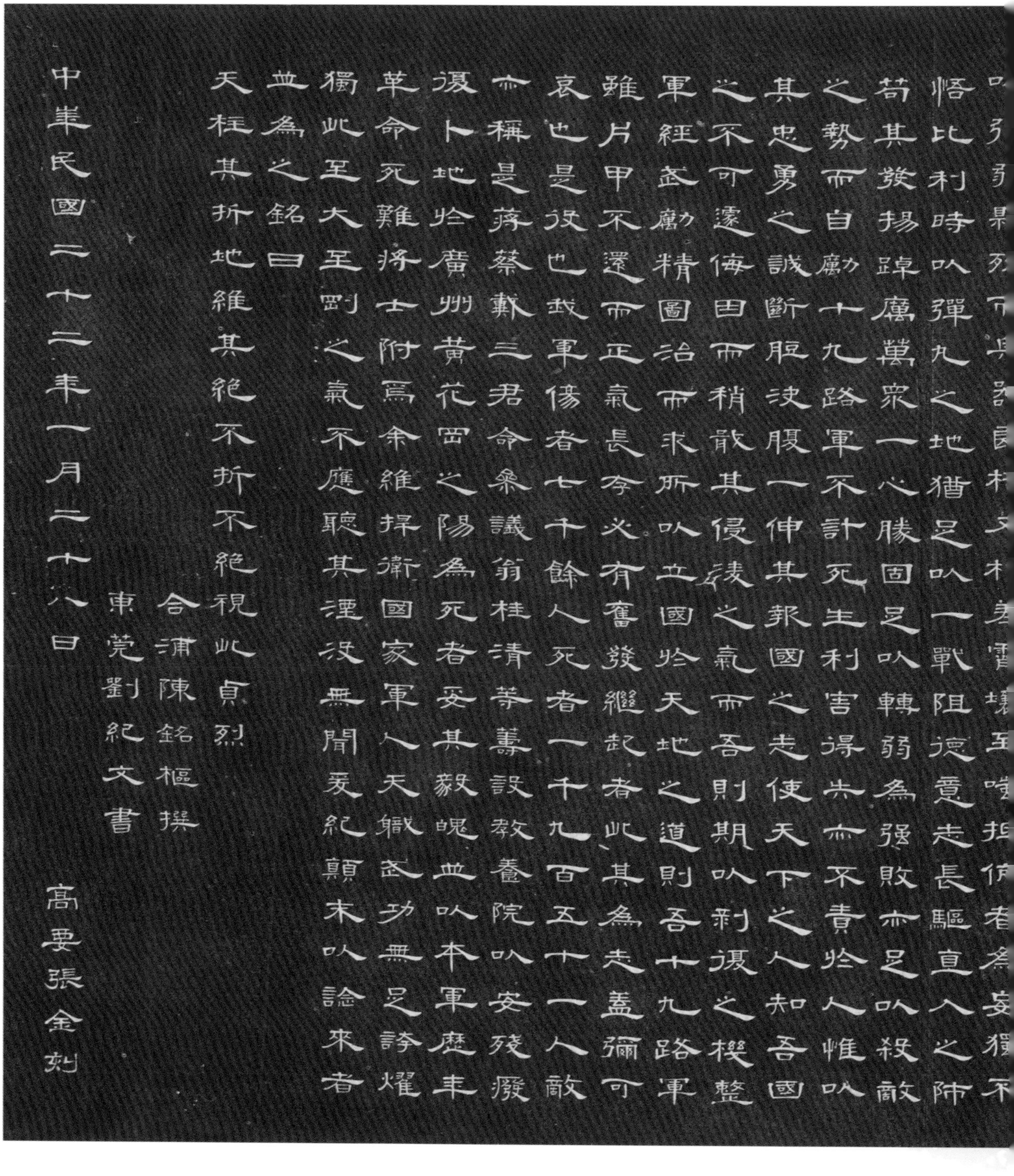

悟比利時以彈丸之地猶足以一戰阻德意志長驅直入之陣茍其發揚踔厲萬衆一心勝固足以轉弱為強敗亦足以殺敵之勢而自勵十九路軍不計死生利害得失亦不責於人惟以其忠勇之誠斷脰決腹一伸其報國之志使天下之人知吾國之不可遽侮因而稍戢其侵淩之氣而吾則期以剥復之機整軍經武勵精圖治而求所以立國於天地之道則吾十九路軍雖片甲不還而正氣長存必有奮發繼起者此其為志蓋彌可哀也是役也我軍傷者七千餘人死者一千九百五十一人敵亦稱是蔣蔡戴三君命參議翁桂清等籌設教養院以安殘廢復卜地於廣州黃花岡之陽為死者妥其毅魄並以本軍歷年革命死難將士附焉余維捍衛國家軍人天職我功無足誇耀獨此至大至剛之氣不應聽其湮没無聞爰紀顛末以諗來者並為之銘曰

天柱其折地維其絶不折不絶視此貞烈

合浦陳銘樞撰

東莞劉紀文書

中華民國二十二年一月二十八日

高要張金刻

釋文

十九路軍淞滬抗日陣亡將士紀念碑

中華民國二十年九月十八日，日本以一夜佔據我瀋陽，乘勢掠取吉林、黑龍江，遼東三省不二月而相繼淪陷。二十一年一月二十八日午夜，復出兵突擊淞滬，我十九路軍總指揮蔣光鼐、軍長蔡廷鍇、警備司令戴戟率師禦之。寇大創，媿甚，易帥者三，濟師者六，陸海空軍紛若蝗集，焚毁屋廬無數。我軍以二萬餘人與之搏擊，亘三十三晝夜。寇初謂唾手可得，至是屢敗大駭。我國上下奔走相告，語輒以所聞之勝負爲喜怒，海外僑民出資饋饟，日百數十，至士氣之王，人心之激發，自海通以來，未嘗或覩也。嗚呼，壯矣！當戰事之起也，銘樞方備位首都衛戍，日與蔣、蔡、戴三君協商戎機，中夜彷徨，輒自飲泣，蓋吾與十九路軍之共生死也。自粤軍弟一師之弟四團而弟一旅弟十師弟十一軍，實始終其事。迨銘樞解兵柄聞政事由十一軍，而成之十九路軍，其相視猶家人父子也。夫以無援之衆，伉傾國之師，其不能久勝，寧待龜蓍。銘樞不能随諸君子後殺敵致果，徒目擊吾患難昆季以傷以死以功敗於垂成，其悲憤爲何如耶。嗚呼！吾國之受制於列強也久矣，而東鄰尤暴。威勢所刼，典兵者以強弱懸殊，而兵器良楛又相差霄壤，至嗤抵伉者爲妄，獨不悟比利時以彈丸之地猶足以一戰，阻德意志長驅直入之師。苟其發揚踔厲，萬衆一心，勝固足以轉弱爲強，敗亦足以殺敵之勢而自勵。十九路軍不計死生利害得失，亦不責於人，惟以其忠勇之誠，斷脰決腹，一伸其報國之志，使天下之人知吾國之不可遽侮，因而稍戢其侵淩之氣。而吾則期以剝復之

機，整軍經武，勵精圖治，而求所以立國於天地之道，則吾十九路軍雖片甲不還，而正氣長存，必有奮發繼起者，此其爲志，蓋彌可哀也。是役也，我軍傷者七千餘人，死者一千九百五十一人，敵亦稱是。蔣、蔡、戴三君命參議翁桂清等籌設教養院以安殘廢，復卜地於廣州黄花岡之陽，爲死者妥其毅魄，並以本軍歷年革命死難將士附焉。余維捍衛國家，軍人天職，武功無足誇燿，獨此至大至剛之氣，不應聽其湮沒無聞，爰記顛末，以諗來者。並爲之銘曰：

天柱其折，地維其絶。不折不絶，視此貞烈。

合浦陳銘樞撰。東莞劉紀文書。

中華民國二十二年一月二十八日。

高要張金刻。

考略

此碑已佚，僅存拓本。高71釐米，寬137釐米。隸書。由陳銘樞將軍之女陳小漣捐贈給孫中山大元帥府紀念館。碑文為陳銘樞將軍於『淞滬血戰』周年紀念日撰寫，未見載廣州十九路軍淞滬抗日陣亡將士陵園和歷史文獻，可補史闕。碑文敘『淞滬血戰』之歷史意義與深遠影響，感人至深。

撰文者陳銘樞，見《十九路軍淞滬殉國并歷年死難將士公墓紀念碑文》之考略。

書丹者劉紀文，字兆銘。廣東順德人。歷任陸軍軍需處處長、國民政府南京特別市市長、國民黨中央執行委員、陪都建設計劃委員、特考典試委員長等職。

十九路軍抗日死國將士之碑

民國二十二年（1933）

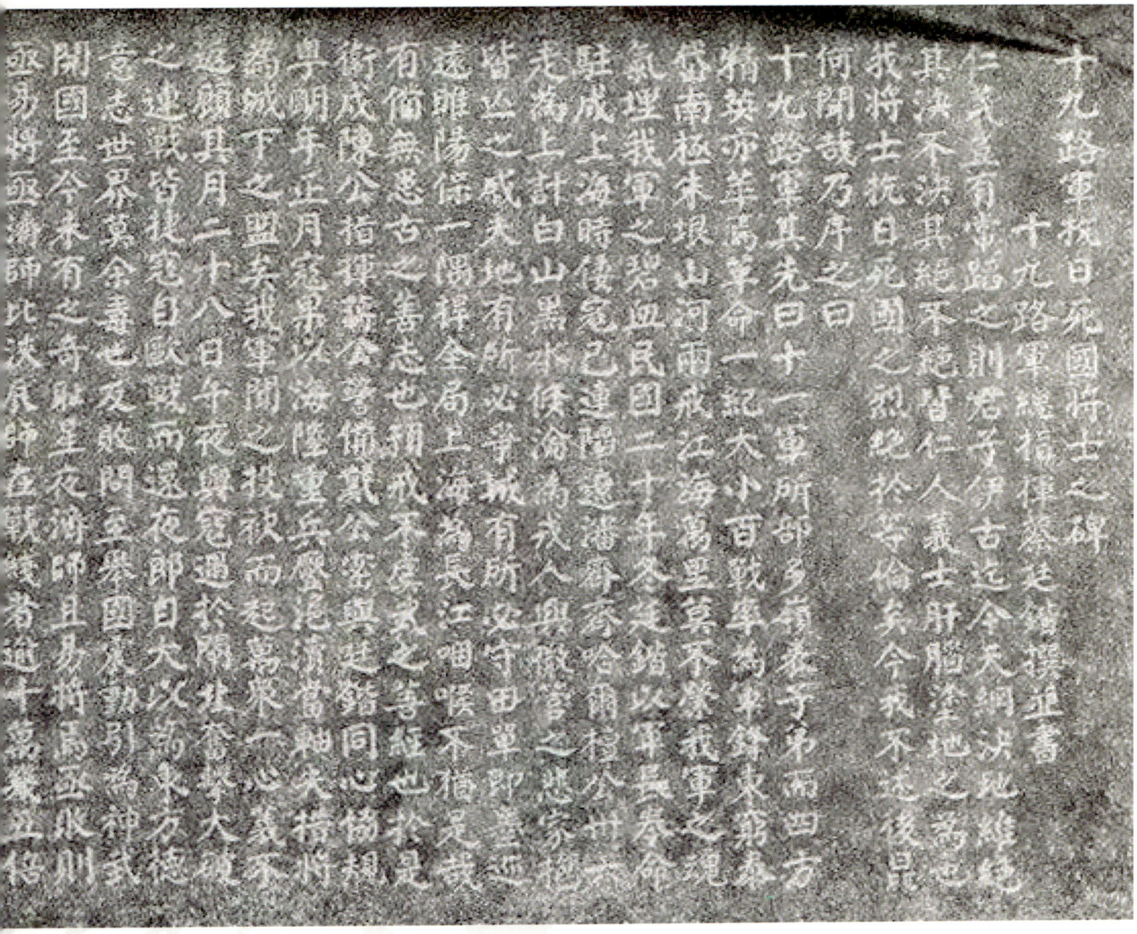

考略

此碑存廣州先烈東路沙河頂十九路軍抗日陣亡將士陵園内的公墓封土處，記述十九路軍將士抗日守土，浴血奮戰的經過。

撰文者蔡廷鍇，字賢初，廣東羅定廣府人。率領十九路軍在『一·二八事變』後奮起抗擊日軍，被譽為『一代名將』『抗日民族英雄』。中華人民共和國成立後，任中國人民政治協商會議第四屆全國委員會副主席。

興者國之大命決諸此役也卒之精感皇天我戰必
勝萬國視聽從為回易民族精神一朝復旦毀家之
饋日至犒師之費當軸者自中道改轍應機急
難雖從寇逞驕不遜遂為草親不聞世戒可也乃湘
東之子不下諸侯之辟從觀寇遂之遠大將白川建
艦飛渡百重之圍已成綱網之背斷將我軍猶劇痛
役起以一當千九天九地十蕩十決赴捕此時自維
將壇上海以為田橫荒島子柳姑沒須臾終絡大事
手攘甲執兵固即死也然得臣死而晉喜岳飛死而
宋亡矣所以陳皖呼天泣盡而繼之以血者也於是
忍死退舍以聽國聯之公判曾張遠許遠守睢陽以
蔽江淮後睢陽終破而賊之力亦屈遂揚唐家我功
雖不及成全乎庚此於此以告無罪於天下後世也
是役也慮亘三十二晝夜殲寇殆萬而我國殤亦且
盈千矣事定下地黃花岡之陽還其殺魄永藏於茲
前此革命諸役死難者附葬焉嗚呼我將士卸陵五
嶽功義八紘取我成仁齊威漢暢諸夏之不辰民族
之中興繫此浩氣靈光是類是鑄不武屬當我行不
能相從地下精忠報國猶覥顏人寰苟生視死之寧
剞伊可憾也亦可痛也痛定紀亂以為歌歌曰
天蒼蒼兮野茫茫天時降兮魂飛揚上天兮正
之帝閽吾人兮何不平內有奸兮作孽汝祥非能兮汝
功遣南塘翻然投鞭下大荒憲章風馬迴故鄉驛騎
之營家天長鄉德爾若攝我良相與戰力殊猶狂
中華民國二十有二年正月二十八日立

釋文

十九路軍抗日死國将士之碑

十九路軍総指揮蔡廷鍇撰並書。

仁義豈有常，蹈之則君子。伊古迄今，天綱決地維絶，其決不決，其絶不絶，皆仁人義士肝腦塗地之為也。我将士抗日死國之烈，絶於等倫矣。今我不述，後昆何聞哉！乃序之曰：十九路軍，其先曰十一軍，所部多嶺表子弟，而四方精英亦萃焉。革命一紀，大小百戰，率為軍鋒，東窮泰岱，南極朱垠，山河兩戒，江海萬里，莫不縈我軍之魂氣，埋我軍之碧血。民國二十年冬，廷鍇以軍長奉命駐戍上海，時倭寇已連陷遼瀋、齊齊哈爾，檀公卅六走為上計，白山黑水倏淪為戎。人興微管之悲，家抱皆亾之戚。夫地有所必爭，城有所必守，田單即墨，巡遠睢陽，保一隅，捍全局，上海為長江咽喉，不猶是哉。有備無患，古之善志也；預戒不虞，武之善經也。於是衛戍陳公、指揮蔣公、警備戴公，密與廷鍇同心協規。粤明年正月，寇果以海陸重兵壓滬瀆，當軸失措，将為城下之盟矣。我軍聞之，投袂而起。萬衆一心，義不返顧。其月二十八日午夜，與寇遇於閘北，奮擊，大破之，連戰皆捷。寇自歐戰而還，夜郎自大，以為東方德意志，世界莫余毒也。及敗問至，舉國震動，引為神武開國至今未有之奇恥。星夜濟師，且易将焉。亟敗則亟易将，亟濟師，比浹辰，師在戰線者逾十萬，幾五倍我，加以海艦、空機，晝夜轟擊。晝驚萬日之射落，夜見繁星之雨隕。蚩尤之霧，不啻千重，雷霆之震，且越百里。我軍以寡敵衆，以弱敵强，

以飢疲當飽逸，以苦械當利兵，禍重如地，亦知亾矣。然猶奮不顧身，必死為期者。國之大命，決諸此役也。卒之精感皇天，我戰必勝，萬國視聽，陡焉囬易。民族精神，一朝復旦，毀家之鑲日至，犒師之聲齊發。當軸者苟中道改轍，應機急難，雖使寇隻輪不返，聚為京觀，永昭世戒可也。乃湘東之子，不下諸侯之壁徒觀。寇遂更遣大将，白川連艦，飛度百重之圍，已成瀏河之背。斯拊我軍，猶創病俱起，以一當千，九天九地，十盪十決。廷鍇此時自維将墟上海以為田横荒島乎？抑姑緩須臾終濟大事乎？擐甲執兵，固即死也。然得臣死而晉喜，岳飛死而宋亾矣。所以慷慨呼天，淚盡而繼之以血者也。扵是忍死退舍，以聽國聯之公判。昝張巡、許遠守睢陽以蔽江淮，後睢陽終破，而賊之力亦屈，遂拯唐宗。我功雖不及成全乎，庶比扵此，以告無罪扵天下後世也。是役也，鏖亘三十二晝夜，殲寇殆萬，而我國殤亦且盈千矣。事定，卜地黃花岡之陽，遷其毅魄，永藏扵兹。前此革命諸役死難者，附瘞焉。嗚呼！我将士節陵五嶽，功塞八紘。取義成仁，聲威凜然。諸夏之不泯，民族之中興，緊此浩氣靈光是賴。廷鍇不武，屬當戎行，不能相從地下精忠報國，猶靦顔人寰，坐視寇讐之宰割，伊可愧也，亦可痛也。痛定任聲，亂以哀歌。歌曰：

天蒼蒼兮野茫茫，天時墜兮魂飛揚。飛揚上天兮正之帝，帝謂吾人兮何不平。
內有姦兮作汝祥，非然汝功邁南塘。翩然披髮下大荒，雲車風馬迴故鄉。
驃騎之營象天長，鄰德肅若揖我良。相與戮力誅猘狂。

中華民國二十有二年正月二十八日立。

廣州辛亥三月二十九日革命記

民國二十三年（1934）

廣州辛亥三月二十九日革命記

民國紀元前一年辛亥三月二十九日黃興率同志舉義於廣州攻兩廣總督署不克死者駢羅得屍葬黃花岡者僅七十有二人是年冬武漢揚靈清社遂屋肇啟民國實此役有以致之先是　總理孫中山先生以數舉義不成赴海外籌資圖再舉紀元前二年庚戌間廣州舉義復敗乃自美洲西還至南洋庇能約趙聲黃興胡漢民孫眉及南洋英屬各埠同志代表鄧澤如黃金慶吳世榮熊玉珊林世安李孝章等集四間街寓所秘密會議決在廣州舉義仍以新軍為主力巡防營及會黨可恃者助之擇同志五百人為選鋒負發難領導之責組織統籌部總其事先襲占廣州軍事政治主要機關廣州底定後以黃興率一軍出湖南趨湖北趙聲率一軍出江西趨南京議既定即席醵資得八千餘元總理及各同志復分赴海外籌資趙聲先返香港保存前新軍舉義機關翌年正月各同志先後集香港遂舉黃興為統籌部長趙聲副之部設八課曰調度掌運動新舊軍人舉姚雨平主之曰交通掌江浙皖鄂湘桂滇閩各路交通趙聲主之曰儲備掌購運器械胡毅生主之曰

堃哨長羅熾等尤傾向革命初各同志以李準擁兵狡狠最為舉義障碍擬於是役發難前先刺殺之以所任非人未能得當南洋同志温生才聞之不告於眾三月初十日在廣州諮議局前候有夾軍隊呵道而来者意為李準冥發手槍擊殺之諦視乃清將軍孚琦也自是清吏膽寒防範益密李準乃由順德調吳宗禹三營回省駐靖海門沿河船上黨人與之聯絡益便新軍及巡防營之運動均由姚雨平任之海軍則由李海雲負責襲取警察則注意巡警教練所以所內有學生三百人槍械完備而所長乃同志夏壽華也選鋒原定五百人以不足增至八百人三月十日開發難會議於統籌部議決十路進攻黃興率南洋及閩省同志百人攻兩廣總督署趙聲率蘇皖同志百人攻水師行臺徐維揚莫紀彭率北江同志百人攻督練公所陳炯明胡毅率民軍及東江同志百人防截旗滿界及佔領歸德門大北門兩城樓黃俠毅梁起率東莞同志百人攻巡警道及廣州中協署兼守大南門姚雨平率所部百人佔領飛來廟小

主之曰調查掌伺察敵情羅熾揚主之曰庶務
掌其他一切雜務洪承點主之并組織可報為
特別宣傳機關專輸灌革命思潮於軍隊鄒魯
任之統籌部設於香港跑馬地卅五號設分機
關多處鑒於歷次失敗皆以一部分機關被破
牽連全局乃議定各課事不相問告由其主任
人負責組織既定各課任職人遂分頭入廣州
機關之設遍佈全城各機關多標公館名以女
同志飾眷屬掩人耳目每佯為嫁娶以轉運軍
械時新軍下級軍官均陸軍速成學校畢業生
多歷年聯絡之同志學兵復多黨人散在各營
任棚長蓋趙聲為標統時力倡革命故新軍中
革命思潮益蓬勃雖庚戌舉義失敗倪映典戰
死同志有離散者而大體終無變且訓練精而
紀律嚴故擬用為主軍專設機關五處與之聯
絡巡防營自紀元前四年清光緒母子死鄒魯
約譚馥舉義雖屆期事洩譚馥葛謙嚴國豐先
後被殺曾傳範羅樹滄錢占榮黎蕚先後繫獄
姚碧樓以奔走積勞身故當時營中受運動者
已十之七八清水師提督李準之心腹吳宗禹
所統三營其哨官温帶雄陳輔臣范秀山范錦

洪承點率五十人破西槐二巷砲臺羅仲霍率
五十人破壞電信局別派放火委員入旗界賃
屋九處以備臨時放火擾敵軍心計劃既定決
以三月十五日為發難期選鋒陸續先期集廣
州旋以籌布不及改定廿八日黃興於廿五日
進廣州主持原設於香港擺花街之製造炸彈
所亦移廣州甘家巷李應生李沛基莊六李晚
女同志徐宗漢莊漢翹卓國興等主持之喻培
倫方聲洞自日本歸加入製造羅鋍則任購彈
殼製成炸彈三百顆黃興先曾命東莞同志在
鄉煉白及三百由黃俠毅運省其餘槍械悉購
諸外國最初由日本購得槍百餘枝彈數千顆
運送者懼抵港受檢查乃悉沉諸海失此利器
故舉事期不能速馬至三月二十四日日本之
槍械始陸續運到而皆裝以白鐵罐若食物狀
未能即取出以前各地運到槍械僅七十餘枝
預計日本安南寄運大宗槍械須廿七日後始
到尚須分配勢難如期發難而新軍第二標有
四月初退伍之訊最遲之期不能出三月底黃
興乃決定再展緩一日是時黨人紛集益多風
聲日急清吏戒備益嚴軍警搜查無間晝夜設

在旗眾備攻之援關受迫還出者四處并聞擬按户搜索全城黃興乃於二十六日電港示意準備晉省者暫毋來然是夜仍有進省者男女各同志之運械派械者即在此時爭先赴命若行所無事蓋激於為主義而革命之熱誠直不知有死生利害也二十七日清吏復調巡防二營回省以三哨助守龍王廟各部主任人以敵既戒備有主張再改期者黃興以如此無異解散即決心以一人死拚李準以謝海外同胞而令各部選鋒速退并保存槍械以為後圖林文喻培倫則以風聲既露非速發不啻授敵以隙翌日陳炯明姚雨平報告順德調回之巡防營中同志已決心反正黃興乃再電示香港同志仍定廿九日發難以選鋒既有退去原定計劃不得不變更於是決定黃興攻兩廣總督署姚雨平攻小北門佔飛來廟並延新軍及巡防營進城陳炯明攻巡警教練所胡毅以二十人守大南門約定是日下午五時半齊發至發難日香港同志以期迫不及悉進省請緩一日而部署已定實不能改陳炯明竟誤會以告胡毅謂改期三十日故二人均未準備出發姚雨平

路以徐維揚率花縣數十人出小北門擬與新軍接應以川閩及南洋同志往攻督練公所自率方聲洞羅仲霍朱執信何克夫李炳輝羅坤等十餘人出大南門擬與巡防營接應行至雙門底遇巡防營見其無相當臂號且舉槍相向方聲洞乃發手槍斃其先行哨官一人防營還擊方死之黃興且戰且前四顧所部不見一人乃入洋貨店從内出兩槍左右射擊中七八人防營卻退聞彼營中傳語往保護提署實則順德調回之三營約定接應發難者其先一哨官為温帶雄殿後者陳輔臣均黨人之熱心者哨中黨人亦多而以未纏臂號致相殺傷蓋由各課不相問告所致惜哉痛哉是役陣亡知者尚有華金元卓秋元阮德三馬侶徐熠成徐日培徐茂燎徐培添陳潮江繼復魏金龍郭繼枚陳發炎陳清疇陳文褒李炳輝李文楷李晚羅乃琳林西惠韋統鈴韋統淮韋樹模韋榮初石德寬游壽泰炳周華林修明張學齡勞培陳才陳福被執不屈死者喻培倫羅仲霍李文甫李德山徐滿凌徐沛旒徐廉輝徐松根徐保生徐昭良徐應安宋玉琳林覺民龐雄陳可鈞李雁南

錄於選鋒令以白布纏臂著黑布樹膠鞋為發
難標誌吹螺角為號選鋒分二處集合一在蓮
塘街吳公館共三十餘人四川及華僑同志各
半一在小東營共一百三十餘人為福建廣東
花縣華僑及他處同志分編為二隊一由林文
率攻督署衛隊一由何克夫劉古香徐維揚等
率攻督署正門是日下午四時黃興集眾激昂
陳詞眾益鼓舞林文何克夫劉梅卿競吹螺角
一時嗚嗚聲震風起雲湧直撲而前途遇警察
皆槍殺之直行入督署見衛隊呼之歸順不悟
殺其管帶金振邦攻入二門守門兵及大堂衛
隊憑椅依柱以狙擊杜鳳書黃鶴鳴徐廣滔徐
進炲徐禮明徐臨端死之黃興由大柱後還槍
傷其一餘奔避被截擊棄槍降願為引導乃直
入內黃興林文朱執信李文甫嚴驥等分頭搜
索渺無一人乃以火種置床架上而出至東轅
門遇李準之先鋒隊林文嘗聞趙聲言李部有
同志遂突前拍撫高呼我等皆漢人當同心戮
力共除異族恢復漢土言未畢彈中腦立仆劉
元棟林尹民馮超驤余東雄曾日全亦中彈死
黃興傷右手斷二指猶能調度就所部分為三

黃[illegible]炳[illegible]雲[illegible]鑾[illegible]徐[illegible]煥[illegible]古[illegible]吳陸春杜
盛初徐國泰羅進羅幹羅聯羅遇坤受傷歸家
死者有徐容九在惠州澳頭被執解省遇害者
有陳甫仁嚴確廷在樂從發難進至佛山戰死
者有張潮諸烈士多一時英彥赴義之勇罕與
倫比若羅仲霍李文甫已奉令率所部退散而
復隻身赴難尤為難能可敬諸烈士遺骸至四
月初三日清吏始令善堂檢拾以次移於諮議
局前多折臂破腦血肉糢糊黨人潘達微奔走
謀地營葬得善堂贈地一片曰黃花岡初四日
潘乃督工移屍得七十二具仵工百餘人給繹
於道竟日始畢壙分四排直列安葬嗟乎諸烈
士為三民主義而犧牲即由諸烈士犧牲之精
神傳播三民主義於民眾不數月而武漢一呼
全國響應未及百日而民國告成其成功顧不
偉哉民國七年方聲濤募修舊墓林森復募華
僑資建紀功坊墓亭魯以茲役之始末不可不
詳也故謹記之並表列烈士就義情形於碑陰
其未列名七十二烈士碑中而確知其死於是
役者亦補列焉以垂來世中華民國二十三年
三月二十九日　鄒魯撰書　高要張金刻石

釋文

廣州辛亥三月二十九日革命記

民國紀元前一年，辛亥三月二十九日，黄興率同志舉義於廣州，攻兩廣總督署不克，死者駢羅，得屍葬黄花岡者僅七十有二人。是年冬，武漢揚靈，清社遂屋，肇啟民國，實此役有以致之。

先是，總理孫中山先生以數舉義不成，赴海外籌資圖再舉。紀元前二年庚戌，聞廣州舉義復敗，乃自美洲西還，至南洋庇能，約趙聲、黄興、胡漢民、孫眉及南洋英屬各埠同志代表鄧澤如、黄金慶、吳世榮、熊玉珊、林世安、李孝章等，集四間街寓所秘密會議。決在廣州舉義。仍以新軍為主力，巡防營及會黨可恃者助之，擇同志五百人為選鋒，負發難領導之責，組織統籌部總其事，先襲占廣州軍事、政治主要機關。廣州底定後，以黄興率一軍出湖南趨湖北，趙聲率一軍出江西趨南京。議既定，即席醵資，得八千餘元。總理及各同志復分赴海外籌資。趙聲先返香港保存前新軍舉義機關。翌年正月，各同志先後集香港，遂舉黄興為統籌部長，趙聲副之。部設八課：曰調度，掌運動新舊軍人，舉姚雨平主之；曰交通，掌江、浙、皖、鄂、湘、桂、滇、閩各路交通，趙聲主之；曰儲備，掌購運器械，胡毅主之；曰編制，掌草定規制，陳炯明主之；曰秘書，掌一切文件，胡漢民主之；曰出納，掌財政出納，李海雲主之；曰調查，掌伺察敵情，羅熾揚主之；曰庶務，掌其他一切雜務，洪承點主之。并組織《可報》為特別宣傳機關，專輸灌革命思潮於軍隊，鄒魯任之。統籌部設於香港跑馬地卅五號，設分機關多處。鑒於

歷次失敗皆以一部分機關被破牽連全局，乃議定各課事不相問告，由其主任人負責。組織既定，各課任職人遂分頭入廣州，機關之設，遍佈全城。各機關多標公館名，以女同志飾眷屬，掩人耳目。每佯為嫁娶，以轉運軍械。

時新軍下級軍官，均陸軍速成學校畢業生，多歷年聯絡之同志。學兵復多黨人，散在各營任棚長。蓋趙聲為標統時，力倡革命，故新軍中革命思潮益蓬勃，雖庚戌舉義失敗，倪映典戰死，同志有離散者，而大體終無變。且訓練精而紀律嚴，故擬用為主軍，專設機關五處與之聯絡，巡防營自紀元前四年清光緒母子死，鄒魯約譚馥舉義，雖屆期事洩，譚馥、葛謙、嚴國豐先後被殺，曾傳範、羅樹滄、錢占榮、黎萼先後繫獄，姚碧樓以奔走積勞身故，當時營中受運動者已十之七八。清水師提督李準之心腹吳宗禹所統三營，其哨官温帶雄、陳輔臣、范秀山、范錦堃，哨長羅燦等，尤傾向革命。初，各同志以李準擁兵狡狠，最為舉義障碍，擬於是役發難前先刺殺之，以所任非人，未能得當。南洋同志温生才聞之，不告於眾，三月初十日，在廣州諮議局前，候有夾軍隊呵道而来者，意為李準，突發手槍擊殺之，諦視乃清將軍孚琦也。自是清吏膽寒，防範益密。李準乃由順德調吳宗禹三營回省，駐靖海門沿河船上，黨人與之聯絡益便。新軍及巡防營之運動，均由姚雨平任之。海軍則由李海雲負責襲取。警察則注意巡警教練所，以所内有學生三百人，槍械完備，而所長乃同志夏壽華也。選鋒原定五百人，以不足增至八百人。

三月十日，開發難會議於統籌部，議決十路進攻：黄興率南洋及閩省同志百人，攻兩廣總督署；趙聲率蘇、皖同志百人，攻水師行臺；徐維揚、莫紀彭率北江同志百人，攻督練公所；陳烱明、胡毅率民軍及東江同志百人，防截旗滿界及佔領歸德門、大北門兩城樓；黄俠毅、梁起率東莞同志百人，攻巡警道及廣州中協署兼守大南門；姚

雨平率所部百人，佔領飛來廟小北門，延燕塘新軍入城；李文甫率五十人，攻旗界石馬槽軍械局；張禄村率五十人佔龍王廟；洪承點率五十人，破西槐二巷砲臺；羅仲霍率五十人，破壞電信局。別派放火委員入旗界賃屋九處，以備臨時放火，擾敵軍心。計劃既定，決以三月十五日為發難期，選鋒陸續先期集廣州，旋以籌布不及，改定廿八日。黄興於廿五日進廣州主持。原設於香港擺花街之製造炸彈所亦移廣州甘家巷，李應生、李沛基、莊六、李晚，女同志徐宗漢、莊漢翹、卓國興等主持之。喻培倫、方聲洞自日本歸，加入製造。羅鋍則任購彈殼，製成炸彈三百顆。黄興先曾命東莞同志在鄉煉白刃三百，由黄俠毅運省，其餘槍械悉購諸外國。最初由日本購得槍百餘枝，彈數千顆，運送者懼抵港受檢查，乃悉沉諸海，失此利器，故舉事期不能速焉。至三月二十四日，日本之槍械始陸續運到，而皆裝以白鐵罐，若食物狀，未能即取出。以前各地運到槍械，僅七十餘枝。預計日本、安南寄運大宗槍械，須廿七日後始到，尚須分配，勢難如期發難。而新軍第二標有四月初退伍之訊；最遲之期不能出三月底，黄興乃決定再展緩一日。是時黨人紛集益多，風聲日急，清吏戒備益嚴，軍警搜查，無間晝夜。設在旗界備放火之機關，受迫遷出者四處，并聞擬按户搜索全城。黄興乃於二十六日電港，示意準備晉省者暫毋來，然是夜仍有進省者，男女各同志之運械派械者即在此時，爭先赴命，若行所無事，蓋激於為主義而革命之熱誠，直不知有死生利害也。二十七日，清吏復調巡防二營回省，以三哨助守龍王廟。各部主任人以敵既戒備，有主張再改期者，黄興以如此無異解散，即决心以一人死拚李準以謝海外同胞，而令各部選鋒速退，并保存槍械以為後圖。林文、喻培倫則以風聲既露，非速發不啻授敵以隙。翌日，陳炯明、姚雨平報告順德調回之巡防營中同志已决心反正，黄興乃再電

示香港同志，仍定廿九日發難。以選鋒既有退去，原定計劃不得不變更，於是決定黃興攻兩廣總督署；姚雨平攻小北門佔飛来廟，並延新軍及巡防營進城；陳炯明攻巡警教練所，胡毅以二十人守大南門。約定是日下午五時半齊發。至發難日，香港同志以期迫不及悉進省，請緩一日，而部署已定，實不能改。陳炯明竟誤會以告胡毅，謂改期三十日，故二人均未準備出發。姚雨平亦因故未發。黃興先致絕命書於南洋同志，誓身先士卒，努力殺賊，乃分給象牙印章、黑鐵時錶於選鋒，令以白布纏臂，著黑布樹膠鞋為發難標誌，吹螺角為號。選鋒分二處集合：一在蓮塘街吳公館，共三十餘人，四川及華僑同志各半；一在小東營，共一百三十餘人，為福建、廣東花縣、華僑及他處同志，分編為二隊，一由林文率攻督署衛隊，一由何克夫、劉古香、徐維揚等率攻督署正門。是日下午四時，黃興集眾，激昂陳詞，眾益鼓舞。林文、何克夫、劉梅卿競吹螺角，一時嗚嗚聲震，風起雲湧，直撲而前。途遇警察，皆槍殺之。直行入督署，見衛隊呼之歸順，不悟，殺其管帶金振邦。攻入二門，守門兵及大堂衛隊憑椅依柱以狙擊，杜鳳書、黃鶴鳴、徐廣滔、徐進炲、徐禮明、徐臨端死之。黃興由大柱後還槍傷其一，餘奔避被截擊，棄槍降，願為引導。乃直入内，黃興、林文、朱執信、李文甫、嚴驥等分頭搜索，渺無一人，乃以火種置床架上而出。至東轅門，遇李準之先鋒隊，林文嘗聞趙聲言李部有同志，遂突前招撫，高呼『我等皆漢人，當同心戮力，共除異族，恢復漢土』，言未畢，彈中腦，立仆。劉元棟、林尹民、馮超驤、余東雄、曾日全亦中彈死。黃興傷右手，斷二指，猶能調度。就所部分為三路：以徐維揚率花縣數十人，出小北門，擬與新軍接應；以川、閩及南洋同志往攻督練公所；自率方聲洞、羅仲霍、朱執信、何克夫、李炳煇、羅坤等十餘人，出大南門，擬與巡防營接應。行至雙門底，遇巡防營，見其無相當臂號，且舉槍相向，方聲洞乃發手槍斃其先行哨官一人，防營還擊，方死之。黃興且戰且前，四顧所部，不見一人，乃入洋貨店，從内出兩槍左右射擊，中七八人，防營却退，聞彼營中傳語往保護提署。實則順德調回之三營，約定接應發難者，其先一哨官為温帶雄，殿後者陳輔臣，均黨人之熱心者，哨中黨人亦多，而以未纏臂號，致相殺傷，蓋由各課不相問告所致。惜哉！痛哉！

是役陣亡知者尚有華金元、卓秋元、阮德三、馬侶、徐熠成、徐日培、徐茂燎、徐培添、陳潮、江繼復、魏金龍、郭繼枚、陳發炎、陳清疇、陳文褒、李炳煇、李文楷、李晚、羅乃琳、林西惠、韋統鈐、韋統淮、韋樹模、韋榮初、石德寬、游壽、秦炳、周華、林修明、張學齡、勞培、陳才、陳福。被執不屈死者：喻培倫、羅仲霍、李文甫、李德山、徐滿凌、徐沛流、徐廉輝、徐松根、徐保生、徐昭良、徐應安、宋玉琳、林覺民、龐雄、陳可鈞、李雁南、饒國樑、饒輔廷、陳更新、程良、陳與燊、周增、羅坤、黃忠炳、韋雲卿、劉六符、王燦登、胡應昇、陳春林、盛初、徐國泰、羅進、羅幹、羅聯、羅遇坤。受傷歸家死者有徐容九。在惠州、澳頭被執解省遇害者有：陳甫仁、嚴確廷。在樂從發難，進至佛山戰死者有張潮。諸烈士多一時英彥，赴義之勇，罕與倫比，若羅仲霍、李文甫已奉令率所部退散，而復隻身赴難，尤為難能可敬。

諸烈士遺骸，至四月初三日清吏始令善堂檢拾，以次移於諮議局前，多折臂破腦，血肉模糊。党人潘達微奔走謀地營葬，得善堂贈地一片，曰黃花岡。初四日，潘乃督工移屍，得七十二具。仵工百餘人，絡繹於道，竟日始畢。壙分四排，直列安葬。嗟乎！諸烈士為三民主義而犧牲，即由諸烈士犧牲之精神，傳播三民主義於民眾。不數月而武漢一呼，全國響應，未及百日，而民國告成。其成功顧不偉哉！

民國七年，方聲濤募修舊墓。林森復募華僑資，建紀功坊、墓亭。魯以茲役之始末不可不詳也，故謹記之。

並表列烈士就義情形於碑陰，其未列名七十二烈士碑中而確知其死於是役者，亦補列焉，以垂來世。

中華民國二十三年三月二十九日。

鄒魯撰書。

高要張金刻石。

考略

此碑存廣州黄花崗七十二烈士陵園。高394釐米，寬182釐米。端州石質。楷書。碑文較詳盡地記述了黄花崗起義的籌劃、準備和起義戰鬥的過程，以及墓園修建經過。讀之如一幅宏大的歷史長卷展現在人們面前。是役死難烈士一百多人，有姓名可考的八十六人。碑陰列有八十六位烈士就義情形。該碑是廣州現存最大的碑刻，在中國近代革命史上有重大史料價值。

撰文者鄒魯，原名鄒澄生。廣東大埔人。早年參加同盟會，曾與朱執信策劃廣州新軍起義。歷任廣東財政廳長、廣東高等師范學校校長、國立廣東大學（現中山大學）首任校長等職。

張民達烈士墓誌

民國二十三年（1934）

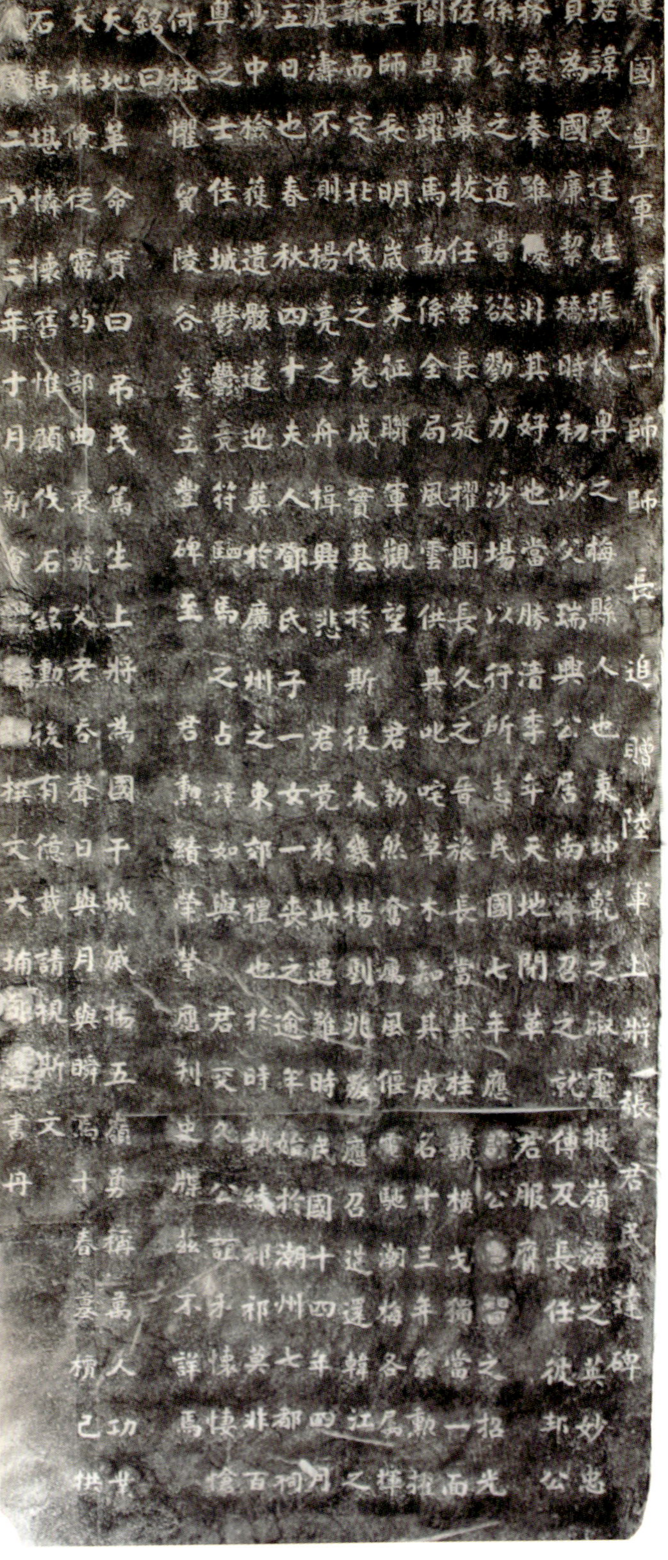

釋文

建國粵軍第二師師長追贈陸軍上將張君民達碑

君諱民達，姓張氏，粵之梅縣人也。秉坤乾之淑靈，挺嶺海之英妙，忠貞為國，廉絜矯時。初以父瑞興公居南洋，召之就傅。及長，任彼邦公務，受奉雖優，非其好也。當勝清季年，天地閉革，君服膺孫公之道，嘗欲勠力沙場，以行所志。民國七年，應許公崇智之招，光佐戎幕，拔任營長，旋擢團長，久之晉旅長。當其桂贛横戈，獨當一面；閩粵躍馬，動係全局。風雲供其叱咤，草木知其威名。十三年紊勳擢至師長。明歲東征，聯軍觀望，君勃然奮厲，風偃電馳，潮梅各属，揮鞭而定。北伐之克成，實基於斯役。未幾，楊劉兆叛，應召遄還，韓江之波濤不測，楊亮之舟楫興悲，君竟於此遇難。時民國十四年四月五日也。春秋四十。夫人鄧氏，子一，女一。喪之逾年，始於潮州七都祠沙中檢獲遺骸，遂迎葬於廣州之東郊，禮也。於時執紼祁祁，莫非百粵之士；佳城鬱鬱，竟符駟馬之占。澤如與君交久，公誼私懷，悽愴何極！懼貿陵谷，爰立豐碑。至君勳績犖犖，應刊史牒，兹不詳焉。銘曰：

天地革命，實曰弔民。篤生上將，為國干城。

威揚五嶺，勇稱萬人。功業天柱，儵從靈均。

部曲哀號，父老吞聲。日與月與，瞬焉十春。

墓槓已拱，石馬堪憐。懷舊惟顧，伐石銘勳。

後有億載，請視斯文。
民國二十三年十月。
新會鄧澤如撰文。
大埔鄒魯書丹。

考略

此碑存廣州先烈路張民達墓園。高192釐米，寬78釐米。楷書。記載張民達生平及事迹。

張民達，名章。廣東梅縣人。馬來西亞歸國華僑。辛亥革命前，通過鄧澤如介紹結識孫中山，後入同盟會，在南洋聯絡華僑籌餉支持革命。後在粵軍中任師長等職，多次參加孫中山領導的重大戰役。一九二五年四月二十五日，在從蕉嶺返汕頭商議平亂時，於潮州覆舟殉難。翌年八月，國民政府追贈其為陸軍上將。一九五三年，中央人民政府追認其為烈士。

撰文者鄧澤如，名文恩，字遠秋，號澤如。廣東新會人。南洋實業家。早年加入同盟會，後任國民黨廣東支部部長及前四屆中央監察委員會委員等職。

書丹者鄒魯，見《廣州辛亥三月二十九日革命記》之考略。

黄晦聞先生墓誌銘

民國二十四年（1935）

黄晦聞先生墓誌銘

餘杭章炳麟撰　龍游余紹宋書　錢塘張爾田篆蓋

晦聞諱節，廣東順德人。弱冠事同縣簡先生朝亮。簡先生者，與康有為同師，而學不務恢怪，性尤清峻，寡交游。事之數歲，通貫大體，冠其儕。歸獨居佛寺讀書又十年，學既就。亶清廷失政，羣仳用事，遂走上海，與同學鄧實等集國學保存會，蒐明清間禁書數十種，作國粹學報以辨夷夏之義。時炳麟方出繫，東避地日本，作民報與相應，士大夫傾心光復自此始。簡先生聞二生抗言，以為狂顛，風止焉，而二生持論如故。清兩江總督端方知不可柰何，欲以賂傾之，不能得。香山孫公主中國同盟會，聞晦聞賢，以書招之，亦不就。及民國興，諸危言士大氐致通顯，晦聞獨寂寞無所附，其介特蓋天性也。始自廣東高等學堂監督，歷京師大學文史教授，凡在北平十七年，中間嘗出任廣東教育廳長、通志館長，歲餘即解去。其為學無所不窺，而歸之修己自植，然尤好詩，時託意歌詠，亦往往以授弟子。以為小家琦說際亂而起，與之辯則致訩訟，終不可止。詩者在情性之際，學者浸潤其辭，足以自得，雖好異者不能奪也。其風旨大氐近白沙，而自為詩激昂庯峻過之。自漢魏樂府及魏三祖、陳王、阮籍、謝靈運、眺、鮑照詩皆為注釋。景後好崑山顧氏詩，蓋以自擬云。晦聞始因京師大學校長蔡元培招充教授，然論議與元培不相中。其後觀學制日頹，與人言輒憤吒久之。民國二十二年簡先生歿，晦聞哭盡哀，自是始病。二十四年一月卒於北平，春秋六十有二。先卒時，人為刻其蒹葭樓詩二卷，然諸涉風刺者亦署刪之矣。子男二：大星、大辰；女子子三。以其年四月葬於白雲山之阡。以狀屬為之銘。余之辭不足以增飾晦聞，雖然，使晦聞而用民國之政，必不媮薄以遠今日無疑也。乃為銘曰：

其言足與宋列爲籍，其默足容，又何諮諮。蓋剛棱其中而守以淡泊，彼褐之父，今[illegible]知吾之精白。古所謂天民者，其斯人之徒歟，其斯人之徒歟。

中華民國二十四年四月

張翊文刻

釋文

黄晦聞先生墓誌銘

餘杭章炳麟撰。

龍游余紹宋書。

錢塘張爾田篆蓋。

晦聞諱節，廣東順德人。弱冠事同縣簡先生朝亮，簡先生者，與康有為同師，而學不務恢怪，性尤清峻，寡交游。事之數歲，通貫大體，冠其儕，歸獨居佛寺讀書，又十年，學既就。直清廷失政，羣佌用事，遂走上海，與同學鄧實等集國學保存會，蒐明清間禁書數十種作《國粹學報》，以辯夷夏之義。時炳麟方出繫，東避地日本，作《民報》與相應，士大夫傾心光復自此始。簡先生聞二生抗言以為狂頗，風止焉。而二生持論如故。清兩江總督端方知不可奈何，欲以賂傾之不能得。香山孫公主中國同盟會，聞晦聞賢，以書招之，亦不就。及民國興，諸危言士大氏致通顯，晦聞獨寂寂無所附，其介特蓋天性也。始自廣東高等學堂監督，歷京師大學文史教授，凡在北平十七年中，間嘗出任廣東教育廳長、通志館長，歲餘即解去。其為學無所不窺，而歸之修己自植，然尤好詩，時託意歌詠，亦往往以授弟子，以為小家琦說際亂而起，與之辯，則致訩訟，終不可止。詩者，在情性之際，學者浸潤其辭，足以自得，雖好異者不能奪也。其風旨大氏近白沙，而自為詩激昂庯峻過之。自漢魏樂府及魏三祖，陳王，阮籍，

謝靈運、眺，鮑照詩，皆為注釋。最後好崑山顧氏詩，蓋以自擬云。晦聞始因京師大學校長蔡元培招，充教授，然論議與元培不相中。其後，覩學制日頽，與人言，輒憤吒久之。民國二十二年簡先生歿，晦聞哭盡哀，自是始病。二十四年一月卒於北平，春秋六十有二。先卒時，人為刻其《蒹葭樓詩》二卷，然諸涉風刺者亦畧刪之矣。子男二：大星、大辰，女子子三。以其年四月葬於白雲山之阡，以狀屬為之銘，余之辭不足以增飾晦聞，雖然，使晦聞而用民國之政，必不媮薄以逮今日無疑也。乃為銘曰：

其言足興，不列勳籍。其默足容，又何詻詻。蓋剛棱其中，而守以淡泊。彼褐之父兮，孰知吾之精白。古所謂天民者，其斯人之徒歟！其斯人之徒歟！

中華民國二十四年四月。梁朗文刻。

考略

此碑原存廣州白雲山黄節先生墓園，今墓久已毀，碑亦不存，僅存拓本，藏於廣州某藏家。失碑額。正文楷書。記述黄節生平，并詳述其耿介性情與廣博學識。黄節，字晦聞，又字玉昆，號純熙，別署晦翁、佩文、黄史氏。廣東順德人。中國近代傑出詩人、學者，生長於清末民初，其政治傾向，辛亥前較為激進，辛亥後漸趨保守；其學術研究，以文學史（尤其是詩學）為主，并勤於創作，卓有成就。

撰文者章太炎，原名學乘，字枚叔，後易名為炳麟，號太炎。浙江餘杭人。清末民初思想家、史學家，著名學者。章太炎是位『有學問的革命家』（魯迅語），學識博洽。章太炎與黄節的友誼主要緣於早年黄節等發起的保存國粹運動，儘管二人政見不同，但黄的國粹派與章的『辨夷夏之義』可謂意氣相合。

伍漢持先生紀念碑

民國二十四年（1935）

釋文

伍漢持先生紀念碑

番禺胡漢民撰，陳融書。

台山伍漢持先生，初畢業於佛山之英國惠師禮會醫院，業醫於開平水口，遷香港之油麻地。時史堅如方就義，其兄古如及妹奉母來香港，與訂交共謀革命。會南菲洲招工，聘主船上華工醫務，乃藉以結納黨人，圖舉事。壬寅惠州之役，與有力焉。旋於廣州市舊倉巷創『圖強醫學堂』，授生徒且贈醫，而有志經世之學。復肄業於廣東法政學堂，治政治經濟學。同志劉師復謀炸清吏，僦居其隣，將發，遺書致汪精衛及家人置案上，攜炸彈出，誤觸其機，彈發，受重創，先生馳往救之，瞥覩案上書，納諸懷，而舁劉於醫院，既以書授同志朱執信、古勷勤等燬之，他人不知也。清吏以漢持救劉力，疑與謀，逮之，大索其家，獲代理民報簿籍以去，獄將具矣。朱、古等聯合學界力爭之，法政學堂監督夏同龢復為白於當局，乃免。

辛亥三月廿九之役，黨人既失敗，多亡匿，先生亦徙家香港，與莫紀彭、林君復等運動駐香山新軍反正。九月，以香軍光復香山，趨順德，將直薄省垣，而省垣已宣告獨立。遂率軍籌北伐，會南北議和乃止。尋當選為第一屆國會衆議院議員，或以萬金誘使脫黨籍，拒弗納。甫入都，袁世凱擅借外款，成憤然曰：『是違法也，不糾繩之，專制將復活矣。』乃倡言於議場，力反對之。而於暗殺宋教仁案，詰責世凱尤嚴。贛寧討袁義師起，主法律解決，

臚舉世凱禍國罪狀，依約法提案劾之，復上書請退位。以是深為世凱所惎，有勸之者，則曰：『此議員天職，苟利國家，死生以之，他非所顧也。』更貽書滬上報界聲其罪，世凱偵得之。會友人某旅天津病，延往診。抵津經河北，被捕於途，旋移禁於距津二十里外之韓家墅軍壘，蓋刑人地也。夜向盡，曳出，將死之。語其營長曰：『我衆議員伍漢持也，無罪，以劾袁世凱，為楊以德、王廷楨所捕，禁天津二十日矣，未嘗作乞憐語，今死，我非畏死者，惟願以一槍殪我，我死，毋與盜匪並瘞，識瘞所為示後人訪我者。』索紙筆草遺書畢，從容起曰：『趣，死我，我無憾矣。』遂死之，時民國二年八月廿九日也。越五日，家人始得訊，出都訪遺骸，得其遺書曰：『我以劾袁世凱而死，死於職權，泰山鴻毛，自有公論。人莫不有死，今以一槍畢命，不猶愈於展轉牀蓐，求死不得者乎。勿哀，但教育子女自愛、愛國、愛黨，可矣。』乃易棺殮，歸葬於粵。

先生為人醇篤沈毅，懷利物濟人之志，為公益事，不惜傾其財與力以赴之。庚戌奉天大疫，蔓延速且廣，各省徵醫赴之，莫敢應，先生慨然曰：『醫固所以救人也，死生有命，吾何懼哉！』應徵往，存活甚眾，奉人德之。嘗與馬達臣舉辦『赤十字會』，又捐資購學堂鄰近地，謀築院贈醫，以利平民。華人於國內創辦十字會及西醫院者，自先生為之始云。

夫人李佩珍，擅產科，助治其業。今之圖強助產學校、伍漢持紀念醫院，皆所手創。撫諸孤成立，能成先生之志。子伯良、伯勝、伯就，女智梅，皆畢業國内外各大學，致力於党國社會事，有聲於時。

中華民國二十四年七月穀旦。

考略

此碑存廣州先烈路中山大學附屬腫瘤醫院旁伍漢持墓地。高200釐米，寬79釐米。楷書。記述伍漢持生平事迹及其因彈劾袁世凱，被袁部下殺害的經過。

伍漢持，廣東新寧人。早年畢業於佛山西醫學院，先後行醫於開平單水口與香港油麻地。與史古愚等相識，萌革命思想。清光緒三十二年（1906）創立『圖強醫學院』，以謀為國強兵之備。同年九月考入廣東法政學堂。次年劉師復謀炸水師提督李準，因失誤受傷，他極力掩護，涉嫌被捕，旋獲保釋。後與馬達臣創立『赤十字會』。一九一一年參加廣東光復之役。一九一三年當選第一屆國會眾議員，在國會中反對袁世凱擅行借款。宋教仁被刺後，依據《臨時約法》提案彈劾，列舉袁世凱罪狀，上書敦促袁退位，為袁所忌。不久被殺害。

撰文者胡漢民，見《梁國一烈士墓聯》之考略。

書丹者陳融，廣東番禺人。早年肄業菊坡精舍，後入東京法政大學并參加同盟會。民國後歷任廣東政法學校監督、高等法院院長、廣州國民政府秘書長等職。勤於著述，詩文書畫均有成就。著有《黄梅花屋詩稿》等。

故秦南海尉任君墓碑

民國二十五年（1936）

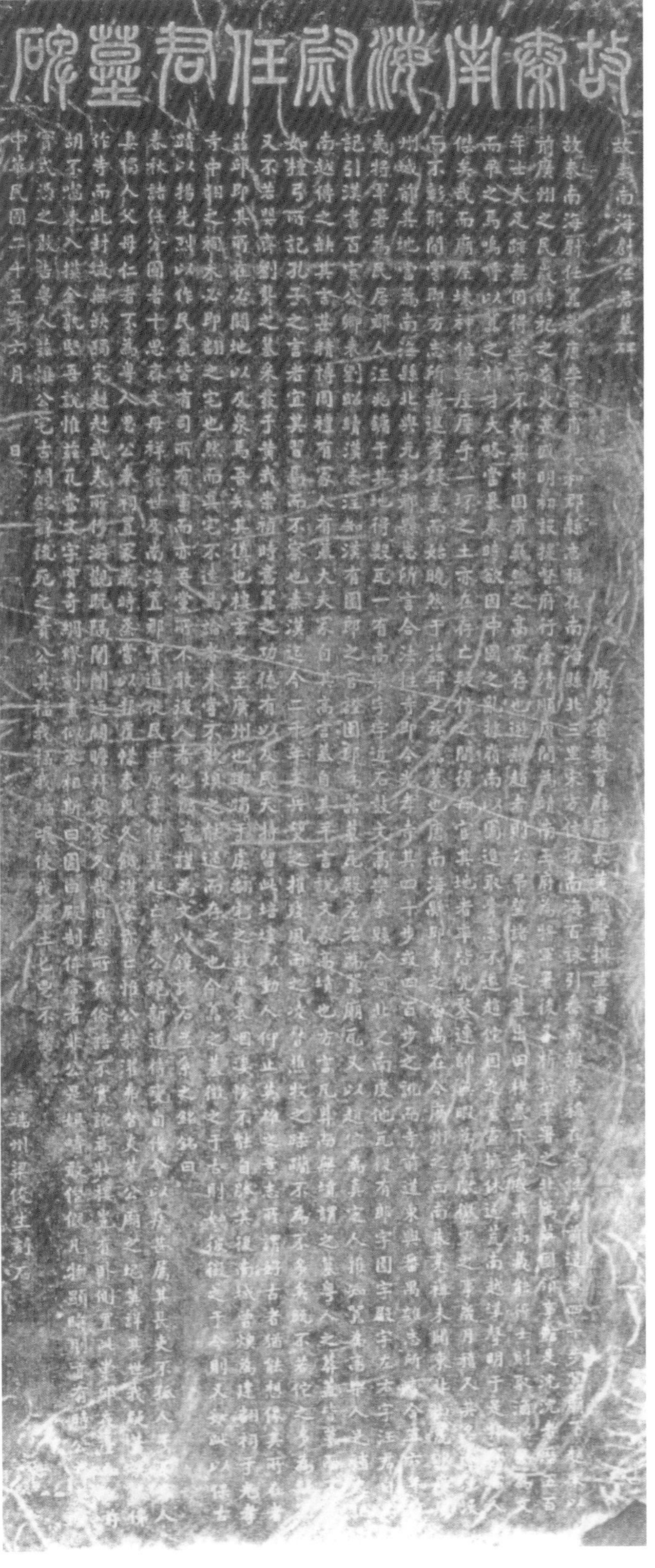

釋文

（碑額）故秦南海尉任君墓碑

故秦南海尉任君墓碑

廣東省教育廳廳長黃麟書撰並書。

故秦南海尉任囂墓，唐李吉甫《元和郡縣志》稱：『在南海縣北三里』。宋方信孺《南海百詠》引《番禺雜志》稱：在法性寺前道東四十步囂廟下。趙宋以前，廣州之民歲時祀之，香火甚盛。明初設提督府行臺，清順、康間為靖南王府，為將軍署。後又析將軍署之北為英國領事館。是沈沈者歷五百年，士夫足跡無因得至，而不知其中固有巍然之高冢存也。遊燕趙者，則必弔望諸君之墓；出田横墓下者，感其高義能得士，則取酒以祭，為文而弔之焉。嗚呼！以囂之雄才大略，當暴秦時，欲因中國之亂，據嶺南以圖進取，賚志不遂。趙佗因之，蓄靈擁休，遂荒南越，導聲明于是邦，囂亦人傑矣哉！而廟屋壞，神位毀，廑廑乎一抔之土，亦在存亡疑信之間。得毋官其地者率皆兜鍪連帥，無暇為考獻徵文之事，歲月積久，其名遂湮沒而不彰耶？

間嘗即方志所載，退考疑義，而始曉然于茲邱之為囂墓也。唐南海縣即秦之番禺，在今廣州之西南。朱亮祖未闢東北山麓□廣廣州城前，其地當為南海縣北，與《元和郡縣志》所言合。法性寺即今光孝寺，其四十步或四百步之訛；而寺前道東與《番禺雜志》所言合。五、六年前，夷將軍署為民居，郡人汪兆鏞于其地得數瓦，一

有「高樂」字，字近石鼓文。高樂，秦縣，今河北之南皮；他瓦復有「郎」字、「園」字、「殿」字、「左」「右」字。汪君自為記，引《漢書·百官公卿表》、劉昭《續漢志注》，知漢有園郎之官，證「園郎」為嚚墓瓦。「殿」「左」「右」為嚚廟瓦。又以趙佗為真定人，推知嚚為高樂人，足補《史記·南越傳》之缺。其言甚精博。《周禮》有冢人，有墓大夫。冢，自其高言；墓，自其平言。《說文》：「冢，高墳也」。《方言》：「凡葬而無墳謂之墓」。粵人之葬，蓋皆墓而不墳。如《檀弓》所記孔子之言者，宜其習焉而不察也。秦漢迄今二千年矣，兵燹之摧殘，風雨之凌替，樵牧之蹂躪，不為不多矣。既不若佗之多為疑冢，又不若嬰齊、劉龑之墓采發于黃武、崇禎時，意嚚之功德有以及民，天特留此培塿以動人仰止英雄之意志，所謂好古者猶能想像其所在者。

茲邱即其所在，必闢地以及泉焉，吾知其慎也。樓玄之至廣州也，躑躅于虞翻宅之故處，哀咽淒愴，不能自勝。其後，南城曾燠為建翻祠于光孝寺中，翻之祠未必即翻之宅也，然而其宅不遠焉。論者未嘗不歎燠之能過而存之也。今嚚墓徵之于古則如彼，徵之于今則又如此，以保古蹟，以揚先烈，以作民氣，皆有司所有事，而亦吾党所不敢後人者也。麟書謹為文以鑱諸石，並系之銘。銘曰：

春秋諸任，分國者十。思齊文母，祥娭世及。

南海置郡，實適徙民。中原豪傑，蠭起亡秦。

公絶新道，待變自備。會以疾甚，属其長吏。

不孤人子，不寡人妻。獨人父母，仁者不為。

粵人思公，奉祠置冢。歲時蒸嘗，以報覆幪。
秦鬼久饑，漢家亦亡。惟公赫濯，弗替炎荒。
公廟之圮，莫詳其世。我疑蕭梁，佞佛作寺。
而此封域，無缺獨完。赳赳武夫，昕侈游觀。
既隔闤闠，迺闕瞻拜。寥寥久哉，日忘昕在。
俗語不實，訛為妝樓。豈有臥側，置此崇邱。
夜臺幽幽，前胡不嗑。未入摸金，孰堅吾說。
惟茲瓦當，文字實奇。綢繆刻畫，似丞相斯。
曰園曰殿，制侔帝者。非公是娛，疇敢僭假。
凡物顯晦，則亦有時。公之英靈，實式憑之。
敢告粵人，茲惟公宅。古闕銘辭，後死之責。
公其福我，福我編氓。使我疆土，匕鬯不驚。

中華民國二十五年六月　日。

端州梁俊生刻石。

考略

此碑存廣州解放中路廣東迎賓館。篆額，楷書。碑文先簡述任囂之史事，後考稽衆説，證此處為秦南海郡尉任囂祠廟原址。任囂，秦國將領，曾統率軍士平定南粵，任南海郡尉，統攝軍政，武略營疆，繼而絶塞自保，遺政趙佗，為南越國之建立創造了良好條件。任囂之墓祠，唐宋即有記載，而後世湮没無聞，志書雖載而靡詳，民國粵中學人黄麟書在相傳為任囂墓祠之處撰文立碑。撰文及書丹者黄麟書，廣東龍川人。著名歷史學家、教育家。曾任黄埔軍校政治教官、國民政府廣東教育廳廳長等職。

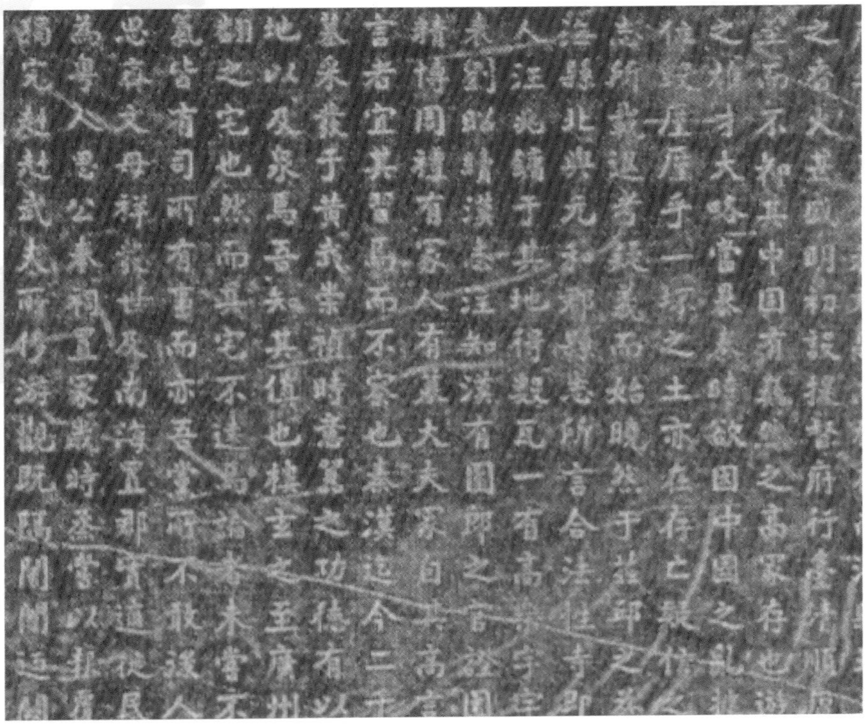

（碑刻局部）

陸軍新編第一軍遠征印緬陣亡將士紀念碑

民國三十五年（1946）

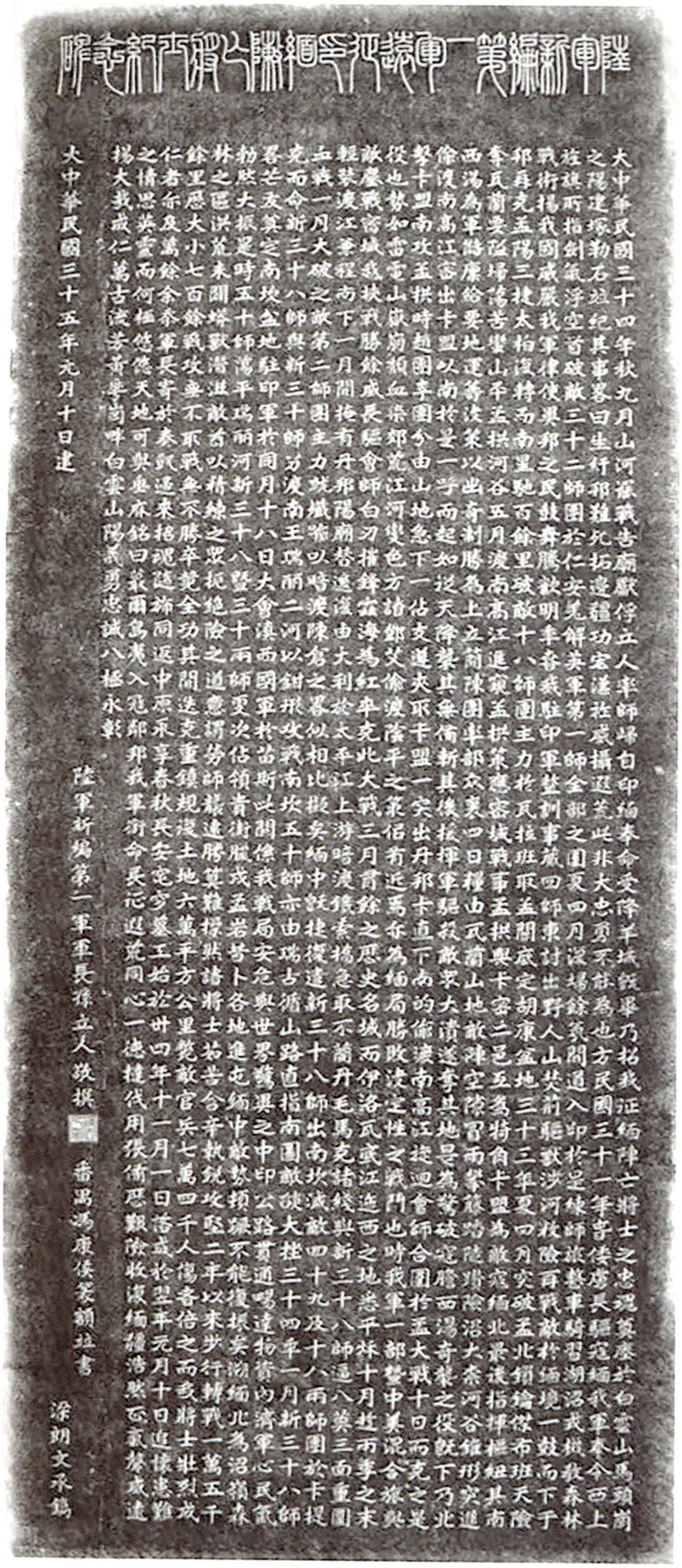

釋文

（碑額）陸軍新編第一軍遠征印緬陣亾將士紀念碑

大中華民國三十四年秋九月，山河罷戰，告廟獻俘，立人率師帰自印緬，奉命受降羊城。既畢，乃招我征緬陣亡將士之忠魂，奠瘞於白雲山馬頭崗之陽，建塚勒石，竝紀其事。

《畧》曰：『生紓邦難，死拓邊疆，功宏漢祚，威懾遐荒。』此非大忠勇不能為也。方民國三十一年春，倭虜長驅寇緬，我軍奉令西上，旌旗所指，劍氣浮空，首破敵三十二師團於仁安羌，解英軍第一師全部之圍。夏四月，復埽餘氛，間道入印。於是練師旅，整車騎，習湖沼戎機，教森林戰術，揚我國威，嚴我軍律，使異邦之民，鼓舞騰歡。

明季春，我駐印軍整訓事蕆，回師東討。出野人山，焚荊驅獸，涉河救險。再戰敵於緬境，一鼓而下于邦，再克孟陽，三捷太柏，復轉而南，星馳百餘里。破敵十八師團主力於瓦拉班，取孟關，底定胡康盆地。

三十三年夏四月，突破孟北鎖鑰傑布班天險，奪瓦蘭要隘，埽蕩苦蠻山，平孟拱河谷。五月，渡南高江，進窺孟拱，策應密城戰事。孟拱與卡、密二邑互爲犄角，卡盟為敵寇緬北最後指揮樞紐，其南西湯為軍儲廪給要地。運籌決策以出奇制勝爲上，立簡陳團率部众裹四日糧，由瓦蘭山地敵陣空隙冒雨攀藤，踏陡躋險，沿大柰河谷錐形突進，偷渡南高江，密出卡盟以南，於是一呼而起，如從天降，襲其無備，斬其後援，驅殺敵衆大潰，遂奪其地，是為驚破寇膽。

西湯奇襲之役既下，乃北擊卡盟，南攻孟拱。時趙團、李團分由山地急下，一佔支遵，夾取卡盟。一突出丹邦卡，直下南的，偷渡南高江。旋迴會師合圍於孟，大戰十日而克之。是役也，勢如雷電，山嶽崩頹，血染郊荒，江河變色，方諸鄧艾偷渡陰平之策，侶有近焉，亦為緬局勝敗決定性之戰鬥也。時我軍一部暨中美混合旅與敵鏖戰密城，我挾戰勝餘威，長驅會師，白刃摧鋒，雲海為紅，卒克此大戰三月有餘之歷史名城，而伊洛瓦底江迤西之地悉平。

炑十月，趁雨季之末，輕裝渡江，兼程南下，一月間掩有丹邦陽廟替，遂復由大利於太平江上游暗渡鐵索橋，急取不蘭丹、毛馬克諸綫，與新三十八師逼八莫。三面重圍，血戰一月，大破之。敵第二師團主力就殲，喻叺暗度陳倉之畧，似相比擬矣。緬中既捷，復遣新三十八師出南坎，滅敵四十九及十八兩師團於卡提克，而命新三十八師與新三十師另渡南王、瑞麗二河，以鉗形攻戰南坎。五十師亦由瑞古循山路直指南圖，敵燄大挫。

三十四季一月，新三十八師畧芒友，奠定南坎盆地。駐印軍於同月十八日大會滇西國軍於苗斯，此關係我戰局安危與世界驚異之中印公路貫通暢達，物資內濟，軍心民氣，勃然大振。是時五十師蕩平瑞丽河，新三十八暨三十兩師更次佔領貴街、臘戍、孟岩、昔卜各地，進屯緬中，敵勢頓蹶，不能復振矣。

溯緬北為沼嶺森林之區，洪荒未闢，蟒獸潛滋，敵酋叺精練之衆，扼絕險之道，意謂勞師襲遠，勝算難操。然諸將士茹苦含辛，執銳攻堅，二年以來，步行轉戰一萬五千餘里，歷大小七百餘戰，攻無不取，戰無不勝，卒競全功。其間，迭克重鎮，規復土地六萬平方公里，斃敵官兵七萬四千人，傷者倍之，而我將士壯烈成仁者亦及萬餘。

余忝軍長，寄於奏凱歸來，招魂随旆，同返中原，永享春秋，長安窀穸。墓工始於卅四年十一月一日，落成於翌年元月十日。追懷患難之情，思英靈而何極，悠悠天地，可與垂庥。銘曰：

蕞爾島夷，入寇鄰邦。我軍銜命，長征遐荒。

同心一德，撻伐用張。備歷艱險，收復緬疆。

浩然正氣，聲威遠揚。大哉成仁，萬古流芳。

黄苓崗畔，白雲山陽，義勇忠誠，八極永彰。

陸軍新編第一軍軍長孫立人敬撰。

番禺馮康侯篆額並書。

梁朗文承鐫。

大中華民國三十五年元月十日建。

考略

此碑原存陸軍新編第一軍遠征印緬陣亡將士公墓紀功亭，今已不存，僅存拓本，藏於廣東省立中山圖書館。高182釐米，寬81釐米。篆額，正文楷書。該碑記錄了新一軍赴異國征戰、備嘗艱辛、抗擊日軍的一段可歌可泣的歷史，贊頌陣亡將士的義勇忠誠。據碑記載，抗戰勝利後，新一軍回國駐守廣州，軍長孫立人即操辦建設陸軍新編第一軍遠征印緬陣亡將士公墓，以紀念該軍在第二次世界大戰中赴印緬作戰為抗日捐軀將士。

撰文者孫立人，字撫民，號仲能。安徽舒城人。抗日名將、軍事家。民國陸軍二級上將軍銜。他第一次入緬作戰時任三十八師師長，在孟關杰布山隘、孟拱河谷等地擊敗日軍。第二次入緬作戰時任新一軍軍長，是抗日戰爭中軍級單位將領中殲滅日軍最多的將領。有『叢林之狐』『東方隆美爾』之譽。

書丹者馮康侯，原名馮強，字康侯，以字行。廣東番禺人。黄埔軍校校長辦公廳秘書，中華書局編輯。書畫家、篆刻家。有《馮康侯書畫印集》。

血淚灑黃華碑

民國三十五（1946）

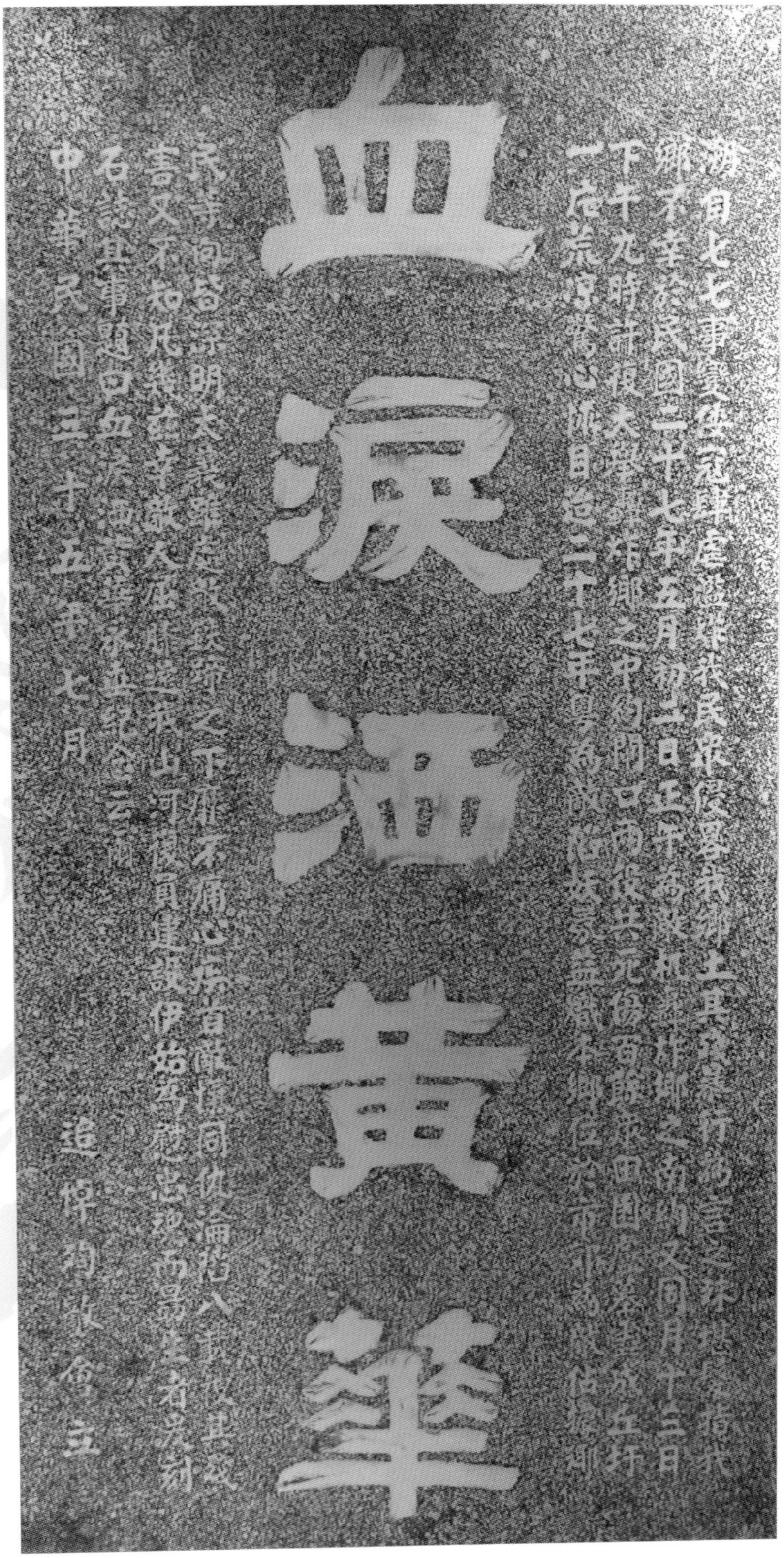

釋文

血淚灑黃華

溯自「七七」事變，倭寇肆虐，濫炸我民衆，侵畧我鄉土，其殘暴行為，言之殊堪髮指。我鄉不幸，於民國二十七年五月初二日正午，為敵机轟炸鄉之南約；又同月十三日下午九時許，復大舉轟炸鄉之中約閘口。兩役共死傷百餘衆，田園廬墓盡成丘圩，一片荒涼，驚心怵目。迨二十七年，粵為敵陷，妖氛益熾。本鄉位於市郊，為敵佔據，鄉民等向皆深明大義，雖處敵鐵蹄之下，靡不痛心疾首，敵愾同仇，淪陷八載，被其殘害又不知凡幾。兹幸敵人屈膝，還我山河。復員建設伊始，為慰忠魂而勗生者，爰刻石誌其事，題曰「血淚灑黃華」，永垂紀念云爾。

中華民國三十五年七月，追悼殉敵會立。

考略

此碑存廣州市黃華路黃華塘。高171釐米，寬76釐米。花崗岩質。碑正中隸書「血淚灑黃華」，旁有楷書碑文記述日寇轟炸黃華塘致鄉民傷亡之經過。抗日戰爭初期，在廣州淪陷前，日本飛機對廣州狂轟亂炸，許多房屋和田園被毀，無數市民在炸彈下喪生。一九三八年五月三十日和六月十日，廣州近郊黃華塘鄉先後兩次慘遭敵機轟炸。抗日戰爭勝利後的一九四六年，黃華塘鄉民衆組織「追悼殉敵會」，舉行追悼死難者大會，在鄉民被炸地點刻石立碑，以志日寇的凶殘暴行。

地券銘文

龔韜買地券

南朝宋元嘉二十七年（450）

釋文

元嘉廿七年三月廿四日，南海郡番禺縣都鄉宜貴里地下死人、蒿里父老、墓鄉有秩、左右冢侯、左丞墓伯、地下二千、安都丞、武夷王等共賣此地，縱廣五畝，与南海郡番禺縣都鄉宜貴里州從事史男死人龔韜，得錢九万九千九百九十九枚，即日畢了。承玄都鬼律、地下女青詔書，從軍亂以來，普天下死人聽得，隨生人所居郡縣鄉里亭邑買地葬埋，於此地中掘土作冢藏埋韜尸，喪魂魄自得還此冢廬，隨地下死人之俗，五臈谷日月晦十五日休假，上下往來，不得留難，有所呵問，左右比居他人妄仍奪取韜地。時人張堅固、李定度沽酒各半，共為券莂。

考略

此券石二〇〇四年出土於廣州淘金坑南朝墓，藏於廣州博物館。方形，長19釐米，寬18釐米。滑石質。表面打磨光滑，畫出方格後陰刻文字，字體介於楷隸之間，勁健奇拙。

地券是從土地買賣契約發展而來的一種隨葬品。自漢代開始出現，直至明清，歷代沿襲。此券刻製於南朝宋元嘉廿七年（450），清人所謂『北碑南帖』之説，乃概而言之耳，實則不盡然。雲南《爨寶子碑》及此『買地券』，純為『北碑』風範。清代碑學復興，廣東有李文田、康有為、易孺、梁啓超等名家，實淵源有自。這一有明確紀年的買地券，對廣州地區南朝墓的斷代及南北朝時期社會風俗、喪葬形式的研究有着重要的參考價值。

張执買地券

南朝齊建元三年（481）

釋文

建元三年二月廿一日□□宏光□□買地一丘。雲山之陽，東極亀坎，西極玄壇，南極崗頭，北極淤□。值錢三千貫。當日付畢，天地為證，五行為任。

張执。

考略

此券石民國二年（1913）出土於廣州城北白雲山下。磚質。字體介於楷隸之間。拓本見錄於《藝術叢編》第五冊。仁井田陞《漢魏六朝の土地賣買文書》將其置於第二件，並錄有釋文，謂『原磚未見，論者以為非偽，姑存俟鑒』。張傳璽《中國歷代契約會編考釋》亦錄此券，將其列入『疑偽買地券』，然未予考辨。

地券可分為真實的和象徵性的兩種。真實的地券，對研究古代土地制度有一定價值，但數量較少。數量較多的是象徵性的地券，這種地券，除時間、死者姓名、親屬姓名及埋葬地點真實之外，其餘內容是摹仿真地券格式虛構的。地券文字脫胎於人間土地買賣契約，其內容又具有道教風格。該地券即屬於象徵性地券，所列地界之四至便屬虛構。

南漢李十一郎買地券

南漢乾亨九年（925）

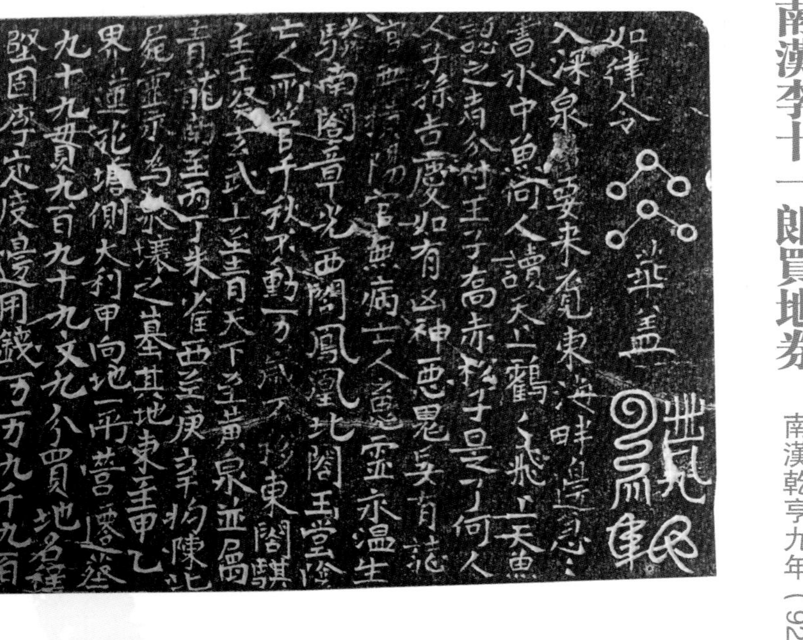

釋文

（正面）地券一道

維乹亨九年歲次乙酉八月辛酉朔日，大漢國番禺府南海縣歿故亡人李十一郎行年八十一歲，在家歿化，請就東王公、西王母、倉君、武夷王、地主張堅固、李定度，邊用錢九萬九千九百九十九貫九百九十九文九分，買地名程界蓮花塘側大利甲向地一所，營遷莖屍霊，永為泉壤之墓，其地東至甲乙青龍，南至丙丁朱雀，西至庚辛抅陳，北至壬癸玄武，上至青天，下至黃泉，並属亡人所管，千秋不動，萬歲不移，東閤騏驎，南閤章光，西閤鳳凰，北閤玉堂，陰官無損，陽官無病，亡人魂（拼字：魂字上下结构）霊，永溫生人，子孫吉慶。如有凶神悪鬼妄有誌認之者，分付王子喬、赤松子是了。何人書水中魚，何人讀天上鶴，鶴飛上天，魚入深泉，若要來覔，東海畔邊。急急如律令。

（星象圖一）

華盖。

（符籙圖一）

（背面）合同券一道

（文字符籙同上）

考略

此券石二〇一四年出土於廣州海珠區江南大道紅會醫院建築工地一南漢墓葬中。一石二券，規制一致，内容相同，一石券名『地券一道』，文字順序從左至右。另一石券名『合同券一道』，文字順序從右至左。正面及背面券末刻星辰圖及符籙各一。該券石刻於南漢高祖劉龑乾亨九年（925），其券額書例、置買時間及諸神司職等皆符合中古買地券體例，一派道家者言。

需要注意的是，該券文謂『大漢番禺府南海縣』，但史載南漢主劉龑於五代後梁貞明三年（917）於番禺稱帝，國號大越，改元乾亨，以廣州為興王府，仿照大唐上京（長安）之制，析南海為常康、咸寧二縣，事載《太平寰宇記》《宋史·地理志》等籍。依據史載，當時已無番禺、南海二縣之設，該券撰文者不知其情，致有此謬。

南漢金元帥買地券

南漢光天元年（942）

釋文

今有龍山壹所，坐向南北，憑中買到在泥城之北廂荷子崗，東至三元里，西至彩鳳嶺，南至大鵞山，北近甘溪。四至所到，龍脈正中。飛鵞彩鳳，左右相逢。由白鶴仙師作主，点明吉穴山泉，雲夢真人送塚於金元帥家安塟。封罡日，天罡合息，五星照明堂，憑此立□石□富貴大吉昌。太上老君，急急如律令。光天元年三月甲子朔立券。

考略

此券石民國二十年（1931）出土於廣州北郊三元里，後券石下落不明，湖南省博物館藏有拓本。楷書。行文從右至左，正反相間。該券文不僅有助於瞭解南漢國廣州城（興王府）近郊的地理情况，從中還可以瞭解到南漢國的崇道之風。

券文所稱『泥城之北廂荷子崗』，或即仿上京（長安）之制，於城外置有北廂。荷子崗，屬泥城北廂，位『東至三元里，西至彩鳳嶺，南至大鵞山，北近甘溪』。當位於今廣州市區之西北、三元里之西。券文中有『三元里』，此地名一直沿用至今，可知甚有淵源，至遲在唐代便有。道教以天、地、水為『三元』，是知此域或於唐五代便有道觀。

南漢劉氏二十四娘買地券

南漢大寶三年（960）

釋文

維大寶三年歲次庚申七月戊戌二十四日辛酉，南贍部洲大漢國右金吾街修文坊歿故亡人劉氏二十四娘，用錢九萬九千九百九十九貫九百九十九文九分，於地主天皇買得本音大利地一面，造塚一所，立十二肖□□，伏聽告報蒿里老人、孝眷主簿、墓門亭長，令設塚墓。其塚東至甲乙，南至丙丁，西至庚辛，北至壬癸，上承天，下至黄泉，並仰十二肖知之。其所管方位並屬亡靈，天□下有□，□鬼不得爭認金玉鎮棠棺槨鎮□，今日月直證人，今年年直為保人，□□為見人，不得勞撓生人，子孫昌旺，奴婢康強，田宅富貴，牛馬成行，官職日集，壽命延長，珠珎盈溢，玉帛滿箱，亡人寧樂，生人吉昌。急急如律令。

考略

此券石二〇一〇年出土於廣州西灣路舊廣州鑄管廠地塊的南漢墓。長38釐米，寬22釐米。滑石質。楷書。券石完整，字迹清晰，內容豐富，書寫格式較特別。行文從右至左，正反相間。

從券文可知，墓主為劉二十四娘，五代南漢國興王府人，葬於南漢大寶三年（960）。券文中的『南贍部洲』本是佛教傳說中的四大部洲之一，此處指代嶺南。其『金吾街』『修文坊』俱是南漢國興王府（廣州）實際里坊。券文中以天干表四至的方式，以及相關神祇的表述，與當時的民風民俗、信仰、風水觀念等有着密切的關係。券文的道教色彩濃厚，同時又含有佛教用語，反映了墓主人的佛教信仰，這在以往的買地券資料中并不多見。此券是經正式考古發掘的第一方五代南漢時期買地券，對研究这一時期的社會面貌、城坊建置、葬俗、民間信仰，以及買地券的流變等都具有重要價值。

南漢馬氏二十四娘買地券

南漢大寶五年（962）

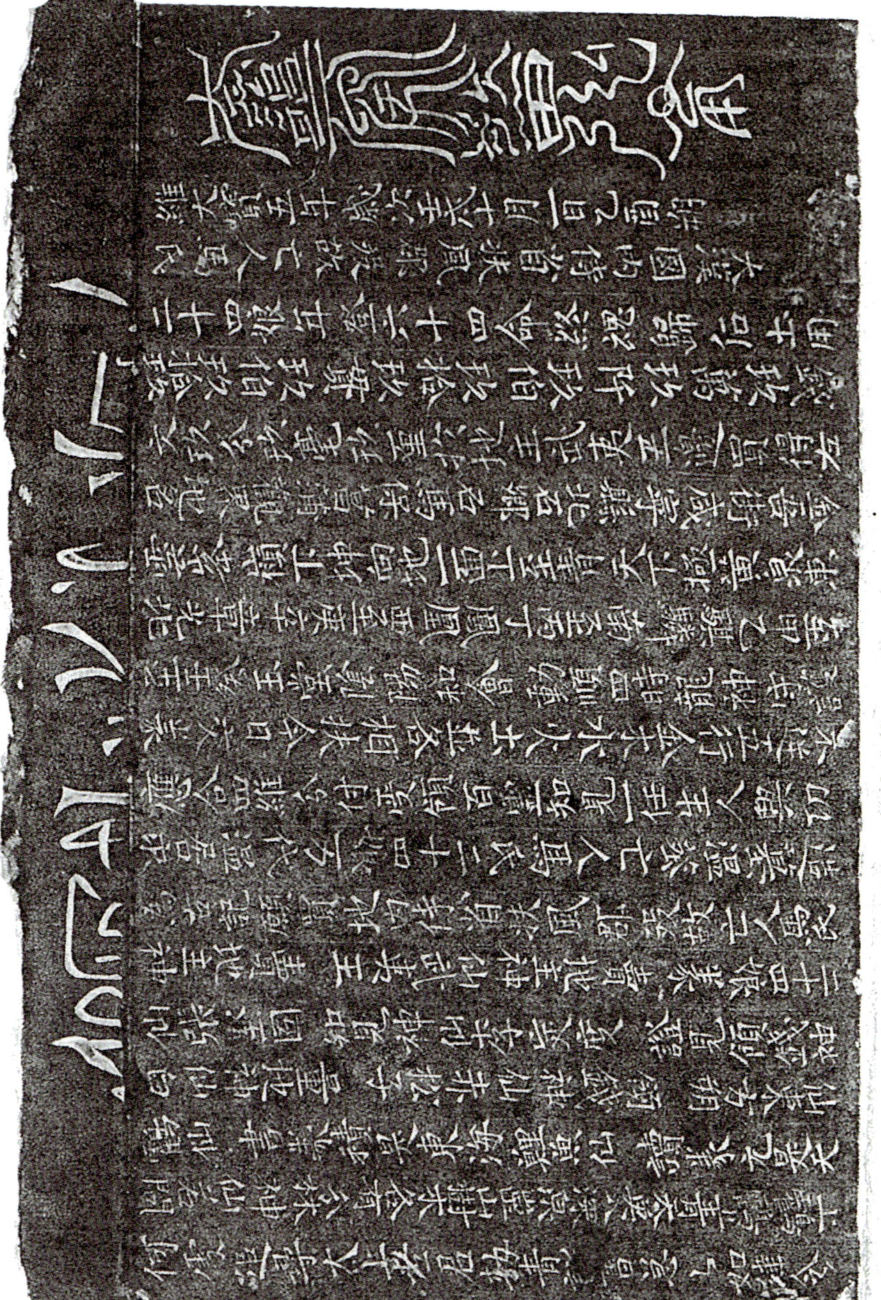

釋文

維大寶五年歲次壬戌十月一日乙酉朔，大漢國内侍省扶風郡歿故亡人馬氏二十四娘，年登六十四命終，魂歸后土。用錢玖萬玖阡玖伯玖拾玖貫玖伯玖拾玖文玖分玖毫玖厘，於地主武夷王邊買得左金吾街咸寧縣北石鄉石馬保菖蒲觀界地名雲峯嶺下坤向地一面，上至青天，下極黄泉，東至甲乙騏驎，南至丙丁鳳凰，西至庚辛章光，北至壬癸玉堂，陰陽和會，動順四時，龍神守護，不逆五行，金木水火土，並各相扶。今日交券，應合四維，分付受領，百霊知見，一任生人興功造墓温塟亡人馬氏二十四娘，万代温居，永為古記。顧買地内侍省扶風郡歿故亡人馬氏二十四娘券，賣地主神仙武夷王，賣地主神仙張堅固，知見神仙李定度，證見領錢神仙東方朔，領錢神仙赤松子，量地神仙白鶴仙，書券積是東海鯉魚仙，讀券元是天上鶴。鶴上青天，魚入深泉，崑山樹木，各有分林。神仙若問，何處追尋，太上老君勑青詔書，急急如律令。

考略

此券石民國期間出土於廣州小北門外，輾轉流落至香港，為學者羅原覺購得，一九七六年由蘇義捐贈廣州博物館。長40釐米，寬22釐米，深褐色碑石質。楷書。形制完整，字迹清晰，每行文字正反相間。券石右刻符籙一道，券頂刻半剖畫符。該券文有濃厚的道教色彩，如提及墓主買風水好地為墓穴，神仙李定度等為證人，龍神守護等。該券石書法剛勁，構字拙陋奇逸，具魏碑韻味。據同治《番禺縣志》載：『墓券在小北門外白雲山古冢中，下塘村李某掘得之，今藏其家。』李某得石後，於白雲山南麓設茶寮，以地券之『大漢』『大寶』名其茶寮為『寶漢茶寮』，拓本置壁上，一時稱為盛事。今廣州尚有『寶漢直街』一名。

外文墓誌

高麗穆斯林剌馬丹墓碑

元至正九年（1349）

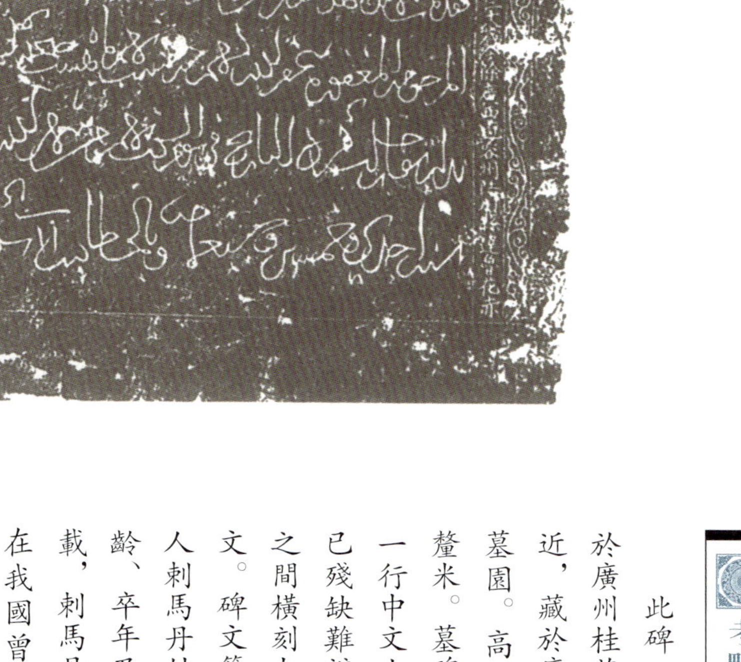

考略

此碑一九八五年出土於廣州桂花崗先賢古墓附近，藏於廣州清真先賢古墓園。高64釐米，寬42釐米。墓碑左右兩邊各有一行中文小楷，其中一邊已殘缺難辨。在兩行中文之間橫刻九行古阿拉伯志文。碑文簡要介紹了高麗人剌馬丹姓名、職務、年齡、卒年及安葬地。據碑載，剌馬丹曾遊敘利亞，在我國曾任廣西陸川縣『達魯花赤』（相當於縣令）。該碑對研究元代廣州社會狀況、民族宗教信仰等有重要參考價值。

釋文

大都路宛平縣青玄關住人剌馬丹，係高麗人氏，年三十八歲，今除廣西道容州陸川縣達魯花赤。於至正九年三月廿三日歿後，八月十八日葬于廣州城北流花橋桂花崗並立石。

（碑石中部橫刻九行古阿拉伯文，譯文如下：）

人人都要嘗到死亡的滋味。

真主，除他外絶無應受崇拜的。他是永生不滅的，是維護萬物的。瞌睡不能侵犯他，睡眠不能克服他。天地萬物都屬於他。不經他許可，誰能替人說情呢？他知道人的前前後後的事。除他啟示的外，絶無人能窺測他的玄妙。他的知覺包羅天地。天地的維持，不能使他疲倦。他確是至尊的，至大的。

真主的使者曾說：『死在奉公者，已成為殉教的烈士了』。這座墳塋，是阿老丁之子剌馬丹教僕歸宿處。祈求真主慈憫和寬恕他……他旅行於庫樂德……時在七百五十一年真主的吉月。

（阿拉伯譯文據廣東伊斯蘭教協會楊棠譯文錄）

艾若瑟神父墓碑

清康熙六十一年（1722）

考略

此碑原存廣州白雲山艾若瑟教士墓前，後墓毀，僅餘殘碑，移置廣州博物館。中部為英文，兩側為中文。

艾若瑟，全名 Antonio Francesco Giuseppe Provana，法國人，是著名的薩博亞家族後代。他於一六六二年十月出生於皮埃蒙特的尼斯（時屬意大利），在米蘭加入耶穌會。一六九五年十月乘船抵達中國澳門。一六九六至一七〇一年間，在中國山西、陝西、河南等地傳教。一七〇二年到達北京，在北京傳教五年。此間因羅馬教皇教會與中國發生宗教禮儀問題，艾若瑟於一七〇八年一月十四日從澳門出發，以康熙皇帝使者身份赴歐洲謁見教皇，樊守義隨行。艾若瑟是在康熙四十六年（1707）受康熙皇帝派遣出使羅馬的代表，也是西方耶穌會士中唯一成功到達歐洲的康熙特使，在歐洲停留十餘年，曾在羅馬連續五次上書教皇陳述有關問題。在中國與羅馬教廷關係史中扮演了重要角色。

碑文中拉丁文釋文輯自尼古拉斯·貝爾菲爾德·丹尼斯編《回顧中國：關於遠東的紀事與疑問》第二卷；拉丁文漢譯輯自《澳門文化》（中文版）二十一期，（葡）文德泉《作為皇家使者的一名耶穌會士墓葬》。

釋文

Hic
Jacet
P. Josephus
Provana
Societatis
Jesu
Professus Sacerdos et
Missionarius
Sinensis,
qui
à Sinarum
Imperatore
Kàm Hì
in Europam
Missus fuerat
Legatus,
Redux circa caput
Bonæ Spei,
Fatis cessit
Anno 1720
die 7 Februarii,
Ætatis an.62,
Societatis 24;
Et Jussu Impis
in hoc loco
Sepultus fuit
die 17 Decemb.
1722.

漢譯

欽差泰西（下文殘缺）

（前文殘缺）初六日□康熙（下文殘缺）

恩差往大西洋公幹，終（下文殘缺）

皇恩特賜安塋。

康熙六十（下文殘缺）

（墓碑中部拉丁文，譯如下）

艾若瑟神父墓誌

此處安息着耶穌會修士和中國傳教士艾若瑟神父。由中國康熙皇帝派其出使歐洲，一七二〇年在回歸途中於好望角附近去世，終年六十二歲。時年已入耶穌會二十四春秋，根據一七七二年十二月十七日皇帝陛下聖旨特安葬於此。

美國波士頓商船局威廉・科爾船長墓碑

清道光十六年（1836）

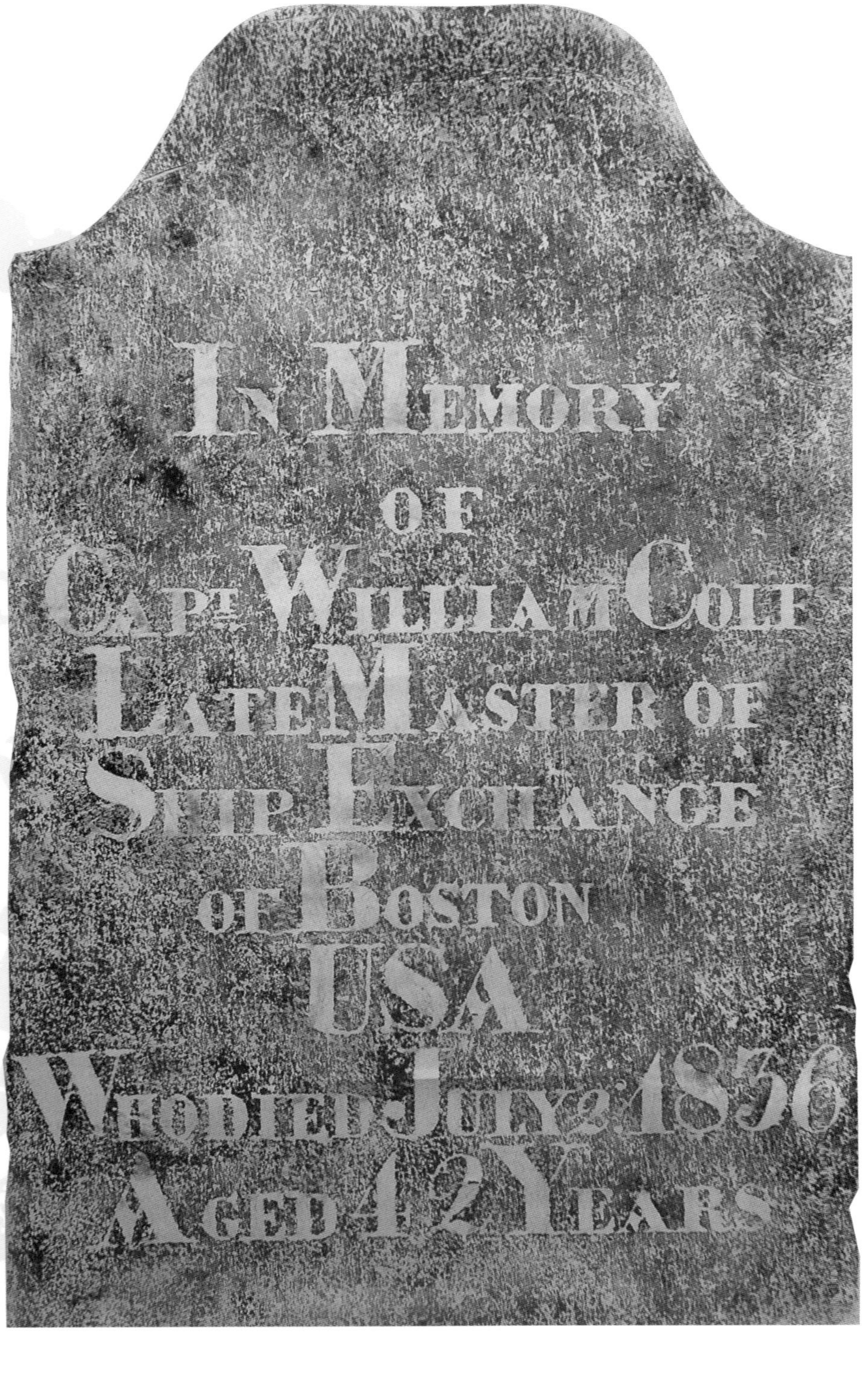

IN MEMORY
OF
CAPT WILLIAM COLE
LATE MASTER OF
SHIP EXCHANGE
OF BOSTON
USA
WHO DIED JULY 2 1836
AGED 42 YEARS

釋文

IN MEMORY
OF
CAPT WILLIAM
COLE
LATE MASTER OF
SHIP EXCHANGE
OF BOSTON
USA
WHO DIED JULY2.
1836
AGED 42 YEARS

漢譯

紀念：
美國波士頓商船局前任局長
威廉·科爾船長，
卒於一八三六年七月二日。
是年四十二歲。

考略

此碑原存珠海市淇澳島上，現不知存毀，存有拓本，藏於廣州博物館。碑文為英文。

據《淇澳村村志》載：清道光十三年（1833），英國人在淇澳島金星門登陸，測量建房，企圖將淇澳變成走私鴉片的驛站，由此引發戰爭。一八三六年七月一日晚，村民在鍾九霞帶領下，集於金星門，準備驅逐英人。第二天，英國商船糾集了聯邦輪船公司和美國波士頓輪船公司的十五六艘輪船駛入馬溪海灣，炮擊淇澳村。淇澳村民在天后宮前誓師，「利用土炮和從前鍾寶從臺灣繳回來的銅炮」一齊向敵船開火，斃四人，最後英國商船和其他國的輪船逃離了淇澳。在這場戰鬥中，美國波士頓輪船前任局長、「馬士頓」號船長威廉·科爾當場斃命，英國水兵約翰·斯洛根、約翰·史密斯、奧夫·薩爾梯芬中彈身亡。該碑為威廉·科爾的墓碑。

巴斯教徒墓碑之一

清道光二十一年（1841）

TO.THE.ME[illegible]
OF
NESSERWANJEE.JAMSETJEE.BUTTEEWALLA.A
PARSEE.INHABITANT.OF.BOMBAY.
WHO.QUITTED.THIS.WORLD.AT.CANTON
ON.THE.14TH.DAY.OF.SEPTEMBER.1841.
OR
THE.22ND.DAY.OF.THE.12TH.MONTH.IN.THE.YEAR.
OF
YAZDEZERD.1216
IN.THE.21.YEAR.OF.HIS.AGE.

釋文

TO THE MEMORY
OF
NESSERWANJEE
JAMSETJCE
BUTTLEWILLANA
PARSEE INHABITANT OF
BONBAY
WHO QUITTED THIS
WORLD AT CANTON
ON THE 11TH DAY OF
SEPTEMBER 1841
OR
THE 22ND DAY OF THE
12TH MONTH IN THE
YEAR
OF
YAZDEZERD, 1216
IN THE 24 YEAR OF HIS
AGE

漢譯

紀念：
納賽華吉 傑姆塞吉 巴蒂沃蘭納，
居住於孟買的巴斯教徒，
於一八四一年九月十一日，
即伊嗣俟紀年一二一六年十二月二十二日，
逝世於廣州。
是年二十四歲。

考略

此碑存廣州黃埔區長洲島猪腰崗上的巴斯教徒墓地。現此處存墓十餘座，多埋葬清末來華貿易之印度商人、巴斯教徒。此墓碑為該墓地中的一方。長193釐米，寬80釐米。花崗岩質。以兩種文字分上下刻就，上為英文，下為古吉拉特文。

巴斯教為古波斯人瑣羅亞斯德於紀元前約六世紀所創立。此墓地埋葬時間從公元1847年至1923年，每座墓的地面部分均用花崗岩砌築成阿拉伯式石棺，棺頂為一整塊花崗岩，或豎立或覆蓋，上鐫刻英文、古吉拉特文。碑刻內容和書寫方式大致相同，記錄亡者的姓名、出生年月、死亡日期或死亡時的年齡等。巴斯教徒在墓碑上按照傳統的伊斯提澤德紀元方式記錄時間，可見他們堅守着對瑣羅亞斯德教的信仰。從中也可瞭解到他們隨着近代中西貿易的開展來到中國廣州，在此地居住、生活、從事貿易活動，并利用中外條約租地，將他們中的逝者葬在廣州。

巴斯教徒墓碑之二

清道光三十年（1850）

考略

此碑存廣州黃埔區長洲島猪腰崗上的巴斯教徒墓地。此為墓碑中的一方。長殘剩 120 釐米，寬 77 釐米。花崗岩質。以兩種文字分上下而刻就，上為英文，下為古吉拉特文。

釋文

TO THE MEMORY
OF
BURJORJEE EDULJEE
KOTWAL.
PARSEE INHABITANT CF
BOMBAY
WHO DEPARTED THIS LIFE
AT CANTON
ON THE 1ST DAY OF AUGUST
1850.
AND
THE 9TH DAY OF THE 11TH
MONTH.
OF
YAZDEZERD 1219.
IN THE 36TH YEAR OF HIS
AGE.

漢譯

紀念：

布林喬吉　埃杜吉　科特沃爾，居住於孟買的巴斯教徒，於一八五〇年八月一日，即伊嗣侯紀年一二一九年十一月九日，卒於廣州。

是年三十六歲。

法國海員墓碑

清咸豐十一年（1861）

釋文

REQUIESCANT IN
PACE!
A
LA MEMOIRE
DU
PERSONNEL
DE LA
MARINE
MORT POUR LA
FRANCE
1860 – 1861

漢譯

安息！
紀念：
1860—1861年為法國而犧牲的海員們。

考略

此碑原存廣州黄埔區深井島法蘭西人墓園，今園已不存，碑移置廣州博物館。碑文為英文。該碑為紀念1860—1861年為法國犧牲的海員而立，此時正值第二次鴉片戰爭時期，故墓主可能死於戰爭中。

粵海關海船職員墓碑之一

清同治十三年（1874）

IN MEMORY
OF THE
OFFICERS AND MEN
OF H.I.C.M.'S VESSELS
FEI-LOONG, NGNAN-TIEN, AND COASTGUARD
SERVICE-BOAT No. 3,
WHO WERE DROWNED IN THE TYPHOON OF SEPTEMBER 22ND AND 23RD, 1874, NEAR MACAO.
WILLIAM TREZEVANT WRIGHT, Commander;
DANIEL BROWN, Lieutenant; GEORGE BRUCE, Engineer;
OF H.I.C.M.S. "FEI-LOONG,"
WILLIAM STUART, Commander; RICHARD CONNOR, Quartermaster;
EDWARD STANSFIELD, Quartermaster,
OF H.I.C.M.S. "NGNAN-TIEN," AND
FRANCIS MEANEY, in charge of Guard-boat No. 3.
ALSO,
IN MEMORY OF
HERBERT K. LANE, Commander of H.I.C.M.S. Chien-Jui,
WHO DIED SUDDENLY AT SEA ON NOVEMBER 5TH, 1874, AGED 29 YEARS.
THIS TABLET IS ERECTED BY THEIR FRIENDS AND BROTHER OFFICERS, BY WHOM
THEIR LOSS IS DESERVEDLY LAMENTED.

釋文

IN MEMORY
OF THE
OFFICERS AND MEN
OF H.I.C.M.'S VESSELS
FEI-LOONG, NGNAN-TIEN, AND COAST GUARD
SERVICE-BOAT NO.3,
WHO WERE DROWNED IN THE TYPHOON OF
SEPTEMBER 22ND AND 23RD, 1874, NEAR MACAO.
WILLIAM TREZEVANT WRIGHT, Commander;
DANIEL BROWN, Lieutenant; GEORGE BRUCE, Engineer;
OF H.I.C.M.S. "FEI-LOONG,"
WILLIAM STUART, Commander; RICHARD CONNOR,
Quartermaster;
EDWARD STANSFIELD, Quartermaster;
OF H.I.G.M.S. "NGNAN-TIEN," AND
FRANCIS MEANEY, in charge of Guard-boat No.3.
ALSO,
IN MEMORY OF
HERBERT K. LANE, Commander of H.I.C.M.S. Chien-Jui,
WHO DIED SUDDENLY AT SEA ON NOVEMBER 5TH,
1874, AGED 29 YEARS.
THIS TABLET IS ERECTED BY THEIR FRIENDS AND
BROTHER OFFICERS, BY WHOM
THEIR LOSS IS DESERVEDLY LAMENTED.

漢譯

紀念：

於一八七四年九月二十二日及二十三日澳門附近的颱風中遇難的粵海關『飛龍』號、『藍天』號以及海上護衛艦三號上的海船職員及人員。

『飛龍』號上的：

艦長：威廉・崔澤文・瑞特，

上尉：丹尼爾・布朗，

機械師：喬治・布魯斯。

『藍天』號上的：

艦長：威廉・斯圖亞特，

舵手：理查・康納，

舵手：愛德華・斯坦菲爾。

護衛艦三號上的：

艦長：法蘭西斯·梅奈。

同時紀念：

粵海關『前追』號船長：哈伯特·k·萊茵，

於一八七四年十一月五日海上殉職。

是年二十九歲。

此墓碑由逝者的朋友與同事建立，以表深切悼念。

考略

此碑存廣州沙面大街協和神學院。花崗岩質。碑文為英文。內容為紀念一八七四年在澳門附近因遇颶風船毀而遇難的粵海關海班職員。『飛龍』（FEI-LOONG）號、『藍天』（NGNAN-TIEN）號、『前追』（CHIEN-JUI）號三艘遇難船隻均屬粵海關緝私或稅務船隻。船前的『H.I.C.M.S』是His Imperial China Merchant ship（中華帝國商船）的縮寫。表明粵海關管理權由洋人控制，但粵海關的主權性質未變，執行海關緝私的船隻均需挂上『H.I.C.M.S』標志，以表明是為大清國服務的。

粵海關海船職員墓碑之二

清同治十三年（1874）

IN MEMORY OF
THOMAS ALBERT GEORGE FRY
COMMANDER. ACED 26 YEARS.
AND
JAMES HUTCHINSON M^c LEISH
FIRST OFFICER. ACED 26 YEARS.
WHO WITH 20 CHINESE WERE DROWNED
AT SEA BY THE FOUNDERING OF H.I.C.M.R.C. LI-CHI
IN A TYPHOON ON THE 8TH OF OCTOBER 1878
THIS TABLET WAS ERECTED BY THEIR
FRIENDS AND BROTHER OFFICERS
BY WHOM THEIR LOSS IS DEEPLY LAMENTED

考略

此碑存廣州沙面大街協和神學院內。花崗岩質。碑文為英文。內容為紀念一八七八年在香港附近因遇颶風船毀而遇難的粵海關『荔枝（利涉）』（LI-CHI）號海班職員。遇難船隻屬粵海關緝私或稅務船隻。船前的『H.I.C.M.R.C』是His Imperial China Merchant Revenue Customs（中華帝國商人稅收海關）的縮寫。碑文顯示本次遇難者中既有洋職員，也有中國職員，洋職員控制着輪船上的船長、大副等重要職位，表明粵海關是在執行洋員、華員不同職務和待遇的制度。

釋文

IN MEMORY OF
THOMAS ALBERT
GEORGE FRY
COMMANDER. AGED 26
YEARS.
AND
JAMES HUTGHINSON M[C]
LEISH
FIRST OFFICER. AGED 26
YEARS.
WHO WITH 20 CHINESE
WERE DROWNED
AT SEA BY THE
FOUNDERING OF
H.I.C.M.R.C. "LI-CHI"
IN A TYPHOON ON THE
8TH OF OCTOBER 1878
THIS TABLET WAS
ERECTED BY THEIR
FRIENDS AND BROTHER
OFFICERS BY WHOM
THEIR LOSS IS DEEPLY
LAMENTED

漢譯

紀念：

船長：湯瑪斯・亞伯特・喬治・弗萊，二十六歲。以及大副：詹姆斯・哈肯森・麥克・利什，二十六歲。

與二十位中國人乘粵海關『荔枝』號，溺亡於一八七八年十月八日的一次颶風中。

此墓碑由逝者的朋友與同事建立，以表深切悼念。

阿拉伯傳教士爾卜當樂熙墓誌

清光緒十五年（1889）

先賢諱爾卜道炑喜舍爾巴勒西域滿洲人也品行正天爰
天爰之奧妙　光緒十二年春
君命差派來華傅授道學西域航海到粵旋住江南河南陵兩廿甫各在
傅立十四年復至粵東省後肄業辛歕迎拳接護歕留歕恢一年
辛勞萬狀且遠涉重洋數萬里來華遊歷諸省波濤之險風霜之苦
不服則飮食久調而目瞑嗚呼延至五月二十五日旁晚益沉重
禮拜故人唁絕一息春文
務宜勗清恩興護道學子既舉而
先賢墓
君遇救則不得多
光緒辛卯四月二十六歲
期基辛歕千方云祈

釋文

墓誌之一：

蒲克疏嗣𤦲耶哂祺爾卜當樂熙先賢墓。

至聖遷都壹千三百零陸年山窩理月吔其閃白。

光緒十五年五月念五日終。

廣東紳耆受業等仝立。

（墓碑上方阿拉伯文，譯如下）

盛贊主超絕萬物，他把洪福降給熱情的教徒們。求學者必能從中感受教誨，匯於真理的洪流之中。正如聖訓所示：『真主的信徒是不會死的，只是從一個世界轉到另一個世界罷了。』盛贊真主派遣的先知，是他教導我們走向正道。這位外籍人的吉祥的陵墓，墓主系麥加薩茲勒教派的一位長老。遊墳的人們啊，為他做禱告吧！祈求真主寬恕他，也寬恕我們。願真主超拔提升他的品位。主宰世界的主啊，請接受我們的祈禱吧！

（墓碑下方左右阿拉伯文，譯如下）

真主的聖潔撫慰英靈。他有幸生於光榮的麥加，而壽終在遙遠的中華國土。他有着優異的品德，尊奉阿濟茲拉施達穆罕默德為師，主張莎菲的薩茲勒派學說。他美名叫阿卜杜拉·本·舍阿巴，亨齡僅四十六歲。他從陸路把薩茲勒派學說，傳播到廣東、南京和甘肅等地。為了開拓伊斯蘭道路，他不畏艱辛與勞累。他告別阿拉伯故土，

正值中國王朝的光緒年間——農曆十五年五月廿五日，是山窩理月初星期五。他英靈飛向哈達拉仙境。贊美你光榮高貴的養主吧，身在異鄉也能享受到故國一樣聖潔的水土！穆聖遷都一三〇六年，傳教士穆罕默德·伊斯哈格·奥馬爾撰文，貧道者哈吉·穆罕默德·尤素福·希拉倫丁書丹。

墓誌之二：

先賢諱爾卜道拉喜舍爾巴勒，西域滿克人也。品行正大，受至聖之遺傳，道德宏深，解天經之奥妙。光緒十二年，奉君命差派，來華傳授道學。由西域航海到粤，旋往江南、河南、陝西、甘肅各省，盡心教化，實力傳宣。十四年，復至粤東省，後學輩歡迎恭接，誠敬欵留。設帳一年，教諸弟子，日夜不倦，辛劳萬狀。且遠涉重洋數萬里，來華遊歷諸省，波濤之險，風霜之苦，無不備嘗。且水土不服則飲食欠調，而傳道太勞則心力用盡，以致積勞成疾，入於膏肓。雖病中尤領人禮拜，教人唸經，一息尚存，不容稍懈。延至五月二十五日，病益沉重，對諸弟子曰：『爾輩務宜勤讀經典，謹遵道學。』言既畢而目瞑。嗚呼！先賢奉命來華，行道諸省，授萬人之妙理，流百世之芳名。論心術則不負君恩，論學問則不愧名教。且臨危語不及私，非品學兼優，何能及此！

先賢卒年四十六歲，葬於粤東省北門外清真古墓之側。後學輩敬立碑石，爰誌數語，以期垂諸千古云爾。

大清光緒十六年七月十四日。

金陵後學同人等敬立。

考略

此二方碑存廣州清真先賢古墓，為阿拉伯傳教士墓碑。墓主爾卜當樂熙，於清光緒十五年（1889）去世，時年四十五歲。當年五月廿五日，廣東士紳、受業等為之立一兼有阿拉伯文、中文的墓碑，第二年又立一中文墓碑。

墓主『爾卜當樂熙』與『爾卜道拉喜』是同一人，阿文作『Abdullah ibn shaaban』，現通譯作『阿卜杜拉·本·舍阿班』。『滿克』與『蒲克』是同一地名，即穆罕默德誕生地及伊斯蘭教發源地麥加（Meccah）之舊譯。光緒十二年（1886），爾卜當樂熙自海道來粵布道傳教，歷往江南、河南、陝西、甘肅等地，十四年（1888）返粵，繼續設帳授徒，由於積勞成疾，十五年（1889）五月病逝。

從廣州現存這兩方墓碑來看，在晚清時代，有阿拉伯傳教士泛海來華，在廣東、江南、河南、陝西、甘肅等地傳播蘇非派沙茲里耶學理，『盡心教化，實力傳宣』；在廣州『設帳一年，教諸弟子』，『行道諸省，授萬人之妙理，流百世之芳名』，確實產生過一定影響。

山水園林類

藥洲諸碑

盧士宏等『丙午仲春』題刻

宋治平三年（1066）

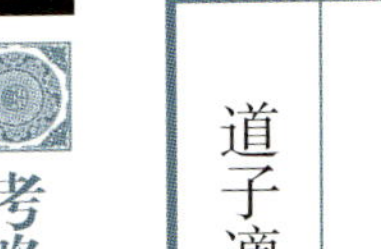

釋文

士宏子高、昌衡平甫、元規正叔、安道子適，丙午仲春十五日題。

考略

此石刻原存廣州藥洲。現已佚，僅存拓本，藏於國家圖書館。楷書。『丙午』即宋治平三年（1066）。其中士宏子高者，據翁方綱《粵東金石略·九曜石考》：『盧士宏，字子高，新鄭人，以治平元年知廣州。或傳安南舟數百舶海中，將為寇，嶺徼驚動，士宏灼知其非，是日從賓客宴樂，民賴以安。』昌衡，年代相近者有二。翁氏《九曜石考》：『《廣州志》云「路昌衡嘗知廣州。」又云「賈昌衡，治平中任轉運使。」予向跋《九曜歌》以為路昌衡，誤也。附正於此。』元規正叔、安道子適二人，翁方綱未有考證，據陸耀遹《金石續編》有『陳安道，嘉祐八年轉運判官，熙寧二年轉運使』。皆與治平丙午不遠，未知果為子適否。此題名在九曜石中為年代最早的一則題記。

米芾《九曜石》詩

宋熙寧六年（1073）

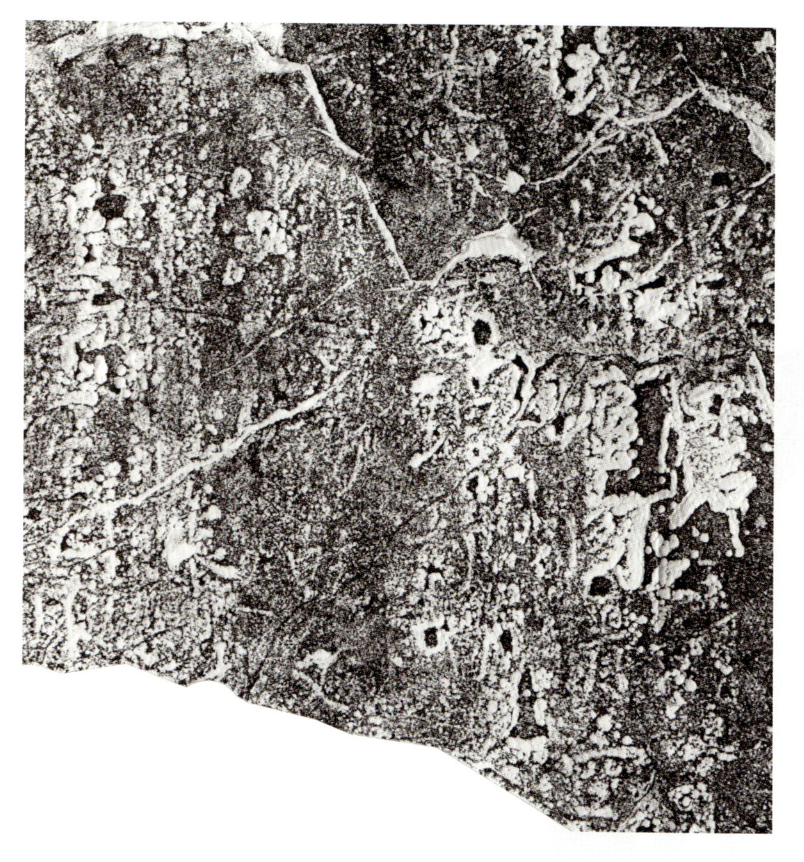

釋文

九曜石

碧海出蜃閣，青空起夏雲。

瑰奇□怪石，錯落動乾文。

米黻，熙宁六年七月。

考略

此石刻存廣州藥洲。楷書。宋代米芾書《九曜石》一首，是藥洲重要石刻之一，因年代久遠曾難以尋覓。清乾隆年間翁方綱三任廣東督學八年，遍尋未獲。道光六年（1826）翁心存任督學時疏淤剔石，始發現此詩刻。民國《番禺縣續志》收錄此詩刻。

撰書者米芾，初名黻，後改芾，字元章。時人號海岳外史，又號鬻熊後人、火正後人。湖北襄陽人。北宋書法家、畫家、書畫理論家，與蔡襄、蘇軾、黄庭堅合稱『宋四家』。曾任廣東浛洸（今英德）尉。歷任校書郎、書畫博士、禮部員外郎。

米芾『藥洲』題刻

宋熙寧六年（1073）

釋文

藥洲。

米黻元章題。

考略

此石刻存廣州藥洲。楷書。米芾書。阮元《廣東通志》以藥洲題字載於熙寧，當與米芾《九曜石》詩同時期，今從之。宋熙寧六年（1073），米芾南遊粵東，曾題《九曜石》詩刻。此『藥洲』二字題刻屬米芾早年所作，書體較為端正，不甚老練，但不失天機靈動之感，可由此觀米氏早年書風。此石幾度遷移，曾被移置布政使署，光緒十四年（1888）張之洞移置兩廣總督署，一九三四年廣東省教育廳長黄節又移到永漢公園。二十世紀五十年代，廣東省文物保管委員會復還原地。

許彥先詠藥洲詩

宋熙寧七年（1074）

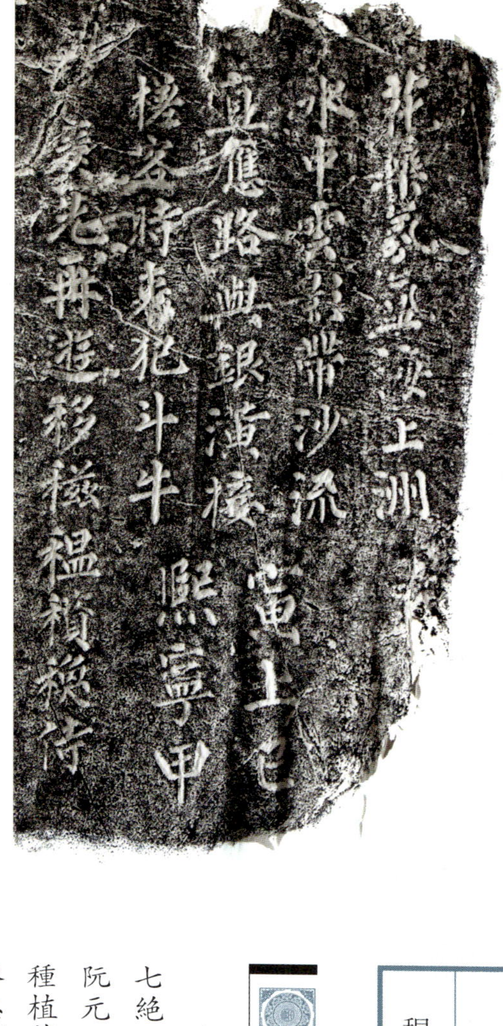

釋文

花藥氛氳海上洲，水中雲影帶沙流。
直應路與銀潢接，槎客時來犯斗牛。
熙寧甲寅上巳，彥先再遊，移、瓅、
榅、稹、稦侍。

考略

此石刻存廣州藥洲。楷書。刻許彥先詠藥洲七絕一首，千餘年來，歷代來藥洲者多有和韻。阮元《廣東通志》認為此詩首句說明『藥洲』以種植花藥得名，而非《南海百詠》和《古迹記》《名勝志》稱是南漢劉氏集方士煉藥的所在。

撰書者許彥先，字覺之，廣東始興人。宋天聖三年（1025）進士，深於《易》，熙寧五年（1072）任廣南轉運使。

程師孟等『同遊藥洲』題刻

宋熙寧七年（1074）

釋文

程師孟、金君卿、李宗儀、許彥先，同遊藥洲。

熙寧甲寅上元日題。

考略

此石刻存廣州藥洲。楷書。程師孟，字公辟，號正議，吴縣人。宋熙寧年間任廣州知州時，擴築西城，大興文教，在廣州六年，政績卓著，粤人贊服，為立生祠。他曾兩度來藥洲，一次石上題名，一次題五言古詩，有『何人移巨石，終日壓寒泉』之句。金君卿，字正叔，饒州浮梁人。宋慶曆年間登進士甲科，皇祐二年（1050）官秘書丞，五年（1053）官太常博士。累知臨川、權江西提刑，入為度支郎中。與許彥先並熙寧中任轉運使。李宗儀，熙寧年間知南雄州，廣東連州燕喜山亦有其題名。

曾布等『正月晦日遊』題刻

宋元豐元年（1078）

釋文

廣東經略安撫使起居舍人龍圖閣待制曾布子宣、轉運副使都官外郎向宗旦公美、轉運副使屯田外郎沈叔通道濟、前廣西轉運判官太常□賡聲叔，元豐元年正月晦日遊。

考略

此石刻存廣州藥洲。楷書。上部石崩有闕字。據周中孚《九曜石刻錄》載，《宋史·奸臣傳》中有曾布，字子宣，江西南豐人。曾知廣州，宋元豐初，以龍圖閣待制知桂州，此石刻上闕字當為『待』字。向宗旦，河內人，見《萬姓統譜》，於熙寧九年（1076）任廣東轉運副使。據阮元《廣東通志》載，熙寧十年（1077）有沈叔通任轉運使，道濟即沈叔通。據石刻，元豐元年（1078），叔通尚為副使。該石刻的首行『廣』字已為人敲落，茲據翁方綱書《九曜石歌并跋》補闕。

時仲等「同遊」題刻

宋元祐元年（1086）

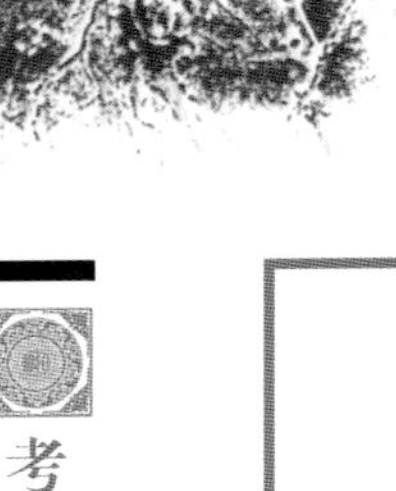

釋文

時仲、公詡、積中同遊。

元祐丙寅季春初八日題。

考略

此石刻存廣州藥洲。楷書。翁方綱《粵東金石略》所撰《米題藥洲石記》謂此十八字盡出米書，定為宋元祐元年（1086）。阮元纂修的《廣東通志》力辯其誤，謂米芾熙寧八年（1075）以前在廣南，八年以後寓迹江淮，無復南來之理。道光丙戌翁心存於仙掌石東得米芾《九曜石》五言絶句，款署熙寧六年（1073）七月，可證翁方綱之誤，阮志謂藥洲石題刻在米芾任浛洸尉時，蓋廣州為都督府，米芾或以事至而遊此。故以藥洲題字載於熙寧，時仲等題名别繫於元祐元年（1086）。張升卿，字公詡，元祐年間任廣東經略安撫使。

鄒非熊等『煮茶景濂堂』題刻

宋淳熙十五年（1188）

釋文

鄒非熊宗望、管湛定夫，步自葛僊洲，煮茶景濂堂，采鞠苭谷，搒舟九曜石下，摩挲前賢題刻而去。淳熙戊申十月丁卯。

考略

此石刻存廣州藥洲。隸書。

鄒非熊，字宗望，宜黄人。宋淳熙十一年（1184）進士。官廣東提刑。管湛，字定夫。戊申為淳熙十五年（1188），據汪宗衍考：廣西桂林招隱山有壬申初伏計使括倉管定夫題名。壬申為嘉定五年（1212），可與此互證。《廣西通志·職官表》：『管湛，嘉定初，廣西轉運判官，尋知靜江府，又任廣西提點刑獄。』景濂堂為紀念周濂溪的建築。

張釜『三歎而返』題刻

宋慶元元年（1195）

釋文

慶元乙卯季冬十有三日，同提點刑獄趙希仁山甫、轉運判官徐枏志穌、提舉常平劉俣碩翁、提舉市舶唐弼公佑，泛舟小酌其下。惜題識之湮滅，悲歲月之不留，弔古感今，三歎而返。

經略張釜君量題。

考略

此石刻存廣州藥洲。隸書。據翁方綱《粵東金石略》，趙希仁，字山甫，於宋嘉泰三年（1203）任轉運判官。劉俣，字碩翁，於慶元元年（1195）任轉運使。徐枏，字志穌，於慶元二年（1196）任轉運使，又任提舉常平。唐弼，字公佑，於嘉泰四年（1204）任轉運副使，慶元二年（1196）任提舉常平，又以淳熙五年（1178）提舉市舶。張釜，字君量，於紹熙五年（1194）知廣州。

「龍窟」題刻

宋

釋文

龍窟。

南岦題。

考略

此石刻存廣州藥洲。隸書。據徐琪考證，該刻為宋代陳九仙所題。陳疇，字少錫，自號九仙野叟，宋代詩人。曾於寶慶三年（1227）知永州，後任廣西運判。

胡榮《重修濂溪書院記》

明成化八年（1472）

考略

此石刻存廣州藥洲。楷書。據阮元纂修的《廣東通志》職官表，明成化朝按察司僉事下載有胡榮七年任，而天順朝獨不載，後又不書再任，據是刻可補其闕。表載天順朝巡按有豐城涂棐，即伯輔也。成化朝按察使有永州甯良，即元善也。俱與石刻合。又據《大清一統志》載，濂溪書院祀宋提刑周元公。康熙二十六年（1687）巡撫李士楨檄南、番二縣，改建於新城糧道舊署。阮元纂修的《廣東通志》謂其基址即今學署，而祠後演極堂址改建元公祠堂，即刻石稱為『尚有西齋』是也。

撰書者胡榮，字希仁，號東州。江西新余羅坊人。明景泰五年（1454）進士。歷任廣東按察司提學僉事，浙江、福建按察司副使，廣西參政等職。

釋文

重脩濂溪書院記

廣城西南隅藥洲之上有濂溪書院，屋凡數十楹，中祠周元公。莫詳所創始，而重建於正統丁巳者，則少保南郡楊先生記焉。天順癸未，予提學來廣，間即祠後演極堂召諸生講論，厭市諠密邇。明年，監察御史涂公伯輔按部至，命工取蠔殼砌崇墉，圍其前池四岸，北立愛蓮亭，南設戶扃，人跡稍簡。成化辛卯春，按察使祁陽甯公元善涖任于兹，月朔謁祠，視池積淤泥，植草不茂，乃溝東岸引淤流灌諸海，移亭池中，傍植蓮數百，書《愛蓮說》，揭于楣。復剪蕪穢，出奇石，雜種花竹。休暇樂客于亭，清風遞香，止水涵碧，天趣愜于人心者多矣。嗟夫！胸中風月，眼裏陰陽，澄波湛乎天光，荷翠交乎庭草，斯殆千載無窮之趣，元公得之於古，吾人希得之於今，方來續得者容有既乎。謹記。

成化八年十一月吉日廣東提學僉事新喻胡榮書。

吴鵬「仙掌」題刻

明嘉靖十七年（1538）

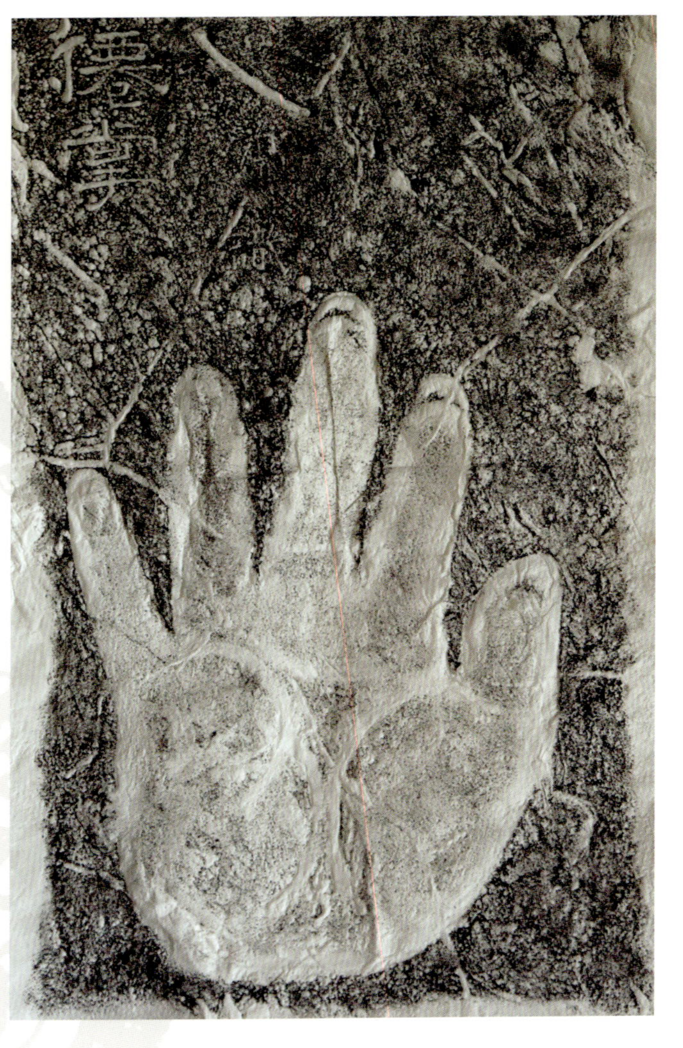

釋文

僊掌。

吴鵬識。

考略

此石刻存廣州藥洲。隸書。

吴鵬，字萬里，號默泉，浙江秀水縣人。明嘉靖二年（1523）進士，曾任廣東等三省提學。歷福建參議，出使安南。著有《飛鴻亭集》。明嘉靖十七年（1538）任廣東提學時，為藥洲西湖疏甃起滌，使水石之景恢復十之八九，有陳卿題刻為記。

陳卿《吳鵬蔬㲶藥洲》題刻

明嘉靖十七年（1538）

釋文

督學秀水吴鵬，頃於藥洲疏甃起滌。故時勝槩復者什九，此即九曜第一石也。同臬事宜賔陳卿、慈谿葉照，錢塘吴玭、建安李默，載酒來觀，再淹暝莫。

時嘉靖戊戌二月之廿二日，卿題。

考略

此石刻存廣州藥洲。楷書。據翁方綱《粤東金石略》，李默，字時言，甌寧人，官廣東僉事，博覽群籍。累官吏部尚書，以不阿嚴嵩下獄，忿恨卒。據《廣東通志·職官表》明嘉靖朝按察司僉事下載，吴鵬、孫世祐、李文鳳、雍瀾俱十六年任，是刻作戊戌即十七年鵬尚任督學。所謂同臬事陳卿、葉照、吴玭、李默，考諸表副使，吴玭十六年任，葉照十四年任，而陳卿、李默俱失載，此足以補其闕。

撰書者陳卿，四川宜賓人。明弘治十八年（1505）進士。曾任都御史、兵部侍郎。

張明先《次宋太子中舍許覺之韻》詩

清康熙五十一年（1712）

釋文

次宋太子中舍許覺之韻

粵秀山前古藥洲，昔賢亭沼一渠流。

築亭蹠治從吾好，叱起泥中幾石牛。

皇清康熙五十有一年七月廿二日，提督廣東學政左春坊左中允兼翰林院編脩楚安鄉張明先洞庭氏書。

考略

此石刻存廣州藥洲。楷書。刻張明先詠藥洲七絶一首。

撰書者張明先，字雪書，號洞庭，湖南安鄉縣坊廓人。清康熙二十四年（1685）進士，入翰林院，授檢討，參與纂修《三朝國史》《明史》及《淵鑑類函》。康熙四十八年（1709）曾督學廣東。

鐵崕書『尚有西齋』 清康熙五十一年（1712）

釋文

尚有西齋。

鐵崕。

考略

此碑存廣州藥洲。高50釐米，寬145釐米。行書。沉穩大氣。

撰書者史貽直，號鐵崕，謚號『文靖』，世稱史文靖公。江蘇溧陽縣人。清康熙三十九年（1700）進士，授檢討。歷官康熙、雍正、乾隆三朝。充雲南主考、廣東督學、贊善、侍講、庶子、講讀學士。乾隆即位之初，署湖廣總督。

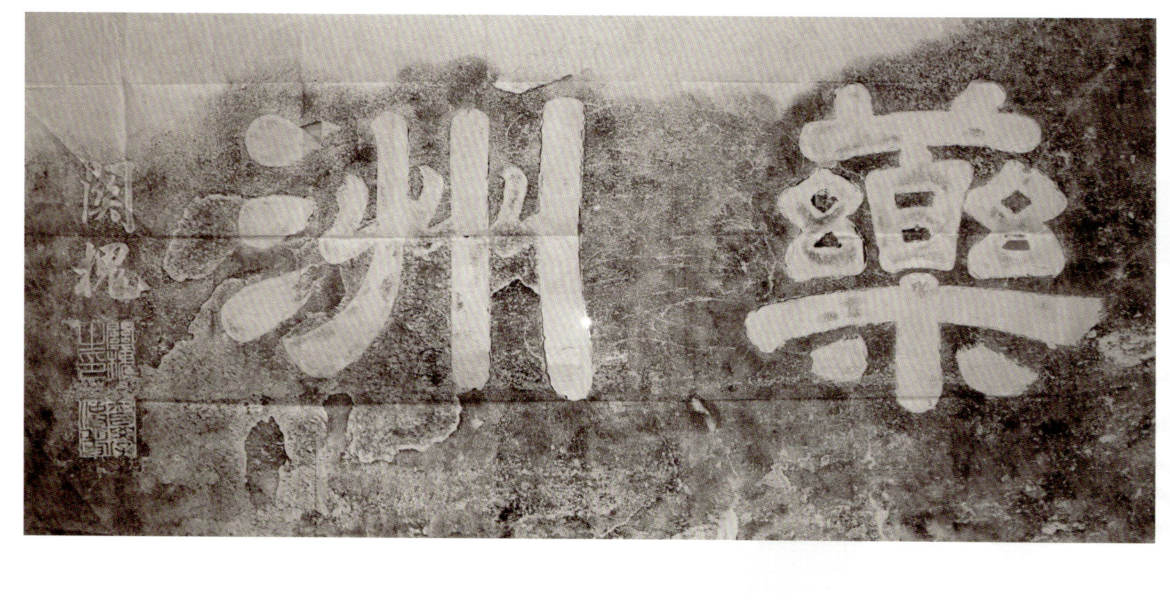

關槐題「藥洲」石額

清乾隆間

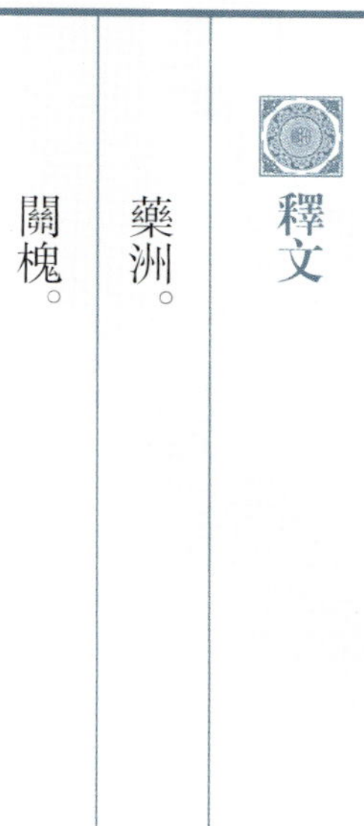

釋文

藥洲。

關槐。

考略

此碑存廣州藥洲。高 90 釐米，寬 185 釐米。隸書。題款後有兩方印，分別為「關槐之印」「督學使者」。

撰書者關槐，字晉卿，一字晉軒，號雪岩，一號署笙，又號柱生，晚號青城山人。浙江仁和人。乾隆四十五年（1780）傳臚，官禮部侍郎。詞章翰墨，脫穎不群。清代書畫家。

《遊督學園林》詩

清乾隆十五年（1750）

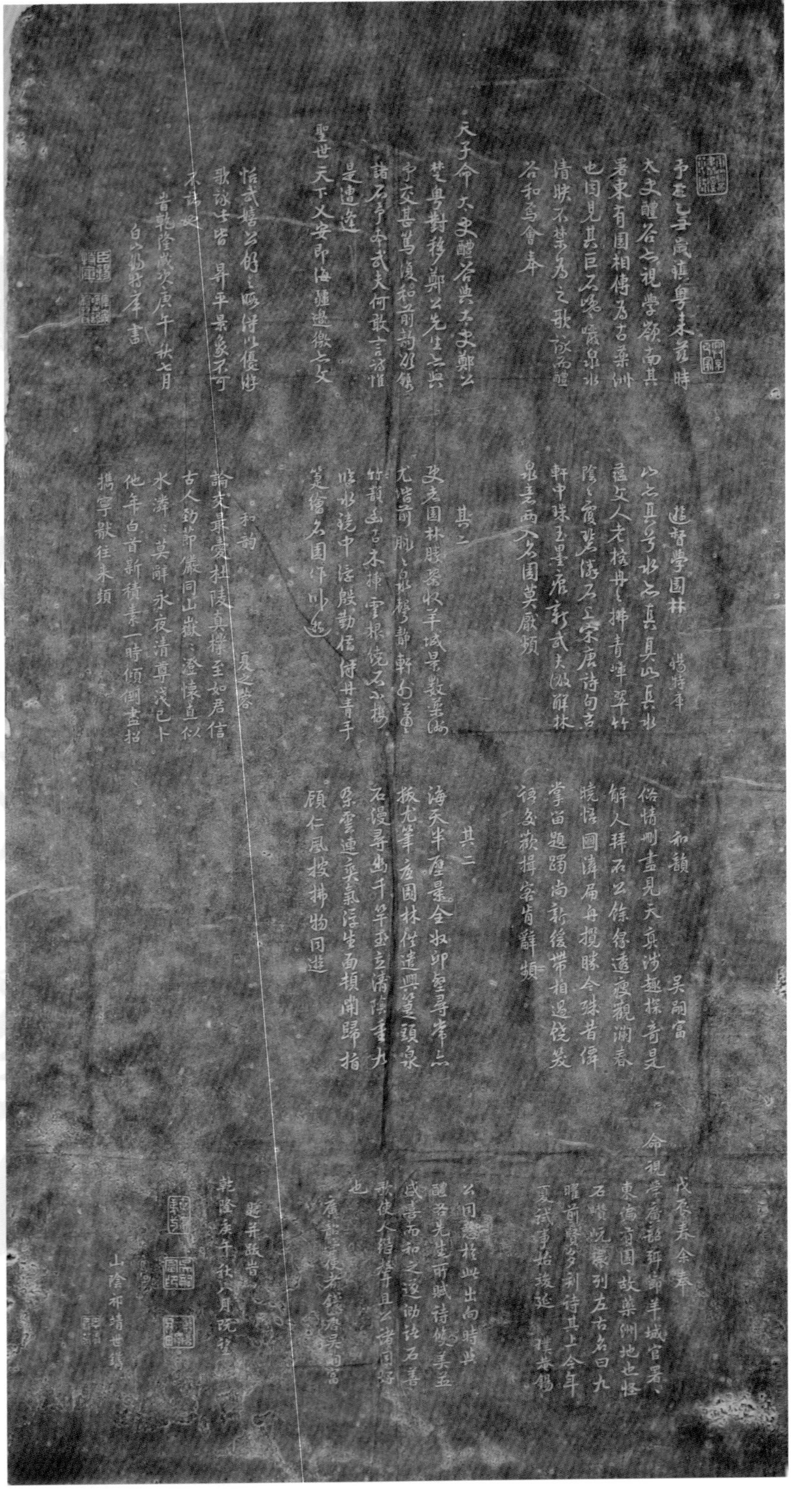

釋文

予於乙丑歲鎮粵來茲，時太史醴谷亦視學嶺南。其署東有園，相傳為古藥洲也。因見其巨石巉巗，泉水清映，不禁為之歌詠，而醴谷和焉。會奉天子命，太史醴谷與太史鄭公楚粵對移，鄭公先生亦與予交甚篤，復和前韵，欲鐫諸石。予本武夫，何敢言詩？惟是遭逢聖世，天下乂安，即海疆邊徼，亦文恬武嬉。公馀之暇，得以優游歌詠，此皆昇平景象，不可不誌也。

旹乾隆歲次庚午秋七月。

白山錫特庫書。

遊督學園林　錫特庫

山亦真兮水亦真，真山真水藴文人。老榕冉冉拂青嶂，翠竹陰陰覆碧潾。

石上宋唐詩句古，軒中珠玉墨痕新。武夫欲鮮林泉意，兩入名園莫厭頻。

其二

史志園林勝槩收，羊城景數藥洲尤。堦前脉脉泉聲静，軒外蕭蕭竹韻幽。

古木插雲根繞石，小樓臨水鏡中浮。殷勤借得丹青手，箑繪名園作卧遊。

和韵　夏之蓉

論交最愛杜陵真，樸至如君信古人。勁茚儼同山嶽嶽，澄懷直似水潾潾。

莫辭永夜清尊淺，已卜他年白首新。積素一時傾倒盡，招攜寧厭往來頻。

和韻　吴嗣富

俗情刪盡見天真，涉趣探奇是解人。拜石公餘緣透瘦，觀瀾春曉悟圓潾。

扁舟攬勝今殊昔，僊掌凿題躅尚新。緩帶相過饒笑語，交歡揖客肯辭頻。

其二

海天半壁景全收，邱壑尋常亦拔尤。筆底園林供遣興，筐頭泉石漫尋幽。

千竿玉立清陰重，九朵雲連爽氣浮。生面頓開歸指顧，仁風披拂物同遊。

戊辰春，余奉命視學廣韶，弭茚羊城官署。東偏有園，故藥洲地也。怪石巑岏，環列左右，名曰九曜，前賢多刻詩其上。今年夏試事始竣，延璞菴錫公同憩扵此，出向時與醴谷先生昕賦詩，雙美並盛，喜而和之，遂沏諸石。善歌使人繼聲，且公諸同好也。

廣韶學使者錢塘吴嗣富題并跋。

旹乾隆庚午秋八月既望。

山陰祁靖世鐫。

考略

此碑存廣州藥洲。在姚文田書『濂溪遺址』碑陰。高135釐米，寬60釐米。行書。是清乾隆十五年（1750）錫特庫題《遊督學園林》詩二首并序，以及夏之蓉、吳嗣富的和韻并跋。藥洲於明代時曾為提學道署、清代時曾為學政署所在地，故詩中稱此地為督學園林。

錫特庫，清朝將領，曾任廣州將軍，乾隆二十年（1755），由廣州將軍調任巴里坤駐防都統。

夏之蓉，字芙裳，號醴谷，江蘇高郵人。雍正十一年（1733）進士，授檢討。工書法，用筆在趙、董之間。著《半舫齋詩集》。

吳嗣富，清杭州詩人，曾任陝、粵、湘三省學政。

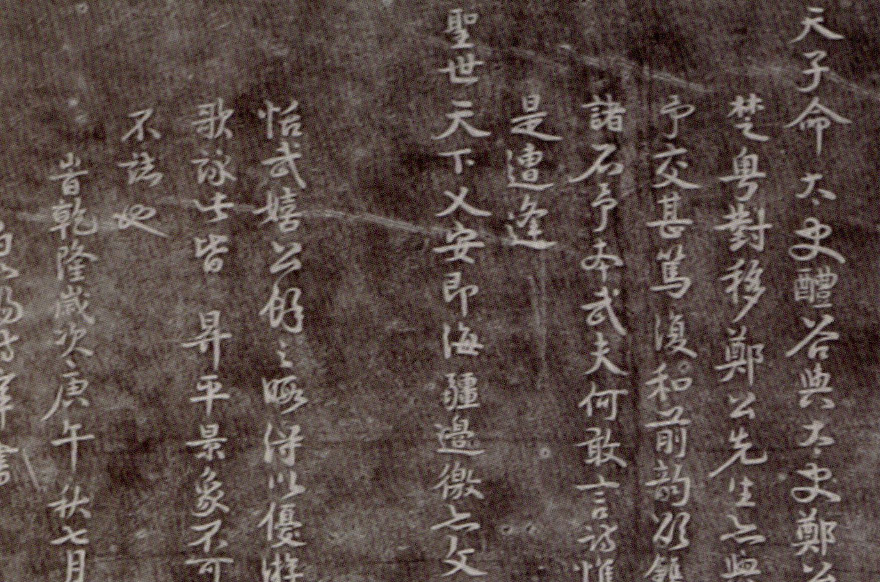
天子命太史醴谷與太史鄭公
楚粵對移鄭公先生亦與
予交甚篤復和前韵仍鐫
諸石予本武夫何敢言詩惟
是遭逢
聖世天下乂安即海疆邊徼亦文
恬武嬉公餘之暇得以優游
歌詠安皆昇平景象不可
不誌也
旹乾隆歲次庚午秋七月
白山錫特庫書

（碑刻局部）

山水園林類

翁方綱書《九曜石歌》并跋 清乾隆三十一年（1766）

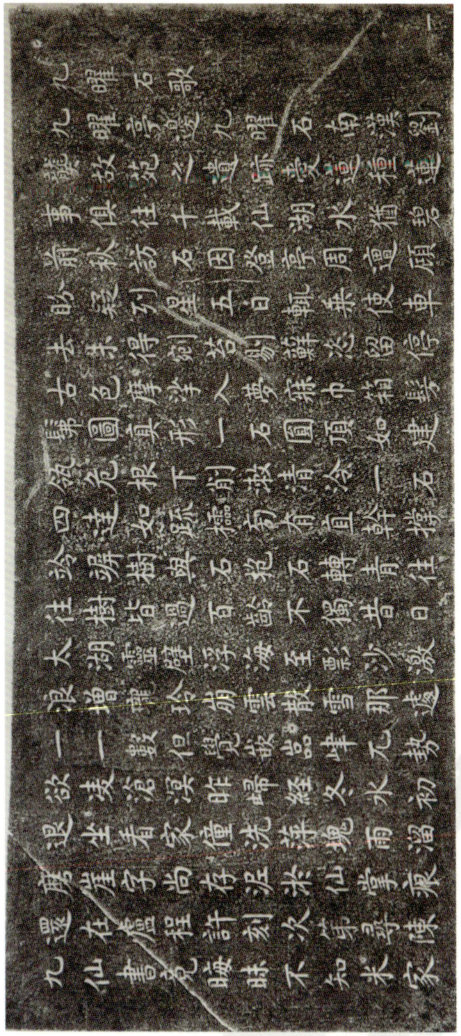

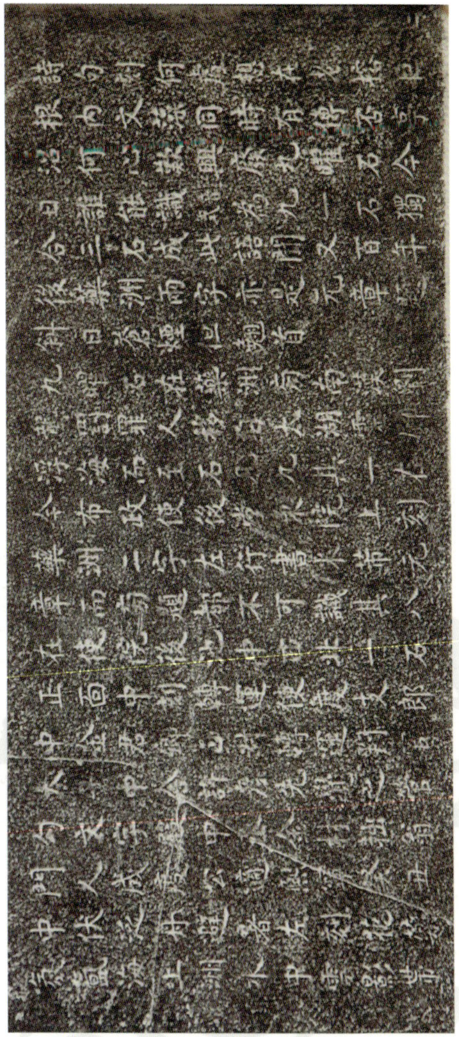

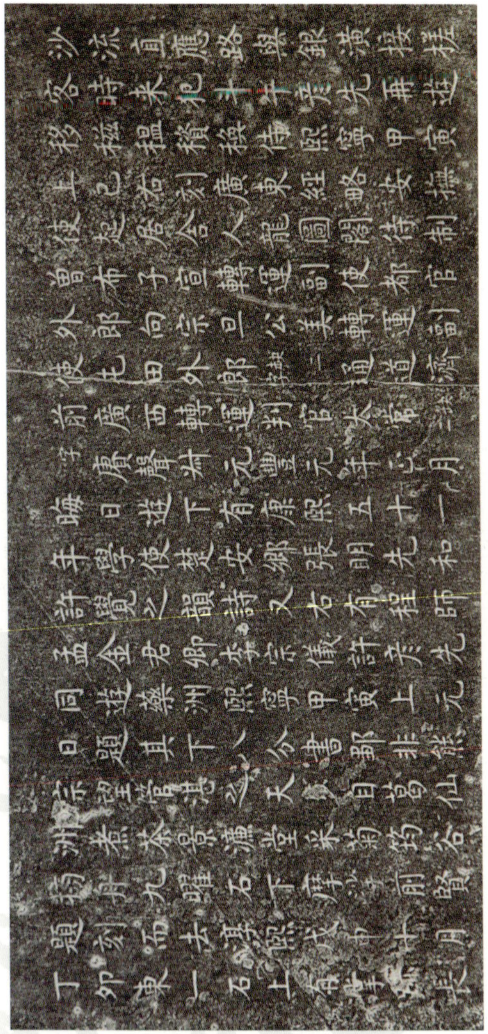

尺二寸[illegible]八分仙掌二
字旁有[illegible]米芾詩今石仆
没中僅露一面榕根蟠其
上米詩不可尋矣又旁八
分書嘉熙三年己亥元巳
九仙野史陳晦少錫泛舟
仙湖觀仙掌石摩挲舜刻
誦米南宮詩奇哉[illegible]尉同
少林孫成之可大提[illegible]林璞
藏用侍臣江蕭字缺二東嘉
吳偉茂遠清沅趙時瑢躬
玉長樂陳子字缺一茂客也
此段載廣州志今二十一
字以下盡為榕根所踞中
刻至正甲申秋余奉天子
命來鎮東廣適官舍介於
仙湖之東字缺七觀仙掌石
刻乃宋嘉熙蕭大山字缺八
宛然如新案郡志仙湖舊
名石洲字缺七石號九曜而
仙掌蓋居其一焉字缺八興

斯石屹然猶存余[illegible]
慨然興歎遂識諸歲俾
後之來者亦字缺五而刻以名
無窮共臻千古之勝槩
頭月地字缺七壯遊推太華
又觀仙掌五羊洲至正字缺六
[illegible]中[illegible]大夫廣東道宣
慰使都元帥[illegible]敦詩誌
令史[illegible]安書丹亦[illegible]
分書池中破石上刻嘉熙
庚子孟秋長樂黃朴成父
約同郡唐璘伯玉莆田劉
克莊潛夫泛舟仙湖湖多
怪石其二峰尤壯偉乃宅
厥中而作亭焉左右踞
勢若相[illegible]而[illegible]提[illegible]
不類乎守道不[illegible]磨
崖以識之下刻[illegible]溪
書院記成化八年廣東提

[illegible]胡宗[illegible]高又一
[illegible]子高[illegible]衙平[illegible]
見觀正[illegible]安道子道[illegible]子
仲春廿五日題不著時代
志載盧士宏字子高新鄭
人治平元年知廣州丙午
為治平三年此在諸刻[illegible]
最古者矣程師孟曾布路
昌衢皆知廣州盧書防守
策招諭蠻猺大修學校
負笈者衆諸番子弟皆願
入學曾即南豐弟程郎荊
公詩豫章太守吳郡郎者
也許彥先始興人天聖乙
丑進士深於易劉克莊廣
東提刑職官志作推官蓋此地自
劉氏鑿仙湖與藥洲通宋
熙寧中周濂溪先生提刑
廣南嘗居之至嘉定中經
略陳峴重濬湖水葺劉氏
故苑奇石置[illegible]道[illegible]濬

此碑存廣州藥洲。現存七塊碑石為一組，文字相連，皆高30釐米，寬68釐米。楷書。翁方綱《九曜石歌》并跋刻於清乾隆三十一年（1766）。詩并跋原刻在八塊碑中，第七塊已失，第八塊與翁方綱書《題仙掌石并序》共刻一石。詩中『藥洲兩字亦是元章題』指其尋到的米題『藥洲』石刻，『不知米家詩句刻何處』指當時尚未尋到的米芾《九曜石》詩刻；跋中記錄了藥洲九曜石上的部分石刻。

撰書者翁方綱，字正三，一字忠敘，號覃溪，晚號蘇齋。直隸大興人。清乾隆十七年（1752）進士，官至內閣學士。三督粵學，共八年多，前四年曾遍尋九曜石未獲米石，直到第五年才偶然發現米石不知何年被移入廣東布政使署東園竹林中，成為發現米石的第一人。著《粵東金石略》，附《九曜石考》。

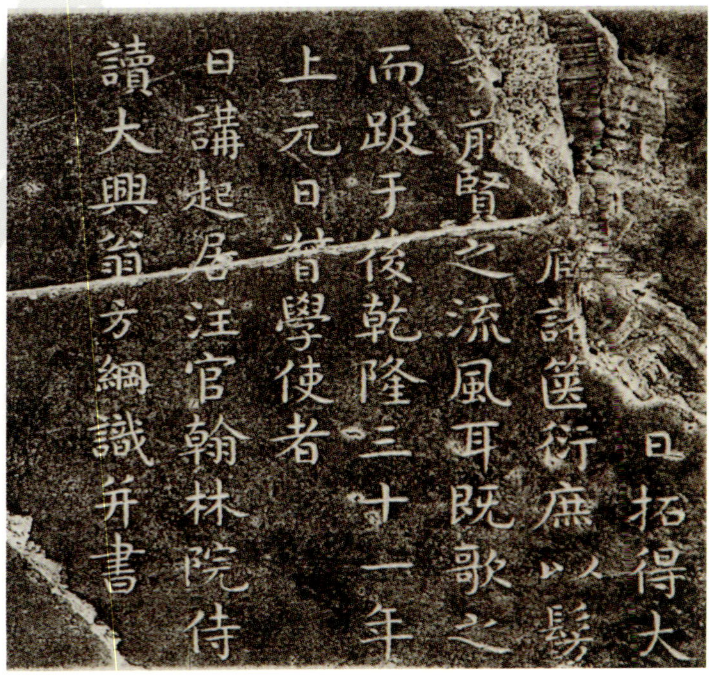

（碑刻局部）

釋文

九曜石歌

九曜亭邊九曜石，南漢劉龑故苑之遺跡。愛蓮種蓮事俱往，千載仙湖水猶碧。
前秋訪石因登亭，周遭顧盼疑列星。五日輒乘使車去，未得剜苔剔蘚淴留停。
古色摩挲入夢寐，巾箱髣髴圖真形。一石圓頂如建瓴，危根下削漱清泠。
一石四達如疏櫺，旁有直幹撐玲㻗。樹與石抱石轉青，往往樹皆過百齡。
不獨昔日太湖靈壁浮海至，彯沙激浪增瓏玲。崩雲散雪那遽一一數，但覺嵌嵒崒兀勢欲凌滄溟。
昨帰經冬水初退，坐看家僮洗苹塊。雨溜磨崖字尚存，泥淤仙掌痕還在。
盧程許刻次第尋，陳九仙書竟晦昧。不知米家詩句刻何處，想在老榕巨根內。
文藻同時有傳否，亭沼何心歎興廢。九曜石，今日誰能識（音式）為九。
一石獨合三石成，此語聞又百年後。藥洲兩字亦是元章題，斜日蒼煙但翹首。
九曜石在藥洲旁，南漢劉龑罰罪人移自太湖靈壁，浮海而至。石凡九，其一在今布政使後堂東院。上刻『藥洲』二字，左行書『米芾元章』，而旁題都不可識。其八在使院後池中，西北一石正面中刻：『轉運使支郎中金君卿正叔、轉運判官太子中舍許彥先覺之、管勾文字殿中丞金材拙翁、門人成度公適，熙寧癸丑中伏泛舟避暑』。左刻：『花藥氛氲海上洲，水中雲影带沙流。直應路與銀潢接，槎客時來犯斗牛。彥先再遊，移、樾、榅、積、穟侍。熙寧甲寅上巳』。右刻：『廣東経略安撫使起居舍人龍圖閣待制曾布子宣、轉運副使都官外郎向宗旦公美、轉運副使屯田外郎（缺二字）通道濟、前廣西轉運判官太常（缺二字）賡聲叔，元豐元年正月晦日遊』。下有康熙五十一年學使楚安鄉張明先和許覺之韻詩。又右有：『程師孟、金君卿、李宗儀、許彥先同遊藥洲，熙寧甲寅上元日題』。其下八分書：『鄒非熊宗望、管湛之天步自葛仙洲，煮茶景濂堂，采菊筠谷，旁舟九曜石下，摩挲前賢題刻而去。淳熙戊申十月丁夘』。東一石上有掌跡，長尺二寸，吴鵬八分『仙掌』二字，旁有米元章詩。今石仆泥中，僅露一面，榕根蟠其上，米詩不可尋矣。又旁八分書：『嘉熙三年己亥元巳，九仙野史陳疇少錫泛舟仙湖，觀仙掌石，摩挲薛刻，誦米南宫詩，奇哉。弟尉同少林、孫成之可大、甥林璞藏用侍。臨江蕭（缺二字）東嘉吴偉茂遠、清沅趙時瑢躬玉、長樂陳子（缺一字）茂，客也。』此段載《廣州志》，今二十一字以下盡為榕根所踞。中刻：『至正甲申秋，余奉天子命来鎮東廣，適官舍介於仙湖之東（缺七字）觀仙掌石刻，乃宋嘉熙蕭大山（缺八字）宛然如新。案郡志，仙湖舊名石洲（缺七字），石號九曜，而仙掌盖居其一焉（缺八字）興斯石屹然猶存。余隴（志作余隴，今諦观恐是余礲）九仙□跡（缺七字）慨然興歎，遂識諸歲月，俾後之來者亦（缺五字）而刻銘無窮，共臻千古之勝槩，以（缺七字）句云：星鄺文囿劍池頭，月地（缺七字）壯遊推太華，又觀仙掌五羊洲。至正（缺六字）中（缺一字）大夫廣東道宣尉使都元帥（缺七字）敦詩誌，令史韋（缺一字）安書丹。』亦八分書。池中破石上刻：『嘉熙庚子孟秋，長樂黄朴成父約同郡唐璘伯玉、莆田劉克莊潛夫泛舟仙湖，湖多怪石，其二峰尤壯偉，乃宅厥中而作亭焉，左盤右踞，勢若相（缺一字），

而巖巖挺立，又類乎守道不屈者。遂磨崖以識之』。下刻《重脩濂溪書院記》，成化八年廣東提學僉事新喻胡榮書。又一石刻：『士宏子高、昌衡平甫、元規正叔、安道子適，丙午仲春十五日題。』不著時代。志載盧士宏字子高，新鄭人，治平元季知廣州。丙午為治平三年，此在諸刻其最古者矣。程師孟、曾布、路昌衡皆知廣州。盧晝防守策，詔諭諸蠻。程大修學校，負笈者衆，諸番子弟皆願入學。曾即南豐弟，程即荊公詩豫章太守吴郡郎者也。許彦先，始興人，天聖乙丑進士，深於易。劉克莊，廣東提刑（《職官志》作推官）。蓋此地自劉氏鑿仙湖與藥洲通，宋熙寧中周濂溪先生提刑廣南，嘗居之。至嘉定中經略陳峴重疏湖水，葺劉氏故苑奇石置其旁，建堂濬池，繞植白蓮，士大夫多泛舟觴詠。後人為建書院，有愛蓮亭。明嘉靖初，學使莊渠魏公校改建學署。國初，署遷育賢坊，康熙五十一年，學使洞庭張公明先始修復焉。《廣東新語》稱，九石高八九尺或丈餘，一石獨大，合三石為之，下有數萌，長三尺許，瑳如雪。父老云，此『客石』也。久而生孳，後亦摧折，今則更無復能指為某石者矣。石日與沙水相蕩激，昔人題識漸就銷泐，甲申秋方綱奉命視學到署，五日出按各郡，未暇以觀，今歲丙戌正月水縮，命工拓之，仙掌横卧老榕下，其露出之字為泥所沒，洗刷數日而後辨之，石理濕不可着紙，火燥□□□□□日拓得大□□□藏諸篋衍，庶以髣髴前賢之流風耳。既歌之而跋于後。

乾隆三十一年上元日。

督學使者日講起居注官翰林院侍讀大興翁方綱識并書。

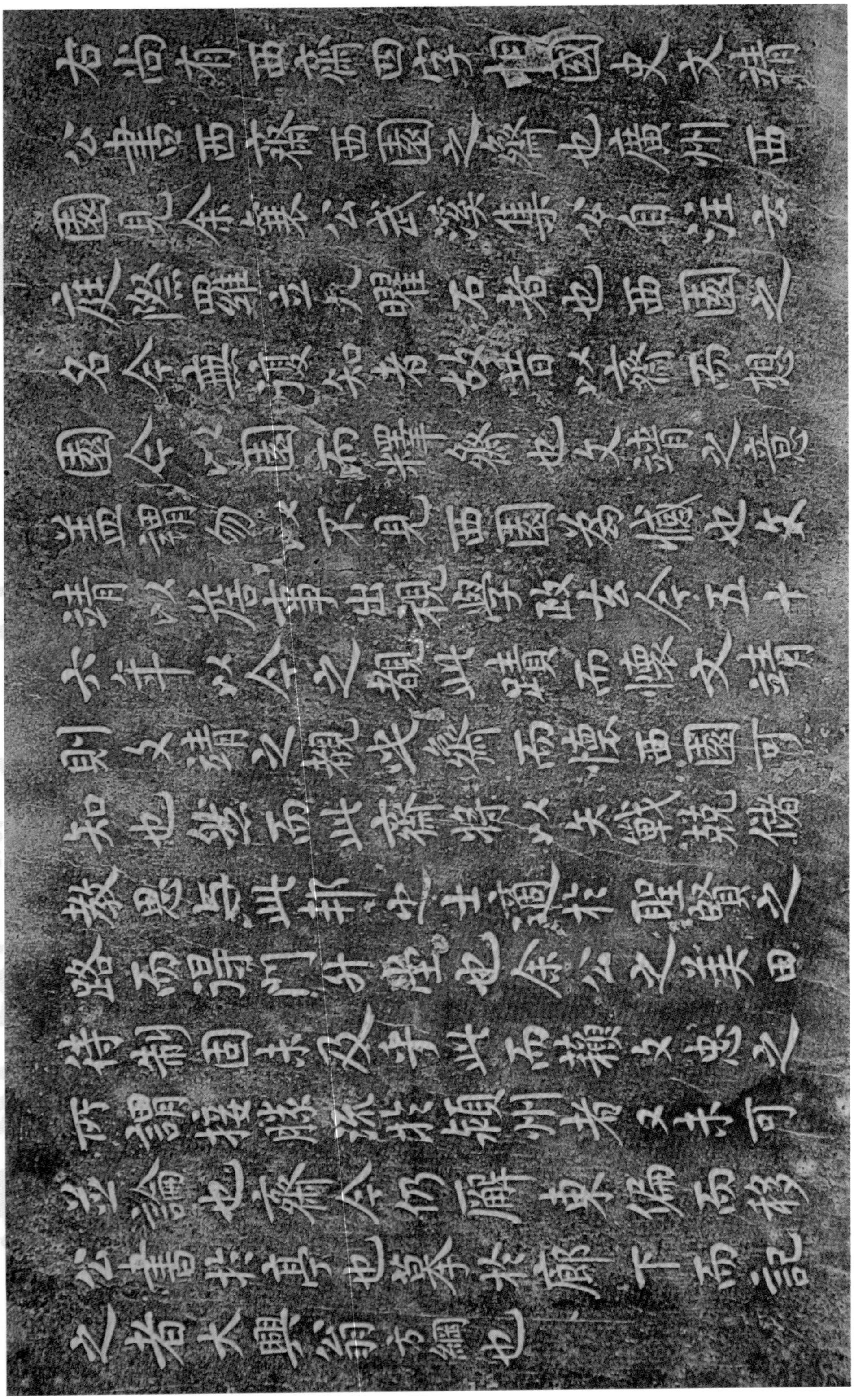

右尚有西齋四字中國史文靖
公書西齋西園之緒也廣州西
園見余襄公武溪集公自注云
庭際羅立九曜石者也西園之
名今無復知者故昔以齋而想
園今以園而釋齋也文靖之意
蓋謂勿以不見西園爲憾也文
靖以詹事出視學政去今五十
六年以今之覩此蹟而懷文靖
則文靖之覩此齋而懷西園可
知也然而此齋將以矢戰競儲
教思與此邦之士適於聖賢之
路而得門升堂也余公之美田
侍制固未及乎此而顏文忠之
所謂接勝流於領州者又未可
並論也齋今仍廨東偏而移
公書於亭也摹於廊下而記
之者大興翁方綱也

翁方綱書《尚有西齋記》

清乾隆三十一年（1766）

釋文

右『尚有西齋』四字，相國史文靖公書。西齋，西園之齋也。廣州西園見余襄公《武溪集》，公自注云：庭際羅立九曜石者也。西園之名今無復知者，故昔以齋而想園，今以園而釋齋也。文靖之意，蓋謂勿以不見西園為憾也。文靖以詹事出視學政，去今五十六年，以今之覩此蹟而懷文靖，則文靖之覩此齋而懷西園可知也。然而此齋將以矢戰兢儲教思与此邦之士，適於聖賢之路而得門升堂也，余公之美，田待制固未及乎此，而藴文忠之所謂接勝流於潁州者，又未可並論也。齋今仍廨東偏，而移公書於亭也。摹於廊下而記之者，大興翁方綱也。

考略

此碑存廣州藥洲。高45釐米，寬86釐米。行書。清乾隆三十一年（1766）翁方綱書。敘史文靖公書『尚有西齋』之因及其撰記緣由。從碑文中可知余靖《武溪集》中的《寄題田待制廣州西園》詩後所注西園庭際羅立九曜石者，即今之藥洲，在宋時曾稱為西園。

撰書者翁方綱簡介參見《翁方綱書〈九曜石歌〉并跋》之考略。

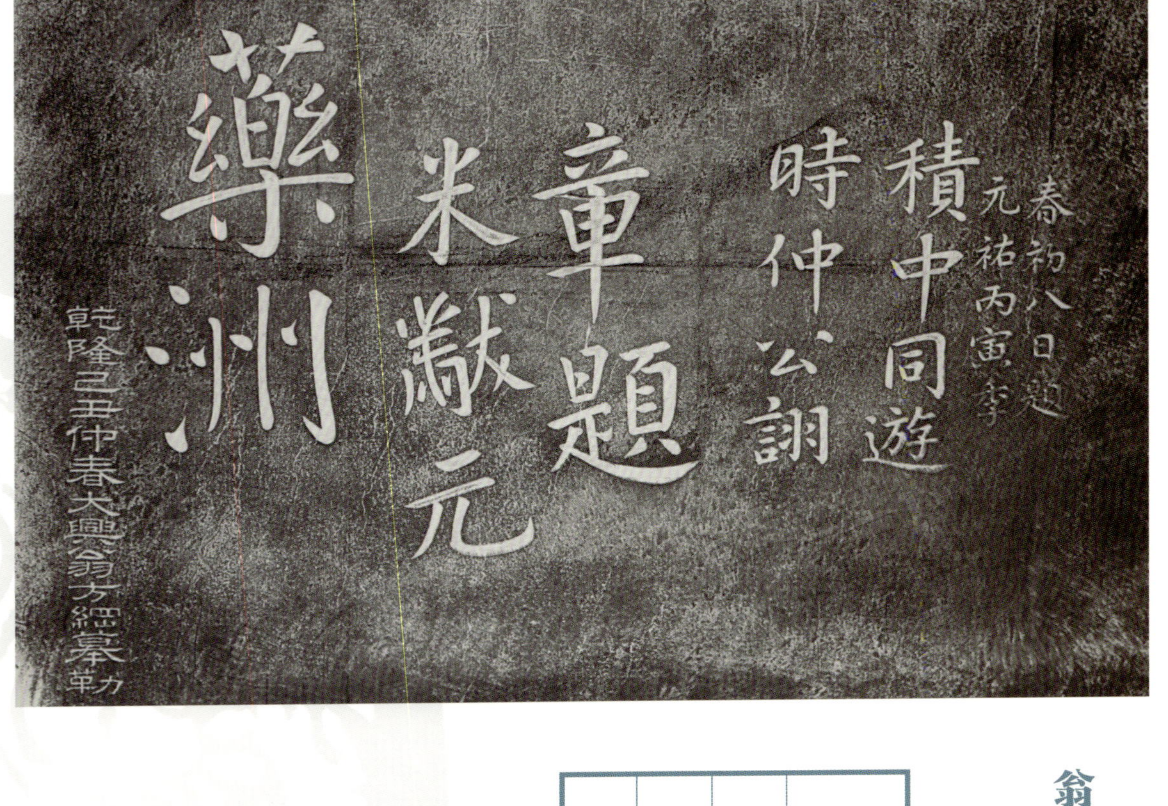

翁方綱摹刻米題《藥洲》

清乾隆三十四年（1769）

釋文

藥洲，米黻元章題。

時仲、公詡、積中同遊，元祐丙寅春初八日題。

乾隆己丑仲春大興翁方綱摹勒。

考略

此碑存廣州藥洲。高138釐米、寬76釐米。楷書。上摹米黻『藥洲』及旁題二十四字，下刻翁方綱題記。因當時翁方綱發現米芾題『藥洲』石在布政使署，幾經交涉，未能討回放置使署，乃手摹勒石西齋。翁方綱在《米題藥洲石記》詳記此事。

摹刻者翁方綱簡介參見《翁方綱書〈九曜石歌〉并跋》之考略。

翁方綱題刻『拜石』

清乾隆三十六年（1771）

釋文

𢬵石。

辛卯中春，北平翁方綱篆題。

考略

此石刻存廣州藥洲。『拜石』二字為篆書，落款為行書。自翁方綱於此石上書刻篆書『拜石』之後，後人名此石曰『拜石』。

篆書者翁方綱簡介參見《翁方綱書〈九曜石歌〉并跋》之考略。

史夢琦書《濬九曜石池記》

清乾隆四十六年（1781）

濬九曜石池記

使院二堂之東偏有池焉相傳即南漢劉
氏所鑿仙湖通藥洲者也湖之中若峰若
岫若釜若堂或蹲或踞者為九曜石地窪
下歲歷久不濬積土不及岸者僅一板石
大半沒於泥中庚子秋余奉
命視學來此試事之暇周循池岸募役夫
疏抉壅塞凡石自巔及趾洗剔之至再三
閱二旬而工竣湖廣十丈有奇深得廣十
之一神瀵潞汩涵波溶漾無石不奇無奇
不顯頓還舊觀矣客曰東粵山川隩區巑
岏嶔嵌洄洑浩淼之勝有什百於此者顧
留意於一卷之石一勺之波得毋陋甚且
學使者例三年得替而三年中復一再按

大俗當暇日涉焉成趣半畝方塘臨流坐
嘯儵魚出沒其中菱荷脩竹晻映於上顧
而樂之會心不在遠也夫天下之物為我
有而有之亦不必為我有而有之他日後
我者至雅細池上快微風之淪漪覩雲光
之滄沱恍然有得撫景賦詩視余之一能
一咏又寧有别與客笑而頷之爰革而志
諸石九曜為劉龑晦自太湖靈壁浮海而
至今湖據其八一石遺留藩署中前學使
翁君覃溪索之方伯某謂索石雅事但何
以處贈石者翁無以應石遂不獲全若夫
諸石款識與昔人題刻翁君摺而考之詳
矣不復贅
乾隆辛丑春仲陽湖史夢琦記并書

考略

此碑存廣州藥洲。高55釐米，寬115釐米。楷書。清乾隆四十六年（1781）史夢琦書，敘其任廣東學政時疏濬九曜石池之經過。提出『天下之物，為我有而有之，亦不必為我有而有之』。落款處有兩方印，分別為：『史夢琦印』（白文），『字仲韓』（朱文）。

撰書者史夢琦，清乾隆三十四年（1769）進士，曾任翰林院提調官、廣東學政等職，參與編纂《四庫全書》。

釋文

濬九曜石池記

使院二堂之東偏有池焉。相傳即南漢劉氏昕鑿仙湖通藥洲者也。湖之中若峰、若岫、若釜、若堂，或蹲、或踞者為九曜石。地窪下，歲歷久不濬，積土不及岸者僅一板石，丈半沒淤泥中。庚子秋，余奉命視學來此。試事之暇，周循池岸，募役夫疏抉壅塞。九石自巔及趾，洗剔之至再三，閲二旬而工竣。湖廣十丈有奇，深得廣十之一。神瀵滵汩，涵波溶漾。無石不奇，無奇不顯，頓還舊觀矣。客曰：『東粤山川，隩區巑岏嵚嵌，泂洑浩淼之勝，有什百於此者。顧留意於一卷之石、一勺之波，溽毋陋甚？且學使者，例三年溽替，而三年中復一再按臨各郡縣，計獲休沐是間者數月耳，亦奚為此急急耶？』余曰：『不然。山水之緣，小可見大，偶當暇日，涉焉成趣，半畝方塘，臨流坐嘯，儵魚出沒其中，芰荷脩竹掩映於上，頋而樂之，會心不在遠也。夫天下之物，為我有而有之，亦不必為我有而有之。他日後我者至，徘徊池上，快微風之淪漪，覩雲光之澹沱，恍然有溽，撫景賦詩，視余之一觴一咏，又寧有別與？』客笑而頷之，爰筆而志諸石。九曜為劉龑購自太湖靈璧，浮海而至。今湖據其八，一石遺留藩署中，前學使翁君覃溪索之，方伯某謂：『索石雅事，但何以處贈石者？』翁無以應，石遂不獲全。若夫諸石款識與昔人題刻，翁君搨而考之詳矣。不復贅。

乾隆辛丑春仲陽湖史夢琦記并書。

關涵拓勒吴慶洲繪魁星圖

清乾隆五十四年（1789）

釋文

正心修身克己復禮

述聖言以立身，集文字而成體。貌巍巍以握筆，光耀耀而射斗。

少梁高元佐。

魁首也見□□□□□□謂之魁，義□猶是，《日知録》謂魁即奎字之訛，奎為文章□□□□□□□□，今祠觀□祀其像，且列學宫未知肇自何代，惟□□□□□□□□□鍍金□□《儼山外集》記陸鼎儀以魁星圖卜□□□□□□□□□□□□□□□嶺觀有魁碑，揭歸虔奉者有年，戊申初夏□□□□□□□□抵使□□□□□本勒之東偏，雲章壁彩，照耀珠江，用昭聖□□□□□□□聖天子作人□□□闕也。

乾隆五十四年□□仁和關涵敬勒拜識。

北斗七星，一至四為魁，五至七為杓，見《晋書·天文志》。七星皆有名，其四曰文曲，見《開元占經》，士子求舉薦者爭事之以此，以魁為首，義殊疏遠。其圖像作鬼怪形，直仿魁字為之，不足深攷。顧氏以魁為奎之偽，實亦臆說。迺見碑尾跋語，因正之。

嘉慶六年十二月望，歸安姚文田書。

考略

此碑存廣州藥洲。高128釐米，寬95釐米。碑正中是清乾隆五十四年（1789）關涵拓勒吳慶洲繪《魁星圖》，上端為兩行篆書『正心修身克己復禮』，《魁星點斗圖》亦集此八字組成。旁有高元佐行書題識『述聖言以立身，集文字而成體。貌巍巍以握筆，光耀耀而射斗』。另有乾隆五十四年（1789）關涵楷書題識，以及嘉慶六年（1801）姚文田楷書題識。

撰書者關涵，浙江仁和人。清乾隆年間在廣東為官時曾著《嶺南隨筆》。

撰書者姚文田，字秋農，號梅漪，浙江歸安人。清代狀元，曾任廣東學政使，官至禮部尚書。

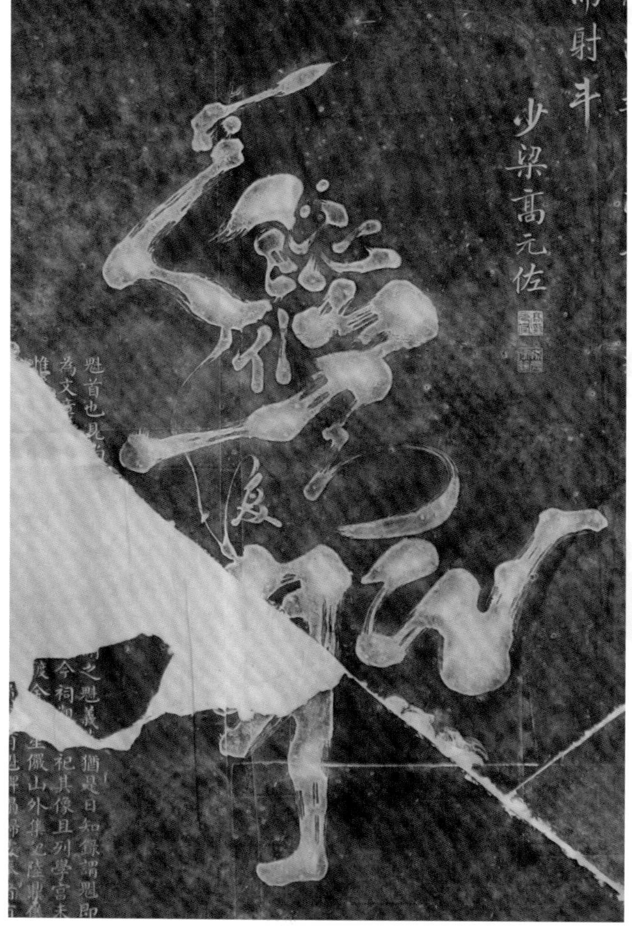

（碑刻局部）

萬承風詠藥洲詩

清嘉慶六年（1801）

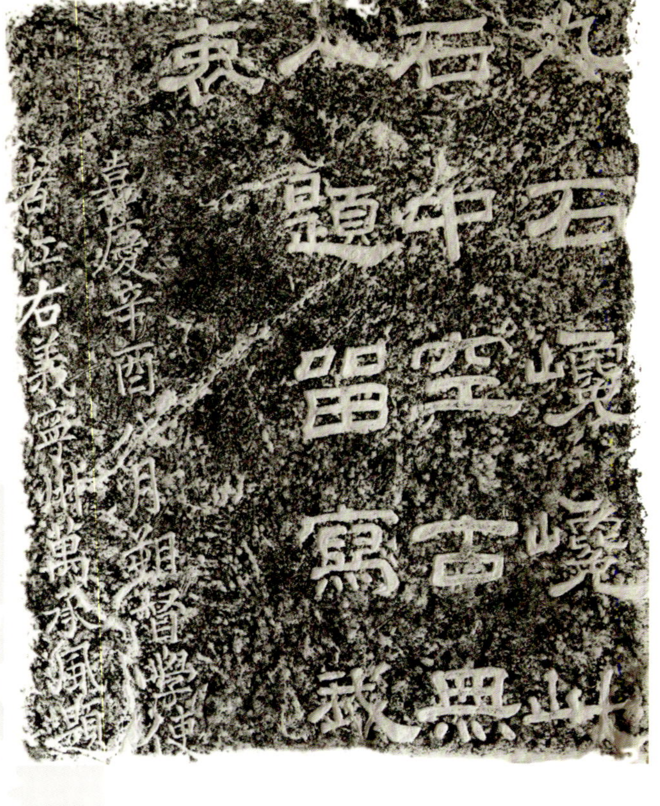

釋文

九石巉巉，此石中空。
古無人題，畱寫我衷。
嘉慶辛酉八月朔督學使者江右義寧州萬承風題。

考略

此石刻存廣州藥洲。隸書。刻詠九曜石四言詩一首，後人因此名此石曰『四言詩石』。

撰書者萬承風，字卜東，一字和圃，江西義寧人。清乾隆四十六年（1781）進士，嘉慶三年（1798）調任江南副考官，第二年督廣東學政。督學廣東時，他極力除奸弊、正士習。

姚文田書『濂溪遺址』

清嘉慶六年（1801）

考略

此碑存廣州藥洲。高135釐米，寬60釐米。楷書。清嘉慶六年（1801）姚文田書。

濂溪，宋代理學始祖周敦頤的別號。周敦頤，字茂叔，世稱濂溪先生，熙寧元年（1068）任廣東轉運通判和提刑時，曾寓居於藥洲。

撰書者姚文田簡介參見《關涵拓勒吳慶洲繪〈魁星圖〉》之考略。

釋文

濂溪遺址。

嘉慶辛酉十二月。

後學姚文田書。

姚文田書《開濬粵東使院園池記》 清嘉慶七年（1802）

百餘莖陰翳四時不見一花為補植花樹十數
本也久堙廢冬而涸命鄉人巫加疏瀹於西巳
而下注於一池澄渟流行不數日水已盈尺余
喜抵復為之名曰種花泉既乃告於眾之人曰
園之荒非本荒也無闢之者也泉之塞非本塞
也無疏之者也荒者闢之塞者疏之斯二者皆
可以喻學故記之時嘉慶七年壬戌正月五日
督學使者歸安姚文田書於穗城試署

釋文

開浚粵東使院園池記

使院為南漢劉氏藥洲地，宋時周濂溪先生提刑廣南，實居於此，後人因建濂溪書院。至明嘉靖初，魏恭簡公來視學，復改為提學署。其東北隅有小園，中峙問心亭，寧州萬和圃學士所題名也。亭四面環以池，池中古石森列，即郡志稱九曜石者，自宋以後題刻殆遍。余辛酉冬奉命至此，先補勒濂溪遺址一碑於池西偏。池後舊有堂三楹，西北隙地幾三畝，瓦礫榛莽，無經理之者。余募鄉人闢而為圃，蒔以蔬菜，圃既成，因憶昔人言士大夫不可不知此味，不可使民有此色，即顏其堂曰『知味』。又惜園中蕉竹成列，巨榕交蔭，獨四時不見一花，為補植花樹十數本。池久淤，及冬而涸，命鄉人亟加疏瀹，於西巨石下得泉一道，澄泓流衍，不數日，水已盈尺。余喜極，復為之名曰『種花泉』。既乃告於家之人曰：圃之荒非本荒也，無闢之者也；泉之塞非本塞也，無疏之者也。荒者闢之，塞者疏之，斯二者皆可以喻學，故記之。

時嘉慶七年壬戌正月五日。督學使者歸安姚文田書於穗城試署。

考略

此碑存廣州藥洲。高 33 釐米，寬 48 釐米。楷書。清嘉慶七年（1802）姚文田書。敘其任廣東學政期間，補勒濂溪遺址碑，辟菜圃、植花樹，疏濬藥洲池得泉一道，並感慨『荒者辟之，塞者疏之，斯二者皆可以喻學』。撰書者姚文田簡介參見《關涵拓勒吴慶洲繪〈魁星圖〉》之考略。

翁方綱書《米題藥洲石記》

清嘉慶二十二年（1817）

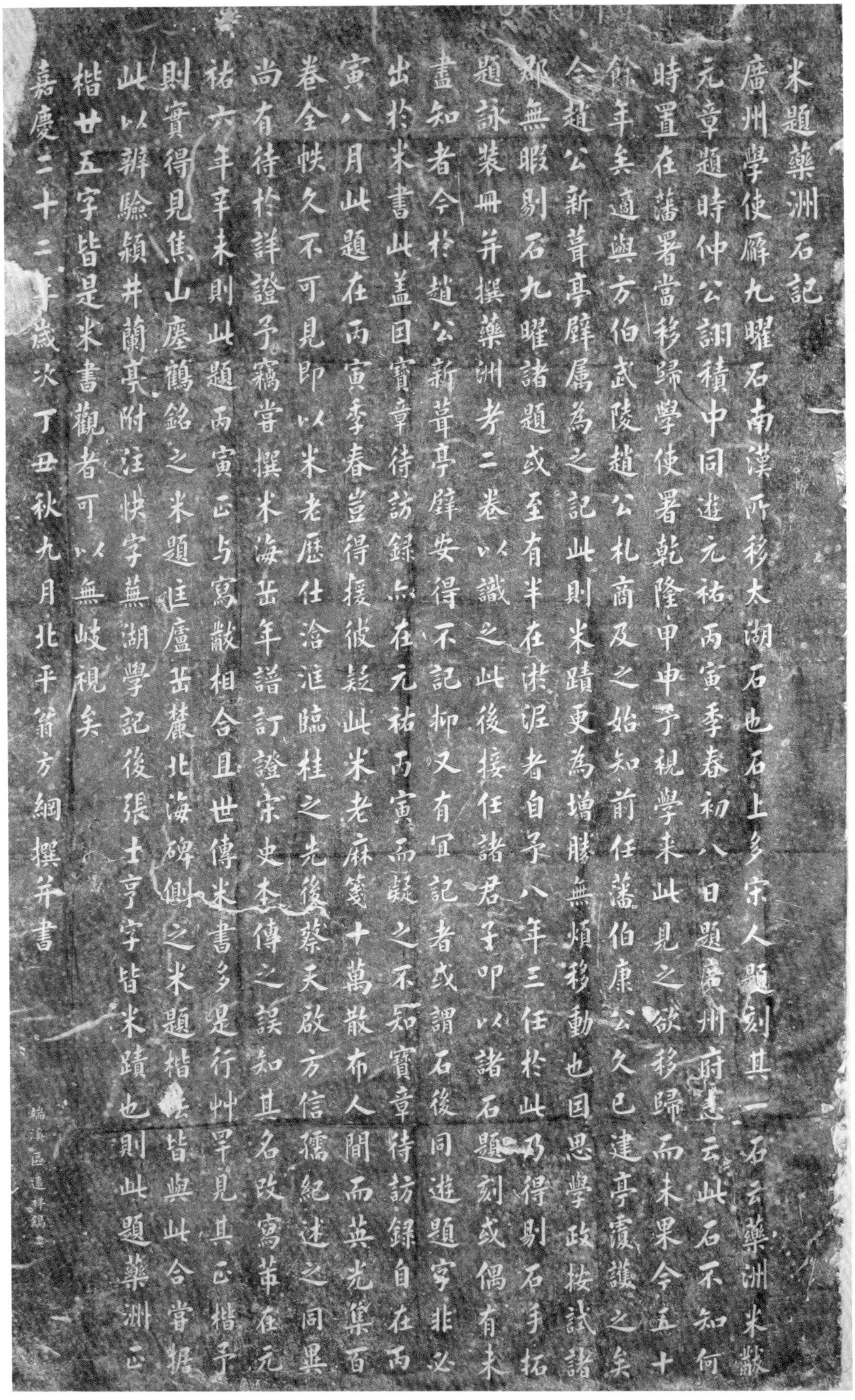
米題藥洲石記
廣州學使廨九曜石南漢所移太湖石也石上多宋人題刻其一石云藥洲米黻
元章題時仲公詡積中同遊元祐丙寅季春初八日題廣州府志云此石不知何
時置在藩署當移歸學使署乾隆甲申予視學來此見之欲移歸而未果今五十
餘年矣適與方伯武陵趙公札商及之始知前任藩伯康公久已建亭護之矣
今趙公新葺亭壁屬為之記此則米蹟更為增勝無煩移動也因思學政接試諸
郡無暇剔石九曜諸題或至有半在淤泥者自予八年三任於此乃得剔石手拓
題詠裝冊并撰藥洲考二卷以識之此後接任諸君子叩以諸石題刻或偶有未
盡知者今於趙公新葺亭壁安得不記抑又有宜記者或謂石後同遊題字非必
出於米書此蓋因寶章待訪錄亦在元祐丙寅而疑之不知寶章待訪錄自在丙
寅八月此題在丙寅季春豈得援彼疑此米老麻箋十萬散布人間而英光集百
卷全帙久不可見即以米老歷仕洽洭臨桂之先後蔡天啟方信孺紀述之同異
尚有待於詳證予竊嘗撰米海岳年譜訂證宋史本傳之誤知其名改寫芾在元
祐六年辛未則此題丙寅正与寫黻相合且世傳米書多是行艸罕見其正楷予
則實得見焦山瘞鶴銘之米題庭廬岳麓北海碑側之米題楷書皆與此合嘗据
此以辨驗穎井蘭亭附注快字蕪湖學記後張士亨字皆米蹟也則此題藥洲正
楷廿五字皆是米書觀者可以無岐視矣
嘉慶二十二年歲次丁丑秋九月北平翁方綱撰并書

釋文

米題藥洲石記

廣州學使廨九曜石，南漢昕移太湖石也，石上多宋人題刻，其一石云：『藥洲，米黻元章題，時仲、公詡、積中同遊。元祐丙寅季春初八日題。』《廣州府志》云，此石不知何時置在藩署，當移歸學使署。乾隆甲申，予視學來此，見之欲移歸而未果，今五十餘年矣。適與方伯武陵趙公札商及之，始知前任藩伯康公久已建亭覆護之矣。今趙公新葺亭壁，屬為之記。此則米蹟更為增勝，無煩移動也。曰思學政，按試諸郡，無暇剔石，九曜諸題或至有半在淤泥者。自予八年三任於此，乃得剔石，手拓題詠裝冊，并撰《藥洲考》二卷以識之。此後接任諸君子叩以諸石題刻，或偶有未盡知者。今於趙公新葺亭壁，安得不記？抑又有宜記者。或謂石後同遊題字非必出於米書。此蓋曰《寶章待訪録》亦在元祐丙寅而疑之。不知《寶章待訪録》自在丙寅八月，此題在丙寅季春，豈得援彼疑此？米老麻箋十萬散布人間，而《英光集》百卷全帙久不可見，即以米老歷仕浛洭、臨桂之先後，蔡天啟、方信孺紀述之同異，尚有待於詳證。予竊嘗撰《米海岳年譜》，訂證宋史本傳之誤，知其名改寫『芾』在元祐六年辛未，則此題丙寅正與寫『黻』相合，且世傳米書多是行艸，罕見其正楷，予則實得見焦山《瘞鶴銘》之米題、匡廬岳麓北海碑側之米題，楷法皆與此合。嘗据此以辨驗《潁井蘭亭》附注快字、《蕪湖學記》後張士亨字，皆米蹟也。則此題『藥洲』正楷廿五字皆是米書，觀者可以無歧視矣。

嘉慶二十二年歲次丁丑秋九月北平翁方綱撰并書。

考略

此碑存廣州藥洲。高135釐米，寬76釐米。楷書。此碑石上共有五題，其中碑陽為翁方綱《米題藥洲石記》，碑陰為翁方綱《書奉篋樓方伯》，東側面為翁方綱《題米石絕句》二首，西側面上段為阮元《次翁方綱詩韻》二首，下段為趙慎畛《贊覃溪先生》。本刻為清嘉慶二十二年（1817）翁方綱所書，敘其發現米芾題『藥洲』石之始末，並力證石上『藥洲，米黻元章題，時仲、公詡、積中同遊，元祐丙寅季春初八日題』之正楷廿五字皆是米書。

撰書者翁方綱簡介參見《翁方綱書〈九曜石歌〉并跋》之考略。

（碑刻局部）

翁方綱《書奉篴樓方伯》詩

清嘉慶二十二年（1817）

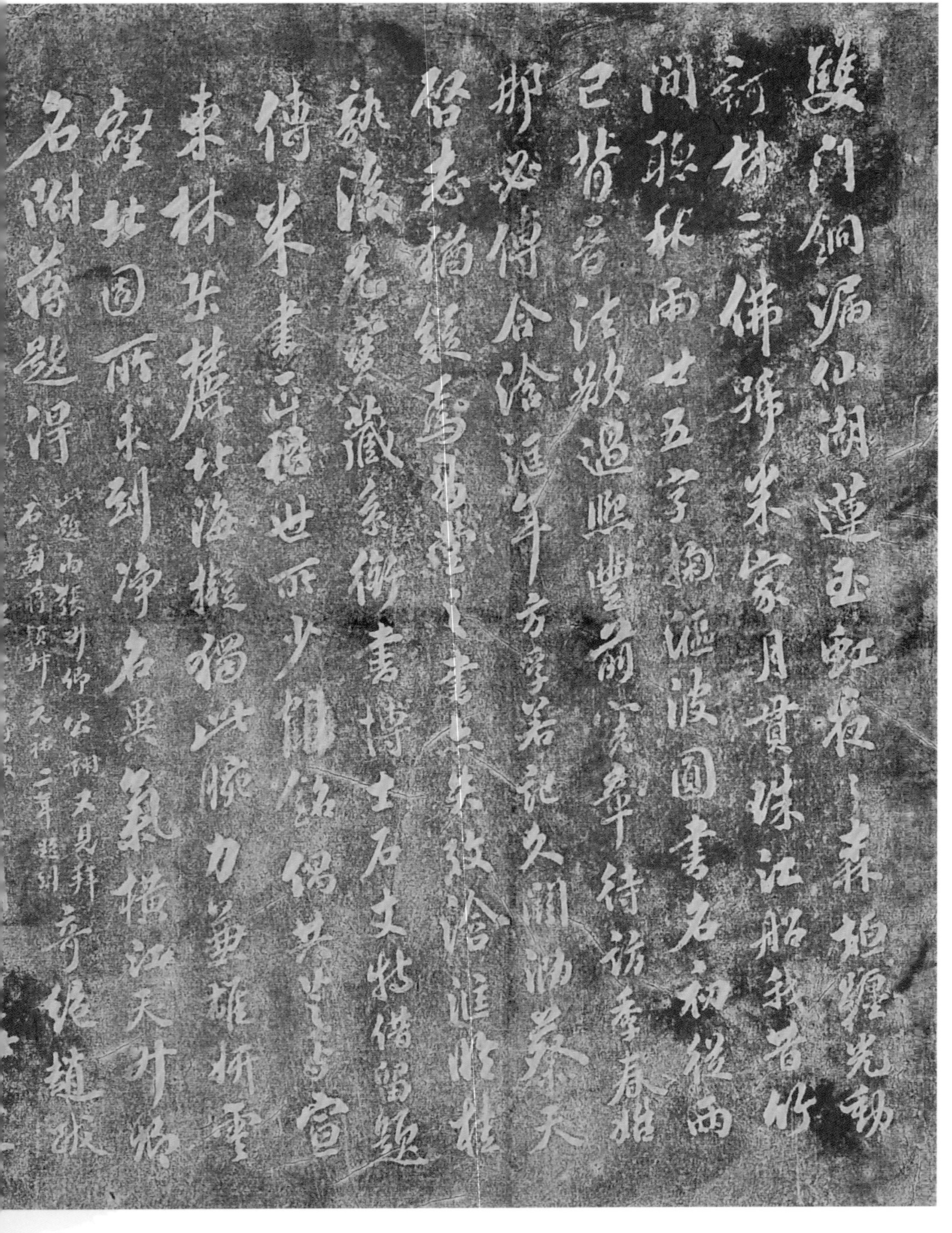

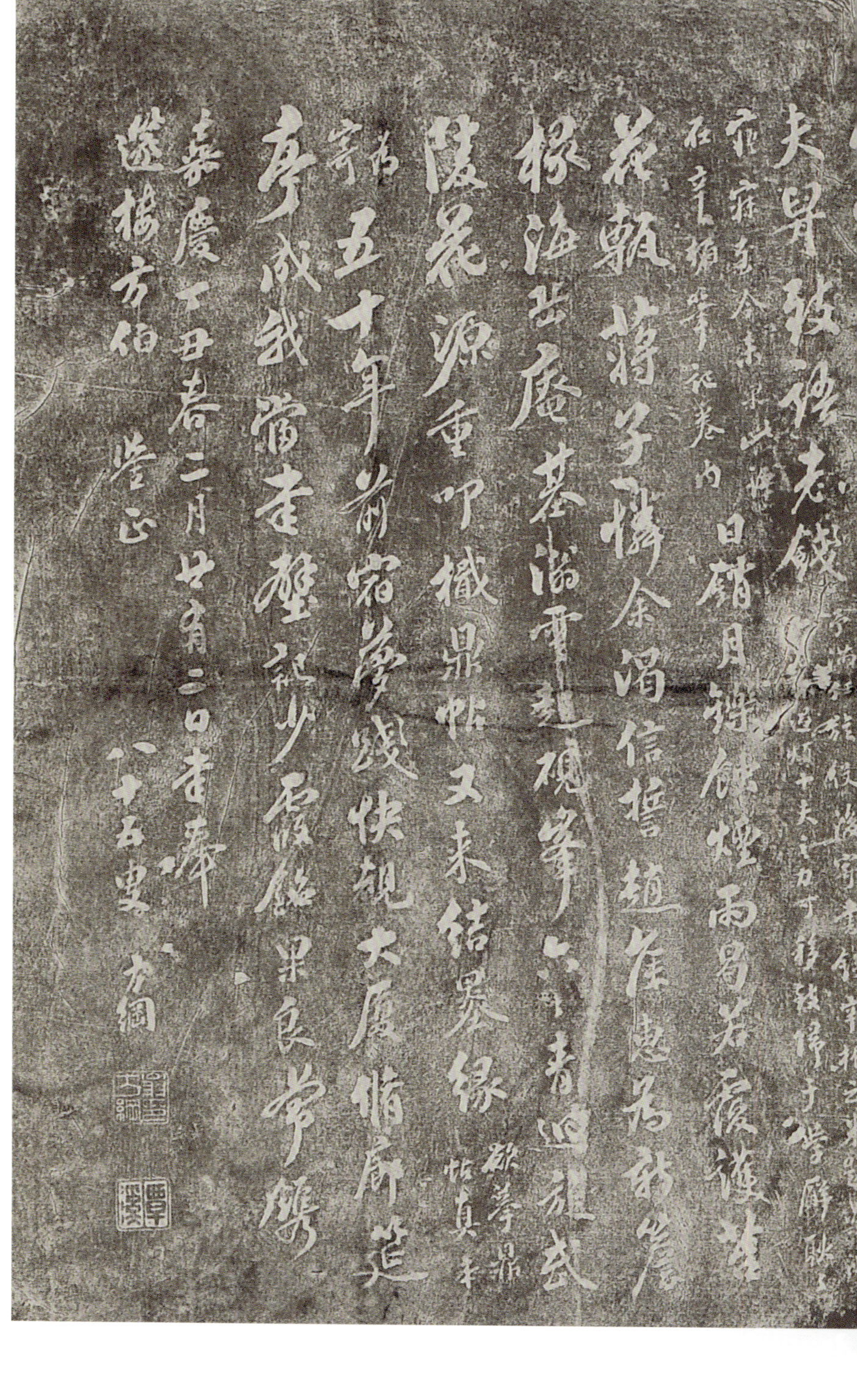

考略

此碑存廣州藥洲翁方綱所書《米題藥洲石記》碑陰。高135釐米，寬76釐米。行書。清嘉慶二十二年（1817）翁方綱書古風一首，有『米書正楷世所少』之句，肯定米芾『藥洲』石刻的價值。方伯，泛稱地方長官，此處指趙慎畛。趙慎畛，字篴樓（一說笛樓），曾任廣東布政使，在粵期間，請翁方綱書撰《米題藥洲石記》，為之立石題跋。

撰書者翁方綱簡介參見《翁方綱書〈九曜石歌〉并跋》之考略。

釋文

雙門銅漏仙湖蓮，玉虹夜夜森垣躔。光動訶林三佛號，米家月貫珠江船。

我昔竹間聽秋雨，廿五字掬漚波圓。書名初從两已背，晉法欲過熙豐前。

寶章待訪季春始，那必傅合涺浫年。方孚若記久闕泐，蔡天啓志猶疑焉。

易堂之書亦失攷，涺浫臨桂孰後先。寶藏系銜書博士，石丈特借留題傳。

米書正楷世斦少，鶴銘偶共芝与宣。東林岳麓北海擬，獨此腕力兼雄妍。

雲壑北固斦未到，净名異氣横江天。升卿名附蔣題淂，（此題内張升卿公詡，又見拜石旁蔣穎叔元祐二年題刻。）奇絶趙跋

觀詩篇。（又東仙掌石上嘉熙己亥清波趙時瑢題已觀米南宫詩刻。）

藥洲九曜此其一，仙掌半翳榕根纏。記倚蓮漪度面勢，十夫舁致語老錢。（予滿任□使後寄書錢辛楣，云米題藥洲一石不

過煩十夫之力，可移致歸于學廨，耿耿寤寐，至今未果，此語在辛楣筆記卷内。）

日銷月鑠蝕煙雨，曷若覆護苔花甎。蔣子憐余渴信誓，趙侯惠為新簷椽。

海岳庵基滃雲起，硯峯六六青迴旋。武陵花源重叩撊，鼎帖又来結墨緣。（欲摹鼎帖真本為寄。）

五十年前宿夢踐，快覩大厦脩廊筵。亭成我當書壁記，少霞銘果良常鐫。

嘉慶丁丑春二月廿有二日書奉篴樓方伯鑒正。八十五叟方綱。

翁方綱《米題藥洲石記》附詩

清嘉慶二十二年（1817）

釋文

良常东泄換新銘，何減榕陰補舊亭。

五十年前苔竹夢，依然拜石眼俱青。

墨舫同遊舊蹟徵，披榛剔蘚幾人曾？

為君贉素留真帖，捨棹尋源問武陵。

篴樓方伯新葺米題藥洲石亭壁，予既為作記，復系二詩於後。篴樓，武陵人，予適淂鼎帖真本，鈎摹奉寄，故末句及之。

丁丑九月廿五日，八十五叟方綱又書。

考略

此碑存廣州藥洲。高135釐米，寬76釐米。行書。刻七絶二首，在翁方綱所書《米題藥洲石記》之東側面，是翁氏作記之後的附詩。

撰書者翁方綱簡介參見《翁方綱書〈九曜石歌〉并跋》之考略。

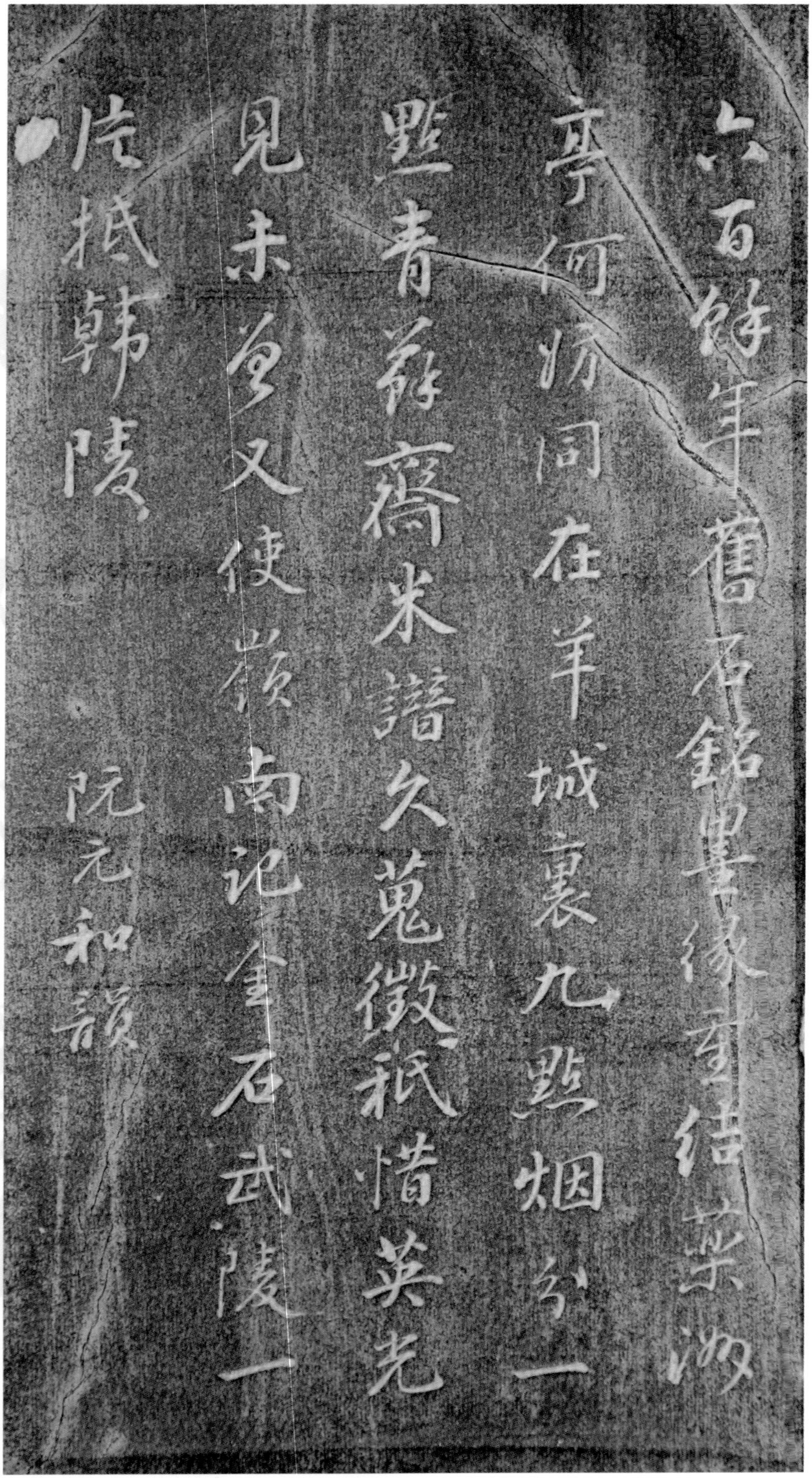

阮元《次翁方綱韻》詩

清嘉慶間

六百餘年舊石銘墨緣重結菜溪
亭何妨同在羊城裏九點烟分一
點青蘇齋米譜久蒐徵祇惜英光
見未曾又使嶺南記金石武陵一
片抵韓陵
阮元和韻

釋文

六百餘年舊石銘，墨緣重結藥洲亭。何妨同在羊城裏，九點烟分一點青。

蘇齋米譜久蒐徵，秪惜英光見未曾。又使嶺南记金石，武陵一片抵韩陵。

阮元和韻。

考略

此碑存廣州藥洲。高135釐米，寬76釐米。行書。刻七絶二首，在翁方綱所書《米題藥洲石記》之西側面上段。撰書者阮元，字伯元，號芸臺、雷塘庵主，晚號怡性老人。江蘇儀徵人。清乾隆五十四年（1789）進士，曾任兩廣總督，在經學、方志、金石學及詩詞方面都有造詣。嘉慶二十五年（1820）在粤創立『學海堂』，刊《學海堂叢刻》，主持編纂了《廣東通志》。

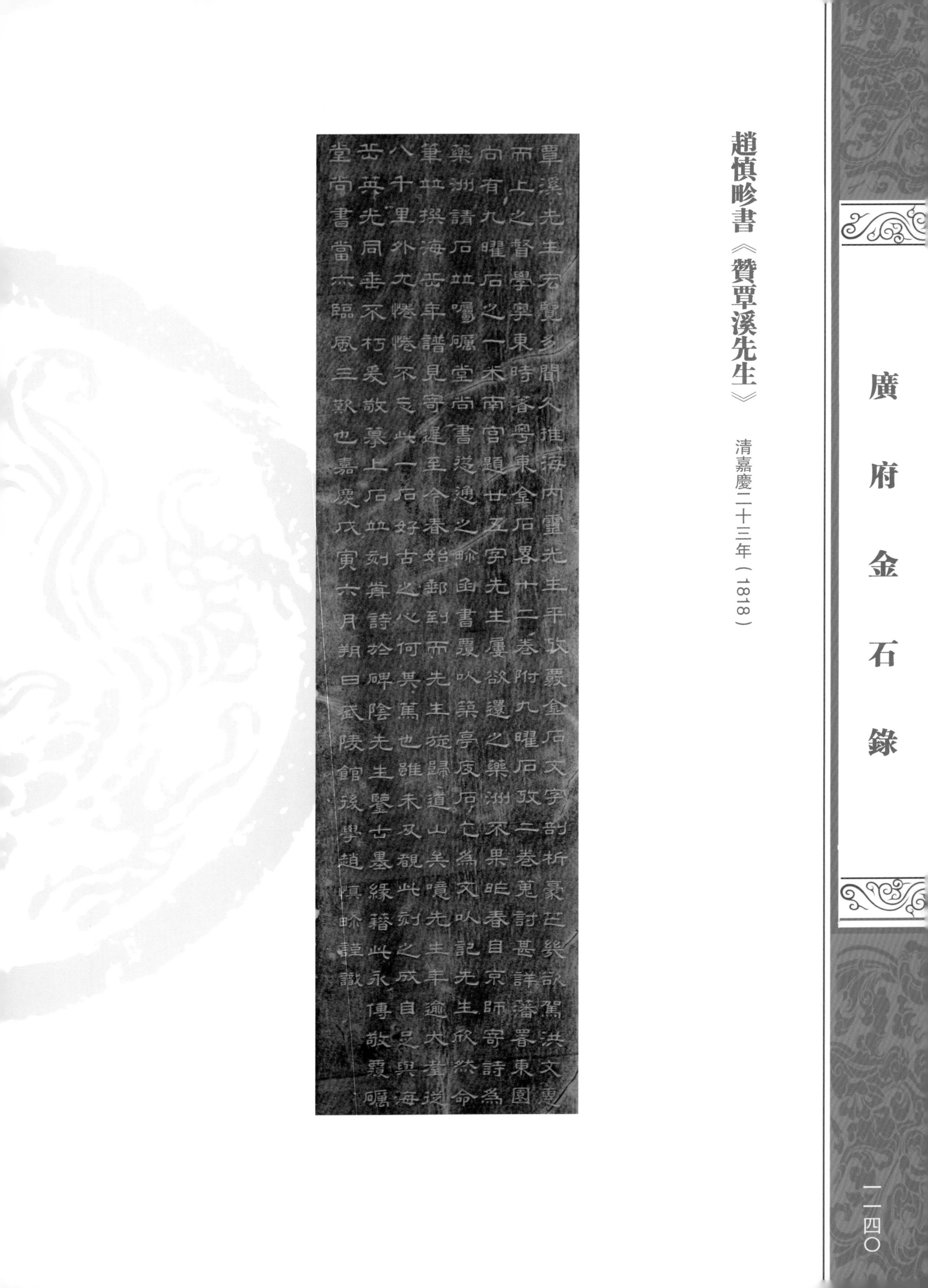

趙慎畛書《贊覃溪先生》 清嘉慶二十三年（1818）

釋文

覃溪先生宏覽多聞，久推海内靈光，生平攷覈金石文字，剖析豪芒，幾欲駕洪文惠而上之。督學粤東時，著《粤東金石畧》十二卷，附《九曜石攷》二卷，蒐討甚詳。藩署東園向有九曜石之一米南宮題廿五字，先生屢欲還之藥洲不果，昨春自京師寄詩，爲藥洲請石，竝囑礪堂尚書慫慂之。昣函書覆以築亭庋石，乞爲文以記，先生欣然命筆，竝撰《海岳年譜》見寄，遲至今春始郵到，而先生旋歸道山矣。噫！先生年逾大耋，從八千里外尤惓惓不忘此一石，好古之心何其篤也，雖未及覩此刻之成，自足與海岳英光同垂不朽。爰敬摹上石，竝刻㫗詩於碑陰，先生鑒古墨緣藉此永傳，敬覆礪堂尚書，當亦臨風三歎也。嘉慶戊寅六月朔日武陵館後學趙慎昣謹識。

考略

此碑存廣州藥洲。高 135 釐米，寬 76 釐米。隸書。在翁方綱所書《米題藥洲石記》之西側面下段。

撰書者趙慎昣，字遵路，號篴樓（一稱笛樓），又號蓼生，湖南武陵人。清嘉慶元年（1796）進士，曾任廣東布政使，在粤期間，請翁方綱撰《米題藥洲石記》，為之立石題跋。

錢儀吉書《環碧園記》　清道光十四年（1834）

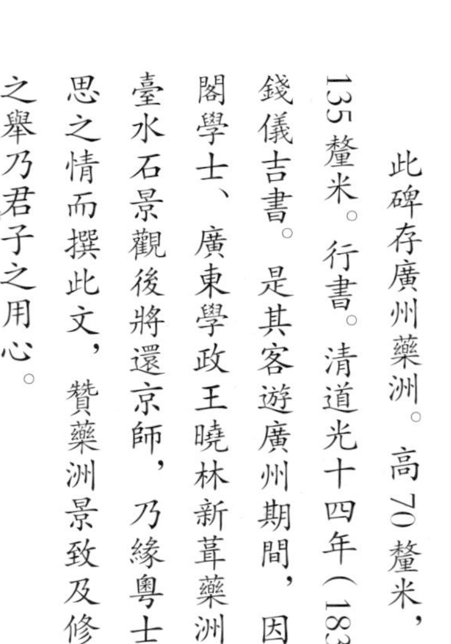

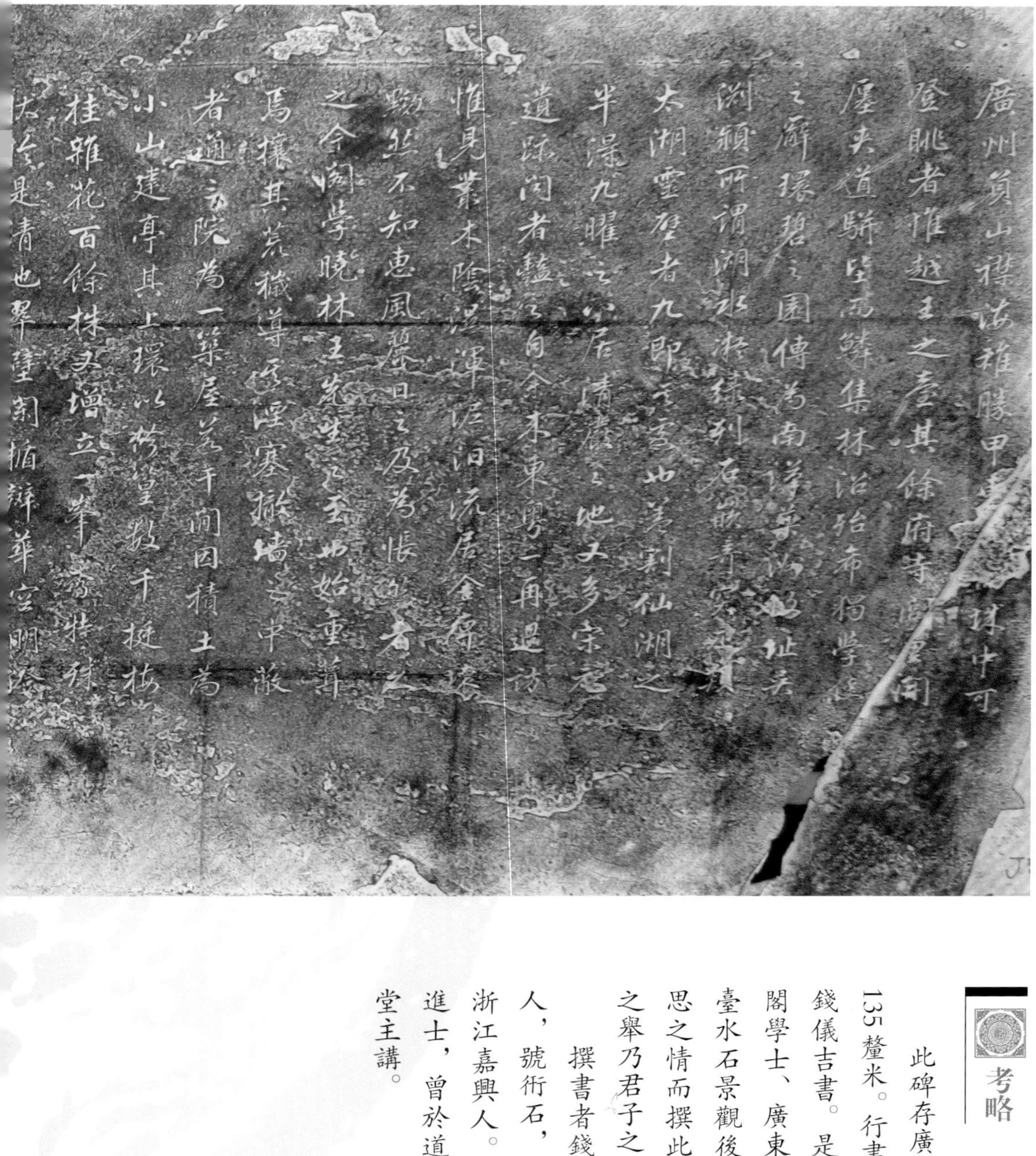

考略

此碑存廣州藥洲。高70釐米，寬135釐米。行書。清道光十四年（1834）錢儀吉書。是其客遊廣州期間，因内閣學士、廣東學政王曉林新葺藥洲亭臺水石景觀後將還京師，乃緣粵士去思之情而撰此文，贊藥洲景致及修葺之舉乃君子之用心。

撰書者錢儀吉，初名逵吉，字藹人，號衎石，又號新梧（一作心壺）。浙江嘉興人。清嘉慶十三年（1808）進士，曾於道光年間遊廣東，任學海堂主講。

釋文

廣州負山襟海，雄勝甲東南，而城中可登眺者惟越王之臺，其餘府寺閭里，開廛夾道，駢坒而鱗集，林沼殆希。獨學使之廨，環碧之園，傳為南漢藥洲故址。吳渕穎昕謂『湖水凝緑，列石嵌奇，突兀類太湖靈壁者九』，即其處也。蓋割仙湖之半，淂九曜之八，居清巖之地，又多宋元遺跡，聞者豔之。自余來東粵，一再過訪，惟見叢木陰濕，渾泥汨流，居舍庳壞，黝然不知惠風麗日之及，為悵然者久之。今閣學曉林王先生之至也，始重葺焉。攘其荒穢，導其湮塞，撤牆之中蔽者，通三院為一。築屋若干間，因積土為小山，建亭其上，環以修篁數千挺，梅、桂、雜花百餘株。又增立一峯，秀特殊狀。扵是清池翠壁，闌楯斑華，空明澄鮮，上下交暎。晦明風雨之際，丹碧芬蔼，披雲而揚風。而前人題銘之字，亦皆濯苔蘚而乘時俱出，先生其移我情哉。夫官廨之昕，人多以傳舍視之，故鮮成而易敗。然吾聞古之君子，扵他邦之館，雖一日必葺其墻屋，況其居職之地乎？且夫官亦傳舍也，一日居其位，必思一日盡其職，亦猶是尔。先生之為此，誠君子之用心哉。是役也，惡木盡去，美陰舒布，無蔽材焉，棲岸孔固，澄波如鑑，無撓清焉。地通徑闢，居高以臨之，蓋我目無不見，而物無不容，則仁智之道備焉。蓋先生之善為政，而寓意于兹也。宜乎試歷數郡，頌聲如一。天子賢之，由侍講未一歲連擢至今官，今將還京師。余乃緣粵士去思之情而撰斯記。始園之葺在甲午，工既竣，乃淂覃溪翁先生藥洲圖，其題識適以甲午，亦一異也，並志之。

嘉興錢儀吉記。

葉志詵摹刻米芾《九曜石》詩并跋

清道光二十九年（1849）

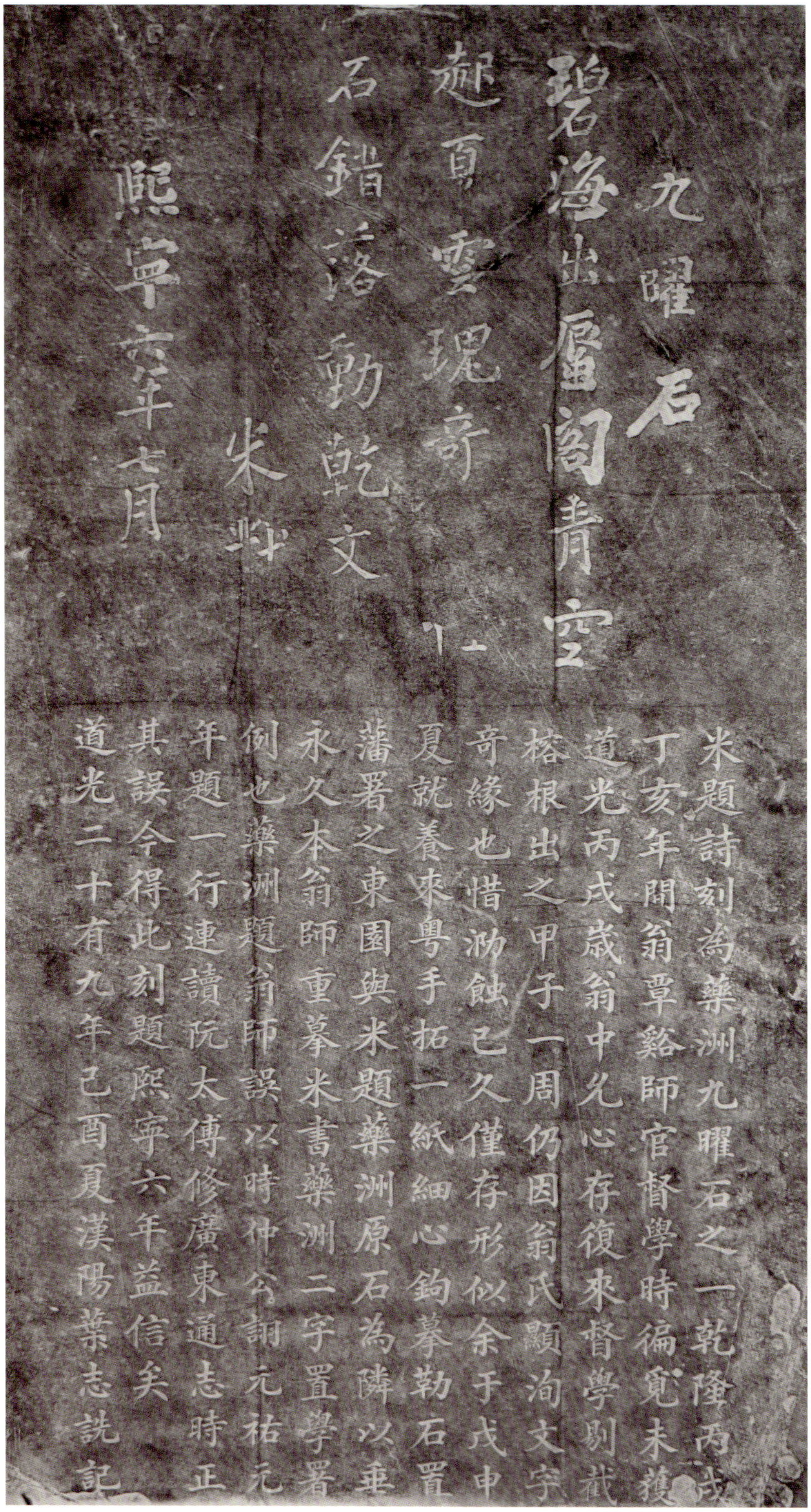

九曜石

碧海出蟠閣青空仙

趣百雲琨奇

石錯落勤乾文　米黻

熙寧六年七月

米題詩刻爲藥洲九曜石之一乾隆丙戌丁亥年間翁覃谿師官督學時徧覓未獲道光丙戌歲翁中允心存復來督學剔栽榕根出之甲子一周仍因翁氏顯湔文字奇緣也惜泐蝕已久僅存形似余于戊申夏就養來粵手拓一紙細心鉤摹勒石置藩署之東園與米題藥洲原石爲隣以垂永久本翁師重摹米書藥洲二字置學署例也藥洲題翁師誤以時仲公爲元祐元年題一行連讀阮太傅修廣東通志時正其誤今得此刻題熙寧六年益信矣

道光二十有九年己酉夏漢陽葉志詵記

釋文

九曜石

碧海出蜃閣，青空起夏雲。瑰奇□怪石，錯落動乾文。

米黻，熙寧六年七月。

米題詩刻為藥洲九曜石之一，乾隆丙戌丁亥年間，翁覃谿師官督學時，徧覓未獲。道光丙戌歲，翁中允心存復來督學，剔截榕根出之。甲子一周，仍因翁氏顯，洵文字奇緣也。惜泐蝕已久，僅存形似。余于戊申夏就養來粵，手拓一紙，細心鉤摹，勒石置藩署之東園，與米題『藥洲』原石為隣，以垂永久。本翁師重摹米書『藥洲』二字置學署例也。『藥洲』題，翁師誤以時仲、公詡元祐元年題一行連讀，阮太傅修《廣東通志》時正其誤，今得此刻題熙寧六年，益信矣。

道光二十有九年己酉夏，漢陽葉志詵記。

考略

此碑存廣州藥洲。高160釐米，寬69釐米。楷書。碑的上半部分為葉志詵摹刻的米芾《九曜石》詩刻，碑的下半部分為葉志詵撰寫的跋。米芾《九曜石》詩刻於藥洲九曜石之一，翁方綱曾遍覓未獲。清道光四年（1824）翁心存任廣東學政期間，剔截榕根出之。葉志詵摹刻勒石，與米題藥洲原石為鄰。題記者葉志詵，字東卿，晚號遂翁、淡翁，湖北漢陽人。清代學者、藏書家，善書法。

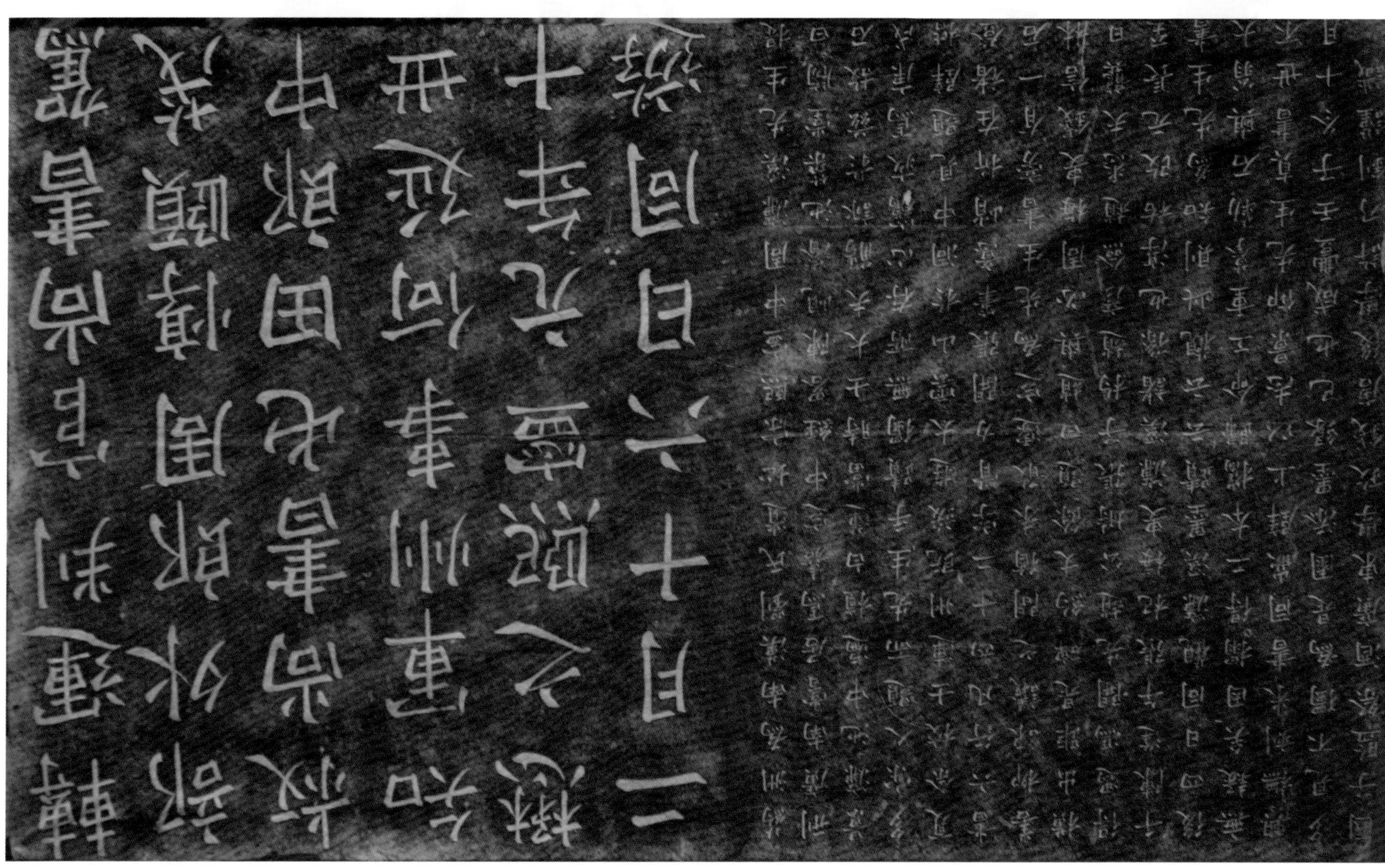

許乃釗摹鐫周敦頤《遊大雲山留題》并跋　清咸豐二年（1852）

釋文

轉運判官尚書駕部外郎周惇頤茂叔、尚書屯田郎中知軍州事何延世懋之，熙寧元年十二月十六日同遊。

藥洲為南漢劉氏遺址，宋熙寧中周濂溪先生提刑廣南，嘗居焉。嘉定中，經畧陳峴濬池築堂，牓曰『景濂』，池中遍植白蓮。當時士大夫觴詠於兹，故石多宋人題，而先生手蹟獨無昕存，心竊疚焉。庚戌夏，余校士連州，既竣，遊大雲山，於洞中見題壁楷書六行，凡四十二字，骨力開張，筆意峭折，在褚登善、柳諫議之間，猶未敢遽定為先生書。旁有一石横出，距是碑約丈餘，題曰『趙與必、周梅叟、錢信、林得遇、馮開先、趙公塒、張子杓、趙彦僉、趙悉夫、龔日千、陳逢午、張杞，梅叟，濂溪諸孫也。淳祐改元長至後四日同觀濂溪墨蹟』云云。觀此則知為先生書無疑矣。因搨得二本攜歸，命工重摹勒石，與翁大興橅刻米書同嵌壁上，以志景仰。先生真書世不多見，不獨為是園添墨緣已也。

咸豐壬子冬十月，國子監祭酒廣東學政錢唐後學許乃釗謹識。

考略

此碑存廣州藥洲。高62釐米，寬93釐米。楷書。前段為清咸豐二年（1852）許乃釗摹刻周敦頤《遊大雲山留題》，骨力開張，筆意峭折。後段為許乃釗撰寫跋文，敘清道光三十年（1850）許在連州大雲山發現此題字後，摹歸藥洲立石經過。周敦頤楷書世不多見，此碑尤顯珍貴。

題記者許乃釗，字信臣，號貞恒，又號訒岑、訒臣，晚號遼翁，浙江錢唐人。清道光十五年（1835）進士。授編修，歷任河南、廣東學政。

王淜摹鐫蘇軾書『約經堂』并識

清同治三年（1864）

釋文

約經堂

額懸潮州試院，大興翁覃谿先生集蘇書。同治甲子九月寶坻後學王淜摹鐫并識。

考略

此碑存廣州藥洲。高78釐米，寬178釐米。行書。『約經堂』三字為翁方綱集蘇東坡書法題額，懸潮州試院。清同治三年（1864）王淜摹鐫并識。

題記者王淜，順天寶坻人，咸豐三年（1853）進士，授翰林院編修，於咸豐十一年（1861）任廣東學政。

陳澧題戴熙《考校四箴》後

清光緒五年（1879）

考略

此碑存廣州藥洲。高62釐米，寬33釐米。行書。是陳澧按吴子實學士之囑題於戴熙碑之後，敘戴熙督學粵東時為《考校四箴》以自警，後吴子實學士來粵東督學，得戴熙墨迹乃摹勤上石，置於九曜石間之經過。

撰書者陳澧，字蘭甫、蘭浦，號東塾，廣東番禺人。清道光十二年（1832）舉人。先後受聘為學海堂學長、菊坡精舍山長。

釋文

昔戴文莭公督學粵東，為四箴以自警。吴子實學士來督學，得墨蹟於巡試官船中，乃摹勒上石。文莭傳人四箴似昌黎，書法似顏柳，亦可傳也。學士刻而傳之，置之九曜石間，耿耿有光氣矣。

光緒己夘九月學士屬陳澧題其後。

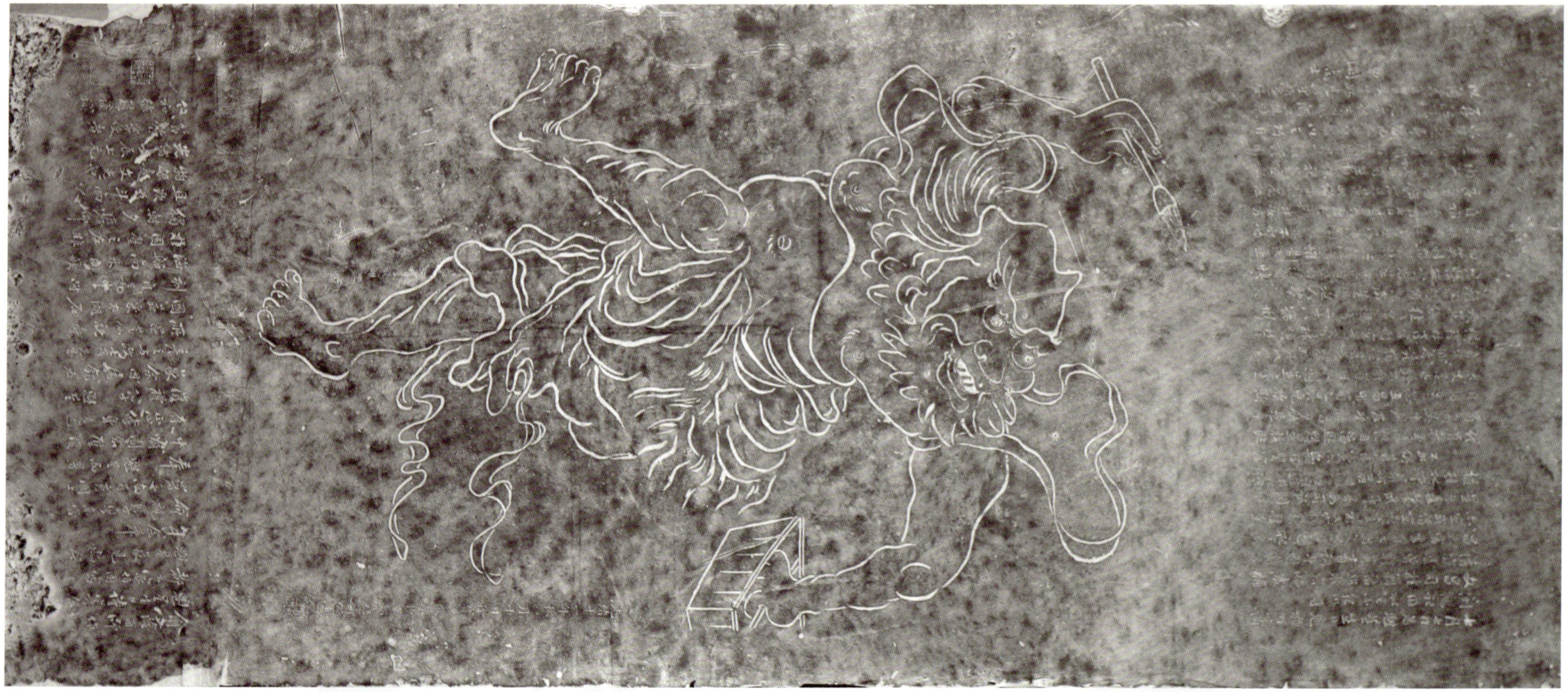

俞樾、徐琪題徐寶謙《魁星圖》

清光緒十一年（1885）

釋文

光緒十一年秋八月十日，徐寶謙敬摹於京都喆齋。

七月七日為魁星生日，見施可齋《閩褉記》，因祀之而紀以詩。

文昌司桂籍，語始於宋時。袁桷《清容集》，曾載其青詞。

斗魁戴文昌，《天官書》有之。因文昌及魁，祀之良亦宜。

或謂宜祀奎，我又竊獻疑。奎星為毒蝥，武庫其昕司。

試問縫掖徒，祀奎義何居（亭林先生謂宜改祀奎，余□□□□□□□，□曲園□□□惠州四）。不如仍其舊，實亦無可訾。

宋代有軼事，流傳自淯熙。魁星始臨蜀，又向吴中移。

及乎臚唱日，試卷帝自披。甲乙忽互易，甲蜀乙吴兒。

始歎太史言，占驗不我欺。可知魁星重，自宋非今兹。

獨怪其為狀，醜乃如夢倛。得毋肖字形，宜為亭林嗤。

然而天星像，往往多怪奇。二十八宿形，朝暮殊妍媸。

歲星為老人，熒惑為兒嬉。安必魁星容，白皙鬒須眉？

慎勿笑忖畱，猶勝拜鍾馗。惟是天垂象，非有生辰垂。

乃讀《閩褉記》，不知传自誰。云七月七日，是其懸弧期。
牛女方良會，湯餅应見遺。此俗本龍巖，江浙無人知。
文昌有生日，秩祀兼官私。盍援文昌例，可為魁星推。
禮固以義起，事皆由人為。敬以乞巧日，再拜陳一卮。
不徒壽以酒，又且張以詩。光芒萬丈中，如見髩鬖姿。
曲園居士。

俞蔭甫師作《魁星生日》詩寄余，都下家伯因寫魁星象見賜。今年余奉命視學粵東，官署東南有高閣，上奉魁星。而署中喻園東壁，復有『正心修身克己復禮』八字魁星象。余因属錢君彦之與改七薌先生所畫芝仙祝壽圖，並采太湖石刻，自吳中附海舶南來，即嵌於園壁之左。非獨朝夕瞻仰，且欲為斗南人物振起文光也。

光緒壬辰上元節，督學使者仁和徐琪謹識。

考略

此碑存廣州藥洲。高160釐米，寬69釐米。兩面皆有題刻。此刻在碑陽，碑中部為徐寶謙畫『魁星圖』，楷書款。上、下兩部分各有俞樾、徐琪題識，行書。徐寶謙，字子牧，號亞陶，浙江崇德人，官刑部郎中，工詩詞，善書法、繪事。撰書者俞樾，字蔭甫，自號曲園居士，浙江德清人，清末著名學者。題記者徐琪，字玉可、號花農，浙江仁和人，光緒六年（1880）進士，歷任廣東學政、內閣大學士，署兵部右侍郎。

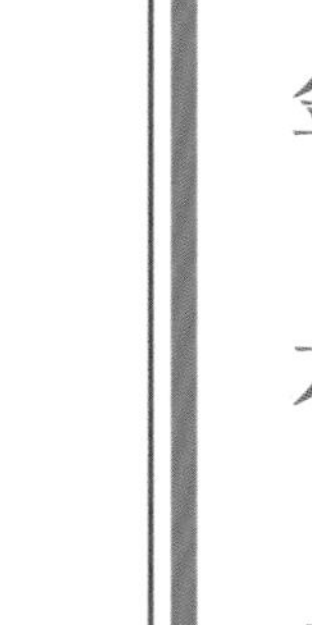

徐琪題「喻園」 清光緒十八年（1892）

釋文

喻園

王曉林先生時，園名環碧，余以姚文僖語為書此名。

光緒壬辰秋□，仁和徐琪。

考略

此碑存廣州藥洲。高60釐米，寬130釐米。行書。

清光緒十八年（1892）徐琪題。敘園名原為「環碧」，因取姚文田語，易「環碧」之名為「喻園」之事。

撰書者徐琪簡介參見《俞樾、徐琪題徐寶謙〈魁星圖〉》之考略。

徐琪題『奉真遺蹟』

清光緒十八年（1892）

釋文

奉真遺蹟

按宋嘉定元年，經略陳公峴扵洲後白蓮池上，建奉真觀，以祀五仙。明洪武三年，始改為市舶公館。今池東有屋三楹，歲時祠祀，盖猶是五仙遺矣。余因表而出之，俾瞻禮者識所自也。

光緒壬辰重九，仁和徐琪。

考略

此碑存廣州藥洲。高 60 釐米，宽 130 釐米。清光緒十八年（1892）徐琪題，題字为隸書，跋為行書，簡略敘奉真觀曾建在藥洲之歷史。北宋時廣州就建有祀奉五羊仙的寺觀。南宋嘉定年間寺觀遷至西湖玉液池畔，稱奉真觀。宋徽宗紹興六年（1136），奉真觀改為來遠驛，接待外國使者和商人。

撰書者徐琪簡介參見《俞樾、徐琪題徐寶謙〈魁星圖〉》之考略。

鎮海樓諸碑

鎮海樓記

明嘉靖二十六年（1547）

釋文

（碑額）鎮海樓記

鎮海樓記

廣東，海邦也。其會城故治番禺，自漢以來號稱都會。我國家臨制宇内，幅員萬里，因嶺海以為金湯，是邦隱然實當管鑰之寄。城内北偏有山曰越秀，拔地二十餘丈。國初天兵南下，列郡既聽受約束，守將永嘉朱侯亮祖始作樓五層以冠山顛，曰『鎮海』。樓成而會城之形勢益壯，其後樓漸圮。成化中總督都御史襄毅韓公命有司修完之。比燼于火，亟圖再作，以費鉅力艱，持弗決者累年。嘉靖甲辰，提督尚書蔡公經、巡按御史陳君儲秀折衷群議，出帑金二千三百有奇，以為木石瓦甓丹漆僦傭之費，選用能吏稽董工程，以明年乙巳閏月興工。既而蔡公去，余来代之，陳君去，御史楊君以誠代之。越又明年丁未正月朔，工告成。規制如舊，而閎偉壯麗視舊有加。樓前為亭，曰『仰高』，左右兩端跨衢為華表，左曰『駕鰲』，右曰『飛蜃』，舊所無也。方樓之未作也，環海百萬家擣首嚬嗟，若失所負；及其既作，重簷飛閣，迥出雲霄，以臨北戶，群山内向，大海浩渺，如免者之冠，痿者之起，凡海邦之形勝精神，有不迅張翕沓以赴茲樓者乎？

昔我太祖皇帝以丙午丁未歲，命大將帥師北伐，是歲又以偏師徇嶺外，然後天下合于一樓。扵是乎始作列聖，繼統昭，受休烈。至我皇上稽古重光，禮文煥然，樓之廢而復興也，又適值扵斯時。蓋斗綱之端貫營室，織女以

指牽牛之初，越所分星也。其日丙丁，其辰午未，其方宿為朱鳥之精、文明之象，氣數參會，有足徵者。斯樓之成，豈徒抗形勝於一邦，實所以章我國家一統休明之盛，元元本本，明示得意於無窮也。書稱有虞氏之治曰：『帝光天之下，至于海隅蒼生，萬邦黎獻，共惟帝臣。』亦必以是為盛。當其時，暘德昭融，雖海隅之遠，為其臣者莫不靖共一心，以敬承上德，無一毫隂瀷以翳其間，蓋其君臣之際如此。今吏而食於嶺外者，冠蓋相接也，登高騁望，寧獨無帝臣之感矣乎？夫苟目前之安而忽遠圖，蔽於一方，而不知有政理之要、風俗之本，此徇禄之臣，非體國者也。撤去户牖之私，獨覩信息之原，不以遠自肆，不以位自畫，一食息，一起居，無一念不屬於君父。其於政理之要、風俗之本，為之必盡其方，而又擴之以廣大，持之於久遠，精粹明白，夙夜匪懈，庶幾於古所謂黎獻者，於以登降，俯仰此樓，豈不有光而無愧也哉！故書以告後之君子。

初，左布政使朱紈、按察使屠大山請余文為記，余方有戎務未遑也。是冬乃克為之。二君及右布政使龔輝，左參政張鏊，右參政張烜，僉事何元述，皆遷去。在者左參議顧中孚、朱憲章，右參議方民悦，都指揮夏忠而，左布政使周延，右布政使蔡雲程，按察使林應標，右參政陳仕賢，副使周宗鎬、周大禮、黄光昇、蔡克廉，僉事陳崇慶、黄大廒、徐緝，都指揮梁希孔，廣州府知府曹逵，先後繼至，同觀厥成云。

是歲丁未冬十一月吉。

賜進士通議大夫兵部右侍郎兼都察院左僉都御史奉勑提督兩廣軍務兼理巡撫泉南張岳書。

督工：廣州府同知程鐸。

此碑存廣州博物館。高243釐米，寬134釐米。篆額，正文楷書。刻於明嘉靖二十六年（1547），為鎮海樓現存最早的碑記。敘嘉靖二十四年（1545）廣東提督蔡經倡議重修鎮海樓，蔡離任後，由總督侍郎張岳繼續主持完成重建工程之經過，時距鎮海樓創建一百六十七年，是史志所載鎮海樓第二次重修。

撰文者張岳，字維喬，號淨峰。福建惠安人。明正德十二年（1517）進士，授行人，因諫阻武宗南巡，貶為南京國子學正。世宗即位，張岳官復原職，遷行人司右司副。後改任南京武選員外郎，歷主客郎中。出為廣西提學僉事，改提學江西。坐事貶為廣東鹽課提舉，陞廉州知府、廣東參政。時塞上多事，被薦遷右僉都御史巡撫鄖陽，移撫江西，進右副都御史，總督兩廣軍務兼巡撫，進兵部右侍郎，召為兵部左侍郎，總督湖廣、貴州、四川軍務，進右都御史，贈太子少保，掌院事。嘉靖三十二年（1553）正月，卒於沅州任所，謚襄惠。張岳博覽群書，著有《小山類稿》。嘉靖二十三年（1544），張岳遷右副都御史，總督兩廣軍務兼巡撫。時廣東封州瑤人蘇公樂據寨稱王，張岳招討並行，速平叛亂。翌年春，陞任兵部右侍郎，平定廣西馬平等縣僮民騷亂。二十六年（1547），任刑部右侍郎，平息湘粵苗民叛亂。主持重修廣州鎮海樓正值此際。

督工者程鐸，字子本，歙城人。曾官奉政大夫、廣州府同知。

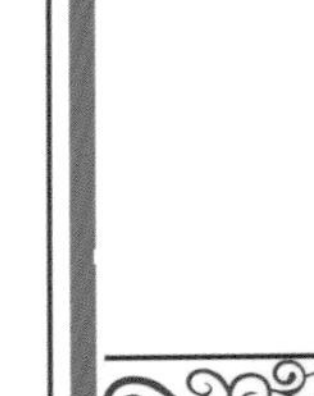

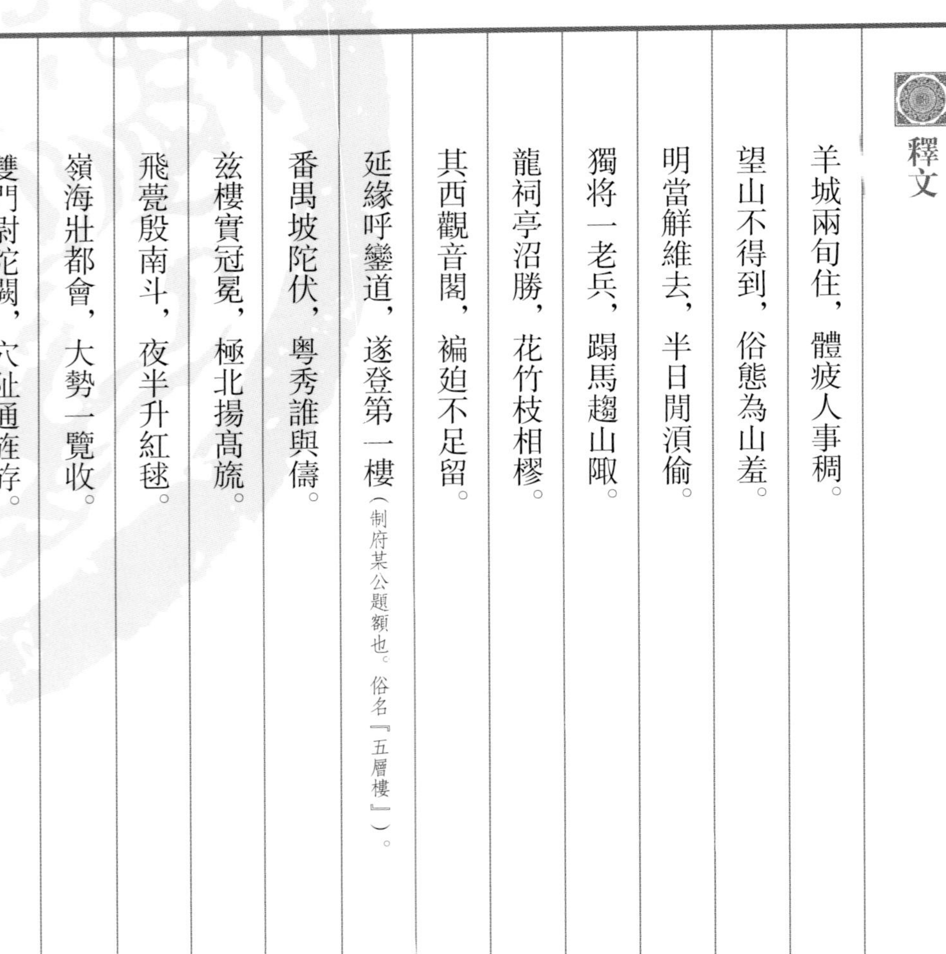

鎮海樓詩碑

清乾隆九年（1744）

釋文

羊城兩旬住，體疲人事稠。
望山不得到，俗態為山羞。
明當鮮維去，半日閒須偷。
獨将一老兵，蹋馬趨山陬。
龍祠亭沼勝，花竹枝相樛。
其西觀音閣，褊廹不足留。
延緣呼鑾道，遂登第一樓（制府某公題額也。俗名『五層樓』）。
番禺坡陀伏，粵秀誰與儔。
茲樓實冠冕，極北揚高旒。
飛甍殷南斗，夜半升紅毬。
嶺海壯都會，大勢一覽收。
雙門尉陀闕，穴阯通旌旃。

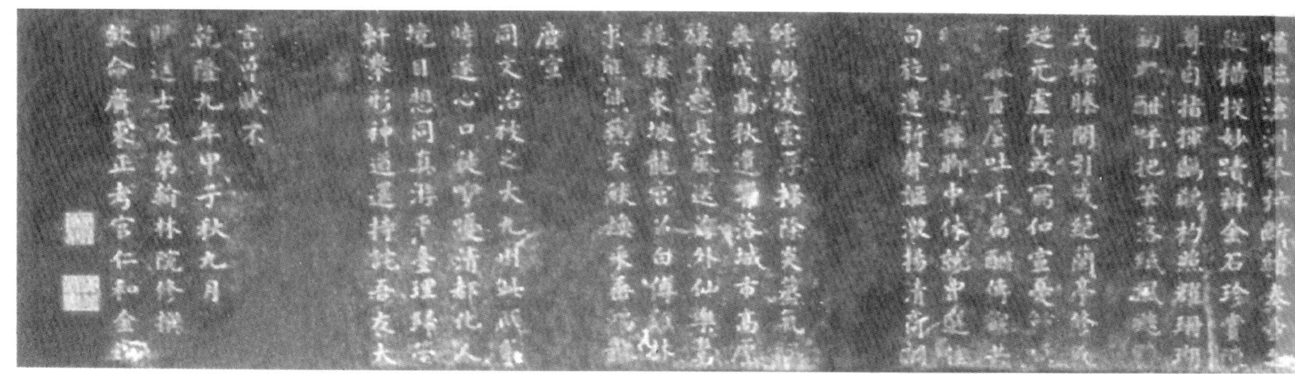

簷楹聊俯視，蟻封隱蚍蜉。
珠江一衣帶，海客萬斛舟。
飄飄鳧鷺聚，風帆弄輕柔。
羣山遠襟抱，未暇圖經搜。
東瞻虎門隘，漲海迴狂流。
百越尾閭在，島夷爭嗌喉。
扶胥轉黄木，廣利神宫幽。
韓碑舊曾記，欲往嗟無由。
想像銅鼓聲，震遠驅蛟虬。
放眼盡南徼，天宇空悠悠。
逸興俄怪發，豪舉思借籌。
此邦富才俊，北客多停輈。
論詩蔑曹謝，作賦傾枚鄒。
何時成彦會，選勝同鳴騶。
四圍游覽畢，百尺階梯抽。

部署乃先定，無假臨事謀。一層置僕馬，約敕毋喧啾。
二層給廚膳，炙芳酒新篘。五層羅絲竹，押班居上頭。
三四啟高宴，升降時環周。清談味嘉旨，長嘯臨滄洲。
琴絃斷續奏，壺矢縱横投。妙蹟辨金石，珍賞陳尊卣。
指揮鸕鷀杓，照耀珊瑚鈎。興酣呼把筆，落紙風颼颼。
或標滕閣引，或紀蘭亭修。或超元虛作，或寫仲宣憂。
鯨吸百觚盡，蜃吐千篇酬。傳觀共絶叫，起舞聊中休。
就中選佳句，旋遣新聲謳。激揚清商調，縹緲凌雲浮。
掃除炎蒸氣，颯爽成高秋。遺響落城市，高壓旗亭愁。
長風送海外，仙樂驚鞮鞻。東坡龍宫召，白傅鷄林求。
熊熊熱天燄，煥采垂鴻猷。廣宣同文治，被之大九州。
此願幾時遂，心口徒咿嚘。清都化人境，目想同真游。
平臺理歸策，軒舉形神遒。還持詑吾友，大言曾賦不。

乾隆九年甲子秋九月。

賜進士及第翰林院修撰欽命廣東正考官仁和金甡。

考略

此碑原存廣州海幢寺，今已失，僅存拓本，藏於廣州博物館。楷書。清乾隆九年（1744）九月，翰林院修撰、狀元金甡任廣東鄉試正考官，政務之暇遊覽廣州城北越秀山，登鎮海樓，撰《鎮海樓》五古一首。從詩中可知，在鎮海樓之西有觀音閣，占地面積較小。沿呼鑾道而上，遂登鎮海樓，當時也稱為『第一樓』，俗名『五層樓』。詩中還列羊城之名勝：雙門闕樓、南海神廟、海客舟、虎門隘等。並詳敘鎮海樓各層之用：一層置放僕馬，二層治廚膳，五層羅列絲竹歌響，在三層和四層開宴席，名士相聚於此，飲酒把筆，撰寫詩文。此詩最為張維屏稱道，書風亦雍容秀麗。

撰文者金甡，浙江錢塘人。初以舉人授國子監學正。乾隆七年（1742）狀元，授修撰。乾隆九年（1744）為廣東鄉試正考官。曾奉命來粵祭告南海神。告歸後，主講敷文書院。

（碑刻局部）

重修鎮海樓記

民國十七年（1928）

釋文

重脩鎮海樓記

越秀山拔地二十餘丈，俯視層城，南對海珠石，依山而起者，若觀音閣、學海堂、菊坡精舍、山半三君祠。越祠而上有紅棉草堂，堂左偏則鎮海樓。攷舊志名蹟，按地以尋，而吾猶及見，匪若越王臺、玉山樓就湮扵數百年上也。時代推遷，山川歷刦，名蹟傾圮，非人力所能保持，蓋有天數焉。若乃毀之扵人，則悉數吾嘗及見者，今惟盤磴斷碑而已，豈天也哉！鎮海樓以地偏而得存，顧樓亦數被兵，清初尚可喜曾駐軍其上，以飛鴿傳書，一日數往返中宿峽。光緒中衰，彭玉麟掌邊防，来屯斯樓，設廳事茀三層，畫梅花懸扵中。爾時士夫登眺笐樓者，賣餅餌茗荈，往往延坐終日。扶梯板高尺許，歷階數十，人不憚登，故遊跡之所常至，而樓以不荒。辛亥以還，龍濟光據粵，扵樓之西南築鎮武樓，置礮石火葯，布邏騎，禁樵採，而樓遂荒。其後八九年，兵火不絕，爭城者必爭山，樓乃没為馬槽軍竈矣。五百年來，樓一燬扵有明，成化間提督蔡經、張岳重建之，迄崇楨末而漸圮。再燬扵順治平藩之亂，樓遂廢為平地，蓋至今而三矣。明之初，朱亮祖始為樓，高五層，志書稱『五層樓』，張岳題記曰『鎮海樓』。康熙二十六年，吳興祚、李士楨又重建之。今樓四壁屼立，殆始建之基耶？抑重建之基耶？使龍濟光以後，樓再為平地，人亦無知樓者矣，樓所處地雖偏，能復存哉？是故，有基勿壞，雖樓亦然，然樓不為人所夷而平，而卒存其基，則樓所自處之地偏而不為人争故也，豈天也哉！余二十年去鄉，不登茲山，今而來臨，

惟斯樓四壁僅存，遠望海珠石猶出水際，天賦之奇行亦填為道路，人與天之不相容又如此，豈天也哉！民國十六年，信宜林君雲陔任廣州市市長，歎斯樓傾圮，建議脩復，旋以亂輟議。逾年，林君復任市長，請於政治會議廣州分會，淂議交工務局規庀，出市帑四萬有奇，為木石瓦甓灰鉄髹漆之費，稽董程役，於是年五月五日鳩工，訖十二月而告成。因其四壁，復其高甍重屋，編木易之，合土衷楹，以鐵堊其外。工既成，廣州市教育局局長、信宜陸生幼剛復受林君命，以斯樓為博物院，将駢羅古今庋藏不可方之瑰異，俾邦人士登眺之暇，兼資研索，属余為記。當樓之未脩也，赭壁青煙，塊然附郭，殘城壞堞，出没其下；及其成也，塗餙丹雘，埽除煩穢，盤馬紆道，干雲而上，大海奔流，五山南來，以臨北户，形勝在目，浩淼無際。夫樓昔日之樓也，不改者山海也。

中華民國十七年十二月順德黄節記并書。端州梁俊生刻石。

考略

此碑存廣州博物館。高 250 釐米，寬 104 釐米。行楷書。鎮海樓自明初以來，屢廢屢修，民國十七年（1928），廣州市政府重修此樓，翌年，辟為廣州市立博物院，是開嶺南近代博物館之先河，亦為中國早期博物館之一。

撰文者黄節，廣東順德人，著名詩人、學者。曾任孫中山大元帥府秘書長、廣東省政府委員兼教育廳廳長等職。黄節之書法，以帖為本，方圓並用，清潤秀雅。

白雲山諸碑

增修雲泉山館記

清嘉慶十七年（1812）

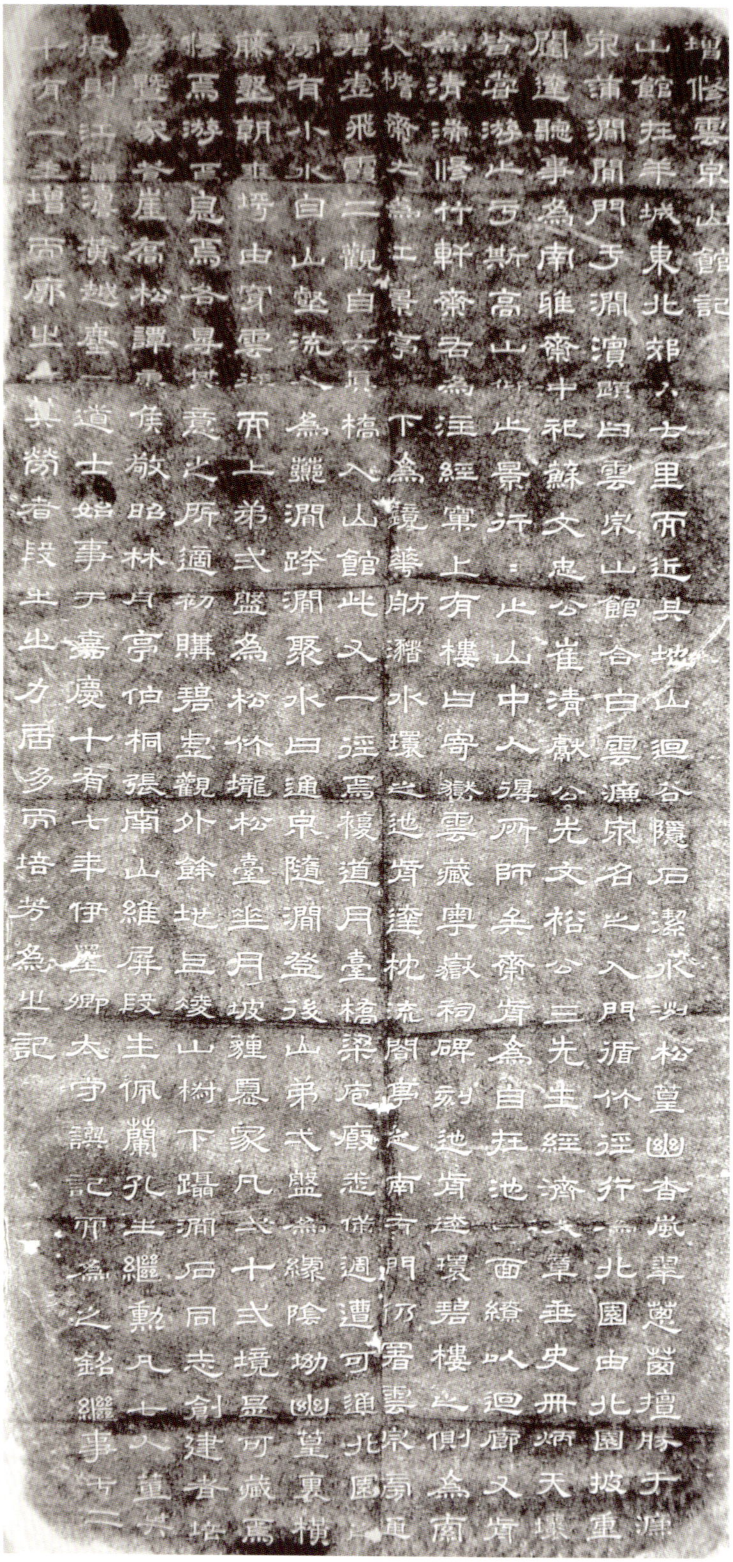

釋文

增修雲泉山館記

山館在羊城東北郊六七里，而近其地山迴谷隱，石潔水冽，松篁幽杳，嵐翠葱茵，擅勝于濂泉蒲澗間。門于澗濱，題曰：『雲泉山館』，合白雲濂泉名之。入門循竹徑行，爲北園。由北園披重闉達聽事，爲南雅齋，中祀蘇文忠公、崔清獻公、先文裕公。三先生經濟文章，垂史冊，炳天壤，皆嘗游止于斯。高山仰止，景行行止，山中人得所師矣。齋歬爲自在池，四面繚以迴廊，又歬爲清湍修竹軒，齋右爲注經窠，上有樓曰寄嶽雲，藏粵嶽祠碑刻。池歬達環碧樓之側，爲索笑檐，齋左爲江景亭，亭下爲鏡華舫，瀦水環之。池歬達枕流閣。亭之南有門，仍署雲泉。旁通碧虛、飛霞二觀。自六真橋入山館，此又一徑焉。複道月臺，橋梁庖厩悉備。週遭可通北園之旁，有小水自山壑流入，爲薌澗，跨澗聚水曰通泉。隨澗登後山，弟弌盤爲緑陰坳、幽篁裏、横藤塹、朝爽坪。由穿雲徑而上，弟弌盤爲松竹壠、松臺、坐月坡、蘿憂塚。凡弌十弌境，是可藏焉、修焉、游焉、息焉，各尋其意之所適。初購碧虛觀外餘地，上凌山樹，下躡澗石。同志創建者培芳暨家蒼崖喬松、譚康候敬昭、林月亭伯桐、張南山維屏、段生佩蘭、孔生繼勲，凡七人。董其役則江瀛濤、黄越塵二道士。始事于嘉慶十有七年，伊墨卿太守譔記而爲之銘。繼事于二十有一年，增而廓之，任其勞者，段生之力居多，而培芳爲之記。

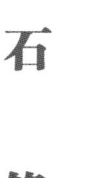

考略

此碑原存廣州白雲山麓鄭仙翁祠旁的雲泉山館，今館已不存，碑亦失，僅存拓本。隸書。山館是晚清詩人黃培芳、張維屏、段佩蘭等七人所建，人稱為『七子詩壇』。此碑敘清嘉慶十七年（1812）秋始建，二十一年（1816）擴建經過及二十二個勝景。民國時，雲泉山館改為白雲酒家。

撰文者黃培芳，字子實，又字香石，自號粵嶽山人。廣東香山人。清嘉慶九年（1804）中式副榜（副貢生），進入太學肄業。著有《永思錄》《粵嶽山人集》等。

書丹者伊秉綬，字祖似，號墨卿，晚號默庵，清代書法家，福建汀州府寧化縣人，乾隆四十四年（1779）舉人，乾隆五十四年（1789）進士，歷任刑部主事，後擢員外郎。在任期間，以『廉吏善政』著稱。喜繪畫、治印，亦有詩集傳世。工書，尤精篆隸，精秀古媚。其書超絶古格，使清季書法，放一異彩。隸書尤放縱飄逸，自成高古博大氣象，與鄧石如同稱大家。

翁方綱題雲泉山館 清嘉慶十八年（1813）

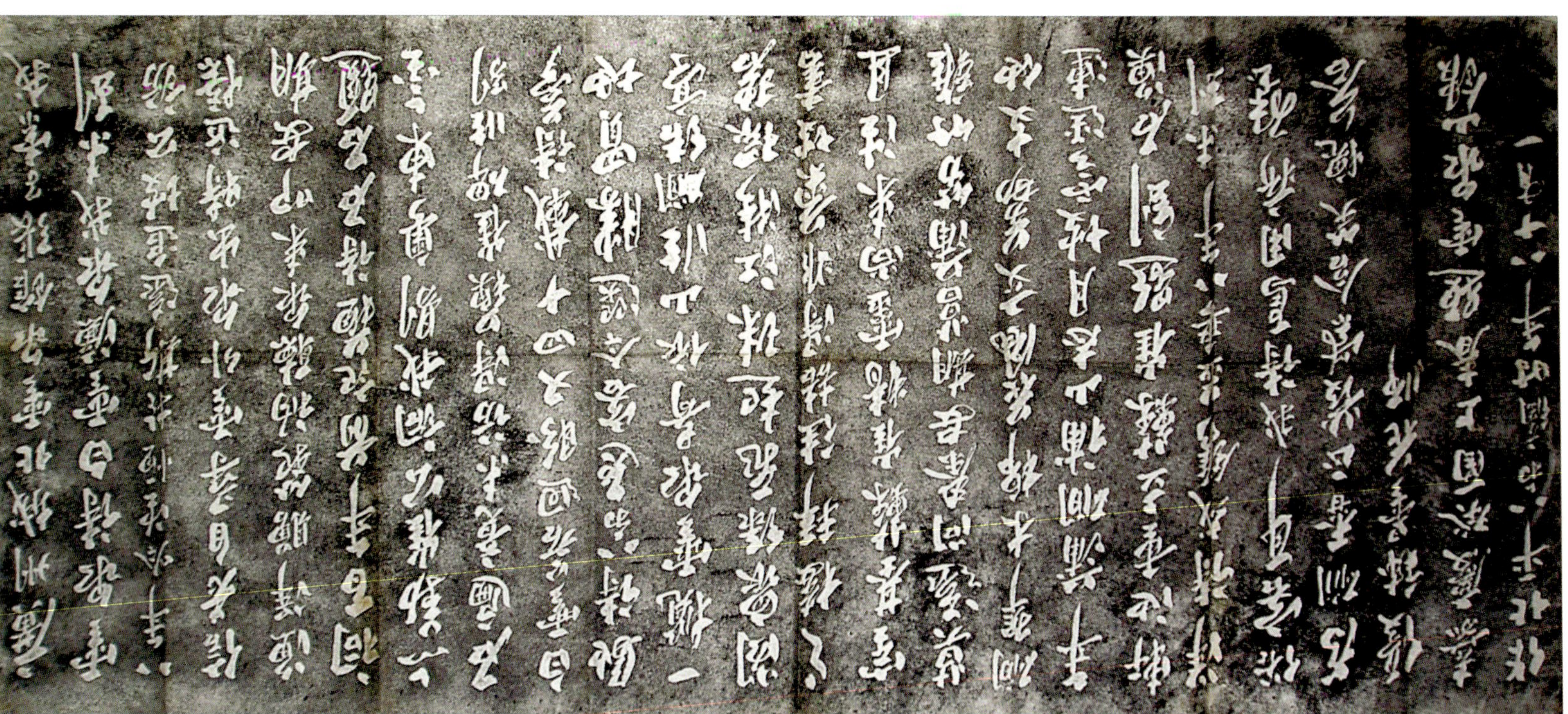

釋文

廣州城北雲泉館，張子索我雲泉詩。白雲濂泉我未到，八年吟望恒於斯。
遠追坡公訪信老，自尋雲外泉出時。近憶漁洋贈範衲，聽泉來叩安期祠。
百年前記蕪詩石，石題亦勒崔公詞。我别粵東金石遍，竟未訪淂蕪崔碑。
臨别白雲若迴盼，又四十載詩夢馳。詩翁逸客今選勝，買地一攬雲泉奇。
依山臨磵結亭閣，衆緑飛起珠江漪。環碧之樓拜往喆，淂非菊坡書室基。
蘇崔精靈尚來往，且莫遠問秦安期。菖蒲�竹雜磵翠，木棉花風交荔支。
他年蒲磵補山志，月坡雲逕連軒池。重立蘇崔題刻石，漁洋詩或鎸並垂。
八年未到俗客耳，我詩焉用疥壁為。磵香正葉紫含笑，愧荅優缽曇花師。
嘉慶癸酉上春題雲泉山館作，北平翁方綱，時年八十有一。

考略

此碑原存廣州白雲山麓鄭仙翁祠旁的雲泉山館，館久已不存，碑亦失，僅存拓本。行書。是翁方綱應張維屏之請而撰寫的一首吟雲泉山館的古風。從詩中可知，翁氏在廣州八年，未到過白雲山濂泉，頗感遺憾。作此詩時，已八十一歲。詩中張子即張維屏，字子樹，號南山，因癖愛松，又號松心子，晚年自署珠海老漁、唱霞漁者。廣東番禺人。清道光二年（1822）進士。與黄培芳、譚敬昭號稱『粵東三子』。

伊秉綬書《粵嶽祠記》

清嘉慶十八年（1813）

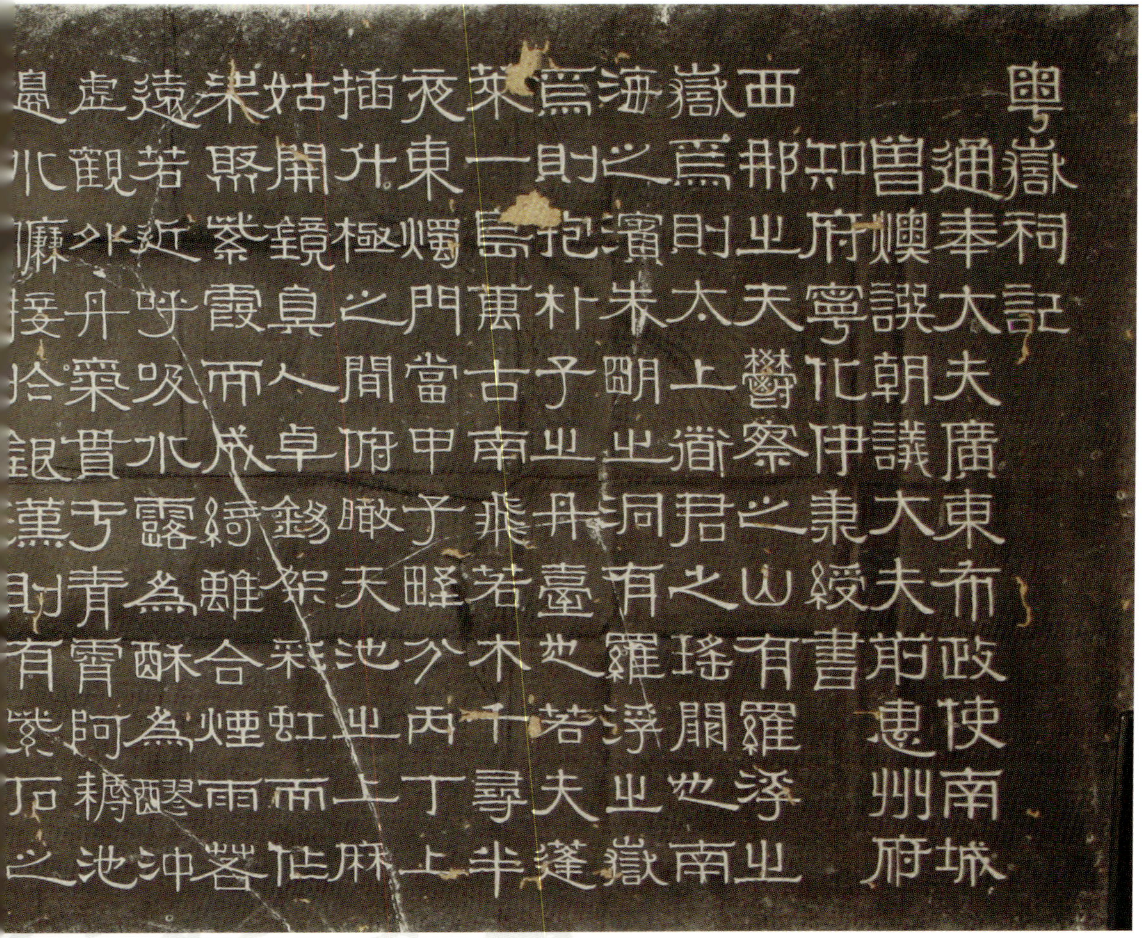

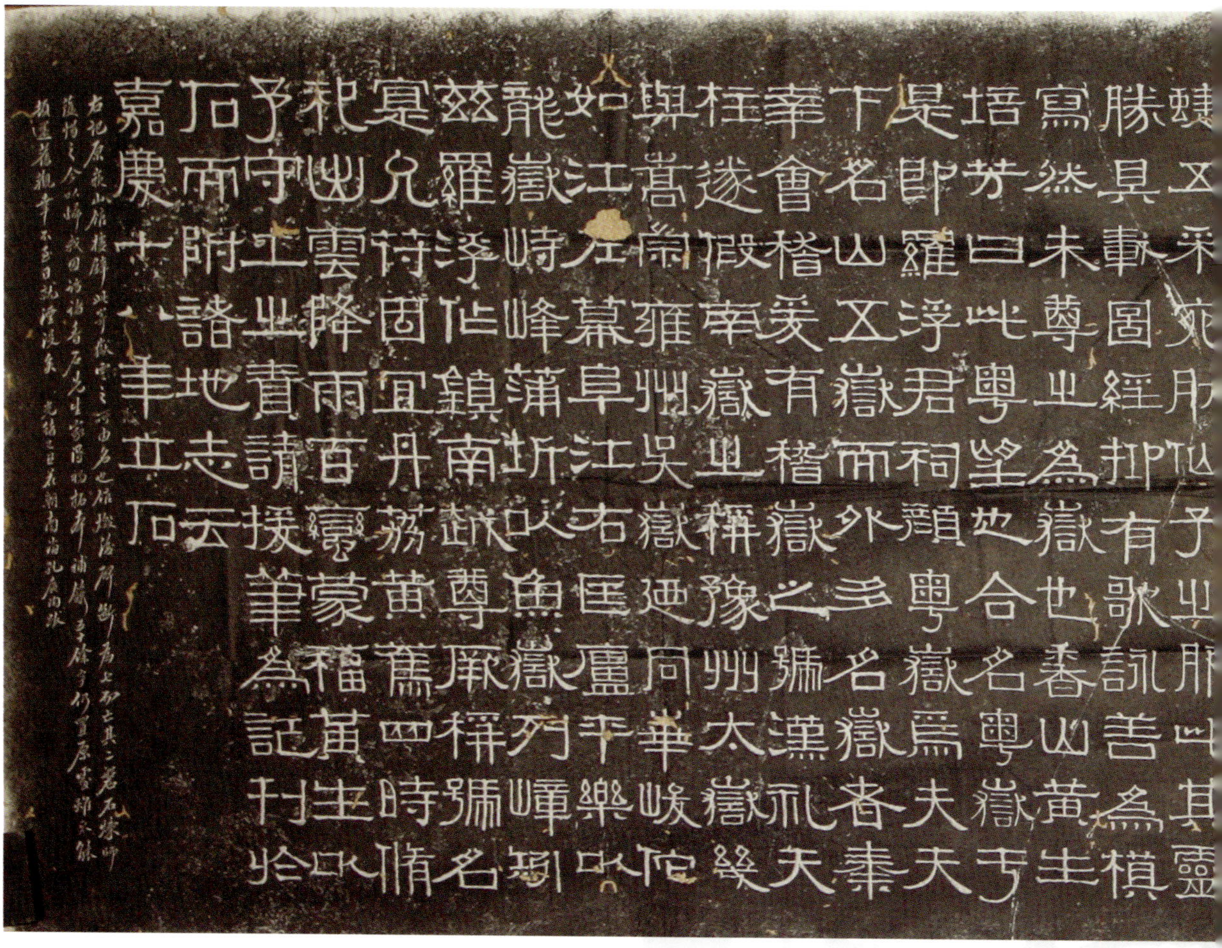

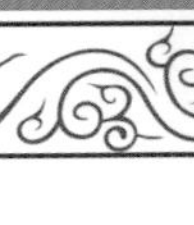
釋文

粤嶽祠記

通奉大夫廣東布政使南城曾燠譔。

朝議大夫前惠州府知府寧化伊秉綬書。

西那之天、鬱察之山有羅浮之嶽焉，則太上衜君之瑤闕也。南海之濱、朱明之洞有羅浮之嶽焉，則抱朴子之丹臺也。若夫蓬萊一島，萬古南飛。若木千尋，半夜東燭。門當甲子，畦分丙丁。上插升極之間，俯瞰天池之上。麻姑開鏡，真人卓錫。架彩虹而作栞，聚紫霞而成綺。離合煙雨，若遠若近；呼吸水露，爲酥爲醪。沖虛觀外，丹氣貫于青霄；阿耨池邊，水幰接於銀漢。則有紫石之英，黄精之藥。壽藤苻竹，靈禽神龜。梅花萬樹，廼是美人之魂；胡蜨五采，宛肰仙子之服。此其靈勝，具載圖經。抑有歌詠，善爲模寫，然未尊之爲嶽也。香山黄生培芳曰此『粤望』也，合名『粤嶽』。于是即羅浮君祠顏『粤嶽』焉。夫天下名山，五嶽而外多名嶽者，秦幸會稽，爰有『稽嶽』之號；漢禮天柱，遂假『南嶽』之稱。豫州太嶽幾與嵩崇，雍州吳嶽廼同華峻。佗如江左幕阜，江右匡廬。平樂以龍嶽峙峰，蒲圻以魚嶽列嶂。矧茲羅浮，作鎮南越。尊厥稱號，名寔允苻。固宜丹荔黄蕉，四時脩祀；出雲降雨，百蠻蒙福。黄生以予守土之責，請援筆爲記，刊於石而附諸地志云。

嘉慶十八年立石。

右記原嵌山館樓壁，此寄嶽雲之昕由名也。館燬後斫斷為七而亡其二，磐石煉師獲惜之，今叺歸我。因訪諸香石先生家，淂初拓本，補錄五十餘字。仍置原處，雖不能頓還舊觀，幸不至日就湮沒矣。

光緒己丑花朝。

南海孔廣陶跋。

考略

此碑原存廣州白雲山雲泉山館之寄嶽雲樓壁間，館久已不存，碑亦失，僅存拓本。隸書。據跋云，該碑刻於清嘉慶十八年（1813），後館毀，此碑斷為七塊，遺失二塊。光緒十五年（1889），孔廣陶得到初拓本，補錄五十餘字，與所餘五塊仍置放原處。黃培芳一生好作山水之遊，曾六上羅浮山，稱羅浮山為「粵嶽」。自號「粵嶽山人」。黃將羅浮山上唐代所建「數尺祠」廢祠改建為「粵嶽祠」，延請惠州知府伊秉綬撰書《粵嶽祠記》刻碑。

撰文者曾燠，字庶蕃，江西南城人。官至貴州巡撫，曾任廣東布政使。清代中葉著名詩人、駢文名家、書畫家和典籍選刻家，被譽為清代駢文八大家之一。

書丹者伊秉綬簡介參見《增修雲泉山馆记》之考略。

題跋者孔廣陶，字鴻昌，一字懷民，號少唐，別稱少唐居士。廣東南海人。著名藏書家、刻書家，孔子第七十代孫，以收藏武英殿刻本出名。藏書於「嶽雪樓」中，鼎盛時期號稱「三十三萬卷書堂」，與伍崇曜「粵雅堂」、潘仕成「海山仙館」、康有為「萬木草堂」齊名，後家道中落，藏書漸次散出，大部分為康有為所購。

吴榮光書「碧乳」石刻

清道光十年（1830）

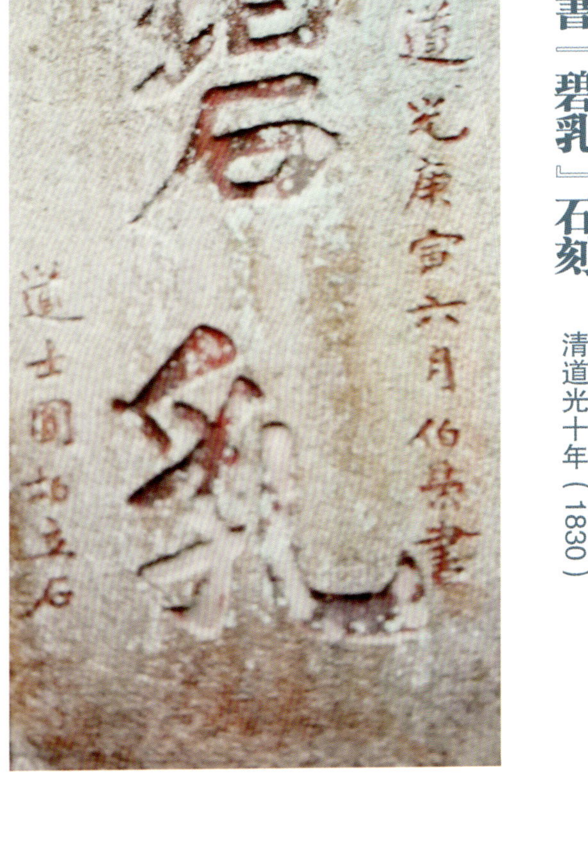

釋文

碧乳。

道光庚寅六月伯榮書。

道士圓柏立石。

考略

此石刻存廣州白雲山鳴泉居後山小蛇嶺山腳。高 80 釐米，寬 39 釐米。楷書。清道光十年（1830）六月吴榮光書，道士圓柏刻立。

撰書者吴榮光，字伯榮，一字殿垣，號荷屋、可庵，晚號石雲山人，別署拜經老人。廣東南海人。清嘉慶四年（1799）進士，由編修官擢御史。道光六年（1826）任福建按察使，調任湖南巡撫，擢湖廣總督。從學阮元，從阮家得見珍貴書畫、文物，因而精研碑帖拓本、吉金樂石，成為著名鑒藏家、金石學家。其書畫、篆刻亦卓有成就。吴榮光書法格調接近蘇東坡，繪畫筆意縹緲，得晉人風格。著有《辛丑銷夏記》《吾學錄》《石雲山人文集》《綠枷楠館詩稿》《筠清館金石錄》《歷代名人年譜》等。

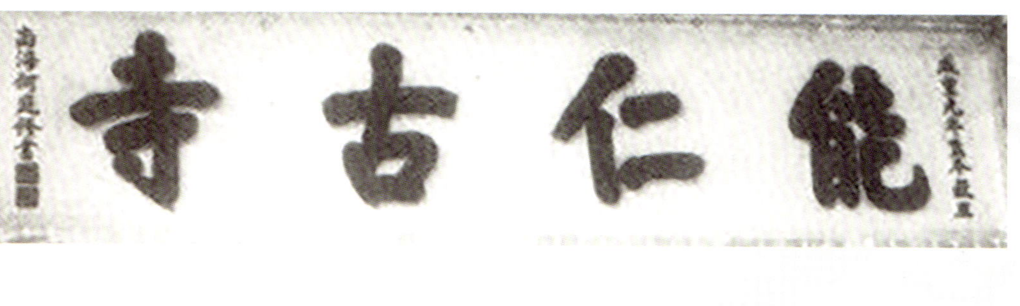

『能仁古寺』石額

清咸豐元年（1851）

釋文

能仁古寺。

咸豐元年孟冬穀旦。

南海何庭修書。

考略

此石刻存廣州白雲山。高33釐米，寬250釐米。花崗岩質。楷書。刻於清咸豐元年（1851）。背面門額陰刻行書『同登彼岸』。

撰書者何庭修，廣東南海人。

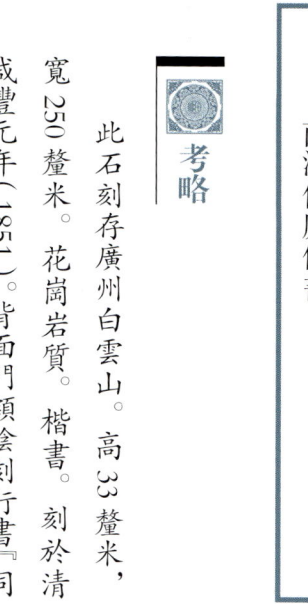

『虎跑泉』摩崖

清咸豐元年（1851）

釋文

虎跑泉。

咸豐元年。

僧惟中立。羅岸先書。

考略

此石刻存廣州白雲山。花崗岩質，石不規則。隸書。刻於清咸豐元年（1851）。書法方圓相济、古雅有致。

撰書者羅岸先，字登道，號三峰、野舫。廣東番禺人。喜愛種竹，居室名有竹居。工詩，擅畫山水，筆法近文徵明。

「雙溪古寺」石額

清同治十年（1871）

釋文

雙溪古寺。

同治辛未仲夏吉日。

信紳朱文謙偕男鑄庚仝敬奉。

考略

此石刻存廣州白雲山。高46釐米，寬106釐米。行楷書。刻於清同治十年（1871），由紳士朱文謙捐資重修。

重建雲泉山館記

清光緒十五年（1889）

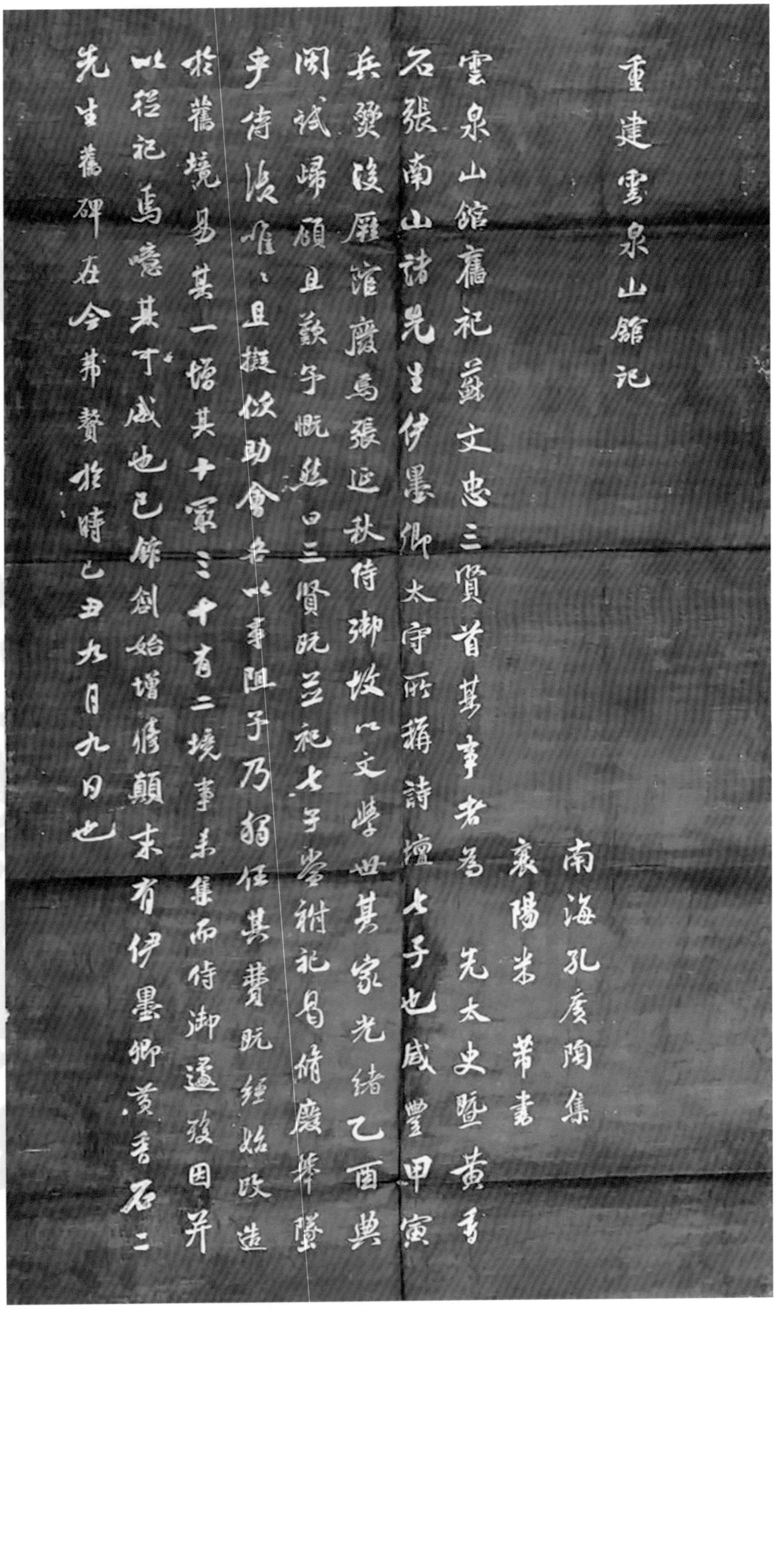

重建雲泉山館記

南海孔廣陶集

襄陽米　芾書

雲泉山館舊祀蘇文忠三賢首其事者爲先太史暨黄香石張南山諸先生伊墨卿太守所稱詩壇七子也咸豐甲寅兵燹後屢館廢爲張延秋侍御故以文學世其家光緒乙酉典閩試歸顧且歎予慨然曰三賢既並祀七子嘗祔祀曷任廢墜乎侍御唯唯且擬仗助會君以事阻予乃獨任其費既經始改造於舊境易其一堵其十窗三十有二竣事未集而侍御遽歿因并以祔祀焉噫其亦成也已館創始增修顛末有伊墨卿黄香石二先生舊碑在今弗贅於時己丑九月九日也

釋文

重建雲泉山館記

南海孔廣陶集襄陽米芾書。

雲泉山館舊祀蘇文忠三賢，首其事者，為先太史暨黃香石、張南山諸先生，伊墨卿太守所稱『詩壇七子』也。咸豐甲寅兵燹，後厥館廢焉。張延秋侍卿故以文學世其家，光緒乙酉典閩試歸，顧且歎，予慨然曰：『三賢既並祀，七子嘗祔祀，曷脩廢舉墜乎？』侍御唯唯，且擬佽助會，各以事阻。予乃獨任其費。既經始改造，於舊境易其一，增其十，冣三十有二境，事未集而侍御遽歿。因并以從祀焉。噫！其可成也已。館創始、增修顛末有伊墨卿、黃香石二先生舊碑在，今弗贅。於時己丑九月九日也。

考略

此碑原存廣州白雲山麓鄭仙翁祠旁的雲泉山館。今館已不存，碑亦失，僅存拓本。高1.25米，寬0.64米。行書。清孔廣陶集宋代著名書法家米芾書。雲泉山館原有二十二境，是清代文人雅集場所。咸豐四年（1854），雲泉山館毀於戰火。孔氏在光緒十一年（1885）籌備重修，至光緒十五年（1889）竣工，將舊館改建為三十二境，立碑備述其事。

撰文者孔廣陶簡介參見《粵嶽祠記》之考略。

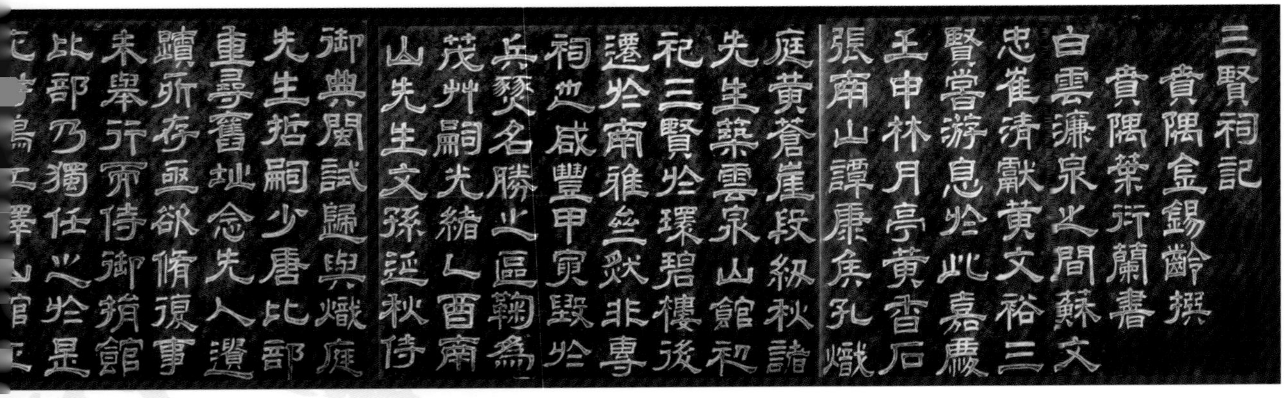

葉衍蘭書《三賢祠記》

清光緒十五年（1889）

釋文

三賢祠記

賁隅金錫齡撰。

賁隅葉衍蘭書。

白雲濂泉之間，蘇文忠、崔清獻、黄文裕三賢嘗游息於此。嘉慶壬申，林月亭、黄香石、張南山、譚康矦、孔熾庭、黄蒼崖、段紉秋諸先生，築雲泉山館，初祀三賢於環碧樓，後遷於南雅齋，然非專祠也。咸豐甲寅，毁於兵燹。名勝之區，鞠爲茂艸。嗣光緒乙酉，南山先生文孫延秋侍御典閩試歸，與識庭先生哲嗣少唐比部重尋舊址，念先人遺蹟所存，亟欲脩復。事未舉行而侍御捐館，比部乃獨任之。於是庀材鳩工，擇山館正中別立專祠，供祀三。『三賢祠』乃熾庭先生衜光乙未所書，葢欲建專祠而有志未逮。今比部仰承先志，成斯美舉，可謂善繼善述者矣。祠中附祀七子并侍御，堂宇嚴肅，祀事益虔，靈爽式憑，永垂不朽。韓文公云：『莫爲之前，雖美不彰；莫爲之後，雖盛不傳。』不信

衛光已未再來盖欲建專祠而有志未逮今比部仰承先志成斯美舉可謂善繼善述者矣祠中附祀七子并侍御堂宇嚴肅祀事益虔靈爽式憑孔承不朽韓文公云莫為之前雖美不彰莫為之後雖盛不傳不信然歟比部以余曾脩廣州府志番禺縣志悉其顛末屬作記憶衛光戊子余從諸詞人來游迄今六十餘年同游者邈焉已往而余獨見茲祠之創建扶杖重來勝景如昨撫今追昔感慨係之矣因為文以志是歲光緒己丑也

然歟？比部以余曾脩《廣州府志》《番禺縣志》，悉其顛末，屬作記憶。衛光戊子余從諸詞人來游，迄今六十餘年，同游者邈焉已往，而余獨見茲祠之創建，扶杖重來，勝景如昨，撫今追昔，感慨係之矣。因爲文以志。

是歲光緒己丑也。

考略

此碑原存廣州白雲山雲泉山館三賢祠壁間，後因兵火而館毁碑失，僅存拓本。敘光緒十五年（1889）張維屏之孫張延秋，與孔熾庭之子孔少唐擬修復雲泉山館，後張延秋歿，由孔少唐獨自完成此舉，建三賢祠專祠祀三賢，并附祀道光年間來遊的七子及後歿的張延秋。

撰文者金錫齡，字伯年，號芑堂。廣東番禺人。道光十五年（1835）舉人，與許玉彬、沈世良、譚瑩、黄玉階、葉衍蘭、李應田等共結花田、訶林詞社，他曾於道光八年（1828）時與七子同遊雲泉山館。

書丹者葉衍蘭，字南雪，號蘭臺。廣東番禺人。清代『粵東三家』之一，人稱『南詞正宗』。官至軍機章京，曾主講越華書院。本拓本乃葉恭綽所藏，葉恭綽是葉衍蘭之孫。拓本後附葉恭綽題字：『是記向刻石嵌廣州城北白雲山三賢祠壁間，余少時恒往遊觀。今祠經兵燹，碑亦不知何往，爰裝此拓本以存先人手迹。大父遺墨刻於越華書院門屏者，今猶在焉。餘多已散失。附記以諗族人。民國二十二年二月，葉恭綽。』

『紅塵不到』石刻

清光緒二十年（1894）

釋文

紅塵不到。
光緒二十年秋月。
長沙鄧萬林書。

考略

此石刻存廣州白雲山。青石質。楷書。

撰書者鄧萬林，字震東，湖南長沙人。進士出身。曾任廣西西道御史、廣東陸路提督等職。

劉永福書『虎』字摩崖

清光緒二十四年（1898）

（碑刻局部）

釋文

虎。

光緒二十四年重陽日，劉永福書。

戊戌之春，余在淵亭軍門帶黑旂舊部返五羊城，營於白雲山下，訓練士卒，未嘗少休。時逢九日，淵亭軍門率麾下將佐登山作茱萸會，余攜友人劉君□鳴、拜八弟體和、兒子兆基偕往。少長咸集，登高眺遠，聞天風之浪響，望江水之茫煙，珠海雲山都來眼底，撫時感世，不禁興慨。日暮歸營，淵亭軍門興致不淺，蘸墨揮毫，書成虎字，余見之愛不忍釋，刊於岩壁，以誌一時之勝。他日重游來此，不忍不可作雪泥鴻爪觀也。

屏山吴□□質銘鐫。河源陳國材叔遠書。

考略

此石刻存廣州白雲山能仁寺牌坊後右側岩壁上，石不規則近橢圓形，右刻一草書『虎』字，字體長約200釐米，是巨幅象形字。上款書『光緒二十四年重陽日』，下款署『劉永福書』，刻『臣劉永福』『淵亭』兩方印。『虎』字左側有劉永福部屬吴氏所作跋。光緒二十四年（1898），劉永福率黑旗軍舊部駐營廣州，於重陽日攜僚屬登遊白雲山，面對山色，感慨時局，書此『虎』字。其部屬鑿刻於能仁寺側岩壁，並記事之始末。

劉永福，字淵亭，廣西欽州人，祖籍博白東平，原是反清的黑旗軍將領，一八八三年率黑旗軍參加中法戰爭，屢次大敗法軍。甲午戰爭期間，奉命赴臺灣抗日，但最終失敗。

『玉虹池』摩崖

年代不詳

釋文

玉虹池。

陳澧題。

僧惟中鐫。

考略

此石刻存廣州白雲山。花崗岩質，石不規則。行書。未書年月。

撰書者陳澧簡介參見《陈澧题戴熙〈考校四箴〉後》之考略。

「甘露」摩崖

年代不詳

釋文

甘露。

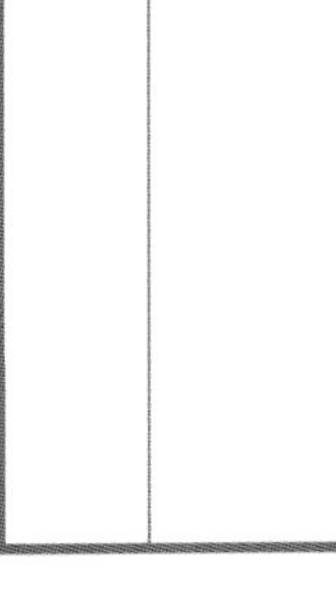

考略

此石刻存廣州白雲山。花崗岩質，石不規則。隸書。古雅端莊。未書年月及書寫、鐫刻者。

上景泰寺『恬如』詩碑

年代不詳

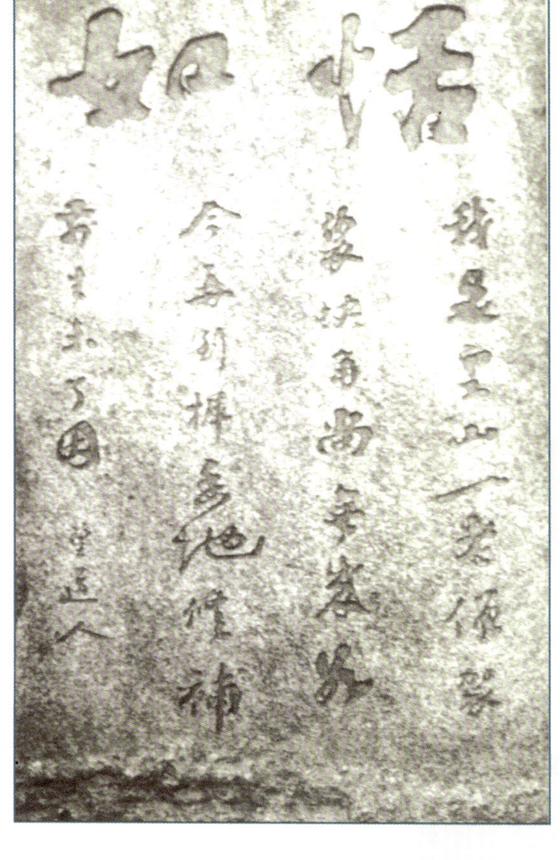

釋文

恬如。

我是雲山一老僧，袈裟缺角尚無成。

如今再到樨香地，修補前生未了因。

望道人。

考略

此石刻存廣州白雲山西麓景泰坑景泰寺遺址處。高79釐米，寬49釐米。花崗岩質。行草書。流麗秀雅，頗有意趣。據傳，南朝梁時，有景泰禪師，原住羅浮山上。廣州刺史因崇尚佛學，便邀其到白雲山來建寺供佛，但山上缺水，景泰禪師踏遍白雲山，終於在景泰這地方找到一處福地，便用禪杖點出泉水，因名景泰泉，在此處建了廟宇，曰景泰寺，元代『景泰僧歸』被列為『羊城八景』之一。

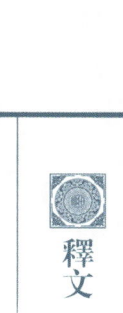

「蒲泉」石刻

年代不詳

釋文

蒲泉。

梁叔焰書。

考略

此石刻存廣州白雲山雲岩寺遺址內。高44釐米，寬91釐米。行書，有隸意。未書刻立年月。石刻下有蒲泉井。此處宋時為龍果寺，後廢。據云雲岩寺建於明代，抗日戰爭時期被日軍所毀。

『浣白』摩崖

年代不詳

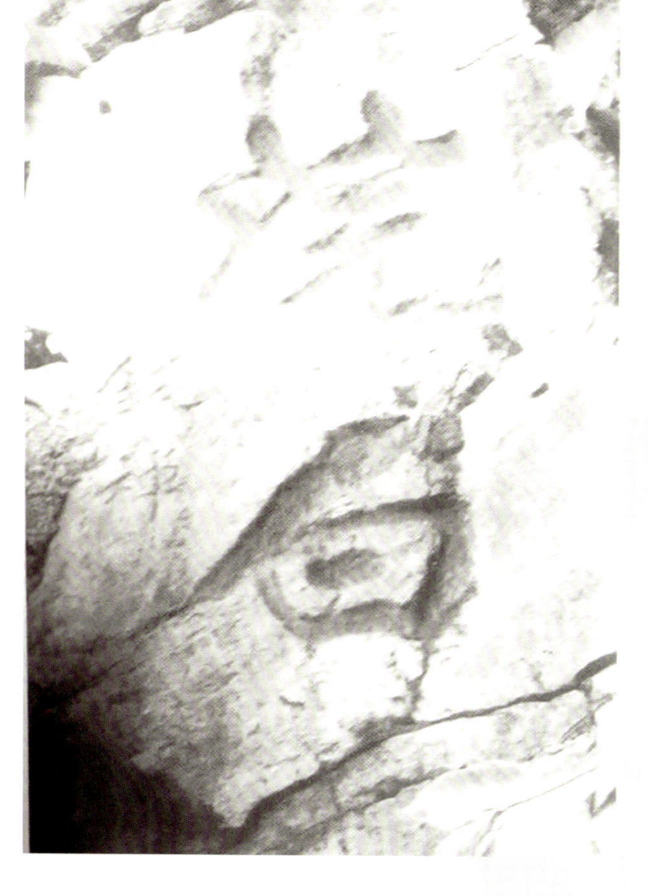

釋文

浣白。

銕禪。

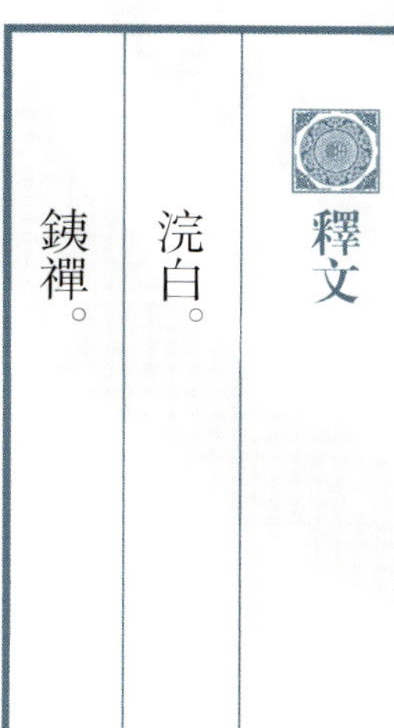

考略

此石刻存廣州白雲山。花崗岩質。行書。未書年月。

撰書者鐵禪，法名心鏡，俗姓劉，名梅秀，廣東番禺人。十九歲時投入黑旗軍將領劉永福部充當文書，曾隨軍赴越南參加抗法戰爭。光緒二十四年（1898）入廣州六榕寺剃度出家，法號鐵禪。民國初，鐵禪在穗組織廣東佛教總會，任會長。日軍侵占廣州期間，出任廣州地區偽日華佛教會會長。一九四六年被國民政府以漢奸罪起訴、公審、判刑，當年秋病卒於獄中。

海山仙館諸碑

林則徐致潘仕成信札

清同治三年（1864）

釋文

旬餘未晤，想吉履恒綏，闔潭輯祜為頌。茲啓者弟日前託廣益行雇募壯勇三百名，業已送去雇資。昨據敝宗名孝桓兄言及此項雇資，先經尊處給付，仍將原銀送還。弟思閣下捐資保衛城垣，誠属善舉。竊聞所雇壯勇為數甚多，原不在添此一處，但弟募來福勇，亦係分設數隊，均經託雇在先。若廣益行所雇之人，改由尊處給資，於心不安，理亦不順，且与別處轉不一律，無以對人。茲特將廣益追回原銀送繳台府，祈為帰款。盛意已所深感，幸勿謙讓過情，曷勝感禱。專此代面，順候時祺，馀容晤謝不一。

德畬二兄先生如面。

鄉愚弟林則徐頓首。

考略

此碑原存廣州海山仙館，現置越秀山廣州美術館。是《海山仙館藏真三刻（尺素遺芬）》中的一封書信。行書。內容為林則徐感激潘仕成於國難當頭之際急公好義、捐資雇募壯勇之善行義舉。因林則徐是託廣益行雇募壯勇並已送去雇資，故感覺由潘氏支付雇資於心不安，理亦不順，遂追回廣益行雇資送歸潘氏。由此可見潘氏勇於擔當道義的一貫作風，亦可見林氏辦事之嚴謹處。

撰書者林則徐，字元撫，又字少穆、石麟，晚號俟村老人、俟村退叟、七十二峰退叟、瓶泉居士、櫟社散人等，福建侯官人。清嘉慶十六年（1811）進士，選庶吉士，授編修。曾任湖廣總督、陝甘總督和雲貴總督，兩次受命欽差大臣。在第一次『鴉片戰爭』時期，以虎門銷煙、奮力抗英而聞名中外。

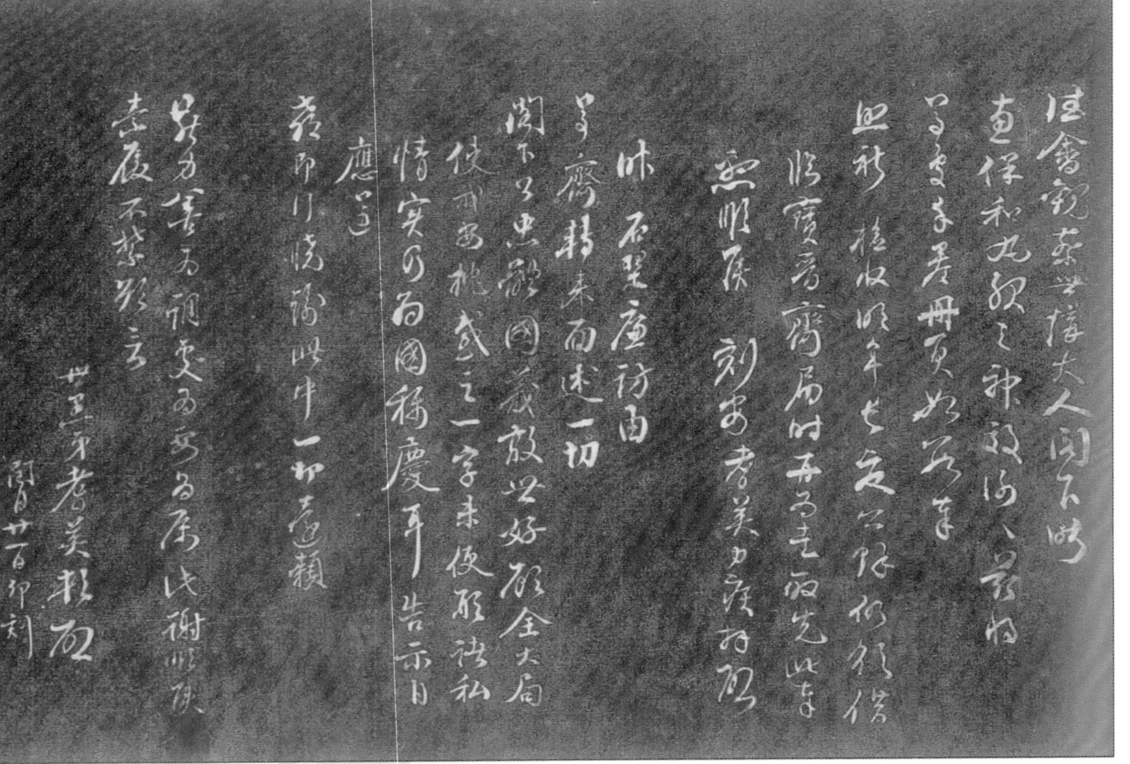

耆英致潘仕成信札

清同治三年（1864）

釋文

德畬觀察世講大人閣下：

昨惠保和丸，服之神效，謝謝，茲將尊處手卷冊頁如數奉照，祈檢收。明年長夏公餘仍欲借臨寶晉齋，屆時再為走取，先此奉懇，順候刻安。耆英力疾拜啟。

昨石琹廉訪，由尊齋轉來面述一切，閣下公忠體國，義敦世好，顧全大局，使我安枕感之，一字未便形諸私情，實乃為國稱慶耳。告示自應遵教即行曉諭。此中一切，還賴鼎力善為調處為要。為屬此謝，順候素履，不禁欲言。

世愚弟耆英頓啟。閏月廿一日卯刻。

考略

此碑原存廣州海山仙館，現置越秀山廣州美術館。是《海山仙館藏真三刻（尺素遺芬）》中的一封書信。行書。內容為耆英稱譽潘仕成公忠體國、顧全大局，並希望他繼續為國事盡力。

撰書者耆英，愛新覺羅氏，字介春，隸滿洲正藍旗，清朝宗室。曾任欽差大臣兼兩廣總督、熱河都統、盛京將軍等，代表清政府與英簽訂《南京條約》《五口通商章程》和《虎門條約》。後又分別與美國、法國簽訂了《望廈條約》和《黃埔條約》。第二次鴉片戰爭期間，被派赴天津與英、法侵略軍交涉。後因欺謾被彈劾，咸豐帝賜其自盡。

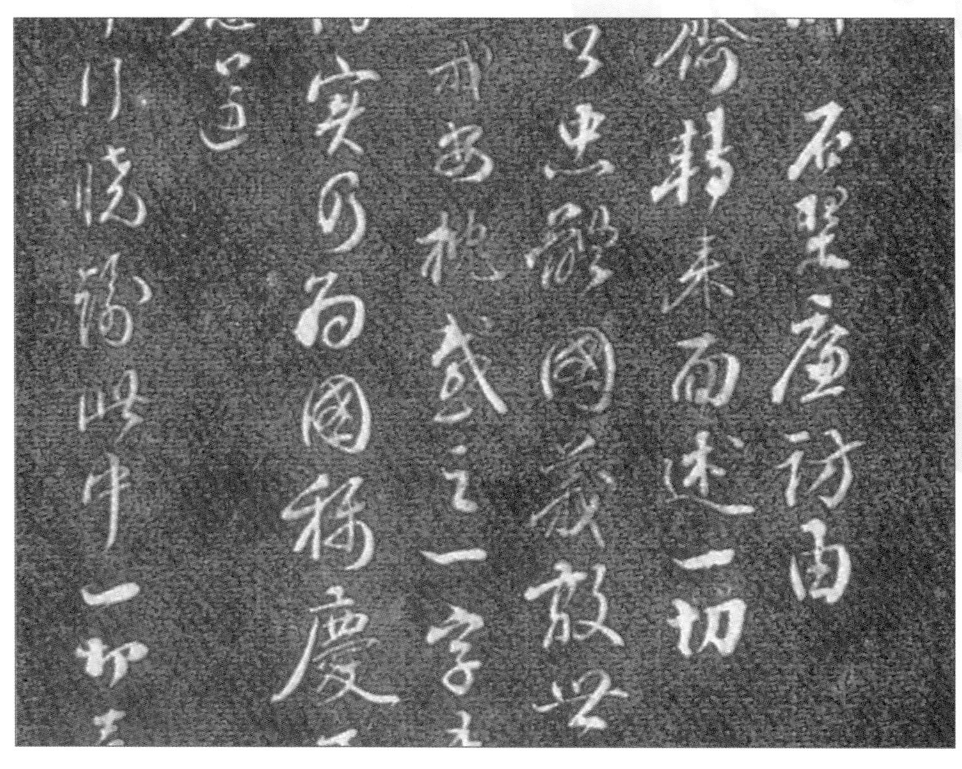

（碑刻局部）

吴榮光致潘仕成信札

清同治三年（1864）

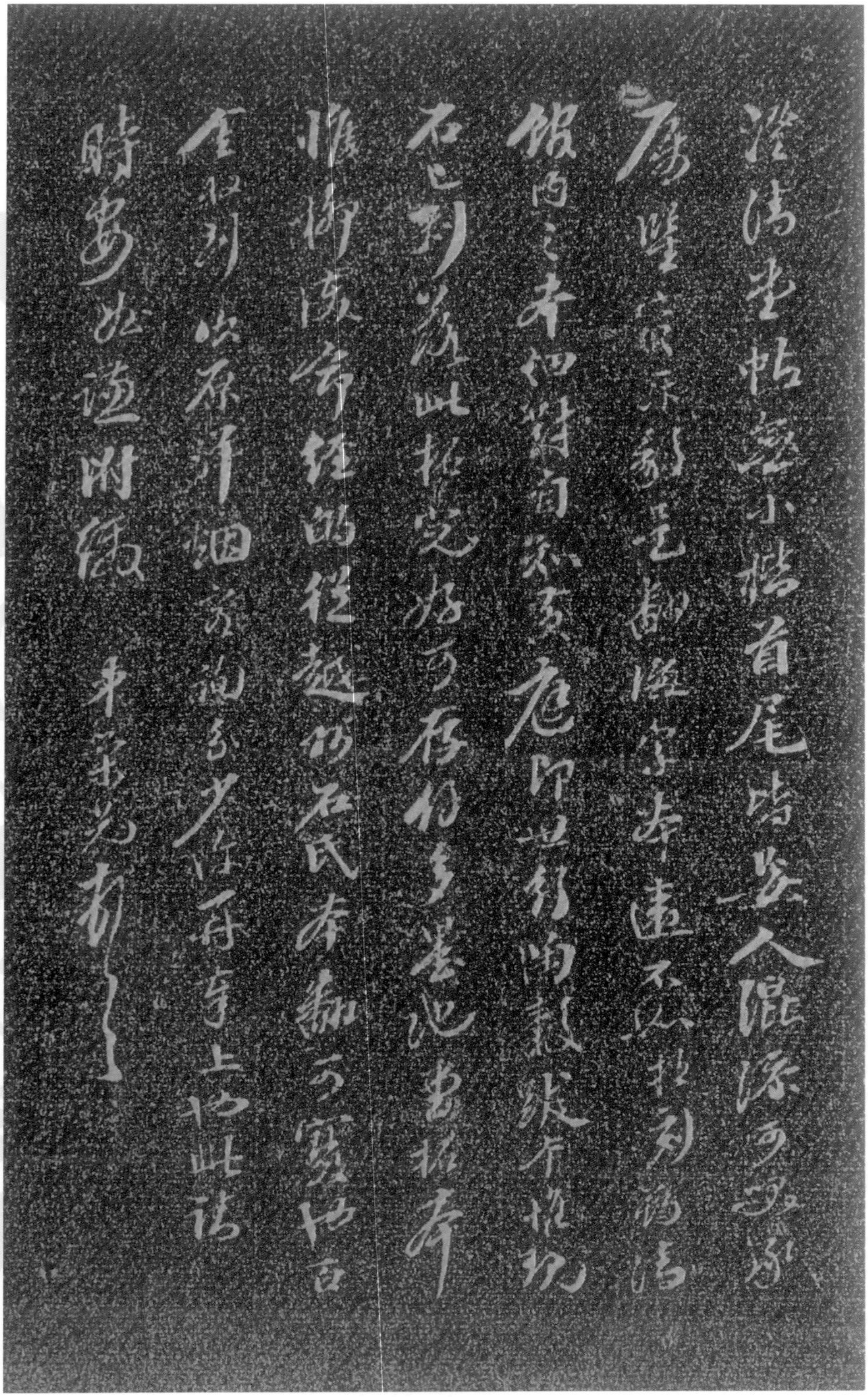

釋文

澄清堂帖無小楷，首尾皆妄人混添，可笑。承屬鑒定乐毅，是翻海字本，遠不如拙刻筠清館內之本，細對自知。

黃庭即世行陶穀跋本，惟現石已剥落。此拓完好可存，係多墨池堂拓本，惟柳護命經的從越州石氏本，翻可寶也。

百金收到，次原洋烟容詢分少許再奉上也。此請時安如謙附繳。

弟榮光頓首。

考略

此碑原存廣州海山仙館，現置越秀山廣州美術館。是《海山仙館藏真三刻（尺素遺芬）》中的一封書信。行書。

內容為吳榮光與潘仕成切磋部分碑帖拓本之優劣高下，可知二人皆精於碑帖，時有交流。

撰書者吳榮光簡介參見《吳榮光書『碧乳』石刻》之考略。

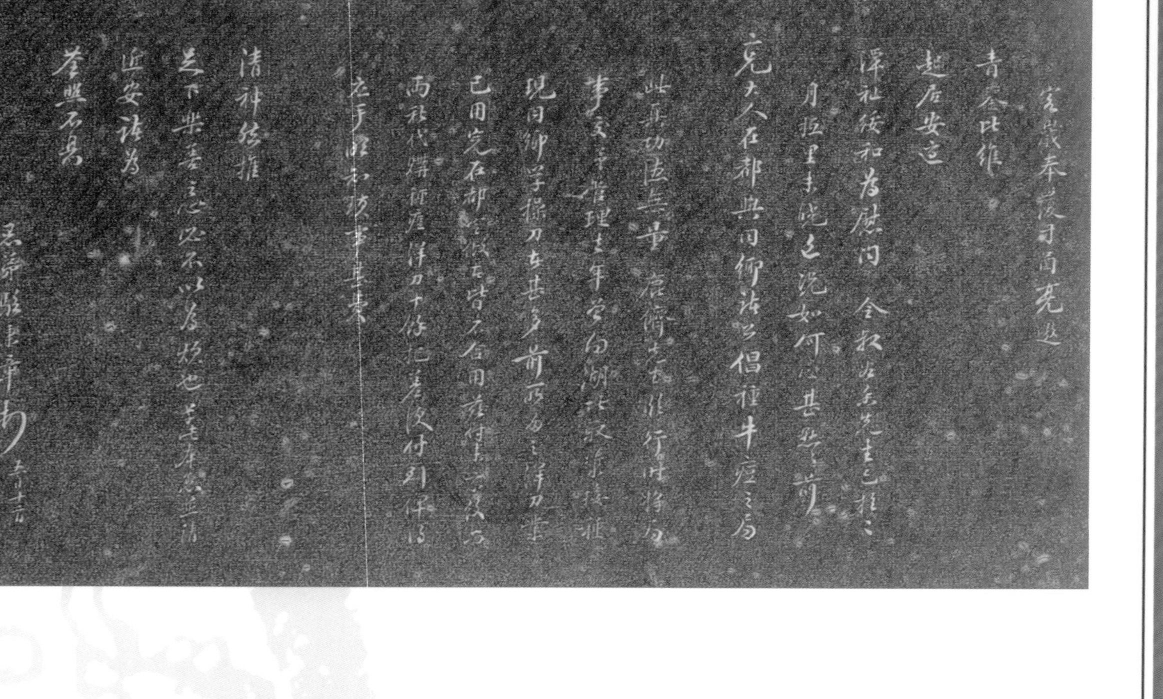

駱秉章致潘仕成信札

清同治三年（1864）

釋文

客歲奉復寸函，亮邀青鑒，比維起居安適，潭祉綏和為慰。聞令叔谷香先生已於二月抵里，未曉近況如何？心甚懸之，前二兄大人在都與同鄉諸公倡種牛痘之局，此真功德無量。鹿儕先生臨行時，將局事交弟管理，去年曾向湖北取漿接種。現同鄉學操刀者甚多，前所畄之洋刀，業已用完。在都定做者皆不合用。茲付來京紋六兩，祈代購種痘洋刀十餘把，差使付到，俾得應手。明知瑣事甚費清神，然推足下樂善之心，必不以為煩也。草此奉懇，並請近安，諸為荃照不具。

愚弟駱秉章頓首。五月十二日。

考略

此碑原存廣州海山仙館，現置越秀山廣州美術館。是《海山仙館藏真三刻（尺素遺芬）》中的一封書信。行書。內容為駱秉章請潘仕成代購種痘洋刀。從中可知，當時接種牛痘防天花已然在國內流行。

撰書者駱秉章，原名駱俊，字籲門，號儒齋。廣東花縣人。清道光十二年（1832）進士，選庶吉士，後被授為編修，歷任湖南巡撫、湖北巡撫、四川總督等職，因支持曾國藩對抗太平軍、大渡河邊擒殺石達開而被稱為咸（豐）同（治）年間重臣，並被加封為太子太保。謚文忠。著有《駱文忠奏稿》《駱秉章自訂年譜》等。

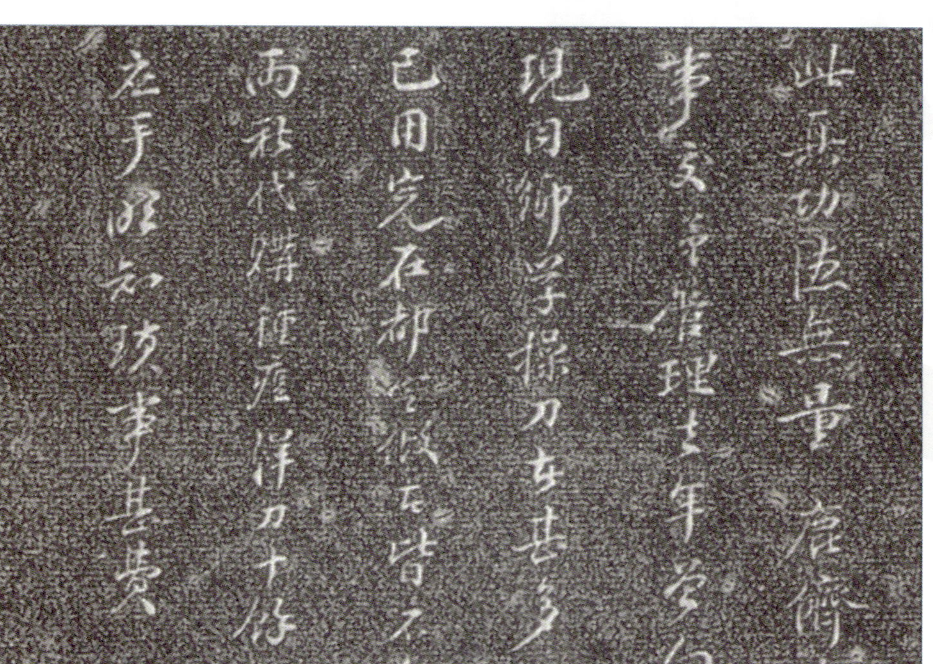

（碑刻局部）

顔伯燾致潘仕成信札

清同治三年（1864）

釋文

頃奉手示，敬悉一切，防虞以衛鄉里，以固人心，在此時實為不可少緩之舉。倘衆議僉同，似照防夷社規為善，望閣下與紫垣兄共推仁心，以樹偉業也。清查保甲，尤為要著，西臺失砲，弟前數日即聞之，似非空言耳。頃聞山東已蕩平，未識確否？手復，敬頌台安不具。原函三件附繳。

德畬二兄方伯大人閣下。

愚弟顏伯燾頓首。

考略

此碑原存廣州海山仙館，現置越秀山廣州美術館。是《海山仙館藏真三刻（尺素遺芬）》中的一封書信。行書。內容為顏伯燾希望潘仕成清查保甲，注重防虞以衛鄉里。

撰書者顏伯燾，字魯輿，別號小岱，廣東惠州府連平人。清嘉慶十九年（1814）進士。授翰林院編修。歷任陝西延榆綏道，陝西按察使，甘肅、直隸布政使，陝西巡撫，雲南巡撫，兼署雲貴總督，閩浙總督等職。在鴉片戰爭中極力反對琦善、楊芳主和政策，親自督師廈門。後因道光帝下令撤防，顏伯燾之備戰計劃因而中輟。道光二十一年（1841）八月英軍進犯廈門，顏伯燾率軍迎擊，戰敗被迫退守同安。清廷後以顏伯燾『未能进剿』為由革其職。

鄧廷楨致潘仕成信札

清同治三年（1864）

釋文

伻來接誦手翰，聆悉一切。皮船已於前日放至石門，聞竹軒宫保已飭黄巡捕運砲二門至彼，並委張鶴生及廣協前往演試，緣奕將軍有初二日晉省之説，擬即于是日演試，俾得共觀。至苫蓋必須得法，容告之鶴生妥當也。楨感冒旬日，畏風避戶，如蠶在繭，不獲一飲清談，殊悶悶耳，率此奉謝，即候晡安。

德輿世長二兄大人閣下。

世弟鄧廷楨頓首。

考略

此碑原存廣州海山仙館，現置越秀山廣州美術館。是《海山仙館藏真三刻（尺素遺芬）》中的一封書信。行書。內容為鄧廷楨致與僚屬赴石門觀摹潘仕成所購西洋炮艦演習之事。為禦敵於海上，潘氏曾出資用美國人的設計圖紙造成戰船一艘，試驗後極佳，可以抵禦英軍，後此艦交水師旗營。

撰書者鄧廷楨，字維周，又字嶰筠，晚號妙吉祥室老人、剛木老人。江寧人。清嘉慶六年（1801）進士，授編修，曾任湖北按察使、江西布政使、陝西按察使、安徽巡撫、兩廣總督、兩江總督、雲貴總督、閩浙總督等職。主張嚴禁鴉片，與欽差大臣林則徐協同查禁鴉片，整頓海防。後因受主和派彈劾，與林則徐同時被革職，充軍新疆伊犁。釋還後任甘肅布政使、陝西巡撫、陝甘總督等職。工書法、擅詩文、精音韻，著有《雙硯齋詩鈔》《金陵詞鈔》《詩雙聲疊韻譜》等。

潘仕成七十小象

清同治十二年（1873）

釋文

德畬七十小象

前在姑蘇，見滄浪亭所刻諸名人像，覺遺跡空留，時多感慨。今閲所存各友遺芬並此像，其意將毋同。

同治癸酉夏日榮祿大夫潘德畬自記。

考略

此碑原存廣州海山仙館，現置越秀山廣州美術館。題圖篆書，正文行書。《海山仙館藏真三刻（《尺素遺芬》）》刻於清咸豐七年（1857）至同治四年（1865），由潘仕成纂集，其子潘桂、潘國榮編校，梅縣鄧煥平鐫刻而成。石刻內容多是清代鴉片戰爭前後的名宦顯貴、地方政要、科第才子及親朋知交之書信，他們大多與潘仕成有公私往還，過從頗密。石刻書法有楷、行、隸、篆、草五體。書信中涉及軍事、經濟、文化、社會、生活等各方面，可藉此填補廣州近代歷史之空白。同治癸酉（1873），潘氏補刻此『七十小象』一石，言其效仿蘇州滄浪亭名人石刻，將諸友書信摹勒於石之用意。

撰書者潘仕成，字德畬、德輿或德隅，祖籍福建，世居廣州。是廣州近代史上的重要人物。其先世鹽商起家，潘仕成承家業之後，經年經營洋務，為清廣州十三行巨賈，古玩、字畫收藏家，慈善家。他將所收藏的古帖及時人手迹，分類為摹古、藏真、遺芬，鐫刻上石。同時選擇了藏書中一些坊肆無傳本的古今善本，編為『海山仙馆丛书』，彙編《海山仙館叢貼》，重刻了《佩文韻府》。

其他山水園林類諸碑

石門《貪泉》碑

明萬曆二十二年（1594）

萬曆二十二年四月吉日
貪泉
晉刺使吴隱
之詩
古人云此水
一歃懷千金
試使夷齊飲
終當不易心

釋文

貪泉。

晋刺史吴隱之詩：

古人云此水，一歃懷千金。縱使夷齊飲，終當不易心。

萬曆二十二年四月吉日。

郡人右布政使李鳳等立。

考略

此碑原存廣州西郊石門西華寺内貪泉井旁，旁有吴隱之祠，後祠井俱毁。後移置廣州博物館。高234釐米，寬86釐米。楷書。是明代廣東右布政使李鳳等人刻立的吴隱之《貪泉》詩碑。

吴隱之，字處默。濮陽鄄城人。東晉後期著名廉吏。曾任中書侍郎、左衛將軍、廣州刺史等職，官至度支尚書。任廣州太守時，見廣州城外石門一泉水名「貪泉」。當地傳説飲之便會貪婪成性。他不信此言，照飲不誤，並賦《貪泉》詩以明志。他在任期間，廉潔自律，堅持操守。世人皆稱頌之。

石門處西江、北江交匯處，是古代從水路到廣州的必經之地，「石門返照」是宋元時期的「羊城八景」之一。自吴隱之賦《貪泉》詩以來，歷代過往廣州石門的文人墨客每有題詠，庶成傳統。

黎貫書五言詩

明

釋文

捲却銀河水，青山應更清。
等閑評陸羽，來此續茶經。
黎貫。

考略

此碑存廣州從化縣溫泉鎮溫泉山莊。行書。是明代黎貫題書『百丈飛泉』的詩碑。

撰書者黎貫，字一卿，廣東從化人，黎圭之孫、黎元昌之子。明正德十二年（1517）進士，改庶吉士。授陝西道監察御史，巡按福建、江西等地，後因得罪刑部尚書許贊等，被罷免歸鄉。著有《臺中集》等。

黎民表書『壽』字刻石

明

釋文

壽。

韶山子書。

考略

此石刻存廣州從化灌村區新南鄉新屋圍背山腰的大石壁上。高300釐米、寬280釐米。隸書。鏤邊凹刻。

撰書者黎民表，字惟敬，號瑶石、羅浮山樵、瑶石山人、韶山子。廣東從化人。黎貫之子。明嘉靖十三年（1534）舉人，累官至河南布政參議。嘗居廣州粵秀山麓清泉精舍。隸書師法文徵明，行、草俱入妙品。為黄佐弟子，以詩名。與歐大任、梁有譽、李時行、吴旦合稱『南園後五子』。著有《瑶石山人稿》等。

徐中運書「魁」字碑

清乾隆四十五年（1780）

釋文

魁。

此先仲父晉州刺史澂清公手書也。公書法為時所重，因檢行篋所藏「魁」字，敬摹勒石，以公同好搨取云。

乹隆庚子夏六月上浣。

德慶徐易謹識。

考略

此碑存廣州番禺沙灣鎮安寧東街武帝古廟。高75釐米，寬45釐米。楷書。陰刻大字「魁」，剛勁挺秀。下方有小字題跋。

「魁」字書寫者徐中運，字文選，號澂清，廣東德慶人。其性高潔，雅好詩，書法效晉人。貢生，歷任知晉州知州、石景山同知等職。著有《裕文樓詩集》等。

題跋者為徐中運內侄徐易。

正果寺『成佛巖』 清同治八年（1869）

釋文

成佛巖。

同治捌年仲冬吉。

考略

此石刻存廣州增城南瑞山東麓正果寺附近。楷書。未書鐫刻者姓名。

正果寺，位於廣州荔城鎮東北，北緣南瑞山東麓。寺為供奉賓公生佛（又名牛仔佛）而建。北宋皇祐元年（1049）賓道者削髮於明山寺，化於瑞山石上，遂徙寺於瑞山之右。寺始建於南宋慶元三年（1197），明成化年間重建，清嘉慶、光緒年間曾重修。

李文田書『石泉』銘

清同治九年（1870）

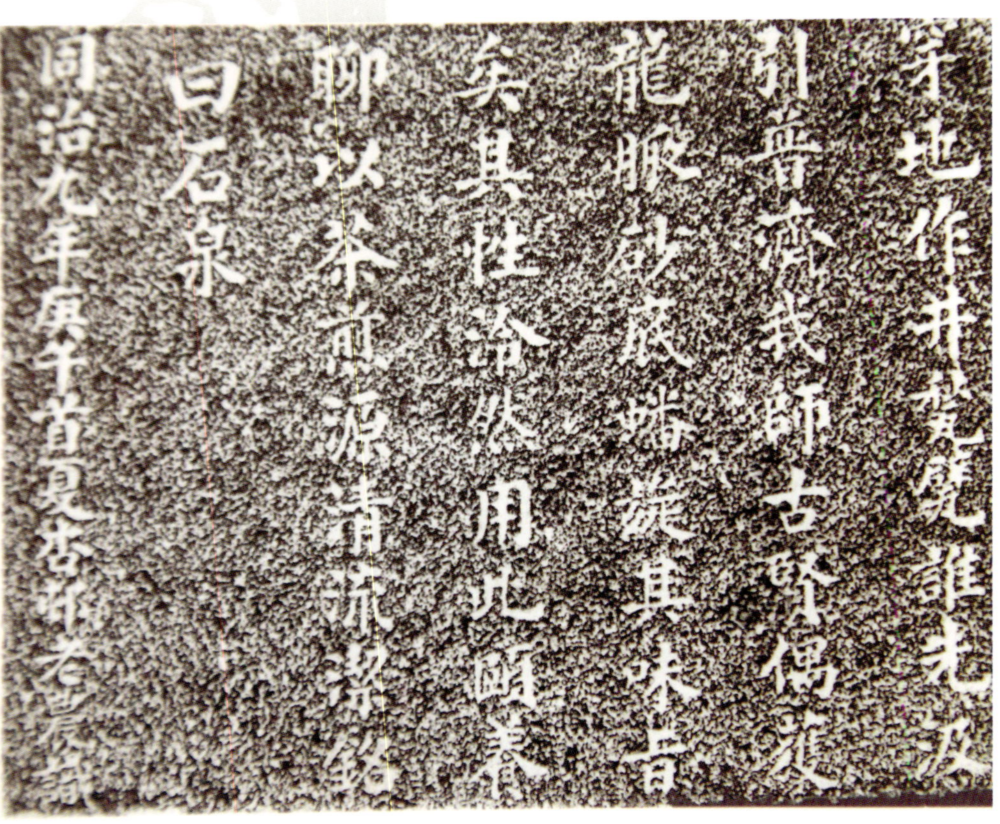

穿地作井[illegible][illegible]誰先及
引普濟我師古賢偶獲
龍脈砂底蟠旋其味旨
矣其性冷然用此頤養
聊以茶荈源清流潔銘
曰石泉
同治九年庚午首夏杏[illegible]老[illegible]識

釋文

石泉。

穿地作井，甃甓誰先。

汲引普濟，我師古賢。

偶獲龍脈，砂底蟠旋。

其味旨矣，其性泠然。

用此頤養，聊以茶煎。

源清流潔，銘曰石泉。

同治九年庚午首夏，杏邨老農識。

考略

此井存廣州市荔灣區芳村大道中七十三號院内。高50釐米，外徑63釐米。花崗岩質。井口的一面刻李文田篆書「石泉」二字，另一面竪刻鄧大林楷書四言詩一首。「石泉」又稱「杏花井」，鑿於清同治五年（1866）。該井原在芳村毓靈橋西側的鄧林莊内，鄧林莊是清道光進士鄧大林晚年在芳村購置的一座園林，因園内廣種杏花，故稱「杏林莊」，該井稱為「杏花井」。

撰書者李文田，字畬光，號若農。廣東順德人。清咸豐九年（1859）探花。曾多次任鄉試考官、學政，官至内閣學士、禮部右侍郎。

撰書者鄧大林，字蔭泉，别署意道人、長眉道人。廣東香山人。

張之洞遊蘿岡詩

清光緒二十五年（1899）

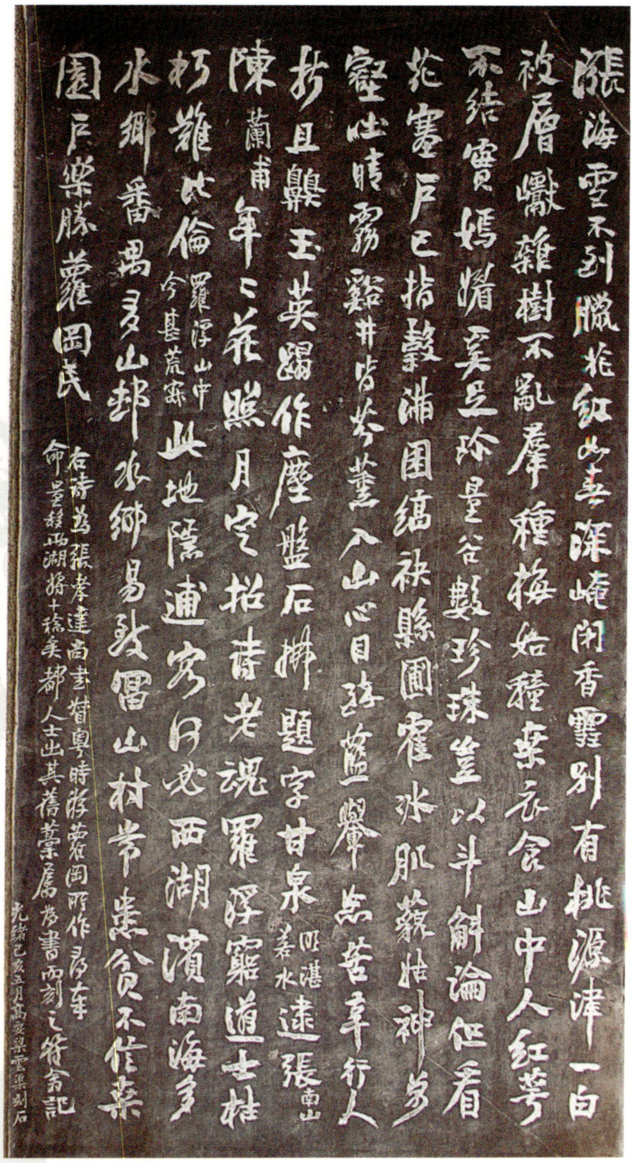

考略

此碑存廣州玉嵒書院。高 180 釐米，寬 80 釐米。行楷書。花崗岩質。是張之洞遊蘿岡時所作詠梅花的五言古詩一首。

張之洞，字孝達，號香濤，又號壹公、無競居士，晚年自號抱冰。直隸南皮人。清同治二年（1863）進士，授翰林院編修、侍講學士及內閣學士等。曾任山西巡撫、兩廣總督、湖廣總督、軍機大臣等職。其早年是清流首領，後成為洋務派的主要代表人物，任兩廣總督期間，興洋務，辦學校，開物成務，多所擘畫。謚文襄。

釋文

漲海雪不到，臘花紅如春。深崦閉香雪，別有桃源津。

一白被層巘，雜樹不亂羣。種梅如種桑，衣食山中人。

紅萼不結實，嫣媚奚足珎。量谷數珍珠，豈以斗斛論。

但看花塞戶，已指榖滿囷。縞袂縣圃霍，冰肌藐姑神。

萬壑吐晴霧，谿井皆芬薰。入山心目醉，藍轝忘苦辛。

行人折且齅，玉英蹋作塵。盤石拂題字，甘泉（明湛若水）逮張（南山）陳（蘭甫）。

年年花照月，空招詩老魂。羅浮窮道士，枯朽難比倫（羅浮山中今甚荒寂）。

此地隱逋客，何必西湖濱。南海多水鄉，番禺多山邨。

水鄉易致富，山村常患貧。不信桑園戶，樂勝蘿岡民。

右詩為張孝達尚書督粵時，游蘿岡昕作。尋奉命量移兩湖，將十稔矣。都人士出其舊藁，属為書而刻之。

符翕記。

光緒己亥五月高要梁雲渠刻石。

吴隱之《貪泉》五言詩磚

年代不詳

釋文

古人云此水，一歃懷千金。

若使夷齊飲，終當不易心。

濮陽吴隱之作。

考略

此古磚刻晉吴隱之著名的五言古詩《貪泉》。楷書。所刻年代不詳。

吴隱之簡介參見《石門〈貪泉〉碑》。

宋之問《登越王臺》五言詩磚

年代不詳

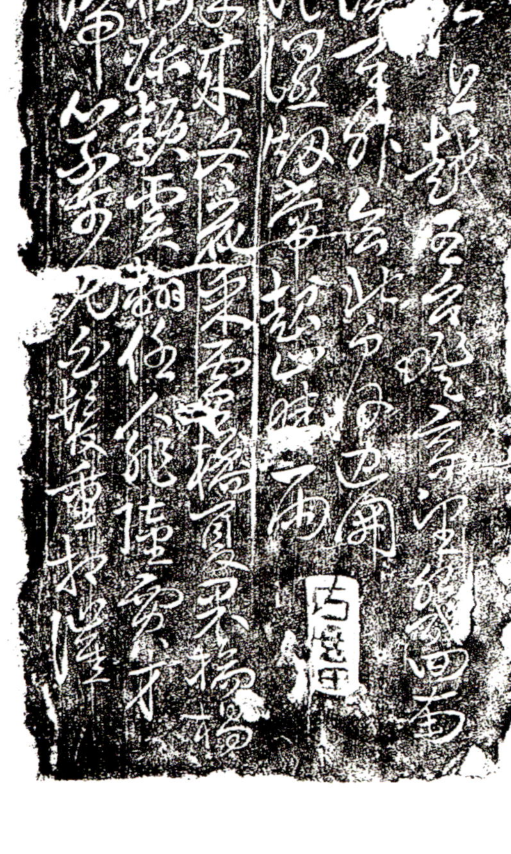

釋文

江上越王台，登高望幾囬。
南溟天外合，北戶日边開。
地濕烟常起，山晴雨半來。
冬花采盧橘，夏果摘楊梅。
跡類虞翻任，人非陸賈才。
帰心不可見，白髮重相催。

考略

此古磚刻唐宋之問五言律詩《登越王臺》。草書。所刻年代不詳。

宋之問，字延清，名少連，山西汾州隰城人，一說虢州弘農人，初唐詩人。神龍元年（705），宋之問貶瀧州參軍。明代陸貽典云：『陳簡齋心哀中原，而所詠者唯吳岫。宋考功身留越地，而所望者乃日邊。時異、人異，而情一也。知此則樵歌巷曲，可與《三百》同觀，何唐宋之別乎？』此詩吟詠廣州越秀山四時景觀，以及與廣州相關的歷史人物。

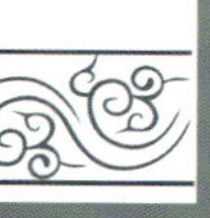

許渾《登越王臺》七言詩磚

年代不詳

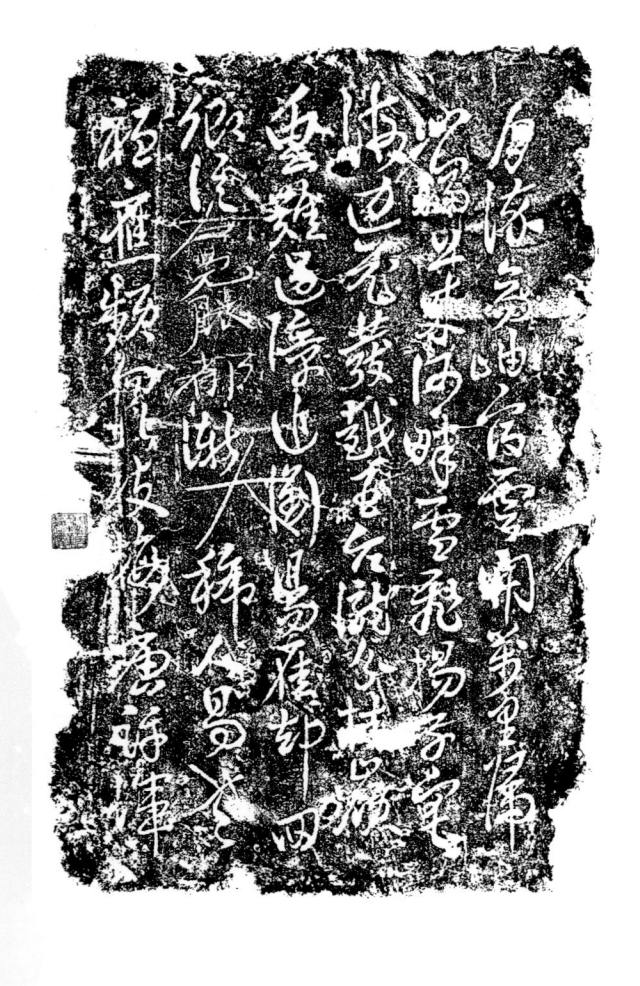

釋文

月流高岫宿雲開，萬里帰心獨上來。
河畔雪飛揚子宅，海邊花發越王台。
瀧分桂嶺魚難過，瘴近衡陽雁却囬。
鄉信漸稀人易老，祇應頻向北枝梅。
唐許渾。

考略

此古磚刻唐許渾七言律詩《冬日登越王臺怀旧》。行書。所刻年代不詳。

許渾，字用晦（一作仲晦），祖籍安州安，寓居潤州。唐代詩人。大和六年（832）進士，開成元年（836）受盧鈞邀請，赴南海幕府，先後任當塗、太平令。因病免。大中年間入為監察御史，因病乞歸。後復出仕，任潤州司馬。歷任睦、郢二州刺史。晚年歸潤州丁卯橋村舍閒居，自編詩集曰《丁卯集》。後人擬之與詩聖杜甫齊名，並以『許渾千首濕，杜甫一生愁』評價之。此詩描寫廣州風物，其中的『揚子宅』『越王臺』在唐宋間頻入詩詞中。

其他雜項類

秦「蕃禺」漆奩

秦

釋文　蕃禺。

考略

此漆奩一九五二年出土於廣州西村石頭崗秦墓，藏於廣州博物館。橢圓長方形。長25釐米。木胎黑漆，蓋面朱繪雲紋，奩上有「蕃禺」篆書烙印。「蕃禺」即「番禺」，是秦漢時南海郡的郡治，此為番禺地名見於考古實物最早的一例。烙印屬秦代官印，表明該器為當時的番禺工官所造。這是嶺南目前所見的最早印章遺痕。從風格可以看出，嶺南印章在秦代已受到中原璽印的影響。

秦「東□八」刻木文字

秦

釋文　東□八。

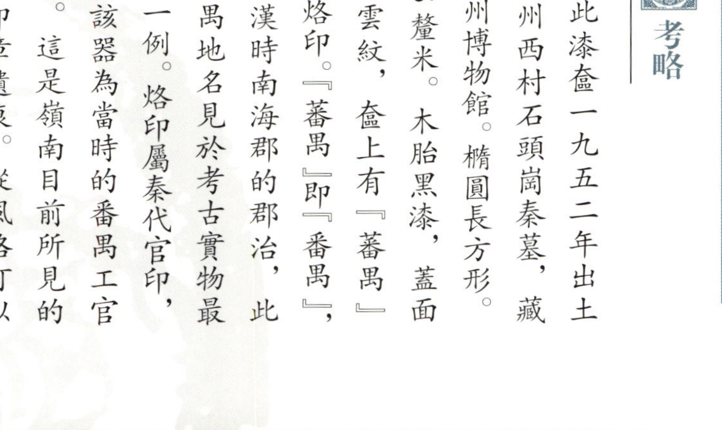

考略

此木刻文字於一九七五年出土於廣州秦造船工場遺址，藏於廣州南越王宮博物館。在第一號船臺的一條大枕木上，由左向右刻鑿「東□八」三字，文字結體類似戰國時期的字形。中間一字未識，有金文之書風。「東」字是小篆，最後兩筆已帶隸法，當為戰國以後的書體。

秦「半兩」銅錢

秦

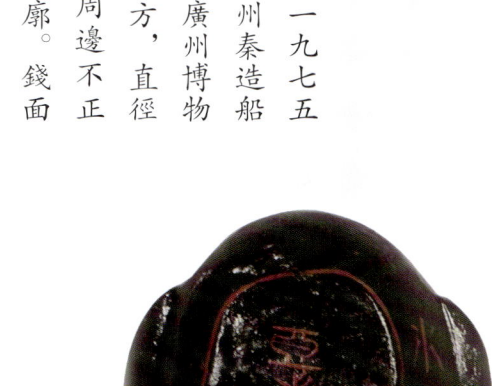

釋文

半兩。

考略

此銅錢一九七五年出土於廣州秦造船遺址，藏於廣州博物館。外圓內方，直徑3.1釐米，周邊不正圓，無內外廓。錢面有陽文小篆「半兩」二字，火口在上，背平坦。半兩錢是我國最早的統一貨幣，從秦至清末錢幣形制始終保持着外圓內方的樣式。

南越國「惡」「水」漆奩

南越國

釋文

惡，水。

考略

此漆器一九九六年出土於廣州東山農林上四横路的西漢墓，藏於廣州市文物考古研究院。篆書。墓中所出漆器全部為純木胎而不見夾紵胎，並喜用金銀彩，此特點與我國南方其他省同期所常見的楚式、秦式漆器有顯著區别。漆工記銘方法亦具有鮮明的南越地方特色。漆器上發現三百多個漆繪和刻畫文字符號。如「惡」「水」「工平」「工萬」「工惡」「樊後」「東南一」至「東南十八」、「千秋萬歲」等，為人們研究南越國的漆器製造、木工工藝、書法藝術等提供了資料。

南越國宮苑遺址石刻文字若干

南越國

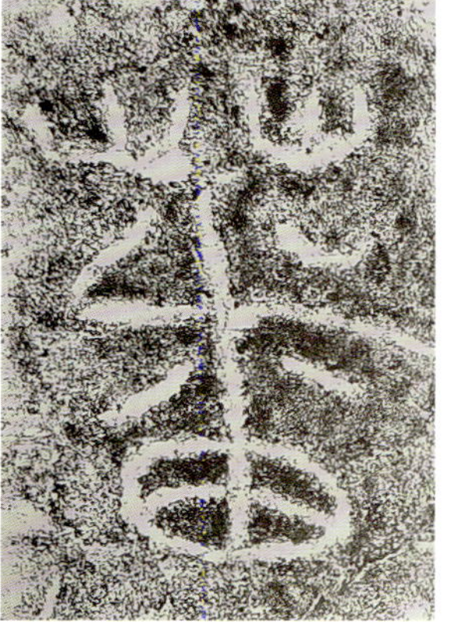

釋文　蕃。

釋文　閱。

釋文　僨。

釋文　晥。

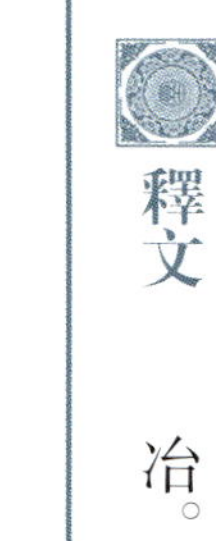

釋文　治。

釋文　工。

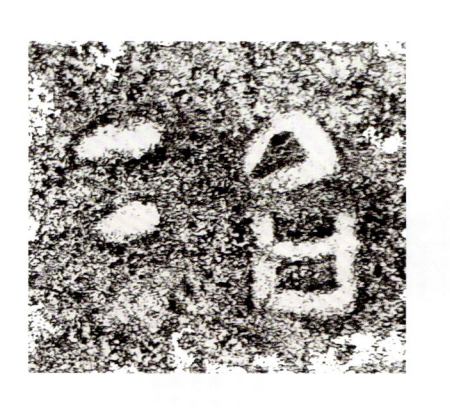

釋文　□北諸郎。

考略

一九九五年考古人員在發掘廣州南越國宫苑遺址時，發現蓄池池壁石板面和曲流石渠渠底石板面以及石構件上，刻鑿有多個文字，從文字内容來看，有地名、職官、陶工人名和編號數字等。其中在石構水池南壁鋪石板面上，刻有一「蕃」字，長25釐米，寬19釐米，秦隸。「蕃」即「蕃禺」的簡稱，是秦置南海郡的郡治，又是南越國的都城。在象崗山南越文王墓出土的銅器中刻有「蕃禺」或「蕃」字的鼎可證。石板上的「蕃」字與《史記》《漢書》記載南越國的都城「蕃禺」亦相互印證。遺址還發現有「閲」「儹」「晥」「冶」「工」等文字，皆屬秦隸。此外，還發現有刻痕纖細的「□北諸郎」等字，「□北諸郎」爲篆書，應是職官名，文獻未見載。

南越冢木刻字若干

南越國

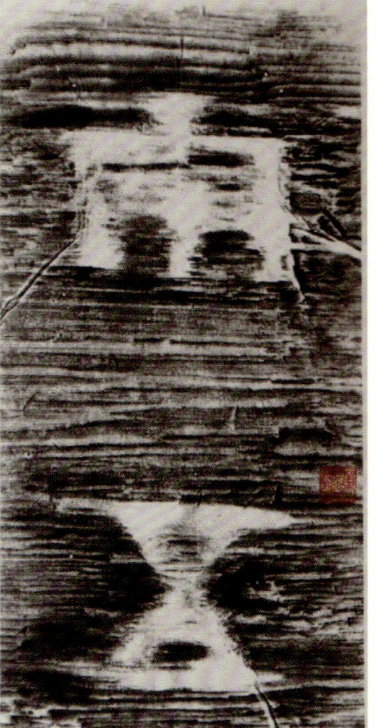

釋文

甫五。

釋文

甫六。

釋文

甫七。

釋文

甫八。

釋文　甫九。

釋文　甫十。

釋文　甫十二。

釋文　甫十三。

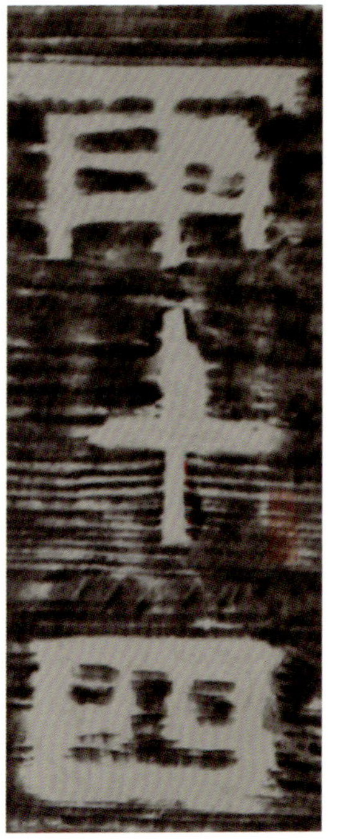

釋文
甫十四。

釋文
甫十五。

釋文
甫十八。

釋文
甫廿。

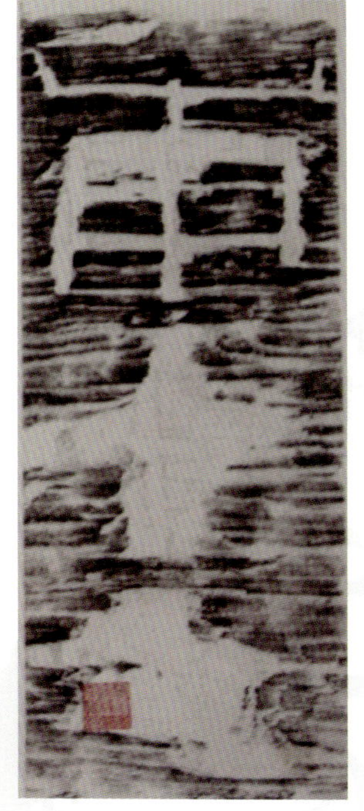

釋文

甫十□。

釋文

甫□一。

考略

以上南越冢木刻字，民國五年（1916）六月十一日出土於廣州東山龜岡一南越國墓冢。該墓為一堂三房的形制。廣州文廟奉祀官譚鑣在冢堂鋪地木端發現一些古文字，分別是：『甫五』『甫六』『甫七』『甫八』『甫九』『甫十』『甫十二』『甫十三』『甫十四』『甫十五』『甫十八』『甫廿』，另有兩枚略顯不清的『甫十□』和『甫□一』。木色白肌黑理。刻字為隸書。當時由梁啓超、譚鑣、汪兆鏞、林澤豐、黃夔石、蔡哲夫、李文樞等人分別收藏。

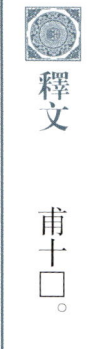

南越國宮苑遺址木簡文字若干

南越國

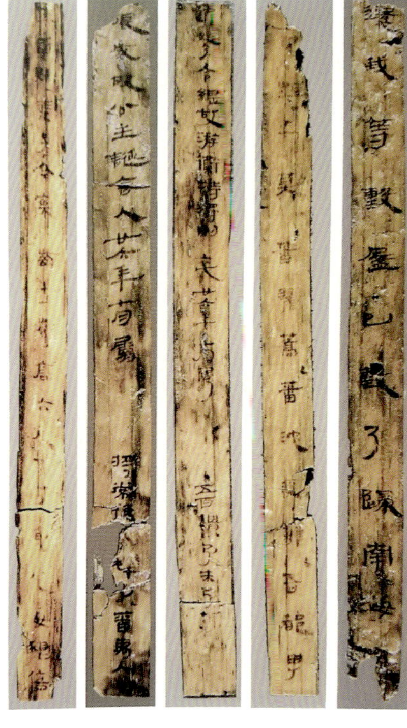

釋文

還，我等穀盈，已穀，乃歸南海□。

□局距上莫蕃翟蒿，蕃池須離吾都甲。

近弩令緹，故游衛持將則卒，廿六年七月屬　五百遺引

末引□。

張成，故公主誕舍人，廿六年十月屬　將常使□□□，

蕃禺人。

王所賜泰子，今案，齒十一歲，高六尺一寸，身它毋豤傷。

□廣於故船四分。

藺令窌兕頸皮置卷，斸其皮，史福有可。

問藺邑人從軍五月餘，乃當到戍，戍東行者萬餘。

受不能□痛，迺往，二日中，陛下。

弗得，至日夕時，望見典憲驅其所牧□。

釋文

未御工令受上笥宫門，出入。

乾鱼三斤十二兩，給處都卒義犬食。

壺棗一木，第九十四，實九百八十六枚。

壺棗一木，第百，實三百七十五枚。

高平甘棗一木，第卌三，實四百廿八枚。

詰虒地唐：唐守苑，行之不謹，鹿死腐。

即操其書來予景巷，今有左問不邪，不邪已叺對。

四月辛丑屬中官租，縱。

野雄雞七，其六雌一雄，叺四月辛丑屬中官租，縱。

野雄雞六。

釋文

大雞官奴堅，當笞百。

□陵，得鼠三，當笞廿。

則等十二人，得鼠中員，不當笞。

大奴虖，不得鼠，當笞五十。

訊嬰，辭曰：徐，徐舍有酒可少半，華。

考略

以上木簡二〇〇四年出土於廣州南越國宮苑遺址的一口南越國井中，藏於廣州南越王宮博物館。共有整簡和殘簡一百多枚，均為木質，計有一千多字。簡文均墨書。其中完整的木簡長25釐米，寬1.7—2.4釐米，厚0.1—0.2釐米。除一枚簡是兩行半文字外，餘簡皆為一行文字。完整木簡一般以十二字左右居多，最多的二十三字，最少的三字。從內容看，多為一事一記的單簡。字體多為扁橫，波磔明顯的較成熟隸書，少數文字有篆書意味，文字總體書寫風格與湖南長沙馬王堆漢墓出土簡、帛書文字及湖北江陵張家山漢簡文字接近，具有很高的書法藝術價值。

木簡主要分籍薄和法律文書二種，反映了南越國的各項制度和南越國王宮生活，有補史作用。如簡文中『蕃禺』『南海』『橫山』等地名，對於南越國政區地理、疆域沿革等的研究意義重大；『當笞五十』『不當笞』等詞句，反映了南越國的法律制度、社會風俗；『宮門』『守苑』等與宮室苑囿相關的文字，是對南越國宮苑所在地性質確認的重要物證。『陛下』『公主』等稱呼，可證史書中關於南越王稱帝的敘述；一些簡文還直接或間接反映出南越國時期的物產、禽鳥和樹木種植等方面的內容。

該批木簡的發現，不僅填補了嶺南地區簡牘考古的空白，改寫了廣東無簡牘的歷史，還極大地擴展了南越國史的研究範圍，具有十分重要的學術價值。

西漢「半兩」鎏金銅錢 西漢

釋文

半兩。

考略

此三枚鎏金半兩錢一九九五年出土於廣州南越國宮署遺址的西漢文化層，藏於廣州市文物考古研究院。直徑2.3釐米。鎏金都很薄，其中一枚鎏金保存較好。篆書，字體瘦長，「半」字下橫與「兩」字上橫較短。從考古發掘可知，南越國沒有自己鑄的貨幣，通用秦漢的鑄錢。秦漢都沒有用金質鑄製半兩錢，鎏金的半兩錢也極罕見。這些鎏金半兩錢當不會是流通用的貨幣，或是王宮內作為賞賜用的錢幣。

西漢「五銖」銅錢 西漢

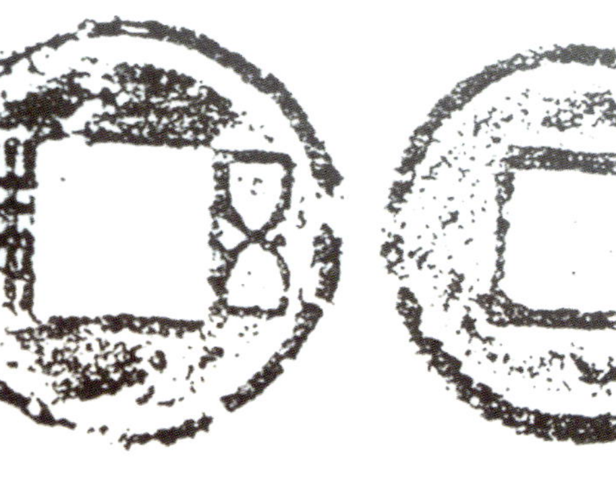

釋文

五銖。

考略

此銅錢一九五六年出土於廣州海珠區大元崗，現存廣州博物館。直徑2.4釐米，厚0.1釐米。銅質。面有外廓，背有內、外廓。錢文篆書，右「五」左「銖」，筆畫較粗，較清晰，無鋒棱。從錢型及書法來看，應屬西漢中期錢幣。

新莽金錯刀幣

西漢居攝二年（7）

釋文

一刀。

平五千。

考略

此金錯刀幣始鑄於西漢居攝二年（7）王莽攝政時，藏於廣州博物館。長7.3釐米，環徑2.7釐米。青銅質。體似刀形，刀環即方孔圓錢。錯金篆書「一刀」二字在環部，「一」字在穿上，「刀」字在穿下。「平五千」三字竪書，陽文，鑄於刀體。金錯刀是紀值貨幣，「平五千」即值錢（五銖）五千枚，表示一個金錯刀可當五千錢用。

新莽「大泉五十」「貨泉」銅錢

新朝

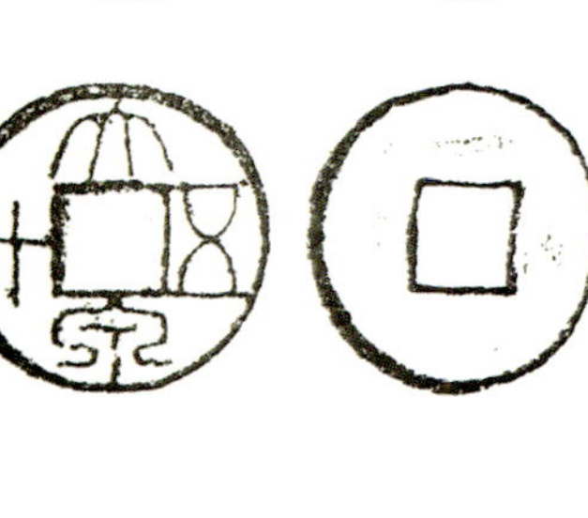
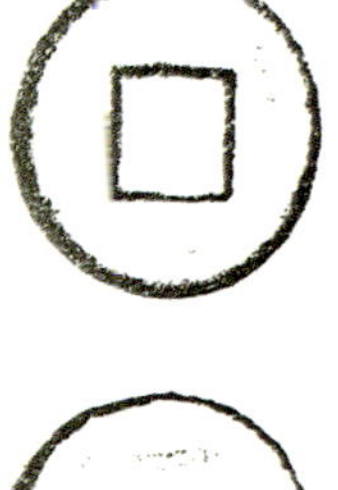

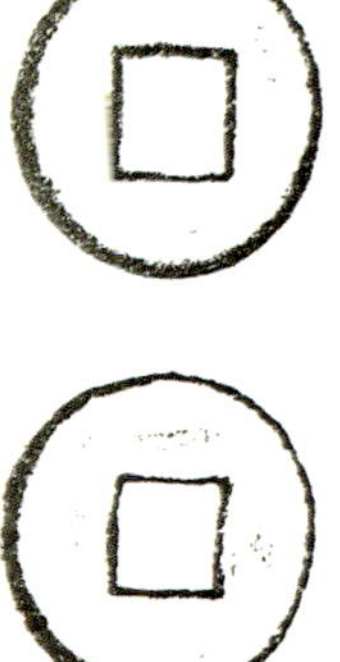

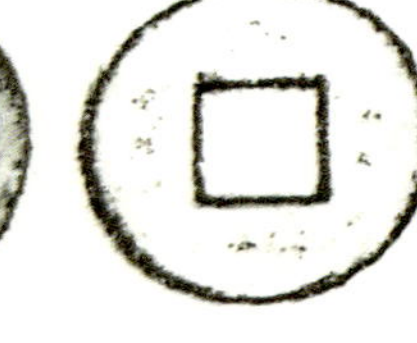
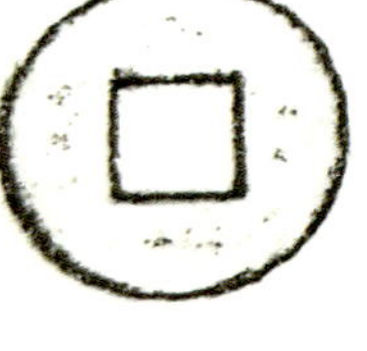
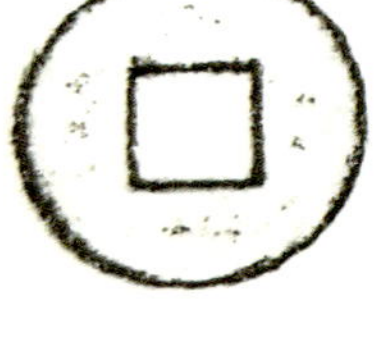
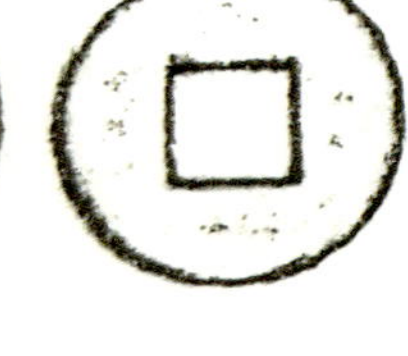
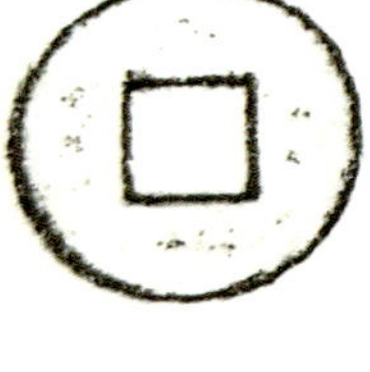
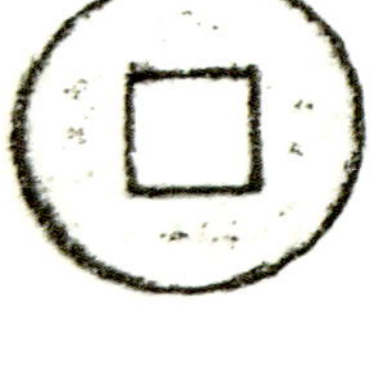
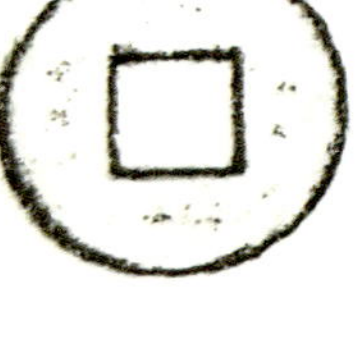
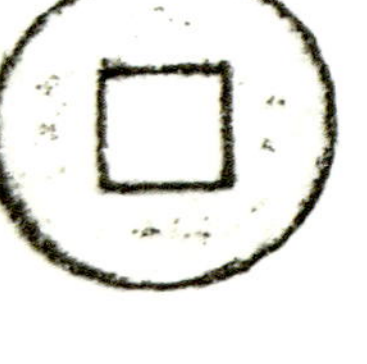
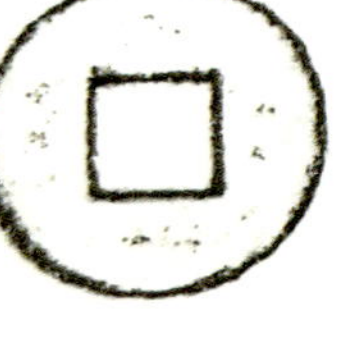
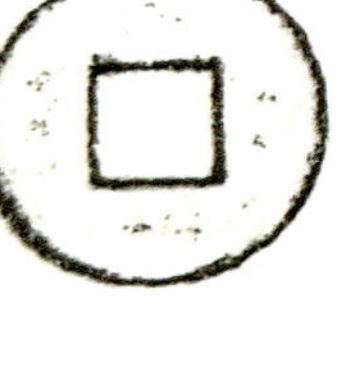
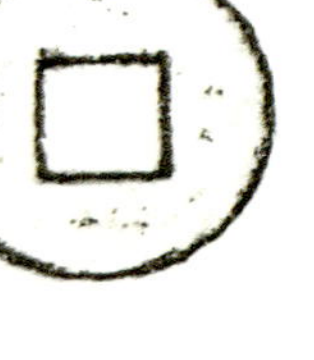

釋文

大泉五十。

貨泉。

考略

以上「大泉五十」「貨泉」錢幣一九九五年出土於廣州南越國宫署遺址的漢代文化層，藏於廣州南越王宫博物館。銅質。篆書。錢文纖細秀麗，布白疏勻。王莽在位期間共進行了五次貨幣改革，新莽時期的鑄幣在廣州也時有出土，但僅見「大泉五十」「貨泉」和「布泉」三種。

東漢『藏酒十石令興壽至三百歲』陶提筒墨書

東漢

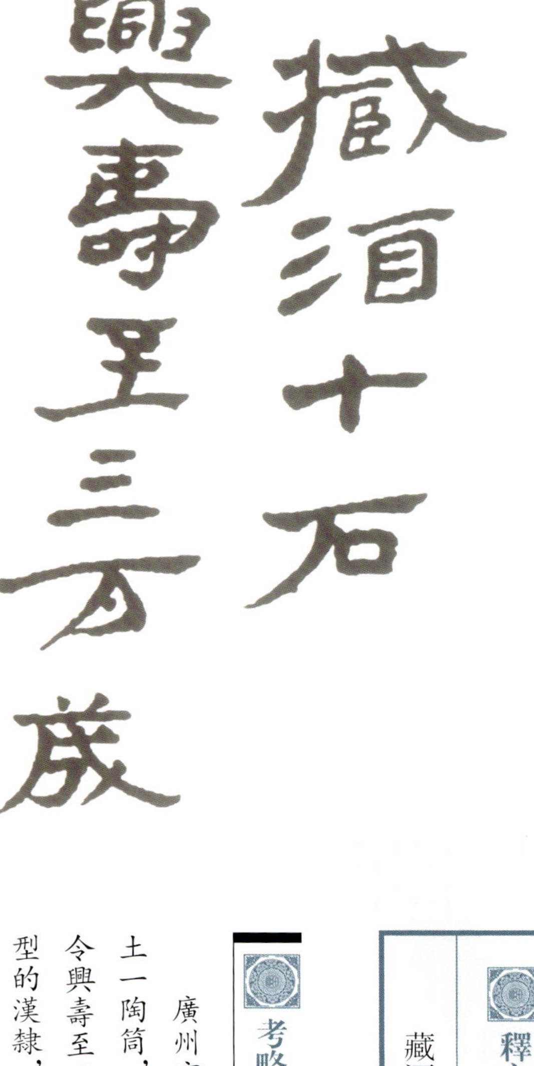

釋文

藏酒十石，令興壽至三百歲。

考略

廣州市先烈路龍生崗東漢墓中出土一陶筒，筒蓋內有墨書『藏酒十石，令興壽至三百歲』二行十一字，為典型的漢隸，結體方扁，字形大小不一，波畫修長，筆致秀逸遒麗，風神瀟灑。此墨書當出於民間工匠之手。

東漢鉛砝碼

東漢

釋文

十斤。

考略

此砝碼一九九五年出土於廣州南越國宮署遺址，藏於廣州南越王宮博物館。徑長3.1—3.3釐米，厚0.8釐米，重46克。鉛質。近圓餅形，上面圓隆狀，底面平，中間刻『十斤』二字，隸書。

三國東吳『大泉』銅錢二種

三國東吳

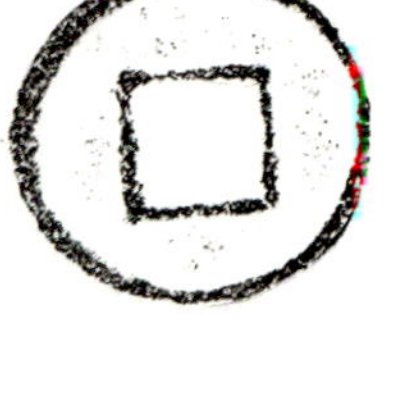
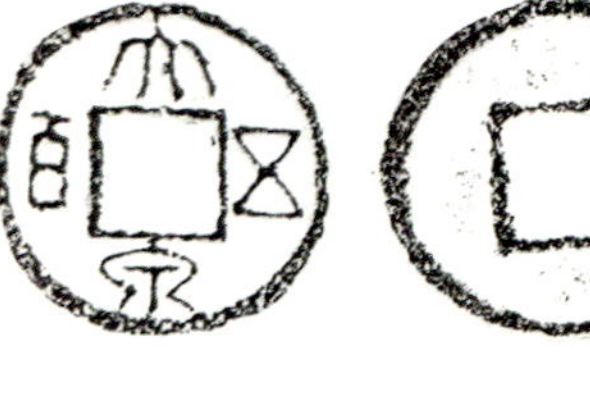
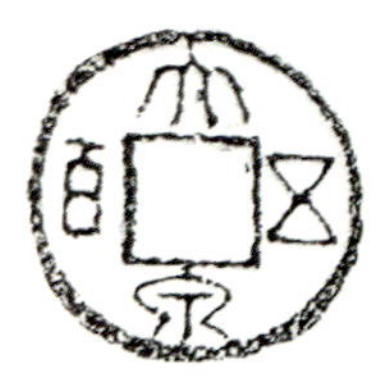
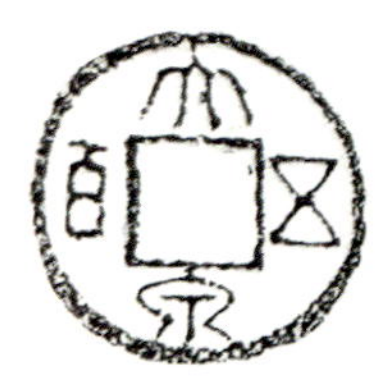
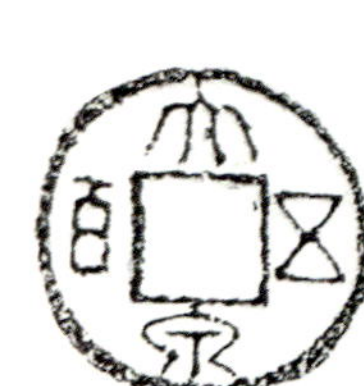
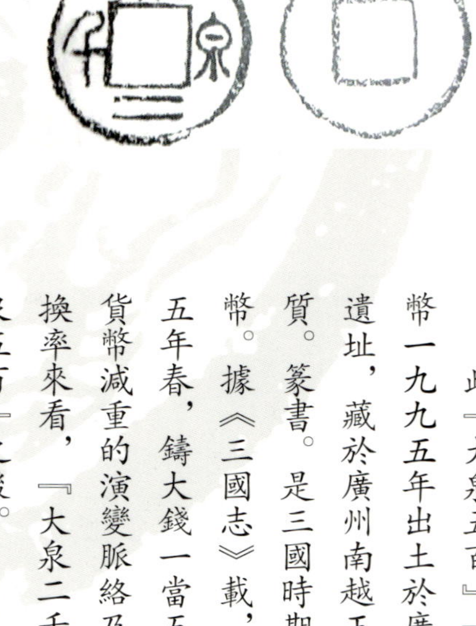

釋文

大泉五百。

大泉二千。

考略

此『大泉五百』『大泉二千』錢幣一九九五年出土於廣州南越國宮署遺址，藏於廣州南越王宮博物館。銅質。篆書。是三國時期東吳所鑄的貨幣。據《三國志》載，孫權於『嘉禾五年春，鑄大錢一當五百』，從孫吳貨幣減重的演變脈絡及面文幣值的兌換率來看，『大泉二千』當鑄於『大泉五百』之後。

西晉宣威將軍梁蓋銘牌和謁牌

西晉

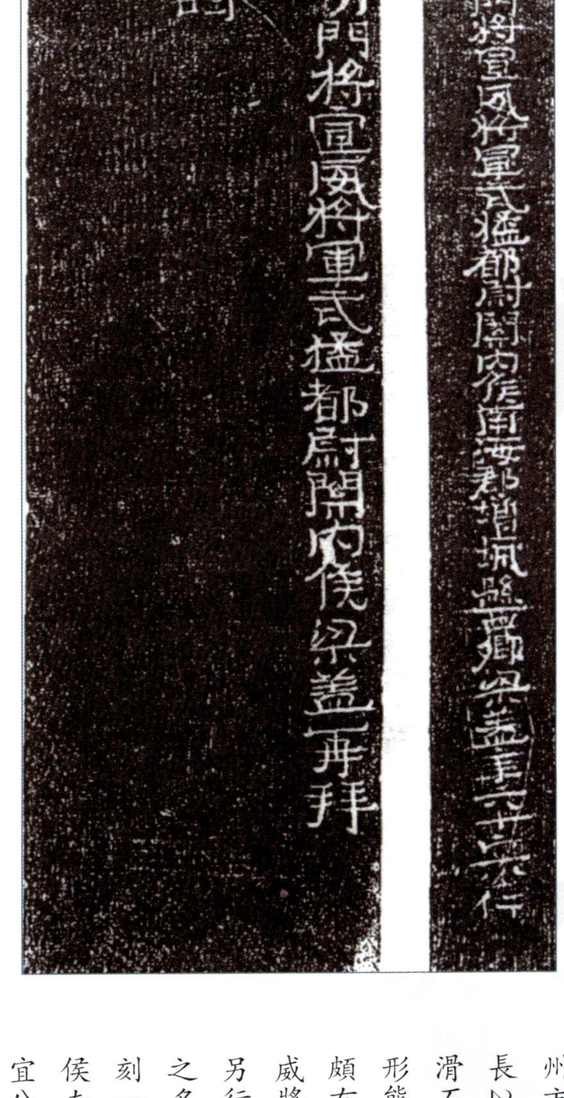

考略

此謁牌和銘牌一九九七年出土於廣州黄埔姬堂村西晉墓，藏於廣州市文物考古研究院。長方條形。長24.2釐米，寬8.1釐米，厚0.8釐米。滑石質。隸書，其章法似漢竹木簡，形態方直舒展，隨字異形，自然生動，頗有漢隸遺風。謁牌刻『牙門將宣威將軍武猛都尉關内侯梁蓋再拜』，另行刻『謁』字，該牌作用相當今世之名片，屬墓主生前所用之物。銘牌刻『牙門將宣威將軍武猛都尉關内侯南海郡增城縣西卿梁蓋年六十六宜公位』，該牌當作墓誌之用。

釋文

牙門將宣威將軍武猛都尉關内矦南海郡增城縣西卿（鄉）梁盖年六十六宜公位。

牙門將宣威將軍武猛都尉關内侯梁盖再拜。謁。

張九齡告身帖刻石

唐開元二十三年（735）

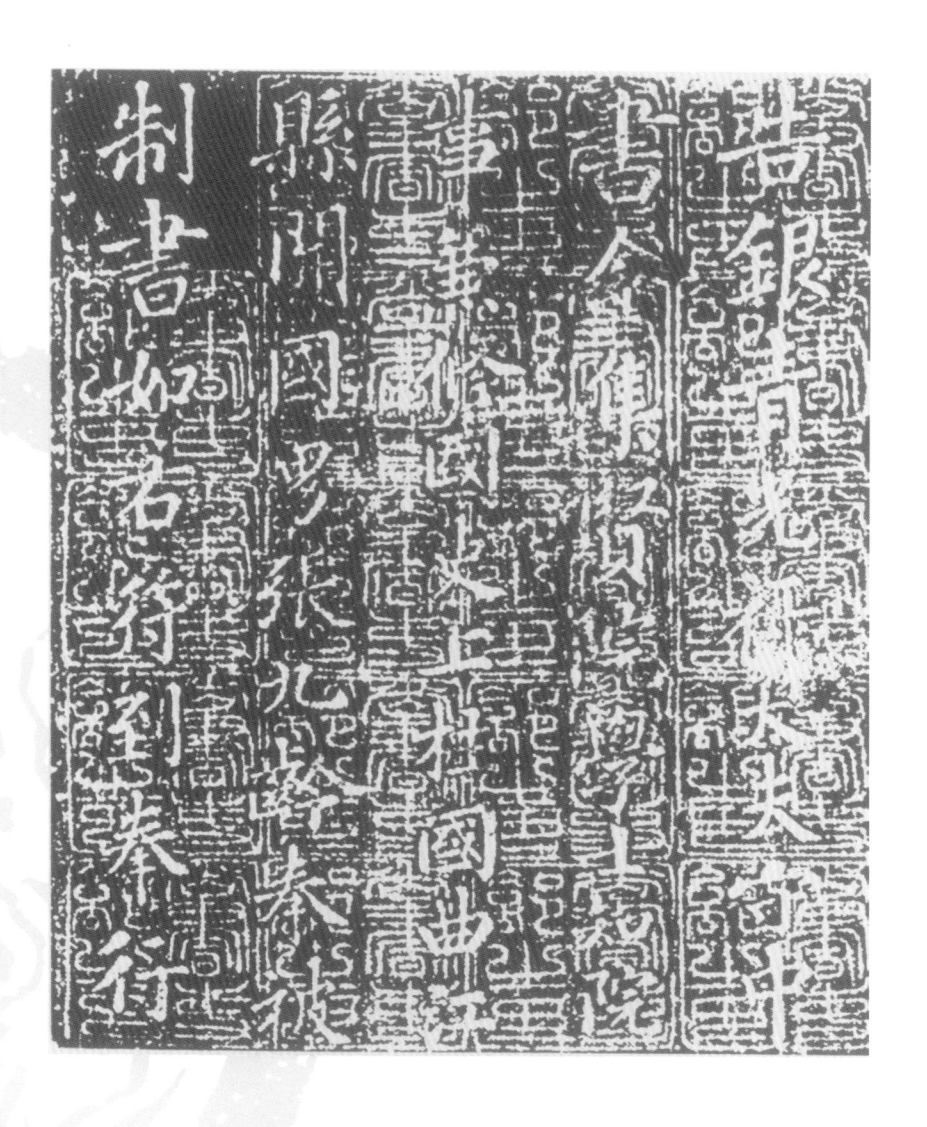

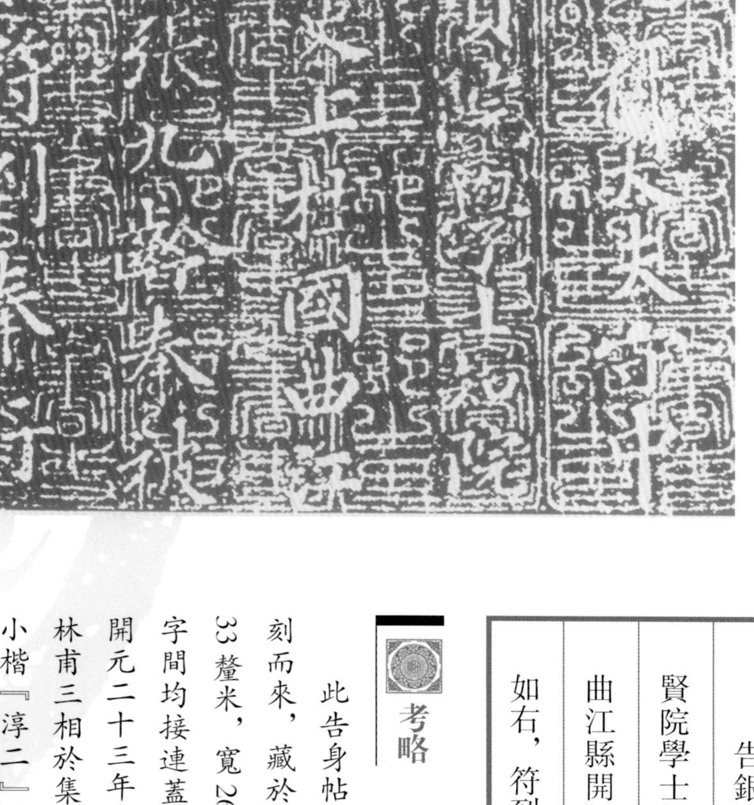

釋文

告銀青光禄大夫守中書令集賢院學士知院事兼修國史上柱國曲江縣開國男張九齡，奉被制書如右，符到奉行。

考略

此告身帖是據宋《淳熙秘閣續帖》翻刻而來，藏於廣州市文物考古研究院。長33釐米，寬26釐米。黑石質。楷書。每行字間均接連蓋滿『尚書吏部之印』。為唐開元二十三年（735）張九齡與裴耀卿、李林甫三相於集賢院所自書者。此石旁鐫有小楷『淳二』兩字，應為道光至光緒年間廣東盛行刊刻叢帖之時，據《淳熙秘閣續帖》翻刻。張九齡之書，向為世所重，此帖筆法圓潤遒勁，結體平正俊朗，精氣內斂，剛柔相濟。

光孝寺大悲陁羅尼幢

唐寶曆二年（826）

釋文

寶歷二年歲次景午十二月一日，法性寺住持大德兼蒲澗寺大德僧欽造書。同經畧副使將仕郎前守辰州都督府毉博士廬江郡何宥則，敬爲亡兄節度隨軍文林郎守康州司馬宥卿造此大悲陁羅尼幢。

（經文略）

考略

此石幢存廣州光孝寺。通高202釐米。經幢平面八角形，高105釐米，幢身各面寬14釐米。青石質。楷書。唐寶曆二年（826）造。幢八角蓋頂蓮花方座，方形基座四周刻力士像，幢身八面刻『千手千眼觀世音菩薩廣大圓滿無礙大悲心陁羅尼神妙章句』，章句内容為『大悲咒』兩咒，每咒分刻於經幢四面。其中一咒每面四行，每行三十字；另一咒每面五行，每行三十五字。字左行。此幢為同經畧副使、前守辰州都督府毉博士何宥則为亡兄節度隨軍文林郎守康州司馬宥卿所造。據《唐書》：『唐初，兵之戍邊者大曰軍，小曰守捉、曰城、曰鎮，而總之曰道。諸道皆有經畧軍，而道有大將一人，曰大總管，已而更曰大都督。』據《百官志》：『都督府有大中下三府，各有都督一人，醫學博士一人，大府從八品上，中府、下府正九品上。』此題刻中辰州都督府，不知是大府抑中下府，而經畧之有同副使，史亦未詳。紀年丙午作景午，據《齊東野語》載：『唐世祖諱丙，故以景字代之。』書者欽造，法性寺（今光孝寺）住持。自署閩川人，與六朝石刻自署其字同例。蒲澗寺在舊志书中以為創建於宋淳化元年（990），據此幢，則實建自唐代。此幢為該寺内現存石刻中年代最早且有絶對年代可考者。清道光《南海縣志》輯錄經幢刻字。

唐青釉陶罐銘文蓋

唐天祐三年（906）

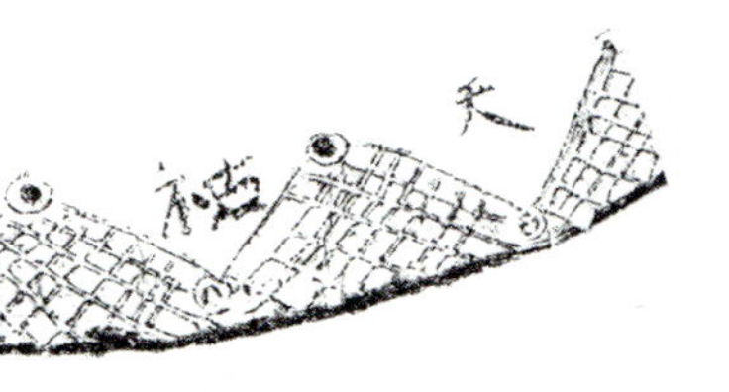

釋文

天祐三年元日造。

考略

此陶罐蓋出土於廣州南越國宮苑遺址，藏於廣州南越王宮博物館。底徑9釐米、高10釐米。楷書。器表施青釉，青灰胎，稍殘。兩層塔式向上收，最底層似一覆碗，口沿外撇，外腹壁畫三角紋，下層三角內飾網格紋，上層三角形空白處陰刻『天祐三年元日造』款。三角形轉角處飾圓珠紋，上下兩層蓋沿外飾弧線和圓珠紋，頂端為攢尖寶珠形紐。天祐，即唐哀帝李柷年號，天祐三年（906），距唐亡僅一年。唐代陶瓷器之有年款者尚不多見，故此唐青釉銘文蓋器頗為珍稀。

嶺南三大名琴

唐

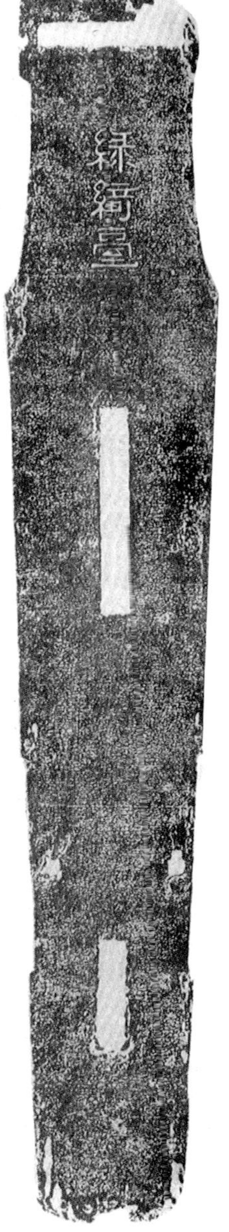

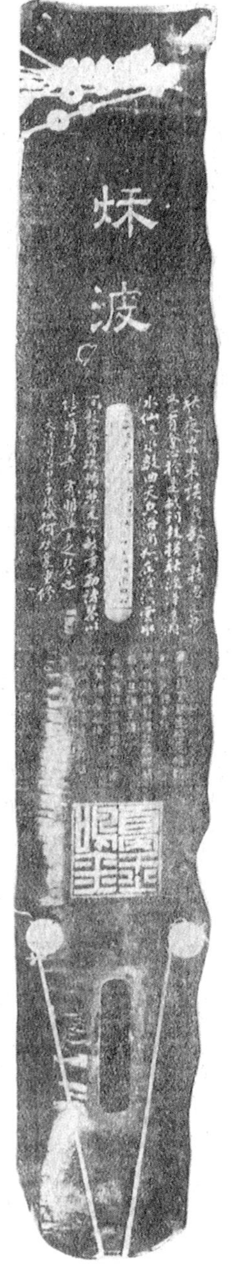

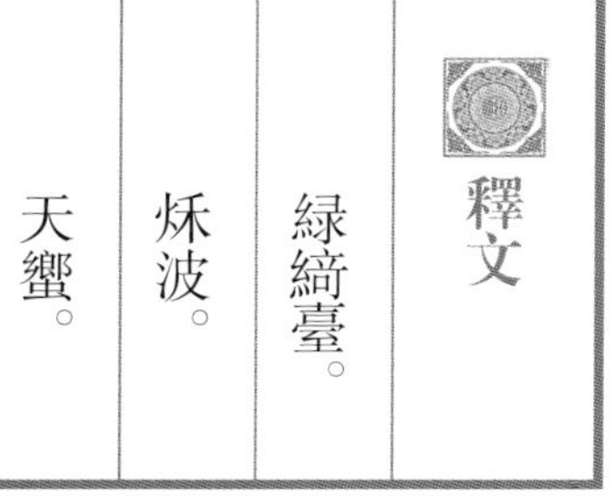

釋文

綠綺臺。

秌波。

天蠁。

綠綺臺，唐代斫製名琴。以此命名的古琴有兩張，一為大曆琴，一為武德琴。此琴年款是唐代武德，為仲尼式，龍池上刻隸書『綠綺臺』三字。據屈大均《廣東新語》載，此琴曾為明武宗朱厚照所有，明末散出民間，後歸抗清英雄鄺露。鄺露珍愛綠綺臺，『出入必與俱』。明亡，清兵入粵，鄺露抱琴而死。琴被清兵所得，售於市上，為歸善人葉龍文以百金購得。至道光末年，葉氏後人以窮困將琴質於當鋪無力贖還，被東莞人張敬修買下。張敬修是東莞可園的主人。他於可園中專門辟『綠綺樓』以寶藏之。民國初年，張家逐漸中落，琴亦以殘破不堪修復而售於同邑鄧爾雅。鄧爾雅是傑出的書法家、篆刻家。一九四四年，鄧爾雅築於香港大埔的『綠綺園』曾被颱風吹毀，從廢墟中搶救出的綠綺臺琴卻安然無恙，鄧爾雅視為奇迹，隨即遷居九龍以安頓名琴。此琴至今仍保存於鄧氏後人手中。

秋波琴，傳為唐代斫製名琴。為蕉葉式，龍池上刻隸書『秌波』二字，鳳沼上有『戛玉鳴金』篆文印，琴上還有清嘉慶年間重修時的題記。此琴的流傳過程記載較少。據傳曾為宋代楊萬里（誠齋）收藏過。民國時期，歸廣東香山人李蟠所有，李蟠曾任孫中山侍從。此琴據說為其家傳寶物，其齋名即為『秋波琴館』。李蟠的曾祖父李遐齡是清道光、咸豐年間著名詩人，喜收藏。此『秋波』琴大約是李蟠的祖父所藏。

天蠁琴，傳為唐代斫製名琴，現存廣州博物館。為響泉式，龍池上刻有玉筋篆『天蠁』二字，下有『萬幾永寶』篆文印，其下有隸書銘文曰：『式如玉，式如金。恰我情，繪我心。東樵銘』。據傳為唐斫琴名家雷氏所製，曾為詩人韋應物所有。清代南海人葉應銓《六如瑣記》中載：『天蠁琴聞本是昭烈帝（南明）內府之物，明末流落民間，道光間先君子曾用五百金典來，偶因不戒失手，琴腰中微斷，幸其聲音無恙，不過略為欠亮耳。後典者贖回，復聞入潘德畬家，築天蠁琴館藏之。今潘氏籍沒，此琴又不知如何矣。』後琴為黃泳雩藏，他曾將自己書齋命名為『天蠁樓』。

綠綺臺、天蠁、春雷、秋波，被稱為『嶺南四大名琴』。其中『春雷』傳為唐代製琴家雷威所斫製，宋徽宗藏於宣和殿，列為『萬琴堂』第一。後為金章宗完顏璟所得，章宗死，以此琴陪葬，十八年後，墓被掘，琴復出人間。元時藏於承華殿，後為耶律楚材所得，贈給萬松老人。清末民初，為廣東收藏家何冠五所得，後歸汪兆鏞，再轉讓給張大千，藏於巴西八德園。

唐鉛臼銘文

唐

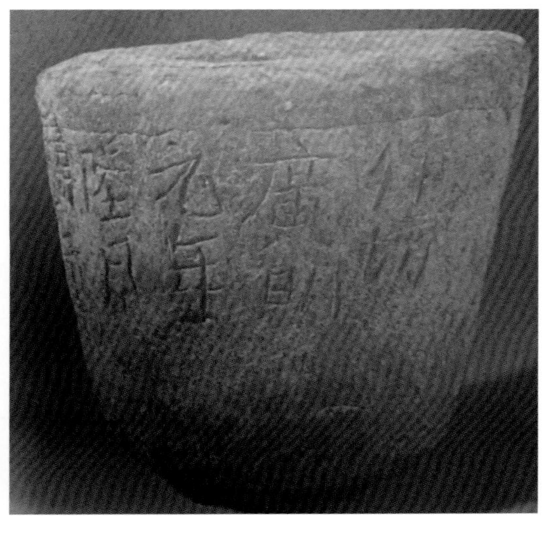

釋文

作坊。廣明元年陸月。鉛重壹拾貳斤。

考略

此鉛臼器二〇〇〇年出土於廣州市西湖路與惠福東路之間的南越國木構水閘遺址。最大徑 11 釐米，高 11 釐米。鉛質。楷書。上刻文字有『作坊』及年代、重量等信息。廣明，是唐僖宗李儇的年號。

唐「廣」「覃」「邕」字「開元通寶」銅錢

唐

●正面

●反面

釋文

開元通寶。

廣，覃，邕。

考略

廣州陸續出土了一批唐代的「開元通寶」銅錢，錢背分別鑄有「廣」「覃」「邕」等字樣，其中「廣」字錢為廣州本地鑄幣，藏於廣州市文物考古研究院。直徑2.3釐米，廓長寬0.7釐米，厚0.1釐米。篆書。據史料載，唐武宗會昌五年（845）全國把寺廟中的佛像等銅器銷毀用以鑄錢，通稱「會昌開元錢」。各州的鑄錢背面鑄有本州的地名。「廣」字「開元通寶」銅錢是廣州見諸史志記載最早的地方鑄幣。

南漢「乾亨重寶」「乾亨通寶」鉛錢

南漢乾亨間

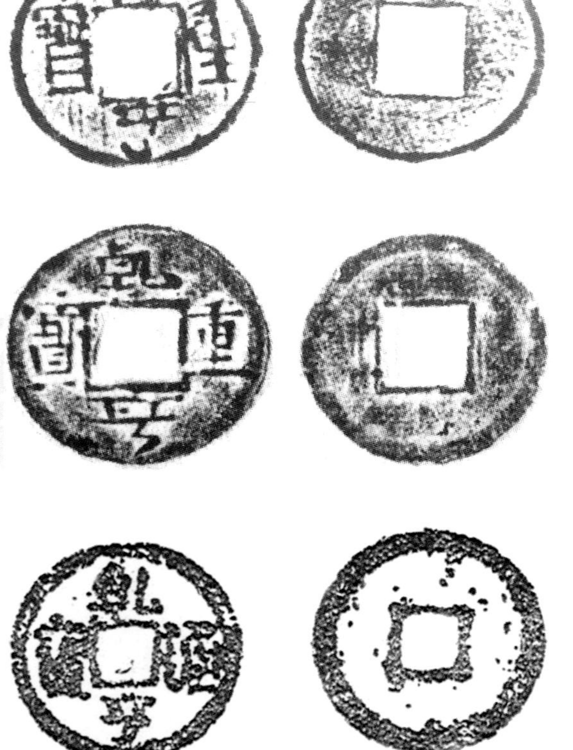

釋文

乹亨重寶。

乹亨通寶。

考略

南漢鑄行的「乾亨重寶」「乾亨通寶」鉛錢，自一九五三年以來，在廣州荒郊時有發現，少者十餘斤，多者數百斤。在廣州南越國宮苑遺址也出土數枚。錢的厚薄大小不一，一般直徑2.1釐米，孔徑0.8釐米。文字多畸斜不正。乾亨，為南漢高祖劉龑年號。

南漢玉圭

南漢

釋文

慎修厥德，無愧己職。

考略

《廣州市市立博物院成立之概況》（民國十八年版）一書刊有『南漢玉璽』圖一幅，云為廣州拆拱北樓下發現，『南海劉退庵舊藏今歸院有』。不著尺寸，年代亦無考。玉圭發現之處拱北樓，址在今廣州北京路青年文化宮門口附近，此處原建有唐清海軍樓。

南漢國『掌要局』瓷碗

南漢

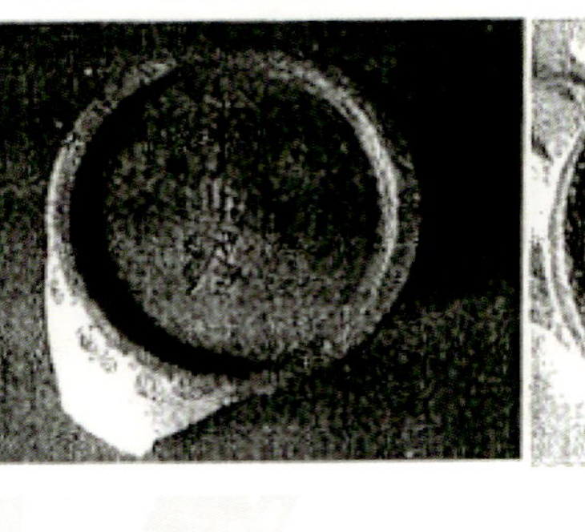

釋文

掌要局。

考略

此瓷碗一九九五年出土於廣州南越國宮署遺址中的南漢宮殿遺址，藏於廣州南越王宮博物館。白瓷。在瓷碗的底部，刻寫有『掌要局』三字，楷書。據專家推斷，當年的衙門『掌要局』很可能就是類似今天掌握機要秘密的部門。該白瓷碗當為南漢宮苑之物，且『掌要局』亦為南漢皇室內府衙署之一。

南漢「官」字殘瓷

南漢

釋文

官。

考略

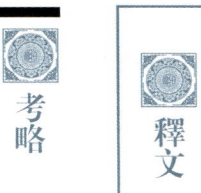

此殘瓷一九九五年出土於廣州南越國宫署遺址中的南漢宫殿遺址，藏於廣州南越王宫博物館。「官」字位於青瓷器底足處，青瓷是施滿釉裹足支燒。「官」字款瓷器是帶款銘瓷器中較特殊的一種，河北定窑、陝西耀州窑、浙江越窑均有「官」字款瓷器，流行於晚唐至北宋早期。「官」字款瓷器當與唐、宋官府有關，為「太官署」之簡稱。

廣州城石水筧題刻

宋紹定三年（1230）

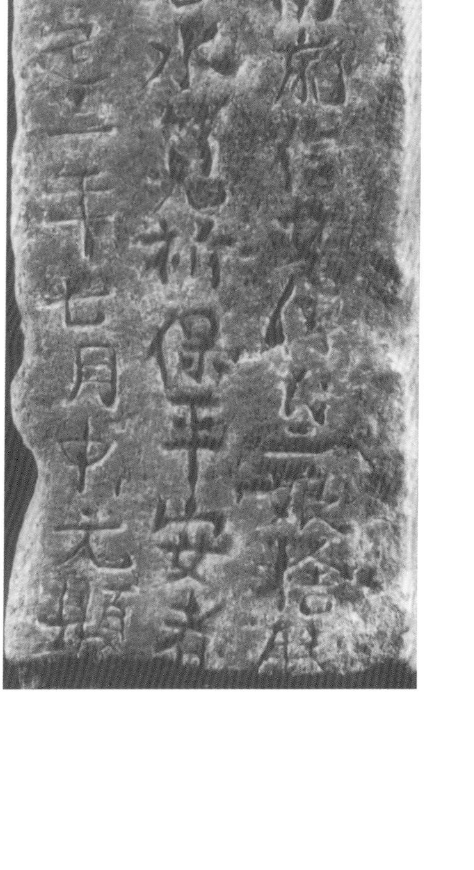

釋文

城南廂信女傅氏二娘，捨錢造石水筧，祈保平安者。

紹定三年七月中元題。

考略

此石水筧原為宋代廣州城內引水的裝置，民國初年廣州拆城垣時發現，後為文物鑒藏家羅原覺收藏，現存廣州博物館。長43釐米，寬19釐米，厚21釐米。楷書。刻於南宋紹定三年（1230）。

『城南廂』是指靠近廣州南面城牆的地區。筧，即引水長竹管，石水筧就是石製的引水管道。古代廣州每年秋、冬間，雨水較少，城中居民缺淡水使用，珠江又受海潮倒灌影響而鹹苦。北宋時，蘇軾曾向廣州知府建議用竹管引白雲山泉水入城。此題刻的發現，說明南宋時，廣州已用石水筧引水入城食用。

宋代錢幣若干

宋

釋文

淳化元寶，至道元寶，景德元寶，皇宋通寶，元豐通寶，元祐通寶。

考略

以上錢幣分别於一九九五年、一九九七年在廣州南越國宫苑遺址宋代文化層出土。銅質。其錢文真、草、篆、隸各體兼備。『淳化元寶』發行於宋太宗淳化元年（990），『至道元寶』發行於宋太宗至道年間（995—997），『景德元寶』始鑄於宋真宗景德元年（1004），『皇宋通寶』始鑄於宋仁宗寶元二年（1039），『元豐通寶』始鑄於宋神宗元豐元年（1078），『元祐通寶』發行於宋哲宗元祐年間（1086—1093）。這些銅錢的出土證實了宋代廣州商貿的繁榮。

廣州『歸德』城門石額

明洪武七年（1374）

釋文

归悳。

廣東衛都指揮使聶偉、指揮使胡通、僉事楊璟立。

洪武七年歲在甲寅仲春吉日岳陽易貴書。

考略

此石額原在廣州歸德門上，現存廣州博物館。長89釐米，寬163釐米。花崗岩質。篆體雙鈎，字徑逾尺，雄渾剛勁，撼人心目。題款楷書。

歸德門是明洪武七年（1374）廣州擴建城垣時新開的八個城門之一，遺址在今解放路與大德路交界處，當時每個城門都有一塊刻有城門名稱的石額，此額當書於其時，是目前廣州僅存的明代城門石額。且有較高的書法藝術價值。

篆書者易貴，番禺人。書家麥華三評此石額曰：『篆尚婉而通，婉通二字，易貴此書足以當之。』

南海『進士里』石額

清咸豐元年（1851）

釋文

進士里。

芙蓉岡進士里，山清水秀，代有文人，前明直隸巡按都御史梁公子蟠，生長於斯，以科甲道顯，誠地靈人傑矣。爰濡毫而記之。時咸豐元年辛亥穀旦重修。

翰林院典簿陳廷輔書。

考略

此石額原存廣州荔灣區東漖鎮海北鄉西浦村，舊稱芙蓉岡，為明代進士梁子蟠、清代進士梁佩蘭（梁子蟠是其高祖父）故里，清代隸屬南海縣神安司大通堡。石額為清廷表彰梁氏一門兩進士牌坊上的石刻。牌坊於清咸豐元年（1851）重修。後牌坊被拆毀，石刻被梁氏後人收藏。高 47 釐米，寬 90 釐米。楷書。

撰文者陳廷輔，字鹿蘋，廣東南海人。

黄埔村天后宫石楹聯

清同治二年（1863）

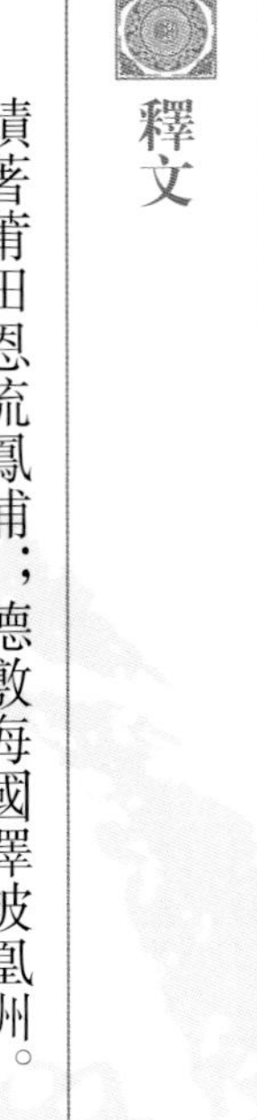

釋文

蹟著莆田恩流鳳浦；德敷海國澤被凰洲。

考略

此石楹聯原存廣州海珠區黄埔村天后宫門前，後遷至北帝廟，後移置黄埔古港陳列館。門聯連座整體高302釐米，寬260釐米，花崗岩質。行楷書，字體端正流麗。天后宫始建年代不詳，該石聯刻於清同治二年（1863）。

潯岡洲圖碑

清同治十二年（1873）

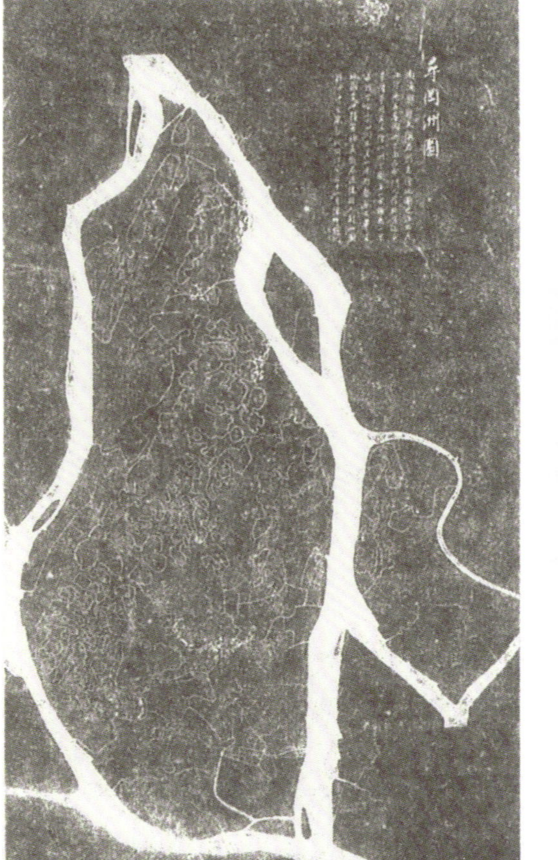

考略

此碑原存廣州舊南海縣潯岡洲鄒氏宗祠（風勸祠），後移置廣州博物館。高176釐米，寬81釐米。題圖及正文皆行楷。圖由鄒伯奇指導他的學生羅照滄、鄒景隆繪製。鄒伯奇，字一鶚，又字特夫、徵君。南海潯岡洲人，清物理學家、學者，中國近代科學先驅。《南海縣志》稱其『尤精於天文曆算，能萃中西之説而貫通之，為吾粵名儒向來所未有』。此圖刻工精細，代表了當時中國繪製地圖的最高技法和水準。

題記者陳澧，字蘭甫，號東塾。清代著名學者。

釋文

潯岡洲圖

南海鄒特夫徵君，創為繪地圖之法。所居泌沖鄉在潯岡洲之南，乃命門人羅照滄、族弟景隆等，用其法繪此洲之圖，每一方格為一里，長短結合，二十四向不差，山川形勢無不畢肖，地圖至此，精密極矣。徵君歿後，族人刻此圖於泌沖之風勸祠。同治癸酉十一月。陳澧題記。

廣東士敏土廠「求是」石匾

清光緒三十三年（1907）

釋文

求是。

語云實事求是，夫求是之道，貴寔事，尤貴虛心，未有自以為是而能衷諸壹是者。有庚氏舍己從人，諸葛公集思廣益，皆不敢自是而虛心以求者也。瑞識闇才庸，深荷憲委創辦粵東士敏土廠，于役伊始，兩至港奧，博詁周諮，雖稍有心得不敢自是。舉凡建築置器，鳩工庀材，罔不求之汲汲。舍成書此，既以自勉，並以告我同事諸君云。

光緒丁未八月上澣。

山左劉麟瑞。

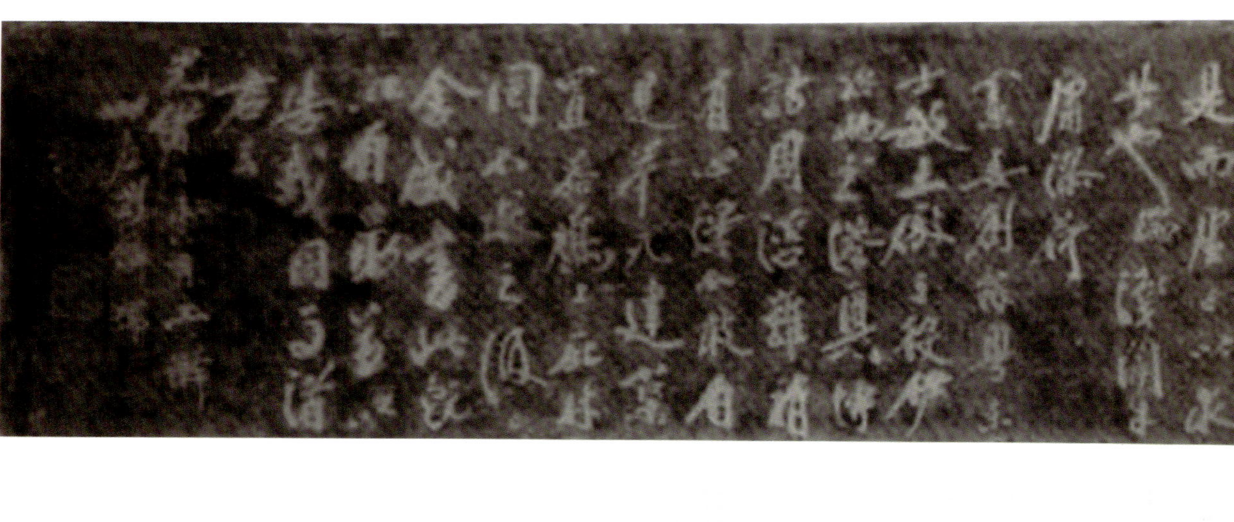

考略

此石區存廣州海珠區紡織路東沙街今孫中山大元帥府紀念館。高54釐米，寬316釐米。花崗岩質。『求是』二字楷書，後附短文行書。撰文者劉麟瑞，是廣東士敏土（即水泥）廠第一任廠長。文中闡述求是之精神是做人做事之重要品質，在劉麟瑞創業的過程中亦遵循實事求是之道。他有感於國人創辦實業的艱辛，寫下這篇短文，並命人將此文刻石鑲嵌在廣東士敏土廠辦公樓北樓的三樓廊上，成為該廠的廠訓。該石刻是孫中山大元帥府紀念館在修繕時偶爾發現的。

廣東士敏土廠於清光緒三十二年（1906）由兩廣總督岑春煊奏准開辦，清宣統元年（1909）建成投產，是中國近代第二家士敏土生產企業，生產立窯水泥，也是當時中國南方產量和規模最大的士敏土廠。

廣九鐵路奠基石石刻

清宣統元年（1909）

釋文

大清宣統元年歲在己酉

閏二月穀旦。

欽命兩廣總督部堂張，

為廣九鐵路立。

考略

此石刻原存廣州白雲路廣九火車站舊址，後移置廣州博物館。高120釐米，寬50釐米，厚62釐米。楷書。廣九鐵路是連接廣州經深圳至九龍的鐵路線，清宣統三年（1911）建成通車。

題書者張人駿，字千里，號安圃，河北豐潤人。同治七年（1868）進士，歷任山東布政使、山西巡撫，漕運總督，光緒三十三年（1907）八月調署兩廣總督兼廣東巡撫，宣統元年（1909）六月去職。張氏傾心新政，支持洋務。主粵期間，除了主持修建廣九鐵路外，還主持修建了廣州自來水工程，建立了一所無線電報學校，支持西醫陳子光等人建立廣州光華醫學堂等。

『宜民市』石額

清

釋文

宜民市。

考略

此石額原存廣州西華路第一津，後移置廣州博物館。高164釐米，寬44釐米。花崗岩質。楷書。

清初實行禁海政策，以割斷臺灣鄭成功與大陸沿海群衆的聯繫。順治十三年（1656）頒布『禁海令』，嚴禁東南沿海各省商民船隻出海及外國商船來華貿易。十八年（1661），又發布『遷界令』，强令山東至廣東沿海居民一律内遷五十里。康熙元年（1662），勒令廣東沿海的欽州、合浦、新會、香山、東莞等二十四縣居民内遷五十里。康熙三年（1664）又下令已遷州縣的人民再内遷三十里。廣東兩次遷界時被逼遷的人民達數百萬，荒棄田地共五百八十一萬畝。廣大人民流離失所。當時被迫遷徙的一部分居民，在廣州城西一帶『結寮棲止』（見《南海百詠續編》），並在附近河涌捕撈魚蝦到西華路第一津賣錢度日，日久成市，人稱『移民市』，後訛稱『宜民市』。

『流花古橋』石刻　清

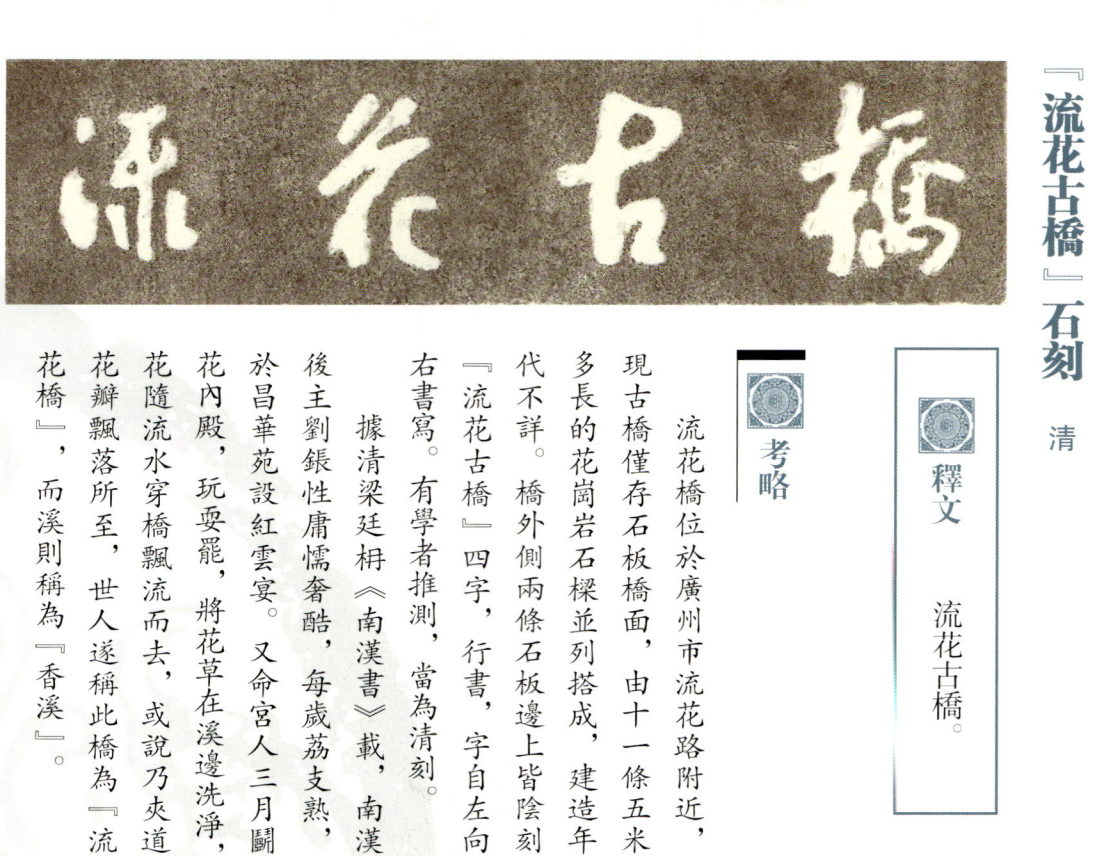

釋文

流花古橋。

考略

流花橋位於廣州市流花路附近，現古橋僅存石板橋面，由十一條五米多長的花崗岩石樑並列搭成，建造年代不詳。橋外側兩條石板邊上皆陰刻『流花古橋』四字，行書，字自左向右書寫。有學者推測，當為清刻。

據清梁廷枏《南漢書》載，南漢後主劉鋹性庸懦奢酷，每歲荔支熟，於昌華苑設紅雲宴。又命宮人三月鬬花內殿，玩耍罷，將花草在溪邊洗淨，花隨流水穿橋飄流而去，或說乃夾道花瓣飄落所至，世人遂稱此橋為『流花橋』，而溪則稱為『香溪』。

『龍盤』石額　清

釋文

龍盤。

考略

此石匾存廣州海珠區新港東路黃埔村。高80釐米，寬70釐米。花崗岩質。楷書。鐫刻年代不詳，有學者推測當為清代，二字含義應與此地居民的祖居地有關。現該石刻已裂成兩段。

關羽竹詩碑

清

釋文

不謝東君意，丹青獨立名。

莫嫌孤葉淡，終久不凋零。

考略

此碑原存廣州舊清泉街的關帝廟，後廟被拆，碑移置廣州市越秀區博物館。未署作者和鐫刻時間。畫中竹葉簇簇成字，巧妙地組成了一首五言絶句，碑的上端刻有『關羽之印』和『漢壽亭侯』二方印。此碑集詩書畫印於一體，具有較高的觀賞價值。

在全國的許多著名的關帝廟内都有這類『關帝竹葉詩碑』，且版本不一。多數學者認為，應屬明清時期文人的一種文字畫遊戲，取材於小説《三國演義》，藉以頌揚關羽之忠義。據民間傳説，建安五年（200），劉備與曹操徐州之戰敗北後，關羽與劉備失散，暫在曹操處安身，極受優禮，獲封漢壽亭侯。但他『身在曹營心在漢』，不為曹操恩遇所動，誅顔良，解曹操白馬之圍後，探得劉備下落，便作了以上四句詩，於畫中藏詩，表明心迹，遂辭曹歸劉。後人仿製，使之流傳於世。

西邨款硯銘

清

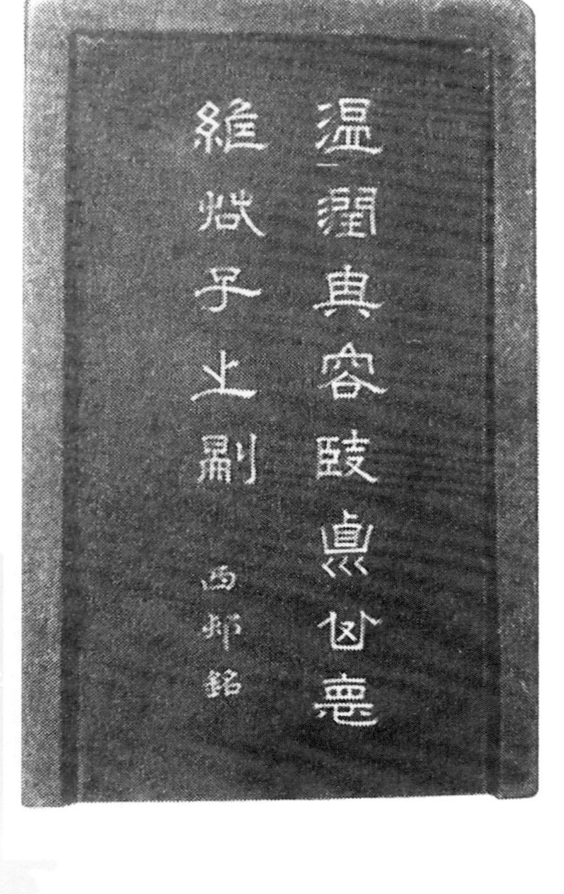

考略

此硯存廣東民間工藝博物館。長18釐米，寬12釐米。端石質。隸書，落款楷書。抄手硯，呈長方型。硯臺邊沿刻一線為框，硯堂兩側雕一凹槽斜向硯池。

銘文者呂世宜，字可合，號西邨，晚號不翁。福建泉州同安人。清道光二年（1822）舉人，收藏金石甚富，精考據、工書法。

釋文

温润其容，坚贞其悳，维公子之则。

西邨铭。

六脈渠圖

清

考略

此碑存廣州博物館。高90釐米，寬110釐米。楷書。刻廣州清代六脈渠圖。

六脈渠為古代廣州城內六條排水管道的統稱。宋代始有，按城中地形修築而成，多利用古代谷地、河溪，在濠池淤塞後加以疏濬而成，因而與濠池相通並流入珠海（今珠江），兼有排水、行舟之便。六脈渠在宋代及明、清各有不同，名稱也不一。

現六脈渠和玉帶濠、西濠均已改作暗渠，乃是廣州市中心區重要的排水管道。

八泉亭記

民國十八年（1929）

考略

此碑存廣州番禺區新造鎮思賢村。高152釐米，寬103釐米。黑雲石質。上端刻屈翁山線描畫像，下端刻《八泉亭記》文字。楷書。刻於民國十八年（1929），記載陳樾任番禺縣長時訪屈大均墓地，見已埋沒於荒煙蔓草間，他通過屈氏家譜圖識找到了屈大均墓及四碩人墓，，遂同邑人一起重新修墓。為表達景仰之情，在沙亭鄉齊禮門外修建了八泉亭，亭中立碑圖屈大均像之過程。

撰文者陳樾，番禺人，民國時曾任番禺縣縣長。

釋文

屈翁山先生象

摹葉南雪清代學者象傳原本。己巳十月博羅盧鎮寰、台山趙浩公繪。

八泉亭記

歲己巳，余宰番禺，于役扶胥江，遂至沙亭。訪屈翁山先生故宅，因及其墓，父老云：先生之墓，不封不樹，蕪沒于荒煙蔓草間，二百三十年矣！志乘弗載，世無知者。蓋明亡後，先生忽儒忽釋，忽復□帶參軍事。至康雍間，多文字獄，乾隆中，先生遺書復列禁目。子孫惴惴，並其葬地諱之，只于家譜圖識其兆域而已。使尋至墓所曰：寶珠峯墓實祔于其先公澹足君下，母夫人黄位于左，子鐵瓢、子婦李更祔于下。數弓之廣，三世聚葬焉。左去數百武，石坑山上培塿累累焉，先生手葬室人之處，碣題：『四碩人墓』。四碩人者，王華姜、黎綠眉、劉武姑、梁文姑也。先生風烈，文采爍耀今古。讀其書者，猶慨慕其人，而身後一抔竟蕪穢荒涼若此，不重可慨耶。幽光久晦，豈有待而彰者耶。乃請邑人吳王臣、汪景吾、陳善伯、凌巨川、崔淡緣、陳叔舉董其事，期以二月，為之封樹立碣表之。復置亭于沙亭鄉齊禮門外，圖先生象，志景仰焉。先生慕翁山八泉山水之勝，自以為號并名其子。余遂以之名斯亭。

南海陳樾撰並書。南海馮容孫刻。

『象牙會館』石額

年代不詳

釋文

象牙會館。

考略

此石額原存廣州小新街的象牙會館，館久已毀，石額被嵌於小新街路面上，後移置廣州市越秀區博物館。高56釐米，寬189釐米。花崗岩質。楷書。該石匾是當年盛極一時的象牙行會大門上的匾額。

清代中晚期以來，廣州象牙雕刻臻於繁盛。據《廣州工藝美術史志》記載，象牙會館會址在廣州市小新街一四二號，抗戰時期毀於戰亂。後發展成『象牙同業公會』『象牙職工會』『象牙聯營社』等。小新街及附近玉子巷、濠畔街等，都是廣州象牙業發祥、發展的重地。

『紀綱街』石額

年代不詳

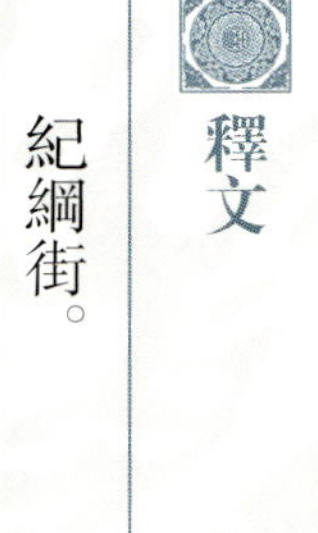

釋文

紀綱街。

考略

此石額原存廣州紀綱街，現置於廣州博物館。高90釐米，寬42釐米。花崗岩質。楷書。

紀綱街位於現廣州市解放中路南端東側，是一條老街。其東連賢藏街，為明、清兩代廣東按察司署所在地。『紀綱』者，法度也，按察司乃舊時司法衙門。此街蓋因官署建置而得名。

主要參考書目

一、廣州市文物管理委員會編：《廣州漢墓》，文物出版社1981年

二、《廣州市文物志》編委會編：《廣州市文物志》，嶺南美術出版社1990年

三、廣州市文物管理委員會、中國社會科學院考古研究所、廣東省博物館編：《西漢南越王墓》，文物出版社1991年

四、廣州市文物考古研究所編：《廣州文物考古集》，文物出版社1998年

五、廣州市文化局編：《廣州秦漢考古三大發現》，廣州出版社1999年

六、廣州市荔灣區文化局、廣州美術館編《海山仙館名園拾萃》，花城出版社1999年

七、廣州市文化局、廣州市地方志辦公室、廣州市文物考古研究所編：《廣州文物志》，廣州出版社2000年

八、廣州市文化局編：《廣州文物保護工作五年（一九九六—二〇〇〇年）》，廣州出版社2001年

九、林亞傑主編：《廣東歷代書法圖錄》，廣東人民出版社2004年

十、林雅傑、陳偉武、亞興編：《南越陶文錄》，天津人民美術出版社2004年

十一、廣州市文化局編：《考古發現的南越璽印與陶文》，澳門民政總署文化康體部製作2005年

十二、廣州市文物考古研究所、廣州市番禺區文管會辦公室編：《番禺漢墓》，科學出版社2006年

十三、陳建華主編、廣州市文物普查彙編編纂委員會編：《廣州市文物普查彙編》，廣州出版社2008年

十四、南越王宮博物館籌建處、廣州市文物考古研究所編著：《南越宮苑遺址》，文物出版社2008年

十五、胡海帆、湯燕編著：《中國古代磚刻銘文集》，文物出版社2008年

十六、南越王宮博物館編：《南越國宮署遺址：嶺南兩千年中心地》，廣東人民出版社2010年

十七、（清）阮元主修，梁中民點校：《廣東通志·金石略》，廣東人民出版社2011年

十八、陳永正著：《嶺南書法史（修訂本）》，廣東人民出版社2011年

十九、（清）翁方綱著，歐廣勇、伍慶祿補注：《粵東金石略補注》，廣東人民出版社2012年

二十、廣州市政協學習和文史資料委員會編：《民國碑刻書法在廣州》，嶺南美術出版社2014年

二十一、東莞市博物館、廣州博物館、廣州藝術博物院、廣州省立中山圖書館、莞城美術館編：《精誠所『治』金石為開——紀念容庚先生誕辰120周年展覽圖錄》，廣東人民出版社2014年

二十二、伍慶祿、陳鴻鈞編著：《廣東金石圖志》，线裝書局2015年

二十三、高旭紅編著：《藥洲石刻》，廣東人民出版社2016年

二十四、高旭紅編著：《五仙觀金石》，廣東人民出版社2016年

二十五、高旭紅編著：《越秀碑刻》，廣東人民出版社2017年

跋

金石，至堅者也。古人藉此記事紀功，託其不朽，以傳久遠。墨子所謂『鏤於金石，琢於盤盂，傳遺後世子孫者知之』。

我國對金石文獻的研究始於漢代，成於北宋，興於清乾嘉，盛於道咸。歷經宋代歐陽修、歐陽棐父子及趙明誠、李清照伉儷，元代陶宗儀，明代都穆、楊慎，清代顧炎武、錢大昕、王昶、陸增祥，民國劉承幹、羅振玉等諸賢達的博采旁搜，著錄考訂，遂成專門之學。

廣府之金石，為嶺南金石之重要部分，歷兩千餘年滄桑，所存漸少，尤為珍貴。對廣府金石之研究，在清代翁方綱《粵東金石略》、阮元《廣東通志·金石志》、吳蘭修《南漢金石志》以及汪兆鏞《番禺金石志》《嶺南金石拓本》《廣州城磚錄》、周廣《廣東考古輯要》等書籍中多有涉及，然廣府金石之專門研究著作，尚屬鮮見。

余平素追慕金石，嘗於廣州越秀區博物館（五仙觀）任職，館内有宋至民國碑刻數方，徜徉其中堪消歲月。後從事文物管理、文史研究工作，時常研考金石文字，遂有廣泛收錄、專門研究廣府金石之想。廣州博物館之陳君鴻鈞亦有此志，陳君於館存金石素有研究，博洽多闻，遂合二人之力歷數載撰成此書。此中有足樂者，每得一拓本，恰事與心會，輒抽思雜著，旁蒐遠紹，焚膏繼晷，爬梳采擇，洞微探幽，忻然忘倦。個中甘苦實不足為外人道也。

全書共著錄金石拓本一千七百餘幅，分為上下兩册共八章。上册為：寺觀壇廟類、學宮署衙類、祠堂會館類、示諭規約類；下册為：鐘鼎璽印類、墓誌銘表類、山水園林類、其他雜項類。皆錄以拓本，極少數未製拓本者以照片代之。釋文照錄原版並增加標點。略作考證，文字從簡，存疑或無據者，付之闕如。限於所錄金石時間跨度大，且涉及政治、文化、歷史、文學、藝術等諸多領域，疏誤之處在所難免，尚祈方家惠示指正。

古人常以功績『勒之金石，播之聲詩，以耀後世而垂無窮』，今海內承平，文化昌明，金石之學乃復興。余惟望此書之出版，可以傳揚國粹，裨益士林，克紹箕裘，承續廣府人文。抛砖引玉，略盡綿薄，善莫大焉！

本書蒙王貴忱先生賜序及題字，陳永正先生指正嘉勉，書中涉及的英文碑刻由小女紐約大學碩士孫月童翻譯，廣州市及各區的文博部門提供了部分拓本資料。本書的編撰參考了許多既往研究，由於本書性質所限，不可能將所有的既往研究都收羅介紹。因此在必要最小的範圍內，有限地列舉被認為是最重要的參考書目。在此謹致謝忱！

此書之付印，承蒙時任廣州市政協主席蘇志佳先生、廣州炎黃文化研究會會長龍建安先生的關心襄助，廣東省中星投資有限公司董事長姚壯文先生、廣州市六合餐飲有限公司董事長曾斌先生慷慨贊助印資。在此一併致謝！

高旭紅謹識

辛卯孟冬於羊城客天涯齋